# 民事判例研究

〔XLVI〕

民事判例研究會 編

博 英 社

# Journal of Private Case Law Studies

# (XLVI)

Academy of Private Case Law Studies

2024

Parkyoung Publishing & Company

Seoul, Korea

# 머 리 말

지난 2023년에도 법학계 및 법조계 내·외적으로 여러 가지 일이 많았습니다. 그럼에도 민사판례연구회는 이전과 마찬가지로 본연의 임무인 판례 연구 및 토론을 계속하여 왔고, 그 결과물을 모아 민사판례연구 제46권을 내게 되었습니다.

이번에도 예년과 마찬가지로 10번의 월례회에서 발표된 논문들과 하계 심포지엄에서 발표된 글들을 모았습니다. 이렇게 활발히 연구활동을 하고 또 그 가시적인 성과물을 발간할 수 있는 것에 깊이 감사드립니다.

2박 3일 일정으로 평창에서 진행된 2023년 하계 심포지엄에서는 "자본시장의 법적 쟁점 및 새로운 동향"을 대주제로 삼았습니다. 암호자산·가상 자산의 개념과 민사법적 취급, 온라인 금융거래와 금융소비자 보호, 지급 결제 당사자의 사법상 권리·의무, 자본시장법 위반 관련 손해배상액 산정 기준 등 최근에 새롭게 등장하거나 그동안 자세히 살펴보지 못했던 쟁점들을 다수 다루었습니다. 그 결과를 담은 제46권은 향후 학계의 귀중한 자산이 되리라 믿습니다.

올해 하계 심포지엄의 대주제는 "소송대리의 제 문제"입니다. 근년에 우리나라에서도 소송대리인의 비닉특권, 법률사무에서의 AI 활용 등 소송 대리에 관한 중요한 쟁점들이 논의되고 그 중요성이 커져 가고 있음에도 불구하고, 실체법에 비해 연구가 충실히 이루어지지 않는 것으로 보입니다. 이번 하계 심포지엄을 통해 소송대리 및 소송법에 관한 새로운 법적 쟁점을 발굴하고 이에 관하여 심층적으로 토론함으로써, 향후 법학계와 실무계의 활발한 논의를 위한 새로운 전기가 마련되었으면 하는 바람입니다.

　마지막으로 발간을 위하여 애써 주신 조인영 교수님, 이재찬 판사님, 그리고 번거로운 출판작업을 맡아 주신 박영사의 여러분께도 감사의 뜻을 전합니다.

2024년 2월

민사판례연구회 **회장 전 원 열**

# 目  次

# Contents

## Articles

# 법률행위의 당사자 확정[*]

박 수 곤[**]

## ■요  지■

　행위자 아닌 타인의 명의로 법률행위가 이루어진 경우에 당사자 확정의 문제가 대두되기도 하였으며, 이와 관련하여서는 법률행위 해석의 문제로 다루는 것이 일반적이다. 그런데 본고에서 분석한 대법원판결들에서는 행위자가 타인의 명의로 법률행위를 하지 않은 경우에도 그 타인을 법률행위의 당사자로 확정하고 있다는 점이 주목할 부분이며, 특히 무효행위 추인 또는 대리의 법리에 기대어 문제를 해결하고자 하였다는 점에서 의미가 있다. 그러나 이 판결들이 다루고 있는 사안들에서 과연 법률행위의 해석이 필요하였는지 그리고 무효행위의 추인 또는 대리의 법리를 적용한 논리의 전개가 자연스러웠는지는 의문이 아닐 수 없다. 제3자가 법률행위에 개입한다고 하더라도 특별히 제3자의 명의를 이용하거나 제3자의 이익을 위하여 법률행위를 한다는 표지가 드러나지 않는다면, 그 제3자는 법률행위로 인한 권리의 귀속 및 의무의 이행과정에서 단순히 권리를 취득하거나 의무이행의 전부 또는 일부를 대행하는 자로 결론을 도출하는 것이 자연스러운 논리의 귀결이라고 할 것이기 때문이다. 즉, 본고에서 검토한 판결들이 다루는 사안에서 제3자는 당사자 중 일방의 채무이행을 대행하는 자에 해당한다고 판단하였다 하더라도 논리적으로는 문제가 없었다는 것이다.

　다만, 이 판결들에서는 법률행위에 직접적으로 관여하지 않은 제3자가 당사자로서의 지위를 취득하는 것과 관련하여 우리 민법상 뚜렷한 근거를 찾

　* 이 글은 법조 제72권 제6호(2023. 12.)에 게재된 글임을 밝힌다.
　** 경희대학교 법학전문대학원 교수.

기 어렵다는 판단에 기초하여 무효행위의 추인 또는 대리의 법리를 차용한 것으로 평가할 수도 있다. 그러나 어느 법률행위가 강행법규에 반하거나 사회상규에 반하는 내용을 담고 있지 않는 한, 사적자치의 원칙에 입각하여 법문의 규정에 얽매이지 않고 그 유효성을 인정할 수도 있을 것이다. 즉, 본고에서 검토한 판결들에서 다루는 사안들은 본고에서 살핀 바와 같이 기존의 '제3자를 위한 계약' 법리에 기초하거나, 소위 '제3자의 행위에 대한 약속' 또는 '제3자의 행위 담보계약'의 법리에 의해서 문제를 해결할 수도 있었을 것이며, 향후 제3자의 행위가 관여되어 있으나 당사자의 확정이 문제되는 사례들에서는 이러한 법리들도 적용될 수 있기를 기대해 본다.

[주 제 어]
- 법률행위
- 법률행위의 해석
- 무효행위의 추인
- 법률행위의 대리
- 사적자치
- 제3자를 위한 계약
- 제3자의 행위에 대한 약속
- 제3자의 행위 담보계약

**대상판결 1 : 대법원 2017. 11. 14. 선고 2014다21021, 21038 판결**

## 1. 사안의 개요

甲이 같은 그룹에 속한 계열사인 乙이 운영하는 시설에 설치된 공작물을 해당 시설 밖의 乙 소유의 토지로 옮기기로 하는 이설공사를 丙과 체결하였는데, 이후 乙이 이러한 이설공사의 원활한 진행을 위하여 이설 대상인 공작물이 설치된 토지와 그 공작물이 이설될 토지의 사용을 승낙하였으며, 이와 같은 이설공사에 협력한 乙이 계약서상 당사자로 명시되지는 않았다 하더라도 계약당사자의 지위에 놓일 수 있는지가 문제되었다.

## 2. 대법원의 판단

무효행위 또는 무권대리 행위의 추인은 무효행위 등이 있음을 알고 그 행위의 효과를 자기에게 귀속시키도록 하는 단독행위로서 묵시적인 방법으로도 할 수 있다. 본인이 그 행위로 처하게 된 법적 지위를 충분히 이해하고 그럼에도 진의에 기하여 그 행위의 결과가 자기에게 귀속된다는 것을 승인한 것으로 볼 만한 사정이 있는 경우에는 묵시적으로 추인한 것으로 볼 수 있다.

**대상판결 2 : 대법원 2019. 1. 17. 선고 2016다256999 판결**

## 1. 사안의 개요

유명연예인 甲이 연예기획사인 乙과 전속계약을 체결한 상태에서 乙이 방송사 丙과 구두로 甲의 방송출연계약을 체결한 경우, 방송출연계약의 당사자가 甲과 丙인지 아니면 乙과 丙인지의 여부가 문제되었다.

## 2. 대법원의 판단

일반적으로 계약의 당사자가 누구인지는 계약에 관여한 당사자의 의사해석의 문제에 해당한다. 당사자 사이에 법률행위의 해석을 둘러싸고 이견이 있어 당사자의 의사해석이 문제가 되는 경우에는 법률행위의 내용, 그러한 법률행위가 이루어진 동기와 경위, 법률행위에 의하여 달성하려는 목적, 당사자의 진정한 의사 등을 종합적으로 고찰하여 논리와 경험칙에 따라 합리적으로 해석하여야 한다.

〔研　究〕

## 1. 들어가며

　　대상판결 1에서는 공작물 이설공사의 형식상 당사자 아닌 제3자가
그와 같은 이설공사계약의 존재와 내용을 잘 알고 있을 뿐만 아니라 이
설공사계약상 의무를 일부이행하거나 이설공사에 협력하는 행위를 함으
로써 이설공사계약의 효력이 자신에게 유효하게 귀속됨을 묵시적으로 인
정하였다고 하였는데, 그 논거와 관련하여서는 "계약상 의무의 일부이행
이나 협력행위"는 무효행위 또는 무권대리 행위의 추인에 해당한다고 판
시하였다. 대상판결 2에서는 방송사 프로그램의 출연계약이 방송사와 연
예기획사 사이의 구두계약을 통하여 체결되었으나, 방송출연이 예정된 연
예인이 "교섭력에 있어 우위를 확보한 유명연예인"이라면 해당 방송출연
계약은 그 유명연예인과 방송사를 당사자로 한다는 취지로 판시하였다.

　　종래 행위자 아닌 타인의 명의로 법률행위가 이루어진 경우에 당사
자 확정의 문제가 대두되기도 하였으며, 이와 관련하여서는 법률행위 해
석의 문제로 다루는 것이 일반적이다. 그런데 대상판결들에서는 행위자가
타인의 명의로 법률행위를 하지 않은 사안임에도 불구하고 제3자를 법률
행위의 당사자로 확정하고 있다는 점이 주목할 부분이며, 특히 무효행위
추인 또는 대리의 법리에 기대어 문제를 해결하고자 하였다는 점에서 의
미가 있다. 즉, 행위자 아닌 제3자가 법률행위에 개입되는 경우에는 무효
행위의 추인 또는 대리의 법리에 의한 문제해결이 자연스러울 수도 있기
때문이다. 그러나 대상판결들이 다루고 있는 사안들에서 과연 법률행위의
해석이 필요하였는지 그리고 무효행위의 추인 또는 대리의 법리를 적용함
에 있어서 그 논리의 전개가 자연스러웠는지는 의문이 아닐 수 없다.

　　제3자가 법률행위에 개입한다고 하더라도 특별히 제3자의 명의를 이
용하거나 제3자의 이익을 위하여 법률행위를 한다는 표지가 드러나지 않
는다면, 그 제3자는 법률행위로 인한 권리의 귀속 및 의무의 이행과정에

서 단순히 권리를 취득하거나 의무이행의 전부 또는 일부를 대행하는 자로[1] 결론을 도출하는 것이 자연스러운 논리의 귀결이라고 할 것이기 때문이다. 즉, 대상판결들이 다루는 사안에서 제3자는 당사자 중 일방의 채무이행을 대행하는 자에 해당한다고 판단하였다 하더라도 논리적으로는 문제가 없었다는 것이다. 그러나 구체적 타당성을 도모하기 위하여 법률행위에 직접 관여하지 않은 제3자를 당사자로 확정하고자 하는 의도에서 문제를 해결하다보니 어쩌면 다소 무리하게 무효행위의 추인 또는 대리제도를 활용한 것으로 볼 수 있으며, 이러한 태도는 해당 사안에서는 결론적으로 수긍할 수 있는 면이 있다고 하더라도 또 다른 유사 사례에서 그와 같은 태도를 계속적으로 유지할 경우 법리적인 측면에서의 논리왜곡뿐만 아니라 현실적인 측면에서도 상당한 부작용을 초래할 수도 있을 것으로 예상된다.

이하에서는 이러한 문제인식에 기초하여 대상판결들의 논거를 다소 비판적 시각에서 분석하고자 하며, 이를 위하여 먼저 법률행위의 해석과 당사자 확정의 필요성에 대해 언급한 뒤, 대상판결들에서 무효행위 추인의 법리 또는 대리법리에 기초하여 문제를 해결한 방안의 타당성에 대해 검토하고, 대상판결들이 노정하고 있는 문제를 해결할 수 있는 새로운 접근방법의 모색을 위하여 소위 '제3자의 행위 담보계약'에 관한 법리를 소개하고자 한다.

## 2. 법률행위의 해석과 당사자 확정의 필요성

### (1) 법률행위 해석의 의의와 필요성

법률행위의 해석은 법률행위의 목적 내지 내용을 확정하는 것을 가

---

1) 당사자 사이에 '제3자에 의한 급부의 약속'이 있는 것으로 볼 수 있다는 것이다. 즉, 이 경우의 제3자는 계약당사자 일방이 부담하는 의무를 이행하는 도구에 해당할 뿐이므로 당사자의 지위를 인정하기 어렵다. 이와 관련한 보다 상세한 설명에 대해서는, 곽윤직 편집대표, 「민법주해(Ⅷ)」, 채권(6), 박영사(1997), 136면, 송덕수 집필부분; 김용덕 편집대표, 「주석 민법」, 제5판, 채권각칙 1, 한국사법행정학회(2021), 253면, 김문관 집필부분.

리키는 것으로 이해함이 일반적이다. 즉, 어떠한 법률행위가 그 목적이나 내용면에서 불명확하거나 또는 표시상으로는 그 목적이나 내용이 분명한 것 같으나 당사자의 의사가 과연 그와 같은 목적이나 내용을 기도하였을 것인지가 불분명한 경우도 있다. 따라서 법률행위의 해석을 통하여 그 내용이 확정되어야 비로소 그 법률행위가 어떠한 효력을 발생시킬 것인지가 분명해질 뿐만 아니라 그와 같은 효력이 법적으로 보호될 수 있는 것인지의 여부도 결정될 수 있는 경우들이 있다. 그리고 법률행위는 의사표시를 그 구성요소로 하므로 이러한 점에서 법률행위의 해석은 의사표시의 해석과 개념상 차이가 없다고 설명되기도 한다.[2]

한편, 우리 대법원은 "법률행위의 해석은 당사자가 그 표시행위에 부여한 객관적인 의미를 명백하게 확정하는 것으로서, 서면에 사용된 문구에 구애받는 것은 아니지만 어디까지나 당사자의 내심적 의사의 여하에 관계없이 그 서면의 기재 내용에 의하여 당사자가 그 표시행위에 부여한 객관적 의미를 합리적으로 해석하여야 하는 것이고, 당사자가 표시한 문언에 의하여 그 객관적인 의미가 명확하게 드러나지 않는 경우에는 그 문언의 내용과 그 법률행위가 이루어진 동기 및 경위, 당사자가 그 법률행위에 의하여 달성하려는 목적과 진정한 의사, 거래의 관행 등을 종합적으로 고려하여 사회정의와 형평의 이념에 맞도록 논리와 경험의 법칙, 그리고 사회일반의 상식과 거래의 통념에 따라 합리적으로 해석하여야 한다."[3]라고 판시하고 있다.

요컨대, 당사자의 의사표시가 명확한 경우에는 법률행위의 해석의 필요성이 없다고 할 수 있을 것이다. 다만, 당사자의 의사표시가 존재하는 것인지의 여부 및 존재한다면 어떠한 법률효과를 지향하고 있는 것인지가 불분명한 경우, 당사자의 의사표시가 다의적으로 해석될 수 있는

---

2) 곽윤직 편집대표, 「민법주해(Ⅱ)」, 총칙(2), 박영사(1992), 171면, 송덕수 집필부분; 곽윤직·김재형, 「민법총칙」, 제9판, 박영사(2013), 295면; 김상용·전경운, 「민법총칙」, 제4판, 화산미디어(2018), 444면; 다만, 법률행위의 해석과 의사표시의 해석을 구별하는 견해로는, 이은영, 「민법총칙」, 박영사(2004), 430면.

3) 대법원 1996. 10. 25. 선고 96다16049 판결; 대법원 2021.5.7. 선고 2017다220416 판결 등.

경우, 의사와 표시가 불일치하는 경우 및 일정한 사항에 관하여 의사표시가 분명하지 않은 경우 등에서 법률행위의 해석의 필요성이 대두된다고 할 수 있다.[4]

### (2) 법률행위 해석의 대상과 목표

법률행위는 의사표시를 필수적 요소로 하므로 법률행위 해석의 대상은 결국 의사표시라고 할 수 있다. 그런데 국내의 학설은 의사표시의 본질론에 입각하여 법률행위 해석의 대상을 달리 설명기도 한다. 소위 '의사주의'에 입각한 설명에 의하면 법률행위의 해석은 표의자의 진의를 확정하는 것을 말하며, '표시주의'에 의하면 표시행위의 객관적 의미를 밝히는 것을 지칭한다고 설명되기도 하며, '효력주의'에 의하면 표의자의 내심의 효과의사를 확정하는 것으로 이해되기도 한다. 즉, 법률행위 해석의 대상과 관련하여 학설상 다수의 견해는 표시행위를 그 대상으로 하며[5] 표시상의 효과의사를 확정하는 것을 법률행위해석의 목표라고 설명하기도 한다.[6]

한편, 법률행위 해석의 대상과 목표는 그 개념이 다르며, 특히 법률행위 해석의 목표는 법률행위가 무엇을 내용으로 하는지를 찾는 것이라는 견해가 있다. 동 견해에 따르면, 법률행위 해석의 목표는 법률행위 해석의 방법에 따라 달리 설정하여야 하므로, 상대방 없는 의사표시와 상대방 있는 의사표시의 해석을 구별하여야 한다. 그리하여 상대방 없는 의사표시에 있어서는 표의자의 진정한 의사를 탐구하여야 하나, 상대방 있는 의사표시에 있어서는 표시행위의 순수한 객관적 의미를 탐구하는 것이 아니라, 의사표시의 상대방이 알 수 있는 한에서의 표시행위의 의

4) 김상용·전경운(주 2), 444면.
5) 양창수 편집대표, 제2판 「민법주해(Ⅲ)」, 총칙(3), 박영사(2022), 55면, 최수정 집필부분; 김용덕 편집대표, 「주석 민법」, 제5판, 총칙(2), 한국사법행정학회(2019), 588면, 이동진 집필부분.
6) 법률행위 해석의 목표에 관한 다양한 견해에 대해서는, 제2판 민법주해(Ⅲ)(주 5), 56면 이하 참조.

미를 탐구하여야 한다는 것이다.[7]

요컨대, 법률행위 해석의 대상은 명시적·묵시적으로 표시된 법률행위 그 자체라고 할 것이다. 다만, 학설 및 판례의 태도에 의하면, 법률행위 해석의 목표는 일의적으로 요약할 수 없으며, 표시행위로부터 추단되는 표시상의 효과의사의 확정이라든가 표시행위가 가지는 객관적 의미의 확정이라든가 표시행위를 통하여 당사자가 의도한 진정한 의사를 밝히는 것이라고 설명할 것이다. 아무튼, 법률행위가 다의적으로 해석될 수 있는 경우를 상정하지 않을 수 없으며, 외형상으로는 일의적으로 해석될 수 있을지라도 제반 사정을 고려하여야 하는 경우를 배제할 수도 없을 것이다. 그렇다면 법률행위 해석의 대상이라든가 목표를 어떻게 이해할 것인지가 문제해결에서의 본질은 아니라고 할 수 있으며, 법률행위의 해석이 문제되는 상황의 법적 효과를 어떻게 처리할 것인지의 여부 또한 또 다른 문제라고 할 수 있다.

### (3) 당사자 확정의 필요성
### 1) 서

법률행위의 성립에 있어서 제3자의 개입이 없는 경우에는 일반적으로 법률행위에 관여한 자가 당사자로 될 것이다. 그런데 법률행위의 당사자가 타인의 명의로 법률행위를 하거나 또는 타인의 행위를 내용으로 하거나 타인의 이익을 목적으로 법률행위를 하는 등 법률행위의 성립에 있어서 제3자가 개입되어 있는 경우에는 법률행위의 당사자를 누구로 할 것인지의 문제가 대두될 수 있다. 이와 관련하여, 학설상으로는 법률행위의 당사자를 확정하는 것 또한 법률행위에 관여한 당사자의 의사표시의 해석의 문제라고 설명하는 견해도 있으며,[8] 본고에서 검토하고 있는 제2판결[9] 또한 마찬가지의 입장을 취하고 있다.

---

7) 송덕수, 「민법총칙」, 제6판, 박영사(2021), 172면.
8) 송덕수(주 7), 170면.
9) 대법원 2019. 1. 17. 선고 2016다256999 판결, 대법원 2018. 1. 25. 선고 2016다

## 2) 기존의 논의 상황

국내에서의 기존의 논의는 법률행위의 당사자 확정의 문제와 관련하여, 이를 타인의 명의를 빌려 그 타인의 명의로 법률행위를 하거나 또는 행위자 자신이 마치 타인(또는 명의인)인 것처럼 그 타인의 명의를 사용하여 계약을 체결하는 경우를 주된 논의의 대상으로 삼고 있다. 그리하여 타인의 명의를 사용한 행위자 또는 타인인 명의자 중 누가 계약의 당사자인지에 관하여 학설·판례상으로도 다양한 입장이 제시되어 왔다.

우선, 타인의 명의를 사용한 행위자와 상대방 사이의 의사가 일치하는 경우에는 '오표시 무해의 원칙(falsa demonstratio non nocet)'에 따라 그 일치한 의사대로 당사자를 확정한다는 것이다. 그러나 그와 같은 일치한 의사를 확정할 수 없는 경우에는 규범적 해석을 하여야 하며, 따라서 구체적인 경우의 제반 사정을 고려하여 합리적인 인간이라면 행위자의 의사표시를 상대방이 어떻게 이해하였을 것인지를 기준으로 당사자를 결정하여야 한다고 한다.[10] 따라서 법률행위의 당사자가 행위자로 인정되는 경우에는 명의인의 표시는 잘못된 표시에 불과하여 명의인에게는 아무런 효과를 발생하지 못하며, 명의인은 추인에 의해서도 그 법률효과를 자신에게 귀속시킬 수 없는데 이는 행위자의 행위가 대리행위가 아니었기 때문이라고 한다. 반면, 법률행위의 당사자가 명의인으로 확정되는 경우에는 대리의 법리가 적용되어야 하며, 행위자에게 대리권이 없는 경우에는 무권대리의 법리가 적용될 수 있다고 한다.[11]

한편, 우리 대법원은 타인의 명의를 활용한 법률행위에서의 당사자 확정과 관련하여, 명의신탁의 법리를 적용한 것이 있는가 하면[12] 대리의 법리를 적용한 경우도 있다.[13] 그러나 타인명의를 임의로 사용하여 계약

---

238212 판결, 대법원 2020. 12. 10. 선고 2019다267204 판결 등도 참조할 것.

10) 송덕수(주 7), 375면.

11) 송덕수(주 7), 375면.

12) 예컨대, 타인 명의로 부동산을 매수한 사례와 관련하여, 대법원 1989. 11. 14. 선고 88다카19033 판결.

13) 대리인이 본인의 이름으로 한 의사표시의 유효성을 인정한 것과 관련하여, 대법원 1987. 6. 23. 선고 86다카1411 판결.

을 체결한 경우에 있어서 "타인의 이름을 임의로 사용하여 계약을 체결한 경우
에는 누가 그 계약의 당사자인가를 먼저 확정하여야 할 것으로서, 행위자 또는 명
의인 가운데 누구를 당사자로 할 것인지에 관하여 행위자와 상대방의 의사가 일치
한 경우에는 그 일치하는 의사대로 행위자의 행위 또는 명의자의 행위로서 확정하
여야 할 것이지만, 그러한 일치하는 의사를 확정할 수 없을 경우에는 계약의 성질,
내용, 체결 경위 및 계약체결을 전후한 구체적인 제반 사정을 토대로 상대방이 합
리적인 인간이라면 행위자와 명의자 중 누구를 계약 당사자로 이해할 것인가에 의
하여 당사자를 결정하고, 이에 터 잡아 계약의 성립 여부와 효력을 판단함이 상당
하다."[14]라고 판시함으로써 학설의 태도를 수용하기도 하였으며, 이러한
해법은 그 타인이 허무인인 경우에도 마찬가지하고 하기에 이른다.[15]

요컨대, 기존의 논의는 법률행위에 관여한 자가 타인의 명의로 법률
행위를 한 경우에 치우쳐 전개되고 있음을 알 수 있다. 그러나 당사자
확정의 문제는 본고에서 논의의 대상으로 삼고 있는 타인의 행위를 내용
으로 하거나 타인의 이익을 목적으로 법률행위 및 더 나아가 타인의 의
무부담을 목적으로 하는 법률행위에 있어서도 논의의 실익이 크다고 할
것이다. 다만, 후술하는 바와 같이 기존의 국내에서의 논의는 이 후자의
경우들에 대해서는 대체로 그 효력을 부인하는 입장에 서 있었기 때문에
관련 분야에서의 논의가 촉발되지 못한 것으로 평가할 것이다.

(4) 소    결
우리 대법원은 대상판결 1의 사안에서는 계약서상 당사자가 분명함
에도 불구하고 계약상 이익을 수익하는 자의 추인이 있었다는 점에 착안
하여 그와 같은 수익자를 당사자로 확정할 수 있다는 취지로 판단하였으
며, 대상판결 2의 사안에서는 계약서가 작성되지 않은 상태에서 계약체
결에 직접 관여하지 않은 자를 당사자로 확정하였는데, 이러한 대상 판
결들에서 당사자 확정을 위한 법률행위의 해석이 필요하였는지에 대해서

---

14) 대법원 1995. 9. 29. 선고 94다4912 판결.
15) 대법원 2012. 10. 11. 선고 2011다12842 판결.

는 의문이 없지 않다. 왜냐하면, 제1사안은 서면으로 계약이 체결되었으며, 제2사안은 구두로 계약이 체결된 경우라고는 하나, 이들 사안에서 제3자의 명의가 활용되었다거나 아니면 행위자가 대리인으로 행위하였다는 사정을 발견하기가 어렵다. 즉, 기존의 국내에서의 논의와 같이 행위자가 타인의 명의를 활용하거나 타인의 이익을 위하여 행위하였다는 사정을 발견하기가 반드시 용이하지는 않다. 사정이 이러하였다면 대상 판결들에서는 과연 법률행위 해석의 필요성이 있었던 것으로 보아야 하는지의 여부조차 의문의 제기가 가능하며, 더 나아가 무효행위의 추인 또는 대리법리를 적용하여 행위자 아닌 타인을 계약당사자로 보고 있는데 이하에서 살피는 바와 같이 그 근거 또한 법리적인 측면에서의 논리정합성이 결여된 것으로 평가할 수 있다.

## 3. 무효행위 또는 무권리자의 처분행위의 추인 법리 적용의 타당성

### (1) 문제의 소재

대상판결 1에서는 행위자의 무효행위를 행위자 아닌 제3자가 추인한 것으로 설시하고 있는데, 그렇다면 추인의 대상이 된 행위자의 무효행위는 '제3자의 이익을 목적으로 체결된 이설공사계약'이라고 해석할 수도 있는데, 과연 그와 같은 계약이 반드시 무효인지는 의문이 아닐 수 없다. 그렇다면 추인의 대상이 된 무효행위가 무엇인지 의문일 수 있는데, 결국 계약서상에 당사자로 명시되지 않은 제3자가 소유하는 토지 위에 대상 판결에서 문제되고 있는 이설공사가 수행될 수 있게 하는 한편 향후 제3자 소유의 토지에 이설될 공작물의 사용수익을 위한 권원을 제공하기로 한 약정의 전부 또는 일부가 무효라고 판단한 것으로 평가할 수 있을 것이다. 그리고 이는 대상 판결에서 토지소유자인 제3자가 "원고(송전철탑 소유자)에게 신설 선로부지를 무상으로 제공하는 것을 추인하였다고 볼 여지가 있다."라고 판시하고 있다는 점에서 그와 같이 추론할 수 있다. 즉, 무권리자의 처분행위에 대한 권리자의 추인이 있었다는 것이다. 따라서 이하에서는 무권리자의 처분행위에 대한 권리자의 추인이 있는 경우, 해당 처

분행위의 당사자가 처분행위에 직접 관여하지 않은 권리자로 변경 또는
추가될 수 있는지를 검토하고자 한다.

### (2) 무권리자의 처분행위에 대한 권리자의 추인의 대상

우선, 처분행위의 개념에 대해서도 학설 및 판례상 이해의 폭이 동
일하지는 않다. 견해에 따라서는 법률행위의 유형과 관련한 설명에 있어
서 '처분행위'에는 법률적 처분행위 이외에도 사실적 처분행위도 포함되
는 것으로 설명하기도 한다.[16] 그러나 대체로 처분행위를 설명함에 있어
서는 소위 '이행의 문제를 남기는 의무부담행위'에 대비되는 개념으로서,
'이행의 문제를 남기지 않는 법률행위로서 직접적으로 현존하는 권리의
변동을 초래하는 행위'로 설명되기도 한다.[17] 그런데 위에서 언급한 바와
같이 대상판결 1에서는 권리자 아닌 자가 '공작물의 설치를 위한 토지의
무상제공'을 계약상대방에게 약정한 부분이 권리자의 입장에서는 무권리
자의 처분행위에 해당한다고 본 것으로 평가할 수 있다. 그러나 과연 공
작물 이설공사를 목적으로 하는 계약당사자의 이러한 약정이 처분행위에
해당하는지의 여부도 검토의 여지가 있다. 즉, 처분행위의 의미를 위에서
설명한 바와 같이 '이행의 문제를 남기지 않는 법률행위'로 이해한다면,
대상판결 1에서와 같이 공작물이 "이설될 토지들에 관한 토지사용승낙서를 (토
지소유자가) 작성·교부하게 하는 등의 방법으로 계약상 의무를 일부 이행하였거나
이 사건 이설공사에 협조한 것"은 의무부담행위의 일부를 이루는 내용이라고
할 것인데, 그렇다면 이설공사의 계약당사자의 약정내용은 상호간의 의무
부담행위에 불과할 뿐 처분행위가 있었다고 평가하기 어려운 면이 있다
는 것이다. 이렇게 이해할 수 있다면, 제3자인 토지소유자는 계약당사자
일방의 타방에 대한 의무부담 또는 채무의 전부 또는 일부를 대행한 것
이지, 계약당사자의 지위에서 의무 또는 채무의 전부 또는 일부를 이행
한 것으로 볼 것은 아니라는 것이다.[18]

---

16) 곽윤직·김재형(주 2), 266면; 송덕수(주 7), 166면.
17) 제2판 민법주해(Ⅲ)(주 5), 44면; 주석 민법(주 5), 429면 이하.

다음으로, 무권리자의 처분행위의 추인이라 함은 "무권리자가 스스로 처분할 권한이 없는 어떠한 권리를 자기의 이름으로 처분한 경우에 원래의 권리자가 이를 추인하여 그 처분의 효력이 자기에게 미치도록 하는 것"[19]을 가리킨다. 즉, 법률행위의 당사자 아닌 원래의 권리자가 무권리자와 그 상대방 사이에 이루어진 '처분행위'와 관련하여 그들 사이의 의사표시대로 법률효과가 발생할 수 있게 하는 행위가 '무권리자의 처분행위에 대한 추인'이며, 이러한 점에서 민법상 명문으로 인정되고 있는 다른 유형의 추인과 비교하여 차이가 있다.[20] 아무튼, 우리 민법에서는 타인권리의 매매(제569조)도 유효하므로 소위 '의무부담행위'의 영역에 속하는 무권리자의 채권행위 또는 채권계약은 그 자체로서 확정적으로 유효하며,[21] 제3자인 진정한 권리자에 의한 추인의 대상도 아니라고 할 것이다.[22] 따라서 무권리자의 법률

---

18) 이렇게 해석하더라도 대상판결 1에서의 결론과 마찬가지로 제3자인 토지소유자의 공작물 소유자에 대한 부당이득반환문제는 발생하지 않게 될 것이다. 왜냐하면 제3자인 토지소유자는 자신에게 공작물의 소유자가 토지를 무상으로 사용할 수 있도록 의뢰한 자와의 관계에서 이해관계의 조정을 위하여 부당이득반환을 청구하거나 불법행위책임을 물으면 족하기 때문이다.

19) 양창수, "무권리자의 처분과 권리자에 의한 추인", 「민사판례연구(Ⅹ)」, 박영사(1988. 3.), 20면.

20) 우리 민법에서는 ① 무권대리의 추인(제130조), ② 무효행위의 추인(제139조), ③ 취소할 수 있는 법률행위의 추인(제143조)에 대하여 규정하고 있는데, 이들 중 ②와 ③은 법률행위의 당사자에 의한 추인이라는 점에서 무권리자의 처분행위의 추인과 비교하여 차이가 있고, ①은 대리행위의 행위자 아닌 본인에 의한 추인이라는 점에서 무권리자의 처분행위에 대한 권리자의 추인과 유사점이 있어 보이나 본인을 대리행위의 주체로 보는 견해에 따른다면 무권대리의 추인 또한 무권리자의 처분행위에 대한 권리자의 추인과 차이가 있다고 할 수 있다[유사한 취지의 설명으로는, 김규완, "권리의 무단처분과 권리자의 추인", 「고려법학」(제55권), 고려대학교 법학연구원(2009), 202면].

21) 즉, 무권리자와 재산권의 이전을 목적으로 하는 매매계약을 체결하였다고 하더라도 원칙적으로 그 상대방인 매수인은 무권리자인 매도인에게 채권적 권리만을 가질 뿐이며, 매매계약 당사자가 아닌 진정한 권리자에 대하여 재산권의 이전을 청구할 수는 없다[양창수(주 19), 23면].

22) 만약, 무권리자가 체결한 채권계약의 효력이 추인에 의하여 제3자인 권리자에게 미친다면 제3자인 권리자가 자신이 당사자로서 체결하지 않은 계약상 권리와 의무의 주체가 되게 되는데, 이러한 결과는 무권리자와 계약을 체결한 상대방 뿐만 아니라 제3자인 권리자의 이익에도 중대한 영향을 미치게 된다. 따라서 독일에서의 소위 '의무설정수권의 사후부여'에 대응하는 무권리자의 채권계약에 대한 추인은

행위 중 처분행위만이 권리자의 추인의 대상이 된다고 할 수 있다.

한편, 무권리자의 처분행위의 추인과 관련하여 그 근거를 어디에서 찾을 수 있는지에 대해서는 다시 견해의 대립이 있다. 그러나 학설·판례상 가장 일반적인 견해에 의하면, 그 근거는 사적자치의 원칙에서 찾을 수 있다. 즉, 권리주체의 법률관계는 스스로의 의사에 의하여 형성할 수 있기 때문에 권리자는 자신의 권리를 자유로이 처분할 수 있다는 것이다. 따라서 타인에게 권리가 귀속되는 것과 같은 외관 또는 공시방법이 갖추어진 경우, 진정한 권리자가 그 외관대로의 권리변동에 동의하는 것도 허용되며 그와 같은 권리자의 동의에 준하는 것이 '추인'이라는 것이다.[23] 다만, 이 견해에 의하면, 진실한 권리관계에 부합하지 않는 일정한 외관이 반드시 법률행위에 의해 창출될 필요는 없다고 하는데,[24] 이러한 태도를 그래도 유지한다면 무권리자의 처분행위에 대한 추인의 대상은 강학상 엄격한 의미에서의 '처분행위'가 아니라 광의의 '처분'에 해당하게 된다. 반면, 예컨대 무권리자의 처분행위로서의 물권행위 및 그에 따른 공시방법이 갖추어졌으나 그와 같은 진실한 권리관계에 부합하지 않는 공시는 특별한 사정이 없는 한, 어떠한 물권변동도 초래하지 않으며 따라서 권리자는 권리를 상실하지 않은 상태에 놓이게 되는데, 이러한 실체관계에 부합하지 않는 외관을 권리자의 추인이라는 단독행위에 의하여 유효한 권리관계로 전환할 수 있게 하는 것을 사적자치의 원칙만으로는 설명하기 어렵다는 주장도 있다. 즉, 물권변동을 위해서는 원칙적으로 법률행위를 전제로 하여야 하는데 '추인'이라는 단독행위에 의해 물권변동을 초래하는 것으로 설명할 수 있는 근거를 사적자치에서 찾을 수

---

원칙적으로 허용되지 않는다고 한다. 이러한 설명으로는, 양창수(주 19), 24면 이하; 김규완(주 20), 199면. 특히, 무권대리에 있어서는 본인의 추인이 있게 되면 본인에게 무권대리행위의 채권적인 효과까지도 미치게 되는데 이는 법률로써 예외적으로 소위 '의무설정수권'과 유사한 결과를 용인한 것이므로, 명문의 규정에 근거하지 않은 무권리자의 처분행위의 추인의 효과를 무권대리의 추인의 효과와 동일하게 다룰 것은 아니라는 설명으로는, 양창수(주 19), 26면.

23) 같은 취지의 설명으로는, 양창수(주 19), 29면.
24) 같은 취지의 설명으로는, 양창수(주 19), 33면.

있는지는 의문이라는 것이다.[25) 따라서 이러한 의문을 합리적으로 해소하기 위해서는 무효행위의 전환법리에 입각하여 문제를 해결할 수 있다고 한다. 즉, 무권리자가 자신의 이름으로 행한 채권계약은 언제나 유효하며 권리자의 추인이 있었다고 하여 무권대리행위로서의 채권계약으로 전환할 수는 없으나,[26) 적어도 물권행위 또는 처분행위에 있어서는 권리자를 위한다는 대리의사로써 하였어야 하나 결과적으로는 그러하지 못하여 무효라 하더라도, 무효인 무단처분행위가 무권대리행위로 전환된 후 권리자가 이를 추인한 것으로 이론구성할 수는 있을 것이며, 이와 같이 무권리자의 처분행위에 대하여 무효행위의 전환법리를 직접 적용한다면 논리정합성을 담보할 수 있다는 것이다.[27) 따라서 이 견해에 의할 경우에는 무권리자의 '처분행위'가 권리자에 의한 추인의 대상이 된다.

### (3) 무권리자의 처분행위에 대한 권리자의 추인과 그 효과

무권리자의 처분행위에 대하여 권리자의 추인이 있은 경우, 비록 추인의 대상을 진실한 권리관계에 부합하지 않은 외관을 초래한 '처분'으로 이해하든 '처분행위'로 이해하든 불문하고, 문제가 된 처분행위는 소급적으로 유효하게 된다. 그리고 추인의 소급효가 인정된다는 점에서 민법상 무효행위의 추인에 관한 법리와 비교하여 차이가 발견되는 부분이다. 아무튼, 이는 권리자의 추인에 의하여 '불확정적무효(schwebend unwirksam)'의 상태에 있던 무권리자의 처분행위가 소급적으로 유효하게 된다는 의미이지, 무권리자와 그 상대방 사이의 원인행위로 인한 권리와 의무가 권리자의 추인에 의하여 권리자에게 귀속된다는 것을 의미하는 것은 아니다.[28) 즉, 무권리자의 처분행위에 대한 권리자의 추인이 있었다고 하여 무권대리의 추인과 같은 효력이 발생하는 것은 아니라는 것이며, 이는

---

25) 이상과 같은 취지의 설명으로는, 김규완(주 20), 205면 이하.
26) 만약, 이와 같은 결과를 인정한다면 위에서 언급한 '의무설정수권의 사후부여'를 인정하는 결과가 될 것이기 때문이다.
27) 김규완(주 20), 221면.
28) 같은 취지의 설명으로는, 양창수(주 19), 28면.

무권리자의 처분행위에 대한 권리자의 추인이 있었다 하더라도 무권리자
가 행한 법률행위 또는 처분행위의 당사자로 권리자가 변경되거나 추가
되는 것은 아니라는 것이다. 요컨대, 무권리자 또는 무권한자의 처분행위
가 권리자 또는 권한 있는 자에 의하여 사후적으로 추인되었다고 하더라
도 이러한 추인행위는 특별한 사정이 없는 한, 권리자 또는 권한 있는
자에 의하여 무권리자 또는 무권한자의 처분행위로 인한 법률효과의 발
생을 인정하는 것을 의미할 뿐이지, 권리자 또는 권한 있는 자가 무권한
자의 당사자 지위를 대체하게 된다고 이해할 것은 아니라는 것이다.[29]

### (4) 소　결

대상판결 1에서는 무효행위의 추인 특히 무권리자의 처분행위의 추
인에 관한 법리에 근거하고 있는 것으로 평가할 수 있는데, 이러한 태도
는 무권리자의 처분행위는 원칙적으로 무효이지만 진정한 권리자의 추인
이 있으면 그와 같은 무권리자의 처분행위가 소급적으로 유효로 된다
는[30] 점에 착안한 것이라고 평가할 수 있다. 그러나 이러한 무권리자의
처분행위에 대한 권리자의 추인이 있었다 하더라도 위에서 언급한 바와
같이 무권리자가 상대방에 대하여 계약책임을 지는 것으로 이해하여서는

---

29) 유사한 취지의 설명으로는, 제2판 민법주해(Ⅲ)(주 5), 514면, 김상중 집필부분.
30) 예컨대, 대법원 1981. 1. 13. 선고 79다2151 판결에서는 "타인의 권리를 자기의
　　이름으로 또는 자기의 권리로 처분한 후에 본인이 그 처분을 인정하였다면 특별한
　　사정이 없는 한 무권대리에 있어서 본인의 추인의 경우와 같이 그 처분은 본인에
　　대하여 효력을 발생한다."라고 하였으며, 대법원 2001. 11. 9. 선고 2001다44291
　　판결에서는 "무권리자가 타인의 권리를 자기의 이름으로 또는 자기의 권리로 처분
　　한 경우에, 권리자는 후일 이를 추인함으로써 그 처분행위를 인정할 수 있고, 특
　　별한 사정이 없는 한 이로써 권리자 본인에게 위 처분행위의 효력이 발생함은 사
　　적 자치의 원칙에 비추어 당연하고, 이 경우 추인은 명시적으로뿐만 아니라 묵시
　　적인 방법으로도 가능하며 그 의사표시는 무권대리인이나 그 상대방 어느 쪽에 하
　　여도 무방하다."라고 하였고, 대법원 2017. 6. 8. 선고 2017다3499 판결에서는 "권
　　리자가 무권리자의 처분을 추인하면 무권대리에 대해 본인이 추인을 한 경우와 당
　　사자들 사이의 이익상황이 유사하므로, 무권대리의 추인에 관한 민법 제130조, 제
　　133조 등을 무권리자의 추인에 유추 적용할 수 있다. 따라서 무권리자의 처분이
　　계약으로 이루어진 경우에 권리자가 이를 추인하면 원칙적으로 계약의 효과가 계
　　약을 체결했을 때에 소급하여 권리자에게 귀속된다고 보아야 한다."라고 하였다.

안 된다. 그러나 대상판결 1에서 설시하고 있는 내용 중 가장 주목할 부분은 "계약상 의무를 일부이행하거나 협조한 것"이 자신이 직접 참여하지 않은 "계약의 효과가 자신에게 유효하게 귀속됨을 묵시적으로 인정한 것으로 볼 수도 있다."라고 설시하고 있는 부분이라고 할 것이다. 왜냐하면, 이러한 논거를 유지할 경우, 예컨대 자녀가 부모님을 위하여 부모님이 거주하는 낡은 주택을 재축하는 계약을 체결하였으나, 부모님이 건설업자에게 해당 주택의 철거 및 재축에 동의하며 공사기간 동안 불편함이 없도록 협조하겠다는 확약을 하였다면 해당 부모님에게 주택 재축을 위한 계약의 효력이 귀속된다고 해석할 수도 있는데, 과연 그와 같은 해결방법이 타당한 것인지 의문이 아닐 수 없기 때문이다. 그렇다면 대상판결 1에서와 같이 무권리자의 처분행위에 대한 권리자의 추인으로 인하여 당사자가 권리자로 변경되거나 추가될 수 있다는 취지로 이해될 수 있는 부분은 논리적인 측면에서 문제가 없지 않다. 우리 대법원의 판결 중에서도 특히, 대상판결 1과 직접적인 관련성이 있는 대법원 2018. 11. 29. 선고 2018다37949, 37956 판결에서는 "지상권설정계약의 계약상 의무자가 비록 부동산등기법상 등기의무자는 아니라고 하더라도 법원은 지상권설정계약에 근거하여 계약상 의무자를 상대로 계약의 내용대로 지상권설정등기절차의 이행을 명할 수 있다."라고 판시하고 있는데, 이러한 태도는 무권리자의 처분행위에 대한 추인이 있었다고 하더라도 무권리자의 계약상 책임은 권리자에게 이전되지 않음을 전제로 한 것이라고 할 것이다. 무엇보다도, 대상판결 1에서는 무권리자의 처분행위의 추인의 문제에 있어서 무권대리의 추인의 법리가 유추적용될 수 있다는 취지의 태도를 취하고 있는 점 또한 논리적인 측면에서 문제가 없지 않다.

## 4. 대리 법리 적용의 타당성 검토 : 대리의 성립 여부에 대한 판단 및 무권대리 추인의 효과

### (1) 문제의 소재

대상판결 1에서는 무권대리의 법리에 기초하여 당사자를 확정한 것으로 평가할 수 있으며, 대상판결 2에서는 유권대리의 법리에 기초하여 당사자를 확정하였다. 그런데 이들 판결들은 기존의 타인명의의 법률행위에서의 당사자 확정의 문제들에서와는 달리, 행위자 아닌 자를 당사자로 확정하는 방법에 있어서도 대리의 법리에 기대고 있다는 점에서 평가할만한 부분이 적지 않다. 다만, 그 논거의 제시에 있어서 논리정합성이 결여된 부분들이 발견된다.

우선, 두 사안 모두 행위자들에게 대리의사가 있었는지의 여부가 의심스럽다. 특히, 대상판결 1의 사안에서는 계약서상 당사자가 행위자로 특정되어 있었음에도 불구하고 제3자를 무권대리의 추인이라는 논거를 들어 마치 대리행위가 성립된 것으로 이론구성하고 있다고 평가할 수 있는데, 대리의사의 표시 내지 현명이 존재하지 않았음에도 불구하고 그와 같은 대리의사의 표시나 현명의 존재를 추정할 수 있는지 의문이다.

한편, 대상판결 2의 사안에서도 연예기획사의 현명 또는 대리의사의 표시가 있었는지를 발견하기가 용이하지 않으나, 제반 사정을 고려하여 민법 제115조 단서와 같이 "상대방이 대리인으로서 행위한 것임을 알았거나 알 수 있었을 때에는 비록 대리인이 현명하지 않았다 하더라도 대리행위가 성립한" 것으로 볼 수 있기에 동 규정의 적용이 가능할 수 있었던 것으로 평가할 수도 있다. 그러나 민법 제115조 단서의 적용을 위해서는 우리 대법원이 밝히는 바와 같이 대리인에게 대리권이 존재하였어야 한다.[31] 그런데 사안에서는 연예기획사에게 대리권이 존재하였는지의 여부가 불명확하였다고 할 수 있으며, 비록 대상판결 2에서 연예기획사는 "출연계약의 체결 및 출연금의 수령 행위를 대리 또는 대행한 것으로 볼 수 있다."라고 밝히고 있으나 연예기획사에게 대리권이 있었다고는

---

31) 대법원 2008. 2. 14. 선고 2007다77569 판결 등 참조. 다만, 비교적 최근의 대법원판결 중에는 "일방 당사자가 대리인을 통하여 계약을 체결하는 경우에 있어서 계약의 상대방이 대리인을 통하여 본인과 사이에 계약을 체결하려는 데 의사가 일치하였다면 대리인의 대리권 존부 문제와는 무관하게 상대방과 본인이 그 계약의 당사자라고 할 것이다."라고 판시한 경우가 있는데(대법원 2022. 12. 16. 선고 2022다245129 판결), 이는 무권대리에 있어서도 현명이 필요하다는 취지의 것으로 이해할 수 있을 것이다.

언급하지 않고 있는데, 아마도 이는 연예인의 매니저의 권한이 연예활동의 주선 정도에 그치며 출연계약에 대해서는 대리권이 없다고 한 선행판결[32]이 있기 때문에 그와 같이 설시하고 있는 것으로 보인다.

아무튼, 대상판결 1이 무권대리를 전제로 한 판결이고, 대상판결 2가 연예기획사에게 대리권이 존재함을 전제로 한 판결이라면, 문제된 사안들에서 현명이 있었는지의 여부, 어떠한 행위가 현명의 표지로 평가될 수 있었는지의 여부, 만약 현명이 없었다면 민법 제115조 단서의 적용에 의한 현명이 불필요한 경우에 해당하는지의 여부를 가리는 것이 논리적이었다고 할 것인데, 이러한 부분들에 대한 검토는 생략하고 굳이 법률행위의 해석을 통하여 대리의 법리가 적용되어 계약서에 당사자로 명시되지 않은 제3자 또는 구두계약 체결의 당사자 아닌 연예인이 본인이라는 논거를 제시하는 것은 불필요한 논리의 우회적 전개에 해당한다고 평가될 수 있다. 그리고 만약 대상판결 2가 연예기획사에게 대리권이 존재하지 않음을 전제로 한 판결이라면 대리권 없는 자의 행위에 대해서도 마치 제115조 단서가 적용될 수 있어서 대리행위를 인정한 것으로 해석될 수 있다는 점에서 논리적인 측면에서 더 심각한 문제점이 노출된다.

이하에서는 이러한 문제인식에 기초하여 대상판결들이 다루는 사안들에서 대리행위가 성립하였는지의 여부 및 무권대리의 효과에 대해서 살피고자 한다.

### (2) 대리행위의 성립요건으로서의 현명

#### 1) 현명의 의의와 본질

대리인이 대리행위를 함에 있어서는 그의 행위가 본인을 위한 것임을 표시하여야 한다(제114조 제1항). 이때 대리인 자신의 이름이 아닌 본

---

32) 대법원 1993. 5. 14. 선고 93다4618, 4625 판결에서는 "통칭 매니저의 대리권의 범위는 연주자의 연주활동의 주선이나 연주에 관하여 공연장확보, 공연비용 또는 출연료결정, 연주일정의 확정 등에만 미칠 뿐 공연계약에 관하여는 대리권이 없다."라고 판시하였다.

인의 이름을 표시하는 것을 현명(顯名)이라 하고 대리행위에서의 이러한 원칙을 현명주의(顯名主義)라 한다.[33] 그런데 대리의 본질은 대리행위의 효과가 본인에게 발생하는 것이므로 현명주의는 대리행위의 본질적·선험적 요소는 아니다. 즉, 대리권이 존재하는 한 현명하지 않더라도 대리행위의 효과가 본인에게 발생할 수도 있다.[34] 한편, 현명의 본질에 관해서는 견해의 대립이 있으나, 대리행위의 본질과 관련하여 학설상 다수의 견해인 대리인행위설에 의하면, 현명은 대리행위의 효과를 본인에게 귀속시키려는 의사표시, 즉 대리의사의 표시라고 한다. 그러므로 현명을 대리행위와는 별개의 독립된 의사표시로 파악한다.[35]

2) 현명의 방식

원칙적으로, 현명은 구두에 의한 것이든 서면에 의한 것이든 불문하며, 일반적으로는 '甲의 대리인 乙'이라는 형식으로 행해진다.[36] 즉, 본인

---

33) 민사대리에서는 현명주의를 원칙으로 하나 상사대리에서는 현명주의에 대한 예외가 인정되고 있다(상법 제48조). 대법원 1996. 10. 25. 선고 94다41935, 41942 판결 등에서도 "상가건물 분양업체에게 그 소유자를 대리할 권한이 있고, 그 점포의 분양행위가 그 규모, 횟수, 분양기간 등에 비추어 볼 때 상법 제46조 제1호 소정의 부동산의 매매로서 본인인 상가건물 소유자의 상행위가 되는 경우, 분양업체가 수분양자와 분양계약을 체결하면서 건물 소유자의 대리인임을 표시하지 않았다 하더라도 상법 제48조에 의하여 유효한 대리행위로서 그 효과는 본인인 건물 소유자에게 귀속된다."라고 판시하고 있다.

34) 법률관계의 명료성확보와 거래안전의 도모(즉, 상대방 이익의 보호)에 현명주의의 입법이유가 있기 때문이다.

35) 현명의 본질과 관련하여, 현명은 독립된 의사표시가 아니라 대리행위를 이루는 의사표시의 요소로 이해하는 견해도 있다. 또 다른 견해에 의하면, 대리의사가 없는 경우에도 현명이 있으면 표현대리, 추인, 추인거절, 철회 등의 법률효과가 생기고, 대리의사가 있어도 현명이 없으면 대리인의 행위를 대리인 자신의 행위로 간주하고 있는 법률규정(제115조)에 비추어 볼 때, 현명은 결과로서의 법률행위의 주체가 본인임을 상대방에게 알리는 의사의 통지라고 한다. 이러한 학설의 소개에 대해서는, 김상용·전경운(주 2), 588-599면.

36) 대법원 1982. 5. 25. 선고 81다1349, 81다카1209 판결에서는 "매매위임장을 제시하고 매매계약을 체결하는 자는 특단의 사정이 없는 한 소유자를 대리하여 매매행위하는 것이라고 보아야 하고 매매계약서에 대리관계의 표시없이 그 자신의 이름을 기재하였다고 해서 그것만으로 그 자신이 매도인으로서 타인물을 매매한 것이라고 볼 수는 없다."라고 하였으며, 대법원 1984. 4. 10. 선고 83다카316 판결에서는 "어음행위의 대리의 방식에 있어서도 어음의 문면으로 보아 본인을 위하여 어음행위를 한다는 취지를 인식할 수 있을 정도의 표시가 있으면 대리관계의 표시로

의 성명이 반드시 표시되어야 하는 것은 아니며, 대리행위에 따른 효과
가 행위자가 아닌 타인에게 귀속된다는 점을 표명하면 족하다. 그리고
현명을 의사표시로 이해하건 의사의 통지로 파악하건 의사표시 해석의
일반원칙이 적용된다.

한편, 주위사정에 의하여 현명이 의제되기도 하는데, 영업소·식당·
상점 등에서 직원 또는 종업원이 행하거나 수령한 의사표시는 특별한 사
정이 없는 한 영업주를 위한 의사표시로 볼 수 있을 것이다. 우리 판례
도 주위사정에 의한 현명을 의제하기도 한다.[37] 다른 한편, 위에서도 언
급한 바와 같이 상사대리에 있어서는 현명주의에 대한 예외가 인정되는
데, 이는 상거래의 비개인성에 근거하는 것으로 설명되고 있다.[38] 아울
러, 부부의 일상가사대리에 있어서는 부부가 각자의 명의로 법률행위를
하더라도 그 법률행위는 본인인 부부 각자에게 효력이 발생하므로(제827
조) 현명주의가 적용되지 않으며, 제한능력자를 위한 법정대리인의 법률
행위 또한 현명이 없더라도 제한능력자의 행위로 추정되기도 한다.[39]

보아야 할 것인 바, "해동화재해상보험 주식회사 대구영업소장 박○○"란 표시는
피고회사의 대리관계표시로서 적법하다고 볼 것이다."라고 하였다.
37) 대법원 1989. 7. 25. 선고 88다카17273 판결에서는 "중기대여회사에 지입된 중기
는 대외적으로는 그 회사의 소유이고 지입차주들은 회사와의 수탁관리운영계약에
의하여 그 중기의 운행관리를 위임받은 것이므로 지입차주들이 그 중기를 운행하
기 위한 필요에 의하여 제3자로부터 타이어, 튜브 등의 공급을 받는 거래를 하였
다면 그것은 회사의 위임에 의하여 회사를 대리하여 한 것이고 그 거래에서 물품대
금을 회사에 대하여 청구하지 않고 지입차주 본인이 책임지기로 특약한 사실이 없
다면 회사는 그 거래의 본인으로서 대금지급의 책임을 면할 수 없다."라고 하였다.
38) 반면, 독일에서는 상사대리에도 현명주의를 취하지만, 법률행위의 성질상 본인을
위한 것임이 주위사정에 위해 명백한 경우, 이러한 행위를 '관계인을 위한 행위'라
고 하여 대리인이 본인을 위한 것임을 현명하지 않더라도 본인에게 효력이 발생할
수 있다고 한다. 우리나라에서도 상대방의 개성을 중시하지 않는 민사거래의 전형
인 일상용품의 현찰매매와 같은 거래에 있어서는 현명주의의 예외를 인정하려는
긍정설과 관계인을 위한 행위에 현명주의의 예외를 인정하면 법률관계의 명료성을
해치며 간접대리의 직접대리화 현상이 인정되므로 부인하려는 부정설의 견해대립
이 있다. 이러한 설명에 대해서는, 김상용·전경운(주 2), 602면.
39) 예컨대, 대법원 1994. 4. 29. 선고 94다1302 판결에서는 "미성년자의 법정대리인
의 법률행위는 미성년자를 위하여 한 행위로 추정되므로 후견인의 피후견인 재산
에 관한 처분행위는 피후견인인 미성년자를 대리하여 한 행위로서 미성년자에 대
하여 그 효과가 발생한다."라고 하였다.

### 3) 타인 명의로 법률행위를 한 경우의 대리행위의 성립유무

일반적으로 대리인이 법률행위를 함에 있어서 '甲의 대리인 乙'이라고 표시하지 않고 '甲'의 명의로 법률행위를 하는 경우, 乙이 대리권이 있다면 타인명의로의 행위라고 하며 乙이 대리권을 전혀 갖고 있지 않다면 허무인 명의로의 행위라고 설명하기도 한다. 그리고 전자의 경우에는 대리에 관한 규정이 유추적용되는데, 즉 어떤 자가 타인명의로 법률행위를 하였고 그 행위자가 명의인을 위하여 법률행위를 할 수 있는 대리권이 있는 경우에는 직접 본인의 명의로 법률행위를 하였다고 하더라도 이는 대리의 문제로 해결될 수 있다는 것이다.[40] 반면, 대리권도 없는 자가 타인명의로 법률행위를 한 경우, 우리 법원은 이를 법률행위 해석의 문제로 해결하고자 하는 것으로 평가할 수 있다.[41] 그리고 이 후자의 경우에는 무권대리도 성립하지 않음이 원칙이라고 할 것이나,[42] 표현대리가 성

---

40) 대법원 1963. 5. 9. 선고 63다67 판결에서는 "대리인은 대리인임을 표시하여 의사표시를 하여야 하는 것이 아니고 본인명의로도 할 수 있다."라고 하였으며, 대법원 1987. 6. 23. 선고 86다카1411 판결에서는 "갑이 부동산을 농업협동조합중앙회에 담보로 제공함에 있어 동업자인 을에게 그에 관한 대리권을 주었다면 을이 동중앙회와의 사이에 그 부동산에 관하여 근저당권설정계약을 체결함에 있어 그 피담보채무를 동업관계의 채무로 특정하지 아니하고 또 대리관계를 표시함이 없이 마치 자신이 갑 본인인 양 행세하였다 하더라도 위 근저당권설정계약은 대리인인위 을이 그의 권한범위 안에서 한 것인 이상 그 효력은 본인인 갑에게 미친다."라고 하였다.

41) 대법원 2003. 12. 12. 선고 2003다44059 판결에서는 "계약을 체결하는 행위자가 타인의 이름으로 법률행위를 한 경우에 행위자 또는 명의인 가운데 누구를 계약의 당사자로 볼 것인가에 관하여는, 우선 행위자와 상대방의 의사가 일치한 경우에는 그 일치한 의사대로 행위자 또는 명의인을 계약의 당사자로 확정해야 하고, 행위자와 상대방의 의사가 일치하지 않는 경우에는 그 계약의 성질·내용·목적·체결경위 등 그 계약 체결 전후의 구체적인 제반 사정을 토대로 상대방이 합리적인 사람이라면 행위자와 명의자 중 누구를 계약 당사자로 이해할 것인가에 의하여 당사자를 결정하여야 한다."라고 하였으며, 대법원 2013. 10. 11. 선고 2013다52622 판결에서도 "상대방과의 사이에 계약 체결의 행위를 하는 사람이 다른 사람 행세를 하여 그 타인의 이름을 사용하여 계약서 기타 계약에 관련된 서면 등이 작성되었다고 하더라도, 행위자와 상대방이 모두 행위자 자신이 계약의 당사자라고 이해한 경우, 또는 그렇지 아니하다고 하더라도 상대방의 입장에서 합리적으로 평가할 때 행위자 자신이 계약의 당사자가 된다고 보는 경우에는, 행위자가 계약의 당사자가 되고 그 계약의 효과는 행위자에게 귀속된다."라고 하였다.

42) 예컨대, 대법원 1974. 6. 11. 선고 74다165 판결에서는 "'갑'이 임대차계약을 체

립할 수 있는 가능성을 배제하지는 않는 것으로 보인다.[43] 아울러, 본인이 사후의 추인에 의하여 자기의 행위로 효력을 인정할 수도 있을 것이다. 한편, 타인에게 자기의 명의를 사용하여 법률행위를 할 것을 허락한 경우인 명의대여의 경우에는 비록 당사자 확정의 문제가 발생할 수는 있으나,[44] 일반적으로는 명의대여자가 당사자로 인정되어 명의대여자에게 법률효과가 귀속될 것이다.[45]

## 4) 현명하지 않은 행위의 효과

대리인이 대리인으로서 행위를 할 의사를 가지고서도 이를 상대방에게 표시하지 아니하고 대리인 자신의 이름으로 법률행위를 한 경우에는 대리인 자신을 위한 행위로 간주된다(제115조 본문).[46] 다만, 민법 제115조

---

결함에 있어서 임차인 명의를 원고 명의로 하기는 하였으나 '갑'의 이름이 원고인 것 같이 행세하여 계약을 체결함으로써 피고는 '갑'과 원고가 동일인인 것으로 알고 계약을 맺게 되었다면 설사 '갑'이 원고를 위하여 하는 의사로서 위 계약을 체결하였다 하더라도 위 계약의 효력은 원고에게 미치지 않는다."라고 하였다.

43) 예컨대, 대법원 1988. 2. 9. 선고 87다카273 판결에서는 대리인이 본인임을 사칭하고 본인을 가장하여 은행과 근저당권설정계약을 체결한 행위에 대해 권한을 넘은 표현대리의 법리를 유추적용한 것이 정당하다고 판단하였으며, 대법원 2002. 6. 28. 선고 2001다49814 판결에서는 "민법 제126조의 표현대리는 대리인이 본인을 위한다는 의사를 명시 혹은 묵시적으로 표시하거나 대리의사를 가지고 권한 외의 행위를 하는 경우에 성립하고, 사술을 써서 위와 같은 대리행위의 표시를 하지 아니하고 단지 본인의 성명을 모용하여 자기가 마치 본인인 것처럼 기망하여 본인 명의로 직접 법률행위를 한 경우에는 특별한 사정이 없는 한 위 법조 소정의 표현대리는 성립될 수 없다(처가 제3자를 남편으로 가장시켜 관련 서류를 위조하여 남편 소유의 부동산을 담보로 금원을 대출받은 경우, 남편에 대한 민법 제126조 소정의 표현대리책임을 부정한 사례)."라고 판시하였다.

44) 대법원 2003. 12. 12. 선고 2003다44059 판결 등 참조.

45) 예컨대, 대법원 2002. 6. 28. 선고 2002다22380 판결에서는 "원칙적으로 물품대금 채무를 부담하는 자는 매도인으로부터 물품을 매수한 자이고, 매수인 아닌 자가 주채무자로서 물품대금 채무를 부담하기 위해서는, 실제로 매도인으로부터 물품을 매수한 자에게 자신의 성명 또는 상호를 사용하여 영업을 할 것을 허락하여 매도인이 그와 같이 명의를 대여한 자를 영업주로 오인하여 거래를 한 경우 등에 한한다 할 것이다."라고 하였다.

46) 예컨대, 대법원 2008. 5. 15. 선고 2007다14759 판결에서도 "수급인이 도급인의 대리인으로서 건물을 분양하면서 대리관계의 표시를 하지 아니한 채 수급인 명의로 된 분양계약서를 작성하였고, 그 밖에 명시적 또는 묵시적으로 도급인을 위한 것임을 전혀 표시하지 아니하였으며, 상대방도 분양권자가 수급인이라고 인식하는 등 건물의 분양을 둘러싼 여러 사정에 비추어 보더라도 수급인이 대리인으로서 분

단서에서는 상대방이 대리인으로서 한 것임을 알았거나 알 수 있었을 때에는 비록 대리인이 현명하지 않았다 하더라도 상대방을 보호할 필요가 없으므로 대리행위가 성립함을 규정하고 있다.[47]

### (3) 협의의 무권대리에서의 무권대리인과 상대방의 법률관계

대리권 없이 타인의 이름으로 의사표시를 하거나 수령하는 것을 무권대리라 하고, 이러한 무권대리 중 표현대리를 제외한 무권대리를 협의의 무권대리라 한다. 협의의 무권대리행위는 대리인에게 대리권이 전혀 존재하지 않으므로 본인에게 책임을 물을 수 없으나, 본인의 명시적·묵시적 추인에 의하여 무권대리행위를 소급적으로 유효한 대리행위로 할 수 있으며(제133조 본문), 상대방에게는 철회권·거절권·최고권이 인정된다. 본인이 추인을 하지 않아 본인이 책임을 지지 않을 때에는 최종적으로 무권대리인에게 책임을 지움으로써 상대방은 보호받을 수 있다. 즉, 무권대리가 표현대리의 요건을 갖추지 못하고 본인이 추인을 하지 않거나 상대방이 철회권을 행사하지 않는 경우, 무권대리인은 상대방의 선택에 좇아 계약의 이행 또는 손해배상책임을 진다.[48] 민법 제135조에 의한

---

양한 것임을 상대방이 알 수 없었을 경우에는 민법 제115조의 규정에 의하여 분양의 효력이 도급인에게 미치지 아니하는 것이다."라고 판시하였다.

47) 예컨대, 대법원 2008. 2. 14. 선고 2007다77569 판결에서도 "채권의 양수인이 양도인으로부터 채권양도통지 권한을 위임받아 대리인으로서 그 통지를 함에 있어서 그 통지가 본인인 채권의 양도인을 위한 것임을 표시하지 아니한 경우라도 채권양도통지를 둘러싼 여러 사정에 비추어 양수인이 대리인으로서 통지한 것임을 상대방이 알았거나 알 수 있었을 때에는 민법 제115조 단서의 규정에 의하여 유효하게 되나(대법원 2004. 2. 13. 선고 2003다43490 판결 참조), 이는 채권의 양수인이 양도인으로부터 채권양도통지 권한을 위임받아 그에 대한 대리권을 가지고 있음을 전제로 하는 것이다."라고 판시하였다.

48) 무권대리인이 상대방에 대하여 이행 또는 이행이익의 손해배상책임을 지는 근거와 본질에 대해서 우리나라에서는 상대방보호·거래의 안전 및 대리제도의 신용유지를 위한 것이라는 신뢰책임설, 무권대리인이 대리인이라고 표시한 행위로부터 책임이 발생한다는 법정의 표시책임설, 무권대리인이 본인의 추인을 얻지 못할 경우 스스로 손해발생의 위험을 부담하겠다는 주장이 무권대리행위에 내포되어 있었다는 위험귀속설 등이 주장되고 있다. 독일에서는 담보책임설, 법률행위설, 계약체결상의 과실책임설, 표시책임설 등이 주장되고 있다. 이상과 같은 학설의 대립상황에 대해서는, 제2판 민법주해(Ⅲ)(주 5), 739면 이하, 구자헌 집필부분.

무권대리인의 상대방에 대한 이러한 책임은 법정의 무과실책임으로 이해
됨이 일반적이며, 우리 대법원도 마찬가지의 태도를 취하는 것으로 평가
될 수 있다.[49)]

한편, 무권대리인의 상대방에 대한 책임이 성립하기 위해서는 다음
과 같은 요건이 충족되어야 한다. 즉, ① 무권대리인의 대리행위가 있어
야 하며,[50)] ② 대리인이 대리권을 증명할 수 없어야 하고,[51)] ③ 본인이
추인을 하지 않고[52)] 표현대리도 성립하지 않아야 하며,[53)] ④ 상대방이
선의·무과실이어야 한다.[54)] 그 밖에도 ⑤ 상대방이 철회권을 행사하지

---

49) 예컨대, 대법원 2014. 2. 27. 선고 2013다213038 판결에서는 "민법 제135조 제1
　　항은 "타인의 대리인으로 계약을 한 자가 그 대리권을 증명하지 못하고 또 본인의
　　추인을 얻지 못한 때에는 상대방의 선택에 좇아 계약의 이행 또는 손해배상의 책
　　임이 있다."고 규정하고 있다. 위 규정에 따른 무권대리인의 상대방에 대한 책임은
　　무과실책임으로서 대리권의 흠결에 관하여 대리인에게 과실 등의 귀책사유가 있어
　　야만 인정되는 것이 아니고, 무권대리행위가 제3자의 기망이나 문서위조 등 위법행
　　위로 야기되었다고 하더라도 책임은 부정되지 아니한다."라고 판시하고 있다.
50) 무권대리인의 대리행위에 속하는 법률행위는 의무부담행위뿐만 아니라 처분행위
　　도 가능하나 처분행위는 제135조 제1항의 이행청구권에 관한 규정은 적용되지 않
　　는다고 설명함이 일반적이다. 그러나 계약체결단계에서의 준비·협의행위도 법률
　　행위는 아니지만 본조가 적용된다는 견해도 있다. 이러한 설명에 대해서는, 김용
　　덕 편집대표, 「주석 민법」, 제5판, 총칙(3), 한국사법행정학회(2019), 337면, 이균용
　　집필부분; 제2판 민법주해(Ⅲ)(주 5), 745면.
51) 무권대리인이 의사표시 당시에 객관적으로 대리권이 결여되고 또한 대리권의 존
　　재를 증명할 수 없어야 한다. 따라서 무권대리인이 책임을 면하려면 자기에게 대
　　리권이 있었음을 적극적으로 증명하여야 한다. 주석 민법(주 50), 338면; 제2판 민
　　법주해(Ⅲ)(주 5), 745면.
52) 학설상 다수설에 의하면, 본인이 추인을 거절하거나 적극적으로 추인거절을 하
　　지는 않았더라도 추인의 가능성이 없어야 한다. 대법원 1965. 8. 24. 선고 64다
　　1156 판결(무권대리인이 대리권의 증명을 하지 못하던 중에 본인이 무권대리행위
　　의 목적부동산을 타인에게 매도하여 소유권이전등기절차를 완료한 때를 본인의 추
　　인을 얻지 못한 때에 해당한다고 한 사례)도 참조.
53) 다만, 이는 표현대리가 성립하는 경우에는 무권대리인에 대한 책임을 물을 수
　　없다는 소위 '보충책임설'의 입장에 설 경우에 그러하다.
54) 상대방이 계약 당시에 대리인에게 대리권 없음을 알았거나 알 수 있었을 때에는
　　상대방은 무권대리인에게 이행 또는 손해배상책임을 물을 수 없으며, 이에 관한
　　증명책임은 무권대리인에게 있다. 대법원 2018. 6. 28. 선고 2018다210775 판결에
　　서는 "민법 제135조 제2항은 '대리인으로서 계약을 맺은 자에게 대리권이 없다는
　　사실을 상대방이 알았거나 알 수 있었을 때에는 제1항을 적용하지 아니한다.'고
　　정하고 있다. 이는 무권대리인의 무과실책임에 관한 원칙 규정인 제1항에 대한 예

아니할 것, ⑥ 무권대리인이 행위능력자일 것, ⑦ 다른 무효사유가 없을 것[55] 등의 요건이 요구되기도 한다.

　다른 한편, 이상과 같은 요건이 충족되어 상대방이 무권대리인에게 이행책임을 묻는 경우, 무권대리인은 본인이 대리행위에 의해 부담하였을 것과 같은 내용의 채무를 이행하여야 하지만 상대방에 대한 반대급부청구권도 가지게 된다.[56] 상대방이 손해배상을 선택한 경우, 무권대리인은 상대방에게 이행이익의 손해를 배상하여야 한다.

　(4) 소　　결
　대상판결들에서는 대리행위가 성립하기 위한 요건으로서 현명이 존재하였는지의 여부가 문제되는데 비록, 일반적인 설명에 의하면 현명의 방식에 있어서 "대리행위에 따른 효과가 행위자가 아닌 타인에게 귀속된다는 점을 표명하면 족하다"고는 하나, 적어도 그와 같은 가치부여 내지 성질결정이 가능한 표지가 존재하였어야 한다고 할 것인데, 대상판결 1은 물론이요 대상판결 2에서도 행위자의 어떠한 행동 내지 의사표시에서 현명에 준하는 표지를 찾을 수 있는지 의문이다.
　다음으로, 대상판결들에서와 같은 사안들에서 무권대리가 되었든 유

---

　외 규정이므로 상대방이 대리권이 없음을 알았다는 사실 또는 알 수 있었는데도 알지 못하였다는 사실에 관한 주장·증명책임은 무권대리인에게 있다."라고 판시하고 있다.

55) 제135조의 책임은 대리권의 부존재로 인한 책임이므로, 무권대리행위가 의사무능력, 비진의표시(제107조 제1항 단서), 허위표시, 강행규정 또는 공서양속위반 등으로 무효인 경우에는 대리권이 존재하더라도 법률행위가 무효로 되므로 제135조의 책임이 발생하지 않는다.

56) 대법원 2018. 6. 28. 선고 2018다210775 판결에서는 "다른 자의 대리인으로서 계약을 맺은 자가 그 대리권을 증명하지 못하고 또 본인의 추인을 받지 못한 경우에는 그는 상대방의 선택에 따라 계약을 이행할 책임 또는 손해를 배상할 책임이 있다(민법 제135조 제1항). 이때 상대방이 계약의 이행을 선택한 경우 무권대리인은 계약이 본인에게 효력이 발생하였더라면 본인이 상대방에게 부담하였을 것과 같은 내용의 채무를 이행할 책임이 있다. 무권대리인은 마치 자신이 계약의 당사자가 된 것처럼 계약에서 정한 채무를 이행할 책임을 지는 것이다."라고 판시하고 있다.

권대리가 되었든 대리법리에 기대어 문제를 해결하고자 할 경우에는 대리의 효과라는 측면에서도 문제점이 발견될 수 있다. 먼저, 대상판결 1에서는 무권대리의 추인에 의해 제3자가 당사자가 되었다는 취지라고 평가할 수 있는데, 그렇다면 무권대리인에 해당하는 자는 본인에 해당하는 제3자의 추인이 있은 이후에는 대리행위로부터 해방되는 것으로 논리구성함이 타당할 것이다. 그러나 대상판결 1에서는 제3자의 추인에 의하여 그 제3자에게 계약의 효력이 그대로 미친다고 하면서도 무권대리인은 상대방과의 관계에 있어서 여전히 계약책임을 지는 것으로 해결하고 있다는 점에서 논리적인 측면에서 극복하여야 할 과제가 쌓인 것으로 평가할 수 있다. 특히, 위에서 소개한 대상판결 1과 직접적인 관련성이 있는 대법원 2018. 11. 29. 선고 2018다37949, 37956 판결에서는 마치 본인의 추인이 있은 이후에도 상대방은 무권대리인으로 평가될 수 있는 자에게 여전히 무권대리행위에 기초한 계약책임을 지는 것으로 평가할 수 있게 하는 입장을 취하고 있다는 점에서 문제가 없지 않다. 요컨대, 대상판결 1에서는 무권대리 추인의 법리에 의해 본인에게 무권대리인이 체결한 계약상의 효과가 귀속된다고 하면서도 무권대리인 또한 여전히 계약상 의무를 부담한다는 취지로 읽힐 수 있다는 점에서 무권대리의 효과에 관한 새로운 법리를 만들고 있는 것으로 평가할 수 있다.

다음으로, 대상판결 2에서는 연예인과 기획사 사이에 대리권의 수여가 있음을 전제로 하였다고 평가할 수도 있는데, 대리권수여의 판단에 있어서 유명연예인의 기획사인지 아닌지의 여부도 고려되어야 하는 것으로 판시하고 있다. 즉, 대상판결 2에서는 유명연예인의 경우에는 전속계약을 통하여 기획사에게 대리권을 수여한 것이어서 기획사가 방송사 등과 유명연예인의 출연계약을 체결하더라도 이는 대리행위로서 유명연예인이 당사자가 되지만 유명하지 않은 연예인의 출연을 목적으로 하는 경우에는 대리법리가 적용되지 않고 기획사가 출연계약의 당사자로 확정된다는 취지로 판단한 것이라고 평가할 수도 있기 때문이다. 그러나 유명연예인의 방송출연이 일신전속적 급부의 성격을 가진다고는 할 수 있으나, 급부의 내용이 일신전속적인지의 여부가 대리행위의 판단기준이 된다는 논리구성은 대단히 흥미롭고 새로운 논거가 아닐 수 없다. 아울러, 대상판결 2에서는 "교섭력에 있어 우위를 확보한 연예인의 경우에는 어떠한 프로그램에 어떠한 조건으로 출연할 것인지를 전속기획사가 아니라 연예인 스스로 결정하는 것이 통상적인 출연계약의 모습"이라는 점을 강조하고 있는데, 유명연예인에 해당하는지의 여부와 교섭력에서 우위를 확보한 연예인에 해당하는지의 여부를 판단하는 기준의 제시도 없이 유명연예인은 자신들의 방송출연 계약에 있어서는 교섭력에서도 우위에 있을 것이라고 단정하고 있는 점 또한 대단히 흥미롭다고 할 것이다. 즉, 대상판결 2의 논거는 대리의 성립 여부와 관련하여 위에서 살핀 현명의 여부 등은 고려할 필요 없이 급부의 성질에 의해서도 결정될 수 있다는 새로운 논거를 제시하고 있다는 점에서 그 정당성이 의심스럽다는 것이다.

다음으로, 대상판결 2의 논거는 대리행위의 효과의 측면에서도 문제가 없지 않다. 즉, 유명연예인의 출연계약을 기획사가 대리하여 체결하였다면 그 효과는 대상판결에서와 같이 유명연예인에게 직접 효력이 발생할 것인데, 만약 유명연예인이 해당 방송물이나 출연행위에 대하여 다양한 이유를 근거로 응하지 않을 경우, 그로 인한 채무불이행책임을 유명연예인이 지게 될 것이며 대리인인 기획사는 방송사에 대하여 아무런 책임을 지지 않는 결과가 초래될 수 있다. 그러나 이러한 결론의 도출은 기획사에게 유효한 대리권이 존재하였던 경우에는 본인인 연예인이 대리권 수여로 인한 위험을 모두 부담하여야 한다는 점에서 피할 수 없는 결론이라고 할 수 있으나, 만약 사안에서와 같이 대리권 수여의 여부가 불분명함에도 불구하고 기획사가 대리행위를 한 것으로 논리구성한다면 이는 마치 우리 법에서도 원칙적으로 그 유효성이 문제시되고 있는 '제3자의 의무부담계약'을 전면적으로 인정한 것과 다름 없는 결론이라는 점에서 그 타당성이 의문시 될 수 있을 것이다. 따라서, 포괄적 또는 개별적 대리권의 수여 등과 같은 방법으로 출연계약의 체결에 직접 관여하지 않은 연예인은 기획사에 의한 방송출연계약에서 자유로울 수 있는 해결책을 모색할 필요가 있을 것이다.

## 5. 제3자의 행위 담보계약

### (1) 서

계약당사자 중 일방이 타방 당사자에게 제3자의 행위 관여를 담보하는 계약을 '제3자의 행위 담보계약'이라고 한다. 이 유형의 계약은 현재 우리 민법에서 규정하고 있지는 않으나,[57] 현실적으로는 이와 같은 유형의 계약들이 체결되고 있는 것으로 평가할 수 있다. 현재 이 유형의 계약을 명문으로 인정하고 있는 대표적인 입법례로는 프랑스의 사례를 들 수 있는데,[58] · [59] 2016년에 개정된 프랑스민법 제1204조에서는 "① 누구

---

57) 우리나라에서는 이러한 유형의 계약을 '제3자의 급부의 약속' 또는 '제3자의 급부에 대한 약속'이라고 표현하면서 해당 약속만으로는 제3자가 아무런 계약상 의무부담을 하지 않으며, 만약 약속한 자가 제3자로 하여금 급부를 하게 하지 못한 경우에는 그 자신이 채권자에게 채무불이행책임을 진다는 점에서 '제3자의 의무부담계약'이나 '제3자를 위한 계약'과는 구별된다고 설명되기도 한다. 아무튼, 이 유형의 계약은 다시 '제3자로 하여금 반드시 급부하게 할 것을 보장하는 것'과 '제3자로 하여금 상대방에게 급부하게 하도록 가능한 노력을 다하여야 하는 것'으로 나눌 수 있다고 설명하기도 한다. 이상과 같은 설명으로는, 민법주해(Ⅷ)(주 1), 136면; 주석 민법(주 1), 252면. 한편, 위에서 언급한 우리나라에서의 소개 내용 중 '제3자로 하여금 반드시 급부하게 할 것을 보장하는 것'이 프랑스법에서의 '제3자의 행위 담보계약(promesse de porte-fort)'이며, '제3자로 하여금 상대방에게 급부하게 하도록 가능한 노력을 다하여야 하는 것'은 프랑스법에서 '알선 · 중개계약(promesse de bons offices)'으로 표현되기도 한다. 즉, 전자는 약속한 내용의 실현이 소위 '결과채무'에 해당하므로 제3자의 급부를 약속한 낙약자는 제3자의 급부가 실현되지 않으면 반드시 채무불이행책임을 져야 하나, 후자는 약속한 내용의 실현이 소위 '수단채무'에 해당하므로 낙약자는 제3자가 급부를 실현하도록 가능한 모든 수단을 강구하여야 하며(F. Terré, Ph. Simler, Y. Lequette et F. Chénedé, *Droit civil, Les obligations,* 12e éd., Dalloz(2018), n° 696), 따라서 제3자의 급부가 실현되지 않은 것에 대하여 낙약자가 가능한 노력을 다하지 않았다는 점에 대하여 채권자가 이를 증명하여야만 낙약자를 상대로 손해배상을 청구할 수 있다(A. Bénabent, *Droit civil, les obligations,* 18e éd., L.G.D.J.(2019), n° 63).

58) 독일민법에서도 '제3자의 행위 또는 급부에 대한 약속'과 관련한 명문의 규정은 존재하지 않는다. 다만, 제3자가 당사자로 관여하지 않은 계약에 의해 직접적으로 계약상 의무를 부담하는 소위 '제3자의 의무부담을 목적으로 하는 계약(Vertrag zu Lasten Dritter)'은 사적자치의 원칙에 반하므로 허용되지 않으나(MünchKomm/Gottwald, § 328 Rn. 263.), 단순히 계약으로 '제3자의 급부(Leistung eines Dritten)'를 약속하는 행위는 누구라도 할 수 있다고 해석되고 있는데, 그 이유는 이러한 약속이

나 제3자의 행위를 약속함으로써 제3자의 행위를 담보(porter fort)할 수
있다. ② 약속한 행위를 제3자가 완수한다면, 낙약자는 모든 의무로부터
해방된다. 그러하지 아니한 경우에는, 낙약자(promettant)가 손해배상책임
을 질 수 있다. ③ 제3자의 행위 담보계약이 어떠한 의무부담에 대한 '승
인(ratification)'을 목적으로 하는 경우, 그러한 의무부담은 제3자의 행위 담
보계약이 체결된 날로 소급하여 그 효력이 있다."라고 규정하고 있다. 연
혁적인 측면에서 볼 때, 이러한 제3자의 행위 담보계약은 로마법에 뿌리
를 두고 있는데 이는 로마법에서 제3자의 의무부담계약을 금지하였기 때
문에 그에 따른 보완책의 하나로서 "제3자가 일정한 행위를 하도록 노력
할 것을 약정"하는 것은 허용한 것에서 기원한다고 설명된다.[60]

한편, 프랑스에서도 2016년 개정 이전에는 제1119조와 제1120조의
법문상 표현의 해석을 둘러싸고 제3자의 행위 담보계약을 계약의 상대적
효력에 관한 예외라거나 제3자를 위한 의무부담계약의 원칙적 무효에 관
한 예외로서 설명하기도 하였다.[61] 그러나 2016년 개정 프랑스민법 제

---

있더라도 제3자의 법적 지위에 아무런 영향을 미치지 않기 때문이라고 한다
(MünchKomm/Gottwald, § 328 Rn. 16.) 즉, 제3자의 급부를 약속하더라도 제3자는
아무런 의무를 부담하지 않으며, 그와 같은 약속을 한 자만이 의무를 부담한다는
것이다(Staudinger/Klumpp, § 328 Rn. 94.).

59) 유럽 국가 중에서 '제3자의 행위 담보계약'을 민법에서 규율하고 있는 사례는 다
음과 같다. 우선, 스위스채무법 제111조에서는 "타방에게 제3자의 행위를 약속한
자는 그 제3자의 불이행에 대하여 손해를 배상하여야 한다"라고 규정하고 있다.
이탈리아민법 제1381조에서도 '제3자의 행위에 대한 약속(promessa del fatto del
terzo)'에 대해 규정하고 있으며, 벨기에민법 제1120조에서도 '제3자의 행위 담보
의무부담(engagement de porte fort)'에 대해 규정하고 있다. 네덜란드민법에서도
표현상의 차이는 있으나 제3자의 행위 담보계약에 대해 규정하고 있다. 퀘벡민법
제1443조에서도 '타인의 행위에 대한 약속(promesse du fait d'autrui)'에 대해 규정
하고 있으며, 뛰르키예 민법 및 도미니카 공화국 민법 등에서도 제3자의 행위 담
보계약에 대해 규정하고 있다.

60) P.-F. Girard, *Manuel élémentaire de droit romain*, Dalloz(2003), p. 482 et s.;
J.-Ph. Lévy et A. Castaldo, *Histoire du droit civil,* 2e éd., Dalloz(2010), n° 601.

61) 특히, 이러한 해석은 2016년 개정 전 프랑스민법 제1119에서 "누구든지 원칙적
으로 자신을 위한 경우에 한하여 자기의 이름으로 의무를 부담하거나 권리를 취득
할 수 있다."라고 규정하였으며(현행 제1203조에서는 "누구나 자신을 위하여만 자
신의 이름으로 의무부담을 할 수 있다."라고 규정하고 있음), 개정 전 프랑스민법
제1120조(현행 제1204조)에서는 "그러나 제3자의 행위를 약속함으로써…"라고 규정

1204조에서는 개정 전 제1120조와는 달리 현행 제1203조에 대한 예외로 읽힐 수 있는 부분을 삭제하였으며, 제3자의 행위 담보계약에 따른 의무부담은 오로지 낙약자만이 부담한다는 점을 분명히 하고 있다. 즉, 비록 제3자의 행위관여를 담보하는 것을 계약의 내용으로 삼기는 하였으나, 제3자의 행위 담보계약의 당사자는 낙약자와 그 상대방이며, 제3자는 행위 담보계약 그 자체에 수반하는 일체의 의무를 부담하지 않을 뿐만 아니라 제3자의 행위 담보계약에서 상정한 제3자의 행위를 완수할 것인지의 여부는 오로지 제3자의 자유의지에 의한 선택사항이며 그가 행위 담보계약 당사자가 약정한 그 행위를 완수하지 않더라도 그에 따른 채무불이행 책임은 낙약자만이 부담한다는 것이다. 다만, 제3자의 행위 담보계약에 대하여 제3자가 '승인(ratification)'을 하는 경우에는 비로소 그 계약에 구속되며, 낙약자는 담보계약으로부터 해방된다는 것이다. 따라서 이러한 사정을 종합할 때, 제3자의 행위 담보계약은 프랑스민법 제1199조[62)]에서 상정하는 계약의 상대적 효력의 원칙에 대한 예외라고 평가할 수도 없다.[63)]

이하에서는 제3자의 행위 담보계약과 구별되어야 할 유형의 계약들을 간략히 살핀 뒤, 프랑스민법상 해당 계약에 관한 법리를 소개하고 이를 통하여 해당 계약이 본고에서 검토하고자 하는 대상판결에 적용될 수 있는지를 살피고자 한다.

**(2) 구별개념**

**1) 대    리**

대리는 대리인이 본인의 이름으로 법률행위를 하거나 또는 의사표시

---

하였는데, 개정 전 제1119조는 제3자를 위한 의무부담계약을 금지하고 있으나 제1120조에서는 '그러나'로 시작하였기에 제1119조에 대한 예외를 선언한 것으로 이해할 수 있었기 때문이다.

62) 프랑스민법 제1199조에서는 "① 계약은 당사자 사이에서만 채권관계를 발생시킨다. ② 제3자는 본절과 제4편 제3장의 규정에 있는 경우를 제외하고는, 계약의 이행을 요구하거나 또한 이행을 강요당할 수 없다."라고 규정하고 있다.

63) 이상과 같은 취지의 설명에 대해서는, C. Aubert de Vincelles, "Porte-fort", *Répertoire de droit civil*, (2017), n° 3.

를 수령하고 그 법률효과는 직접 본인에게 발생시키는 제도이다. 즉, 법률행위와 그 법률행위에 의한 법률효과의 귀속자가 분리되는 것이 특징이며, 이는 예컨대 임의대리의 경우 본인이 대리인에게 대리권을 수여하고 대리인은 자기의 이익을 위해서가 아니라 본인의 이익을 위하여 법률행위를 하기 때문이다.[64] 그리고 이러한 대리제도는 법률행위를 함에 있어서의 장소적·시간적 제약을 극복하게 하고 타인을 사용하여 법률행위를 할 수 있게 한다는 점에서 사적 자치의 범위를 확장시킨다. 그리고 대리의 본질과 관련하여서는 독일민법학의 영향을 받아 대리인 행위설, 본인행위설, 공동행위설 및 통합요건설의 대립이 있으나,[65] 우리 판례 및 학설상 다수의 견해는 대리인행위설에 입각한 것으로 평가할 수 있다. 즉, 법률행위에서의 행위자는 대리인이나 당사자는 본인이라는 것이다.

한편, '제3자의 행위 담보계약'은 종래 프랑스에서도 그 법적 성질이 '허위 대리(fausse représentation)'인 것으로 설명되기도 하였는데,[66] 이는 낙약자가 정당한 권한 없이 제3자의 행위 관여를 담보한다는 점에서 우리 식의 무권대리와 유사한 것으로 평가될 수 있기 때문이다.[67] 그러나

---

64) 연혁적으로 볼 때, 로마법에서는 원칙적으로 대리를 인정하지 않았다. 그러나 家子나 노예는 家父나 주인을 위하여 일정한 재산취득행위를 할 수 있었으며 家父나 주인은 '부가적 성질의 소권'에 의하여 일정한 조건하에 家子 또는 노예의 재산취득행위에 대해 직접 책임을 지는 경우가 있었다. 게르만법에서도 간접대리가 대리에 가까운 작용을 하였다. 17세기에 이르러 '제3자를 위한 계약 이론'이 발전·확장되면서 대리제도의 확립을 위한 기초가 마련되고 그 후 19세기 이후 각국의 근대 민법전에서 대리에 관하여 규정하였다. 그러나 당시에는 대리를 독립한 제도로 인정하지 아니하고 위임과 관련하여 규정하였다. 독일민법에 와서야 수권행위의 개념을 규정하여 대리를 위임과는 별개의 제도로 규정하게 되었고, 우리나라 구민법인 일본민법은 프랑스민법의 영향을 받아 대리와 위임을 확연히 구분하지 못했으나, 현행 우리 민법은 독일민법을 계수하여 대리를 위임과는 별개의 제도로 규정하였다. 2016년 개정 프랑스민법에서는 위임과는 별도로 대리제도를 제1153조 내지 제1161조에 걸쳐 규정하기에 이른다.
65) 학설의 구체적인 주장내용 및 동향에 대해서는, 제2판 민법주해(Ⅲ)(주 5), 504-506면; 김상용·전경운(주 2), 550-554면.
66) A. Bénabent, op. cit., n° 62 et s.
67) 견해에 따라서는 제3자의 행위 담보계약에의 낙약자의 의사표시는 제3자의 의사표시를 대신한 것이라는 주장도 있다(J. Ghestin, G. Loiseau et Y.-M. Serinet, Traité de droit civil, La formation du contrat, t. 1, Le contrat-Le consentement, 4e éd.,

바로 이러한 점 때문에 낙약자가 상대방에게 약속한 행위에 대하여 제3
자가 구속되지 않는 것이며, 제3자의 행위 담보계약에서는 낙약자가 자
신의 명의로 행위하였기 때문에 대리와 차이가 있다고 한다.[68] 아울러,
프랑스법원도 제3자의 행위 담보계약에서의 낙약자의 지위와 수임인이나
대리인의 지위는 합치하기 어려운 면이 있다고 하고 있으며,[69] 더 나아
가 대리의 개념으로는 후술하는 바와 같이 다양한 유형의 제3자의 행위
담보계약을 설명하기 어렵다고 할 것이다.[70] 요컨대, 제3자의 행위 담보
계약은 표현 그대로 낙약자와 상대방 사이에서 제3자의 행위 관여를 목
적으로 체결된 계약임에 반하여 대리 그 자체를 대리인과 상대방 사이의
계약이라고 할 수는 없을 것이다.

### 2) 제3자를 위한 계약

제3자를 위한 계약이란 계약당사자가 아닌 제3자로 하여금 계약의
일방 당사자에 대하여 직접적으로 채권을 취득하게 하는 것을 내용으로
하는 계약을 말한다. 그러므로 수익자인 제3자는 계약의 당사자가 아니
지만 직접적으로 그 계약의 일방 당사자인 낙약자에 대하여 그 계약상의
급부청구권을 행사할 수 있게 된다. 그 유효성의 근거와 관련하여서는
제3자를 위한 계약을 인정하더라도 사적 자치 및 계약자유의 원칙에 반
하지 않으며, 제3자 또한 수익을 거절할 수 있기 때문이라고 한다.[71] 한
편, 제3자를 위한 계약과 대리의 구분이 모호한 경우도 있을 수 있는

---

L.G.D.J.(2013), n° 1060). 한편, 우리 민법상 무권대리에 있어서는 상대방이 무권
  대리에 대해 선의이어야 민법 제135의 책임을 물을 수 있으나, '제3자의 행위 담
  보계약'에서는 낙약자에게 아무런 권한이 없음을 상대방이 알았다고 하더라도 제3
  자의 행위가 실현되지 않는 경우, 낙약자에게 손해배상을 청구할 수 있다는 점에
  서 우리 법에서의 무권대리와 비교하여 그 효과면에서도 근본적인 차이가 있다.
68) C. Aubert de Vincelles, *op. cit.*, n° 9.
69) Cass. com., 6 fév. 2007, n° 05-14.660, *Bull. civ.* IV, n° 256.
70) G. Chantepie et M. Latina, *Le nouveau droit des obligations, Commentaire thé-
  orique et pratique dans l'ordre du Code civil*, 2e éd., Dalloz(2018), n° 563.
71) 제3자를 위한 계약의 유효성의 근거 및 사회적 기능에 대해서는, 주석 민법(주 1),
  245면 이하; 반면, 제3자를 위한 계약의 유효성에 대한 부정적인 태도로는, 민법
  주해(Ⅷ)(주 1), 123면 이하.

데,[72] 이럴 경우에는 행위자가 제3자의 명의로 계약을 체결하려는 의사
가 외부적으로 표명되었는지의 여부에 따라 결정하여야 할 것이다.[73] 따
라서 그와 같은 의사가 불분명한 경우에는 제3자를 위한 계약이 체결된
것으로 보아야 할 것이다.[74]

　　제3자를 위한 계약이 성립하기 위해서는 우선, 요약자와 낙약자 사
이에 유효한 계약이 성립하여야 한다. 그러나 무엇보다 중요한 것은 제3
자에게 직접적으로 권리를 취득하게 하려는 낙약자와 요약자 사이의 약
정, 즉 '제3자약관'이 존재하여야 한다. 우리 대법원은 제3자를 위한 계약
에 해당하는지의 여부는 계약의 목적 등을 고려한 법률행위의 해석에 의
하여 결정된다고 한다.[75] 그리고 제3자약관은 낙약자와 요약자 사이의
기초적인 법률관계로부터 발생하는 법률효과의 일부를 제3자에게 귀속시
키는 약정으로서 낙약자와 요약자의 계약유형을 불문하고 모든 유형의
계약에서 특약으로 둘 수 있다.[76]

　　한편, 제3자의 행위 담보계약은 그 자체 만으로는 제3자에게 아무런
권리나 의무를 발생시키지 않으며, 낙약자만이 의무부담을 한다는 점에서
제3자를 위한 계약과는 근본적으로 차이가 있다. 즉, 위에서도 언급한 바
와 같이, 제3자의 행위 담보계약만으로는 제3자에게 아무런 효력이 발생

---

72) 예컨대, 부모가 미성년인 자녀를 위하여 진료계약을 체결하는 경우, 부모가 대
　　리인으로서 계약을 체결하였다면 미성년인 자녀가 진료계약의 당사자가 될 것이
　　나, 그렇지 않은 경우에는 부모가 당사자로서 제3자인 자녀를 위한 계약을 체결한
　　것으로 보아야 할 것이기 때문이다.
73) 주석 민법(주 1), 250면.
74) 민법주해(Ⅷ)(주 1), 134면.
75) 대법원 2022. 1. 14. 선고 2021다271183 판결에서는 "계약은 일반적으로 그 효력
　　을 당사자 사이에서만 발생시킬 의사로 체결되지만, 제3자를 위한 계약은 당사자
　　가 자기들 명의로 체결한 계약으로 제3자로 하여금 직접 계약당사자의 일방에 대
　　하여 권리를 취득하게 하는 것을 목적으로 하는 계약이다. 어떤 계약이 제3자를
　　위한 계약에 해당하는지는 당사자의 의사가 그 계약으로 제3자에게 직접 권리를
　　취득하게 하려는 것인지에 관한 의사해석의 문제로서, 계약 체결의 목적, 당사자
　　가 한 행위의 성질, 계약으로 당사자 사이 또는 당사자와 제3자 사이에 생기는 이
　　해득실, 거래 관행, 제3자를 위한 계약제도가 갖는 사회적 기능 등을 종합하여 계
　　약당사자의 의사를 합리적으로 해석하여 판단해야 한다."라고 판시하고 있다.
76) 주석 민법(주 1), 258-259면; 민법주해(Ⅷ)(주 1), 139-140면.

하지 않으므로 계약의 상대효에 대한 예외라고 평가할 수도 없으나, 반면 제3자를 위한 계약에서는 비록 수익자의 수익의 의사표시를 요구하기는 하나[77] 요약자와 낙약자가 체결한 계약의 효력이 제3자인 수익자에게 미친다는 점에서 계약의 상대효에 대한 예외라고 할 수 있다는 것이다.[78] 또한, 제3자를 위한 계약에서는 수익자가 수익의 의사표시를 하지 않거나 수익을 거절하더라도 그 자체가 요약자나 낙약자의 채무불이행을 구성하지 않으나, 제3자의 행위 담보계약에서는 제3자의 거절은 낙약자의 상대방에 대한 채무불이행을 초래한다는 점에서 차이가 있다.

### 3) 제3자의 의무부담계약

계약당사자 아닌 제3자에게 직접 채무를 부담시키는 계약을 제3자의 의무부담계약이라고 하며, 이러한 계약은 사적 자치의 원칙에 반하므로 원칙적으로 허용되지 않는다고 할 것이다. 다만, 제3자의 의무부담을 목적으로 한다고 하더라도 제3자가 사전에 동의하거나 사후에 승인한 경우에도 그와 같은 계약은 유효하다고 할 것이다. 그리고 이러한 결론의 도출에 있어서는 입법례를 불문하고 차이가 없다고 할 것이다.[79] 문제가 되는 것은 제3자에게 권리를 취득시키는 한편 그 계약으로부터 직접 의무도 부담시키는 것이 가능한지의 여부인데 그 유효성에 대해서는 견해의 대립이 있다.[80] 아무튼, 반복된 설명이기는 하나, 제3자의 행위 담보계약은 제3자에게 아무런 의무를 부담시키지 않는다는 점에서 제3자의

---

77) 프랑스에서는 수익의 의사표시가 있으면 제3자를 위한 계약을 철회할 수 없다는 점에서 수익자의 승낙 또는 승인(acceptation)은 제3자를 위한 계약을 확고히 하는 것이라고 설명하기도 한다. 즉, 수익의 의사표시를 통하여 수익자가 소급적으로 계약관계에 결합하게 된다는 것이다. S. Becqué-Ickowicz, "contrat", *JurisClasseur Civil Code*, Art. 1199 et 1200, Fasc. 20, n° 23.

78) *Ibid.*, n° 2.

79) 독일에서의 이러한 설명에 대해서는, MünchKomm/Gottwald, § 328 Rn. 263, 267; 프랑스에서의 이러한 설명에 대해서는, A. Bénabent, *op. cit.*, n° 260. 국내에서도 이와 관련하여서는 이론이 없다고 할 것이다. 주석 민법(주 1), 263면; 민법주해(Ⅷ)(주 1), 180면.

80) 유효성을 부인하는 견해로는, 민법주해(Ⅷ)(주 1), 181면, 유효성을 인정하는 견해로는, 주석 민법(주 1), 263면. 유효성을 인정한 판결로는, 대법원 1957. 3. 16. 선고 4289민상536 판결, 대법원 1965. 11. 9. 선고 65다1620 판결.

의무부담계약과는 근본적인 차이가 있다.

### (3) 프랑스민법상 제3자의 행위 담보계약

#### 1) 유형 및 요건

#### 가. 유 형

프랑스민법에서는 세 가지 유형의 '제3자의 행위 담보계약'에 대해 규정하고 있다. 구체적으로는 ① '제3자의 승인을 담보하는 계약(porte-fort de ratification)', ② '제3자의 계약체결을 담보하는 계약(porte-fort de conclusion)' 그리고 ③ '제3자의 이행을 담보하는 계약(porte-fort de l'exécution)'이 그것이다.

이들 중 가장 전통적인 제3자의 행위 담보계약은 ① 유형인 '제3자의 승인을 담보하는 계약'이라고 할 수 있다. 이 유형의 계약은 낙약자가 상대방과의 협상을 통하여 체결한 계약에 대하여 제3자의 승인을 받는 것을 목적으로 한다. 따라서 이 경우에는 낙약자만이 상대방에 대하여 제3자가 그 계약을 승인하도록 할 의무를 부담하며 제3자는 이 상태에서는 아무런 의무부담을 하지 않는다. 그러므로 제3자가 승인을 하지 않음으로 인하여 초래될 수 있는 결과에 대해서는 낙약자가 독자적으로 그 위험을 부담하여야 하나, 낙약자가 무릅쓴 위험은 현재 추진되고 있는 계획의 실현을 위하여 요구되는 노력들을 계약상대방에게 담보하기 위한 것이라는 점에서[81] 이러한 제3자의 승인을 담보하는 계약은 즉각적으로 실현되기 어려운 계약체결을 용이하게 하는 장점이 있다고 한다.[82]

---

[81] J.-D. Pellier, "Le porte-fort", *JurisClasseur Droit bancaire et financier*, Fasc. 744, (2019), n° 15.

[82] 프랑스에서 주로 들고 있는 사례로는 우리 민법에서의 무권한자의 처분행위와 유사한 경우들이라고 평가할 수 있는데, 구체적으로는 공유자 1인이 공유물을 매매하면서 다른 공유자의 승인을 담보한 경우라든가(Cass. civ. 1re, 20 déc. 1971, n° 70-11.185), 친권자가 자신의 친권에 복종하는 미성년자들의 계약체결을 담보한 경우라든가(Cass. civ. 1re, 26 nov. 1975, n° 74-10.356), 어느 예술가의 매니저가 그 예술가로 하여금 어느 공연에 참가하게 할 것을 담보한 경우를(Cass. soc., 3 mai 2012, n° 11-10.501) 예로 들고 있다.

　　다음으로, ② 유형인 ‘제3자의 계약체결을 담보하는 계약’은 제3자로
하여금 상대방과 계약을 체결하도록 노력할 것을 담보하는 계약이다. 따
라서 낙약자의 역할은 ① 유형과 비교하여 본질적인 면에서는 차이가 없
으나, 향후 체결될 계약의 내용에 대하여 협상을 거치지 않은 상태에서
제3자가 상대방과 법률행위를 하는 것을 목적으로 한다는 점이 차이라면
차이라고 할 수 있다. 예컨대, 낙약자가 상대방에게 제3자로 하여금 그와
매매계약을 체결하게 할 것을 의무부담하였으나 아직 매매대금이 결정되
지는 않은 상태를 예로 들 수 있다. 즉, ① 유형과 비교하여 기본적으로
는 상대방과 제3자 사이의 관계가 계약성립을 위한 단계에 머물러 있으
나, 제3자의 승인이 있은 때에 비로소 상대방과의 계약이 성립되므로 제
3자의 의무부담의 소급효가 인정되지 않는다는 점에서 ① 유형과 차이가
있다.[83]

　　다음으로, ③ 유형인 ‘제3자의 이행을 담보하는 계약’은 제3자가 자
신의 의무부담을 이행할 것을 낙약자가 담보하는 계약이다.[84] 의무부담
의 유형은 불문하며, ‘하는 채무(obligation de faire)’를 목적으로 하건 ‘하지
않을 채무(obligation de ne pas faire)’를 목적으로 하건 불문한다. 예컨대,
어느 조합이 계약을 체결한 경우 그 조합이 채권자에게 약정한 의무를
성실히 이행할 것을 조합의 대표가 담보하거나,[85] 또는 제3자가 경업금
지의무를 준수할 것을 담보하는 것[86] 등을 예로 들 수 있다. 따라서 제3
자의 이행을 담보하는 계약은 일종의 ‘보증 또는 담보(garantie)’에 해당한
다고 평가할 수 있다.[87] 다만, ‘제3자의 이행을 담보하는 계약’을 보증채
무와 유사하게 다룬 경우도 있으나,[88] ‘제3자의 이행을 담보하는 계약’은
보증채무와는 구별하여야 한다는 것이 프랑스법원의 태도이다.[89] 왜냐하

---

83) J.-D. Pellier, op. cit., n° 16.
84) Cass. civ. 1re, 25 janv. 2005, n° 01-15.926, JurisData n° 2005-026634; J.C.P.G.(2006), II, 10021, note Ph. Simler.
85) C.A. de Paris, 27 janv. 2021, n° 19/20160.
86) C.A. de Paris, Pôle 1, ch. 3, 3 févr. 2021, n° 19/21167.
87) Cass. com., 13 déc. 2005, n° 03-19.217, Bull. civ. IV, n° 256.
88) Cass. com., 18 déc. 2007, n° 05-14.328.

면, 낙약자는 주채무자가 채무불이행을 하는 경우 주채무자의 지위에서 채무를 이행하는 것이 아니며, 또한 보증인이 이행을 담보하는 주채무자는 채무자이지만 낙약자가 이행을 담보하는 제3자는 채무이행을 하지 않아도 되는 자이기 때문이라고 한다. 특히, 낙약자의 채무는 주채무에 대한 종된 의무가 아니라 그 자체가 주된 채무인 '하는 채무(obligation de faire)'에 해당하기 때문이라고 한다.[90] 아울러, 제3자의 이행을 담보하는 계약에서의 낙약자의 의무는 제3자와의 관계에서 낙약자가 취하여야 할 태도, 즉 제3자가 상대방에게 일정한 행위를 하도록 노력하는 것이 그 대상이지, 제3자의 이행행위 그 자체가 대상은 아니라는 점에서 일반적인 보증과는 차이가 있다고 할 것이다.[91]

### 나. 요 건

우선, '제3자의 행위 담보계약'은 위임이나 사무관리 또는 제3자를 위한 계약이나 '위탁계약(contrat de commission)'과는 달리 반드시 타인의 이익을 위한 것이 아니다. 즉, '제3자의 행위 담보계약'은 권한 없이 타인의 계산으로 법률행위를 한 행위자의 행위에 대한 이익조정을 위한 제도라고 할 수 있다.[92]

한편, '제3자의 행위 담보계약'은 당사자 사이의 주된 계약에 부수하는 계약으로서 상대방에게 제공되는 추가적인 담보수단일 수 있다. 다만, 제3자의 행위 담보계약 또한 법률행위이므로 법률행위의 일반적인 유효요건을 모두 갖추어야 한다. 따라서 제3자가 제공하여야 하는 행위가 부적법하거나 사회상규에 반하는 경우에는 '제3자의 행위 담보계약' 또한

---

89) Cass. com., 18 juin 2013, n° 12-18.890, *JurisData* n° 2013-012446; *J.C.P.G.*(2013), 960, note G. Mégret; *R.T.D.civ.*(2013), p. 653, obs. P. Crocq.

90) 위에서 인용하고 있는 프랑스 파기원 2013년 6월 18일의 판결에서는 2016년 개정 이전의 프랑스민법 제1120조에 의한 낙약자의 의무는 '하는 채무'이므로 2016년 개정 이전의 제1326조가 적용되지 않는다고 하였다. 참고로 프랑스법에서는 재산권을 이전하거나 금전의 지급을 목적으로 하는 채무를 '하는 채무'가 아니라 '주는 채무'로 분류하여 왔다(개정 프랑스민법 제1376조도 참조할 것).

91) J.-D. Pellier, *op. cit.*, n° 17.

92) M. Storck, "Porte-fort", *JurisClasseur Civil Code*, Art. 1203 et 1204, Fasc. unique, (2022), n° 5.

그 효력이 부인된다. 즉, 선량한 풍속에 반하는 행위의 불이행이 있었다고 하더라도 낙약자는 아무런 책임을 지지 않는다는 것이다.[93]

'제3자의 행위 담보계약'은 ① 제3자의 행위, ② 낙약자의 보장 그리고 ③ 제3자가 승인하게 할 것이라는 요건이 충족되어야 한다. 먼저, 제3자의 행위와 관련하여서는 '사실행위(fait matériel)'이건[94] '법률행위(acte juridique)'이건 불문한다. 법률행위와 관련하여서도 제3자가 이미 체결한 계약의 이행을 목적으로 하건, 제3자가 장래 체결할 계약을 목적으로 하건 불문한다.[95] 더 나아가, 권한 없는 자의 대리행위에도 해당 법리가 적용될 수 있으며, 제3자는 현존하지 않는 장래의 권리주체여도 무방하나 적어도 향후 특정할 수는 있어야 한다.[96]

다른 한편, '제3자의 행위 담보계약'은 그 형식적인 측면에서 명시적일 수도 있으나 묵시적일 수도 있다. 예컨대, 당사자의 약정에서 명확한 표현으로 행위담보를 약정하는 한편 그와 같은 약정이 결과채무(obligation de résultat)로 해석될 수 있는 경우에는 명시적인 행위담보계약이 체결된 것으로 볼 수 있다.[97] 반면, 묵시적인 행위 담보계약은 주변 사정에 의하여 인정될 수 있을 것이다. 예컨대, "甲이 乙에게 丙으로 하여금 그의 부동산을 乙에게 매각하게 하겠다."라고 약정하였다면 '묵시적인 행위 담보계약'이 체결된 것으로 볼 수 있다는 것이다. 다만, 이와 같은 유형의 모든 약정을 '묵시적인 행위 담보계약'으로 본다면 모든 유형의 '제3자의 의무부담계약'을 '묵시적인 행위 담보계약'으로 보아야 하는 문제가 발생할 수 있다. 따라서 현재의 프랑스 파기원은 제3자의 행위 담보계약이 성립되기 위해서는 제3자의 행위를 위하여 의무부담을 하겠다는 명확한 의사

---

93) *Ibid.*, n° 12.
94) 예컨대, 甲이 乙에게 유명화가인 丙으로 하여금 乙의 초상화를 제작하게 하는 것을 담보할 수 있다는 것이다. 이러한 전통적인 설명으로는, G. Baudry-Lacantinerie, *Traité théorique et pratique de droit civil, Des obligations* par L. Barde, 12, t. 1, S.(1906), n° 129.
95) M. Storck, *op. cit.*, n° 14 et 15.
96) *Ibid.*, n° 16.
97) Cass. com., 18 mars 2020, n° 18-19.939.

가 증명되어야 한다고 판시하기에 이른다.[98]

### 2) 담보계약의 이행 또는 불이행에 따른 효과

#### 가. 담보계약의 이행과 그 효과

사전적인 의미에서는 제3자를 위하여 행해진 권한 없이 이루어진 행위를 제3자가 추인하는 단독행위를 승인이라고 하나,[99] 프랑스법원은 제3자의 행위 담보계약의 유형을 불문하고 당해 계약에서 상정하는 제3자의 행위가 이루어지는 경우에는 '제3자의 승인'이 있은 것으로 본다.[100] 그러나 2016년 개정 프랑스민법에서는 제1204조 제3항의 규정을 통하여 권한 없이 이루어진 대리행위의 경우에 한정하여 '제3자의 행위 담보계약'의 '승인(ratification)'이 이루어질 수 있음을 분명히 하고 있는 것으로 해석하여야 한다는 견해도 있다.[101]

한편, 제3자가 담보계약에서 상정한 행위를 이행할 것인지의 여부는 원칙적으로 그의 자유로운 선택권에 위임된 사항이다. 즉, 낙약자와 상대방이 체결한 계약은 프랑스민법 제1199조에 의하여 제3자와는 무관한 계약이기 때문이다. 그러나 제3자가 낙약자와의 가족관계 또는 특수한 이해관계와 같은 도덕적 또는 실질적 이유로 인하여 담보계약에서 정한 행위를 이행하는 경우가 있다. 그리고 이러한 사정은 상속의 경우에 두드러진다고 할 수 있으나, 상속인인 제3자가 낙약자를 상속하더라도 그 제3자가 승인을 거부할 수 있을 것이며, 단지 상대방에 대하여 손해배상책임은 면할 수 없을 것이다.[102]

다른 한편, '제3자의 승인을 담보하는 계약(porte-fort de ratification)'에서 제3자의 승인이 있는 경우에는 낙약자는 담보계약으로부터 완전히 해방된다. 즉, 제3자가 승인 후 계약을 이행하지 않는다고 하더라도 낙약자

---

98) Cass. com., 17 juil. 2001, n° 95-10.827. 방식위반의 부적법한 거래행위의 효력발생을 담보하는 것은 그 자체로 무효이며, 행위 담보계약의 가치를 인정할 수 없다고 한 것으로는, Cass. com., 8 sept. 2015, n° 14-14.208, *JurisData* n° 2015-019912.
99) G. Cornu, *Vocabulaire juridique*, P.U.F.(2000), Ratification.
100) Cass. civ. 1re, 15 mai 2008, n° 06-20.806.
101) C. Aubert de Vincelles, *op. cit.*, n° 46.
102) Cass. civ. 1re, 3 nov. 1955, *Bull. civ.* I, n° 372.

가 이행을 담보한 것은 아니므로 불이행에 대한 일체의 책임을지지 않는
다는 것이다.[103] 반면, 낙약자가 제3자의 승인뿐만 아니라 그의 채무이행
을 담보한 경우에는 제3자가 그의 의무를 완전히 이행한 경우에만 낙약
자가 담보계약으로부터 해방될 수 있다.[104] 아무튼, '제3자의 승인을 담
보하는 계약'에 있어서 제3자의 승인이 있게 되면 제3자는 낙약자가 체결
한 담보계약의 효력을 소급적·종국적으로 인수하게 된다. 그러나 다른
유형의 담보계약에서는 이러한 소급효가 인정되지 않는다. 즉, '제3자의
계약체결을 담보하는 계약'에서는 제3자의 승인이 있은 것으로 볼 수 있
는 계약체결시에 비로소 제3자가 채무자로서 의무부담을 하게 될 것이
며, '제3자의 이행을 담보하는 계약'에서는 제3자의 이행이 있은 경우에
제3자의 승인이 있게 되는데 이럴 경우에는 더 이상 제3자의 의무가 존
재하지 않게 될 것이다.[105]

## 나. 담보계약의 불이행과 그 효과

우선, 제3자가 담보계약에서 약정한 행위를 이행하지 않는 것을 담
보계약의 불이행이라고 할 수 있다. 그러나 담보계약의 불이행이 있다고
하더라도 제3자의 지위에는 아무런 영향이 없다. 즉, 제3자가 묵시적으로
담보계약을 승인하지 않은 한, 제3자는 낙약자와 상대방 사이의 담보계
약과는 무관한 자로 남으로, 낙약자만이 담보계약의 불이행을 이유로 한
책임을 부담하게 된다. 따라서 제3자의 불이행은 낙약자의 채무불이행으
로 귀결되나, 프랑스민법 제1204조 제2항에서는 프랑스민법 제1217조 이
하에서 규정하는 계약불이행에 대한 5가지의 제제 중 채무불이행책임만
을 상정하고 있다.[106]

전통적인 민사책임법의 원칙에 입각할 경우, 담보계약의 수혜자인
상대방은 담보계약에서 약정한 제3의 행위가 실현되지 않았으며, 자신에

---

103) Cass. civ. 3e, 7 mars 1979, *J.C.P.*(1979), IV, 167.
104) 즉, 제3자가 이행하지 않는다면 낙약자는 여전히 이행을 담보하는 지위에 놓인
   다는 것이다. 이와 관련하여, Cass. civ. 1re, 18 avril 2000, *Bull. civ.* I, n° 113.
105) C. Aubert de Vincelles, *op. cit.*, n° 55.
106) *Ibid.*, n° 57.

게 손해가 발생하였을 뿐만 아니라 양자 사이의 인과관계가 있음을 증명
하여야 한다. 문제가 되는 것은 주로 손해에 대한 증명이라고 할 수 있
다. 이와 관련하여 법원은 프랑스민법 제1231-2조(2016년 개정 전 제1149조)
에 따라 채권자가 '입은 손실'과 '상실한 이익'의 배상을 인정할 수 있을
것이나, 구체적인 손해배상액의 인정은 사실심법원의 재량에 위임된 사항
이다.[107] 예컨대, 약정한 제3자의 행위가 불이행됨으로 인하여 담보계약
의 수익자가 일정액의 금전을 수취할 수 없었던 사안에서 프랑스 파기원
은 약정된 금액을 수취할 수 있는 '기회의 상실(perte de chance)'에 대해서
만 손해배상을 인정하면서도, 그와 같은 낙약자의 의무는 '결과채무'에 해
당한다고 하였다.[108]

　　한편, 낙약자의 의무가 결과채무라고는 하나 낙약자는 제3자에 의한
승인의 부재가 '외적 원인(cause étrangère)'에 의한 것임을 증명함으로써
면책될 수 있다(프랑스민법 제1231-1조). 즉, 제3자의 승인의 부재가 담보계
약의 수익자인 상대방의 과책에 기인한 것이라는 점을 증명하면 낙약자
는 그 책임의 전부를 면할 수도 있다.[109] 아무튼, 낙약자의 의무가 제3자
의 의무와는 별개의 독립적인 의무라고는 하나, 낙약자를 면책시킬 수
있는 불가항력은 낙약자의 의무이행에 영향을 미친 것이어야 하며, 그와
같은 불가항력의 존재 여부는 프랑스민법 제1218조에서 정한 요건에 따
라 평가될 것이다. 다른 한편, 제3자의 승인 또는 이행이 없는 경우, 낙
약자에게 제3자가 완수하여야 할 행위의 이행을 강제할 수 있는지가 의
문일 수 있으나, 낙약자의 채무는 '하는 채무'이므로 그 이행을 강제할 수
는 없으며 손해배상만을 청구할 수 있다고 이해함이 일반적이다.[110]·[111]

---

107) *Ibid.*, n° 58.
108) Cass. com., 30 juin 2009, n° 08-12.975.
109) Cass. com., 22 mai 2002, n° 00-12.523.
110) C. Aubert de Vincelles, *op. cit.*, n° 62.
111) Cass. com., 14 jan. 1980, *Bull. civ.* IV, n° 16; Cass. civ. 1re, 7 mars 2018,
　　 n° 15-21.244.

### (4) 소　　결

대상판결 1에서는 무효행위 또는 무권대리의 추인이라는 관점에서, 그리고 대상판결 2는 대리의 관점에서 당사자 확정의 문제를 해결하고 있다. 물론, 행위자 아닌 제3자가 개입하는 경우에는 유권대리가 되었건 무권대리가 되었건 대리의 법리를 일차적으로 고려할 수는 있을 것이며 그 자체에 문제점이 있는 것은 아니나, 대상판결들에 있어서는 위에서 언급한 바와 같이 논리구성의 면에서 아쉬움이 적지 않다. 무엇보다도 위 대상판결들에서 대리법리에 기초하여 문제를 해결하는 방안이 향후 유사한 사례들에서도 반복된다면, 행위자 아닌 제3자에게 미처 그의 의사를 확인하지도 않은 채 그가 원하지 않은 의무부담을 안게 하는 위험이 초래될 수 있을 것이다.

우선, 대상판결들에서는 위에서 살핀 내용 중에서 제3자를 위한 계약 법리의 적용도 고려할 수 있었을 것으로 생각된다. 특히, 대상판결 1의 사안에서는 제3자의 이익을 위한 이설공사를 목표로 하였고 그 과정에서 이설공사의 수행을 위한 제3자의 협력 내지 부담이 수반되는 상황이었다고 할 수 있으므로, 제3자가 해당 공사계약과 관련한 수익의 의사표시를 한 것으로 논리구성을 하더라도 대상판결과 비교하여 결론에 있어서는 차이가 없으면서도 논리적인 측면에서 정합성을 확보할 수 있었을 것으로 보인다. 대상판결 2의 사안에서는 연예인과 기획사 사이의 전속계약의 존재 및 그 내용에 대해 일반적으로는 방송사들이 잘 알고 있을 것이므로 출연계약은 기획사와 방송사 사이에서 체결된 것으로 하더라도 제3자약관에 의해 출연료 채권만은 연예인에게 귀속시키기로 한 것으로 해석할 수도 있었을 것이다. 아울러, 대상판결 2에서는 혹시 제3자를 위한 계약이 제3자에게 권리만을 취득하게 하는 계약이라는 점에 방점을 두어 제3자에게 쌍무계약에 준하는 관계가 창설되는 부분을 피하고자 한 것일 수도 있겠으나, 이미 학설상 다수의 견해 및 우리 대법원의 태도가 제3자에게 권리의 취득에 수반하여 의무를 부담하는 경우에도 제3자를 위한 계약의 성립이 가능하다는 입장에 서 있다는 점에 기대었다면, 마찬가지로 제3자를 위한 계약법리의 적용이 가능하였으리라 생각된다.

다음으로, 대상판결들에서 다루고 있는 사안에서는 본고에서 소개하고 있는 '제3자의 행위 담보계약'에 관한 법리를 적용한다면 논리의 우회를 피할 수 있을 것으로 보인다. 즉, 대상판결 1에서는 제3자가 이설공사에 협력할 것을 낙약자가 노력하기로 하는 계약이 체결되었으며 그와 같은 계약에 대하여 제3자가 굳이 응할 필요는 없었으나, 자신에게 귀속될 이익 및 낙약자와의 관계 등을 고려하여 낙약자가 상대방에게 약정한대로 제3자가 일정한 행위를 한 것으로 설명할 수 있다는 것이다. 대상판결 2에서도 기획사가 방송사에 유명연예인이 출연할 것을 담보하는 계약을 구두로 체결하였고, 유명연예인은 방송사와 출연계약을 체결하고 이행을 하였으므로 그에 따른 권리를 취득한다고 설명할 수 있다는 것이다.

## 6. 결　론

종래 행위자의 명의 아닌 타인명의로 이루어진 법률행위에 있어서의 당사자 확정이 문제된 경우들이 다수 있었으며 우리 대법원은 이를 법률행위 해석의 문제로 파악하여 계약체결의 목적 등을 고려하여 당사자를 확정하여야 하는 것으로 입장을 밝혀왔다. 본고에서 살핀 대상판결 1에서는 제3자의 행위가 관여되는 법률행위에 있어서 행위자 아닌 자를 법률행위의 당사자로 확정하는 것과 관련하여 무권리자의 처분행위의 추인의 법리에 기댄 경우도 있으나 권리자의 추인이 있었다고 하여 그 권리자가 원칙적으로 법률행위의 당사자가 될 수 있다는 취지는 문제가 없지 않다. 또한, 대상판결들에서는 법률행위의 해석을 통하여 특히 대리법리에 기초하고 있으며, 비록 대리제도가 행위자 아닌 제3자를 당사자로 확정하는 근거로 활용될 수 있음은 분명하나, 대리제도에 기초하여 구체적으로 당사자가 누구인지를 확정함에 있어서는 대리권의 존부라든가 현명의 여부에 대한 검토가 전제되어야 함에도 불구하고 이러한 검토과정을 생략하고 "계약상 의무를 일부이행하거나 협조한 것", "교섭력에 있어서 우위를 확보할 수 있는 지위"라는 표지를 활용하고 있다는 점에서 문제가 있다는 지적을 피하기 어려울 것이다.

한편, 대상판결들을 선해하면, 법률행위에 직접적으로 관여하지 않은 제3자가 당사자로서의 지위를 취득하는 것과 관련하여 우리 민법상 뚜렷한 근거를 찾기 어렵다는 판단에 기초하여 무권리자의 처분행위의 추인 또는 대리의 법리를 차용한 것으로 평가할 수도 있다. 그러나 어느 법률행위가 강행법규에 반하거나 사회상규에 반하는 내용을 담고 있지 않는 한, 사적자치의 원칙에 입각하여 법문의 규정에 얽매이지 않고 그 유효성을 인정할 수도 있을 것이다. 즉, 행위자 아닌 제3자를 당사자로 편입하는 방안들에 대한 현행 우리 민법에서의 관련 규정 및 대상판결들에서 보는 바와 같이 실무상 다양하게 이루어지고 있는 법률관계의 법적 성질에 대한 새로운 시각에서의 접근필요성이 다시금 강조될 필요가 있다는 것이다. 구체적으로 대상판결들에서 문제된 사안들은 본고에서 살핀 바와 같이 기존의 '제3자를 위한 계약' 법리에 기초하거나, 소위 '제3자의 행위에 대한 약속' 또는 '제3자의 행위 담보계약'의 법리에 의해서 문제를 해결할 수도 있었을 것이며, 향후 제3자의 행위가 관여되어 있으나 당사자의 확정이 문제되는 사례들에서는 이러한 법리들도 적용될 수 있기를 기대해 본다.

[Abstract]

# Determination of Parties to Legal Acts

Park, Soo Gon*

When a legal act is performed in the name of someone other than the actor, the issue of determining the parties has emerged, and in this regard, it is generally treated as a problem of interpretation of the legal act. However, in the Supreme Court decisions analyzed in this paper, it is noteworthy that the other person is confirmed as a party to the legal act even if the actor did not perform the legal act in the other person's name. In particular, it is meaningful in that it attempted to solve the problem by relying on the legal principles of ratification of invalid acts or representation. However, it is questionable whether the interpretation of legal acts was really necessary in the cases covered by these rulings and whether the development of logic applying the legal principles of ratification or representation of invalid acts was natural. Even if a third party intervenes in a legal act, if there is no indication that the third party's name is specifically used or that the legal act is performed for the benefit of the third party, the third party may simply be involved in the process of attributing rights and performing obligations resulting from the legal act. In other words, even if it had been judged that a third party was a person acting on behalf of one of the parties to fulfill the obligation in the cases covered by the rulings reviewed in this paper, there would have been no logical problem.

However, in these rulings, based on the judgment that it is difficult to find a clear basis under our civil law for a third party not directly involved in a legal act to acquire the status of a party, it can be evaluated that the

---

* Professor at Kyung Hee University Law School.

legal principles of ratification of invalid acts or representation was adopted. However, as long as a legal act does not contain content that is contrary to mandatory laws or social norms, its validity may be recognized without being bound by the provisions of the law based on the principle of private autonomy. In other words, the issues covered in the rulings reviewed in this paper could have been resolved through the legal principe of 'contract for third party', 'promise for the acts of a third party' or 'contract guaranteeing the actions of a third party'. It is hoped that these legal principles will also be applied in the future to cases where the actions of a third party are involved but the determination of the parties is problematic.

[Key word]

- legal act
- interpretation of the legal act
- ratification of invalid acts
- representation of legal acts
- private autonomy
- contract for third party
- promise for the acts of a third party
- contract guaranteeing the actions of a third party

## 참고문헌

[국내문헌]

곽윤직 편집대표, 「민법주해(Ⅱ)」, 총칙(2), 박영사, 1992.
_____, 「민법주해(Ⅷ)」, 채권(6), 박영사, 1997.
곽윤직 · 김재형, 「민법총칙」, 제9판, 박영사, 2013.
김규완, "권리의 무단처분과 권리자의 추인", 「고려법학」(제55권), 고려대학교
　　법학연구원, 2009.
김상용 · 전경운, 「민법총칙」, 제4판, 화산미디어, 2018.
김용덕 편집대표, 「주석 민법」, 제5판, 총칙(2), 한국사법행정학회, 2019.
_____, 「주석 민법」, 제5판, 총칙(3), 한국사법행정학회, 2019.
_____, 「주석 민법」, 제5판, 채권각칙 1, 한국사법행정학회, 2021.
송덕수, 「민법총칙」, 제6판, 박영사, 2021.
양창수, "무권리자의 처분과 권리자에 의한 추인", 「민사판례연구(Ⅹ)」, 박영
　　사, 1988.
양창수 편집대표, 제2판 「민법주해(Ⅲ)」, 총칙(3), 박영사, 2022.
이은영, 「민법총칙」, 박영사, 2004.


[외국문헌]

A. Bénabent, *Droit civil, les obligations,* 18e éd., L.G.D.J., 2019.
A. Castaldo, *Histoire du droit civil,* 2e éd., Dalloz, 2010.
C. Aubert de Vincelles, "Porte-fort", *Répertoire de droit civil,* 2017.
F. Terré, Ph. Simler, Y. Lequette et F. Chénedé, *Droit civil, Les obligations,*
　　12e éd., Dalloz(2018)
G. Baudry-Lacantinerie, T*raité théorique et pratique de droit civil, Des*
　　*obligations* par L. Barde, 12, t. 1, S., 1906.
G. Chantepie et M. Latina, *Le nouveau droit des obligations, Commentaire*
　　*théorique et pratique dans l'ordre du Code civil,* 2e éd., Dalloz,
　　2018.
G. Cornu, *Vocabulaire juridique,* P.U.F., 2000.

J. Ghestin, G. Loiseau et Y.-M. Serinet, *Traité de droit civil, La formation du contrat,* t. 1, Le contrat-Le consentement, L.G.D.J., 4e éd., 2013

J.-D. Pellier, "Le porte-fort", *JurisClasseur Droit bancaire et financier,* Fasc. 744, 2019.

M. Storck, "Porte-fort", *JurisClasseur Civil Code*, Art. 1203 et 1204, Fasc. unique, 2022

P. Gottwald, Münchener Kommentar zum BGB, Band 3: Schuldrecht−Allgemeiner Teil II, C.H. BECK, 2022.

P.-F. Girard, *Manuel élémentaire de droit romain,* Dalloz, 2003.

S. Becqué-Ickowicz, "contrat", *JurisClasseur Civil Code*, Art. 1199 et 1200, Fasc. 20.

S. Klumpp, Staudinger BGB: §§ 328-345, 2015.

# 부동산에의 부합의 기준에 관한 시론[*]

유 형 웅[**]

## 요 지

민법 제256조에서 규정하는 부동산에의 부합에 관하여 종래 대법원은 대체로, 부착된 물건을 훼손하거나 과다한 비용을 지출하지 않고서는 부동산으로부터 분리할 수 없을 정도로 부착·합체되었는지 여부 및 그 물리적 구조, 용도와 기능면에서 기존 부동산과는 독립한 경제적 효용을 가지고 거래상 별개의 소유권의 객체가 될 수 있는지 여부의 두 가지 기준을 제시하여 왔다.

그러나 이러한 종래의 기준만으로는 이해하기 쉽지 않은 사례들이 실무상 종종 나타나고 있다. 특히 물건이 부합된 부동산의 소유자 측에서 방해배제청구권의 행사로써 그 제거를 구하고 이에 대하여 부합을 주장하며 제거할 의무가 없다고 다투는 사안이 그러한바, 대상판결도 그러한 유형의 분쟁에 속한다. 이에 본고는 부동산에의 부합이 문제되는 다양한 사례들을 포괄할 수 있는 설명을 제시하는 것을 목적으로 한다.

본고에서는 부합물의 소유권이 서로 자기에게 있다고 주장하는 전형적인 부합의 사안을 이른바 '양(+)의 부합'으로 분류하고, 이와 달리 부합물의 철거를 구하는 사안을 부합이 피부합물의 소유자에게 도움을 주지 못한다는 의미에서 '음(-)의 부합'으로 분류하였다. 그리고 부합제도가 공용수용과 유사하게 당사자 일방의 소유권 행사를 제한하는 측면이 있음에 착안하여, 어떠한 경

* 본고는 민사판례연구회 제460회 월례회(2023. 4. 17.) 발표문을 수정·보완하여 사법 제65호(2023년 가을호)에 투고한 것을, 판례평석의 형식으로 재배열한 것이다. 지정토론을 맡아 주신 장두영 판사님(인천지방법원), 이준형 교수님(한양대학교 법학전문대학원)께 진심으로 감사드린다.
** 의정부지방법원 판사.

우에 부합의 효과를 인정하는 것이 필요한지를 거래비용의 절감 및 이익형량의 관점에서 분석하였다. 그 결과 판례는 '양의 부합'과 '음의 부합'을 막론하고 두 물건이 부합된 상태와 분리된 상태를 비교하여 당사자들의 효용의 합이 전자의 경우에 더 크다면 부합을 인정하고 있다는 설명이 가능하다.

이러한 이익형량의 기준은 결국 분리로 인한 손실이 클수록 부합이 인정될 가능성이 높다는 점에서, 물리적 결합의 정도를 기준으로 하는 종래 대법원이 제시한 법리와도 어느 정도 일치하나, '음의 부합'의 사안을 만족스럽게 해결하기 어려운 기존 법리와 달리 '양의 부합'과 '음의 부합' 모두에 대하여 일관된 설명이 가능하다는 장점이 있다. 이와 같이 본고는 부동산에의 부합을 판단하는 기준에 관하여 새로운 시각을 제시하고자 하였다.

[주 제 어]
- 부동산에의 부합
- 부동산
- 동산
- 소유권
- 방해배제청구
- 이익형량
- 거래비용

대상판결 : 대법원 2020. 4. 9. 선고 2018다264307 판결

[사안의 개요]

1. 사실관계

소외 1 소유의 A 토지는 2002. 1. 29. A1, A2 토지로 각 분할되었다.

분할 후 A1 토지는 2002. 4. 17. 피고에게 소유권이전등기되었고, 피고는 그 지상에 공장을 신축하였다.

피고는 공장을 신축할 무렵인 2002. 3.경 소외 1로부터 A2 토지의 일부를 그 공장의 진출입로로 사용하는 데 승낙을 받고 그 해당 부분에 아스콘 포장을 하였다([도 1] 참조).

분할 후 A2 토지는 2002. 12. 31. 소외 2에게 양도되었고, 2005. 9. 6. 원고에게 재차 양도되었다.

원고는 2016. 9. 5. 피고를 상대로 A2 토지 지상의 아스콘 포장의 철거 및 부당이득의 반환을 구하였다.

[도 1] 대상판결에서 문제되는 아스콘 포장(제1심 판결에서 인용하였다)

2. 소송의 경과

원심(청주지법 2018. 7. 27. 선고 2017나13688 판결)은 다음과 같은 이유로 도로포장이 A2 토지에 부합되었다고 인정하여, 원고의 도로포장에 대한 철거 청구를 기각하였다.[1]

---

1) 그 외에 부당이득의 반환이나 원고가 전소유자의 토지사용승낙의무를 승계하였는지, 배타적 사용수익권을 포기하였는지 등의 논점은 생략한다. 한편 제1심(청주지법 2017. 7. 7. 선고 2016가단111935 판결)에서는 원고가 전소유자로부터 A2 토

① 피고는 소외 1로부터 도로부지에 관하여 공장 진입도로 개설에 관한 사용승낙을 받았다.

② 이후 소외 2가 A2 토지의 소유권을 취득한 후로도 피고의 진입로 이용에 별다른 이의를 제기하지 아니하였다.

③ 원고가 A2 토지의 소유권을 취득한 후 2011년경 청주시가 원고의 승낙 없이 기존의 도로포장 위에 유지보수 목적으로 덧씌우기 공사를 하였는 바, 그와 같이 청주시가 포장한 부분은 피고를 상대로 철거를 구할 수 없다. (한편 피고는 이 점을 근거로 청주시가 도로부지의 관리주체라고 주장하였으나, 그 주장은 배척되었다.)

이에 원고가 상고하였고, 대법원은 아래 3항과 같은 이유로 문제의 도로포장이 A2 토지에 부합되지 아니하였다고 하여 원심판결을 파기하였다.

이후 파기환송심(청주지법 2020. 12. 3. 선고 2020나12029 판결)은 대상판결의 취지에 따라 원고의 청구를 인용하였다. 피고가 재상고하였으나 심리불속행기각으로 종결되었다.

### 3. 대상판결의 요지

부동산에 부합된 물건이 사실상 분리복구가 불가능하여 거래상 독립한 권리의 객체성을 상실하고 그 부동산과 일체를 이루는 부동산의 구성부분이 된 경우에는 타인이 권원에 의하여 이를 부합시켰더라도 그 물건의 소유권은 부동산의 소유자에게 귀속되어 부동산의 소유자는 방해배제청구권에 기하여 부합물의 철거를 청구할 수 없지만(대법원 1985. 12. 24. 선고 84다카2428 판결, 대법원 2008. 5. 8. 선고 2007다36933, 36940 판결 등 참조), 부합물이 위와 같은 요건을 충족하지 못해 그 물건의 소유권이 부동산의 소유자에게 귀속되었다고 볼 수 없는 경우에는 부동산의 소유자는 방해배제청구권에 기하여 부합물의 철거를 청구할 수 있다. … (중략) …

① 피고는 공장을 신축하면서 소외 1로부터 진입로 사용의 승낙을 받아 아스콘 포장을 하였고, 소외 2가 A2 토지의 소유권을 취득한 후에도 같은 장소에 아스콘 포장을 하였는데, 당시 소외 2로부터 아무런 이의제기를 받지 않았다.

② 이후 원고가 A2 토지의 소유권을 취득하였고, A2 토지의 지목은 여

---

지에 대한 피고의 사용을 승낙할 의무를 승계하였는지 여부만이 쟁점이 되었다.

전히 '전'이다.

③ 한편 이 사건 도로부지 포장은 피고가 공장의 진출입로로 사용하기 위해 A2 토지의 일부 지상에 아스콘을 씌운 것에 불과하고 지상에 아무런 지장물이 없어 토지로부터 아스콘을 제거하는 데 큰 어려움은 없다.[2]

위와 같은 사실관계를 앞서 본 법리에 비추어 살펴보면, 이 사건 도로부지는 종래 밭으로 사용되었는데, 피고가 사적인 통행을 위해 토지 위에 가볍게 아스콘을 씌운 것이어서 토지와 아스콘의 구분이 명확하고, 그에 따라 이 사건 도로부지에서 아스콘을 제거하는 데 과다한 비용이 소요될 것으로 보이지 아니하므로, 이 사건 도로부지의 포장은 이 사건 도로부지로부터 사실적·물리적으로 충분히 분리복구가 가능한 상태로 봄이 타당하고, 이 사건 도로부지의 포장은 원고가 이 사건 도로부지를 당초 용도에 따라 밭으로 사용하고자 할 경우에는 불필요하고 오히려 원고의 소유권 행사를 방해하는 것으로서 이 사건 도로부지와 일체를 이루는 토지의 구성부분이 되었다고 볼 수 없다. 따라서 이 사건 도로부지의 포장은 이 사건 도로부지에 부합되었다고 볼 수 없고, 원고는 소유권에 기한 방해배제청구권의 행사로써 피고에 대하여 이 사건 도로부지의 포장에 대한 철거를 청구할 수 있다고 보아야 한다.

〔研　　究〕

# Ⅰ. 서　론

## 1. 부합의 기준과 대상판결에 관한 의문

첨부(주로 부합)에 관한 민법 제256조 내지 제261조는 종래 이론적으로 그다지 큰 관심의 대상이 된 적이 없고, 법률적이라기보다는 물리적인 판단의 문제로 취급되어 온 것처럼 보인다. 부합물은 주된 물건(피부합물)과 함께 경락인에게 인수되므로, 현재의 실무에서는 부동산 경매와 관련하여 주로 문제가 된다.[3] 그 외에는 지상물 또는 지중에 매설된 물

---

2) 이상 ① 내지 ③은 대상판결의 판시에서 토지 취득일자나 지번, 본고의 논의와 관련이 적은 토지분할 경과 등을 생략하고 축약한 것이다.

3) 특히 이 점에 관하여 다루고 있는 문헌으로는, 이계정, "경매에 있어서 부합물, 종물, 제시외 건물의 적정한 처리방안", 저스티스 통권 제137호(2013), 165면 이하.

건의 소유권 다툼에서 계쟁물이 부동산에 부합되었는지 여부가 쟁점이
되는 정도이다. 이러한 분쟁은 대체로 부합물의 소유권을 서로 주장함으
로써 발생한다는 공통점이 있다.

반면 부합물의 소유권을 서로 원하지 않는 사안도 드물지 않게 나
타나고 있다. 예컨대 폐기물을 타인의 토지에 무단으로 투기하거나, 이에
이르지 않더라도 경계를 침범하여 타인의 토지상에 모종의 시설물을 축
조하였을 때, 토지소유자가 그 수거 내지 철거를 구함에 대하여 소위 '부
합의 항변'4)으로 대항하는 현상이 나타나기도 한다. 이러한 사안에서는
부합의 주장이 소유자의 부당이득이 아니라 방해배제청구권의 당부와 관
련하여 전개되므로, 종래 통용되던 기준에 따라 부합 여부를 인정할 수
있는지 의문이 제기되며, 대상판결도 이러한 사안에 속한다.

대상판결은 일견 기존의 법리를 인용하여 부합 주장을 간단히 배척
한 것처럼 보이지만, 자세히 들여다보면 생각할 거리가 적지 않다. 앞서
본 판시를 요약하면, 대상판결은 결국 분리복구가 불가능할 정도로 물건
(아스콘 포장)이 토지에 부착되지 않았다는 취지로 이해된다. 그러나 일견
자명해 보이는 이 판단에 대하여는 다음과 같은 의문이 떠오른다.

우선, 대상판결의 원심은 아스콘 포장이 토지에 부합되었다고 판단
하면서 대법원 2001. 11. 13. 선고 2000두4354 판결을 인용하고 있는데,5)
이 사안은 토지임차인이 시내버스정류장을 운영하면서 콘크리트 바닥을
설치한 데 대하여 부합물로 인정한 것이다. 원심은 대상판결의 사안과
가장 유사한 사례로서 일부러 미공간인 이 판결을 찾아서 인용하였을 것
이고, 실제로 콘크리트 기반이나 [도 1]에서 볼 수 있는 문제의 아스콘

---

4) 방해의 존재는 소유자가 입증하여야 하는 것이므로 방해물이 토지에 부합되었다
   는 주장은 민사소송법상의 항변으로 보기 어려우나, 소송의 실무에서는 방해배제
   청구의 상대방인 피고가 이를 주장하였을 때 비로소 부합 여부를 따지게 되는 것
   이 보통인바, 그와 같은 사실적 측면을 감안한 표현이다.
5) 해당 부분 설시는 다음과 같다. "소외 1, 2는 피고가 이 사건 도로부지를 포장
   하는 것에 대하여 묵시적으로 승낙 또는 동의를 하였으므로 그 포장은 이 사건
   도로부지에 부합되어 이 사건 도로부지의 소유자인 소외 1, 2, 원고에게 순차적으로
   귀속(대법원 2001. 11. 13. 선고 2000두4354 판결 참조)되었다고 봄이 상당하다."

포장이나 물리적 성상(性狀)이 유사하다고 볼 여지가 적지 않다. 그럼에
도 대상판결은 이 점에 관하여는 별다른 언급을 하지 않고 있다.

나아가, 부합의 기준에 관한 기존의 판례 법리를 그대로 따르더라도
마찬가지로 대상판결을 이해하기 어렵다.

판례는 대체로 부동산에의 부합에 관하여 다음과 같은 법리를 제시
한 바 있다.

> ○ (부착된) 동산을 훼손하거나 과다한 비용을 지출하지 않고서는 분리할 수 없을
> 정도로 부착·합체되었는지 여부(이하 '판시 ①'이라 한다) 및 그 물리적 구조,
> 용도와 기능면에서 기존 부동산과는 독립한 경제적 효용을 가지고 거래상 별개
> 의 소유권의 객체가 될 수 있는지 여부(이하 '판시 ②'라 한다) 등을 종합하여
> 판단하여야 할 것이다.[6]
>
> ○ 권원에 의하여 부속될 것을 요건으로 하지 않고, 반드시 그 부동산의 경제적 효용
> 이나 가치 증대를 위한다는 의사를 요하지도 않는다(이하 '판시 ③'이라 한다).[7]
>
> ○ 분리하여도 경제적 가치가 있는 경우에 한하여 부속시킨 타인의 권리에 영향이
> 없다는 것이고, 분리하여도 경제적 가치가 없는 경우에는 원래의 부동산 소유자
> 의 소유에 귀속되며, 경제적 가치의 판단은 부속시킨 물건에 대한 일반 사회통
> 념상 경제적 효용의 독립성 유무를 기준으로 판단한다(이하 '판시 ④'라 한다).[8]
> 이는 제256조 단서의 해석에 관한 것이다.

이러한 기준에 따라 이 사건을 본다. 대상판결의 설시와 같이 아스
콘 포장을 제거하는 데 큰 어려움이 없다 하더라도,[9] [도 1]에 나타난 아
스콘 포장을 훼손하지 않고 이를 토지에서 분리할 수 있다고 볼 사정은
나타나지 않는다. 원심이 인정한 바와 같이 아스콘 포장 위에 새로 아스
콘을 덧씌우는 포장공사가 다시 행하여졌다면 더더욱 그러할 것이다. 그

---

6) 대법원 2003. 5. 16. 선고 2003다14959,14966 판결, 대법원 2009. 9. 24. 선고
   2009다15602 판결(건물 증축 및 신축에 대해서도 마찬가지라고 한다).
7) 대법원 2009. 5. 14. 선고 2008다49202 판결, 대법원 2012. 3. 15. 선고 2010다
   91848 판결.
8) 대법원 1975. 4. 8. 선고 74다1743 판결, 대법원 2007. 7. 27. 선고 2006다
   39270,39287 판결, 대법원 2017. 7. 18. 선고 2016다38290 판결.
9) 양창수·권영준, 민법 Ⅱ-권리의 변동과 구제(제4판), 박영사(2021), 306면은 대
   상판결이 이와 같은 이유로 부합을 인정하지 않았다고 설명하고 있다.

리고 장비를 동원하여 토지에서 분리한 아스콘 포장은 폐석 이상의 경제적 가치가 있다고 보기 어렵다. 이 과정에서 토지가 '훼손'될 가능성은 상대적으로 낮지만, 판례는 부합이 이루어지는 물건(피부합물)의 훼손 여부는 별론으로 하고 적어도 부합하는 물건(부합물)의 훼손 여부를 부합 인정의 기준으로 보고 있는 듯하다.10) 즉, 부합물이 훼손되는 이상 피부합물인 부동산이 온존한다고 하여 부합의 성립을 부정하지는 않는 것이다. 끝으로 피고가 아스콘 포장에 대하여 원고의 승낙을 받았는지(즉 권원의 유무)나 아스콘 포장이 A2 토지의 전(田)으로서의 용도에 부합하는지 (즉 피부합물의 경제적 효용이나 가치증대에 기여하는지) 여부는 문제되지 않는다. 즉 판시 ①, ③, ④의 어느 기준에 의하더라도 대상판결의 아스콘 포장이 토지에 부합되지 않는 이유를 알기 어렵다. 그리고 거래관념상 아스콘 포장이 대지와 별개의 독립된 물건으로 거래될 수 있다고 보기도 어렵다. 결국 판시 ②에 따르더라도 부합되지 않았다고 단언하기 어렵다.

그렇다면 대상판결은 기존에 제시된 판시 ① 내지 ④ 외의 다른 기준에 입각하여 부동산에의 부합 여부를 판단하고 있는 것인가, 그렇다면 그 기준은 무엇인가 하는 의문이 자연히 떠오른다. 본고에서는 이러한 의문에 대하여 나름의 답을 제시하여 보고자 한다.

---

10) 원심이 이 사건 유류저장탱크가 이 사건 토지에 부합되었다고 판단하면서 그 논거의 하나로 유류저장탱크를 매몰되어 있는 토지로부터 분리하려면 콘크리트 덮개를 훼손하지 아니하면 불가능하다는 점도 들고 있는바, 이 사건에서 부합의 대상물은 유류저장탱크이지 위 콘크리트 덮개가 아니어서 위 콘크리트 덮개를 훼손하여야만 유류저장탱크를 분리할 수 있다고 하여 부합의 대상물이 훼손 없이 분리할 수 없는 경우에 해당하지는 아니하므로 이를 유류저장탱크가 토지에 부합되었다고 판단한 논거의 하나로 삼은 것은 잘못이라고 할 것이지만, 원심이 판시한 바와 같이, 이 사건 유류저장탱크를 토지로부터 분리하는 데는 과다한 비용이 들고 또한 사실관계가 위와 같다면 지하에 매설된 유류저장탱크를 분리하여 발굴할 경우 그 경제적 가치가 현저히 감소할 것임은 경험칙상 분명하므로 이 사건 유류저장탱크는 이 사건 토지에 부합된 것이라고 할 것이다(대법원 1995. 6. 29. 선고 94다6345 판결); 이현재, "가스공급업자가 아파트에 설치한 가스공급시설의 대지에의 부합과 그 부합물에 관한 소유권 귀속관계 및 경제적 가치의 판단 기준", 전남대학교 법학논총 제40권 제1호(2020), 143-144면 주 42)도 같은 취지로 이 판결을 이해하고 있다.

2. 본고에서 검토하지 않는 쟁점

한편 종래 부합과 방해배제청구권의 관계에 관하여서는 여러 선행연구들이 있었고, 특히 부합의 인정 여부와 소유자의 방해배제청구를 별개로 보아야 한다는 견해가 유력하게 제시된 바 있다. 즉, '부합 = 소유권 상실 = 수거의무 없음'의 등식[11])에 의문을 제기하는 것이다. 이러한 견해는 그 나름의 타당성이 있고,[12]) 또 반론도 있다.[13]) 그러나 본고의 목적은 현재의 판례가 (묵시적으로나마) 전제하고 있는 것으로 보이는 '부합 = 방해 없음'의 도식을 전제로 다양한 사안을 합리적으로 해결할 수 있는 부합의 인정 기준을 모색하려는 것이어서, 이 방향의 논의는 더 나아가 상술하지 아니한다.

Ⅱ. 부합의 기준에 관한 종래의 논의

1. 우리나라의 학설

우리 대법원의 원칙적인 태도는 앞서 본 판시 ① 내지 ④와 같다.

---

11) 일본에서는 과거 이를 '삼위일체론'이라고도 지칭한 것으로 보인다: 瀬川信久, 不動産附合法の硏究, 有斐閣(1981), 19면.

12) 명시적으로 폐기물에 관한 설명은 아니나, 토지소유자가 방해물의 소유권을 취득하였더라도 방해배제청구를 긍정하는 견해는 이미 편집대표 곽윤직, 민법주해(Ⅴ) 물권(2), 박영사(1992), 254-256면(양창수 집필부분)에서부터 제시된다. 나아가 이계정, "소유물방해제거청구권 행사를 위한 방해의 현존", 민사판례연구(43), 박영사(2021), 248-252면; 성경희, "폐기물을 매립한 원인행위자에게 매립토지의 최종 취득인이 민법 제214조에 기한 소유권방해제거청구권을 행사할 수 있는지 여부", 대구판례연구회, 재판과 판례 제29집(2020), 160-161면; 박철홍, "소유권에 기한 방해제거청구권의 행사 근거 및 행사 범위", 민사판례연구(40), 박영사(2018), 139-141면은 모두 폐기물이 토지에 부합되더라도 (적어도 원칙적으로는) 토지소유자의 방해배제청구가 허용된다는 취지로 보인다. 폐기물이 아닌 지상물(석축)에 대한 것이나, 이병준, "인접한 토지의 경사면에 건축한 석축의 부합과 방해배제청구권", 민사법학 제54-1호(2011), 103-106면도 같다.

13) 예컨대, 양형우, "자신의 토지에 토양오염을 유발하고 폐기물을 매립한 자의 불법행위책임", 홍익법학 제18권 제2호(2017), 400면; 정다영, "자기 소유 토지에 토양오염을 유발하고 폐기물을 매립한 자의 불법행위책임", 토지법학 제33-2호(2017), 178면. 두 논문 모두 부합된 폐기물의 존재는 '방해'가 아니라 이미 종결된 침해행위로 인한 '손해'일 뿐이라고 한다.

이하에서는 국내에서 논의되는 학설에 관하여 간략히 본다.

서로 다른 물건이 일정한 수준 이상으로 서로 부착 · 합체되었을 때 부합을 인정할 수 있다는 점에는 별다른 이견이 없고, 문제는 '일정한 수준'이 무엇인가 하는 점이다. 동산 간의 부합에 관한 민법 제257조와 달리 민법 제256조는 부합 여부의 판단에 관하여 별다른 기준을 제시하고 있지 않으므로 여러 가지 견해가 제시될 수 있다.

주류적인 견해는 동산 간의 부합을 규정한 민법 제257조의 요건에 준하여, '피부합물(부합되는 물건, 즉 부동산) 또는 부합물(부합하는 물건)을 훼손하거나 많은 비용을 지출하지 않고서는 분리할 수 없을 정도로 부착 · 합체된 경우'나 '분리할 경우 경제적 가치를 현저히 감손하는 경우' 부합을 인정한다. 즉 기본적으로 동산 간의 부합과 부동산에의 부합의 요건을 구별하지 않는 것이다.[14] 이에 대하여 민법 제256조가 제257조와 달리 부합의 요건을 구체적으로 규정하고 있지 않은 점에 비추어 '분리 복구하는 것이 사회경제적으로 불리'한 것만으로 족하다는, 즉 부동산에의 부합의 요건을 보다 넓게 인정하는 소수설이 있으나,[15] 두 견해는 결국 분리의 용이성 내지 경제적 합리성 여부를 부합의 기준으로 한다는 점에서는 다르지 않다.[16] 그리고 이와 같은 기준에 따르는 이유는, 부합이 이루어진 물건을 원상회복, 즉 분리함으로써 물건의 경제적 가치를 상실시키는 것이 사회경제적으로 이롭지 않다는 것으로 설명된다.[17]

---

14) 곽윤직 · 김재형, 물권법(민법강의Ⅱ)(제8판 보정), 박영사(2015), 276-277면; 양창수 · 권영준(주 9), 305면; 이영준, 물권법(전정신판), 박영사(2009), 545-547면; 이은영, 물권법(제4판), 박영사(2006), 497면; 송덕수, 물권법(제5판), 박영사(2021), 351면; 이진기, 물권법, 박영사(2020), 116-117면; 박동진, 물권법강의(제2판), 법문사(2022), 230면("동산에의 부합정도에 이르러야 한다"고 한다); 편집대표 김용덕, 주석민법 물권1(제5판), 한국사법행정학회(2019), 989-990면(김진우 집필부분).
15) 고상용, 물권법, 법문사(2001), 343면; 강태성, 물권법(제10판), 대명출판사(2020), 624면 주 5)(소수설을 광의설과 최광의설로 다시 나누어, 전자는 '분리에 과다한 비용을 요하는 경우'까지 포함하고, 후자는 '분리하는 것이 사회경제상 불리한 경우'까지도 포함한다고 설명한다).
16) 김태관, "부동산에의 부합의 요건에 관한 비판적 고찰", 일감부동산법학 제22호 (2021), 14면.
17) 곽윤직 · 김재형(주 14), 274-275면; 양창수 · 권영준(주 9), 303면; 송덕수(주 14),

그 외에 과거에는 '동산이 부동산에 부착되어 사회경제상 부동산 그
자체로 인정될 정도'라거나 '훼손 없이 분리할 수 있더라도 외형적·물리
적 상태에 있어 1개의 물건으로 인정되는 결합이 있을 것'을 요건으로 하
는 견해도 제시되었던 것으로 보인다. 이들 견해의 실익은 동산을 부동
산으로부터 훼손 없이 분리할 수 있더라도 부합이 인정될 여지가 있다는
것인데,18) 현재는 이와 같은 견해가 의미 있게 주장되는 것으로는 보이
지 않는다.19) 다만 대법원이 부동산에의 부합 여부의 판단 기준으로 제
시하는 판시 ②는 이와 어느 정도는 궤를 같이하는 것으로 보인다.

한편 다수설에서도 일정한 예외가 인정되기는 한다. 즉, 첨부로 인
하여 소유권을 상실당한 자의 원상회복청구권을 배제하는 규정이 강행규
정임을 인정하더라도, 첨부된 물건의 소유자에 대하여 이른바 '강요된 이
득'을 인정하는 것은 아니어서, 임차인이 건물 소유자인 임대인의 동의
없이 건물에 고가의 석재를 부합시켰고 그것이 임대인의 의사에 반한다
면 부착물의 제거를 구할 수 있다고 한다.20)

## 2. 일본의 논의

### (1) 학  설

부합에 관한 일본 민법 제242조, 제243조는 적어도 본고에서 문제되
는 '부합의 기준'이라는 관점에서는 우리 민법 제256조, 제257조와 거의
같은 내용을 규정하고 있다. 즉 부동산에의 부합에 관한 제242조는 '부동
산에 종속하여 부합한 물건'으로만 되어 있는 반면, 동산의 부합에 관한

---

349면; 주석민법 물권1(주 14), 987면(김진우 집필부분).
18) 정우형, 부동산 부합에 관한 연구, 한양대학교 법학박사학위논문(1996), 46면. 이
   는 아래에서 보는 일본의 학설 대립의 영향을 받은 것으로 추측된다. 아래에서 소
   개하는 외에, 일본에서의 견해대립의 개관은 같은 논문, 21-34면도 참조.
19) 다만 고상용(주 15), 342-343면이 부합물의 거래관념상 독립성 유무를 기준으로
   부합 여부를 판단하여야 한다는 취지로는 보인다. 그리고 민법 제256조 단서의
   '부속' 여부의 판단에 있어서는 이와 같은 기준들이 논의되고 있는 것으로 보인다:
   김태관(주 16), 15면 주 33).
20) 민법주해(Ⅴ) 물권(2)(주 12), 510면(권오곤 집필부분).

제243조는 '손상하지 않으면 분리할 수 없게 된 때' 또는 '분리에 과분(過分)한 비용을 요하는 경우'라고 규정하고 있는 것이다. 따라서 이들 조항에 관한 일본의 해석론을 참고적으로 본다.

　위 민법 규정의 해석을 둘러싸고 종래 일본에서는 부동산에의 부합을 중심으로 크게 세 가지 견해가 논의되어 왔다. 1설은 부합물의 분리가 사회경제적으로 현저히 불이익하다면 부합을 인정한다.[21] 이는 민법 제243조의 요건을 부동산에의 부합에도 유사하게 적용하는 것으로 이해할 수 있고, 앞서 본 우리나라의 다수설과도 비슷한 내용이다.[22] 2설은 거래관념상 독립의 물건으로 취급되는지 여부를 요건으로 한다. 즉 부합물과 피부합물에 관하여 별개의 소유권이 인정되는 경우 거래의 안전을 해할 수 있으므로, 이 경우는 부합에 의하여 부합물의 소유권이 소멸된 것으로 본다는 것이다.[23] 기본적으로 1설을 취하면서 2설의 입장을 일부 반영하여 '부착으로 인하여 거래관념상 독립성을 상실한 경우'까지도 부합을 긍정하는 견해도 있다.[24] 반면 3설은 부합물에 대하여 원상복구를

---

21) 我妻栄 外, 我妻・有泉 コンメンタール 民法 -総則・物権・債権-(第8版), 日本評論社(2022), 476면.

22) 나아가 이 견해는 부합물이 독립된 물건으로서의 존재를 상실하는 강한 부합과, 여전히 별개의 존재를 가지는 약한 부합을 구별하여, 권원에 의한 부속의 예외를 규정한 제242조 단서는 후자에 대해서만 적용된다고 하는 점에서도 우리나라의 다수설과 유사하다: 我妻(주 21), 476-477면; 이에 반해 권원에 의한 부속 여부는 권원의 성격, 즉 부동산에 물건을 부속시키는 것을 내용으로 하는 권리인지 여부에 따라 달라진다는 견해도 제기된다. 두 견해의 개관은 小粥太郎 編, 新注釈民法(5) 物権(2), 有斐閣(2020), 499-500면(秋山靖浩); 能見善久・加藤新太郎 編, 論点中心 判例民法(2) 物権(第3版), 第一法規(2019), 308-309면(松尾弘).

23) 2설을 다시 거래관념설과 거래안전설로 나누어 설명하기도 한다. 정우형(주 18), 25-30면; 瀬川(주 11), 17-24면. 간단히 정리하면 전자는 거래관념상 독립하여 거래될 수 있는 물건은 (권원의 유무에 관계없이) 부합되지 않는나는 주장이고, 후사는 일물일권주의에 입각하여 외형적・객관적으로 하나의 물건에 해당하는 경우는 그 일부분에 대하여 별개의 소유권을 인정하지 않는다(즉 부합된다)는 주장이다. 그런데 거래안전설은 거래관념설에서 제시하는 '거래관념'이라는 기준을 승계하여 발전시킨 것이고, 현실적으로도 두 학설이 공히 당대의 소작인 보호의 필요성을 고려하여 제시된 이론이어서, 구체적 판단으로 들어가면 상당 부분 두 학설의 결론이 유사하게 된다고 한다: 瀬川(주 11), 19, 21, 23-24면. 따라서 본고에서는 별도로 양자를 구분하지 아니한다. 최근의 일본 주석서도 굳이 두 학설을 나누어 서술하고 있지 않다: 秋山(주 22), 491면.

요청하는 것이 권리남용에 해당하는 경우, 부합을 인정함으로써 이러한 원상복구를 부정한다.25)

특히 마지막 견해(이른바 권리남용설)는 부합에 관한 우리나라의 논의와는 상당히 거리가 있는 것인데, 그 논거를 좀 더 상술하면 다음과 같다. 상기 1설과 2설은 서로 다른 분쟁의 유형을 상정하고 있는바, 1설은 부합물과 피부합물의 소유자(즉 부합당사자들) 상호간의 분쟁을, 2설은 부합당사자와 부합물을 포함한 부동산 전체의 소유권을 취득한 제3자 간의 분쟁을 염두에 두고 있다는 것이다. 그런데 2설이 추구하는 거래의 안전은 공신력에 관한 민법의 다른 규정들(특히 선의취득)26)에 의하여 달성될 수 있고, 결국 부합제도는 부합당사자 간의 이해관계 조정에 초점을 맞추어야 할 것인데, 사회경제적 이익 여부만을 기준으로 하는 경우에는 불법점유자가 공장에 자신의 기계를 부착시킨 경우에도 부합으로 인하여 그 취거를 구할 수 없게 되는 등의 불합리가 발생한다. 따라서 부합제도의 근거는 사적 이해관계를 조정하는 권리남용 금지의 원칙에서 찾아야 한다는 것이다.27)

다만 권리남용설에 의하더라도 원칙적으로는 분리가 불가능하거나 과다한 비용을 요하는 경우에 부합을 인정한다는 것이므로,28) 이 점에서는 앞서 본 1설과 크게 다르지 않다. 이 견해의 실제적인 의미는 부합의 성부에 관한 민법 제242조를 임의규정으로 해석하고,29) 부합물의 제거청구권 인정 여부는 그 물건의 부착에 관하여 부동산 소유자의 승낙을 얻었는지 등에 의하여 결정해야 하며,30) 부합에 이르게 된 데 당사자의 귀

---

24) 瀬川(주 11), 25에서는 이러한 학설을 '신(新)통설'로 소개하고 있다.
25) 이상 각 학설의 개관은 秋山(주 22), 490-492면.
26) 일본 민법상의 용어는 '즉시취득'(제192조)이다.
27) 이상은 川島武宜·川井健 編, 新版注釈民法(7) 物權(2), 有斐閣(2007), 397-398면 (五十嵐清·瀬川信久)에서 인용하였는바, 해당 견해의 보다 구체적인 설명은 瀬川(주 11), 323-327면.
28) 瀬川(주 11), 327면.
29) 瀬川(주 11), 329면(따라서 앞서 본 부합의 기준은 다른 합의나 관습이 없는 경우에만 적용된다고 한다); 五十嵐·瀬川(주 27), 398면.
30) 五十嵐·瀬川(주 27), 400면. 보다 구체적으로는, 부착물의 소유자에게 실체법상

책성이 있는지에 따라 분리로 인한 물건의 손상이나 분리에 과도한 비용이 소요되는지 여부를 달리 판단할 가능성(즉 부합 여부의 판단이 달라질 가능성)을 인정한다는 점에 있다.[31]

나아가 현재는 이상의 3가지 견해 중 어느 하나의 기준만으로는 부합 여부가 문제되는 다양한 사례들을 타당하게 설명하기 어렵고, 부합의 목적물과 분쟁의 유형에 따라 구체적 타당성 있는 해법을 도모하여야 한다는 일종의 '유형론'적 견해도 유력한 것으로 보인다.[32] 이 견해에 따르면, 부합은 물리적 개념만이 아닌 법적 개념이고, 분리 과정에서 일방의 물건이 손상되거나 상당한 비용이 소요되더라도 분리할 수 있어야, 즉 부합을 인정하지 아니하여야 하는 경우가 있을 수 있다고 한다. 예컨대 타인의 토지에 폐기물을 불법으로 투기한 경우나 부합물의 수거가 계약에 기한 원상회복의무의 내용인 경우 등이 이에 해당한다고 한다.[33] 나아가 부합으로 인하여 오히려 부동산 소유자의 소유권이 방해되는 상황이라면, 부동산 소유자 측에서 선택적으로 부합을 주장하거나 방해제거청구를 할 수도 있다는 견해도 제기된다.[34]

---

매수청구권이 인정되는 사안이라면 수거의무가 없고(매수청구로 해결하라는 것이다), 그렇지 않은 사안에서는 일차적으로는 토지소유자의 승낙의 유무를, 이차적으로는 부착물의 성격을 고려하여야 한다는 것이다. 승낙이 없다면, 수거의무를 진다: 瀬川(주 11), 332면.

31) 秋山(주 22), 494면.

32) 松尾(주 22), 306면; 秋山(주 22), 492면; 특히 최고재판소 판례가 이와 같이 유형론적인 접근으로 구체적 사안을 해결하고 있다는 설명으로, 坂井智典, "民法第242条の要件に関する一考察", 広島法学41巻4号(2018), 121면.

33) 松尾(주 22), 306-307면. 후자의 예로는, 사용차주(임대차에도 준용, 일본 민법 제622조)의 수거권(제599조 제2항, 우리 민법 제615조 제2문과 유사한 내용)을 들고 있다.

34) 鎌野邦樹, "無権原者による植栽をめぐる法律関係 -付合と相隣関係-", 社会の変容と民法の課題(上巻) -瀬川信久先生・吉田克己先生古稀記念論文集-, 成文堂(2018), 226-227면: 이 문헌은 권원 없는 수목 식재의 문제를 다루고 있는데, 일응 권리남용설을 전제로 한 듯이 서술하고 있으나 기존의 권리남용설과 부합하는 내용인지는 알기 어렵다. 한편 프랑스 민법 제555조가 토지소유자에게 이와 유사한 선택권을 인정하고 있는 것으로 보이는바, 동조에 대한 설명은 정우형(주 18), 96-97면; 곽시호, "민법상 부동산의 부합-인정범위와 기준을 중심으로-", 법과 정책 제25집 제1호(2019), 40-41면 주 51).

특히 유형론적인 설명에서는 토사의 붕괴나 폐기물의 매립과 같은
일종의 '음(-)의 부합'이 중요한 부분을 차지하는 것으로 보인다. 우리나
라에서와 마찬가지로 일본에서도 부합에 의하여 오히려 피부합물인 부동
산의 가치가 저하되는 사안에서는 부동산 소유자 측에서 (주로는 물권적
청구권의 행사로써) 동산의 취거를 구하고, 이에 대해 동산의 소유자 혹은
적어도 그 동산을 사실상 지배하고 있는 측에서 부합을 주장하여 방해배
제청구권 행사를 저지하려 드는 분쟁 양상이 나타난다. 특히 일본에서는
2011년 후쿠시마(福島) 원자력발전소 폭발사고 이후 인근 토지에 비산된
방사성 폐기물의 제거를 구하는 소송에서 이와 같은 분쟁 양상이 빈번히
나타난 것으로 보이는데,35) 이들 사안에서 수거청구를 받아들이지 않은
판결들에 대하여는 방해상태를 야기한 자가 부합을 주장하여 방해배제청
구권의 행사를 저지하는 것은 부합제도의 취지에 반하는 권리남용이라거
나 부합제도에 대한 오해의 소치라는 등의 비판이 제기되고 있다.36)

(2) 판  례

일본 법원의 판결들에 나타나는 부동산에의 부합의 요건은 일견 우
리나라의 그것과 크게 다르지 않으나, 사건의 유형에 따라 다소 독특한
법리를 전개한 경우들이 있다.

(가) 건물의 설비

건물의 설비 등의 경우는 대체로 물리적 훼손 없이 분리할 수 있는
지 및 분리에 의하여 설비의 경제적 가치가 상실되는지 등을 기준으로
하여 부합 여부를 판단하고 있는 것으로 보인다.37) 이는 우리 대법원의

---

35) 다만 그 이전부터 이와 같은 '부합의 항변'은 실무상 행하여져 온 것으로 보이는바,
　　과거 판례의 개관은 뒤에서 보는 외에 神戸秀彦, "農地の放射能汚染と原状回復訴訟-
　　物権的妨害排除請求権と付合を中心として-", 法と政治71巻1号(2020), 127-133면도 참조.
36) 神戸(주 35), 135면; 같은 논문, 134면 주 43)도 참조.
　　한편 초기 일본의 통설(앞서 본 1설)에서는 부합물의 소유자 측에서 부합물을
　　회수하여 가는 것이 금지될 뿐, 피부합물의 소유자 측에서 수거청구를 하는 것은
　　반드시 금지되지 않는 것으로 이해되었다고 한다. 그러나 이후 거래관념설 등이 대
　　두되면서 '부합 = 수거청구 불가 = 수거의무도 없음 = 보상청구권 발생'의 등식이 성립
　　되었다고 한다: 瀬川(주 11), 9, 19면; 이러한 등식에 대한 비판은 같은 책, 323면.
37) 秋山(주 22), 510-511면.

판시 ①과 대체로 동일한 기준으로 볼 수 있다.

이를테면 건물 벽체에 금구(金具)로 고정된 급탕기의 경우 내용연수 경과에 따른 교환이 예정되어 있고 이를 분리하기 위해 건물의 일부를 손괴할 필요도 없으므로, 물리적으로나 사회경제적으로나 건물에 부합된 것으로 보기 어렵다고 판시한 예가 있다.38) 반면 LP가스 공급설비의 일부가 지중(地中)에 매설되거나 건물의 벽이나 바닥 밑에 부설되어 건물의 기초나 외벽에 고정되어 있어 이를 건물로부터 분리하기 위하여 건물의 일부를 손괴할 필요가 있고, 분리비용 및 분리로 인하여 손상된 건물의 복구비용에 비하여 분리 후의 가스설비 자체의 거래가격이 현저히 낮으므로 사회경제적으로 분리함이 상당하지 않아 부합되었다고 본 사례도 있다.39) 한편 건물에 설치된 승강기를 건물에서 용이하게 분리할 수 있고, 소유권유보조건으로 승강기를 설치한 원고의 미수 공사대금이 550만 엔이고 분리비용은 그 10%에도 미치지 못하는 점에 비추어 승강기 설치로 인하여 증가되는 건물 이용자의 편익에도 불구하고 이를 분리하는 것이 사회경제적으로 불이익하다고 보기 어렵다고 하여, 승강기에 대한 원고의 인도청구를 인용한 사례도 있다.40)

**(나) 건물의 증·개축, 공유수면의 매립**

건물의 신축부분이 기존 건물에 부합되는지 여부에 관하여는 '독립적으로 거래의 대상이 될 수 있는지'를 중요한 기준으로 보고 있다. 이는 우리 대법원의 판시 ②와 유사한 기준으로 볼 수 있다.

이를테면 건물 임차인이 임대인의 승낙을 얻어 기존 건물 위에 1개

---

38) 東京高判 2006(平18). 4. 13. 判時1928号42頁.
39) さいたま地判 2005(平17). 11. 22. 金融·商事判例1313号49頁. 항소심은 東京高判 2008(平20). 12. 17. 金融·商事判例1313号42頁(항소기각); (주 38)의 東京高判 2006(平18). 4. 13. 判時1928号42頁도 'LP가스 소비설비'(배관, 소켓 등)에 관하여 같은 판시.
40) 熊本地判 1979(昭54). 8. 7. 下民集30巻5~8号367頁. 한편 이 판결에 따르면 승강기를 건물에서 분리하기 위해서는 콘크리트 벽체를 철거할 필요 없이 벽체와 승강장 유닛 사이의 모르타르 및 앵커볼트를 제거하는 것으로 족하고, 전체 공사기간은 4~5일 정도라는 것이다.

층을 증축한 경우에도, 기존 건물 내부의 계단을 통해서만 출입할 수 있
다면 증축부분이 거래상의 독립성을 가질 수 없어 권원에 의한 부속을
규정한 민법 제242조 단서가 적용될 수 없다(즉 기존 건물에 부합된다)고
한다.41) 마찬가지로, 신축부분의 기초가 기존 건물과 떨어져 있고 기둥
및 지붕이 상호 분리되어 있어 부합을 인정하지 아니한 원심판결에 대하
여, "구조적으로 접합되어 있지 않다고 하여 곧바로 부합되지 않는다고
볼 수 없다"고 하면서 신축부분과 기존 건물 간의 접착의 정도, 신축부분
의 구조나 이용방법 등을 고찰하여 신축부분이 구조상 건물로서의 독립
성이 부족하여 기존 건물과 일체로서 이용, 거래되어야 할 상태에 있다
면 부합되었다고 봄이 상당하다고 한 사례가 있다.42)

한편 공유수면 매립을 위해 토사를 투입한 경우에는, 매립지가 조성
되기 전까지는 해당 토사가 (수면 아래의) 지반과 일체화되어 그 가치를
각별히 증가시키기에 이르지 못하는 것이 일반적이고 법률상 원상회복의
대상이 될 수도 있으므로, 매립자가 준공인가를 받아 매립지의 소유권을
취득함과 동시에 토사가 지반에 부합하며, 그 전까지는 독립된 동산으로
서 존재한다고 한다.43)

### (다) 폐 기 물

폐기물이 토지에 매립된 경우에는, 대체로 그것이 기존의 토지와 물
리적으로 구분되는지 여부를 기준으로 삼는 것으로 보이나,44) 매립의 경
위 등을 아울러 고려하는 듯한 판시도 발견된다.

이를테면 토지에 퇴적된 폐기물이 기존의 토지와 지질(地質) 등의 차

---

41) 最判 1969(昭44). 7. 25. 民集23卷8号1627頁.
42) 最判 1968(昭43). 6. 13. 民集22卷6号1183頁. 증축부분의 지붕이 방수 목적으로
    기존 건물의 지붕 아래로 삽입되었을 뿐 구조적으로 접합되어 있지 않음에도 불구
    하고 부합을 긍정한 점이 특이하다.
43) 最判 1982(昭57). 6. 17. 民集36卷5号824頁.
44) 한편 학설상으로는 토사가 붕괴하여 다른 토지를 뒤덮은 경우, 기존 토지와 새
    로운 토사가 외견상 구분 가능하다면 토지소유자의 취거청구권을 인정할 수 있다
    는 견해와, 새로운 토사를 제거할 수 있는 한 부합을 주장하여 취거의무를 면할 수
    없다는 견해가 제시된다고 한다. 이들 견해의 간단한 소개로 神戸(주 35), 130면.

이로 인하여 명확하게 구별되는 경우에는, 방해상태의 계속이 인정되어 방해배제청구권의 행사로써 투기자를 상대로 폐기물의 제거를 구할 수 있다는 취지로 판시한 예가 있다.45)

또한, 광산에서 발생한 잔토(殘土) 중 광석 함유율이 낮고 경제적 가치도 없어 독립적으로 거래의 대상이 된 적이 없을 뿐 아니라, 최초 굴착 당시부터 야적장에 적치되고 그 위에 식물이 자라 외형상 기존 토지와 구별이 불가능한 것은 토지에 부합되었고, 반면 자루(플레콘백)에 포장하여 야적해 놓아 외형상 기존 토지와 용이하게 구분 가능한 것은 부합되지 않는다고 판시한 예가 있다.46) 그리고 폐기물 처리를 위하여 콘크리트 처리조를 지중에 매설한 후 복토한 경우, 구조나 규모 등에 비추어 물리적으로 토지에서 분리하기 곤란할 뿐 아니라 그 자체가 토지와 별도로 거래의 대상이 될 수 있는 사회경제적 가치가 있다고도 보기 어려워 부합되었다고 한 사례도 있다.47) 다만 이들 사례는 모두 계약상 폐기물을 토지에 야적 내지 매립할 것이 예정되어 있었던 사안으로, 즉 불법투기가 아니었다.48)

한편 유해물질이 배출되는 광재 슬래그(slag)를 도로 포설에 사용한 사안에서, 1심은 "슬래그가 광재의 일종으로서 기존 토양과 구별될 뿐 아니라 관련 공법상 기준을 초과하는 유해물질(불소)이 검출되는 이상 상품

---

45) 東京高判 1996(平8). 3. 18. 判夕928号154頁(상고기각). 다만 이 판결에 따르면, 피고가 폐기물의 소유권을 상실하여 제거의무도 없다는 취지로 항변하였으나, 법원은 '소유권에 기한 방해배제 내지 예방청구는 소유권을 침해하거나 침해할 우려가 있는 물건의 소유권을 가진 경우에 한하지 않고, 현재 존재하는 침해상태를 작출한 자도 배제 내지 예방의무를 부담하므로 폐기물의 소유권 귀속을 논할 것도 없이' 제거의무를 부담한다고 판시하였다. 따라서 반드시 토지에의 부합을 부정하는 것을 전제로 한 결론으로 단정하기는 어렵다.

46) 鳥取地判 2004(平16). 9. 7. 判時1888号126頁.

47) 東京地判 1996(平8). 8. 27. 判時1609号99頁. 위와 같은 결론에 대하여 원고들이 '본건 처리시설을 분리하는 것이 오히려 사회경제적으로 이익이 되므로 부합되지 않는다'고 주장하였으나, 법원은 본문과 같은 이유를 들어 해당 처리시설이 독립적인 물건 내지 거래의 대상으로서의 성격을 상실하였다고 하여 그 주장을 배척하였다.

48) 秋山(주 22), 507면; 특히 (주 46)의 판결에 대하여 불법매립이었다면 외형적 독립성의 유무에 관계없이 부합을 인정하기 어려웠을 것이라는 설명으로, 神戸(주 35), 132면.

가치도 없다"는 이유로 도로부지에 부합되지 아니한다고 하여 부지 소유자인 지방자치단체의 철거청구를 긍정하였으나,[49] 항소심에서는 부합을 인정한 사례도 있다. 그런데 항소심 판결에 의하면, 최초 슬래그를 도로에 포설할 당시에는 유해물질에 관한 기준이 마련되기 전이었고, 건설업계에서 폭넓게 노반 시공에 사용되고 있었던 점 등에 비추어, 해당 슬래그가 도로부지에 포설된 것을 가리켜 '부적정하게 처리된 폐기물로 볼 수 없다'는 것이다.[50]

  그러나 이와 달리 농지에 방사성 물질이 산포된 경우 이를 분리하여 제거할 기술이 확립되어 있지 않은 이상 사회통념상 수거가 불가능하다고 하여 방해배제청구를 배척한 사례도 있다.[51]

### 3. 독일의 논의

  부합에 관한 독일 민법 규정의 해석론은 우리나라나 일본의 그것과는 상당한 차이를 보이고 있으나, 참고적으로 간단히 본다.

  부동산에의 부합에 관한 독일 민법 제946조는 '동산이 부동산에 부착하여 부동산의 본질적 구성부분(wesentlicher Bestandteil)'[52]이 될 것을 요구하고 있으며, 무엇이 본질적 구성부분인지에 관하여는 민법 제93조 내지 제95조에서 규정을 두고 있다.[53] 따라서 독일 민법하에서 부합 여부

---

49) 前橋地判 2020(令2). 8. 5. 平成30年(行ウ)第10号(判例地方自治473号71頁).

50) 東京高判 2021(令3). 12. 21. 令和2年(行コ)第181号(判例地方自治492号76頁). 이 사건은 지방자치단체가 슬래그 공급자의 부담으로 기존 도로포장 위에 아스팔트를 덮어씌우는 것으로 보수공사를 마무리한 데 대해 주민소송을 제기한 사안이다.

51) 仙台高判 2020(令2). 9. 15. 令和1年(ネ)第370号/令和2年(ネ)第51号(상고기각). 같은 이유를 들어 원심은 당해 방사성 물질이 토지의 구성부분이 되어 피고(발전소 운영자)가 아니라 토지소유자인 원고들의 배타적 지배가 미치고, 따라서 원고가 스스로 그 주장의 (오염물질 제거를 위한) 객토 작업을 할 수 있다고 하여 방해배제청구를 배척하였다: 福島地判 2019(令元). 10. 15. 平成30年(ワ)第173号. 이 판결에 대한 설명 및 그에 대한 비판으로는, 神戸(주 35), 121-122, 133-135면.

52) 이러한 '본질적 구성부분'과 이에 해당하지 않는 구성부분(즉 '비본질적 구성부분')의 개념이 '강한 부합(구성부분 혹은 同体的 구성부분)'과 '약한 부합(비구성부분 혹은 非同体的 구성부분)'을 구별하여 전자에 대하여는 민법 제242조 단서의 적용을 부정하는 일본의 견해 형성에 영향을 주었다고 한다: 瀬川(주 11), 25면.

53) 토지소유권과 결부된 '권리'에 관한 제96조도 구성부분에 관한 규정이나, 물건의

는 '무엇이 본질적 구성부분인가'의 논의로 귀결된다.

이 개념에 관한 민법 제93조 내지 제95조를 요약하면, 어느 하나를 훼멸(즉 손괴)하거나 그 본질을 변경시키지 않고 분리할 수 없다면 이는 본질적 구성부분에 해당하고(제93조), 토지의 정착물, 특히 건물은 토지의 본질적 구성부분에 속하며(제94조 제1항), 건물의 건축을 위하여 부가된 물건은 건물의 본질적 구성부분에 속한다(동조 제2항). 반면 일시적 목적만을 위하여 토지 또는 건물에 부착된 물건, 타인의 토지에 대한 권리의 행사로 그 권리자가 토지에 부착시킨 건물 기타 공작물은 토지의 구성부분에 속하지 않는다(제95조, 이른바 가장구성부분, Scheinbestandteil).[54] 이들 규정 상호간의 관계가 다소 독특한데, 제93조의 요건을 충족하지 않는 경우에도 제94조에 의하여 본질적 구성부분으로 간주될 수 있고,[55] 역으로 제94조에 해당하지 않는 물건도 제93조에 의하여 본질적 구성부분으로 인정될 수 있다고 한다.[56] 그리고 제95조는 토지 또는 건물에 부착된 물건에 관하여 한정적으로 규정하고 있으나,[57] 제93조 및 제94조 모두에 대한 예외로 기능한다.[58]

---

부합에 관하여 다루는 본고와는 무관한 내용이므로 생략한다.

54) 이하 독일 민법 번역은 양창수, 2018년판 독일민법전(총칙·채권·물권), 박영사 (2018) 참조. 2023. 6. 30. 현재까지 본문에 소개된 민법 조문들은 2018년 당시와 비교하여 변경되지 않았다.

55) 정우형(주 18), 80면. 다만 건물이라 하더라도 정착의 견고함(Festigkeit)의 정도에 따라 달리 판단될 여지는 있다: Staudinger/Stieper, Kommentar zum Bürgerlichen Gesetzbuch, Sellier/de Gruyter(2017), BGB §94 Rn. 10. 한편 제2항의 '건물의 건축을 위하여 부가된 물건'의 경우 반드시 견고하게 부착될 것까지는 요구되지 않으며, 그보다는 그 물건이 결여될 경우 거래관념상 건물의 완성으로 보기 어려운 것인지 여부가 주된 기준이 된다: BeckOK BGB/Fritzsche, 66.Ed.(1. 2. 2023), BGB §94 Rn. 16, 19. 동항에 따른 부합 여부의 판단은 특히 건물에 설치되는 기계 설비에 있어서 까다로울 수 있는데, 보다 구체적인 설명으로는 Staudinger/Stieper, BGB §94 Rn. 24-27 참조.

56) BeckOK BGB/Fritzsche(주 55), BGB §94 Rn. 1; Staudinger/Stieper(주 55), BGB §94 Rn. 2.

57) 동산에 부착된 다른 동산에 대해서도 적용될 수 있는지는 견해의 대립이 있는 듯하나, 일단 Staudinger/Stieper(주 55), BGB §95 Rn. 2; BeckOK BGB/Fritzsche(주 55), BGB §95 Rn. 1은 모두 부정적이다.

58) Staudinger/Stieper(주 55), BGB §95 Rn. 3; Münchener Kommentar zum Bürgerlichen

이처럼 제93조와 제94조는 부합을 인정하는 서로 다른 근거규정인 만큼 입법취지도 다르다. 제93조의 경우는 물건의 경제적 단일성을 유지하여 그 가치, 보다 정확히는 (복수의 물건이 결합된 상태로서의 전체 물건이 아닌) 결합된 개별 물건들의 가치를 분리 과정에서 발생될 수 있는 손상으로부터 보존하는 것을 목적으로 하나,[59] 제94조는 물권의 귀속에 관하여 명확성을 유지하여 거래상대방으로 하여금 제93조에 해당하는지 여부를 조사하는 노력을 생략할 수 있게 하는 것, 즉 거래의 안전을 목적으로 한다고 설명된다.[60] 따라서 제93조와 제94조를 전제로 한 제946조의 부합제도는 소유권 귀속의 명확성을 의도함과 더불어, 물건을 분리하려는 시도가 불가능하거나 경제적으로 무익한 경우 이를 방지하는 것을 목적으로 한다고 설명된다.[61] 한편 판례에 따르면, 제95조는 (특히 제94조와의 관계에서는) 공시의 원칙(Publizitätsprinzip)을 후퇴시켜 부동산에 물건을 부착시킨 자의 권리를 보호하는 것을 목적으로 하는 규정이다.[62]

이처럼 우리나라나 일본의 민법과 규정상의 차이는 있으나, 적어도 제93조에 한하여는 입법의도가 유사한 만큼 그 판단의 기준인 '파괴'나 '본질의 변경' 등의 개념은 전술한 우리나라나 일본의 학설에서 논의되는 것과 어느 정도는 비슷하게 해석된다. 이를테면 '파괴'에는 물리적으로 손상되어 더 이상 사용할 수 없게 되는 경우 외에 경제적으로 더 이상 활용할 수 없게 되는 '경제적 파괴(wirtschaftliche Zerstörung)'도 포함된다.[63]

---

Gesetzbuch/Stresemann, 9.Aufl., Beck(2021), BGB § 95 Rn. 1.

59) BeckOK BGB/Fritzsche(주 55), BGB § 93 Rn. 2; Staudinger/Stieper(주 55), BGB § 93 Rn. 3-4.

60) BeckOK BGB/Fritzsche(주 55), BGB § 94 Rn. 1; Staudinger/Stieper(주 55), BGB § 94 Rn. 2.

61) BeckOK BGB/Kindl, 65.Ed.(1. 2. 2023), BGB § 946 Rn. 1; Staudinger/C. Heinze, Kommentar zum Bürgerlichen Gesetzbuch, Otto Schmidt/de Gruyter(2020), BGB § 946 Rn. 1.

62) BGH NJW 2006, 990 Rn. 25-27; BGH NJW 2017, 2099 Rn. 21-22.

63) BGH NJW 2022, 614 Rn. 44; 제94조 제1항의 토지에의 '정착(fest verbunden)'의 판단에 관하여서도 어느 정도는 유사한 기준이 적용된다고 한다: Staudinger/Stieper (주 55), BGB § 94 Rn. 7.

그리고 분리비용이 분리 후의 경제적 가치에 비해 과다하거나[64] 분리 후 고철로서의 가치밖에 없는 경우 등은 '본질적 변경'에 해당하는 반면, 분리 후에도 단독으로 혹은 다른 물건과 새로이 결합함으로써 종전과 같은 용도로 사용할 수 있다면 '본질의 변경'이 있다고 보지 않으며, 따라서 대량생산부품으로서 다른 부품으로의 교환이나 대체가 가능한 것은 여기에 해당하지 않는다고 설명된다.[65]

특기할 만한 점은, 제95조의 존재로 인하여 독일 민법하에서는 부합의 목적이 무엇인지가 중요한 고려요소가 된다는 것이다. 즉 제94조에도 불구하고 토지에의 부합을 초래한 자가 부합 당시부터 이미 그 부합물을 장차 토지에서 제거할 의도가 있었다면, 이는 가장구성부분에 해당하고, 이러한 의도 여하는 외견상 나타나는 사실관계로부터 추지하게 된다.[66] 또한 지역권(Grunddienstbarkeit, 민법 제1018조 이하)이나 용익권(Nießbrauch, 민법 제1030조 이하) 등 토지에 대한 물권의 행사에 기하여 토지에 부합시킨 물건도 부합의 대상에서 제외되고,[67] 임차권 기타 채권적 권리에 기하여 부속시킨 물건에 대하여는 일시적 목적에 기한 것이라는 사실상의 추정이 존재한다고 한다.[68] 반대 취지의 약정(예컨대 임대인에게 지상물 매수의 선택권을 부여하는 등)이 있다면 추정이 복멸될 수 있으나, 단순히 임차인이 부속시킨 물건의 규모나 구조 등만을 들어서는 달리 볼 것이 아니라고 한다.[69] 그러나 소유자가 아닌 자가 부속시킨 물건(난방설비)의 경

---

64) MüKoBGB/Stresemann(주 58), BGB § 93 Rn. 11.

65) Staudinger/Stieper(주 55), BGB § 93 Rn. 17; BeckOK BGB/Fritzsche(주 55), BGB § 93 Rn. 12; BGH NJW 1973, 1454, 1455; BGH NJW 2022, 614 Rn. 27.

66) BGH NJW 2017, 2099 Rn. 7.

67) 제95조 제1항 제2문의 '타인의 토지에 대한 권리'는 물권만을 가리키는 것으로 해석된다: BeckOK BGB/Fritzsche(주 55), BGB § 95 Rn. 12; 다만 지상권(Erbbaurecht)에 기하여 축조된 건축물은 지상권 소멸 시 토지의 구성부분으로 보고, 토지소유자가 건축물에 대한 보상의 의무를 지는 것으로 별도의 규정이 마련되어 있다(지상권법 제12조 제3항, 제27조 제1항).

68) BGH NJW 2000, 1031, 1032; BGH NJW 2017, 2099 Rn. 8.

69) Staudinger/Stieper(주 55), BGB § 95 Rn. 9; 임차인이 축조한 지상물의 구조나 규모 등에 비추어 이를 파손하지 않고서는 토지로부터 분리할 수 없다고 보이는(즉 제93조의 요건이 충족되는) 경우에도, 그것만으로는 일시적 목적의 추정이 복멸되

우에도 그 물건이나 계약의 성격에 비추어 본질적 구성부분으로 된다고
본 사례도 있어,70) 이와 같은 판단이 반드시 획일적으로 이루어질 수 있
는 것은 아닌 듯하다.

　한편 이와 같은 부합의 의도 내지 목적(Zweckbestimmung)은 사후적으
로 변경될 수도 있다. 즉, 토지에 부속된 가장구성부분이 본질적 구성부
분으로 바뀔 수도 있는 것이다. 다만 이를 위하여는 토지소유자와의 합
의에 의한 부속물의 소유권 양도나, 제3자에게 명확하게 인식될 수 있는
목적의 변경에 관한 의사의 표명(Willensbekundung)이 있어야 한다.71) 따
라서 부속물과 그것이 부속된 토지가 동일인의 소유로 귀속되었다면, 일
반적으로 (당초 부속시킬 때의) '일시적 목적'이 탈락하게 된다고 한다.72)
반대로 본질적 구성부분이 가장구성부분으로 바뀔 수 있는지는 논란이
있는 것으로 보이나, 일단 판례에 따르면 토지소유자가 그 소유의 토지
에 수도관을 매설하였다면 이는 특별한 사정이 없는 한 토지의 본질적
구성부분이 되나, 그가 이후 수도관 설비를 수도공급역무를 담당하는 타
인에게 매도하였다면 그 시점부터는 가장구성부분이 되어 토지와 별도의
소유권의 객체가 된다는 것이다.73)

---

지 않는다는 것으로, BGH NJW 2000, 1031, 1032; Staudinger/Stieper(주 55), BGB
　§95 Rn. 12는 이 판결에 반대하는 입장이다.
70) OLG Rostock GE 2004, 484(= Urt. v. 15. 1. 2004 - 7 U 91/02). 이 사안은 난방
　공급업자가 건물에 부설한 난방설비의 소유권 귀속이 문제된 것인데, 난방설비 자
　체가 영구적인 사용을 목적으로 설치된 것으로 보이는 점, 계약에서 당초의 기간
　만료 후 철거에 관하여 정하고 있지 않으며 오히려 계약연장에 관한 조항을 두고
　있는 점, 설비의 가치감소로 인하여 당초 의도되었던 계약기간 만료 후 설비를 분
　리하여 달리 사용하는 것이 경제적으로 상당하다고 보기도 어려운 점 등에 비추
　어, 제95조의 요건이 충족되지 않아 계약 해지 후 난방설비도 건물소유자의 소유
　로 귀속된다고 본 것이다.
71) 물건을 부속시킨 목적의 사후적인 변경은 그 물건의 처분행위와 유사한 성격을
　가지고 있다고 한다: BGH NJW 1957, 457.
72) BeckOK BGB/Fritzsche(주 55), BGB §95 Rn. 8. 그 외에 토지소유자가 임차인을
　상대로 명시적으로 계약 종료 후 지상물 철거청구를 포기할 의사를 표시한 경우도
　이에 해당한다고 한다: Staudinger/Stieper(주 55), BGB §95 Rn. 14; 반면 단순히
　가장구성부분인 기존 건물에 덧대어 대규모로 증축한 것만으로는 본질적 구성부분
　으로의 전환이 일어나지 않는다고 한다: BGH NJW 1987, 774.
73) BGH NJW 2006, 990 Rn. 9-12. 한편 스위스민법은 물자의 공급이나 배출을 위

부합의 요건 외에 부합의 효과에 있어서도 독일법은 우리나라 또는 일본과 차이를 보인다. 이를테면 독일의 판례에 따르면 부합물이 토지의 본질적 구성부분이 되어 토지소유자의 소유권이 부합물에 미치게 되었다고 하더라도 소유권의 내용에 저촉되는 상태가 존재하는 한 민법 제1004조의 '방해'에 해당하게 된다.74) 즉, 소유자는 방해물의 부합 여부에 관계없이 방해배제청구를 할 수 있는 것이다.

나아가 독일 민법은 부합으로 인하여 원상회복청구가 배제된다고 규정하면서도(제951조 제1항 제2문), 임차인 또는 용익임차인(민법 제539조 제2항, 제581조 제2항), 사용차주(제601조 제2항), 점유자(제997조), 용익권자(제1049조 제2항) 등과 같이 별도의 규정에 의하여 인정되는 수거권의 행사는 제한하지 않고 있다(제951조 제2항 제1문). 나아가 부합으로 인하여 소유권을 상실하는 당사자는 제1항에 의한 부당이득반환청구 외에 점유자의 수거권에 기하여 그 물건을 수거할 수도 있다(동항 제2문).75)

## Ⅲ. 검   토

### 1. 기존의 논의가 들어맞지 않는 사례들

#### (1) '독립한 소유권의 객체' 여부에 따라 부합이 결정된 사례

앞서 본 대법원의 판시 ②는 특히 건물이 증축된 경우 증축부분의 소유권 귀속과 관련하여 자주 설시되었다.76) 이에 이를 물리적 분리가능

---

한 관로는 그것이 시작 또는 도달하는 설비의 소유자에게 귀속된다는 특칙을 두고 있다(제676조 제1항).

　　관로 외의 다른 물건에 대해서도 이와 같은 전환을 긍정할 것인지는 논란이 있는 것으로 보인다. 거래의 안전을 저해한다는 이유 등으로 반대하는 견해로는 MüKoBGB/Stresemann(주 58), BGB §95 Rn. 16; Staudinger/Stieper(주 55), BGB §95 Rn. 15a도 마찬가지로 부정적인 듯하다.

74) BGH NJW-RR 2003, 953, 954.

75) 이 조항은 원상회복을 불허하는 동조 제1항과는 상충되는 것처럼 읽힐 수 있고, 때문에 이러한 수거권을 어느 범위에서 인정할 수 있는지 견해대립이 있으나, 판례는 제997조의 점유자에 한정되는 것으로 해석하고 있다: BGH NJW 1964, 399, 400. 이와 반대되는 견해에 관하여는 BeckOK BGB/Kindl(주 61), BGB §951 Rn. 26 참조.

76) "건물이 증축된 경우에 증축 부분이 기존건물에 부합된 것으로 볼 것인가 아닌가 하는 점은 증축 부분이 기존건물에 부착된 물리적 구조뿐만 아니라 그 용도와

성(판시 ①, '부합의 제1기준')과 구분하여 '부합의 제2기준'으로 설명하면서, 제2기준은 주로 건물의 증축·개축과 관련하여 문제된다고 설명하기도 한다.[77] 실제로 일본에서도 임차인이 기존 건물에 증축한 부분에 대하여 독립적인 소유권을 부정하는 논거를 찾는 과정에서 부합의 기준으로 거래관념상의 독립성의 유무를 따지기 시작하였다는 설명이 있다.[78]

그러나 판시 ②가 제시하는 이른바 '독립한 소유권의 객체' 여부는 비단 건물의 증축에서만 문제되는 것은 아니다. 다만 다른 물건과 달리 증축된 건물의 경우는 독립된 (구분)소유권의 객체가 될 가능성이 있기 때문에 특히 이를 강조하고 있는 것으로 보일 뿐이다.

실제로도 건물이나 입목과 달리, (구분)소유권이 성립하기 어려운 물건들에 대해서도 대법원이 '거래상 독립한 권리의 객체성을 상실'하였는지 여부를 부합 여부의 판단에 고려하는 사례는 쉽게 찾아볼 수 있다. 이를테면 A 토지의 소유자가 굴착공사 과정에서 매설한 어스앵커의 상당 부분이 토지 경계를 넘어 인접한 B 토지상에 매설되어 있는 경우, "사실상 A 토지로부터 분리복구가 불가능하여 그 부동산과 일체를 이루는 부동산의 구성 부분이 되었다고 보기는 어렵다 하더라도, 그 제거에 상당한 비용을 요하고 용도와 기능의 면에서 A 토지와 독립한 경제적 효용을 가지고 있지 아니할 뿐만 아니라 거래상 별개의 소유권 객체가 될 수는

___

기능의 면에서 기존건물과 독립한 경제적 효용을 가지고 거래상 별개의 소유권 객체가 될 수 있는지의 여부 및 증축하여 이를 소유하는 자의 의사 등을 종합하여 판단하여야 할 것"이라고 한다. 대법원 1994. 6. 10. 선고 94다11606 판결, 대법원 2002. 5. 10. 선고 99다24256 판결, 대법원 2002. 10. 25. 선고 2000다63110 판결 등 다수. 나아가 "증축하여 소유하는 자의 의사"를 언급하지 않고 있으나, 대법원 2004. 2. 13. 선고 2001다15828,15835,15842 판결도 증축부분이 독립한 경제적 효용을 가지고 거래상 별개의 소유권 객체가 될 수 없어 부합되었다고 판시하였다.
77) 김태관(주 16), 21-23면; 다만, 이 저자에 따르면 결국 '부합의 제2기준'은 구분소유권의 성립요건일 뿐 부합 여부를 판단할 기준은 아니라는 것이다: 같은 논문, 24-25면; 곽시호(주 34), 39면도 부합물에 대하여 독자적인 공시방법을 갖추어 별개의 권리객체가 될 수 있다면 민법 제256조 단서가 적용된다고 하는데, 이 역시 구분건물을 전제로 한 설명으로 보인다.
78) 즉, 증축부분은 거래관념상 독립성을 결하고 있기 때문에 권원의 유무에 관계없이 기존 건물에 부합된다는 주장이 제기되었고, 이후 주류적인 견해에도 반영되었다는 것이다: 瀨川(주 11), 18, 25면.

없다는 점에서 A 토지에 부합되었다고 볼 여지"도 있다고 판시한 사례가 있다.79)

보다 문제적인 사례로는 다음과 같은 것이 있다. 임차인이 토지에 매설한 유류저장조에 관하여 대법원은 매설위치, 물리적 구조, 용도 등을 감안할 때 토지로부터 분리하는 데 과다한 비용을 요하거나 분리할 경우 경제적 가치가 현저히 감소할 것이어서 '토지에 부합되었으나', 그럼에도 '사실상 분리복구가 불가능하여 거래상 독립한 권리의 객체성을 상실하고 토지와 일체를 이루는 구성부분이 되었다'고 볼 수는 없다고 하여 민법 제256조 단서의 적용을 긍정한 바 있다.80)

이상의 두 판결을 보면, 대법원이 판시 ①, ②의 기준을 모두 고려하고 있음은 명백하다. 다음으로 이들 판결은 공히 '분리가 불가능한 경우'와 '분리는 가능하나 경제적이지 않은 경우'를 구분하고 있다는 점에서 이른바 '강한 부합'과 '약한 부합'을 구별하는 판시로 이해될 수 있다.81) 그런데 특이한 점은 두 번째 판결(2009다76546 판결)에서 대법원이 '거래상 독립한 권리의 객체가 될 수 없음'을 곧 강한 부합과 같은 의미로 쓰고 있다는 점이다. 그 문언대로라면 판시 ①만으로는 약한 부합에 해당하고, 판시 ①, ②를 모두 충족하여야 비로소 강한 부합이라는 것이다. 그런데 이는 앞서 본 판시 ④와 합치된다고 보기 어렵다. 판시 ④는 (물리적으로) 분리가 가능하더라도 경제적 가치가 없다면 민법 제256조 단서가 적용되지 않는다는 것으로 이해될 수 있고, 실제로도 판시 ④와 같이 설시한 대법원 판결들은 가스공급시설(2006다39270 판결)이나 유류저장탱크(2016다38290 판결)82)에 관한 것들인데, 물리적인 분리 자체가 불가능할 것으로

---

79) 대법원 2005. 5. 27. 선고 2005다6495 판결. 다만 결과적으로는 앵커의 대부분이 B 토지에 매설되어 있어 A 토지에만 부합되었다고 볼 수 없다고 판시하였다.

80) 대법원 2012. 1. 26. 선고 2009다76546 판결.

81) 이계정(주 3), 169면(같은 면의 주 11 포함); 주석민법 물권1(주 14), 992면(김진우 집필부분)도 대법원 2009다76546 판결에 대하여 같은 취지로 설명하고 있다.

82) 나아가 설령 원고가 자신의 임차권에 기해 이 사건 주유소 대지에 유류저장탱크를 부속시킨 것이라고 하더라도, 이를 분리하여도 경제적 가치가 없는 경우에는 이 사건 주유소 대지 소유자인 피고의 소유에 귀속된다고 보아야 할 것이다(위 대

단정하기는 어렵고, 특히 대법원 2016다38290 판결의 유류저장탱크의 경우 '약한 부합'을 인정한 대법원 2009다76546 판결의 유류저장조와는 시공방법이나 물리적 성상에 있어 어떠한 질적 차이가 있는지 알기 어렵다.[83]

(2) 밀접하게 결합되었으나 부합을 인정하지 않은 사례

대법원이 일견 토지와 밀접하게 결합되었다고 보이는 물건에 대해서도 부합을 부정한 사례들도 발견된다. 이러한 사례들은 적어도 앞서 본 판시 ①, ④만으로는 이해하기 어렵다.

이를테면 건물 신축을 위하여 토지에 설치하였고 그 일부가 건물에 연결되어 있는 어스앵커는 그 건물 소유자의 소유이고, 따라서 경계를 침범하여 인접 토지 내에 설치된 어스앵커에 대하여는 건물 소유자가 철거의무를 부담한다고 한다.[84] 이들 판결에서는 인접 토지 소유자가 스스로 철거를 한 후 그 비용의 상환을 구하였는데, 건물 소유자인 피고가 부합의 항변을 하였는지는 불분명하나, 설령 부합되었다고 하더라도 적어도 손해배상청구는 인용되었어야 할 사안으로서 결론은 타당하다고 보인다.[85] 그런데 이들 사안에서 인정되는 어스앵커 제거 비용이 1억 1,000여만 원(99다62722 판결) 또는 3억 2,000여만 원(2001다44864 판결)[86]이라는 점에서 과연 어스앵커가 '분리하였을 때 경제적 가치가 있는 것인지' 의문의 여지가 있고, 오히려 대법원 99다62722 판결의 설시에 의하면 '어스앵커는 기초콘크리트 공사가 끝나면 기능을 다하게 되지만 철거가 사실상 불가능하여 현장에 놓아둘 수밖에 없다'는 것이다.[87]

---

법원 2016다38290 판결). 이 사안은 권원에 의한 부속을 긍정한 원심(서울중앙지법 2015. 10. 14. 선고 2014가단189062 판결 및 이를 인용한 항소심 판결)을 파기한 것이다.

83) 이현재(주 10), 147-148면도 대법원 2006다39270 판결과 대법원 2009다76546 판결이 서로 상충된다고 지적한다.

84) 대법원 2000. 6. 9. 선고 99다62722 판결, 대법원 2003. 6. 27. 선고 2001다44864 판결. 다만 후자의 판결에서는 어스앵커의 소유관계에 관한 명시적 언급 없이 불법행위로 인한 손해배상청구를 인정하였다.

85) 이들 판결에 대한 설명은 이병준(주 12), 97-98면 참조.

86) 다만, 순수한 제거비용에 한정되는 것은 아니고 관련 공사장비의 손상을 수리하는 비용도 포함된 금액이기는 하다.

또한, 토지에 기초공사를 위해 파일을 항타(杭打)하고 그 위에 사일로(silo)를 건설한 사안에 대해서, 해당 파일이 암반(즉 토지)은 물론 지상 사일로 시설과도 상당한 수준으로 결합되어 있고, 구조적으로 사일로 시설의 규모와 특성에 맞게 설치되었으며, 주된 기능도 사일로 시설을 지지하고 토지에 정착시키는 기초로서의 역할에 있으며, 경제적으로도 토지보다는 사일로 시설의 가치 증대에 기여하고 있다는 등의 이유를 들어, 해당 파일은 토지에 부합된 것이 아니라 사일로의 기초를 구성하는 일부분이 되었다고 판시한 예도 있다.[88] 이 사건은 파일의 소유권이 국가(즉 항만 부지 소유자)에 귀속되는 것이 항만 무상사용의 전제가 되었고, 이에 파일을 시공한 측에서 적극적으로 부합을 주장하였다는 점에서는 음(-)의 부합과 유사한 측면이 있으나, 부합 여부의 판단에서 고려되는 물리적 분리가능성이나 분리하였을 때 경제적 가치가 있는지, 독립적인 소유권의 객체가 될 수 있는지 등을 고려하지 않은 채 부합을 부정하였다는 점이 특이하다. 이 판결에 대하여는 건물의 일부분인지 혹은 토지에 부합되었는지 여부를 기능과 구조, 토지 및 건물과의 결합 정도 등을 종합적으로 고려하여 판단한 것이라고 평가하면서도, '순수하게 객관적인 결합상태로만 판단해야 할 경우 구조적으로는 지상시설보다 토지와 더 강하게 결합되어 있으므로 토지에 부합되었다는 결론을 도출하는 것도 가능할 것이다'라는 지적이 있다.[89]

(3) 폐기물 기타 음(-)의 부합의 경우

앞서 판시 ③에서 본 바와 같이, 부동산의 경제적 효용을 증대시킬

---

87) 이병준(주 12), 99-100면은 주물의 소유자가 인접 토지를 이용할 권원이 있었다면 인접 토지에 결합된 물건에 대해서도 종물로서 소유권을 취득하고, 민법 제256조 단서가 적용되어 부합은 일어나지 않는다고 설명한다. 이를 앞서 본 어스앵커 사례에 적용한다면, 인접 토지에 어스앵커를 설치하는 것 자체가 허용되었으므로 인접 토지에 삽입된 부분도 부합되지 않는다는 것이다. 그런데 앞서 본 판시 ④에 비추어, 어스앵커를 분리하여도 경제적 가치가 없다면 이를 '약한 부합'으로 단정할 수 있을지 의문이 있다.

88) 대법원 2009. 8. 20. 선고 2008두8727 판결.

89) 견종철, "토지에 항타된 파일의 부합관계", 대법원판례해설 제82호(2009.하), 법원도서관(2010), 120-121면.

의도는 부합의 요건이 아니다. 그러나 이것이 반드시 음(-)의 부합을 긍정한다는 의미인지는 명확하지 않다. 이러한 판시는 공교롭게도 모두 석축의 철거 여부가 쟁점이 된 사건에서 그것이 토지에 부합되었다는 이유로 석축 부지 소유자의 방해배제청구권에 기한 철거청구를 배척하면서 제시되고 있다. 그런데 그 논거로 대법원은, 석축을 토지로부터 분리하는 데 과도한 비용이 들 뿐 아니라 석축을 제거한 후에 토지소유자에게 손해가 발생할 수 있다는 점을 명시하고 있다.[90] 즉 이들 사건에서 문제되는 석축은 결과적으로 그 철거를 구하는 원고에게도 반드시 불이익만을 초래한다고 단정하기 어려운 것이다.[91]

반면 전형적인 음(-)의 부합에 해당하는, 폐기물이 토지에 매립된 사안에서 대법원은 규범적으로 특별히 부합을 부정하고 있는 것으로는 보이지 않는다. 과거 대법원은 폐기물이 매립된 토지가 전전 양도된 경우 매립자의 손해배상책임을 인정한 바 있는데, 그 사건에서 문제의 폐기물이 토지에 부합되었는지 여부는 명시적으로 판단되지 않았으나, 그 판결의 다수의견에 대한 보충의견은 일응 부합을 인정할 수 없다는 듯한

---

90) 원고 토지 내에 있는 이 사건 석축과 법면은 원고 토지에 정착된 공작물로서, 이를 원고 토지로부터 분리할 경우 과다한 비용이 소요될 뿐만 아니라 토사의 붕괴로 인하여 원고 토지의 경제적 가치가 현저히 손상될 것이므로 이 사건 석축과 법면은 원고 토지에 부합된 것으로 보는 것이 상당하다(대법원 2009. 5. 14. 선고 2008다49202 판결. 원고가 낮은 쪽의 토지 소유자인 사안).
    이 사건 석축 부분은 이 사건 토지 위에 설치된 공작물로서, 이를 훼손하거나 과다한 비용을 지출하지 않고서는 이 사건 토지와 분리할 수 없을 정도로 부착·합체되어 있고 이 사건 석축을 제거하는 경우 별도의 보강토옹벽을 설치하여 공사하여야 하는데, 그 공사에 관하여는 과다한 비용이 소요되며, 이 사건 석축 부분은 높은 곳에 있는 이 사건 토지가 무너지지 않도록 지지하는 역할을 하므로 이 사건 토지와 분리될 경우 독립한 경제적 효용을 가진다고 볼 수 없[다.] (대법원 2012. 3. 15. 선고 2010다91848 판결, 원고가 높은 쪽의 토지 소유자인 사안).
91) 혹은 판시 ③이 다소 예외적인 것이라고 평가할 수도 있다. 코트넷 판결검색에 따르면, 2023. 6. 30. 현재까지 상기 2건의 판결 외에는 대법원 판결 중 판시 ③과 같은 설시가 발견되지 않는다. 그리고 2008다49202 판결을 인용한 대법원 판결도 대법원 2014. 6. 12. 선고 2014다12942 판결뿐인데, 이 판결은 토공사에 사용된 강재(鋼材)를 회수할 경우 지반이 무너질 우려가 있다는 등의 사정을 들어 토지에 부합되었다고 본 원심을 파기한 것이다(실제로 위 강재는 공사 도중 다른 공사업자에 의하여 철거, 매도되었다).

판시를 한 바 있다.[92] 그러나 대법원은 지방자치단체인 피고가 원고 소
유 토지에 무단으로 쓰레기를 매립한 사안에 대해서, 매립 후 30년 이상
경과하는 동안 토양과 쓰레기가 '사실상 분리하기 어려울 정도로 혼재'되
어, 토지소유자가 '손해'를 입었을 뿐 쓰레기가 소유권에 대한 '침해'를 지
속하고 있는 것이 아니라고 하여 원고의 방해배제청구를 배척한 바 있
다.[93] 이 판결은 폐기물이 토지에 부합되었는지 여부를 명시적으로 다루
고 있지 않으나, 전술한 석축 관련 대법원 판결과 비교해 볼 때 폐기물
이 토지에 부합되었다고 일응 전제한 것으로 보인다.[94] 그런데 폐기물을
매립한 자가 부합으로 인하여 수거의무를 면한다는 결론은, 손해배상 등
다른 구제수단을 고려하더라도 정서적으로는 선뜻 납득하기 어렵다. 결
국 이러한 사안은 기존의 판시 ① 내지 ④만으로 해결하기에는 한계가
있다고도 하겠다.

---

92) "동산의 부합을 소유권취득 원인의 하나로 보는 것은 동산을 분리하는 것이 사
회경제상으로 손해이기 때문이다. 그런데 … 생활환경을 오염·훼손시키는 폐기물
은 구 폐기물관리법이 정한 기준과 방법에 의하여 처리되어야 하며 토지에 임의로
매립하는 것은 금지되므로, 폐기물이 토지에 매립되었다 하더라도 그 상태를 유지
할 수 없고 반드시 토지에서 분리하여 적법하게 처리되어야 하며 그 분리 및 처
리에 상당한 비용이 든다고 하더라도 달리 볼 수 없다. 따라서 폐기 대상인 폐기
물은 이를 분리하여 처리하는 것이 오히려 사회경제적으로 이익이며 부동산의 효
용이나 가치 면에서도 유리하므로, 이를 경제적인 가치를 가지는 일반적인 동산과
동일하게 취급하여 쉽게 토지와의 부합을 인정하여서는 아니 된다"(대법원 2016.
5. 19. 선고 2009다66549 전원합의체 판결).
     반면 같은 판결의 반대의견은 이 사안에 대해서 "부동산에의 부합을 인정할
수 있는 전형적인 사안으로 보일 뿐"이라고 주장하였다.
93) 대법원 2019. 7. 10. 선고 2016다205540 판결. 나아가 이와 유사한 이유로 방해
배제청구를 배척한 예로, 대법원 2018. 1. 25. 선고 2015다244838 판결(가축 사체
를 무단으로 매립한 사안).
94) 대법원 2016다205540 판결에 대한 평석인 이계정(주 12), 246면도 일응 폐기물
이 부합되었으므로 방해배제청구권을 행사할 수 없다는 취지로 해당 판결을 이해
하고 있는 듯하다.
     반면 '토지에의 부합'과 '물성(物性)의 상실'을 구별하여, 후자의 경우에 한하여
방해배제청구권을 행사할 수 없음을 전제로 위 판결의 결론에 찬동하는 평석도 있
다: 성경희(주 12), 163-164면; 나아가 이 판결이 방해상태가 종료되었다고 본 것인
지 부합을 인정한 것인지 명확하지 않으나, 강한 부합의 경우는 (토양환경보전법
에 따른 정화청구는 별론) 민법상 방해배제청구권을 부정할 수도 있을 것이라는
설명으로, 김웅재, "오염된 토지에 관한 민사적 책임", 사법 제52호(2020), 62면.

## 2. 기존의 설명 방식과 그 한계

이처럼 앞서 본 대법원의 판시 ① 내지 ④만으로 잘 설명되지 않거나, 그것만으로는 무엇인가 부당한 결과가 야기되는 듯이 느껴지는 이유는, 결국 부합이라는 제도가 당초 예정하지 않았던 다양한 상황들이 실무에서 발생하는 것과 무관하지 않다. 첨부의 효과로 부당이득의 반환을 규정하고 있는 것에서 단적으로 알 수 있듯이, 부합에 관한 민법 규정은 기본적으로 부합에 의하여 피부합물의 가치가 증대되는 것을 전제로 한다. 그러나 실제로는 그렇지 않은 사안도 얼마든지 있을 수 있고, 기존에 제시된 기준들만으로는 이러한 사안들까지 포함하여 일관성 있는 설명을 하기 쉽지 않은 것이다. 일본에서 권리남용설이 제기되고 더 나아가 유형론적인 접근이 시도되는 것도 이러한 상황을 반영하는 것으로 볼 수 있다. 그러나 이러한 견해의 맹점은 결국 구체적 사안에서 판단의 기준을 제시하지 못한다는 것이다. 권리남용설은 결과적으로 '부합을 주장함이 부당한 사안에서는 부합을 인정하지 아니한다'는 동어반복의 측면이 있고, 결국 어떠한 경우 부합의 주장이 타당한지는 (물리적인) 분리불가능 여부에 상당 부분 의존하게 되는 것이다.[95]

전술하였듯 특히 폐기물과 관련하여서는 '부합 = 방해 없음 = 방해배제청구권 행사 불가능'의 도식을 탈피하려는 설명이 유력하다. 다른 한편으로는, 위 등식을 전제로 하면서도 부합의 범위를 좁히는 견해들이 제기된다. 앞서 본 '강요된 이득'의 법리 외에도, 부합물의 소유권 취득이 오히려 해가 되는 경우에는 부합을 인정할 수 없다는 등의 설명이 이에 해당한다.[96] 그런데 이러한 설명은 폐기물과 같이 명백히 가치가 없다고 인정되는 물건에 대해서는 쉽게 납득할 수 있으나, 대상판결에서 문제되는 아스팔트 포장이나 혹은 석축과 같이 적어도 당사자 일방에게는 경제적 가치가 있는 물건에 있어서는 반드시 명확한 기준을 제시한다고 보기

---

95) 특히 瀬川(주 11), 335-336면은 이러한 설명 방식을 잘 보여 준다.
96) 박철홍(주 12), 139면 주 99)도 이러한 취지로 보인다.

어렵다. 적어도 이러한 경우에는 부합된 상태를 유지하는 것이 (부합제도의 근본 취지인) 사회경제적 이익의 보전에 기여할 가능성이 아예 없다고 말하기는 어려울 것이기 때문이다.

한편 위와 같은 도식을 전제로 하면서, 대상판결과 같이 원고가 손해배상을 구하기 어려운97) 사안에서는 방해배제청구를 인정하기 위해 부합을 부정하고, 손해배상과 같은 다른 구제방법이 있는 경우에는 (원칙으로 돌아가) 부합을 긍정하여야 한다는 사고방식도 가능할 수 있다.98) 그러나 이는 결국 채권적인 권리구제의 가능성 유무에 따라 물권적 질서의 판단이 달라진다는 것이어서 본말이 전도된 감이 있을 뿐 아니라, 토지소유자의 입장에서도 일반적으로 방해배제청구가 손해배상청구보다 더 유리하므로99) 타당하다고 보기 어렵다.

그리고 독일에서와 같이 부합자의 의도를 따져서 접근하는 방식은 우리나라에서는 법률적 근거가 빈약하다고 보인다. 우리 민법에는 독일 민법 제95조와 같은 규정이 존재하지 않고, 부합제도의 취지상 당연히 이와 같은 관념이 내포되어 있다고 보기도 어렵기 때문이다.100) 실제로 판시 ③은 부합을 초래한 당사자의 의도를 묻지 않는다는 것으로 읽히기

---

97) 대상판결의 사실관계에 의하더라도 최초의 도로포장 자체가 위법하다고 평가하기는 어려울 것이다.

98) 이러한 견해를 명시적으로 지지하는 논자는 없으나, 앞서 본 대법원 2016다 205540 판결의 경우 폐기물 매립으로 인한 토지소유자의 손해배상청구권의 소멸시효가 완성되지 않았다는 것이 방해배제청구를 부정한 전제가 아니었을까 추측하는 평석도 있다: 이계정(주 12), 256-257면. 실제 위 사건의 파기환송심(서울고법 2020. 4. 29. 선고 2019나2031502 판결)은 예비적 청구인 손해배상청구를 인용하여 폐기물 처리비용 및 복토비용 전액의 배상을 (책임제한 없이) 명하였다.

99) 손해배상청구는 법원에 의한 책임제한이나 소멸시효 완성, 배상의무자의 도산 등의 가능성이 있기 때문이다: 이계정(주 12), 257-258면.

100) 독일 민법 제95조 제1항 제1문 및 이와 같은 취지의 제95조 제2항은 '본질적 구성부분 여부는 부동산에 계속하여 경제적으로 종속(Zugehörigkeit)되는지 여부에 좌우된다'는 게르만법 사상을 반영한 것으로, '지상물은 토지에 따른다(superficies solo cedit)'는 원칙하에 물리적 분리가능성 여부만을 (원칙적인) 기준으로 보았던 로마법에서는 생소한 관념이었다고 한다. '일시적 목적'을 부합의 예외로 정하는 규정은 1863년 작센 민법에 처음 도입되었고 이후 현행 독일 민법에 계수되었다: Staudinger/Stieper(주 55), BGB § 95 Rn. 1.

도 한다. 그렇다면 임차인에 의한 임차목적물에의 부합과 같이 계약의
내용상 장차 원상회복이 예정되어 있는 경우에도, 부합시킨 물건을 임대
차 종료 후 임차인이 철거할 것인지 여부와는 별개로 제3자와의 관계에
서는 일단 그 물건은 (피부합물인 임차목적물과 더불어) 임대인의 소유로 보
아야 할 것이다.101)

　　이에 본고에서는 법경제학의 관점에서 부합제도의 취지를 고려한 설
명을 시도하고자 하는바, 이하에서 항을 바꾸어 소개한다.

## Ⅳ. 법경제학적 접근과 이익형량

### 1. 거래비용의 절감과 부합

　　법경제학의 관점에서 보면, 부합제도는 소유권보호에 관한 책임규칙
(liability rule)의 일종으로 볼 수 있다. 즉 두 개의 물건이 결합된 상태에
서 각 당사자가 개별 물건의 소유권을 주장하게 할 수도 있고, 일방이
소유권을 포기하고 금전적 보상으로 만족하도록 할 수도 있으며, 전자는
소위 재산규칙(property rule), 후자는 책임규칙102)에 따른 해법으로 볼 수
있다. 후자에 의하면 부합된 상태를 유지하도록 부합물의 소유권을 상실
시키는 방식으로 강제적인 거래가 이루어지며, 이는 공용수용과 결과적으
로 유사하다.

　　그런데 책임규칙을 적용하게 되는 전형적인 사유는 '높은 거래비용'
인데,103) 일반적으로 다수의 당사자가 관련되는 공용수용과 달리 부합 여
부는 부합물과 피부합물의 소유자 사이에서만 문제되지만, 물건의 물리적

---

101) 이진기(주 14), 118면은 '부합이 이루어지더라도 권원의 기초가 된 법률제도에
부합의 법률관계를 규율하는 법률규정이 있을 때는 그 법률규정을 따라야 한다'고
하면서 앞서 본 대법원 2009다76546 판결을 인용하고 있다. 이는 임대차관계에 기
하여 유류저장조를 설치하였으므로 그 소유권의 귀속도 민법 제256조가 아닌 계약
에 따라야 한다는 취지로 읽힌다. 그러나 이는 앞서 본 대법원 2016다38290 판결
의 설시(주 82 참조)와는 들어맞지 않는 듯하다.
102) 이들 용어는 여러 가지로 번역되고 있는데, 본고에서는 박세일 외, 법경제학(재
개정판), 박영사(2021), 154면에 따랐다. 한편 이들 개념에 대한 전반적인 설명은
본고에서는 분량 관계로 부득이 생략하였는바, 같은 책, 154-184면 참조.
103) 박세일 외(주 102), 156면.

결합으로 인하여 거래상대방이 고착되는 쌍방독점의 효과가 발생하고, 이 경우에도 높은 거래비용의 문제가 발생할 수 있다.104) 즉 일단 부합된 물건을 회수하는 과정에서 물건이 손상되면 부합물의 소유자는 상당한 손해를 입게 된다. 한편 피부합물의 소유자로서도 기존에 부합된 물건을 제거시키고 다른 물건을 부합시키는 것이 용이하지 않다. 그렇다면 두 물건을 굳이 분리하지 않는 것이 이득이지만, 이러한 상태에 도달하기 위한 자발적 교섭에는 상당한 거래비용이 발생할 수 있다. 부합제도는 이 경우 일방의 소유권을 상실시키고 그 대신 금전보상으로 만족하도록 획일적으로 정리하는 것이다.

그렇다면 어떠한 경우에 이와 같이 부합으로 문제를 해결할 필요가 있는가. 생각건대, 대략 다음과 같은 설명이 가능할 듯하다. 일반적인, 혹은 양(+)의 부합과, 음(-)의 부합으로 나누어 살펴본다.

## 2. 이익형량과 부합을 인정할 필요성
### (1) 양(+)의 부합의 경우

甲의 동산(가치 $a$)이 乙의 부동산에 결합함으로써 乙에게 $b$ 상당의 편익이 발생하였다고 가정하자. 부합을 긍정할 경우 甲은 소유권을 상실하게 되므로, 甲과 乙의 상태는 $(0, b)$가 된다. 반면 부합을 부정하고 물건의 분리를 인정한다면, 甲은 물건의 소유권을 회복하지만 乙의 편익도 사라지므로 甲과 乙의 상태는 $(a, 0)$이 된다. 이러한 사안에서는 가장 단순하게 생각하여 $a < b$이면 결합된 상태를 유지하는 것이 사회경제적으로 이익, 즉 보다 효율적이나,105) 애초에 이러한 사안은 당사자들이 자발적으로 부합의 상태에 이르렀을 가능성이 높다. 물건을 결합시킴으로써

---

104) 박세일 외(주 102), 149면 주 4); 그 이유를 간단히 설명하면, 이러한 상황에서는 교섭의 기준이 되는 시장가격이 존재하기 어렵고, 거래의 대상에 대하여 양 당사자가 각자 부여하는 가치를 부풀리거나 숨길 유인이 커지기 때문이다: 이동진, "물권법의 법경제학", 김일중·김두얼 편, 법경제학: 이론과 응용(Ⅱ), 해남(2013), 207면 주 46).
105) 여기에서 말하는 '효율'은 사회후생, 즉 甲과 乙만 존재하는 이 사안에서는 양자의 이익의 합이 극대화된다는 것을(그리고 그것만을) 의미한다.

당사자 모두에게 이익이 발생함이 비교적 명백하기 때문이다.

문제는 주로 $b \leq a$인 사안에서 발생한다.[106] 물건 간의 결합을 해소함으로써 상당한 손해가 발생한다면, 이 경우에도 부합을 유지하는 것이 효율적일 수 있다. 예컨대 甲이 결합된 물건을 분리함으로써 물건의 가치($= a$)를 회수할 수는 있으나 그 과정에서 甲이 $d$상당의 손해를 입게 되고, $0 < a - d < b$라면, 甲의 입장에서는 자신의 물건을 분리하려 할 유인이 있으나[107] 이러한 결과는 효율적이지 않다. 이론적으로는 이러한 사안에서도 乙이 협상에 의하여 $a - d < x < b$의 범위 내에서 甲에게 보상을 지급하고 결합된 상태를 유지할 수는 있으나, 甲과 乙이 물건에 부여하는 주관적 가치($a, b$)를 서로 정확히 알 수 없으므로, 보상액을 결정하는 과정에서 양 당사자가 서로 자기에게 유리하게 협상을 이끌어 가려는 전략적 행동에 나설 여지가 생긴다. 나아가 분리 과정에서의 손해($d$)의 평가에도 다툼의 여지가 있다면 이러한 보상액의 협상이 한층 복잡해질 수 있고, 특히 분리 과정에서의 손해를 甲($d1$)과 乙($d2$)이 서로 분담하는 경우에는 더욱 그러하다. 사회경제적으로는 $a - d1 - d2 < b$이면 부합물을 분리하지 않는 것이 효율적이나, 甲의 입장에서는 $d2$를 고려할 이유가 없기 때문이다. 이러한 사안에서는 부합을 인정함으로써 乙은 현존이익을 배상[108]하고 현상을 유지할 수 있고, 甲도 자신이 생각하는 부합물의 가

---

106) 경제적 가치가 있는 물건을 서로 결합시킴으로써 오히려 개별적으로 존재하는 경우에 비하여 가치의 합이 감소한다는 것은 이해하기 어려울 수 있으나, 물건의 주관적 가치를 고려한다면 이러한 가능성을 쉽게 상정할 수 있다. 즉, 부합물에 대하여 甲이 주관적으로 부여하는 가치($a$)가 乙이 부여하는 가치($b$) 또는 시장가치보다 클 수 있는 것이다: 坂井(주 32), 113면.

107) 후술하듯 부합물의 소유자(甲)가 소유권을 주장하는, 즉 부합 여부를 다투는 소송은 이러한 상황에서 곧잘 발생한다. 이는 甲이 부합물에 부여하는 주관적 가치와 乙이 부여하는 주관적 가치(내지 시장가치)가 서로 다르기 때문일 수도 있고, 금전보상의 액수를 자신에게 보다 유리한 쪽으로 결정하려는 전략적 행동일 수도 있다.

108) 첨부로 인한 보상의 범위에 관하여는 그리 논의가 많지 않으나, 부당이득의 법리에 따르는 이상 일응 (부합 전의 부합물의 객관적 가치가 아닌) 첨부로 인하여 증가된 피부합물의 가치가 기준이 된다고 할 것이다: 이영준(주 14), 558면. 다만 실제상으로는 부합물의 시가에 근접하는 경우가 많을 것이다.
한편 일본에서는 이른바 '강요된 이득'의 문제를 방지하기 위하여 첨부로 인한 보

치인 $a$에 미치지 못하는 보상으로 만족하여야 하는 상황이 된다.

한편 위 부등식은 $a - b < d1 + d2$와 같이 정리될 수 있다. 다시 말해, 부합을 인정하는 것이 효율적인 경우는 분리로 인한 사회경제적 비용($d1 + d2$)이 부합에 따른 가치 상실($a - b$, 이는 곧 분리로 얻는 이득이기도 하다)보다 큰 경우라는 것이다.[109] 우리나라는 물론 일본이나 (어느 정도까지는) 독일에서도 모두 판시 ①과 같이 '물건의 훼손 또는 과다한 분리비용'을 부합의 요건으로 정하고 있는 이유는 이러한 관점에서 이해될 수 있다. 다만 여기에서의 '비용'에는 부합물만이 아니라 피부합물의 소유자에게 발생하는 비용($d2$)도 포함되어야 할 것이다.[110]

중요한 것은 이상의 논의가 '이미 부합이 이루어진 상태'를 전제로 한다는 것이다. 두 물건을 부착시키기 전의 상태에서는 당사자들이 자발적으로 교섭을 할 여지가 있으므로, 거래비용의 절감을 내세워 획일적으로 부합과 같은 특정한 상태를 강요할 필요가 없다. 따라서 임대차와 같은 계약에 기하여 토지 또는 건물에 부합된 물건의 처리는 당사자들 사이의 합의의 내용에 따라 정리하면 족하다. 즉 임차인이 임대인과의 관계에서 민법 제256조의 부합을 주장하여 임차목적물의 원상회복의무를 면할 수는 없는 것이다. 그러나 이 경우에도 일단 임차인이 부속시킨 물건 자체는 앞서 본 부합의 요건을 충족한다면 임대인의 소유로 보는 것

---

상청구권을 제한하는 논의가 있는 것으로 보인다. 예컨대 건물의 무단점유자가 건물에 자신의 동산을 부합시킨 경우, 부합으로 인한 이득의 범위를 물건의 객관적 가치가 아닌 '절약된 비용' 상당에 한정하거나, 구체적 사정을 고려하여 보상청구권을 배제하는 등이다: 秋山(주 22), 536-537면.

109) 분리로 인한 불이익이 분리로 인한 이득을 '현저히 초과'하여야 한다는 단서를 달고 있으나, 대체로 비슷한 결론으로, 坂井(주 32), 114-115면. 이 문헌은 일본 민법 기초자의 제242조에 대한 설명("부합물을 훼손하는 것은 국가경제상 심한 불이익이 될 뿐 아니라 많은 경우 각 소유자에게도 이익이 되지 않으므로, 손상하지 않으면 물건을 분리할 수 없을 것을 요건으로 하였다")으로부터 그 논거를 찾으면서, 분리로 인한 일방당사자의 불이익이 타방의 이익을 현저히 상회하는 경우에는 '국가경제상 심한 불이익'에 해당할 것이라고 한다.

110) 이현재(주 10), 143-144면 주 42)에서는 부합물을 분리할 경우 피부합물(주물, 즉 부동산)의 어느 정도의 훼손은 불가피하다는 논거로, 훼손의 대상은 피부합물이 아닌 부합물로 봄이 상당하다고 한다. 그러나 이익형량의 관점에서는 피부합물의 훼손의 정도를 고려에서 제외할 특별한 이유가 없다.

이 타당하다. 이는 후술하는 제3자의 입장에서 본 거래비용과 관계된다.

　(2) 음(-)의 부합의 경우

　이러한 설명은 반드시 부합물이 양(+)의 가치를 갖는 경우로 한정될 필요가 없다. 부합에 의하여 부합물의 소유자가 오히려 이익을 얻고 피부합물의 소유자가 별다른 이익을 얻지 못하는 음(-)의 부합 일반에 대해서도 유사한 접근을 시도해 볼 수 있다.

　乙의 토지에 甲이 무단으로 축대를 쌓거나 (대상판결과 같이) 도로를 포장하여 사용하고 있으며, 이로 인하여 乙이 자신의 토지를 이용하지 못하여 $-b$의 손해를 입고 있는 음(-)의 부합의 상황을 가정하여 본다. 甲이 축대 등으로부터 얻는 효용을 $a$라 하면, 甲과 乙의 상태는 철거 전에는 $(0, -b)$이고, 철거 후에는 $(-a, 0)$과 같이 표현할 수 있다$(a, b > 0)$. 만약 철거(즉 부합물을 토지로부터 분리)하는 과정에서 $d(> 0)$의 손해 내지 비용이 발생한다면, $-a-d < -b$이면[111] 부합된 상태를 유지하는 것이 효율적이다. 그런데 이러한 상황에서 당사자 간의 협상의 양상은 $d$를 누가 부담하느냐에 따라 달라질 수 있다. 일단 甲의 입장에서는 언제나 동산(즉 부합물)이 결합된 상태를 유지할 이익이 있다. 乙이 전부($d$) 또는 일부($d2$)를 부담하는 경우에는 $-b$와 $-d$ 또는 $-d2$의 크기를 비교하게 될 것이나, 반면 甲이 전부를 부담하는 경우에는(방해배제청구권을 인정한다는 것은 결국 그러한 의미가 된다),[112] 乙의 입장에서는 항상 분리를 요구하게 된다. 정의상 $-b < 0$이기 때문이다. 후자의 경우에 협상이 훨씬 어려

---

111) 이는 분리로 인한 사회경제적 손실이 부합으로 인한 손실보다 더 크다는 의미이다. 그리고 앞서 본, 일반적으로 부합이 효율적이기 위한 조건인 $a-d < b$와 본질적으로 같은 식이다.

112) 방해배제청구권은 소멸시효의 적용을 받지 않으며, 방해제거의 비용은 상대방(즉 위 사안에서는 甲)이 부담하여야 한다. 乙이 만약 자비로 철거를 완료하였다면, 철거 과정에서 불필요한 비용을 지출하였다는 등의 특별한 사정이 없는 한 甲으로부터 지출한 비용 전액을 부당이득 내지 사무관리를 이유로 구상할 수 있게 된다. 대체로 같은 취지로 박철홍(주 12), 107, 125면; 김웅재(주 94), 63-66면; 토양환경보전법에 따른 정화의무 없는 당사자가 지출한 정화비용에 관하여, 원인행위자를 상대로 부당이득반환을 구할 수 있다고 본 사례로, 대법원 2015. 10. 29. 선고 2013다47514 판결.

워진다는 점은 다언을 요하지 않을 것이다. 이러한 협상을 생략하고 甲이 乙에게 $b$ 상당액의 보상을 지급하고 동산이 결합된 상태를 유지하도록 하는 것이 부합제도의 기능이 된다.

이상의 논의에서 중요한 점은, 음($-$)의 부합이 유지되는 상태에서 당사자 일방(위 설명에서는 甲)이 상대방보다 더 큰 주관적인 효용을 누리기 때문에 이러한 결과를 강제하는 것이 정당화된다는 것이다. 반면 폐기물은 보유로 인한 특별한 이익을 상정하기 어렵고 토지소유자에게는 매립된 폐기물의 수거비용 혹은 (토지의 용도 여하에 따라) 그 이상의 손해만 끼칠 가능성이 높으므로 이러한 논리가 통하기 어렵다. 다시 말해, 폐기물의 경우는 대체로 $a=0 < d \leq b$일 가능성이 높은 것이다. 다만 예외적으로 乙이 폐기물로 입는 손해가 甲에 비하여 상대적으로 적은 경우에는 부합을 인정하는 것이 이익형량의 관점에서 타당할 수도 있다. 예컨대 입지나 다른 공법상 규제 등의 요인으로 토지의 활용 가능성이 제한적이어서 토지소유자의 손해($-b$)가 상대적으로 적은 반면, 폐기물을 토지에서 인위적으로 분리하여 수거하는 비용($d$)이 과다한 경우 등이 이에 해당할 수 있을 것이다.

### 3. 대상판결을 비롯하여 부합 여부가 문제된 사안에의 적용

이상의 논리에 비추어 대상판결 및 앞서 소개한 여러 대법원 판결들을 본다.

#### (1) 판시 ④의 판결들과 대법원 2009다76546 판결의 비교

먼저 대법원 2006다39270 판결은, 그 원심판결의 사실인정에 의하면 전형적으로 $a-d < b$에 속하는 사안이다. 전술하였듯 이 사건은 아파트에 부설한 가스 공급설비의 부합 여부가 문제된 것인데, 원심판결(광주고법 2006. 5. 24. 선고 2005다8834 판결)에 따르면 원고가 설치한 가스설비의 현재가치가 약 4,777만 원이고 이를 분리하는 것이 기술적으로는 가능하나 공사비 290만 원이 발생하고 분리된 물건의 잔존가치는 1,400만 원이라는 것이다. 반면 아파트 구분소유자들이 현재 동일한 설비를 다시 설치

하려면 약 8,500만 원이 소요된다고 한다. 그렇다면 분리에 의하여 원고가 얻는 이득은 잔존가치를 기준으로 1,400만 원에서 공사비를 차감한 금액 정도에 불과한 반면, 현재 상태를 유지함으로써 구분소유자가 얻는 이득은 적어도 4,777만 원 이상이 된다.[113] 이러한 사안에서는 물리적으로 분리할 수 있더라도 이익형량에 따라 부합을 긍정하는 것이 타당하다. '분리하여도 경제적 가치가 없다면 민법 제256조 단서가 적용되지 않는다'는 판시 ④는 그와 같은 맥락에서 이해될 수 있을 것이다.[114]

마찬가지로 판시 ④의 내용을 담고 있는 대법원 2016다38290 판결은, 주유소 임차인과 주유소 대지 및 건물의 경락인 사이에서 유류저장탱크의 소유권에 관한 분쟁이 발생한 것이다. 원심판결의 사실관계에 비추어 보면 경락인이 '주유소 영업을 하기 위하여' 낙찰받았다는 것이므로 유류저장탱크를 토지에 매설된 상태로 유지할 이익은 있었다(즉 $b>0$이었다)고 보이고, 반면 이를 철거할 경우 상당한 비용이 소요되어 기존 임차인인 원고가 회수할 수 있는 경제적 가치는 거의 없을 것이다. 즉 $a-d<b$일 가능성이 높은 사안인 것이다.

반면 대법원 2009다76546 판결은 부합물과 피부합물의 소유자 상호간이 아니라, 피부합물(즉 토지) 소유자와 그 인접 토지 소유자 간에 분쟁이 발생한 사안이다. 즉 원고가 피고 소유 토지상에 매설된 저유조에서 유류가 누출되어 토양오염의 피해를 입었다고 주장한 데 대하여 피고가 공작물의 소유자 내지 점유자가 아니라고 항변한 것인데,[115] 이 경우 부합을 인정하게 되면 토지소유자가 결국 부합물의 소유권과 이에 수반하는 위험의 인수를 강요당하는 결과가 된다.[116] 이익형량의 관점에서 보

---

113) 비슷한 가치의 중고품을 시중에서 구입하여 설치하는 것이 쉽지 않을 수 있는 점을 감안하면 단순한 중고품의 시장가치 이상의 이득이 있다고 볼 여지가 크다.

114) 이현재(주 10), 142면은 위 판결의 결론을 지지하면서 "기껏 분리하였는데도 그것이 경제적 가치가 전혀 없다면 독립성을 인정할 필요나 실익이 없다"고 설명하고 있는데, 이를 수식으로 표현하면 결국 $a-d=0$이 된다.

115) 원심(부산고법 2009. 9. 10. 선고 2008나20065 판결)의 사실관계 참조.

116) 이는 부합물에 대하여 방해배제청구를 긍정하여야 한다고 주장하는 논자들이 대표적으로 문제 삼는 지점이기도 하다: 박철홍(주 12), 141면; 이계정(주 12), 252면

더라도 위와 같은 저유조는 토지소유자인 피고의 입장에서는 음(-)의 부
합물에 가깝다. 따라서 분리로 인한 저유조의 가치 감소만을 따져 부합
되었다고 인정할 사안은 아니다.117) 앞서 본 수식을 이용하여 표현하자
면, 분리로 인하여 저유조의 가치가 상실된다는 것은 분리로 인하여 부
합물의 소유자가 무엇인가 손해를 입는다는, 즉 $-a-d<0$이라는 것으로
표현될 수 있다. 그런데 이것이 곧 부합을 긍정할 충분조건, 즉
$-a-d < -b$가 되지 않음은 명백하다.

(2) 대상판결과 판시 ③의 판결들 간의 비교

대상판결 및 이와 유사하게 보이는 판결들에 대해서도 비슷한 설명
이 가능하다. 대상판결 및 그 원심에 나타난 사실관계만으로는 정치한
분석이 어렵지만, 대상판결의 판시와 같이 해당 토지의 본래의 용도가
밭이라면, 사안은 앞서 본 음(-)의 부합에 해당할 가능성이 높고, 실제
대상판결의 판시도 앞서 본 대법원 2009다76546 판결과 유사하게(정작 이
판결을 인용하고 있지는 않으나) "사실상 분리복구가 불가능하여 거래상 독
립한 권리의 객체성을 상실하고 부동산과 일체가 될 것"을 요구하고 있
다. 이러한 사안에서는 부합으로 인한 원고의 손해와 분리로 인하여 발
생하는 피고의 손해를 비교하여야 한다. 아스콘을 토지에서 분리함으로
써 피고가 회수할 수 있는 가치는 거의 없을 것이나, 이는 이익형량에서
고려될 요소의 일부분에 불과하다. 중요한 것은 아스콘 포장을 유지함으
로써 피고가 얻을 수 있는 이익의 크기($a$)인데, 해당 토지를 통행하는 이
익 그 자체는 부합으로 인한 피고의 이익으로 볼 수 없다. 부합에 의하
여 피고가 얻는 이익은 통행로의 사용이 조금 더 편리해지는 정도의 것
에 불과하다. 그리고 아스콘을 철거하는 비용($d$)은 상대적으로 축대 등

---

주 67).

117) 원심판결의 사실인정에 의하면 유류누출 이후로 임차인이 주유소 영업을 중단하
였고, 이에 임대인인 피고가 임차인을 상대로 별소로 철거 및 원상회복을 구하는
소를 제기하여 승소판결을 받아 확정된 상황이기 때문이다.
    다만 이 사안에서는 이와 같은 이익형량보다는 전소에서 철거청구가 인용되
었다는, 즉 임차인의 소유물로 인정되었다는 사정이 더 중요하게 작용하지 않았는
가 추측된다: 이현재(주 10), 148면도 같은 취지.

을 철거하는 비용에 비하면 소액이다. 즉 $-a-d > -b$일 가능성이 큰 것이다.

반면 석축이 문제된 대법원 2008다49202, 2010다91848 판결의 경우, 일단 이를 분리하는 데 적어도 아스콘 포장을 제거하는 것보다는 큰 비용이 소요될 것이고, 나아가 법면에 설치되는 석축의 경우 원고가 이를 제거하더라도 결국 토사가 붕괴되는 것을 막으려면 원고든 피고든 누군가는 비슷한 기능을 하는 다른 시설을 설치하여야 한다. 즉 부합으로 인한 토지소유자의 손해$(-b)$가 비교적 경미하다고 평가될 수 있는 반면, 분리로 인한 손해$(-a)$ 내지 비용$(d)$은 상대적으로 큰 것이다. 두 판결에서 공히 석축을 분리할 경우 토사가 붕괴된다거나 다른 시설을 설치하는 데 상당한 비용이 소요된다는 점을 강조하고 있는 것도 이와 무관하지 않을 것이다.[118]

대상판결의 원심이 인용한 대법원 2000두4354 판결과의 차이점도 이와 같이 설명될 수 있다. 원심판결(서울고법 2000. 5. 10. 선고 99누16100 판결)에 따르면, 이 사안은 임차인이 시내버스 정류장으로 사용하기 위하여 토지를 사용대차하면서[119] 그 지상에 콘크리트 바닥을 설치하였고, 임대차기간 종료 후 토지 및 지상물이 모두 수용되면서 콘크리트 바닥에 대한 보상금의 귀속권자가 누구인지 다툼이 발생한 것이다. 그런데 계쟁토지는 여객자동차정류장으로 고시된 토지이고 대차기간 종료 후에도 콘크리트 바닥의 소유권에 관한 분쟁은 없었다는 것이다. 즉 위 사안은 명확하지는 않으나 양(+)의 부합일 가능성이 큰 것이다. 나아가 콘크리트

---

118) 보다 구체적으로 대법원 2010다91848 판결의 원심(춘천지법 강릉지원 2010. 10. 15. 선고 2010나924 판결)의 사실인정에 의하면, 석축을 제거하고 대체 구조물을 설치하는 데 8,000만 원 내지 1억 3,000만 원 정도가 소요되는 반면, 원고 토지를 침범한 면적은 67㎡에 불과하며 침범한 부분의 토지 형상도 좁고 긴 사다리꼴 형태에 가깝다(원고 토지에 접한 부분의 석축의 길이가 25.5m이다).

119) 임대인인 토지소유자가 임차인 회사의 대표이사였다. 이후 대표이사가 변경되면서 임대차로 계약 내용이 변경되었고, 임대차관계 종료 후 토지소유자는 토지인도청구 및 부당이득반환청구를 하고 임차인 회사는 지상물매수청구권을 행사하여 상환이행판결이 확정되었다.

바닥을 토지에서 분리하여 회수할 수 있는 가치는 거의 없을 것이라는
점 등에 비추어 보면, 부합을 인정하는 것이 타당하다고 하겠다.

### 4. 이익형량에 의한 설명의 한계

이상과 같은 이익형량에 의한 접근법은 일견 모순되는 듯한 부합의
여러 사례들을 적절히 설명할 수 있는 것처럼 보인다.

그러나 이에 대해서는 다음과 같은 한계를 지적할 수 있다.

우선 구체적 사안에서 이익형량의 기준이 되는 값, 특히 부합물에
대하여 각 당사자가 가지는 주관적 가치를 평가하기가 쉽지 않다. 소송
실무에서는 대체로 물건의 시가와 철거비용, 점유 중인 토지의 임료 정
도의 자료만을 확보할 수 있고, 그나마도 대상판결에서 문제되는 아스콘
포장과 같은 부합물에 대해서는 시가조차도 결국 투입원가(공사비)를 기
초로 한 추산만이 가능할 것인데,[120] 이것만으로는 이익형량이 여의치 않
은 경우가 적지 않을 것이다.

보다 중요한 문제는, 이러한 기준이 (부합제도의 본지라고도 볼 수 있
는) 거래비용 절감에도 결과적으로 기여하지 않을 수 있다는 것이다.

소유권과 관련하여 고려되는 거래비용은 (ㄱ) 제3자의 침해를 방지하
기 위한 주의비용, (ㄴ) 거래상대방이 재산권의 내용을 확인하기 위하여
지출하는 조사비용, (ㄷ)보다 높은 가치를 부여하는 사람에게 재산권을 이
전하는 비용 및 이전에 실패하는 경우의 비효율로 설명된다.[121] 그리고
전술한 설명은 주로 (ㄷ)의 거래비용과 관련된 것이다.

그런데 앞서 본 논의를 요약하면, 결국 대상판결은 부합물을 분리함
으로써 회수할 수 있는 가치가 거의 없더라도 부합이 부정될 수 있다는
점에서, 음(-)의 부합에 대하여 보다 엄격한 요건을 적용하고 있다고 평

---

120) 이른바 원가법이다. 애초에 부동산에 결합된 상태의 부합물에 대하여 거래사례
비교법의 적용이 가능하다면 그 물건은 분리로 인한 가치감소가 그리 크지 않아
부합이 성립하지 않을 공산이 크다고도 하겠다. 한편 각 평가법의 정의는 감정평
가실무기준(국토교통부고시 제2022-653호, 2022. 11. 14. 개정) 400-3 참조.
121) 이동진(주 104), 194면.

가될 수 있다. 이 경우는 부합물이 설령 멸실되더라도 피부합물에 대한 부담을 해소시켜 효율성을 증진하는 '경제적 가치'가 존재할 수 있기 때문이다. 그런데 폐기물과 같은 사안을 제외하면, 특히 당사자 아닌 제3자의 입장에서는 음(-)의 부합인지 여부를 판단하기가 반드시 명확한 것은 아니다. 어느 토지상의 지상물이 토지소유자에게도 이득이 되는지, 혹은 손해만 가하는지는 대상판결의 판시와 같이 지목 등으로 획일적으로 판단할 수 있는 것은 아니다.[122] 따라서 부합물과 피부합물의 소유자가 아닌 제3자의 입장에서는 토지에 결합된 물건이 부합될지 아닐지 조사하는 데 보다 많은 비용을 지출하고 위험을 감수하게 될, 즉 (ㄴ)의 거래비용이 증가할 가능성이 크다. 즉, 당사자 간의 협상을 넘어 제3자를 고려한다면 부합 여부는 가급적 물건의 외형으로부터 획일적으로 판단될 수 있도록 하는 것이 바람직하다. 거래관념을 기초로 부합 여부를 판단하는 일본의 학설이나 앞서 본 우리 대법원의 판시 ②, 그리고 임대차 등 권원에 기하여 부속된 물건에 대해서도 일정한 수준 이상의 결합에 이른 물리적 상태를 근거로 부합을 인정해 버리는 판시 ④는 이러한 견지에서 그 정당성을 찾을 수 있을 것이다.

　나아가 특히 음(-)의 부합을 쉽게 긍정하는 경우에는, (ㄱ)의 거래비용이 크게 증가할 수 있다. 앞서 본 판시 ③의 석축 관련 판결들을 보면, 결국 타인의 토지에 무단으로 공작물을 축조하고 부합을 내세워 이를 유지하는 것이 (경우에 따라) 정당화될 수 있다는 결론이 된다.[123] 당해 사안만 놓고 보면 그것이 효율적일 수도 있으나, 그렇다면 토지소유자로서는 자신의 토지에 공작물이 축조되는 것을 예방하기 위하여 항시 주의를 기울여야 한다는 결론이 된다. 즉 동태적으로 보면 오히려 거래비용이 증가할 가능성이 커진다. 이러한 결과를 피하려면 무단으로 타인의 토지를 점유, 사용하는 데 대하여 재산규칙을 관철하는 것, 즉 방해배

---

122) 대상판결의 원심에 첨부된 지적도에 의하더라도 계쟁 토지가 좁고 긴 형상으로 밭으로 사용하기에는 적절하지 않다고 볼 여지가 있다(물론 바로 인접한 다른 원고 토지가 밭으로 사용되고 있기는 하다).

123) 즉, 이계정(주 12), 252면의 표현과 같이 '사적(私的) 수용'이 허용되는 결과가 된다.

제청구권의 행사를 긍정하는 것이 더 바람직하고, 또 그것이 일반적으로 익숙한 해결 방법이다.[124]

## V. 결 론

이상과 같이 본고에서는 대상판결을 비롯하여 기존 대법원의 판시로 잘 설명되지 않는 여러 판결들, 특히 이른바 음(-)의 부합이 문제되는 사안들에 대하여 이익형량에 의한 설명을 시도하여 보았다.

실제 대법원이 얼마나 이와 같은 사정을 고려하였는지는, 대상판결의 판시만으로는 알기 어렵다. 본고가 제시하는 기준에 따르면 대상판결의 결론 자체는 타당하나, 그 결론에 이르는 과정에서 대상판결의 논증이 그리 친절하였다고 보이지는 않는다. 어떤 형태로든 적어도 결론에 이른 논거와 판단의 기준이 된 법리를 보다 명확하게 제시하였더라면 선례로서 더 유익하였을 것이다.

---

124) 이 부분 설명은 이동진(주 104), 193-195면을 참조하였다.
　　나아가 대법원이 토지소유권 행사를 권리남용으로 배척하는 데 소극적인 이유도 이와 무관하지 않을 것이다. 이를테면 "권리행사가 권리의 남용에 해당한다고 할 수 있으려면, 주관적으로 그 권리행사의 목적이 오직 상대방에게 고통을 주고 손해를 입히려는 데 있을 뿐 행사하는 사람에게 아무런 이익이 없는 경우이어야 하고, 객관적으로는 그 권리 행사가 사회질서에 위반된다고 볼 수 있어야 하는 것이며, 이와 같은 경우에 해당하지 않는 한 비록 그 권리의 행사에 의하여 권리행사자가 얻는 이익보다 상대방이 잃을 손해가 현저히 크다고 하여도 그러한 사정만으로는 이를 권리남용이라 할 수 없다"(대법원 2010. 2. 25. 선고 2009다58173 판결). 즉, 단순한 이익형량만으로는 불충분한 것이다.

[Abstract]

# An Essay on the Criteria for Attachment to Immovables

Yoo, Hyeong Woong*

Article 256 of the Korean Civil Act stipulates that the movables (chattel) attached to immovables (namely, pieces of land or buildings) also belong to the owners of the immovables. The Supreme Court of Korea has conventionally proposed two criteria concerning the attachment to immovables: whether the attached things can be separated from the immovables without being seriously damaged or incurring excessive costs; and whether they have distinct economic value and thus can be treated as objects of transaction independently.

In practice, however, cases where these conventional criteria cannot give satisfactory explanation, are easily to be found. It is especially so when the owner of the immovables demands the removal of the attached movables, while the (original) owner of the latter claims that he/she is neither obliged nor entitled to take away the movables of which he/she has already lost his/her right of ownership due to attachment. This article aims at offering a more comprehensive explanation applicable to various cases concerning such attachment.

This article classified various cases of attachment into two groups: the first group is the positive attachment, which comprises typical cases of attachment in which both parties claim the ownership of the attached movables; and the second group is the negative attachment, which does not enhance the value of the immovables on which the attachment happens, and therefore their owner demands the removal of the attached movables.

---

* Judge, Uijeongbu District Court.

Furthermore, by considering that the attachment system, similar to expropriation, restricts the ownership of the attached movables, this article tries to propose a new criterion for attachment based on the reduction of transaction cost and balancing of conflicting interests of the relevant parties.

As a result, this article explains that the Supreme Court of Korea compares the state of attachment with the state of separation, in which the movables at issue have been removed from the immovables, and decides that the attachment happens if the total utility of the parties concerned is greater under the former state. This is the case for both positive and negative attachment.

This new criterion of "balancing conflicting interests" means that the greater loss of utility is incurred from the separation, the more likely the attachment is to be recognized and, to some degree, corresponds to the conventional criteria based on the damage of attached movables or the costs of separation. However, it does not always lead to the same conclusion. The new criterion offers consistent explanation for both positive and negative attachment, while the conventional one often leads to an unsatisfactory result in case of negative attachment. This article, thus, offers a new perspective in relation to the criterion for attachment to the immovables.

[Key word]

- attachment to immovables
- immovables, movables
- ownership
- claim for removal
- balancing conflicting interests
- transaction cost

## 참고문헌

[단 행 본]

강태성, 물권법(제10판), 대명출판사(2020).

고상용, 물권법, 법문사(2001).

곽윤직 · 김재형, 물권법(민법강의Ⅱ)(제8판 보정), 박영사(2015).

박동진, 물권법강의(제2판), 법문사(2022).

박세일 외, 법경제학(재개정판), 박영사(2021).

송덕수, 물권법(제5판), 박영사(2021).

양창수, 2018년판 독일민법전(총칙 · 채권 · 물권), 박영사(2018).

양창수 · 권영준, 민법Ⅱ − 권리의 변동과 구제(제4판), 박영사(2021).

이영준, 물권법(전정신판), 박영사(2009).

이은영, 물권법(제4판), 박영사(2006).

이진기, 물권법, 박영사(2020).

편집대표 곽윤직, 민법주해(Ⅴ) 물권(2), 박영사(1992).

편집대표 김용덕, 주석민법 물권1(제5판), 한국사법행정학회(2019).

瀬川信久, 不動産附合法の研究, 有斐閣(1981).

川島武宜 · 川井健 編, 新版注釈民法(7) 物権(2), 有斐閣(2007).

小粥太郎 編, 新注釈民法(5) 物権(2), 有斐閣(2020).

能見善久 · 加藤新太郎 編, 論点中心 判例民法(2) 物権(第3版), 第一法規(2019).

我妻栄 外, 我妻 · 有泉 コンメンタール 民法 −総則 · 物権 · 債権−(第8版), 日本評論社(2022).

Beck'sche Online-Kommentar(BeckOK) BGB, 66.Ed.(1. 2. 2023.).

Münchener Kommentar zum Bürgerlichen Gesetzbuch, 9. Aufl., Beck(2021).

Staudinger Kommentar zum Bürgerlichen Gesetzbuch(§§ 90-124; §§ 130-133). Sellier/de Gruyter(2017).

Staudinger Kommentar zum Bürgerlichen Gesetzbuch(§§ 925-984; Anh. zu §§ 929-931), Otto Schmidt/de Gruyter(2020).

[논　문]

견종철, "토지에 항타된 파일의 부합관계", 대법원판례해설 제82호(2009.하), 법원도서관(2010).

곽시호, "민법상 부동산의 부합-인정범위와 기준을 중심으로-", 법과 정책 제25집 제1호(2019).

김웅재, "오염된 토지에 관한 민사적 책임", 사법 제52호(2020).

김태관, "부동산에의 부합의 요건에 관한 비판적 고찰", 일감부동산법학 제22호(2021).

박철홍, "소유권에 기한 방해제거청구권의 행사 근거 및 행사 범위", 민사판례연구(40), 박영사(2018).

성경희, "폐기물을 매립한 원인행위자에게 매립토지의 최종 취득인이 민법 제214조에 기한 소유권방해제거청구권을 행사할 수 있는지 여부", 대구판례연구회, 재판과 판례 제29집(2020).

양형우, "자신의 토지에 토양오염을 유발하고 폐기물을 매립한 자의 불법행위책임", 홍익법학 제18권 제2호(2017).

이계정, "경매에 있어서 부합물, 종물, 제시외 건물의 적정한 처리방안", 저스티스 통권 제137호(2013).

＿＿＿, "소유물방해제거청구권 행사를 위한 방해의 현존", 민사판례연구(43), 박영사(2021).

이동진, "물권법의 법경제학", 김일중 · 김두얼 편, 법경제학: 이론과 응용(Ⅱ), 해남(2013).

이병준, "인접한 토지의 경사면에 건축한 석축의 부합과 방해배제청구권", 민사법학 제54-1호(2011).

이현재, "가스공급업자가 아파트에 설치한 가스공급시설의 대지에의 부합과 그 부합물에 관한 소유권 귀속관계 및 경제적 가치의 판단 기준", 전남대학교 법학논총 제40권 제1호(2020).

정다영, "자기 소유 토지에 토양오염을 유발하고 폐기물을 매립한 자의 불법행위책임", 토지법학 제33-2호(2017).

정우형, 부동산 부합에 관한 연구, 한양대학교 법학박사학위논문(1996).

鎌野邦樹, "無権原者による植栽をめぐる法律関係 -付合と相隣関係-", 社会の変容と民法の課題(上巻) -瀬川信久先生・吉田克己先生古稀記念論文集-,

成文堂(2018).

神戸秀彦, "農地の放射能汚染と原状回復訴訟-物権的妨害排除請求権と付合を中心として-", 法と政治71巻1号(2020).

坂井智典, "民法第242条の要件に関する一考察", 広島法学41巻4号(2018).

# 적정 대지지분권자, 부족 대지지분권자, 구분소유자 아닌 대지 공유자 간 법률관계에 대한 고찰[*]

김 동 호[**]

요 지

집합건물 구분소유자와 구분소유자 아닌 자가 집합건물의 대지지분을 공유하는 경우 부당이득반환의무와 관련하여 종래 대법원은 '모든 공유자는 공유물 전부를 지분의 비율로 사용·수익할 권리가 있으므로, 집합건물 구분소유자는 그 전유부분 면적 비율에 상응하는 대지지분(이하 "적정 대지지분")을 보유하는지 여부와 상관없이 구분소유자 아닌 대지 공유자에 대하여 민법상 공유물에 관한 일반 법리에 따라 전유부분 면적이 차지하는 비율에 따른 차임 상당의 부당이득반환의무를 부담한다'는 입장을 취하였으나, 대상판결을 통하여 '적정 대지지분'이라는 개념을 최초로 설시하면서 '집합건물 대지의 공유관계에서는 민법상 공유물에 관한 일반 법리가 그대로 적용되지 않으므로, 구분소유자 아닌 대지 공유자는 적정 대지지분을 가진 구분소유자를 상대로 대지의 사용·수익에 따른 부당이득반환을 청구할 수 없다'는 입장으로 관여 대법관 전원 일치로 판례를 변경하였다.

대상판결은 그 논거로 ① 구분소유자가 대지를 사용·수익할 권원으로

* 이 글은 2023. 3. 20. 개최된 제459회 민사판례연구회 월례회에서 발표한 글을 수정·보완한 것이다. 지정토론자로서 심도 있는 토론을 해 주신 제철웅 교수님과 주선아 판사님께 깊이 감사드린다. 이 글은 『사법』 통권 제66호(2023. 12.)에 게재되었다.
** 서울북부지방법원 판사.

확보한 대지지분은 특별한 사정이 없는 한 구분소유권의 목적인 전유부분과 개별적으로 일체화되어 전유부분에 결합되는 관계에 있다는 집합건물 대지 공유관계의 특수성, ② 구분소유자가 적정 대지지분을 모두 확보하였다면 전유부분을 소유하기 위하여 대지 전부를 온전히 사용·수익할 권리를 가지므로 '법률상 원인'이 있어 부당이득 성립 요건이 충족되지 않는 점, ③ 적정 대지지분 확보를 위한 동기 부여, 연쇄적 소송 방지, 법률관계 단순화라는 현실적 필요성을 제시하고 있는바, 전유부분과 대지사용권 간 일체성을 구현하는 집합건물의 소유 및 관리에 관한 법률(이하 '집합건물법')과 부동산등기법의 취지, 집합건물법이 상정하는 이상적인 상태인 '집합건물의 모든 구분소유자가 적정 대지지분을 보유하는 상태'에 이르도록 정책적으로 유도할 필요성, 부당이득반환제도의 근본이념인 공평과 정의관념, 소송경제 등을 고려할 때 해당 쟁점에 관한 대상판결의 입장은 타당하다.

대법원은 집합건물 구분소유자들의 대지 공유자에 대한 대지 사용·수익에 따른 부당이득반환의무를 분할채무로 보고 있는바, 종래 그 부당이득액은 해당 구분소유자의 적정 대지지분 보유 여부와 상관없이 '(토지의 나대지로서의 차임)×(구분소유자 아닌 대지 공유자의 대지지분)×(해당 구분소유자의 전유부분 면적비율)'로 산정되었으나, 향후에는 '(토지의 나대지로서의 차임)×(해당 구분소유자의 적정 대지지분 대비 부족한 대지지분)'으로 산정하는 것이 적정 대지지분 보유 여부를 고려하는 대상판결의 취지에 부합한다.

나아가 본고에서는 대상판결에 따라 집합건물 대지 공유관계에 관하여 추가적으로 발생할 수 있는 쟁점들에 관하여 검토한다. ① 먼저, 1동의 집합건물이 1필지 전부를 부지로 하는 전형적인 경우가 아닌 때 적정 대지지분의 구체적 산정이 문제되는데, 1동의 집합건물이 1필지 중 일부만을 부지로 하고 있거나 다른 일반건물과 1필지를 부지로 공유하고 있더라도 해당 집합건물만의 전유면적 총합을 분모로 하여 적정 대지지분을 산정함이 타당하고, 수개동의 집합건물이 1필지를 부지로 공유하고 있다면 집합건물들의 전유면적 총합을 분모로 하여 적정 대지지분을 산정함이 타당하다. ② 다음으로, 적정 대지지분을 초과한 대지지분을 보유한 구분소유자(이하 '초과 대지지분권자')가 있는 경우, 모든 구분소유자들의 부족지분 총합과 구분소유자 아닌 대지 공유자의 지분이 일치하지 않아 계산상 복잡이 야기되고 구분소유자 전원의 대지지분 과부족을 조사해야 하는데, '집합건물 구분소유자들 사이에서는 대지 공유지분 비율의 차이를 이유로 부당이득반환을 구할 수 없다'는 이른바 '대지지분 과부족 관련 특수 법리'의 적용범위를 '구분소유자 아닌 대지 공유자가 없는 경우'로 한정하는 것이 심리 부담을 대폭 경감할 수 있음은 물론이고, 적정 대지지분 보유 여부를 고려하는 대상판결의 논리와도 더욱 일맥상통한다. ③ 마지막으로 집합건물 철거 청구와 관련하여, 구분소유자 아닌 대지 공유자가 소수지분권자인 경우는 철거 청구가 불가능하고 구분소유권 매도청구권 내지 부당이득반환청구권을 행사할 수 있을 뿐이다. 반면 구분소유자 아닌 대지 공유자가 과반수지분권자인 경우는, 해당 집합건물에 적정 대지지분권자가 일부 존재한다 하더라도 공유물의 관리권한에 기초하여 집합건물 전체에 대한 철거 청구가 가능하다고 봄이 타당하며, 철거 청구와의 균형상 부당이득반환청구에 관한 대상판결의 적용범위를 '구분소유자 아닌 대지 공유자가 소수지분권자인 경우'로 한정하여, 적정(또는 초과) 대지지분권자에 대한 부당이득반환청구 또한 가능하다고 해석함이 타당하다.

[주 제 어]
• 집합건물
• 적정 대지지분
• 구분소유자 아닌 대지 공유자
• 대지사용권
• 공유관계
• 부당이득
• 전유부분과 대지사용권의 일체성
• 철거
• 구분소유권 매도청구권

대상판결 : 대법원 2022. 8. 25. 선고 2017다257067 전원합의체 판결

[사안의 개요]

## I. 사실관계

1. 원고는 1978. 7. 10. 父로부터 이 사건 토지 중 39.188/461.4 지분을 증여받고, 2011. 5. 10. 위 토지 중 58.78/461.4 지분을 상속받아 현재 위 토지 중 97.968/461.4 공유지분을 가지고 있다.

2. 1980. 12. 5. 이 사건 토지 위에 4층 구분소유 건물(건물 연면적 1,118.88㎡, 이하 '이 사건 건물')이 축조되었는데, 원고와 父는 그때부터 현재까지 이 사건 건물을 소유한 바 없다.

3. 피고는 2003. 8. 29. 이 사건 건물 중 1층 2호(면적 43.93㎡, 이하 '이 사건 전유부분')와 이 사건 토지 중 18.12/461.4 지분에 관하여 매매를 원인으로 한 소유권이전등기를 마쳤다.

4. 한편, 이 사건 토지에는 이 사건 건물 외에 다른 구분소유자가 소유한 미등기 가건물(면적 93.3㎡)도 소재하고 있다.

## II. 제1심 및 항소심의 판단

제1심[1]은 이 사건 토지 전부가 이 사건 건물과 가건물의 존립 및 사용에 필요한 부지로 이용되고 있는 사실을 인정한 후, 피고 및 제1심 공동피고들이 이 사건 건물과 가건물의 소유자 또는 점유·사용자로서 그 부지인 이 사건 토지를 위 건물과 가건물의 연면적에 대한 각 소유 또는 점유·사용면적의 비율로 사용함으로써 해당 비율에 의한 사용이익을 얻고 그로 인하여 이 사건 토지를 전혀 사용·수익할 수 없었던 원고(父의 상속인 지위도 겸유한다)에게 그 사용이익 상당의 손해를 가하고 있다고 하여 부당이득반환의무를 인정하였다. 그리고 피고의 부당이득액 산정과 관련하여, '이 사건 토지의 차임 × 원고의 지분 비율 × (피고 소유부분 건물 면적 / 이 사건 건물과 가건물의 연면적)'의 식에 따라 부당이득액을 산정하였다.[2] 위 제1심판결에 대하여 피

---

1) 서울중앙지법 2016. 10. 11. 선고 2014가단214197 판결.
2) 피고는, 이 사건 건물을 신축한 A가 이 사건 토지 소유자들로부터 무상의 사용승낙을 받아 위 건물을 신축한 것이라는 '묵시적 사용승낙 주장' 및 원고와 피고 및 제1심 공동피고들이 이 사건 토지에 관하여 구분소유적 공유 관계에 있고 원고의 이 사건 토지에 관한 공유지분이 이 사건 건물과 관계없는 나대지 부분에

고만이 항소하였는바, 항소심[3]은 제1심판결 이유를 그대로 인용하면서 제1심 판결이 정당하다고 보아 피고의 항소를 기각하였다.

### Ⅲ. 대상판결의 요지

#### 1. 쟁점의 정리

공유자는 공유물 전부를 지분의 비율로 사용·수익할 수 있기 때문에(민법 제263조 후단), 공유자 중 일부가 공유토지의 특정 부분을 배타적으로 사용·수익하는 경우 비록 그 특정 부분이 자기의 지분비율에 상당하는 면적의 범위 내라 할지라도, 다른 공유자들 중 지분은 있으나 사용·수익은 전혀 하지 않고 있는 자에 대하여는 사용·수익을 하지 못하는 공유자의 지분에 상응하는 부당이득을 하고 있다는 것이 민법상 공유물에 관한 일반 법리이다.[4] 대상판결은 '집합건물 대지의 공유관계에서 민법상 공유물에 관한 위 일반 법리를 그대로 적용할 수 있는지'를 주요 쟁점으로 파악하였다.

#### 2. 판    단

대상판결은 대법관 전원의 일치의견으로, 아래와 같은 이유로 "일반건물에서 대지를 사용·수익할 권원이 건물의 소유권과 별개로 존재하는 것과는 달리, 집합건물의 경우 대지사용권인 대지지분이 구분소유권의 목적인 전유부분에 종속되어 일체화되는 관계에 있으므로, 집합건물 대지의 공유관계에서는 민법상 공유물에 관한 일반 법리가 그대로 적용될 수 없고, 이는 대지 공유자들 중 구분소유자 아닌 사람이 있더라도 마찬가지이다. 집합건물에서 전유부분 면적 비율에 상응하는 적정 대지지분을 가진 구분소유자는 그 대지 전부를 용도에 따라 사용·수익할 수 있는 적법한 권원을 가지므로, 구분소유자 아닌 대지 공유자는 그 대지 공유지분권에 기초하여 적정 대지지분을 가진 구분소유자를 상대로는 대지의 사용·수익에 따른 부당이득반환을 청구할 수 없다."고 판단하여 원심판결을 파기하고 사건을 환송하였다.[5]

(1) 일반 법리와 다른 집합건물 대지의 공유관계 법리: ① 집합건물의 경

---

대한 지분이라는 '구분소유적 공유 주장'을 하였으나, 모두 배척되었다. 위 각 주장은 대상판결의 요지 및 본 평석의 주요 쟁점과 직접 관련 없으므로, 이하에서는 필요한 범위에서만 논의한다.

3) 서울중앙지법 2017. 8. 11. 선고 2016나66218 판결.

4) 대법원 1972. 12. 12. 선고 72다1814 판결, 대법원 1991. 9. 24. 선고 88다카33855 판결.

5) 이에 대하여는 대법관 안철상의 보충의견이 있는바, 해당 판시사항에 관하여는 대법관 전원의 의견이 일치하였다고 볼 수 있다.

우 구분소유자가 대지를 사용·수익할 권원으로 확보한 대지지분은 특별한 사정이 없는 한 구분소유권의 목적인 전유부분과 개별적으로 일체화되어 전유부분에 결합되는 관계에 있으므로, 대지지분에 대한 권리관계는 전유부분과 분리해서 볼 수 없다는 점에서, 일반적인 공유관계와 다른 특수성이 존재한다. ② 집합건물이 소재한 대지의 공유자의 분할청구를 제한하는 집합건물의 소유 및 관리에 관한 법률(이하 '집합건물법'이라 한다) 제8조, 대지사용권에 대하여 민법 제267조6)의 적용을 배제하는 집합건물법 제22조는 집합건물의 전유부분과 대지사용권 사이의 일체불가분성을 해치지 않기 위하여 민법과 달리 구분소유자 아닌 대지 공유자의 지분권 행사 및 추가 지분 취득을 일부 제한하는 것이다. 이를 종합하면, 대지 공유자들 중 구분소유자 아닌 사람이 있는 경우에도 집합건물 대지 공유관계의 특수성이 고려되어야 한다.

(2) **부당이득 성립 요건의 미충족**: ① 구분소유자가 대지사용권으로 보유하여야 할 적정 대지지분은 원칙적으로 전유부분의 면적 비율에 따라야 한다는 집합건물법의 취지와 함께 집합건물의 전유부분과 대지사용권으로서의 대지지분이 개별적으로 일체화되는 관계임을 고려하면, 구분소유자가 적정 대지지분을 모두 확보한 경우에는 구분소유자 아닌 대지 공유자를 포함한 모든 대지 공유자에 대하여 전유부분을 소유하기 위하여 대지 전부를 온전히 사용·수익할 권리를 가진다고 볼 수 있다. ② 적정 대지지분을 가진 구분소유자는 전유부분을 소유하기 위하여 집합건물법에서 필요로 하는 대지사용권의 범위를 모두 충족하였으므로 다른 대지 공유지분을 추가로 취득할 필요가 없고, 자신의 적정 대지지분에 기하여 대지를 전유부분 면적 비율로 사용·수익하는 이상 다른 대지 공유자의 지분을 수익할 필요도 없으므로, 다른 대지 공유자의 지분권을 침해한다고 볼 수 없고, 대지를 점유·사용함으로써 법률상 원인 없는 이익을 얻는 것도 아니다. ③ 적정 대지지분을 가진 구분소유자는 구분소유자 아닌 대지 공유자가 존재하게 된 데 어떠한 원인도 제공한 바 없으므로, 부당이득반환 관계에서 제외하는 것이 공평과 정의에 근거한 부당이득반환제도의 취지에 부합한다.

(3) **현실적인 필요성**: ① 구분소유자로서는 부당이득반환의무의 부담 없

---

6) 제267조(지분포기 등의 경우의 귀속) 공유자가 그 지분을 포기하거나 상속인 없이 사망한 때에는 그 지분은 다른 공유자에게 각 지분의 비율로 귀속한다.

이 전유부분을 안정적으로 소유하기 위하여 적정 대지지분을 확보하고자 하는 동기를 가지게 되어, 대지사용권 없는 구분소유권의 발생을 방지할 수 있다. ② 민법상 공유물에 관한 일반 법리에 따르면, 구분소유자 아닌 대지 공유자로서는 대지를 사용·수익하지 못하는 손해를 전보받기 위하여 모든 구분소유자들을 상대로 부당이득반환을 청구하여야만 한다. 이때 적정 대지지분을 가지고 있음에도 부당이득반환의무를 부담하게 된 구분소유자가 그 손실을 회복하기 위하여 다시 다른 구분소유자를 상대로 부당이득반환을 청구할 수 없다고 한다면, 부족 대지지분을 가진 구분소유자가 부담함이 마땅한 손실의 일부를 적정 대지지분을 가진 구분소유자가 종국적으로 부담하게 되어 정의관념에 반하고, 반대로 부당이득반환청구가 가능하다고 한다면, 이는 연쇄적 소송으로 이어진다.

## 〔研　究〕

## Ⅰ. 문제의 소재

일물일권주의에 따라 외형상 1동의 건물은 그 전체에 대하여 하나의 소유권이 성립함이 원칙이나, 전통적인 개념의 건물(이하 '일반건물'이라 한다)과 달리 집합건물의 경우 수인이 내부적으로 구획된 외형상 1동의 건물의 각 일부분을 소유하면서 모든 구분소유자들이 그 대지를 공동 이용하게 되므로 훨씬 복잡한 법률관계가 전개된다. 오늘날 경제발전과 인구의 도시 집중에 따라 고층아파트, 연립주택 등 집합건물이 보편화 되었음에도, 우리 민법은 건물의 구분소유에 관한 특칙으로 제215조, 제268조 제3항만을 두고 있어서, 집합건물에 관한 복잡다기한 법률관계를 규율하기 역부족이었다.[7] 이에 1984년 집합건물법이 제정되어 집합건물에 관한 종합적인 규율이 이루어지고, 해당 규율내용들을 등기기술적으로 실현할 수 있도록 부동산등기법이 개정되어 현재와 같은 등기절차의 틀이 마련되었다.[8]

---

7) 그나마도 위 특칙들은 본고에서 다루는 주된 쟁점인 '집합건물의 구분소유권과 그 부지의 소유권에 관한 법률관계'와는 직접적인 관련성이 없다.

모든 구분소유자가 그 구분건물의 전유면적 비율에 따라 대지 전부에 관하여 온전한 대지사용권을 가지는 상황이 법률적으로 가장 간명하고 집합건물법과 부동산등기법이 목표로 하는 상태일 것이다. 그러나 위와 같이 구분소유권과 대지사용권 간 분리가 일어나면서, 일부 구분소유자가 전유부분 면적 비율에 상응하는 대지 공유지분(이하 '적정 대지지분'이라 하고, 이를 가진 구분소유자를 '적정 대지지분권자'라 한다)[9]에 미달하는 대지지분(이하 '부족 대지지분'이라 하고, 이를 가진 구분소유자를 '부족 대지지분권자'라 한다)만을 가지고, 일부 구분소유자가 전유부분 면적 비율을 초과하는 대지 공유지분(이하 '초과 대지지분'이라 하고, 이를 가진 구분소유자를 '초과 대지지분권자'라 한다)을 가지거나 구분소유권 없이 대지에 관한 공유지분만을 가지는 자(구분소유자 아닌 대지 공유자)가 나타날 가능성이 생긴다. 대상판결은 위와 같은 상황에서의 부당이득반환청구에 관하여 판단한 것이다.

이하에서는, 집합건물의 대지사용권에 관한 집합건물법 및 부동산등기법의 규율 내용을 개관한 후(Ⅱ항), 공유물인 토지에 관한 민법상 일반법리와 기존 대법원 판례의 입장을 정리하고(Ⅲ항), 주요 쟁점에 관한 대상판결의 타당성을 검토한 후(Ⅳ항), 대상판결에 따라 전개되는 부당이득반환 법률관계의 결론을 도출하고(Ⅴ항), 위 논의들을 기초로 구분소유권과 적정 대지지분 간 분리 상황에서의 법률관계에 관하여 추가적으로 검토한다(Ⅵ항).

---

8) 법원행정처, 부동산등기실무(Ⅲ)(2015), 151면.

9) 대상판결 또한 '전유부분 면적 비율에 상응하는 대지 공유지분'을 '적정 대지지분'으로 정의하고 있는바, 이는 각 공유자의 지분은 그가 가지는 전유부분의 면적 비율에 따르도록 하는 집합건물법 제12조 제1항 및 앞서 살핀 위 법 제21조 제1항에서 그 근거를 찾을 수 있다. 대법원은 위 규정들이 전유부분을 처분하는 경우 여러 개의 전유부분에 대응하는 대지사용권의 비율을 명백히 하기 위한 것으로서, 대지사용권의 비율은 원칙적으로 전유부분의 면적 비율에 따라야 한다는 것이 집합건물법의 취지라고 판시하고 있다(대법원 2017. 1. 25. 선고 2012다72469 판결).

## Ⅱ. 대지사용권에 관한 집합건물법 및 부동산등기법의 규율 개관

### 1. 전유부분과 대지사용권의 일체성

집합건물법에서는 구분소유자가 전유부분을 소유하기 위하여 건물의 대지에 대하여 가지는 권리를 '대지사용권'이라고 정의한다(제2조 제6호). 대지사용권은 소유권인 경우가 보통이나, 해당 토지 위에 건물의 소유를 가능하게 하는 정당한 권원, 예컨대 건물의 소유를 목적으로 하는 지상권, 전세권, 임차권 등도 대지사용권이 될 수 있다.

토지와 건물을 별개의 물건으로 취급하는 우리 법제 하에서 토지와 건물은 별도의 등기기록에 등기되지만, 건물은 그 대지인 토지와 분리되어 존립할 수 없고 특히 구분건물의 경우 대지와의 일체성이 더욱 강하게 나타나서, 건물과 대지를 분리 처분할 경제적 유인이 특별히 없고, 실제로 건물과 대지를 분리하여 거래하는 경우를 찾기 어렵다. 그리고 전유부분과 대지사용권 간 분리처분이 일어날 경우 구분소유자의 대지 사용권원 상실에 따른 건물 철거 등 복잡한 법률문제가 발생할 수 있다. 이에 집합건물법에서는 ① 구분소유자의 대지사용권은 그가 가지는 전유부분의 처분에 따르도록 하고(제20조 제1항), ② 구분소유자는 규약으로써 달리 정한 경우를 제외하고는 그가 가지는 전유부분과 분리하여 대지사용권을 처분할 수 없도록 하며(제20조 제2항), ③ 규약으로 달리 정하지 않는 한 구분소유자가 둘 이상의 전유부분을 소유한 경우에도 각 전유부분의 처분에 따르는 대지사용권은 각 전유부분의 면적 비율("제12조에 규정된 비율")에 따르도록 하고(제21조 제1항), ④ 위 제20조 제2항 본문에 따라 분리처분이 금지되는 대지사용권에 대하여는 민법 제267조를 적용하지 아니하여, 구분소유자가 대지사용권을 포기하거나 상속인 없이 사망한 때에도 그 대지사용권이 다른 구분소유자에게 각 지분의 비율로 귀속되지 않게 하는바(제22조),[10] 이들은 모두 전유부분과 그 전유부분 면적 비

---

10) 그 결과, 구분소유자가 상속인 없이 사망한 때에는 전유부분의 소유권과 대지
    사용권이 일체로서 국가에 귀속된다[법원행정처(주 8), 171면].

율에 해당하는 대지사용권 간 일체성을 구현하고 양자 간 분리를 억제하기 위한 규정들이다.

분리처분금지의 효과는 구분소유자가 대지사용권을 실체적으로 취득하였을 때 발생하고, 반드시 대지권등기가 이루어질 필요는 없다. 분리처분이 금지되는 경우 일방만에 대하여 행하여진 처분은 무효이고, 그에 따른 등기가 마쳐졌다 하더라도 이는 원인무효로서 그 상대방은 권리를 취득할 수 없으며, 분리처분금지의 취지(이하에서 살피는 대지권등기가 이에 해당한다)가 등기되지 않은 경우 선의의 제3자에게 대항하지 못할 뿐이다(집합건물법 제20조 제3항 참조).[11]

## 2. 대지권등기 제도

한편, 부동산등기법에서는 일체로서 처분되어야 할 대지사용권에 관한 '대지권등기' 제도를 규정하고 있다. 위 법은 '대지사용권으로서 건물과 분리하여 처분할 수 없는 것'을 '대지권'으로 정의하면서, 구분건물에 대지권이 있는 경우 등기관은 집합건물의 등기기록 표제부에 대지권의 목적인 토지의 표시에 관한 사항을 기록하고 전유부분의 등기기록 표제부에는 대지권의 표시에 관한 사항을 기록하도록 하고 있다(제40조 제3항). 대지사용권은 구분건물을 소유하기 위하여 대지를 사용할 수 있는 실체법상 권리이고, 대지권은 대지사용권이 전유부분과 분리처분될 수 없음을 등기기록상 공시하기 위하여 고안된 절차법상 개념이라는 점에서 서로 구분된다.[12] 다만, 전유부분과 대지사용권 간 처분의 일체성은 규약이나 공정증서로 이를 배제하지 않는 이상 당연히 인정되므로, '집합건물의 존재'와 '구분소유자가 대지사용권을 가질 것'이라는 두 가지 요건이 갖추어진 때 대지권이 성립하는바, 대지권과 대지사용권의 성립 시기는 원칙적으로 같게 되고, 대지권의 성립 시기와 대지권등기가 마쳐지는 시기 간 차이가 있을 뿐이다.

---

11) 법원행정처(주 8), 170면.
12) 법원행정처(주 8), 165면.

　　대지권등기 제도는 전유부분과 대지사용권에 관한 권리관계의 공시를 건물 등기기록으로 일원화시키는 것으로서, 구분건물에만 인정되는 독특한 등기제도이다. 대지권등기는 그 자체가 물권변동을 공시하는 권리등기가 아니고, 구분건물의 표시에 관한 등기로서의 성질을 갖는다.[13] 구체적으로는 구분건물의 등기기록 중 '1동의 건물의 표제부'의 '대지권의 목적인 토지의 표시'란에 대지권의 목적인 토지의 일련번호, 소재, 지번, 지목, 면적, 등기연월일을 기록하고(부동산등기규칙 제88조 제1항 참조), '전유부분인 건물의 표제부'의 '대지권의 표시'란에 대지권의 종류,[14] 대지권의 비율, 등기원인 및 기타사항[15]을 기록한다. 그리고 토지의 등기기록 중 해당구(대지권이 소유권인 경우 갑구, 지상권, 전세권, 임차권인 경우 을구)에 대지권이 된 권리를 주등기의 형식으로 기록한다(부동산등기법 제40조 제4항, 부동산등기규칙 제89조 제1항 참조).[16] 대지권등기를 한 후부터는 토지의 권리에 관한 사항도 원칙적으로 건물 등기기록에의 등기로써 공시하나, 대지권등기 전 토지 등기기록에 이루어진 등기 또는 대지권등기 후라도 토지만에 관하여 이루어진 등기가 있는 경우는 여전히 토지 등기기록을 열람할 필요가 있으므로, 구분건물의 등기기록 중 전유부분 표제부에 '토지 등기기록에 별도의 등기가 있다는 뜻'을 기록한다(부동산등기규칙 제90조 제1항 본문).[17]

### 3. 구분소유권과 대지사용권 간 불일치가 일어나는 상황

　　집합건물법과 부동산등기법이 서로 유기적으로 연결되어 집합건물의 전유부분과 그 전유부분 면적 비율에 상응하는 대지사용권 간 불일치를

---

13) 법원행정처(주 8), 175면.
14) 예컨대 "소유권 대지권", "임차권 대지권" 등.
15) 실무상 대지권의 발생원인은 따로 기록하지 않고, 그 발생일자만 예컨대 "2015년 3월 9일 대지권"과 같이 기재한다.
16) 예컨대 "소유권대지권", "소유권 2분의 1 대지권", "공유자 전원 지분 전부 대지권", "10번 김ㅁㅁㅁ지분 전부 대지권", "8번 오ㅇㅇㅇ지분을 제외한 공유지분 전부 대지권" 등.
17) 기록례 등 구체적인 등기실무에 관한 더 상세한 내용은 법원행정처(주 8), 201-212면.

억제하고 있기는 하나, 성질상 전유부분과 대지사용권을 일체로 취급할 수 없는 경우, 예컨대 ① 전유부분에 대한 임차권, 전세권 설정, ② 토지 또는 전유부분 중 어느 일방에 설정된 저당권의 실행에 의한 경매개시결정등기,[18] ③ 대지권이 생기기 전에 전유부분 또는 토지만에 대하여 등기된 가등기에 기한 본등기를 하는 경우 등은 분리처분이 가능하다.[19] 또한 집합건물이 축조되기 전부터 토지가 공유 관계에 있었는데 토지 공유자들 중 일부만이 신축된 집합건물에 대한 구분소유권을 취득하게 되는 경우(이는 애당초 분리처분의 문제가 아니다)에도 구분소유권과 대지사용권 간 불일치가 일어날 수 있다.

## Ⅲ. 공유물인 토지에 관한 기존 대법원 판례의 입장

### 1. 민법상 공유물에 관한 일반 법리(이하 '공유물 일반 법리')

공유자 사이에 공유물을 사용·수익할 구체적인 방법을 정하는 것은 공유물의 관리에 관한 사항으로서 공유자의 지분의 과반수로써 결정하여야 하는바(민법 제265조), 부동산의 공유자는 위와 같은 협의가 없는 한 그 공유물의 일부라 하더라도 이를 배타적으로 사용·수익할 수 없다. 다만 부동산에 관하여 과반수 공유지분을 가진 자는 공유자 사이에 공유물의 관리방법에 관하여 협의가 미리 없었다 하더라도 공유물의 관리에

---

18) 다만 '전유부분'에 설정된 저당권과 관련하여, 구분건물의 전유부분에 대한 저당권 또는 경매개시결정과 압류의 효력은 당연히 종물 내지 종된 권리인 대지사용권에까지 미치고, 그에 터 잡아 진행된 경매절차에서 전유부분을 경락받은 자는 그 대지사용권도 함께 취득하며, 집합건물의 전유부분과 함께 그 대지사용권인 토지 공유지분이 일체로서 경락되고 그 대금이 완납되면, 설사 대지권 성립 전부터 토지만에 관하여 별도등기로 설정되어 있던 근저당권이라 할지라도 경매과정에서 이를 존속시켜 경락인이 인수하게 한다는 취지의 특별매각조건이 정하여져 있지 않았던 이상 위 토지공유지분에 대한 범위에서는 매각부동산 위의 저당권에 해당하여 소멸한다(대법원 2008. 3. 13. 선고 2005다15048 판결). 그리고 위 법리(대지지분에 대한 소유권의 취득이나 대지에 설정된 저당권의 소멸)는 전유부분에 관한 경매절차에서 대지지분에 대한 평가액이 반영되지 않았다거나 대지의 저당권자가 배당받지 못하였다고 하더라도 달리 볼 것은 아니다(대법원 2013. 11. 28. 선고 2012다103325 판결).

19) 법원행정처(주 8), 169면.

관한 사항을 단독으로 결정할 수 있으므로,[20] 그 공유토지의 특정된 한 부분을 배타적으로 사용·수익할 것을 정하는 것은 공유물의 관리방법으로서 적법하다.

한편 모든 공유자는 공유물 전부를 지분의 비율로 사용·수익할 수 있기 때문에(민법 제263조 후단), 공유자 중 일부가 공유토지의 특정 부분을 배타적으로 사용·수익하는 경우, 비록 그 특정 부분이 자기의 지분 비율에 상당하는 면적의 범위 내라 할지라도 다른 공유자들 중 지분은 있으나 사용·수익은 전혀 하고 있지 않은 자에 대하여는 과반수 지분권자를 포함한 모든 배타적 사용·수익을 하고 있는 공유자가 대지를 사용·수익하지 않는 자의 지분에 상응하는 부당이득을 하고 있는 것이다.[21]

그리고 공동의 점유·사용으로 말미암아 부담하게 되는 부당이득의 반환채무는 불가분적 이득의 상환으로서 특별한 사정이 없는 한 채무자들이 각자 채무 전부를 이행할 의무가 있는 불가분채무이다.[22]

## 2. 집합건물 대지의 공유관계에 관한 대상판결 전 대법원의 입장

### (1) 공유물 일반 법리를 그대로 적용한 판례

대법원은 구분소유자 아닌 대지 공유자가 부족 대지지분권자들을 상대로 부당이득반환을 청구한 사안에서, '대지에 관하여 구분소유자 외의 다른 공유자가 있는 경우에는 공유물에 관한 일반 법리에 따라 구분소유자들이 무상으로 그 대지를 전부 사용·수익할 수 있는 권원을 가진다고 단정할 수 없고, 다른 공유자는 그 대지 공유지분권에 기초하여 부당이득의 반환을 청구할 수 있다.'는 취지로 판시하였다.[23] 나아가 대법원은

---

20) 대법원 1968. 11. 26. 선고 68다1675 판결.
21) 대법원 1991. 9. 24. 선고 88다카33855 판결.
22) 대법원 1981. 8. 20. 선고 80다2587 판결, 대법원 1991. 10. 8. 선고 91다3901 판결, 대법원 2001. 12. 11. 선고 2000다13948 판결.
23) 대법원 2012. 5. 24. 선고 2010다108210 판결, 대법원 2013. 3. 14. 선고 2011다58701 판결. 이 판시는 아래 (2). (가)항에서 살피는 '대지지분 과부족 관련 특수 법리'에 대한 예외로서 설시한 부분이다. 해당 판시에 따라 '대지에 관하여 구분소

'공유자 중의 일부가 특정 부분을 배타적으로 점유·사용하고 있다면, 그들은 비록 그 특정 부분의 면적이 자신들의 지분 비율에 상당하는 면적 범위 내라고 할지라도, 다른 공유자들 중 지분은 있으나 사용·수익은 전혀 하지 않고 있는 자에 대하여는 그 자의 지분에 상응하는 부당이득을 하고 있다.'고 판시하였다.[24] 위 판례들을 통하여 종래 대법원은, 부족 대지지분권자는 물론이고 적정(초과) 대지지분권자도 '그가 보유한 대지지분의 비율과 상관없이' 구분소유자 아닌 대지 공유자에 대하여 대지 점유·사용에 따른 부당이득반환의무를 부담함을 명확히 하였다.

### (2) 집합건물에 관한 특수 법리

**(가)** 대법원은, '1동의 건물의 구분소유자들이 그 건물의 대지를 공유하고 있는 경우에는 별도의 규약이 존재하는 등의 특별한 사정이 없는 한 각 구분소유자가 그 대지에 대하여 가지는 공유지분의 비율에 관계없이 그 대지 전부를 용도에 따라 사용할 수 있는 적법한 권원이 있으므로, 그 구분소유자들 사이에서는 대지 공유지분 비율의 차이를 이유로 부당이득반환을 구할 수 없다.'고 판시하였다.[25] 위 법리(이하 편의상 '대지지분 과부족 관련 특수 법리'라 한다)는 '구분소유자들이 집합건물을 서로 구분소유하더라도 대지에 관한 등기는 현행법상 공유지분등기의 형태로 할 수밖에 없고, 대지지분의 구체적인 비율과 상관없이 각각의 대지권등기 자체가 각 전유부분의 소유를 위한 대지권을 표상하는 것으로 볼 수 있다'는 점을 이유로 한 것이라고 생각된다.[26]

---

유자 외의 다른 공유자가 있는 경우'에 부당이득반환을 청구할 수 있는 '다른 공유자'에 '초과 대지지분권자'도 포함되는지는 중요한 문제가 될 수 있다. 이에 관하여는 Ⅵ. 2.항 참조.

24) 대법원 2001. 12. 11. 선고 2000다13948 판결, 대법원 2011. 7. 14. 선고 2009다 76522, 76539 판결.

25) 대법원 1995. 3. 14. 선고 93다60144 판결에서는 '구분소유자들이 당초 건물을 분양받을 당시 대지 공유지분 비율대로 그 건물의 대지를 공유하고 있는 경우'로 한정하는 설시가 없었으나, 위 대법원 2009다76522, 76539 판결, 대법원 2011다 58701 판결에서 위 경우로 해당 법리의 적용범위를 한정하는 취지로 판시하였다. 위 대법원 2010다108210 판결 또한 같은 취지이다.

26) 위 대법원 2009다76522, 76539 판결 이유 부분 참조. 위 논거에 따르면 '대지에

(나) 한편 대법원은 구분소유자 아닌 대지 공유자들이 구분소유자들을 상대로 부당이득반환을 청구한 사안에서 '전유부분의 면적 비율에 따른 대지지분을 가진 구분소유자들은 대지권으로 등기된 지분에 기하여 대지를 정당하게 점유하고 있고 이들은 어떠한 이익을 얻거나 손해를 입고 있다고 할 수 없다.'고 판단한 원심이 정당하다고 한 바 있다.[27) · 28)]

(다) 대법원은 집합건물의 경우 특별히 구분소유 관계의 특성과 일반적인 법감정을 반영하여 구분소유자들의 부당이득반환의무를 분할채무로 보고 있다.[29)]

---

관하여 구분소유자 외의 다른 공유자가 없는 경우로서, 구분소유자들이 당초 건물을 분양받을 당시 대지 공유지분 비율대로 그 건물의 대지를 공유하고 있는 경우'를 전제로 해야만 구분소유자들 간 대지 공유지분 비율의 차이를 이유로 부당이득반환을 구할 수 없다는 결론이 타당하게 된다.

27) 대법원 1992. 6. 23. 선고 91다40177 판결. 위 판결은 1,560㎡ 부지 지상에 축조된 아파트 2개동 30채(총 전유면적 2,161.44㎡)와 관련하여, 피고 소유의 3채(전유면적 합계 199.75㎡)를 제외한 나머지 27채에 관하여는 대지권이 등기되어 있고, 대지권등기 되지 않은 토지지분이 156/1,560(= 1/10)인 사안에서, 위 나머지 27채의 부당이득반환의무를 부정하는 취지로 본문과 같이 설시한 것이다. 해당 판시는 '적정 대지지분권자의 경우 구분소유자 아닌 대지 공유자에 대하여 부당이득반환의무를 지지 않는다'는 내용이어서 공유물 일반 법리와 배치되고 대상판결과 부합하기는 하나, 구분소유자 아닌 대지 공유자인 원고들이 대지권 없는 구분소유자인 피고만을 상대로 부당이득반환을 청구한 사안이라는 점에서 방론에 불과한 것으로 보인다. 한편 위 27채의 전유면적 비율과 대지권에서 제외된 토지 지분을 비교할 때, 27채의 구분소유자들 중 부족 대지지분권자가 포함되어 있었을 것으로 보이는데, 위 판결에서는 적정 대지지분 구비 여부에 대하여 특별히 문제 삼지 않은 것으로 보인다.

28) 또한 대상판결은, 부당이득반환청구의 상대방인 구분소유자가 대지지분을 가지지 않았던 사안에서 '대지사용권 없는 전유부분의 소유자는 그 대지 중 전유부분의 대지권으로 등기되어야 할 지분(또는 전유부분이 집합건물 전체 전유면적에서 차지하는 비율과 동일한 지분)의 소유자에게 그 지분에 상응하는 면적에 대한 차임 상당의 부당이득을 반환할 의무가 있다.'는 취지로 판시한 대법원 2011. 1. 27. 선고 2010다72779, 72786 판결, 대법원 2018. 6. 28. 선고 2016다219419, 219426 판결 또한 '대법원이 공유물 일반 법리를 그대로 따르지 않는 경향을 보이는 판례'로 언급하고 있다. 해당 법리는 공유물 일반 법리와 비교할 때, 피고의 부당이득반환액이 모든 대지공유자들에게 각 대지지분 비율로 귀속되는 것이 아니라, 해당 공유지분을 가진 대지 공유자에게 전부 귀속된다는 점에서 차이가 있는 것으로 이해된다 대박동규, "집합건물의 구분소유자 아닌 대지 공유자가 전유부분 면적 비율에 상응하는 적정 대지지분을 가진 구분소유자를 상대로 대지의 사용·수익으로 인한 부당이득반환을 청구할 수 있는지 여부", 『사법』 제62호, 사법발전재단(2022), 630-631면].

## Ⅳ. 구분소유자 아닌 대지 공유자의 적정 대지지분권자에 대한 부당이득 반환청구 가부

### 1. 상정 가능한 긍정설의 논거

집합건물에서의 토지 공유관계에 관하여 대상판결 전 대법원은 공유물 일반 법리를 그대로 적용하고 있었던바, 집합건물의 부지에 관하여도 달리 볼 이유가 없다는 것이 긍정설의 논거가 될 수 있다. 즉 모든 공유자는 공유물 전부를 지분의 비율로 사용·수익할 수 있기 때문에, 공유자 중 일부인 집합건물의 구분소유자들이 집합건물을 소유함으로써 공유 토지의 전체 또는 일부라도 배타적으로 사용·수익하고 있다면, 비록 그 특정 부분이 자기의 지분비율에 상당하는 면적의 범위 내라 할지라도(즉, 적정 대지지분권자라 하더라도) 구분소유자 아닌 토지 공유자에 대하여는 모든 구분소유자가 부당이득을 하고 있는 것이다.

구체적으로 ① 집합건물법에 구분소유자의 대지 사용·수익에 따른 부당이득반환에 관하여 달리 정한 바 없어서 민법 제263조를 배제할 명문의 근거가 없는 점, ② 집합건물법은 기본적으로 구분소유자 상호 간의 의사결정 기타 이해관계를 규율하기 위한 법률이므로, 구분소유자 상호 간 공유물 일반 법리가 일부 변형될 수 있음은 별론으로 하고, 집합건물법의 취지가 집합건물법의 규율대상이 아닌 구분소유자 아닌 대지 공유자와의 관계에서도 공유물 일반 법리를 변형할 근거로 작용할 수는 없는 점, ③ 특히 대상판결과 같이 구분소유자 아닌 대지 공유자가 집합건물 신축 전부터 대지 공유지분을 가지고 있었던 경우, 공유물 일반 법리를 변형하게 되면 대지 공유자가 지분 취득 후 있었던 집합건물의 신축이라는 사정으로 말미암아 불측의 영향을 받거나 손해를 입게 될 가능

---

29) 대법원 1991. 9. 24. 선고 88다카33855 판결, 대법원 1992. 6. 23. 선고 91다 40177 판결, 대법원 1996. 11. 29. 선고 95다40465 판결 및 대상판결 보충의견 참조. 대상판결의 제1심 및 원심 또한 동일한 전제에서 부당이득액을 산정한 것으로 볼 수 있다. 이는 대법원 2000다13948 판결에서 '하나의 전유부분의 공동소유자들'의 부당이득반환의무를 불가분채무로 본 것과는 다른 차원의 논의이다.

성이 있는 점 등이 긍정설의 논거가 될 수 있을 것이다.[30]

## 2. 대상판결(부정설)의 논거에 대한 검토

부정설의 논거는 대상판결(다수의견 및 보충의견) 본문에 상세히 설시되어 있으므로, 이하에서는 대상판결에 나타난 논거들을 중심으로 분석하면서 긍정설에 대한 반박논거를 덧붙여 보도록 한다.

### (1) 일반 법리와 다른 집합건물 대지의 공유관계

일반건물에서 건물과 대지를 각각 여러 사람이 공유하는 경우, 민법상 건물 공유자가 가지는 건물 공유지분과 대지 공유지분의 분리처분에 관한 어떠한 제약도 없으므로, 건물 공유자는 아무런 제약 없이 대지 공유지분만을 처분 또는 상실할 수 있다. 반면 집합건물의 경우 구분소유자는 전유부분을 소유하기 위한 대지사용권으로서 대지 공유지분을 가지게 되는데, 집합건물법에서 구분소유자의 전유부분과 그 전유부분 면적비율에 해당하는 대지사용권 간 일체성을 구현하고 양자 간 분리를 억제하기 위한 규정들(앞서 살핀 제20조 제1항, 제2항, 제21조 제1항, 제22조)을 다수 두고 있다. 그리고 대지사용권을 가지지 아니한 구분소유자가 있을 때 그 전유부분의 철거를 청구할 권리를 가진 자는 그 구분소유자에 대하여 구분소유권을 시가(時價)로 매도할 것을 청구할 수 있는바(집합건물법 제7조), 위 구분소유권 매도청구권 행사에 따라 대지사용권이 없었던 기존의 구분소유자 대신 적정 대지지분을 갖춘 자가 새로이 구분소유자가 됨으로써 구분소유권과 그에 상응하는 적정 대지지분 간 분리현상이 시정될 수 있다는 점에서, 위 집합건물법 제7조 또한 구분소유자의 전유부분과 대지사용권(적정 대지지분) 간 일체성을 구현하고 양자 간 분리를 억제하기 위한 규정이라고 봄이 타당하다.[31]

전유부분과 대지사용권 간 일체성을 구현하기 위하여 집합건물법과

---

30) 박동규(주 28), 631-632면에서 상정한 긍정설의 논거를 일부 참조하였다. 위 논문은 결론적으로 대상판결이 타당하다는 입장을 취하고 있는 것으로 이해된다.
31) 집합건물법 제7조에 관한 해석론은 아래 Ⅵ. 3. (2)항에서 상술.

부동산등기법이 함께 집합건물 및 그 부지에 관하여 다각도로 규율하는
것은, 구분소유자들에게 법적 안정성을 제공함과 함께, 집합건물의 철거
는 일반건물의 철거와는 비교할 수 없을 정도로 큰 사회적 손실과 다수
당사자들의 혼란을 야기한다는 점을 고려하여, 철거청구나 부당이득반환
청구 관계의 발생 가능성을 최대한 억제함으로써 집합건물의 존립 근거
를 더욱 안정화하기 위한 것이라고 이해할 수 있다. 그리고 이러한 공익
적 요구는 구분소유자들 사이에서는 물론이고 구분소유자와 구분소유자
아닌 대지 공유자 간에서도 최대한 관철되어야 비로소 그 목표한 상태에
이를 수 있다. 또한 앞서 살핀 구분소유권 매도청구권(집합건물법 제7조)이
나 집합건물이 속한 대지의 공유자가 그 집합건물 사용에 필요한 범위의
대지에 대한 분할을 청구하지 못하도록 한 집합건물법 제8조를 종합하
면, 집합건물법이 반드시 구분소유자 사이의 법률관계만을 규율하기 위한
법률이라고 보기도 어렵다. 이를 종합할 때, 일반 공유관계와 구별되는
집합건물 대지 공유관계의 특수성은 상당 부분 존중되어야 하고, 이는
구분소유자 사이에서뿐 아니라 구분소유자 아닌 대지 공유자와의 관계에
서도 마찬가지이다.

　　다만 (1)항의 논거만으로는 '집합건물에 관하여는 무언가 일반 공유
관계와 달리 규율할 필요가 있을 수 있다'는 정도의 결론에는 이를 수
있어도, 곧바로 대상판례의 쟁점과 관련하여 반드시 공유물 일반 법리와
다른 법리가 창설되어야 한다는 결론에 이르지는 못한다고 생각된다.

　　(2) 부당이득 성립 요건의 미충족

　　여기서 문제되는 부당이득 유형은 적정 대지지분권자가 집합건물의
전유부분을 소유하는 형태로 그 부지를 점유·사용함으로써 그 부지 공
유자의 지분권을 침해하는지 여부의 문제로서, 타인에게 배타적으로 귀속
되는 재화 내지 이익을 권한 없이 사용·수익하는 것에 관한 '침해부당이
득'이 문제된다. 침해부당이득에서는 권리의 객관적 침해 여부, 즉 '법률
상 원인의 흠결 여부'가 중요한 의미를 가지고, 타인의 권리를 침해함으
로써 침해자가 실제로 얼마만큼의 '수익'을 얻었는지 및 권리자가 실질적

으로 경제적 의미의 '손해(손실)'를 입었는지는 부당이득의 성립 여부를 좌우하지 못한다.[32] 이러한 점에서 침해부당이득 반환청구권은 물권적 청구권과 논리적 구조를 같이하는 것으로, 청구하는 측이 자신의 '배타적 이익'의 존재 및 그 침해의 객관적 사실만을 주장·증명하면, 상대방이 '법률상 원인 있음'을 항변사항으로서 주장·증명하여야 한다.[33]

따라서 살피건대, ① 대상판결 다수의견은 '적정 대지지분권자가 집합건물법에서 필요로 하는 대지사용권의 범위를 모두 충족하였으므로 다른 대지 공유지분을 추가로 취득할 필요가 없고, 다른 대지 공유자의 지분을 수익할 필요도 없다'는 이유로 다른 대지 공유자의 지분권 침해 자체를 부정하였으나, 이는 대지지분 과부족 관련 특수 법리에 따를 때 구분소유자 간에는 타당할 수 있어도, 집합건물법에 민법 제263조 후단을 명시적으로 배제하는 규정이 없는 이상, 구분소유자 아닌 대지 공유자의 경우 위 민법 규정에 따라 곧바로 도출되는 '공유물 전부'를 지분 비율로 사용·수익할 권리를 여전히 가지므로, 일반건물이 축조된 경우와 마찬가지로 위 권리의 침해 자체는 있다고 보는 것이 충분히 가능하다고 생각된다. ② 다만, '구분소유자가 대지사용권으로 보유하여야 할 적정 대지지분은 원칙적으로 전유부분의 면적 비율에 따라야 한다'는 집합건물법의 취지는 '법률상 원인(정당한 사유) 존부' 부분에서 충분히 고려될 수 있을 것이다. 다소 결단의 영역에 속하기는 하지만, 집합건물법의 취지와 함께

---

32) 곽윤직 편집대표, 『민법주해(XVII)』 채권(10)(2005), 244-245면(양창수 집필부분). 해당 부분의 서술은 다음과 같다. "'배타적 이익'의 내용이 타인에게 돌아간 경우에는, 그 타인이 그 이익을 '이용'하여 어느 만큼의 수익을 얻었느냐에 상관없이 그 '이용'에 대한 객관적 대가를 부당이득으로 보상하여야 한다. 그런데 그와 같은 침해 또는 '이용'으로 인하여 권리자가 '손해'를 입었느냐 하는 것은 부당이득의 성립 여부를 좌우하지 못한다. 이러한 요건을 침해이득에 대하여 요구하는 것은, 결과적으로 '손해'의 의미를 무한정 확장하여 어떠한 경우에도 '손해'가 있다는 무의미한 결론에 도달하기에 이르는 것이다. 오히려, 타인의 권리로부터 그 권리내용을 자기의 것으로 하였다는 의미에서 '타인의 재산…(으)로 인하여'라는 문언이 훨씬 중요한 의미를 차지하여야 할 것으로 생각된다."
33) 곽윤직 편집대표(주 32), 245-246면(양창수 집필부분). 대법원 2018. 1. 24. 선고 2017다37324 판결도 그 증명책임과 관련하여 같은 취지로 판시하였다.

적정 대지지분권자가 다른 대지 공유자의 지분 취득 또는 상실에 관여할 수 없어서 구분소유자 아닌 대지 공유자가 존재하게 된 것(즉, 부당이득반환청구라는 문제상황의 발생)에 원인을 제공한 바 없다는 사정[34]을 십분 고려하면, 적정 대지지분권자는 다른 구분소유자들뿐 아니라 구분소유자 아닌 대지 공유자에 대해서도 대지의 사용권원으로서 대지 전부를 용도에 따라 온전히 사용·수익할 수 있는 권리를 가진다고 보아 공평과 정의에 근거한 부당이득반환의 법률관계에서 제외하는 것이 합리적이라고 생각된다. 요컨대, 적정 대지지분권자는 전유부분을 소유하기 위하여 집합건물의 대지 전부를 점유할 정당한 권원이 있으므로 (침해)부당이득이 성립하지 않는다고 보면 족하다.

(3) 현실적인 필요성

집합건물의 모든 구분소유자가 적정 대지지분을 보유하는 상태가 집합건물법과 부동산등기법이 상정하는 가장 이상적인 상태이므로, 그러한 상태에 이르도록 할 유인을 제공하는 것이 바람직하다. 공유물 일반 법리를 집합건물에 관하여도 그대로 유지할 경우, 구분소유자로서는 구분소유자 아닌 대지 공유자에 대하여 자신이 얼마만큼의 대지지분을 대지사용권으로 확보하였는지와 상관없이 '(토지의 나대지로서의 차임) × (구분소유자 아닌 대지 공유자의 지분비율) × (해당 구분소유자의 전유부분 면적비율)'이라는 동일한 액수의 부당이득반환의무를 부담하므로, 적정 대지지분을 취득할 유인이 없다. 반면 대상판결에 따르면, 구분소유자로서는 적정 대지지분을 확보할 경우 구분소유자 아닌 대지 공유자에 대한 부당이득반환의무를 면하고, 적정 대지지분에 미달하더라도 그 미달 정도를 줄일수록 그에 비례해 부당이득 반환액수가 감소하므로, 적정 대지지분에 이를 때

---

34) 적정 대지지분권자의 입장에서, 구분소유자들만이 대지를 공유하는 상황에서는 대지 전부를 사용·수익할 권원을 가지다가, 자신과 무관하게 다른 대지 공유자의 지분 상실로 인하여 구분소유자 아닌 대지 공유자가 존재하게 됨으로써 갑자기 대지 전부를 사용·수익할 권원이 없게 되어 부당이득반환의무를 부담하게 된다고 보면, 적정 대지지분권자의 대지 사용에 대한 신뢰가 현저히 침해될 것이다. 박동규(주 28), 639-640면.

까지 연속적인 인센티브가 존재한다.[35]

또한 공유물 일반 법리를 유지할 경우 구분소유자 아닌 대지 공유자가 모든 구분소유자들을 상대로 부당이득반환을 청구하여야 하는데, 이는 많은 시간과 비용이 소요된다. 그리고 긍정설에 따르더라도, 적정 대지지분권자가 손실을 종국적으로 부담하는 것은 구분소유자 아닌 토지 공유자를 발생시킨 원인이 된 부족 대지지분권자가 궁극적으로 부담함이 타당한 손실이 적정 대지지분권자에게 전가된 결과로서 정의관념에 어긋나는바, 적정 대지지분권자가 다시 다른 구분소유자를 상대로 부당이득반환을 청구할 수 있다고 보아야 형평에 맞다. 그렇다면 부족 대지지분권자가 궁극적으로 모든 손실을 부담하는 결과에 이르기 위해, 긍정설을 택하여 연쇄적 소송을 야기하기보다는 대상판결과 같이 당초부터 구분소유자 아닌 대지 공유자가 부족 대지지분권자를 상대로만 부당이득반환을 청구할 수 있도록 하는 것이 소송경제상 합리적이다.

결국 기존 태도(긍정설)를 유지할지 아니면 대상판결과 같은 태도를 취할지가 궁극적으로 법논리적 결단의 문제라고 보더라도, 위와 같은 현실적인 필요성들은 대상판결이 더 타당함을 뒷받침하는 강력한 근거라고 생각된다.

(4) 긍정설이 내세우는 근거에 대한 비판

한편, 긍정설은 구분소유자 아닌 대지 공유자가 집합건물 신축 전부터 대지 공유지분을 가지고 있던 경우, 공유물 일반 법리를 변형함에 따라 불측의 영향을 받을 가능성을 논거로 제시하나, 이는 아래와 같이 두 가지 측면에서 타당하지 않다.

첫째로, 대상판결에 따르더라도 구분소유자 아닌 대지 공유자는 지분권이 침해되는 경우 부족 대지지분권자로부터 그 손해를 모두 회복할 수 있기 때문에 특별히 손해가 있다고 보기 어렵다. 지분권 침해 전 예상되었던 구제수단이 침해 후 불측의 사유로 봉쇄된다면 불의의 타격이

---

35) 각 견해에 따른 구체적인 결론은 아래 Ⅴ.항 참조.

되겠으나, 애초부터 부정설에 따라 법제가 운용되는 경우를 전제하면, 대지 공유자로서는 당초부터 집합건물에 의하여 지분권 침해를 받는 경우 부족 대지지분권자로부터 손해를 모두 회복받을 것을 기대하기 때문에 불의의 타격이 있다고 보기 어렵다. 긍정설에 따른 결과와 부정설에 따른 결과를 비교하는 것은 침해 전후를 비교하는 것이 아니어서, 침해에 따른 불측의 손해 여부를 판단하기 위한 적절한 비교가 될 수 없다. 그리고 대지 공유자가 공유물 일반 법리에 따라 모든 구분소유자들로부터 손해를 나누어 회복받을 것을 기대했는데 부족 대지지분권자들을 상대로만 손해 회복이 가능하게 되었고, 그 부족 대지지분권자들이 무자력인 경우를 상정하면 손해가 있다고 할지 모르겠으나, 부당이득반환 의무자들의 자력 유무는 우연적인 사정이어서, 불측의 손해 여부를 따질 때 고려할 사항은 아니다.[36]

둘째로, 대상판결의 경우 실제로 다른 일부 구분소유자들에 대하여는 긍정설에 따른 판결이 이미 확정되어 모든 구분소유자들이 부당이득 반환의무를 분할하여 부담할 것을 전제로 한 부당이득액만이 인정되었는데, 이후 대상판결에서 부정설을 따르게 됨에 따라 적정 대지지분권자를 상대로 한 청구가 기각됨으로써 원고가 일부 손해를 입을 가능성이 생기기는 하였다. 그러나 이는 기판력 법리에 따른 결과에 불과할 뿐 아니라, 구분소유자들에 대한 소송이 시차를 두고 진행되는 과정에서 판례 변경에 따라 선행사건과 후행사건 간 적용 법리가 달라졌기 때문에 생긴 문제로서, 대상판결 이후 발생하는 사건들이 부정설에 따라 일관성 있게 처리된다면 발생할 수 없는 문제이다. 따라서 이 또한 부정설의 난점이라 보기 어렵다.

---

36) 반대로 적정(초과) 대지지분권자들 중 일부가 무자력인 경우에는, 긍정설에 따를 때 부당이득액의 일부를 반환받지 못할 수 있는 반면, 부정설에 따르면 자력이 있는 부족 대지지분권자들로부터 부당이득액 전액을 반환받게 되므로, 부정설에 따른 결과가 오히려 이득이 될 수 있다.

## 3. 소    결

따라서 주요 쟁점 즉 '구분소유자 아닌 토지 공유자의 적정 대지지분권자에 대한 부당이득반환청구 가부'에 관한 대상판결의 태도는 전반적으로 타당하다. 다만, 대상판결과 관련하여 전개될 수 있는 추가 논의들이 있는바, 아래 Ⅴ.항에서 긍정설과 대상판결에 따른 결론을 살핀 후, Ⅵ.항에서 이어서 살핀다.

## Ⅴ. 긍정설 및 대상판결(부정설)에 따른 결론

### 1. 긍정설에 따른 결론

10인(101호~502호)이 동일한 전유면적으로 구분소유하는 5층짜리 집합건물의 부지(해당 토지 전부가 집합건물의 부지로 사용되고 있다)에 관하여 구분소유자 아닌 토지 4/10 공유자 甲이 있고, 해당 토지의 부당이득반환이 문제 되는 기간 동안의 나대지[37]로서의 차임이 100만 원인 경우, 구분소유자 10인은 자신이 대지권으로서 보유하는 대지지분이 얼마인지와 상관없이(즉, 적정 대지지분권자인지 여부 및 부족 대지지분권자의 경우 적정 대지지분 대비 부족지분이 얼마인지와 상관없다) 전유부분의 면적 비율에 따라 각 4만 원[= 100만 원(토지의 나대지로서의 차임) × 4/10 × 1/10(전유부분 면적비율)]씩을 부당이득으로서 甲에게 반환할 의무가 있다고 보게 된다.[38]

### 2. 대상판결(부정설)에 따른 결론

전술한 사례에서 구분소유자 10인이 대지권으로서 토지 공유지분을

---

37) 타인 소유의 토지 위에 소재하는 건물의 소유자가 법률상 원인 없이 토지를 점유함으로 인하여 토지의 소유자에게 반환하여야 할 토지의 임료에 상당하는 부당이득금액을 산정하는 경우에 특별한 사정이 없는 한 토지 위에 건물이 소재함으로써 토지의 사용권이 제한을 받는 사정은 참작할 필요가 없다(대법원 1992. 6. 23. 선고 91다40177 판결).
38) 대상판결 제1심 또한 이와 같은 맥락으로 각 피고별 부당이득금을 산정하였다(가건물의 존재는 일단 논외로 한다).

'A~E까지 5인이 각 1/10, F, G가 각 5/100, H, I, J가 각 0'만큼 가지고 있다고 가정하면, 각 구분소유자의 적정 대지지분은 1/10이므로, A~E까지 5인은 적정 대지지분권자이고, F, G의 부족 대지지분은 각 5/100이며, H, I, J의 부족 대지지분은 각 1/10이다.

　　대상판결의 다수의견은 '적정 대지지분권자가 구분소유자 아닌 토지 공유자에 대하여 부당이득반환의무를 부담하지 않는다'고만 결론 내렸을 뿐, 부족 대지지분권자의 부당이득 반환범위는 사건의 결론과 무관하므로 그에 관하여 구체적으로 설시하지는 않았다. 살피건대, ① 긍정설 및 부정설에 따라 구분소유자 아닌 토지 공유자 甲이 누구를 상대로 얼마의 부당이득반환을 구할 수 있는지가 달라질 수는 있어도, 甲이 집합건물의 존재로 말미암아 토지에 관한 자신의 4/10 공유지분권을 침해당했다는 점은 변하지 않았으므로, 부당이득 반환금액의 총합은 동일해야 할 것인 점, ② 대상판결이 종래 입장과 달리 구분소유자가 전유부분을 소유하기 위해 보유한 대지권(토지 공유지분)의 적정 여부를 중요한 요소로 언급한 맥락을 따라가면, 단순히 적정 대지지분권자인지 여부뿐 아니라 부족 대지지분권자라 하더라도 그 부족분이 얼마인지 또한 중시되어야 한다고 보는 것이 자연스러운 논리의 흐름인 점, ③ 대지지분 부족분에 비례하여 부당이득 반환액이 달라지도록 하는 것이 대상판결이 언급한 '적정 대지지분을 확보할 인센티브(동기)'의 측면이나 '공평·정의의 이념에 기초하는 부당이득반환제도의 취지'에도 더욱 부합하는 점을 고려할 때, 부당이득액은 적정 대지지분 대비 부족지분이 얼마인지에 비례하여 산정함이 타당하다.[39] 대상판결의 보충의견도 같은 맥락이고, 실제로 대법원은 대상판결 이후 '과소 대지지분을 가진 구분소유자는 특별한 사

---

[39] 이는 당연히 부족 대지지분권자들의 부당이득반환채무가 불가분채무가 아닌 분할채무 관계에 있을 전제로 하고 있고, 대상판결도 같은 맥락으로 보인다. 부족 대지지분권자들의 부당이득반환채무를 불가분채무로 볼 경우 대규모 집합건물 단지의 구분소유자들이 각자 집합건물 부지 전체에 관한 부당이득 전액의 반환채무를 일률적으로 부담하게 되는데 이는 일반 법감정 내지 통상적인 거래관념에 반한다고 생각된다. 나아가 본문의 ②, ③ 논거도 분할채무로 봄이 타당하다는 논거가 될 수 있다.

정이 없는 한 적정 대지지분에서 부족한 지분의 비율에 해당하는 차임 상당의 부당이득반환의무를 부담한다'고 하여 위와 같은 입장을 취하였다.[40]

따라서 위 사례에서, 부족 대지지분권자인 F, G가 각 5/100, H, I, J가 각 1/10의 비율로 총 40만 원[= 100만 원×4/10(甲의 지분)]을 분담하여, F, G 각 5만 원, H, I, J 각 10만 원을 부담함이 타당하다. 이를 일반화된 산식으로 나타내면 각 부족 대지지분권자가 반환의무를 부담하는 부당이득액은 '나대'(토지의 지로서의 차임)×(구분소유자 아닌 대지 공유자의 대지지분)×{(해당 부족 대지지분권자의 부족분) / (전체 부족 대지지분권자들의 부족분 총합)}'이 되는데, 초과 대지지분권자가 없다면 여기서 '전체 부족 대지지분권자의 부족분 총합'은 '구분소유자 아닌 토지 공유자들의 공유지분 합계'와 정확히 일치하게 되므로, 구분소유자 아닌 토지 공유자가 1인이라면 약분을 거쳐 위 산식이 '(토지의 나대지로서의 차임)×(해당 부족 대지지분권자의 부족분)'으로 단순화된다.[41] 위 결론에 따르면 해당 부족 대지지분권자의 부족분만 계산하면 다른 구분소유자들의 적정 대지지분 보유 여부를 고려함이 없이 부당이득액 산정이 가능하다.[42]·[43]

---

40) 적정 대지지분보다 부족한 대지 공유지분(이하 '과소 대지지분')을 가진 구분소유자는, 과소 대지지분이 적정 대지지분에 매우 근소하게 부족하여 그에 대한 부당이득반환청구가 신의성실의 원칙에 반한다고 볼 수 있는 경우, 구분건물의 분양 당시 분양자로부터 과소 대지지분만을 이전받으면서 건물 대지를 무상으로 사용할 수 있는 권한을 부여받았고 이러한 약정이 분양자의 대지지분을 특정승계한 사람에게 승계된 것으로 볼 수 있는 경우, 또는 과소 대지지분에 기하여 전유부분을 계속 소유·사용하는 현재의 사실상태가 장기간 묵인되어 온 경우 등과 같은 특별한 사정이 없는 한, 구분소유자 아닌 대지공유자에 대하여 적정 대지지분에서 부족한 지분의 비율에 해당하는 차임 상당의 부당이득반환의무를 부담한다고 봄이 타당하다(대법원 2023. 9. 14. 선고 2016다12823 판결). 한편, 위 '특별한 사정'을 인정하여 과소 대지지분을 가진 구분소유자의 부당이득반환의무를 부정한 예로는 대법원 2023. 10. 18. 선고 2019다266386 판결이 있다.
41) 실제로 위 사례에서, F, G가 각 '100만 원×5/100', H, I, J가 각 '100만 원×1/10'을 부당이득으로서 반환하게 된다.
42) 구분소유자 아닌 토지 공유자가 수인인 경우 위 산식에 따라 나온 금액을 구분소유자 아닌 토지 공유자의 공유지분 비율로 안분하면 각 토지 공유자별 금액이 산출된다. 구분소유자 아닌 토지 공유자들의 공유지분 총합(= 대지권 설정된 부분을 제외한 나머지 지분)은 해당 토지의 등기기록만 열람하면 곧바로 알 수 있으므

한편 대상판결 이후 대법원은, 적정 대지지분 소유 여부 및 부당이
득반환의무 부담 여부는 각 구분소유권별로 판단하여야 하고, 이는 특정
구분소유자가 복수의 구분소유권을 보유한 경우에도 마찬가지라고 판시
한 바 있다.[44]

## Ⅵ. 관련 문제

### 1. 적정 대지지분의 산정에 관한 추가 논의

#### (1) 문제의 소재

'전유부분 면적 비율에 상응하는 대지 공유지분'을 적정 대지지분으
로 정의하고 이를 기초로 법률관계를 논의하는 것이 집합건물법에 근거한
것으로서 타당함은 앞서 살핀 바와 같다. 그리고 1동의 집합건물이 1필지
(2필지 이상일 수도 있다) 전체를 부지로 삼고 있는 경우, 적정 대지지분이
해당 집합건물의 전체 전유면적 대비 해당 구분건물의 전유면적의 비율
로 산정되어야 함에 큰 의문이 없을 것이다.

그러나 1동의 집합건물이 1필지의 토지 중 일부만을 그 부지로 하
고 있는 경우나 대상판결 사안과 같이 1동의 집합건물 외에 다른 건물이
1필지의 토지를 부지로서 공유하고 있는 경우는 적정 대지지분을 구체적
으로 어떻게 산정해야 하는지 다소 혼란이 있을 수 있다. 이와 관련하여
대상판결은 "피고가 소유한 이 사건 토지의 공유지분 비율은 0.0392이고,

---

로, 구분소유자 아닌 토지 공유자가 수인인 경우라 하더라도 부당이득액 산정이
그리 어렵지는 않을 것이다.
43) 반면 초과 대지지분권자가 존재하면 '전체 부족 대지지분권자들의 부족분 총합'
과 '구분소유자 아닌 토지 공유자들의 공유지분 합계'가 달라지게 되므로, 위와 같
은 약분이 불가능하게 되어 더 복잡한 문제를 야기할 수 있다. 세부 논의는 아래
Ⅵ. 2.항 참조.
44) 구분소유자가 적정 대지지분을 소유하였는지 여부나 과소 대지지분권자로서 구
분소유자 아닌 대지공유자에 대하여 부당이득반환의무를 부담하는지 여부 및 그
범위는 구분소유권별로 판단하여야 하고, 이는 특정 구분소유자가 복수의 구분소
유권을 보유한 경우에도 마찬가지이므로 특별한 사정이 없는 한 복수의 구분소유
권에 관한 전체 대지지분을 기준으로 이를 판단하여서는 아니 된다(주 40의 대법
원 2019다266386 판결).

이는 이 사건 토지 위에 있는 가건물을 제외한 이 사건 건물의 전체 전유부분 면적 대비 이 사건 전유부분의 면적 비율과 일치한다(이 사건 건물의 전체 전유부분 면적에 가건물의 면적을 합산하여 계산하더라도 피고는 구분소유자로서 취득하여야 할 대지지분을 모두 확보하였다)."라고 설시하였는바, 기본적으로 해당 집합건물만의 전체 전유부분 면적을 분모로 하여 적정 대지지분을 산정한다는 입장이나, 다른 건물의 면적을 분모에 합산할 것인지에 관하여 다소 유보적인 입장을 취하였다고 볼 여지도 있다.[45] 이하에서는 세부 유형별로 나누어 검토하기로 한다.

### (2) 세부 유형별 검토

#### (가) 1동의 집합건물이 1필지 중 일부만을 그 부지로 하는 경우

먼저, 1필지 지상에 1동의 집합건물(예컨대 전유면적이 동일한 10세대)만이 존재하는데 그 집합건물이 1필지 중 일부만을 부지로 사용하는 경우가 있을 수 있다. 이 경우, ① '모든 공유자는 공유물 전부를 지분의 비율로 사용·수익할 수 있기 때문에 공유자 중 일부가 공유토지의 일부라도 배타적으로 사용·수익할 정당한 권원이 없다'는 공유물 일반 법리와의 조화를 고려할 때, 집합건물이 토지의 일부만을 점유하더라도 전체 대지지분 대비 전유면적에 비례하는 대지지분을 갖추어야 비로소 해당 부지를 용도에 따라 온전히 사용·수익할 수 있는 권원이 있다고 평가함이 타당한 점, ② 중요한 것은 '전유부분의 비율'이므로, 부지로 사용되지 않는 나머지 부분 '토지 면적' 그대로를 분모인 '집합건물 전유면적 총합'에 가산할 수는 없고, 부지로 사용되는 토지면적과 사용되지 않는 토지면적의 비율을 기초로 '집합건물 전유면적 총합'을 비율적으로 가산하는 것도 이론상 근거가 없는 점을 고려할 때, 해당 집합건물이 부지로 사용하는 면적과 상관없이 해당 집합건물의 전유면적 총합을 분모로 하여 적정 대지지분을 산정함이 타당하다(즉, 1/10).

---

45) 대상 집합건물의 전유면적만을 분모로 고려하였을 때 피고가 적정 대지지분을 충족한다면, 다른 건물(대상판결의 경우 가건물)의 면적까지 분모에 합산할 경우 필요한 적정 대지지분이 항상 더 작아짐이 계산상 명백하므로, 괄호 부분 설시는 사실 불필요하다.

**(나) 1동의 집합건물과 다른 일반건물이 1필지를 부지로 공유하는 경우**

다음으로, 1필지 지상에 1동의 집합건물(전유면적이 동일한 10세대, 전유면적 총합 1,000㎡, 대지의 70% 면적을 부지로 사용)과 일반건물(면적 100㎡, 대지의 30% 면적을 부지로 사용)이 1필지 전체를 부지로서 공유하는 경우를 생각할 수 있다. 이 경우는 집합건물의 전유면적과 일반건물의 연면적을 합산하는 것이 이론상 가능해 보이기는 하나, 위 (가)의 ①항에서 살핀 논거가 이 사안에서도 그대로 적용될 수 있는 점 및 일반건물의 소유자는 그가 가진 대지지분 비율과 상관없이 언제나 토지 공유자에 대한 부당이득반환의무를 부담하는 것과의 균형[46]을 고려할 때, 이 경우도 해당 집합건물만의 전유면적 총합을 분모로 하여 적정 대지지분이 산정되어야 함이 원칙이라고 생각된다(즉, 1/10).[47]

다만, 집합건물 구분소유자들과 일반건물 소유자 간 각자의 부지를 각자가 배타적으로 점유하는 것을 내용으로 하는 '구분소유적 공유관계'가 성립했다고 볼 수 있는 특별한 경우에는 이와 달리 볼 여지가 있다고 생각된다. (가)항 유형과 달리 이 경우는 집합건물과 일반건물이 각자의 부지를 배타적으로 점유하고 있음이 외형상 드러나는 데다가, 집합건물 구분소유자들과 일반건물 소유자가 불필요한 부당이득 반환관계의 발생을 억제할 유인을 서로 가지고 있기 때문에, 집합건물과 일반건물 신축 당시 구분소유적 공유관계가 성립하였다고 인정될 가능성이 있고, 일단

---

46) 각 구분소유자들이 7/100 공유지분씩, 일반건물 소유자가 3/10 공유지분을 각 가지고 있는 경우(혹은 각 건물의 소유자가 아닌 토지 공유자의 공유지분을 제외한 나머지 공유지분을 위 비율로 나누어 가지는 경우)를 생각하면, 일반건물 소유자가 토지에 관한 3/10 공유지분을 가지고 있음에도 일반건물이 점유한 토지 면적에 해당하는 부당이득반환의무를 부담하므로, 집합건물 구분소유자들도 집합건물이 점유한 토지 면적에 대하여 각 1/10 대비 부족 지분에 해당하는 부당이득반환의무를 부담하는 것이 형평에 맞다.

47) 이에 대하여는 ① 건물의 연면적을 합산한 1,100㎡를 분모로 하여 적정 대지지분을 산정하는 견해(대상판결 괄호 부분 참조. 이에 따르면 1/11), ② 해당 집합건물의 전유부분 비율에다가 구분소유적 공유 법리를 유추하여 부지 면적 비율을 반영하여 산정하는 견해(이에 따르면 7/10 × 1/10 = 7/100이 된다) 또한 제시될 수 있다고 생각한다.

구분소유적 공유관계가 성립하였다면, 집합건물 구분소유자가 교체되거나 일반건물이 양도되는 경우 그 특정승계인에 대하여도 대지의 구분소유적 공유관계가 유지된다고 볼 가능성 또한 더 높아질 것이다. 이러한 경우에는 집합건물과 일반건물이 각 신축될 당시 집합건물 구분소유자들이 보유하고 있었던 대지 공유지분을 유지하고 있다면, 적정 대지지분을 가지고 있다고 평가할 수 있을 것이다.[48]

### (다) 2동 이상의 집합건물이 1필지를 부지로서 공유하는 경우

1필지 지상의 수개동의 집합건물(예컨대 위 예시와 동일한 10세대의 집합건물 A, B 2개동)만이 존재한다면, 이 경우는 집합건물들의 전유면적 전체를 합산하여 분모로 삼아 적정 대지지분을 산정함이 타당하다.[49] 다른 건물이 일반건물인 경우[위 (나)항]와 집합건물인 경우를 달리 취급하는 근거는 2가지 측면에서 생각할 수 있다. ① 먼저 구분소유권이 없는 토지 공유자와의 관계에서는, 앞서 살핀 집합건물법의 취지를 비롯하여 공유물 일반 법리가 일반건물이 아닌 집합건물이 공유토지를 점유하는 경우에만 대상판결과 같이 변형될 수 있는 이유들이 그대로 타당하다. ② 그리고 A동 구분소유자들과 B동 구분소유자들 간에는, 모든 구분소유자들이 집합건물들의 전유면적 전체를 합산하여 분모로 삼아 산정된 적정 대지지분(즉, 1/20씩)을 보유하는 상태가 집합건물법 및 부동산등기법이 상정하는 가장 이상적인 상태인 점(모든 구분소유자들이 1/10 공유지분씩의 대지사용권을 갖는 것은 불가능하다), 각 구분소유자들이 서로 1/10 공유지분에 미달하는 대지사용권만을 가짐을 이유로 부당이득반환을 청구하더라도 각 1/20씩 공유지분을 보유한 상태에서는 서로의 부당이득청구액과 반환액이 모두 동일하여, 모두 상계하면 어느 누구도 남는 것이 없게 되는바,

---

48) 이 경우 반드시 집합건물의 부지 면적 비율대로, 즉 집합건물 구분소유자들이 합계 7/10의 토지 공유지분을 대지사용권으로 가지고 있어야만 한다고 볼 것은 아니나, 부지 면적 비율과 보유한 토지 공유지분 비율 간 차이가 크다면 구분소유적 공유관계의 성립 자체를 인정하기 어려운 사정이 될 수 있을 것이다.

49) 앞서 살핀 대법원 91다40177 판결 또한 1필지에 아파트 2개동이 축조된 사안인데, 2개동의 전유면적 전체를 합산하여 앞서 살핀 바와 같이 판단하였다(주 27 참조).

법률관계를 굳이 복잡하게 구성할 실익이 없다.


### 2. 초과 대지지분권자가 있는 경우의 법률관계

#### (1) 문제의 소재

앞서의 논의들은 초과 대지지분권자 없이 대지 공유자가 적정 대지
지분권자, 부족 대지지분권자, 구분소유자 아닌 토지 공유자로만 구성된
경우에는 별 문제가 없으나, 초과 대지지분권자가 존재하는 경우에는 추
가 검토해야 할 2가지 문제가 있다.

**(가)** 대지지분 과부족 관련 특수 법리에 따르면 구분소유자 간에는
대지 공유지분의 비율 차이를 이유로 부당이득반환을 청구할 수 없다.[50]
그러나 대상판결 보충의견이 적절히 지적하는 바와 같이, 초과 대지지분
권자는 적정 대지지분 대비 초과분에 관하여는 이를 실제 수익하고 있지
못한 반면, 부족 대지지분권자로서는 대지지분을 부족하게 취득하였음에
도 전유부분 소유를 위한 대지의 점유·사용이라는 이익을 온전히 향유
하고 있는바, 초과분에 관하여 구분소유자 아닌 사람이 대지지분만을 가
지고 있는 것과 이익상황이 동일하다고 생각할 수 있다. 그렇다면 초과
대지지분권자의 부당이득반환청구를 제한하는 위 법리가 변경되어야 하
는 것은 아닌지 의문이 들 수 있다.[51]

**(나)** 대상판결 법리에 따라 부족 대지지분권자의 구분소유자 아닌
토지 공유자에 대한 부당이득 반환액을 산정할 때, 초과 대지지분권자가
존재하면 '(토지의 나대지로서의 차임)×(구분소유자 아닌 대지 공유자의 대지지
분)×{(해당 부족 대지지분권자의 부족분)/(전체 부족 대지지분권자들의 부족분
총합)}'이라는 원래의 산식대로 부당이득액이 산정되어야 하고, 위 산식이

---

50) 물론 판례 문구상 해당 법리는 '구분소유자들이 당초 그 건물을 분양받을 당시의
  대지 공유지분의 비율대로 그 대지를 공유하고 있는 경우'에 한하여 적용되나, 반
  대로 위와 같은 경우가 아닐 때 초과 대지지분권자가 부족 대지지분권자를 상대로
  부당이득반환을 청구할 수 있는지에 관한 대법원의 태도는 명확하지 않아 보인다.
51) 실제로 대상판결 보충의견은 '초과 대지지분권자가 그 초과하는 대지지분권에 기
  하여 부족 대지지분권자를 상대로 부당이득반환을 청구할 수 있는지 여부에 대해
  서는 향후 구체적인 사례를 통하여 이론을 정립할 필요가 있다'고 언급하고 있다.

'(토지의 나대지로서의 차임) × (해당 부족 대지지분권자의 부족분)'으로 단순화될 수 없다. 그렇다면 구분소유자 아닌 토지 공유자가 부족 대지지분권자 중 1인만을 상대로 부당이득반환을 청구할 때에도, 해당 구분건물의 모든 전유부분별 대지권 현황을 소송에 현출시켜 모든 세대에 대하여 적정 대지지분 대비 대지 지분 과부족을 따지고, 이를 기초로 전체 부족 대지지분권자들의 부족분 총합을 산출해야 하는바, 법원의 심리 부담이 불필요하게 가중된다. 이를 피하고자 단순화된 산식을 고수한다면, 구분소유자 아닌 토지 공유자가 초과 대지지분권자에게 돌아가야 할 몫까지 과잉 배상을 받거나, 일부 부족 대지지분권자가 우연한 사정으로 부당이득반환 의무를 면하는 상황이 발생할 수 있다.[52]

　위 두 가지 문제는 언뜻 보면 별개의 문제 같지만, 실제로는 밀접하게 연결되어 있다. 이하에서는 설명의 편의를 위하여, 앞서 든 10세대 집합건물의 사례에서 구분소유자 A가 15/100 대지지분을 가진 초과 대지지분권자, B~E가 각 1/10을 가진 적정 대지지분권자, F가 5/100, G, H, I, J가 각 0의 대지지분을 가진 부족 대지지분권자이고, 구분소유자 아닌 토지 공유자 甲이 4/10의 대지지분을 가지고 있는 경우를 상정하여 논의를 전개한다(부당이득반환청구 대상 기간에 대하여 부지의 차임은 총 100만 원이라 가정한다).[53]

### (2) 발생 가능한 난점

　'대지지분 과부족 관련 특수 법리'와 상관없이 甲이 A~J로부터 반환받아야 할 금액은 총 40만 원(= 100만 원 × 4/10)이다. 앞서 A 지분이 1/10, G 지분이 5/100이었던 사례에서는 100만 원에 각 구분소유자별 부족지분을 곱한 금액이 부당이득액이 되나, 이 사안에서는 40만 원을 F~J가 甲에게 반환하여야 하고, F~J의 부족지분 합은 45/100이다. ① 먼저, 40만

---

52) 정의진, "대지사용권이 부족한 구분소유자의 부당이득반환의무와 그 범위", 집합건물법학 제44권, 한국집합건물법학회(2022), 65-67면도 심리 부담 내지 부당이득액 산정의 어려움을 언급하고 있다.
53) 대지지분 과부족 관련 특수 법리의 적용 범위를 고려하여, 집합건물 신축 및 대지권 성립 당시부터 해당 지분비율이 유지되었다고 가정한다.

원을 F가 5/45, G~J가 각 10/45씩 분할하여 甲에게 반환하는 방법을 생각할 수 있으나, 세대 수가 매우 많고 일부 구분소유자의 대지지분을 알 수 없는 경우에는 분모가 확정되지 않아서 계산이 불가능하다. ② 다음으로는, 이 경우에도 간략화된 계산법에 따라 F가 5만 원, G~J가 각 10만 원씩 甲에게 반환하도록 명하는 방법이 있다. 이는 부당이득액 산출에 관하여는 문제가 없으나, F~J의 반환액 중 일부가 중첩되어, 그 중첩 부분을 법률적으로 어떻게 취급해야 할지 난점이 있고, 잘못하면 甲이 45만 원을 배상받게 되어 자신의 지분권 침해에 따른 손해액을 초과하여 과잉 배상받는 결과가 발생할 수도 있다. ㉠ 중첩 부분에 관하여 공동점유 부당이득에 관한 법리를 유추하여 불가분채무 관계에 있다고 이론구성할 수는 있으나, 예컨대 F가 5만 원, G~I가 각 10만 원, J가 5만 원을 반환한 경우 F~J 상호 간 구상이 가능한지 여부 및 구상금 범위가 어떻게 되는지 판단하기 쉽지 않다.[54] 그리고 구상금 산정 기준이 정해진다 하더라도, 구상금 산정을 위해서는 결국 해당 집합건물에 존재하는 부족 대지지분권자 전원의 존재가 밝혀져야 한다는 난점이 있어, 앞서 언급한 법원의 과중한 사실인정 부담 문제를 피할 수 없다. 또한 구상금 소송이 연쇄적으로 일어나, 대상판결이 판례변경의 현실적 필요성의 주요 논거로 제시하는 연쇄적 소송의 문제 또한 피할 수 없게 된다. ㉡ 반대로 F~J 간 상호 구상이 불가능하다고 이론 구성하면 위 ㉠항에서 언급한 문제는 발생하지 않겠으나, 예컨대 甲이 G~J를 상대로 각 10만 원씩을 청구하여 모두 변제받는 경우, F는 더 이상 부당이득반환의무를 지지 않으면서 G~J로부터 구상도 당하지 않아서, 甲이 G~J를 상대로 부당이득반환의무 이행을 먼저 추궁하였다는 우연한 사정에 따라 F가 대지지분 부족에 따른 의무를 이행함이 없이 면제받는 불합리가 있다.

(3) 대안의 제시 - '대지지분 과부족 관련 특수 법리'의 축소 적용

생각건대, 이는 '대지지분 과부족 관련 특수 법리'의 적용 범위를 '구

---

54) 특히 일부 구분소유자가 부당이득액의 일부만을 변제한 경우 난점이 있다.

분소유자 아닌 대지 공유자가 없는 경우'로 한정하여, '구분소유자 아닌 대지 공유자가 있는 경우에는 위 대지 공유자는 물론이고 초과 대지지분권자도 부족 대지지분권자를 상대로 부당이득반환을 청구할 수 있는 것'으로 해석함으로써 대부분 해결될 수 있는 문제이다[이 경우 부족지분의 합도 45/100이고, 부당이득반환청구가 가능한 대지지분 합도 45/100(= 甲 4/10 + A 5/100)로 서로 일치되므로, F가 5만 원, G~J가 각 10만 원씩 합계 45만 원을 반환하고 이를 甲이 40만 원, A가 5만 원 지급받으면 된다].

　먼저 '침해부당이득'의 관점에서, 대상판결 보충의견에서 적절히 지적한 바와 같이 초과 대지지분권자는 그 초과분에 대하여는 구분소유자 아닌 사람이 그 지분을 가진 것과 실질적으로 차이가 없고, 적정 대지지분만으로도 대지를 온전히 사용·수익할 권리를 가졌다는 점에서 초과 대지지분권자는 초과분을 현실적으로 수익하지 못하고 있는 상태이므로, 초과 대지지분에 관하여 침해부당이득에서의 '침해'가 있다고 볼 수 있다.[55] 그리고 '대지지분 과부족 관련 특수 법리'는 '집합건물 구분소유자가 공유지분 비율에 관계없이 대지 전부를 용도에 따라 사용할 적법한 권원이 있음'을 핵심 논거로 하는데, 대상판결의 논리에 따르면 부족 대지지분권자는 대지를 사용할 '적법한 권원'을 가지지 못했음에도 부족 대지지분만을 가지고 전유부분 소유를 위해 대지 전체를 사용·수익하고 있다고 평가할 수 있고, 위 초과 대지지분에 관한 '침해'는 부족 대지지분권자가 적정 대지지분보다 부족한 대지지분을 보유하였기 때문에 발생한 것이어서 인과관계도 인정되므로, 결국 침해부당이득의 모든 요건이 갖추어진다.[56]

---

55) 침해부당이득은 법질서에 의하여 특정인에게 귀속되어 있는 법익(배타적 이익)을 침해함으로써 이익을 얻은 자에 대하여 그 이득의 반환을 명하는 제도로서, 그 손해가 반드시 위법한 행위로 인하여 발생할 필요가 없는 것이므로, 부족 대지지분권자가 대지지분을 부족하게 가지게 된 경위가 위법행위로 인한 것이 아니라 하더라도 초과대지지분에 관한 '침해'가 있다고 볼 수 있다는 점에는 변함이 없다. 침해부당이득의 본질에 관한 상세한 논의는 이계정, "집합건물 공용부분 무단사용자에 대한 관리단의 부당이득반환청구 가부", 『법조』 제70권 제1호, 법조협회(2021), 380-384면 참조.

'대지지분 과부족 관련 특수 법리'를 구분소유자 아닌 대지 공유자가 있는 경우에도 관철하는 입장에 따르면 침해부당이득이 없다고 볼 수 있겠으나, 위와 같이 부족 대지지분권자가 초과 대지지분권자에 대하여 침해부당이득을 하고 있다고 구성하는 것 또한 충분히 가능하다는 점에서, 어느 쪽을 택할지는 결국 법논리적 결단의 문제로 귀결되는데, 이때 '부당이득 반환관계의 명쾌한 해결' 및 '불필요한 심리 부담 경감'이라는 현실적 필요성이 '대지지분 과부족 관련 특수 법리'의 축소 적용이 타당함을 뒷받침하는 핵심 논거로 작용한다. 구분소유자 아닌 대지 공유자가 존재하는 이 사안에서 '대지지분 과부족 관련 특수 법리'가 배제되어, A가 F~J를 상대로 지분 초과분에 해당하는 합계 5만 원을 반환청구할 수 있다고 하고, 위 (2)항에서 ②의 ⓒ항에 따라 F~J 상호 간 구상청구가 불가능하다고 하면, F는 G~J를 통해 부당이득반환채권을 만족 받은 甲으로부터 부당이득반환의무를 지지 않는다 하더라도, 여전히 A에 대하여 5만 원의 반환의무를 부담하기 때문에, 구분소유자들의 법률관계가 F~J 간 의무 이행 선후는 물론이고 甲과 A 간 반환청구 선후에도 영향을 받지 않게 된다[예컨대 甲이 F, G만을 상대로 부당이득반환을 청구하는 경우, 다른 구분소유자들이나 대지공유자를 고려함이 없이 F, G의 부족분만을 따져서 F는 5만 원(= 100만 원 × 5/100), G는 10만 원(= 100만 원 × 1/10)을 각 반환하게 하면 되고, 甲이 반환받은 금액이 40만 원(= 100만 원 × 4/10)을 초과하지 않는지만 심리하면 되며, 이후 甲이 별소를 통해 H, I, J로부터 합계 30만 원을 추가로 반환받게 되면 그중 5만 원은 A에 대한 부당이득이 된다. 그리고 F~J가 A에게 이미 반환한 금액이 있다면 이는 항변사유(변제)로 주장할 수 있다]. 반면 구분소유자 아닌 대지 공유자가 있

---

56) 주 23에서 살핀 대법원 2011다58701 판결 이유에 따르면, 부족 대지지분권자가 ① 구분소유자 아닌 대지 공유자가 없는 경우는 그가 가진 대지지분 비율에 관계없이 대지 전부를 용도에 따라 사용할 수 있는 적법한 권원이 있다고 평가되는 반면, ② 구분소유자 아닌 대지 공유자가 있는 경우에는 위와 같은 적법한 권원이 없다고 평가될 수 있는바, 구분소유자 아닌 대지 공유자의 존재 여부에 따라 부족 대지지분권자의 지위에 대한 법적 평가가 충분히 달라질 수 있다.

는 경우에도 '대지지분 과부족 관련 특수 법리'를 관철해야 한다는 입장은 대부분 위 (2)항에서 ①항에 따른 해결을 지지할 것으로 추측되는데, 이는 앞서 (1)의 (나)항에서 살핀 바와 같이 과도한 심리 부담을 야기한다.

위에서 살핀 논거들에다가, ① '대지지분 과부족 관련 특수 법리'는 기본적으로 집합건물 구분소유자들 간 대지지분의 과부족이 있더라도 각자의 대지지분이 그 자체로 각 구분건물의 존립을 위한 정당한 대지사용권을 '표상'한다는 점에 착안하여 부당이득반환청구를 제한함으로써 구분소유자들 간 분쟁을 억제하고자 한 것으로 보이는데,[57] 집합건물 구분소유자들 간 대지지분의 과부족만이 있는 경우와 더 나아가 구분소유자 아닌 대지 공유자가 존재함에 따라 대지지분 과부족이 발생한 경우를 비교할 때, 후자는 그 자체로 집합건물법이 추구하는 이상적인 상태가 깨어진 것으로서 어차피 부당이득반환의 법률관계를 피할 수 없게 되어, 위 법리를 관철할 핵심 근거가 사라지는 점, ② '대지사용권이 아예 없는 자'와 '극히 부족한 대지지분을 가진 자'를 금전 문제인 부당이득반환의 영역에서 근본적으로 달리 취급할 근거가 빈약한 점, ③ '대지지분 과부족 관련 특수 법리'는 대상판결을 통하여 '적정 대지지분'이라는 개념이 도입되기 전 형성된 법리인바, '적정 대지지분'이라는 개념이 도입되지 않은 상황에서는 '대지지분 과부족 관련 특수 법리'를 축소 적용할 경우 초과(적정) 대지지분권자가 자신보다 대지 지분비율이 적은 대지지분권자를 상대로 부당이득반환을 청구하는 사안, 부족 대지지분권자가 자신보다 대지 지분비율이 적은 부족 대지지분권자를 상대로 부당이득반환을 청구하는 사안에 관하여 의문이 있을 수 있는 반면, '적정 대지지분' 개념이 도입된 현 상황에서는 '대지지분 과부족 관련 특수 법리'를 축소 적용하더라도 초과 대지지분권자의 부족 대지지분권자에 대한 부당이득반환청구

---

57) 앞서 살핀 대법원 2009다76522, 76539 판결 등에서 해당 법리의 적용범위를 '구분소유자들이 당초 건물을 분양받을 당시 대지 공유지분 비율대로 그 건물의 대지를 공유하고 있는 경우'로 한정한 것이 이를 뒷받침한다(주 25 참조).

를 그 적정 대지지분 대비 과부족분에 한하여 인용할 수 있어 논리전개가 자연스러운 점이 '대지지분 과부족 관련 특수 법리'를 축소 적용함이 타당한 추가 근거가 될 수 있다.

### 3. 구분소유자 아닌 대지 공유자의 철거 청구 문제

#### (1) 문제의 소재

앞서 살핀 바와 같이 대상판결에서 문제되는 부당이득 유형은 '침해부당이득'으로서, 부당이득반환청구권의 존재를 주장하는 자가 배타적 이익을 보유할 권원의 존재를 주장·증명하면, 그 상대방이 '그 침해를 정당화하는 권원'의 존재를 항변사항으로서 주장·증명하여야 하는데, 이는 물권의 침해에 대하여 인정되는 물권적 청구권의 경우와 구조가 같다. 따라서 물권 침해에 대한 '법률상 원인 존부'에 따라 부당이득반환청구권 인정 여부와 물권적 방해배제청구권 인정 여부가 함께 결정될 개연성이 있다. 이 점에서 적정 지분권자의 대지 점유 권원에 관한 대상판결의 논의를 철거 청구라는 새로운 관점에서 접근하면서, 대상판결의 사정거리에 관해 추가적으로 고찰하고자 한다. 그리고 집합건물법 제7조에 따르면 '대지사용권을 가지지 아니한 구분소유자'가 있을 때 '그 전유부분의 철거를 청구할 권리를 가진 자'가 구분소유권 매도청구권을 행사할 수 있는 것으로 되어 있으므로, 철거 청구 가부에 관한 검토는 위 조문의 해석론과 맞닿아 있다는 점에서도 실무적 의의가 있다.

다만, 부당이득반환의 경우 금전 지급청구여서 긍정설과 부정설의 논의와 같이 그 청구 상대방을 누구로 삼든 금액을 조정하여 같은 결과에 이르게 할 수 있으나, 철거 청구의 경우 인용되거나 기각되거나 양자택일의 문제이고, 청구 상대방별 인용 여부에 따라 철거 집행 가부가 명확히 갈라지는 데다가, 철거를 명하는 판결의 여파는 부당이득반환을 명하는 판결보다 훨씬 클 수 있다는 점에서, 더욱 신중하게 접근할 필요가 있다. 이하에서는 철거 청구와 관련된 기존 판례 법리 및 집합건물법 제7조의 해석론을 소개하고, 각 사안 유형별로 고찰하기로 한다.

(2) 공유토지에 관한 철거 청구의 법리 및 집합건물법 제7조의 해석론

(가) 종래 대법원은 원고와 피고 모두 소수지분권자이고 공유자들 사이에 공유물의 관리에 관하여 합의나 과반수 지분에 의한 결정이 없는 경우, 공유자는 다른 공유자와 협의하지 않고서는 공유물을 독점적으로 점유하여 사용·수익할 수 없으므로, 다른 공유자는 소수지분권자라고 하더라도 공유물의 보존행위로서 점유 공유자에 대하여 방해배제와 인도를 청구할 수 있다고 하였다가,[58] 공유물의 소수지분권자가 다른 공유자와 협의 없이 공유물의 전부 또는 일부를 독점적으로 점유·사용하고 있는 경우 다른 소수지분권자는 공유물의 보존행위로서 그 인도를 청구할 수는 없고, 자신의 지분권에 기초하여 공유물에 대한 방해 상태를 제거하거나 공동 점유를 방해하는 행위의 금지 등(해당 판결에서는 지상물 수거)을 청구할 수 있다고 판례를 변경하였다.[59]

(나) 한편, 대지사용권 없는 구분소유자를 상대로 그 구분건물의 대지권에 상응하는 토지 지분을 가진 원고가 구분건물 철거 청구를 한 사안에서 대법원은 '1동의 집합건물의 구분소유자들은 그 전유부분을 구분소유하면서 건물의 대지 전체를 공동으로 점유·사용하는 것이므로, 대지소유자는 대지사용권 없이 전유부분을 소유하면서 대지를 무단 점유하는

---

58) 대법원 1974. 6. 11. 선고 73다381 판결, 대법원 1994. 3. 22. 선고 93다9392, 9408 전원합의체 판결, 대법원 2014. 5. 16. 선고 2012다43324 판결.

59) 대법원 2020. 5. 21. 선고 2018다287522 전원합의체 판결 참조. 위 판결의 다수의견은 그 논거로, ① 공유자 중 1인인 피고가 공유물을 독점적으로 점유하고 있어 다른 공유자인 원고가 피고를 상대로 공유물의 인도를 청구하는 경우, 이는 공유물을 점유하는 피고의 이해와 충돌하여 민법 제265조 단서의 '보존행위'라고 보기 어려운 점, ② 피고는 적어도 자신의 지분 범위에서는 공유물 전부를 점유하여 사용·수익할 권한이 있는데, 원고의 인도청구를 허용한다면 피고의 점유를 전면적으로 배제함으로써 피고가 적법하게 보유하는 '지분비율에 따른 사용·수익권'까지 근거 없이 박탈하여 부당한 점, ③ 소수지분권자에 불과한 원고가 자신만이 단독으로 공유물을 점유하도록 인도해 달라고 청구할 권원은 없는 점, ④ 공유물에 대한 인도 판결과 그에 따른 집행의 결과는 소수지분권자인 원고가 공유물을 단독으로 점유하며 사용·수익할 수 있는 상태가 되어 인도 전의 위법한 상태와 다르지 않은 점, ⑤ 원고는 지분권에 기한 방해배제청구권을 행사함으로써 피고가 자의적으로 공유물을 독점하고 있는 위법 상태를 충분히 시정할 수 있는 점을 설시하였다.

구분소유자에 대하여 그 전유부분의 철거를 구할 수 있고, 1동의 집합건물 중 일부 전유부분만을 떼어내거나 철거하는 것이 사실상 불가능하다는 사정은 집행 개시의 장애요건에 불과할 뿐 철거 청구를 기각할 사유에 해당하지 않고, 건물 철거청구가 권리남용에 해당한다고 볼 수도 없다'고 하여 원고의 철거 청구를 인용하였다.[60] 또한 같은 유형의 사안에서 '집합건물의 부지 소유권자는 대지사용권을 가지지 아니한 구분소유자에 대하여 그 전유부분의 철거를 구할 권리를 가진 자에 해당하므로, 집합건물법 제7조에 따라 구분소유권을 시가로 매도할 것을 청구할 수 있고, 전유부분의 철거가 사실상 불가능하다는 등의 사유만으로 그 매도청구권을 부정할 수는 없다.'고 하여, 구분소유권 매도청구권에 관하여도 같은 취지로 판시하였다.[61] 이와 관련하여 일반건물의 경우 다수지분권자라 하더라도 나대지에 새로이 건물을 건축하는 것은 '관리'의 범위를 넘는 '처분'이나 '변경'에 이르는 것이므로,[62] 대지의 소수지분권자가 방해배제청구로서 다수지분권자가 소유한 일반건물의 철거를 구할 수 있다고 보는 것이 논리적인데, 앞서의 판결들은 집합건물의 경우 일반건물과 달리 대지지분권자가 모든 구분소유자를 상대로 각 전유부분의 철거판결을 받지 않는 한 집합건물 전체의 철거를 구할 수 없음을 전제로 하는 것으로 보인다.[63]

---

60) 대법원 2011. 9. 8. 선고 2010다18447 판결, 대법원 2011. 9. 8. 선고 2011다 23125 판결, 대법원 2021. 7. 8. 선고 2017다204247 판결 참조. 위 대법원 2017다 204247 판결은 '구분소유자 전체를 상대로 각 전유부분과 공용부분의 철거 판결을 받거나 동의를 얻는 등으로 집합건물 전체를 철거하는 것은 가능하고 그러한 철거 청구가 구분소유자 전원을 공동피고로 해야 하는 필수적 공동소송이라고 할 수 없음'을 그 논거로 설시하였다. 또한 위 판결은 원고의 부당이득반환청구와 관련하여, 계쟁 토지의 나대지 상태의 차임에 원고의 지분 비율을 곱한 금액을 부당이득 액으로 산정한 원심이 타당하다고 하였다.

61) 대법원 1996. 11. 29. 선고 95다40465 판결.

62) 대법원 2001. 11. 27. 선고 2000다33638, 33645 판결 이유 참조. 해당 부분은 방론이기는 하다.

63) 이계정, "2022년 중요판례분석 ⑤ 민법총칙·물권법", 법률신문 제5069호, 법률신문사(2023) 및 정의진(주 52), 44-53면은 대지사용권의 사용·수익관계를 단독소유권과 유사하게 파악할 수 있다는 입장인바, 집합건물 철거에 관한 위 법리는 위와

(다) 구분소유권 매도청구권에 관한 집합건물법 제7조는, 전유부분이 1동의 건물의 일부만의 철거가 사실상 불가능한 경우가 많고, 그것이 가능하더라도 철거함으로써 별다른 이익이 없이 사회경제적 손실만을 야기하는 경우가 적지 않아, 철거청구자를 위하여 전유부분의 철거에 대신해서 그 전유부분을 목적으로 하는 구분소유권의 매도를 청구할 수 있도록 할 필요가 있다는 데 그 입법 취지가 있다.[64] 전유부분과 적정 대지지분의 일치 도모라는 취지를 고려할 때, 구분소유권 매도청구를 하려면 청구자는 해당 전유부분으로부터 분리된 대지사용권 그 자체를 가지거나 해당 전유부분의 면적비율에 해당하는 비율의 대지사용권 이상을 가져야 한다고 보아야 하고,[65] 어느 전유부분에 대해서 매도청구권을 행사하는 경우 그에 필요한 대지지분을 제외한 나머지 지분만으로 다른 전유부분에 대한 매도청구권 가부를 따져야 한다.[66] 그리고 전유부분 면적 비율에 미달하는 대지사용권을 가진 자에게 구분소유권 매도청구를 할 수 있는지 문제되는데, ① 집합건물법 제7조의 "대지사용권을 가지지 아니한 구분소유자가 있을 때에는" 부분의 문언상 대지사용권을 일부라도 가진 구분소유자는 제외된다고 볼 수 있는 점, ② 대지사용권으로 일부라도 대지지분을 가지고 있다면, 해당 전유부분 중 대지사용권이 존재하는 일부 면적에 관하여는 이를 소유하기 위해 부지를 점유·사용할 정당한 권

---

같은 단독소유권의 맥락에서 이해할 수 있다고 생각된다.
64) 김정만, "집합건물의 대지사용권 및 구분소유권 매도청구권", 광주지법 재판실무연구, 법원도서관(1996), 158면. 구분소유권 매도청구권 제도가 전유부분과 대지사용권의 분리 현상을 완화시키는 기능도 함께 수행할 수 있음은 앞서 살핀 바와 같다. 위 논문에 따르면, 해당 규정은 일본의 건물의 구분소유등에관한법률 제10조를 받아들인 것으로, 일본은 위 법 제정(1963년) 당시 전유부분과 대지사용권의 처분의 일체성을 채택하지 아니함으로써 전유부분과 대지가 각각 별개로 처분됨으로 인하여 대지에 대한 권리를 갖지 못하는 구분소유자가 발생함에 따라 생기는 불합리함에 대처하기 위하여 해당 조문을 둔 것이다.
65) 김정만(주 64), 167면 및 김용덕 편집대표, 『주석 민법』 물권(2), 한국사법행정학회(2019), 187-188면(이원 집필부분).
66) 매도청구권의 성격은 형성권으로서 청구권자의 일방적인 의사표시만으로 매매가 성립하고, 동일한 대지지분으로 여러 전유부분에 대해 매수청구할 수 있게 하는 것은 부당하기 때문이다.

원이 있다고 평가할 수 있어, '해당 전유부분 전체'의 철거 청구를 인용하기 어려운 점[67]을 고려할 때, 대지사용권이 전혀 없는 구분소유자에 대하여만 구분소유권 매도청구가 가능하다고 해석함이 타당하다.[68] 그리고 구분소유권 매도청구자는 그가 가지는 대지사용권에 대응하는 전유부분에 대해서만 매도청구를 할 수 있고, 대지지분이 특정 전유부분과의 관련성이 없는 경우에 한하여 임의로 대지사용권이 없는 전유부분들 중 선택할 수 있다.[69]

### (3) 사안유형별 구체적 검토

#### (가) 구분소유자 아닌 대지 공유자가 소수지분권자인 경우

이 경우는 구분소유자들의 대지사용권을 모두 합하면 대지 공유지분의 과반수가 되는 경우로서, 앞서 살핀 논의들을 그대로 적용하면 무난할 것이다. 구분소유자 아닌 대지 공유자로서는 대지사용권이 전혀 없는 구분소유자들에 대하여만 철거 청구를 할 수 있고, 이는 판결 단계에서는 인용될 것이나, 적정 대지지분권자는 물론이고 대지사용권을 조금이라도 가지는 부족 대지지분권자에 대한 철거 청구가 인용될 수 없으므로, 결국 철거 집행이 불가능하게 된다. 구분소유자 아닌 대지공유자로서는 구분소유권 매도청구권을 행사하거나 부족 대지지분권자들을 상대로 부당이득반환청구를 함으로써 권리를 구제받을 수 있을 것이다.

#### (나) 구분소유자 아닌 대지 공유자가 과반수지분권자인 경우

구분소유자 아닌 대지 공유자가 과반수지분권자인 경우는 대상판결의 법리를 비롯하여 앞서 논의한 법리들을 재검토할 필요가 있다.[70] 대

---

67) 다만 구분소유자 아닌 대지공유자가 과반수지분권자인 경우는 아래 (3)항과 같은 추가 논의가 필요하다.
68) 김정만(주 64), 168면, 김용덕 편집대표(주 65), 188면(이원 집필부분)도 같은 견해이나, 위 문헌들에서는 '대지지분 과부족 관련 특수 법리'를 기초로 '구분소유자가 그 대지에 대하여 가지는 공유지분 비율에 관계없이 그 건물의 대지 전부를 용도에 따라 사용할 수 있는 적법한 권원을 가지는 점'을 논거로 제시하는 점이 본고와 다르다.
69) 김정만(주 64), 170면.
70) 대상판결 사안도 구분소유자 아닌 대지 공유자가 소수지분권자인 경우여서, 대상판결이 당초부터 위 경우만을 염두에 두고 판시하였을 개연성은 있어 보이나,

상판결은 '적정 대지지분권자는 다른 구분소유자들뿐 아니라 구분소유자
아닌 대지 공유자에 대해서도 대지 전부를 용도에 따라 온전히 사용·수
익할 권리를 가지므로, 다른 대지 공유자의 지분을 침해하는 것이 아니
다'라는 논리를 전개하고 있다. 위 판시는 비록 부당이득반환청구에 관한
것이기는 하지만, ① 침해부당이득과 물권적 방해배제청구권 간 논리구
조가 유사한 점, ② 사용·수익에 따른 이득(손해) 상당의 금전 반환만이
문제되는 부당이득반환청구를 부정하면서 그 사용·수익 상태 자체를 파
훼하는 철거 청구를 긍정하는 것은 평가모순인 점[71]을 고려할 때, 철거
청구를 부정하는 논거로도 원용될 가능성이 있다고 생각된다.

    그러나 과반수지분권자는 공유물의 관리방법으로서 공유물의 특정
부분을 배타적으로 사용·수익할 수 있으므로, 그러한 과반수지분권자를
상대로 소수지분만을 대지권으로 하는 집합건물의 구분소유자가 전유부
분 소유를 위해 대지 전부를 '배타적'으로 사용·수익할 권리를 가진다고
보는 것은 모순이 될 수 있다. 집합건물법에서 민법 제265조에 대한 특
칙을 두고 있지 않은 점까지 고려하면, 이러한 경우에까지 대상판결의
위 논리를 비롯하여 집합건물의 존립을 지지하는 판례 법리들을 그대로
관철하는 것은 공유물 일반 법리에 과도한 변형을 가하는 것으로서 부당
하다고 생각된다. 따라서 이 경우는, 과반수지분권자의 배타적 사용·수
익 권한을 적정 대지지분권자의 배타적 사용·수익 권한보다 우선시하여,
구분소유자가 적정(또는 초과) 대지지분권자인지 여부와 상관없이 과반수
지분권자의 공유물 관리권한을 침해한 것으로서 위 과반수 대지지분권자
의 철거 청구와 부당이득반환청구가 모두 가능하다고 해석함이 합리적이

해당 법리의 적용 범위를 명시적으로 '구분소유자 아닌 대지 공유자가 과반수지분
권자가 아닌 경우'로 한정하는 설시는 찾아볼 수 없다.
71) '이득 내지 손해'라는 부당이득반환청구에 특유한 요건이 불비된 경우는 부당이
득반환청구를 부정하면서 철거 청구가 인정될 수도 있겠으나, 여기서의 '평가모순'
은 '침해'와 '정당한 권원(법률상 원인)의 부존재'가 인정되는 외에 다른 요건이 특
별히 문제되지 않는 경우를 상정한 것이다. 그리고 앞서 살핀 논의에 따르면, 일
단 침해가 있고 정당한 이유가 없다면 이득 내지 손해는 다소 의제적으로라도 인
정될 여지가 있다.

고, 이러한 점에서 대상판결의 적용범위를 '구분소유자 아닌 대지 공유자가 소수지분권자인 경우'로 한정함이 타당하다.

이에 대하여는, 사회경제상 손실을 야기하는 집합건물의 철거가 최대한 억제되어야 한다는 측면에서, 과반수지분권자라 하더라도 부족 대지지분권자에 대하여 집합건물법 제7조에서 정한 구분소유권 매도청구권을 행사하도록 하면 족하고, 적정 대지지분권자에 대한 철거 청구까지 인정할 것은 아니라는 반론이 있을 수 있다. 그러나 ① 구분소유권 매도청구권은 어디까지나 권리로서 그 행사 여부가 전적으로 청구자의 자유에 달린 것이므로, 매도청구권 행사를 강제할 수는 없는 점,[72] ② 대지권이 전무한 구분소유자가 없이 모든 구분소유자가 부족 대지지분만을 가지는 경우에는 앞서 살핀 해석론에 따를 때 어느 세대에 대해서도 매도청구권이 인정되지 않으므로, 구분소유권 매도청구권만을 인정하는 것은 권리구제의 공백을 초래하는 점[73]을 고려할 때 위 반론은 부당하다.

## Ⅶ. 결 론

'구분소유자 아닌 대지 공유자의 적정 대지지분권자에 대한 부당이득반환청구 가부'에 관한 대상판결의 태도는 구분소유자의 전유부분과 적정 대지지분 간 일체성을 구현하고 양자 간 분리를 억제하려는 집합건물법과 부동산등기법의 취지 및 종전 판례 대비 현실적인 합리성을 고려할 때 타당하고, 이때 적정 대지지분은 그 대지 위에 존재하는 '집합건물들

---

72) 김정만(주 64), 182-184면 및 정다영, "집합건물과 대지사용권에 대한 연구", 비교사법 제28권 제3호, 한국비교사법학회(2021), 18면에서 '전유부분의 철거에 의해 다른 구분소유자의 권리가 침해될 경우 철거 청구가 권리남용으로서 인정되지 아니하므로, 이러한 범위에서 구분소유권 매도청구권 행사는 의무적 성질을 갖게 된다'는 취지로 서술하고 있으나, 철거 청구가 인용되는 것은 판결 단계에서의 문제로서 해당 전유부분만의 철거가 불가능하다면 집행불능이 될 뿐인바, 철거 청구 인용판결 자체만으로 다른 구분소유자의 권리가 침해되는 경우가 무엇이 있을지는 다소 의문이 있다.
73) 대지 과반수지분권자의 매도청구권이 모든 세대에 대해 인정된다고 보더라도, 청구자로 하여금 해당 구분건물의 과반수에 해당하는 세대의 구분소유권을 매수하도록 하는 것은 과도한 부담이다.

의 전유면적 총합'을 분모로 하여 산정하여야 한다. 그러나 과반수지분권자의 공유물 관리권한을 고려할 때, 구분소유자 아닌 대지 공유자가 과반수지분권자인 경우는 해당 집합건물에 적정 대지지분권자가 일부 존재한다 하더라도 집합건물 전체에 대한 철거 청구가 가능하다고 봄이 타당하고, 철거 청구와의 균형상 부당이득반환청구에 관한 대상판결의 적용범위를 '구분소유자 아닌 대지 공유자가 소수지분권자인 경우'로 한정하여, 적정(또는 초과) 대지지분권자에 대한 부당이득반환청구 또한 가능하다고 해석함이 타당하다.

대상판결에 따를 때 부당이득액은 적정 대지지분 대비 부족지분이 얼마인지에 비례하여 산정함이 타당하다. '대지지분 과부족 관련 특수 법리'는 대상판결 이유와의 논리정합성 및 초과 대지지분권자가 있는 경우 부당이득액 산정상의 난점을 고려하여 그 적용범위를 '구분소유자 아닌 대지 공유자가 없는 경우'로 한정함이 바람직하고, 이때 부당이득액은 초과 대지지분권자의 존재 여부와 상관없이 '(토지의 나대지로서의 차임) × (해당 부족 대지지분권자의 부족분)'의 산식으로 간결하게 계산할 수 있다.

[Abstract]

# A Study on Legal Relations Among Sectional Owners of the Condominium Building Possessing an Appropriate Land Share, Sectional Owners Possessing Less Than an Appropriate Land Share, and Land Shareholders Who are not Sectional Owners

－Supreme Court en banc Decision 2017Da257067 Decided August 25, 2022

Kim, Dong Ho[*]

In relation to an obligation to return unjust enrichment, the Supreme Court, before the subject case, had taken a position that "each co-owner has the right to use, and take the profits from, the whole of the property jointly owned according to the ratio of his/her share, and thus regardless of whether a sectional owner of the condominium building possesses a land share equivalent to the ratio of the area for exclusive use held by him/her (hereinafter "appropriate land share"), he/she is obligated to return the amount proportionate to the size of the area for exclusive use to the land shareholder who is not a sectional owner as unjust enrichment in accordance with the general legal principles on the article owned jointly under the Civil Act." However, the Supreme Court, through the subject case, established the concept of "appropriate land share" for the first time and changed the previous precedents by the assent of all participating Justices on the bench by viewing that "as the general legal principles on the article owned jointly under the Civil Act do not apply to the co-ownership of the

* Judge, Seoul Northern District Court.

condominium building site, a land shareholder, not a sectional owner of the condominium building, cannot claim the return of unjust enrichment due to the use and profit of the land against a sectional owner with an appropriate land share."

The subject case, as the grounds for an argument thereof, suggested the following matters: ① the specificity of the co-ownership relations of the land of the condominium building that the land share that sectional owners secured as the ground for the right to use, and take the profits from, the land are integrated with the section for exclusive use which is the subject of the sectional ownership, unless there are special circumstances; ② that if a sectional owner has possessed an appropriate land share, he or she has the right to use, and take the profits from, the whole of the land to possess the section for exclusive use, and thus the requirements for the constitution of unjust enrichment are not satisfied as "legitimate causes" exist; and ③ practical reasons such as motivation for sectional owners to possess an appropriate land share, prevention of successive lawsuits, and simplification of legal relations. Therefore, the opinion of the subject case regarding the corresponding issue is reasonable when considering the following matters: the purpose of the Act on Ownership and Management of Condominium Buildings (hereinafter the "Collective Building Act") and the Real Estate Registration Act; the need to induce all sectional owners to hold appropriate land shares; the fundamental ideology of the unjust enrichment; and efficiency of litigation.

The Supreme Court considers the obligation of the sectional owners of the condominium building to return unjust enrichment from land use and profits to the land shareholder as "divisible obligation." Therefore, by the past opinion of the Supreme Court, the amount of unjust enrichment was calculated as "(the rent of the land without building) × (the land share of the land shareholder who is not a sectional owner of the condominium building) × (the ratio of the area for exclusive use held by the sectional owner)," regardless of whether the sectional owner possesses an appropriate land share or not. However, the Supreme Court, through the subject case, determined that calculating the amount of unjust enrichment as "(the rent of the land without building) × {(appropriate land share of the sectional owner) − (the land share that the sectional owner has)}" is consistent with the opinion of the subject case to consider whether the sectional owner possesses an appropriate land share.

Furthermore, this paper examines additional issues that may arise in relation to the co-ownership of the condominium building site according to the subject case. ① Firstly, calculating an appropriate land share by using the total size of the area for exclusive use of the condominium building as the denominator is reasonable, and if one condominium building uses only a part of the land as the site or shares the land as the site with other general building, without considering the general building, merely calculating the total size of the area for exclusive use of the condominium building as the denominator is reasonable, and if several condominium buildings share one land as the site, calculating an appropriate land share using the total size of the area for exclusive use of all condominium buildings as the denominator is reasonable. ② Secondly, If there is a sectional owner with more than an appropriate land share (hereinafter "excessive land shareholder"), "the total amount of insufficient land shares of all sectional owners" and "the land shares of all land shareholders who are not sectional owners of the condominium building" may not be equivalent, causing complexity in calculation and requiring investigation of the excess and lack of land shares of all sectional owners. Limiting the scope of the so-called "special legal principle related to excess and lack of land share," which means that "a sectional owner of the condominium building cannot claim the return of unjust enrichment to other sectional owners due to the lack of the land share compared to the appropriate land share," to "a case where there is no land shareholder, not a sectional owner of the condominium building," can significantly reduce the burden of investigation and is more in line with the logical development of the subject case, considering whether the sectional owner possesses an appropriate land share or not. ③ Lastly, with respect to the condominium building demolition claim, claiming the demolition is impossible if the land shareholder, not a sectional owner of the condominium building, is a minority shareholder. On the other hand, if the land shareholder, not a sectional owner of the condominium building, is a majority shareholder, viewing that claiming the demolition of the entire condominium building is possible based on the management authority of the common property is reasonable. Moreover, so as to be in balance with the demolition claim, by merely applying the legal principles of the subject case on the claim for the return of unjust enrichment to "limited cases where the land shareholder who is not a sectional owner of the condominium building is a minority shareholder," interpreting that the majority land shareholder can claim the return of unjust enrichment to the sectional owner even if that sectional owner possesses an appropriate(or excessive) land share is reasonable.

[Key word]
- condominium building
- appropriate land share
- land shareholder who is not a sectional owner of the condominium building
- land share
- collective ownership
- unjust enrichment
- integration between the ownership of the area for exclusive use and land share
- demolition
- the right to claim a sale of sectional ownership

## 참고문헌

[단 행 본]

곽윤직 편집대표, 민법주해(XVII), 채권(10), 박영사(2005).
김용덕 편집대표, 주석 민법(물권2), 한국사법행정학회(2019).
법원행정처, 부동산등기실무(III)(2015).


[논    문]

권영준, "2022년 민법 판례 동향", 서울대학교 법학 제64권 제1호, 서울대학교
    법학연구소(2023).
김정만, "집합건물의 대지사용권 및 구분소유권 매도청구권", 광주지법 재판
    실무연구, 법원도서관(1997).
박동규, "집합건물의 구분소유자 아닌 대지 공유자가 전유부분 면적 비율에
    상응하는 적정 대지지분을 가진 구분소유자를 상대로 대지의 사용·
    수익으로 인한 부당이득반환을 청구할 수 있는지 여부", 사법 제62호,
    사법발전재단(2022).
박순성, "대지지분 소유자의 구분소유권 매도청구권: 집합건물의 소유 및 관
    리에 관한 법률 제20조의 해석론 중심으로", 민사판례연구 제20권, 박
    영사(1998).
심재남, "구분소유자 아닌 자가 취득한 구분건물 대지의 공유지분에 기한 부
    당이득반환청구", 대법원판례해설 제91호, 법원도서관(2012).
안갑준, "집합건물의 대지사용권과 등기", 부동산법학 제14집, 한국부동산법학
    회(2006).
이계정, "집합건물 공용부분 무단사용자에 대한 관리단의 부당이득반환청구
    가부", 법조 제70권 제1호, 법조협회(2021).
_____, "2022년 중요판례분석 ⑤ 민법총칙·물권법", 법률신문 제5069호, 법률
    신문사(2023).
이홍렬, "집합건물 구분소유권과 대지사용권의 처분일체성에 관한 검토", 집합
    건물법학 제36집, 한국집합건물법학회(2020).

정다영, "집합건물과 대지사용권에 대한 연구", 비교사법 제28권 제3호, 한국
　　비교사법학회(2021).

정다주, "집합건물에서 전유부분과 대지사용권 사이의 일체불가분성과 분리
　　처분된 경우의 상호관련성", 민사판례연구 제32권, 박영사(2010).

정의진, "대지사용권이 부족한 구분소유자의 부당이득반환의무와 그 범위",
　　집합건물법학 제44집, 한국집합건물법학회(2022).

# 손해배상액의 예정과 위약벌:<br>감액가능성을 중심으로[*]

유 제 민[**]

■요　지■

　　거래 현실에서 채무불이행을 대비한 위약금 약정이 널리 이루어지고 있는데, 이에 관한 분쟁 또한 상당히 많다. 이러한 위약금 약정에 관하여는 민법 제398조가 이를 규율한다. 민법 제398조 제2항은 "손해배상의 예정액이 부당히 과다한 경우에는 법원은 적당히 감액할 수 있다."고 하고, 같은 조 제4항에서는 "위약금의 약정은 손해배상액의 예정으로 추정한다."고 규정한다. 그런데 강학상 손해배상액의 예정과 더불어 위약금을 구성한다고 보는 '위약벌'에 관하여는 민법에 별다른 규정이 없어 종래 위약벌에 대하여도 감액이 인정될 수 있는지 견해가 대립되었다. 판례의 태도를 요약하면, 위약금은 손해배상액의 예정과 위약벌로 나뉘는데, 위약금은 손해배상액의 예정으로 추정되므로 손해배상액의 예정이 아닌 위약벌임을 주장하는 당사자가 그러한 사정을 증명하여야 하고, 손해배상액의 예정인 위약금에 한하여 민법 제398조 제2항에 따라 감액이 인정되지만 위약벌도 민법 제103조 공서양속 위반 규정에 의하여 제한적으로 전부 또는 일부가 무효로 될 수 있다는 것으로 정리할 수 있다.

　　대상판결은 전원합의체 판결로서 위약벌에 대하여도 민법 제398조 제2항

---

　* 이 논문은 필자가 2023. 6. 19. 개최된 민사판례연구회 제462회 연구발표회에서 발표한 글을 바탕으로 '민사재판의 제문제'[제30권(안철상 대법관 퇴임기념 논문집), 2023. 12.]에 게재(민사판례연구회의 타 출간물 게재 기준 충족)한 글을 추가로 수정 및 보완한 것이다.

　** 서울고등법원 고법판사, 법학박사.

을 유추적용할 수 있는지를 정면으로 다루었는데 전원합의체 판결로서는 드물게 7 : 6으로 의견이 나뉘었는바, 다수의견은 종래 판례의 태도를 유지하는 것이 타당하다고 보았다. 대상판결의 일차적 쟁점은 위약벌에도 민법 제398조 제2항이 유추적용될 수 있는지 여부이지만, 그 기저에는 법학의 근본적 쟁점으로서 법해석과 법적용에 있어서의 사법의 역할[사법소극주의 對 사법적극주의, 법적 안정성 對 구체적 타당성, 사적 자치의 보장 對 사적 자치의 수정, 문언중심적 해석 對 목적중심적 해석, 엄격해석 對 유추해석, 규칙(rule) 對 기준(standard)]에 관한 대립되는 관점과 가치 사이의 긴장이 내재되어 있음을 발견할 수 있다.

사견으로는, 강학상으로 손해배상액의 예정과 위약벌을 나누어 왔을 뿐 실질적으로 양자의 본질에 차이가 있다고 보이지 않는 데다가 양자의 구별이 점차 어려워지고 있는 현실을 고려할 때, 위약벌에 대하여 민법 제103조에 의한 공서양속 위반의 통제만 가능하도록 하는 것보다는 위약벌에 대하여도 민법 제398조 제2항의 유추적용을 인정하는 것이 타당하다고 생각한다.

다만 이와 같은 해석론의 대립보다는 과거 추진되었던 바와 같이 민법 제398조를 손해배상액의 예정과 위약벌을 통합한 '위약금'에 대한 규율로 개정함으로써 손해배상액의 예정이나 위약벌 모두에 대하여 개별 사안에서 구체적 타당성을 확보할 수 있도록 하는 입법이 이루어지는 것이 근본으로 바람직하다고 할 것이다.

[주 제 어]
• 위약금
• 손해배상액의 예정
• 위약벌
• 감액
• 사법적극주의
• 사법소극주의
• 사적 자치
• 문언중심적 해석
• 목적중심적 해석
• 엄격해석
• 유추해석

- 규칙
- 기준
- 공서양속
- 민법 제398조

대상판결 : 대법원 2022. 7. 21. 선고 2018다248855, 248862
전원합의체 판결

[사안의 개요]
Ⅰ. 사실관계

1. 원고(반소피고, 이하 '원고')는 2014. 5. 피고(반소원고, 이하 '피고')와 사이에, 원고가 건물 일부 층을 무상으로 제공하는 대신 피고가 해당 장소에 골프 연습시설물을 설치하여 10년 동안 이를 운영하되, 수익금은 1/2씩 나누는 내용의 공동사업계약(이하 '이 사건 계약')을 체결하였다. 이 사건 계약에는 "손해배상금과는 별도로 의무사항에 대하여 불이행 시 별도의 10억 원을 의무불이행한 쪽에서 지불하여야 한다."는 조항(제11조)이 포함되어 있었다.

2. 원고는 이후 피고에게 계약기간을 5년으로 단축할 것을 요구하였으나 피고가 이를 받아들이지 않았다. 그 후 원고는, 피고의 직원이 수차례 건물 내에서 흡연을 한 것과 관련하여 피고에게 금연 및 화재사고 안전대책의 수립을 요구한 다음 피고가 아무런 조치를 하지 않았다는 이유로 공사를 하지 못하게 한 채 공사에 필요한 인터넷 통신 등을 제한하는 조치를 취하였다. 그러자 피고는 원고에게, 원고의 통신제한조치로 인하여 피고의 공사 진행에 장애가 발생하였으므로 위 통신제한조치의 중단을 요청하면서 이를 이행하지 않을 경우 이 사건 계약에 따라 위약금 10억 원을 지급해야 한다는 내용증명을 발송하였다. 그럼에도 원고가 별다른 조치를 취하지 않자 피고는 2015. 2. 원고에게 원고의 귀책사유로 인하여 이 사건 계약을 해지한다는 내용증명을 발송하였다.

3. 원고는 피고의 의무불이행을 주장하면서 위약금 10억 원 중 일부인 3억 원 및 이에 대한 지연손해금을 구하는 소(본소)를 제기하였고, 이에 대하여 피고는 이 사건 계약은 오히려 원고의 방해로 완료되지 못한 채 해지되었다고 주장하면서 원고에게 위약금 10억 원 및 이에 대한 지연손해금의 지급을 구하는 소(반소)를 제기하였다.

Ⅱ. 소송의 경과

1. 제 1 심

제1심[1]은 이 사건 계약은 원고의 귀책사유에 따른 피고의 해지통고에 따라 적법하게 해지되었다고 판단하면서, 이 사건 계약 제11조에 따른 위약금의 법적 성질은 위약벌로서 감액의 대상이 아닌 데다가 설령 손해배상액의 예정으로 보더라도 부당하게 과다하다고 보기 어렵다는 이유로 원고의 본소청구를 기각하고, 피고의 반소청구에 따라 원고로 하여금 피고에게 10억 원 및 이에 대한 지연손해금을 지급하라고 판결하였다.

### 2. 항 소 심

항소심[2]도 이 사건 계약이 원고의 귀책사유로 해지되었고 이 사건 제11조에 따른 위약금은 위약벌이라고 인정하면서 원고가 피고에게 10억 원을 지급할 의무가 있다고 판단하였다. 다만, 항소심에서 새롭게 한 원고의 상계항변[3]을 일부 받아들여 원고로 하여금 피고에게 918,578,413원[4] 및 이에 대한 지연손해금을 지급하라고 판단하였다.

## Ⅲ. 대상판결의 요지

### 1. 다수의견(7인[5])

위약벌의 약정은 채무의 이행을 확보하기 위하여 정하는 것으로서 손해배상액의 예정과 그 내용이 다르므로 손해배상액의 예정에 관한 민법 제398조 제2항을 유추적용하여 그 액을 감액할 수 없다. 위와 같은 현재의 판례는 타당하고 그 법리에 따라 거래계의 현실이 정착되었다고 할 수 있으므로 그대로 유지되어야 한다. 구체적인 이유는 다음과 같다.

(1) 민법 제398조 제4항은 "위약금의 약정은 손해배상액의 예정으로 추정한다."라고 정하고 있다. 이는 손해배상액의 예정 외에 그와 구별되는 다른 위약금의 약정이 존재함을 전제로 하는 것이다. 그리고 같은 조 제2항은 "손해배상의 예정액이 부당히 과다한 경우에는 법원은 적당히 감액할 수 있다."라고 정하고 있으므로, 민법은 위약금의 약정 중 손해배상액의 예정에 대

---

1) 서울남부지방법원 2017. 11. 24. 선고 2014가합114986(본소), 2015가합102874(반소) 판결.
2) 서울고등법원 2018. 6. 22. 선고 2017나2073069(본소), 2073076(반소) 판결.
3) 이 사건 공사로 인하여 이 사건 건물에 결로가 발생하였는데 이는 피고의 설계상의 하자로 인한 것이고 그로 인한 손해배상액을 상계한다는 항변.
4) 81,421,587원 상계 인정.
5) 대법원장 김명수, 대법관 조재연, 대법관 민유숙, 대법관 김선수, 대법관 이동원, 대법관 노정희, 대법관 노태악.

해서만 법관의 재량에 의한 감액을 인정하고 있다고 보아야 한다.

(2) 손해배상액의 예정은 채무불이행의 경우에 채무자가 지급하여야 할 손해배상액을 미리 정해두는 것으로서, 손해의 발생사실과 손해액에 대한 증명곤란을 배제하고 분쟁을 사전에 방지하여 법률관계를 간이하게 해결함과 함께 채무자에게 심리적으로 경고를 함으로써 채무이행을 확보하려는 데에 그 기능이나 목적이 있는 반면, 위약벌은 채무의 이행을 확보하기 위해서 정해지는 것으로서 손해배상액의 예정과는 그 기능이 본질적으로 다르다. 위약벌은 손해배상과는 무관하므로 위약벌 약정에 해당한다면 위약벌과 별도로 채무불이행으로 인하여 실제 발생한 손해에 대하여 배상을 청구할 수 있다고 해석된다.

(3) 위약벌 약정은 손해배상과 관계없이 의무 위반에 대한 제재벌로서 위반자가 그 상대방에게 지급하기로 자율적으로 약정한 것이므로 사적 자치의 원칙에 따라 계약당사자의 의사가 최대한 존중되어야 하고, 이에 대한 법원의 개입을 쉽게 허용할 것은 아니다.

(4) 민법 제398조 제2항은 손해배상액의 예정 외에 그와 구별되는 다른 위약금 약정이 존재함을 전제로 하면서도 손해배상액의 예정에 대해서만 법관의 재량에 의한 감액을 인정하고 있는바, 이는 입법자의 결단으로 볼 수 있으므로 위약벌에 대하여 같은 취지의 규정이 없다고 하여 법률의 흠결이 있다고 할 수 없다. 설사 이를 법률의 흠결로 보더라도 위약벌의 독자적 기능과 사적 자치의 원칙, 대법원이 위약벌로 정한 금액이 공정하지 않은 경우 계약의 전부 또는 일부 무효 법리에 따라 위약벌을 통제하는 법리를 확립하여 공평을 기하고 있는 점 등에 비추어 보면, 위약벌 약정이 손해배상액의 예정과 일부 유사한 점이 있다고 하여 위약벌에 민법 제398조 제2항을 유추적용하지 않으면 과다한 위약벌에 대한 현실적인 법적 분쟁을 해결할 수 없다거나 사회적 정의관념에 현저히 반하게 되는 결과가 초래된다고 볼 수 없어, 유추적용이 정당하다고 평가하기 어렵다.

2. 소수의견(6인6))

위약벌은 손해배상액의 예정과 함께 위약금의 일종으로서 손해배상액의 예정에 관한 민법 제398조 제2항을 유추하여 감액할 수 있다고 해석하여야

---

6) 대법관 김재형, 대법관 박정화, 대법관 안철상, 대법관 이흥구, 대법관 천대엽, 대법관 오경미.

한다. 무엇보다도 손해배상액의 예정과 위약벌은 그 기능이 유사하다. 그런데도 약정의 형식이나 해석 결과에 따라 감액 여부를 달리 취급하는 것은 납득하기 어렵다. 기존 판례는 위약벌의 감액을 부정하는 대신 일반조항인 민법 제103조(반사회질서의 법률행위)의 효력 통제를 통해 위약벌 감액을 인정하는 것과 유사한 결론에 이르려고 하고 있다. 이는 먼 길을 돌아가는 불필요한 우회로이다. 위약벌에 관해서도 손해배상액의 예정 규정을 유추적용하여 감액을 할 수 있다고 하는 것이 공평의 관념에 부합한다. 이것이 손해배상액의 예정과 위약벌을 애써 구별한 다음 다시 감액과 효력 통제라는 각기 다른 통로를 통과하여 유사한 결론에 이르는 불필요한 노고를 줄이는 효율적인 방법이다. 더군다나 위약벌을 민법 제103조를 통해 해결하려는 기존 판례는 극히 예외적으로 위약벌의 일부 무효를 인정하여 공평한 결론에 도달하지 못한다.

〔研　究〕

## I. 序

1. 민사나 상사 관련 거래에서 채무불이행을 대비한 위약금 약정이 널리 이루어지고 있다. 계약 체결 시점에는 쌍방 당사자 모두 계약의 원만한 이행에 대한 기대가 있어 계약을 불이행할 때를 대비한 위약금 약정이나 위약금 액수에 관하여 신중하게 생각하지 못하다가, 계약의 이행 단계에 이르러 분쟁이 발생하면 그 위약금 약정의 의미와 효과 및 적용범위 등에 관하여 이견을 보이고 결국 법적 분쟁에 이르는 경우도 적지 않다.

이러한 위약금 약정은 민법 제398조가 규율한다. 민법 제398조 제4항은 "위약금의 약정은 손해배상액의 예정으로 추정한다."고 규정하고, 같은 조 제2항은 "손해배상의 예정액이 부당히 과다한 경우에는 법원은 적당히 감액할 수 있다."고 규정한다. 그런데 강학상 손해배상액의 예정과 더불어 위약금을 구성한다고 보는 '위약벌'에 관하여는 민법에 그 용어조차 등장하지 않는 데다가,[7] 민법 제398조에서 규율하는 위약금이나

---

7) 민법은 물론 우리나라 법률을 통틀어 '위약벌'이라는 단어가 등장하는 법률은 없

손해배상액의 예정에 대하여도 위 조항 외에는 그 개념이나 요건 및 효과에 대하여 별다른 규정이 없다. 그런 이유로 위약금, 손해배상액의 예정 및 위약벌은 학설과 판례에 의하여 그 의미, 요건, 효과가 구체화되어 왔다.

　　이에 관한 판례의 태도를 간략히 요약하자면,[8] 위약금은 손해배상액의 예정과 위약벌로 나뉘는데, 위약금은 손해배상액의 예정으로 추정되므로 손해배상액의 예정이 아닌 위약벌임을 주장하는 당사자가 그러한 사정을 증명하여야 하고, 손해배상액의 예정인 위약금에 한하여 민법 제398조 제2항에 따른 감액이 인정되지만 위약벌도 민법 제103조 공서양속 위반 규정에 의하여 제한적으로 전부 또는 일부가 무효로 될 수 있다는 것으로 정리할 수 있다. 이러한 판례의 태도에 대하여는, 위약벌도 민법 제398조 제2항을 유추적용하여 감액하는 것이 타당하다는 취지에서 종래 여러 비판적 견해가 있었다.[9]

　　2. 대상판결은 위약벌에 대하여도 민법 제398조 제2항을 유추적용할 수 있는지를 정면으로 다룬 매우 의미 있는 판결이다. 전원합의체 판결로서는 드물게 7:6으로 결론이 도출된 점에서도 주목된다. 그만큼 양 견해가 팽팽하였음을 알 수 있다. 대상판결의 일차적 쟁점은 위약벌에도 민법 제398조 제2항이 유추적용될 수 있는지 여부이지만, 그 기저에는

---

　　는 것으로 보인다(국가법령정보센터 검색 결과).

8) 상세한 내용은 Ⅳ. 부분을 참조.

9) 권영준, "위약벌과 손해배상액 예정: 직권감액 규정의 유추 적용 문제를 중심으로", 민사재판의 제문제 제25권, 2017, 243면 이하; 김재형, "'손해배상의 예정'에서 '위약금 약정'으로: 특히 위약벌의 감액을 인정할 수 있는지 여부를 중심으로", 비교사법 제21권 제2호(통권 제65호), 2014, 638면 이하; 엄동섭, "미국 계약법상 손해배상액의 예정과 위약벌: 우리 민법상 두 제도의 통합을 위한 제언", 민사법학 제78호, 2017, 231-234면; 이동신, "손해배상액의 예정과 위약벌에 관한 판례 연구", 민사재판의 제문제 제11권, 2002, 300면 등. 물론 대상판결 이전에도 종전 판례의 태도를 지지하면서 위약벌에 대하여 민법 제398조 제2항을 유추적용하지 않는 것이 타당하다는 입장을 취한 견해도 있다(신신호, "위약벌 약정이 공서양속에 반한다고 보기 위한 요건 및 공서양속에 반하는 위약벌 약정의 효력", 대법원판례해설 제105호, 2016, 40-41면).

법학의 근본적 쟁점으로서 법해석과 법적용에 있어서의 사법의 역할[사법 소극주의 對 사법적극주의, 법적 안정성 對 구체적 타당성, 사적 자치의 보장 對 사적 자치의 수정, 문언중심적 해석 對 목적중심적 해석, 엄격해석 對 유추해석, 규칙(rule) 對 기준(standard)]에 관한 대립되는 관점과 가치 사이의 긴장이 내재되어 있음을 발견할 수 있다.

## Ⅱ. 법해석과 법적용에 있어서의 사법의 역할: 대상판결을 관통(貫通)하는 쟁점

### 1. 序

입법, 행정, 사법이 상호 견제와 균형을 이루고 있는 상황에서 사법의 일차적 역할은 헌법과 법률(하위법규 포함)의 해석과 적용이라고 할 수 있다. 그런데 개별, 구체적 사안을 마주하게 되면 사법의 역할인 법의 해석과 적용의 한계가 어디까지인지 고민되는 경우가 많다. 대상판결은 일견 순수한 민사적 쟁점에 관한 것으로 보이지만 그 기저에는 사법의 역할에 관한 근본적인 가치관의 차이가 투영되어 있다. 대상판결에 관한 연구를 시작하는 단계에서 그 두 관점에 관하여 간략히 살펴보고 이러한 관점이 각 세부 쟁점을 관통하면서 어떻게 구체화되는지를 확인하기로 한다.

### 2. 두 가지 견해

사법의 역할에 관한 관점에는 여러 가지가 있을 수 있으나 크게 보아 다음의 두 가지로 나누어 볼 수 있다.[10]

---

10) 권영준, "민사재판에 있어서 이론, 법리, 실무", 서울대학교 법학 제49권 3호(제 148호), 서울대학교 법학연구소, 2008, 320-325면; 박철, "법률의 문언을 넘은 해석과 법률의 문언에 반하는 해석", 법철학연구 제6권 제1호, 2003, 189-198면; 석인선, "미국 연방대법원의 사법심사에서 사법적극주의와 사법소극주의의 전개논의", 이화여자대학교 법학논집 제19권 제2호, 2014, 4-8면; 양천수, "법률에 반하는 법형성의 정당화 가능성: 이론적·실정법적 근거와 인정범위 그리고 한계", 법과 사회 제52호, 2016, 109-124면; 이회창, "사법의 적극주의: 특히 기본권 보장기능과 관련하여", 서울대학교 법학(제28권 제2호), 1987, 148-153면; 최봉철, "문언중심적 법해

(1) 제1 견해[사법소극주의, 법적 안정성, 사적 자치의 보장, 문언중심적
　　해석, 엄격해석, 규칙(rule) 중시의 입장]

먼저 이른바 '사법소극주의'에 가까운 견해가 있을 수 있다.[11] 이 입
장은, 법관은 법을 발견하는 사람일 뿐 법을 창조하거나 형성하는 사람
이 아니라고 보면서, 법관은 법률을 목적론적으로 해석하기보다는 법문을
가급적 있는 그대로 해석해야 한다고 여긴다. 나아가 법관으로서는 발견
한 사실을 정확한 법률의 해석에 대입하여 삼단논법에 따른 결론을 도출
하면 충분하다고 보면서, 법관은 중립적으로 판단하는 지위에 있어야 하
고 사회 현상에 개입하거나 후견하려고 하여서는 안 된다고 본다. 또한
사법의 역할이 정책적이거나 미래지향적일 수는 없다는 입장에 가깝다.

이러한 견해에서는, 사회 변화에 따라 기존의 법이 현실에 부합하지
않게 되었다고 하더라도 법관이 법률의 공백을 적극적으로 메우는 해석
을 하기보다는 입법을 통하여 그 공백과 불합리가 우선 시정되어야 한다
고 보므로 자연스럽게 법적 안정성을 중시하게 된다. 따라서 기준
(standard)보다는 규칙(rule)을 중시하는 태도라고 볼 수 있다. 안정적이고
변화가 적으며 유형화되기 쉬운 사회일수록 이 견해에 따라 법의 해석과
적용을 하더라도 큰 문제가 발생하지 않는다. 독일의 개념법학, 미국의
스칼리아(A. Scalia) 대법관으로 대표되는 형식주의(formalism)나 텍스트주의
(textualism)와 맞닿아 있다.

(2) 제2 견해[사법적극주의, 구체적 타당성, 사적 자치의 수정, 목적중심적
　　해석, 유추해석, 기준(standard) 중시의 입장]

다음으로 '사법적극주의'에 가까운 견해가 있을 수 있다. 이 견해는,
법관이 변화하는 사회현실 속에서 때로는 법을 형성할 수 있다고 본다.
법률의 해석에 있어서도 반드시 문언에 집착할 것이 아니라 법률의 목적

---

석론 비판", 서강법학연구 제3권, 2001, 179-182면.

11) 사법소극주의나 사법적극주의는 주로 헌법이나 공법적 영역에서 행정부와 입법
　　부 사이에서의 권한 배분과 견제 등을 중심으로 논의되어 온 경향이 있는 것이
　　사실이나, 민사적 문제의 해석과 해결에 있어서도 마찬가지로 중요한 관점으로서
　　의 역할을 한다고 볼 수 있다.

과 취지를 종합하여 해석하는 방식을 중요하게 생각한다. 나아가 법관이 사실뿐 아니라 적용할 법도 발견해 낼 수 있다고 보면서, 법관이 중립적 판단자의 지위에만 머무르지 말고 이익을 형량하거나 형평적 사고를 통하여 사회에 개입하거나 사회적 약자를 위한 후견자적 지위에 있을 수 있어야 한다고 본다.

　　이 입장에서는 사회 현상의 변화에 따라 법률에 반하는 것이 아닌 이상(때로는 법률에 반하는 법형성까지 가능하다고 보는 견해도 있다) 법관이 그 흠결을 보충하고 오류를 수정하는 것이 얼마든지 허용된다고 본다. 결국 자연스럽게 법적 안정성보다는 구체적 타당성을 중시하게 된다. 결국 규칙(rule)보다는 기준(standard)을 중시하는 태도라고 볼 수 있다. 사회의 변화가 빠르고 변화의 폭이 큰 경우에는 법의 해석과 적용을 보다 적극적으로 하려는 이 견해가 유효하게 작용할 가능성이 크다. 이는 독일의 자유법론, 미국의 올리버 웬델 홈즈(Oliver Wendell Holmes Jr.)의 사상과 맞닿아 있다.

### 3. 대상판결을 관통하는 두 가지 관점

　　위와 같은 두 가지 관점은, 법원이 구체적 사안에서 내리는 결론에 직접적으로 또는 간접적으로 상당한 영향을 미친다. 대상판결에서도 마찬가지로 평가할 수 있다. 다수의견과 소수의견의 결론은, 사법의 역할과 관련하여 사법소극주의적 입장을 취하는지 사법적극주의적 입장을 취하는지와 일정한 관련을 맺고 있다고 볼 수도 있어 이와 같은 시각에서 분석할 수도 있다.

　　다수의견은 민법 제398조 제2항의 문언에 충실한 해석을 하는 입장으로서 손해배상액의 예정과 위약벌을 구별하는 거래실무가 정착된 점이나 법원이 사적 자치의 영역에 개입하는 것은 극히 신중해야 한다는 점을 이유로 하여 민법 제398조 제2항의 유추적용과 감액을 부정하였는바 사법소극주의적 입장에 조금 더 가깝다고 보인다. 다수의견은 종전의 대법원 판결을 그대로 유지한다는 결론인데 사법부가 종전의 입장을 변경하는 것은 신중하여야 한다고 본 점에서도 그러하다.

한편 소수의견은 민법 제398조 제2항의 의미를 합리적이고 목적론적으로 볼 때 위약벌에도 충분히 유추적용할 수 있고 이를 통하여 구체적 사안에서 부당한 결론이 초래되는 것을 시정하여야 한다는 입장인바 사법적극주의적 관점에 가깝다고 볼 여지가 있다. 소수의견이 위약벌에 대한 감액을 인정하는 것이 '국민이 납득하는 진정한 사적 자치의 실현'이라고 평가한 부분에서도 사법적극주의적 관점을 일부 확인할 수 있다.

언제나 어떠한 상황에서도 타당한 결론이 있다고 하기는 어렵겠으나, 소수의견에서 엿볼 수 있는 태도가 지금의 현실에서 그리고 대상판결에 관한 상황에서는 보다 타당하다고 생각한다. 빠르게 변화하는 현실, 법률로 모든 것을 정할 수 없는 상황, 법률이 아닌 행정규칙이 법률을 대체하는 현상의 증가, 사적 자치 원칙의 수정이 필요한 거래 현실과 대등하지 않은 당사자들의 관계, 사적 자치의 원칙을 수정하는 영역의 확대 등을 고려할 때, 사법의 역할을 정해진 법률의 기계적 적용에 따른 결론의 도출에만 한정시킬 수는 없기 때문이다.

이하에서는 대상판결에 관한 여러 쟁점에 관하여 다룰 예정인데, 전형적인 민사적 사안으로 보이는 대상판결에 관하여도 그 각 쟁점에 관하여는 이 두 가지 관점이 관통하면서 상호 대립하고 있음을 아래에서 확인한다.

## Ⅲ. 우리 민법상 위약금 규정의 입법 경과 및 위약금 관련 규정의 비교법적 고찰

### 1. 序

계약당사자들이 그 일방 또는 쌍방이 채무를 제대로 이행하지 아니한 경우에 일정한 금전 기타 이익을 따로 급부하기로 하는 약정을 한 경우 그 위반자가 지급하기로 하는 일정한 금전 기타 이익을 위약금이라고 한다.[12] '위약금'이라는 용어는 현행 법령에 여러 차례 등장하고 있다. 현행 법률에 '위약금'이라는 단어가 포함된 것만 하여도 민법을 포함하여 24개[13])에 이른다.

거래 실무에서 위약금을 정하는 사례는 상당히 쉽게 확인할 수 있다. M&A 계약과 같이 거래가액이 큰 중요한 계약에서는 물론 일상생활에서 쉽게 접할 수 있는 계약에도 위약금이라는 개념이 자주 활용된다.[14]) 그런데 위약금이라는 명칭을 사용한 것이라도 법률적으로 위약금이 아닌 경우도 있고, 위약금이라는 명칭을 사용하지 않은 것도 법률적으로 위약금이 되기도 한다.

위약금이나 손해배상액의 예정 및 위약벌에 관한 논의는, 충분하지 않은 규율이지만 그래도 민법 제398조에서 시작할 수밖에 없다. 따라서 이에 관한 구체적이고 상세한 논의를 시작하기에 앞서 먼저 민법 제398조의 입법 경과에 관하여 살펴본다. 또한 위약금 제도의 전반에 관한 규율방식의 차이를 확인하기 위하여 비교법적 논의 또한 간략히 살펴보기로 한다. 민법 제398조의 입법 경과와 위약금에 관한 비교법적 논의는 대상판결의 다수의견 및 소수의견에서 각기 그 논거로 원용하고 있는 내용이기도 하므로 이러한 점에서도 이를 우선 확인해 볼 필요가 있다.

## 2. 민법 제398조의 입법 경과

### (1) 의용민법

민법 제정 전 우리나라에 적용되었던 의용민법[15])에는 제420조에 위

---

12) 민법주해(IX), 박영사, 2004, 637면(양창수 집필 부분).
13) 민법 외에 가맹사업거래의 공정화에 관한 법률, 국방·군사시설이전 특별회계법, 근로기준법, 금융소비자 보호에 관한 법률, 기업구조조정 촉진법, 농림수산업자 신용보증법, 동산·채권 등의 담보에 관한 법률, 민간임대주택에 관한 특별법, 민사소송법, 방문판매 등에 관한 법률, 부동산등기법, 선박소유자 등의 책임제한절차에 관한 법률, 선원법, 소득세법, 신용보증기금법, 유류오염손해배상 보장법, 이동통신 단말장치 유통구조 개선에 관한 법률, 자본시장과 금융투자업에 관한 법률, 전자상거래 등에서의 소비자보호에 관한 법률, 주택법, 채무자 회생 및 파산에 관한 법률, 할부거래에 관한 법률, 항만운송사업법이 그것이다.
14) 예컨대, 많은 국민이 이용하는 이동통신사 관련한 계약에서는 흔히 '위약금'이라는 용어가 사용된다.

약금에 관한 규정이 있었는데 그 조항은 아래와 같다.

> **제420조(배상액의 예정)** ① 당사자는 채무의 불이행에 대하여 손해배상액의 예정을 할 수 있다. <u>이 경우 법원은 그 금액을 증감할 수 없다.</u>
> ② 배상액의 예정은 이행의 청구 또는 해제권의 행사를 방해하지 아니한다.
> ③ <u>위약금은 배상액의 예정으로 추정한다.</u>

의용민법 제420조는 현재의 우리 민법 제398조와 체계적으로는 유사한 형태를 보이고 있는데, 지금과 가장 큰 차이는 손해배상액의 예정에 관하여 이를 '증감할 수 없다'고 명시적으로 규정하고 있었던 제1항 후문이다. 이는 사적 자치의 원칙을 중요하게 여긴 데에서 비롯된 것으로 보인다. 한편 의용민법에도 위약금은 손해배상액의 예정으로 추정된다는 규정이 있었다(제420조 제3항).

### (2) 1958년 제정민법

1945년 해방되었으나 곧바로 법체계의 근본적인 변경이 이루어지지는 않다가 1958년에 비로소 우리 민법이 제정되고 1960년부터 시행되었는데,[16] 손해배상의 예정에 관한 제정민법 제398조의 규정은 그때부터 지금까지 개정 없이 유지되고 있다. 즉 손해배상액의 예정과 관련하여서는 제정민법의 규정과 현행민법의 규정이 아래와 같이 동일하다.

> **제398조(배상액의 예정)** ① 당사자는 채무불이행에 관한 손해배상액을 예정할 수 있다.
> ② <u>손해배상의 예정액이 부당히 과다한 경우에는 법원은 적당히 감액할 수 있다.</u>
> ③ 손해배상액의 예정은 이행의 청구나 계약의 해제에 영향을 미치지 아니한다.

---

15) 1910년의 '조선에 시행할 법령에 관한 건'이라는 칙령에 따라 일제하에서 한반도의 법률은 조선총독부령의 형식으로 제정할 수 있게 되었고 또한 일본의 법률 중에서 한반도에 시행할 것은 칙령으로 정할 수 있게 되었는바 이에 따라 1912년 '조선민사령'(칙령 제7호)이 시행되었는데, 이 조선민사령이 일제 아래에서의 민사에 관한 기본법이며, 이것에 의하여 일본의 민법 등이 한반도에 의용되었다.

16) 제정민법이 1960년부터 시행되었으므로 우리 대법원 판결 중에는 손해배상액의 예정과 관련하여 의용민법의 규정을 적용한 사례들도 상당수 발견할 수 있다.

④ 위약금의 약정은 손해배상액의 예정으로 추정한다.
⑤ 당사자가 금전이 아닌 것으로써 손해의 배상에 충당할 것을 예정한 경우에도 전4항의 규정을 준용한다.

　제정민법이 의용민법과 가장 크게 차이나는 부분은 제정민법 제398조 제2항이다. 의용민법은 명시적으로 손해배상액의 예정은 '증감할 수 없다'고 규정하고 있었는데, 제정민법이 명시적으로 이를 감액할 수 있다고 규정한 것이다. 당시의 입법자료를 보면 손해배상액의 예정에 대한 증감(특히 감액)을 부정하던 의용민법에 대한 비판과 함께 감액의 근거를 신설하는 것에 논의가 집중되었던 것으로 보인다.[17]·[18] 그에 비하여 제398조 제4항에 관하여는 특별한 논의가 없이 의용민법의 내용이 사실상 그대로 반영되었다. 한편 입법자료를 살펴보더라도 손해배상액의 예정이 아닌 위약벌에 대해서는 별다른 논의 자체를 찾을 수가 없다.[19]

　이에 대하여는 의용민법 제420조는 제3항이 "위약금은 배상액의 예정으로 추정한다."는 규정을 두고 있어 손해배상액의 예정 외에 다른 종류의 위약금이 있음을 이미 전제하고 있었고, 그러한 상황에서 제정민법이 제398조 제2항을 "손해배상의 예정액이 부당히 과다한 경우에는 법원은 적당히 감액할 수 있다."라고 규정한 것은 손해배상의 예정액만을 감액하도록 입법한 것이라고 보아야 한다고 평가하기도 한다.[20] 이 부분에 관한 민법 제398조 제2항에 관한 입법자의 의사를 어떻게 평가하는지는 위약벌에 관한 감액 인정 여부에 관하여 매우 중요한 부분을 차지한다. 이에 관하여는 아래 관련 부분에서 상세히 다룬다.

---

17) 민법주해[IX], 2002, 647-648면(양창수 집필부분); 권영준, "위약벌과 손해배상액 예정: 직권감액 규정의 유추 적용 문제를 중심으로", 민사재판의 제문제 제25권, 2017, 256면.
18) 이에 관하여 손해배상액의 예정에 대한 감액 필요성만을 염두에 두어 해석상 논란을 야기한 신중하지 못한 입법이라는 취지의 비판이 있다(이동진, 공서양속과 계약당사자 보호, 서울대학교 박사학위 논문, 2011, 21-23면).
19) 권영준, "위약벌과 손해배상액 예정: 직권감액 규정의 유추 적용 문제를 중심으로", 민사재판의 제문제 제25권, 2017, 257면.
20) 대상판결의 다수의견이 취하는 견해이다.

### 3. 위약금에 관한 비교법적 고찰

#### (1) 개  관

주요 외국에도 명칭은 다르지만 대부분 위약금과 유사한 개념이 있고, 그 유효성과 감액 여부에 관한 논의 또한 어렵지 않게 찾아볼 수 있다. 핵심은 당사자간의 약정이기는 하지만 사적 제재와 유사한 위약금을 어느 범위에서 인정할 것인가 하는 점인데, 그 결론은 대륙법계 국가와 영미법계 국가 사이에 다소 차이가 있다. 대륙법계 국가에서는 채무자로 하여금 본래의 채무를 이행하도록 강제하기 위한 것이든 채권자가 불이행으로 인해 입을 손해를 미리 정해 놓기 위한 것이든 그 효력을 인정하는 경향이 있는 반면, 영미법계에서는 손해배상액의 예정과 위약벌이 과도한지 여부에 따라 구별하여 과도하지 않으면 손해배상액의 예정으로 보아 그 유효성을 인정하고 과도하면 위약벌로 보아 이를 인정하지 않는 경향이 있다. 아래에서는 본 연구에서 필요한 수준으로 간략하게 주요 국가의 비교법 논의를 살펴본다.[21]

#### (2) 대륙법계(프랑스, 독일, 일본)

우선 ① 프랑스는, 과거에는 민법에서 명문으로 위약금의 증감을 인정하지 않는다는 규정을 두고 있었으나 이를 개정하여 지금은 명백히 과다하거나 과소한 경우에는 직권으로도 위약금을 증감할 수 있다고 규정하고 있다(프랑스민법 제1231조의5[22]). 감액할 수 있을 뿐 아니라 증액할

---

21) 한편 위약금 중 위약벌 부분에 관하여 그 비교법적 특징을 분석한 뒤, 이를 후견주의적 시각(대부분의 영미법계 국가들), 절충주의적 시각(대부분의 대륙법계 국가들), 자유주의적 시각(우리나라와 일본)으로 나누어 설명함으로 유용한 틀을 제공한 견해가 있다(권영준, "위약벌과 손해배상액 예정: 직권감액 규정의 유추 적용 문제를 중심으로", 민사재판의 제문제 제25권, 2017, 234-243면).

22) Article 1231-5

Lorsque le contrat stipule que celui qui manquera de l'exécuter paiera une certaine somme à titre de dommages et intérêts, il ne peut être alloué à l'autre partie une somme plus forte ni moindre. Néanmoins, le juge peut, même d'office, modérer ou augmenter la pénalité ainsi convenue si elle est manifestement excessive ou dérisoire(채무불이행을 한 당사자가 손해배상액으로 특정한

수 있다고 정한 것에 특징이 있다.

② 독일은, 민법에서 여러 조문에 걸쳐 계약벌(Vertragsstrafe)에 관한 규정을 두고 있는데 이것이 위약금 또는 위약벌과 유사한 것으로 이해된다. 계약벌은 채무를 '이행하지 않을 때'는 물론 채무를 '적절하게 이행하지 않을 때'에도 청구할 수 있도록 하고 있는데, 민법상 이러한 계약벌은 감경할 수 있다고 규정되어 있으나(독일민법 제343조[23]), 상인의 상거래에서는 계약벌이 감액될 수 없다고 명시적으로 규정하고 있는 점(독일상법 제348조[24])이 특징적이다. 그 외에도 독일에는 계약벌과 구별되는 일괄손해배상약정(Schadenspauschale)이 있는데 이는 제재적 성격이 없이 손해배상액수를 증명하기 곤란한 경우에 대비한 순수한 손해배상액의 예정을 의미하는바, 약관으로 정한 경우가 아닌 한 사적 자치의 원칙에 따라 허용된다고 본다.[25]

---

금액을 지급하기로 정한 경우에, 그 상대방 당사자는 그 금액보다 과다하게 및 과소하게 이를 지급받을 수 없다. 그럼에도 위약금이 명백히 과다하거나 과소한 경우에는 법관이 직권으로도 이를 증감할 수 있다).

23) Herabsetzung der Strafe(벌의 감경)

(1) Ist eine verwirkte Strafe unverhältnismäßig hoch, so kann sie auf Antrag des Schuldners durch Urteil auf den angemessenen Betrag herabgesetzt werden. Bei der Beurteilung der Angemessenheit ist jedes berechtigte Interesse des Gläubigers, nicht bloß das Vermögensinteresse, in Betracht zu ziehen. Nach der Entrichtung der Strafe ist die Herabsetzung ausgeschlossen(부과된 벌이 적정하지 않게 과다할 경우 채무자의 청구에 의한 법관의 판단에 의하여 적정한 금액으로 감액할 수 있다. 적정한지 여부를 판단할 때에는 금전적 이익뿐 아니라 채권자의 정당한 이익이 모두 고려되어야 한다. 위약벌이 이미 지급된 경우에는 감경될 수 없다).

(2) Das Gleiche gilt auch außer in den Fällen der §§ 339, 342, wenn jemand eine Strafe für den Fall verspricht, dass er eine Handlung vornimmt oder unterlässt(제339조, 제342조 외에도, 어떤 행위를 하거나 하지 않는 경우에 관하여 벌을 약속한 경우에는 동일하게 적용된다).

24) § 348

Eine Vertragsstrafe, die von einem Kaufmann im Betriebe seines Handelsgewerbes versprochen ist, kann nicht auf Grund der Vorschriften des § 343 des Bürgerlichen Gesetzbuchs herabgesetzt werden(상인이 상행위에 관하여 약정한 계약벌에 대하여는 민법 제343조에 의한 감액이 허용되지 않는다).

25) 김재형, "'손해배상액의 예정'에서 '위약금 약정'으로: 특히 위약벌의 감액을 인정할 수 있는지 여부를 중심으로", 비교사법 제21권 제2호(통권 제65호), 2014, 652-653면.

③ 일본은, 앞서 의용민법 부분에서 간략히 본 바와 같이 과거 민법에서 '손해배상액의 예정은 증감할 수 없다'고 규정하고 있었다. 그렇다고 전혀 감액할 수 없다고 본 것은 아니고, 판례에 의하여 공서양속 위반 규정에 따른 무효를 인정하고 있었다. 그러던 중 2017년에 민법을 개정하여 '증감할 수 없다'는 문구를 삭제하였다(적극적으로 '감액할 수 있다'고 규정한 것은 아니다). 이 규정의 삭제로 손해배상액의 예정액을 증감할 수 있게 되었다고 해석하는 것이 일반적인 설명이다.[26] 다만 명시적으로 증감할 수 있다고 개정한 것은 아니므로 여전히 감액을 하는 데에는 그 근거로 공서양속 위반이 활용된다.

(3) 영미법계(영국, 미국)

① 영국은, 증명할 수 있는 손해의 최대치와 비교해서 '과다하고 비양심적인 것'이라면 그 조항은 위약벌 조항(penalty clause)이라고 취급되지만 여러 사정으로 인하여 손해의 정확하고 정밀한 사전평가가 불가능하고 약정 지급액이 손해를 사전평가하기 위한 진정한 시도라고 볼 만한 사정이 있는 경우에는 그 약정은 손해배상액의 예정 조항(liquidated damages clause)으로 취급된다. 영국은 종래 손해배상액의 예정 조항과 위약벌 조항을 구별하여 전자는 유효성을 인정하고 후자는 집행할 수 없다고 보아 왔는데(1915년 Dunlop 판결[27] 등) 이는 형평법에 기반을 두어 17세기 후반부터 이어진 태도로 본다.[28] 그런데 2015년 영국 대법원은 Cavendish 판결[29]에서, 위약벌의 효력을 무효로 하는 종전의 원칙을 유지하면서도 정당한 이익(legitimate interest)과 비례성이 인정되는 범위 내에서는 위약금을 강제할 수 있다고 판시하여 종전의 법리를 다소 수정하였다.

---

26) 정태윤, "일본 개정민법(채권관계) 중 주요 부분에 관한 개관", 민사법학 제82호, 한국사법행정학회, 2018, 270-271면.
27) Dunlop Pneumatic Tyre Company v New Garage & Motor co [1915] AC 79.
28) 권영준, "위약벌과 손해배상액 예정: 직권감액 규정의 유추 적용 문제를 중심으로", 민사재판의 제문제 제25권, 2017, 234면.
29) Cavendish Square Holding BV (Appellant) v Talal El Makdessi (Respondent); ParkingEye Limited (Respondent) v Beavis (Appellant) [2015] UKSC 67.

② 미국 역시 영국과 마찬가지로, 당사자가 계약을 체결할 때 어느 일방 당사자의 계약 위반 시 그 위약 당사자가 상대방 당사자에게 미리 약정한 금액을 지급하는 조항을 손해배상액의 예정(liquidated damage)과 위약벌(civil penalty)로 구별하는데, 통일상법전(Uniform Commercial Code) 제2-718조[30]와 계약법에 관한 제2차 리스테이트먼트[Restatement (Second) of Contract] 제356조[31] 및 판례에 의하여 손해배상액의 예정은 그 유효성이 인정되는 반면 위약벌은 그 효력이 인정되지 않는다. 그런데 손해배상액의 예정과 위약벌을 그 법적 근거와 목적 등에서 애초부터 구별되는 것으로 보는 것이 아니라 적정한 범위에 있는지와 이를 넘어 과다한지를 기준으로 적정하면 손해배상액의 예정, 부당히 과다하면 위약벌로 보는 것이 특징이다. 한편 실제 계약에서 위약벌이라는 용어를 사용했어도 금액이 합리적이고 실제 손해배상액이 불확실하고 증명하기 어려우면 손해배상액의 예정으로 인정되기도 한다.

## Ⅳ. 손해배상액의 예정과 위약벌에 관한 종래의 구별 기준 및 새로운 개념 정립의 필요성

### 1. 문제의 제기

종래 위약금은 손해배상액의 예정과 위약벌로 양분된다는 데에 별다른 이견이 없었다. 대상판결 역시 이를 전제로 하여 손해배상액의 예정이 아닌 위약금으로서의 '위약벌'에 대하여 민법 제398조 제2항이 적용되

---

30) UCC 2-718: Damages for breach by either party may be liquidated in the agreement but only at an amount which is reasonable in the light of the anticipated or actual harm caused by the breach, the difficulties of proof of loss, and the inconvenience or nonfeasibility of otherwise obtaining an adequate remedy. A term fixing unreasonably large liquidated damages is void as a penalty.

31) § 356 Liquidated Damages and Penalties
    (1) Damages for breach by either party may be liquidated in the agreement but only at an amount that is reasonable in the light of the anticipated or actual loss caused by the breach and the difficulties of proof of loss. A term fixing unreasonably large liquidated damages is unenforceable on grounds of public policy as a penalty.

는지에 관하여 다루었다. 그런데 앞서 언급한 것처럼 민법에는 '위약금'이라는 개념과 '손해배상액의 예정'이라는 용어만 등장하고 '위약벌'이라는 용어는 등장하지 않는다. 민법 제398조 제4항이 "위약금의 약정은 손해배상액의 예정으로 추정한다."고 규정하고 있으므로 손해배상액의 예정 이외의 무엇인가가 존재한다고 해석할 수 있는데, 종래의 통설과 판례는 손해배상액의 예정으로 추정되지 않는 것을 '위약벌'로 본 것이다.

이에 따라 위약금에 관한 논의에서는 항상 첫 번째로 그 위약금이 손해배상액의 예정인지 위약벌인지를 선택적으로 구별짓는 단계를 거쳐 왔다. 그런데 이러한 양분론에 따르면, 둘 중 어느 하나로 정해지는지의 결론에 따라 ① 손해배상을 추가로 청구할 수 있는지와 없는지, ② 민법 제398조 제2항에 따른 감액이 가능한지 아닌지 등으로 그 법률효과에 큰 차이가 발생하게 된다. 그런데 실제 위약금의 분류가 둘 중 어디에 속하는지 그렇게 명확한 것이 아님에도 어느 한쪽으로 분류되어 버리면 결론에서 여러 가지로 큰 차이가 발생하는 것도 문제인 데다가, 이론상으로보더라도 민법 제398조의 해석에 따라 위와 같은 이분론이 도출되는지 의문의 여지가 없지 않다.

이하에서는 이러한 문제의식에서 시작하여 손해배상액의 예정과 위약벌 구분의 재정립 필요성에 관하여 검토해 보기로 한다. 이를 위하여 종래의 논의로서 손해배상액의 예정과 위약벌의 구별기준, 판례 태도의 변화 등에 관하여 살피고 이를 기초로 그 구분의 재정립에 관하여 제언한다.

### 2. 손해배상액의 예정, 위약벌의 개념 및 구별기준에 관한 종래의 논의
#### (1) 개    념
손해배상액의 예정은 '채무불이행의 경우에 채무자가 지급하여야 할 손해배상액을 당사자 사이의 약정으로 미리 정하여 두는 것'을 의미한다.[32] 손해배상액의 예정이 가지는 기능과 관련하여, 과거에는 손해액의 입증 곤란을 방지하고 분쟁을 예방하기 위한 기능을 가진다는 一元的 기능설이 있었으나, 현재의 통설은 입증곤란의 배제 외에 채무자에게 채무불이행에 대한 심리적 압박을 줌으로써 채무이행을 확보하는 기능도 있다는 二元的 기능설이 통설이다. 판례 역시 "민법 제398조가 규정하는 손해배상의 예정은 채무불이행의 경우에 채무자가 지급하여야 할 손해배상액을 미리 정해두는 것으로서 그 목적은 손해의 발생사실과 손해액에 대한 입증곤란을 배제하고 분쟁을 사전에 방지하여 법률관계를 간이하게 해결하는 것 외에 채무자에게 심리적으로 경고를 줌으로써 채무이행을 확보하려는 데"에 있다고 판시하여(대법원 2008. 11. 13. 선고 2008다46906 판결) 위의 두 가지 목적이 모두 있다고 본다.

위약벌은 종래 그 자체로 정의되기보다는 '채무자가 계약을 이행하지 아니할 때 채권자가 손해배상과 별도로 지급하기로 한 위약금'으로 이해되어 왔다.[33] 그동안 위약벌에 대한 개념을 직접 확인하려는 시도보다는 위약금 중 손해배상액의 예정이 아닌 것을 의미한다는 소극적, 공제적 개념 정의가 이루어져 온 것은, 개념 정의 단계에서부터 이미 위약금을 손해배상액의 예정과 위약벌로 나누는 것의 인식이, 은연중에 그러나 확고히 내재되어 있었기 때문으로 이해된다. 한편 위약벌의 주된 기능은 채무자를 압박하여 계약내용에 좇은 이행을 하도록 강제하는 데에 있고, 그 성질에 비추어 손해배상을 용이하게 하는 기능과는 관련이 없다고 본다. 다수의 판례[34]에서도 "위약벌 약정은 채무의 이행을 확보하기 위하여 정해지는 것으로서 손해배상액의 예정과는 그 내용이 다르다."고 판시함으로써 위약벌의 이행확보적 기능에 중점을 두고 그 기능을 파악하고 있다.

(2) 손해배상액의 예정과 위약벌의 구별기준에 관한 종래의 여러 견해

손해배상액의 예정과 위약벌을 구별하는 기준은 어떻게 되는가. 이

---

32) 민법주해[IX], 2002, 638면(양창수 집필부분); 주석민법[채권총칙(2)] 제4판, 한국사법행정학회, 2013, 53면; 양창수·김재형, 「계약법」(제2판), 박영사, 2015, 491면.
33) 주석민법[채권총칙(2)] 제4판, 한국사법행정학회, 2013, 70-71면.
34) 대법원 1993. 3. 23. 선고 92다46905 판결 등.

는 결국 의사해석의 문제라고 보는 데에는 큰 이견이 없는 것으로 보인다.[35] 다만 구체적으로 의사해석을 함에 있어 참고할 만한 일응의 기준을 제시하는 다음과 같은 견해들이 있다.

① 약정금액이 아주 적은 금액이어서 도저히 손해배상액의 예정으로 볼 수 없는 경우에만 위약벌로 보아야 하고 나머지는 손해배상액의 예정으로 보아야 한다는 견해,[36] ② 약정금액이 작든 크든 별도로 손해배상 전액에 대하여 따로 청구할 수 있는 경우임이 계약상 명확한 경우에만 위약벌로, 그 외의 경우는 모두 손해배상액의 예정으로 보아야 한다는 견해,[37] ③ 위약금 약정과는 별도로 실제 발생한 손해 전부에 대하여 배상을 구할 수 있는 명백한 계약조항이 있어 위약벌로 보지 않을 수 없는 경우와 약정금액이 아주 적은 금액이어서 도저히 손해배상액의 예정으로 볼 수 없는 경우에 한정되어야 한다는 견해(이 견해는 결국 위 ①과 ② 견해를 합한 견해이다),[38] ④ 위약벌로 보지 않을 수 없는 명백한 조항이 있거나 계약 목적물의 특성 또는 채무의 특성에 비추어 채무의 정시 이행을 담보할 필요성이 매우 강한 경우 등 특수한 경우에만 위약벌로 보아야 한다는 견해[39] 등이 있다.

민법 제398조 제4항이 위약금의 약정을 손해배상액의 예정으로 추정한다고 규정하므로, 위 각 견해는 결국 손해배상액의 예정으로 추정되지 않는 것으로 볼 만한 몇 가지 유형을 제시한 것으로 볼 수 있다.

---

35) 한편 손해배상액의 예정과 위약벌의 구별 기준에 관한 여러 견해를 ① 당사자의 목적에 따른 구별을 기준으로 하는 견해, ② 위약벌의 인정을 제한적으로 인정하려는 견해로 나누어 파악하여 제시하는 입장도 있다(박정제, "위약벌과 손해배상액 예정의 구별", 대법원판례해설 제109호, 2017, 56-57면).

36) 손지열, "손해배상액예정 약관조항에 대한 내용통제: 대법원 1994. 5. 10. 선고 93다30082 판결", 민사판례연구 제18집, 1996, 12-13면.

37) 홍승면, "손해배상액의 예정과 위약벌의 구별방법", 민사판례연구 제24권, 2002, 159-160면.

38) 이동신, "손해배상액의 예정과 위약벌에 관한 판례 연구", 민사재판의 제문제(제11권), 2002, 285면.

39) 이충상, "계약보증금에 관한 몇 가지 고찰: 손해배상액의 예정인지 위약벌인지 및 감액 가능 여부 등", 사법논집(제32집), 법원도서관, 2001, 352면.

## 3. 손해배상액의 예정과 위약벌의 구별에 관한 판례의 태도 변화

### (1) 序

판례 역시 손해배상액의 예정과 위약벌 사이의 구별이 필요하다는 것을 전제로 개별 사안에서 위약금의 성격이 무엇인지를 판단해 오고 있다. 이에 관한 판례의 태도에서 시기별 경향성을 발견할 수 있는데, 크게 3가지의 판결이 중요한 변곡점의 역할을 한다. 그 판결은 ① 대법원 2000. 12. 8. 선고 2000다35771 판결, ② 대법원 2013. 4. 11. 선고 2011다112032 판결, ③ 대법원 2016. 7. 14. 선고 2012다65973 판결이다. 이 3가지 판결을 기준으로 판례의 태도를 시기적으로 구별하면 1기는 대법원 2000다35771 판결 등장 전까지(~ 2000년), 2기는 대법원 2000다35771 판결부터 대법원 2011다112032 판결까지의 시기(2000~2013년), 3기는 대법원 2011다112032 판결부터 대법원 2012다65973 판결까지의 시기(2013~2016년), 4기는 대법원 2012다65973 판결부터 그 이후까지의 시기(2016년~) 라고 할 수 있다.

### (2) 각 시기별 판례 태도의 변화

#### (가) 1기: 위약벌로 본 사례가 많았던 시기

2000년에 선고된 대법원 2000다35771 판결 이전까지의 시기를 1기라고 볼 수 있다. 손해배상액의 예정과 위약벌 사이의 구별기준이나 민법 제398조 제4항에 따른 추정의 효과 등에 관한 판례가 확립되기 이전의 시기이다. 이 시기의 판결 중에서 손해배상액의 예정과 위약벌 사이의 구별기준을 구체적으로 밝힌 것을 찾기는 어려우나[40] 전체적으로 사적 자치의 원칙을 중요시한 것으로 평가되고, 뒤에서는 손해배상액의 예정으로

---

40) 다만, 전체적으로 보아 해석의 문제로 보아야 한다는 취지가 담긴 대법원 판결로는 대법원 1990. 11. 27. 선고 90다카27068 판결, 대법원 1996. 3. 8. 선고 95다18673 판결, 대법원 1996. 3. 8. 선고 95다18673 판결 등이 있었는데, 명시적으로 손해배상액의 예정인지 위약벌인지를 판단하는 것은 구체적 사건에서 개별적으로 정할 의사의 문제라고 판시한 것은 아래의 대법원 2000다35771 판결부터라고 할 수 있다.

취급될 만한 위약금 약정도 위약벌로 인정된 경우가 많았던 시기이다.

**(나) 2기: 특별한 사정이 입증되어야 위약벌로 인정하기 시작한 시기**

2기는 2000년에 선고된 대법원 2000다35771 판결 이후의 시기인데 위 판결의 주된 판시사항은 아래와 같다.

> 계약보증금이 <u>손해배상액의 예정인지 위약벌인지는</u> 도급계약서 및 위 약관 등을 종합하여 구체적 사건에서 개별적으로 결정할 <u>의사해석의 문제</u>이고, 위약금은 민법 제398조 제4항에 의하여 손해배상액의 예정으로 추정되므로 <u>위약금이 위약벌로 해석되기 위하여는 특별한 사정이 주장·입증되어야 하는바…</u>

위 판결은, ① 손해배상액의 예정과 위약벌의 구별은 의사해석의 문제라는 점을 분명히 하였다는 점과, ② 위약금이 위약벌로 해석되기 위하여는 특별한 사정이 주장·증명되어야 한다는 점을 명시적으로 밝혔다는 데에 큰 의미가 있다. 즉 민법 제398조 제4항의 기능을 상당히 적극적으로 이해한 판시로 볼 수 있다. 이 판결 이후 위약금 중 위약벌로 인정되는 경향이 종전에 비하여 눈에 띄게 적어졌고, 손해배상액의 예정으로 보는 사례가 크게 증가하였다.

**(다) 3기: 손해배상액의 예정과 위약벌의 성질을 함께 지닐 수 있는 가능성이 인정된 시기**

손해배상액의 예정과 위약벌의 구별과 관련하여 대법원 2011다112032 판결의 등장 또한 중요한 의미를 갖는다. 그때까지 손해배상액의 예정과 위약벌은 중첩될 가능성이 없는 것으로 이해되어 왔는데 양자가 겸유할 수 있다는 명시적 판단이 등장한 것이다. 판시사항은 다음과 같다.

> 다수의 전기수용가와 사이에 체결되는 전기공급계약에 적용되는 약관 등에, 계약종별 외의 용도로 전기를 사용하면 그로 인한 전기요금 면탈금액의 2배에 해당하는 위약금을 부과한다고 되어 있지만, 그와 별도로 면탈한 전기요금 자체 또는 손해배상을 청구할 수 있도록 하는 규정은 없고 면탈금액에 대해서만 부가가치세 상당을 가산하도록 되어 있는 등의 사정이 있는 경우, 위 약관에 의한 위약금은 <u>손해배상액의 예정과 위약벌의 성질을 함께 가지는 것으로 봄이 상당</u>하다.

이 판결은 ① 처음으로 손해배상액의 예정과 위약벌의 성질을 함께 지닐 수 있음을 제시한 점과,[41] ② 약관에 관한 것이라는 특수성이 있지만 손해배상액의 예정과 위약벌의 구별에 있어 당사자의 의사해석만에 의존하는 것이 적절하지 않은 사정이 있으면 이를 배제하거나 후순위로 할 수 있는 가능성을 밝힌 점에 의미가 있다.

**(라) 4기: 당사자가 위약벌이라고 정했어도 손해배상액의 예정으로 볼**
**가능성이 인정된 시기**

4기는 2016년에 선고된 대법원 2012다65973 판결의 등장으로부터 시작한다고 볼 수 있다. 위 판결의 주된 내용은 아래와 같다.[42]

---

기업인수를 위한 주식 매매와 관련하여 매수인들을 대리한 갑 주식회사와 매도인들을 대리한 을 은행이 양해각서를 체결하면서 '매수인들의 책임 있는 사유로 양해각서가 해제되는 경우 매수인들이 기납부한 이행보증금 및 그 발생이자는 <u>위약벌로 매도인들에게 귀속된다</u>'는 조항을 둔 사안에서, 위 조항을 양해각서의 다른 조항들과 함께 살펴보면 매수인들의 귀책사유로 양해각서가 해제됨으로써 발생하게 될 모든 금전적인 문제를 오로지 이행보증금의 몰취로 해결하고 기타의 손해배상이나 원상회복청구는 명시적으로 배제하여 매도인들에게 손해가 발생하더라도 매도인들은 이에 대한 손해배상청구를 할 수 없도록 한 것인 점, 당사자들이 진정으로 의도하였던 바는 이행보증금을 통하여 최종계약 체결을 강제하는 한편 향후 발생할 수 있는 손해배상의 문제도 함께 해결하고자 하였던 것으로 보이는 점 등을 종합하면, <u>이행보증금은 손해배상액의 예정으로서의 성질을 가진다</u>.

---

이 판결은 손해배상액의 예정과 위약벌의 구별은 의사해석의 문제라고 하면서도 법률전문가들이 관여한 계약서에서 당사자들이 '위약벌'이라고 명시적으로 기재한 경우임에도 여러 사정을 고려하여 이를 손해배상

---

41) 최근에도 손해배상액의 예정과 위약벌의 성격을 함께 가진다고 보면서 이를 감액할 수 있다는 취지로 판시한 사례가 있다(대법원 2020. 11. 12. 선고 2017다275270 판결).
42) 다만 과거에도 '위약금 외에 별도의 손해배상'을 하기로 약정한 사례에서 추가적 손해배상이 예정되어 있음에도 이를 손해배상액의 예정으로 본 판결이 있었다(대법원 2004. 4. 16. 선고 2003다39743, 39750 판결 등).

의 예정으로 판단하였다. 즉 위약금이 손해배상액의 예정과 위약벌의 성격을 겸유할 수 있다는 데에서 더 나아가 당사자들이 위약벌이라고 한 약정도 손해배상액의 예정으로 볼 수 있는 가능성이 인정된 것이다.

(3) 분  석

위와 같은 판례의 변천을 통하여, 판례가 위약금의 약정에 관하여 위약벌의 인정 범위를 조금씩 축소하면서 손해배상액 예정의 인정 범위는 점차 늘려가고 있음을 알 수 있다. 즉 초기에는 위약벌이라고 보았을 약정도, '특별한 사정을 증명하여야 위약벌이 될 수 있다'거나, 위약벌만이 아니라 '위약벌과 손해배상액 예정의 성격을 모두 지니고 있다'거나 '위약벌이라고 당사자들이 정한 것도 여러 사정상 위약벌이 아닌 손해배상액의 예정일 수 있다'는 취지의 각 판시를 통하여 손해배상액 예정의 범위가 넓어지고 있다.

이러한 판례의 태도 변화에 관하여, 구체적 타당성을 고려한 것으로서 손해배상액 예정의 범위를 넓힘으로써 그 감액이 가능하도록 하였다는 점에서 이를 진일보된 판결의 태도로 보는 견해도 있는가 하면, 분쟁이 발생하여 소송이 있기 전까지는 위약금 약정의 법적 성격이 손해배상액의 예정인지 위약벌인지 알 수 없게 된다는 점에서 법적안정성을 침해한다는 비판도 있다.

## 4. 제언 - 손해배상액의 예정과 위약벌의 개념 재정립 필요성

이상에서 손해배상액의 예정과 위약벌의 구별에 관한 종래 논의를 살펴보았는데, 손해배상액의 예정과 위약벌을 매우 엄격하게 구별하고 있지만 실상 범주에 관하여는 다소 혼란스러운 전개가 이어지고 있음을 알 수 있다. 이는 손해배상액의 예정에 관한 '이론적 개념'과 '민법 제398조에서의 개념'이 불일치하기 때문이다. 즉 '손해배상액의 예정'이라는 개념은 명칭 자체에서도 알 수 있듯이 지급하여야 할 손해배상액을 미리 합의하여 두는 것이지만, 그 기능과 관련하여서는 손해배상액 입증 곤란의 배제 외에 채무이행에 대한 심리적 압박이 포함되어 있다(통설인 이원적 기능설).

거래 실무를 보더라도 손해배상액의 예정에는 '순수한 의미의 손해배상액의 예정'과 '위약벌'이 모두 포함되어 있는 경우가 많다. 민법 제398조 제4항은, 이러한 현실을 반영하여 위약벌이 일부 포함되어 있더라도 위약금은 전체적으로 손해배상액의 예정으로 추정한다고 본 것으로 이해할 수 있다.

이와 같은 손해배상액의 예정에 관한 '이론상 개념'과 '민법 제398조에서의 개념' 사이의 불일치로 말미암아, 사실상 동일한 성격의 위약금(손해배상액의 예정과 위약벌이 포함된 것)에 대하여 어떤 판례는 이를 '손해배상액의 예정'이라고만 하고, 어떤 판례는 이를 '손해배상액의 예정과 위약벌의 겸유'라고 하고 있다고 보인다.

그렇다면 민법 제398조 제4항을 어떻게 해석하는 것이 적절할지에 관하여는 다음과 같은 시도가 가능하다고 생각한다.

① 민법에는 '위약금'이라는 용어와 '손해배상액의 예정'이라는 용어가 사용될 뿐 '위약벌'이라는 용어가 사용되고 있지 않으므로 강학상 '위약벌'이라는 용어를 사용하는 것은 별론으로 하고, 민법 제398조의 해석에 있어서는 '손해배상액의 예정이 아니면 위약벌에 해당한다'는 경직된 이분법적 명제에서 탈피할 필요가 있다. 민법 제398조 제4항에 의하여 '손해배상액의 예정'으로 추정되지 않는 경우는 '손해배상액의 예정이 아닌 위약금'이라고 칭하면 족하고 이것이 법률의 문언에 더 정확한 표현이다.

② 위약금 중에는 '순수한 손해배상액의 예정'과 '위약벌'의 성격을 모두 포함하고 있는 것이 많은데 이를 둘 중의 하나로 애써 구별하려고 노력할 필요 없이 전체적으로 '손해배상액의 예정'으로 보는 것이 타당하다. 결국 '손해배상액의 예정'은 민법 제398조에서 말하는 '광의의 손해배상액의 예정(협의의 손해배상액의 예정에 위약벌 등이 겸유된 것까지 포괄)'과 강학상 개념으로서의 '협의의 손해배상액의 예정(순수하게 손해배상의 액수 산정에 관한 편의를 도모하기 위한 것)'으로 구별할 수 있을 것이다.

③ 이는 결국 '손해배상액의 예정'과 '위약벌'을 통합하여 '위약금'이라는 개념을 인정하자는 입법론[43]과 일맥상통하는 것이다. 이와 같은 방식으로 민법개정안[44]이 도출된 바도 있다. 그러나 이는 입법을 거쳐 도

달할 수 있는 방안인 반면, 앞서와 같이 해석하면 현재의 해석론으로서 당면한 법적 분쟁의 많은 영역을 해결할 수 있는 장점이 있다.

이상에서 제언한 것을 도표로 나타내면 아래와 같다.

| 강학상 개념에 따른 손해배상액의 예정과 위약벌의 구별 | 거래 현실에서의 위약금 | 민법 제398조에서의 개념 정의에 관한 제언 |
|---|---|---|
| **'손해배상액의 예정'** (손해배상액을 합의하여 미리 정하여 두는 것) | ① **순수한 손해배상액의 예정인 위약금** ['(협의의) 손해배상액의 예정'] ⇨ 본래의 개념 범주와 일치 | **'(광의의) 손해배상액의 예정'** (민법 제398조에서 말하는 '손해배상액의 예정'은'순수한 손해배상액의 예정'과 다름) |
|  | ② **순수한 손해배상액의 예정과 위약벌이 포함된 위약금** ⇨ 본래의 각 개념 범주와 불일치 (종래 '손해배상액의 예정과 위약벌의 겸유' 등으로 불림) | ⇨ 순수한 손해배상액의 예정인 경우와 순수한 손해배상액의 예정에 위약벌이 포함된 경우를 모두 포함 |
| **'위약벌'** (계약불이행에 대한 제재로서 손해배상액과 별도로 지급하기로 한 것) | ③ 순수한 위약벌인 위약금 ⇨ 본래의 개념 범주와 일치 | **'손해배상액의 예정이 아닌 위약금'** |

## V. 위약벌에 민법 제398조 제2항을 유추적용할 수 있는지 여부

### 1. 문제의 소재

앞서 본 바와 같이 '손해배상액이 예정'과 '위약벌'의 경직된 이분론을 탈피하는 것이 필요하고, 위약금이 손해배상액의 예정과 위약벌의 성

---

43) 김재형, "'손해배상액의 예정'에서 '위약금 약정'으로: 특히 위약벌의 감액을 인정할 수 있는지 여부를 중심으로", 비교사법 제21권 제2호(통권 제65호), 2014, 664-668면.

44) 2013년 법무부 민법개정안

> **민법개정안 제398조(위약금)** ① 당사자는 채무불이행에 관하여 위약금을 약정할 수 있다.
> ② 위약금의 약정은 당사자들이 채무불이행으로 인한 손해배상액을 예정한 것으로 추정한다.
> ③ 위약금이 부당히 과다한 경우에는 적당히 감액할 수 있다.
> ④ 위약금의 약정은 이행의 청구나 계약의 해제에 영향을 미치지 아니한다.
> ⑤ 당사자가 금전이 아닌 것으로써 손해배상에 충당하기로 예정한 경우에도 제1항 내지 제4항의 규정을 준용한다.

격을 모두 포함하고 있다면 민법 제398조의 적용에 있어서는 이는 '(광의의) 손해배상액의 예정'으로 보면 충분하며, 따라서 그 경우 제398조 제2항에 의하여 감액이 이루어지는 것에도 문제가 없다. 남는 문제는 민법 제398조 제4항에 의하여 손해배상액의 예정으로 추정되지 않는 영역, 즉 종래 위약벌[45]로 불리던 영역에도 민법 제398조 제2항의 유추적용을 통하여 감액이 이루어질 수 있는지 여부이다.

이하에서는 대상판결 전까지의 판례의 태도를 살펴보고 나아가 유추적용 가능 여부에 대한 긍정설과 부정설에 해당하는 대상판결의 다수의견과 소수의견의 결론 및 그 논거를 소개한 뒤 그에 대하여 검토하기로 한다.

### 2. 종래 판례의 태도

#### (1) 제398조 제2항의 유추적용 부정

우리 판례는 위약벌에 대하여는 제398조 제2항의 유추적용을 배제하여 왔는데 그러한 취지는 대법원 1968. 6. 4. 선고 69다491 판결, 대법원 1979. 9. 11. 선고 79다12790 판결, 대법원 1989. 10. 10. 선고 88다카25601 판결, 대법원 1993. 3. 23. 선고 92다46905 판결, 대법원 2002. 4. 23. 선고 2000다56976 판결, 대법원 2013. 12. 26. 선고 2013다63257 판결, 대법원 2016. 1. 28. 선고 2015다239324 판결 등에서 반복하여 이루어져 왔다.

#### (2) 제103조 공서양속 위반 인정 여부

##### (가) 개    관

위약벌에 대하여 민법 제398조 제2항의 유추적용을 허용하지는 않았으나 그렇다고 이에 대한 통제를 하지 않은 것은 아니다. 판례는 이에 관

---

45) 앞서 한 제안에 따르면 민법 제398조에 있어서는 이를 '손해배상액의 예정이 아닌 위약금'으로 지칭하는 것이 더 정확한 것으로 보이지만 사실상 이는 '위약벌'과 유사한 범주로 볼 수 있고, 대상판결에서도 민법 제398조 제2항의 유추적용의 대상이 되는지에 관하여 이를 '위약벌'로 지칭하면서 논의하고 있는 만큼 편의상 이를 특별히 구별할 필요가 있는 경우를 제외하고는 '위약벌'이라는 표현을 그대로 사용하기로 한다.

하여 민법 제103조 공서양속 규정에 의하여 위약벌의 전부 또는 일부 무효가 인정된다고 판시하여 왔다. 이에 대한 판례의 태도도 시기에 따라 다소 차이가 있는바 이를 아래와 같이 1기~3기로 나누어 보기로 한다.

**(나) 1기 - 민법 제103조 위반 가능성은 인정되었으나 위반 사례는 발견하기 어려운 시기**

이 시기는 1993년 대법원 92다46905 판결이 선고되기 전까지의 기간으로 위약벌에 관하여 민법 제103조 적용 가능성을 인정하면서도[46] 실제로 공서양속 위반을 인정한 사례는 찾아보기 어려운 시기이다. 앞서 위약금에 대한 손해배상액의 예정과 위약벌의 구별에 관하여 초기에 사적 자치의 원칙을 강조하면서 위약벌을 넓게 인정하였던 것과 전반적으로 유사한 기조를 보인 시기로 평가할 수 있다.

**(다) 2기 - 민법 제103조 위반이 적극적으로 인정된 시기**

그러던 중 1993년 대법원 92다46095 판결이 등장하였는데, 이 판결은 위약벌에 관하여 명시적으로 민법 제103조에 따라 위약벌이 일부 또는 전부 무효가 될 수 있다고 적극적으로 판단하였다. 그 판시 내용은 아래와 같다.

> 위약벌의 약정은 채무의 이행을 확보하기 위하여 정해지는 것으로서 손해배상의 예정과는 그 내용이 다르므로 손해배상의 예정에 관한 민법 제398조 제2항을 유추 적용하여 그 액을 감액할 수는 없는 법리이고 다만 그 의무의 강제에 의하여 얻어지는 채권자의 이익에 비하여 약정된 벌이 과도하게 무거울 때에는 그 일부 또는 전부가 공서양속에 반하여 무효로 된다.

위 판결은 민법 제103조 위반 가능성을 천명하였다는 점에서 상당한 의미를 지니고 있었고, 실제로 위 판결 이후에 실제로 위약벌을 무효로 본 판결이 다수 발견된다. 이 시기에는 감액의 범위의 측면에서도 민법 제398조 제2항을 적용하였을 때와 큰 차이가 없었던 것으로 보인다.[47]

**(라) 3기 - 민법 제103조 위반이 제한적으로 인정된 시기**

그 후 2013년 대법원 2013다63257 판결로 위약벌에 대한 민법 제

---

46) 예컨대 대법원 1991. 4. 26. 선고 90다6880 판결 등.
47) 이에 관한 상세한 내용은 Ⅵ. 부분을 참조.

103조의 감액은 매우 신중해야 한다는 판시가 등장하였다. 판시 내용은
아래와 같다.

> 위약벌의 약정과 같은 사적 자치의 영역을 일반조항인 공서양속을 통하여
> 제한적으로 해석함에 있어서는 계약의 체결 경위와 내용 등을 종합적으로 검
> 토하는 등 매우 신중을 기하여야 할 것이다.

나아가 2016년에는 대법원 2013다63257 판결의 판시를 더욱 강화하
여 위약벌을 일부 무효라고 판단하는 것은 사적 자치의 원칙에 대한 중
대한 제약이므로 가급적 자제하여야 한다는 판시가 이루어졌다(대법원
2015다239324). 구체적 내용은 아래와 같다.

> 당사자가 약정한 위약벌의 액수가 과다하다는 이유로 법원이 계약의 구체적
> 내용에 개입하여 그 약정의 전부 또는 일부를 무효로 하는 것은, 사적 자치의
> 원칙에 대한 중대한 제약이 될 수 있고, 스스로가 한 약정을 이행하지 않겠다
> 며 계약의 구속력으로부터 이탈하고자 하는 당사자를 보호하는 결과가 될 수
> 있으므로, 가급적 자제하여야 한다.

위 판례들 이후 실제로 위약벌의 공서양속 위반을 인정한 예가 눈
에 띄게 감소하였다. 이에 따라 제398조 제2항이 적용되는지(손해배상액의
예정)와 민법 제103조가 적용되는지(위약벌)에 따라 감액 또는 무효로 인
정되는 범위가 실제적으로 많이 달라지게 되었다.

## 3. 민법 제398조 제2항 유추적용 인정 여부에 관한 견해 대립
### (1) 개  관

앞서 본 바와 같이 위약벌에 민법 제398조 제2항을 유추적용할 수
있는지는 이론적인 문제에 그치는 것이 아니라, 감액이나 무효의 범위에
실질적인 차이를 불러일으키는 쟁점에 해당한다. 이는 대법원 2013다
63257 판결 및 대법원 2015다239324 판결에 따라 양자의 범위가 크게 달
라진 데에 기인한다. 대상판결에서 민법 제398조 제2항의 유추적용이 정
면으로 문제된 것 역시 이 때문으로 볼 수 있다. 이하에서는 위약벌에

관하여 민법 제398조 제2항이 유추적용될 수 있는지에 관하여 대상판결의 다수의견 및 소수의견에 대하여 살핀다.

(2) 견해의 대립

**(가) 부정설(대상판결의 다수의견)**

손해배상액의 예정과 위약벌의 이분적 구별을 전제로 하여 위약벌에 대하여는 398조 제2항이 유추적용되지 않는다는 것이다. 그 논거는 다음과 같다.[48]

① 손해배상액의 예정과 위약벌 사이에 일부 유사성이 있지만 이를 구별하는 것은 불가피하고 그 법적 효과에서도 차이가 있어 양자는 다르다고 보아야 한다.

② 민법 제398조 제2항의 반대해석상 민법은 위약금의 약정 중 손해배상액의 예정에 대하여만 법관의 재량에 의한 감액을 인정하고 있다고 보아야 한다. 이는 입법자의 결단으로 볼 수 있다.

③ 유추적용은 법률의 흠결을 보충하는 것으로 법적 규율이 없는 사안에 대하여 그와 유사한 사안에 관한 법규범을 적용하는 것인데, 위약벌에 대하여는 감액할 수 없도록 한 것이 입법자의 결단이므로 법률의 흠결이 있다고 할 수 없고, 설령 흠결이 있다고 하더라도 손해배상액의 예정과 위약벌 사이의 차이나 위약벌의 독자적인 기능을 고려할 때 유추적용이 가능한 경우에 해당하지 않는다. 손해배상액의 예정과 위약벌을 달리 취급하는 것은 합리적인 근거에 따라 '다른 것을 다르게' 취급하는 것이다.

④ 위약벌 약정은 손해배상과 관계없이 의무 위반에 대한 제재벌로서 위반자가 그 상대방에게 지급하기로 자율적으로 약정한 것이므로 사적 자치의 원칙에 따라 계약당사자의 의사가 최대한 존중되어야 하고, 이에 대한 법원의 개입을 쉽게 허용할 것은 아니다. 위약벌에 대한 법원의 개입을 넓게 인정할수록 위약벌의 이행확보적 기능이 약화될 수밖에

---

48) 소수의견에 대한 반박 취지의 다수의견에 대한 보충의견(대법관 민유숙, 대법관 노정희, 대법관 노태악)을 포함하여 소개한다.

없다.

⑤ 민법 제103조를 적용하는 것과 민법 제398조 제2항을 적용하는 것이 그 요건과 범위가 같은 것이 아니므로 민법 제398조 제2항을 적용하지 않는다고 하여 불필요한 우회로를 강요하는 것이라고 할 수 없다.

⑥ 각국의 위약금 규율 체계가 다르므로 현재 판례의 입장이 일부 외국의 규율태도와 다르다고 하여 비교법적 고립을 자처한다고 볼 수 없다.

**(나) 긍정설(대상판결의 소수의견)**

위약벌은 손해배상액의 예정과 함께 위약벌의 일종으로서 손해배상액의 예정에 관한 민법 제398조 제2항을 유추하여 감액할 수 있다고 해석하여야 한다. 논거는 다음과 같다.

① 손해배상액의 예정과 위약벌은 본질적으로 유사하고 대법원 스스로도 손해배상액의 예정과 위약벌의 경계를 허무는 등 양자가 뚜렷하게 구별되는 것이 아니다.

② 민법 제정 당시의 입법자료를 살펴보면 입법자는 손해배상액의 예정의 증감을 명문으로 부정하였던 구 일본 민법, 즉 의용민법 제420조 제1항 후문의 입법태도를 바꾸는 데에 관심이 있었던 것으로 보일 뿐 위약벌에 대한 논의는 발견하기 어려우므로 입법자가 감액의 대상을 손해배상액의 예정만으로 한정하고자 했던 것이라고 단정하기 어렵다.

③ 민법 제398조 제2항은 손해배상액의 예정에 관하여만 명문의 규정을 두었을 뿐 위약벌에 관하여는 법률해석에 맡겨 둔 것이므로 법률해석의 방법으로 그 감액 여부를 결정할 수 있다. 그런데 손해배상액과 위약벌의 유사성에 비추어 볼 때 위약벌에 관하여도 손해배상액 예정의 감액 규정을 유추하는 방법으로 해결하는 것이 타당하고, 배상적 기능을 갖는 손해배상액의 예정에 대하여 감액을 인정하면서 오히려 제재적 기능을 갖는 위약벌에 대해서 감액을 인정하지 않는 것은 헌법상 평등 원칙에 비추어 평가모순이다.

④ 사적 자치의 원칙을 보장하더라도 그 기능이나 법적 효과가 유

사한 손해배상액의 예정과 위약벌을 약정의 형식이나 그 해석 결과에 따라 감액 여부를 달리 취급하는 것은 국민 입장에서도 납득하기 어렵고, 같은 것을 달리 취급하는 불평등이 시정되어야 진정한 사적 자치의 실현이라고 할 수 있다.

⑤ 현재의 실무상 손해배상액의 예정과 위약벌의 불균형을 해소하기 위해서, 위약벌보다는 손해배상액의 예정으로 인정하는 경향 및 유추해석으로 해결할 수 있는데 공서양속 위반으로 해결하는 경향 등의 이중의 우회로를 강요하고 있다. 민법 제103조와 민법 제398조 제2항의 범위가 다른 것은 민법 제398조 제2항에 따른 감액의 범위가 너무 넓기 때문이므로 그 인정 범위를 줄이는 것이 오히려 형평에 맞다.

⑥ 대륙법계도 위약벌의 감액을 인정하고 영미법계는 아예 위약벌을 허용하고 있지 않은데 우리나라만 위약벌의 감액을 인정하지 않는 것은 비교법적 고립을 자초하게 되는 것이다.

**(다) 양 견해의 논거 비교**

양 견해에 관한 논거의 핵심을 간략히 비교하면 아래 표와 같다.

| 부정설(다수의견) | 긍정설(소수의견) |
|---|---|
| 손해배상액의 예정과 위약벌은 다르다. | 손해배상액의 예정과 위약벌은 유사하다. |
| 민법 제398조 제2항의 반대해석상 위약벌의 감액은 허용될 수 없다. | 민법 제398조 제2항의 유추해석상 위약벌의 감액이 허용되어야 한다. |
| 손해배상액의 예정에만 감액을 허용한다는 것이 입법자의 결단이다. | 손해배상액의 예정에만 감액을 허용한다는 것이 입법자의 결단이라고 단정할 수 없다. |
| 양자를 달리 취급하는 것은 합리적인 근거에 따라 '다른 것을 다르게' 취급하는 것이다. | 양자를 달리 취급하는 것은 헌법상의 평등원칙에 비추어 평가모순이다. |
| 사적 자치의 원칙에 따른 계약에 법원의 개입을 쉽게 허용할 수는 없다. | 유사한 것을 달리 취급하는 불평등이 시정되어야 진정한 사적 자치의 실현이다. |
| 불필요한 우회로를 강요하는 것이 아니다. | 불필요한 우회로를 강요하는 것이다. |
| 비교법적 고립을 자처하는 것이 아니다. | 비교법적 고립을 자처하는 태도이다. |

## 4. 검  토

이에 관하여는 민법 제398조 제2항의 유추적용을 긍정하는 견해가
타당하다고 생각한다. 그 근거는 대상판결의 소수의견이 제시한 논거 외
에 다음과 같은 것이 추가로 있을 수 있다.

① 본 논문의 모두에 제시하였던 사법의 역할과 관련하여, 형사법과
조세법과 같이 국민의 권리를 침해할 수 있는 공권력 작용에 관한 것이
아닌 이상, 법원이 법을 해석하고 적용함에 있어서는 사회현실의 변화
등을 고려하여 구체적 타당성을 도모하는 것이 타당하다. 우리나라와 같
이 빠르게 변화하는 사회환경과 거래현실에서 모든 것을 법률로 정확히
규율하고 그에 의하는 것은 가능하지도 않고 바람직하지도 않다. 특히
민사 영역에서는 헌법이나 법률에 반하는 것이 아닌 이상 법해석과 적용
의 여지가 크다. 유추해석 역시 실정법 조항의 문리해석 또는 논리해석
만으로는 현실적인 법률적 분쟁을 해결할 수 없거나 사회적 정의관념에
현저히 반하게 되는 결과가 초래되는 경우에 있어서는 법원이 실정법의
입법정신을 살려 법률적 분쟁을 합리적으로 해결하고 정의관념에 적합한
결과를 도출할 수 있기 위하여 허용되는 것이다. 형사에서의 유추해석
금지원칙과 달리 민사 영역에서는 유추해석이나 확장해석을 할 수 있다
는 것이 대법원 판례의 태도이기도 하다.[49]

② 민법 제398조는 '위약금 전반'을 규율하는 규정이 아니고 '손해배
상액의 예정'에 한하여 규율하는 규정이므로(제목도 '배상액의 예정'이고 제1
항부터 제5항까지 모두 '손해배상액의 예정'에 관한 규율이며, 오로지 제4항에만
'위약금'이라는 용어가 등장할 뿐이다) 민법 제398조 제2항은 단순히 손해배
상액의 예정액을 감액할 수 있다는 규율을 한 것으로 해석함이 자연스럽
지, 이를 손해배상액의 예정이 아닌 위약금(위약벌 등)에 대하여는 감액할
수 없다는 입법자의 결단이 있다고 해석하는 것은 지나치다. 오히려 민

---

49) 대법원 1994. 8. 12. 선고 93다52808 판결 등.

법 제398조 제2항이 손해배상액 예정의 감액을 인정한 이유는, '(협의의) 손해배상액의 예정'과 '위약벌'이 합쳐져 있는 '광의의 손해배상액의 예정'이 많은 현실을 감안하여, 실질적으로 감액이 더욱 요구되는 위약벌 부분을 고려한 것으로 볼 수도 있다.

③ 앞서 본 바와 같이 손해배상액의 예정과 위약벌은 완전히 구별되지 않는다. 예컨대 10억 원의 위약금 약정을 하였는데 실상 손해배상액은 1억 원 정도에 지나지 않고 위약벌이 9억 원에 해당하는 하나의 위약금 약정과 손해배상액의 예정으로 1억 원을 약정하고 위약벌로 9억 원을 별도로 약정한 것 사이에 본질적인 차이는 없지만, 위약벌에 대한 민법 제398조 제2항의 유추적용을 부정하면 양자의 결론은 크게 다르게 되는데 이는 타당하지 않다.

④ 민법 제398조 제2항이 손해배상액의 예정이 아닌 위약금에 대하여는 감액을 허용하지 않는다고 본 것이어서 그 반대해석상 감액이 허용되지 않는다고 본다면, 이는 민법 제103조를 적용하여서도 안 된다고 볼 수 있다. 즉 위약금에 대하여는 감액을 허용하지 않는다는 것이 입법자의 결단이라고 보면서도 민법 제103조의 적용을 통한 위약금 감액이 일반적으로 허용되는 것으로 보는 것은 일관된 관점이라고 보기 어렵다.

⑤ 다수의견은 종전의 판례 결론이 이미 거래계의 현실로 자리잡았다는 것을 지적한 바 있다. 판례를 신뢰하여 그에 따라 행동하였는데 판례가 변경됨으로써 중대한 불측의 손해를 입는 경우[50]가 물론 있을 수 있는데, 위약벌의 경우는 당사자들이 감액되지 않을 것으로 생각하고 약

---

50) 예컨대 일반 육체노동자의 가동연한이 만 55세라는 종전의 판례를 변경하여 만 55세를 넘어서도 가동할 수 있다고 한 전원합의체 판결(대법원 1989. 12. 26. 선고 88다카16867 전원합의체 판결)이나 가동연한을 종전보다 늘려 65세로 본 전원합의체 판결(대법원 2019. 2. 21. 선고 2018다248909 전원합의체 판결)과 같은 사안에 있어서는 보험회사들이 보험료를 산정할 때 피해자의 가동연한이 55세임을 전제로 하였을 것이므로 판례의 변경에 따라 직접적인 신뢰의 침해가 발생할 수 있다는 점에서 판례의 변경에 있어 그러한 사정을 추가로 고려할 필요가 있을 수도 있다(그럼에도 위 각 판례의 변경이 타당하다고 볼 것이다)(윤진수, "판례의 무게 - 판례의 변경은 얼마나 어려워야 하는가?", 민사재판의 제문제 제27권, 2020. 427면).

정을 하였다고 하더라도 손해배상과 별도로 사적 제재로서 지급받는 것
이라는 점에서 거래계의 현실로 정착되었다는 점을 감안하더라도 아주
두터운 보호를 필요로 하는 경우라고 볼 수 없다.

## Ⅵ. 손해배상액의 예정과 위약벌에 관한 감액 판단 기준의 재정립

### 1. 序

앞서 본 바와 같이 위약벌에 관하여 민법 제398조 제2항이 유추적
용된다고 하더라도, 손해배상액의 예정과 위약벌에 관한 감액의 구체적
기준이 반드시 동일하다고 보아야 하는 것은 아니다. 민법 제398조 제2항
은 '부당히 과다한 경우'에 법원은 '적당히' 감액할 수 있다고 규정하고 있
는데, 부당히 과다한 경우의 의미와 적당히 감액한다는 의미는 매우 추상
적인 규율로서 그 기준이 분명하다고 할 수 없고, 그 감액 기준을 판단함
에 있어서는 위약금의 성질이 무엇인지를 고려하는 것이 필요하다.

이하에서는 손해배상액의 예정 및 위약벌과 관련하여, 감액이나 무
효(전부 또는 일부 무효)가 인정되어 온 기준과 그 사례를 살펴보고 이에
관하여 법원이 취하여야 할 적정한 기준을 제시하기로 한다. 이는 대상
판결의 다수의견과 소수의견에서도 그 논거이자 해석의 기준으로서 제시
된 바 있는 쟁점이기도 하다.

### 2. 종래 판례상의 기준

#### (1) 손해배상액 예정의 감액

#### (가) 감액 판단의 기준

민법 제398조 제2항은 "손해배상액의 예정이 '부당히 과다한 경우'에
는 법원은 적당히 감액할 수 있다."고 규정하고 있는바 그 의미에 관하여
판례는 다음과 같이 그 기준을 조금씩 보완하는 판시를 하여 왔다.

우선 ① 대법원 1991. 3. 27. 선고 90다14478 판결은 "'부당히 과다
한 경우'라 함은 손해가 없다든가 손해액이 예정액보다 적다는 것만으로
는 부족하고, 계약자의 경제적 지위, 계약의 목적, 손해배상액예정의 경

위 및 거래관행 기타 제반사정을 고려하여 그와 같은 예정액의 지급이 경제적 약자의 지위에 있는 채무자에게 부당한 압박을 가하여 공정성을 잃는 결과를 초래한다고 인정되는 것으로 보아야 한다."고 판시함으로써 일응의 기준을 제시한 바 있는데, 그 후 ② 대법원 1995. 11. 10. 선고 95다33658 판결에서 "손해배상 예정액의 과다 여부 판단에 있어 실제의 손해액을 구체적으로 심리·확정할 필요는 없고, 다만 기록상 실제의 손해액 또는 예상 손해액을 알 수 있는 경우 그 예정액과 대비하여 보면 족하다 할 것이며, 실제의 손해액이 예정액에 미치지 못한다는 점은 그 예정액이 부당히 과다하다고 주장하는 채무자가 입증할 필요가 있다."고 하여 그 기준을 보다 구체화하였다.

나아가 ③ 대법원 2000. 7. 28. 선고 99다38637 판결은 앞서의 판시사항을 계승하면서도 "손해배상액의 예정액이 부당하게 과다한지 및 그에 대한 적당한 감액의 범위를 판단하는 데 있어서는 법원이 구체적으로 판단을 하는 때 즉, 사실심의 변론종결 당시를 기준으로 하여 그 사이에 발생한 위와 같은 모든 사정을 종합적으로 고려하여야 할 것이다."라고 판시하여 그 판단의 시점을 구체화하였고, 나아가 ④ 최근 대법원 2021. 11. 25. 선고 2017다8876 판결은 "손해배상 예정액을 감액하기 위한 요건인 '부당성'은 채권자와 채무자의 지위, 계약의 목적과 내용, 손해배상액을 예정한 동기와 경위, 채무액에 대한 예정액의 비율, 예상 손해액의 크기, 당시의 거래관행 등 모든 사정을 참작하여 일반 사회관념에 비추어 예정액의 지급이 경제적 약자의 지위에 있는 채무자에게 부당한 압박을 가하여 공정성을 잃는 결과를 초래하는 경우에 인정된다. 이때 감액사유에 관한 사실을 인정하거나 감액비율을 정하는 것은 형평의 원칙에 비추어 현저히 불합리하다고 인정되지 않는 한 사실심의 전권에 속하는 사항이다."라고 판시하여 그 판단의 일차적 주체가 사실심 법원임을 명시적으로 밝혔다.[51]

---

51) 그 외에 대법원은, 손해배상액의 예정에 관하여는 별도로 채권자의 과실을 들어 과실상계를 할 수는 없다고 판단한 바 있는데("채무불이행으로 인한 손해의 발생

### (나) 판례에 나타난 구체적 사례 및 판례의 경향성

#### 1) 구체적 사례

앞서 본 기준이 구체적으로 어떻게 적용되었는지를 확인하기 위하여 이하에서는 손해배상액 예정의 감액을 인정한 사례와 부정한 사례를 살펴본다.[52]

가) 감액 인정 사례(시간 순)

① 배구단 운영회사와 배구선수가 전속계약을 체결하면서 선수의 위약 시 손해배상액의 예정 비율을 연 25%로 정하였는데 원심이 이것이 과다하다고 하면서 이를 연 6%로 감액한 사안에서, 대법원은 감액을 하는 것은 수긍할 수 있으나 상사법정이율에 불과한 연 6%로 감액한 것은 지나치게 감액한 것이라는 취지로 원심판결을 파기한 사례(대법원 1990. 11. 9. 선고 90다카7262 판결)[53]

② 약 61억 원의 도급계약을 체결하면서 손해배상액의 예정으로 위 금액의 10%인 약 6억 1천만 원 상당의 계약보증금을 지급한 사안에서 원심이 이를 4억 원으로 감액한 조치가 정당하다고 판시한 사례(대법원 1995. 12. 12. 선고 95다28526 판결)

③ 대금 약 36억 원의 매매계약에서 계약금이자 위약금을 5억 원으로 약정하였는데 여러 사정에 비추어 이를 2억 원으로 감액한 원심판결이 정당하다고 판단한 사례(대법원 1997. 2. 25. 선고 96다48398 판결)

④ 약 31억 원의 매매계약에 관하여 손해배상액의 예정으로 15억

---

및 확대에 채권자에게도 과실이 있더라도 민법 제398조 제2항에 따라 채권자의 과실을 비롯하여 채무자가 계약을 위반한 경위 등 제반 사정을 참작하여 손해배상 예정액을 감액할 수는 있을지언정 채권자의 과실을 들어 과실상계를 할 수는 없다."; 대법원 2016. 6. 10. 선고 2014다200763, 200770 판결), 이 또한 손해배상액 예정 감액의 기준이나 참작사유로 볼 수 있다.

52) 대법원 판결 중 손해배상액의 예정 감액에 대한 판단이 있는 사례를 수집한 것인데, 앞서 본 바와 같이 손해배상액의 예정 감액은 '사실심의 전권'에 속한다는 것이 대법원의 판단이므로 아래의 판결 중에서는 대법원이 원심판결을 수긍한 것보다는 원심판결의 판단을 파기한 것이 훨씬 더 큰 의미가 있다.

53) 감액 필요성을 인정하기는 하면서도 원심의 감액 판단은 지나치다고 보았으나 편의상 감액 인정 사례에 포함시켜 설명한다.

원을 정한 사례에서 이를 10억 원으로 감액한 원심판결이 정당하다고 판시한 사례(대법원 2001. 11. 27. 선고 2001다31189 판결)

⑤ 드라마 연출계약을 체결하면서 총 60회 연출료로 7억 8천만 원을 지급하기로 하는 계약을 하면서 그에 관한 손해배상액의 예정으로서 지급 금액의 3배(6억 원) 중 이미 지급받은 2억 원을 제외한 4억 원을 청구하자 이를 2억 원으로 감액한 원심이 정당하다고 판시한 사례(대법원 2004. 4. 16. 선고 2003다39743, 39750 판결)

⑥ 715억 원을 대금으로 한 매매계약에 관하여 10%인 71억 5,000만 원을 위약금으로 정한 사례에서 이를 다시 50% 감액한 35억 7,500만 원을 인정한 원심판결을 정당하다고 수긍한 사례(대법원 2004. 12. 10. 선고 2002다73852 판결)

⑦ 분양대금 169,400,000원의 27% 상당을 위약금으로 정한 사건에서 원심이 이를 부당히 과다하다고 보기 어렵다고 판단하였는바, 대법원은 '통상적인 분양계약에서의 위약금 비율인 분양대금의 10%를 훨씬 상회하는 점' 등을 들어 과다하다는 취지로 원심판결을 파기한 사례(대법원 2013. 10. 24. 선고 2010다22415 판결)

⑧ 분양계약을 체결하면서 분양대금 등을 지급하지 않을 경우 미지급금에 대한 약정 연체이율(지체기간에 따라 연 10.96%, 연 13.96%, 연 14.96%, 연 15.96%)에 따른 지연손해금을 지급하기로 한 것에 대하여 원심이 그 약정이 과다하다고 보아 이를 연 6%로 감액하자, 지연손해금을 감액하여야 한다고 본 원심판결을 수긍할 수는 있으나 연 6%의 비율로 계산한 금액으로까지 감액한 것은 형평의 원칙에 비추어 불합리한 과다한 감액으로 보인다고 판단하여 이를 파기한 사례(대법원 2017. 8. 18. 선고 2017다228762 판결)

⑨ 매매대금을 34억 2,500만 원으로 한 계약에서 3억 원을 손해배상액의 예정으로 하였는데(계약금이 3억 원이었는데 계약금 중 3,000만 원만 실제로 지급하고 나머지 계약금 2억 7,000만 원은 지급하지 않았던 상황) 사안의 경과 등에 비추어 이를 다시 3,000만 원으로 감액한 원심판결을 수긍한

사례(대법원 2018. 6. 28. 선고 2018다210775 판결)

나) 감액 부정 사례(시간 순)

① 대금 935,000,000원에 부동산을 매매하기로 하는 매매계약을 체결하면서 매매계약상의 채무불이행에 따른 손해배상액으로 예정한 95,000,000원을 60,000,000원으로 감액한 원심판결에 대하여 원래의 위약금이 부당히 과다하지 않다는 취지로 파기한 사례(대법원 1989. 12. 12. 선고 89다카10911 판결)

② 12억 6,500만 원 상당의 공사계약과 관련하여 그 10%인 1억 2,650만 원의 계약보증금을 지급하면서 이를 손해배상액의 예정으로 정하였는데 여러 사정을 고려하여 이를 5,000만 원으로 감액한 원심판결에 대하여 위 손해배상액의 예정이 과도하게 부당하다고 보이는 정도가 아니라는 취지로 파기한 사례(대법원 2000. 12. 8. 선고 2000다50350 판결)

③ 대금 115,000,000원의 매매계약에 관하여 손해배상액의 예정을 40,000,000원으로 한 사례에서 원심이 이를 매매대금의 10%인 11,500,000원으로 감액하자, 감액하여야 할 정도로 과다하다고 보기 어렵다는 취지로 원심판결을 파기한 사례(대법원 2000. 12. 8. 선고 2000다38442 판결)

④ 매매대금의 10%인 1억 800만 원을 위약금으로 정한 사건에서 원심이 이를 7,200만 원으로 감액하자 부당하게 과다한 위약금이라고 보기 어렵다는 이유로 원심판결을 파기한 사례(대법원 2007. 6. 14. 선고 2007다9528 판결)

⑤ 매매대금의 10%인 29억 8,120만 원을 위약금으로 정한 사건에서 원심이 이를 12억 원으로 감액하자 매매대금의 10%로 정한 위약금이 부당하게 과다한 금액으로 볼 수 없다는 이유로 원심판결을 파기한 사례(대법원 2010. 4. 16. 선고 2009다94452 판결)

⑥ 상인 사이의 독점적 판매계약을 체결하여 손해액의 10배를 위약금으로 정하였는바, 실제 약 8,000만 원의 손해가 발생하여 손해배상액의 예정액은 결국 8억 원에 해당하게 된 사례에서, 원심이 여러 사정을 고려하여 부당히 과다한 경우에 해당하지 않는다고 보아 감액하지 않았고

대법원이 정당하다고 하여 이를 수긍한 사례(대법원 2021. 11. 25. 선고 2017다8876 판결)

### 2) 분   석

손해배상액의 예정이 부당히 과다하다는 것은 사실심이 여러 사정을 종합하여 판단하는 것이므로 일률적인 기준을 정해둔다는 것은 어려우나, 대체적인 경향성을 파악할 수는 있다.[54] 전체 계약 대금의 10%를 계약금으로 하는 거래의 관행에 비추어 10%를 넘지 않는다면 대체로 부당하게 과다하다고 보지 않는 경향이 있어 보인다. 10%를 초과하는 경우에는 사안에 따라 다를 것이나 감액을 하더라도 10% 아래로 감액하는 경우는 거의 없는 것으로 보인다.[55]

손해배상액의 예정으로 인정되는 지체상금과 관련하여서는 법정이율이 민법은 5%, 상법은 6%인바, 이보다 높은 지체상금을 정한다고 하여 반드시 과다하다고 감액하는 것으로 보이지는 않고 그보다 상당히 높은 경우에는 이를 감액하는 것으로 보이지만, 손해배상액의 예정이 없었어도 법정이율만큼의 지체상금은 인정되는 만큼 감액하더라도 이를 법정이율과 동일하게 감액하는 것은 허용되지 않는다고 보는 경향 또한 발견된다.

### (2) 위약벌의 무효

### (가) 무효 판단의 기준

한편 위약벌의 전부 또는 일부 무효 기준과 관련하여서는 기존에 민법 제398조 제2항이 유추적용되지 아니하였으므로, 판례의 태도는 지금까지 위약벌에 관하여 민법 제103조를 어떠한 범위에서 적용하였는지를 살펴보는 것으로 확인할 수밖에 없다.

앞서 본 바와 같이 ① 대법원 1993. 3. 23. 선고 92다46905 판결은

---

54) 감액 판단에 있어서는 손해배상액의 액수 외에 당사자들의 관계나 계약 체결의 경위 등을 종합적으로 고려하여야 하는 것이지만, 계약대금과 손해배상액의 비율 등이 실질적으로 가장 중요한 기준에 해당하므로 이를 중심으로 분석한 것이다.

55) 그렇다고 하여도 10%의 비율을 절대적인 기준이라고 볼 수는 없고 전체 가액에 비추어 판단할 필요가 있다. 예컨대 대금이 1만 원인 계약에서 손해배상액의 예정을 50%에 해당하는 5,000원으로 정하였다고 하여 반드시 손해배상액의 예정이 과다하므로 이를 감액하여야 한다는 결론에 이를 것으로 보이지는 않는다.

"그 의무의 강제에 의하여 얻어지는 채권자의 이익에 비하여 약정된 벌이 '과도하게 무거울 때에는' 그 일부 또는 전부가 공서양속에 반하여 무효로 된다."고 판시하여 민법 제398조 제2항의 손해배상액의 예정과 유사한 기준이 적용되는 것처럼 판시한 바 있었다.

그러던 중 ② 대법원 2013. 12. 26. 선고 2013다63257 판결로 "위약벌의 약정과 같은 사적 자치의 영역을 일반조항인 공서양속을 통하여 제한적으로 해석함에 있어서는 계약의 체결 경위와 내용 등을 종합적으로 검토하는 등 매우 신중을 기하여야 할 것이다."라는 판시를 한 바 있고, 여기에서 더 나아가 ③ 대법원 2016. 1. 28. 선고 2015다239324 판결로 "당사자가 약정한 위약벌의 액수가 과다하다는 이유로 법원이 계약의 구체적 내용에 개입하여 그 약정의 전부 또는 일부를 무효로 하는 것은 (중략) 가급적 자제하여야 한다. 이러한 견지에서, 위약벌 약정이 공서양속에 반하는지를 판단함에 있어서는 (중략) 신중을 기하여야 하고, 단순히 위약벌 액수가 많다는 이유만으로 섣불리 무효라고 판단할 일은 아니다."라고 판시하여 무효 인정의 범위를 더욱 좁혔다.

**(나) 판례에 나타난 구체적 사례 및 판례의 경향성**

**1) 구체적 사례**

앞서 본 기준이 구체적으로 어떻게 적용되었는지를 확인하기 위하여 이하에서는 위약벌의 감액(전부 또는 일부 무효)을 인정한 사례와 부정한 사례를 살펴본다.[56]

가) 무효(일부 무효 포함) 인정 사례(시간 순)

① 임대차계약 시 보증금(2,519,000,000원)의 20% 상당액을 위약벌로 약정한 사례에서 약정한 위약벌의 10%(최초 보증금의 2%)를 초과하는 금액은 공서양속에 반하여 무효라고 한 원심판결을 수긍한 사례(대법원 2002. 2. 5. 선고 2001다62091 판결)

---

56) 손해배상액의 예정에서 설명한 것과 마찬가지로 이에 관하여는 사실심의 권한과 재량의 폭이 크므로, 대법원이 원심판결을 수긍한 것보다는 원심판결의 판단을 파기한 것이 훨씬 더 큰 의미가 있다.

② 투자 및 대여 총액을 200억 원으로 하면서 위약벌을 투자금 및 대여금의 배액으로 정한 사안에서, 계약 진행 과정, 투자 및 대여금 전체의 규모, 계약위반의 과정 등을 종합하여 30억 원을 초과하는 부분을 공서양속에 반하여 무효라고 판시한 원심판결을 수긍한 사례(대법원 2010. 12. 23. 선고 2010다56654 판결)

③ 소속사와 배우의 전속계약에 관하여 전속계약 해지 시의 위약벌로 2억 원을 정한 사안에서 이를 과도하게 무겁다고 보아 위약벌 약정은 1억 5,000만 원의 범위 내에서만 유효하고, 나머지는 공서양속에 반하여 무효라고 판단한 원심판결을 수긍한 사례(대법원 2013. 7. 25. 선고 2013다27015 판결)

④ 양수도대금을 58억 원으로 하는 주식매매계약에 관하여 위약금을 146억 원으로 정한 사안에서 원심은 공서양속에 반할 정도로 과도하게 무거운 것으로 보기 어렵다고 판단하였는데, 대법원은 '위약금이 받기로 한 대가인 58억 원의 3배 가까이 되는 점' 등을 근거로 하여 과도하게 무거워 공서양속에 반할 여지가 상당하다는 취지로 보아 이를 파기한 사례(대법원 2015. 12. 10. 선고 2014다14511 판결)

나) 무효 부정 사례(시간 순)

① 옥수수 공급계약에 관하여 공급가액의 15%를 위약벌로 정한 사안에서 공서양속에 반하지 않는다고 판단한 원심판결을 수긍한 사례(대법원 1991. 4. 26. 선고 90다6880 판결)

② 백화점 수수료위탁판매장 계약에서 임차인이 매출신고를 누락한 경우 판매수수료의 100배에 해당하고 매출신고누락분의 10배에 해당하는 금액을 배상하기로 하였는데 2,545,000원의 매출 누락이 발견되자 25,455,000원을 위약벌로 하여 이를 지급하여야 할 금액에서 공제한 사안에서 공서양속에 반하지 않는다고 본 원심판결을 수긍한 사례(대법원 1993. 3. 23. 선고 92다46905 판결)

③ 원고와 피고가, 피고의 건물이 원고의 대지를 침범하였는지 다투던 중 상호 합의하면서 대지를 침범한 부분을 임대하고 그 임대보증금과

차임을 나누어 갖되 위반한 경우 위약자가 상대방에게 1,000만 원을 배상하기로 약정한 사안(해당 토지는 보증금이 150만 원~600만 원, 차임이 월 15만 원~50만 원 수준)에서 위약벌이 공서양속에 반하지 않는다고 한 사례(대법원 2005. 10. 13. 선고 2005다26277 판결)

④ 대금 1,940억 원의 M&A 계약에 관하여 위약벌을 약 100억 원으로 정한 사례에서 계약이행확보의 필요성, 위약으로 인하여 입을 것으로 예상되는 손해, 위약벌의 규모나 전체 인수대금에 대한 비율, 당사자들의 경제적 지위와 능력 등의 제반 사정을 종합해 보면, 위약벌의 규모가 100억 원을 상회한다고 하여 공서양속에 반한다고 할 수는 없다고 판단한 사례(대법원 2008. 2. 14. 선고 2006다18969 판결)

⑤ 주식을 380억 원에 양도하기로 하면서 위약벌을 20억 원으로 약정한 사안에서 공서양속에 반하여 무효라고 보기 어렵다고 본 원심을 정당하다고 수긍한 사례(대법원 2010. 1. 14. 선고 2009다75666, 75673 판결)

⑥ 5억 3,000만 원을 대금으로 하는 임차권 양도계약에 관하여 위약벌을 2억 원으로 정한 사안에서, 위약벌이 지나치게 무거우므로 임차권 양도대금의 10%를 초과한 부분을 공서양속에 반하여 무효라고 판단한 원심에 대하여 공서양속에 반할 정도로 지나치게 무겁다고 보기 어렵다는 취지로 파기한 사례(대법원 2013. 12. 26. 선고 2013다63257 판결)

⑦ 회사의 주식과 기술을 시가의 수배에 해당하는 17억 원 이상을 지급받고 양도하면서 경업금지약정을 하였고, 이를 위반할 경우의 위약벌을 10억 원으로 한 사안에서 위약벌의 약정이 의무의 강제에 얻어지는 상대방의 이익에 비하여 피고에게 지나치게 무거운 부담을 과하고 있다고 볼 수 없다는 이유로 공서양속에 반하지 않는다고 본 원심판결을 수긍한 사례(대법원 2014. 4. 10. 선고 2013다216433 판결)

⑧ 371억 원의 영업양수도 계약에 관하여 위약벌을 50억 원으로 약정한 사례에서, 여러 사정을 고려하여 볼 때 위 위약벌 약정이 공서양속에 반하지 않는다고 판단한 원심판결을 수긍한 사례(대법원 2015. 7. 23. 선고 2013다92446, 92453 판결)

⑨ 매매대금 150억 원으로 한 매매계약에서 15억 원을 계약금으로 하면서 계약위반 시에는 위 금액을 위약벌로 몰취하기로 약정하였는데, 원심이 여러 사정을 고려할 때 공서양속에 반하지 않는다고 판단하였고 이를 수긍한 사례(대법원 2015. 4. 9. 선고 2015다200074 판결)

⑩ 부동산 개발사업과 관련한 계약을 체결하면서 대금을 토지와 건축면적을 기준으로 정한 계약에서(그에 따른 공사비는 약 138억 원) 위약벌을 5억 원으로 정하였는바, 원심이 위약벌이 지나치게 무겁다고 볼 수 없다는 이유로 무효 주장을 배척하였고 대법원이 이를 수긍한 사례(대법원 2016. 1. 28. 선고 2015다239324 판결)

⑪ 전량구매의무 등을 위반한 경우 주유소의 직전년도 해당 분기 매출액 또는 직전 3개월 매출액 중 큰 금액의 20%를 위약벌로서 지급하도록 정한 내용이 공서양속에 위반되지 않는다고 판단한 원심판결을 수긍한 사례(대법원 2022. 7. 28. 선고 2018다244686 판결)

  2) 분    석

위약벌에 관한 무효(전부 또는 일부 무효) 사례를 보면 2013년 대법원 2013다63257 판결 이전과 이후가 크게 달라졌음을 분명히 확인할 수 있다. 즉 위 판결 전까지만 하여도 손해배상액의 예정 감액과 위약벌의 일부 무효 범위는 적용 법조만 다를 뿐 거의 그 범위가 같았던 것으로 보인다(대체로 계약대금의 10~15% 수준에서 유효 여부를 판단하였던 것으로 볼 수 있다). 그런데 2013년에 민법 제103조 위반 인정을 자제해야 한다는 판결(대법원 2013다63257)이 등장하면서 그 이후에는 위약벌이 전부 또는 일부 무효가 된 사례가 급격하게 줄어든 것으로 보여, 거래대금의 10%인 경우는 물론 20%의 정도의 위약금도 유효하다고 보는 사례가 발견되고, 17억 원 상당의 약정에 있어 10억 원의 위약벌이 유효하다고 본 사례도 확인된다. 위 판결 이후에 무효로 본 사례로 앞서 본 바와 같이 양수도대금을 58억 원으로 하는 주식매매계약에 관하여 위약금을 146억 원으로 정한 사안[57]

---

57) 대법원 2015. 12. 10. 선고 2014다14511 판결.

등이 발견되는데 이는 과도함이 비교적 명확해 보이는 사안에 관한 것
이었다.

(3) 손해배상액의 예정과 위약벌의 무효(전부 또는 일부 무효) 인정 범위
비교

앞서 본 바와 같이 대법원 2013다63257 판결 이전에는 손해배상액
예정의 감액 범위와 위약벌 감액 인정 범위가 대체로 유사하였으나, 위
판결 이후에는 손해배상액의 예정 감액 범위가 위약벌 감액 인정 범위보
다 상당히 넓어진 것을 알 수 있다.

이를 도해로 나타내면 아래와 같다.

[대법원 2013다63257 판결 전]

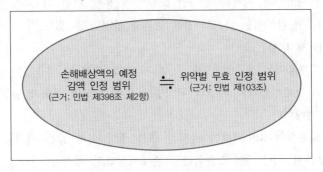

[대법원 2013다63257 판결 이후]

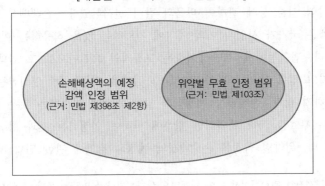

3. 손해배상액의 예정과 위약벌에 공통적으로 적용될 민법 제398조
   제2항의 감액 기준 제시

(1) 序

만약 위약벌에 대하여도 민법 제398조 제2항이 유추적용된다면 감액
의 기준은 어떻게 되는 것이 타당한지에 관하여 본다. 민법 제398조 제2
항의 유추적용 그 자체보다 이로 인하여 감액의 범위가 달라지는지가 실
제에 있어서는 더 중요한 문제에 해당할 것이므로 이에 관하여 검토할
필요가 있다.

(2) 견해의 상정

손해배상액의 예정과 위약벌 모두에 적용될 민법 제398조 제2항의
감액 기준에 관하여는 다음과 같은 견해를 상정할 수 있다.[58)]

(가) 제 1 설

직접적용이든 유추적용이든 민법 제398조 제2항이 적용되는 것은 동
일하므로 손해배상액의 예정과 위약벌에 있어 감액의 정도가 동일하여야
한다는 견해이다.

대상판결의 소수의견이 설시한 내용 중에 이와 같은 취지로 볼 수
있는 부분이 있다. 즉 소수의견은 손해배상액의 예정과 위약벌 모두에
대하여 민법 제398조 제2항이 적용되어야 한다고 하면서 손해배상 예정
액의 감액 기준 등에 관하여 다음과 같이 설시하였다. "손해배상 예정액
의 감액은 국가가 사인 사이의 계약에 개입하는 것을 허용하는 이례적인
규정이다. 법규정에서 '부당성'이라는 포괄적인 요건만으로 그 감액을 할
수 있다고 정하고 있다고 하더라도 그 감액을 너무 쉽게 인정하는 것은
바람직하지 않다. 손해배상 예정액의 감액을 쉽게 인정하는 것은 위약벌
의 일부 무효를 극히 예외적인 경우에 한하여 인정하는 것과 형평에 맞
지 않는다. 위약벌 약정에 손해배상액 예정의 감액에 관한 민법 제398조

---

58) 이 쟁점과 관련하여서는 이를 정면으로 다루거나 논의하는 문헌 등을 발견하기
    어려운바, 아래의 견해는 필자가 입론이 가능한 것을 유형화하여 제시한 것이다.

제2항을 유추적용하여 감액을 인정하되, 부당성이 존재하는지에 관하여
면밀하게 심사하여 감액을 하는 것이 바람직한 방향이다."라고 판시하였
는데 이는 손해배상액의 예정의 감액 범위를 현재보다 좁혀 위약벌의 감
액 인정 범위와 동일하거나 유사하게 보자는 것으로서 제1설에 가깝다.

손해배상액의 예정과 위약벌 사이에 감액의 범위가 같아야 한다고
할 때 그 범위가 현재의 손해배상액의 예정 정도의 범위에 이르러야 하
는지, 현재의 위약벌 정도의 범위에 이르러야 하는지, 혹은 그 사이 어던
가에 위치하여야 하는지에 관하여도 다양한 입론이 가능하다. 대상판결
의 소수의견은 현재의 손해배상액의 예정보다는 좁아야 한다는 입장인
것으로 이해된다.

**(나) 제 2 설**

민법 제398조 제2항은 감액의 법적 근거가 같다는 의미일 뿐 감액
기준에 있어서는 양자가 달라야 하고, 종래 판례와 같이 손해배상액 예
정의 감액의 정도가 위약벌의 감액보다 커야 한다는 견해이다. 결국 감
액의 범위에 관한 결론에 있어서는 앞서 본 현재의 판례 태도와 동일한
견해로 볼 수 있다.

손해배상액의 예정은 민법 제398조 제2항이 '직접적용'되는 것이고
위약벌은 민법 제398조 제2항이 '유추적용'되는 것이므로 손해배상액의
예정은 보다 적극적으로 감액 여부를 판단하여야 하고 위약벌은 감액의
필요가 있는지를 보다 면밀하게 살펴야 한다는 것을 그 이유로 한다. 또
한 위약벌은 사적 자치의 핵심 영역으로서 당사자들이 계약을 위반한 경
우에는 그 제재로서 지급하도록 약속한 것이므로 더욱 그 개입에 있어
신중하여야 할 필요가 있다고 본다.

**(다) 제 3 설**

제3설은 감액의 근거가 같더라도 감액 기준이 달라야 하는 것은 제
2설과 같으나 오히려 위약벌에 대한 감액의 정도가 손해배상액 예정에
대한 감액의 정도보다 더 커야 한다는 견해이다.

이는 손해배상액의 예정과 위약벌의 성질에 비추어 볼 때 사적 제

재의 성격을 지닌 위약벌에 감액의 필요가 더 크다는 것을 주요 근거로
한다. 즉 손해배상액의 예정은 어차피 인정되는 손해배상액에 관하여 입
증 부담의 완화를 위하여 그 액수만을 예정하는 것인 만큼 그 부당성을
인정할 수 있는 경우가 상대적으로 적지만, 위약벌은 순수한 사적 제재
로서 실제로 계약을 하는 단계에서는 강자와 약자 사이에 불균형에 의하
여 약자에게 불리한 계약이 체결되기 쉬운 만큼 보다 적극적으로 그 부
당성을 심사할 필요가 있다고 본다.

  (3) 검  토

  다음과 같은 이유로 제3설이 타당하다고 본다.

  ① 손해배상액의 예정은 손해배상액을 지급하여야 하는 상황임을
전제로 그 금액을 예정한 것인 반면, 위약벌은 추가 손해배상액의 청구
를 전제로 하는 것으로서 순수한 사적 제재에 해당한다. 따라서 부당히
과다한지에 관한 심사에 있어 법원의 개입 여지가 더 크다. 위약벌 약정
은 손해배상과 관계없이 의무 위반에 대한 제재벌로서 위반자가 그 상대
방에게 지급하기로 자율적으로 약정한 것이므로 사적 자치의 원칙에 따
라 계약당사자의 의사가 최대한 존중되어야 한다는 견해가 있으나(대상판
결의 다수의견), 손해배상액의 예정이나 위약벌이나 모두 사적 자치의 원
칙에 따라 당사자가 자율적으로 약정한 것이고 법률의 근거(민법 제398조
제2항)에 의하여 법원이 이에 개입할 수 있는 것은 동일하므로 위약벌에
관하여만 사적 자치의 원칙이 더 중요하게 작용한다고 볼 것은 아니다.

  ② 오히려 사적 자치의 시정 필요성은 위약벌에서 더 크다. 손해배
상액의 예정은 대략 예측되는 손해배상액을 기초로 하여 입증곤란의 완
화를 위하여 적절한 액수를 합의하여 정하는 것인 반면, 위약벌은 특별
한 기준도 없이 당사자가 임의로 정하는 것으로서 대가 없이 주어지는
금액이다. 또한 위약벌 약정 과정에서는 계약의 체결과정에 있어 우월적
지위에 있는 당사자가 요구하는 대로 정해질 경우도 매우 많을 것이다.
이처럼 손해배상액의 예정에 비하여 위약벌 영역에서 법원의 개입 필요
성이 크다.

③ 비교법적으로 보더라도 손해배상액의 예정에 비하여 위약벌을 무효라고 보는 경향이 강하다. 전통적으로 손해배상액의 예정의 유효성은 인정하고 위약벌의 유효성은 부정해 온 영미법에서도, 손해배상액의 예정과 위약벌이 처음부터 본질적으로 구별된다고 보는 것은 아니고 그 액수가 합리적인 범위 내라면 손해배상액의 예정으로서 유효하고 그 액수가 지나치면 위약벌이라고 보아 무효라고 판단해 왔다.

④ 제1설(특히 그중 손해배상액 예정의 감액 범위를 지금보다 좁혀야 한다는 입장)과 제2설에 의하면 위약벌에 관한 감액 범위는 민법 제103조에 따라 무효(전부 또는 일부 무효) 여부를 판단해 온 종래의 결론과 실상 큰 차이가 없다고 볼 수 있는바 민법 제398조 제2항을 유추적용하는 큰 실익을 찾기 어렵다.

## Ⅶ. 결    론

### 1. 사안의 검토

앞서 본 각 쟁점에 대한 검토를 전제로 대상판결의 사안에 관하여 본다. 이 사안은 계약에서 손해배상액과 별도로 10억 원을 지급하기로 한 것이므로 강학상으로는 '위약벌'에 해당하고 민법 제398조의 적용에 관하여는 '손해배상액의 예정이 아닌 위약금'에 해당한다.

민법 제398조 제2항의 유추적용을 통한 감액이 이루어질 수 있는지에 관하여 보건대, 대상판결 소수의견의 견해와 같이 유추적용을 인정하는 것이 타당하다.

유추적용 시 위약벌의 감액 기준은 민법 제398조 제2항의 법문에 따라 '부당히 과다'한 경우이지만, 그 구체적인 감액 판단의 기준은 손해배상액의 예정에서의 감액 기준보다 넓게 보아야 한다. 이 사안에서 전체공사비가 988,282,979원이고, 이를 원칙적으로 별도의 손해배상액으로 구할 수 있는 상황인데 이에 더하여 위약벌로 10억 원을 청구하는 것은 전체 공사비의 100%를 초과하는 금액으로서 부당하게 과다하다고 볼 여지가 크다.[59]

## 2. 대상판결의 의의

그동안 판례는 위약벌에 대하여 민법 제398조 제2항이 유추적용되지 않는다고 하였는데 이에 관하여 학계의 여러 비판이 있었고, 대상판결은 이 쟁점을 정면으로 다루어 깊이 있는 논증과 공방을 하였다는 점에 매우 큰 의의가 있다.

그러나 좁게는 위약벌에 관하여 민법 제398조 제2항을 유추적용할 수 없다고 판단함으로써 위약벌을 민법 제103조에 의한 공서양속 위반의 통제만 가능하도록 한 점과, 크게는 현대사회에 있어 사법의 역할을 다소 제한적으로 본 듯한 입장을 취한 점은 아쉽다고 할 수 있다. 그럼에도 대상판결은 7 : 6이라는 팽팽하고 치열한 공방 속에서 우리 사회에서 사법이 할 수 있는 역할과 그 범위를 전원합의체 판결을 통하여 가감 없이 보여 준 데에 중요한 의미가 있다고 할 것이다.

---

59) 또한 피고측의 과실도 일부나마 개입되어 있다고 볼 여지가 있는데(다만 대상판결에서 소개된 사실관계만으로는 이 부분에 관하여 구체적으로 파악하기에는 다소 한계가 있다) 만약 피고측의 과실이 있다면, 앞서 본 대법원 2016. 6. 10. 선고 2014다200763, 200770 판결의 취지에 따라 과실상계가 허용되지 않는 대신 위약금의 감액을 더욱 적극적으로 검토할 사유가 된다고 볼 수도 있다.

[Abstract]

# *Liquidated Damages and Penalty*: Focusing on the Reduction of the Amount

Ryu, Jemin*

In Korea, there are three similar but different concepts related to agreements specifying payment in the event of non-performance; *'agreed payment for non-performance', 'liquidated damages',* and *'penalty'.* According to Korean case law, *'agreed payment for non-performance'* is categorized into *'liquidated damages'* and *'penalty'.*

Article 398 (4) of the Korean Civil Code states *"the agreement of the payment for non-performance is presumed to be liquidated damages."* and Article 398 (2) stipulates that *"if the amount of liquidated damages is unduly excessive, the court may appropriately reduce it."* However, the Civil Code lacks a specific provision governing *'penalty'* leading to conflicting views on whether the reduction of *'penalty'* can be recognized in Korea.

In line with precedent cases in Korea, the party claiming that *'agreed payment for non-performance'* is *'penalty'* rather than *'liquidated damages'* bears the burden of proving that, because *'agreed payment for non-performance'* is presumed to be *'liquidated damages'* under Article 398 (4). Also, the court has decided that the reduction is recognized only for *'liquidated damages'* under Article 398 (2). *'Penalty',* on the other hand, may not be reduced under Article 398 (2) but could be subject to partial or complete invalidation under Article 103, which addresses violations of public order and morals. About this case law, it has been criticized for an overly textual

---

* High Court Judge at the Seoul High Court / Ph. D in Law.

interpretation.

Recently, a significant judgment was issued by the Supreme Court of Korea. That is an *en banc* decision (7 : 6 decision) that directly addresses whether Article 398 (2) of the Civil Code can be inferred to apply to *'penalt'*. In this judgment, the Supreme Court of Korea decided to uphold the precedent. It can be seen that both views (majority opinion and dissenting opinion) are very compelling and fierce. While the primary focus in the case is the applicability of Article 398 (2) of the Civil Code to *'penalty'*, the underlying issue revolves around the judiciary's role in interpreting and applying the law (such as *'judicial activism'* vs. *'judicial restraint'*, *'purposivism'* vs. *'textualism'* and *'standard'* vs. *'rule'*).

In my opinion, considering the blurred practical distinction between *'liquidated damages'* and *'penalty'*, it is appropriate to apply Article 398 (2) of the Civil Code to *'penalty'* by inference, rather than allowing *'penalty'* to be applied only to control violations of public order and morals under Article 103 of the Civil Code. Failure to do so may result in an unfair situation where essentially the same thing is treated differently. However, fundamentally, amending the Civil Code to unify *'liquidated damages'* and *'penalty'* under *'agreed payment for non-performance'* in Article 398 would provide specific validity for individual cases and is a desirable step.

## [Key word]

- Liquidated Damages
- Penalty
- Agreed Payment for Non-performance
- Penalties
- Penalty Clause
- Reduction of the Amount
- Judicial Activism
- Judicial Restraint
- Purposivism
- Textualism

- Standard
- Rule
- Public Order and Morals
- Article 398 of the Civil Code

## 참고문헌

### 1. 단 행 본

민법주해(Ⅸ), 박영사, 2004.
양창수 · 김재형, 「계약법」(제2판), 박영사, 2015.
주석민법[채권총칙(2)] 제4판, 한국사법행정학회, 2013.

### 2. 논  문

권영준, "민사재판에 있어서 이론, 법리, 실무", 서울대학교 법학 제49권 제3호
    (제148호), 서울대학교 법학연구소, 2008.
_____, "위약벌과 손해배상액 예정: 직권감액 규정의 유추 적용 문제를 중심
    으로", 민사재판의 제문제 제25권, 2017.
김재형, "'손해배상액의 예정'에서 '위약금 약정'으로: 특히 위약벌의 감액을
    인정할 수 있는지 여부를 중심으로", 비교사법 제21권 제2호(통권 제
    65호), 2014.
박정제, "위약벌과 손해배상액 예정의 구별", 대법원판례해설 제109호, 2017.
박  철, "법률의 문언을 넘은 해석과 법률의 문언에 반하는 해석", 법철학연구
    제6권 제1호, 2003.
석인선, "미국 연방대법원의 사법심사에서 사법적극주의와 사법소극주의의
    전개논의", 이화여자대학교 법학논집 제19권 제2호, 2014.
신신호, "위약벌 약정이 공서양속에 반한다고 보기 위한 요건 및 공서양속에
    반하는 위약벌 약정의 효력", 대법원판례해설 제105호, 2016.
양천수, "법률에 반하는 법형성의 정당화 가능성: 이론적 · 실정법적 근거와
    인정범위 그리고 한계", 법과 사회 제52호, 2016.
엄동섭, "미국 계약법상 손해배상액의 예정과 위약벌: 우리 민법상 두 제도의
    통합을 위한 제언", 민사법학 제78호, 2017.
윤진수, "판례의 무게-판례의 변경은 얼마나 어려워야 하는가?", 민사재판의
    제문제 제27권, 2020.
이동신, "손해배상액의 예정과 위약벌에 관한 판례 연구", 민사재판의 제문제
    제11권, 2002.

이동진, "공서양속과 계약당사자 보호", 서울대학교 박사학위 논문, 2011.

이충상, "계약보증금에 관한 몇 가지 고찰: 손해배상액의 예정인지 위약벌인
　　　지 및 감액 가능 여부 등", 사법논집(제32집), 법원도서관, 2001.

이회창, "사법의 적극주의: 특히 기본권 보장기능과 관련하여", 서울대학교 법학
　　　(제28권 제2호), 1987.

정태윤, "일본 개정민법(채권관계) 중 주요 부분에 관한 개관", 민사법학 제82호,
　　　한국사법행정학회, 2018.

최봉철, "문언중심적 법해석론 비판", 서강법학연구 제3권, 2001.

홍승면, "손해배상액의 예정과 위약벌의 구별방법", 민사판례연구 제24권, 2002.

# 가등기상 권리를 양도한 최초의 가등기 명의인을 상대로 한 사해행위취소 및 원상회복청구에서 가액배상의 범위[*]

서 정 원[**]

■요　　지■

　　사해행위인 매매예약에 기하여 수익자 앞으로 가등기를 마친 후 전득자 앞으로 가등기 이전의 부기등기를 마치고 나아가 가등기에 기한 본등기가 마쳐졌을 때, 대상판결에서 대법원은 수익자가 가등기 및 본등기에 대한 말소청구소송에서 피고적격이 부정되는 지위에 있다 하더라도 가등기 및 본등기에 의하여 발생된 채권자들의 공동담보 부족에 관하여 그를 상대로 사해행위취소 및 원상회복으로서 가액배상을 구할 수 있다고 판단하고, 피고적격이 부정됨을 이유로 이를 부정하였던 종전의 판례를 변경하였다. 등기절차상 등기의무자의 지위를 인정할 수 없어 원물의 반환이 불가능하다는 것이 가액배상을 부정할 근거가 될 수 없다는 점에서 이러한 판례의 입장 자체는 타당하나, 가등기는 순위보전의 효력이 있을 뿐 그 자체만으로 물권변동의 효력을 갖는 것은 아니며, 매매예약을 위한 가등기 외에도 거래계에서 담보 목적의 가등기가 자주 활용되고 있고 가등기담보법이 적용되지 않는 가등기의 경우 담보 목적인 경우에도 강제집행절차상 우선변제권이 인정되지 않는다는 특징이 있다. 따라서 가등기상 권리를 양도한 종전의 가등기명의인인 수익자

* 이 글은 2023. 2. 20. 민사판례연구회에서 발표한 원고로, 성균관법학 제35권 제4호 (2023)에 게재되었다. 유익한 토론을 해 주신 이연갑 교수님, 이현종 부장판사님께 감사드린다.
** 성균관대학교 법학전문대학원 부교수.

에 대하여 가등기 자체의 말소를 할 수 없다는 이유만으로 목적부동산 가액 상당의 가액배상을 명할 경우 공동담보의 부족분을 초과하여 회복을 명하는 결과가 발생할 수도 있다. 대상판결의 사안에서는 수익자들이 가등기 설정을 하면서 선순위로 근저당권을 함께 설정받았고 본등기가 마쳐질 때 근저당권을 말소하였다. 그렇다면 근저당권을 말소하는 과정에서 수익자들은 근저당권자로서 피담보채권의 우선변제를 받았을 것으로 보이므로, 이 부분을 심리하여 근저당권설정에 의하여 발생한 공동담보의 부족분에 관한 가액배상을 명하는 것이 우선이었다고 보인다. 거기에 다시 부족분이 존재하였다면, 가등기 원인행위의 취소와 원상회복으로서 가액배상을 인정할 필요가 있었을 것이다. 다만 그 경우에도 가등기상 권리를 양수한 제3자가 매매계약을 체결하고 매매대금을 지급하였다면 지급받은 대금의 사용처에 따라서는 사해행위에 해당하지 않을 수 있고, 그 경우에는 가등기상 권리 양도인에게만 가액배상의무를 인정하여서는 안 된다.

[주 제 어]
• 사해행위
• 원상회복
• 가액배상
• 가등기
• 본등기

대상판결 : 대법원 2015. 5. 21. 선고 2012다952 전원합의체 판결

[사안의 개요]

1. 사실관계

대상판결 사안에서 문제된 부동산은, 원심판결의 별지 목록에 기재된 16건의 주상복합건물 아파트 가운데에서 채무자가 공동소유하고 있던 각 1/2 지분 범위에 해당하는 부동산이다. 그 가운데 대법원이 파기환송한 부분은 같은 목록 순번 6 부동산[1]을 제외한 나머지 15건의 부동산(각 1/2 지분)에 관한 부분인데, 거칠게 나누자면 (1) 가등기상의 권리가 이전되면서 가등기이전의 부기등기가 마쳐진 부동산 12건(판결이유 제1항 부분)과, (2) 이전의 부기등기 대신에 경정등기가 마쳐져 경정등기의 효력이 문제된 부동산 3건(판결이유 제2항 부분)으로 나눌 수 있다. 대법원은 위 (1)의 부동산과 관련하여, 사해행위에 의하여 경료된 가등기상의 권리가 이전된 경우에 관하여 기존 판례를 변경하여 사해행위 취소 및 가액배상에 관한 법리를 전원합의체로 선언하였다. 이하에서는 편의상 위 (1)에 해당하는 각 부동산의 지분을 가리켜 '이 사건 각 부동산'이라고 부르기로 한다.[2]

이 사건 각 부동산의 등기관계는 다음과 같다.[3] 즉 채무자 을은 주상복합건물의 공동시행자로서 이 사건 각 부동산(즉 1/2 지분)에 관하여 지분소유권보존등기를 마친 지분소유자였고, 나머지 1/2 지분은 공동시행자이던 병이 소유하고 있었다. 채무자 을은 이 사건 각 부동산에 관하여 ① 2006. 9. 12. 피고 4[4] 앞으로 채권최고액 2억 원의 근저당권설정등기(2006. 8. 31.자 근저당권설정계약이 원인), ② 같은 날 피고 1 내지 피고 5 앞으로 채권최고액 200억 원의 근저당권설정등기(2006. 8. 31.자 근저당권설정계약이 원인)[5]을 마쳐주었고, 다음날인 ③ 2006. 9. 13. 피고 4 앞으로 지분이전청구권가등기(2006. 8. 31.자 매매예약이 원인)를 추가로 마쳐주었다. 다만 위 가등기에는 2006. 9. 18. 착오를 원인으로 가등기명의인을 위 피고 4에서 피고 1 및 피

---

1) 해당 부동산의 가등기는 해제를 원인으로 말소되었다.
2) 따라서 경정등기와 관련된 쟁점 부분은 이 글에서 다루지 않기로 한다.
3) 사실관계는 대법원판결과 원심판결 등을 참고하여 요약하였다.
4) 본건 소송계속 중에 위 회사에 파산이 선고되어 파산관재인이 소송을 수계하였는데, 편의상 피고 4라고 부른다.
5) ①, ② 근저당권 모두 공동저당인 것으로 보인다.

고 4로 경정하는 부기등기가 마쳐졌다.

그 후 ④ 각 수분양자로 보이는 제3자들 앞으로 위 ③의 가등기에 관하여 가등기상의 권리를 이전하는 부기등기가 마쳐졌고, 이후 ⑤ 각 가등기명의인인 위 제3자들이 가등기에 기하여 지분이전의 본등기를 마치면서 ⑥ 같은 날 위 ①, ②의 근저당권설정등기에 관하여 일부포기를 원인으로 각 말소등기가 마쳐졌다. 가령 이 사건 각 부동산 가운데 별지 순번 2 부동산에 관하여는 ④ 2006. 9. 25. 정 앞으로 가등기이전의 부기등기, ⑤ 2007. 2. 8. 위 가등기에 기한 정 명의의 지분이전의 본등기, ⑥ 같은 날 일부 포기를 원인으로 한 위 ①, ② 근저당권설정등기의 각 말소등기가 마쳐졌다. 한편, 위 ④의 가등기이전의 등기원인은 각 부동산별로 매매 또는 계약양도로 기재되어 있다.

이 사건에서, 원고는 건설사인 갑 회사의 대출금 채무를 신용보증약정에 따라 대위변제한 자이고, 을은 갑 회사의 원고에 대한 구상금 채무를 연대보증한 갑의 대표이사이다. 원고는 을의 연대보증 채권자로서 채무자인 을이 채무초과 상태에서 이 사건 각 부동산에 관하여 체결한 위 ①, ②의 근저당권설정계약과 ③의 매매예약이 채권자를 해하는 사해행위라고 주장하면서, 위 각 근저당권설정계약 및 매매예약에 대하여 사해행위로서 취소하고 가액배상할 것을 구하는 소를 제기하였다. 원고는 을에 대한 잔여 채권액인 94,455,354원의 한도 내에서, (1) 을과 피고 4 사이에 체결된 위 ①의 근저당권설정계약(채권최고액 2억 원), (2) 을과 피고 1 내지 5 사이에 체결된 위 ②의 근저당권설정계약(채권최고액 200억 원), (3) 을과 피고 1 및 피고 4 사이에 체결된 매매예약을 각 취소하고, (4) 피고들이 각자 원고에게 가액배상으로서 94,455,354원과 판결확정일 다음날부터 다 갚는 날까지 연 5%의 비율로 계산한 지연손해금을 지급할 것을 구하였다.

## 2. 소송의 경과

### 가. 제1심(서울서부지방법원 2011. 6. 3. 선고 2010가단7969 판결)

제1심 법원은 각 근저당권설정계약과 매매예약이 모두 사해행위에 해당한다고 전제한 다음, 근저당권설정등기와 가등기가 각 말소되거나 이전된 이상 원상회복의 방법으로 등기의 말소가 불가능하므로 가액배상이 이루어져야 한다고 보았다. 각 법률행위를 원고의 채권액인 위 94,455,354원의 범위에서 사해행위로 취소하고 피고들에게 위 금액 상당의 가액배상을 명하는 원고승소 판결을 선고하였다.

나. 항소심(서울서부지방법원 2011. 11. 24. 선고 2011나7929 판결)

(1) 근저당권설정등기 부분에 관한 판단

각 근저당권설정등기가 마쳐진 다음 각 근저당권설정계약이 모두 이 사건 소 제기 전에 포기 또는 해지되어 그에 따른 근저당권설정등기가 말소되었으므로, 근저당권설정계약의 취소 및 원상회복을 구할 소의 이익이 없다고 보았다.

(2) 가등기 부분에 관한 판단

"가등기의 이전에 의한 부기등기는 기존의 가등기에 의한 권리의 승계관계를 등기부상에 명시하는 것일 뿐이므로 그 등기에 의하여 새로운 권리가 생기는 것이 아닌 만큼 가등기가 원인무효인 경우 가등기의 말소등기청구는 양수인만을 상대로 하면 족하고, 양도인은 그 말소등기청구에 있어서의 피고적격이 없다는 법리에 비추어 보면, 사해행위에 기하여 가등기가 마쳐졌고, 그 후 가등기권리이전의 부기등기가 마쳐진 후 그 가등기에 기한 본등기가 마쳐진 사건에 있어서, 가등기말소등기청구의 상대방이 될 수 없고 본등기 명의인도 아닌 가등기권리양도인이 채권자에 대하여 가액배상의무를 부담한다고 볼 수 없다"라고 한 대법원 2005. 3. 24. 선고 2004다70079 판결의 법리를 원용하여, 설령 이 사건 각 부동산에 관한 매매예약이 사해행위라고 하더라도 가등기상 권리의 양도인인 피고 1, 4는 가등기말소청구의 상대방이 될 수 없고 본등기의 명의인도 아니어서 원고에 대하여 가액배상의무를 부담하지 않는다는 이유로 원고의 해당 부분의 청구를 받아들이지 아니하였다.

## 3. 대상판결의 요지

가. 근저당권설정등기 부분 관련

(1) 판시 법리

채권자가 채무자의 부동산에 관한 사해행위를 이유로 수익자를 상대로 사해행위의 취소 및 원상회복을 구하는 소송을 제기한 후 소송계속 중에 사해행위가 해제 또는 해지되고 채권자가 사해행위의 취소에 의해 복귀를 구하는 재산이 벌써 채무자에게 복귀한 경우에는, 특별한 사정이 없는 한 사해행위취소소송의 목적은 이미 실현되어 더 이상 소에 의해 확보할 권리보호의 이익이 없어진다. 그리고 이러한 법리는 사해행위취소소송이 제기되기 전에 사해행위의 취소에 의해 복귀를 구하는 재산이 채무자에게 복귀한 경우에도 마찬가지로 타당하다.

(2) 판  단

당해 사안에서 이 사건 각 부동산에 관한 앞에서 본 바와 같은 ①, ②의 근저당권설정계약은 모두 이 사건 소 제기 전에 해제, 포기 또는 해지되어 각 근저당권설정등기가 모두 말소되었으므로 근저당권설정계약의 취소 및 원상회복을 구할 소의 이익이 없다고 본 원심의 판단을 수긍하였다.

나. 가등기 부분 관련

(1) 판시 법리

사해행위인 매매예약에 기하여 수익자 앞으로 가등기를 마친 후 전득자 앞으로 가등기 이전의 부기등기를 마치고 나아가 가등기에 기한 본등기까지 마쳤다 하더라도, 위 부기등기는 사해행위인 매매예약에 기초한 수익자의 권리의 이전을 나타내는 것으로서 부기등기에 의하여 수익자로서의 지위가 소멸하지는 아니하며, 채권자는 수익자를 상대로 사해행위인 매매예약의 취소를 청구할 수 있다. 그리고 설령 부기등기의 결과 가등기 및 본등기에 대한 말소청구소송에서 수익자의 피고적격이 부정되는 등의 사유로 인하여 수익자의 원물반환의무인 가등기말소의무의 이행이 불가능하게 된다 하더라도 달리 볼 수 없으며, 특별한 사정이 없는 한 수익자는 가등기 및 본등기에 의하여 발생된 채권자들의 공동담보 부족에 관하여 원상회복의무로서 가액을 배상할 의무를 진다.[6]

(2) 판  단

가등기명의인이던 피고1, 4에 대하여 매매예약의 취소를 구할 수 있고, 가등기말소의무의 이행이 불가능하다 하더라도 가등기와 이후 가등기양수인이 본등기를 마침으로써 발생한 공동담보 부족에 관하여 원상회복의무로서 가액배상의무를 진다고 판단하였다.[7]

---

6) 따라서 사해행위인 매매예약에 의하여 마친 가등기를 부기등기에 의하여 이전하고 그 가등기에 기한 본등기를 마친 경우에, 그 가등기에 의한 권리의 양도인은 가등기말소등기청구 소송의 상대방이 될 수 없고 본등기의 명의인도 아니므로 가액배상의무를 부담하지 않는다는 취지의 대법원 2005. 3. 24. 선고 2004다70079 판결(원심이 원용한 대법원판결) 등을 대상판결과 배치되는 범위에서 변경하였다.

7) 환송 후 항소심인 서울서부지방법원 2015. 12. 4. 선고 2015나2618 판결은, '환송판결에 의하여 확정된 부분을 제외한 부분에 대한 피고들의 항소를 기각한다'라

〔研　究〕

## I. 서　론

　채권자취소권은 채무자가 채권자를 해함을 알면서 자신의 일반재산을 감소시키는 행위를 한 경우에 그 행위를 취소하여 채권자의 재산을 원상회복시킴으로써 모든 채권자를 위하여 채무자의 책임재산을 보전하는 권리[8]를 말하고, 그 요건과 효과에 대하여 우리법은 민법 제406조, 제407조에서 이를 규율하고 있다. 채권자취소권의 법적 근거에 대해서는 부당이득 자체 또는 부당이득의 일종이라는 견해, 사해행위가 불법행위로서 재산반환은 불법행위로 인한 원물반환에 의한 손해배상과 같다는 견해, 불법행위에 준한다고 보는 견해, 채무자의 채무불이행의 효과로서 부여된다는 견해 등이 제기되었지만, 형평에 근거하여 법에서 일정한 요건 아래 취소 및 반환청구권을 인정한다고 보는 이른바 법정채권설 내지 법정채무설이 현재의 통설이고 판례[9]도 같은 입장으로 설명된다.[10]

　대상판결에서 채권자인 원고가 사해행위로서 취소를 구한 채무자 을의 행위는 크게 근저당권설정계약과 매매예약인데, 매매예약의 취소에 따른 원상회복의무 부분이 대상판결이 전원합의체로 종전 판례의 법리를 변경한 부분이다. 즉 가등기권리자가 제3자 앞으로 가등기이전의 부기등기를 하고 그 제3자가 가등기에 기한 본등기를 마친 사안에서, 기존의 가등기권자에게 채권자취소의 원상회복으로서 가액배상을 청구할 수 있는

---

　고 하여 이 사건 각 부동산에 관하여 체결된 각 매매예약을 사해행위로 취소하고 가액배상을 명한 제1심 판결 부분에 관한 피고측 항소를 기각하는 판결을 선고하였고 판결이 확정되었다.

　8) 대법원 1995. 2. 10. 선고 94다2534 판결, 대법원 2009. 6. 23. 선고 2009다18502 판결 등.

　9) 대법원 1998. 5. 15. 선고 97다58316 판결 등.

10) 편집대표 김용덕, 주석민법(제5판), 채권총칙(2), 한국사법행정학회(2020), 331-332면 (이백규 집필부분); 오시영, "채권자취소권의 실체법상의 성질에 대한 고찰", 민사법학 제46호, 한국사법행정학회(2009), 166면 등.

지 여부가 문제된 부분이다. 앞에서 본 바와 같이 대상판결은 가액배상의무가 있다고 보았고, 가등기이전의 부기등기가 마쳐진 이상 종전 명의자는 가액배상의무를 부담하지 않는다고 본 종래의 판례를 변경하였다.

이에 관해서는 이미 충실한 평석과 논의가 있으므로[11] 이 글에서는 주로 당해 사안과 같이 가등기권리자가 가등기상 권리를 양도한 경우를 비롯하여 채무자의 일반 책임재산에 관하여 사해행위로 가등기가 설정된 경우에 원상회복, 특히 가액배상의 방법과 구체적인 범위를 중심으로 살펴보고자 한다. 이를 위하여 가등기의 내용과 성질, 유형에 관한 일반론(2의 가항)을 바탕으로 강제집행절차상 가등기권리자의 지위(2의 나항)에 관하여 살펴본 다음, 가등기 설정행위의 사해행위성(2의 다항) 및 그 원인 행위의 취소에 따른 원상회복의 방법으로서 원물반환과 가액배상(3항)에 관하여 논의하고자 한다. 구체적으로는, 먼저 대상판결에서 문제된 가등기말소의무의 피고적격과 관련된 쟁점을 간단히 살펴본 다음, 가등기의

---

11) 김건호, "사해행위에 의해 마쳐진 가등기를 이전하는 부기등기와 수익자의 지위 및 위법한 경정등기의 효력", 한국콘텐츠학회논문지 제15권 제9호, 한국콘텐츠학회(2015), 126면 이하; 김덕중, "사해행위에 의한 가등기가 부기등기로 이전된 경우 원상회복의 방법-대법원 2015. 5. 21. 선고 2012다952 전원합의체 판결을 중심으로-, 원광법학 제32집 제1호, 원광대학교 법학연구소(2016), 67면 이하; 김상헌, "채권자취소권의 수익자 지위에 관한 비판적 고찰", 서울법학 제24권 제2호, 서울시립대학교 법학연구소(2016), 31면 이하; 박병건, "사해행위인 매매예약에 기하여 수익자 앞으로 가등기를 마친 후 전득자 앞으로 가등기 이전의 부기등기를 마치고 가등기에 기한 본등기까지 마친 경우, 채권자가 수익자를 상대로 사해행위인 매매예약의 취소를 청구할 수 있는지 여부 및 부기등기의 결과 수익자의 원물반환의무인 가등기말소의무의 이행이 불가능하게 된다 하더라도 마찬가지인지 여부, 수익자는 가등기 및 본등기에 의하여 발생된 채권자들의 공동담보 부족에 관하여 원상회복의무로서 가액배상의무를 부담하는지 여부", 전북판례연구 Vol. 1, 전북판례연구회(2017), 389면 이하; 오영두, "사해행위로 마쳐진 가등기가 이전된 경우 수익자에게 가액배상을 명할 수 있는지 여부: 대법원 2015. 5. 21. 선고 2012다952 전원합의체 판결", 판례연구 제28집, 부산판례연구회(2017), 191면 이하; 임소연, "사해행위에 의한 가등기가 부기등기로 이전된 경우 사해행위 취소의 피고적격과 원상회복 방법", 강원법학 제50권, 강원대학교 비교법학연구소(2017), 687면 이하; 진상범, "사해행위에 기한 가등기가 전득자에게 이전되어 본등기가 된 경우, 수익자에 대한 사해행위 취소 및 가액배상청구의 가부", 민사재판의 제문제 제26권, 한국사법행정학회(2018), 722면 이하.

유형에 따른 원상회복의 방법을 검토하고, 나아가 대상판결의 사안에서 책임재산의 회복으로서 가액배상의 범위에 관하여 보고자 한다. (가등기상 권리가 양도된 경우, 정확한 명칭은 아니지만 편의상 종전의 가등기명의인은 '가등기 양도인'으로, 권리를 이전받아 부기등기를 마친 자를 '가등기 양수인'으로 부르기로 한다.)

## Ⅱ. 사해행위에 의한 가등기의 설정

### 1. 가등기 일반

본래 가등기는 부동산의 물권변동을 목적으로 하는 청구권을 보전하기 위해 하는 예비적이고 일시적인 등기로서 후에 행하여질 본등기의 순위확보 또는 순위보전을 목적으로 하는 강학상의 예비등기에 해당하는 등기이다.[12] 한편 거래계에서는 가등기가 채권을 담보할 목적으로 대물변제의 예약 등을 원인으로 활용되어 왔고, 채권자는 가등기에 기하여 본등기를 마쳐 직접 그 소유권을 취득하거나 가등기이전 등의 방식으로 제3자에게 처분함으로써 채권의 회수를 도모하였다. 이러한 형태의 가등기 활용이 빈번해지자 1983. 12. 30. 가등기담보 등에 관한 법률(이하 '가등기담보법'이라고 한다)이 제정되었고, 크게 보면 모두 가등기에 의해 소유권이전등기청구권이 보전되는 것이기는 하나 채권 담보의 목적을 가진 것을 담보가등기, 매매예약 등을 원인으로 소유권이전등기청구권의 보전 자체를 목적으로 하는 것을 소유권이전청구권 보전을 위한 가등기라고 통상 부르고 있다. 또한 담보가등기 중에서도 위 가등기담보법이 적용되는 담보가등기와 그렇지 않은 담보가등기가 있다. 차용물의 반환에 관하여 약정한 경우로서 예약 당시 재산의 가액이 차용액과 이에 붙인 이자를 합산한 액수를 초과하는 경우(가등기담보법 제1조)에 가등기담보법이 적용된다. 따라서 매매대금채무, 공사대금채무 등 다른 채무를 담보할 목적으로 가등기가 마쳐진 경우에는 가등기담보법이 적용되지 않는다.

---

12) 김병학, "가등기에 관한 연구", 비교법학 제4집, 전주대학교 비교법학연구소(2004), 1면.

등기예규[13]는 담보가등기를 '소유권이전담보가등기[14]'라 하여 통상의 청구권 보전을 위한 가등기와 구별하고 있고, 등기기록상 담보가등기는 등기목적을 '소유권이전담보가등기' 등기원인을 '대물반환예약'으로, 청구권 보전을 위한 가등기는 등기목적을 '소유권이전청구권가등기' 등기원인을 '매매예약'으로 기재하도록 정하고 있다.[15] 다만 등기가 담보가등기인지 여부는 그 등기부상 표시나 등기할 때 주고 받은 서류의 종류에 의하여 형식적으로 결정될 것이 아니고 거래의 실질과 당사자의 의사해석에 따라 결정될 문제라고 보므로[16] 당해 가등기의 등기상 원인이 매매예약으로 기재되어 있는지 또는 대물변제예약으로 기재되어 있는지와 같이 등기부 내지 등기기록상 형식적 기재가 아닌 실제상 채권담보를 목적으로 하였는지를 가려보아야 한다.[17)·18)]

한편, 가등기에 기하여 소유권이전의 본등기를 마치게 되면 이로써 소유권이전의 물권변동의 효력이 발생하는데, 물권변동의 효력은 본등기를 한 때부터 발생하지만 본등기의 순위를 결정하는 시점은 가등기를 한 때로 소급한다.[19] 이와 관련하여 우리법은 독일 민법 제883조 제2항[20]과

---

13) 가등기에 관한 업무처리지침[등기예규 제1632호, 시행 2018. 3. 7.]

14) 소유권 이외의 권리에 관해서도 가령 '저당권이전담보가등기' 등이 있으나 실무상 자주 활용되지는 않는다.

15) 로앤비 온주, 부동산등기법 제88조(정진아 집필부분). 김병학, 위의 글, 8면.

16) 대법원 1992. 2. 11. 선고 91다36932 판결. (위 판결을 원용한 대법원 2018. 11. 29. 선고 2018다200730 판결은, 가등기의 구체적인 등기원인의 추정력을 부정하는 것이 의용 민법과 부동산등기법에서부터 현행 민법과 부동산등기법에 이르기까지 대법원의 입장이라고 설명한다.)

17) 대법원 1998. 10. 7.자 98마1333 결정 참조.

18) 한편, 가등기담보법이 적용되지 않는 담보가등기에 관하여, 대법원은 채무를 담보하기 위하여 가등기를 마친 경우에도 변제기에 채무를 변제하지 않으면 채권채무관계가 소멸하고 본등기에 의하여 부동산의 소유권이 확정적으로 채권자에게 귀속된다는 명시의 특약이 없는 이상 대물변제의 약정이 있었다고 인정할 수 없고, 단지 위 채무에 대한 담보권 실행을 위한 방편으로 소유권이전등기를 하는 약정, 이른바 정산절차를 예정하고 있는 '약한 의미의 양도담보' 계약이라고 봄이 타당하다고 보고 있다(대법원 2006. 8. 24. 선고 2005다61140 판결, 대법원 2016. 10. 27. 선고 2015다63138, 63145 판결 등).

19) 부동산등기실무 Ⅲ, 법원행정처(2015), 50면.

20) 제883조[가등기의 요건과 효력] ① 부동산 또는 부동산에 설정된 권리에 대한

같은 가등기의 실체법적 효력에 관한 규정을 따로 두고 있지는 않고, 등기절차에 관한 법률인 부동산등기법 제92조에서 '가등기에 의하여 보전되는 권리를 침해하는 등기를 직권으로 말소하여야 한다'고 규정하여 가등기 후에 이루어진 중간등기를 말소하는 근거로 삼고 있다.[21]

## 2. 강제집행절차상 가등기의 취급

가등기는 그 종류에 따라 강제집행절차상 달리 취급된다.

가등기담보법상 가등기권리자는 담보권을 사적으로 실행할 수도 있고 목적 부동산의 경매를 청구할 수도 있다(가등기담보법 제12조 제1항). 가등기권리자는 강제집행절차에서 자기채권을 우선변제 받을 권리가 있고 그 순위에 관하여는 저당권으로 본다(같은 법 제13조). 담보가등기권리는 그 부동산의 매각에 의하여 소멸하므로(같은 법 제15조), 최우선 순위의 가등기담보의 경우에도 배당이 이루어질 뿐 매수인에게 인수되지 않는다.[22]

---

권리의 취득 또는 소멸을 목적으로 하는 청구권을 보전하기 위하여 부동산등기부에 가등기를 할 수 있다. 가등기는 장래의 청구권 또는 조건부 청구권의 보전을 위하여도 이를 할 수 있다.
② 가등기 후에 부동산 또는 권리에 대하여 행하여진 처분은 제1항의 청구권을 좌절시키거나 침해하는 한도에서 효력이 없다. 그 처분이 강제집행 또는 가압류에 의하여 행하여지거나 도산관재인이 이를 행한 경우에도 또한 같다.
③ 청구권이 권리의 취득을 목적으로 하는 때에는, 그 권리의 순위는 가등기에 따라 정하여진다. [양창수, 독일민법전, 박영사(2021)의 번역을 따름]
21) 이와 달리, 일본의 경우 부동산등기법(제109조 제2항)이 직권말소할 수 있다고 규정하고는 있으나 제3취득자의 승낙이 있는 때에 한하여 가등기권리자가 본등기를 신청할 수 있도록 정하고 있고, 독일의 경우 독일 민법 제888조 제1항에서 제3취득자 등에 대하여 등기에 대한 동의를 청구하도록 정하고 있다. 중간등기를 마친 자가 실체법상 등기말소에 대하여 승낙의 의무가 있는 경우에도, 절차적으로 가등기에 대하여 다툴 기회를 부여하는 의미가 있다고 설명한다. 홍승옥, "우리나라 가등기제도의 문제점과 개선방안", 법과 정책 제18집 제1호, 제주대학교(2012), 454면.
22) 따라서 매각 후에 경료된 가등기에 기한 본등기는 원인을 결여한 무효의 등기이다(대법원 1994. 4. 12. 선고 93다52853 판결). 또한 가등기담보법 제3조에 의한 사적 실행에 착수하였더라도, 청산금을 지급하기 전에(청산금이 없는 경우에는 청산기간이 지나기 전) 강제경매 등의 신청이 있어 경매 등이 개시된 경우에 가등기권리자는 가등기에 따른 본등기를 청구할 수 없다(가등기담보법 제14조).

한편 청구권 보전을 위한 가등기나 가등기담보법이 적용되지 않는 담보가등기에는 강제집행절차상 우선변제권이 없다.[23] 다만 그보다 선순위의 담보권이나 가압류 등이 없다면, 즉 최우선 순위에 해당한다면 강제집행절차에서 목적 부동산이 매각된 후에도 소멸하지 않으므로 매수인에게 인수된다.[24]

따라서 가등기가 경료된 부동산에 대하여 강제경매 등의 개시결정이 있는 경우에 집행법원은 가등기권리자에게 해당 가등기가 담보가등기인지, 그 내용과 채권은 무엇인지 등을 신고하도록 최고하여야 하고(가등기담보법 제16조 제1항), 권리신고가 되지 않아 담보가등기인지 여부를 알 수 없는 경우에도 그 가등기가 등기기록상 최우선 순위이면 집행법원은 일단 순위보전을 위한 가등기로 보아 매수인에게 그 부담이 인수될 수 있다는 취지를 매각물건명세서에 기재한 후 그에 기해 경매절차를 진행하면 족하다고 보고, 반드시 그 가등기가 담보가등기인지 여부가 밝혀질 때까지 경매절차를 중지할 필요는 없다.[25]

## 3. 사해행위에 의한 가등기의 설정

대법원은 일찍이 '소유권이전등기 청구권을 보전하기 위한 가등기는 그 자체만으로는 물권취득의 효력을 발생하지 않지만 후일 본등기를 하는 경우엔 가등기시에 소급하여 소유권변동의 효력이 발생하기 때문에[26] 채권자로 하여금 완전한 변제를 받을 수 없게 하는 결과를 초래하게 되므로 채권자를 해하는 것이다'라고 하여 사해행위로서 매매예약을 취소하고 원상회복으로서 가등기의 말소를 구하는 청구를 허용하고 있다.[27] 위

---

23) 경매절차상 우선변제권을 부정한 대법원 2010. 7. 22. 선고 2009다60466 판결(각주 55 참조). 가등기담보법이 적용되지 않는 담보가등기의 경매절차상 취급에 관하여는 Ⅲ.의 3(2)항 해당 부분에서 좀 더 논의한다.
24) 대법원 2003. 10. 6.자 2003마1438 결정 등.
25) 위 2003마1438 결정.
26) 앞에서 본 바와 같이 물권변동의 순위가 보전될 뿐 그 효력 자체가 소급하여 발생한다고 보지는 않는데, 해당 판시는 다소 오해의 소지가 있다.
27) 대법원 1975. 2. 10. 선고 74다334 판결.

판시는 대상판결에서도 반복되고 있으며, 반드시 채권 담보 목적의 가등기일 필요가 없다.

채무자 소유의 부동산에 관하여 청구권 보전의 가등기가 경료되었더라도 앞에서 본 바와 같이 경매절차의 진행이 가능하고 해당 부동산이 채무자의 책임재산임은 분명하나, 가등기의 부담이 매수인에게 인수될 수 있는 이상 본등기를 마치지 않은 상태에서도 그 원인행위를 취소하여 부담을 해소할 필요는 충분히 인정되는 것이다. 대법원이 '채권자대위'의 요건으로서 채무자의 무자력 여부의 판단과 관련하여 '채무자의 적극재산인 부동산에 이미 제3자 명의로 소유권이전청구권보전의 가등기가 마쳐져 있는 경우에는 강제집행을 통한 변제가 사실상 불가능하므로 그 가등기가 가등기담보법에 정한 담보가등기로서 강제집행을 통한 매각이 가능하다는 등의 특별한 사정이 없는 한 실질적으로 재산적 가치가 없어 적극재산을 산정할 때 제외하여야 한다'[28]고 본 것도 같은 맥락으로 이해할 수 있다.

다만 청구권 보전의 가등기만 있는 상태에서는 그 부동산은 여전히 채무자의 소유이고 가등기를 설정하는 '현재'의 시점에서는 재산의 전부 또는 일부가 소유권이전되거나 담보로 제공되었다고 볼 수 없어 '채무자의 책임재산에서 일탈한 재산'이 무엇인지가 반드시 명확치는 않다. 담보가등기의 경우에도, 그 가운데 가등기담보법이 적용되는 담보가등기의 경우에는 법에서 강제집행절차상 저당권과 같이 취급하도록 정하고 있어 법적 성질을 담보물권으로 파악하여 일부 채권자에 대한 담보의 제공행위인 사해행위로 평가하는 데 어려움이 없으나,[29] 가등기담보법이 적용되지 않는 경우에는 청구권 보전의 가등기와 마찬가지로 가등기만으로는 물권변동의 효력이 없고 우선변제권도 인정되지 않으며 대물변제나 양도담보 약정에 기하여 발생할 소유권이전등기청구권의 순위를 보전하는 효

---

28) 대법원 2009. 2. 26. 선고 2008다76556 판결.
29) 이른바 특수저당권설이 현재의 통설이다. 편집대표 김용덕, 주석민법(제5판), 물권법, 한국사법행정학회(2019), 440면(오영준 집필부분).

력이 있을 뿐이다.[30]

이 점에서 청구권 보전의 가등기만 마친 가등기권리자는 소유권이전 등기청구권을. 보전하기 위하여 부동산에 처분금지가처분을 마친 채권자 와 지위가 비슷한 면이 있다.[31] 부동산에 관하여 처분금지가처분을 마친 가처분채권자는 본안소송에서 승소판결을 받아 확정되면 가처분 위반행 위의 효력을 부정할 수 있다.[32] 처분금지의 상대적 효력에 따라 가처분 채권자의 권리 취득과 저촉되는 범위에서는 가처분등기 후에 등기된 권 리의 취득이나 처분의 제한으로 가처분채권자에게 대항할 수 없다.

매매예약을 사해행위로 취소한 다음 원상회복으로서 가등기의 말소 를 구하는 것은, 일탈된 책임재산을 돌려놓는다기보다는 앞으로 일탈될 일이 없는 상태로 회복하는 의미로 볼 것이다. 독일의 경우에, 채권자가 채권자취소권을 행사하더라도 그 재산은 여전히 상대방에게 귀속되어 있 고 채권자는 강제집행수인의 승소판결로 권원을 획득하여 상대방의 재산 에 강제집행을 할 수 있다고 보는데,[33] 가등기 설정행위가 사해행위에 해당하는 경우에는 채권자가 강제집행수인의 소를 제기할 수는 없고 수

---

30) 가등기담보법 시행 전의 담보 목적 가등기의 효력에 관한 판결로, 대법원 1997. 12. 26. 선고 97다33584, 33591 판결.
31) 한편, 도산절차에서는 파산선고 또는 회생계획인가의 결정에 의하여 가처분이 실효됨은 법상 명확하나(채무자 회생 및 파산에 관한 법률 제348조 제1항, 제256 조 제1항), 파산선고 또는 회생절차개시 전에 마쳐진 가등기에 기하여 절차개시 후 본등기를 청구할 수 있는지에 관하여는 관련 규정인 위 법률 제331조 제1항, 제66조 제1항의 내용이 명확치 않아 견해가 대립되는 것으로 보인다. 집필대표 권 순일, 주석 채무자회생법(Ⅰ)(제1판), 한국사법행정학회(2021), 585-587면(심태규 집 필부분); 같은 주석 채무자회생법(Ⅳ)(제1판), 233-235면(이희준 집필부분). (위 주석 서는 모두 부정적인 입장이다.)
32) 대법원 2003. 2. 28. 선고 2000다65802, 65819 판결, 대법원 2015. 7. 9. 선고 2015다202360 판결, 대법원 2022. 6. 30. 선고 2018다276218 판결 등.
33) 독일의 채권자취소법 제11조는 채권자취소의 효력에 관하여 규정하면서 채권자 가 취소할 수 있는 법적행위(Rechtshandlung)에 의하여 채무자의 재산에서 양도· 반출·포기된 것을 채권자의 만족을 위하여 필요한 한도에서 처분할 수 있다고 규 정하고 있고, 그 해석론에 기초하여 채권자취소권의 효력에 관한 통설은 종래의 무 효설에서 벗어난 채권설이라고 한다. 독일의 판례도 같다. 김영주, "독일의 채권자 취소법과 채권자취소소송", 비교사법 제24권 제4호(통권 제79호)(2017), 1753-1754면 이하.

익자가 부담하는 강제집행의 수인의무는 "채권자에 대해 자신의 가등기에 기한 권리(독일민법 제883조 제2항)를 행사할 수 없다"는 의미로 해석한다고 한다.[34] 현재 책임재산 자체는 여전히 채무자에게 있으므로, 강제집행수인의 승소판결을 받아 집행할 책임재산에서 이탈된 재산의 개념을 상정하기 어렵기 때문이라고 생각된다.

## Ⅲ. 매매예약 등의 취소에 따른 원상회복의 문제

### 1. 원칙적인 형태: 등기말소에 의한 원물의 반환

채권자는 사해행위에 대하여 그 취소 및 '원상회복'을 법원에 청구할 수 있고(민법 제406조 제1항), 원상회복은 채무자의 책임재산에서 일탈한 재산을 회복하여 채권자의 강제집행이 가능하도록 하는 것[35]으로 설명된다. 원상회복은 채권자가 채권자취소권을 행사하는 주된 목적이다. 이러한 목적을 달성하기 위하여 사해행위 취소에 따른 원상회복은 원칙적으로 그 목적물 자체의 반환에 의하여야 하고 그것이 불가능하거나 현저히 곤란한 경우에 예외적으로 가액배상에 의하여야 한다고 보고 있다.[36]

수익자가 매매예약 등을 원인으로 가등기를 마친 경우 매매예약 취소로 인한 원상회복의 원칙적인 방법은 가등기의 말소가 될 것이고, 나아가 수익자가 가등기에 기하여 본등기를 마쳤다면 마찬가지로 매매예약 및 매매계약의 취소로 인한 원상회복으로서 가등기 및 본등기를 말소하면 될 것이다. 이 점에 대하여는 별다른 의문이 없다. 취소채권자는 가등기 등이 말소되어 자신과의 관계에서 사해행위가 있기 전과 같이 회복된 채무자의 책임재산에 대하여 강제집행을 하면 된다.

그러나 아래에서 보는 바와 같이 가등기의 말소에 의하여 책임재산을 회복하는 것이 가능하거나 적절한지가 문제되는 경우가 있고, 대상판

---

34) Huber, Anfechtungsgesetz(11. Aufl), C. H. Beck, 2016, §11, Rn. 19; §13, Rn 26. (김영주, 위의 글, 1782면에서 재인용).

35) 대법원 2008. 4. 24. 선고 2007다84352 판결, 대법원 2017. 10. 26. 선고 2015다224469 판결 등.

36) 대법원 2010. 4. 29. 선고 2009다104564 판결 등.

결의 경우도 그러하다. 이 경우 가액배상의무가 문제되며, 문제되는 사안의 형태에 관해서는 아래에서 살펴보기로 한다.

## 2. 가액배상이 문제되는 경우

대상판결의 사안은, 사해행위에 의하여 가등기가 설정되었으나, 가등기상 권리가 양도되어 양수인 앞으로 가등기이전의 부기등기, 나아가 가등기에 기한 본등기가 마쳐져 종전의 등기명의인인 가등기 양도인을 상대로 가등기의 말소를 구하는 것이 책임재산을 원상회복하는 데 실효적이지도 가능하지도 않은 경우에 해당한다. 앞서 본 바와 같이 대법원은 "특별한 사정이 없는 한 가등기 양도인이 가지는 수익자로서의 지위가 소멸하지 않고 수익자는 '가등기 및 본등기에 의하여 발생된 채권자들의 공동담보 부족'에 관하여 원상회복의무로서 가액을 배상할 의무를 진다."고 하여, 가액배상의무를 인정한 다음 그 가액배상의 범위를 '본등기'에 의한 공동담보 부족의 가액으로 보았다.

가액배상이 문제되는 사안은 대체로, ① 가등기권자가 가등기상 권리를 양도하는 등으로 현재 가등기의 명의인이 아니거나, ② 가등기명의인이기는 하지만 가등기말소에 의하여 사해행위가 있기 전과 동일한 책임재산의 상태로 회복한다고 보기 어려운 사안으로 구분할 수 있을 것이다. ①의 경우에는 등기절차상 말소등기의 등기의무자가 될 수 없는 지위에 있어 가등기말소 자체가 불가능한 경우이고, ②의 경우에는 가등기말소 자체는 가능하나 당초 일반채권자들의 공동담보로 되어 있지 않던 부분까지 회복이 이루어지는 등의 경우 등이 문제될 것이다. 대상판결의 사안은 위 ①의 경우에 해당하므로, 이 글에서는 가등기양도 등으로 가등기권자가 현재 가등기의 명의인이 아닌 경우를 중심으로 살펴본다.

한편, 가등기상 권리가 양도된 경우는, 양수인 또는 전전양수인이 본등기를 마친 사안과 본등기를 마치지 않은 사안으로 구별할 수 있을 것인데, 대상판결은 가등기 양수인이 본등기를 마친 사안이다.

## 3. 대상판결의 검토

### (1) 가등기말소의무의 피고적격

대상판결에서 대법원이 변경한 종전의 대법원판결은, 가등기이전의 부기등기가 마쳐진 경우 특별한 사정이 없는 한 양수인을 상대로 가등기의 말소를 구하면 족하므로 가등기 양도인이 말소등기의 등기의무자가 될 수 없다는 가등기말소의 등기절차에 관한 법리[37]의 연장선상에 있다. 이는 가등기말소청구에 관한 등기절차상의 피고적격에 관한 법리를 채권자취소권에 있어 원상회복의무의 존부의 판단 근거로 삼은 것으로서,[38] 결국 등기절차상 원물의 반환이 불가능하다는 것에서 원물반환을 비롯한 원상회복의무가 존재하지 않는다는 결론을 역으로 이끌어낸 것이어서 적절한 논증이라 보기 어렵다. 원물반환이 불가능한 경우에 가액배상의무를 인정하는 것과도 들어맞지 않는다.[39] 특히 가등기담보법이 적용되는 가등기담보의 경우에는 가등기담보법의 내용에 비추어 볼 때 저당권과 달리 취급할 근거를 찾기 어려운데, 가등기에 의하여 등기명의인이 취득하는 권리의 내용을 살피지 않고 곧바로 위와 같은 결론을 내릴 수는 없다. 피고적격과 채권자취소의 수익자의 지위는 별개의 문제라는 측면에서, 종전 대법원판결의 문제점을 지적한 판단은 타당하다.[40]

이처럼 가등기말소의 등기의무자가 될 수 없다는 것이 수익자의 원

---

37) 대법원 1994. 10. 21. 선고 94다17109 판결 등. 근저당권이 양도되어 근저당권 이전의 부기등기가 마쳐진 경우에도 같이 보고 있으며(대법원 1995. 5. 26. 선고 95다7550 판결 등), 부기등기의 종속성에 기초한 것으로 설명하고 있다. 진상범, 같은 글, 725면.

38) 진상범, 같은 글, 728면.

39) 대상판결이 가액배상의무를 인정하는 구체적인 근거를 설시하고 있지 않으나, 결국 원물반환이 불가능하거나 현저히 불가능한 경우에 가액배상의무를 인정하는 기존 법리의 연장선상에 있는 것으로 설명하는 견해로, 임소연, 같은 글, 705-706면.

40) 오히려 피고적격의 문제는 가등기 양수인이 악의의 전득자여서 그를 상대로 가등기말소 또는 가등기말소와 본등기말소의 원물반환을 받으면 족한 사안에서, 굳이 가등기 양도인에게 가액배상의무를 인정할 것인지의 관점에서 살펴볼 여지가 있을 것이다.

상회복의무를 인정하는 데 걸림돌이 될 수 없다는 점은 별다른 의문이 없다. 다만, 가등기말소에 의한 원물반환을 할 수 없게 된 수익자의 원상회복, 즉 책임재산 회복이 어떻게 이루어져야 하는지, 가액배상을 한다면 그 범위를 어떻게 평가하고 산정할 것인지의 문제는 여전히 남는다. 이는 결국 개별 사안에서 구체적으로 살펴볼 필요가 있다.

(2) 가등기의 유형에 따른 검토

(가) 가등기담보법이 적용되는 담보가등기

가액배상의무의 대상판결은 가등기의 유형에 관하여 언급하고 있지 않으므로 명확히 선언된 법리의 사정범위를 일정한 유형의 가등기로 제한하고 있는 것으로 보이지는 않는다. 다만 사안을 보면 채권 담보의 목적이기는 하나 차용물의 반환이 아닌 공사대금채권이 문제된 것으로 보아, 가등기담보법이 적용되는 담보가등기의 사안은 아닌 것으로 보인다.

만약 문제된 가등기가 가등기담보법이 적용되는 담보가등기였다면, 저당권자와 동일하게 취급하면 족할 것이다. 다만 근저당권 또는 저당권의 경우 채권최고액 내지 채무의 내용이 공시되어 일반 책임재산에서 이탈하는 재산 범위의 특정이 용이한데, 위 담보가등기의 권리자는 목적부동산의 전체 가액의 범위에서 채권을 회수할 수 있으며 피담보채권의 내용이나 채권최고액 등의 공시가 불가능하다는 점에서 차이가 있다. 가등기 양수인이 가등기담보법이 정한 바에 따라 담보권을 실행하여 본등기를 마쳤다면 피담보채권액의 범위에서 가액배상의무를 부담한다고 평가할 수 있을 것이다. 피담보채권액을 초과한 범위에서는 채무자는 가등기담보권자로부터 청산금을 지급받아야 할 것이고(가등기담보법 제4조), 그 초과 범위에서까지 가액의 배상을 인정할 것은 아니다. 수익자가 취득한 것은 담보물권으로서 가등기담보권이기 때문이다. 한편, 가등기 양수인이 본등기를 마치지 않은 상태인데 그를 상대로는 그가 선의의 전득자에 해당한다는 등의 이유로 가등기 말소의 원상회복을 구할 수 없는 경우가 있을 수 있다. 이때 가등기 양도인의 가액배상의 범위는 어떠한가. 이 경우도 별다른 선례는 발견할 수 없는데, 채무자의 일반 채권자들로서는

가등기 양수인이 본등기를 마치지 않은 이상 여전히 가등기가 설정된 채
무자의 재산에 강제집행할 수 있으므로, 비록 가등기가 담보하는 잠재적
인 채무가 부동산 전체 가액에 미칠 수 있다 하더라도 경매절차의 진행
등으로 담보목적물의 가액 범위에서 피담보채권액이 특정되기를 기다려
가액배상액을 산정하거나 가등기 당시의 피담보채권을 일응의 기준으
로[41] 원상회복이 불가능해진, 즉 이탈된 책임재산의 가액을 산정함이 타
당할 것이다.

　이와 같이 가등기담보법이 적용되는 담보가등기의 경우에는 가등기
양도인이 피담보채권과 함께 담보물권을 취득하여 가등기 양수인에게 양
도하였으므로, 가등기 양도인에게 취득하였던 담보물권에 해당하는 가액
의 배상, 즉 담보목적물의 가액 범위에서 피담보채권액 상당의 가액배상
을 명하는 것에 별다른 의문이 없다. 대법원은 대상판결 전에 이미 근저
당권을 양도한 수익자에게 양수인의 배당액 상당의 가액배상의무를 인정
한 바 있는데,[42] 마찬가지라고 볼 것이다.

### (나) 가등기담보법이 적용되지 않는 담보가등기

　가등기담보법이 적용되지 않는 담보가등기의 경우, 가등기담보법상
가등기와 달리 경매절차에서 가등기권리자에게 우선변제권이 인정되지

---

41) 담보가등기를 마친 후 피담보채권이 추가되거나 피담보채권의 내용이 변경, 추
　가된 경우에 가액배상액을 산정함에 있어서는 다음과 같은 법리를 참고할 수 있을
　것이다.
　　가등기담보법 시행 전의 사안으로, 담보로 가등기를 경료한 후 추가로 금전을
　대여한 경우 추가대여금에 관하여 별도의 담보제공이 있다거나 반대의 특약이 있
　다는 등 특별한 사정이 없다면 조리상 당사자의 의사는 추가되는 대여금 역시 기
　왕의 가등기 부동산의 피담보채무 범위에 포함시키는 의사로 수수한 것이라고 해
　석함이 타당하다고 본 판결로, 대법원 1985. 12. 24. 선고 85다카1362 판결 등. 한
　편, 가등기담보법상 가등기담보권을 설정한 후 이해관계 있는 제3자가 생긴 상태
　에서 새로운 약정으로 기존 가등기담보권에 피담보채권을 추가하거나 피담보채권
　의 내용을 변경, 확장하는 경우, 피담보채권으로 추가, 확장한 부분이 이해관계 있
　는 제3자에 대한 관계에서 우선변제권 있는 피담보채권에 포함되지 않는다고 본
　판결로, 대법원 2011. 7. 14. 선고 2011다28090 판결.
42) 대법원 2010. 4. 29. 선고 2009다104564 판결. (다만 위 판결에서는 자산유동화
　에 관한 법률에 따라 저당권이전의 부기등기 없이 법률 규정에 의하여 저당권이
　유동화회사 앞으로 이전되었다.)

않는다. 그러나 ① 선순위 저당권이 존재하지 않는다면, 가등기권리자는 경매절차상 우선변제권은 없으나 가등기에 기하여 본등기를 마침으로써 비전형 담보물권인 약한 의미의 양도담보권을 취득하게 되고, 이후 정산 절차[43]를 거쳐 피담보채권을 우선적으로 회수할 수 있다. 한편, 이와 달리 ② 선순위 저당권이 존재하는 경우, 경매절차가 진행되기 전에[44] 가등기권리자가 가등기에 기한 본등기를 마친다면 이로써 약한 의미의 양도담보권을 취득하여 선순위 저당권에 제공된 담보가액을 제외한 나머지 범위에서 피담보채권을 우선적으로 회수할 수 있다.[45] 그러나 가등기만

---

43) 가등기권자인 채권자는 채무의 변제기가 지나면 부동산의 가액에서 채권의 원리금 등을 공제한 나머지 금액을 채무자에게 반환하고 부동산의 소유권을 취득하거나(귀속정산), 부동산을 처분하여 그 매각대금에서 채권원리금 등의 변제에 충당하고 나머지 금액을 채무자에게 반환할 수도 있다(처분정산). 그러나 채무자가 채권자에게 적극적으로 위와 같은 정산을 요구할 청구권이 없고 그 정산을 이유로 본등기절차의 이행을 거절할 수도 없다. 다만 채무자는 변제기가 지난 후에도 채권자가 담보권을 실행하여 정산절차를 마치기 전에는 언제든지 채무를 변제하고 가등기 및 가등기에 기한 본등기의 말소를 청구할 수 있다(대법원 2016. 10. 27. 선고 2015다63138, 63145 판결 등). 이러한 말소는 양도담보 약정 당시의 목적물의 시가가 채권원리금에 미치지 못하는 경우에도 마찬가지이다(대법원 1998. 4. 10. 선고 97다4005 판결 등). (가등기담보법이 적용되는 담보가등기의 경우에는 채권자가 청산금의 지급 이전에 본등기와 담보목적물의 인도를 받을 수 있다거나 청산기간이나 동시이행관계를 인정하지 않는 '처분정산'형의 담보권 실행은 인정되지 않고 귀속정산만이 인정된다는 점에서 차이가 있다. 대법원 2002. 12. 10. 선고 2002다42001 판결 등)
  귀속정산의 방법으로 부동산에 대한 양도담보권을 실행하기 위하여 거쳐야 할 정산절차에 있어서 담보목적 부동산의 가액은 채무자에 대하여 목적부동산을 확정적으로 자기의 소유로 귀속시킨다는 뜻의 의사표시를 통지하는 시점을 기준으로 평가하는데(대법원 1991. 4. 10. 선고 91다44674 판결), 부동산의 가액이 가등기의 피담보채권액에 미달하는 경우 채무자는 가등기권리자에게 가등기에 기하여 귀속정산 완료를 원인으로 한 본등기를 마쳐주어야 하고, 부동산의 가액이 가등기의 피담보채권액을 넘는 경우에는 가등기에 기한 담보권 실행을 원인으로 하는 본등기를 마쳐주어야 한다고 본다(위 2015다63138, 63145 판결 참조).
44) 엄밀히는 경매절차 진행 중에도 부동산이 매각되어 매수인이 소유권을 취득함으로써 가등기상의 권리가 소멸하기 전이라면 가등기에 기한 본등기 자체는 가능할 것이나, 압류의 효력이 발생한 이상 본등기를 마칠 실익은 거의 없다.
45) 다만 그 후에 선순위 저당권이 실행되는 경우, 귀속정산 또는 처분정산에 의하여 부동산의 소유권을 취득한 가등기권리자 또는 제3자는 매각에 의하여 소유권을 상실하고 매각대금 중 선순위 저당권자의 배당액 등을 공제한 잔여액을 지급받게 되는데, 매각가액에 따라서 그 금액이 가등기권리자가 양도담보권의 실행으로 회

마친 상태에서 경매절차가 진행될 경우에는, 부동산이 경매절차에서 매각될 때 가등기상의 권리로 선순위 저당권자에게 대항할 수 없으므로 가등기상의 권리는 소멸하고 경매절차상 매수인에게 인수되지 않는다(민사집행법 제91조 제2항, 제3항). 가등기권리자에게 우선변제권이 없으므로, 부동산 소유자의 일반채권자들은 선순위 저당권에 제공된 부분을 제외한 일반 책임재산에 가등기권리자와 평등한 지위에서 배당요구 등을 거쳐 채권의 만족을 꾀할 수 있다. 즉 선순위 저당권이 설정된 부동산에 관해서는 가등기가 설정되었더라도 본등기가 마쳐지지 않은 이상 일반채권자의 평등한 집행이 가능해 책임재산의 감소나 일탈은 잠정적인 상태라고 볼 수 있다.

**(다) 소유권이전등기청구권 보전의 가등기**

다음으로 매매예약에 따른 소유권이전등기청구권 보전의 가등기의 경우도, 위의 경우와 크게 다르지 않다. ① 선순위 저당권이 존재하지 않는다면, 가등기에 기하여 매매계약을 원인으로 본등기를 마침으로써 소유권을 취득하게 되고, 이로써 해당 부동산은 채무자의 책임재산에서 이탈하게 된다. ② 선순위 저당권이 존재하는 경우에도 가등기에 기하여 본등기를 마침으로써 저당권이 설정된 부동산의 소유권을 취득할 수 있고 마찬가지로 이로써 채무자의 책임재산에서 이탈하게 된다. 다만, 그 전에 경매절차가 진행될 경우 선순위 저당권의 존재로 인하여 가등기권리자는 다른 일반채권자와 평등한 지위에서 나머지 일반 책임재산에 채권의 만족을 꾀할 수 있을 뿐이다. 즉 마찬가지로 본등기가 마쳐지지 않은 이상에는 책임재산의 감소나 일탈은 잠정적인 상태라고 볼 수 있다.

**(3) 가등기담보법이 적용되는 담보가등기를 제외한 가등기의 경우, 원인**
**행위의 취소에 따른 원상회복의 방법**

가등기담보법상 담보가등기의 경우에는 채무자의 부동산에 관하여 담보물권이 설정되는 것이므로, 그 원인행위를 사해행위로 취소하고 원상

---

수한 피담보채권액과 지급한 청산금의 합계액 또는 제3자가 부담한 매매대금액에 미치지 못하는 결과가 될 수는 있다.

회복을 구한다고 하면 담보로 제공된 범위에서 채무자의 일반채권자에
대한 책임재산이 감소하였다가 이를 다시 책임재산으로 회복하는 것이라
고 이해하면 되고, 가액배상을 한다면 담보로 제공된 재산의 가액을 채
권최고액의 범위에서 피담보채권액을 산정하여 이를 가액배상액으로 정
하면 될 것이다. 그런데 이에 해당하지 않는 유형의 가등기일 경우에는,
사해행위 취소에 따른 원상회복으로서 가등기를 말소하는 것이 채무자의
부동산을 가등기의 부담이 없는 원래의 상태로 회복시키는 것이기는 하
지만, 앞서 본 경우처럼 채무자의 부동산 가운데 일정한 범위의 재산이
책임재산에서 일탈되었다가 이를 반환 내지 회복하는 것으로 구성하기
어려운 면이 있다. 이는 장래에 본등기 경료에 의하여 책임재산에서 벗
어날 수 있는 위험이 있는 잠정적인 상태에서 그럴 위험이 제거된 확정
적인 재산상태로 돌려놓는다는 의미에 가깝다. 대법원은 형사상 사기죄
의 구성요건으로서 '재산상의 이익' 또는 '재산적 처분행위'의 해석이 문
제된 사안에서, 부동산 위에 소유권이전청구권 보전의 가등기를 마친 자
가 그 가등기를 말소하면 부동산 소유자는 가등기의 부담이 없는 부동산
을 소유하게 되는 이익을 얻게 되는 것이므로 가등기를 말소하는 것 역
시 사기죄에서 말하는 재산적 처분행위에 해당한다고 판단하였는데,[46]
가등기의 부담이 없는 상태라는 재산상 이익은 계산적으로 산출하기 용
이하지 않다.[47]

---

46) 대법원 2008. 1. 24. 선고 2007도9417 판결. (나아가 가등기가 무효임이 밝혀졌
   다고 하더라도 가등기의 말소로 인한 재산상의 이익이 없었던 것으로 볼 수 없다
   고 판단하였다.)
47) 사기죄에 있어서 재산상의 이익은 계산적으로 산출할 수 있는 이익에 한정하지
   않으므로 범죄사실을 판시함에 있어서도 그 이익의 액수를 명시하지 않았다 하더
   라도 위법이라고 할 수 없다(대법원 1997. 7. 25. 선고 97도1095 판결 등).
      참고로, 선순위 근저당권이 설정된 부동산에 관하여 담보 목적 가등기(피담보채
   무 10억 원)가 설정된 상태에서 이를 기망으로 해제하였을 때 피고인이 얻게 되는
   특정경제범죄 가중처벌 등에 관한 법률에 따른 '이득액'의 규모가 문제된 사안에
   서, 피해자가 재산적 처분행위를 할 무렵 선순위 근저당권에 의하여 토지의 실제
   교환가치가 감소되었으므로 가등기를 해제하였다 하여 10억 원 또는 위 법률에서
   정한 5억 원 이상의 재산상 이익을 취득하였음이 증명되었다고 보기 어렵다는 이
   유로 "액수 미상의 재산상 이익을 취득하였다"라고 하여 위 범위에서 유죄로 판단

그런데 대상판결의 설시는 가등기 양도인에 대하여 "가등기 및 본등기에 의하여 발생된 채권자들의 공동담보 부족"에 대하여 가액배상의무를 진다고 되어 있어, 가등기 양수인이 가등기에 기하여 본등기를 마침으로써 초래한 책임재산의 이탈에 대하여 가등기 양도인도 동일한 범위에서 가액배상의무를 인정하는 것처럼 보인다. 대상판결의 사안에서는 가등기 양수인이 선의의 수분양자일 가능성이 적지 않고 실제 원고는 가등기 양수인이 아닌 가등기 양도인만을 피고로 삼아 가액배상을 구하였는데, 결국 가등기 양도인은 자신이 본등기를 마친 경우와 같이 가액배상의무를 부담하게 되었다.

가등기 양수인에 의하여 본등기가 이루어진 이상 그것이 반드시 수익자인 가등기 양도인에 의하여 이루어지지 않았다고 하더라도 가등기 양도인이 양도한 권리 자체에서 현실화된 것이라는 점, 책임재산의 현실적인 일탈은 장래에 본등기시에 일어나지만 그 법적 효력이 가등기 시점에 책임재산에서 일탈된 것과 마찬가지로 그때의 일반채권자들에게도 우선하는 결과가 되는 점, 가등기 양도인이 가등기를 이전함으로 인하여 책임재산인 부동산을 가등기 전의 상태로 회복하는 것이 현실적으로 불가능해진 점 등을 고려하면, 이전된 가등기에 기하여 본등기가 마쳐진 이상에는 가등기 양도인으로 하여금 가등기를 설정하였던 원물과 동등한 가액으로 평가한 가액의 배상을 명하는 것이 가등기 설정 및 이전으로 초래된 공동담보의 부족을 해소하는 방법으로 타당하다고 볼 여지가 있다.

또한, 가등기 양도인에 대하여 일률적으로 가액배상의무를 부정할 경우에는, 가등기 양도의 방식으로 책임재산을 은닉하거나 원상회복의무를 면탈하는 등 악용될 가능성도 적지 않다.[48] 부동산거래 실무상 매매

---

한 하급심판결로, 수원지방법원 성남지원 2019. 6. 27. 선고 2018고합102 판결(검사가 항소하여 재산상 이익의 범위에 관하여 다투었으나 수원고등법원 2019. 12. 12. 선고 2019노259 판결로 원심의 판단을 수긍하고 항소를 기각하였으며, 대법원 2020. 3. 26. 선고 2020도21 판결로 상고 기각되어 확정되었음).

48) 같은 맥락에서 대상판결의 결론을 지지하는 견해로, 김건호, 같은 글, 131면; 김

예약이 아닌 매매계약을 체결하고 매매대금을 전액 지불하여 소유권이전 등기를 마칠 수 있는 지위에 있으나 가등기만 마친 채 전매하고 가등기에 이전의 부기등기를 하는 경우도 있는데, 가액배상을 부정할 경우 채권자는 전득자가 선의인 경우 전득자로부터 원상회복을 받을 수 없는 한편 책임재산 감소에 핵심적인 역할을 한 수익자로부터도 어떠한 회복을 받을 수 없는 결과가 되어 부당하다.[49]

그러나 매매예약 및 가등기만으로는 물권변동의 효력이 없고[50] 매매계약과 본등기가 경료되어야 물권변동의 효력이 발생하는데, 물권변동을 일으킨 본 계약인 매매계약을 둔 채 가등기 양도인을 상대로 매매예약의 취소에 따른 원상회복으로 가액배상을 명할 수는 없다는 견해[51]도 있다. 이러한 견해에 따르면 원래의 가등기권자는 원물반환의무만 있던 자이므로 가등기의 이전이 원물반환의무의 존속에 영향을 미치는지를 가리면 족하고, 가액배상의무는 따질 필요가 없다고 본다. 설령 가액배상의무가 있다고 하더라도 가등기만을 마친 수익자에게 '가등기'로 발생한 공동담보의 부족분을 평가해 배상을 명해야 하는데, 이는 본등기로 인한 공동담보 부족분과 동일하게 평가할 수는 없고, 물권취득의 효력이 없는 이상 공동담보의 부족이 발생하지 않거나 가액 평가가 불가능하다고 한다.

가등기 양도인에 대하여 가등기에 의해 공동담보의 부족이 발생하지 않아 가액배상의무 자체를 인정할 수 없다는 결론을 일률적으로 내릴 수 있는지에 관해서는 좀더 신중하게 살펴보아야 할 것이나, 적어도 가등기담보법이 적용되는 담보가등기상의 권리가 양도된 경우와 달리, 청구권보전의 가등기 등 다른 유형의 가등기 양도인에게 가액배상을 인정할 경우에는 그 가액을 본등기를 마친 경우와 동등하게 평가할 수 있는지를 살펴보아야 한다는 점에서 고려할 만한 지적이라고 생각한다.

---

덕중, 같은 글, 71면; 임소연, 같은 글, 702면 등.

49) 진상범, 같은 글, 726면 참조.

50) 가등기담보법이 적용되는 담보가등기를 제외한 논의이다.

51) 오영두, 앞의 글, 212~213면.

이를 위해서는 가등기 양도인의 권리가 무엇이었는지, 이전의 부기
등기가 이루어진 원인이 무엇이었는지를 개별적으로 살펴 볼 필요가 있
다. 대상판결의 사안도 그러한 측면에서 검토해 보기로 한다.

(4) 대상판결 사안의 검토

**(가) 근저당권설정계약의 취소 부분과의 관계-책임재산의 회복과 권리
보호의 이익**

1) 대법원의 판단

그 전에, 먼저 원심이 직권으로 사해행위 취소청구의 소의 이익이
없다고 보아 해당 부분 소를 각하한 '근저당권설정계약'의 취소 및 원상
회복청구 부분에 관하여 본다.

대법원은 이 부분의 원심판단이 정당하다고 보아 해당 부분의 판단
및 결론을 유지하였다. 이는 "채권자가 채무자의 부동산에 관한 사해행위
를 이유로 수익자를 상대로 그 사해행위의 취소 및 원상회복을 구하는
소송을 제기하여 그 소송계속 중 위 사해행위가 해제 또는 해지되고 채
권자가 그 사해행위의 취소에 의해 복귀를 구하는 재산이 벌써 채무자에
게 복귀한 경우에는, 특별한 사정이 없는 한, 그 채권자취소소송은 이미
그 목적이 실현되어 더 이상 그 소에 의해 확보할 권리보호의 이익이 없
어지는 것이다"라고 하는 대법원 2008. 3. 27. 선고 2007다85157 판결[52]
등의 기존 법리에 따른 것이다.

대상판결은 소송계속 중이 아니라 채권자인 원고가 소제기를 하기
전에 근저당권이 말소된 사안이어서, "그리고 이러한 법리는 사해행위취
소소송이 제기되기 전에 그 사해행위의 취소에 의해 복귀를 구하는 재산
이 채무자에게 복귀한 경우에도 마찬가지로 타당하다"라고 덧붙였다. 이
는 민사소송법상 권리보호 이익에 관한 일반 법리의 연장선상에 있는 것
으로 이해할 수 있으며, 책임재산의 회복을 구하는 사해행위취소소송의
목적이 실현되었기 때문에, 즉 이미 승소판결을 받아 원상으로 회복시키

---

52) 위 판결의 판례해설로, 차문호, "계약의 해지에 대한 채권자취소소송 가능 여부
   등", 대법원판례해설 제75호(2008. 12.), 법원도서관, 79면 이하.

려던 채무자의 책임재산의 상태가 이미 실현되었기 때문에 본안에 관하여 굳이 판단을 할 필요가 없다는 의미로 이해할 수 있다.

  2) **책임재산의 회복 여부: 순차로 설정된 근저당권등기와 가등기의 관계 측면에서**

해당 사안에서 근저당권설정등기가 말소되었고 그 원인이 일부포기 등으로 표시되었기는 하다. 그러나 권리보호의 이익을 부정하는 법리가 적용되는 것은, 근저당권설정등기가 말소되었다는 사실 자체로부터가 아니라 근저당권설정등기가 말소됨으로써 그 사해행위의 취소에 의해 복귀를 구하는 재산이 "채무자에게 복귀"하였다는 책임재산의 회복이라는 상태로부터 온다. 그런데 대상판결의 사안을 보면, 각 근저당권설정등기가 말소되기에 앞서 이 사건 각 가등기를 이전받은 수분양자 앞으로 가등기에 기한 본등기가 마쳐졌는데, 이로써 위 각 근저당권이 일반 책임재산으로부터 일탈시켜 확보하고 있던 부동산의 교환가치는 그대로 본등기를 마친 수분양자에게 이전되었을 뿐 이를 두고 대법원의 설시와 같이 "채무자에게 복귀"하였다고 할 수 없어 보인다.

나아가 근저당권과 가등기상 권리의 관계에 관하여 보면, 해당 사안에서 채무자 을은 건설사 갑 회사의 대표이사로서, 채권자인 원고에 대하여 갑의 구상채무를 연대보증한 자이다. 피고 1, 피고 4가 을로부터 을소유의 이 사건 각 부동산에 관하여 앞서 본 바와 같이 가등기를 마친 것을 두고, 위 피고들이 가등기에 기하여 다세대주택의 본등기를 마쳐 그 소유권을 취득하려는 의사였다거나(매매예약 등을 원인으로 한 청구권 보전) 실제로 채권 담보 목적의 가등기로 취득하여 이를 실행할 의사였다(대물반환 예약이나 장래의 양도담보권 설정[53])고 볼 수 있는지는 명확치 않다. 왜냐하면 피고들은 위 가등기를 설정하기 전날에 이미 이 사건 각 부동산에 선순위 공동저당으로 채권최고액 2억 원 및 200억 원의 근저당권을 설정받아 해당 부동산의 담보가치를 확보하였기 때문이다.[54] 가등

---

53) 앞서 본 바와 같이 차용물의 반환에 관한 담보가 아니므로 가등기담보법이 적용되는 사안은 아니다.

기 양수인인 수분양자도 부동산 소유자인 을과 직접 분양계약을 체결한
것으로 보이고, 피고1, 4가 이 사건 각 부동산에 관하여 가지는 현재 또
는 장래의 소유권이전등기청구권을 양도받았거나 피고1, 4의 분양계약상
의 지위를 인수하였거나 피고1, 4로부터 이 사건 각 부동산을 미등기전
매로 매수하였다고 보이지는 않는다. 피고들은 이미 선순위 근저당권을
설정함으로써 채무자의 일반 책임재산에서 담보가액 상당을 일탈시켜 우
선변제권을 확보하였는데, 그 나머지 재산에 관해서도 가등기권리자로서
향후 매매나 양도담보 등으로 이전 내지 처분하여 그 가액을 확보하고자
하였는지 의문이다.

피고 1, 4가 설정받은 가등기는 가등기담보법이 적용되지 않으므로
우선변제권이 없고, 그 전날 먼저 설정된 선순위 근저당권이 존재하는
이상 강제집행절차에서 매수인에게 인수되지 않고 소멸된다. 대법원은
근저당권설정등기와 가등기가 마쳐진 부동산에 관하여 체결된 매매계약
을 사해행위로 취소하고 가액배상을 명한 사안에서 부동산의 시가에서
선순위 근저당권의 피담보채무액은 공제하였으나 근저당권 설정 후에
유류대금 채권을 담보하기 위해 마쳐진 가등기에 대해서는 가등기담보
법이 적용되지 않아 우선변제권이 없다는 이유로 가액배상액 산정시 유
류대금 채무액이 공제대상이 되지 않는다고 한 원심의 판단을 수긍한
바 있다.[55]

대법원과 하급심의 판결이유만으로는 을과 피고 4 등이 근저당권과
가등기 설정에 이른 구체적인 경위나 세부적인 약정의 내용을 파악하기
어려우나, 근저당권 등을 설정한 시점이 을이 대표이사로 있던 갑 회사
에 부도가 발생하여 원고가 갑 회사의 대출금채무를 대위변제한 후라는
점을 감안하면, 을은 갑 회사 또는 을에 대한 채권을 가진 피고들 등 채
권단과 일정한 협상을 거쳐 여럿의 이름으로 근저당권 및 가등기의 설정

---

54) 이에 대하여 채권자인 원고가 각 근저당권설정등기의 취소 및 원상회복을 함께
   구하였음을 앞에서 본 바와 같다.
55) 대법원 2010. 7. 22. 선고 2009다60466 판결.

에 이르렀고, 향후 을이 주상복합건물 아파트를 분양하여 수분양자들로부터 분양대금을 지급받게 되면 그 대금으로 피고들 등에 대한 공사대금 등 채무를 변제하려고 한 것으로 생각된다. 제1심 판결의 이유에 나오는 설시인 "피고들 스스로 자신들이 채무자 을 또는 갑 회사의 공사 하수급 협력업체들로 구성된 채권단으로서 갑 회사의 부도 이후 채권을 변제받기 위하여 매매예약이나 근저당권설정계약을 체결하고 등기를 마친 것이라고 인정하고 있는 점"을 통해서도 이러한 사정을 엿볼 수 있다.

3) 근저당권설정계약 취소의 권리보호의 이익

한편, 채무자가 선순위 근저당권이 설정되어 있는 상태에서 그 부동산을 제3자에게 양도한 다음 선순위 근저당권설정계약을 해지하고 근저당권설정등기를 말소한 경우 선순위 근저당권설정계약의 취소를 구하는 소의 권리보호 이익과 관련하여, 대법원은 대법원 2013. 5. 9. 선고 2011다75232 판결에서 "비록 근저당권설정계약이 이미 해지되었지만 그것이 사해행위에 해당하는지에 따라 후행 양도계약 당시 당해 부동산의 잔존 가치가 피담보채무액을 초과하는지 여부가 달라지고 그 결과 후행 양도계약에 대한 사해행위취소청구가 받아들여지는지 여부 및 반환범위가 달라지는 때에는 이미 해지된 근저당권설정계약이라 하더라도 그에 대한 사해행위취소청구를 할 수 있는 권리보호의 이익이 있다고 보아야 한다"라고 판단한 바 있다. 이는 새로 설정된 후순위 '담보권'의 말소를 구하는 사해행위취소 청구 사안에 관한 판례의 기존 법리[56]의 연장선상에 있는데, 그 선순위 담보권 설정행위가 사해행위로 인정되어 취소되고 그에 기한 등기가 말소되었거나 채권자가 선순위 담보권과 후순위 담보권에 대한 사해행위취소 및 등기말소를 구하는 소송에서 선순위 담보권 설정행위가 사해행위로 인정되는 경우, 후순위 담보권 설정행위가 사해행위에

---

56) 대법원 2007. 7. 26. 선고 2007다23081 판결, 대법원 2020. 2. 27. 선고 2019다276581 판결 등. 위 2011다75232 판결은 후순위 담보권의 설정이 문제된 사안이 아닌바, 대법원은 당해 부동산의 후행 양도행위가 사해행위에 해당하는지 여부를 판단할 때에도 공제대상인 피담보채무 금액에 포함되어서는 안 된다고 보았다.

해당하는지 여부를 판단할 때에 선순위 담보권의 피담보채무액을 당해 부동산에 설정된 담보권의 피담보채무액에 포함시켜서는 안 된다고 보는 것이다. 이와 같이 보지 않고 사해행위에 해당하는 선순위 담보권의 피담보채무액을 포함시켜 후순위 담보권 설정행위의 사해행위 여부를 판단한 결과 후순위 담보권 설정행위가 사해행위에 해당하지 않는다고 판단할 경우, 선순위 담보권 설정행위가 사해행위로 취소되어 그 등기가 말소되더라도 이에 해당하는 책임재산이 채무자의 일반 채권자들에게 회복되지 못하고 후순위 담보권자에게 담보로 제공되는 결과가 될 수 있기 때문이다.

그러나 위 법리를 근저당권설정계약이 해지되고 근저당권설정등기가 말소된 이상 그 취소 여부가 후행 양도계약의 사해행위 해당 여부 등의 판단에 영향을 미치는 예외적인 사정이 있어야만 권리보호의 이익이 있다는 취지로 읽을 필요는 없다고 생각된다.

근저당권설정계약이 사해행위인 이상 그로 인한 근저당권설정등기가 경매절차에서 매각되어 말소되었다고 하더라도 수익자로 하여금 근저당권자로서 배당을 받도록 하는 것은 민법 제406조 제1항의 취지에 반하므로 수익자에게 그와 같은 부당한 이득을 보유시키지 않기 위하여 근저당권설정등기로 인하여 해를 입게 되는 채권자는 근저당권설정계약의 취소를 구할 이익이 있다고 보는 것이 판례의 확립된 입장이고,[57] 같은 맥락에서 원상회복, 즉 이탈된 책임재산의 회복을 구할 이익이 있는지 여부가 기본적으로 권리보호의 이익이 있는지 여부 판단의 출발점이 되어야한다. 그래서 경매절차에서 매각에 이르지 않았더라도, 채무자가 사해행위로 인한 근저당권 실행으로 경매절차가 진행 중인 부동산을 매각하고 그 대금으로 근저당권자인 수익자에게 피담보채무를 변제함으로써 그 근저당권설정등기가 말소된 경우에도 마찬가지로 근저당권의 우선변제권이행으로 일반 채권자에 우선하여 된 것이라고 봄이 타당하며 이 경우에

---

57) 대법원 1997. 10. 10. 선고 97다8687 판결 등.

도 수익자로 하여금 근저당권 말소를 위한 변제 이익을 보유하게 하는 것은 부당하여 근저당권설정계약의 취소를 구할 이익이 있다고 본다.[58] 그리고 이러한 경우 원상회복의 경우 원물의 반환이 불가능하므로 가액배상의 방법으로 원상회복을 명하여야 하는데,[59] 위 판결의 법리를 원용하는 하급심판결에서는 이를 근저당권 실행으로 경매절차가 진행 중인 사안에 제한하지 않고 근저당권이 설정된 부동산을 매도하면서 근저당권설정등기를 말소한 경우에 근저당권설정계약의 취소를 구할 이익이 있음을 전제로 가액배상의 방법으로 원상회복을 명한 것들이 있고,[60] 근저당권자가 근저당권설정등기 말소 과정에서 목적부동산의 매매대금 등으로부터 변제를 받는 등 우선변제권에 기하여 피담보채권을 회수하였다고 평가할 수 있다면[61] 경매절차상 배당받은 것과 같이 가액배상을 명하는 것이 타당하다고 생각된다. 채무자의 일반 채권자들을 위하여 책임재산으로 복귀하였다고 볼 수 없고 오히려 책임재산에서 이탈된 상태가 종국

---

58) 대법원 2012. 11. 15. 선고 2012다65058 판결, 대법원 2015. 4. 23. 선고 2014다 82118 판결 등.

59) 대법원 2018. 6. 19. 선고 2017다270107 판결 등.

60) 서울고등법원 2022. 7. 6. 선고 2022나2008991 판결(미상고 확정. 위 2017다 270107 판결의 판시를 "근저당권설정계약을 사해행위로서 취소하는 경우 타인이 소유권을 취득하고 근저당권설정등기가 말소되었다면 원물반환이 불가능하므로 가액배상의 방법으로 원상회복을 명하여야 한다."고 추상적으로 원용하고 근저당권자가 근저당권을 말소하면서 받은 채권최고액 2억 원을 가액배상금으로 산정하였다), 서울중앙지방법원 2020. 1. 9. 선고 2019가합503547 판결(같은 취지에서 근저당권자가 매수인으로부터 지급받은 424,030,000원을 가액배상금으로 인정하였다. 항소심에서 서울고등법원 2020. 11. 12. 선고 2020나2010518 판결에서 청구변경에 따른 변경판결이 선고되었는데, 해당 부분의 판단은 그대로 유지되었다. 항소심 판결은 미상고 확정) 등. 그 밖에 채무자 회생 및 파산에 관한 법률상 부인권 행사가 문제된 사안에서 같은 취지로 판단한 것으로 서울고등법원 2020. 6. 5. 선고 2019나2001150 판결이 있다.

61) 사해행위의 사안은 아니나, 채무자 소유 부동산과 물상보증인 소유 부동산에 공동근저당권이 설정된 후 공동담보의 목적부동산 중 채무자 소유 부동산을 제3자에게 '매각'하여 그 대가로 피담보채권의 일부를 변제하는 경우에도, 공동근저당권자가 그와 같이 변제받은 금액에 관하여 물상보증인 소유 부동산에 대한 경매 등 환가절차에서 우선변제권을 행사할 수 없다고 하여 임의환가에 의한 청산시 우선변제권을 행사한 것으로 평가하고 있다(대법원 2018. 7. 11. 선고 2017다292756 판결).

적으로 확정되었으며, 그 과정에서 수익자인 근저당권자는 애초에 근저당권 설정으로 달성하려던 목적인 우선변제를 현실화하였기 때문이다.

### 4) 근저당권설정계약의 취소 및 근저당권자들의 가액배상의무

같은 맥락에서 대상판결의 사안의 경우에도 근저당권과 가등기는 피고들이 건물 공사와 관련된 채권을 우선적으로 회수하기 위하여 설정한 것이라고 보이고, 피고들이 수분양자들이 가등기에 기하여 본등기를 마칠 때 피고들이 분양대금 등으로부터 피담보채권을 일정 범위에서 회수하면서 근저당권설정등기를 말소하였을 가능성이 상당하므로, 근저당권설정계약의 취소를 구할 이익이 있음을 전제로 적어도 채권최고액의 한도 내에서 목적부동산의 분양대금 등으로부터 회수한 피담보채권액의 범위에서 가액배상을 명하였어야 한다고 생각된다.[62]

제1심 법원은 원고의 청구를 받아들여 근저당권설정계약과 매매예약을 피보전채권인 원고의 채권액 범위 내에서 모두 취소하고 원고의 채권액 상당의 가액배상을 명하였는데, 근저당권설정계약과 매매예약이 원인일자가 동일하고 실제 등기일도 하루 차이라는 점 등을 고려하여, 채무자의 위 각 행위를 같은 목적을 가진 일련의 처분행위로서 전체로 파악하여 취소하고 가액배상을 인정한 것으로 생각된다. 또한, 그 과정에서 근저당권설정계약의 취소에 의하여 이미 원고가 구하는 가액배상액이 전부 받아들여지는 이상 가등기 양도인으로서 가액배상의무를 부담하는지, 해당 가액의 평가는 어떻게 할 것인지를 독립된 쟁점으로 별도로 판단하지 않은 것으로 보인다. 근저당권설정등기의 말소가 수분양자로 보이는 가등기 양수인인 제3자의 가등기에 기한 본등기와 동시에 이루어졌는바, 결국 근저당권설정등기의 말소에 의해 담보로 제공된 재산이 일반 책임재산으로 회복되었다고 평가하기는 어렵다는 점에서 제1심 법원의 판단

---

62) 근저당권을 이전하여 처분한 것과 같이 평가한다면 실제 회수한 금액을 묻지 않고 담보잔존액의 범위 내에서 피담보채권액 상당의 가액을 평가할 여지가 있겠으나(대법원 2010. 4. 29. 선고 2009다104564 판결 참조), 근저당권 이전은 양도인과 양수인 사이의 법률관계인 반면 근저당권설정계약의 해지는 채무자와 사이의 법률관계라는 점에서 반드시 같게 평가하기는 어렵다고 생각된다.

은 수긍할 만한 측면이 있다. 근저당권설정계약이 해지되고 근저당권설정등기가 말소됨으로써 '채권자가 사해행위의 취소에 의해 복귀를 구하는 재산이 벌써 채무자에게 복귀하였다'고 한 대상판결의 판단은 타당하다고 보기 어렵다.

### (나) 가등기 양도인의 가액배상의 범위

결국, 대상판결의 사안에서 피고들이 다액의 선순위 근저당권을 확보하고 후순위로 설정한 가등기가 가등기담보법이 적용되는 담보가등기가 아닌 이상 가등기 자체만으로 확보를 기대할 수 있는 책임재산의 가치는 잠정적이고 부수적이다. 또한, 앞에서 본 것처럼 선순위 근저당권자가 근저당권설정등기를 말소하면서 일반 책임재산이 회복되었다기보다는 피담보채권의 전부 또는 일부를 회수하여 우선변제받았을 가능성이 적지 않고, 가등기상 권리의 양도는 (수분양자로 보이는) 제3자 앞으로 부동산의 소유권을 이전해 주기 위하여 위 근저당권설정등기의 말소와 함께 일련의 행위로서 이루어진 것으로 보이므로[가등기 양도인인 피고 1, 4는 모두 선순위 근저당권자(피고 1 내지 5)의 지위도 겸하고 있다], 피고 1, 4가 가등기상 권리를 양도하여 가등기 이전의 부기등기를 마쳐주었고 그를 상대로 가등기 자체의 말소를 구할 수 없게 되었다는 사정을 들어 구체적인 사정에 관한 고려 없이 목적부동산 상당의 가액배상의무를 인정하는 것은 가등기 설정으로 생긴 공동담보 감소의 회복으로서 과다하다.

가등기의 가액배상의무를 인정한 대상판결을 지지하는 논거 중의 하나가 취소채권자의 보호인데, 대상판결의 사안에서는 근저당권설정계약의 취소에 따른 가액배상을 명함으로써 이탈한 책임재산의 회복을 명할 수 있으므로, 이를 먼저 살펴본 다음에 여기에 추가로 가등기에 관한 가액배상의무를 인정할 필요가 있었는지를 살펴보았어야 한다. 원고는 가액배상으로 목적물 전체의 가액 가운데 자신의 채권액에 해당하는 94,455,354원의 지급을 구하였는데, 근저당권자인 피고들이 근저당권설정등기를 말소하면서 위 금액 이상의 피담보채권을 회수하였다면 근저당권설정계약의 취소와 가액배상 청구를 인용하는 것으로 족하였다고 생각된다.

위 인용액이 94,455,354원에 미치지 못하는 경우에 부족한 금액의 범위[63]에서 가등기 원인행위의 취소를 판단할 필요가 있을 것인데, 그 경우에도 가등기가 담보 목적인지 매매예약인지 원인행위의 내용을 살펴 책임재산에 미친 영향을 가려 보아야 한다. 앞에서 본 바와 같이 가등기 명의인인 피고 1, 4가 채권단의 구성원으로서 채권을 변제받기 위하여 근저당권등기와 가등기를 설정받은 것이라면, 매매예약에 따른 소유권이전등기청구권 보전을 위한 가등기라기보다는 담보 목적의 가등기일 것인데, 위 일련의 행위 가운데 근저당권 해지와 독립하여 가등기의 이전과 관련하여 피담보채권을 회수하였을 것으로 보이지는 않는다. 다만 이 경우에 저당권과 달리 가등기는 말소되지 않고 가등기상 권리가 이전되어 본등기가 마쳐진 경우에는 일응은 가등기 양도인이 가등기 설정 당시 보전한 권리를 기초로 하여 최종적인 책임재산 이탈 또는 감소가 현실화되었다는 점을 고려하여, 본등기에 의하여 발생된 공동담보 부족을 가액으로 평가하여 책임재산의 회복을 명하는 것이 타당하다고 생각된다.

그러나 이 경우에도 본등기의 원인행위의 내용이 사해행위에는 해당하여야 할 것이다. 가등기의 원인된 법률행위와 본등기의 원인인 법률행위가 명백히 다른 것이 아닌 한 사해행위 요건의 구비 여부는 가등기의 원인된 법률행위 '당시'를 기준으로 판단하여야 하는 것이지만,[64] 본등기의 원인행위로서 채무자와 가등기 양수인 사이에 실제 체결된 계약의 구체적인 내용에 따라서는 매각 목적 등을 살펴 일정한 경우에는 사해행위에 해당한다고 볼 수 없고[65] 이러한 경우에는 사해행위임에도 전득자가 선

---

63) 만약 근저당권자들이 피담보채권의 회수 없이 근저당권설정등기를 말소함으로써 실제로 근저당권을 포기하고 책임재산을 회복하여 준 경우라면, 가등기양도인에 대하여 94,455,354원 전액의 범위에서 가액배상의 범위를 가려 보아야 할 것이다.

64) 대법원 1999. 4. 9. 선고 99다2515 판결, 대법원 2001. 7. 27. 선고 2000다73377 판결 등.

65) 채무자가 유일한 재산인 부동산을 매각하여 소비하기 쉬운 금전으로 바꾸는 행위는 원칙적으로 사해행위가 되지만, 부동산의 매각 목적이 채무의 변제 또는 변제자력을 얻기 위한 것이고, 대금이 부당한 염가가 아니며, 실제 이를 채권자에 대한 변제에 사용하거나 변제자력을 유지하고 있는 경우에는, 채무자가 일부 채권자와 통모하여 다른 채권자를 해할 의사를 가지고 변제를 하는 등의 특별한 사정

의여서 원물의 반환이 불가능한 것이 아니라 책임재산을 해하는 결과가
발생하였다고 볼 수 없으므로, 가등기 양도인에 대하여 가액배상을 명해
서는 안된다고 할 것이다.[66]

증여와 달리 매매는 목적물이 책임재산에서 이탈하는 대신 그 반대급부
로서 매매대금을 지급받는 유상계약이다. 따라서 매매를 두고 그 성질에
비추어 책임재산의 감소만을 가져오는 행위라고 바로 단정지을 수는 없
다. 대법원이 채무초과의 상태에 있는 채무자가 그 소유의 부동산을 타
인에게 적정가격보다 낮은 가격에 매각하거나, 그의 '유일한' 재산인 부동
산을 매각하여 소비하기 쉬운 '금전'으로 바꾸는 행위가 채권자에 대하여
사해행위가 된다고 보는 것도[67] 그 해당 행위의 실질을 살핀 결과이다.
이에 따라 채무자가 유일한 재산인 부동산을 매각하여 소비하기 쉬운 금
전으로 바꾸었다고 하더라도, 부동산의 매각 목적이 채무의 변제 또는
변제자력을 얻기 위한 것이고, 대금이 부당한 염가가 아니며, 실제 이를
채권자에 대한 변제에 사용하거나 변제자력을 유지하고 있는 경우에는,
채무자가 일부 채권자와 통모하여 다른 채권자를 해할 의사를 가지고 변
제를 하는 등의 특별한 사정이 없는 한, 사해행위에 해당한다고 볼 수
없다.[68] 또한, 가등기 양수인이 채무자와 매매계약을 체결하고 본등기를
마쳤는데 그 대금이 채무의 변제 또는 변제자력의 유지에 사용되는 등으
로 채권자를 해한다고 볼 수 없다면, 가등기 양도인에 대하여도 책임재
산의 이탈 내지 감소를 전제로 그 가액의 배상을 구할 수 없다고 보아야
한다. 해당 부동산의 매도행위가 채권자를 해하였다고 볼 수 없는데도
가등기 양도인에게 가액의 배상을 명하는 것은 일반채권자들의 공동담보

---

이 없는 한, 사해행위에 해당한다고 볼 수 없다(대법원 2015. 10. 29. 선고 2013다
83992 판결 등).
66) 사해행위취소로 인한 원상회복의무로서의 수익자나 전득자의 가액배상의무가 성
　질상 불가분채무의 관계에 있다는 점(대법원 2014. 12. 11. 선고 2011다49783 판결
　등)에서도 그러하다.
67) 대법원 2010. 2. 25. 선고 2007다28819, 28826 판결 등.
68) 대법원 2015. 10. 29. 선고 2013다83992 판결, 대법원 2021. 10. 28. 선고 2018
　다223023 판결 등.

로 되어 있지 않았던 부분까지 회복을 명하는 것과 다르지 않다.

## Ⅳ. 결  론

대상판결은 최초의 가등기 명의인이 양수인 앞으로 가등기이전의 부기등기를 마치고 그 양수인이 가등기에 기한 본등기를 마친 사안에서, 채권자는 최초의 가등기권자를 상대로 사해행위인 매매예약의 취소와 그 원상회복으로서 가등기 및 본등기에 의하여 발생된 공동담보 부족에 관하여 가액배상의무가 있다고 보았다. 이로써 부기등기로 인해 가등기말소의 피고적격이 없다는 이유로 가액배상의무를 부담하지 않는다고 본 종래의 판례를 변경하였다.

등기절차상 피고적격의 존부를 원상회복의무와 연결지을 수 없다는 점에서 대상판결의 논리는 타당하다. 다만 구체적으로 가액배상의 범위를 어떻게 산정할 것인지는 가등기의 성질과 내용, 가등기 이전의 원인이 다양하다는 점에서 일률적으로 평가하기 어려우며, 구체적 사안의 해결이 쌓여야 할 것이다. 사견으로는, 대상판결의 사안은 가등기 양도인인 피고들이 선순위 근저당권을 설정받은 사안으로서, 근저당권이 설정됨으로써 이탈된 책임재산을 회복하는 방식의 원상회복이 먼저 이루어져야 할 것으로 보이고, 그 부족분에 한하여 가등기 양수인이 본등기를 마침으로써 책임재산에서 이탈한 목적부동산 가액의 범위 내에서 가액배상을 인정할 수 있을 것이다. 다만 이 경우에도 가등기 양수인과 채무자가 체결한 매매계약의 내용과 매매대금의 사용내역을 살펴 그것이 채권자를 해하는 행위라고 평가하기 어렵다면 가등기 양도인에 대해서도 가액배상을 명하여서는 안 될 것이라고 생각된다.

가등기는 그 이용이 간편하고, 가등기의 유용도 비교적 잘 일어난다. 반면에 가등기의 공시기능은 매우 불완전하여, 등기기록에 나타난 등기목적이나 등기원인만으로는 채권자가 가등기권자의 권리 내용이나 가등기가 설정된 부동산의 일반 책임재산으로서의 담보가치를 파악하여 확보하기에 상당한 어려움이 있다.

가등기담보법이 적용되는 가등기와 그렇지 않은 담보 목적 가등기의 법적 효력이 상이하나 현실적으로 그 경계가 애매하다는 점에서, 이를 일원화하거나 가등기의 공시기능을 강화하는 것이 책임재산 이탈에 관하여 효과적으로 대응하고 부동산의 담보가치를 효율적으로 활용하는 데 도움이 될 수 있을 것으로 생각한다.

[Abstract]

# The Scope of Monetary Compensation in the Revocation and Restoration Claim of a Fraudulent Transfer, in a Case Where the Provisional Registration was Completed by a Fraudulent Act and Transferred to a Third Party

Suh, Jeong Won*

In a case where a beneficiary's provisional registration was fraudulently established and subsequently transferred to a third party as an additional registration form, which later became perfected based on the provisional registration, Supreme Court of Korea held that, even if the beneficiary was in a position of being disqualified as a defendant in an ordinary claim for cancellation of the provisional registration, creditors could still seek the restoration of a fraudulent transfer as a way of monetary compensation. The Supreme Court reversed its previous decision that denied the restoration claim on the grounds of defendant's disqualification. The argument that the impossibility of returning the original real estate, due to the transferred and perfected registration, is insufficient to deny valued compensation. In this respect, the Court made a valid point. However, if a beneficiary, who was the previous holder of provisional registration and transferred the rights to a third party, is compelled to bear compensation liability equivalent to the value of the subject real estate solely due to the reason that the provisional registration itself cannot be removed, it may result in ordering restoration in excess of the shortfalls of joint collateral. A provisional registration does not entail the effect of changes in real rights over immovables but serves only

---

* Associate Professor, Law School at Sungkyunkwan University.

to preserve their priority. In addition to provisional registration for the purpose of reservation of sale, provisional registration for the purpose of collateral is frequently employed. In cases not covered by the Provisional Registration Collateral Act, the right of priority reimbursement in enforcement proceedings is not recognized even for collateral purposes. The determination of the beneficiary's monetary compensation should involve a detailed examination of the scope of joint collateral secured by the beneficiary in each case. In the present case, the beneficiaries were granted a priority mortgage at the time of the provisional registration, and the mortgage was canceled upon the completion of perfected registration. Consequently, it appears that the beneficiaries already received priority payment of the secured debt in the process of canceling the mortgage, so the liability for compensation should be recognized to the extent that the secured debt has been satisfied. Any amounts covered during this process shall be excluded from the calculation of compensation arising from the provisional registration. Furthermore, it should also be examined whether the sale contract that led to the perfected registration can be evaluated as an fraudulent act in its entirety.

## [Key word]

- fraudulent act
- restoration
- compensation of equivalent value
- provisional registration
- perfected registration

## 참고문헌

### 1. 단 행 본

편집대표 김용덕, 주석민법(제5판), 채권총칙(2), 한국사법행정학회(2020).

_____, 주석민법(제5판), 물권법, 한국사법행정학회(2019).

로앤비 온주, 부동산등기법 제88조(정진아 집필부분).

부동산등기실무Ⅲ, 법원행정처(2015).

집필대표 권순일, 주석 채무자회생법(Ⅰ) (제1판), 한국사법행정학회(2021).

_____, 주석 채무자회생법(Ⅳ) (제1판).

### 2. 논    문

김건호, "사해행위에 의해 마쳐진 가등기를 이전하는 부기등기와 수익자의 지위 및 위법한 경정등기의 효력", 한국콘텐츠학회논문지 제15권 제9호, 한국콘텐츠학회(2015).

김덕중, "사해행위에 의한 가등기가 부기등기로 이전된 경우 원상회복의 방법-대법원 2015. 5. 21. 선고 2012다952 전원합의체 판결을 중심으로-, 원광법학 제32집 제1호, 원광대학교 법학연구소(2016).

김병학, "가등기에 관한 연구", 비교법학 제4집, 전주대학교 비교법학연구소(2004).

김상헌, "채권자취소권의 수익자 지위에 관한 비판적 고찰", 서울법학 제24권 제2호, 서울시립대학교 법학연구소(2016).

김영주, "독일의 채권자취소법과 채권자취소소송", 비교사법 제24권 제4호(통권 제79호)(2017).

박병건, "사해행위인 매매예약에 기하여 수익자 앞으로 가등기를 마친 후 전득자 앞으로 가등기 이전의 부기등기를 마치고 가등기에 기한 본등기까지 마친 경우, 채권자가 수익자를 상대로 사해행위인 매매예약의 취소를 청구할 수 있는지 여부 및 부기등기의 결과 수익자의 원물반환의무인 가등기말소의무의 이행이 불가능하게 된다 하더라도 마찬가지인지 여부, 수익자는 가등기 및 본등기에 의하여 발생된 채권자들의 공동담보 부족에 관하여 원상회복의무로서 가액배상의무를 부담하는지 여부", 전북판례연구 Vol. 1, 전북판례연구회(2017).

오시영, "채권자취소권의 실체법상의 성질에 대한 고찰", 민사법학 제46호, 한국사법행정학회(2009).

오영두, "사해행위로 마쳐진 가등기가 이전된 경우 수익자에게 가액배상을 명할 수 있는지 여부: 대법원 2015. 5. 21. 선고 2012다952 전원합의체 판결", 판례연구 제28집, 부산판례연구회(2017).

임소연, "사해행위에 의한 가등기가 부기등기로 이전된 경우 사해행위 취소의 피고적격과 원상회복 방법", 강원법학 제50권, 강원대학교 비교법학연구소(2017).

진상범, "사해행위에 기한 가등기가 전득자에게 이전되어 본등기가 된 경우, 수익자에 대한 사해행위 취소 및 가액배상청구의 가부", 민사재판의 제문제 제26권, 한국사법행정학회(2018).

차문호, "계약의 해지에 대한 채권자취소소송 가능 여부 등", 대법원판례해설 제75호(2008. 12.).

홍승옥, "우리나라 가등기제도의 문제점과 개선방안", 법과 정책 제18집 제1호, 제주대학교(2012).

# 중첩된 가액배상판결과 민법 제407조[*]
## -대법원 2022. 8. 11. 선고 2018다202774 판결에 관하여

김 진 하[**]

■요 지■

수 개의 가액배상판결이 중첩되는 경우 수익자가 이중지급 위험에서 벗어나기 위한 방안으로서 청구이의의 소가 인정된다는 것은 종전부터 대법원이 확인하고 있는 법리이다. 취소채권자의 피보전채권액이 사해행위 목적물의 공동담보가액을 초과하는 경우 각각의 가액배상판결에서 인정되는 가액배상의 금액은 공동담보가액이 될 것인데, 하나의 사해행위에 대해 복수의 가액배상판결이 내려질 경우 각 판결에서 인정된 가액이 다를 가능성이 크다. 수익자가 그중에서 특정 가액배상판결에 따라 일부를 배상하였을 때 다른 가액배상판결에 대하여 청구이의의 소를 통해 집행력을 배제할 수 있는 범위가 문제된다.

대상판결은 위 쟁점이 문제된 사안에서 청구이의의 대상이 되는 해당 가액배상판결에서 인정된 공동담보가액이 아니라 가장 다액의 공동담보가액을 기준으로 집행력의 배제 범위를 판단해야 한다고 판시하였고, 그 근거로 '채권자취소권의 취지'를 제시하고 있다. 대상판결이 위와 같은 입장을 취한 것은 다액의 가액배상이 인정된 취소채권자가 수익자와의 합의하에 일부에 대한 가액배상에 나아가지 아니하는 경우 상대적 초과부분에 대한 책임재산의 회복을 실현할 마땅한 방안이 존재하지 않고, 수 개의 가액배상판결을 받은

---

* 이 글은 2023. 1. 16. 개최된 제457회 민사판례연구회 월례회에서 발표한 글을 수정·보완한 것으로 사법 제64호(2023)에 게재되었다.
** 서울동부지방법원 판사.

수익자의 입장에서도 그 책임에서 벗어날 수 있는 기준이 마련되어야 한다는 현실적인 필요성에서 기인한다.

채권자취소권의 효력과 관련하여 상대적 효력설을 취하는 통설·판례의 태도에 따르면 어느 하나의 사해행위 취소판결이 동일한 사해행위에 관한 다른 취소판결에 효력을 미친다고 보기 어려우므로, 대상판결에서 가장 다액의 공동담보가액을 인정한 가액배상판결이 해당 취소채권자뿐만 아니라 다른 채권자들에게도 영향을 미친다는 부분이 설명되기 어렵다. 한편 민법 제407조는 "사해행위의 취소와 원상회복은 모든 채권자의 이익을 위하여 효력이 있다."라고 하여 채권자평등주의를 규정하고 있는데, 여기에 대해서 취소와 책임재산의 환원을 구분하여 책임재산의 환원이 이루어지면 다른 채권자들에게도 그 효력이 미친다는 보는 것이 위 규정과 관련하여 전반적으로 받아들여지고 있는 해석론이다. 위와 같은 해석론은 일견 상대적 효력설과 모순되는 것으로 보이는 민법 제407조를 조화롭게 해석하고자 시도한 결과이고 이는 민법 제407조의 도입연혁에 비추어 보더라도 타당하다. 다만 최근 대법원 판례의 경향에 따르면, 책임재산의 환원이 이루어지기 이전의 국면에서 민법 제407조를 근거로 사해행위취소의 효력 범위를 확대하려는 여러 시도들이 이루어지고 있음을 알 수 있다. 대상판결이 채권자취소권에 관한 상대적 효력설의 관점에서 부딪히는 난점은 민법 제407조의 적용 범위를 확대하고자 하는 위와 같은 경향을 통해 설명될 수 있을 것으로 보이기는 하다.

그러나 민법 제407조에서 취소판결의 효력이 모든 채권자에게 미친다는 의미는 소송법 내지 실체법상 어떠한 효력이 인정된다는 의미가 아니라 회복된 재산에 대한 강제집행의 단계에서 취소채권자가 아닌 다른 채권자도 참가할 수 있다는 제한적인 의미로 보고 있다. 이러한 관점에 비추어 보면 책임재산의 회복과 그에 따른 개별집행이 동시에 발생하는 가액배상판결에서는 민법 제407조가 적용될 여지는 희박하다. 특히 대상판결은 아직 책임재산의 회복이 이루어지지 않은 부분, 즉 공동담보가액 중 상대적 초과부분에 관하여 다른 취소채권자에게 그 효력이 미친다는 관점에 서 있는바, 이는 민법 제407조의 기존 해석론에 부합하지 않는다. 결국 대상판결의 입장을 민법 제407조로 설명하는 것은 위 조항의 기존 해석론에 정면으로 배치된다.

대신 하나의 사해행위에 관하여 채권자취소소송의 중복을 허용하는 이상 각 가액배상판결에서의 공동담보가액 사이의 관계는 본질적으로 동일하거나 중첩된 불가분의 관계라고 볼 수 있으므로 이를 부진정연대채권 관계로 구성하는 것이 충분히 가능하다고 생각된다. 확정된 수 개의 가액배상판결의 관계를 부진정연대채권 관계로 보는 것은 채권자취소소송의 중첩을 허용하는 상대적 효력설의 취지에 더 부합하고 민법 제407조를 근거로 할 경우의 이론상 난점을 극복하면서도 대상판결과 동일한 결론에 이를 수 있다. 다만 이러한 이론적 구성이 수 개의 가액배상판결에 얽힌 복잡한 법률관계를 간명하게 설명할 수 있는 도구가 될지에 대해서는 향후 심층적인 연구를 필요로 한다.

[주 제 어]
- 채권자취소권
- 가액배상
- 채권자평등주의
- 공동담보가액
- 부진정연대채권

대상판결 : 대법원 2022. 8. 11. 선고 2018다202774 판결

[사안의 개요]

1. 사실관계

(1) 채무자인 A는 2014. 12. 5. 이 사건의 원고인 X에게 자신이 소유하던 아파트 1채(이하 '이 사건 부동산'이라 한다)를 매도하기로 하는 매매계약(이하 '이 사건 매매계약')을 체결하고, 2014. 12. 5. X에게 위 아파트에 관한 소유권이전등기를 마쳐주었다.

(2) 채무자 A의 채권자인 신용보증기금은 수익자 X를 상대로 이 사건 매매계약이 사해행위에 해당한다는 이유로 이 사건 매매계약을 취소하고 원상회복을 구하는 소를 제기하였다. 법원은 이 사건 부동산의 공동담보가액을 9,500만 원(이 사건 부동산 가액 3억 3,000만 원에서 선순위근저당권의 피담보채무액 합계 2억 3,500만 원을 공제한 돈)으로 인정하고, 2016. 5. 20. "수익자 X와 채무자 A 사이에 체결된 이 사건 매매계약을 취소하고, 수익자 X는 신용보증기금에게 가액배상으로 9,500만 원을 지급하라."라는 판결을 선고하였다. X가 항소하지 않아 위 판결은 2016. 6. 16. 확정되었다(이하 '제1 선행판결').

(3) 채무자 A의 또 다른 채권자이자 이 사건의 피고인 Y 또한 수익자 X를 상대로 이 사건 매매계약이 사해행위에 해당한다는 이유로 이 사건 매매계약을 취소하고 원상회복을 구하는 소를 제기하였다. 법원은 이 사건 부동산의 공동담보가액을 5,500만 원(이 사건 부동산 가액 3억 4,000만 원에서 선순위근저당권의 채권최고액 합계 2억 8,500만 원을 공제한 돈)으로 인정하고, 2016. 7. 12. "이 사건 매매계약을 취소하고, 수익자 X는 Y에게 가액배상으로 5,500만 원을 지급하라."라는 판결을 선고하였다. 위 판결은 2016. 9. 1. 그대로 확정되었다(이하 '제2 선행판결').

(4) 제1 선행판결의 원고이자 A의 채권자 중 하나인 신용보증기금은 2016. 8. 26. 수익자 X로부터 6,000만 원을 지급받고, 더 이상 제1 선행판결을 집행권원으로 한 강제집행을 하지 않기로 합의하였다.

(5) 이 사건의 원고인 수익자 X는 제2 선행판결의 취소채권자인 Y를 상대로, 자신이 A의 채권자 중 하나인 신용보증기금에 6,000만 원을 지급하였으므로 이미 제2 선행판결에 기한 가액배상금 5,500만 원을 초과하여 변제가

이루어졌다는 이유로 제2 선행판결의 집행력이 배제되어야 한다고 주장하면서 청구이의의 소를 제기하였다.

## 2. 소송의 경과
### (1) 제 1 심
'경합된 취소채권자가 가지는 각 가액배상채권은 본질적으로 동일하거나 중첩된 불가분적 권리'로서 그중 1인에 대한 변제로서 다른 채권자가 가액배상판결에 기하여 갖는 수익자에 대한 채권 역시 소멸한다는 전제하에, 원고인 X가 제1 선행판결에 따라 신용보증기금에게 지급한 6,000만 원은 제2 선행판결의 가액배상금 5,500만 원을 초과하므로 제2 선행판결에 기한 가액배상금은 소멸하였다고 판단하여 제2 선행판결의 집행력이 배제되어야 된다고 보아 원고 X의 청구를 인용하였다.

### (2) 항 소 심
Y의 항소로 계속된 항소심에서 위 항소심은 제1심판결을 인용하면서 Y의 항소를 기각하였다. 부가적으로, Y에게 제1 선행판결에서 지급되지 않은 3,500만 원을 지급하는 것이 이중변제의 위험이 발생하지 않아서 채권자평등주의에 부합한다는 Y의 주장에 대하여는, 사해행위 취소는 소송당사자 사이에서 '상대적 효력'이 있으므로 Y가 제1 선행판결에서 인정된 가액배상금을 원용할 지위에 있다고 볼 수 없다고 보아 위 주장을 받아들이지 않았다.

## 3. 대상판결 요지
(1) 대상판결은 "수 개의 가액배상판결이 확정된 경우 수익자로서는 청구이의의 소를 통해 이중집행의 위험에서 벗어날 수 있다."라는 기존의 법리를 설시하면서, 수익자가 어느 취소채권자에 대하여 가액배상액을 변제한 경우 가액배상판결을 받은 다른 취소채권자에 대하여 청구이의로 집행력을 배제시킬 수 있는 구체적인 범위와 관련하여 아래와 같이 판시하였다.
『여러 개의 사해행위 취소소송에서 각 가액배상을 명하는 판결이 선고되어 확정된 경우, 각 채권자의 피보전채권액을 합한 금액이 사해행위 목적물의 가액에서 일반채권자들의 공동담보로 되어 있지 않은 부분을 공제한 잔액(이하 '공동담보가액'이라 한다)을 초과한다면 수익자가 채권자들에게 반환하여야 할 가액은 공동담보가액이 될 것인데, 그럼에도 수익자는 공동담보가액을 초과하여 반환하게 되는 범위 내에서 이중으로 가액을 반환하게 될 위험에 처할 수 있다. 이때 각 사해행위취소 판결에서 산정한 공동담보가액의 액수가 서로 달라 수익자에게 이중지급의 위험이 발생하는지를 판단하는 기준이 되는 공동담보가액은, 그중 다액(多額)의 공동담보가액이 이를 산정한 사해행위 취소소송의 사실심 변론종결 당시의 객관적인 사실관계와 명백히 다르고 해당 소송에서의 공동담보가액의 산정 경위 등에 비추어 그 가액을 그대로 인정하는 것이 심히 부당하다고 보이는 등의 특별한 사정이 없는 한 그 다액에 해당하는 금액이라고 보는 것이 채권자취소권의 취지 및 채권자취소소송에서 변론주의 원칙 등에 부합한다. 따라서 수익자가 어느 채권자에게 자신이 배상할 가액의 일부 또는 전부를 반환한 때에는 다른 채권자에 대하여 각 사해행위취소 판결에서 가장 다액으로 산정된 공동담보가액에서 자신이 반환한 가액을 공제한 금액을 초과하는 범위에서 청구이의의 방법으로 집행권원의 집행력의 배제를 구할 수 있을 뿐이다.』

(2) 대상판결은 해당 판시에 따라 X가 지급한 가액배상액은 가장 다액의 공동담보가액인 9,500만 원에서 공제되므로 나머지 3,500만 원을 초과하는 범위에서만 이중지급의 위험이 있다고 보았다. 나아가 방론으로 취소채권자는 수익자로부터 책임재산의 가액을 수령할 권능만 가질 뿐 다른 채권자를 대신하여 공동담보에 관한 권리를 포기할 수 없으므로 신용보증기금이 제1 선행판결에 기한 가액배상액 중 일부를 더 이상 강제집행하지 않겠다고 합의하였다는 사정은 공동담보가액의 산정 및 그에 기한 이중지급의 위험 범위에 영향을 미치지 못한다고 판단하였다.

〔硏　究〕

## 1. 서　론

채권자취소권은 채무자의 책임재산에서 일탈한 재산을 회복하여 채권자의 강제집행이 가능하도록 하는 것을 본질로 하는 권리이다.[1] 채권자취소권의 효력은 채권자와 수익자 또는 전득자 사이에서 상대적으로

---

1) 대법원 2008. 4. 24. 선고 2007다84352 판결 등.

미친다는 상대적 효력설이 주류적인 견해이고, 판례 또한 이를 받아들였다는 것이 주된 평가이다. 취소채권자는 원칙적으로 자신의 채권액의 범위 내에서 채권자취소권을 행사할 수 있고 특히 취소채권자가 가액배상판결에 의하여 가액을 수령한 경우 자신의 채권과 채무자에 대한 반환채권을 상계하여 우선적 만족을 얻을 수 있는데, 이는 상대적 효력설을 전제로 한 채권자취소 제도 운용의 결과이다. 상대적 효력설에 따른 실무적인 운용 모습에 대하여는 많은 비판들이 있지만, 우리에게 채권자취소권 제도를 계수하여 준 프랑스·독일의 실무상 운용을 부지런히 따라간 결과라는 평가도 있다. 한편 채권자평등주의를 표방한 민법 제407조는 "사해행위의 취소와 원상회복은 모든 채권자의 이익을 위하여 그 효력이 있다."라고 규정하고 있다. 그동안 판례가 지탱하여 온 상대적 효력설과 일견 모순되는 듯하나, 실무와 학계에서는 채권자취소권의 상대적 효력과 민법 제407조의 조화를 도모하는 시도가 있었고 민법 제407조의 해석에 관한 주된 견해로 자리 잡았다고 이해된다.

대상판결은 중첩된 가액배상판결이 있을 때 그중 가장 다액의 공동담보가액을 통일적으로 적용되어야 한다고 보고 있다. 취소판결의 효력이 상대적이라는 점에서는 쉽사리 설명되지 않으나 채권자평등주의를 표방한 민법 제407조에는 어느 정도 부합하는 측면이 있어 보인다. 대상판결이 기존의 통설·판례가 취하여 온 채권자취소권의 상대적 효력설과 민법 제407조에 관한 기존의 해석론에 부합하는지 살펴볼 필요가 있다.

대상판결을 본격적으로 평석하기 전, 채권자취소소송이 경합되는 국면을 위주로 상대적 효력설에 따른 판례의 태도를 살펴보고(2.), 민법 제407조의 연혁적인 도입과정을 토대로 해당 조문의 해석론을 검토한다(3.). 이후 대상판결의 이론적·현실적 근거를 살펴본 뒤(4.), 대상판결을 본격적으로 검토한다(5.).

## 2. 수 개의 사해행위 취소소송의 법률관계 - 상대적 효력설에 따른 운용

### (1) 중첩적 사해행위 취소소송의 허용 및 이중집행의 위험

사해행위는 채무초과상태인 채무자가 일반채권자들의 공동담보가 되는 책임재산을 수익자에게 일탈하는 형태로 일어난다. 대개의 경우 여러 채권자들이 채무자로부터 일탈된 재산을 회복하기 위하여 동시에 또는 이시에 채권자취소권을 행사한다. 채권자대위권에서 채무자의 피대위채권을 소송물로 보고 후행 채권자대위소송을 중복소송이라고 보는 것과는 달리 채권자취소권의 경우 수익자에 대한 각 채권자의 고유의 권리를 각각 별개의 소송물로 보고 후행 사해행위 취소소송을 중복소송이라고 보지 않는 것이 통설과[2] 판례의[3] 입장이다.

채권자취소권은 일탈된 재산에 관한 사해행위의 효력을 부인하고 채무자의 책임재산으로 회복하게 하는 강제집행의 준비절차로서 기능한다.[4] 사해행위취소 및 원상회복의 확정판결을 집행권원으로 일탈된 책임재산을 회복하는 절차를 거치게 되면 그로써 채권자취소권 행사의 목적을 다하게 되고, 이후 실제로 책임재산으로부터 채권의 만족을 받는 일은 채권자들의 몫이 된다. 수 개의 채권자취소소송의 병행을 허용하는 판례의 태도에 따르면, 원상회복의 목적이 된 책임재산의 가액을 넘어서는 복수의 확정판결, 즉 수 개의 집행권원이 발생하게 되고, 위 집행권원이 가액배상의 형태일 경우 그에 따른 집행이 완료되었음에도 불구하고 남아있는 집행권원으로 수익자의 일반재산에 관하여 강제집행을 실시할

---

2) 편집대표 곽윤직, 민법주해[IX] 채권(2), 박영사(1995), 838면(김능환 집필부분, 이하 '민법주해'라 약칭); 편집대표 김용덕, 주석민법 채권총칙(2), 한국사법행정학회(2020), 462면(이백규 집필부분, 이하 '주석민법'이라 약칭); 김창종, 채권자취소권행사에 의한 원상회복의 방법 및 범위, 사법논집 제26집(1995), 159면; 윤경, 사해행위취소와 가액배상, 저스티스 제34권 제5호(2001. 10.), 한국법학원, 136-137면.

3) 대법원 2003. 7. 11. 선고 2003다19558 판결, 대법원 2005. 5. 27. 선고 2004다67806 판결, 대법원 2005. 11. 25. 선고 2005다51457 판결 등.

4) 오영준, 사해행위취소권과 채권자평등주의, 사법논집 제32집(2001. 12.), 법원도서관, 140-141면.

수 있는 가능성, 다시 말하면 이중지급의 위험이 남게 되는 것이다. 수익자에게는 이중지급의 위험을 대비할 수 있는 방안이 필요하다.

### (2) 이중지급의 위험의 해결방안
#### (가) 수 개의 가액배상판결의 형태

수 개의 채권자취소소송이 중첩적으로 진행되더라도 원물반환의 방법으로 원상회복이 이루어진다면 이중지급의 위험이 발생하지 않는다. 이와 달리 가액배상의 방법으로 원상회복을 명하는 수 개의 확정판결이 존재하는 경우 각각의 취소채권자가 가지는 피보전채권액이 다르다는 점, 사실심 변론종결시점이 상이하기 때문에 회복의 대상이 되는 책임재산이 가액이 다르게 산정될 수 있다는 점 때문에 각각의 가액배상액이 다르게 인정될 가능성이 높다. 채권자취소소송이 별소 또는 병합심리되는 등 중첩적으로 진행되는 경우 각 취소채권자들의 피보전채권의 합계액이 반환의 대상이 되는 공동담보가액의 액수를 초과하는 경우가 있는데, 이 경우 법원이 내려야 할 주문의 형태에 대해서 안분배당설[5], 연대채권설, 채무자귀속설[6] 등 다양한 논의가 있으나 판례는 수익자가 반환하여야 할 가액범위 내에서 각 채권자의 피보전채권액 전액의 반환을 명하여야 한다는 입장이다.[7]

특히 가액배상판결의 경우 통설·판례는 취소채권자의 수령권을 인정하고 있어 판결의 주문이 수익자가 채권자에게 직접 금원을 지급하는 형식이 된다. 이 경우 수익자는 사해행위로 받은 이익보다 각 가액배상

---

5) 윤경(주 2), 138-139면; 이완희, 채권자취소소송의 경합과 관련된 몇 가지 문제점, 수원지방법원 재판실무연구 제3권(2006년), 236-237면 임채웅, 채권자취소권의 행사범위에 관한 연구, 인권과 정의 292호(2000. 12.), 대한변호사협회지, 136-137면.
6) 오영준(주 4), 197면.
7) 판례는 대법원 2005. 11. 25. 선고 2005다51457 판결에서 별소로 소가 제기된 경우 수익자가 반환하여야 할 가액범위 내에서 각 채권자의 피보전채권 전액의 반환을 명해야 한다는 전액인용설의 입장취하였는데, 대법원 2008. 6. 12. 선고 2008다8690, 8706 판결에서는 병합심리하는 경우에도 마찬가지로 전액을 인용하여야 한다고 판시하였다.

판결에 기하여 각각의 채권자에게 반환해야 할 금원의 합계가 더 많아질 가능성이 있다. 각 채권자는 가액배상판결을 집행권원으로 하여 수익자의 일반재산에 대하여 강제집행을 할 수 있으므로 수익자의 이중지급 위험은 증대된다.

### (나) 청구이의의 소 등의 허용

1) 수익자가 이중지급의 위험에서 벗어날 수 있는 방법으로서 판례는 청구이의의 소를 인정하고 있다. 대법원 2005. 11. 25. 선고 2005다51457 판결은 "여러 개의 소송에서 수익자가 배상하여야 할 가액 전액의 반환을 명하는 판결이 선고되어 확정될 경우 수익자는 이중으로 가액을 반환하게 될 위험에 처할 수 있을 것이나, 수익자가 어느 채권자에게 자신이 배상할 가액의 일부 또는 전부를 반환한 때에는 그 범위 내에서 다른 채권자에 대하여 청구이의 등의 방법으로 이중지급을 거부할 수 있을 것이다."라고 판시함으로써 이중집행이 문제가 될 경우 청구이의 등의 방법으로 이중지급을 거부할 수 있음을 방론으로 제시하였다. 해당 판결은 대상판결에서 원용한 판례이기도 하다.

이중지급의 위험에서 벗어나기 위한 방안으로 청구이의의 소를 허용하는 논거로는 ① 수익자가 어느 한 판결에 기하여 이미 집행을 당하였다면 다른 판결에 기한 집행은 실체적 권리관계에 반한다고 보아 권리남용을 이유로 이를 허용하여야 한다는 견해,[8] ② 후행 소송의 변론종결일 이전에 이미 집행이 완료되었음에도 수익자가 이를 적극적으로 주장하지 않아 이를 고려하지 않은 판결이 확정된 경우 이미 수익자의 후행 취소채권자에 대한 가액배상의무에 대하여 기판력이 발생하였으므로 이러한 경우에까지 실체적 권리관계에 반한다는 이유로 청구이의의 소를 허용할 수는 없고 두 소송이 모두 확정된 후에 어느 한 판결에 기한 집행이 완

---

8) 윤경(주 2), 140면; 임채웅(주 5), 136면(확정판결의 편취 등을 이유로 청구이의의 소를 인정하는 판례의 입장을 근거로 한다. 따라서 집행 당시를 기준으로 권리남용 여부를 판단하는 이상 기판력의 시적 제한으로서 변론종결 이후에 책임재산이 회복되었을 것을 요하지 않는다).

료된 경우에만 변제의 법리 또는 권리남용이론을 도입하여 청구이의의 소가 가능하다는 수정적 견해가 있다.[9] 한편으로, ③ 권리남용이론으로 구성할 필요 없이 경합된 취소채권자가 갖는 각 가액배상채권은 본질적으로 동일하거나 중첩된 불가분적 권리로서 그중 1인에 대한 변제로서 다른 채권자가 가액배상판결에 기하여 갖는 수익자에 대한 채권 역시 소멸하게 되므로 수익자는 이를 청구이의의 사유로 주장할 수 있다는 데에 그 근거를 찾는 견해도 유력하다.[10]

2) 수익자가 이중지급의 위험에서 벗어날 수 있는 방안으로 민법 제487조 단서에 의한 상대적 불확지공탁을 허용하여야 한다는 견해가 있다.[11] 대법원 2007. 5. 31. 선고 2007다3391 판결은 "동일한 금액 범위 내의 사해행위취소 및 가액배상을 구하는 소송을 제기한 수인의 취소채권자들 중 누구에게 가액배상금을 지급하여야 하는지 알 수 없다는 이유로 채권자들의 청구금액 중 판결 또는 화해권고결정 등에 의하여 가장 다액으로 확정된 금액 상당을 공탁금액으로 하고 그 취소채권자 전부를 피공탁자로 하여 상대적 불확지공탁을 한 경우, 피공탁자 각자는 공탁서의 기재에 따라 각자의 소송에서 확정된 판결 또는 화해권고결정 등에서 인정된 가액배상금의 비율에 따라 공탁금을 출급청구할 수 있을 뿐이다." 라고 판시하여 공탁가능성에 관해 언급한 바 있으나 판결이유에서 '이 변제공탁의 방법이 적절하였는지는 별론으로 하고'라고 하여 이러한 공탁이 가능한지에 관해 명확한 결론을 내지 않았다.[12] 수익자가 변제공탁을 하는 방법으로 이중집행의 위험에서 벗어나려고 할 때 각각의 가액배상액이 다른 경우 공탁의 기준이 되는 금액이 무엇인지 문제된다. 이에 대하여 확정판결 상호간 우열이 없는 이상 수익자의 선택에 좇아 가액이 적

9) 손현찬, 수 개의 사해행위 취소소송이 중첩된 경우의 법률관계, 재판과 판례 제15집(2007. 1.), 대구판례연구회, 467-469면(따라서 앞서의 견해와 달리 변론종결 이후에 책임재산이 회복되었을 것을 요건으로 한다).
10) 이종엽, 가액배상판결의 집행법상 실현, 저스티스 제101호(2007), 한국법학원, 269면.
11) 윤경(주 2), 147면.
12) 주석민법, 466면.

은 쪽을 공탁하면 의무를 면할 수 있다고 보는 견해와 수익자가 선행 확
정판결에 따른 이행을 지체한 결과 발생한 결과이므로 그 불이익은 수익
자가 감당하여야 한다는 근거로 다액의 가액배상판결을 기준으로 공탁을
하여야 모든 가액배상의무를 면할 수 있다는 견해를 상정할 수 있고, 후
설을 지지하는 견해가 있다.[13]

### (3) 권리보호이익 상실에 관한 문제

#### (가) 기존 논의 및 판례의 태도 - 회복시설의 채택

채권자취소권의 경우 각 채권자의 고유한 권리로서 별개의 소송물로
보고 있고, 각 채권자가 동시 또는 이시에 채권자취소소송을 제기하더라
도 이는 중복제소에 해당하지 않음은 앞서 본 바와 같다. 다만 어느 채
권자의 승소판결이 먼저 확정된 경우 다른 채권자들이 별소로서 또 다른
사해행위 취소소송을 제기할 수 있는지가 문제된다. 이는 후행적으로 진
행되는 소송의 권리보호이익이 언제 소멸하는지에 관한 문제로 귀결된
다. 여기에 대해서 확정시설은[14] 전소의 승소판결 확정시에 권리보호이
익이 소멸한다고 보는 데에 반하여, 회복시설은 확정된 취소판결에 따라
재산이나 가액의 회복을 마친 시점에 권리보호이익이 소멸한다고 본다.
통설과[15] 판례는[16] 선행 사건의 취소채권자가 고의적으로 집행을 하지
않을 경우 다른 취소채권자들의 집행이 사실상 불가능하다는 점을 이유
로 회복시설의 입장을 취하고 있다.

#### (나) '재산이나 가액과 중첩되는 범위에 관하여'의 의미

1) 판례는 회복시설의 태도를 취하면서 권리보호이익의 상실 범위에
관하여 "회복을 마친 재산이나 가액과 중첩되는 범위 내에서 소멸한다."

---

13) 손현찬(주 9), 464-465면.
14) 민법주해, 838면; 최영남, 채권자취소권행사의 방법, 범위 및 원상회복의 방법,
    재판실무연구(2000), 295면; 오영준(주 4), 178면.
15) 윤경(주 2), 137면, 이백규, 채권자취소권의 행사요건, 법조 제50권 제3호(2001.
    3.), 82면.
16) 대법원 2000. 7. 28. 선고 99다6180 판결, 대법원 2003. 7. 11. 선고 2003다
    19558 판결 등 참조.

라고 판시하고 있다. 위 '중첩되는 범위'에 관한 구체적인 의미는 원물반환일 경우보다 가액배상일 경우 문제된다. 이 부분의 논의는 하나의 선행판결에 기한 가액배상이 완료된 경우와 가액배상액이 다른 복수의 선행판결이 있는 경우로 나누어 검토한다.

### 2) 선행 확정판결로 인한 가액배상 완료 후 후행사건의 처리

수익자가 선행 확정판결에 기한 가액배상의 이행을 완료하였는데, 후행사건에서의 사해행위 목적 부동산에 관한 시가감정결과가 높은 경우 그 증가된 부분에 관한 가액배상을 명하여야 할지가 문제된다. 대법원 2005. 3. 24. 선고 2004다65367 판결은 동일한 사해행위에 관한 취소소송이 중첩된 경우, 선행 소송에서 확정판결로 처분부동산의 감정 평가에 따른 가액 반환이 이루어진 이상 후행 소송에서 부동산의 시가를 다시 감정한 결과 위 확정판결에서 인정한 시가보다 평가액이 증가되었다 하더라도, 그 증가된 부분을 위 확정판결에서 인정한 부분과 중첩되지 않는 부분으로 보아 이에 대하여 다시 가액배상을 명할 수는 없다는 원심판결을 수긍하여 선행 확정판결의 내용대로 이행하면 후행사건의 권리보호이익이 소멸한다는 견해를 취하였다. 위 판결이 위 입장을 취한 이유는, 부동산 가격이 지속적으로 상승하는 우리 현실에서 추가 가액배상을 명하게 되면 수익자로서는 제척기간 내이기만 하면 추가적인 사해행위 취소소송을 제기당할 위험에 놓일 수 있고 이는 수익자를 지나치게 희생시키는 것으로 적절하지 않기 때문이다.[17] 위 판결의 대법원판례해설에서는 권리보호이익이 상실되는 범위로서의 '중첩되는 범위'의 의미에 관하여, 수익자가 실제로 이행한 가액배상의 범위 내라고 해석되지는 않고, 채권자가 사해행위 가액보다 작은 채권액 범위 내에서만 가액배상 승소 확정판결을 받고 그 범위 내에서 현실의 가액배상을 받은 경우, 나머지

---

17) 윤병철, 동일한 사해행위에 관한 취소소송이 중첩되고 선행소송에서 확정판결로 처분부동산의 감정평가에 따른 가액반환이 이루어진 경우 후행 소송에서 부동산의 시가를 다시 감정한 결과 확정판결에서 인정한 시가보다 평가액이 증가되었다면 그 증가된 부분을 확정판결에서 인정한 부분과 중첩되지 않는 부분으로 보아 이에 대하여 다시 가액배상을 명할 수 있는지 여부(소극), 판례해설(54), 법원도서관, 150면.

채권자는 그 나머지 사해행위부분을 자신의 채권액 범위 내에서(채권액이 잔존 사해행위의 가액보다 큰 경우에는 그 전부) 다시 취소할 수 있다는 의미로 해석된다는 견해를 제시하고 있다.[18] 다시 말하면, 판례가 권리보호이익의 상실 범위를 '중첩되는 범위'라고 제한한 것은 선행 확정판결의 가액배상액이 취소채권자의 피보전채권액에 의하여 제한되는 경우를 염두에 둔 문구라는 해석이다.

### 3) 복수의 선행 확정판결의 가액배상액이 다른 경우의 문제

서로 다른 복수의 가액배상 확정판결이 내려졌을 경우 어느 가액배상액을 기준으로 가액배상을 완료하여야 후행사건의 권리보호이익이 상실되는지는 또 다른 문제이다. 위 쟁점을 직접 다룬 대법원 판례는 존재하지 아니하나, 복수의 확정된 가액배상판결 중 상대적으로 소액의 가액배상판결에 기한 가액배상을 이행한 후 다액의 가액배상판결에 대하여 청구이의의 소를 제기한 사안에서, ① 수익자가 선행소송의 확정판결에 따른 이행을 지체한 결과 발생한 문제이므로 차액 상당의 추가 가액배상을 명하더라도 수익자에게 불이익하거나 부당하다고 볼 수 없다는 점, ② 수 개의 확정판결이 중첩되는 경우 수익자가 그 후에 하나의 확정판결에서 명하는 금액 전부를 이행하면 공동담보가액 전부의 반환의무를 이행한 것으로 보게 된다면, 오히려 수익자의 선택에 따라 위 확정판결의 상호간의 우열을 인정하는 결과가 된다는 점을 근거로 앞서 대법원 판례가 판시한 '중첩되는 범위 내'의 의미는 수익자가 '실제로 변제한 금액의 한도 내'라고 해석하는 것이 타당하다고 보아 위 변제액을 초과하는 부분에 관해서는 이중지급이라고 볼 수 없다고 본 하급심 판결이 있다.[19] 위와 같은 판결의 입장에 대하여 수익자가 선행 확정판결에 따른 이행을 지체하였기 때문이므로 타당하다고 보는 견해가 있다.[20]

---

18) 윤병철(주 17), 155-156면.
19) 서울고등법원 2007. 10. 26. 선고 2007나20626 판결(대법원 2008. 2. 1.자 2007 다79602 판결에서 심리불속행으로 상고기각되어 확정되었다), 서울중앙지방법원 2007. 6. 1. 선고 2006가합98410 판결(서울고등법원 2008. 1. 24. 선고 2007나 56328 판결에서 항소기각되어 확정되었다).

## 3. 민법 제407조(채권자평등주의)의 해석론

### (1) 민법 제407조(채권자평등주의)에 관한 연혁적 검토[21]

민법 제407조는 "사해행위의 취소와 원상회복은 모든 채권자의 이익을 위하여 그 효력이 있다."라고 규정하고 있다. 민법 제407조의 문언은 상대적 효력설을 전제로 여러 명의 채권자가 동시 또는 이시에 사해행위 취소 및 원상회복청구의 소를 제기할 수 있고 어느 한 채권자가 승소확정판결을 받은 것을 넘어서서 그에 기하여 재산이나 가액의 회복을 마친 경우 비로소 후행 소송의 권리보호이익이 없게 된다는 앞서 본 판례의 태도와 어울리지 않는다. 상대적 효력설을 전제로 한 현재 판례의 태도와 민법 제407조의 모순적 병존은 채권자취소권의 도입과정을 연혁적으로 살펴보는 것으로 어느 정도 이해가 가능하다. 민법 제407조에 관한 연혁적 검토는 이미 다수의 연구가 진행되어 있으므로 여기에서는 대상판결의 검토를 위해 필요한 수준에서 개괄적으로 언급한다.

### (가) 브와소나드 민법 초안 제363조

우리 민법 제407조는 일본의 개정 전 민법 제425조와[22] 거의 유사하므로 일본 민법에서 채권자취소권의 도입과정을 살펴보는 것이 필요하다. 일본 민법의 초안으로서 프랑스의 브와소나드(Gustave boissonade) 교수가 기초한 브와소나드 민법 초안이 1886년 먼저 만들어졌고 이를 심의, 검토, 수정하여 일본의 구 민법이 1890년 최종 공포되었으나 결국 시

---

20) 이계정, 민법 제407조(채권자평등주의)의 법률관계에 관한 연구, 사법논집 제47집 (2008), 511면; 최영은, 사해행위 취소소송을 제기한 다수의 채권자 사이의 관계에 대한 고찰, 부동산소송 실무자료 4집(2010), 610-612면.

21) 이 부분은 주로 전원열·김영주, 사해행위취소 및 부인권제도에 관한 개선방안 연구, 법원행정처 연구보고서(2017), 건국대학교 산학협력단을 참고하여 작성하였다.

22) 일본 개정 전 민법 제425조(사해행위취소의 효과)는 "전조의 규정에 의한 취소는 모든 채권자의 이익을 위하여 그 효력이 있다."라고 규정하고 있다. 현행 민법은 2017. 6. 2. 법률 제44호로 대대적으로 개정되어 2020. 6. 2.부터 시행되고 있는데, 위 개정 민법 제425조(인용판결의 효력이 미치는 자의 범위)는 "사해행위취소청구를 인용하는 확정판결은, 채무자 및 모든 채권자에 대해서도 그 효력이 있다."라고 규정하고 있다.

행되지 못하였다. 이후 1893. 3.경 설치된 법전조사회에 의하여 기초된 법률안(재산편)이 1897. 7. 16.부터 시행되었는데, 이것이 현행 일본 민법의 출발인 메이지 민법이다.[23]

우리 민법 제407조에 대응하는 조문은 브와소나드 초안의 제363조, 일본 구 민법의 제343조, 메이지 민법의 제421조, 현행 일본 민법의 제425조이다.[24] 브와소나드 초안 제363조는 "폐파는 사해행위보다 전에 그 권리를 취득한 채권자에 의해서만 청구된다. 그러나 폐파가 얻어진 경우에는 구별 없이 모든 채권자의 이익으로 된다. 다만 우선권에 관하여 정당한 사유가 존재하는 경우에는 그러하지 아니하다."라고 규정하였다.[25] 제363조의 2문은 이미 그 당시 프랑스에서도 소수설로 여겨지던 절대적 효력설을 채택한 것이며(다른 채권자에 대한 효력 국면),[26] '승소판결'의 효력만이 다른 채권자에게 미친다는 판결효의 편면적 확장을 인정한 것이다.[27] 브와소나드가 소수설을 채택한 것은 아직 파산법제가 마련되지 않던 일본의 상황에서 채무자가 파산하여 이 조항이 적용될 경우의 타당성을 고려한 것이라고 해석되고 있다.[28] · [29] 브와소나드 초안 제363조를

---

23) 전원열 · 김영주(주 21), 110-111면.

24) 전원열 · 김영주(주 21), 268면.

25) 佐藤岩昭, 詐害行爲取消權の理論, 東京大學出版會(2001), 243면.

26) 여기에서 말하는 절대적 효력설은 취소판결의 효력이 채무자에게 미치는지에 관한 문제가 아니다. 사해행위취소 및 원상회복의 효력이 취소채권자가 아닌 다른 채권자에게 미치는지에 관한 논의에서의 상대적 효력설(취소채권자에게만 미친다는 입장)과 절대적 효력설(다른 채권자에게도 미친다는 입장) 중 절대적 효력설을 채택하였다는 의미이다.

27) 佐藤岩昭(주 25), 98면.

28) 佐藤岩昭(주 25), 255면; 윤태영, 채권자취소권의 상대적 무효설에 대한 입법사적 관점에서의 비판적 고찰, 법학논총 제36권 제2호, 전남대학교 법학연구소(2016), 55-56면; 김가을, 일본민법제정사에 있어서 채권자취소권에 대한 검토, 홍익법학 제13권 제2호, 홍익대학교 법학연구소(2012), 40면.

29) 브와소나드가 집필한 일본민법 해설서(Gustave Boissonade, Project de Code Civil pour l' Empire du Japon, t. Ⅱ, nouv. e'd., 1891, pp. 144-145)에서 "취소의 이익이 사해행위 전의 채권자에게만 속한다고 지지하는 것은 사해행위 전의 채권자의 이익을 과대평가하는 것이다, 그것은 채권자를 2개의 범주로 구분하고 이익에 있어 2가지 재산군을 작출하는 것으로, 파산제도와 지급불능의 근본 원칙에 반하는 것이다."라고 설명함으로써 파산제도를 지적한 점을 보면 이를 유추할 수 있

계승한 일본 구 민법 제343조는 "취소는 사해행위에 앞서 권리를 취득한 채권자가 아니면 그것을 청구할 수 없다. 그렇지만 취소를 한 때에는 총 채권자의 이익으로 한다. 다만 각 채권자의 사이에서 적법한 선취원인이 있는 때에는 그러하지 아니하다."라고 정하였다.[30] 이후 메이지 민법의 제정 과정에서 구 민법 제343조에 해당하는 부분은 기판력의 상대성에 반한다는 등의 이유로 삭제하여야 한다는 견해가[31] 있었으나 결국 받아들여지지 않아 최종적으로 메이지 민법 제421조에서 "취소가 모든 채권자의 이익을 위하여 효력이 미친다."라고 규정함으로써 현행 일본 (지금은 개정 전) 민법 제425조의 원형이 되었다.[32]

**(나) 대심원 연합부 판결의 상대적 효력설 채택 및 만주국 민법 제395조**

결국 메이지 민법의 기초자들은 브와소나드가 입법화를 시도한 절대적 효력설(다른 채권자에 대한 효력 국면)과 채무자에 대한 취소판결 효력이 미치는가에 관한 논의에서도 이를 긍정하는 절대적 효력설을 인정하는 입장이었다(절대적 효력설 + 절대적 효력설).[33] 메이지 민법의 제정 의도를 받아들여 채권자취소권의 법적 성질에 관한 일본의 초기이론은 형성권설, 즉 의사표사의 하자에 기한 취소권과 마찬가지로 채무자와 수익자의 사해행위를 취소하고 그 효력이 소급적, 절대적으로 무효가 된다는 견해가 상당히 받아들여지고 있었다. 그러나 대심원 1911(明治 44). 3. 24. 연합부 판결은 위 형성권설을 절대적으로 부정하면서 채무자에게 사해행위

다[윤태영(주 28), 55면에서 재인용].

30) 윤태영(주 28), 56면.
31) 佐藤岩昭(주 25), 244-246면; 윤태영(주 28), 57면.
32) 메이지 민법 제421조와 달리 일본 구 민법 제343조의 1문과 3문이 반영되지 않은 이유에 관하여는, "취소소권은 사해행위 전에 채권을 취득한 자가 아니면 행사할 수 없고, 단서의 선취특권이 있는 경우는 매우 특별하기 때문에 삭제하였다."라는 법전조사회 기초위원 중 한 명인 호즈미 노부시게의 설명에서 유추해 볼 수 있다[윤태영(주 28), 56-57면].
33) 円谷峻 編, 民法改政案の檢討 第1卷, 172-173면[황진구, 사해행위의 취소와 원상회복이 모든 채권자의 이익을 위하여 효력이 있다는 의미, 민사판례연구 제39권 (2017), 17면에서 재인용]. 메이지 민법 제정 과정에서도 채무자를 공동피고로 하는 수정안이 가결되었으나 그 후 이 점은 소송법에 규정하여야 한다는 이유로 반영되지는 않았다.

취소판결의 효력이 미치는가에 관하여 상대적 효력설의 입장을 채택하였고, 채무자의 피고적격을 부정하고 취소의 효력은 채무자와 수익자 사이의 법률행위에 미치지 않고 취소채권자와 수익자 또는 전득자 사이에서만 미친다고 판시하였다.

위 대심원 연합부 판결의 내용은 그 후 학설에 의해 채권자취소권의 법적성질을 사해행위의 취소를 목적으로 하는 형성권과 일탈재산의 회복을 목적으로 하는 청구권이 합쳐진 권리라는 취지(병합설 내지 절충설)로 정리되어 일본의 통설·판례로 자리 잡았다. 만주국 민법전 제정 당시 일본의 위와 같은 통설적 견해가 그대로 반영되어 만주국 민법 제393조는 채무자에 대한 효력의 관점에서는 상대적 무효설을, 채권자취소권의 법적성질에 관하여는 병합설을 채택한다는 전제 아래 '취소 및 원상회복'을 청구할 수 있다고 규정하였다.[34] 동시에 만주국 민법 제395조는 일본 민법 제425조를 토대로 "채권자취소권 행사 결과로 취소 및 원상회복은 총채권자의 이익을 위하여 효력이 생긴다."라고 정하였다.[35] 그 후 우리 민법 제정 시 채권자취소권 조항은 만주국 민법 제393조 내지 제395조 등을 참조하여 그와 유사한 취지로 조문화되었고,[36] 앞서 본 만주국 민법 제395조의 내용과 유사한 취지로 우리의 현행 민법 제407조가 도입된 것이다.

### (2) 우리 민법 제407조에 관한 평가
### (가) 민법 제407조의 법적 성질에 관한 기존 논의

우리 민법 제407조의 모태가 된 일본 민법 제425조의 입법과정을

---

34) 이는 '취소'만을 명시하고 있던 당시 일본 민법 제424조 제1항과 비교된다. 절대적 무효설에 의하면 채무자와 수익자 사이의 법률행위가 무효로 되므로 취소채권자는 채무자의 수익자에 대한 부당이득반환청구권 등을 대위행사하여 원상회복할 수 있으나, 상대적 무효설에 의하면 사해행위가 취소되었다고 하더라도 채무자와 수익자 사이의 법률행위는 유효하므로 취소채권자가 수익자를 상대로 원상회복을 하기 위해서는 별도의 법적 근거가 필요하다. 만주국 민법은 채권자취소권의 내용에 원상회복을 포함시킴으로써 상대적 효력설을 채택한 것으로 볼 수 있다[황진구(주 33), 19면].

35) 전원열·김영주(주 21), 274면.

36) 민법안심의록(상), 242-243면[황진구(주 33), 11면에서 재인용].

보면, 해당 조문은 사해행위취소 및 원상회복의 효력이 취소채권자가 아닌 다른 채권자에게도 미친다는 절대적 효력설을 채택한 브아소나드 민법초안 제363조를 계승한 것으로 평가할 수 있다. 채권자취소권에 관한 상대적 효력설(채무자에 대한 효력 국면) 및 병합설을 채택한 우리 민법·판례의 태도와 민법 제407조를 모순 없이 설명하는 것은 매우 어려운 작업이나, 민법 제407조의 법적 성질을 두고 다음과 같이 설명하려는 견해들이 있다.[37]

먼저, ① 민법 제407조는 단지 채권자평등주의의 이념을 선언하는 정도에 그치는 것이라고 소극적으로 파악하자는 견해로서 입법론적 견지에서 불필요한 규정이므로 삭제되어야 한다는 견해(이념적 해석론 내지 소극설), ② 사해행위취소 판결의 기판력은 원래 소송당사자인 취소채권자와 수익자(전득자) 사이에서만 미치지만, 이를 확장하여 다른 채권자에게도 미치게 하는 조문이라는 견해(기판력 확장설), ③ 취소판결의 형성력을 근거로 모든 채권자에게 효력이 미친다는 견해(실체적 형성력설), ④ 민법 제407조 전단의 '전조의 규정에 의한 취소와 원상회복'이라는 법률요건사실이 갖추어지면 그에 따라 다른 채권자들도 승소판결의 효력을 원용할 수 있는 반사적 효력을 받는다는 견해(법률요건적 효력규정설)가 있다. 마지막으로, ⑤ 취소와 책임재산의 환원을 구분하여 책임재산의 환원이 이루어지면 다른 채권자들에게도 그 효력이 미친다고 보는 견해[평등주의(공동담보) 선언설]가 있다.[38]

### (나) 검    토

브와소나드의 모국인 프랑스에서는 사해행위 취소판결의 효력이 채무자에게 미치지 않음은 당연하여 논쟁이 되지 않았고,[39] 취소판결의 효력이 미치는 채권자의 범위와 관련하여 논의가 있었다. 구체적으로 취소

---

37) 위 견해들의 자세한 내용은 오영준, 사해행위취소의 효력이 미치는 채권자의 범위, 민사판례연구 제26권, 박영사, 2004, 162-164면 및 오영준(주 4), 157-160면 참조.
38) 이계정(주 20), 472-473면; 하현국, 채권자취소로 인한 가액배상과 취소채권자의 우선변제, 민사재판의 제문제 제19권(2010), 한국사법행정학회, 74-76면.
39) 佐藤岩昭(주 25), 94면.

채권자가 사해행위취소 승소판결 후 그 이전재산에 대하여 행하는 강제
집행절차에 어떠한 채권자가 그 절차에 참가하여 배당을 받을 수 있는가
의 문제로서, 이와 관련하여 원칙적으로 취소채권자 자신만 강제집행으로
부터 만족을 얻을 수 있다는 견해(상대적 효력설), 채무자에게 집행권원을
가지고 있는 누구나 취소채권자가 행하는 강제집행절차에 참가하여 배당
요구를 할 수 있다는 견해(절대적 효력설)의 대립이 있었다. 강제집행법상
선집행채권자 우선주의를 채택한 독일이나 미국과 달리 채권자평등주의
를 채택하고 있던 프랑스에서만 위 논쟁이 성립할 수 있었다는 점을 그
배경으로 이해할 필요가 있다. 위 논쟁은 프랑스 파기원 진술부 1871. 8.
28. 판결이 상대적 효력설의 견해를 명확히 취한 후 판례뿐만 아니라 다
수의 학설 또한 상대적 효력설로 입장을 정리하게 되면서 일단락되었
다.[40] 그럼에도 브와소나드는 프랑스에서 채택되지 않았던 절대적 효력
설을 반영한 제363조를 민법 초안으로 제시하였다. 그 이유는 아직 파산
법제가 마련되지 않던 일본의 상황에서 채무자가 파산할 경우의 상황을
고려하였기 때문이라는 점은 앞서 보았다. 메이지 민법의 제정 과정에서
프랑스의 입장과 같이 상대적 효력설을 취하여 이를 삭제하여야 한다는
의견이 제시되었으나 받아들여지지 않아 민법 제421조로 도입되었고, 이
는 결국 우리 민법 제정 시 민법 제407조의 원형이 되었다.

적어도 연혁적으로 따져보면, 프랑스에서 전개된 상대적 효력설과
절대적 효력설의 논의의 평면은 다른 채권자가 회복된 책임재산에 관한
강제집행절차에 참가할 수 있는지에 관한 것이었다. 브와소나드가 절대
적 효력설을 채택한 의도는 취소채권자가 아닌 다른 채권자가 후행 소송
에서 선행 사해행위 취소판결의 기판력을 주장하거나 사해행위 취소판결
이 확정되었다는 이유로 수익자를 상대로 원상회복청구 등의 소를 제기
할 수 있다는 것이 아니라, 사해행위취소에 따른 강제집행에서 참가할
수 있다는 것을 의미하였다고 볼 여지가 크다.[41] 따라서 민법 제407조에

---

40) 전원열·김영주(주 21), 264-266면.
41) 황진구(주 33), 16면.

서 취소판결의 효력이 모든 채권자에게 미친다는 의미는 소송법상 형성
력, 기판력 또는 실체법상 취소의 효력이 미친다는 것이 아니라 사해행
위취소에 따라 회복된 재산에 대한 강제집행의 단계에서만 취소채권자가
아닌 다른 채권자도 참가할 수 있다는 제한적인 의미로 새겨야 한다.[42]
평등주의(공동담보) 선언설이 민법 제407조의 연혁적 의미를 가장 잘 담고
있는 견해라고 생각된다.

### (3) 민법 제407조에 관한 대법원 판례의 태도
### (가) 판례의 기존 입장

우리 판례는 사해행위취소의 효과는 당사자인 취소채권자와 수익자
또는 전득자에게만 미치고, 소송에 참가하지 아니한 채무자 또는 다른
채권자에 대하여는 미치지 아니한다고 판시하여[43] 애초에 상대적 효력설
과 병합설의 입장을 취하였다. 또한 원칙적으로 취소채권자의 취소의 범
위를 취소채권자의 채권 만족에 필요한 범위, 즉 취소채권자의 채권액을
한도로 허용하고,[44] 앞서 본 바와 같이 다수의 채권자들이 동시 또는 이
시에 채권자취소소송을 제기하는 것을 허용하는 입장을 취함으로써 민법
제407조의 존재를 애써 외면해왔다고 해도 과언이 아니다.

특히 사해행위의 목적물이 금전이어서 금전의 반환을 청구하는 경
우나 원물반환이 불가능하거나 현저히 곤란하여 가액배상을 청구하는 경
우 취소채권자는 그 금전을 채무자가 아닌 자기에게 직접 반환하거나
지급할 것을 청구할 수 있다고 보고 있다. 채무자가 취소 목적물인 금전
을 수령하지 않거나 반환받은 목적물을 은닉·소비하는 경우 취소채권자
가 사해행위취소에도 불구하고 아무런 이익을 얻지 못하게 되어 취소권
행사가 무용해지는 것을 막기 위한 것이라고 일반적으로 설명된다.[45] 나

---

42) 황진구(주 33), 27면.
43) 대법원 1988. 2. 23. 선고 87다카1989 판결 등 참조.
44) 대법원 1997. 9. 9. 선고 97다10864 판결 등 다수. 예외적으로 다른 채권자가
　　배당요구를 할 것이 명백하거나 목적물이 불가분인 경우와 같이 특별한 사정이 있
　　는 경우에는 취소채권자의 채권액을 넘어서까지도 취소를 구할 수 있다고 보고 있다.

아가 현재 판례는 가액배상의 경우에 취소채권자가 그 금전을 자신에게 직접 지급할 것을 청구할 수 있는데, 이렇게 가액배상금을 수령한 취소채권자는 지급받은 금전을 채무자에게 반환할 의무와 채무자에 대한 자신의 채권을 상계할 수 있다고 본다. 이러한 판례의 입장에 따르면 취소채권자가 아닌 다른 채권자의 집행의 기회가 박탈된다. 책임재산의 회복과 그에 따른 개별집행이 동시에 일어나기 때문이다. 이는 민법 제407조의 문언에 정면으로 반할 뿐만 아니라 상대적 효력설에 의하여 그 적용영역이 제한된 채권자평등주의의 실현 또한 불가능하게 한다고 평가되고 있다.

다만 판례는 원물반환이 이루어지는 경우 사해행위 당시 채권자들도 채권자취소권을 행사하지 않더라도 개별적인 강제집행절차에 참여할 수 있게 하는 근거규정으로서 민법 제407조를 언급한다거나, 채무자 명의로 회복된 재산에 대하여 취소채권자의 우선권을 인정하지 않고 있는데,46) 이는 앞서 본 평등주의(공동담보) 선언설과 맥을 같이한다.

(나) 민법 제407조의 적용범위 확대 시도

최근 대법원 판례에 의하면, 민법 제407조를 사해행위 취소판결의 결과 환원된 책임재산의 효력에 관한 문제로만 국한된다고 볼 수 없는 판시들이 나오고 있다. 대법원이 '실질적인' 근거로서 민법 제407조를 활용하여 그 적용 여부를 확대해 나가는 것으로 보이는 사안은 다음과 같다.

1) 대법원 2015. 11. 17. 선고 2013다84995 판결-[A]판결

대법원은, 취소채권자가 수익자를 상대로 사해행위취소 및 원상회복으로 소유권이전등기의 말소를 명하는 판결을 받았으나 아직 말소등기를 마치지 않은 상태에서 다른 채권자가 해당 판결에 기하여 채무자를 대위하여 수익자 명의 이전등기에 관한 말소등기를 마친 사안에서, Ⓐ 사해행위취소로 인한 원상회복판결의 효력은 채무자나 다른 채권자에게 미치지 아니하므로 해당 말소등기에는 절차상 흠이 존재하나, Ⓑ 채권자가

45) 김창종(주 2), 167면.
46) 대법원 2005. 8. 25. 선고 2005다14595 판결.

사해행위취소의 소를 제기하여 승소한 경우 그 취소의 효력은 민법 제
407조에 의하여 모든 채권자의 이익을 위하여 미치므로 수익자는 채무자
의 다른 채권자에 대하여도 사해행위의 취소로 인한 소유권이전등기 말
소등기의무를 부담한다는 점 등을 들어 해당 말소등기가 실체관계에 부
합한 유효한 등기라고 판단하였다.

[A]판결은 Ⓐ부분에서 사해행위 취소판결은 상대적으로 효력이 있다
는 기존의 입장에 따라 소송의 당사자가 아닌 다른 채권자가 채무자를
대위하여 말소등기를 신청할 수 없다고 하였다. 그러나 [A]판결의 Ⓑ부분
은 채무자 명의의 등기가 실체관계에 부합한 유효한 등기라는 결론의 근
거로 취소채권자가 아닌 다른 채권자가 이미 사해행위가 취소되었다는
사정을 들어 수익자를 상대로 말소등기청구를 하면 이에 응하여야 한다
는 점을 들었다. Ⓑ부분은 민법 제407조에 관한 기존 논의와 판례의 입
장으로는 좀처럼 설명되지 않는다. 사해행위의 취소는 소로써 구하여야
하나 취소채권자가 아닌 다른 채권자가 아직 소로써 채권자취소를 구하
지도 않았을 뿐만 아니라 책임재산인 부동산이 아직 채무자에게 환원되
지 않았으므로 민법 제407조가 근거로서 제시될 국면이라고 볼 수 없다.
민법 제407조를 형성판결의 대세효, 기판력의 확장 내지 실체법적 효력
의 인정으로 설명하려는 견해에 따르면 위 Ⓑ부분 설시가 어느 정도 설
명이 가능하지만,[47] 위 입장은 채권자취소권의 효력에 관한 판례의 기본
적 입장인 상대적 효력설과 모순되어 받아들이기 어렵다.[48]

### 2) 대법원 2017. 3. 9. 선고 2015다217980 판결-[B]판결

대법원은 채무자가 사해행위 취소로 등기명의를 회복한 부동산을
제3자에게 처분한 사안에서, Ⓐ 채무자와 수익자 사이의 매매계약이 사
해행위로 취소되고 그에 따른 원상회복으로 수익자 명의의 소유권이전
등기가 말소되어 채무자의 등기명의가 회복되더라도, 사해행위의 취소

---

47) 김송, 사해행위취소의 효력과 민법 제407조의 법적 성격, 법학논문집 제41집 제
1호(2017), 중앙대학교 법학연구원, 121면.

48) 황진구(주 33), 47-48면.

는 채권자와 수익자의 관계에서 상대적으로 효력이 있으므로 채무자의 처분은 무권리자의 처분에 해당하여 제3자에게 마쳐진 소유권이전등기 등은 모두 원인무효의 등기로서 말소되어야 하고, Ⓑ 취소채권자나 민법 제407조에 따라 사해행위 취소와 원상회복의 효력을 받는 채권자는 채무자의 책임재산으로 취급되는 부동산에 대한 강제집행을 위하여 원인무효 등기의 명의인을 상대로 등기의 말소를 청구할 수 있다고 판시하였다.

　[B]판결의 Ⓐ부분, 즉 채무자가 제3자에게 마쳐준 소유권이전등기가 원인무효라고 본 부분은 사해행위 취소의 상대적 효력에 충실한 것으로 타당하다는 견해가 있다. Ⓑ부분, 즉 취소채권자가 아닌 다른 채권자에게 직접적인 말소등기청구권이 인정된다는 부분에 관하여는 이를 비판하는 견해가 다수 존재하고,49) 제3자에 의한 채권침해로 구성하여 방해배제청구권을 행사할 수 있다는50) 등 실체법적 근거를 제시하는 여러 시도들이 있다. [B]판결은 [A]판결과는 달리 사해행위 취소판결을 통해 이미 채무자의 명의로 책임재산이 환원된 상태에서 취소채권자가 아닌 일반채권자가 자신의 권리를 구제할 수 있는 방안을 제시하였다는 데 그 의의가 있다. 민법 제407조에 따라 효력을 받는 일반채권자가 단순히 환원된 재산에 관하여 강제집행을 할 수 있다는 소극적 수혜를 입는 것에 나아가 그에 따른 이익을 침해당하는 경우 이를 구제하기 위한 적극적인 권리를 행사할 수 있음을 인정한 것으로 민법 제407조의 적용 범위를 확대한 것으로 해석할 수 있다.

---

49) 양형우, 사해행위취소로 원상회복된 부동산 처분행위의 효력, 홍익법학 제18권 제3호 (2017), 27면 이하; 정다영, 채권자취소권 행사의 효과에 관한 연구, 법조 제723호, 법조협회(2017. 6.), 698면 이하; 전원열, 사해행위취소 후 복귀한 재산에 대한 채무자의 처분권, 법조 제726호, 법조협회(2017. 12.), 368면 이하; 임소연, 사해행위 취소의 상대적 효력과 민법 제407조에 관한 연구, 인하대 법학연구 제21권 제3호 (2018. 9.), 61-62면.

50) 윤진수, 채권자취소권의 행사의 상대적 효력: 대법원 2017. 3. 9. 선고 2015다 217980 판결, 민법기본판례, 홍문사(2020), 351면.

## 4. 대상판결의 근거

### (1) 논의의 배경

대상판결은 수 개의 가액배상판결이 중첩되는 경우 수익자가 이중지급 위험에서 벗어나기 위한 방안으로서 청구이의의 소가 인정된다는 것을 전제로 하고 있다. 어느 취소채권자에 대한 가액배상이 완료된 경우 수익자가 청구이의를 통하여 다른 취소채권자들에 대한 집행권원(가액배상판결)의 집행력을 배제할 수 있는 범위가 문제된다. 수익자가 상대적으로 소액의 가액배상판결에 기한 가액배상을 완료한 경우 청구이의로써 다액의 가액배상판결의 집행력을 배제할 수 있는 범위에 관하여, 가액의 전부가 아닌 수익자가 실제 배상한 가액의 범위 내에서 집행력이 배제된다고 본 하급심 판결이 있었음은 앞서 보았다. 대상판결의 사안은 이와 다른 국면으로, 다액의 가액배상판결에 의한 일부 가액배상이 이루어진 경우 소액의 가액배상판결에 관한 청구이의의 범위가 문제가 된다. 대상판결은 우선 수익자가 이중지급의 위험에 있는지를 판단하는 기준으로서 사해행위 목적물의 가액에서 일반채권자들의 공동담보로 되어 있지 않은 부분을 공제한 잔액(이하 '공동담보가액'), 그중에서도 가장 다액의 공동담보가액을 기준으로 보아야 한다고 판단하였다. 아래에서는 대상판결이 위와 같은 입장을 취하게 된 이론적, 현실적 근거를 모색해본다.

### (2) 이론적 근거의 모색 – 민법 제407조(채권자 평등주의)

대상판결은 판시의 근거로 '채권자취소권의 취지'를 제시하고 있는데, 여기에서 말하는 '채권자취소권의 취지'의 구체적인 의미에 관하여 살펴볼 필요가 있다. 대상판결과 동일한 사실관계를 다룬 사건으로서 대법원 2022. 8. 19. 선고 2018다219208 판결(이하 '관련 사건')이 있다. 관련 사건은 대상판결 사안의 수익자인 X가 또 다른 취소채권자인 Z에 대하여 청구이의의 소를 제기한 사건이다. Z는 X를 상대로 이 사건 매매계약에 관한 사해행위취소의 소를 제기하여 2016. 3. 31. 이 사건 매매계약을 취소하고 X는 Z에게 가액배상으로 11,059,388원을[51] 지급하라는 판결을 선고받았고 위 판결은 2016. 4. 19. 확정되었다. 수익자 X는 2016. 8. 26. 제1 선행판결의 취소채권자인 신용보증기금에게 6,000만 원을 지급하고 취소채권자 Z에 대하여 위 확정판결에 관하여 청구이의의 소를 제기하였다. 관련 사건의 제1심 판결(수원지방법원 2016가단542566호)은 대상판결의 하급심과는 달리 공동담보가액에 관한 계산은 제1 선행사건에서 이루어진 9,500만 원이 타당하다고 보고 수익자 X가 신용보증기금에게 6,000만 원을 지급하였더라도 여전히 3,500만 원의 범위 내에서는 가액배상을 구할 수 있다는 이유로 수익자 X의 청구를 기각하였다. 위 제1심판결은 여러 근거를 제시하였지만, 그중 공동담보가액을 위와 같이 볼 수 있다는 근거로 "사해행위의 취소와 원상회복은 모든 채권자의 이익을 위하여 그 효력이 있으므로(민법 제407조), 채권자취소권의 행사로 채무자에게 회복된 재산에 대하여 취소채권자가 우선변제권을 가지는 것이 아니라 다른 채권자도 총채권액 중 자기의 채권에 해당하는 안분액을 변제받을 수 있는 것이다. 본건의 경우에도 제2소송(제1선행판결을 말한다)의 판결 확정으로 인하여 이 사건 사해행위는 9,500만 원의 한도 내에서 취소되었고 이는 모든 채권자 중 하나인 본건 피고를 위하여도 그 효력이 있는 것으로 새겨야 한다."라고 설시하여 결국 민법 제407조가 적용된다는 전제로 판단하였다. 관련 사건은 대상판결이 선고된 후 대상판결과 동일한 판시를 통해 X의 상고를 기각하여 위 제1심판결의 결론이 그대로 확정되었다. 대상판결은 관련 사건의 제1심판결의 판단을 결과적으로 수긍하였다고 평가할 수 있다.

대상판결은 중첩된 가액배상판결이 있는 경우 각각의 판결은 모두 취소채권자뿐만 아니라 다른 채권자들에게도 미치는데 이는 가장 다액의 공동담보가액을 인정한 판결 또한 마찬가지이므로, 상대적으로 소액의 공동담보가액이 인정된 가액배상판결의 취소채권자들에게도 가장 다액의

---

51) 제1 선행판결, 제2 선행판결에 비하여 가액배상액이 작은 것은 가액배상액이 취소채권자 Z의 채권액의 범위로 제한되었기 때문이다.

공동담보가액이 인정된 취소판결의 효력이 미침으로써 수익자가 제기한 청구이의의 소에서 공동담보가액의 확장을 주장할 수 있다는 것으로 해석할 수 있다. 결국 수 개의 확정된 가액배상판결이 존재할 때 그중 가장 다액의 공동담보가액을 기준으로 수익자의 이중지급 위험 여부를 판단하여야 한다는 대상판결이 그 근거로써 제시한 '채권자취소권의 취지'는 결국 민법 제407조로 해석함이 타당하고 이는 민법 제407조의 적용 범위를 확대하려는 대법원 판례의 최근 경향과도 어느 정도 맞물려 있다.

### (3) 현실적 필요성의 존재

대상판결이 확정된 수 개의 가액배상판결이 존재함에도 불구하고 수익자가 청구이의의 소를 통해 이중지급 위험 여부를 판단할 때는 가장 다액의 공동담보가액을 기준으로 판단하여야 한다고 판시한 이유는 그와 같이 하여야 할 현실적인 필요성이 있기 때문이다. 하나의 사해행위에 관하여 수 개의 가액배상판결이 존재할 경우 발생할 현실적인 문제에 관하여는 아래와 같이 정리할 수 있다.

(가) 수익자와 특정 채권자의 통모 가능성: 다액의 가액배상이 인정된 취소채권자가 수익자와의 합의하에 일부 가액배상에 나아가지 아니하는 경우 그에 따른 책임재산의 회복을 실현할 마땅한 방법이 없다는 문제가 있다. 대상판결 사안 또한 가액배상 전부가 아닌 일부(6,000만 원)만 변제받고 추가적인 강제집행에 나아가지 않은 경우로서 일부 변제액 이하의 가액배상액이 인정된 다른 채권자들에게는 강제집행 기회가 주어지지 않는다는 부당한 사정이 발생할 수 있다(확정시설에 대한 회복시설의 비판 또한 이와 동일한 맥락에서 비롯된 것이고, 회복시설을 취하면 최대한 많은 취소채권자들의 사해행위 취소소송을 허용하는 결과를 가져온다).

(나) 수익자가 책임에서 면할 수 있는 기준금액의 제시: 복수의 가액배상판결을 받은 수익자의 입장에서도 어떠한 금액을 기준으로 가액배상을 하여야 사해행위로 인한 책임에서 벗어날 수 있는지 명확하게 해줄 필요도 있다. 수익자의 상대적 불확지를 원인으로 한 변제공탁을 인정한

판례에서 가장 다액으로 확정된 금액 상당을 공탁할 경우 그 효력을 인정한 것도 이러한 이유에 의한 것으로 보인다.

(다) 목적물 시가 앙등분의 귀속에 관한 문제: 사해행위의 목적물이 원물로서 반환될 수 없는 사정이 있는 경우 사실심 변론종결시의 목적물 가액이 반환되어야 하는데, 그 경우에도 사실심 변론종결시 이후의 시가 앙등분은 여전히 수익자에게 귀속된다. 가액배상은 원물반환에 대체되는 원상회복의 한 방법이라는 점을 고려할 때 원물반환 시 목적물의 시가 앙등분은 채무자에게 반환되어 결과적으로 일반채권자들의 책임재산으로 귀속되는 것과 균형이 맞지 않는다. 가장 다액의 공동담보가액을 기준으로 집행력 배제의 범위를 판단하여야 한다는 대상판결의 입장은 이러한 가액배상의 문제점을 일부 보완해 준다.

## 5. 대상판결에 대한 검토

다음과 같은 이유에서 대상판결을 비판할 수 있다. 대상판결이 중첩된 가액배상판결에서 공동담보가액의 통일적 적용을 도모한 이론적 근거로 민법 제407조를 제시한 것은 기존 민법 제407조의 해석론과 맞지 않고(1), 공동담보가액을 통일적으로 적용하는 것 자체로 구체적 타당성 측면에서 부작용이 발생한다(2). 그 대신 대상판결과 동일한 결론이 도출되는 대안으로서 중첩된 가액배상판결의 관계를 부진정연대채권 관계로 구성하는 것을 제안한다(3).

### (1) 민법 제407조(채권자평등주의)의 이론적 근거로서의 타당성

(가) 채권자취소권의 효력과 관련하여 상대적 효력설을 취하는 통설·판례의 태도에 따르면, 각각의 사해행위 취소판결은 취소채권자와 수익자(전득자) 사이에서 상대적인 효력이 있을 뿐이고 이는 사해행위 취소소송의 중복을 허용하는 이론적 토대가 된다. 어느 채권자의 사해행위 취소판결이 다른 채권자의 채권자취소권 행사에 영향을 미치지 않으므로 그에 따른 재산이나 가액의 반환이 완료되기 전까지 각 채권자는 그 고

유의 권리를 독립적으로 행사할 수 있다. 상대적 효력설에 의하면 하나의 사해행위에 관하여 채권자취소소송이 중첩되더라도 어느 하나의 사해행위 취소판결이 동일한 사해행위에 관한 다른 취소판결에 효력을 미친다고 볼 수 없고 이는 가액배상판결의 경우도 마찬가지이다.

그러나 대상판결의 핵심적인 논지는 가장 다액의 공동담보가액을 인정한 가액배상판결이 당해 취소채권자뿐만 아니라 다른 채권자들에게도 효력이 있다는 것이다. 복수의 가액배상판결을 허용하면서도 공동담보가액에 관하여는 통일적 규율을 도모하려는 대상판결의 태도는 종전 판례들이 견지하여 온 상대적 효력설의 입장에서 설명할 수 없는 측면이 있다. 대상판결의 입장과 같이 취소판결의 효력이 다른 채권자들에게 미친다는 근거는 민법 제407조의 채권자평등주의 외에 다른 것을 상정하기 힘들다.

(나) 민법 제407조에 관한 기존 학설상 논의와 판례의 입장에 따르면, 민법 제407조가 규율하는 채권자평등주의는 사해행위 취소 및 원상회복판결에 의하여 책임재산이 환원된 이후의 문제로서 회복된 책임재산의 효력은 모든 채권자에게 있으므로 강제집행의 기회가 동등하게 주어져야 한다는 것이다. 민법 제407조를 위와 같이 해석하는 경우 특히 가액배상의 방법으로 원상회복이 이루어질 때는 취소채권자의 수령권과 상계를 인정하는 현재의 판례·실무에 따르면 책임재산의 회복과 그에 따른 개별집행이 동시에 발생하므로 민법 제407조가 개입할 여지가 거의 없다.

그런데 대상판결의 사안은 복수의 가액배상판결이 있은 후 일부 가액배상이 이루어진 후에 관한 사안이다. 수익자 X가 제1 선행판결의 취소채권자(신용보증기금)에게 일부 가액배상의 취지로 6,000만 원을 지급하여 책임재산이 회복되었다고 볼 수 있는 부분도 있지만 이미 개별집행이 이루어졌기 때문에 민법 제407조의 적용가부를 논한다는 것은 큰 의미가 없다. 대상판결은 가액배상이 아직 미이행된 부분(제1 선행판결의 3,500만 원 부분)에 관하여는 다른 채권자들에게 효력이 미친다는 전제에서 해당 부분은 청구이의에 따른 집행력 배제의 범위에 포함되지 않는다고 보았으나, 해당 부분은 아직 책임재산의 회복이 이루어지지 않았으므로 다른 채권자들에게 그 효력이 있다고 보는 것은 타당하지 않다.

민법 제407조의 확대 적용을 시도한 최근 대법원 판례의 입장(특히 [A]판결)에 의한다면 대상판결에서 민법 제407조를 적용한 맥락을 어느 정도 이해하는 것은 가능하다. [A]판결은 기왕에 책임재산의 환원이 이루어진 경우(채무자 명의로 소유권이전등기가 회복)에는 가사 그것이 취소판결에 의해 집행된 것이 아니더라도 취소판결이 존재하는 이상 그 효력이 다른 채권자들에게도 미치는 것으로 보아 실체관계에 부합하다고 보았다. 대상판결 또한 [A]판결과 완전히 동일한 논리는 아니지만 민법 제407조의 확장을 시도한다는 측면에서 맥락을 같이한다. 그러나 위 두 판결 모두 상대적 효력설과 민법 제407조의 공존을 모색하는 평등주의(공동담보) 선언설의 입장에서는 설명되기 어렵다.

(다) 대상판결이 결론적인 관점에서 수긍한 관련 사건의 제1심판결에서는, 민법 제407조에 근거하여 가장 다액의 공동담보가액을 인정한 제1 선행판결의 효력이 다른 채권자에게도 그 효력이 있다고 보았다. 그런데 민법 제407조는 사해행위 취소판결의 효력이 아니라 그로 인하여 환원된 책임재산에 대하여 다른 채권자에게 강제집행의 기회가 있다는 것으로 해석되어야 한다는 점에서 민법 제407조가 위 판시의 근거가 될 수 없음은 앞서 논의한 바와 같다. 나아가 위 제1심판결은 민법 제407조에서는 모든 채권자의 '이익을 위하여' 효력이 있다고 규정하고 있다는 점에 착안하여 다른 채권자들에게 유리한 다액의 공동담보가액을 인정한 취소판결의 효력이 다른 채권자들에게도 미친다고 보는 듯하다. 그러나 이는 앞서 본 민법 제407조의 도입과정에 비추어 보면 타당하지 않다. 민법 제407조는 일본의 브와소나드 민법 초안 제363조의 2문에서 그 원형을 찾을 수 있는데 그 내용은 "원고가 받은 승소판결의 효력만이 다른 채권자에게 미치고, 패소판결의 효력은 원고 이외의 채권자에게는 미치지 않는다."라는 것이다. 채권자평등주의는 취소판결의 편면적 확장을 의미

하는 것이고 이와 같은 맥락에서 '채권자의 이익을 위하여'라는 문구를 이해하여야 한다. 다시 말해 사해행위취소의 원고승소판결이 선고되면 다른 모든 채권자에게도 그 효력이 미친다는 취지이지 그 판결이 다른 채권자들에게 현실적으로 이익이 되거나 불이익이 되거나하는 이유로 효력의 범위가 좌우된다는 의미라고 볼 수는 없다.[52) 가장 다액의 공동담보가액을 인정하는 것이 다른 채권자들에게 유리하다고 하여 민법 제407조를 근거로 해당 판결의 적용이 다른 채권자들에게 확장된다고 볼 수 없는 것이다.

### (2) 공동담보가액의 통일적 적용에 따른 부작용

### (가) 선행판결에 기한 일부 가액배상 후 후행사건의 처리에 관한 문제

수익자가 확정된 선행판결에 따라 가액배상을 일부 이행한 후(예를 들어 전체 가액배상액 1억 원 중 6,000만 원 이행)[53) 다른 채권자가 후행사건을 제기한 상황을 가정해보자. 후행사건에서는 회복시설을 취한 판례의 입장에 따라 권리보호이익이 소멸된 범위를 판단하기 위하여 공동담보가액의 액수에 관한 사실이 필수적으로 확정되어야 한다. 후행사건에서 선행판결이 인정한 공동담보가액을 그대로 채용할 수 있겠지만, 별도의 감정절차를 거쳐 산정된 감정평가액을 토대로 공동담보가액을 새롭게 인정할 수도 있다. 후행사건에서는 그와 같이 인정된 공동담보가액 중 선행판결에 기하여 회복된 부분에 관하여는 권리보호이익이 없음을 이유로 각하하고 나머지 부분에 관하여는 채권자의 청구를 인용하는 가액배상판결을 내리게 될 것이다. 다만 후행사건에서 인정된 공동담보가액이 선행

---

52) 이순동, 채권자취소권(제4판), 육법사(2022. 5.), 620면; 이러한 점에서 일본의 개정 민법 제425조가 "사해행위취소청구를 인용하는 확정판결은, 채무자 및 모든 채권자에 대해서도 그 효력이 있다."라고 규정한 것은 브와소나드의 견해를 충실히 반영한 것으로 평가할 수 있다.

53) 가액배상을 전부 이행한 경우에는 후행사건은 대법원 2004다65367 판결에 따라 권리보호이익의 소멸로 각하될 것이므로 일부 이행의 경우를 상정한다. 또한 아래에서 상정한 예시는 각 취소채권자들의 피보전채권액이 모두 공동담보가액을 초과한 경우를 전제로 한다.

판결에서의 그것과 다를 경우 대상판결의 취지에 따르면 다음과 같은 문제점이 발생한다.

**1) 후행사건의 공동담보가액이 더 낮게 나온 경우:** 사해행위 취소소송이 진행되는 후행사건에서 선행판결보다 공동담보가액이 낮게 인정된 경우(예를 들어 8,000만 원) 선행판결에 따라 가액배상이 이행된 부분(6,000만 원)은 각하되고 이를 초과한 부분(2,000만 원)에 관하여는 가액배상판결이 내려진다(만약 후행사건에서의 공동담보가액이 6,000만 원 이하로 인정될 경우에는 전부 각하될 것이다). 이와 비교할 사안으로 수익자가 선행사건과 후행사건 모두 확정된 이후 선행 취소채권자에게 일부 가액배상을 한 경우를 상정해보자. 수익자가 위와 같이 선행 취소채권자에게 일부 가액배상을 하였음을 이유로 후행사건의 취소채권자에 대하여 청구이의소송을 제기한다면, 집행력을 배제할 수 있는 범위는 가장 다액의 공동담보가액(선행사건의 1억 원)에서 일부 가액배상액(6,000만 원)을 공제한 금액(4,000만 원)을 초과한 부분이다. 결국 후행사건의 취소채권자는 '수익자의 가액배상 이행시점이 후행사건의 확정 전인지, 확정 후인지'라는 우연한 사정에 따라 매우 다른 결론을 받아들이게 된다. 이는 사해행위 취소소송에서의 공동담보가액에 관하여는 법원의 자유심증주의 원칙이 작용되는 반면, 청구이의소송에서의 공동담보가액에 관하여는 대상판결에 따라 가장 다액인 공동담보가액이 통일적으로 적용되기 때문이다.

**2) 후행사건의 공동담보가액이 더 높게 나온 경우:** 후행사건에서 선행판결보다 공동담보가액이 높게 인정된 경우(예를 들어 1억 2,000만 원)[54] 선행판결에 따라 이행된 부분(6,000만 원)은 각하되고 이를 초과한 부분(6,000만 원)에 관하여는 가액배상판결이 내려진다. 한편 수익자는 선행판결의 취소채권자를 상대로 선행판결에 따른 가액배상액이 일부 회복되었음을 이유로 청구이의의 소를 제기할 수 있는데, 대상판결의 법리에 따른다면 선행판결에서 인정된 공동담보가액(1억 원)보다 다액인 후행사건

---

54) 부동산 시가가 상승하는 경향을 고려하면 대개의 경우 여기에 해당할 가능성이 높다.

에서의 공동담보가액(1억 2,000만 원)을 기준으로 위와 같이 회복된 가액 (6,000만 원)이 공제되고, 선행판결의 집행력이 배제되는 범위는 기존 공동 담보가액에서 회복된 가액을 공제한 금액(1억 원 - 6,000만 원 = 4,000만 원) 을 초과한 부분이 아니라 후행사건의 공동담보가액에서 회복된 가액을 공제한 금액(1억 2,000만 원 - 6,000만 원 = 6,000만 원)을 초과한 부분이다. 청 구이의의 소의 결과에 따라 집행력이 일부 배제된 집행권원에 기한 강제 집행절차를 실시할 경우 결과적으로 선행판결의 취소채권자는 선행판결 에서 인정된 가액배상액(1억 원)을 넘어서서 만족(6,000만 원 + 6,000만 원)을 받게 될 수 있는 부당한 결과가 초래된다.[55]

### (나) 복수의 사해행위 취소판결 사이의 우열

동일한 수익자에 대하여 중복하여 가액반환을 명하는 판결이 선고된 경우 중첩된 판결들 사이에서는 그 효력에 우열이 있을 수 없다.[56] 그러 나 대상판결은 채권자취소권의 소송물을 각 채권자의 고유의 권리로 보 아 채권자취소소송의 중첩을 인정하면서도 청구이의의 단계에서는 다액 의 공동담보가액을 적용하여야 한다고 보아 '결과적으로'중첩된 판결들 사이에서 우열을 가리고 있다.

복수의 사해행위 취소판결의 존재를 인정하면서 청구이의소송에서는 가장 다액의 공동담보가액을 기준으로 반환액을 공제하여야 한다는 대상 판결의 태도에 따르면, 청구이의소송에서는 취소판결의 공동담보가액을 실질적으로 수정해야 한다. 수 개의 채권자취소소송이 병행되는 경우 일

---

55) 다만 대상판결은 "수익자가 어느 채권자에게 자신이 배상할 가액의 일부 또는 전부를 반환한 때에는 다른 채권자에 대하여 각 사해행위취소 판결에서 가장 다액 으로 산정된 공동담보가액에서 자신이 반환한 가액을 공제한 금액을 초과하는 범 위에서 청구이의의 방법으로 집행권원의 집행력의 배제를 구할 수 있을 뿐이다." 라고 판시하여, 가액배상의 이행상대방인 채권자가 아닌 다른 채권자에 대하여 청 구이의의 소를 제기할 경우로 그 적용범위를 한정하고 있어 가액배상의 이행상대 방인 당해 채권자에 대한 청구이의의 소에서도 대상판결의 법리를 적용할 수 있을 지는 분명하지 않다. 다만 민법 제407조의 의미를 고려하면 가액배상의 이행상대 방인 채권자에 대한 청구이의의 소에서도 해당 법리가 적용되지 않을 이유가 없으 며 위와 같이 부당한 결과가 실제로 발생할 가능성이 있다.

56) 이순동(주 52), 715면.

탈된 책임재산은 하나이지만 복수의 소송절차에서 그 공동담보가액을 심리하는 과정이 진행될 것이고, 평가액에 관한 감정절차도 중첩적으로 시행됨에 따라 구체적인 공동담보가액의 액수는 다양하게 나올 가능성이 크다. 각 소송에서 인정된 공동담보가액의 액수는 채권자취소소송의 중첩을 인정함에 따른 당연한 결과일 뿐만 아니라 각 재판부가 자유심증주의의 원칙에 따라 심리·채택한 결과물이기도 하다. 그러나 대상판결의 판시에 따르면 일부 또는 전부의 가액의 반환이 이루어져 청구이의의 소가 제기되는 경우 기존 판결에서 심리한 결과는 별다른 이유 없이 배척되어야 하고 여러 판결들 중 가장 다액으로 인정된 공동담보가액이 아무런 근거 없이 적용되어야 한다. 법관의 사실인정에 따라 내려진 여러 판결들 중 가장 다액의 공동담보가액을 인정한 판결이 다른 판결들에 비하여 우월한 증거 자료에 의한 사실인정을 하였다고 볼 근거는 없다. 가장 다액의 공동담보가액을 인정한 판결이 채권자평등주의의 이념에 더 부합하다고 볼 근거도 없다. 최대한 많은 책임재산이 복귀되는 것이 채권자들에게 유리하다고 볼 수 있으나, 민법 제407조는 복수의 채권자들 사이의 법률관계에 관한 조항일 뿐 채권자들과 수익자 사이의 이해관계를 조정하는 조항은 아니다.

더욱이 가액배상에 있어서 취소채권자의 상계를 인정하는 현행 실무관행에 비추어 다액의 공동담보가액을 인정하도록 하는 것은 복수의 채권자를 유리하게 한다고 보기도 어렵다. 대상판결의 판시에 따른 실무례가 일관되게 적용된다면, 당해 소송절차에서 이루어진 감정평가액보다 관련 사건에서의 감정평가액이 높은 경우 당해 소송절차의 감정결과 아닌 관련 사건의 감정평가결과를 취신하는 것을 유도하게 된다.

### (3) 검토 - 대안의 제시(부진정연대채권 관계를 전제로 한 외측설의 유추 적용)

(가) 확정된 수 개의 가액배상판결은 마치 채권양도통지가 동시에 도달한 경우와 유사하다는 것을 근거로, 가액배상이 이루어지기 전 경합

하는 취소채권자의 관계를 일종의 부진정연대채권 유사관계로 보는 견해
가 있다.[57] 하나의 사해행위에 관한 수 개의 채권자취소소송을 허용하는
이상 각 가액배상판결에 따른 공동담보가액 사이의 관계는 서로 별개의
원인으로 발생한 독립된 채권이나 동일한 경제적 목적을 가지고 있고 서
로 중첩되는 부분에 관하여 일방의 채무가 소멸할 경우 타방의 채무도
소멸하는 관계에 있으므로[58] 이를 부진정연대채권 관계로 구성하는 것은
충분히 가능할 것으로 생각된다.[59]

(나) 대상판결이 공동담보가액의 통일적 적용을 모색하는 데 있어
이론적으로 뒷받침될 수 있는 근거는 민법 제407조 이외에는 찾아볼 수
없으나 이는 민법 제407조의 기존 해석론으로는 설명되기 어려움은 앞서
살펴보았다. 확정된 수 개의 가액배상판결의 관계를 부진정연대채권 관
계로 보는 것은 채권자취소소송의 중첩을 허용하는 상대적 효력설의 취
지에 더 부합하고 민법 제407조를 근거로 한 대상판결의 난점을 극복할
수 있다.

(다) 다액의 가액배상채권에 대한 일부 반환이 있을 경우 부진정연
대채무에서의 논의와 같이 내측설, 외측설, 안분설 등의 입장이 있을 수
있다.[60] 그중 외측설을 유추적용한다면, 대상판결의 사안에서 제1 선행판
결의 가액배상액인 9,500만 원을 기준으로 6,000만 원의 가액배상으로 단
독부분(4,000만 원)이 먼저 소멸하고 그 다음 공동부분(2,000만 원)이 소멸
하므로 제2 선행판결의 취소채권자(Y)에 대하여 3,500만 원을 초과한 부
분에 관하여 집행력의 배제를 구할 수 있다는 동일한 결과가 도출된다.

57) 이동진, 채권자취소권의 법적 성질과 그 구성—책임법적무효와 침해부당이득의
관점에서, 저스티스 통권 제174호(2019. 10.), 한국법학원, 71면.
58) 부진정연대채무 관계에 관하여 설시한 대법원 2009. 3. 26. 선고 2006다47677
판결 등 참조.
59) 중첩된 가액배상판결 사이의 관계를 일종의 부진정연대채권 관계로 파악한 하급
심 판결로는 인천지방법원 2015. 10. 7. 선고 2015가합638 판결이 있다(해당 판결
은 서울고등법원 2015나29246호로 항소기각되고, 대법원 2016다50542호로 심리불
속행으로 상고기각되어 그대로 확정되었다).
60) 대법원 2018. 3. 22. 선고 2012다74236 전원합의체 판결을 통하여 판례의 입장
은 외측설로 정리된 상태이다.

외측설은 채권자 보호의 이념에 가깝다고 평가되는데 이는 최대한 많은 책임재산의 환원이라는 채권자취소권의 취지와도 부합할 뿐만 아니라 상대적 초과 부분에 관하여 해당 취소채권자가 강제집행에 나가지 않더라도 다른 채권자가 가액배상을 실현할 수 있다는 현실적 필요성 또한 충족시킨다는 점에서 차용할 만한 견해이다. 나아가 부진정연대채무자 상호간 관계에서 변제와 같이 채권의 직접적인 만족을 얻는 것 외에 다른 사유는 상대적 효력을 갖는 데 불과한데, 제1 선행판결의 취소채권자와 수익자가 3,500만 원 부분에 관한 강제집행에 나아가지 않겠다고 합의한 것이 다른 취소채권자에 대하여 효력이 미치지 않는다는 점에서도 대상판결과 동일한 결론이 도출된다.

　　수 개의 가액배상판결 사이의 법적 관계를 부진정연대채권 관계로 구성할 경우 대상판결과 같이 공동담보가액을 통일적으로 적용하는 데서 발생하는 문제점 또한 극복된다. 즉, ① 선행 가액배상판결에 기한 일부 배상이 이루어진 경우 그 배상 시점이 후행사건의 확정 전후인지에 따라 후행사건의 배상액이 달라지지 않는다[5.나.(1)(가) 관련]. 또한 ② 가액배상의 이행상대방인 취소채권자에게 청구이의의 소를 제기하더라도 가장 다액의 공동담보가액이 아닌 해당 판결에서 인정된 가액배상액에서 공제가 되므로 해당 취소채권자에게 최초 집행권원 이상의 만족을 줄 여지가 발생하지 않는다[5.나.(1)(나) 관련]. ③ 어느 특정 가액배상판결의 우열을 인정하는 것도 아니어서 자유심증주의 원칙에 따라 구현되는 공동담보가액에 관한 법원의 다양한 판단이 존중된다[5.나.(2) 관련]. 물론 대상판결에 대하여 제시한 모든 문제점이 극복되는 것은 아니지만 중첩적 권리관계를 비교적 잘 설명할 수 있는 이론적 구성이라고 생각된다.

　　(라) 다만 중첩된 부분을 판별함에 있어 가액배상액 자체가 아닌 공동담보가액을 기준으로 하여야 함을 주의할 필요가 있다. 채권자취소권의 행사에 따른 가액배상액 자체가 취소채권자의 피보전채권액을 한도로 공동담보가액의 범위 내에서 인정되므로, 복수의 가액배상액이 피보전채권액의 제한 등으로 한정되어 그 합계액이 공동담보가액을 초과하지 않

는 경우에는 중첩되는 부분이 없다고 보아야 한다.

## 6. 결  론

수 개의 가액배상판결이 선고되어 이중지급의 위험에 처한 수익자가
청구이의를 통해 집행력 배제를 구할 수 있는 범위와 관련하여 대상판결
이 그 기준을 가장 다액의 공동담보가액으로 삼은 것은 결론적으로 타당
하다. 다만 대상판결은 위 판시에 대하여 '채권자취소권의 취지'라는 다소
모호한 근거를 제시하였다. 사해행위취소의 효력과 관련하여 판례가 일
관되게 고수하여 온 상대적 효력설의 관점에서도 대상판결의 입장을 설
명하는 것은 쉬운 문제가 아니다. 어느 하나의 사해행위 취소판결이 상
대적 효력설이라는 경계를 넘어 다른 사해행위 취소판결 내지 다른 취소
채권자에 대하여 효력을 미치기 위해서는 이를 뒷받침할 이론적 근거가
필요하다. 민법 제407조는 "사해행위의 취소와 원상회복은 모든 채권자의
이익을 위하여 효력이 있다."라고 규정하고 있으나, 채권자취소권의 상대
적 효력설과 민법 제407조의 조화를 이루어 온 그동안의 연구 성과에 비
추어 보면 이를 발판으로 삼아 대상판결을 설명하는 것은 타당하지 않
다. 또한 대상판결에 따르면 하나의 사해행위에 관하여 가액배상판결의
중복을 인정하면서도 후속문제에 관해서는 가장 다액의 공동담보가액을
기준으로 한 통일적인 접근이 필요하나, 구체적 타당성의 측면에서 다소
불합리한 결과가 발생함은 앞서 본 바와도 같다. 이를 극복하기 위하여
수 개의 가액배상판결에서의 공동담보가액 사이의 관계를 부진정연대채
권 관계로 보는 시도는 대상판결이 가지고 있는 이론적 난점과 후속 법
률관계에서 발생할 문제점을 극복하는 동시에 복수의 가액배상판결로 인
해 향후 발생할 복잡한 법률관계를 비교적 간명하게 설명할 이론적 도구
가 될 수 있다고 본다.

[Abstract]

# Concurrent Judgements on the Right to Claim Monetary Compensation and the Application of Article 407 of the Korean Civil Act

−Supreme Court Decision 2018Da202774 Decided August 11, 2022

Kim, Jin Ha*

In cases where multiple monetary compensation judgments overlap, the Supreme Court has long upheld the principle that a claim for objection serves as a means for the beneficiary to avoid the risk of double payment. If the secured claim amount of the canceling obligee exceeds the joint collateral value of the object of the fraudulent act, then the amount of monetary compensation recognized in each judgment will be equivalent to the joint collateral value. However, when multiple monetary compensation judgments are rendered for a single fraudulent act, there is a high likelihood that the recognized value in each judgment will differ. This presents an issue with regard to the scope of which the enforcement power of a certain monetary compensation judgment can be removed, where the beneficiary has compensated for a portion of the said judgment, through a claim for objection against other monetary compensation judgment.

The subject case held that the scope of the exclusion of enforcement power should be determined based on the highest joint collateral value rather than the joint collateral value recognized in the relevant monetary compensation judgment that is subject to a claim for objection. The rationale for this decision is that if a canceling obligee who received a large

---

* Judge, Seoul Eastern District Court.

amount of monetary compensation judgment does not proceed with claiming for monetary compensation for a portion by agreement with the beneficiary, there is no viable means to recover the relative excess portion of the executable property. Additionally, from the perspective of a beneficiary who has received multiple monetary compensation judgments, it is necessary to establish a standard to absolve them of his or her responsibility.

According to the attitude of the general theory and precedents that take the relative effect theory in relation to the effect of the obligee's right of revocation, it is difficult to see that one fraudulent act revocation judgment affects another revocation judgment for the same fraudulent act. Therefore, it is difficult to explain that the monetary compensation judgment that recognizes the highest joint collateral value affects not only the canceling obligee but also other obligees. On the other hand, Article 407 of the Civil Act stipulates, "The cancellation and restoration of a fraudulent act shall be effective for the benefit of all obligees." The view that the effect of the restoration of executable property is also applied to other obligees when the restoration of executable property is achieved, by distinguishing between cancellation and restoration of executable property, is generally accepted in relation to the above provision. This interpretation, which seems to contradict the relative effect theory at first glance, has attempted to harmoniously interpret Article 407 of the Civil Act and is valid even in light of the legislative chronology of Article 407 of the Civil Act. However, there have been several attempts to expand the scope of application of Article 407 of the Civil Act, such as Supreme Court decisions applying Article 407 of the Civil Act to the stages prior to the restoration of executable property is completed. It appears that the difficulties encountered by the subject case in question from the perspective of the relative effect theory of creditor's cancellation rights can be explained through the tendency to expand the scope of application of Article 407 of the Civil Act.

However, the meaning that the effect of the cancellation ruling under Article 407 of the Civil Act extends to all creditors does not mean that any effect is recognized under procedural or substantive law. Rather, it indicates that creditors who are not canceling creditors may participate in the stage of compulsory execution for recovered property. From this perspective, it is unlikely that Article 407 of the Civil Act would apply to appraisal awards where the recovery of seized property and individual execution occur simultaneously. Specifically, the ruling in question takes the view that its effect extends to other canceling creditors with respect to the relatively excessive portion of joint security among unrecovered seized property. This interpretation does not conform to the existing understanding of Article 407 of the Civil Act and thus categorically contradict the conventional interpretation of the said Article.

As long as the duplication of obligee's cancellation lawsuits for one fraudulent act is permitted, the relationship of the joint collateral values in each monetary compensation judgment can be seen as an essentially identical or overlapped indivisible relationship. As such, it is possible to construct them as quasi-joint claim relationships. Viewing the relationship of finally binding multiple monetary compensation judgments as a quasi-joint claim relationship aligns with the purpose of the relative effect theory that allows for the overlap of obligee's cancellation lawsuits. This approach can reach the same conclusion as the subject case while overcoming difficulties when using Article 407 of the Civil Act as a basis. However, whether this theoretical construction can effectively explain complex legal relationships entangled in multiple monetary compensation judgments requires further in-depth research.

[Key word]

- creditor's right of revocation
- right to claim monetary compensation
- principle of equality among creditors
- joint collateral value
- quasi-joint claim relationships

## 참고문헌

[국내문헌]

1. 단 행 본

곽윤직, 채권총론, 박영사(2018).
민의원 법제사법위원회 민법안심의 소위원회, 민법안심의록 상권(1957).
이순동, 채권자취소권(제4판), 육법사(2022).
전원열 · 김영주, 사해행위취소 및 부인권제도에 관한 개선방안 연구, 2017년
　　법원행정처 연구보고서, 건국대학교 산학협력단(2017).
편집대표 곽윤직, 민법주해[IX] 채권(2), 박영사(1995).
편집대표 김용덕, 주석민법[채권총칙(2)](제5판), 한국사법행정학회(2020).

2. 논문 · 평석

김가을, "일본민법제정사에 있어서 채권자취소권에 대한 검토", 홍익법학 제13권
　　제2호(2012).
김　송, "사해행위취소의 효력과 민법 제407조의 법적 성격", 법학논문집 제41집
　　제1호(2017).
김창종, "채권자취소권행사에 의한 원상회복의 방법 및 범위", 사법논집 제26집
　　(1995).
손현찬, "수 개의 사해행위 취소소송이 중첩된 경우의 법률관계", 재판과 판례
　　제15집(2007).
양형우, "사해행위취소로 원상회복된 부동산 처분행위의 효력", 홍익법학 제18권
　　제3호(2017).
오영준, "사해행위취소권과 채권자평등주의", 사법논집 제32집(2001).
_____, "사해행위취소의 효력이 미치는 채권자의 범위", 민사판례연구 제26권
　　(2004).
윤　경, "사해행위취소와 가액배상", 저스티스 제34권 제5호(2001).
윤병철, "동일한 사해행위에 관한 취소소송이 중첩되고 선행소송에서 확정판
　　결로 처분부동산의 감정평가에 따른 가액반환이 이루어진 경우 후행

소송에서 부동산의 시가를 다시 감정한 결과 확정판결에서 인정한 시가보다 평가액이 증가되었다면 그 증가된 부분을 확정판결에서 인정한 부분과 중첩되지 않는 부분으로 보아 이에 대하여 다시 가액배상을 명할 수 있는지 여부(소극)", 대법원판례해설 통권 제54호(2006).

윤진수, "채권자취소권의 행사의 상대적 효력: 대법원 2017. 3. 9. 선고 2015다217980 판결", 민법기본판례, 홍문사(2020).

윤태영, "채권자취소권의 상대적 무효설에 대한 입법사적 관점에서의 비판적 고찰", 법학논총 제36권 제2호(2016).

이계정, "민법 제407조(채권자평등주의)의 법률관계에 관한 연구", 사법논집 제47집(2008).

이동진, "채권자취소권의 법적 성질과 그 구성-책임법적무효와 침해부당이득의 관점에서", 저스티스 통권 제174호(2019).

이백규, "채권자취소권의 행사요건", 법조 제50권 제3호(2001).

이완희, "채권자취소소송의 경합과 관련된 몇 가지 문제점", 수원지방법원 재판실무연구 제3권(2006).

이종엽, "가액배상판결의 집행법상 실현", 저스티스 제101호(2007).

임소연, "사해행위 취소의 상대적 효력과 민법 제407조에 관한 연구", 인하대 법학연구 제21권 제3호(2018).

임채웅, "채권자취소권의 행사범위에 관한 연구", 인권과 정의 제292호(2000).

전원열, "사해행위취소 후 복귀한 재산에 대한 채무자의 처분권", 법조 제726호(2017).

_____, "채권자취소권의 효력론 비판 및 개선방안", 저스티스 통권 제163호(2017).

정다영, "채권자취소권 행사의 효과에 관한 연구", 법조 제723호(2017).

최영남, "채권자취소권행사의 방법, 범위 및 원상회복의 방법", 재판실무연구(2000).

최영은, "사해행위 취소소송을 제기한 다수의 채권자 사이의 관계에 대한 고찰", 부동산소송 실무자료 제4집(2010).

하현국, "채권자취소로 인한 가액배상과 취소채권자의 우선변제", 민사재판의 제문제 제19권(2010).

황진구, "사해행위의 취소와 원상회복이 모든 채권자의 이익을 위하여 효력이 있다는 의미", 민사판례연구 제39권(2017).

[외국문헌]

佐藤岩昭, 詐害行爲取消權の理論, 東京大學出版會(2001).

円谷峻 編, 民法改政案の檢討 第1卷, 成文堂(2013).

# 신탁된 주택을 위탁자로부터 임차한 임차인의 법적 지위

곽 희 경*

■요 지■

대상판결은, 신탁된 주택을 위탁자로부터 임차하고 주택임대차보호법상 대항력 요건을 갖춤으로써 임차주택을 사용수익할 권리 및 소유자의 인도청구를 거부할 권리를 가지는 임차인이라고 하더라도, 신탁재산 공매절차를 통한 임차주택 매수인에 대하여 임대차보증금반환을 청구할 수는 없음을 명확히 하였다. 이러한 결론은 주택임대차보호법 제3조 제1항, 제4항의 해석상 타당하나, 그 결론에 이르는 과정에서 신탁등기의 대항력에 관한 법리를 설시한 것은 사안 해결에 불필요한 것으로 적절하지 않았다.

대상판결은 주택임대차보호법 제3조 제4항에 따라 임차주택의 양수인이 임대인의 지위를 승계하기 위해서는 임차인이 같은 조 제1항의 대항요건을 갖추는 외에 '임차주택의 양도인이 임대인일 것(임차주택 양도인과 임대인의 동일성)'이라는 추가적인 요건이 필요하다는 법리를 최초로 밝힌 것으로서 의미가 있다. 주택임대차보호법 제1항, 제4항의 문언 및 입법목적, 대항력 제도의 본래 취지, 우리와 유사한 규정을 두고 있는 독일 민법 규정의 해석론 등을 종합해 보면 대상판결의 결론은 타당하다.

다만 이러한 해석론에 따를 경우, 사안과 같이 주택의 소유자가 아닌 위탁자로부터 이를 임차한 임차인은 임차주택이 신탁재산의 공매절차를 통해 매각되면 사실상 임대차보증금을 회수하기 어려워지는 문제가 있다. 이는 향후 제도적 보완이 필요한 부분이다.

---

* 아주대학교 법학전문대학원 부교수.

신탁된 주택을 그 소유자가 아닌 위탁자로부터 임차하는 임차인으로서는 임대차계약에 관한 수탁자의 동의가 있는지를 반드시 확인하여야 할 뿐만 아니라, 그러한 동의가 있다고 하더라도 임대차보증금의 반환은 임대인인 위탁자에게만 청구할 수 있을 뿐 수탁자나 그로부터의 임차주택 양수인에게는 청구할 수 없으며, 임차주택의 공매절차 매각대금으로부터 보증금 상당액을 우선변제받을 수 없다는 점을 유의하여야 할 것이다.

[주 제 어]
- 주택임대차
- 임대차의 대항력
- 임차주택의 양수인
- 임대인 지위의 승계
- 부동산담보신탁
- 신탁등기의 대항력
- 공매

대상판결 : 대법원 2022. 2. 17. 선고 2019다300095, 300101 판결

[사안의 개요]

1. 사실관계

(1) 원고는 5백여 개의 개별 호실로 이루어진 A 오피스텔 건물 중 한 호실(이하 '이 사건 오피스텔'이라 한다)을 신탁재산 공매절차에서 매수하여 소유권이전등기를 마친 자이고, 피고는 이 사건 오피스텔을 주거용으로 임차하여 거주해 오던 자이다.

(2) 이 사건 오피스텔을 포함한 A 오피스텔 건물 중 162채에 관하여는 K 회사를 위탁자, N 은행을 1순위 우선수익자, H 신탁회사를 수탁자로 하는 부동산담보신탁계약(이하 이에 따른 신탁을 '이 사건 신탁'이라 한다)이 체결되었고, 그에 따라 H 신탁회사가 신탁을 원인으로 한 소유권이전등기를 마쳤다.

이 사건 신탁계약의 주요 내용은 다음과 같다.

- **신탁의 목적**: 이 신탁은 신탁부동산의 소유권 관리와 위탁자가 부담하는 채무 내지 책임의 이행을 보장하기 위하여 수탁자가 신탁부동산을 보전 · 관리하고 채무불이행시 환가 · 정산하는 데 그 목적이 있다(제1조).
- **신탁부동산의 보전관리 등**: 위탁자는 신탁부동산을 사실상 계속 점유 · 사용하고, 신탁부동산에 대한 보존 · 유지 · 수선 등 실질적인 관리행위와 이에 소요되는 일체의 비용을 부담한다(제9조 제1항). 위탁자는 수탁자의 사전 승낙이 없는 경우에는 신탁부동산에 대하여 임대차, 저당권설정, 전세권설정 등 소유권을 제한하는 행위나 신탁부동산의 현상을 변경하는 등의 방법으로 가치를 저감하는 행위를 하지 못한다(제9조 제2항).
- **임대차 등**: 신탁기간 중 (중략) 새로운 임대차계약을 체결하는 경우 위탁자는 제9조 제2항의 규정에 따라 수탁자의 사전 승낙을 받아 자신의 명의로 계약을 체결하여야 한다(제10조 제3항). (이하 이 조항을 '이 사건 신탁 조항'이라 한다.)

한편 이 사건 신탁계약 체결 무렵 우선수익자인 N 은행은 이 사건 오피스텔을 포함한 A 오피스텔 162채에 관하여 다음과 같은 내용의 '임대차(전세권설정) 동의서'(이하 '이 사건 동의서'라 한다)를 작성하여 H 신탁회사에 교부하였고, H 신탁회사는 이를 다시 K 회사에 교부하였다.

> 이 사건 신탁계약과 관련하여 K 회사를 임대인으로 임차인을 전세권자로 임대차(전세)계약 체결 행위[중략]에 동의하며, 향후 이와 관련하여 수탁자는 전세금 반환에 책임이 없음을 확인한다.

(3) 피고는 이 사건 오피스텔에 관하여 위와 같이 H 신탁회사 앞으로 신탁을 원인으로 한 소유권이전등기가 마쳐져 있는 상태에서 위탁자인 K 회사와 임대차계약을 체결한 후(이하 이에 따른 임대차를 '이 사건 임대차'라 한다), 그에게 임대차보증금을 지급하고 그로부터 이 사건 오피스텔을 인도받아 거주하면서 주민등록을 이전하고 확정일자를 부여받았으며, 그 후 K 회사와의 합의하에 임대차기간을 연장하면서 이 사건 오피스텔에 계속 거주해 왔다.

(4) 그러던 중 K 회사의 채무불이행으로 H 신탁회사는 이 사건 오피스텔을 포함한 신탁부동산을 공매에 붙였고, 원고가 H 신탁회사로부터 이 사건 오피스텔을 매수하여 매매대금을 완납하고 소유권이전등기를 마쳤다.

(5) 원고는, 이 사건 임대차계약은 원고에게 승계되지 않고 피고의 점유는 원고에 대한 관계에서 권원 없는 점유임을 전제로, 피고에게 ① 소유물반환청구로서 이 사건 오피스텔의 명도를 청구하고, ② 원고의 소유권 취득일부터 피고의 명도완료일까지 차임 상당의 부당이득 반환을 청구하는 소를 제기하였다.

## 2. 소송의 경과

(1) 제1심법원[1]은, K 회사가 H 신탁회사로부터 이 사건 오피스텔을 포함한 각 호실의 임대차계약 체결에 관한 사전 포괄 동의를 받은 상태에서 피고와 이 사건 임대차계약을 체결하였음을 인정할 수 있고, 따라서 K 회사와 피고 사이의 이 사건 임대차계약은 H 신탁회사에 대하여도 효력이 있고, 이 사건 오피스텔을 매수한 원고는 이 사건 임대차계약을 승계하므로, 피고는 이 사건 오피스텔을 점유할 정당한 권원이 있다는 이유로, 원고의 청구를 모두 기각하였다. 이에 대하여 원고가 항소하였다.

(2) 항소심 소송계속 중 피고가 이 사건 오피스텔에서 퇴거함에 따라 원고는 명도청구 부분의 소를 취하하였고(따라서 부당이득반환 청구 부분만 남게 되었다), 피고는 원고에 대한 임대차보증금반환 청구의 반소를 제기하였다.

---

1) 대전지방법원 2018. 12. 20. 선고 2016가단27914 판결.

항소심법원[2]은 먼저 부당이득반환의 본소 청구에 대하여는, K 회사가 이 사건 임대차계약 체결 당시 H 신탁회사의 동의 내지 승낙을 받음으로써 적법한 임대권한이 있었으므로 이 사건 임대차계약은 주택임대차보호법(이하 '주임법'이라 한다) 제3조 제1항에 따라 제3자에 대하여 효력이 있고, 피고의 퇴거일까지의 점유는 원고에게 대항할 수 있는 임차권에 기한 점유라는 이유로, 원고의 본소 청구를 기각하였다.[3]

다음으로 임대차보증금반환의 반소 청구에 대하여는, H 신탁회사는 이 사건 임대차계약의 당사자가 아니고 임대인인 K 회사로부터 임대차보증금반환채무를 인수한 사실도 없으며, K 회사에 적법한 임대권한이 있어 주임법 제3조 제1항에 따른 대항력이 인정되더라도 피고가 제3자에 대하여 임차권을 주장하여 이 사건 오피스텔을 사용·수익할 수 있다는 것을 의미할 뿐 제3자가 임대인의 임대차보증금반환채무를 당연히 승계한다는 것을 의미하지는 않고, 원고는 임대인이 아닌 H 신탁회사로부터 이 사건 오피스텔을 양수한 것이어서 주임법 제3조 제4항이 이 사건에 적용될 수 없다는 이유로, 피고의 반소 청구도 기각하였다.

## 3. 대상판결 요지

항소심판결에 대하여는 피고만이 상고하였으므로, 상고심에서는 피고의 반소청구(임대차보증금반환청구)에 관하여만 판단이 이루어졌다.

대법원은, "신탁계약의 내용이 신탁등기의 일부로 인정되는 신탁원부에 기재된 경우에는 이로써 제3자에게 대항할 수 있다"는 법리를 설시한 다음, "이 사건 신탁계약에서 수탁자의 사전 승낙 아래 위탁자 명의로 신탁부동산을 임대하도록 약정하였으므로 임대차보증금 반환채무는 위탁자에게 있다고 보아야 하고, 이러한 약정이 신탁원부에 기재되었으므로 임차인에게도 대항할 수 있다. 따라서 이 사건 오피스텔에 관한 부동산담보신탁 이후에 위탁자인 K 회사로부터 이를 임차한 피고는 임대인인 K 회사를 상대로 임대차보증금의 반환을 구할 수 있을 뿐 수탁자인 H 신탁회사를 상대로 임대차보증금의 반환을 구할 수 없다."고 판시하였다(이하 '판시 ❶ 부분'이라 한다).

---

2) 대전지방법원 2019. 11. 28. 선고 2019나101272, 117482 판결.
3) 그 외에 '피고의 퇴거일 이후 원고의 점유회수일까지'의 기간에 관한 부당이득반환 청구 부분은, 피고가 이 사건 오피스텔에서 퇴거한 이후 이를 사용·수익함으로써 실질적인 이득을 얻은 바가 없다는 이유로 기각하였다.

나아가 "H 신탁회사가 임대차보증금반환의무를 부담하는 임대인의 지위에 있지 아니한 이상, 그로부터 이 사건 오피스텔의 소유권을 취득한 원고가 주임법 제3조 제4항에 따라 임대인의 지위를 승계하여 임대차보증금 반환의무를 부담한다고 볼 수도 없다"고 판시하였다(이하 '판시 ❷ 부분'이라 한다).

이러한 이유로 대법원은 피고의 상고를 기각하였다.

## 〔研　　究〕

## Ⅰ. 서　　론

대상판결에 대하여는 그 사이 여러 편의 평석[4]과 대법원판례해설[5]이 출간되었다. 상당수의 글은 대상판결에 대해 신탁등기의 대항력에 관한 판례로서 의미를 부여하고 있으며,[6] '신탁등기의 대항력과 주임법상 대항력의 관계'가 문제된 사안에서 '주임법상 대항력보다 신탁등기의 대항력을 우선시한 것'이라고 평가하기도 한다.[7] 대법원판례해설 역시 이 사건이 '신탁원부의 대항력과 주임법상 대항력의 관계가 문제되는 사안'이라고 서술하고 있으며, 대상판결은 '신탁등기의 대항력과 주택임대차보호법상의 대항력이 문제되는 국면에서 임대차보증금반환 관련 법률관계에 대해서 최초로 밝혔다는 점'에 그 의의가 있다고 밝히고 있다.[8]

대상판결의 결론에 대해서는 찬성하는 글도 있지만,[9] 다수의 글에서

---

4) 양창수, "신탁자와의 임대차계약과 수탁자로부터의 양수인에 대한 대항력-대법원 2022. 2. 17. 선고 2019다300095 등 판결", 2022. 4. 11.자 법률신문; 남궁주현, "신탁원부에 기초한 신탁등기 대항력의 인정 범위에 관한 소고-대법원 2022. 2. 17. 선고 2019다300095(본소), 2019다300101(반소) 판결에 관한 평석", 상사판례연구 제35권 제3호(2022), 한국상사판례학회, 197면 이하; 김송, "신탁등기의 대항력과 주택임대차보호법상 대항력-대법원 2022. 2. 17. 선고 2019다300095(본소), 2019다300101(반소) 판결을 중심으로", 법학논총 제55집(2023), 숭실대학교 법학연구소, 1면 이하; 노혁준, "2022년 신탁법 중요판례평석", BFL 제119권(2023), 서울대학교 금융법센터, 145면 이하.

5) 박성구, "신탁등기의 대항력과 주택임차인의 대항력(2022. 2. 17. 선고 2019다300095, 300101 판결)", 대법원판례해설 제131호(2022), 법원도서관, 207면 이하.

6) 남궁주현(주 4); 김송(주 4); 노혁준(주 4).

7) 남궁주현(주 4), 212, 214-215면; 김송(주 4), 31-35면.

8) 박성구(주 5), 209면, 220면.

는 대상판결이 '위탁자로부터의 임차인은 수탁자 및 그로부터의 목적물 양수인에 대하여 주임법에서 정하는 임차권의 대항력을 가지지 못한다고 일반적으로 선언한 것'이라고 평가하면서, 임차인의 보증금반환청구를 배척한 대상판결의 결론을 비판하고 있다.[10]

그런데 과연 대상판결 사안은 '신탁원부의 대항력과 주임법상 대항력의 관계'가 문제되는 사안인가? 또한 대상판결은 '위탁자로부터의 임차인은 수탁자 및 그로부터의 목적물 양수인에 대하여 주임법상 임차권의 대항력을 가지지 못한다고 일반적으로 선언'한 판례인가? 대상판결이 다루고 있는 다른 중요한 쟁점의 의미가 간과되고 있지는 않은가? 이 글은 이러한 의문에서 출발한다.

이하에서는 먼저 대상판결의 판시 ❶ 부분과 관련하여 수탁자에게 이 사건 임대차계약상 임대인 지위가 인정되는지 여부와 그 근거(특히 신탁등기의 대항력이 임대인 확정의 기준이 되는지)에 대해 살펴보고(아래 Ⅱ.항), 다음으로 대상판결의 판시 ❷ 부분과 관련하여 임대인이 아닌 수탁자로부터 임차주택을 취득한 양수인이 주임법 제3조 제4항의 임대인 지위 승계인에 해당하는지(임차주택의 양도인과 임대인이 일치하지 않는 경우에 주임법 제3조 제4항이 적용되는지) 여부와 그 근거에 대해 살펴본 다음(아래 Ⅲ.항), 마지막으로 논의를 정리한다(아래 Ⅳ.항).

## Ⅱ. 수탁자에게 임대인 지위가 인정되는지 여부

이 사건에서 만일 수탁자(H 신탁회사)에게 이 사건 임대차계약상 임대인 지위가 인정된다면, 그로부터 이 사건 오피스텔을 매수한 양수인(원고)이 주임법 제3조 제4항에 따라 그 소유권과 함께 임대인 지위도 승계한다는 점에는 아무런 의문이 없을 것이다. 그런데 문제는 수탁자에게 임대차계약상 임대인 지위가 인정될 수 있느냐이다.

---

9) 노혁준(주 4), 148면.
10) 양창수(주 4); 남궁주현(주 4), 198면; 김송(주 4), 36면.

### 1. 임대차계약의 당사자 확정 기준

임대차계약상 보증금반환의무를 부담하는 임대인이 누구인지는 결국 그 임대차계약 해석의 문제이다. 계약의 당사자가 누구인지는 계약에 관여한 당사자의 의사 해석 문제이고, 당사자들의 의사가 일치하는 경우에는 그 의사에 따라 계약의 당사자를 확정해야 하며, 만일 당사자들의 의사가 합치되지 않는 경우에는 의사표시 상대방의 관점에서 합리적인 사람이라면 누구를 계약의 당사자로 이해하였을 것인지를 기준으로 판단해야 한다.[11] 또한 계약당사자 사이에 어떠한 계약 내용을 처분문서인 서면으로 작성한 경우에는 서면에 사용된 문구에 구애받는 것은 아니지만 어디까지나 당사자 내심에 있는 의사가 어떠한지와 관계없이 서면의 기재 내용에 따라 당사자가 표시행위에 부여한 의미를 합리적으로 해석해야 하며, 문언의 의미가 명확하다면 특별한 사정이 없는 한 문언대로 의사표시의 존재와 내용을 인정해야 한다.[12]

이러한 법리에 비추어 볼 때, 이 사건 임대차계약상 임대인이 위탁자(K 회사)이고 수탁자(H 신탁회사)가 아니라는 점은 분명하다. ① 임차인인 피고와 실제로 임대차계약체결 행위를 하고, ② 처분문서인 임대차계약서에 임대인으로서 이름이 기재되어 있고, ③ 피고로부터 임대차보증금을 현실적으로 수령하고, ④ 피고에게 이 사건 오피스텔의 현실적인 점유를 이전해 주고, ⑤ 피고와 임대차계약의 연장에 관하여 합의한 것은 모두 위탁자이고 수탁자가 아니다. 이러한 일련의 과정에 비추어 볼 때, 임차인의 합리적 의사를 추단해 보더라도 임대인은 위탁자라고 인정된다.

나아가 수탁자가 위탁자로부터 이 사건 임대차계약상의 임대인 지위나 임대차보증금반환채무를 개별적으로 인수한 바는 없다. 또한 이 사건 임대차계약은 수탁자 앞으로 신탁을 원인으로 한 소유권이전등기가 마쳐

---

11) 대법원 2020. 12. 10. 선고 2019다267204 판결; 대법원 2022. 12. 16. 선고 2022다245129 판결.
12) 대법원 2019. 9. 10. 선고 2016다237691 판결.

진 이후에 체결되었으므로, 수탁자를 주임법 제3조 제4항에 따른 임대인 지위의 승계인이라고 볼 수도 없다.[13)]

따라서 이 사건 임대차계약상 임대차보증금 반환의무를 부담하는 임대인은 위탁자이고, 수탁자는 임대인이 아니다.

## 2. 신탁등기의 대항력과 이 사건의 관계

위와 같이 임대차계약상 임대인이 누구인지는 임대차계약 당사자(임대인, 임차인)의 의사해석에 의해 정해진다. 별개의 계약인 신탁계약에서 정하는 내용이나 신탁계약 당사자들의 의사가 어떠한 것이었는지는, 임대차계약 당사자의 의사를 해석함에 있어서 참작할 수 있는 사정이 될 수 있을지언정, 그 자체가 임대차계약 당사자 확정의 기준이 될 수는 없다. 사안을 달리하여 만일 신탁계약에서 '신탁부동산에 관한 임대차계약을 수탁자의 명의로 체결하고 임대차보증금도 수탁자가 지급받도록' 정하고, 그러한 신탁 조항이 등기되어 공시되었다면, 임대차계약상 임대인은 바로 '수탁자'로 정해지는가? 그렇지 않다. 이 경우에도 실제 임대차계약을 체결한 당사자들의 의사해석에 따라 임대인이 누구인지를 가려야 한다(신탁 조항에 반하여 임대차계약이 체결되었다면, 신탁계약관계는 신탁계약상 의무위반의 문제로서 신탁계약에서 정한 바에 따라 처리될 것이고, 임대차계약관계는 경우에 따라 이행불능의 문제로 처리될 것이다). 특히 양 계약 모두에 관여한 '임대인 = 위탁자'의 의사보다 더욱 관건이라고 할 수 있는 '임차인'의 의사해석이라는 관점에서 보면, 임차인이 전혀 관계하지도 않은 신탁계약에서 정한 바에 따라 임차인의 계약 상대방인 임대인이 누구인지가 정해진다는 것은 수긍할 수 없는 일이다.

---

13) 만일 위탁자에 의한 임대차계약 체결 이후에 수탁자 앞으로 신탁에 따른 소유권이전등기가 마쳐졌다면, 수탁자는 주임법 제3조 제4항에 따라 위탁자로부터 임대인 지위를 승계한다(대법원 2002. 4. 12. 선고 2000다70460 판결은, 신탁법상 신탁에 의해 소유권이 수탁자에게 완전히 이전되므로, 임대차의 목적이 된 주택을 담보목적으로 신탁법에 따라 신탁한 경우에도 수탁자는 주임법 제3조 제4항에 의해 임대인의 지위를 승계한다고 판시한다).

　　그런데 대상판결은 이 사건 임대차계약상 보증금반환의무를 부담하는 임대인이 누구이냐의 문제를 판단함에 있어서, 이 사건 신탁 조항의 대항력을 근거로 삼았다(판시 ❶ 부분). '수탁자의 사전 승낙 아래 위탁자 명의로 신탁부동산을 임대하도록' 정한 이 사건 신탁 조항이 등기되어 대항력을 가지기 때문에, 임대인은 위탁자로 보아야 한다는 것이다. 이와 관련하여 대법원판례해설은 다음과 같이 서술하고 있다. 즉, 신탁계약에서 정한 바에 따라 위탁자가 수탁자의 사전 동의를 받아 위탁자 자신의 명의로 임대차계약을 체결한 사안에서 임대차계약의 임대인이 누구인지의 문제는 결국 수탁자가 한 '동의'의 해석 문제이며, 사안에서는 수탁자의 사전 동의가 위탁자에 대한 '대리권 수여'의 의미가 아니라 '신탁재산 사용·수익 권한의 부여'라는 의미를 가지는 것으로 해석하여야 하므로, 위와 같은 신탁계약의 내용이 등기되어 제3자에게 효력을 가진다면, 임대인은 위탁자라고 보아야 한다는 것이다.[14)]

　　그러나 사안에서는 임대차계약이 '대리'의 방식에 의하지 않고 위탁자를 임대인 '본인'으로 하여 체결되었으므로, 수탁자의 '대리권 수여'가 있었는지 여부는 문제되지 않는다. 설령 내부적으로 수탁자의 '대리권 수여'가 있었다고 하더라도, 실제 임대차계약이 대리 방식에 의해서가 아니라 위탁자 본인을 임대인으로 하여 체결되었다면, 그러한 계약의 당사자는 (대리권을 수여한 수탁자가 아니라) 위탁자이다. 이처럼 수탁자의 동의가 '대리권 수여'의 의미였는지 아닌지는 이 사안에서 별다른 의미가 없다.

　　그렇다면 대상판결이 이 사안에서 '신탁등기의 대항력'에 관한 법리

---

14) 박성구(주 5), 220면. 여기에서는 노혁준, "2019년 주요 신탁판례 검토", BFL 제 101권(2020), 서울대학교 금융법센터, 119면을 인용하고 있다[이에 의하면, 대법원 2019. 3. 28. 선고 2018다44879 판결(담보신탁계약에 따라 신탁된 주택을 수탁자의 동의 없이 위탁자로부터 임차하고 대항요건을 구비한 임차인이, 그 후 신탁재산의 귀속으로 소유권을 취득한 위탁자가 설정한 근저당권의 실행에 따른 매수인을 상대로 임대차보증금 반환을 청구한 사안)에 대하여 검토하면서, 위 사안에서 만일 수탁자의 동의가 있었다면, 이를 수탁자에 의한 위탁자로의 대리권수여로 보면 임대인은 수탁자이고 보증금반환의무도 수탁자가 부담하는 반면, 동의의 의미를 위탁자에게 신탁재산을 사용·수익할 권한을 부여하는 것으로 이해한다면 임대인은 위탁자이고 그가 보증금반환의무자라고 서술한다].

를 전면에 내세운 것은 어떤 이유에서일까? 그 배경을 이해하기 위해서
는 먼저 신탁등기의 대항력 범위에 관한 기존의 논의[15]를 간략하게 짚고
넘어갈 필요가 있다.

### 3. 신탁등기의 대항력 범위에 관한 종래 논의

구 신탁법(2011. 7. 25. 법률 제10924호로 전부개정되기 전의 것, 이하 '구
신탁법'이라 한다) 제3조 제1항은 신탁의 공시에 관하여 "등기 또는 등록하
여야 할 재산권에 관하여는 신탁은 그 등기 또는 등록을 함으로써 제삼
자에게 대항할 수 있다."라고 정하고, 구 부동산등기법(2011. 4. 12. 법률
제10580호로 전부개정되기 전의 것) 제123조, 제124조[16]는 신탁등기 신청서
에 첨부되는 신탁 조항 등을 기재한 서면을 신탁원부로 보며, 다시 신탁
원부를 등기부의 일부로 보고 그 기재를 등기로 본다고 정하고 있었다.[17]

---

15) 이 문제를 다룬 문헌으로는, 남궁주현(주 4); 박성구(주 5); 김송(주 4); 장보은,
"신탁등기의 대항력에 관한 소고-판례의 태도와 이에 대한 비판을 중심으로", 서
울대학교 법학 제64권 제2호(2023), 서울대학교 법학연구소, 99면 이하; 구정진·
김제완, "관리처분신탁된 집합건물에 대한 공용부분 관리비의 부담과 승계-대상판
결: 대법원 2018. 9. 28. 선고 2017다273984 판결", 안암법학 제60권(2020), 683면
이하; 이연갑, "신탁등기의 대항력-대법원 2018. 9. 28. 선고 2017다273984 판결에
대한 평석", 서울법학 제27권 제3호(2019), 141면 이하; 허현, "신탁원부와 신탁공
시의 대항력", BFL 94호, 서울대학교 금융법센터(2019), 22면 이하; 오상민, "부동산
등기법상 신탁등기의 대항력에 대한 검토", 저스티스 제154호(2016), 131면 이하
등 참조.
16) 제123조(부동산의 신탁) ① 신탁 등기를 신청할 때에는 다음 각 호에 해당하는
사항을 적은 서면을 신청서에 첨부하여야 한다. (1~4호 생략) 5. 그 밖에 신
탁의 조항
제124조(신탁원부) ① 제123조에 따라 신청서에 첨부한 서면을 신탁원부(信託原
簿)로 한다.
② 신탁원부는 등기부의 일부로 보고, 그 기재는 등기로 본다.
17) 현행 부동산등기법(2020. 2. 4. 법률 제16912호로 일부개정된 것, 2020. 8. 5. 시
행) 제81조 제1, 2항도 이와 유사한 내용을 정하고 있으며(아래 조문내용 참조),
등기실무상 동조 제1항 제16호('그 밖의 신탁 조항')의 기록 방법으로 신탁원부 표
지에 등기신청인이 제출한 등기원인증서인 신탁계약서를 스캔하여 결합하고 이를
보조기억장치에 저장하여 기록하고 있다(엄덕수, "부동산신탁등기제도의 현황과 그
개선방향", 신탁연구 제4권 제2호(2022), 한국신탁학회, 53면 참조).
제81조(신탁등기의 등기사항) ① 등기관이 신탁등기를 할 때에는 다음 각 호의
사항을 기록한 신탁원부(信託原簿)를 작성하고, 등기기록에는 제48조에서 규

이러한 규정의 해석과 관련하여 대법원 판례는 "신탁계약의 내용이 신탁등기의 일부로 인정되는 신탁원부에 기재된 경우에는 이로써 제3자에게 대항할 수 있다"고 판시하고, 이러한 법리에 따라 ① 신탁이 종료할 때에는 신탁재산에 부대하는 채무(사안에서는 임차인에 대한 임대차보증금반환의무)는 수익자가 변제하여야 한다는 조항(대법원 1975. 12. 23. 선고 74다736 판결),[18] ② 신탁계약의 종료 또는 해지 후 상가공급계약에서 발생하는 채무(사안에서는 수분양자에 대한 손해배상의무)를 수익자가 부담한다는 조항(대법원 2001. 11. 9 선고 2001다58054, 58061 판결),[19] ③ 신탁부동산의 임대로 인하여 발생한 임차인에 대한 임대차보증금반환의무가 신탁종료시 위탁자에게 귀속된다는 조항(대법원 2004. 4. 16. 선고 2002다12512 판결),[20]

---

정한 사항 외에 그 신탁원부의 번호를 기록하여야 한다. (1~15호 생략) 16. 그 밖의 신탁 조항
   ③ 제1항의 신탁원부는 등기기록의 일부로 본다.
18) 임차인(전세권자)인 원고가 수탁자인 피고를 상대로 보증금(전세금)반환을 청구한 사안. 위 사안에서는, 피고가 신탁 전에 위탁자와 원고 사이에 체결되었던 임대차계약상 임대인 지위를 승계하기로 하여 3자 합의하에 원고와 다시 전세권 설정계약을 체결하고 전세권설정등기를 경료하였던바, 위 전세권 설정계약 당시에 이미 그와 같은 신탁 조항이 신탁원부에 기재되어 있는 신탁등기가 경료되어 있었으므로, 전세권 설정계약이 위 신탁 조항에도 불구하고 신탁 종료 이후에까지 피고가 전세금반환의무를 지겠다는 뜻으로 작성된 것이라고는 할 수 없다고 원심이 판시하였고, 대법원 역시 원심의 판시가 정당하다고 보았다(따라서 원고의 청구는 기각되었다). 즉, 위 판결에서는 신탁등기의 대항력뿐 아니라 수탁자와 임차인(전세권자) 사이에 체결된 전세권설정계약의 해석이 함께 문제되었던 사안이다.
19) 수분양자인 원고가 수탁자인 피고를 상대로 분양계약상 슈퍼마켓 업종 독점운영 보장약정 위반을 이유로 손해배상을 청구한 사안. 다만 위 사안에서는, 피고가 그와 같은 신탁 조항을 이유로 원고에 대한 채무가 없다는 주장하였으나, 신탁원부의 기재에 의하면 그와 같은 조항이 신탁 조항에 포함되어 있지 않을 뿐더러, 상가공급계약 체결 이후에야 비로소 해당 상가 건물에 관한 소유권보존등기가 경료된 사실이 있어 상가공급계약 체결 당시에 신탁원부가 작성되어 등기소에 비치되어 있었다고 보기도 어렵다는 등의 이유로, 피고의 위 주장은 배척되고 원고의 청구가 인용되었다. 위 판결의 취지상, 그와 같은 신탁 조항이 상가공급계약 체결 당시에 신탁원부에 기재되어 등기소에 비치되어 있었더라면, 피고의 위와 같은 주장이 받아들여질 수 있었을 것으로 보인다.
20) 임차인인 원고가 수탁자인 피고를 상대로 임대차보증금반환을 청구한 사안. 다만 위 사안에서는, 피고가 그와 같은 신탁 조항을 이유로 원고에 대한 채무가 없다는 주장하였으나, 신탁계약(임대형 토지신탁계약)에 따르면 신탁이 종료될 경우 임대보증금의 상환채무는 임차인의 동의를 얻어 위탁자가 승계하고 피고는 그 책

④ 신탁부동산(상가)에 관한 관리비를 위탁자가 부담한다는 조항(대법원 2012. 5. 9. 선고 2012다13590 판결)[21] 등 다양한 내용의 신탁 조항을 제3자에게 대항할 수 있다고 판시해 왔다.[22] 대상판결도 그 연장선상에서 나온 것이다.

이러한 판례의 입장에 대하여, 법조문에 충실한 해석이라고 보아 찬성하는 견해도 있지만,[23] 신탁등기의 대항력은 '신탁등기가 이루어진 해당 부동산이 수탁자의 고유재산과 분별되는 신탁재산에 속한다는 점'에 관하여만 인정되는 것이라는 반대 견해[24]가 유력하게 제기되고 있다. 또

---

임을 면한다고 되어 있어 피고의 주장과 같이 임차인의 동의를 요하지 않고 보증금반환채무가 위탁자에게 귀속된다는 내용이 포함되어 있다고 보기 어려울 뿐만 아니라, 원고와의 임대차계약 체결 당시까지도 피고 명의의 소유권보존등기 및 신탁등기가 마쳐지지 않았기 때문에 피고가 신탁원부의 내용으로써 원고에게 대항할 수 없다는 등의 이유로, 피고의 위 주장은 배척되고 원고의 청구가 인용되었다. 위 판결에서 대법원은 '신탁원부에 피고 주장과 같은 내용의 신탁 조항이 기재되어 있었다면 이로써 임차인에게 대항할 수 있을지라도'라고 함으로써, 신탁 조항의 대항력이 인정될 수 있다는 취지로 판시하였다.

21) 상가 대표회의인 원고가 수탁자인 피고를 상대로 신탁재산인 상가에 관한 관리비를 청구한 사안. 위 사안에서는, 그와 같은 신탁 조항이 기재된 신탁계약서가 신탁원부에 포함되어 등기부에 편철되어 있었으므로 피고는 등기된 위 신탁계약에 따라 위탁자가 상가의 관리비 납부의무를 부담한다고 원고에게 대항할 수 있다는 이유로, 원심에서 원고의 청구가 기각되었고, 대법원은 그러한 원심이 정당하다고 하였다.

22) 다만, 대법원 2018. 9. 28. 선고 2017다273984 판결은, 집합건물에 관한 위탁자의 구분소유권이 수탁자와 제3취득자에게 순차로 이전된 경우, 수탁자와 제3취득자는 각 종전 구분소유권자들의 공용부분 체납관리비채무를 중첩적으로 인수하며, 이러한 법리는 등기의 일부로 인정되는 신탁원부에 신탁부동산에 대한 관리비 납부의무를 위탁자가 부담한다고 기재되어 있더라도 마찬가지라고 판시하였다. 그 근거로는 전체 공유자의 이익에 공여하는 공용부분에 관한 공유자 간의 채권을 특별히 보장하려는 집합건물의 소유 및 관리에 관한 법률 제18조("공유자가 공용부분에 관하여 다른 공유자에 대하여 가지는 채권은 그 특별승계인에 대하여도 행사할 수 있다.")의 입법 취지, 신탁에 의해 소유권이 대내외적으로 수탁자에게 완전히 이전되는 점 등을 들었다. 위 판례가 신탁등기의 대항력에 관한 종전 판례와 다른 입장을 취한 것인지는 논란이 있다[박성구(주 5), 212면; 장보은(주 15), 117-119면; 이연갑(주 15), 141면; 구정진·김제완(주 15), 683면 참조].

23) 김대현, "주택재건축사업에서 신탁등기의 문제점", 토지법학 제34권 제1호(2018), 172-174면.

24) 최동식, 신탁법, 법문사(2006), 86면 이하; 도건철·배재범, "부동산신탁과 임대차의 대항력", BFL 제94호, 서울대학교 금융법센터(2019), 39면; 최수정, 신탁법, 박영사(2019), 256-257면; 이연갑(주 15), 150면; 장보은(주 15), 133면.

한 거래의 안전 고려 필요성,[25] 강행법규에 반하는 내용인지 여부,[26] 제3자에 대한 관계에서도 공시할 의사가 있었던 내용인지 및 신탁의 본지에 부합하는 내용인지 여부[27] 등 다양한 기준에 의해 각 사안마다 개별적으로 대항력 인정 여부를 판단하여야 한다는 견해[28]도 제시되고 있다.

한편 개정 신탁법(2011. 7. 25. 법률 제10924호로 전부개정되어 2012. 7. 26. 시행된 것, 이하 '개정 신탁법'이라 한다)은 신탁의 공시와 대항에 관하여 제4조 제1항에서 "등기 또는 등록할 수 있는 재산권에 관하여는 신탁의 등기 또는 등록을 함으로써 그 재산이 신탁재산에 속한 것임을 제3자에게 대항할 수 있다."라고 정하고 있다. 이러한 개정법이 구법과 다른 내용을 정한 것인지 아니면 구법과 동일한 의미를 보다 분명하게 한 것일 뿐인지는 논란의 여지가 남아 있으며,[29] 신탁등기의 대항력에 관한 기존 대법원 판례의 입장이 개정 신탁법하에서도 계속 유지될 것인지 여부는 상당한 관심과 주목의 대상이 되고 있으나, 아직 그에 관한 판례는 나오지 않고 있다.[30]

## 4. 신탁등기의 대항력 법리를 대상판결 사안에 원용한 것은 적절한가?

위와 같이 개별적인 신탁계약 조항에 제3자에 대한 대항력을 인정하는 판례 법리가 타당한지 여부는 차치하고,[31] 일단 그 법리를 따른다고

---

25) 김형두, "부동산을 목적물로 하는 신탁의 법률관계", 민사판례연구 제30권(2008), 민사판례연구회, 1024-1027면.
26) 오상민(주 15), 138면.
27) 허현(주 15), 29면.
28) 김송(주 4), 28면; 남궁주현(주 4), 219면; 박성구(주 5), 214-215면도 명확하지는 않지만 개별판단설 입장을 취하고 있는 것으로 보인다.
29) 개정 신탁법은 구 신탁법의 의미를 보다 분명하게 한 것일 뿐, 신탁등기에 대한 기본적인 입장이 변경된 것은 아니라는 견해로는 이연갑(주 15), 151면; 최수정(주 24), 256-257면; 장보은(주 15), 129면.
30) 대상판결은 개정 신탁법 시행 이후에 나온 것이기는 하지만, 이 사건 신탁계약 이 2007. 6. 4. 체결되어 개정 신탁법 부칙 제2조(이 법의 효력의 불소급: "이 법은 특별한 규정이 있는 경우를 제외하고는 종전의 규정에 따라 생긴 효력에는 영향을 미치지 아니한다.")에 따라 구 신탁법이 적용된다. 따라서 대상판결은 구 신탁법에 관한 것이다.

할 때, 이 사건에 그와 같은 법리를 원용하는 것이 적절한가?

위 판례 사안들과 대상판결 사안을 비교해 보면, 일견 유사해 보이는 측면이 있기는 하다. 특히 위 판례 ①(74다736), ③(2002다12512) 사안은 임차인이 수탁자를 상대로 임대차보증금반환을 청구한 사안이고, 임차인에 대한 임대차보증금반환의무를 수익자 또는 위탁자가 부담한다는 취지의 신탁조항을 두고 있었다는 점에서, 대상판결 사안과 유사해 보인다. 대상판결도 이 사안이 기존 판례 사안과 유사하다고 보았기 때문에 그 법리를 원용하였을 것으로 추측된다.

그러나 좀 더 자세히 들여다보면, 위 판례 사안들과 대상판결 사안 사이에는 상당히 큰 차이가 있다.

먼저, 위 판례 사안들에서는, 수탁자가 제3자와 직접 어떠한 법률관계를 맺고 있었기 때문에, 수탁자를 면책시키는 취지의 신탁 조항이 없다면, 수탁자가 직접 법률관계의 당사자로서 제3자에 대한 의무를 부담하는 사안이었다(위 ① 사안에서는 전세권 설정계약을, 위 ② 사안에서는 상가 분양계약을, 위 ③ 사안에서는 임대차계약을, 각 수탁자가 직접 제3자와 체결하였고, 위 ④ 사안에서는 관리비가 발생하는 상가의 소유권을 수탁자가 가지고 있었다). 따라서 신탁 조항의 대항력 유무에 따라 수탁자의 제3자에 대한 의

---

31) 개인적으로는 신탁등기의 대항력은 해당 부동산이 수탁자의 고유재산과 구분되는 신탁재산이라는 점에 한하여 인정하는 것이 타당하다고 생각한다. 무엇보다 부동산등기법상 등기할 수 있는 '권리'는 부동산에 관한 소유권과 용익물권, 담보물권, 임차권 등으로 한정적으로 열거되어 있고(동법 제3조) 그러한 '권리'에 관한 발생·변경·소멸에 관한 사항을 공시하는 것이 부동산등기부인데, 신탁계약에 따른 '채권적' 권리가 그에 해당하는지, 나아가 채권적 '의무'가 근본적으로 부동산등기부에 등기할 수 있는 대상이 되는지는 의문이다. 또한 신탁계약의 해석은 법률전문가에게조차 매우 난해한 일인데, 해석이 필요한 개별 신탁계약 조항에 공시에 따른 제3자 대항력을 인정한다는 것은, 권리관계를 명확히 하고 거래안전을 도모하려는 공시제도의 본질과 맞지 않는 측면이 있다. 신탁을 원인으로 한 '소유권이전등기'는 물권변동을 위한 '성립요건'이지만, 이와 동시에 이루어지는 신탁등기는 '대항요건'이다. 신탁등기와 마찬가지로 대항요건에 해당하는 상업등기는 등기한 후라도 제3자가 정당한 사유로 인하여 이를 알지 못한 때에는 대항력이 제한되는데 비해(상법 제37조 제2항), 신탁등기의 대항력에는 그와 같은 제한이 없다는 점에서도, 신탁등기의 대항력 범위를 확장하는 것은 부당한 측면이 있다고 생각된다.

무 인정 여부가 달라지는 사안이었던 것이다. 반면, 대상판결 사안에서는 이 사건 신탁 조항을 고려하지 않더라도 어차피 수탁자가 제3자와의 법률관계의 당사자가 아니어서 제3자에 대한 의무를 부담하지 않는다. 따라서 신탁등기의 대항력 유무가 사안의 해결에 영향을 주지 않는다.

다음으로, 위 판례 사안들에서 문제가 된 신탁 조항은 '제3자에 대한 특정 채무(상가공급계약에서 발생하는 채무, 임대차보증금반환채무, 신탁부동산 관리비 채무 등)를 (수탁자가 아닌) 수익자 또는 위탁자가 부담한다'는 점을 명확하게 정하고 있었다. 반면 이 사건 신탁 조항에서는 '신탁기간 중의 임대차계약을 위탁자 명의로 체결하여야 한다'고 정하고 있을 뿐, 그에 따른 '임대차보증금 반환의무'를 위탁자가 부담하는지 수탁자가 부담하는지에 관하여는 명확하게 정하고 있지 않다(신탁재산에 관한 임대차계약을 위탁자 이름으로 체결하더라도 별도 조항을 통해 수탁자가 그 계약 또는 채무를 인수하기로 정할 수도 있는 것이다). 이 사건에서 '수탁자는 임대차보증금 반환채무를 부담하지 않는다'는 점은 이 사건 신탁 조항이 아니라 '이 사건 동의서'에 기재되어 있었고, 이 사건 동의서는 별도 문서로서 우선수익자와 수탁자로부터 위탁자에게 교부되었을 뿐, 신탁원부에 첨부되어 대외적으로 공시된 바가 없다.

이처럼 신탁등기의 대항력에 관한 기존 판례 사안과 대상판결 사안은 본질적인 차이가 있기 때문에, 이 사건에서 신탁등기의 대항력에 관한 기존 판례 법리를 원용한 것은 적절하지 않았다고 생각된다.

## Ⅲ. 임대인이 아닌 수탁자로부터의 양수인이 임대인 지위를 승계하는지 여부

### 1. 대상판결의 중요 쟁점: 주임법 제3조 제4항의 요건으로서의 '임차주택 양도인과 임대인의 동일성'

대상판결은 직접적으로는 피고(임차인)의 반소청구, 즉 원고(임차주택 양수인)에 대한 임대차보증금반환청구에 관한 것이다. 원, 피고 사이에 직접 임대차계약이 체결되거나 계약인수 또는 채무인수가 이루어진 바가 없었기에, 강행규정인 주임법 제3조 제4항에 따라 원고가 임대인 지위를 승계하여 피고에게 임대차보증금반환의무를 부담하는지 여부가 사안의 직접적인 쟁점이 되었다.

주임법 제3조 제4항은 "임차주택의 양수인(그 밖에 임대할 권리를 승계한 자를 포함한다)은 임대인의 지위를 승계한 것으로 본다."고 규정하고 있다. 사안에서 원고가 '임차주택의 양수인'임은 의문의 여지가 없음에도, 대상판결은 '임대인 지위의 승계'라는 법률효과는 발생하지 않는다고 본 것이다. 그 이유를 대상판결은 '원고가 임대인이 아닌 자(수탁자)로부터 임차주택의 소유권을 취득하였기 때문'이라고 밝히고 있으며(판시 ❷ 부분), 그러한 판단의 전제로서 (신탁등기의 대항력을 이유로) 이 사건 임대차계약상 보증금반환의무를 부담하는 임대인은 수탁자가 아닌 위탁자라고 본 것이다(판시 ❶ 부분).

그런데 대상판결의 진정한 의미는, 원고의 본소청구(권원 없는 점유를 이유로 한 부당이득반환청구)에 관한 부분까지 함께 살펴볼 때 찾을 수 있다. 이 사건의 원심은 원고의 본소청구를 '피고가 주임법 제3조 제1항의 대항력을 취득하였다'는 이유로 기각하는 한편, '피고가 대항력을 취득하였음에도 불구하고 원고에게는 주임법 제3조 제4항이 적용되지 않는다'는 이유로 피고의 반소청구 역시 기각하였다. 대상판결은 직접적으로는 피고의 반소청구에 관하여 판단한 것이기는 하나, 원심의 판단이 관련 법리에 따른 것으로 법리오해의 잘못이 없다고 판시함으로써 원심의 위와 같은 판단을 간접적으로나마 인정하고 있는 것으로 보인다. 원심의 '반소청구'에 관한 판단이유에는 '주임법 제3조 제1항에 따른 대항력이 인정되더라도 언제나 주임법 제3조 제4항에 따른 임대인 지위의 승계가 인정되는 것은 아니'라는 취지가 드러나 있음에도 불구하고, 대법원은 원심의 판단이유에 부적절한 점이 있다는 등의 지적을 한 바 없다. 대상판결에 대한 대법원판례해설에서도, '주임법 제3조 제1항과 제4항의 관계'에 대해 서술하면서, 주임법 제3조 제1항의 대항력이 인정됨에도 임대인 지위의 승계가 인정되지 않는다는 결론은 타당하지 않지만, 이에는 예외가 있으며, '양도인이 임대인이 아닌 경우에는 주임법 제3조 제4항의 적용이 제한될 수 있다'고 서술하고 있다.[32]

이러한 점으로 보면, 대상판결은 주임법 제3조 제1항의 요건과 같은 조 제4항의 요건이 완전히 동일한 것이 아니고, 주임법 제3조 제4항이 적용되기 위해서는 같은 조 제1항의 요건을 갖추는 외에 '임차주택의 양도인이 종전 임대차계약상 임대인일 것(임차주택 양도인과 임대인의 동일성)'이라는 추가적인 요건이 필요하다는 법리를 밝힌 것으로 볼 수 있다. 이와 같이 주임법 제3조 제1항의 대항력 요건과 같은 조 제4항의 임대인 지위 승계 요건을 구별하여 파악하는 것에 관하여는, 필자가 아는 범위 내에서는, 기존 판례나 문헌에서 뚜렷한 논의를 찾기 어렵다. 대상판결은 이러한 쟁점에 관하여 최초로 밝힌 판례로서 의미가 있다고 생각된다.

그렇다면 위와 같은 대상판결은 타당한가?

## 2. 주임법 제3조 제1항과 제4항의 관계

주임법 제3조 제1항은 "임대차는 그 등기가 없는 경우에도 임차인이 주택의 인도와 주민등록을 마친 때에는 그 다음 날부터 제3자에 대하여 효력이 생긴다."라고 규정하고 있다. 여기에서 '임대차가 제3자에 대하여 효력이 생긴다'는 의미는 무엇인가? 임차권의 핵심적인 2 요소는 약정기간동안 목적물을 배타적으로 점유·사용하는 것(사용수익권)과, 임대인에게 지급한 보증금을 안전하게 회수하는 것(보증금반환청구권)이다. 임차권을 제3자에게 대항할 수 있다는 것은, 제3자에게 임차권을 주장하여 사용수익권과 보증금반환청구권을 보장받는 것을 의미한다. 대항력의 구체적인 내용은 제3자(상대방)가 어떠한 지위에 있는 자이냐에 따라 달리 나타난다.

먼저, 제3자가 임대차목적물에 관하여 '제한물권'을 취득한 자인 경우에는, 대항력의 문제는 임차인이 그 자에 우선하여 배타적인 사용수익

---

32) 박성구(주 5), 218-219면.

을 할 수 있는지(용익물권의 경우) 또는 경매대금에서 임대차보증금을 우선적으로 변제받을 수 있는지(담보물권의 경우)의 문제로 나타난다(단, 이 경우에는 임차인이 제한물권자에게 '보증금반환청구'를 할 수 있느냐의 문제는 발생하지 않는다. 제한물권자가 임대차보증금반환의무를 부담할 아무런 이유가 없기 때문이다). 이는 결국 임차인과 제한물권자 사이의 우열관계의 문제이며, 임차인의 대항력 발생 시점[33]과 제한물권의 취득(등기) 시점의 선후에 의해 가려진다.

　보다 중요한 것은 제3자가 임대차목적물의 '소유권'을 취득한 자인 경우이다. 소유권은 목적물에 대한 배타적인 지배권으로서 그에는 사용수익할 권리도 당연히 포함되어 있으므로, 소유권은 '사용수익'의 면에서부터 임차권과 충돌한다. 따라서 이 경우 임차권의 대항력은 무엇보다도 임차인이 소유권 취득자에게 임차권을 주장하여 목적물을 배타적으로 사용수익할 수 있고, 소유권 취득자의 소유물반환청구에 대해 '점유할 권리'(민법 제213조 단서)가 있음을 주장하여 반환을 거부할 수 있음을 의미한다. 이 점에 관하여는 아무런 의문이 없다.

　그런데 더 나아가 대항력 있는 임차인은 소유권 취득자에 대하여 '임대차보증금 반환'을 청구할 수도 있는가? 이 점은 주임법 제3조 제1항 규정만으로는 명확하지 않다. 통상 임차인이 있는 목적물을 매매할 때 임대차보증금을 매매대금에 반영하여 거래하는 경우가 많을 것이지만, 반드시 그러한 것은 아니므로, 목적물 양수인이 임대차보증금 반환의무를 부담해야 한다는 견해도 가능하지만 그 반대의 견해도 충분히 가능하다. 주임법 제정 이후 이러한 문제를 둘러싸고 논의가 분분하자, 이를 입법적으로 해결하기 위하여 1차 개정(1983. 12. 30. 법률 제3682호, 1984. 1. 1. 시행) 당시 제3조 제2항(현행법 제3조 제4항)으로 "임차주택의 양수인(기타 임대할 권리를 승계한 자를 포함한다)[34]은 임대인의 지위를 승계한 것으로

---

33) 주택의 인도와 주민등록을 마친 '다음 날'이다(주임법 제3조 제1항).
34) 주임법 제3조 제4항 괄호 안의 '그 밖에 기타 임대할 권리를 승계한 자를 포함한다'는 규정은 무엇을 의미하는가? 이는 주임법 1차 개정 당시 정부 제출안에는

본다."라는 내용을 신설하였다.[35]

위와 같은 입법 경위에 비추어 보면, 주임법 제3조 제4항의 임대인 지위 승계는 같은 조 제1항의 대항력의 내용 중 일부를 구체화 · 명확화한 것이라고 볼 수 있다.

### 3. 주임법 제3조 제4항의 추가적 요건: '임대인인 양도인으로부터의 주택 양수'

그렇다면 주임법 제3조 제1항의 대항력 발생 요건(① 유효한 임대차계약 존재, ② 인도 및 주민등록, ③ 임대인에게 소유권 또는 적법한 임대권한이 있을 것[36])이 갖추어지면, 언제나 같은 조 제4항의 임대인 지위 승계가 일어나는가? 반드시 그런 것은 아니다. 임대인 지위 승계는 '임차주택의 양도'라는 일정한 상황하에서 '임차주택의 양수인'이라는 특정한 자에 대해서 발현하는 대항력의 내용을 정한 것이므로, 그와 같은 전제조건이 갖추어져야만 그러한 효과가 발생할 수 있다. 즉, 주임법 제3조 제4항의 '임대인 지위 승계'라는 법률효과가 발생하기 위해서는 같은 조 제1항의 '대항력' 발생 요건은 당연히 구비하여야 하지만 그것으로 충분

---

없던 내용인데 국회 법제사법위원회의 심의 과정에서 추가된 것으로서, 그 추가 이유는 '임차주택의 양수인'은 소유권의 양수인을 지칭하고, '양수'라는 용어는 대가를 교부하고 재산권을 이전받는 것을 의미하기 때문에, '소유권 이외의 권리'를, 그리고 '대가 없이' 이전하는 경우까지 포함한다는 의미를 확실하게 하려는 것이었다고 한다. 이에 대하여는, 법률상 양수의 개념에 '대가를 교부하지 않고 재산권을 이전하는 경우'는 포함되지 않는다는 정의는 근거가 불명확하며, 주택에 관하여 인정될 수 있는 소유권 외의 권리(점유권, 전세권 등)의 취득자에게는 임대인 지위의 승계문제가 일어날 여지가 없다는 점에서, 괄호 안의 규정은 불필요한 것이라는 견해도 있다. 자세한 것은 곽윤직 편집대표, 민법주해[XVI-채권(8), 박영사(2006), 221면(민일영 집필부분) 참조. 이하에서는 주임법 제3조 제4항과 관련하여 위 괄호 안의 규정은 일단 제외하고 검토하도록 한다.

35) 이에 관하여 상세한 것은 민일영, "임대주택의 양도인에 대한 임차보증금의 반환청구", 민사판례연구 제9권(1987), 민사판례연구회, 101면 이하 참조.

36) 이 세 번째 요건은 판례에 따라 요구되는 것이다. (대법원 2014. 2. 27. 선고 2012다93794 판결 등: "주택임대차보호법이 적용되는 임대차가 임차인과 주택의 소유자인 임대인 사이에 임대차계약이 체결된 경우로 한정되는 것은 아니나, 적어도 그 주택에 관하여 적법하게 임대차계약을 체결할 수 있는 권한을 가진 임대인이 임대차계약을 체결할 것이 요구된다.")

한 것은 아니며(필요조건이나 충분조건은 아님) '추가적인 요건'이 요구된다.

그 '추가적인 요건'은 무엇보다도 '임차주택의 양수(그 이면은 양도)'가 있어야 한다는 것이다. 이는 주임법 제3조 제4항의 문언상 명백하다. 여기에서의 '양수'는 매매·증여 등의 법률행위에 의한 소유권 이전과, 상속·경매·체납처분 등 법률의 규정에 의한 소유권 이전을 포함한다.[37] 또한 '임차주택의 양수인'이 될 수 있는 경우는 '주택을 임대할 권리나 이를 수반하는 권리를 종국적·확정적으로 이전받게 되는 경우'여야 하므로, 양도담보권자는 사용수익권을 갖게 되는 것이 아니고 주택의 소유권을 확정적·종국적으로 이전받는 것도 아니어서 여기의 '양수인'에 해당하지 않지만,[38] 신탁법상 수탁자(담보신탁의 수탁자를 포함)는 대내외적으로 소유권을 완전히 이전받으므로 여기의 '양수인'에 해당한다.[39]

---

37) 곽윤직/민일영(주 34), 220면; 김용덕 편집대표, 주석민법-채권각칙(3), 한국사법행정학회(2021), 386면(최준규 집필부분) 참조.

38) 대법원 1993. 11. 23 선고 93다4083 판결: "주택임대차보호법 제3조 제2항의 규정에 의하여 임대인의 지위를 승계한 것으로 보게 되는 임차주택의 양수인이 될 수 있는 경우는 주택을 임대할 권리나 이를 수반하는 권리를 종국적, 확정적으로 이전받게 되는 경우라야 하므로, 매매, 증여, 경매, 상속, 공용징수 등에 의하여 임차주택의 소유권을 취득한 자 등은 위 조항에서 말하는 임차주택의 양수인에 해당된다고 할 것이나, 이른바 주택의 양도담보의 경우는 채권담보를 위하여 신탁적으로 양도담보권자에게 주택의 소유권이 이전될 뿐이어서, 특별한 사정이 없는 한, 양도담보권자가 주택의 사용수익권을 갖게 되는 것이 아니고 또 주택의 소유권이 양도담보권자에게 확정적, 종국적으로 이전되는 것도 아니므로 양도담보권자는 이 법 조항에서 말하는 "양수인"에 해당되지 아니한다고 보는 것이 상당하다."

39) 대법원 2002. 4. 12. 선고 2000다70460 판결: [1] 주택임대차보호법 제3조 제2항은 "임차주택의 양수인(기타 임대할 권리를 승계한 자를 포함한다)은 임대인의 지위를 승계한 것으로 본다."라고 규정하는바, 위 규정에 의하여 임대인의 지위를 승계한 것으로 보게 되는 임차주택의 양수인이 되려면 주택을 임대할 권리나 이를 수반하는 권리를 종국적·확정적으로 이전받게 되는 경우라야 한다.
[2] 신탁법상의 신탁은 위탁자가 수탁자에게 특정의 재산권을 이전하거나 기타의 처분을 하여 수탁자로 하여금 신탁 목적을 위하여 그 재산권을 관리·처분하게 하는 것이므로(신탁법 제1조 제2항), 부동산의 신탁에 있어서 수탁자 앞으로 소유권이전등기를 마치게 되면 대내외적으로 소유권이 수탁자에게 완전히 이전되고, 위탁자와의 내부관계에 있어서 소유권이 위탁자에게 유보되어 있는 것은 아니라 할 것이며, 이와 같이 신탁의 효력으로서 신탁재산의 소유권이 수탁자에게 이전되는 결과 수탁자는 대내외적으로 신탁재산에 대한 관리권을 갖는 것이고, 다만, 수탁자는 신탁의 목적 범위 내에서 신탁계약에 정하여진 바에 따라 신탁재산을 관리

나아가 임차주택의 양수인은 '누구로부터'(임대인으로부터 and/or 임대
인이 아닌 자로부터) 이를 양수하여야 하는가? 이는 주임법 제3조 제4항의
문언상 명백하게 드러나지는 않는다. 그러나 임차주택의 '양수인'은 '임대
인의 지위'를 '승계'한 것으로 본다는 표현에서부터, '임대인 지위'를 가지
고 있는 '양도인'으로부터 임차주택을 양수한 경우를 전제로 하고 있음을
알 수 있다. '임대인인 양도인'으로부터 임차주택을 양수한 양수인이어야
그 양도인으로부터 (주택의 소유권과 함께) '임대인의 지위'를 '승계'할 수
있다. '승계'라는 것은 양도인이 가지고 있던 어떠한 것을 양수인이 이전
받는다는 뜻이다. 양도인이 가지지 않은 것을 양수인이 '승계'할 수는 없
다. '누구도 자신이 가진 것 이상을 다른 사람에게 줄 수 없다(Nemo plus
iuris transfere ad alium potest quam ipse habet; No one can trasfer more rights to
another than he himself has)'는 것은 자명한 법명제이다.[40] 이러한 해석은
위 규정의 자연스러운 문언적 해석이다.

이러한 해석은 위 규정의 입법목적에도 들어맞는다. 대항력은 본래
"매매(양도)는 임대차를 깨뜨린다(Kauf bricht Miete)"라는 법명제를 뒤집는
데에 그 기능이 있고, 임대인이 매매 목적물을 양도함으로써 임대차계약
상 의무를 면하는 것을 막기 위한 법 기술이다.[41] 대항력이라는 제도는
처음부터 주택의 임대인이 양도인인 상황을 전제로 출발한 것이다.

주임법 제3조 제4항의 법적 성격에 관한 판례도 이러한 해석에 부
합한다. 판례에 의하면 위 규정은 '법률상의 당연승계' 규정으로, 임대주

---

하여야 하는 제한을 부담함에 불과하다.

　〔3〕 임대차의 목적이 된 주택을 담보목적으로 신탁법에 따라 신탁한 경우에도
수탁자는 주택임대차보호법 제3조 제2항에 의하여 임대인의 지위를 승계한다고 한
사례.

40) 최수정, "부동산담보신탁상 신탁재산 처분의 성질과 효과-대법원 2018. 10. 18.
　　선고 2016다220143 전원합의체 판결에 대한 비판적 검토", 선진상사법률연구 제85권
　　(2019), 법무부, 71면은 이러한 법명제를 2016다220143 전원합의체 판결에 대한 비
　　판의 한 근거로 삼고 있다.
41) 이동진, "매매계약이 해제된 경우 미등기 매수인이 한 임대차의 운명-대법원
　　2008. 4. 10. 선고 2007다38908, 38915 판결", 민사법학 제68호(2014), 한국민사법
　　학회, 699면.

택이 양도된 경우 그 양수인은 '주택의 소유권과 결합하여' 임대인의 임대차계약상 권리·의무 일체를 그대로 승계하며, 그 결과 양수인이 임대차보증금반환채무를 면책적으로 인수하고, '양도인은 임대차관계에서 탈퇴하여 임차인에 대한 임대차보증금반환채무를 면하게 된다'고 본다.[42] 이처럼 임대차보증금반환채무의 면책적 인수를 인정하는 이유는, 임대주택에 관한 '임대인의 의무 대부분이 그 주택의 소유자이기만 하면 이행가능'하고, 임차인이 대항요건을 구비하면 임대주택의 매각대금에서 임대차보증금을 우선변제받을 수 있기 때문이라고 한다.[43] 이러한 판시 내용은 모두 '양도인이 임대인임'을 전제로 한 것이다.

## 4. 독일 민법상 대항력 규정의 해석론

　주임법 제3조 제4항과 매우 유사한 내용을 정하고 있는 독일 민법(BGB) 제566조 제1항 규정과 그에 대한 해석론은 이 문제에 관하여 우리에게 많은 시사점을 던져준다. 동조는 '양도는 임대차를 깨뜨리지 아니한다(Kauf bricht nicht Miete)'는 표제하에 "임대인이 임대한 주거공간을 임차인에게 인도한 후 이를 제3자에게 양도한 때에는, 양수인은 그가 소유권을 가지는 기간에 대하여 임대차관계로부터 발생하는 권리의무를 임대인에 갈음하여 승계한다(Wird der vermietete Wohnraum nach der Überlassung an den Mieter *von dem Vermieter* an einen Dritten veräußert, so tritt der Erwerber anstelle des Vermieters in die sich während der Dauer seines Eigentums aus dem Mietverhältnis ergebenden Rechte und Pflichten ein)"라고 정한다.[44] 위 규정 내용은 주임법 제3조 제4항과 일부 차이가 있지만(특히 대항요건 부분), 그 입법 목적이나 규율 내용은 우리법과 매우 유사하다.[45] 위 규정은 '임대인이 … 주거공간을 … 양도한 때에는'이라고 정하고

---

42) 대법원 1987. 3. 10. 선고 86다카1114 판결; 대법원 2004. 4. 16. 선고 2003다57010 판결; 대법원 2013. 1. 17. 선고 2011다49523 전원합의체 판결.

43) 대법원 2013. 1. 17. 선고 2011다49523 전원합의체 판결.

44) 위 규정의 번역은 양창수 역, 독일민법전, 박영사(2021)에 의함.

45) 위 규정의 입법목적은 '매매는 임대차를 깨뜨린다'는 보통법상의 원칙과 반대의

있으므로, 임대인과 양도인이 동일하여야 한다는 점이 문언상 명백하다. 나아가 문언상 명백하지는 않지만, 임대인이자 양도인은 동시에 주거공간의 '소유자'이기도 하여야 한다고 해석된다. '양도'는 법률행위에 의한 소유권 이전을 의미하고, 소유권은 원칙적으로 소유자만이 이전할 수 있기 때문이다.[46)]

다만, 예외적으로 임대인과 양도인(= 소유자)이 일치하지 않지만 위 규정이 '유추적용'되는 경우가 있다. 독일 연방통상대법원(BGH)은 임대인과 양도인이 일치하지 않더라도, '임대가 소유자의 동의하에 오로지 소유자의 경제적 이익을 위하여 이루어졌으며, 임대인은 임대차관계의 존속에 아무런 고유의 이익을 가지지 않는 경우'에는, 위 규정이 유추적용될 수 있다고 한다.[47)] 그렇게 보는 이유는 다음과 같다. 위 규정은 '권리와 의무는 오로지 채권관계에 참여한 사람들 사이에서만 발생한다'는 채권법적 원칙을 깨뜨리는 예외규정이기 때문에 엄격하게 해석되어야 하므로, '입법의도에 반하는 규율의 흠결'이 있고, 이익형량을 하면 입법자도 동일한 결론을 내렸을 것이라고 인정될 정도의 '사안의 유사성'이 있는 경우에 한하여 유추적용될 수 있다. 위 규정의 유추적용을 위한 이익상황의 유사성이 인정되려면, '소유자가 경제적으로 볼 때 임대인인 것처럼 취급될 수 있는 경우'여야 한다. 이 경우에 비로소 제3자에 의해 체결된 임대차계약이 소유자에 대해 관철되고, 소유자가 자신의 소유권을 (자신이 참여하지도 않은) 임대차계약에 의해 제한된 상태로만 양도할 수 있다는 것이 정당화될 수 있다. 소유자가 자기 스스로 임대차계약을 체결하는 대신에 자신이 임대인으로 보이지 않기 위해서 형식적인 법적 장치를 이용한다면,[48)] 그가 직접 임대차계약을 체결한 것과 마찬가지로 취급하는 것이

---

입장을 명시적으로 선언함으로써, 임차인을 보호하기 위한 것이다. J. von Staudingers Kommentar zum Bürgerlichen Gesetzbuch mit Einführungsgesetz und Nebengesetzen, Buch 2(2014) § 566 (Emmerich) Rn 1-3.

46) Staudinger/Emmerich(2014) § 566 Rn 21; Münchener Kommentar zum BGB, 9. Auflage (2023) § 566(Häublein) Rn 21-22.

47) BGHZ 215, 236(BGH Urteil vom 12.7.2017-XII ZR 26/16); BGHZ 231, 338(BGH Urteil vom 27.10.2021-XII ZR 84/20).

정당화된다. 이러한 경우에 위 규정을 유추적용함으로써, 소유자가 위 규정에서 보장하려는 임차인 보호를 회피(우회)하기 위해, 형식적으로는 임대인인 것처럼 행동하지만 결국에는 오로지 소유자의 이익만을 위해서 행동하는 제3자를 내세우는 것을 방지할 수 있다.[49]

위와 같은 법리에 따라 위 규정의 유추적용이 허용되는 전형적인 사례로는, 임대차계약을 자기의 이름으로 체결한 주체가 부동산관리인(Immobilienverwalter)이거나, 권한을 수여받은 공동 소유자(Miteigentümer)이거나, 소유권자인 회사의 경영자(Gesellschafter) 또는 관계기업(verbundene Unternehmer)인 경우 등이 언급된다.[50]

위와 같은 독일 민법 규정의 해석론은, 그 입법 목적과 규율 내용이 매우 유사한 주임법 제3조 제4항의 해석·적용에도 원용될 수 있을 것이다.

## 5. 반대 입장에 대한 검토

위와 같이 주임법 제3조 제4항이 적용되기 위해서는 같은 조 제1항의 대항력 요건을 갖추는 외에 '임대인인 양도인으로부터' 임차주택을 양수하여야 한다고 해석하는 것이 타당하다. 대상판결도 같은 입장을 취한 것으로 이해된다.

그런데 이에 대해서는 반대 입장도 있을 수 있다. 반대 입장에서는 다음과 같은 여러 의문을 제기할 수 있을 것이다: (1) 주택 임차권의 '대항력'이라는 동일한 제도를 정한 것임에도 제1항의 요건과 제4항의 요건을 달리 보는 것이 이론적으로 타당한가? (2) '소유자가 아니지만 적법한

---

48) 이러한 상황을 '신의성실 위반(treuwidrig)'으로 파악하는 견해도 있다. 즉, 소유자의 동의하에, 그리고 소유자의 이익을 위해, 주택관리인 또는 신탁관리인이 자신의 이름으로 임대차계약을 체결한 경우에는, 소유자이자 신뢰를 부여한 사람이 나중에 가서는 임차인에 대해 소유자로서의 자신과 관리인 또는 신탁관리인 사이의 형식적인 분리(formale Trennung)를 들어 주장할 수 있다면, 이는 신의성실에 반하는 것(treuwidrig)이라고 지칭되어야 할 것이라고 한다[Staudinger/Emmerich (2014) § 566 Rn 23].

49) BGHZ 231, 338(BGH Urteil vom 27.10.2021−XII ZR 84/20).

50) MüKoBGB/Häublein(2023) § 566 Rn 24(Fn. 94, 95).

임대권한을 가진 임대인으로부터 주택을 임차한 경우에도 주임법상 대항력이 인정된다'는 기존 판례 법리와 충돌하는 것은 아닌가? (3) 임대에 동의한 소유자라면 그에 따라 체결된 임대차계약상의 제한을 감수하도록 하는 것이 정당하지 않은가? 이에 대해 차례로 검토해 본다.

### (1) 주임법 제3조 제1항의 요건과 제4항의 요건을 달리 보는 것이 타당한가?

이 사건의 원심 및 대상판결의 입장에 의하면, 임대인이 아닌 양도인으로부터 주택을 양수한 양수인에 대한 관계에서, 임차인은 주택에 대한 인도청구를 거절할 수 있고, 임대차기간 동안의 점유·사용에 대해 부당이득반환의무를 부담하지 않지만(주임법 제3조 제1항 대항력 인정), 임대차계약의 승계를 주장하여 보증금반환을 청구할 수는 없다(같은 조 제4항 적용 부정). 이처럼 임차권의 대항력이 인정됨에도 임대인 지위 승계는 인정되지 않는다는 결론은 어색하게 느껴질 수 있다. 동일인에 대한 동일한 임차권에 따른 대항력의 작용임에도, 두 조항의 적용 여부가 달라지는 것은 타당한가?

### (가) 제1항과 제4항의 본질적 차이

먼저, 동일인에 대한 동일한 임차권의 대항력이라도, 제1항의 대항력 내용과 제4항의 대항력 내용 사이에는 본질적인 차이가 있다. '제3자 일반'에 적용되는 제1항의 대항력은 임차인의 임차권 실현을 소극적·수동적으로 수인·감수하여야 하는 것을 내용으로 하는 것임에 비해, '임차주택의 양수인'에 대해서만 적용되는 제4항의 대항력은 자신의 의사와 무관하게 '제3자들' 사이의 '계속적 계약관계'에 '강제로' 편입되어 적극적·능동적으로 계약 당사자가 되어야 하는 것을 내용으로 한다. 이와 같은 대항력 내용의 차이로 인해, 그 요건을 달리 보는 것이 정당화될 수 있다. '타인들 사이의 계약관계로의 강제적인 편입'이라는 효과를 정당화하기 위한 요건이 '임대인인 양도인으로부터의 주택 양수'이고, 그 경우 양수인은 비록 '주택의 소유권'만을 자신의 의사에 따라 양수했지만 그에 수반하여 '임대인의 지위'까지 함께 승계하도록 강제될 수 있다.

#### (나) '승계'라는 문언의 의미 이탈, 유치권보다 강력한 물권화의 문제

다음으로, 사안과 같은 경우에 제1항의 대항력 인정과 함께 당연히 제4항의 임대인 지위 승계가 인정된다고 보게 되면, 이제는 제4항의 문언과 달리 더 이상 '승계'가 아닌, 새로운 법률관계의 '창설'이 일어난다. '승계'란 양도인이 가지고 있던 것이 양수인에게 이전되는 것을 의미하는데, 임차주택의 양수인이 취득하는 '임대인의 지위'는 양도인이 가지고 있던 것이 아니기 때문이다. 이 경우 양수인은 아무런 법률관계도 맺고 있지 않은 제3자(종전 임대인)의 법적 지위를 취득하는 것인데, 이들 사이에는 '승계'라고 할 만한 아무런 단초도 존재하지 않는다. 이 경우에도 우리 판례가 설시하는 바와 같은 '법률상 당연승계' 및 '면책적 채무인수'라는 주임법 제3조 제4항의 법적 성격이 유지될 수 있을지는 의문이다. 이 경우 종전 임대인은 (자신은 아무런 행위도 한 바가 없는데 갑자기) '임대인 지위로부터의 이탈'이라는 예상치 않은 효과를 누리는 것인지 불명확하고, 이를 인정한다면 그 근거가 무엇인지도 모호하다. 뿐만 아니라, 임대인이 아닌 양도인으로부터 주택을 양수한 경우에도 임대인 지위를 취득하여 임차인에 대한 보증금반환의무를 부담한다고 인정한다면, 이는 사실상 주택 임차권을 유치권보다 더욱 강력한 물권으로 취급하는 결과가 된다(유치권은 인도청구를 하는 자에게 인도를 거절할 수 있을 뿐, 피담보채무의 변제를 청구할 수는 없다). 주임법 제3조 제4항이 이러한 규율까지 의도한 것인지는 의문이다.

#### (다) 임차인을 주택양도 전보다 더욱 우대하게 되는 문제

나아가, 사안의 경우 임차인은 처음부터 소유자가 아닌 자로부터 (다만 소유자의 동의를 받아) 주택을 임차하였으므로, 임대차보증금의 반환은 임대인에게만 청구할 수 있고 소유자에게는 청구할 수 없었다(다만 임대에 동의한 소유자에 대해서는 소유물반환청구를 거절할 수 있었다). 그런데 소유자가 주택을 타인에게 양도하였다는 우연한 사정에 의해 갑자기 양수인에게 임대차보증금반환을 청구할 수 있다고 본다면, 임차인을 주택 양도 이전보다 더욱 우대하는 것이 되고,[51] 그러한 임차인의 이익은 소유자의 경제적 희생하에 얻어지는 것이다(소유자는 임대차보증금반환채무의 인수라는 제한이 있는 상태로만 소유물을 처분할 수 있기 때문이다). 이와 같이 처음부터 소유자 아닌 자로부터 주택을 임차한 임차인을 우대하는 것이 주임법 제3조 제4항의 입법의도였는지는 의문이다.

**(라) 저당권이 설정된 경우와의 형평 문제**

이 사건 신탁은 부동산담보신탁이었다. 담보신탁은 신탁법상 신탁의 한 유형으로서 '소유권 이전'이라는 형식을 취하지만 경제적 기능의 면으로 보면 그 실질이 '담보권'과 유사하다는 점에서, 담보물권의 법리(도산절연성 부정, 부종성과 수반성, 공동저당 법리, 물상보증인 법리 등)가 유추적용되어야 한다거나, 담보신탁된 부동산의 공매절차를 담보권 실행 경매절차에 준하여 취급하여야 한다는 논의가 있다.[52] 이러한 논의에서 어떠한 입장을 취하는 것이 타당한지를 떠나, 이 사안에서 대상판결의 타당성을 검토함에 있어서 담보신탁과 유사한 담보권(저당권)이 설정된 경우와 비교해 보는 것은 의미가 있다.

---

51) 독일에서도 임대인과 양도인의 동일성을 원칙적으로 요구하는 판례 입장에 반대하여, '임대가 소유자의 동의하에 이루어졌다면 언제나 독일 민법 제566조가 유추적용되어야 한다'는 견해가 있으나, 이에 대해서는 '임대차계약 체결 당시에는 단지 독일 민법 제986조 제1항[우리 민법 제213조 단서와 유사한 조항이다]에 의해서만 보호받던 임차인을 더욱 우대하는 것은 명령되지 않는다'는 비판이 가해진다. 자세한 것은 MüKoBGB/Häublein(2023) § 566 Rn 24(Fn. 98) 참조.

52) 이에 관하여 자세한 것은 정소민, "담보신탁의 법리에 관한 비판적 고찰", 선진상사법률연구 제85권(2019), 법무부, 87면 이하; 최수정, "부동산담보신탁상 우선수익권의 성질과 우선수익권질권의 효력-대법원 2017. 6. 22. 선고 2014다225809 전원합의체 판결을 계기로", 인권과 정의 제470호(2017), 대한변호사협회, 40면 이하; 윤진수, "담보신탁의 도산절연론 비판", 비교사법 제25권 제1호(2018), 697면 이하; 임기환, "담보신탁 관련 최근 판례 동향", 민사판례연구 제42권(2020), 민사판례연구회, 47면 이하; 송각엽, "부동산담보신탁의 우선수익권에 대한 고찰-대법원 2018. 4. 12. 선고 2016다223357 판결에 대한 검토", 민사재판의 제문제 제27권(2020), 사법발전재단, 913면 이하; 이계정, "골프장 시설에 대한 담보신탁에 기한 공매와 입회보증금반환의무의 승계", 민사법학 제89호(2019), 한국민사법학회, 119면 이하; 최수정(주 40); 최준규, "담보신탁을 근거로 한 체육필수시설의 매매와 매수인의 권리·의무 승계-대상판결: 대법원 2018. 10. 18. 선고 2016다220143 전원합의체 판결", 사법 제48호(2019), 사법발전재단, 359면 이하; 권영준, "2018년 민법판례 동향", 서울대학교 법학 제60권 제1호(2019), 서울대학교 법학연구소, 255면 이하 등 참조.

만일 이 사안에서 담보신탁 대신에 저당권이 설정되었다면 어떻게 되었을까? 임차인은 이미 저당권이 설정되어 있는 주택을 임차한 것이고 (사안에서 이 사건 신탁이 설정된 이후에 임대차계약이 체결되었다), 저당권이 실행되어 매수인이 매각대금을 완납함으로써 주택의 소유권을 취득하였다면, 임차인은 그 매수인에게 임대차보증금반환을 청구할 수 있었을까? 그렇지 않다. 시간적으로 먼저 성립된 저당권이 나중에 대항요건을 구비한 임차권에 우선하고, 이러한 경우 매수인의 임대차보증금반환채무 인수를 긍정하게 되면 결과적으로 주택의 매각대금이 저감되어 저당권자의 우선변제권이 침해될 수 있기 때문에, 이 경우 매수인은 주임법 제3조 제4항에 따른 임대인 지위 승계인에 해당하지 않는다고 보는 데에는 다툼이 없다.

저당권 대신에 담보신탁이 설정된 경우로 돌아와보면, 동일한 상황에서 임차인이 수탁자로부터의 매수인에게 임대차보증금반환을 청구할 수 있다고 보아야 할까? 이를 긍정한다면 저당권자보다 담보신탁의 수탁자(우선수익자)를 불리하게 대우하는 것이 된다. 이러한 차별적 취급을 정당화할 이유를 찾기 어렵다.

(2) '소유자가 아니지만 적법한 임대권한을 가진 임대인으로부터의 임차인에게 대항력이 인정된다'는 기존 판례와 충돌하는가?

대법원은 일찍부터 "주택임대차보호법이 적용되는 임대차로서는, 반드시 임차인과 주택의 소유자인 임대인 사이에 임대차계약이 체결된 경우에 한정된다고 할 수는 없고, 나아가 주택의 소유자는 아니지만 주택에 관하여 적법하게 임대차계약을 체결할 수 있는 권한(적법한 임대 권한)을 가진 임대인과 사이에 임대차계약이 체결된 경우도 포함된다."라고 판시해 왔다.[53] 이 사건 임대차계약은 소유자는 아니지만 소유자의 사전동의를 받음으로써 적법한 임대권한을 가진 임대인과 사이에 체결되었다. 그럼에도 임차인의 임차주택 양수인에 대한 임대차보증금반환청구는

---

53) 대법원 1995. 10. 12. 선고 95다22283 판결 등 다수.

받아들여지지 않았다. 그렇다면 대상판결은 위와 같은 종래의 판례 입장과 충돌하거나 모순되는 것인가?[54] 결론부터 말하자면 그렇지 않다고 생각한다.

위와 같은 법리를 최초로 판시한 대법원 1995. 10. 12. 선고 95다 22283 판결[55]을 살펴본다. 명의신탁된 주택을 명의신탁자인 피고로부터 임차한 원고가 임대인인 피고를 상대로 임대차보증금(전세금)반환을 청구하자, 피고는 '주택이 소외인에게 양도되어 소유권이전등기가 마쳐졌으므로, 주임법 제3조 제4항(당시 주임법 제3조 제2항)에 따라 양수인인 소외인이 임대인 지위를 승계하고 피고는 임대인 지위에서 이탈하였으므로 더이상 원고에 대하여 보증금반환의무를 부담하지 않는다'고 주장하였고, 이에 대해 원심은 '주임법 제3조 제4항(당시 제2항)은 동조 제1항의 대항력을 갖춘 경우에만 적용되는 것인데, 소유권을 가지지 아니하는 명의신탁자에 불과한 피고와의 사이에 체결된 임대차계약에 의한 원고의 임차권은 주임법 제3조 제1항 소정의 대항력을 취득할 수 없다'고 보아 피고의 위 주장을 배척하였다. 그러나 대법원은 '임대인인 피고가 명의신탁자로서 소유자가 아니더라도 임대할 권한을 가지므로 임차인인 원고는 주임법 제3조 제1항의 대항력을 취득하였다'고 보아 원심판결을 파기하였다. 이는 직접적으로는 주임법 제3조 제1항에 관한 법리오해를 이유로한 것이지만, 전체적인 취지로 보면 결과적으로 주택 양수인에게 주임법 제3조 제4항에 따른 임대인 지위 승계를 긍정한 것으로 보인다. 위 사안에서 임차주택의 양수인은 누구로부터 이를 양수한 것인가? 등기부상으로는 명의수탁자로부터 소유권등기를 이전받은 것으로 되어 있을 것이다. 그러나 소유권의 귀속이 대내적 · 대외적 관계에서 분리되는 명의신탁 법률관계의 특수성에 비추어 보면, 실질적으로는 명의신탁자가 주택을

---

54) 이러한 문제점을 지적하는 것으로 양창수(주 4).
55) 이 판결과 대상판결이 모순된다고 보는 견해로는 양창수(주 4); 김송(주 4) 18면. 반면, 명의신탁 사안과 신탁법상의 신탁 사안을 동일시할 것은 아니라는 견해로는 노혁준(주 4), 148면.

양도한 것인데 등기만은 (명의신탁 해지로 인한 명의신탁자 앞으로의 소유권이
전등기를 생략한 채) 명의수탁자로부터 양수인 앞으로 직접 이전하였을 가
능성이 크다.[56] 즉, 주택의 양도인과 임대인이 (명의신탁자로) 일치하는 사
안인 것이다.[57] 따라서 이러한 사안에서 주임법 제3조 제4항의 임대인
지위 승계를 긍정한 것은 대상판결의 입장과 어긋나지 않는다.

　다음으로, 대법원 1999. 4. 23. 선고 98다49753 판결을 살펴본다. 이
사건에서도 명의신탁된 주택을 명의신탁자가 임대하였는데, 그 후 명의수
탁자는 명의신탁자와의 합의로 주택의 소유권을 명의수탁자에게 귀속시
키기로 하고 처분권한을 종국적으로 이전받았다. 그 후 명의수탁자인 원
고가 임차인인 피고를 상대로 주택의 인도를 청구하였다. 이에 대해 대
법원은 위 95다22283 판결의 법리를 원용하면서 명의신탁자로부터의 임
차인인 피고는 주임법 제3조 제1항에 따른 대항력을 취득하였고, 그 후
명의신탁자로부터 주택의 처분권을 종국적으로 이전받은 명의수탁자는
주임법 제3조 제4항(당시 제2항)에 의하여 임대인 지위를 승계하였다고 보
아, 원고의 청구를 기각한 원심의 판단은 정당하다고 하였다. 이 역시 주
택의 양도인과 임대인이 (명의신탁자로) 일치하는 사안임을 알 수 있다.

　다음으로, 대법원 2008. 4. 10. 선고 2007다38908 판결 및 대법원
2009. 1. 30. 선고 2008다65617 판결을 살펴본다(위 두 판결의 사안은 거의
동일하다). 아파트 수분양자가 등기를 마치지 않은 상태에서 피고에게 임
대하였으나 분양계약이 해제되자 소유자＝매도인인 원고가 임차인인 피
고를 상대로 주택의 인도를 청구한 사안에서, 대법원은 매매계약의 이행

---

56) 위 대법원 판결의 원심판결(서울고등법원 1995. 4. 27. 선고 94나23007 판결)을
　　보면, 명의신탁자인 피고가 '임대주택을 (수탁자가 아니라) 본인이 소외인에게 매
　　도하였다'는 취지로 주장하고 있음을 알 수 있다.
57) 또다른 경우로서, 명의수탁자가 명의신탁자로부터 주택의 처분권한을 종국적으
　　로 이전받은 후 이를 제3자에게 양도했을 가능성도 있다. 이 경우에는 아래 98다
　　49753 판결에서 보는 바와 같이 명의수탁자가 명의신탁자로부터 주임법 제3조 제4
　　항에 따라 임대인 지위를 승계하므로, 그 후 다시 명의수탁자가 주택을 제3자에게
　　양도하여 그 양수인의 임대인 지위 (재)승계가 문제된다면, 이 경우 역시 주택의
　　양도인과 임대인이 일치하는 사안이 된다.

으로 매매목적물을 인도받은 매수인은 이를 타인에게 적법하게 임대할
수 있고, 이러한 임대권한 있는 매수인으로부터 주택을 임차하여 대항요
건을 갖춘 피고는 주임법 제3조 제1항의 대항력을 취득하여 민법 제548
조 제1항 단서에 따라 '계약해제로 인하여 권리를 침해받지 않는 제3자'
에 해당한다는 이유로, 원고의 청구를 기각한 원심의 판단이 정당하다고
하였다. 위 사안은 직접적으로는 주임법 제3조 제1항의 대항력이 쟁점이
되었고, 제4항의 임대인 지위 승계 여부는 쟁점이 되지 않았으나, 이를
제4항 임대인 지위 승계의 문제로 보더라도[58] 주택의 양도인과 임대인이
(미등기 매수인으로) 동일한 사안이었으므로, 대상판결과 어긋나지 않는다.

　　다음으로, 대법원 2019. 3. 28. 선고 2018다44879 판결을 살펴본다.
원고는 담보신탁계약에 따라 신탁된 주택을 위탁자로부터 임차하고 대항
요건을 구비하였는데, 당시 수탁자의 동의는 없었다. 그 후 위탁자는 신
탁재산의 귀속을 원인으로 수탁자로부터 소유권이전등기를 마친 후 같은
날 근저당권을 설정하였고, 그 근저당권이 실행되어 피고가 경매절차에서
매각대금을 완납하고 소유권을 취득하였다. 그러자 원고는 피고를 상대
로 임대차보증금반환을 청구하였다. 이에 대해 대법원은, 담보신탁계약이
체결된 주택의 임대권한은 특별한 약정이 없는 한 수탁자에게 있는 것이
일반적이지만, 위탁자가 수탁자의 동의 없이 임대차계약을 체결한 후 수
탁자로부터 소유권을 회복한 때에는 주임법 제3조 제1항이 적용될 수 있
다고 보았다. 나아가 임대차계약 체결 당시에는 임대인에게 임대권한이
없었지만 그 후 주택에 관하여 소유권이전등기를 마침으로써 적법한 임
대권한을 취득하였고, 원고의 주민등록은 이미 소유권 아닌 임차권을 매
개로 하는 점유임을 인식할 수 있을 정도의 공시기능을 수행하고 있었으

---

58) 엄밀히 말하면 주택의 '양도'가 있었던 것이 아니라 '매매계약 해제로 인한 소유
　권의 복귀'가 있었던 것인데, 이를 '양도'의 경우에 준하여 주임법 제3조 제4항의
　적용을 논의해 볼 수 있다. 사실 위 사안에서는 매수인에게 소유권이 이전된 바가
　없었으므로 소유권의 '복귀'도 일어나지 않았으며, 단지 매매계약이 체결되었다가
　해제되었음에 불과하였다. 이러한 경우 임차인에게는 주임법 제3조 제1항의 대항
　력을 인정하는 것부터가 타당한지에 대해 논란의 소지가 있다. 이에 관하여 자세
　한 것은 이동진(주 41) 참조.

므로, 원고는 위탁자가 위 주택에 관하여 소유권이전등기를 마친 즉시 임차권의 대항력을 취득하였고, 근저당권 설정은 그 대항력 취득 이후에 이루어졌으므로, 원고는 임차권으로 주택의 매수인인 피고에게 대항할 수 있다고 보아, 원고의 청구를 인용한 원심의 판단은 정당하다고 판단하였다. 위 사안에서는 직접적으로는 주임법 제3조 제1항의 대항력 취득여부 및 그 취득시점, 그리고 대항력 있는 임차권과 저당권 사이의 우열관계 (우선순위 판단 기준 시점)가 쟁점이었으나, 결과적으로는 경매절차 매수인에게 주임법 제3조 제4항에 따른 임대인 지위 승계를 긍정한 것으로 볼 수 있다. 그런데 이 역시 주택의 양도인과 임대인이 (위탁자로) 일치하는 사안이었으므로, 대상판결과 어긋나지 않는다.

　　이상과 같이, 종래의 판례는 주택의 양도인과 임대인이 일치하는 사안에서 나온 것이므로,[59] 이와 달리 주택의 양도인과 임대인이 일치하지 않는 이 사건에 대한 대상판결은 종래의 판례와 충돌하거나 모순되지 않는다.

　　(3) '임대에 동의한 소유자'는 임대차계약의 제한을 감수하여야 하는가?

　　이 사건 오피스텔의 소유자(수탁자)는 임대인(위탁자)에게 '임대에는 동의하되, 임대차보증금반환에는 책임이 없다'는 취지의 이 사건 동의서를 교부하였다. 이러한 수탁자로부터의 매수인에게 임대인 지위 승계 및 그에 따른 임대차보증금반환채무의 인수를 인정하게 되면, 그로 인한 경제적 손해는 결국 소유자(수탁자, 그리고 신탁재산에 관한 가장 큰 이해관계인인 우선수익자)에게 돌아간다. 비록 소유자(수탁자)가 직접 임대차보증금반환채무를 부담하게 되는 것은 아니지만, 그 소유재산(신탁재산)을 '임대차

---

59) 위에서 검토한 판례 외에도 2002. 11. 8. 선고 2002다38361, 38378 판결(매각대금을 완납하기 전의 경락인으로부터 주택을 임차하여 대항요건을 갖춘 임차인이 그 후 경락인의 매각대금 완납과 같은 날 설정된 근저당권의 실행에 따른 주택의 매수인을 상대로 임대차보증금반환을 청구한 사안), 대법원 2003. 8. 22. 선고 2003다12717 판결(소유권을 취득하였다가 계약해제로 소유권을 상실하게 된 임대인으로부터 그 계약 해제 전에 주택을 임차한 임차인이 계약해제로 소유권을 회복한 자를 상대로 임대차보증금반환을 청구한 사안) 등이 있는데, 이들 판례 역시 주택의 양도인과 임대인이 일치하는 사안이었다.

계약관계의 인수'라는 제한하에서만 처분할 수 있으므로 목적물의 가치 (매각대금)가 저감될 것이기 때문이다. 그 결과, 우선수익자 및 수탁자는 사전 동의 당시 '임대차보증금반환에는 책임이 없다'는 점을 명시하였음에도 그러한 의사표시는 아무런 효력이 없는 것으로 된다. 만일 위와 같은 일종의 '제한부 동의'가 주임법상의 규제를 회피하기 위한 '탈법'적인 것이라면 이를 무효로 볼 여지가 있을 것이나, 사안에서 그와 같이 보는 것은 지나치다. 이 사건 신탁계약의 체결 및 이 사건 동의서 교부는 이 사건 임대차계약이 체결되기도 전에 이루어졌고, 수탁자가 장차 임대차보증금반환채무를 인수할 경우 우선수익자에게 재산적 손해가 발생할 우려가 있기 때문에 이를 사전에 방지하기 위하여 위와 같은 책임제한 내용을 둔 것은 자본주의 사회의 경제주체로서 내린 합리적 의사결정일 뿐, 이를 법의 규제를 회피하기 위한 탈법적인 것이라고 볼 수는 없다.

애당초 수탁자와 우선수익자가 이 사건 오피스텔의 임대에 '동의'를 하지 않을 수도 있었을 것이다(그랬다면 임대차계약은 아예 체결되지 못했거나, 체결되어도 이행불능이 되었을 것이다). 그러나 이에 동의를 해 준 것은 이 사건 신탁이 '담보신탁'이었고, 신탁 목적을 벗어나는 목적물의 사용수익권 및 이에 수반하는 관련 비용의 부담은 위탁자에게 귀속되도록 하려는 것이 신탁계약 당사자들의 의사였기 때문에, 위탁자가 그 사용수익의 방법으로서 제3자에게 임대할 수 있도록 하는 것이 경제적·합리적이라고 보았기 때문일 것이다. 따라서 수탁자가 위탁자의 임대에 '동의'를 해 준 것 자체를 잘못이라고 할 수도 없다.

문제는 이로 인하여 임차인 보호에 공백이 생기는지, 생긴다면 그로 인한 책임을 누구에게 귀속시키는 것이 정당한지이다.

사안과 같은 경우 임차인은 소유자가 아닌 임대인으로부터 목적물을 임차하였다. 이러한 경우 임대차보증금반환을 청구할 수 있는 상대방은 임대인이지 소유자가 아니라는 점은 처음부터 임차인이 감수하고 계약에 임한 것이다. 그런데 그 후 소유자가 변경되었다고 하여 새로운 소유자에 대해 임대차보증금반환을 청구할 수 있도록 보장하는 것은 주임법 제

3조 제4항이 처음부터 예정한 것이 아니라는 점은 앞에서 보았다. 담보신탁과 경제적 실질이 유사한 저당권이 설정된 경우와 비교해 보더라도, 임차인이 선순위 저당권의 실행에 따른 목적물의 새로운 소유자에게 임대차보증금반환을 청구할 수 없는 것은 당연하다.

다만, 임차인 입장에서 예상치 못한 피해라고 생각될 수 있는 부분은, 저당권 설정의 경우와 달리 주택의 매각대금으로부터 보증금 상당액을 우선변제받을 권리가 보장되지 않는다는 점이다. 사안에서 담보신탁 대신에 저당권이 설정·실행된 경우였다면, 임차인은 주임법 제3조의2 제2항에 따라 그 매각대금에서 선순위 저당권자 다음 순위로 잔여 매각대금에서 우선변제받을 수 있는 권리가 보장되고, 주임법 제8조에 따라 소액보증금 최우선변제 요건을 충족한다면 일정한 범위에서는 선순위 저당권자보다도 우선하여 변제받을 수 있었을 것이다. 그러나 담보신탁의 경우에는 이와 같은 우선변제권의 보장은 받지 못한다. 신탁에 따라 주택의 소유권이 대내외적으로 수탁자에게 이전되어 이는 더 이상 채무자인 위탁자(임대인)의 책임재산이 아니고, 따라서 위탁자의 채권자인 임차인이 주택을 대상으로 강제집행할 수 없다(이에 대해 강제집행하려고 할 경우 제3자이의의 소가 제기될 수 있다. 신탁법 제22조 제1항, 제2항, 민사집행법 제48조). 뿐만 아니라 임차인의 우선변제권에 관한 주임법 제3조의2는 주택이 '민사집행법에 따른 경매절차' 또는 '국세징수법에 따른 공매절차'(동 절차가 준용되는 다른 체납처분절차 포함)를 거쳐 매각되는 경우로 한정하고 있고, 위 규정을 신탁재산의 공매절차를 통한 매각의 경우에 유추적용할 수 있을 것인지에 관하여는 아직 별다른 논의가 이루어지지 않고 있는 것으로 보인다. 그러나 신탁재산의 공매[60]는 신탁재산의 여러 처분방법 중 하나로서 그 법적 성격은 통상의 매매에 불과하고 국가가 주관하는 강제적 환가절차가 아니어서 주임법이 정하는 경매 등의 절차와는 그 본질적 성

---

60) 여기서의 공매는 '매수의 기회를 일반인에게 공개하여 행하는 매매'라는 의미로, 법률용어가 아니라 사회적으로 통용되는 용어에 불과하다. 신탁재산의 처분방법으로서의 공매의 의미와 법적 성격에 관하여는 이계정(주 52), 144-146면 참조.

격이 다른 점,[61] 매각대금의 분배 순위 및 액수에 대한 판단의 책임과 그에 관한 법적 분쟁으로 인한 비용을 신탁계약의 일 당사자에 불과한 수탁자에게 귀속시킬 근거가 없는 점 등을 고려하면, 주임법상 우선변제 권에 관한 규정을 신탁재산의 공매절차에 유추적용하는 것은 무리라고 생각된다.

그렇다면 담보신탁의 경우 임차인으로서는 임대인인 위탁자에게 다른 재산이 없는 한, 위탁자가 수탁자에 대하여 가지는 수익권(그 성격은 채권이다[62])을 책임재산으로 파악하여 이에 대한 압류 및 추심명령 또는 전부명령 등을 받는 방법으로 강제집행을 하여야 할 것인데, 위탁자의 수익권은 신탁계약 관련 비용 및 수탁자의 보수, 신탁사무의 처리상 발생한 각종 채무, 우선수익자에 대한 채무 등을 모두 변제하고 잔여액이 있을 경우에 한하여 지급받을 수 있는 최후순위의 권리에 불과할 뿐만 아니라, 그나마 또 다른 임차인 등 위탁자의 다른 채권자들과 평등하게 분배하여야 할 것이므로, 사실상 임대차보증금을 회수할 가능성이 매우 낮아진다.

---

61) 담보신탁에 따른 공매절차와 담보권 실행 경매절차의 유사점 및 차이점에 관하여는, 골프장 시설에 대한 담보신탁에 기한 공매와 입회보증금반환의무의 승계에 관한 대법원 2018. 10. 18. 선고 2016다220143 전원합의체 판결 및 이 판결에 대해 분석한 이계정(주 52), 최수정(주 52), 최준규(주 52), 권영준(주 52) 등 참조.

62) 대법원 2018. 4. 12. 선고 2016다223357 판결: 신탁행위로 정한 바에 따라 수익자로 지정된 사람은 당연히 수익권을 취득한다(신탁법 제56조 제1항). 신탁재산에 속한 재산의 인도와 그 밖에 신탁재산에 기한 급부를 요구하는 청구권이 수익권의 주된 내용을 이루지만, 수익자는 그 외에도 신탁법상 수익자의 지위에서 여러 가지 권능을 가지며, 수익권의 구체적인 내용은 특별한 사정이 없는 한 계약자유의 원칙에 따라 신탁계약에서 다양한 내용으로 정할 수 있다. 우선수익권은 구 신탁법이나 신탁법에서 규정한 법률 용어는 아니나, 거래 관행상 통상 부동산담보신탁 계약에서 우선수익자로 지정된 채권자가 채무자의 채무불이행 시에 신탁재산 처분을 요청하고 처분대금에서 자신의 채권을 위탁자인 채무자나 그 밖의 다른 채권자들에 우선하여 변제받을 수 있는 권리를 말한다. 우선수익권은 수익급부의 순위가 다른 수익자에 앞선다는 점을 제외하면 그 법적 성질은 일반적인 수익권과 다르지 않다. 채권자는 담보신탁을 통하여 담보물권을 얻는 것이 아니라 신탁이라는 법적 형식을 통하여 도산 절연 및 담보적 기능이라는 경제적 효과를 달성하게 되는 것일 뿐이므로, 그 우선수익권은 우선 변제적 효과를 채권자에게 귀속시킬 수 있는 신탁계약상 권리이다.

이러한 임차인의 불이익은 현 제도의 맹점이라고 할 수 있을 것이다. 현행 주임법은 주택의 소유자와 임대인이 일치하는 일반적인 경우를 상정하여 마련된 것으로 보이고, 대상판결 사안과 같이 신탁된 주택이 그 소유자가 아닌 위탁자에 의해 임대되고 이후 신탁재산이 공매절차를 통해 처분된 경우 임차인의 보호에 관한 규율의 공백이 나타난다. 이는 향후 많은 연구와 제도적 보완을 통해 해결되어야 할 문제이고, 현행 주임법의 무리한 해석을 통해 수탁자(우선수익자)에게 책임을 돌릴 것은 아니라고 생각된다.

## Ⅳ. 결  론

대상판결 사안에서 수탁자는 처음부터 임대차계약의 당사자가 아니었고 달리 임대차보증금반환의무를 부담할 아무런 법률원인이 없었으므로, 수탁자에게는 임대인 지위가 인정되지 않는다. 이는 신탁등기의 대항력 문제와는 무관하다. 따라서 대상판결이 신탁등기의 대항력에 관한 법리를 들어 이 사건 수탁자가 임대차보증금반환의무를 부담하는 임대인 지위에 있지 않다고 판시한 것은 적절하지 않았다고 생각된다.

그러나 대상판결이 임대인이 아닌 수탁자로부터 임차주택을 양수한 원고는, 설령 임차인이 주임법 제3조 제1항의 대항요건을 갖추었더라도, 임대인 지위를 승계하지 아니하고, 따라서 임차인인 피고에 대하여 보증금반환의무를 부담하지 않는다고 판시한 것은 타당하다(대상판결이 이 사건에서 임차권의 대항력을 전면적으로 부정한 것은 아니며, 주임법 제3조 제1항의 대항력은 인정하는 전제에서 단지 같은 조 제4항의 임대인 지위의 승계만을 부정한 것이다).

대상판결은 의미는, 주임법 제3조 제4항의 요건으로서 같은 조 제1항의 대항력 요건을 갖추는 외에 '임차주택 양도인과 임대인의 동일성'이 요구된다는 점을 최초로 밝혔다는 데에 있다. 주임법 제3조 제1항과 제4항의 관계, 위 규정의 문언과 입법목적 및 규율내용, 종래 판례 법리와의 정합성 등을 종합적으로 검토해 보면, 대상판결의 태도는 타당하다.

다만 사안과 같이 임차주택이 신탁재산의 공매절차를 통해 매각된 경우 임차인은 그 매각대금으로부터 보증금 상당액을 우선변제받을 권리가 보장되지 않는다는 문제가 있다. 이는 현 제도의 맹점으로 보이며, 향후 이에 관한 많은 연구와 제도적 보완이 필요해 보인다.

신탁된 주택을 그 소유자가 아닌 위탁자로부터 임차하는 임차인으로서는, 그 임대차계약에 관한 소유자(수탁자)의 동의(위탁자에 대한 임대권한의 수여)가 있는지를 반드시 확인하여야 할 뿐만 아니라, 그러한 동의가 있다고 하더라도 임대차보증금의 반환은 임대인인 위탁자에게만 청구할 수 있을 뿐 임대인이 아닌 수탁자나 그로부터의 임차주택 양수인에게는 청구할 수 없으며, 임차주택이 신탁재산 공매절차를 통해 매각되더라도 그 매각대금으로부터 보증금 상당액을 우선변제받을 수 없다는 점을 유의하여야 할 것이다.

[Abstract]

# Legal Status of the Lessee who Leases the Trusted House from the Trustor
## —Supremem Court Case 2022. 2. 17. 2019Da300095, 300101—

Kwak, Hee Kyung*

The Supreme Court of Korea ruled in a recent decision(rendered on 17. February 2022, case number: 2019Da300095, 300101) that a lessee who leased the trusted house from the trustor and met the requirements for opposing power prescribed in Article 3 (1) of Korean Housing Lease Protection Act cannot claim the return of the deposit from the transferee of leased house through the public sale process for the trust property. Although this conclusion is valid, explaining the legal principles regarding the opposing power of trust registration was not appropirate as it was unnecessary to resolve the issue.

For the first time, it was revealed that according to Article 3, Paragraph 4 of Korean Housing Lease Protectin Act, in order for the transferee of the leased house to succeed to the status of lessor, not only must the lessee meet the requirements of Paragraph 1 of the same Article, but additionally, 'the transferor of the leased house must be the lessor(an additional requirement of 'identity of transferor and lessor'). Considering the wording and legislative purpose of paragraphs 1 and 4 of Korean Housing Lease Protection Act, the original purpose of the opposing power of lease, and the theory of interpretation of the German Civil Code provisions that have similar provisions to ours, the conclusion of the judgment is reasonable.

---

* Associate Professor, Department of Law School, Ajou University.

However, according to this judgment, there is a problem that it becomes difficult for a lessee who leases a house from a trustor who is not the owner of the house to receive the repayment of the deposit when the leased house is sold through the public sale process of the trust property, as in the case. These problems require institutional supplementation in the future.

A lessee who leases a trusted house from a trustor who is not the owner of the house must not only check whether the trustee has consent to the lease agreement, but even if there is such consent, the return of the deposit can only be requested from the trustor/lessor. It should be noted that no claim can be made to the trustee or the transferee of the leased house from the trustee, and that the deposit cannot be preferentially repaid from the public sale process of the leased house.


[Key word]
- Housing lease
- Opposing power of lease
- Transferee of leased house
- Succession of status of lessor
- Real estate trust for security
- Opposing power of trust registration
- Public sale

# 참고문헌

## [단 행 본]

곽윤직 편집대표, 민법주해[XV]-채권(8), 박영사(2006).

김용덕 편집대표, 주석민법-채권각칙(3), 한국사법행정학회(2021).

양창수 역, 독일민법전, 박영사(2021).

최동식, 신탁법, 법문사(2006).

최수정, 신탁법, 박영사(2019).

J. von Staudingers Kommentar zum Bürgerlichen Gesetzbuch mit Einführungsgesetz und Nebengesetzen, Buch 2(2014).

Münchener Kommentar zum BGB, 9. Auflage (2023).

## [논   문]

구정진·김제완, "관리처분신탁된 집합건물에 대한 공용부분 관리비의 부담과 승계-대상판결: 대법원 2018. 9. 28. 선고 2017다273984 판결", 안암법학 제60권(2020).

권영준, "2018년 민법 판례 동향", 서울대학교 법학 제60권 제1호(2019), 서울 대학교 법학연구소.

김대현, "주택재건축사업에서 신탁등기의 문제점", 토지법학 제34권 제1호 (2018).

김   송, "신탁등기의 대항력과 주택임대차보호법상 대항력-대법원 2022. 2. 17. 선고 2019다300095(본소), 2019다300101(반소) 판결을 중심으로", 법학논총 제55집(2023), 숭실대학교 법학연구소.

김형두, "부동산을 목적물로 하는 신탁의 법률관계", 민사판례연구 제30권(2008), 민사판례연구회.

남궁주현, "신탁원부에 기초한 신탁등기 대항력의 인정 범위에 관한 소고-대 법원 2022. 2. 17. 선고 2019다300095(본소), 2019다300101(반소) 판결 에 관한 평석", 상사판례연구 제35권 제3호(2022), 한국상사판례학회.

노혁준, "2019년 주요 신탁판례 검토", BFL 제101권(2020), 서울대학교 금융법센터.

_____, "2022년 신탁법 중요판례평석", BFL 제119권(2023), 서울대학교 금융법센터.

도건철·배재범, "부동산신탁과 임대차의 대항력", BFL 제94호, 서울대학교 금융법센터(2019).

민일영, "임대주택의 양도인에 대한 임차보증금의 반환청구", 민사판례연구 제9권(1987), 민사판례연구회.

박성구, "신탁등기의 대항력과 주택임차인의 대항력(2022. 2. 17. 선고 2019다300095, 300101 판결)", 대법원판례해설 제131호(2022), 법원도서관.

송각엽, "부동산담보신탁의 우선수익권에 대한 고찰-대법원 2018. 4. 12. 선고 2016다223357 판결에 대한 검토", 민사재판의 제문제 제27권(2020), 사법발전재단.

양창수, "신탁자와의 임대차계약과 수탁자로부터의 양수인에 대한 대항력-대법원 2022. 2. 17. 선고 2019다300095 등 판결", 2022. 4. 11.자 법률신문.

엄덕수, "부동산신탁등기제도의 현황과 그 개선방향", 신탁연구 제4권 제2호(2022), 한국신탁학회.

오상민, "부동산등기법상 신탁등기의 대항력에 대한 검토", 저스티스 제154호(2016).

윤진수, "담보신탁의 도산절연론 비판", 비교사법 제25권 제1호(2018).

이계정, "골프장 시설에 대한 담보신탁에 기한 공매와 입회보증금반환의무의 승계", 민사법학 제89호(2019), 한국민사법학회.

이동진, "매매계약이 해제된 경우 미등기 매수인이 한 임대차의 운명-대법원 2008. 4. 10. 선고 2007다38908, 38915 판결", 민사법학 제68호(2014), 한국민사법학회.

이연갑, "신탁등기의 대항력-대법원 2018. 9. 28. 선고 2017다273984 판결에 대한 평석", 서울법학 27권 3호(2019).

임기환, "담보신탁 관련 최근 판례 동향", 민사판례연구 제42권(2020), 민사판례연구회.

정소민, "담보신탁의 법리에 관한 비판적 고찰", 선진상사법률연구 제85권(2019), 법무부.

장보은, "신탁등기의 대항력에 관한 소고-판례의 태도와 이에 대한 비판을 중심으로", 서울대학교 법학 제64권 제2호(2023), 서울대학교 법학연구소.

최수정, "부동산담보신탁상 우선수익권의 성질과 우선수익권질권의 효력-
　　　대법원 2017. 6. 22. 선고 2014다225809 전원합의체 판결을 계기로",
　　　인권과 정의 제470호(2017), 대한변호사협회.

＿＿＿, "부동산담보신탁상 신탁재산 처분의 성질과 효과-대법원 2018. 10. 18.
　　　선고 2016다220143 전원합의체 판결에 대한 비판적 검토", 선진상사법률
　　　연구 제85권(2019), 법무부.

최준규, "담보신탁을 근거로 한 체육필수시설의 매매와 매수인의 권리·의무
　　　승계-대상판결: 대법원 2018. 10. 18. 선고 2016다220143 전원합의체
　　　판결", 사법 제48호(2019), 사법발전재단.

허　현, "신탁원부와 신탁공시의 대항력", BFL 제94호, 서울대학교 금융법센터
　　　(2019).

# 일의 완성 전 도급인의 해제권과 도급계약 해제 의사표시의 해석

구 하 경*

■요 지■

　수급인이 일을 완성하기 전에는 도급인은 손해를 배상하고 계약을 해제할 수 있다(민법 제673조). 이는 도급인의 일방적인 의사에 기한 도급계약 해제를 인정하는 대신, 도급인의 일방적인 계약해제로 인하여 수급인이 입게 될 손해를 전부 배상하게 하는 것이다(대법원 2002. 5. 10. 선고 2000다37296, 37302 판결 참조).

　대상판결의 쟁점은 '채무불이행을 이유로 한 도급계약 해제의 의사표시에 민법 제673조에 따른 임의해제의 의사표시가 포함되어 있다고 볼 수 있는지'이고, 대상판결은 도급계약의 당사자 사이에 분쟁이 있었다는 사정만으로 채무불이행을 이유로 한 도급계약 해제의 의사표시에 민법 제673조에 따른 임의해제의 의사가 포함되어 있다고 볼 수는 없다는 법리를 최초로 판시하였다. 이 논문에서는 아래 5가지 관점에서 대상판결은 타당하다고 검토하였다.

　첫째, 종래 대법원은 상대방의 채무불이행을 이유로 한 위임계약 해지 의사표시에는 특별한 사정이 없는 한 민법 제689조 제1항에 기한 임의해지로서의 효력이 인정된다고 판시하였는데, 도급과 위임의 구별이라는 관점에서 위임계약 해지 의사표시 해석에 관한 법리가 도급계약의 경우에는 그대로 적용될 수 없다.

---

* 서울중앙지방법원 판사.

둘째, 도급인에게 민법 제673조에 따른 임의해제를 의욕하는 효과의사가 있었다고 인정하기 위해서는 도급인의 해제 의사표시에 "도급인이 수급인에게 계약해제로 인한 손해 전부를 배상하고서라도 도급계약을 해제하겠다는 뜻"까지 포함되어 있다고 볼 만한 추가적인 사정이 필요하다고 생각한다.

셋째, 무효행위 전환의 요건으로 무효인 법률행위가 '다른 법률행위'의 요건을 구비하여야 하는데, 민법 제673조에 따른 임의해제는 원래의 법률행위보다 더 큰 새로운 법률효과를 의욕하는 행위라고 볼 수 있어 민법 제138조에서 의미하는 '다른 법률행위'에 해당하지 않으므로, 무효행위 전환의 요건을 충족하지 못한다는 점에서도 대상판결은 타당하다.

넷째, 변론주의 원칙의 관점에서도 채무불이행을 이유로 도급계약이 해제되었다는 소송상 주장에 민법 제673조에 따라 도급계약이 해제되었다는 주장까지 포함되어 있다고 보기 어렵다.

다섯째, 수급인이 입을 수 있는 불측의 손해를 방지하여 이 사건 분쟁을 해결한다는 측면에서도 대상판결은 타당하다.

대상판결은 유사한 쟁점이 빈번하게 문제되는 각종 도급계약 관련 분쟁과 소송에서 그 분쟁의 해결에 도움이 될 것이다. 나아가 예외적으로 채무불이행을 이유로 한 도급인의 해제 의사표시에 민법 제673조에 따른 임의해제의 의사가 포함되어 있다고 인정하기 위하여 추가적으로 필요한 사정이 무엇인지에 관하여도 사례와 연구가 발전해 갈 수 있기를 기대한다.

[주 제 어]
• 일의 완성 전 도급인의 해제권
• 민법 제673조
• 도급계약 해제 의사표시

대상판결 : 대법원 2022. 10. 14. 선고 2022다246757 판결[공2022하,
    2248]

[사안의 개요]

1. 사실관계

(1) 원고는 건축물의 설계업, 법령에 의한 절차이행대리 등에 관한 업무 등을 영위하는 건축사사무소(회사)이고, 피고는 대구 중구 일원에서 주택재개발사업을 시행할 목적으로 설립되어 조합설립인가를 받은 조합이다.

(2) 원고와 피고의 전신인 조합설립추진위원회(이하 추진위원회와 피고를 통칭하여 '피고')는 2009. 2. 5. 피고가 ① 정비계획 수립 및 정비구역 지정을 위한 업무를 수행하기로 하는 용역계약(이하 '제1 용역계약')과 ② 정비구역 지정에 필요한 제반 설계도서 작성 및 대관청인허가 업무 등을 수행하기로 하는 설계용역계약(이하 '제2 용역계약', 제1, 2 용역계약을 통칭하여 '이 사건 각 용역계약')을 체결하였다.

(3) 원고는 대구광역시 중구청에 2010. 1. 25.경 정비계획 수립 및 정비구역 지정 신청을 완료하였는데, 도시계획위원회 심의결과 2차례 '유보' 통보를 받았다.

(4) 원고와 피고는 2011. 12. 20. '원고는 도시관리계획 확정고시일로부터 45일 내에 보완서류를 제출하기로 한다. 또한 피고가 추후 보완서류를 요청할 시 원고는 1개월 이내에 보완서류를 제출하기로 한다.'라는 내용이 포함된 합의각서(이하 '이 사건 합의각서')를 작성하였다.

(5) 원고는 도시관리계획결정 고시일인 2012. 4. 30.로부터 45일이 지난 2012. 7. 11. 도시계획위원회 심의결과에 따른 보완계획안을 제출하였고, 2012. 12. 7. 중구청으로부터 요구받은 심의결과 조치계획 및 관련도서를 제출하였는데, 도시계획위원회 심의결과 다시 '유보' 통보를 받았다. 원고는 2013. 2. 25. 위 심의결과에 대한 보완계획안을 제출하였고, 2013. 4. 2. 도시계획위원회 심의결과 '유보' 통보를 받았는데, 위 통보서에는 2개의 보완사항만 기재되어 있었다.

(6) 피고는 2013. 5. 30. 원고에게 이 사건 합의각서 불이행을 이유로 최종적으로 이 사건 각 용역계약의 해제를 통보하였고, 이후 새로운 용역업체를 선정하였으며, 2013. 12. 2. 정비구역지정결정 고시가 이루어졌다.

(7) 이 사건 각 용역계약은 원고의 귀책사유 또는 피고의 귀책사유로 인하여 계약이 해지되거나 설계업무가 중단된 경우의 용역비 지급 등에 관하여 다음 표 기재와 같이 정하였다.

---

**제1 용역계약 제11조(계약의 해지 등)**
① 피고는 원고의 귀책사유로 정상적인 계약이행이 불가능하다고 객관적으로 판단될 때에는 본 계약의 일부 또는 전부를 일방적으로 해지할 수 있으며, 원고는 이에 대하여 어떠한 이의제기나 손해배상을 청구할 수 없다.
② 피고의 귀책사유로 인한 계약해지시 피고는 계약해지 통지시점까지 원고가 수행한 용역의 대가를 진척비율에 따라 지급하고 종결시킨다.

**제2 용역계약 제15조(설계업무 중단 시의 보수 지급)**
① 피고의 귀책사유로 인하여 설계업무의 전부 또는 일부가 중단된 경우에는 피고는 원고가 이미 수행한 설계업무에 대하여 중단된 시점까지의 용역비를 피고와 원고가 협의하여 지불한다.
② 원고의 귀책사유로 인하여 설계업무의 전부 또는 일부가 중단된 경우에는 피고는 원고에게 이미 지불한 용역비에 대하여 이를 정산한다.

---

## 2. 소송의 경과[1]

(1) 제1심(대구지방법원 2019. 6. 20. 선고 2016가합208857 판결)

원고는 이 사건 각 용역계약이 피고의 일방적인 2013. 5. 30.자 해제 통보로 인하여 해제된 것임을 전제로 이 사건 각 용역계약에 따라 그때까지 원고가 수행한 용역비의 지급을 구하는 이 사건 소를 제기하였고, 이에 대하여 피고는 이 사건 각 용역계약이 원고의 채무불이행으로 인하여 해제되었으므로 용역비를 지급할 의무가 없다고 주장하였으며, 원고의 용역대금채권은 시효완성으로 소멸되었다고 항변하였다.

제1심은, 원고가 이 사건 합의각서에 따른 의무를 이행하였으므로 원고의 귀책사유를 전제로 한 피고의 2013. 5. 30.자 해제 의사표시는 부적법하나, 원고가 피고의 해제 통보에 대해 특별한 이의를 제기하지 아니하고, 오히려 계약이 해제되었음을 전제로 그 무렵부터 이 사건 각 용역계약에 따른 의무를 수행하지 아니한 이상 이 사건 각 용역계약은 2013. 5. 30.경 묵시적

---

1) 이 사건에서는 이 사건 각 용역계약에 따른 용역비 청구 외에 원고가 이 사건 각 용역계약 체결 이전에 수행한 국가지정문화재 주변 현상변경 허용기준 변경을 위한 용역 업무에 따른 용역비 청구도 쟁점이 되었으나, 이 부분 청구는 대상판결의 주된 쟁점이 아니므로 이하 생략하고, 이 사건 각 용역계약에 따른 용역비 청구 부분에 관하여만 살펴본다.

으로 합의해제되었고, 피고는 원고에게 이 사건 각 용역계약에 따라 원고가 이미 수행한 업무에 대한 용역대금을 지급할 의무가 있다고 판단하였다. 그러나 이 사건 소는 제1 용역계약에서 정한 용역대금채권의 변제기(계약일 2009. 2. 5., 정비구역지정신청일 2010. 1. 25.)와 제2 용역계약이 해제된 2013. 5. 30.로부터 각 3년이 경과한 2016. 12. 13. 제기되었음을 이유로 피고의 소멸시효 완성 항변을 받아들여 결국 원고의 청구를 기각하였다.

　(2) 원심(대구고등법원 2022. 5. 25. 선고 2019나23399 판결)

　원고는 원심에 이르러 피고의 2013. 5. 30.자 해제 통보가 부적법하여 이 사건 각 용역계약이 유효하게 존속함을 전제로 용역대금을 구하였는데, 이 사건 각 용역계약이 피고의 귀책사유로 해제된 것임을 전제로 용역대금을 구하는 제1심에서의 주장을 철회하지는 아니하였으므로, 원심은 원고가 주위적, 예비적 주장을 한 것으로 선해하여 판단하였다.

　먼저 원심은, 이 사건 각 용역계약이 원고의 채무불이행 또는 약정 해제사유를 이유로 해제되었다는 피고의 주장을 이 사건 합의각서 상의 의무이행기간인 '45일' 또는 '1개월' 내에 보완서류를 제출하는 것이 주된 채무라고 보기 어렵다는 이유 등으로 배척하였다.[2]

　다음으로 원심은, 위임계약 해지 의사표시에 관한 대법원 2015. 12. 23. 선고 2012다71411 판결의 법리[3]와 함께 "도급계약의 경우 도급인은 민법 제673조에 따라 수급인이 일을 완성하기 전에는 손해를 배상하고 계약을 자유

---

[2] 또한 원심은 제1심의 판단과 달리 이 사건 각 용역계약이 묵시적으로 합의해제되었다는 피고의 주장에 대하여 "계약이 묵시적으로 합의해제되었다고 하려면 계약의 성립 후에 당사자 쌍방의 계약실현의사의 결여 또는 포기로 인하여 당사자 쌍방의 계약을 실현하지 아니할 의사가 일치되어야만 하고, 계약이 일부 이행된 경우에는 그 원상회복에 관하여도 의사가 일치되어야 하는바(대법원 2011. 4. 28. 선고 2010다98412, 98429 판결 등 참조), 피고가 2013. 5. 30. 이 사건 각 용역계약 해제를 통보한 이후 원고가 이 사건 각 용역계약에 따른 의무를 수행하지 아니한 사실은 인정되나, 원고와 피고 사이에 이 사건 각 용역계약의 해제 여부뿐만 아니라 계약 중단의 귀책사유 및 그로 인한 용역대금 정산의무에 관하여도 다툼이 있으므로, 위 인정사실만으로 이 사건 각 용역계약이 묵시적으로 합의해제되었다고 보기 어렵다."라는 이유로 피고의 위 주장을 배척하였다.

[3] "위임계약의 각 당사자는 민법 제689조 제1항에 의하여 특별한 이유 없이도 언제든지 위임계약을 해지할 수 있다. 따라서 위임계약의 일방 당사자가 타방 당사자의 채무불이행을 이유로 위임계약을 해지한다는 의사표시를 하였으나 실제로는 채무불이행을 이유로 한 계약 해지의 요건을 갖추지 못한 경우라도, 특별한 사정이 없는 한 위 의사표시에는 제689조 제1항에 기한 임의해지로서의 효력이 인정된다 할 것이다."

롭게 해제할 수 있는바, 도급계약의 일방 당사자가 채무불이행 또는 약정 해제사유를 이유로 도급계약을 해제한다는 의사표시를 하였으나 그 해제 요건을 갖추지 못한 경우 특별한 사정이 없는 한 그 의사표시에는 민법 제673조에 따른 임의해제로서의 효력이 인정된다고 봄이 타당하다."라고 설시하여 피고의 2013. 5. 30.자 해제 의사표시 시점에 이 사건 각 용역계약은 민법 제673조에 따라 적법하게 해제되었다고 판단하면서 이 사건 각 용역계약이 유효하게 존속함을 전제로 하는 원고의 주위적 주장을 배척하였다.

원심은, 이 사건 각 용역계약이 피고의 귀책사유로 해제된 것임을 전제로 하는 원고의 예비적 주장에 대하여는 피고가 원고의 채무불이행이나 약정 해제사유가 존재하지 않음에도 계약을 임의로 해제한 것은 피고의 귀책사유에 의하여 계약이 해제된 경우에 해당하므로, 피고는 원고에게 이 사건 각 용역계약⁴⁾에 따라 원고가 이미 수행한 업무에 대한 용역대금을 지급할 의무가 있다고 판단하였다. 그러나 이 사건 소는 이 사건 각 용역계약이 해제된 2013. 5. 30.로부터 3년이 경과한 2016. 12. 13. 제기되었음을 이유로 피고의 소멸시효 완성 항변을 받아들여 원고의 항소를 기각하였고, 이에 대하여 원고가 상고하였다.

### 3. 대상판결 요지

대상판결은, "도급인이 수급인의 채무불이행을 이유로 도급계약 해제의 의사표시를 하였으나 실제로는 채무불이행의 요건을 갖추지 못한 것으로 밝혀진 경우, 도급계약의 당사자 사이에 분쟁이 있었다고 하여 그러한 사정만으로 위 의사표시에 민법 제673조에 따른 임의해제의 의사가 포함되어 있다고 볼 수는 없다. 그 이유는 다음과 같다. ① 도급인이 수급인의 채무불이행을 이유로 도급계약을 해제하면 수급인에게 손해배상을 청구할 수 있다. 이에 반하여 민법 제673조에 기하여 도급인이 도급계약을 해제하면 오히려 수급인에게 손해배상을 해주어야 하는 처지가 된다. 도급인으로서는 자신이 손해배상을 받을 수 있다고 생각하였으나 이제는 자신이 손해배상을 하여야 하는 결과가 된다면 이는 도급인의 의사에 반할 뿐 아니라 의사표시의 일반적인 해석의 원칙에도 반한다. ② 수급인의 입장에서 보더라도 채무불이행 사실이 없으므로 도급인의 도급계약 해제의 의사표시가 효력이 없다고 믿고 일을 계속하였는데, 민법 제673조에 따른 해제가 인정되면 그 사이에 진행한 일은 도급계약과 무관한 일을

---

4) 제1 용역계약 제11조 제2항, 제2 용역계약 제15조 제1항.

한 것이 되고 그 사이에 다른 일을 할 수 있는 기회를 놓치는 경우도 있을 수 있어 불측의 손해를 입을 수 있다."라고 판시하였고, 원심 판단에는 민법 제673조의 법리를 오해하여 판결에 영향을 미친 잘못이 있고, 원심이 피고가 주장하지도 않은 민법 제673조에 의한 계약해제를 인정한 것은 변론주의 원칙에도 반한다는 이유로 원심판결의 원고 패소 부분 중 용역계약에 따른 용역비 청구 부분을 파기환송하였다.[5]

〔研　　究〕

## Ⅰ. 서　론

　　도급인이 수급인의 채무불이행을 주장하며 도급계약 해제 의사표시를 하였으나 실제로는 채무불이행의 요건을 갖추지 못한 경우 수급인의 채무불이행을 이유로 한 도급인의 해제 의사표시에 민법[6] 제673조에 따른 임의해제의 의사가 포함되어 있다고 볼 수 있는지, 도급계약 해제 의사표시의 해석이 문제된다. 실제로 각종 도급계약 관련 분쟁과 소송에서 대상판결 사안과 유사한 쟁점이 빈번하게 문제된다. 도급인이 수급인의 채무불이행을 이유로 해제 의사표시를 한 경우 도급인과 수급인 사이에 계약 해제 여부와 대금 정산 등에 관한 분쟁이 발생하고, 대부분 일의 완성은 사실상 중단된 상태로 장기간이 경과하며, 소송에서 계약 해제 여부가 다투어지면서도 계약이 이미 해제된 것을 전제로 한 각종 주장도 이루어진다. 대상판결 사안에서 문제되는 쟁점의 검토는 유사 분쟁의 해결에도 도움이 될 것이라고 생각한다.

　　먼저 제673조 일의 완성 전 도급인의 해제권에 관하여 살펴보고(Ⅱ.항),

---

5) 대상판결의 파기환송심(대구고등법원 2023. 6. 13. 선고 2022나25784 판결)은 피고가 파기환송 후에도 민법 제673조에 따른 임의해제 주장을 하지 않았음을 이유로 민법 제673조에 따른 임의해제 여부는 판단하지 아니하였고, 이 사건 각 용역계약이 원고의 채무불이행 또는 약정 해제사유에 따라 해제되었다거나 묵시적으로 합의해제 되었다고 보기 어렵다고 판시하여 이 사건 각 용역계약이 유효하게 존속함을 전제로 하는 원고의 주위적 주장을 받아들였다.
6) 이하 민법은 법명을 생략한다.

대상판결 쟁점에 대한 검토로 기존의 논의를 살펴본 다음, 대상판결의 타당성을 ① 도급과 위임의 구별, ② 의사표시 해석의 원칙과 도급인의 의사 및 제673조에 따른 임의해제의 의사를 인정하기 위한 사정 검토, ③ 무효행위 전환의 요건 충족 여부, ④ 변론주의 원칙, ⑤ 이 사건 분쟁의 해결의 관점으로 나누어 검토해 보기로 한다(Ⅲ.항).

## Ⅱ. 제673조 일의 완성 전 도급인의 해제권

### 1. 의  의

수급인이 일을 완성하기 전에는 도급인은 손해를 배상하고 계약을 해제할 수 있다(제673조). 도급계약의 특성상 도급인이 사정변경에 의하여 일의 완성을 필요로 하지 않게 되었음에도 계약관계를 지속하게 하는 것은 도급인에게 무의미하고 사회적으로도 비경제적이며 수급인도 자신의 손해만 배상받으면 불이익이 없기 때문에 계약구속력(pacta sunt servanda)의 예외로서 도급인의 해제권을 인정한 것이고, 독일, 프랑스, 스위스, 일본 등에서도 동일한 입법례를 찾아볼 수 있다.[7]

### 2. 요  건

(1) 도급인은 '계약 성립 후 일의 완성 전'이면 일방적인 해제 의사표시로 제673조에 의한 해제권을 행사할 수 있고, 해제의 이유는 묻지 않는다.[8] 도급인이 일의 완성을 필요로 하지 않거나 원하지 않는 경우뿐만 아니라 신뢰관계 상실 등을 이유로 현재의 수급인이 일을 하는 것을 원하지 않는 경우에도 제673조에 의한 해제권을 행사할 수 있다.

(2) 제673조는 도급인은 '손해를 배상하고' 계약을 해제할 수 있다고 규정하여 손해배상의 제공이 제673조 해제권 행사의 요건인지 문제된다.

---

7) 주석 민법 채권각칙(3)(제5판), 한국사법행정학회(2021), 899-902면(이준형 집필); 윤재윤, 건설분쟁관계법(제5판), 박영사(2014), 156면; 이우진, "일의 완성 전 도급인의 계약해제와 손해배상", 성균관법학 제19권 제3호 별권(2007. 12.), 730, 731면 등.
8) 주석 민법 채권각칙(3)(주 7), 902, 903면(이준형).

① 수급인의 귀책사유 없이 계약관계를 중도 해지한다는 것은 계약은 준수되어야 한다는 원칙을 깨뜨리는 것이므로 도급인의 해제권 행사가 남용되어서는 안 되고, 수급인에게는 동시이행의 항변에 의하여 손해배상을 받을 수 있는 길이 확보되어 있지도 않으므로, 제673조의 해석상 손해배상의 제공이 필요하다는 견해[9]와 같은 이유로 손해배상의 제공이 필요하나 제공되는 손해배상금은 대강 계산한 개산액(概算額)으로 충분하다는 견해[10]도 있으나, ② 제673조에서 정한 손해의 경우 해약금[11]이나 환매[12]의 경우와 달리 급부하여야 할 금액이 처음부터 확정되어 있는 것이 아니고, 그 손해액의 산정은 어려운 문제인데, 손해배상의 제공을 요구하면 사실상 도급인의 해제가 곤란해지는 점, 수급인이 제673조에 따른 손해배상청구권을 행사하면서 그 손해액을 주장·증명할 필요가 있는 점 등을 고려하면, 손해배상의 제공은 제673조 해제권 행사의 요건이 아니라는 견해[13]가 타당하다고 생각한다.

## 3. 효    과

### (1) 해제의 법적 성질 : 소급효 및 원상회복의무 인정 여부

① 통상의 해제와 같이 원칙적으로 소급효를 인정하여 원상회복의무를 부담한다는 견해[14]와 ② 소급효가 없는 해지를 의미하고, 원상회복의무를 부담하지 않는다는 견해[15]가 대립한다.

---

9) 김형배, 채권각론(계약법)(신정판), 박영사(2001), 656면.
10) 정광수, "민법 제673조상 도급인의 해제권에 관한 고찰", 강원법학 제46권(2015. 10.), 608, 609면.
11) 제565조 제1항: 매매의 당사자 일방이 계약당시에 금전 기타 물건을 계약금, 보증금등의 명목으로 상대방에게 교부한 때에는 당사자간에 다른 약정이 없는 한 당사자의 일방이 이행에 착수할 때까지 교부자는 이를 포기하고 수령자는 그 배액을 상환하여 매매계약을 해제할 수 있다.
12) 제590조 제1항: 매도인이 매매계약과 동시에 환매할 권리를 보류한 때에는 그 영수한 대금 및 매수인이 부담한 매매비용을 반환하고 그 목적물을 환매할 수 있다.
13) 곽윤직, 채권각론(제6판), 박영사(2003), 265면; 주석 민법 채권각칙(3)(주 7), 905, 906면(이준형).
14) 김동훈, "일의 완성 전 도급인의 해제권", 고시연구 제31권 제9호(2004. 9.), 197, 198면; 이우진(주 7), 732면.

제673조 해제의 소급효와 원상회복의무를 인정하는 입장에서도, 건축공사도급계약에 있어서 그 공사가 상당한 정도로 진척되어 원상회복이 중대한 사회적·경제적 손실을 초래하게 되고 완성된 부분이 도급인에게 이익이 되는 경우에는 해제의 소급효가 제한되어 도급계약은 미완성 부분에 대해서만 실효되고, 수급인은 해제된 상태 그대로 그 건물을 도급인에게 인도하고 도급인은 그 건물의 기성고 등을 참작하여 인도받은 건물에 대하여 상당한 보수를 지급하여야 할 의무가 있게 된다.[16] 또한 아래에서 살펴보는 바와 같이 수급인은 제673조에 따라 도급인에게 이미 이행을 위하여 지출한 비용을 포함하여 계약해제로 인한 손해 전부의 배상을 청구할 수 있으므로, 소급효와 원상회복의무를 인정하는 입장에서도 결과적으로 도급인은 수급인에게 기지급 보수의 반환을 청구할 수 없게 되므로,[17] 양 견해는 결과에 있어서는 큰 차이가 없다고 보인다.

(2) 손해배상의 범위

(가) 판례는 "제673조에서 도급인으로 하여금 자유로운 해제권을 행사할 수 있도록 하는 대신 수급인이 입은 손해를 배상하도록 규정하고 있는 것은 도급인의 일방적인 의사에 기한 도급계약 해제를 인정하는 대신, 도급인의 일방적인 계약해제로 인하여 수급인이 입게 될 손해, 즉 수급인이 이미 지출한 비용과 일을 완성하였더라면 얻었을 이익을 합한 금액을 전부 배상하게 하는 것이라 할 것이다."(대법원 2002. 5. 10. 선고 2000다37296, 37302 판결)라고 판시하여 도급인의 일방적인 계약해제로 인하여 발생한 손해 전부의 배상을 인정한다. 손해배상의 범위는 ① 수급인이 이미 이행을 위하여 지출한 비용과 ② 수급인이 일을 완성하였더라면 얻었을 순이익(총 보수에서 수급인이 이미 지출한 비용 및 추후 지출 예정이었던

---

15) 김형배(주 9), 656면; 주석 민법 채권각칙(3)(주 7), 906, 907면(이준형); 윤재윤(주 7), 157면.
16) 대법원 1997. 2. 25. 선고 96다43454 판결, 대법원 1986. 9. 9. 선고 85다카1751 판결 등 참조.
17) 소급효와 원상회복의무를 인정하는 견해는 도급인의 수급인에 대한 기지급 보수의 반환청구가 인정되나, 이것은 대부분 수급인의 손해배상청구와 상계처리될 것이라고 설명한다[김동훈(주 14), 197면].

비용을 제외한 순이익)을 합한 것으로, 결국 총 보수에서 추후 지출 예정이
었으나 계약 해제로 인하여 지출하지 않아도 되는 비용을 공제한 것이라
고 할 수 있다.[18]

　이처럼 도급인이 제673조에 따라 일방적으로 계약을 해제한 경우에
수급인은 도급인에게 '도급인의 일방적인 계약해제로 인한 손해배상'으로
신뢰이익에 해당하는 이미 지출한 비용과 이행이익에 해당하는 일을 완
성하였더라면 얻었을 순이익을 모두 청구할 수 있는 반면, 수급인이 도
급인의 이행거절 등 채무불이행을 이유로 스스로 계약을 해제한 경우에
는 수급인은 도급인에게 '도급인의 채무불이행으로 인한 손해배상'으로
이행이익의 배상을 구하는 것이 원칙이지만, 그에 '갈음하여' 그 계약이
이행되리라고 믿고 수급인이 지출한 비용인 신뢰이익의 배상을 구할 수
도 있는데, 다만 그 신뢰이익은 과잉배상금지의 원칙에 비추어 이행이익
의 범위를 초과할 수 없다는 점[19]에서 도급인의 수급인에 대한 손해배상
의 원인과 범위에 차이가 있다.

　한편 앞서 살펴본 바와 같이 건축공사도급계약에서 해제의 소급효가
제한되는 경우에는 그 해제의 효력이 공사의 기성 부분에 관하여는 미치
지 아니하고 기성 부분에 대하여는 수급인에게 별도로 보수청구권, 즉 공
사대금청구권이 인정되므로, 해제의 효력이 미치지 아니하고 보수청구권
이 인정되는 기성 부분에 관한 비용 및 이익은 제외하고 '미완성 부분에
관하여 수급인이 이미 지출한 비용과 일을 완성하였더라면 얻었을 이익'을
기준으로 제673조에서 정한 손해배상의 범위를 산정하여야 할 것이다.[20]

　나아가 수급인이 도급계약에서 약정한 보수를 초과하여 비용을 지출
한 경우 제673조에 따라 도급인에게 그 초과 비용 상당액을 손해배상으
로 청구할 수 있는지 문제될 수 있다. 도급인이 제673조에 따라 일방적

18) 김동훈(주 14), 198, 199면.
19) 대법원 2002. 6. 11. 선고 2002다2539 판결 등 참조.
20) 대법원 2013. 5. 24. 선고 2012다39769, 39776 판결의 원심판결인 서울고등법원
　　2012. 4. 12. 선고 2011나25031, 25048 판결 등 참조.

으로 도급계약을 해제한 경우라고 하더라도, 수급인에 대한 손해배상은 도급계약이 해제되지 않고 정상적으로 이행된 경우와 같은 상태가 되는 정도로 이루어져야 하고, 수급인이 그보다 더 큰 이익을 얻도록 하는 것은 과잉배상금지의 원칙에 반한다고 할 것이므로, 제673조에서 정한 손해배상의 범위는 도급계약에서 약정한 보수액을 한도로 한다고 생각한다.[21] 따라서 수급인이 도급계약에서 약정한 보수를 초과하여 지출한 비용은 도급계약이 해제되지 않고 정상적으로 이행되었더라도 수급인이 부담하였을 손해이고, 도급인의 일방적인 계약해제로 인하여 수급인이 입은 손해라고 보기 어려우므로, 수급인은 제673조에 따라 도급인에게 그 초과 비용 상당액을 손해배상으로 청구할 수 없다고 생각한다.

(나) 판례는 제673조에서 정한 손해배상의 경우 손익상계는 인정하나, 특별한 사정이 없는 한 도급인은 과실상계나 손해배상예정액 감액을 주장할 수 없다는 입장이다.[22] 이를 지지하는 견해[23]는 ① 수급인에게 귀책사유가 없는 경우에도 도급인의 일방적인 해제권을 인정한 불합리를 막기 위하여 도급인에게 손해배상책임을 인정하는 것이 제673조의 취지이므로, 손해배상책임의 발생 요건으로 도급인의 과실이 필요하지 않고, 손해배상의 성질이 채무불이행에 근거한 손해배상이 아니라 법률의 규정

---

21) 주석 민법 채권각칙(3)(주 7), 910면(이준형)은 "손해배상을 통하여 수급인은 그가 일을 완성하였더라면 그가 받았을 나머지 보수까지도 받을 경우의 상태와 경제적으로 동일한 상태를 누려야 한다. 따라서 여기서 배상받을 손해란, 해제로 인하여 아직 남은 작업을 하지 못하게 됨으로써 이에 상응하는 보수까지도 잃게 되어 수급인이 받은 경제적 손실을 말한다.", "도급계약상 보수약정이 비용에도 못 미치는(또는 겨우 미치는) 경우는 엄격히 말하면 계약의 해소로 수급인이 상실하는 이익은 없다. 그렇지만 만일 일을 완성하고 보수를 받았더라면 줄어들었을(또는 전혀 없었을) 손해가 계약 해제로 인하여 발생하였다면 그 또한 피해를 입었다고 할 수 있다. 하지만 도급인의 손해배상의무는 이행이익, 즉 약정보수액을 언제나 그 한도로 한다."라고 기재하고 있는데, 같은 입장인 것으로 이해된다.

22) 위 대법원 2002. 5. 10. 선고 2000다37296, 37302 판결.

23) 김동훈(주 14), 202-204면; 이주현, "제673조에 의한 도급계약 해제시 도급인이 수급인에게 배상하여야 할 손해의 범위 및 그 경우 수급인의 손해액 산정에 있어서 손익상계의 적용 여부, 위 손해배상액 인정에 있어서 과실상계 및 손해배상의 예정액 감액은 허용되는지 여부와 신의칙 적용 여부", 대법원판례해설 제40호 (2002. 5.), 191-194면.

에 의한 특별한 손해배상이나 손실보상에 불과하다는 점, ② 수급인의 채무불이행을 이유로 한 계약해제를 인정할 수 없는 정도라면 도급계약의 존속을 인정하여 수급인으로 하여금 그 이득을 모두 얻을 수 있는 기회를 주어야 하는 것이므로, 도급인이 제673조에 의하여 계약을 해제하는 경우 그로 인한 손해배상에 과실상계를 적용하는 것은 너무나 도급인에게 유리한 결과가 되어 불공평하다는 점, ③ 도급계약은 결과채무이므로 도급인은 수급인이 일을 진행하는 과정에 불만이 있더라도 원칙적으로 계약을 해제할 수는 없는데, 이에 대한 예외로서 제673조가 도급인에게 계약해제권을 부여한 것은 도급인이 이득공제를 통해서 다소라도 손해를 줄이며 계약으로부터 탈퇴할 수 있는 퇴로를 열어주는 것이므로, 도급인이 수급인의 과실을 들어 상계나 감액의 항변을 하는 것은 제도의 취지와 모순된다는 점을 근거로 한다. 이에 대하여 수급인의 계약위반이 없었다는 사실이 과실상계의 유추적용을 아예 배제하는 이유가 된다고는 볼 수 없으므로, 과실상계가 배제되는지는 의문이라는 반대견해가 있다.[24)]

## Ⅲ. 대상판결 쟁점에 대한 검토-채무불이행을 이유로 한 도급인의 해제 의사표시에 제673조 임의해제 의사 포함 여부

### 1. 기존의 논의

제673조는 '일의 완성 전일 것'을 요건으로 하는 이외에 해제의 이유는 묻지 않으므로, 수급인의 채무불이행과 귀책사유가 있는 경우에도 도급인은 채무불이행을 이유로 한 법정해제권뿐만 아니라 제673조의 임의해제권도 행사할 수 있다. 이에 따라 대상판결 쟁점은 "제673조의 해제와 다른 해제와의 관계", "해제의 유용"이라는 논제로 논의되어 왔다.[25)]

---

24) 주석 민법 채권각칙(3)(주 7), 911, 912면(이준형).
25) 주석 민법 채권각칙(3)(주 7), 899, 903면(이준형); 주석 민법 채권각칙(4)(제3판), 한국사법행정학회(1999), 286면(구욱서 집필); 박영무, "건설도급계약의 해제", 사법논집 7집(1976), 259면.

### (1) 일본 학설과 판례

일본의 통설은 대상판결이 제시한 논거와 마찬가지로 ① 채무불이행을 이유로 해제를 한 경우 도급인은 손해배상을 청구할 수 있는 해제를 한 셈이 되는바, 제673조에 의한 해제의 경우에는 오히려 도급인이 손해배상을 하여야 하므로, 채무불이행을 이유로 한 해제 의사표시를 당연히 제673조에 의한 해제 의사표시를 한 것으로 보는 것은 도급인의 의사에 반할 뿐만 아니라 의사표시 해석의 원칙에도 반하고, ② 수급인으로서도 채무불이행의 사실이 없으므로 채무불이행을 이유로 한 도급인의 해제가 무효라고 믿고 일을 계속하였는데, 그 해제가 제673조에 의한 해제로서 유효하다고 한다면 불측의 손해를 입게 되는 경우도 있게 된다는 이유로 제673조 해제로의 유용을 인정하지 않고 있고, 이는 일본의 주류적인 판례의 태도라고 한다.[26]

반면 해제의 유용을 인정하는 반대설은 제673조의 해제는 해제를 위하여 특별한 요건을 요구하고 있지 아니하므로 도급인의 의사는 결국 계약의 해제를 의욕하는 것이라는 점을 이유로 하고, 같은 입장에 선 일부 하급심 판결은 '양자의 해제는 그 효과에 있어 다소의 상위는 있지만, 진의는 어느 것이나 수급인과의 도급계약의 존속을 원하지 않고 계약관계를 단절하는 것을 주안으로 한 것이라고 인정되므로, 이 경우 소위 무효행위의 전환의 법리를 적용할 수 있다.'라는 취지로 판시하여 무효행위 전환의 법리를 적용하여 해제의 유용을 인정하였다.[27]

### (2) 국내 학설

국내 학설도 대상판결이 제시한 논거와 마찬가지로 ① 도급인이 손해배상을 받을 수 있다고 생각했으나 오히려 자신이 손해배상을 해야 하는 결과가 된다면 이는 도급인의 의사에도 반하고 의사표시의 일반적인

---

26) 我妻榮, 債權各論(中)Ⅱ, 岩波書店(1962), 650면; 日大判 1911(明治 44). 1. 25. (民錄 17, 5) 등[주석 민법 채권각칙(4)(제3판)(주 25), 286, 287면(구욱서)에서 재인용].

27) 末弘嚴太郎, 債權各論(2), 有斐閣,(1918), 718면; 日福岡地判 1961(昭和 36). 8. 31. (下民集 12-8, 2166)[주석 민법 채권각칙(4)(제3판)(주 25), 286면(구욱서)에서 재인용].

해석원칙에도 반하는 점, ② 수급인의 입장에서 보더라도 도급인의 해제 의사표시가 무효일 것이라고 믿고 일을 계속하였는데, 제673조의 해제가 인정되면 그 사이에 진행한 일은 헛되이 지출한 셈이 되고 그 사이에 다른 기회를 놓치는 경우도 있을 수가 있어 역시 불측의 손해를 입을 수 있는 점, ③ 제673조에 의한 해제제도는 도급인의 이익을 고려하여 인정하는 특수한 것이므로 도급인은 계약해제를 통지함에 있어서 수급인이 불이익을 입지 않도록 자기의 이익을 위하여 해제를 한다는 취지, 즉 제673조에 의한 해제임을 명백히 하여야 할 필요가 있는 점 등을 이유로 원칙적으로 해제의 유용을 인정하지 않는 입장이다.[28]

### (3) 대상판결 이전 대법원 관련 판결

대상판결 이전에는 쟁점에 관하여 법리를 명확히 판시한 대법원 판결은 없었으나, 쟁점에 관한 원심의 판단을 정당한 것으로 수긍한 대법원 2012. 10. 11. 선고 2010다34043, 34050 판결(이하 '관련 판결')이 있었다.

관련 판결의 사실관계를 살펴보면, 수급인(원고)과 도급인(피고)은 상가건물 신축에 관한 공사계약을 체결하였고, 도급인은 공사계약 당시 수급인에게 철근, 레미콘 등 자재비를 선지급하기로 하였는데, 도급인이 자재비 선지급을 거절하자 수급인이 공사를 중단하였고, 도급인은 2006. 1. 5. 수급인에게 준공기한 내에 공사를 완료할 가능성이 없음이 명백하다[29]는 이유로 공사계약의 해제를 통보하였다. 이후 수급인은 도급인을 상대로 공사대금의 지급을 구하는 본소를 제기하였고, 도급인은 수급인을 상대로

---

28) 주석 민법 채권각칙(3)(주 7), 903, 904면(이준형); 주석 민법 채권각칙(4)(제3판) (주 25), 287면(구욱서); 박영무(주 25), 262면; 윤재윤(주 7), 156면; 이준형, "민법 제673조에 의한 저작물 제작계약의 해제와 손해배상", 민사법학 제45권 제1호 (2009. 6.), 305, 319면; 정광수(주 10), 612면 등.

29) 계약서 일반조건 제28조 제1항 제2호는 "수급인의 책임있는 사유로 인하여 준공 기일 내에 공사를 완성할 가능성이 없음이 명백한 경우 도급인은 계약을 해제할 수 있다.", 같은 조 제2항은 "계약을 해제하는 경우 서면으로 계약의 이행기한을 정하여 통보한 후 기한 내에 이행되지 아니한 때 계약의 해제 또는 해지를 통지함으로써 효력이 발생한다."라고 규정하고 있었다.

지체상금의 지급을 구하는 반소를 제기하였는데, 수급인은 소송 도중인 2010. 2. 12. 도급인이 공사계약 당시 약정하였던 자재비 선지급 약정을 지키지 아니한 것은 계약 위반이라는 이유로 공사계약의 해제를 통보하였다.

원심(서울고등법원 2010. 3. 30. 선고 2009나25441, 25458 판결)은, ① 수급인의 이행지체를 이유로 한 도급인의 해제 주장에 대하여 도급인이 제544조(또는 계약서 일반조건 제28조)에서 정한 대로 상당한 기간을 정하여 그 이행을 최고하였음을 인정할 증거가 없다는 이유로 위 주장을 배척하였고, ② 도급인의 2006. 1. 5.자 해제 통보가 제673조에 의한 해제 의사표시이므로 그 무렵 공사계약이 해제되었다는 수급인의 주장에 대하여 "도급인의 해제 의사표시는 수급인의 이행지체를 이유로 한 것이지 수급인에게 손해를 배상할 것을 전제로 한 것이 아니므로 이유 없다."라고 판시하였다. 결국 원심은 공사계약이 도급인의 2006. 1. 5.자 해제 통보에 의하여 해제되었다는 주장은 모두 배척하였고, 공사계약은 도급인의 자재비 선지급 약정 위반을 이유로 한 수급인의 2010. 2. 12.자 해제 통보에 의하여 비로소 해제되었다고 판단하였다. 대법원은 원심의 이 부분 판단을 정당한 것으로 그대로 수긍하였다.[30]

## 2. 대상판결의 타당성 검토

아래에서는 대상판결의 타당성에 관하여 ① 도급과 위임의 구별, ② 의사표시 해석의 원칙과 도급인의 의사 및 제673조에 따른 임의해제의 의사를 인정하기 위한 사정 검토, ③ 무효행위 전환의 요건 충족 여부, ④ 변

---

[30] "제673조는 '수급인이 일을 완성하기 전에는 도급인은 손해를 배상하고 계약을 해제할 수 있다.'고 규정하고 있다. 원심은, 피고(도급인)의 2006. 1. 5.자 해제통보가 제673조에 의한 해제의 의사표시로서 유효하다는 원고(수급인)의 주장에 대하여, 피고의 위 해제 의사표시는 원고의 이행지체를 이유로 한 것이지 원고에게 손해를 배상할 것을 전제로 한 것이 아니라는 이유로 이를 배척하였다. 기록에 비추어 살펴보면, 원심의 위와 같은 판단은 정당한 것으로 수긍이 되고, 거기에 상고이유로 주장하는 바와 같이 제673조에 관한 법리를 오해하는 등으로 판결에 영향을 미친 위법이 없다."

론주의 원칙, ⑤ 이 사건 분쟁의 해결로 항목을 나누어 검토해 본다.

### (1) 도급과 위임의 구별

#### (가) 도급과 위임의 본질

도급은 당사자 일방이 어느 일을 완성할 것을 약정하고 상대방이 그 일의 결과에 대하여 보수를 지급할 것을 약정함으로써 그 효력이 생긴다(제664조). 도급은 노무제공과 함께 일의 완성이라는 일정한 결과의 발생을 목적으로 하고, 수급인의 일 완성 의무의 성격은 결과채무라는 점에서 위임 등 다른 노무제공형 전형계약과 본질적인 차이가 있다.[31]

위임은 당사자 일방이 상대방에 대하여 사무의 처리를 위탁하고 상대방이 이를 승낙함으로써 그 효력이 생긴다(제680조). 사무의 처리가 일정한 목적과 결합하여 있다는 점에 있어서는 도급과 비슷하나, 위임은 타인의 사무를 처리하는 활동을 하는 것 그 자체를 내용으로 하고, 반드시 목적했던 일정한 결과에 도달해야 하는 것은 아니며, 수임인의 의무의 성격은 수단채무라는 점에서 도급과 구별된다. 또한 위임은 수임인의 인격·식견·기능 등을 신뢰하는 정신적 요소를 중심으로 하는 것으로 대인적 신뢰관계의 절대성에 있어서 도급과 질적으로 차이가 있다. 그러므로 원칙적으로 수임인은 제3자로 하여금 자기에 갈음하여 위임사무를 처리하게 하지 못하고(제682조), 위임인 또는 수임인은 상대방을 신뢰할 수 없는 때 원칙적으로 언제든지 위임계약을 해지할 수 있는 상호해지의 자유가 인정되며(제689조), 수임인은 위임사무를 특별히 신중하게 처리하여야 하므로 유상의 경우는 물론이고 무상의 경우에도 언제나 선량한 관리자의 주의의무가 요구된다(제681조).[32]

다만 당사자 사이의 높은 신뢰관계에 기초한 도급계약도 현실에서 존재하므로, 도급과 위임을 구별하는 본질적인 기준은 '노무제공의무의

---

31) 주석 민법 채권각칙(3)(주 7), 743, 744면(이준형).
32) 주석 민법 채권각칙(4)(제5판), 한국사법행정학회(2022), 136, 141면(김형두 집필); 주석 민법 채권각칙(3)(주 7), 708면(이준형); 이태종, "위임업무처리 진행중 일방적인 위임계약의 해지와 손해배상책임", 대법원판례해설 제34호(2000. 6.), 104, 105면.

성격이 결과채무인지, 수단채무인지'이고, '당사자 사이의 특별한 대인적 신뢰관계의 정도'는 추가적으로 활용할 수 있는 기준이 될 것이다.[33]

### (나) 이 사건 각 용역계약의 법적 성질

#### 1) 가분적인 내용들로 이루어진 건축설계계약의 법적 성질

건축설계계약에서 '설계'란 건축물의 건축 등을 위하여 환경 조사, 건축 기획, 설계도서 작성, 설계도서에서 의도한 바를 해설·조언하는 행위를 의미하지만(건축사법 제2조 제3호), 현실에서는 건축주를 위한 사업승인, 건축허가 및 공사 준공 완료시까지의 대관청 대리업무 이행 등 다양한 급부를 추가적으로 포함시키는 경우가 많으므로,[34] 가분적인 내용들로 이루어진 설계계약의 법적 성질이 도급인지, 위임인지가 문제된다.

대법원 2000. 6. 13.자 99마7466 결정은, 아파트 신축공사에 관하여 설계도서 작성 외에 사업승인, 건축허가 및 공사 준공 완료시까지의 대관청 대리업무 이행 등의 용역을 제공하기로 하는 설계계약을 체결하였는데 설계자가 설계계약을 해제한 후 건축주가 그 설계도서에 따라 건축공사를 계속하는 것이 설계자의 저작권 침해인지가 문제된 사안에서, 설계계약의 법적 성질에 대하여는 정면으로 판단하지 않았으나, "가분적인 내용들로 이루어진 건축설계계약에 있어서, 설계도서 등이 완성되어 건축주에게 교부되고 그에 따라 설계비 중 상당 부분이 지급되었으며 그 설계도서 등에 따른 건축공사가 상당한 정도로 진척되어 이를 중단할 경우 중대한 사회적·경제적 손실을 초래하게 되고 완성된 부분이 건축주에게 이익이 되는 경우에는 건축사와 건축주와의 사이에 건축설계관계가 해소되더라도 일단 건축주에게 허여된 설계도서 등에 관한 이용권은 의연 건축주에게 유보된다."라고 판시하여 설계계약 해제의 소급효를 제한하였다.

위 대법원 결정에 대하여, ① 건축설계계약이 도급인지 위임인지는 기본적으로 그 계약에서 건축사에게 맡겨진 업무가 어떠한 내용의 것이냐 등 구체적인 계약의 내용을 실질적으로 검토하여 결정되어야 할 문제

---

33) 주석 민법 채권각칙(3)(주 7), 744면(이준형).
34) 주석 민법 채권각칙(3)(주 7), 722면(이준형).

이지 일률적으로 결정할 것은 아니고, 문제된 설계계약은 가분적인 내용
이 혼합된 무명계약에 가까운데, 그 중 핵심이라 할 수 있는 인허가 설
계도서 및 시공도면 작성, 사업승인 건축허가취득 부분은 '설계도서 등의
작성행위 자체'보다도 '설계도서 등의 완성과 인도'에 더 무게를 둔 것으
로 도급의 측면이 강한 계약으로 보이고, 나머지 부분은 위임에 가까운
계약으로 보인다는 견해,[35] ② 대법원이 설계계약의 법적 성질을 도급계
약에 가깝게 보는 전제에서 해제의 소급효를 제한한 것으로 보인다는 견
해,[36] ③ 설계계약 중 설계도서의 작성과 인도를 목적으로 하는 부분은
무형도급계약, 사업승인, 건축허가, 대관청 업무대리 등의 사무 처리를
목적으로 하는 부분은 위임이라고 보아야 한다는 견해[37]가 있다.

　　2) 이 사건의 경우

　　대상판결의 원심은 "이 사건 각 용역계약은 주택재개발 사업의 완성
을 위하여 원고가 정비계획수립 및 정비구역지정용역, 설계용역을 제공하
고, 피고가 이에 대한 대가를 지급하는 것을 목적으로 하는 것으로 도급
계약의 성격을 가지고 있을 뿐만 아니라, 원고의 위 용역업무는 공사의
설계 등에 관한 것인바, 이 사건 각 용역계약에 따른 용역대금채권은 제
163조 제3호에 정해진 '도급받은 자, 기사 기타 공사의 설계 또는 감독에
종사하는 자의 공사에 관한 채권'에 해당하므로, 3년의 단기소멸시효가
적용된다."라고 판시하였다.[38]

---

35) 강동세, "건축설계계약의 법적 성질과 건축설계도서의 양도에 따른 저작권법상의
　　문제", 대법원판례해설 제34호(2000. 6.), 797-799면; 이영애, "건축저작권과 건축설
　　계계약", 민사판례연구 제23권(2000. 6.), 610-612면.
36) 윤재윤(주 7), 519면. 위 대법원 결정의 원심(서울고등법원 1999. 11. 3. 자 99라
　　208 결정)처럼 설계계약의 법적 성질을 위임계약으로 보았다면 계속적 계속관계의
　　해지로서 당연히 소급효가 없다고 하였을 것이라는 점을 근거로 한다.
37) 주석 민법 채권각칙(3)(주 7), 722, 723면(이준형).
38) 참고로 대법원 2021. 8. 19. 선고 2016다241775 판결은, 이 사건 각 용역계약과
　　유사한 '목동3구역 주택재개발정비사업의 정비구역 지정에 필요한 건축 계획 설계
　　작성 등을 용역의 내용으로 하는 설계용역계약'이 체결된 사안에서, "이 사건 용역
　　대금채권은 '설계에 종사하는 자의 공사에 관한 채권'에 해당하므로 이에 대하여는 상
　　법 제64조 단서에 따라 민법 제163조 제3호가 정한 3년의 단기소멸시효가 적용되어야
　　한다."라고 판시하였다.

이 사건 각 용역계약은 같은 날 체결되었고, 용역의 범위를 제1 용역계약은 "도시 및 주거환경정비법 규정에 의한 정비계획수립 및 정비구역 지정을 위한 업무",39) 제2 용역계약은 "정비구역 지정에 필요한 제반 설계도서 작성 및 대관청인허가 업무와 이에 부수되는 제반 업무"40)로 정하였으며, 원고가 실제 수행한 용역의 내용은 중구청에 대한 정비계획수립 및 정비구역지정 요청서, 보완서류 제출, 도시계획위원회의 심의결과에 따른 보완계획안, 관련도서 제출 등이고, 정비구역 지정에 필요한 제반 설계도서 작성을 핵심 내용으로 하는 제2 용역계약의 용역대금이 472,910,533원으로 제1 용역계약의 용역대금 150,000,000원의 3배 이상으로 다액인 점 등을 고려하면, 이 사건 각 용역계약은 전체적으로 정비구역 지정에 필요한 제반 설계도서 등의 완성과 인도를 목적으로 하는 도급의 측면이 강한 계약이라고 생각한다.

**(다) 위임의 임의해지(제689조)와 비교**

위임계약은 각 당사자가 언제든지 해지할 수 있다(제689조 제1항). 당사자 일방이 부득이한 사유 없이 상대방의 불리한 시기에 계약을 해지한 때에는 그 손해를 배상하여야 한다(같은 조 제2항). 당사자 쌍방의 특별한 신뢰관계를 기초로 하는 위임계약의 본질상 그러한 신뢰관계가 훼손된 경우 위임관계를 계속하게 하는 것은 유해무익하거나 무의미한 일이기 때문에 위임인이든 수임인이든 각 당사자가 언제든지 위임계약을 자유롭게 해지할 수 있고, 그로 말미암아 상대방이 손해를 입는 일이 있어도 그것을 배상할 의무를 부담하지 않는 것을 원칙으로 한 것이다. 다만 상대방이 불리한 시기에 해지한 때에는 그 해지가 부득이한 사유에 의한

---

39) 제1 용역계약 제2조(용역의 범위): 피고가 원고에게 도급하는 용역의 범위는 도시 및 주거환경정비법 규정에 의한 정비계획수립 및 정비구역 지정을 위한 업무로 한다. 단, 교통영향평가 등 별도의 법에 의한 절차상 필요한 용역업무는 별도임.

40) 제2 용역계약 제3조(용역의 범위) 제1항: 피고가 원고에게 위탁하는 용역의 범위는 사업성 검토를 위한 계획설계 및 대안설계, 주민설명회 및 사업설명회, 안내/홍보자료 제작 등을 위한 제안설계, 정비계획 수립에 수반되는 교통영향평가를 위한 계획설계, 정비계획도서 제출 시 피고가 선정한 정비계획수립 용역업체가 요구하는 건축설계 등 본 사업의 정비구역 지정에 필요한 제반 설계도서 작성 및 대관청인허가 업무와 이에 부수되는 제반 업무의 수행(이하 '설계업무'라 한다)을 그 내용으로 한다.

것이 아닌 한 그로 인한 손해를 배상하여야 하나, 그 배상의 범위는 위임이 해지되었다는 사실로부터 생기는 손해가 아니라 적당한 시기에 해지되었더라면 입지 아니하였을 손해에 한한다.[41]

이러한 점에서 도급인만이 수급인이 일을 완성하기 전에 계약해제로 인한 손해 전부를 배상하고 도급계약을 해제할 수 있는 제673조의 임의해제와 차이가 있다.

**(라) 상대방의 채무불이행을 이유로 한 위임계약 해지 의사표시에 제689조 제1항에 따른 임의해지의 의사 포함 여부**

도급계약에 관한 대상판결 쟁점과 유사하게 위임계약의 경우에도 "위임계약의 일방 당사자가 타방 당사자의 채무불이행을 이유로 위임계약을 해지한다는 의사표시를 하였으나 실제로는 채무불이행을 이유로 한 계약 해지의 요건을 갖추지 못한 경우 위 해지 의사표시에 제689조 제1항에 따른 임의해지의 의사가 포함되어 있다고 볼 수 있는지"가 문제된다.

일본의 판례와 다수설은, 채무불이행을 주장하는 것 자체가 이미 신뢰를 상실하였다는 것으로 되고, 소송경제의 관점에서도 다시 제689조 제1항의 해지를 주장하여 소송을 제기하게 하는 것이 낭비라는 이유로 채무불이행에 의한 해지로서는 무효라도 제689조 제1항에 의한 해지로서의 효력을 인정한다.[42] 이에 대하여 해지를 한 당사자의 의사를 존중하는 측면 또는 채무불이행을 한바가 없다고 믿고 있는 상대방을 보호한다는 측면에서 제689조 제1항에 의한 해지와 채무불이행으로 인한 해지는 별개로 적용된다는 반대 견해가 있다.[43]

국내에서는 ① 위임인이 수임인에게 채무불이행의 사실이 없었다는 것을 알았더라면 해지의 의사표시를 하지 않았을 것이라고 해야 하기 때

---

41) 주석 민법 채권각칙(4)(제5판)(주 32), 260-262면(김형두); 이태종(주 32), 105, 106면; 대법원 1991. 4. 9. 선고 90다18968 판결 등.

42) 日大判 1914(大正 3). 6. 4. (民錄 20, 551); 我妻榮(주 26), 689면; 末弘嚴太郎(주 27), 773면 등[주석 민법 채권각칙(4)(제5판)(주 32), 265면(김형두)에서 재인용].

43) 이태종(주 32), 107면.

문에(제107조 제1항 본문⁴⁴⁾의 반대해석) 원칙적으로 제689조 제1항의 전용이 인정되지 않는다고 해석해야 한다는 견해,⁴⁵⁾ ② 제543조 이하의 계약총칙상의 일반 해제조항과 제689조의 위임계약상의 해지는 그 요건이나 효과가 상이하기 때문에 당사자의 의사에 기하여 각기 별개로 적용하는 것이 타당하다는 견해⁴⁶⁾가 있었다.

이후 대법원 2015. 12. 23. 선고 2012다71411 판결(이하 '비교 판결')은 "위임계약의 각 당사자는 제689조 제1항에 의하여 특별한 이유 없이도 언제든지 위임계약을 해지할 수 있다. 따라서 위임계약의 일방 당사자가 타방 당사자의 채무불이행을 이유로 위임계약을 해지한다는 의사표시를 하였으나 실제로는 채무불이행을 이유로 한 계약 해지의 요건을 갖추지 못한 경우라도, 특별한 사정이 없는 한 위 의사표시에는 제689조 제1항에 기한 임의해지로서의 효력이 인정된다 할 것이다."라고 명확히 법리를 판시하였다.

비교 판결에 대하여는, ① 채무불이행을 이유로 위임의 해지를 주장하였으나 의무불이행사실이 인정되지 않거나 최고요건이 누락된 경우 제138조가 규정하는 무효행위 전환의 법리가 배제될 이유가 없으므로, 무효행위 전환의 요건으로 전환의사가 인정되는지 검토를 요하는데, 해지를 하려는 당사자의 주된 의도가 채무불이행을 이유로 하는 손해배상의 청구에 있고 위임계약의 종료는 종된 목적일 뿐인 경우라면(위임인의 임의해지에서 주로 발생), 위임인이 손해배상도 받지 못하면서 사무처리도 되지 못하는 상태를 의욕하였으리라고 보기는 어려우므로 함부로 전환의사를 인정할 것은 아니고, 반면 수임인이 위임인의 채무불이행을 이유로 해지 의사표시를 한 경우 비용상환청구(제688조⁴⁷⁾) 외에 제686조 제3항⁴⁸⁾에 따

---

44) 의사표시는 표의자가 진의아님을 알고 한 것이라도 그 효력이 있다.
45) 김형배(주 9), 691면.
46) 이태종(주 32), 107, 108면.
47) 제688조 제1항 : 수임인이 위임사무의 처리에 관하여 필요비를 지출한 때에는 위임인에 대하여 지출한 날 이후의 이자를 청구할 수 있다.
48) 수임인이 위임사무를 처리하는 중에 수임인의 책임 없는 사유로 인하여 위임이 종료된 때에는 수임인은 이미 처리한 사무의 비율에 따른 보수를 청구할 수 있다.

라 비율적 보수청구가 인정되는 한 손해배상이 특별한 의미를 가지지 않을 것이므로 수임인의 해지가 문제된 비교 판결의 사안에서 전환의사를 인정한 것은 타당하다는 견해,[49] ② 비교 판결이 무효행위 전환의 법리에 따른 것인지 분명하지 않으나, 채무불이행을 이유로 하는 해지의 요건 속에는 단순 변심만으로 허용되는 임의해지의 요건이 포함되어 있다고 볼 수 있으므로, 무효행위 전환의 요건 중 전환의사가 구비된 경우라면 무효행위 전환의 법리를 배제할 것은 아니라는 견해[50]가 있다.

**(마) 검토 – '도급과 위임의 구별'이라는 관점에서 대상판결의 타당성**

당사자 쌍방의 특별한 대인적 신뢰관계를 기초로 하는 위임계약의 본질상 상호해지의 자유가 인정되고, 그로 말미암아 상대방이 손해를 입는 일이 있어도 그것을 배상할 의무를 부담하지 않는 것이 원칙이므로, 비교 판결의 판시와 같이 상대의 채무불이행을 이유로 위임계약 해지 의사표시를 한 당사자의 의사에는 원칙적으로 신뢰관계 상실을 이유로 상대방과의 위임계약 자체를 종료하고자 하는 제689조 제1항에 따른 임의해지의 의사가 포함되어 있다고 볼 수 있고, 임의해지의 결과로 오히려 상대방에 대한 손해배상의무를 부담하게 된다거나 상대방의 채무불이행이 인정되지 않아 손해배상을 받지 못하는 이상 위임계약의 종료는 원하지 않았다는 등의 특별한 사정이 없는 한 이러한 해석이 당사자의 의사에 반하거나 당사자들에게 예측하지 못한 불이익을 주지 않는다.

반면 도급은 위임과 대인적 신뢰관계의 정도에 있어 질적으로 차이가 있고, 제673조 일의 완성 전 도급인의 임의해제의 경우 도급인은 수급인에게 계약해제로 인한 손해 전부를 배상하여야 한다는 점에서 위임의 임의해지와 그 효과에 차이가 있으므로, 위임계약 해지 의사표시에 관한 비교 판결의 법리가 도급계약의 경우에는 그대로 적용될 수 없고, 아래 (2)항에서 살펴보는 바와 같이 수급인의 채무불이행을 이유로 해제 의사표시를 한 도급인의 의사를 존중하는 측면에서 원칙적으로 해제의

---

49) 지원림, "위임의 임의해지와 손해배상", 법조 통권 제718호(2016. 8.), 511-515면.
50) 김천수, "무효행위의 전환과 사적 자치", 법조 통권 제751호(2022. 2.), 399, 400면.

유용을 부정한 대상판결은 타당하다고 생각한다.

    (2) 의사표시 해석의 원칙과 도급인의 의사 및 제673조에 따른 임의해제의
       의사를 인정하기 위한 사정 검토

    (가) 의사표시 해석의 원칙과 도급인의 의사

    민법상 법률행위는 의사표시를 본질적 구성요소로 하고, 의사표시는
일정한 법률효과의 발생을 의욕하는 의사인 '효과의사'를 핵심 구성요소
로 한다.

    판례는 의사표시 · 법률행위 해석에 관하여 "의사표시 해석에 있어서
당사자의 진정한 의사를 알 수 없다면, 의사표시의 요소가 되는 것은 표
시행위로부터 추단되는 효과의사, 즉 표시상의 효과의사이고 표의자가 가
지고 있던 내심적 효과의사가 아니므로, 당사자의 내심의 의사보다는 외
부로 표시된 행위에 의하여 추단된 의사를 가지고 해석함이 상당하다."
(대법원 2002. 6. 28. 선고 2002다23482 판결 등 참조), "법률행위의 해석은 당
사자가 그 표시행위에 부여한 객관적인 의미를 명백하게 확정하는 것으
로서, 사용된 문언에만 구애받는 것은 아니지만, 어디까지나 당사자의 내
심의 의사가 어떤지에 관계없이 그 문언의 내용에 의하여 당사자가 그
표시행위에 부여한 객관적 의미를 합리적으로 해석하여야 하는 것이고,
당사자가 표시한 문언에 의하여 그 객관적인 의미가 명확하게 드러나지
않는 경우에는 그 문언의 형식과 내용, 그 법률행위가 이루어진 동기 및
경위, 당사자가 그 법률행위에 의하여 달성하려는 목적과 진정한 의사,
거래의 관행 등을 종합적으로 고려하여 사회정의와 형평의 이념에 맞도
록 논리와 경험의 법칙, 그리고 사회일반의 상식과 거래의 통념에 따라
합리적으로 해석하여야 한다."(대법원 2009. 5. 14. 선고 2008다90095, 90101
판결 등 참조)라고 판시하고 있다.[51]

---

51) 참고로 효과의사의 본체를 표시행위로부터 추단되는 의사인 '표시상의 효과의사'
   로 볼 것인지 아니면 표의자가 가지고 있었던 실제의 내심의 의사인 '내심적 효과
   의사'로 볼 것인지와 법률행위 해석의 대상이 무엇인지에 대하여는 학설상 견해
   대립이 있다[주석 민법 총칙(2)(제5판), 한국사법행정학회(2019), 397-400면(김종기
   집필), 588, 589면(이동진 집필)].

수급인의 채무불이행을 이유로 해제 의사표시를 한 도급인의 의사에는 수급인으로부터 채무불이행으로 인한 손해를 배상받고자 하는 의사와 도급계약을 종료하고자 하는 의사가 포함되어 있다. 반면 제673조의 임의해제가 이루어지는 경우 도급인은 수급인에게 계약해제로 인한 손해 전부를 배상하여야 하는데, 이는 수급인으로부터 채무불이행으로 인한 손해를 배상받고자 했던 도급인의 의사와는 배치되고, 도급인에게 예측하지 못한 불이익을 주므로, 채무불이행을 이유로 해제 의사표시를 한 도급인의 표시상의 효과의사뿐만 아니라 내심적 효과의사에도 특별한 사정이 없는 한 제673조에 따른 임의해제를 의욕하는 의사까지 포함되어 있다고 보기는 어렵다.

### (나) 제673조에 따른 임의해제의 의사를 인정하기 위한 사정 검토

대상판결의 판시와 같이 도급인이 수급인의 채무불이행을 이유로 해제 의사표시를 하였고, 도급계약의 당사자 사이에 분쟁이 있었다는 사정만으로는 위 의사표시에 제673조에 따른 임의해제의 의사가 포함되어 있다고 볼 수 없는데, 나아가 제673조에 따른 임의해제의 의사가 포함되어 있다고 인정하기 위하여 추가적으로 필요한 사정이 무엇인지를 검토해 볼 필요가 있다.

#### 1) 기존의 논의

앞서 살펴본 바와 같이 국내 학설은 원칙적으로 제673조 해제로의 유용을 인정하지 않는 입장이지만, 나아가 구체적 소송에서 해제의 유용이 문제되는 사안들은 "도급인이 수급인의 일의 완성을 중지시키고 있는 경우로서 수급인과의 도급계약의 존속을 바라고 있지 않다고 인정되는 경우"가 대부분인데, 그러한 경우 해제의 유용을 인정할 것인지에 관하여 논의가 있었다.

① 제1 견해는, 그러한 경우에 있어서도 도급인의 해제 의사표시 속에 제673조에 의한 해제의 의사표시가 포함되어 있는지를 살펴 만약 그러한 의사표시가 포함되어 있다면 바로 제673조에 의하여 해제를 인정할 것이지 그러한 의사표시가 포함되어 있지 아니한 경우에 함부로 해제의

유용을 인정하여서는 안 된다고 한다.[52]

제1 견해는 도급인의 해제 의사표시 속에 제673조에 의한 해제의 의사표시가 포함되어 있는지를 살펴야 한다는 원론적인 입장으로 보이고, 아래 제2 견해와 제3 견해는 제1 견해를 인용하면서 "도급인의 해제 의사표시 속에 제673조에 의한 해제의 의사표시가 포함되어 있다고 인정되는 경우"에 관하여 구체적인 예를 들고 있다.

② 제2 견해는, 일률적으로 제673조에 의한 해제의 인정을 부정할 것은 아니고, 만약 도급인의 해제 의사표시 속에 제673조에 의한 해제 의사표시도 포함되어 있다고 볼 수 있다면 바로 제673조에 의한 해제를 인정함이 상당한 경우도 있을 수 있는데, 예를 들어 "도급인의 해제의 의사표시가 수급인의 이행지체를 이유로 한 것이라도, 그 의사표시 전에 도급인이 수급인과 합의 없이 일방적으로 공사내용의 변경을 요구한 관계로 공사가 중단되었는데, 그 후 도급인이 변경된 내용대로 공사를 하지 않으면 그 결과를 수령할 의사가 없고, 대신 다른 업자에게 공사를 시키겠다고 수차 통지하였기 때문에 수급인이 공사를 장기간 재개하지 못한 경우"라면, 도급인의 의사는 수급인에 의한 일의 재개를 원하지 않고, 그 계약관계를 청산하려는 의사가 표명된 것이며, 수급인으로서도 일의 계속으로 인하여 불측의 손해를 입을 우려도 없으므로 도급인의 해제 의사표시에 제673조 해제의 의사표시도 포함된 것으로 보는 것이 상당하다고 한다.[53]

③ 제3 견해는, 도급이 일 완성에 이르는 도중에 어떠한 사유에 의하여 진행이 중단되거나 지체되자 도급인이 다른 사람과 도급계약을 체결하기 위하여 현재의 수급인과의 계약을 정리하고자 하는 때에는 일반적으로 수급인의 채무불이행을 이유로 계약의 해제를 주장하는 것이 보통인데, 그런 경우는 그 해제의 의사표시에 제673조 해제의 의사표시도

---

52) 박영무(주 25), 262면.
53) 주석 민법 채권각칙(4)(제3판)(주 25), 287면(구욱서). 日東京高判 1984(昭和 59). 11. 28. (判例時報 1138, 85)을 참조하였다고 한다.

포함된 것으로 보는 것이 상당하다고 한다.[54]

2) 검  토

대상판결 사안에서 피고는 원고의 채무불이행을 이유로 이 사건 각 용역계약의 해제를 통보한 이후 새로운 용역업체를 선정하였고, 원고도 피고의 해제 통보 이후 일을 중단하였다. 대상판결 사안은 "도급인이 수급인의 일의 완성을 중지시키고 있는 경우로서 수급인과의 도급계약의 존속을 바라고 있지 않다고 인정되는 경우"에 해당하고, 제2 견해에서 언급하는 "도급인이 수급인에 의한 일의 재개를 원하지 않고, 그 계약관계를 청산하려는 의사를 표명한 것이며, 수급인으로서도 일의 계속으로 인하여 불측의 손해를 입을 우려도 없는 경우", 제3 견해에서 언급하는 "도급인이 다른 사람과 도급계약을 체결하기 위하여 현재의 수급인과의 계약을 정리하고자 하는 때"에도 해당한다고 볼 수 있다.

또한 피고는 예비적으로 원고에 대한 채무불이행으로 인한 손해배상채권을 주장하면서 원고의 용역대금채권과의 상계를 주장하기는 하였으나, 손해배상채권의 발생과 그 손해액에 대한 피고의 주장·증명이 구체적이거나 충분하지 않았던 것으로 보이고,[55] 판결문상 원고의 이 사건 소 제기 이전에 피고가 원고에게 적극적으로 채무불이행으로 인한 손해배상을 청구하였다는 사실관계는 확인되지 않는다. 이 사건에서 원고의 채무불이행을 이유로 해제 의사표시를 한 피고의 의사는 원고로부터 채무불이행으로 인한 손해를 배상받고자 하는 의사보다는 현재 일의 진행 상태에 대한 불만 때문에 현재의 수급인인 원고가 그 일을 하는 것을 원하지 않아 이 사건 각 용역계약을 종료하고자 하는 의사에 더 중점이 있었다고 해석할 여지도 있다.

위와 같은 사정들은 도급인이 계약을 이행하지 않을 의사를 명백히

---

54) 주석 민법 채권각칙(3)(주 7), 904면(이준형).
55) 대상판결의 원심은 "피고가 원고에게 수차례 이 사건 각 용역계약의 이행을 독촉한 사실은 인정되나, 위 인정사실만으로는 원고의 업무태만으로 인한 피고의 손해배상채권 발생 및 그 손해액을 인정하기 부족하고, 달리 이를 인정할 증거가 없다."는 이유로 피고의 상계 항변을 배척하였다.

표시한 경우로서 수급인이 도급인의 이행거절을 이유로 계약을 해제하거
나 도급인을 상대로 채무불이행으로 인한 손해배상을 청구할 수 있는 사
정은 될 수 있을 것이다(이 경우 수급인은 도급인의 이행거절 등을 이유로 도
급계약을 해제하는 의사표시를 할지를 선택할 수 있고, 수급인이 해제 의사표시를
하지 않는 이상 도급계약은 유효하게 존속하게 된다).

그러나 도급인은 수급인의 채무불이행을 이유로만 해제 의사표시를
하였을 뿐이고, 앞서 살펴본 바와 같이 도급인이 제673조에 따라 일방적
으로 계약을 해제한 경우와 수급인이 도급인의 이행거절 등 채무불이행
을 이유로 스스로 계약을 해제한 경우는 도급인의 수급인에 대한 손해배
상의 원인과 범위에 차이가 있는데, 제673조의 임의해제가 이루어지는
경우 도급인은 수급인에게 계약해제로 인한 손해 전부를 배상하여야 하
므로, 위와 같은 사정들만으로 도급인이 제673조에 따른 임의해제를 의
욕하는 효과의사가 있었다고 인정하기는 어렵고, 도급인의 해제 의사표시
에 "도급인이 수급인에게 계약해제로 인한 손해 전부를 배상하고서라도
도급계약을 해제하겠다는 뜻"까지 포함되어 있다고 볼 만한 추가적인 사
정이 필요하다고 생각한다.

구체적으로 도급인의 해제 통보 당시 도급인이 수급인에게 계약해제
로 인한 손해 전부를 배상하고서라도 도급계약을 종료하여야 하는 상황
이었는지(수급인과의 도급계약이 종료되어야 도급인이 다른 이익을 얻을 수 있
는 경우, 도급계약이 종료되지 않으면 도급인이 더 큰 손해를 입게 되는 경우
등), 도급인이 수급인에게 수급인이 이미 지출한 비용이나 보수의 일부를
지급할 의사를 밝힌 사정이 있는지(도급인이 수급인의 채무불이행이 인정되지
않을 수 있다는 점을 예상하면서 수급인에게 일정 금액을 지급하고 도급계약을
종료할 것을 제안한 경우 등), 도급인이 일방적으로 계약을 해제하더라도 그
로 인하여 수급인에게 배상하여야 하는 손해가 없거나 매우 적은 경우인
지(도급계약에 따른 수급인의 업무가 거의 진행되지 않아 수급인이 이미 지출한
비용이 거의 없는 경우, 도급계약에서 약정한 보수가 비용에도 못 미치거나 비용
에 겨우 미치는 정도인 경우 등) 등이 추가적인 사정으로 고려될 수 있을

것이다.

앞서 살펴본 관련 판결(대법원 2012. 10. 11. 선고 2010다34043, 34050 판결)의 사안 역시 도급인이 자재비 선지급을 거절하면서 수급인에게 공사계약 해제를 통보하였고, 수급인도 공사를 중단하는 등으로 "도급인이 수급인의 일의 완성을 중지시키고 있는 경우로서 수급인과의 도급계약의 존속을 바라고 있지 않다고 인정되는 경우"에 해당하고, 제2 견해에서 언급하는 "도급인이 수급인에 의한 일의 재개를 원하지 않고, 그 계약관계를 청산하려는 의사를 표명한 것이며, 수급인으로서도 일의 계속으로 인하여 불측의 손해를 입을 우려도 없는 경우"에도 해당한다고 볼 수 있으나, 관련 판결과 그 원심은 도급인의 해제 통보가 제673조에 의한 해제 의사표시라는 수급인의 주장에 대하여 "도급인의 해제 의사표시는 수급인의 이행지체를 이유로 한 것이지 수급인에게 손해를 배상할 것을 전제로 한 것이 아니므로 이유 없다."라고 판시하였다. 관련 판결의 판시는 제673조에 따른 임의해제의 의사를 인정하기 위한 사정으로 "도급인이 수급인에게 손해를 배상할 것을 전제로 해제 의사표시를 할 것"을 요구하고 있다고 해석할 수 있다.

참고로 매매계약 해제 의사표시에 관한 대법원 2010. 4. 29. 선고 2007다24930 판결과 그 원심(서울고등법원 2007. 3. 14. 선고 2005나110556 판결)은, 매매계약의 매수인이 매도인에게 매매계약상의 특약에 근거하여 매매계약을 해제한다면서 계약금을 반환해달라는 의사를 명백히 표시하고, 그 후에도 계약금반환을 구하는 소를 제기한 사안에서, "매수인의 해제통지에 계약금을 포기하고서라도 매매계약을 해제하겠다는 뜻이 포함되어 있다고 보기 어렵다."는 이유로 매수인의 해제통지는 매매계약의 특약에 따른 약정해제권을 행사하는 취지이지, 해약금약정에 기한 해제권 행사로 볼 수는 없다고 판단하여 매수인의 약정해제권 행사를 해약금약정에 기한 해제권 행사로 보기 위해서는 매수인의 해제 의사표시에 "매수인이 계약금을 포기하고서라도 매매계약을 해제하겠다는 뜻"까지 포함되어 있어야 한다는 점을 확인하였다.

### (3) 무효행위 전환의 요건 충족 여부

앞서 살펴본 바와 같이 무효행위 전환의 법리를 적용하여 제673조 해제로의 유용을 인정한 일본의 일부 하급심 판결이 있었고, 무효행위 전환의 법리를 적용하여 위임계약 해지 의사표시에 관한 비교 판결의 법리를 검토한 견해들이 있으므로, 무효행위 전환의 요건 충족 여부의 관점에서도 대상판결의 타당성을 살펴본다.

① 무효인 법률행위가 ② 다른 법률행위의 요건을 구비하고 ③ 당사자가 그 무효를 알았더라면 다른 법률행위를 하는 것을 의욕하였으리라고 인정될 때에는 다른 법률행위로서 효력을 가진다(제138조). 이는 당사자가 의도한 목적을 달성할 수 있도록 하는 것이 법률행위를 무효로 만드는 법질서도 존중하면서 당사자가 새로이 법률행위를 행하는 번거로움도 피하고 당사자의 의사를 존중하는 길이라는 취지에서 입법된 규정이다.[56]

(가) 먼저 수급인의 채무불이행을 이유로 한 도급인의 해제의 의사표시는 채무불이행의 요건을 갖추지 못한 것으로 밝혀져 무효이므로, ① '무효인 법률행위의 존재' 요건을 충족한다.[57]

(나) 다음으로 ② 무효인 법률행위가 '다른 법률행위의 요건을 구비'하여야 한다. '다른 법률행위'의 의미에 관하여 원래의 법률행위 안에 이미 내포되어 있는 행위여야 하는가에 대해서는 견해 대립이 있으나, 논리적으로 보아 최소한 원래의 법률행위보다 더 큰 법률효과를 의욕하는 행위여서는 안 된다. 원래의 법률행위보다 더 큰 법률효과를 의욕하는 행위는 새로 행해져야 하는 것이고, 원래의 법률행위로부터 추가적인 행

---

56) 주석 민법 총칙(3)(제5판), 한국사법행정학회(2019), 443, 444면(권순민 집필).
57) 단독행위가 무효인 경우 무효행위의 전환을 인정할 것인지 견해 대립이 있으나, 행위자 보호나 상대방 또는 제3자 보호의 측면에서 단독행위의 경우만 무효행위의 전환을 부정할 이유가 없고, 무효인 단독행위의 전환을 규정하고 있는 민법 규정(제530조 연착된 승낙의 효력, 제534조 변경을 가한 승낙, 제1071조 비밀증서에 의한 유언의 전환)이 있으며, 판례(대법원 1996. 3. 26. 선고 95다45545, 45552, 45569 판결 등)도 상속포기신고와 같은 단독행위의 경우에도 무효행위의 전환을 인정하고 있다[주석 민법 총칙(3)(주 56), 457, 458면(권순민)].

위 없이 전환되어질 수는 없기 때문이다.[58]

원래의 법률행위인 채무불이행을 이유로 한 도급계약 해제의 법률효과는 도급계약의 종료 및 '도급인의 수급인에 대한 채무불이행으로 인한 손해배상청구권의 발생'인 반면, 제673조에 따른 임의해제의 법률효과는 도급계약의 종료 및 '수급인의 도급인에 대한 제673조에 따른 손해배상청구권의 발생(도급인의 수급인에 대한 제673조에 따른 손해배상의무의 부담)'이므로, 제673조에 따른 임의해제는 원래의 법률행위보다 더 큰 새로운 법률효과를 의욕하는 행위라고 볼 수 있고, 제138조에서 의미하는 '다른 법률행위'에 해당하지 않는다.

또한 제138조가 무효행위의 전환을 인정하는 취지는 당사자의 의사를 존중하기 위한 것이고, 채무불이행을 이유로 한 해제와 제673조에 따른 임의해제는 도급인이 형성권을 행사하는 단독행위로서 도급인의 의사가 무엇보다도 중요하므로, 제673조에 따른 임의해제의 요건을 구비하기 위해서는 "도급인이 수급인에게 계약해제로 인한 손해 전부를 배상하고서라도 도급계약을 해제하겠다는 의사"(제673조에 따른 임의해제를 의욕하는 현실적 효과의사)가 추가적으로 필요하고, 채무불이행을 이유로 한 도급인의 해제 의사표시만으로는 제673조에 따른 임의해제의 요건도 구비하지 못한다.

따라서 ② 무효인 법률행위가 '다른 법률행위의 요건을 구비'할 것이라는 무효행위 전환의 요건을 충족하지 못한다고 생각한다.

(다) 마지막으로 요건으로 ③ '당사자가 그 무효를 알았더라면 다른 법률행위를 하는 것을 의욕하였으리라고 인정될 때'(전환의사)란 법률행위 당시에 무효임을 알았다면 의욕하였을 가정적 효과의사로서 당사자가 법률행위 당시와 같은 구체적 사정 아래 있다고 상정하는 경우에 거래관행을 고려하여 신의성실의 원칙에 비추어 결단하였을 바를 의미한다. 이는

---

58) 주석 민법 총칙(3)(주 56), 454면(권순민); 안병하, "일부무효와 무효행위의 전환", 법조 통권 제722호(2017. 4.), 524, 525면; 윤진수, "무효행위의 전환인가, 보충적 해석인가?", 사법 제58호(2021), 269면.

그 법률행위의 경위, 목적과 내용, 무효의 사유 및 강행법규의 입법 취지 등을 두루 고려하여 판단할 것이나, 그 결과가 한쪽 당사자에게 일방적인 불이익을 주거나 거래관념과 형평에 반하는 것이어서는 안 된다(대법원 2016. 11. 18. 선고 2013다42236 전원합의체 판결 참조). 가정적 의사에 기한 계약의 성립 여부 및 그 내용을 발굴·구성하여 제시하게 되는 법원으로서는 그 '가정적 의사'를 함부로 추단하여 당사자가 의욕하지 아니하는 법률효과를 그에게 또는 그들에게 계약의 이름으로 불합리하게 강요하는 것이 되지 아니하도록 신중을 기하여야 한다(대법원 2010. 7. 15. 선고 2009다50308 판결 참조).

채무불이행을 이유로 한 도급인의 해제 의사표시만으로는 제673조에 따른 임의해제를 의욕하는 현실적 효과의사가 인정되지 않는 이상 제673조에 따른 임의해제를 의욕하였을 가정적 효과의사 역시 함부로 추단하여서는 안 되고, 거래관행, 도급인이 채무불이행을 이유로 해제 의사표시를 한 경위, 목적과 내용, 제673조에 따른 임의해제로의 전환을 인정하는 결과가 도급인에게 수급인에 대한 손해배상의무를 부담하는 예측하지 못한 불이익을 주는 점 등을 고려하면, 도급인이 해제 의사표시 당시 수급인의 채무불이행이 인정되지 않는다는 사실을 알았더라면 오히려 자신이 수급인에게 손해배상을 해주어야 하는 상태를 의욕하였으리라고 보기 어려우므로, ③ '전환의사' 요건 역시 충족하지 못한다고 생각한다.

### (4) 변론주의 원칙

변론주의는 소송자료 즉 사실과 증거의 수집·제출의 책임을 당사자에게 맡기고, 당사자가 수집하여 변론에서 제출한 소송자료만을 재판의 기초로 삼는 원칙으로, 민사소송절차에서는 사적자치의 원칙이 본질적으로 지배하고 있으므로 소송자료의 수집도 개인에게 일임하는 것이 타당하다는 점, 당사자의 소송자료의 수집이 진실발견에 더욱 유리하고 우월한 수단이라는 점, 양쪽 당사자에 대한 불측의 불이익이나 패소 등을 방지하여 절차보장에 의한 공평한 재판을 할 수 있다는 점 등이 변론주의의 근거로 제시된다.[59]

(가) 대상판결은 "원심이 피고가 주장하지도 않은 제673조에 의한 계약해제를 인정한 것은 변론주의 원칙에도 반한다."라고 판시하였다. 앞서 살펴본 바와 같이 도급계약의 경우 원칙적으로 채무불이행을 이유로 한 도급인의 해제 의사표시에 제673조에 따른 임의해제의 의사가 포함되어 있다고 볼 수 없는 이상 채무불이행을 이유로 도급계약이 해제되었다는 소송상 주장에 제673조에 의하여 도급계약이 해제되었다는 주장까지 포함되어 있다고 보기 어려우므로, 대상판결의 판시는 타당하다.

(나) 나아가 예외적으로 채무불이행을 이유로 한 도급인의 해제 의사표시에 "도급인이 수급인에게 계약해제로 인한 손해 전부를 배상하고서라도 도급계약을 해제하겠다는 뜻"까지 포함되어 있어 제673조에 따른 임의해제의 의사가 인정되는 경우라면, 채무불이행을 이유로 도급계약이 해제되었다는 소송상 주장에 제673조에 의하여 도급계약이 해제되었다는 주장까지 포함되어 있다고 볼 수 있는지가 문제될 수 있다.

위임계약의 해지 주장에 관하여는 ① 제543조 이하의 계약총칙상의 일반 해제조항과 제689조의 위임계약상의 해지는 그 요건이나 효과가 상이하기 때문에 당사자의 의사에 기하여 각기 별개로 적용하는 것이 타당함을 전제로, 민사소송상 변론주의에 비추어 보더라도 별개의 법률효과를 당사자가 주장하지 않았는데 판단하는 것은 무리라는 견해,[60] ② 주요사실을 반드시 명시적으로 주장하여야 하는 것은 아니므로, 임의해지의 주장으로의 전환이 인정되는 범위 내[61]에서는 위임의 종료에 대한 묵시적 주장이 있었다고 보더라도 문제되지 않을 것이라는 견해[62]가 있다.

'묵시적 주장'은 일정한 주장을 전제로 하여 이러한 주장에 다른 주장이 내포 내지 포함된 경우 또는 일정한 주장을 통하여 다른 주장이 있

---

59) 주석 민사소송법(2)(제8판), 한국사법행정학회(2018), 291, 292면(이재근 집필).

60) 이태종(주 32), 107, 108면.

61) 채무불이행을 이유로 한 위임계약 해지 의사표시에 제689조 제1항에 따른 임의해지 의사가 포함되어 무효행위 전환의 법리가 적용되는 경우를 의미하는 것으로 보인다.

62) 지원림(주 49), 514면.

다고 보는 경우인데,[63] 판례는 "피고가 이 사건 계속적 보증계약 및 근저
당권 설정계약을 해지한 사실은 법률효과를 발생시키는 실체법상의 구성
요건 해당사실에 속하므로 법원은 변론에서 당사자가 주장하지 않는 이
상 이를 인정할 수 없으나, 이와 같은 주장은 반드시 명시적인 것이어야
하는 것은 아니고 당사자의 주장 취지에 비추어 이러한 주장이 포함되어
있는 것으로 볼 수 있으면 족하며, 또한 반드시 주장책임을 지는 당사자
가 진술하여야 하는 것은 아니고 소송에서 쌍방 당사자 간에 제출된 소
송자료를 통하여 심리가 됨으로써 그 주장의 존재를 인정하더라도 상대
방에게 불의의 타격을 줄 우려가 없는 경우에는 그 주장이 있는 것으로
보아 이를 재판의 기초로 삼을 수 있다 할 것이다."라고 판시하여 상대방
에게 불의의 타격을 줄 우려가 없는 경우 등 일정한 경우에 묵시적 주장
을 인정하고 있다(대법원 2002. 2. 26. 선고 2000다48265 판결[64] 등 참조).

채무불이행을 이유로 한 도급계약의 해제와 제673조에 의한 도급계
약의 해제는 그 요건과 효과가 상이한 별개의 해제권 행사이고, 어떤 사
법상 의사표시에 다른 사법상의 의사표시가 포함되어 있는지와 어떤 소
송상 주장 속에 다른 소송상 주장이 포함되어 있는지의 판단은 별개의
문제로서 그 결론이 항상 일치한다고 볼 수는 없으며, 소송상 주장은 사
법상 의사표시에 비하여 명확성, 안정성이 더욱 중시되는 기준에 따라
해석되어야 하는 점[65] 등을 고려하면, 채무불이행을 이유로 한 도급인의
해제 의사표시에 제673조에 따른 임의해제 의사가 포함되어 있는 경우라
고 하더라도, 채무불이행을 이유로 도급계약이 해제되었다는 소송상 주장

---

63) 참고로 '간접적 주장'은 당사자가 변론에서 명시적으로 어떤 요건사실을 주장하
지는 않았으나 일정한 증거자료의 제출행위나 증거조사결과의 원용행위 등을 통하
여 간접적으로 이를 주장한 것으로 보는 경우인데, 반드시 일정한 주장과 관련하
여 파악하는 것이 아니고 다른 소송행위를 통하여 별개의 독립한 주장이 있는 것
으로 보는 경우라는 점에서 '묵시적 주장'과 구별되는 개념이다[사법연수원, 요건사
실론, 사법연수원(2016), 7면].
64) 위 판결은 요건사실(피고가 이 사건 계속적 보증계약 및 근저당권설정계약을 해
지한 사실)이 이미 당사자 쌍방의 주장에 의하여 변론에 현출되었고, 피고가 원고
에게 보낸 해지통보서를 증거로 제출하여 증거조사까지 마쳤던 사안이다.
65) 나현, "법률요건과 요건사실(주요사실)", 민사소송 제13권 제1호(2009. 5.), 246면.

에 제673조에 의하여 도급계약이 해제되었다는 주장까지 포함되어 있다고 함부로 인정하여서는 안 되고, 그 취지가 불분명한 경우 법원은 석명권을 행사하여 주장의 취지를 명확하게 정리함으로써 상대방이 불의의 타격을 입는 것을 방지할 필요가 있다고 생각한다.[66]

### (5) 이 사건 분쟁의 해결

대상판결의 원심은, 이 사건 각 용역계약이 제673조에 따라 해제되었다고 판단하면서 원고의 각 용역대금채권은 그 소멸시효 기산점이 이 사건 각 용역계약이 해제된 2013. 5. 30.이고,[67] 그로부터 제163조 제3호에서 정한 단기소멸시효인 3년이 경과하여 시효로 소멸하였다고 판단하였다.

제673조에서 정한 수급인의 도급인에 대한 손해배상청구권은 도급인의 제673조에 따른 임의해제 의사표시가 수급인에게 도달하는 시점인 해제 효력 발생시에 성립하므로, 그 소멸시효 기산점은 권리를 행사할 수 있는 때인 도급인의 임의해제 의사표시 도달 시점이 된다.

대상판결의 원심과 같이 도급인이 수급인의 채무불이행을 이유로 해제 의사표시를 하였으나 그 해제 요건을 갖추지 못한 경우임에도 특별한 사정이 없는 한 그 의사표시에는 제673조에 따른 임의해제의 효력이 인정된다고 본다면, 도급계약에서 정한 수급인의 보수채권의 변제기는 아직 도래하지 않은 경우에도 그에 상응하는 제673조에서 정한 수급인의 손해배상청구권은 도급인의 위 해제 의사표시 도달 시점에 이미 성립하여 그 소멸시효가 진행되므로, 채무불이행을 이유로 한 도급인의 해제 의사표시가 효력이 없다고 믿은 수급인으로서는 예상하지 못한 사이에 제673조에서 정한 손해배상청구권이 성립하고 그 소멸시효가 완성되는 불측의 손해를 입을 수 있다.

---

66) 주석 민사소송법(2)(주 59), 296, 297면(이재근).
67) 원심은, 피고의 귀책사유로 인하여 계약이 해제되거나 설계업무가 중단된 경우에 해당함을 이유로 제1 용역계약 제11조 제2항과 제2 용역계약 제15조 제1항에서 정한 원고의 각 용역대금채권을 인정하였고, 그 소멸시효 기산점에 관하여 "이 사건 각 용역계약은 피고의 일방적 해제로 종료되었고, 이에 따라 원고가 피고에 대하여 용역대금 채권을 가지는 것이므로, 원고의 각 용역대금 채권은 이 사건 각 용역계약이 해제된 때로부터 행사할 수 있다고 봄이 타당하다."라고 설시하였다.

대상판결 사안에서 제2 용역계약에 따른 용역대금채권의 변제기는 '시공사 선정 후 1개월 이내'이고, 판결문상 원고의 주장에 따르면 시공사가 선정된 시점은 2015. 7.경이며, 원고는 그로부터 3년 이내인 2016. 12. 13. 이 사건 소를 제기하였으므로, 대상판결의 법리에 따라 이 사건 각 용역계약이 해제되지 않고 유효하게 존속하는 경우 제2 용역계약에 따른 용역대금채권(472,910,533원) 부분은 소멸시효가 완성되지 않아 원심판결과 결론이 달라질 수 있다.

실제 대상판결의 파기환송심은 이 사건 각 용역계약이 유효하게 존속함을 전제로 하는 원고의 주위적 주장을 받아들이면서, 이 사건 각 용역계약에 따른 용역대금채권의 변제기는 시공사가 선정된 2015. 7. 11.로부터 1개월이 지난 2015. 8. 11.까지이고, 소멸시효의 기산점은 그 지급기한 다음날인 2015. 8. 12.이며, 이 사건 소는 그로부터 3년이 경과하기 전인 2016. 12. 13. 제기되었음을 이유로 피고의 소멸시효 항변을 배척하였다.

해제의 유용을 쉽게 인정하게 되면, 도급인이 수급인의 채무불이행을 이유로 도급계약 해제의 의사표시를 한 것이 분명하고, 제673조에 따른 임의해제권을 행사한 것인지는 불분명한 상황임에도, 당사자들은 도급계약이 제673조에 따라 해제된 것일 수도 있다는 불확실한 상황에서 놓이게 되어 분쟁 해결을 위한 의사결정에 어려움을 겪게 되고, 분쟁 해결이 지연될 것이다.

이처럼 수급인이 입을 수 있는 불측의 손해를 방지하여 이 사건 분쟁을 해결한다는 측면에서도 대상판결 판시와 같이 채무불이행을 이유로 한 도급인의 해제 의사표시에 원칙적으로 제673조에 따른 임의해제의 의사가 포함되어 있다고 볼 수 없다고 봄이 타당하다.

## Ⅳ. 결    론

대상판결은 도급계약의 당사자 사이에 분쟁이 있었다는 사정만으로 채무불이행을 이유로 한 도급계약 해제의 의사표시에 제673조에 따른 임의해제의 의사가 포함되어 있다고 볼 수는 없다는 법리를 명확히 최초로 선언하였고, ① 도급과 위임의 구별, ② 의사표시 해석의 원칙과 도급인의 의사 및 제673조에 따른 임의해제의 의사를 인정하기 위한 사정 검토, ③ 무효행위 전환의 요건 충족 여부, ④ 변론주의 원칙, ⑤ 이 사건 분쟁의 해결의 관점에서 대상판결의 판시는 타당하다. 대상판결은 도급인이 도급계약 해제 의사표시를 하는 경우 수급인의 채무불이행을 이유로 한 것인지, 제673조에 의한 것인지, 채무불이행의 요건이 인정되지 않는다면 제673조에 의한 임의해제권을 행사하는 의사가 있는지 등을 명확히 해 둘 필요가 있다는 점을 도급계약의 당사자들에게 확인시켜 주어 유사 분쟁의 해결에도 도움이 될 것이다. 나아가 예외적으로 채무불이행을 이유로 한 도급인의 해제 의사표시에 제673조에 따른 임의해제의 의사가 포함되어 있다고 인정하기 위하여 추가적으로 필요한 사정이 무엇인지에 관하여도 사례와 연구가 발전해 갈 수 있기를 기대한다.

[Abstract]

# Right of Rescission of Person Who Ordered Work Before its Completion and Interpretation of Declaration of Intention to Rescind a Contract for Work

Ku, Ha Kyoung*

Before the completion of the contracted work, the person who ordered the work may rescind the contract at any time, but shall be liable for damages(Article 673 of the Korean Civil Act). Instead of allowing the person who ordered work to unilaterally rescind a contract for work, he/she is required to liable for all damages suffered by the contractor due to the unilateral rescission.

The Supreme Court Decision 2022da246757 ruled for the first time that the declaration of intention to rescind a contract for work by reason of non-performance cannot be considered as the declaration of intention to rescind the contract for unilateral rescission under Article 673 merely because there was a dispute between the parties. This paper examines the justification of this Supreme Court Decision from the following five perspectives.

First, the Supreme Court previously ruled that in a case where one of the parties alleged the rescission of a mandate by reason of non-performance, but ended in vain, the allegation may have the effect as rescission for the future at will pursuant to Article 689. In terms of the distinction between a contract for work and a mandate, the legal principle on the interpretation of declaration of intention to rescind a mandate cannot be applied to the case of a contract for work.

---

* Judge, Seoul Central District Court.

Second, in order to recognize that the person who ordered work had the intention of unilateral rescission under Article 673, additional circumstances are required to show that the intention of the person who ordered work includes "the person who ordered work want rescind the contract even if he/she shall be liable for damages."

Third, the unilateral rescission under Article 673 is not "the other juristic act" within the meaning of Article 138 because it is the juristic act intended to have a new legal effect that is greater than the original juristic act. Therefore, this Supreme Court Decision is also justified in that it does not fulfill the requirements for conversion of null act.

Fourth, from the perspective of the principle of pleading, it is difficult to see that the allegation that a contract for work was rescinded due to non-performance includes the allegation that the contract was rescinded under Article 673.

Fifth, this Supreme Court Decision is also justified in terms of resolving the dispute by preventing damage to the contractor.

This Supreme Court Decision will help to resolve the dispute in various contract disputes and litigation where similar issues are frequently raised. Furthermore, it is hoped that cases and research will develop as to what additional circumstances are required to recognize that the person who ordered work had the intention of unilateral rescission under Article 673.

## [Key word]

- Right of rescission of person who ordered work before its completion
- Article 673 of the Korean Civil Act
- Declaration of intention to rescind a contract for work

## 참고문헌

[단 행 본]

곽윤직, 채권각론(제6판), 박영사(2003).

김형배, 채권각론(계약법)(신정판), 박영사(2001).

사법연수원, 요건사실론, 사법연수원(2016).

윤재윤, 건설분쟁관계법(제5판), 박영사(2014).

주석 민법 채권각칙(3)(제5판), 한국사법행정학회(2021).

_____, 채권각칙(4)(제3판), 한국사법행정학회(1999).

_____, 채권각칙(4)(제5판), 한국사법행정학회(2022).

_____, 총칙(2)(제5판), 한국사법행정학회(2019).

_____, 총칙(3)(제5판), 한국사법행정학회(2019).

주석 민사소송법(2)(제8판), 한국사법행정학회(2018).

[논    문]

강동세, "건축설계계약의 법적 성질과 건축설계도서의 양도에 따른 저작권법
　　　상의 문제", 대법원판례해설 제34호(2000. 6.).

김동훈, "일의 완성 전 도급인의 해제권", 고시연구 제31권 제9호(2004. 9.).

김천수, "무효행위의 전환과 사적 자치", 법조 통권 제751호(2022. 2.).

나　현, "법률요건과 요건사실(주요사실)", 민사소송 제13권 제1호(2009. 5.).

박영무, "건설도급계약의 해제", 사법논집 제7집(1976).

안병하, "일부무효와 무효행위의 전환", 법조 통권 제722호(2017. 4.).

윤진수, "무효행위의 전환인가, 보충적 해석인가?", 사법 제58호(2021).

이영애, "건축저작권과 건축설계계약", 민사판례연구 제23권(2000. 6.).

이우진, "일의 완성 전 도급인의 계약해제와 손해배상", 성균관법학 제19권
　　　제3호 별권(2007. 12.).

이주현, "제673조에 의한 도급계약 해제시 도급인이 수급인에게 배상하여야
　　　할 손해의 범위 및 그 경우 수급인의 손해액 산정에 있어서 손익상계
　　　의 적용 여부, 위 손해배상액 인정에 있어서 과실상계 및 손해배상의

예정액 감액은 허용되는지 여부와 신의칙 적용 여부", 대법원판례해설 제40호(2002. 5.).
이준형, "민법 제673조에 의한 저작물 제작계약의 해제와 손해배상", 민사법학 제45권 제1호(2009. 6.).
이태종, "위임업무처리 진행중 일방적인 위임계약의 해지와 손해배상책임", 대법원판례해설 제34호(2000. 6.).
정광수, "민법 제673조상 도급인의 해제권에 관한 고찰", 강원법학 제46권 (2015. 10.).
지원림, "위임의 임의해지와 손해배상", 법조 통권 제718호(2016. 8.).

# 임치계약 해지에 따른 임치물 반환청구권의 소멸시효 기산점

김 찬 영*

■요 지■

대상판결은 기간의 약정이 없는 임치계약의 해지권(형성권) 행사에 따라 발생하는 임치물 반환청구권(청구권)의 소멸시효가 그 청구권을 행사할 수 있는 시점, 즉 임치계약의 해지 시점이 아니라 그 해지권을 행사할 수 있는 시점, 즉 임치계약 성립 및 임치물의 인도 시점부터 진행한다고 보았다. 이는 기간의 약정이 없는 임치계약의 경우 '언제든지' 해지할 수 있고(민법 제699조) 성립(및 임치물 인도) 시부터 해지권의 행사를 통한 임치물의 반환이 예정되어 있다는 특성이 있는 점, 임치물 반환청구권을 행사하는 데 추가적인 요건 없이 임치인의 일방적 의사결정(해지권 행사)만을 필요로 할 뿐이고 그 외에 별다른 법률상 장애가 없다는 점, 일반적으로 임치인이 수치인에게 임치물의 반환을 요구한 때에는 임치계약의 묵시적인 해지의 의사표시로 해석할 수 있는 경우가 많을 것이므로 굳이 해지권의 행사와 반환청구권의 행사를 구분할 실익이 적다는 점 등을 고려한 것으로 보인다.

그러나 다음과 같은 이유로 대상판결의 태도는 재고되어야 한다. ① 형성권과 그 행사에 따라 발생하는 청구권은 명확하게 분리하여 취급하여야 하고, 청구권이 아직 발생하지 않는 이상 그 행사기간 역시 진행될 여지가 없다. 임치인이 계약을 해지할 수 있다는 것은 임치관계의 유지 여부에 관한 의사결정 가능성에 관한 문제로, 이를 해소하는 것으로 결정한 다음에 그로써 발생하는 임치물 반환청구권을 어떠한 기간 내에 행사하여야 하는가

* 서울행정법원 판사.

와는 구별되어야 한다. ② 수치인은 임치가 종료하면 임치물을 반환할 의무가 있고, 임치물 반환청구권의 소멸시효는 예외적으로 위 반환의무를 면제시켜 수치인에게 이익을 부여하는 제도이다. 따라서 임치인으로서도 해지권을 언제 행사할 것인지 자유롭게 정할 수 있고, 그때부터 반환청구권의 소멸시효가 기산된다고 보는 것이 수치인의 법률관계 조기 안정화와 임치인의 권리 보호라는 서로 대립하는 이익을 조화시키는 방안이다. ③ 기간의 약정이 없는 '소비임치'의 경우 임치인이 언제든지 반환을 청구할 수 있다는 명문의 규정(민법 제702조 단서)을 둔 반면, 일반적인 임치는 이러한 특칙을 두고 있지 않다. 소비임치는 일반적인 임치계약과 달리 임치물의 소유권이 수치인에게 이전되고 목적물이 대체물로 한정되는 점에서 오히려 소비대차와 유사하므로, 임치와 소비임치를 반드시 동일하게 취급할 필요가 없다. ④ (기간의 약정이 없는 경우의 대부분에 해당하는) 무상임치의 경우 수치인은 자기 재산과 동일한 주의를 가지고 임치물을 보관하면 족하고, 수치인은 장기간 임치물을 보관하는 것이 자신에게 손해가 된다고 생각한다면 언제든지 스스로 임치계약을 해지하고(민법 제699조) 임치물을 반환할 수 있으며, 경우에 따라 신의칙 내지 실효의 원칙에 의하여 임치인의 해지권 행사 자체를 제한할 수 있으므로, 임치인이 갖는 임치물 반환청구권의 소멸시효 기간이 해지권을 행사권을 행사한 때부터 진행한다고 보더라도 반드시 수치인의 보호에 미흡하다고 볼 수 없다.

한편 대상판결은 '특별한 사정'이 있는 경우 소멸시효의 기산점을 달리 판단할 수 있는 예외적인 경우가 있을 수 있다는 여지를 남겨 두었으므로, 향후에는 대상판결을 재고함은 물론이거니와, 대상판결에 따를 경우 위 '특별한 사정'의 범위(예컨대 임치인이 임치물 반환청구권의 발생 여부를 객관적으로 알기 어려운 상황에 있고 임치인의 과실 없이 이를 알지 못한 경우)에 관한 활발한 논의가 이루어짐으로써 소멸시효 실무가 합리적으로 운영되기를 기대한다.

[주 제 어]
• 임치
• 해지권
• 임치물 반환청구권
• 소멸시효

- 소멸시효 기산점
- 형성권
- 청구권

대상판결 : 대법원 2022. 8. 19. 선고 2020다220140 판결

[사안의 개요]

1. 사실관계

− 원고는 현대자동차와 자동차 배기가스 촉매제(이하 '촉매제'라 한다)를 제조·납품하는 계약(이하 '부품거래 기본계약'이라 한다)을 체결하되, 촉매제를 현대자동차에 직접 인도하는 대신, 촉매제를 가공하여 촉매정화장치를 제조하는 피고에게 인도하기로 하였다. 피고는 현대자동차와 촉매정화장치를 제조·납품하는 계약을 체결하였다.

− 원고는 피고에게 촉매제 합계 346,096개를 인도하였고, 피고는 원고로부터 인도받은 촉매제를 사용하여 촉매정화장치를 제조한 다음 현대자동차에 촉매정화장치를 납품하고 잔여촉매제 합계 19,268개(이하 '이 사건 잔여촉매제'라 한다)를 보관하고 있었다(원고와 피고는 촉매제 인도와 관련하여 양자의 권리의무를 정하는 명시적인 계약을 체결하지는 않았다).

− 원고는 현대자동차로부터 합계 326,828개(= 346,096개 − 19,268개)의 촉매제에 대한 대금은 지급받았다.

− 원고는 피고를 상대로 주위적으로 이 사건 잔여촉매제의 인도를, 예비적으로 이 사건 잔여촉매제가 멸실되었을 경우 그 가액 상당의 손해배상을 청구하는 이 사건 소를 제기하였다.

2. 하급심의 판단¹⁾: 원고의 청구(일부)인용(항소심: 피고의 소멸시효 항변 배척)

제1심과 항소심은 원고와 피고 사이에 이 사건 잔여촉매제에 관한 묵시적 임치계약이 성립하였다고 인정하면서, 피고의 귀책사유에 의하여 임치목적물 반환의무가 이행불능에 이르렀으므로 피고는 원고에게 손해배상²⁾으로

---

1) 제1심: 서울중앙지방법원 2019. 4. 18. 선고 2017가합590554 판결, 항소심: 서울고등법원 2020. 1. 23. 선고 2019나2023297 판결.

2) 한편, 대상판결 이후에 선고된 대법원 2022. 9. 29. 선고 2019다204593 판결은 "이행불능 또는 이행지체를 이유로 한 법정해제권은 채무자의 채무불이행에 대한 구제수단으로 인정되는 권리이다. 따라서 채무자가 이행해야 할 본래 채무가 이행불능이라는 이유로 계약을 해제하려면 그 이행불능의 대상이 되는 채무자의 본래 채무가 유효하게 존속하고 있어야 한다. (중략) 채무불이행에 따른 해제의 의사표시 시 당시에 이미 채무불이행의 대상이 되는 본래 채권이 시효가 완성되어 소멸하였다면, 채무자가 소멸시효의 완성을 주장하는 것이 신의성실의 원칙에 반하여 허용

이 사건 잔여촉매제 가액 상당을 지급할 의무가 있다고 판단하였다(주위적 청구 기각, 예비적 청구 일부 인용).

한편 피고는 항소심에서 '원고의 임치물 반환청구권의 소멸시효가 완성되었다'는 주장을 추가하였는데, 항소심 법원(원심)은 대체로 제1심의 결론을 유지하면서 임치물 반환청구권의 소멸시효는 임치계약 관계가 종료하여 수치인이 반환의무를 지게 되는 때, 즉 임치기한이 도래하거나 임치인이 해지권을 행사하여 그 반환청구권이 발생한 때부터 진행하는데, 이 사건 소 제기 이후 임치계약이 해지되었으므로 임치물 반환청구권의 소멸시효는 완성되지 않았다는 이유로 피고의 소멸시효 항변을 배척하였다.

### 3. 대법원의 판단(대상판결): 파기환송

대법원은 이 사건 잔여촉매제에 관한 묵시적 임치계약의 성립을 인정한 원심의 판단을 수긍하면서도,[3] 임치물 반환청구권의 소멸시효 완성 여부에 관하여는, '임치계약 해지에 따른 임치물 반환청구는 임치계약 성립 시부터 당연히 예정된 것이고, 임치계약에서 임치인은 언제든지 계약을 해지하고 임치물의 반환을 구할 수 있는 것이므로, 특별한 사정이 없는 한 임치물 반환

---

될 수 없다는 등의 특별한 사정이 없는 한, 채권자는 채무불이행 시점이 본래 채권의 시효 완성 전인지 후인지를 불문하고 그 채무불이행을 이유로 한 해제권 및 이에 기한 원상회복청구권을 행사할 수 없다."고 하였고, 이후에 선고된 대법원 2023. 5. 18. 선고 2020다8432 판결은 "계약해제 의사표시 당시에 본래 채권이 시효의 완성으로 소멸하였다면 그 해제권 및 이에 근거한 원상회복청구권과 위약금 청구권도 행사할 수 없거나 소멸한다."는 원심의 판단을 수긍한바, 이에 따르면 만약에 임치물 반환청구권의 소멸시효가 완성되었다고 본다면 그 이행불능으로 인한 손해배상청구권 역시 행사할 수 없다고 볼 여지가 있다.

3) 이에 대하여는 대상판결 사안의 거래구조상 피고가 원고와의 사이에서 부담하는 주된 의무는 원고로부터 인도받은 촉매제를 사용하여 촉매정화장치를 제조한 후 현대자동차에 납품을 하는 것이지 촉매제를 보관하고 있다가 원고에게 반환하는 것이 아니므로, 묵시적 계약관계를 민법상 임치가 아니라 일종의 무명계약이라고 보아야 한다는 비판이 있으나[홍승면, "임치계약 해지에 따른 임치물 반환청구권의 소멸시효 기산점", 서울고등법원 판례공보스터디(2022)], 대상판결 사안의 경우 원고가 생산계획만큼의 촉매제에 한하여 부품거래 기본계약에 따라 현대자동차에 납품한 것으로 볼 수 있을 뿐 이를 초과하는 수량에 해당하는 잔여촉매제까지 위 계약에 따라 납품한 것으로 볼 수 없다. 납품하고 남는 잔여촉매제가 발생하여 피고가 이를 보관하게 될 것 자체는 전체 촉매제의 인도 당시부터 어느 정도 예정되어 있었으므로(잔여촉매제의 수량, 발생시기 등까지 반드시 특정되어야 한다고 볼 수는 없다), 이는 물건의 보관을 목적으로 하는 임치계약의 표지에 부합한다.

청구권의 소멸시효는 임치계약이 성립하여 임치물이 수치인에게 인도된 때부터 진행하는 것이지, 임치인이 임치계약을 해지한 때부터 진행한다고 볼 수 없다'는 새로운 법리를 설시하였다.

그럼에도 원심이 임치물 반환청구권의 소멸시효 기산점이 임치계약 해지일이라는 잘못된 전제에서 이 사건 잔여촉매제에 대한 임치계약의 성립 시점이 언제인지,[4] 이 사건 잔여촉매제가 피고에게 인도된 날이 언제인지, 그로부터 소멸시효 기간이 도과하였는지 등을 심리하지 않은 채 임치물 반환청구권의 소멸시효가 완성되지 않았다고 단정한 것은 잘못이라고 보아 원심판결을 파기환송하였다.

## 〔研 究〕

## I. 서 론

소비임치계약, 그중에서도 대표적으로 활용되는 예금계약 정도를 제외하면, 임치계약에 관한 연구는 다른 민법상 전형계약에 비하면 매우 빈약한 형편이다. 임치계약의 효과로서 발생하는 보관이라는 개념이 간단하고 단순하여 특별히 설명할 것이 없을 뿐만 아니라, 임치에 관한 법률분쟁이 많지 않아 학자들로서도 임치에 대한 학문적 호기심이 적다는 것이 그 원인이라고 할 수 있다.[5] 그런데 최근에는 실무적으로 경제적 발전과 더불어 빈번해진 상품교류의 증가로 물류 및 보관이 거래관계에서 중요한 부분을 차지하게 되었고, 보관의 대상이 되는 물품도 고가인 경우가 많아 분쟁 발생의 여지가 이전보다 더 커진 상황이다.[6]

한편, 대상판결 사안처럼 예컨대 매도인(내지 도급인)이 매매계약(내지 도급계약)에 따른 완성품을 매수인(내지 수급인)에게 납품하기 위하여 수량

---

4) 제1심과 항소심은 임치계약의 성립 시점이 언제인지, 즉 원고가 피고에게 촉매제를 최초로 납품한 시점인지 아니면 피고가 납품받은 촉매제를 사용하지 않기로 확정된 시점인지에 관하여는 명확하게 설시하지 않았다.

5) 박희호, "민법상 임치계약에 관한 연구", 법학연구(연세대학교 법학연구원) 제29권 제3호(2019. 9.), 29-30면.

6) 박희호(주 5), 30면. 대상판결 사안에서도 항소심은 이 사건 잔여촉매제 19,268개의 가액 상당인 2,016,291,806원(약 20억 원)의 손해배상금을 인정하였다.

을 정확하게 정하지 않은 채 부품 등을 제3자에게 일정량 납품하였는데, 그 중 완성품을 만들고 남는 일부를 그 제3자가 상호 양해하에 계속 보관하게 되는 경우가 있다. 이 경우 묵시적으로 임치계약이 체결되었다고 볼 수도 있을 것인데,[7] 그 당연한 귀결로 임치기간을 별도로 약정하는 것은 상정하기 어렵다. 더구나 임치계약의 성립이 묵시적으로만 이루어진 경우, 임치인이 수치인에게 인도한 물건이 사실은 임치된 것이라는 점을 명확하게 인식하지는 못한 채[8] 몇 년에 이르는 긴 시간이 흐를 수도 있다.[9]

기간을 정하지 않은 임치계약의 경우, 임치인은 언제든지 계약을 해지하고(민법 제699조[10]) 임치물의 반환을 청구할 수 있다. 임치인의 해지권은 '형성권'[11]인 반면, 그 해지권을 행사함으로써 발생하는 임치물 반환청구권은 '청구권'이라는 점에서 성질을 달리하고, 임치물 반환청구권은

---

7) 또 다른 예로 손님이 숙소 주차장에 주차한 차량에 관하여 공중접객업자와 손님 사이에 묵시적 임치계약이 성립하는 경우를 들 수 있는데, 이에 관하여 대법원 1998. 12. 8. 선고 98다37507 판결은 "공중접객업자와 객 사이에 임치관계가 성립하려면 그들 사이에 공중접객업자가 자기의 지배영역 내에 목적물 보관의 채무를 부담하기로 하는 명시적 또는 묵시적 합의가 있음을 필요로 한다고 할 것이고, 여관 부설주차장에 시정장치가 된 출입문이 설치되어 있거나 출입을 통제하는 관리인이 배치되어 있는 등 여관 측에서 그 주차장에의 출입과 주차시설을 통제하거나 확인할 수 있는 조치가 되어 있다면, 그러한 주차장에 여관투숙객이 주차한 차량에 관하여는 명시적인 위탁의 의사표시가 없어도 여관업자와 투숙객 사이에 임치의 합의가 있는 것으로 볼 수 있으나…"라고 판시하였다.
8) 즉, 물건을 인도했다고 하더라도 그 물건이 '임치계약에 의하여' 인도된 것이라는 명확한 인식은 하지 못하는 바람에 임치계약의 해지권 등을 행사하지 못하는 경우가 있을 수 있다.
9) 대상판결 사안에서도 원고가 피고에게 촉매제를 인도할 때, 원고가 인도한 촉매제의 수량과 실제로 피고가 촉매정화장치로 가공하여 현대자동차에 납품하는 촉매제의 수량을 정확히 일치시키는 것은 계약구조와 생산 공정상 사실상 어렵고 효율적이지도 않기 때문에, 피고가 사용하지 않은 채 남겨두는 촉매제가 어느 정도 발생하는 상황은 용인하되, 그 잔여촉매제를 일단 피고가 보관하게 하면 이를 추후에 반환 내지 정산 받을 수 있으리라는 정도로 생각하였을 가능성이 높아 보인다.
10) 이하 민법은 법명을 생략한다.
11) 우리 민법학에서는 대개 형성권은 "권리자의 일방적 의사표시에 의하여 법률관계를 발생, 변경 및 소멸시키는 권리"라고 정의되고 있다[김진우, "형성권에 관한 재고", 외법논집 제26집(2007. 5.), 35면].

채권적 청구권이므로[12] 소멸시효가 적용된다. 그런데 그 소멸시효의 기산점이 '임치계약이 성립하여 임치물이 수치인에게 인도된 때'라고 볼 것인지, 아니면 '임치인이 실제로 해지권을 행사한 때'라고 볼 것인지는 시효의 완성 시점, 즉 반환청구권을 행사할 수 있는 기한을 결정하게 된다.

이 문제에 관하여, 대상판결은 '임치계약 해지에 따른 임치물 반환청구는 임치계약 성립 시부터 당연히 예정된 것이고, 임치계약에서 임치인은 언제든지 계약을 해지하고 임치물의 반환을 구할 수 있는 것'이라는 점 이외에는 별다른 근거를 설시하지 않은 채 '임치계약이 성립한 때'가 시효의 기산점이라는 전자의 견해를 취하였다. 그런데 대상판결의 위 문언상 이 사건에서 문제된 임치계약뿐만 아니라, 계약의 성립 당시부터 원칙적으로 일방 또는 쌍방의 당사자가 계약을 해지할 수 있는 권리를 가지는 다른 계약유형, 예컨대 기간의 약정이 없는 임대차계약, 조합계약, (무상의) 위임계약, 고용계약 등에서도 그 해지로 인하여 발생하는 원상회복청구권의 소멸시효에도 적용될 수 있는 것처럼 표현되어 있어 상당한 "파괴력"을 가질 수 있다.[13]

제척기간이 법으로 별도로 정해져 있는 형성권의 경우, 그 행사로 인하여 발생하는 청구권에 위 제척기간이 그대로 적용되는지 아니면 별도의 소멸시효가 적용되는지에 관하여 종전부터 꾸준히 논의되었는데, 대법원은 그간 후자의 입장을 취하여 왔고, 그 기산점도 형성권을 행사한 시점부터라고 보았다. 그런데 만약에 위 결론을 (제척기간에 관하여는 별도로 정하지 않은 채 '언제든지' 행사할 수 있다고 하는) 기간의 약정이 없는 임치계약의 해지권에도 그대로 적용할 수 있다면, 대상판결은 대법원이 기존에 취해온 태도와는 다소 상반된 입장을 보이고 있어, 향후 임치뿐만 아니라 다른 계약유형에서 해지권 등을 행사하여 발생하는 원상회복청구권

---

12) 이와 달리 임치인이 임치물의 소유자로서 '소유물반환청구권'을 행사한다면, 이는 물권적 청구권이므로 소멸시효의 적용대상이 되지 않는다.

13) 양창수, "임치물 반환청구권의 소멸시효 기산점", 법률신문 제5028호(2022. 10. 27.), 12-13면.

등의 소멸시효에 관한 실무 운영에 혼란이 발생하는 것이 불가피해 보인다.

이하에서는 대상판결의 쟁점, 즉 임치계약 해지에 따른 임치물 반환청구권의 소멸시효 기산점을 논하기 위해서, 우선 기간의 약정이 없는 임치계약이 해지되는 경우 발생하는 임치물 반환청구권에 관하여 개괄적으로 살펴보고(Ⅱ.항), 소멸시효의 기산점, 특히 '형성권의 행사로 발생하는 청구권'의 소멸시효 기산점에 관하여 논한다(Ⅲ.항). 다음으로 쟁점에 관한 학계의 논의와 하급심 판결례에 관하여 살펴보고, 이상의 연구와 이해를 토대로 대상판결의 타당성을 검토한다(Ⅳ.항).

## Ⅱ. 논의의 전제 1: 임치계약의 해지와 임치물 반환청구권의 발생

### 1. 임치의 의의 및 효력

#### (1) 임치의 의의

임치는 당사자 일방(임치인)이 상대방(수치인)에게 금전이나 유가증권 기타 물건의 보관을 위탁하고 상대방이 이를 승낙함으로써 성립하는 낙성·불요식의 계약이다(제693조). 한편 대량생산된 상품이나 운송 중의 화물을 창고에 임치하는 것은 대개 창고업자에 의하여 조직적으로 행하여지므로 그 규율은 상법에 맡겨져 있고(상법 제155조 내지 168조), 공중접객업자나 일반상인의 임치에 대해서도 상법에 특칙이 있다(상법 제151조 내지 154조, 제62조).[14]

#### (2) 임치의 효력: 수치인의 의무

#### (가) 임치물 보관의무

수치인의 기본적인 의무는 '임치물의 보관'이다. 민법상의 임치는 원칙적으로 무상인데, 무상임치의 경우 수치인은 '자기 재산과 동일한 주의'로 임치물을 보관할 의무를 진다(제695조). 반면에 유상임치의 경우 임치가 종료한 때 수치인은 물건을 반환하여야 하므로 특정물 인도채무에 '특유한 선량한 관리자의 주의'로 임치물을 보관하여야 한다(제374조).

---

14) 지원림, 민법강의(제17판), 홍문사(2020), 1610면.

(나) 임치물 반환의무

임치가 종료하면 수치인은 받은 목적물 그 자체를 임치인에게 반환해야 한다. 반환의 장소는 특약이 없으면 보관한 장소이나, 수치인이 정당한 사유로 그 물건을 전치한 때에는 현존하는 장소에서 반환할 수 있다(제700조). 소비임치계약의 경우, 반환시기의 약정이 없는 때에는 임치인은 언제든지 그 반환을 청구할 수 있다(제702조 단서).

한편 상법은 당사자가 임치기간을 정하지 아니한 때에는 창고업자는 임치물을 받은 날로부터 6월을 경과한 후에는 언제든지 이를 반환할 수 있다는 특칙을 두고 있다(상법 제163조). 이는 민법상 임치계약은 양 당사자가 언제든지 해지할 수 있는 것(제699조)과 달리 창고업자에게는 부득이한 사유 없는 한 적어도 6개월간 임치물을 보관할 의무를 부과함으로써, 임치인을 보호하고 창고영업의 경제적 기능을 살리기 위하여[15] '창고업자(수치인)'의 해지권 행사기간을 제한하는 특칙이라고 할 수 있다. 따라서 위 특칙에도 불구하고 창고에 물건을 임치한 '임치인'은 민법의 원칙으로 돌아가 언제든지 임치계약을 해지하여 임치물의 반환을 청구할 수 있다고 새겨야 한다.

## 2. 임치의 해지

### (1) 임치계약의 해지권 개관

임치기간을 약정한 경우 수치인은 부득이한 사유 없이 그 기간이 만료되기 전에 계약을 해지하지 못하나, 임치인은 언제든지 계약을 해지할 수 있다(제698조). 이와 같이 기간의 약정이 있음에도 임치계약에서 해지의 자유를 폭넓게 인정하는 것은 임치계약이 임치인의 이익을 위하여 체결되는 계속적 계약의 성격을 가지는 점을 고려한 것으로 보인다. 임치기간은 주로 임치인의 이익을 위한 것인데, 임치인이 스스로 그로 인한 이익을 포기하는 것을 막을 이유는 없고, 임치물을 따로 보관할 필요

---

15) 정동윤 편집대표, 주석 상법 상법총칙·상행위(Ⅱ)(제4판), 한국사법행정학회 (2013), 396면(송종준 집필).

가 없어진 경우에도 임치계약의 구속력을 인정할 실익도 없는 것이다.[16] 임치기간을 약정하지 않은 경우, 임치인이나 수치인은 언제든지 계약을 해지할 수 있다(제699조).[17]

소비임치의 경우 제702조 단서에 따라 별도의 해지 절차 없이 바로 임치물 반환청구권이 발생한다고 해석되는 반면, 소비임치가 아닌 임치의 경우 임치물의 반환을 청구하기 위해서는 이에 앞서 해지권을 행사하여 계약을 종료시킬 것이 요구된다.

## (2) 해지권의 행사기간

법률에 규정된 형성권의 존속기간은 제척기간의 법적 성질을 갖는다는 것이 통설·판례이다.[18] 그런데 임치계약의 해지권과 같이 '언제든지' 행사할 수 있다고 규정된 형성권의 경우[19]에도 별도의 제척기간을 인정할 수 있는지 문제된다. 이에 관하여 대법원은 '목적물을 맡긴다'는 면에서 임치와 법률관계가 유사하다고 볼 수 있는 신탁의 해지권에 관하여는 '의용 신탁법 제57조에 의한 해지권은 원래의 신탁계약이 존속하는 이상 언제든지 행사할 수 있는 것으로 법률관계의 조속한 확정이 요구되는 것이 아니므로 제척기간의 대상이 된다고 할 수 없다'고 판시한[20] 반면, 최근에 주식매수청구권에 관하여는 '주식매수청구권은 상행위인 투자 관련 계약을 체결한 당사자가 달성하고자 하는 목적과 밀접한 관련이 있고, 그 행사로 성립하는 매매계약 또한 상행위에 해당하므로, 이때 주식매수

---

16) 김용덕 편집대표, 주석 민법 채권각칙(Ⅳ)(제5판), 한국사법행정학회(2022), 341면 (정원 집필).

17) 수치인은 언제든지 계약을 해지할 수 있다고 하면서, 수치인이 임치인에게 임치물의 처분과 인수를 요구하였다면 이를 임치계약을 해지하고 임치물의 회수를 최고한 의사표지로 볼 여지가 있다고 한 사례로, 대법원 1983. 11. 8. 선고 83다카1476 판결 참조.

18) 김진우(주 11), 49면; 대법원 1993. 7. 27. 선고 92다52795 판결.

19) 기간의 약정이 없는 임대차의 해지통고에 관한 제635조("① 임대차기간의 약정이 없는 때에는 당사자는 언제든지 계약해지의 통고를 할 수 있다."), 기간의 약정이 없는 고용의 해지통고에 관한 제660조("① 고용기간의 약정이 없는 때에는 당사자는 언제든지 계약해지의 통고를 할 수 있다."), 위임계약의 해지에 관한 제689조("① 위임계약은 각 당사자가 언제든지 해지할 수 있다.") 등도 이에 해당한다.

20) 대법원 2015. 1. 29. 선고 2013다215256 판결.

청구권은 상사소멸시효에 관한 상법 제64조를 유추적용하여 5년의 제척기간이 지나면 소멸한다'고 판시[21]하는 등 형성권의 행사기간이 별도로 정해지지 않은 경우에는 다른 법률규정을 유추적용하여 제척기간을 인정한 예가 있다. 위 두 사안의 결정적인 차이점은, 전자는 법률규정 내지 약정의 해석상 '언제든지' 행사할 수 있는 반면, 후자는 행사기간에 관하여 따로 정해진 바가 없다는 것이다. 즉, 입법자나 계약당사자가 '언제든지' 행사할 수 있다고 굳이 명시한 취지는 법률관계를 조속히 확정시킬 필요 없이 권리자의 자유로운 형성권 행사를 인정하겠다는 고려에 의한 것이므로, ('언제든지'라는 문언 없이) 제척기간을 별도로 두지 않았지만 당사자 간 이익 균형을 도모하기 위해 해석에 의하여 형성권의 행사기간을 인정할 필요가 있는 경우와는 분명히 구별되어야 한다.

이러한 논의를 토대로 살펴보면, 민법상 임치계약의 해지권은 '언제든지' 행사할 수 있다고 명시되어 있으므로 그 행사시기에 원칙적으로 제척기간 등의 제한이 없다고 보아야 한다. 다만 해지권도 거래관행에 따라 신의칙에 맞게 행사되어야 하는 내재적인 한계가 있으므로, 임치인이 신의칙에 반하여 수치인에게 불리한 시기에 해지한 경우 또는 임치물의 반환을 위하여 특별한 준비가 필요한 경우 등에는 해지 후 반환에 필요한 상당한 기간이 지나기 전까지는 수치인은 이행지체의 책임을 지지 않는다.[22]

## Ⅲ. 논의의 전제 2: 소멸시효의 기산점

### 1. 소멸시효 제도의 존재 근거와 기산점의 의의

권리자는 스스로 권리행사 시점을 선택할 수 있는 자유가 있고, 이는 임치물 반환청구권의 경우에도 마찬가지다. 이러한 자유를 제한하는 것이 소멸시효 제도인데, 그 존재를 정당화하는 근거로 종래의 학설은 ① 사회질서의 안정, ② 입증곤란의 구제, ③ '권리 위에 잠자는 자는 보

---

21) 대법원 2022. 7. 14. 선고 2019다271661 판결.
22) 김용담 편집대표, 주석 민법 채권각칙(Ⅳ)(제4판), 한국사법행정학회(2016), 801면 (안법영 집필); 김용덕 편집대표(주 16), 344면(정원 집필).

호받지 못한다'는 법언으로 대변되는 권리행사의 태만에 대한 제재[23] 등을 들고 있다. 이외에 권리자가 더 이상 권리를 행사하지 않을 것으로 믿은 의무자의 신뢰를 보호하여야 한다는 점을 강조하는 견해도 있다.[24] 소멸시효 제도를 구체적으로 운용하고 해석하는 것은 위와 같은 측면들을 적절히 고려하고 이와 대립되는 요소들을 형량하는 과정이다.[25] 법적 안정성을 강조할수록 소멸시효는 엄격해지고 권리자는 되도록 빨리 행사할 것을 요구받는 반면, 권리자가 권리행사를 태만히 한 것에 대한 책임을 물을 수 있을 때에만 이를 이유로 권리행사를 막는 것이 정당화되는 것이다. 권리를 행사하는 입장에서 소멸시효 기간은 궁극적으로 법원(또는 이와 유사한 공적인 집행기관)에 의존하여 권리행사절차를 밟기까지 그에게 허용된 일종의 여유 기간(breathing space)이고, 소멸시효의 기산점은 그 적정한 기간을 정하는 출발점이다.[26]

## 2. 소멸시효의 기산에 관한 원칙

　소멸시효는 객관적으로 권리가 발생하여 그 권리를 행사할 수 있는 때부터 진행한다(제166조 제1항).[27] 권리를 행사할 수 있는 때란 권리 행사에 '법률상의 장애'가 없음을 의미한다고 보는 것이 통설·판례다. Boissonade 초안과 일본 舊민법도 시효기간을 30년으로 설정하는 대신 '사실상의 장애'에 의한 시효정지를 쉽게 인정하지 않는다.[28] 한편 일본의 판례 중에서는

---

23) 대법원도 일찍이 이러한 취지를 천명한 바 있다(대법원 1992. 3. 31. 선고 91다32053 전원합의체 판결: "시효제도의 존재이유는 영속된 사실상태를 존중하고 권리 위에 잠자는 자를 보호하지 않는다는 데에 있고 특히 소멸시효에 있어서는 후자의 의미가 강하므로, 권리자가 재판상 그 권리를 주장하여 권리 위에 잠자는 것이 아님을 표명한 때에는 시효중단사유가 되므로…").

24) 윤진수, "소멸시효", 민법학의 회고와 전망: 민법전시행삼십주년기념논문집, 한국민사법학회(1993), 97면; 김학동, "소멸시효의 기산점에 관한 판례분석", 민법의 과제와 현대법의 조명: 경암홍천용박사화갑기념(1997), 97면.

25) 홍성균, "소멸시효 기산점에 관한 객관적 체계의 완화", 비교사법 제25권 제4호(2018), 1364면.

26) 홍성균(주 25), 1365면.

27) 이러한 점에서 권리의 발생일부터 기산되는 제척기간과 구별된다(대법원 1995. 11. 10. 선고 94다22682, 22699 판결 등 참조).

'권리를 행사할 수 있는 때란 단순히 그 권리의 행사에 대해 법률상의 장애가 없을 뿐만 아니라 권리의 성질상 그 권리의 행사를 현실적으로 기대할 수 있어야 한다고 해석하는 것이 상당하다'고 판시한 것도 있다.[29]

### 3. 구체적인 기산점
### (1) 원　칙

채권은 원칙적으로 이행기가 도래한 시점에 기산한다. ① 권리가 확정기한부의 것이라면, 소멸시효의 기산점은 그 기한이 도래한 때이다. ② 불확정기한부 채권도 이행기가 도래한 때부터 소멸시효가 진행하는데, 판례는 당사자가 불확정한 사실이 발생한 때를 이행기한으로 정한 경우에는 그 사실이 발생한 때는 물론이고 그 사실의 발생이 불가능하게 된 때에도 이행기한은 도래한다고 한다.[30] ③ 기한을 정하지 않은 권리[31]의 경우에 권리자는 언제든지 청구를 할 수 있으므로, 소멸시효의 기산점은 원칙적으로 권리가 발생한 때이다.[32] 이는 이행지체 책임의 경우 채무자가 이행청구를 받은 때로부터 발생하는 것(제387조 제2항)[33]과 구별된다. ④ 정지조건부 권리의 경우에 조건 미성취인 동안은 권리를 행사할 수 없으므로, 조건이 성취된 때부터 시효가 기산된다.[34]·[35]·[36]

---

28) 상세한 내용은 서종희, "일반소멸시효의 기산점 판단법리의 기원", 법학연구(연세대학교 법학연구원) 제30권 제2호(2020. 6.), 19-21면 참조.
29) 最判平成8(1996)年3月5日民集50卷3号383頁.
30) 대법원 1989. 6. 27. 선고 88다카10579 판결.
31) 대표적인 예로 부당이득반환청구권(민법 제741조)을 들 수 있다.
32) 곽윤직·김재형, 민법총칙(제9판), 박영사(2013), 430면.
33) 다만, 법문의 규정에도 불구하고 채무자가 채권자로부터 이행을 최고받은 다음 날부터 지체책임이 생기는 것으로 해석된다(대법원 1988. 11. 8. 선고 88다3253 판결 등 참조).
34) 양창수·김형석, 민법3: 권리의 보전과 담보(제4판), 박영사(2021), 86면.
35) 대법원 1992. 12. 22. 선고 92다28822 판결: "소멸시효는 권리를 행사할 수 있는 때로부터 진행하며 여기서 권리를 행사할 수 있는 때라 함은 권리행사에 법률상의 장애가 없는 때를 말하므로 정지조건부권리의 경우에는 조건 미성취의 동안은 권리를 행사할 수 없는 것이어서 소멸시효가 진행되지 않는 것이다."
36) 대상판결 사안에 관하여, 피고가 원고에게 이 사건 잔여촉매제를 반환할 의무는 특별한 경우, 즉 '피고가 원고의 촉매제를 사용한 촉매정화장치를 현대자동차에 납

(2) 청구 또는 해지통고를 한 후 일정 기간이나 상당한 기간이 경과하여야
청구할 수 있는 권리[37]

이 경우 그 전제가 되는 '청구나 해지통고를 할 수 있는 때부터 소
정의 유예기간이 경과하여야' 시효가 진행한다는 데 견해가 대체로 일치
한다.[38]·[39] 만약에 청구나 해지통고를 시효진행의 개시를 위한 절대적
요건으로 본다면 채권자가 청구도 해지통고도 하지 아니한 채 방치한 경
우 이러한 채권은 시효가 진행하지 않게 되어 불합리하고, 이와 달리 청

---

품할 수 없게 되는 경우'에 반환하기로 하는 정지조건부 반환의무이므로 조건이
성취되지 않는 한 시효가 진행하지 않는다고 보는 견해가 있다[홍승면(주 3)]. 그
런데 대상판결의 1심 판결(서울중앙지방법원 2019. 4. 18. 선고 2017가합590554 판
결)은 '원고와 피고는 피고에게 인도된 촉매제의 수량과 실제 촉매정화장치로 가
공되어 현대자동차에 납품된 촉매제의 수량이 기간별로 정확히 일치하지 않을 수
있음을 서로 인식하면서, 피고에게 인도된 촉매제 중 최종적으로 현대자동차에 납
품되는 것으로 확정된 수량을 제외한 나머지 수량은 일단 피고가 보관하면서 추후
정산해 나가기로 하는 것에 의사의 합치'가 있었다고 본바, (이러한 사실인정이 타
당하다는 전제하에) 이에 따르면 이 사건 잔여촉매제가 발생할 것은 인도 당시부
터 당연히 예정되어 있었으므로, 그 반환의무의 발생이 어떠한 정지조건에 의존한
다고 보기는 어렵다고 생각한다.

37) 예컨대 소비대차의 목적물 반환에 관한 제603조 제2항("반환시기의 약정이 없는
때에는 대주는 상당한 기간을 정하여 반환을 최고하여야 한다. 그러나 차주는 언
제든지 반환할 수 있다"), 기간의 약정이 없는 임대차의 해지통고에 관한 제635조
("① 임대차기간의 약정이 없는 때에는 당사자는 언제든지 계약해지의 통고를 할
수 있다. ② 상대방이 전항의 통고를 받은 날로부터 다음 각 호의 기간이 경과하
면 해지의 효력이 생긴다. 1. 토지, 건물 기타 공작물에 대하여는 임대인이 해지
를 통고한 경우에는 6월, 임차인이 해지를 통고한 경우에는 1월, 2. 동산에 대하여
는 5일"), 기간의 약정이 없는 고용의 해지통고에 관한 제660조("① 고용기간의 약
정이 없는 때에는 당사자는 언제든지 계약해지의 통고를 할 수 있다. ② 전항의
경우에는 상대방이 해지의 통고를 받은 날로부터 1월이 경과하면 해지의 효력이
생긴다.") 등이 이에 해당한다.

38) 곽윤직·김재형(주 32), 431면; 김상용, 민법총칙(제3판), 화산미디어(2014), 720면;
김준호, 민법강의(제28판), 법문사(2022), 370면; 백태승, 민법총칙(제7판), 집현재
(2016), 547면; 지원림(주 14), 392면.

39) 기간을 정하지 않은 소비대차의 목적물 반환청구권에 관하여, 서울중앙지방법원
2022. 10. 19. 선고 2021가합519965 판결(항소)은 "이 사건 계약은 (중략) 반환시기
의 약정이 없는 소비대차계약에 해당한다. 이 경우 대주가 반환을 최고하고 상당
한 기간이 지났을 때 변제기가 도래하고, 기한의 정함이 없는 채권은 채권자가 언
제라도 이행을 청구할 수 있으므로, 소비대차계약 체결 후 상당한 기간이 지난 때
부터 소멸시효 기간이 진행된다고 볼 것"이라고 판시하였다.

구나 해지통고를 할 수 있는 때부터 바로 시효가 진행한다고 하면 본래
청구권이 발생할 때까지 필요로 하는 상당기간이 고려되지 않은 채 시효
가 진행되어 채권자에게 부당하게 불리하기 때문이다.[40]

### (3) (제척기간이 정해진) 형성권의 행사에 따라 발생하는 채권

### (가) 문제의 제기

제척기간이 법에 규정된 형성권의 행사로 인하여 소유권이전등기청
구권이나 반환청구권 등을 별도로 행사할 수 있는 경우, 제척기간 내에
형성권이 행사되었을 때 그로 말미암아 발생하는 청구권의 소멸시효의
기산점에 관하여 견해가 대립한다(임치계약의 해지권은 별도로 제척기간의 정
함이 없이 '언제든지' 행사할 수 있으므로 사안을 달리하기는 하나, 그 논의에서
시사하는 바를 충분히 참고할 수 있으므로 이하에서 상술한다).

### (나) 비교법적 검토

### 1) 독    일

독일 민법 제194조는 "타인에게 작위 또는 부작위를 요구할 수 있는
권리(청구권)에는 소멸시효가 적용된다"고 규정하고 있다. 즉, 형성권에는
제척기간이 적용되고, 그러한 형성권의 행사 결과 발생한 청구권은 위
규정에 따라 소멸시효가 적용된다. 따라서 독일에서는 이 문제가 특별히
쟁점이 되지 않는다.[41]

### 2) 일    본

독일과 달리, 일본은 한국과 마찬가지로 청구권에 소멸시효가 적용
된다는 명문의 규정이 없다. 이에 일본의 판례는 형성권의 행사 결과 발
생하는 청구권은 형성권과는 별개로 소멸시효에 걸린다고 하고, 형성권을
실제로 행사한 때로부터 청구권의 소멸시효가 진행된다고 한다.[42] 일본
의 학설은 ① 판례를 지지하는 견해, ② 형성권은 그 행사로 생긴 청구

---

40) 양창수 편집대표, 민법주해(Ⅳ) 총칙(4)(제2판), 박영사(2022), 493면(오영준 집필).
41) 김진우(주 11), 62면; 임건면, "소멸시효의 대상", 한국민법의 새로운 전개: 고상
룡교수고희기념논문집(2012), 189-190면.
42) 大審院大正7(1918)年4月13日判時669号63頁(해제 사안); 大審院昭和12(1937)年5月
28日民集16卷903号(취소 사안).

권의 논리적 전제로서 양자의 행사 주체와 때가 동일하다는 이유로 그 청구권의 소멸시효만을 문제 삼고 형성권을 행사할 수 있는 때로부터 시효가 진행한다는 견해,[43] ③ 법률관계를 신속히 확정시키기 위해 형성권에 특별한 제척기간이 정해져 있는 경우에는 그 형성권을 행사하여 본래의 권리관계의 실현을 청구하는 것까지 포함하여 그 기간 내로 제한하는 것이 입법 취지라고 하면서 형성권의 행사에 따라 생기는 청구권의 소멸시효는 형성권을 현실로 행사할 수 있는 때로부터 진행한다는 견해[44] 등이 대립하는데,[45] 형성권의 행사 결과 발생하는 청구권도 형성권의 기간제한을 받는다는 견해, 즉 두 번째 내지 세 번째 견해(②, ③)가 유력한 것으로 보인다.[46]

### (다) 국내에서 견해의 대립

#### 1) 제1설(일체설 = 제척기간 내 권리행사설)

형성권의 행사기간을 두는 취지는 법률관계를 조속히 안정시키는 데 있으므로, 형성권의 행사기간을 곧 채권의 존속기간으로 보아야 하고, 따라서 형성권을 행사할 수 있는 때가 형성권 행사로 발생하는 청구권의 소멸시효가 기산점이 된다고 한다.[47] 청구권에 적용되는 소멸시효 기간에 관하여, 제1설은 다시 형성권 자체의 제척기간이 된다는 견해(일본의 유력설과 동일하다)와 독자적인 소멸시효 기간이 진행된다는 견해로 나뉜다.

#### 2) 제2설(독립설 = 형성권 행사 후 소멸시효 진행설)

법률관계의 안정이라는 목적은 형성권이 행사됨으로써 달성되는 것

---

43) 형성권은 물권, 채권 등의 실질적 생활이익을 직접적으로 목적으로 하는 권리와는 달리 단순히 이들 권리의 발생·변경 및 소멸을 위한 수단으로서 성질을 가지는 관념적 구성에 지나지 않는다고 한다.
44) 형성권의 행사기간이 만료되기 직전에 행사된 형성권에 기하여 발생한 청구권에 관하여도 시효기간 만료 직전까지 권리행사를 유보할 수 있다고 하면 법률관계의 조기 확정, 분쟁의 조기 해결이라고 하는 소멸시효 제도의 의미가 상실될 우려가 있다고 한다.
45) 최문기, "소멸시효와 제척기간의 기산점의 판례이론에 관한 일고찰", 재산법연구 제34권 제3호(2017. 11.), 296면.
46) 김진우(주 11), 63면.
47) 김상용(주 38), 716면; 백태승(주 38), 539면.

이므로, 형성권의 행사로 발생하는 채권의 행사기간을 형성권의 행사기간 내에 포함시킬 필요가 없고, 실제로 형성권을 행사하여 그 청구권을 행사할 수 있는 때로부터 별도로 시효가 진행한다고 한다. 현재 다수의 견해로 파악된다.[48]

한편, 제2설을 취하면서도 해지권 등 형성권에는 실효의 원칙이 강하게 적용되어야 하므로 상당한 장기간이 경과하면 해지권과 그로 인한 반환청구권을 행사하지 못한다고 보아야 한다는 견해도 있다.[49]

3) 제3설(유형설)

취소권과 해지권의 행사에 의하여 발생하는 청구권은 취소권이나 해지권을 행사할 수 있는 때부터 소멸시효가 진행하지만, 그 밖의 형성권 (예컨대 해제권)의 경우에는 형성권의 행사에 의하여 채권이 현실적으로 발생한 때부터 소멸시효가 진행한다고 한다.[50]

위에서 살펴본 각 견해의 주장 내용을 표로 정리하면 다음과 같다.

| 분 류 | 청구권의 소멸시효 기산점 | 청구권의 소멸시효 기간 | 비고 |
|---|---|---|---|
| 제1설-1 | 형성권을 행사할 수 있었던 때 | 형성권의 제척기간 | 일본 유력설 |
| 제1설-2 | 형성권을 행사할 수 있었던 때 | 독자적 소멸시효 기간 | |
| 제2설 | 실제로 형성권을 행사한 때 | 독자적 소멸시효 기간 | 국내 다수설 대법원 판례 일본 판례 |
| 제3설 | 형성권을 행사할 수 있었던 때(취소권, 해지권)/실제로 형성권을 행사한 때(그 밖의 형성권) | – | |

---

48) 곽윤직·김재형(주 32), 427면; 송덕수, 민법총칙(제6판), 박영사(2021), 502면; 양창수·김형석(주 34), 88면; 김용덕 편집대표, 주석 민법 민법총칙(Ⅲ)(제5판), 한국사법행정학회(2019), 876-877면(이연갑 집필); 김영희, "권리 행사의 시간적 제한에 관한 일 고찰", 민사법학 제29호(2005. 9.), 36-37면; 김준호, "제척기간과 소멸시효의 경합", 저스티스 통권 제141호(2014. 4.), 270면; 김진우(주 11), 65 내지 67면; 오영준, "유류분반환청구권과 소멸시효", 양창수교수고희기념논문집(2021), 735-736면; 임건면(주 41), 185면.
49) 박영규, "사법상의 권리행사기간", 민사법학 제18호(2000), 307-309면.
50) 김증한, "소멸시효론", 민법논집(1978), 337-339면.

**(라) 대법원 판례**

우리 대법원은 대상판결 이전에, 별도의 행사기간(제척기간 등)이 정해진 형성권 등의 행사에 따라 발생하는 채권의 소멸시효에 관하여 제2설(독립설)과 유사한 견해를 취하고 있었다.

1) 징발재산정리에 관한 특별조치법상의 환매권의 행사로 발생하는 소유권이전등기청구권에 관하여, 대법원 1991. 2. 22. 선고 90다13420 판결은 "징발재산정리에 관한 특별조치법 제20조 소정의 환매권은 일종의 형성권으로서 그 존속기간은 제척기간으로 보아야 한다는 것이 당원의 견해인바, 위 환매권은 재판상이든 재판외이든 위 기간 내에 이를 행사하면 이로써 매매의 효력이 생기는 것이고 반드시 위 기간 내에 재판상 행사하여야 되는 것은 아니며 또한 환매권의 행사로 발생한 소유권이전등기청구권은 위 기간 제한과는 별도로 환매권을 행사한 때로부터 일반 채권과 같이 민법 제162조 제1항 소정의 10년의 소멸시효기간이 진행되는 것이지 위 제척기간 내에 이를 행사하여야 하는 것은 아니라고 보아야 할 것"이라고 하였다.

2) 신탁법상 신탁해지로 인한 소유권이전등기청구권에 관하여, 대법원 1993. 3. 26. 선고 92다25472 판결은 신탁법에 기한 신탁계약을 해지한 경우, 이로 인한 소유권이전등기청구권은 물권적 청구권이 아니라 채권적 청구권이므로 이는 10년의 소멸시효 대상이고, 위 청구권은 그 발생일, 즉 해지일로부터 진행한다는 취지의 원심 판단을 수긍하였다.

3) 유류분반환청구권의 행사로 발생하는 목적물의 이전등기청구권 등에 관하여, 대법원 2015. 11. 12. 선고 2011다55092, 55108 판결은 "유류분반환청구권을 행사함으로써 발생하는 목적물의 이전등기청구권 등은 유류분반환청구권과는 다른 권리이므로, 그 이전등기청구권 등에 대하여는 민법 제1117조 소정의 유류분반환청구권에 대한 소멸시효가 적용될 여지가 없고, 그 권리의 성질과 내용 등에 따라 별도로 소멸시효의 적용 여부와 기간 등을 판단하여야 한다."고 하였다.

4) 대법원 2019. 7. 24. 선고 2018다288877 판결은 "계약의 해제로

인한 원상회복청구권의 소멸시효는 해제 시, 즉 원상회복청구권이 발생한 때부터 진행한다."고 하였다.

5) 한편, 형성권(골프장 탈회권)을 행사하여 발생하는 청구권(예탁금반환청구권)을 행사할 수 있는 시점(입회 후 5년 경과)을 따로 약정한 경우에 관하여, 대법원 2015. 1. 29. 선고 2013다100750 판결은 "예탁금반환청구권은 골프장 시설이용권과 발생 또는 행사요건이나 권리 내용이 달라서 원칙적으로는 시설이용권에 대한 소멸시효 진행사유가 예탁금반환청구권의 소멸시효 진행사유가 된다고 볼 수 없다. 예탁금반환청구권은 회칙상 이를 행사할 수 있는 기간(이 사건 회원권과 같은 경우에는 입회 후 5년)이 경과하지 않으면 이를 행사할 수 없고 이를 행사할 것인지 여부 또한 전적으로 회원 의사에 달린 것이므로, 임의 탈퇴에 필요한 일정한 거치기간이 경과한 후 탈퇴 의사표시를 하면서 예탁금반환청구를 하기 전에는 그 권리가 현실적으로 발생하지 않아 소멸시효도 진행되지 아니한다고 보아야 한다."고 하여, 형성권 및 청구권을 행사한 때로부터 소멸시효가 진행된다는 취지로 판시한 바 있다.

**(마) 검  토**

1) 제2설이 타당함

제1설(일체설)은 실정법적 근거도 없이 권리자로 하여금 비교적 단기로 정해진 형성권의 제척기간 내에 권리 행사를 강요하는 것이어서 부당하다. 형성권에 관한 제척기간이 불안정한 법률관계를 신속히 확정하고자 하는 목적을 가진 것은 사실이지만, 이는 형성권의 행사 여부가 형성권자의 수중에 놓여 있음으로 인한 불안정을 제거하기 위한 것이다. 예컨대 기간 내에 해지권, 취소권 등의 형성권을 행사한다면 법률행위는 소급적으로 실효하고(제141조 제1문), 그 법률행위에 기하여 이미 급여한 것이 있다면 부당이득반환관계(제741조 이하, 제141조 제2문)로 확정되는 것이다.[51]

---

51) 박영규(주 49), 306면.

한편, 제3설(유형설)은 해지권이나 취소권의 행사에 의하여 발생하는 청구권에 관하여는 해지권이나 취소권을 행사할 수 있는 때를 소멸시효의 기산점으로 하는 구 독일 민법(2001. 12. 31.까지 적용되던 것)상 특별규정(제200조)의 영향을 받은 것으로 보인다. 그러나 이후 독일 민법은 일반 소멸시효 기간을 30년에서 3년으로 대폭 단축하면서 위 특별규정을 삭제한바, 현행 독일 민법상으로는 청구권의 발생이 해지나 취소를 요건으로 하는 경우에는 그와 같은 해지 또는 취소가 유효하게 행하여진 때에 비로소 그 청구권의 소멸시효가 진행된다고 해석되므로, 제3설은 그 실정법상 근거를 잃게 되었다.[52]

따라서 청구권은 비록 형성권의 행사로 인하여 발생한 것이라고 하더라도 다른 청구권과 마찬가지로 발생한 시점부터 독자적으로 소멸시효가 기산된다고 봄이 타당하다(제2설). 형성권과 그 행사에 따라 발생하는 청구권은 명확하게 분리하여 취급되어야 하고, 청구권이 아직 발생하지 않는 이상 그 행사기간 역시 진행될 여지가 없다는 원칙은 준수되어야 한다(특히 해지권, 취소권의 경우에는 권리자가 이를 행사하지 않으면 그 자체로 계약을 유지하겠다는 의사로 볼 수밖에 없다). 나아가 제척기간은 형성권으로 인한 불확정적 법률관계의 불안정을 제거하기 위한 것이지, 형성권 행사로 인한 모든 법률관계가 그 기간 중에 해결되어야 함을 정하는 것이라고 단정할 수는 없는데, 형성권의 행사로 유동적 권리관계는 제거되었으므로, 그 이후의 권리관계에 다시금 형성권의 제척기간을 적용하여 권리자를 과도하게 제약할 필요는 없다.[53]

2) 행사기간(제척기간 등)을 별도로 정하지 않은 형성권에의 적용 가능성

앞서 살펴본 논의에서 제2설이 제1설을 비판하는 주된 논거는 '법적 근거도 없이 (비교적 단기로 정해진) 형성권의 제척기간 내에 청구권의 행사도 강요하는 것은 부당하다'는 것이다. 그런데 대상판결에서 문제되는 기간의 약정이 없는 임치계약의 해지권의 예와 같이 제척기간을 따로 정함

---

52) 김진우(주 11), 66면.
53) 양창수 · 김형석(주 34), 91면; 김진우(주 11), 67면.

이 없이 '언제든지' 형성권을 행사할 수 있는 경우, 위와 같은 비판을 그대로 적용하기에는 난점이 있다. 오히려 권리자가 형성권을 행사하지 않고 방치하면서 의무자를 불안정한 지위에 두더라도 권리자는 청구권의 소멸시효도 진행하지 않게 되는 이익을 얻게 된다는 역비판이 가능해진다.

그러나 이러한 사안에서 형성권(해지권 등)을 '언제든지' 행사할 수 있다는 것 역시 (제척기간이 별도로 정해진 경우와 마찬가지로) 법률규정 내지 약정에 근거를 두고 있으므로, 명문의 규정 내지 특약 없이 형성권을 처음 행사할 수 있는 때로부터 청구권의 소멸시효가 진행된다고 보는 것 역시 무리하게 의무자에게 유리한 해석이라고 볼 여지가 크다. 이하에서 상세히 논한다.

## Ⅳ. 쟁점: 임치물 반환청구권의 소멸시효 기산점

### 1. 논의의 사정거리 및 원칙

(1) 임치인이 임치물의 소유자인 경우에는 임치계약에 기한 반환청구권과 더불어 선택적으로 소유권에 기한 반환청구권도 행사할 수 있고,[54] 각 청구권은 경합하는 관계에 있다(청구권경합설). 이 경우 임치인의 임치계약상 반환청구권이 시효로 소멸하더라도 (소멸시효의 적용 대상이 되지 않는) 소유권에 기한 물권적 청구권은 그대로 존속한다.[55] 따라서 이 쟁점은 임치물의 소유권자가 임치인이 아닌 제3자인 경우에 주로 논의의 실익이 있을 것이다.[56] 임치물이 제3자의 소유인 경우, 그 제3자의 물권적 청구권도 별도로 존속하지만 임치인과의 법률관계에 따라 행사상의 제약을 받게 되고, 수치인은 제3자 소유의 물건을 보관한 경우에도 임치

---

54) 다만, 소비임치의 경우 임치물 소유권은 수치인에게 귀속하므로, 임치인은 소유권에 기한 반환청구를 할 수 없다[김용덕 편집대표(주 16), 377면(정원 집필)].

55) 김용덕 편집대표(주 16), 345면(정원 집필).

56) 참고로 제1심과 항소심에서는 원고가 이 사건 잔여촉매제의 소유권자임이 인정되었으므로[다만 피고가 이 사건 잔여촉매제를 점유하고 있지 않다는 이유로 원고의 주위적 청구(이 사건 잔여촉매제의 인도 청구)를 기각하였다], 원고로서는 손해배상의 구체적인 청구원인을 '불법행위로 인한 소유권 상실(제750조)' 등으로 구성할 수도 있었던 것으로 보인다.

인에게 소유권이 없다는 이유로 임치인의 반환청구를 거절할 수 없고, 오히려 임치물에 관하여 소유권 등 점유할 권리를 주장하는 제3자가 반환청구를 하더라도 이를 거절해야 하는 것이 원칙이다.[57)·58)] 결국 이 경우에도 수치인이 임치인의 임치물 반환청구에 응해야 하는 것이 원칙인 이상, 본 쟁점에 관한 논의는 의미를 갖게 된다.

(2) 임치물 반환청구권의 소멸시효 기산점에는 민법상 일반 법리가 적용된다. 임치기간의 약정이 '있는' 임치계약의 경우 임치인은 언제든지 계약을 해지하고 임치물의 반환을 구할 수 있지만, 수치인에게 그 기간 동안 그 물건을 보관하도록 할 수도 있다. 그에게 보관하도록 하는 것도 실은 임치계약의 내용이나 그것이 오히려 임치계약의 주된 내용이므로, 그 기간 동안에는 소멸시효가 진행하지 않는다.[59)] 일본의 판례도 이와 같다.[60)] 따라서 이 경우 임치물 반환청구권은 임치기간이 만료된 때부터 소멸시효가 진행하고, 임치계약을 중도에 해지한 때에는 해지 시부터 소멸시효가 진행한다(여기에서 채권자가 권리의 행사를 할 수 있다는 가능성이 바로 소멸시효와 연결되는 것은 아니라는 사실을 알 수 있다).

## 2. 기간의 약정이 없는 임치계약에서 임치물 반환청구권의 소멸시효 기산점

### (1) 문제의 제기

기한을 정하지 않은 권리의 소멸시효 기산점은 원칙적으로 '권리가 발생한 때'인 점은 주지하는 바와 같다. 그런데 이러한 원칙이 기간의 정

---

57) 김용덕 편집대표(주 16), 345면(정원 집필).
58) 다만 제3자가 자신의 정당한 권원을 증명한 경우, 예컨대 제3자가 임치인에게 임치물을 임대하였다가 임대차계약을 해지한 소유자라는 사실을 증명한 경우에는 임치인의 동의가 없더라도 소유자의 반환청구에 응할 수밖에 없을 것이다. 이러한 경우 수치인이 소유자에게 임치물을 반환하더라도 그 행위에 위법성이 없으므로 임치인에 대하여 채무불이행책임을 지지 않는다[김용덕 편집대표(주 16), 345면(정원 집필)].
59) 김교창, "예금채권의 소멸시효", 상사판례평석집(1982), 223면.
60) 大審院昭和5(1930)年7月2日.

함이 없는 임치계약의 계약관계의 종료로 인하여 발생하는 임치물 반환
청구권에도 적용되는지 문제된다.[61] 이 경우 임치물 반환청구권의 소멸
시효가 '임치계약이 성립되어 임치물을 인도한 시점'부터 진행하는지(제1
설), 아니면 '임치인이 계약을 해지한 시점'부터 진행하는지(제2설) 견해가
대립한다. 각 견해의 타당성을 논증하는 과정에서는 '(제척기간이 정해진)
형성권의 행사에 따라 발생하는 채권의 소멸시효' 논의에서의 결론을 이
쟁점에 그대로 적용할 수 있는지에 관한 검토도 필요하다.

한편, 앞서 살펴본 바와 같이 상법상 창고업자에 대한 임치의 경우에
도 창고업자와 달리 '임치인'은 민법에 따라 언제든지 임치계약을 해지하
여 임치물의 반환을 청구할 수 있으므로, 동일한 쟁점이 문제될 수 있다.

(2) 견해의 대립

(가) (일반적인) 임치의 경우

1) 제1설: 임치계약의 성립(및 임치물 인도) 시점이 기산점(= 대상판결)

수치인의 임치물 반환의무는 임치계약이 성립(하여 임치물을 인도[62])
한 때부터 소멸시효가 진행하고, 계약 해지 및 그에 따른 반환청구는 소
멸시효의 진행을 중단시키는 효과가 있을 뿐이라고 보는 견해이다.[63] 기
간의 약정이 없는 임치계약은 쌍방 당사자가 언제든지 해지할 수 있고,
계약 성립 시부터 해지권의 행사를 통한 임치물의 반환이 예정되어 있
고, 또한 해지권과 그로 인한 반환청구권의 구별이 실제상 애매하다는
점을 근거로 든다.[64] 임치계약의 해지는 처음부터 돌려받을 예정이었던
임치물의 반환시기를 특정하는 효과만 있을 뿐이라고 한다.[65] 다만 해지

---

61) 곽윤직 편집대표, 민법주해[Ⅲ] 총칙(3), 박영사(1992), 466면(윤진수 집필).
62) 임치계약은 낙성계약이므로(제693조) 특별한 약정이 없는 한 임치물의 인도는
    임치계약의 성립요건이 아니기는 하나[김용덕 편집대표(주 16), 352면(정원 집필)],
    임치물 반환청구권이 성립하기 위해서는 임치계약 성립 시 임치물을 인도하였을
    것을 요함은 당연하다.
63) 김용덕 편집대표(주 16), 352면(정원 집필); 홍승면(주 3).
64) 김용덕 편집대표(주 16), 352면(정원 집필); 곽윤직 편집대표(주 61), 466면(윤진수
    집필).
65) 홍승면(주 3).

권 행사기간이나 반환청구 기한 등에 관하여 기간유예의 약정이 있는 경우 그 유예기간만큼 소멸시효의 진행이 늦추어질 수는 있을 것이라고 한다.

### 2) 제2설: 임치계약의 해지 시점이 기산점(=원심)

임치계약은 임치인의 보관이익 보호를 일차적 목적으로 하고 있는 바, 보관기간이 없는 경우에 임치인은 임치물을 인도한 때로부터 반환을 청구할 수 있고, 임치인이 계약을 해지하지 않고 계속 보관시키고 있는 한 계약상 권리를 행사하는 것이므로 임치물 반환청구권은 원칙적으로 소멸시효가 진행되지 아니하며, 소멸시효는 임치관계가 종료되어 수치인이 반환의무를 지는 때, 즉 임치인이 해지권을 행사하여 그 반환청구권이 발생한 때로부터 진행한다고 보는 견해이다.[66] 임치인이 언제라도 계약을 해지할 수 있다는 것은 임치관계의 유지 여부에 관한 의사결정 가능성에 관한 문제인 반면, 이를 해소하는 것으로 결정한 다음에 그로써 발생하는 임치물 반환청구권을 어떠한 기간 내에 행사하여야 하는지와는 별개인데, 제1설은 위와 같은 의사결정 가능성과 그 권리를 행사하는 방향으로의 결정 후의 계약관계 처리문제를 그 존속기간의 점에서 뒤섞고 있다고 비판한다.[67]

### (나) 소비임치(예컨대 예금계약)의 경우

일부 반대 견해[68] 및 아래에서 보는 이와 궤를 같이하는 일부 하급심 판결례도 발견되기는 하나, 변제기한을 정하지 않은 '소비임치'상의 채권의 경우 임치인은 언제라도 반환을 청구할 수 있다는 특칙을 두고 있으므로(제702조 단서),[69] 임치인의 반환청구권은 법률의 규정에 의하여 발생하는 채권에 해당하는바, 제1설과 같이 계약이 성립(하여 임치물을 인도)한 때부터 그 채권의 소멸시효가 진행한다고 보는 견해가 다수인 것으로 파악된다.[70] 일본의 판례도 변제기 없는 소비임치에서 임치물 반환청구

---

66) 김용담 편집대표(주 22), 801면(안법영 집필); 김교창(주 59), 223면.
67) 양창수(주 13), 12-13면.
68) 김용담 편집대표(주 22), 825면(안법영 집필).
69) 이러한 점에서 일단 해지 등으로 임치를 종료시킨 뒤에야 임치물의 반환을 청구할 수 있는 (일반적인) 임치와는 구별된다.

권의 소멸시효는 계약이 성립한 때부터 진행한다고 보고 있다.[71)·72)]

(3) 판 결 례

대법원이 대상판결을 통해 제1설로 입장을 정리하기 이전에, 하급심에서는 이 쟁점에 관하여 상당히 치열하게 논의되어 왔다.

(가) (일반적인) 임치 사안

1) 제1설을 취한 경우

○ 원고가 체포되어 구치소에 수감될 당시 피고가 원고의 소지품을 수령하여 갔다면서 임치금 7,100여만 원의 반환을 구한 사건에서, 피고가 '임치금을 수령한 즉시' 원고는 피고에게 반환을 구할 수 있고 달리 법률상 장애사유가 존재하지 아니하므로 반환청구권의 소멸시효는 즉시 기산한다고 보았다.[73)]

○ 원고가 피고에게 기간을 정하지 않고 맡긴 S전자 주식 보통주의 반환을 구한 사건에서, "기한을 정하지 않은 채권은 채권자가 그 채권이 발생한 때부터 언제나 그 권리를 행사하여 이행을 청구하는 것이 가능하므로(원고는 피고를 상대로 이 사건 임치계약을 언제든지 자유롭게 해지하고 이 사건 보통주의 반환을 구할 수 있다) 원칙적으로 그 '성립 시'부터 소멸시효가 진행한다."고 하였다.[74)]

○ 피고가 원고로부터 임대차계약에 관한 사무 처리를 위탁받고 임차인들로부터 수령한 임대차보증금을 원고가 반환청구한 사건에서, "원고와 피고 사이의 임치계약은 기간의 약정이 없는 때이므로 당사자는 언제든지 계약을 해지할 수 있고, 기한의 정함이 없는 채권은 채권자가 언제라도 이행을 청구할 수 있으므로 채권의 발생 시가 민법 제166조 제1항에 정한 권리를 행사할 수 있는 때로서 소멸시효의 기산점이 된다."는 전

70) 양창수 편집대표(주 40), 493면(오영준 집필).
71) 大審院大正9(1920)年11月27日民錄26輯1797頁.
72) 한편 당좌예금의 경우, 수표에 의하지 아니하고는 찾을 수 없는 이상, 당좌예금 계약이 존속하는 한 출금청구권의 시효는 진행하지 아니한다고 본 판결이 있다(大審院昭和10(1935)年2月19日民集14卷2号137頁).
73) 서울중앙지방법원 2010. 12. 22. 선고 2010가합6104 판결(항소기각, 상고기각).
74) 광주고등법원 2019. 10. 2. 선고 2019나80 판결(확정).

제하에, 원고의 피고에 대한 각 임대차보증금 보관금 지급청구권은 '임대차보증금 잔금 수령일'을 기준으로 각 발생일로부터 10년을 경과하여 시효로 소멸하였다고 보았다.[75]

### 2) 제2설을 취한 경우

○ 상속인들인 원고와 피고가 망인의 상속재산 중 원고의 상속지분에 해당하는 상속재산을 피고가 위탁받아 보관하는 임치계약을 체결한 사안에서, '임치계약이 해지'되기 전까지 임치물 반환청구권의 소멸시효가 진행되지 않는다고 보았다.[76]

### (나) 소비임치 사안

#### 1) 제1설을 취한 경우

○ 보관금 반환청구 사건에서, 원고가 피고에게 맡긴 돈은 반환시기의 약정이 없는 소비임치에 해당되어 임치인인 원고는 언제든지 수치인인 피고에게 그 반환을 청구할 수 있다 할 것이고, 이와 같이 기한을 정하지 않은 채권은 언제든지 그 권리를 행사할 수 있으므로, 그 '채권이 발생한 때'부터 소멸시효가 진행한다고 보았다.[77]

○ 주식 배당금 반환청구 사건에서, 반환시기의 약정이 없는 소비임치의 경우 임치인은 언제든지 그 반환을 청구할 수 있으므로(제702조) 배당금의 반환청구권에 대한 소멸시효는 늦어도 '최종 임치일'부터 진행한다고 보았다.[78]

○ (예금계약 사안) 채권압류 및 추심명령의 피압류채권인 예금채권의 소멸시효 완성 여부가 문제된 사안에서, 소비임치계약에 있어 반환시기의 약정이 없는 때에는 임치인은 언제든지 그 반환을 청구할 수 있으므로(제702조), 예금채권의 소멸시효는 예금일로부터 기산된다고 봄이 상당하는

75) 서울동부지방법원 2021. 8. 13. 선고 2020가단16861 판결(확정). 같은 취지로 판시한 사례로 서울동부지방법원 2021. 7. 9. 선고 2020가단1784 판결(확정)이 있다.
76) 서울서부지방법원 2020. 11. 17. 선고 2020가단4198 판결(항소기각, 확정).
77) 부산고등법원 2011. 10. 11. 선고 2010나9290 판결(확정). 같은 취지로 판시한 사례로 서울고등법원 2015. 9. 4. 선고 2014나61724 판결(심리불속행 상고기각)이 있다.
78) 서울고등법원 2020. 5. 29. 선고 2018나2037787 판결(심리불속행 상고기각).

전제하에, '최종적으로 예금이 이루어진 일자'부터 소멸시효가 기산된다고 보았다.[79]

### 2) 제2설을 취한 경우

○ 미국에서 식당을 함께 운영한 원고들이 그 수익 중 일부를 피고에게 보내어 보관하도록 한 사안에서, "소비임치는 수치인이 임치물을 소비할 수 있는 임치계약으로서, 반환시기를 정하지 않은 경우, 임치인은 언제든지 그 반환을 청구할 수 있으나(제702조 단서), 임치계약 특성상 수치인이 목적물을 보관하고 있는 동안은 임치인 또한 임치계약에 따른 목적물 보관 청구권을 행사하고 있는 것이므로, 소멸시효는 임치계약관계가 종료하여 수치인이 반환의무를 지게 되는 때, 즉 임치기한의 도래 또는 임치인이 해지권을 행사하여 그 반환청구권이 발생한 때로부터 진행한다."는 전제하에, 원고들은 '2012. 6.경 귀국하여 피고에게 보관금의 반환을 구한' 바 있으므로, 원고들과 피고 사이의 임치계약은 그때 종료되었다고 보아야 하고 따라서 소멸시효는 그때부터 기산한다고 보았다.[80] · [81]

○ [예금계약(거치식 예금) 사안] 거치식 예금에 만기일이 정해져 있

---

79) 인천지방법원 2019. 1. 15. 선고 2017나67240 판결(심리불속행 상고기각). 같은 취지로 판시한 사례로 대구고등법원 2018. 2. 22. 선고 2016나22401 판결(대법원 2020. 3. 26. 선고 2018다221867 판결로 파기환송되었으나, 파기된 부분은 시효중단 부분에 한정되고 시효의 기산점에 관한 판단은 유지되었다)이 있다.

80) 제1심 의정부지방법원 2018. 9. 19. 선고 2016가합1622 판결, 항소심 서울고등법원 2019. 6. 28. 선고 2018나2057415 판결(심리불속행 상고기각).

81) 같은 이유로 원고가 임야 중 자신의 지분에 관한 협의취득 대금을 피고에게 보관하도록 한 경우 원고가 피고에게 보관금의 반환을 구한 때 비로소 임치계약이 종료되었으므로 그때로부터 소멸시효가 진행한다고 본 사안[수원지방법원 안산지원 2020. 7. 8. 선고 2019가단6294 판결(항소기각, 확정), 시효 부분은 항소심에서 판단되지 아니함], 원고(딸)의 계좌에서 피고(어머니)의 계좌로 적금 명목으로 이체된 돈의 반환을 청구한 경우 원고가 피고에게 돈을 임치시킨 때부터 소멸시효가 진행된다는 피고의 주장을 배척한 사안[수원지방법원 2020. 8. 18. 선고 2019가단23066 판결. 그러나 항소심은 결론은 유지하면서도, 원고와 피고 사이의 소비임치는 '원고가 혼인할 때까지'를 불확정기한으로 정하였다고 볼 수 있고, 원고는 2012. 11.경 혼인하였으므로 임치물 반환청구권의 소멸시효 또한 그 무렵부터 진행한다고 보았다(수원지방법원 2021. 6. 23. 선고 2020나83379 판결(확정))]이 있다.

다 하더라도, 예금주가 만기일 경과 이후 그 예금계약을 해지하지 않고 여전히 임치물인 금전에 관하여 보관청구권을 행사하고 있는 중이라면 그러한 경우까지 예금주가 소멸시효의 대상이 되는 예금반환청구권을 행사하지 않은 채 권리 위에 잠자고 있다고 볼 수는 없으므로, 거치식 예금의 경우 만기일부터 그 소멸시효가 진행한다고 단정할 수는 없다고 보았다.[82]

### (4) 대상판결이 제1설을 취한 이유에 대한 고찰

대상판결은 '① 임치계약 해지에 따른 임치물 반환청구는 임치계약 성립 시부터 당연히 예정된 것인 점, ② 임치계약에서 임치인은 언제든지 계약을 해지하고 임치물의 반환을 구할 수 있는 것인 점'만을 명시적으로 설시하면서, 임치물 반환청구권의 소멸시효는 특별한 사정이 없는 한 임치계약이 성립하여 임치물이 수치인에게 인도된 때부터 진행한다고 보아 제1설을 취하였다. 대상판결이 위와 같은 결론에 이르게 된 근거를 추론해보자면, 기간의 약정이 없는 임치계약의 경우 '언제든지' 해지할 수 있고, 성립(및 임치물 인도) 시부터 해지권의 행사를 통한 임치물의 반환이 예정되어 있다는 특성이 있다는 점에 더하여, 임치물 반환청구권을 행사하는 데 추가적인 요건 없이 임치인의 일방적 의사결정(해지권 행사)만을 필요로 하고 별다른 법률상 장애가 없다는 점이 고려된 것으로 보인다. 혹은 대상판결은 일반적으로 임치인이 수치인에게 임치물의 반환을 요구한 때에는 임치계약의 묵시적인 해지의 의사표시로 해석할 수 있는 경우가 많을 것이므로 굳이 해지권의 행사와 반환청구권의 행사를 구분할 실

---

[82] 서울고등법원 2018. 12. 13. 선고 2017나2037032 판결(상고기각). 위 판결은 따라서 예금반환청구권의 소멸시효가 완성되었다고 볼 수 없고, 설령 완성되었다고 보더라도 피고들의 소멸시효 완성 주장이 신의성실의 원칙에 위배된다고 보았다. 그런데 위 판결의 상고심인 대법원 2021. 9. 30. 선고 2019다205121 판결은 '원심의 이유 설시에 다소 적절하지 않은 부분이 있지만, 피고들의 소멸시효 완성 주장이 신의성실의 원칙에 위배된다는 이유로 피고들의 소멸시효 완성 주장을 받아들이지 않은 원심의 결론은 정당한 것으로 수긍할 수 있다'고 판시한바, 그렇다면 소멸시효의 기산점에 관하여는 대법원이 원심과 견해를 달리하여 만기일부터 진행하는 것으로 보았다고 해석될 여지도 없지 않다.

익이 적다는 점에 착안하였을 수도 있다.

(5) 검    토

대상판결이 취한 제1설에는 찬성할 수 없고, 제2설을 지지한다. 그 이유는 다음과 같다.

**(가) 제척기간이 정해진 형성권을 행사하는 경우와의 일관성 유지**

앞서 Ⅲ. 3.의 (3)항에서 살펴본 바와 같이 '(제척기간이 정해진) 형성권의 행사에 따라 발생하는 채권(청구권)의 소멸시효 기산점'에 관하여 청구권이 발생한 시점부터 독자적으로 소멸시효가 기산된다고 보는 견해로 다수설 및 기존 대법원 판례의 태도인 제2설은 ① 형성권과 그에 따라 발생하는 청구권은 분리 취급되어야 하는 점, ② 권리가 발생하지 않는 이상 소멸시효도 진행될 여지가 없다는 원칙은 준수되어야 하는 점, ③ 형성권(해지권)을 행사하지 않으면 그 자체로 계약을 유지하겠다는 의사로 보아야 하는 점 등을 근거로 하는데, 이는 임치계약의 해지권에 대하여도 얼마든지 적용 가능한 논거들이다. 임치계약의 해지권은 별도의 제척기간 없이 '언제든지' 행사할 수 있다는 차이점이 있지만, 이 역시 신의칙에 맞게 행사되어야 하므로 실효의 원칙 등에 의한 시기적 제한이 가해질 수 있고, 그렇다면 해지권을 행사하지 않는 이상 임치물 반환청구권이 발생하지 않는다고 본다고 하더라도 권리자인 임치인을 특별히 부당하게 보호하는 것이라고 볼 수 없다.

**(나) 발생하지도 않은 권리의 소멸시효가 진행한다는 것의 논리적 모순**

소비임치가 아닌 임치의 경우, 임치인의 임치물 반환청구권은 임치계약의 해지권을 행사하여야만 비로소 발생한다. 대상판결은 해지권을 행사하기도 전부터 그 해지권의 행사로 발생하는 청구권의 소멸시효가 이미 진행된다고 보았으나, 발생하지도 않은 청구권이 시효로 소멸한다는 것은 명백한 논리적 모순이다.

대상판결이 근거로 든 사정들이 '권리가 발생하지 않는 이상 소멸시효도 진행될 여지가 없다'는 원칙에 대한 중대한 예외를 인정하기에 충분한지도 의문이다. 대법원 스스로도 2015. 1. 29. 선고 2013다100750

판결을 통하여 '권리가 현실적으로 발생하지 않은 이상 소멸시효도 진행되지 않는다'는 점을 분명히 한 이상, 명문의 규정 내지 특약 없이 그 예외를 인정하는 데에는 더욱 신중을 기했어야 된다고 생각한다. 임치는 '임치물의 보관'을 주된 목적으로 하므로, 임치인이 언제라도 임치계약을 해지하고 그 반환을 청구할 수 있다는 권리행사의 가능성만을 가지고 바로 소멸시효로 연결시키는 것이 타당한지 의문이다. 임치인이 임치물의 반환을 청구하지 않는 것은 그 자체로 계속적인 보관의 청구로 해석될 수 있기 때문이다.[83] 다시 말하면, 임치인이 임치물 반환청구권을 행사하지 않고 있는 이유는 임치계약의 해지권을 행사하여 계약을 종료시킬 의사가 없기 때문일 터인데, 이러한 임치인의 의사를 무시해서는 안된다. 예컨대 일단 해지권을 먼저 행사하되, 반드시 그 즉시 임치물을 반환받고자 하는 것이 아니라 대상판결 사안과 같이 수치인이 정당한 권원으로 임치물을 점유하면서 그로부터 반사적인 이익을 얻는 것을 막거나, 수치인에게 임치물의 반환을 위하여 준비할 시간을 주기 위한 이유 등으로 반환청구권을 곧바로 행사하지 않는 경우도 충분히 상정할 수 있다.

### (다) 형성권 및 그 행사에 따라 발생하는 청구권의 분리 취급 필요성

임치인이 계약을 해지할 수 있다는 것은 임치관계의 유지 여부에 관한 의사결정 가능성에 관한 문제이다. 이는 이를 해소하는 것으로 결정한 다음에 그로써 발생하는 임치물 반환청구권을 어떠한 기간 내에 행사하여야 하는가와는 별개인 것이다.[84] 소멸시효의 기산점인 '권리를 행사할 수 있는 때'로서 청구권을 행사할 수 있는 때를 그 발생의 전제가 되는 형성권을 행사할 수 있는 때와 동일한 시점으로 보는 것은 부당하다. 형성권 그 자체와 형성권 행사의 결과로 발생하는 법률효과는 구별

---

83) 심지어 '임치인은 언제든지 반환을 청구할 수 있다'는 명시적인 규정(제702조 단서)이 있는 소비임치의 경우에도, 앞서 살펴본 바와 같이 임치인이 목적물 보관청구권을 계속 행사하고 있다고 보아 임치계약이 종료된 시점에서야 소멸시효가 기산한다는 취지로 판단한 하급심 판결례들(주 80 내지 82)이 존재한다.

84) 양창수(주 13), 12-13면.

하여 달리 취급하여야 한다. 이렇게 볼 경우 형성권자인 임치인이 의도적으로 형성권(임치계약의 해지권) 행사를 늦추어 청구권(임치물 반환청구권)의 소멸시효 기간을 사실상 연장시킬 수 있다는 측면이 있기는 하나, 아래 (아)항에서 후술하는 방안들로 의무자인 수치인을 보호할 수 있고, 발생하지도 않은 청구권을 시효로 소멸시키는 오류를 범하는 것보다는 낫다고 생각한다.[85]

### (라) 소멸시효 제도의 본질에 따른 고찰

시효 제도의 존재 이유는 영속된 사실 상태를 존중하고, 나아가 권리 위에 잠자는 자를 보호하지 않는다는 데 있는데, 특히 소멸시효는 후자의 의미가 강하다.[86] 즉, 장기간 권리를 행사하지 않으면 의무자도 의무의 존재를 잊어버리게 되고, 그 시점에서 돌연 권리를 행사하면 의무자에게 '불의타'가 된다는 것이다.[87] 그러므로 소멸시효가 완성하려면 권리자가 소멸시효의 대상이 되는 권리를 시효기간 동안 행사하지 않고 있어야 한다. 그런데 임치인은 임치물에 관하여 임치계약 해지 전까지 수치인에 대하여 보관청구권을 행사하다가, 임치계약 해지 시 비로소 임치물의 반환을 청구하게 된다. 이와 달리 임치인이 임치계약을 해지하지 않고 여전히 보관청구권을 행사하는 중이라면, 반대로 임치물 반환청구권을 행사하지 않은 채 권리 위에 잠자고 있다고 할 수 없다. 이러한 경우를 임치인의 권리행사를 막는 것이 정당화될 정도로 임치인이 권리행사를 태만히 한 것에 대한 책임을 물을 수 있는 경우라고 보기는 어려울 것이다. 의무자인 수치인의 입장에서도 임치인으로부터 해지 통지를 받기 전까지는 임치계약의 내용에 따라 임치물을 계속 보관하고 있다고 인식하고 있을 것이고, 그 반환을 원할 경우 먼저 임치계약을 해지할 권리도 보장되어 있으므로(제699조), 임치인의 뒤늦은 권리행사가 수치인에게

---

85) 김영희(주 48), 37면.
86) 대법원 2014. 4. 24. 선고 2012다105314 판결.
87) 강인원, "소멸시효 제도의 존재의의 및 소멸시효 중단사유로서의 승인에 대한 소고", 인권과 정의 제478호(2018), 68면.

'불의타'가 된다고 평가하기도 어렵다.

### (마) 소멸시효의 기산점에 주관적 요소를 가미하는 실무와의 형평성

앞서 살펴본 바와 같이 소멸시효는 객관적으로 권리가 발생하여 그 권리를 행사할 수 있는 때부터 진행하고(제166조 제1항), 권리를 행사할 수 있는 때란 권리행사에 '법률상의 장애'가 없음을 의미한다. 이는 권리자가 주관적으로 그 권리를 인식하였거나 인식하지 못한 데 과실이 있는지 여부와는 무관하게 정해지는 것이 원칙이다. 다만, 판례는 특정한 유형의 권리에 대해서는 권리자가 그 권리의 존재 또는 행사 여부를 객관적으로 인식할 수 없었고 그와 같이 모른 데 과실이 없었다면, 이를 인식할 수 있게 된 때 비로소 소멸시효가 기산한다고 한다.[88]

예컨대 법인의 이사회결의가 부존재함에 따라 발생하는 제3자의 부당이득반환청구권의 소멸시효에 관한 대법원 2003. 4. 8. 선고 2002다64957, 64964 판결은 "소멸시효의 진행은 당해 청구권이 성립한 때로부터 발생하고 원칙적으로 권리의 존재나 발생을 알지 못하였다고 하더라도 소멸시효의 진행에 장애가 되지 않는다고 할 것이지만, 법인의 이사회결의가 부존재함에 따라 발생하는 제3자의 부당이득반환청구권처럼 법인이나 회사의 내부적인 법률관계가 개입되어 있어 청구권자가 권리의 발생 여부를 객관적으로 알기 어려운 상황에 있고 청구권자가 과실 없이 이를 알지 못한 경우(필자 註: 주관적 요건)에도 청구권이 성립한 때부터 바로 소멸시효가 진행한다고 보는 것은 정의와 형평에 맞지 않을 뿐만 아니라 소멸시효제도의 존재이유에도 부합한다고 볼 수 없으므로, 이러한 경우에는 이사회결의부존재확인판결의 확정과 같이 객관적으로 청구권의 발생을 알 수 있게 된 때로부터 소멸시효가 진행된다고 보는 것이 타당하다"고 판시한 바 있고, 보험금청구권(대법원 2001. 4. 27. 선고 2000다31168 판결), 건물신축공사에서 하수급인의 수급인에 대한 저당권설정청구권(대법원 2016. 10. 27. 선고 2014다211978 판결) 등에 관하여도 유사한 취지로 판시한

---

88) 홍성균(주 25), 1409면.

바 있다.

권리자가 권리행사를 태만히 한 것에 대한 책임을 물을 수 있을 때에만 이를 이유로 권리행사를 막는 것이 정당화되는 것임은 앞서 살펴본 바와 같다. 그리하여 권리 자체는 이미 발생하여 존재한 경우에도 권리자에 대한 일정한 주관적 요건 아래 경우에 따라 소멸시효의 기산점을 늦추기도 하는 것이 대법원의 태도다. 그런데 하물며 임치계약의 해지권을 아직 행사하지 않아 그 행사에 따른 구체적인 권리인 임치물 반환청구권이 발생하기도 전이라면, 임치인이 그 존재 또는 행사 여부를 객관적으로 인식할 수 없었고 모른 데 과실이 없다고 볼 여지가 크다. 그럼에도 해지권을 행사할 수 있는 시점부터 반환청구권의 소멸시효가 진행된다고 보는 것은, 권리자인 임치인에게 지나치게 불리한 과거로 기산점을 되돌리는 것으로, 위와 같은 실무의 흐름에 역행하는 것이라고 하지 않을 수 없다.

**(바) 소멸시효 완성으로 수치인이 얻는 이익과 임치인의 권리 보호의 조화**

민법은 소멸시효제도를 두면서 한편으로 시효중단도 함께 정하고 있는데, 이는 법률관계의 조기 안정화를 추구하면서도 채권자의 권리 보호를 위한 장치를 마련함으로써 채권자와 채무자 사이에서 이익 균형을 맞추고자 하는 것이다.[89] 즉 소멸시효제도는 기본적으로 의무자의 이익을 위한 것이지만, 권리자는 재판상 청구, 압류 또는 가압류, 가처분 등으로 소멸시효를 중단시켜 그 완성을 막을 수 있고, 이후 다시 진행되는 소멸시효 기간 내에 본격적으로 권리를 행사할 수 있음은 물론이다.

임치인이 임치물 반환청구권을 행사하는 경우에도 마찬가지이다. 임치인이 일방적으로 임치계약의 해지권과 임치물 반환청구권이라는 2단계의 의사결정을 한다고 하여 이를 같은 단계로 취급하여 애초부터 반환청구권을 행사하는 데 아무런 법률상 장애가 없다는 이유로 해지권과 동일

---

89) 대법원 2018. 7. 19. 선고 2018다22008 전원합의체 판결 중 대법관 김창석, 대법관 김신, 대법관 권순일, 대법관 박상옥의 반대의견 참조.

선상에 놓고 보는 것은 타당하지 않다. 수치인은 임치가 종료하면 임치물을 임치인에게 반환할 의무가 있는 것이 당연하고, 임치물 반환청구권의 소멸시효는 예외적으로 위 반환의무를 면제시켜 수치인에게 예상외의 이익을 부여하는 제도이다. 따라서 임치인으로서도 (법률에 따라 '언제든지' 행사할 수 있는) 임치계약 해지권을 언제 행사할 것인지 자유롭게 정할 수 있고 그 시점부터 반환청구권의 소멸시효가 기산된다고 보는 것이, 수치인의 법률관계 조기 안정화와 임치인의 권리 보호라는 두 이익 사이에서 균형을 맞출 수 있는 방안이다.

### (사) (일반적인) 임치와 소비임치의 구별

제2설에 따를 경우 일반적인 임치의 경우에는 임치계약의 해지로 인한 임치물 반환청구권의 소멸시효 기간이 해지권을 행사권을 행사한 때부터 진행한다고 보고, 반면에 소비임치의 경우에는 반환청구를 할 수 있는 때(제166조 제1항), 즉 (통상의 경우에는) 계약성립 시부터 진행하는 것으로 보게 되는데, 이에 대하여 양자를 달리 취급할 합리적인 이유가 있다고 보기 어렵다는 견해가 있다.[90]

그런데 소비임치(예컨대 예금계약)는 일반적인 임치계약과 달리 임치물의 소유권이 수치인에게 이전되고 목적물이 대체물로 한정되는 점에서 오히려 소비대차와 유사하고, 민법도 소비임치를 임치의 절에 규정하면서도 소비대차에 관한 규정을 준용하고 있다(제702조 본문).[91] 더구나 앞서 살펴본 바와 같이 민법은 변제기한을 정하지 않은 '소비임치'상의 채권의 경우에만 임치인은 해지하지 않고 반환을 청구할 수 있다는 특칙을 별도로 두고 있다(제702조 단서). 이처럼 임치와 소비임치를 반드시 동일하게 취급할 필요가 없고 민법도 이를 전제하고 있지 않으므로, 둘 중 어느 유형으로 볼 것인지에 따라 임치물 반환청구권의 소멸시효 기산점을 달리 보더라도 불합리하다고 보기는 어렵다.

물론 실무상 임치인지 소비임치인지 명확하게 구별하기 어려운 사안

---

90) 박영규(주 49), 308면.
91) 김용덕 편집대표(주 16), 374면(정원 집필).

들도 있기는 하다(앞서 살펴본 하급심 판결례에 의하더라도 '금전'을 임치한 경우 둘 중 어느 것에 해당하는지에 대한 실무의 태도가 일관되지 않는다). 그러나 '수치인이 인도받은 임치물을 소비할 수 있게 하는 특약을 두었는지'라는 기준에 따라 구체적인 사안별로 임치와 소비임치를 구별하고, 적용되는 민법 규정 및 임치물 반환청구권의 행사 기한 등을 달리 취급하는 것은 의사해석 원칙에 따른 당연하고도 자연스러운 귀결이다. 기간을 별도로 약정하지 않은 경우, 임치와 달리 소비임치는 별도의 해지 없이 반환청구권을 행사할 수 있도록 하는 것은 당사자들의 의사를 고려하여 합리적인 근거에 따라 '다른 것을 다르게' 취급하는 것이다. 개별 사건에서 계약의 해석에 관한 사실심의 전권에 따라 결론을 달리하게 된 것을 두고 불균형이라고 할 수는 없다. 임치계약의 법적 성격을 합리적으로 판단하여 임치와 소비임치를 구별하고 그 법적 취급을 달리하는 것은 당사자의 의사해석에 관한 법원의 책무이고 사실심 재판의 과정이다.[92]

### (아) 제2설에 대한 비판 및 해결방안

#### 1) 가능한 비판 및 반론: 수치인의 보호 미흡 등

제1설의 입장에서는 사적자치의 범주에서 스스로 의무를 부담하는 자는 최소한 자신을 구속하게 되는 의무부담의 결과를 예측할 수 있어야 하는데, 수치인이 무한정 임치물을 보관하도록 하는 것은 법률관계를 불안정하게 하는 등 수치인에게 지나치게 가혹하고, 실무에서는 임치인은 임치계약을 종료시키는 목적은 대부분 임치물을 반환받기 위해서일 것이므로, 해지권만을 행사한 뒤 장기간 동안 반환청구권은 별도로 행사하지 않는 경우를 상정하기는 어려우므로 제2설을 취하면 소멸시효가 도과하였다고 볼 경우가 사실상 없을 것이라고 비판할 수 있다.

그런데 통상적으로 임치 기간을 정하지 않은 경우는 무상임치인 경우가 많을 것인데, 선량한 관리자의 주의를 가지고 보관하여야 하는(제374조)

---

92) 대법원 2022. 7. 21. 선고 2018다248855, 248862 전원합의체 판결 중 다수의견에 대한 대법관 민유숙, 노정희, 노태악의 보충의견 참조(손해배상액의 예정과 위약벌의 구별 관련).

유상임치와 달리 무상임치의 경우 자기 재산과 동일한 주의를 가지고 보관하면 족하므로(제695조),[93] 제2설을 취한다고 하여 반드시 수치인의 보호에 미흡하다고 볼 수 없다.[94]

### 2) 해결방안 1: 수치인의 해지권 적극적 활용

제699조는 임치계약이 호의계약이고 계속적 계약인 점, 수치인이 종기의 정함이 없는 상태에서 무한정 임치물을 보관하게 하는 것은 수치인에게 지나치게 가혹한 점 등을 고려하여[95] 임치인뿐만 아니라 수치인에게도 '언제든지' 해지할 수 있는 권리를 인정하고 있다. 즉, 앞서 살펴본 바와 같이 수치인은 임치인으로부터 해지 통지를 받기 전까지는 임치계약의 내용에 따라 임치물을 계속 보관하고 있다고 인식하고 있을 것인바, 수치인으로서도 장기간 임치물을 보관하는 것이 자신에게 손해가 된다고 생각한다면 언제든지 임치계약을 해지하고 임치인에게 임치물을 반환할 수 있는 것이다.

### 3) 해결방안 2: 보충적으로 해지권 자체에 대한 신의칙 내지 실효의 원칙 적용

법률상 어느 형성권에 관하여 행사기간이 정하여져 있지 않은 경우에는 앞서 살펴본 바와 같이 그 행사기간이 없는 것으로 볼 수밖에 없을 것이다. 그렇다고 하여 그러한 권리는 시간의 경과에 의해 아무런 영향을 받지 않고, 언제까지든 행사할 수 있다고 볼 수는 없다. 여기에는 '실효의 원칙'[96]이 적용되어, 권리자가 권리를 행사할 수 있음에도 불구하고

---

93) 하급심 판결 중에는 무상으로 고양이를 임시 보호하던 중 고양이가 질병으로 폐사한 경우 설령 그 질병 치료를 위하여 최선의 조치를 다하지 못하였더라도 제695조의 주의의무 위반으로 볼 수 없다고 판시한 사례가 있다[서울중앙지방법원 2019. 12. 11. 선고 2019나39156 판결(확정)].

94) 대상판결 사안의 경우, 수치인인 피고는 임치인인 원고의 촉매제를 사용한 촉매정화장치를 제조하여 현대자동차에 납품하고 있었으므로 피고로서도 임치물인 이 사건 잔여촉매제를 포함한 촉매제를 넉넉히 보유함으로써 재고 부족 등의 돌발 상황에 즉각 대응할 수 있는 등의 이익을 어느 정도 얻고 있었던 것으로 보인다. 따라서 수치인인 피고를 보호할 필요성은 더욱 적다고 볼 수 있다.

95) 김용덕 편집대표(주 16), 351면(정원 집필).

96) 이 원칙은 모든 권리에 대하여 적용될 수 있으나, 특히 권리자가 일방적으로 권

상당히 장기간 행사하지 않는 등 상대방으로 하여금 그 권리를 행사하지 않으리라는 신뢰를 갖게 하여, 새삼스럽게 권리를 행사하는 것이 신의칙에 반한다고 판단되는 경우에는 그 권리를 행사할 수 없다고 하여야 할 것이다.[97) · 98)] 이에 관하여 독일에서는 실효를 위해 시간적 요소 외에 신의칙에 반하는 용태를 요구하되, 상당한 기간 동안 권리를 행사하지 않는 부작위 자체가 신의칙에 반하는 용태라고 보고 있다.[99)]

위 논리를 '기간의 약정이 없는 임치계약의 해지권'이라는 형성권에 대입하여 보면, 실효의 요건이 충족되지 않는 이상 임치인은 언제든지 계약을 해지할 수 있고, 앞서 결론을 내린 바와 같이 제2설을 취한다면 임치물 반환청구권의 소멸시효기간은 그 때로부터 10년(제162조 제1항) 내

---

리를 행사할 수 있는 형성권의 경우에 그 적용가능성이 보다 크다고 할 수 있다 [박영규(주 49), 303면].

97) 곽윤직 편집대표(주 61), 426면 이하(윤진수 집필)에서는 '제척기간의 정함이 없는 형성권의 행사기간은 그 기초가 되는 법률관계에 의하여 정하고, 그것이 불가능할 때에는 신의칙 내지 실효의 원칙에 의하여 해결할 수밖에 없다'고 한다. 한편, 이영준, 민법총칙(개정증보판), 박영사(2007), 788면에서도 '제척기간이 정하여져 있지 않는 형성권은 원칙적으로 20년 내에 행사하여야 하고 그 전이라 하더라도 형성권 자체나 이의 행사에 의하여 발생하는 원상회복청구권은 실효의 요건을 갖추면 실효된다고 할 것이다'라고 한다. 위 서술 중 형성권의 행사기간을 '20년'으로 특정한 전단 부분에는 다소 의문이 있으나, 실효의 원칙이 적용될 수 있다는 취지의 후단 부분은 경청할 만하다.

98) 대법원도 다음과 같이 실효의 원칙을 인정하면서 그 적용 요건에 관하여 상세히 설시하고 있다. 대법원 2015. 2. 12. 선고 2013다93081 판결: "일반적으로 권리의 행사는 신의에 좇아 성실히 하여야 하고 권리는 남용하지 못하므로, 권리자가 실제로 권리를 행사할 수 있는 기회가 있었음에도 불구하고 상당한 기간이 경과하도록 권리를 행사하지 아니하여 의무자인 상대방으로서도 이제는 권리자가 권리를 행사하지 아니할 것으로 신뢰할 만한 정당한 기대를 가지게 된 다음에 새삼스럽게 그 권리를 행사하는 것이 법질서 전체를 지배하는 신의성실의 원칙에 위반하는 것으로 인정되는 결과가 될 때에는 이른바 실효의 원칙에 따라 그 권리의 행사가 허용되지 않는다. 그런데 이러한 실효의 원칙이 적용되기 위하여 필요한 요건으로서의 실효기간(권리를 행사하지 아니한 기간)의 길이와 의무자인 상대방이 권리가 행사되지 아니하리라고 신뢰할 만한 정당한 사유가 있었는지의 여부는 일률적으로 판단할 수 있는 것이 아니며, 구체적인 경우마다 권리를 행사하지 아니한 기간의 장단과 함께 권리자 측과 상대방 측 쌍방의 사정 및 객관적으로 존재한 사정 등을 모두 고려하여 사회통념에 따라 합리적으로 판단하여야 한다."

99) 김영희(주 48), 33면.

지 5년(상법 제64조) 등이 되나, 실효의 원칙상 해지권과 그로 인한 반환청구권을 행사하지 못하는 경우, 즉 오랜 기간이 지났고(예컨대 15년 후) 수치인이 임치인의 해지권이 행사되지 아니하리라고 신뢰할 만한 정당한 사유가 있는 경우도 상정할 수 있는 것이다. 그러나 계약상의 반환청구권의 통상의 소멸시효기간이 10년(제162조 제1항) 내지 5년(상법 제64조)임을 감안하여, 그보다 앞서 실효의 원칙을 적용하는 데는 신중을 기하여야 할 것이다.[100]

## V. 결   론

형성권을 행사하는 결과 발생하는 채권적 청구권은 그 형성권과는 별개로 소멸시효가 적용된다. 이는 행사기간의 정함이 없는 형성권의 경우에도 마찬가지라고 할 것이고, 다만 경우에 따라 실효의 원칙이 적용되어 형성권 자체가 소멸할 여지는 있다. 형성권의 행사가 상당히 지체되어 형성권의 불행사를 신뢰하게 만든 상황에서 형성권이 행사되면 의무자가 뜻하지 않은 손해를 입게 되는 측면이 있기는 하나, 실효의 원칙 등에 따라 형성권 자체가 소멸한다고 볼 경우에는 청구권도 당연히 행사할 수 없게 되는 것이다. 이것이 형성권의 행사를 둘러싼 이해관계를 조화롭게 도모하는 유연하고 실질적인 해석이다.

그런데 대상판결은 기간의 약정이 없는 임치계약의 해지권(형성권) 행사에 따라 발생하는 임치물 반환청구권(청구권)의 소멸시효가 그 청구권을 행사할 수 있는 시점, 즉 임치계약의 해지 시점이 아니라 임치계약의 특성 등만을 근거로 그 전제가 되는 형성권을 행사할 수 있는 시점, 즉 임치계약 성립 및 임치물의 인도 시점부터 진행한다는 것이어서, 선뜻 납득하기 어렵다. 대상판결의 태도는 기간의 정함이 없는 임치계약에서 수치인이 처하게 되는 불안정한 법률관계를 신속히 확정할 수 있다는 장점이 있다. 반면에 임치물 반환청구권의 소멸시효 기산점을 그 발생의

---

100) 박영규(주 49), 308-309면.

전제가 되는 형성권인 임치계약 해지권의 발생시점과 같게 봄으로써 '청구권은 형성권을 행사함으로써 발생하고, 그 소멸시효는 형성권과 별도로 진행한다'는 대법원 스스로 천명해 온 법리의 근간을 흔들고 있다는 단점이 분명하다. 수치인을 보호한다는 명분 또한 소멸시효 제도의 의의에 비추어 볼 때 임치인의 권리를 보호할 필요성도 크다는 점, 수치인의 해지권이 보장되는 점 등에 비추어 충분한 설득력을 갖지 못한다.

　다만 대상판결은 '특별한 사정'이 있는 경우 소멸시효의 기산점을 달리 판단할 수 있는 예외적인 경우가 있을 수 있다는 여지를 남겨 두었다. 따라서 향후에는 대상판결을 재고함은 물론이거니와, 대상판결에 따를 경우 위 '특별한 사정'의 범위(예컨대 임치인이 임치물 반환청구권의 발생 여부를 객관적으로 알기 어려운 상황에 있고 임치인의 과실 없이 이를 알지 못한 경우)에 관한 활발한 논의가 이루어짐으로써 소멸시효 실무가 합리적으로 운영되기를 기대한다.

[Abstract]

# Starting Point of the Statute of Limitations for the Right to Claim Return of the Bailed Object Upon Termination of the Bailment Contract

Kim, Chan Yung*

The Supreme Court Decision 2020Da220140 states that in the case of a bailment contract without a stipulated period, the statute of limitations on the bailor's right to claim the return of the bailed object (a right to claim) arising from the exercise of the right to terminate a bailment contract (a right to form) does not run from the point at which the claim can be exercised, that is, the point of the termination of the bailment contract, but the point at which the right to terminate can be exercised, that is, from the point of establishment of the bailment contract and delivery of the bailed object.

The Supreme Court's presumed arguments are as follows: ① A bailment contract without a stipulated period can be terminated 'at any time' (Article 699 of Korean Civil Law), and the bailed object is destined to be returned through the exercise of the right to terminate from the time of establishment. ② The right to claim the return of the bailed object requires only a unilateral decision (exercise of the right to terminate) by the bailor without any additional requirements, and there are no legal obstacles. ③ In general, when the bailor requests the bailee to return the bailed object, it can be interpreted as an implicit expression of intention to terminate the bailment contract, so there is little practical benefit in distinguishing between

---

* Judge, Seoul Administrative Court.

the exercise of the right to terminate and that of the right to claim return.

However, I cannot agree with the The Supreme Court Decision for the following reasons. ① The right to form, and the right to claim arising from its exercise must be treated separately, and the exercise period of the right to claim cannot proceed unless it has arisen yet. The fact that the bailor can terminate the contract is an issue regarding the possibility of making a decision as to whether or not to maintain the bailment relationship, and should be distinguished from the issue regarding the period within which the right to claim the return of the bailed object must be exercised. ② The bailee has an obligation to return the bailed object whenever the bailment ends, and the statute of limitations for the right to claim return of the bailed object is a legal system that exempts the above obligation as an exception and grants unexpected benefits to the bailee. Therefore, in return the bailor should be given the freedom to decide the time to exercise the right to terminate and set the starting point of the statute of limitations for the right to claim return. Then the conflicting interests of the bailee (early stabilization of the legal relationship) and the bailor (protection of the bailor's rights) can be harmonized. ③ In the case of 'consumption bailment' without a stipulated period, there is an explicit provision (Article 702 of Korean Civil Law) that the bailor can request return at any time, whereas general bailment does not have such a special rule. Unlike general bailment, consumption bailment is rather similar to consumption loan in that the ownership of the bailed object is transferred to the bailee and the bailed object should be a substitute, so there is no need to treat general bailment and consumption bailment the same. ④ In the case of gratuitous bailment, it is sufficient to store the bailed object with the same care as the bailee's own property, and if the bailee believes that storing the bailed object for a long period of time will cause damage to him/her, he/she may terminate the bailment contract at any time (Article 699 of Korean Civil Law) and return the bailed object to the bailor. In addition, the bailor's exercise of the right to terminate can be restricted according to the principle of good faith or the principle of lapse. So seeing that the statute of limitations for the right to claim the return of the bailed object runs from the point at which the right to terminate is exercised does not cause insufficient protection for the bailee.

Meanwhile, the Supreme Court Decision leaves room for exceptional cases where the starting point of the statute of limitations can be judged differently when there are 'special circumstances.' So in the future, not only should the Supreme Court Decision be reconsidered, but also active discussions regarding the scope of the above 'special circumstances' (for example, when the bailor is in a situation where it is difficult to objectively know whether a right to claim the return of the bailed object has arisen and the bailor does not know this due to no fault of the himself/herself) should take place, so that the legal practice upon statute of limitations can be conducted reasonably.

[Key word]

- bailment contract
- right to terminate
- right to claim the return of the bailed object
- statute of limitations
- starting point of the statute of limitations
- right to form
- right to claim

## 참고문헌

### 1. 단 행 본

곽윤직, 민법총칙, 박영사(1992).

곽윤직·김재형, 민법총칙(제9판), 박영사(2013).

곽윤직 편집대표, 민법주해[Ⅲ] 총칙(3), 박영사(1992).

김상용, 민법총칙(제3판), 화산미디어(2014).

김용담 편집대표, 주석 민법 채권각칙(Ⅳ)(제4판), 한국사법행정학회(2016).

김용덕 편집대표, 주석 민법 민법총칙(Ⅲ)(제5판), 한국사법행정학회(2019).

_____, 주석 민법 채권각칙(Ⅳ)(제5판), 한국사법행정학회(2022).

김준호, 민법강의(제28판), 법문사(2022).

김증한·김학동, 민법총칙(제10판), 박영사(2013).

백태승, 민법총칙(제7판), 집현재(2016).

송덕수, 민법총칙(제6판), 박영사(2021).

양창수·김형석, 민법3: 권리의 보전과 담보(제4판), 박영사(2021).

양창수 편집대표, 민법주해(Ⅳ) 총칙(4)(제2판), 박영사(2022).

이영준, 민법총칙(개정증보판), 박영사(2007).

정동윤 편집대표, 주석 상법 상법총칙·상행위(Ⅱ)(제4판), 한국사법행정학회
        (2013).

지원림, 민법강의(제17판), 홍문사(2020).

### 2. 논 문

강인원, "소멸시효 제도의 존재의의 및 소멸시효 중단사유로서의 승인에 대
        한 소고", 인권과 정의 제478호(2018).

김교창, "예금채권의 소멸시효", 상사판례평석집(1982).

김영희, "권리 행사의 시간적 제한에 관한 일 고찰", 민사법학 제29호(2005. 9.).

김준호, "제척기간과 소멸시효의 경합", 저스티스 통권 제141호(2014. 4.).

김증한, "소멸시효론", 민법논집(1978).

김진우, "형성권에 관한 재고", 외법논집 제26집(2007. 5.).

김학동, "소멸시효의 기산점에 관한 판례분석", 민법의 과제와 현대법의 조명:

경암홍천용박사화갑기념(1997).

박영규, "사법상의 권리행사기간", 민사법학 제18호(2000).

박희호, "민법상 임치계약에 관한 연구", 법학연구(연세대학교 법학연구원) 제29권 제3호(2019. 9.).

서종희, "일반소멸시효의 기산점 판단법리의 기원", 법학연구(연세대학교 법학연구원) 제30권 제2호(2020. 6.).

양창수, "임치물 반환청구권의 소멸시효 기산점", 법률신문 5028호(2022. 10. 27.).

오영준, "유류분반환청구권과 소멸시효", 양창수교수고희기념논문집(2021).

윤진수, "소멸시효", 민법학의 회고와 전망: 민법전시행삼십주년기념논문집, 한국민사법학회(1993).

임건면, "소멸시효의 대상", 한국민법의 새로운 전개: 고상룡교수고희기념논문집(2012).

최문기, "소멸시효와 제척기간의 기산점의 판례이론에 관한 일고찰", 재산법연구 제34권 제3호(2017. 11.).

홍성균, "소멸시효 기산점에 관한 객관적 체계의 완화", 비교사법 제25권 제4호(2018).

홍승면, "임치계약 해지에 따른 임치물 반환청구권의 소멸시효 기산점", 서울고등법원 판례공보스터디(2022).

# 종합통장자동대출 예금계좌로의 착오송금에 따른 법률관계와 부당이득반환의무

고 범 진*

■■요　지■

　　최근 스마트폰의 대중화 및 IT기술과 인터넷의 발전으로 인터넷이나 스마트폰만으로 언제 어디서나 자유롭게 금융거래를 할 수 있게 됨으로써 금융거래의 편의와 신속성은 계속하여 향상되고 있다. 그러나 한편으로는 송금의뢰인이 금융기관명, 수취인의 계좌번호, 이체금액 등을 잘못 입력하여 의도하지 않은 대상자에게 자금이 이체되거나 송금의뢰인의 의사보다 많은 금액이 이체되는 착오송금 거래건수와 규모가 매년 증가함에 따라 착오송금에 따른 법률관계에 관한 법리적 검토와 착오송금인의 피해 구제를 위한 논의가 활발히 이루어지고 있다.

　　대법원은 일반적인 예금계좌로 착오송금이 이루어진 경우 송금의뢰인은 수취인에 대하여 착오로 송금한 금액 상당의 부당이득반환청구권을 가지게 되지만, 수취은행은 이익을 얻은 것이 없으므로 수취은행에 대하여는 부당이득반환청구권을 취득하지 아니한다는 입장을 확고히 한 바 있다.

　　대상판결의 사안은 송금의뢰인이 착오로 잔고가 마이너스 상태인 종합통장자동대출의 약정계좌로 송금한 경우로 수취은행은 착오로 송금된 금원을 자동적으로 변제받음으로써 대출채권의 만족을 얻는 결과가 발생한다고 할 것인데, 이러한 경우 과연 송금의뢰인이 수취은행을 상대로 부당이득반환을 구할 수 있는지가 문제된다.

　　대상판결은 송금의뢰인이 착오로 잔고가 마이너스 상태인 종합통장자동

---

* 인천지방법원 판사.

대출의 약정계좌로 송금한 경우에도 수취인의 수취은행에 대한 예금채권이 성립됨을 전제로 수취은행에 대하여 이체금액 상당의 예금채권을 취득하고 그와 동시에 수취인과 수취은행 사이의 대출약정에 따라 수취은행의 대출채권과 상계가 이루어지게 되는 결과, 대출채무가 감소하는 이익을 얻게 된 수취인만이 송금의뢰인에 대하여 이체금액 상당의 부당이득반환의무를 지게 되고, 수취인과의 적법한 대출거래약정에 따라 대출채권의 만족을 얻은 수취은행은 그로 인하여 부당한 이득을 취득한 것이 없음을 이유로 송금의뢰인의 수취은행에 대한 부당이득반환청구를 배척하였다.

　이 사안은 부당이득의 유형 중 '급부부당이득'에 해당한다고 할 것인데, 송금의뢰인의 송금 의뢰로 인하여 송금의뢰인과 수취인 사이에 급부관계가 성립하는 이상, 그 급부의 원인관계가 부존재하는 흠이 있다면 송금의뢰인은 그 급부관계의 상대방인 수취인에게 부당이득반환청구를 할 수 있을 뿐이고, 그 급부관계에 있지 아니한 수취은행을 상대방으로 하여서는 부당이득반환청구를 할 수 없다고 할 것이므로, 대상판결의 결론은 타당하다.

[주 제 어]
• 착오송금
• 전자자금이체
• 종합통장자동대출
• 예금채권
• 부당이득반환청구

대상판결 : 대법원 2022. 6. 30. 선고 2016다237974 판결

[사안의 개요]

1. 사실관계

(1) C상호로 원고와 거래하였던 개인사업자인 A는 2014. 3. 7. 혼인관계에 있던 B와 이혼하면서 B에게 위 C회사를 양도하였고, B는 2014. 6. 5. 같은 장소에서 D상호로 개업한 후 동일한 품목으로 원고와 거래하기 시작하였다. C회사는 2014. 8. 21. 폐업하였다.

(2) 원고는 2014. 9. 3. A(C회사) 명의의 피고 은행 계좌(이하 '이 사건 계좌'라 한다)로 31,837,520원(이하 '이 사건 금원'이라 한다)을 송금하였고(이하 '이 사건 송금'이라 한다), 다음 날 B(D회사) 명의의 피고 은행 계좌로 송금해야 하는데 착오로 이 사건 계좌로 송금하였다고 주장하면서 피고 은행에 이 사건 금원의 반환을 요청하였으나 피고 은행으로부터 거부당하였다.

(3) 한편, 이 사건 계좌는 종합통장자동대출 방식으로 수시로 대출 성격의 마이너스 통장인데, 2014. 8. 18. 타행 당좌부도로 지급정지 되었고, 2014. 8. 21.부터 대출채무가 연체되기 시작하였으며, 이 사건 송금 당시 잔액은 -84,373,218원이었다.

(4) 그 결과 이 사건 금원은 이 사건 송금 즉시 A의 대출채무 변제에 충당되었다.

(5) 원고는 ① 이 사건 계좌는 지급정지 되어 있어 대출채무로만 존재하는데, 그 대출채무를 채무자인 A가 아닌 제3자인 원고가 변제하였으므로, 원고는 피고 은행에 대하여 부당이득반환청구권이 있고, ② A는 2014. 9. 3. 당시 피고 은행에 대하여 대출거래약정상 인출요구권이 있었는데, 피고 은행이 이를 부당히 거부함으로써 A의 원고에 대한 채무변제를 방해하였으므로, 원고는 피고 은행에 대하여 제3자의 채권침해에 의한 손해배상청구권이 있으며, ③ A가 2015. 5. 11. 원고에게 피고 은행에 대하여 가지는 이 사건 금원에 대한 인출금채권을 양도하였다고 주장하면서 이 사건 소를 제기하였다.

2. 소송의 경과

(1) 제1심(수원지방법원 평택지원 2015. 12. 18. 선고 2015가단6215 판결)-
청구기각

① 피고 은행에 대한 부당이득반환청구에 관하여는 원고의 이 사건 송
금으로 인하여 이득을 본 자는 이 사건 금원만큼의 대출채무를 변제받은 A
이고, 피고 은행으로서는 이득을 본 것이 없고, ② 손해배상청구에 관하여는
피고 은행이 이 사건 금원의 인출을 거부하였어도 원고가 수취인인 A에 대
하여 가지는 부당이득반환청구권에는 아무런 영향이 없는 점 등에 비추어,
피고 은행이 이 사건 계좌에서 이 사건 금원의 인출을 거부한 것이 제3자의
채권침해라고 볼 수 없으며, ③ 인출금청구권 양수 주장에 관하여는 이 사건
계좌는 종합통장자동대출 방식으로 이 사건 금원은 이 사건 송금 즉시 A의
대출채무 변제에 충당되었으므로, A가 피고 은행에 대하여 이 사건 금원에
대한 인출금채권이 없다고 판단하여 원고가 피고 은행을 상대로 이 사건 금
원의 지급을 구하는 원고의 청구를 기각하였다.

(2) 원심(수원지방법원 2016. 6. 30. 선고 2016나50495 판결)-항소 기각

원심은 제1심 판결을 인용하면서 원고의 항소를 기각하였다. 부가적으
로, 원심에서 원고는 원고의 이 사건 계좌로의 송금이 피고 은행에 대한 대
출채무를 원고가 대신 변제한 것이라는 전제하에 '비채변제(민법 제745조)' 또
는 '제3자의 변제(민법 제469조)'의 법리에 따른 주장을 하였으나, 원심은 원
고가 송금한 돈이 A의 피고 은행에 대한 대출채무의 변제에 충당된 것은 A
와 피고 은행 간의 약정에 따른 법률관계(입금에 의한 대출금 자동변제충당)에
따른 효과일 뿐이어서 원고의 이 사건 송금행위가 A의 피고 은행에 대한 대
출채무를 원고가 대신 변제한 것이라고 볼 수 없다고 보아 위 주장을 받아
들이지 않았다.

3. 대법원의 판단(대상판결)

(1) 대법원은 종합통장자동대출의 약정계좌가 예금거래기본약관의 적용
을 받는 예금계좌인 경우에 그 예금계좌로 송금의뢰인이 자금이체를 한 때
에는 특별한 사정이 없는 한 송금의뢰인과 수취인 사이에 자금이체의 원인
인 법률관계가 존재하는지 여부에 관계없이 수취인이 수취은행에 대하여 위

이체금액 상당의 예금채권을 취득하고, 다만 약정계좌의 잔고가 마이너스로 유지되는 상태, 즉 대출채무가 있는 상태에서 약정계좌로 자금이 이체되면, 그 금원에 대해 수취인의 예금채권이 성립됨과 동시에 수취인과 수취은행 사이의 대출약정에 따라 수취은행의 대출채권과 상계가 이루어지게 되는 결과 수취인은 대출채무가 감소하는 이익을 얻게 되므로, 설령 송금의뢰인과 수취인 사이에 자금이체의 원인인 법률관계가 없더라도, ① 송금의뢰인은 수취인에 대하여 이체금액 상당의 부당이득반환청구권을 가지게 될 뿐이고, ② 수취인과의 적법한 대출거래약정에 따라 대출채권의 만족을 얻은 수취은행에 대하여는 부당이득반환청구권을 취득한다고 할 수 없다고 판시하였다.

(2) 따라서 이 사건에서 원고가 송금한 이 사건 금원은 설령 착오송금되었다고 하더라도, 그와 관계없이 수취인 A 명의의 종합통장자동대출의 약정계좌인 이 사건 계좌가 마이너스인 상태에서 입금됨으로써 종합통장자동대출에서 실행된 A의 대출채무가 감소하게 되었으므로,[1] 이로 인해 피고 은행이 부당한 이득을 취득한 것이 없다고 본 원심판결은 정당하다고 판단하였다.

〔研　究〕

## I. 서　론

'자금이체'란 직접적인 현금 수수 없이 금융회사에 개설해 둔 계좌의 자금이동에 의해 현금 수수와 같은 효과를 발생시키는 지급방법을 의미하고,[2] 자금이체 중 '전자자금이체'는 지급인과 수취인 사이에 자금을 지급할 목적으로 금융회사 또는 전자금융업자에 개설된 계좌(금융회사에 연결된 계좌로 한정)에서 다른 계좌로 전자적 장치에 의하여 금융회사 또는 전자금융업자에 대한 지급인의 지급지시 또는 수취인의 추심지시의 방법

---

[1] 이 사건 계좌에 적용되는 여신거래약관에서는 '이 약정에 의한 채무가 있는 때에는 수시로 대출약정계좌 및 당좌계좌 등에 입금된 자금은 자동으로 대출금변제에 충당하기'로 규정하고 있다.
[2] 정동윤, 어음수표법(제5판), 법문사, 2004, 570면; 이종준, "착오송금의 민사법적 구제방안 연구", 한양대학교 법학석사학위논문 (2021. 2.), 4면.

으로 자금을 이체하는 것을 의미한다.[3]

최근 우리나라는 스마트폰의 대중화 및 IT기술과 인터넷의 발전 등으로 인터넷뱅킹, 모바일뱅킹 등 금융서비스의 디지털화가 빠르게 진행되고 있고, 카카오뱅크와 같은 인터넷(모바일)전문은행 및 토스, 네이버페이, 카카오페이 등과 같은 모바일기기를 통해 계좌이체 등의 방법으로 충전한 선불금을 전화번호, SNS 등을 활용하여 수취인에게 송금하는 서비스인 간편송금의 방식도 활성화되고 있는데, 거기에 신종 코로나바이러스 감염 사태로 인하여 사회적 거리두기가 장기화되면서 비대면 금융거래가 보다 확대되었다.[4] 이에 금융서비스 이용자는 인터넷이나 스마트폰만으로 언제 어디서나 자유롭게 금융거래를 할 수 있게 되는 등 지급결제 편의와 신속성은 계속하여 향상되고 있다. 그러나 한편으로는 이러한 금융거래 과정에서 송금의뢰인이 금융기관명, 수취인의 계좌번호, 이체금액 등을 잘못 입력하여 의도하지 않은 대상자에게 자금이 이체되거나 송금의뢰인의 의사보다 많은 금액이 이체되는 착오송금 거래건수와 규모가 매년 증가하고 있는 실정임에도,[5]·[6] 송금의뢰인이 착오송금한 금원을

---

3) 전자금융거래법 제2조(정의) 이 법에서 사용하는 용어의 정의는 다음과 같다.
   12. "전자자금이체"라 함은 지급인과 수취인 사이에 자금을 지급할 목적으로 금융회사 또는 전자금융업자에 개설된 계좌(금융회사에 연결된 계좌에 한한다. 이하 같다)에서 다른 계좌로 전자적 장치에 의하여 다음 각 목의 어느 하나에 해당하는 방법으로 자금을 이체하는 것을 말한다.
      가. 금융회사 또는 전자금융업자에 대한 지급인의 지급지시
      나. 금융회사 또는 전자금융업자에 대한 수취인의 추심지시(이하 "추심이체"라 한다)
4) 한국은행, "2021년중 국내은행 인터넷뱅킹서비스 이용현황", 보도자료, 2022. 3. 2.[2021년말 현재 국내은행의 모바일뱅킹을 포함한 인터넷뱅킹 등록 고객수는 1억 9,086만 명(은행 간 중복 포함)에 이르고 있으며, 2021년 중 국내은행의 인터넷뱅킹(모바일뱅킹 포함, 일평균)을 통해 자금이체 및 대출신청서비스를 이용한 건수 및 금액은 1,732만 건, 70.6조 원에 달하는 것으로 나타났다. 특히, 모바일뱅킹 이용 건수 및 금액은 1,436만 건, 12.9조 원으로 전체 인터넷뱅킹 이용실적 중 모바일뱅킹이 차지하는 비중은 건수 및 금액 기준으로 각각 82.9%, 18.2% 수준으로 모바일뱅킹 이용률이 가파르게 증가하고 있다].
5) 예금자보호법 제2조(정의) 이 법에서 사용하는 용어의 뜻은 다음과 같다.
   9. "착오송금"이란 송금인의 착오로 수취금융회사, 수취계좌번호 등을 잘못 기재하거나 입력하여 수취인에게 자금(「전자금융거래법」 제2조 제11호에 따른 전자

반환받는 것이 여전히 쉽지 않은 것이 현실이다.[7]

이에 대응하여 수년간 착오송금을 토대로 한 대법원의 판결도 꾸준히 나오고 있고, 착오송금에 따른 법률관계 등에 관한 법리적 검토와 더불어 착오송금인의 피해 구제를 위한 논의도 활발히 이루어지고 있다.

대상판결은 기존의 대법원 판례의 입장인 "송금의뢰인이 원인관계 없는 수취인에게 착오로 자금이체를 한 경우에도 수취인은 수취은행에 대하여 예금채권을 취득한다."는 법리와 "종합통장자동대출 방식의 대출은 금융기관이 대출약정에서 정하여진 한도로 채무자의 계좌로 신용을 공여하면 채무자가 잔고를 초과하여 통장에서 금원을 인출하는 경우 잔고를 초과한 금원 부분에 한하여 자동적으로 대출이 실행되고 통장에 다시 금원을 입금하는 경우 대출이 실행된 부분에 대하여 자동적으로 변제가 이루어진다."는 종합통장자동대출의 자동 변제효과를 기초로 하여 송금의뢰인은 법률상 원인 없이 이익을 얻은 수취인에 대하여 이체금액 상당의 부당이득반환청구권을 가지게 될 뿐이고, 수취인과의 적법한 대출거래약정에 따라 대출채권의 만족을 얻은 수취은행은 부당한 이득을 취득한 것이 없음을 이유로 수취은행에 대하여는 부당이득반환청구권을 취득한다고 할 수 없다고 판단하고 있다.[8]·[9]

---

지급수단 중 대통령령으로 정하는 것을 포함한다)이 이동된 거래를 말한다.

6) 금융위원회 "7월 6일 착오송금 반환지원 제도 시행", 보도자료, 2021. 6. 14., 예금보험공사 보도자료 참조[2018년 착오송금 건수는 5만 2,252건, 착오송금 액수는 1,170억 원, 2019년 착오송금 건수는 6만 2,909건, 착오송금 액수는 1,269억 원, 2020년 5월까지의 착오송금 건수는 7만 5083건, 착오송금 액수는 1,567억 원으로 매년 늘어나고 있다].

7) 금융위원회 보도자료, "착오송금 현장 간담회 개최 및 구제방안 발표"(2018. 9. 18), 2면[2017년 중 은행권에서 9만 2천 건의 착오송금(2,385억 원)이 신고됐으나, 이 중에서 5만 2,000건(미반환율 56.3%)이 송금의뢰인에게 미반환(금액으로는 1,115억 원)되었다. 금융권 전체로는 2017년 중 11만 7,000건의 착오송금(2,930억 원)이 신고됐으나, 이 중 6만 건이 송금의뢰인에게 미반환(미반환율 51.6%)되었다].

8) 대법원 2006. 3. 24. 선고 2005다59673 판결 [직접적인 현금의 수수 없이 금융기관에 개설되어 있는 계좌상의 이체를 통하여 현금수수의 효과를 발생하게 하는 자금이체제도의 일종인 계좌이체에 있어서는, 송금의뢰인의 자금이체지시에 따라 지급은행 및 수취은행을 통하여 수취인의 예금계좌로 이체자금이 계좌이체되면 수취인과 수취은행 사이에 예금관계가 성립하고, 비록 계좌이체의뢰인과 수취인 사이

대상판결의 쟁점인 송금의뢰인이 착오로 잔고가 마이너스 상태인 종합통장자동대출의 약정계좌로 송금함으로써 수취인의 대출채무가 감소하게 되는 경우 송금의뢰인이 결과적으로 대출채권의 만족을 얻은 수취은행에 대하여 부당이득반환청구권을 취득할 수 있는지와 그 대상판결의 타당성에 대해 논하기에 앞서, 우선 ① 계좌이체의 개념 및 법률구조(Ⅱ), ② 착오송금에 따른 예금채권의 성립에 관한 기존의 논의(Ⅲ), ③ 잔고가 마이너스 상태인 종합통장자동대출의 약정계좌로의 착오송금이 이루어진 경우 예금채권의 성립 여부(Ⅳ), ④ 착오송금에 따른 부당이득반환청구(Ⅴ)와 관련하여 부당이득반환의 일반론 및 그에 따른 부당이득반환청구의 상대방에 대하여 살펴본 다음, ⑤ 대상판결을 검토하여 본다(Ⅵ).[10]

## Ⅱ. 계좌이체의 개념 및 법률구조

### 1. 개    념

계좌이체는 자금이체의 일종으로서 계좌이체의뢰인이 특정은행에 개설하고 있는 특정 계좌로부터 현금의 수수를 수반함이 없이 같은 은행 또는 다른 은행에 개설하고 있는 다른 계좌에 일정 금액을 대체입금시키는 것을 말한다. 자금이체는 직접적인 현금의 수수 없이 금융기관에 개설되어 있는 계좌상의 이체를 통하여 현금수수의 효과를 발생하게 하는 지급 및 수령의 수단을 총칭하는 포괄적인 개념으로, 이체지시의 방향에

---

에 계좌이체의 원인이 되는 법률관계가 당초부터 성립하지 않았거나 또는 그 법률관계가 사후에 일정한 사유로 소멸하게 되더라도 특별한 사정이 없는 한 그와 같은 원인관계의 흠결은 계좌이체의 효력이나 계좌이체로 말미암아 형성된 수취인과 수취은행 사이의 예금관계의 효력에 영향을 미칠 수는 없다. 그 이후에도 대법원 2009다69746, 2010다47117, 2011다89040 판결 등 같은 취지의 판시가 이어져 왔다.

9) 대법원 2015. 3. 12. 선고 2013다207972 판결, 대법원 2010. 10. 28. 선고 2008다83196 판결 참조.

10) 대상판결에서는 수취은행의 채권침해로 인한 불법행위에 기한 손해배상 및 인출금청구권 양수 주장 등도 쟁점으로 다루어졌으나, 이 부분은 대상판결의 주된 쟁점이 아니므로 이하에서는 생략하고 위 주된 쟁점인 착오송금에 따른 부당이득반환청구와 관련하여서만 검토하고자 한다.

따라 지급이체와 추심이체로,[11]·[12] 그 수단에 따라 서면자금이체와 전자
자금이체로 나눌 수 있는데, 대상판결에 있어서와 같은 계좌이체는 이체
지시의 방향에 따른 분류로는 지급이체에, 그 수단에 따른 분류로는 전
자자금이체에 해당한다고 할 것이므로, 이하에서는 지급이체 및 전자자금
이체에 관하여 구체적으로 살펴보기로 한다.

## 2. 전자자금이체의 법률구조

자금이체 정보의 흐름에 따라 자금이체의 ① 송금의뢰인(지급인), ② 그
거래은행(지급은행), ③ 수취인의 거래은행(수취은행), ④ 수취인 등 네 당
사자가 ㉠ 먼저 송금의뢰인과 지급은행 간의 예금(송금의뢰인 계좌로의 현
금입금 및 계좌이체)에 관한 계약(예금계약) 및 (송금의뢰인 계좌로부터 제3자
계좌로의) 전자자금이체에 관한 계약(전자자금이체계약), ㉡ 지급은행과 수
취은행 간에 자금이동시스템을 통하여 자금이체를 하기로 하는 환거래계
약, ㉢ 수취은행과 수취인 간의 예금(수취인 계좌로의 현금입금 및 계좌이체)
에 관한 계약(예금계약) 및 (수취인 계좌로부터 제3자 계좌로의) 전자자금이체
계약 등 3개의 기본계약에 의해 법률관계를 맺게 된다. 송금의뢰인의 경
우 지급은행과의 예금거래에 관한 기본계약에 기초하여 송금의뢰인으로
부터의 계좌이체 정보가 수취은행의 예금계좌 원장에 입금기록이 된 경
우 개별적 예금계약(소비임치계약)이 체결되는 구조이다.[13]

---

11) 고영태, "원인관계 없이 이루어진 지급이체의 법률관계", 부산판례연구회 제21집
(2010. 2.), 3면[지급이체라 함은 "자금을 지급할 자(지급인)가 자기의 거래은행(지
급은행)에 대하여 그의 계좌에서 자금을 출금하여 자금을 수취할 자(수취인)의 거
래은행(수취은행)에 있는 그의 계좌로 입금을 의뢰하는 자금이체"로서 현재 일반
사인간의 거래에 있어서는 지급이체가 주로 사용되고 있다].

12) 고영태(주 11), 3면[추심이체라 함은 "자금을 수취할 자(수취인)가 자기의 거래은
행(수취은행)에 대하여 자금을 지급할 자(지급인)의 거래은행(지급은행)에 있는 지
급인의 계좌로부터 자금을 출금하여 자기의 계좌에 입금할 것을 의뢰하는 자금이
체"로서 공공요금이나 신용카드 사용대금 등의 지급에 추심이체가 많이 이용되고
있다].

13) 서희석, "착오이체(송금)의 법률관계", 고시계(2012. 6), 102-103면; 서희석, "지급
인의 착오로 인한 자금이체의 효력─착오이체의 법률관계에 관한 판례 법리의 전
개─", 비교사법 제20권 제3호(통권 제62호, 2013), 716-717면.

전자자금이체(지급이체)가 실제로 이루어지는 과정을 간단히 설명하면 아래 [그림]과 같다. 송금의뢰인이 지급은행의 창구에서 은행직원에게 자금이체를 의뢰하여 은행직원이 자금이동의 정보(수취인의 계좌정보, 금액정보)를 자금이체시스템에 입력하거나, 송금의뢰인이 직접 지급은행의 인터넷뱅킹이나 ATM 등의 전자적 시스템에 접속하여 자금이동의 정보를 입력하고 이를 지급은행으로 송신함으로써 자금이체를 의뢰(또는 지급지시)하면, 자금이동의 정보가 지급은행의 송금의뢰인 계좌원장을 거쳐(출금기록), 자금이체시스템의 운영자(금융결제원)를 경유하여 수취은행의 시스템에 도달하게 되고, 그와 동시에 수취은행의 수취인 계좌원장에 입금기록이 완료된다. 이로써 후술하는 바와 같이 지급 내지 자금이동의 효과가 발생한다. 이와 같은 과정은 전자적인 방법으로 보통 실시간으로 이루어지게 된다.

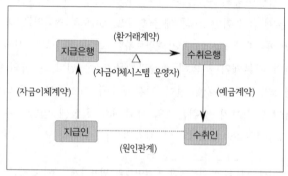

[그림] 전자자금이체(지급이체)의 구조

## 3. 지급이체의 효력발생시기

**[전자금융거래법]**
제13조(지급의 효력발생시기)
① 전자지급수단을 이용하여 자금을 지급하는 경우에는 그 지급의 효력은 다음 각 호의 어느 하나에서 정한 때에 생긴다.
1. 전자자금이체의 경우 : 거래지시된 금액의 정보에 대하여 수취인의 계좌가

> 개설되어 있는 금융회사 또는 전자금융업자의 계좌의 원장에 입금기록이 끝난 때
>
> **[전자금융거래기본약관[14]]**
> 제11조(거래의 성립) 이용자가 전자금융거래를 하고자 하는 경우에는 다음 각 호의 시기에 거래가 성립합니다.
> 　1. 계좌이체 및 추심이체의 경우에는 이용자가 입력한 거래지시의 내용을 은행이 확인하고 출금자금(수수료를 포함)을 출금계좌원장에 출금기록 한 때
>
> **[예금거래기본약관[15]]**
> 제7조(예금이 되는 시기)
> 　① 제6조에 따라 입금한 경우 다음 각호의 시기에 예금이 된다.
> 　2. 현금으로 계좌송금하거나 계좌이체한 경우: 예금원장에 입금의 기록이 된 때

이와 같이 전자금융거래법, 전자금융거래기본약관, 예금거래기본약관 상의 일련의 규정들 및 앞서 본 전자자금이체의 법률구조에 의하면, 수취인 예금계좌원장에 입금기록이 이루어지면, 즉 지급의 효력이 발생하면 수취인과 수취은행 사이에 예금계약이 성립하고, 수취인은 수취은행에 대하여 이체된 자금 상당액의 예금채권을 갖게 된다.[16]

## Ⅲ. 착오송금에 따른 예금채권의 성립에 관한 기존의 논의

### 1. 논의의 배경

송금의뢰인이 착오로 수취인을 잘못 지정한 채 자신의 거래은행(지급은행)에 송금의뢰를 하여 계좌송금 또는 계좌이체의 방식으로 입금이 이루어진 착오송금의 경우, 즉 송금의뢰인과 수취인 사이의 법률관계(원인관계)의 하자가 있는 경우에도 수취인의 수취은행에 대한 예금채권이 성립하는지 여부가 문제가 된다.

---

14) 실무에서 사용하는 공정거래위원회가 승인한 '전자금융거래기본약관'(공정거래위원회 표준약관 제10028호, 2022. 1. 21. 개정)을 말한다.

15) 공정거래위원회가 승인한 '예금거래기본약관'(공정거래위원회 표준약관 제10012호, 2022. 12. 23. 개정)을 말한다.

16) 임정하, "착오송금의 분쟁해결지원과 관련 법리의 재검토", 은행법연구 제12권 제1호(2019. 5.), 8면.

## 2. 견해의 대립

### (1) 원인관계 필요설

송금의뢰인과 수취인 사이의 법률관계(원인관계)가 없으면, 수취인의 예금채권이 성립하지 않는다는 견해로 종래 우리나라 일부 하급심에서 이 입장을 취한 바 있다. 이는 원인관계 없는 계좌이체는 경미한 실수에 의하여 일어나는데도 그 제재가 너무 커서 송금의뢰인에게 가혹하게 될 수 있는 점, 예금채권의 성립을 인정하게 되면 결국 수취인의 채권자가 착오로 입금된 예금에서 채권의 만족을 얻게 되고 이는 제3자의 재산과 희생을 통하여 우연히 채권자만 횡재를 하게 되어 부당하다는 점 등에 근거하고 있다.

### (2) 원인관계 불요설

송금의뢰인과 수취인 사이의 법률관계(원인관계)와 지급이체계약은 별개의 계약으로서 독립한 것이므로 원인관계의 흠결이 당연히 지급이체 계약에 영향을 미친다고 볼 수 없다는 점, 원인관계의 존부에 따라 수취인의 예금채권의 효력이 좌우된다면 수취은행 등이 예금채권의 유효성을 일일이 조사·판단하여야 하는데 비대면적인 지급이체에 있어서는 그것이 용이하지 않으므로 원인관계가 부존재하더라도 수취인의 예금채권은 부정되지 않는다는 것이 타당하다는 점,[17] 계좌이체지시 자체에는 전혀 하자가 없을 뿐 아니라 만일 원인관계의 흠결이 입금기장에 영향을 미친다고 한다면 은행이 유효한 지급지시가 있어도 원인관계에 관하여 주의를 기울여야 하므로 계좌이체거래의 지급거래로서의 기능을 저하시키고, 은행은 단순히 지급이체거래에서 지급을 중개할 뿐 원인관계를 원칙적으로 고려하지 않는다는 점[18] 등을 이유로 원인관계의 흠결은 계좌이체의 효력에 영향을 미치지 않는다는 견해로 우리나라 학설의 다수설의 입장이다.

---

17) 주석 어음·수표법(Ⅲ), 한국사법행정학회(2003), 525면(손진화 집필부분).
18) 강위두, "전자자금이체에 관한 법률상 문제점", 부산대학교 법학연구 제40권 제1호, 1999, 291면.

## 3. 외국에서의 논의

### (1) 독    일

독일에서의 다수설은, 계좌이체의 경우에 수취은행이 수취인의 이체된 금액을 입금처리하면서 계좌이체 과정은 종료되는데, 이러한 입금행위를 무인적 채무승인 또는 채무승인(독일 민법 제780조, 제781조)으로 보고 있다. 위 다수설에 의하면, 송금된 금액을 수취은행이 수취인의 계좌로 입금하는 행위는 기본적으로 이들 사이에 체결된 계좌개설계약에 정해진 수취은행의 입금의무이행과 입금에 대한 고객(수취인)의 포괄적 동의를 기초로 하고, 따라서 사전에 포괄적으로 합의해 둔 이러한 포괄적 동의에 기초하여 예금채권이 성립하는 것이고, 수취은행의 입금행위에 따라 예금채권을 취득하기 위하여 수취인이 동의나 승낙의 의사를 별도로 하지 않아도 된다고 보고 있다.[19]

한편, 독일에서는 송금의뢰인과 수취인 사이의 법률관계(원인관계)가 결여된 경우 수취인에게 입금기장 거절권(Zurückweisungsrecht)을 인정하여 예금취득의 효력 자체를 수취인 및 압류채권자 등의 관계에서 (소급적으로) 부인함으로써 해결하려는 시도가 확립되어 있고, 독일 연방법원은 1989년 처음으로 입금기장 거절권을 명시적으로 인정한 바 있다.[20]

### (2) 일    본

과거 일본 하급심의 다수 재판례와 학설은 주로 원인관계 필요설을 취하고 있었는데, 일본최고재판소는 "송금의뢰인으로부터 수취인의 은행의 보통예금계좌에 입금이 있을 때는, 송금의뢰인과 수취인 사이에 입금의 원인이 되는 법률관계가 존재하는지에 관계없이, 수취인과 은행 사이에 입금액에 상당한 보통예금계약이 성립해, 수취인이 은행에 대해서 위

---

19) 최재혁, "착오 자금이체(착오송금)와 수취은행의 상계권 행사", 수원지방법원 재판실무연구 제4권(2011. 12.), 75면.

20) BGH NJW 1990, 323=WM 1989, 1560=ZIP 1989, 1317(김상중, "송금인의 수취인 착오로 이루어진 계좌이체에 따른 반환관계", 고려법학 제55호(2009), 248면에서 재인용).

금액 상당의 보통예금채권을 취득하는 것으로 보는 것이 상당하다."고 판
시하면서 원인관계 불요설의 입장에 있음을 선언하였다.²¹⁾·²²⁾

## 4. 우리나라 판례의 입장 및 검토

종래 우리나라 일부 하급심에서는 원인관계 필요설의 입장을 취한
바 있었으나,²³⁾ 우리 대법원은 대법원 2006. 3. 24. 선고 2005다59673 판
결에서 원인관계 불요설의 입장을 취하였고, 그 이후에도 대법원 2009다
69746, 2010다47117, 2011다89040 판결 등 같은 취지의 판시가 이어져 오
면서 송금의뢰인과 수취인 사이의 원인관계가 부존재하더라도 수취인의
수취은행에 대한 예금채권이 성립한다고 명확히 밝히고 있다.

또한, 수취은행이 수취인에 대한 대출채권 등을 자동채권으로 하여
수취인 계좌에 착오송금된 금원 상당의 예금채권과 상계가 가능한지 문
제된 사안에서 대법원은 앞서 살펴본 바와 같이 원인관계 불요설의 입
장, 즉 송금의뢰인과 수취인 사이에 자금이체의 원인인 법률관계가 존재
하는지 여부에 관계없이 수취인과 수취은행 사이에는 위 입금액 상당의
예금계약이 성립하고, 수취인이 수취은행에 대하여 위 입금액 상당의 예
금채권을 취득함을 전제로 하여 수취은행이 수취인에 대한 대출채권 등

---

21) 最二判平成8年(1996年)4月26日民集50卷5號1267頁.
22) 최재혁(주 19), 76-77면.
23) 서울중앙지방법원 2007. 6. 29. 선고 2007나1196 판결[수취인과 수취은행 사이의
예금계약에서 제3자인 송금의뢰인에 의한 수취인 계좌로의 계좌이체에 관한 법률
관계는, 수취은행이 사전에 포괄적으로 계좌이체에 의한 송금액의 입금기장을 승
낙하고 수취인 또한 사전에 포괄적으로 그 입금기장을 승낙하여 송금의뢰인의 수
취인 계좌로의 계좌이체가 있는 경우 그로써 수취인의 수취은행에 대한 예금채권
을 성립하게 하는 것이라 할 것이지만, 위와 같은 사전의 포괄적인 승낙의 의사표
시는 무제한적인 것이라 할 수 없고 수취인이 계좌이체에 의한 송금액의 정당한
수취인이 될 수 있는 법률적 원인이 있을 경우를 전제로 한 것이라 함이 예금계
약의 쌍방 당사자의 진정한 의사에 부합하는 합리적 해석이라 할 것이고, 송금의
뢰인이 수취인 계좌로 일정 금액에 대한 계좌이체를 하였으나 수취인과 송금의뢰
인 사이에 위 금액 송금에 해당하는 법률적 원인관계가 없는 경우 수취인은 정당
한 수취인이 될 수 있는 법률적 원인을 결한 경우로서 수취은행에 대하여 그에
기한 예금채권을 가지지 못한다고 보아야 한다].

을 자동채권으로 하여 수취인의 계좌에 입금된 금원 상당의 예금채권과
상계하는 것은 신의칙 위반이나 권리남용에 해당한다는 등의 특별한 사
정이 없는 한 원칙적으로 유효하다는 입장을 밝힌 바 있고,[24] 대상판결
직후 선고된 대법원 2020다212958 판결에서도 같은 취지의 판시를 함에
따라 다시 한 번 위 원인관계 불요설의 입장을 확고히 하였다.

착오송금에 의하여 재산적 손해를 입게 된 송금의뢰인을 보호한다는
측면에서는 원인관계 필요설도 어느 정도 수긍이 가는 측면이 있지만,
지급이체의 현금대체적 지급수단으로서의 확실성을 보장할 필요가 있고,
전자자금이체(지급이체)의 구조 및 금융거래 실무에 비추어 보았을 때, 실
제 계좌이체에 있어 수취은행으로서는 송금의뢰인과 수취인 사이의 원인
관계의 존부를 확인할 수 있는 수단이 없고, 현실적으로도 그 원인관계
의 존부를 매 송금행위마다 확인한 다음 예금채권의 효력 유무를 인정하
는 것은 상당한 시간과 비용을 필요로 할 것이므로, 이는 고도의 신속성
과 확실성을 존재가치로 하는 전자자금이체의 본질에 반한다. 따라서 우
리 대법원의 입장이자 우리나라 학설의 다수설인 원인관계 불요설이 전

---

24) 대법원 2010. 5. 27. 선고 2007다66088 판결, 대법원 2022. 7. 14. 선고 2020다
212958 판결 등[① 송금의뢰인이 착오송금임을 이유로 거래은행을 통하여 혹은 수
취은행에 직접 송금액의 반환을 요청하고, ② 수취인도 송금의뢰인의 착오송금에
의하여 수취인의 계좌에 금원이 입금된 사실을 인정하고 수취은행에 그 반환을 승
낙하고 있는 경우, 수취은행이 수취인에 대한 대출채권 등을 자동채권으로 하여
수취인의 계좌에 착오로 입금된 금원 상당의 예금채권과 상계하는 것은, 수취은행
이 선의인 상태에서 수취인의 예금채권을 담보로 대출을 하여 그 자동채권을 취득
한 것이라거나 그 예금채권이 이미 제3자에 의하여 압류되었다는 등의 특별한 사
정이 없는 한, 공공성을 지닌 자금이체시스템의 운영자가 그 이용자인 송금의뢰인
의 실수를 기화로 그의 희생하에 당초 기대하지 않았던 채권회수의 이익을 취하는
행위로서 상계제도의 목적이나 기능을 일탈하고 법적으로 보호받을 만한 가치가
없으므로, 송금의뢰인에 대한 관계에서 신의칙에 반하거나 상계에 관한 권리를 남
용하는 것이다. 이러한 판례의 입장은 금융기관에 의하여 반복적으로 이루어지는
예금계약이 정형적이고 신속하게 취급되어야 하는 점을 고려하여 원인관계 불요설
의 입장에 따라 수취은행이 상계권을 행사하는 것이 원칙적으로 유효하다고 보면
서도, 수취은행을 보호할 필요가 없는 일정한 경우에는 상계권 행사가 권리남용에
해당하여 허용되지 않음을 예외로 인정함으로써 이러한 경우 송금의뢰인의 이익을
보호하는 관점에서 구체적 타당성을 확보하고자 하였다는 점에서 의미가 깊다고
생각된다.

자자금이체(지급이체)의 본질 및 취지 등에 더 부합하므로 타당하다고 할 것이다. 다만 착오송금으로 인하여 재산적 손해를 입게 된 송금의뢰인의 보호 내지 구제와 관련하여서는 뒤에서 살펴볼 부당이득반환청구와 같은 다른 방법을 통하여 해결할 문제라고 보인다.

## Ⅳ. 잔고가 마이너스 상태인 종합통장자동대출의 약정계좌로의 착오송금이 이루어진 경우 예금채권의 성립 여부

### 1. 논의의 배경

앞서 살펴본 착오송금에 따른 예금채권의 성립에 관한 기존의 논의는 일반적인 예금계좌인 경우를 전제로 한 것인데, 일반적인 예금은 "예금자가 은행, 기타 수신을 업으로 하는 금융기관에게 금전의 보관을 위탁하되 금융기관에게 그 금전의 소유권을 이전하기로 하고, 금융기관은 예금자에게 같은 통화와 금액의 금전을 반환할 것을 약정하는 계약"으로 민법의 계약유형 중 소비임치의 성격을 가지고 있다.[25] 반면, 종합통장자동대출은 금융기관이 대출약정에서 정하여진 한도로 채무자의 계좌로 신용을 공여하면 채무자가 잔고를 초과하여 통장에서 금원을 인출하는 경우 잔고를 초과한 금원 부분에 한하여 자동적으로 대출이 실행되고 통장에 다시 금원을 입금하는 경우 대출이 실행된 부분에 대하여 자동적으로 변제가 이루어지는바, 종합통장자동대출의 약정계좌는 일반적인 예금계좌의 소비임치의 성격과 아울러 대출의 실행과 변제라는 금전소비대차의 성격도 지니고 있다. 그렇다면 대상판결의 사안과 같이 잔고가 마이너스 상태인 종합통장자동대출의 약정계좌로 착오송금이 이루어진 경우에도 기존의 논의 및 법리에 따라 수취인의 수취은행에 대한 예금채권이 성립하는지 살펴볼 필요성이 있다.[26]

---

25) 박준, "예금계약", BFL 제85호(2017. 9.), 63-64면.
26) 종합통장자동대출의 약정계좌라도 잔고가 마이너스가 아닌 상태에서 종합통장기본계좌로 착오송금이 이루어진 경우는 대출의 실행과 변제의 효과가 발생하지는 않기에 일반적인 예금계좌의 경우와 특별히 달리 볼 여지는 없을 것으로 보인다.

## 2. 견해의 상정과 검토

대상판결 이전에 잔고가 마이너스 상태인 종합통장자동대출의 약정 계좌로 착오송금이 발생한 사안에서 수취인의 예금채권 성립 여부에 관한 법리를 명시적으로 설시한 대법원 판례는 없다. 다만, 이러한 사안에서 일반적인 예금계좌로 착오송금이 이루어진 경우와는 달리 입금된 금원이 모두 자동적으로 대출금변제에 충당됨을 이유로 그 변제충당 결과에 비추어 수취인과 수취은행 사이에 예금계약이 성립하지 않는다고 보아 수취인의 예금채권의 성립을 부정하는 견해와 일반적인 예금계좌로 착오송금이 이루어진 경우와 마찬가지로 일단 수취인과 수취은행 사이에 예금계약이 성립한 다음 그 예금이 대출금변제에 충당되는 것이라고 보아 수취인의 예금채권의 성립을 긍정하는 견해를 상정하여 볼 수 있다.[27] 대상판결은 종합통장자동대출의 약정계좌의 잔고가 마이너스로 유지되는 상태, 즉 대출채무가 있는 상태에서 약정계좌로 자금이 이체되면, 그 금원에 대해 수취인의 예금채권이 성립됨과 동시에 수취인과 수취은행 사이의 대출약정에 따라 수취은행의 대출채권과 상계가 이루어지게 된다고 판시함으로써 수취인의 예금채권의 성립을 긍정하는 입장을 표명하였다.

살피건대, 종합통장자동대출의 경우에도 그 기본계좌는 일반적인 예금계좌와 마찬가지로 보통예금계좌이고, 그 잔고가 마이너스인 경우에는 여신거래약관과 대출거래약정에 따라 기본계좌에 입금된 자금으로 변제에 충당되는 것인데, 그 잔고가 마이너스인지 플러스인지에 따라 그 계좌의 성격이 달라진다고 보기는 어렵다. 또한, 종합통장자동대출에 관한

---

27) 착오송금의 사례는 아니지만 잔고가 마이너스인 상태에서 종합통장자동대출의 약정계좌로 송금된 사안에서 수취인의 예금채권의 성립을 부정하는 취지로 해석될 여지가 있는 하급심 판결이 있다. 광주지방법원 2015. 11. 20. 선고 2015나50985 판결[이 사건 예금계좌가 마이너스를 유지하는 경우에는 위 대출금 잔액의 범위 내에서는 이 사건 예금계좌에 돈이 입금되더라도 이에 관한 예금계약이 성립함이 없이 바로 대출금 변제에 충당되는 것으로 봄이 타당하다].

예금거래기본약관 제3조 제1항에 따르면 "이 약정에 의한 채무가 있는 때에는 종합통장기본계좌 및 당좌예금에 입금된 자금은 자동적으로 대출금변제에 충당하기로 합니다."라고 규정하고 있는바,[28] 그 문언과 규정 형식에 비추어 보면, 기본계좌로 송금이 되면 일단 위 계좌에 입금됨으로써 수취인의 예금채권이 성립된 다음 대출금변제에 충당이 이루어지는 구조라고 보는 것이 보다 자연스럽다. 따라서 잔고가 마이너스 상태인 종합통장자동대출의 약정계좌로 착오송금된 경우에도 (수취인과 수취은행 사이에 예금계약이 성립함에 따라) 수취인의 예금채권의 성립을 긍정한 대상 판결은 타당하다고 생각하고, 착오송금에 따른 예금채권의 성립에 관한 기존의 논의 및 대법원 법리에도 더 부합한다고 볼 수 있다.

## V. 착오송금에 따른 부당이득반환청구

### 1. 논의의 배경

착오송금이 이루어진 경우 이용자(송금의뢰인)는 지급의 효력이 발생하기 전 또는 거래가 완료되기 전까지는 거래지시를 철회할 수 있기는 하나,[29] · [30] 현실적으로 전자자금이체는 금융통신망을 통하여 실시간으로 처리되므로 사실상 송금의뢰인이 이체지시를 철회하는 것은 불가능하다고 할 수 있다. 그리하여 결국 원인관계 불요설의 입장에 따라 수취인의 수취은행에 대한 예금채권이 성립되고, 대상판결의 사안과 같이 송금의뢰

---

28) 공정거래위원회가 승인한 '여신거래약정서 II (종합통장자동대출 및 당좌대출용) 표준약관'(공정거래위원회 표준약관 제10040호)을 말한다.

29) 전자금융거래법
  제14조(거래지시의 철회) ① 이용자는 제13조 제1항 각 호의 규정에 따라 지급의 효력이 발생하기 전까지 거래지시를 철회할 수 있다.
  제13조(지급의 효력발생시기) ① 전자지급수단을 이용하여 자금을 지급하는 경우에는 그 지급의 효력은 다음 각 호의 어느 하나에서 정한 때에 생긴다.
    1. 전자자금이체의 경우: 거래지시된 금액의 정보에 대하여 수취인의 계좌가 개설되어 있는 금융회사 또는 전자금융업자의 계좌의 원장에 입금기록이 끝난 때

30) 전자금융거래기본약관 제16조(거래지시의 철회)
  ① 이용자는 제15조에 의하여 거래가 완료되기 전까지 전자금융거래 시 이용한 해당 전자적 장치를 통하거나 또는 은행이 정하는 절차에 따라 거래지시를 철회할 수 있습니다.

인이 착오로 잔고가 마이너스 상태인 종합통장자동대출의 약정계좌로 송금한 경우에도 마찬가지로 수취인의 수취은행에 대한 예금채권이 성립됨은 앞서 본 바와 같은데, 이러한 경우 송금의뢰인의 구제 수단과 관련하여 송금의뢰인의 부당이득반환청구를 생각해 볼 수 있다. 따라서 송금의뢰인이 부당이득반환청구를 할 수 있는지, 부당이득반환청구를 할 수 있다면 누구를 상대로 부당이득반환을 구해야 하는지가 문제되므로, 먼저 부당이득의 개념 및 부당이득제도의 관한 기존의 논의와 그에 따른 부당이득반환청구권의 성립요건 등을 살펴본 다음 대상판결의 사안에도 적용해 검토하여 보기로 한다.

## 2. 부당이득반환의 일반론
### (1) 부당이득의 개념

법률상 원인 없이 타인의 재산 또는 노무로 인하여 이익을 얻고 이로 인하여 타인에게 손해를 가한 경우, 이익을 얻은 자(수익자)로 하여금 손해를 입은 자(손실자)에게 그 이익을 반환하도록 의무를 부과하는 제도가 부당이득제도이다. 우리나라 민법은 부당이득의 일반조항을 제741조에 규정하였는데 그 요건은 ① 법률상 원인 없이, ② 타인의 재산 또는 노무로 인하여 이익을 얻고, ③ 그로 인하여 타인에게 손해를 가할 것, ④ 이득과 손해 사이에 인과관계가 있을 것이며, 제742조 내지 제746조에서는 개별적인 부당이득에 관한 규정을 두고 있다.

### (2) 부당이득제도에 관한 기존의 논의

부당이득제도와 관련하여 학설상 크게 ① 다양한 부당이득의 유형을 통일적으로 파악하려는 통일설과 ② 이를 비판하고 부당이득을 유형별로 파악하려는 비통일설(유형론)로 나뉘어 학설대립이 있다.[31]·[32]

---

31) 김일연, "의무 없이 타인을 위하여 사무를 관리한 자가 그 사무관리에 의하여 사실상 이익을 얻은 제3자에 대하여 직접 부당이득반환을 청구할 수 있는지", 대법원판례해설 제95호(2013상), 146-147면.
32) 편집대표 김용덕, 주석 민법 채권각칙(5)(제5판), 한국사법행정학회(2022), 727면 (이계정 집필부분, 이하 '주석 민법'이라 약칭).

## (가) 통 일 설

이는 종래 다수설로서 부당이득반환청구권의 공통된 기초를 공평의 원칙 또는 사회적 정의에서 찾는 견해이다. 부당이득제도의 본질에 대하여, 일반적·형식적으로는 정당화되는 재산적 가치의 이동이 이득자와 손실자의 상대적·실질적 관계에서는 법의 이상인 정의와 형평에 어긋나는 경우 정의와 형평에 맞도록 이를 조정하는 것이라고 설명한다.[33] 부당이득에 있어서 '법률상 원인'이라는 것은 재산적 가치의 변동이 당사자들 사이의 관계에 있어서도 정당한 것으로서 유지되어야 한다는 공평의 이념에 바탕을 둔 실질적·상대적 이유라고 이해할 수 있다고 설명한다.[34] 통일설에 의하면 모든 유형의 부당이득에 있어, 첫째 타인의 재산 또는 노무에 의하여 이익을 얻을 것(이득요건), 둘째 그 이득으로 말미암아 그 타인에게 손해를 주었을 것(손해요건), 셋째 그 이득과 손해 사이에 인과관계가 있을 것(인과관계 요건), 넷째 그 이득에 법률상 원인이 없을 것(법률상 원인의 흠결 요건)이라는 요건이 모두 충족되어야 한다.

## (나) 비통일설(유형론)

공평의 이념을 내세워 모든 부당이득 사안을 통일적으로 설명하려는 통일설의 시도는 부당이득의 성립 여부를 판단하는 실질적·구체적 기준을 제시하는 데 성공하지 못하였다고 보고, 부당이득을 여러 유형으로 나누어 그 유형별로 인정 이유나 요건을 살펴야 한다는 견해이다.[35] 비통일설이 제시하는 부당이득의 대표적인 유형은 급부부당이득, 침해부당이득, 비용부당이득 등이다.

① 급부부당이득은 계약 기타 채권관계에서 채무의 이행으로 이루어진 급부의 청산을 내용으로 하는 부당이득으로서(반환의무자의 이득은 손실자의 급부에 의하여 발생한다), 급부의 원인관계가 불성립, 무효, 취소 등

---

33) 김증한/김학동, 채권각론(제7판), 박영사(2006), 693면.
34) 곽윤직, 채권각론(제6판), 박영사(2012), 346면.
35) 편집대표 곽윤직, 민법주해 XVII 채권(10), 박영사(2005), 161면 이하(양창수 집필 부분); 지원림, 민법원론(제2판), 홍문사(2019), 797면 이하.

으로 소멸된 경우, 협의의 비채변제 등이 대표적 예이다. 급부부당이득제
도는 주로 계약법의 보충규범으로 기능한다고 설명한다.

② 침해부당이득은 반환의무자가 타인(= 반환청구권자)의 권리를 객관
적으로 침해함으로써 반환청구권자에게 부여되는 배타적 이익이 그의 동
의 없이 다른 사람에게 귀속된 경우 그 반환을 내용으로 하는 부당이득
으로서, 반환의무자의 이득이 반환의무자의 행위(소비, 처분, 사용, 부합, 혼
화, 가공 등)에 의하여 반환청구권자의 권리내용이 침해됨으로써 생겼다는
점에 특징이 있다. 침해부당이득제도는 불법행위법의 보충규범으로 기능
한다고 설명한다.

③ 비용부당이득은 타인의 채무를 변제하거나 타인 소유의 물건에
비용을 지출하는 등의 경우로서 비용지출자가 사무관리의 요건을 충족하
지 못하는 때에 그로 인하여 그 타인이 얻은 이득의 반환에 관한 부당이
득으로서, 비용부당이득제도는 사무관리법의 보충규범으로 기능한다고 설
명한다.

### (3) 우리나라 판례의 입장 및 검토

기존의 우리나라 대법원 판례는 "부당이득제도는 이득자의 재산상
이득이 법률상 원인을 결여하는 경우에 공평·정의의 이념에 근거하여
이득자에게 그 반환의무를 부담시키는 것"이라고 판시하여 옴에 따라 부
당이득제도와 관련하여 일반적으로 통일설의 태도를 취하여 왔던 것으로
이해되었다.[36]

그런데 계약상의 급부가 계약의 상대방뿐만 아니라 제3자의 이익으
로 된 경우 또는 계약의 일방당사자가 상대방의 지시 등으로 상대방과
또 다른 계약관계에 있는 제3자에게 직접 급부한 경우 이른바 삼각관계
에서의 급부가 이루어진 경우와 관련하여서 대법원은 "계약의 일방당사자
가 상대방의 지시 등으로 상대방과 또 다른 계약관계를 맺고 있는 제3자
에게 직접 급부한 경우, 그 급부로써 급부를 한 당사자의 상대방에 대한

---

36) 대법원 2008. 3. 13. 선고 2006다53733, 53740 판결, 대법원 2003. 6. 13. 선고
    2003다8862 판결.

급부가 이루어질 뿐 아니라 그 상대방의 제3자에 대한 급부도 이루어지는 것이므로 계약의 일방당사자는 제3자를 상대로 법률상 원인 없이 급부를 수령하였다는 이유로 부당이득반환청구를 할 수 없다."고 판시하여 이익의 반환은 원칙적으로 계약관계가 존재하는 당사자들 사이에서 이루어져야 하고, 계약관계가 없는 당사자들 사이의 직접적인 청구는 인정될 수 없다는 판시를 한 바 있다.[37)·38)] 이는 비통일설(유형론)에 입각한 판시라고 평가되고,[39)] 최근에는 이처럼 비통일설(유형론)에 입각한 판시가 늘어나고 있다. 위 대법원 판결은 공평·정의의 이념에만 근거하여 이득자에게 그 반환의무를 부담시키는 것에 그치지 않고, 이를 보다 구체화하여 유형론을 통하여 당사자 사이의 이해관계를 더 정치하게 조정하려는 비통일설(유형론)의 성과 내지 이점을 받아들이고 있는 것으로 보인다.

앞서 살펴본 바와 같이 부당이득제도를 설명함에 있어 학설상 크게 통일설과 비통일설(유형론)로 나뉘어 학설대립이 있으나, 그 공통의 목적은 이익을 손실자에게 반환케 함으로써 재화이전의 실질적 공평을 실현하려는 데 있음은 분명하다. 물론 경제적·사회적 변천으로 인하여 새로운 유형의 문제들이 발생하는 현 상황에서는 다양한 부당이득 관련 문제의 해결을 위해 구체적 사례에 맞추어 실질적·구체적 기준을 제시한 비통일설(유형론)의 성과가 중요한 의미를 지닌다고 할 것이나,[40)] 통일설은

---

37) 대법원 2002. 8. 23. 선고 99다66564, 66571 판결, 대법원 2003. 12. 26. 선고 2001다46730 판결, 대법원 2008. 9. 11. 선고 2006다46278 판결.

38) 이처럼 대법원은 계약상의 급부가 계약 상대방뿐만 아니라 제3자의 이익으로 된 경우에 급부를 한 계약당사자가 계약 상대방에 대하여 계약상의 반대급부를 청구할 수 있는 이외에 그 제3자에 대하여 직접 부당이득반환청구를 할 수 있다고 보면, 자기 책임하에 체결된 계약에 따른 위험부담을 제3자에게 전가시키는 것이 되어 계약법의 기본원리에 반하는 결과를 초래할 뿐만 아니라, 채권자인 계약당사자가 채무자인 계약 상대방의 일반채권자에 비하여 우대받는 결과가 되어 일반채권자의 이익을 해치게 되고, 수익자인 제3자가 계약 상대방에 대하여 가지는 항변권 등을 침해하게 되어 부당함을 이유로 줄곧 계약에 의한 급부가 계약 상대방뿐만 아니라 제3자에게도 이익이 된 경우에 그 제3자에 대하여 직접 부당이득반환청구권을 인정하는 '전용물소권'을 부정한 바 있다.

39) 주석 민법, 729면.

40) 통일설에 대하여는 그 이념인 공평·정의 관념이 너무 추상적이고 막연하다는

부당이득의 기저에 흐르는 큰 그림을 제시할 수 있다는 장점이 있고, 우리 민법 제741조가 부당이득의 발생 원인에 대하여 통합적으로 규정하고 있다는 점에도 부합하는바, 통일설에 따른 검토를 전혀 배제할 필요는 없다고 생각된다. 또한, 부당이득의 구체적인 사안들을 검토함에 있어서 통일설과 비통일설(유형론)의 대립은 그 구체적인 사안에서 부당이득반환청구권의 성부에 대한 설명의 방식에 있어서 차이가 발생할 수 있을지는 모르지만, 결과적 측면에서는 다른 결론에 이르지 않는 것으로 보인다. 우리나라 판례 입장 역시 통일설과 비통일설(유형론) 중 어느 학설을 특정하여 부당이득의 본질을 파악하고 있는지 확언할 수 없는 상황에서 어느 한 입장을 선택하여 취하기보다는 일단 대상판결 사안에서 송금의뢰인의 부당이득반환청구권의 성부 내지 그 상대방과 관련하여 통일설과 비통일설(유형론) 입장에서 각각 살펴보고자 한다.

### 3. 수취인의 부당이득반환의무

#### (1) 통일설에 따른 검토

먼저 송금의뢰인에 의하여 착오송금이 이루어진 경우 수취인의 계좌에 입금기록이 완료되는 순간에 수취인은 수취은행에 대하여 예금채권을 취득하는 이익을 얻는데 이는 법률상 원인이 없으며, 그로 인하여 송금의뢰인은 지급은행의 예금원장의 출금기록에 의하여 같은 금액 상당의 예금채권을 상실하게 되는 손해를 입는다. 따라서 통일설에 따른 부당이득 성립요건을 모두 충족한다고 할 것이므로, 수취인은 송금의뢰인에 대하여 착오송금한 금원의 부당이득반환의무를 부담하게 된다. 또한, 송금의뢰인이 착오로 잔고가 마이너스 상태인 종합통장자동대출의 약정계좌로 송금한 경우에도 수취인의 수취은행에 대한 예금채권이 성립됨은 앞서 살펴본 바와 같으므로, 수취인의 계좌에 입금기록이 완료되는 순간에 수취인은 수취은행에 대한 예금채권 상당의 이익을 법률상 원인 없이 취

---

비판이 있다.

득하고, 그로 인하여 송금의뢰인은 같은 금액 상당의 예금채권을 상실하게 되는 손해를 입게 된다. 수취인이 위와 같이 예금채권을 취득함으로써 부당이득반환청구에 필요한 이익의 취득은 완성되었다고 봄이 상당하고, 이후 수취은행과의 종합통장자동대출 약정에 따라 대출이 실행된 부분에 대하여 자동적으로 변제가 이루어짐으로 인하여 수취인의 수취은행에 대한 대출채무가 감소하게 되더라도 이는 부당이득 성립 이후의 사정에 불과하다. 결국 일반적인 착오송금이 이루어진 경우와 마찬가지로 수취인은 송금의뢰인에 대하여 착오송금한 금원의 부당이득반환의무를 부담하게 된다고 할 것이다.

　(2) 비통일설(유형론)에 따른 검토

　나아가 비통일설(유형론)에 따르면, 이 사안은 부당이득의 유형 중 '급부부당이득'에 해당한다고 할 것인데, 송금의뢰인의 송금 의뢰로 인하여 송금의뢰인과 수취인 사이에 급부관계가 성립하는 이상, 그 급부의 원인관계가 부존재하는 흠이 있다면 송금의뢰인은 그 급부관계의 상대방인 수취인에게 부당이득반환청구를 할 수 있음은 당연하다.

　(3) 소 결 론

　그렇다면 통일설, 비통일설(유형론) 어느 입장에 의하더라도 수취인이 송금의뢰인에 대하여 부당이득반환의무를 부담함에는 이론의 여지가 없다. 그러나 송금의뢰인이 수취인에 대하여 부당이득반환청구권을 취득한다고 하더라도 수취인이 자발적으로 예금을 인출하여 반환하여 주지 않는 한 송금의뢰인이 현실적으로 구제받기 위하여는 법원에 수취인을 상대로 부당이득반환소송을 제기한 다음, 법원으로부터 '수취인은 송금의뢰인에게 이체받은 금원 상당을 반환하라.'는 취지의 확정판결을 받아 이를 집행권원으로 하여 수취인의 예금계좌를 압류하는 등의 방법으로 수취인의 책임재산에 강제집행을 하여야 비로소 가능하다고 할 것인데, 송금의뢰인의 입장에서는 상당한 시간과 노력을 들여야 할 뿐만 아니라 소송을 진행하면서 본인의 비용까지 지불해야 하는 불편함이 발생하게 된다.[41] 물론, 이러한 착오송금으로 인한 송금의뢰인의 피해와 불편을

줄여보고자 착오송금 반환지원에 관한 절차를 마련한 예금자보호법 조항
이 2021. 1. 5. 신설됨에 따라 현행 예금자보호법은 착오로 송금된 금원
에 대한 부당이득반환채권을 예금보험공사가 송금인으로부터 매입한 후,
수취인의 연락처를 확보하여 자진반환 안내 또는 지급명령 등의 절차를
진행하여 회수하도록 규정하였고,[42] 2021년 7월부터 착오송금 반환지원
제도가 시행되고 있기는 하나,[43] 이 또한 근본적인 대책으로서는 한계가
존재한다. 바로 문제는 수취인이 누구인지를 알 수 없거나 수취인이 행
방불명인 경우 또는 수취인의 도산 등으로 그 예금계좌가 지급정지 상
태에 있거나 수취은행이 수취인에 대한 자신의 금전채권으로 수취인이
착오송금으로 취득한 예금채권을 상계처리 함에 따라 그 예금채권에 대
한 강제집행이 불가능한 경우(대상판결의 사안과 같이 송금의뢰인이 착오로
잔고가 마이너스 상태인 종합통장자동대출의 약정계좌로 송금함에 따라 자동적으
로 변제가 이루어진 경우도 마찬가지다)에는 현실적으로 송금의뢰인이 수취
인으로부터 착오송금한 금원을 반환받을 방법이 없다는 점이다.[44] 이러

---

41) 송금이 실행된 이후에는 수취인의 동의가 없는 경우 원칙적으로 반환이 불가능
하기 때문에 송금의뢰인의 권리 구제는 수취인의 동의에 전적으로 의존하여야 하
는 한계가 존재하고, 실제로 송금의뢰인이 금융회사를 통하여 송금된 금원의 반환
을 요청하더라도, 수취인이 신속하게 반환에 응하지 않는 경우가 상당히 많은 것
이 현실이다.

42) 예금자보호법(법률 제18436호, 시행 2021. 8. 17.) 제39조의2(매입대상 등) ① 공
사는 자금이체 금융회사등을 통하여 착오송금한 송금인의 신청이 있는 경우 지원
계정의 부담으로 착오송금 수취인에 대한 부당이득반환채권을 사후정산 등의 방식
으로 매입하여 소송을 제외한 반환 안내 등의 방법으로 회수할 수 있다. 다만, 공
사가 부당이득반환채권을 매입한 이후 착오송금 여부에 관하여 다툼이 있는 경우
에는 대통령령으로 정하는 요건 및 절차에 따라 매입계약을 해제할 수 있다.

43) 예금보험공사 홈페이지(kmrs.kdic.or.kr) '착오송금 반환지원 제도 안내'
① 금융회사를 통한 사전반환 신청단계에서 착오송금 수취인이 자진반환 불응
시 착오송금인은 예보에 반환지원을 신청하고, 지원대상에 해당될 경우 예보는 착
오송금인으로부터 부당이득반환채권을 매입합니다. → ② 예금보험공사는 금융회
사, 통신사, 행정안전부 등을 통하여 착오송금 수취인의 연락처 및 주소를 확보합
니다. → ③ 예금보험공사는 확보된 연락처, 주소 정보를 토대로 착오송금 수취인
에게 자진반환을 권유하여 회수합니다. → ④ 만약 착오송금 수취인이 자진반환
에 응하지 않을 경우 법원의 지급명령을 통해 회수를 진행합니다. → ⑤ 회수 완
료시 회수액에서 회수에 소요된 비용을 차감한 후 잔액을 착오송금인에게 반환합
니다.

한 연유로 송금의뢰인이 수취인이 아닌 수취은행을 상대방으로 하여 부당이득반환을 구하는 방법을 강구하고 있는바, 그렇다면 과연 수취은행이 착오송금에 따른 부당이득반환청구의 상대방이 될 수 있는지 검토하여 본다.

### 4. 수취은행의 부당이득반환의무

#### (1) 통일설에 따른 검토

송금의뢰인에 의하여 착오송금이 이루어진 경우 수취인의 계좌에 입금기록이 완료되는 순간에 수취인은 수취은행에 대하여 예금채권을 취득하고, 수취인에 대하여 위 입금된 금액 상당의 예금채무를 부담하게 된 수취은행으로서는 이익을 얻은 것이 없다고 할 것이므로, 통일설에 따른 부당이득 성립요건인 '이익의 취득'요건을 충족하지 못한 이상,[45] 수취은행은 송금의뢰인에 대하여 착오송금한 금원의 부당이득반환의무를 부담하지 않는다. 대법원도 '송금의뢰인과 수취인 사이에 계좌이체의 원인이 되는 법률관계가 존재하지 않음에도 불구하고, 계좌이체에 의하여 수취인이 계좌이체금액 상당의 예금채권을 취득한 경우에는, 송금의뢰인은 수취인에 대하여 위 금액 상당의 부당이득반환청구권을 가지게 되지만, 수취은행은 이익을 얻은 것이 없으므로 수취은행에 대하여는 부당이득반환청구권을 취득하지 아니한다.'고 판시한 바 있고,[46] 그 이후 대법원 2012. 3. 29. 선고 2011다89040 판결 등에서도 같은 취지의 판시가 이어져 오

---

44) 서희석, "지급인의 착오로 인한 자금이체의 효력 – 착오이체의 법률관계에 관한 판례 법리의 전개 –", 비교사법 제20권 제3호(통권 제62호), 2013, 712면.

45) 주석 민법, 756-757면(부당이득 성립요건인 '이익의 취득' 개념과 관련하여 학설 상으로는 차액설과 구체적 대상설의 견해 대립이 있으나, 대법원은 이득에 관하여 일반론으로 "부당이득은 그 수익의 방법에 제한이 없음은 물론, 그 수익에 있어서도 그 어떠한 사실에 의하여 재산이 적극적으로 증가하는 재산의 적극적 증가나 그 어떠한 사실의 발생으로 당연히 발생하였을 손실을 보지 않게 되는 재산의 소극적 증가를 가리지 않는 것"이라고 판시하고 있는바(대법원 1995. 12. 5. 선고 95다22061 판결), '재산의 증가'라는 표현은 차액설이 이득을 설명할 때 사용하는 표현인 점에 비추어 기본적으로 차액설의 입장에 있다고 평가된다].

46) 대법원 2007. 11. 29. 선고 2007다51239 판결.

면서 송금의뢰인은 수취은행을 상대로 부당이득반환청구권을 행사할 수
없다고 명확히 밝히고 있다.

또한, 송금의뢰인이 착오로 잔고가 마이너스 상태인 종합통장자동대
출의 약정계좌로 송금한 경우 수취은행으로서는 종합통장자동대출 약정
에 따라 자동적으로 변제를 받음으로써 대출채권의 만족을 얻는 결과가
발생한다고 할 것인데, 그렇다고 하더라도 이를 두고 법률상 원인 없이
변제를 받은 것이라고 볼 수는 없다. 왜냐하면 수취은행이 위 변제를 통
하여 채권만족을 얻은 것은 수취인과의 대출약정을 원인으로 한 것으로
서 수취인의 예금채권 취득의 원인인 송금의뢰인과의 대가관계 또는 지
급지시와는 무관한 사정에 따르고 있기 때문이다.[47] 따라서 수취은행은
송금의뢰인에 대하여 부당이득반환의무를 부담하지 않는다는 동일한 결
론에 이른다.

### (2) 비통일설(유형론)에 따른 검토

이 사안은 비통일설(유형론)에 따른 부당이득의 유형 중 '급부부당이
득'에 해당함은 앞서 본 바와 같고, 전자자금이체(지급이체)에서 수취은행
은 신속·간편한 기계적 자금이체를 위한 단순 통로 내지 중개자적 지위
에 있는바, 송금의뢰인의 송금 의뢰로 인하여 송금의뢰인과 수취인 사이
에만 급부관계가 성립될 뿐이고, 송금의뢰인과 수취은행 사이에서는 위
송금 의뢰로 인한 급부관계가 성립된다고 볼 수 없다. 따라서 그 급부의
원인관계가 부존재하는 흠이 있다고 하더라도 송금의뢰인으로서는 그 급
부관계에 있지 아니한 수취은행을 상대방으로 하여서는 부당이득반환청
구를 할 수 없다고 할 것이다.

### (3) 소 결 론

따라서 수취은행의 부당이득반환의무와 관련하여서는 통일설과 비
통일설(유형론)의 양 학설이 부당이득반환청구권의 성부에 대한 접근의
방식에 있어서 차이가 있기는 하나, 어느 학설의 입장에 의하더라도 수

---

47) 김상중, "송금인의 수취인 착오로 이루어진 계좌이체에 따른 반환관계", 고려법
   학 제55호(2009), 239-241면.

취은행이 송금의뢰인에 대하여 부당이득반환의무를 부담한다고 볼 수
없다.

## VI. 대상판결에 대한 검토

대상판결은 송금의뢰인이 착오로 잔고가 마이너스 상태인 종합통장
자동대출의 약정계좌로 송금한 경우에도 수취인의 수취은행에 대한 예금
채권이 성립됨을 전제로, 대상판결의 사안에서 수취은행에 대하여 이체금
액 상당의 예금채권을 취득하고 그와 동시에 수취인과 수취은행 사이의
대출약정에 따라 수취은행의 대출채권과 상계가 이루어지게 되는 결과
대출채무가 감소하는 이익을 얻게 된 수취인만이 송금의뢰인에 대하여
이체금액 상당의 부당이득반환의무를 지게 되고, 수취인과의 적법한 대출
거래약정에 따라 대출채권의 만족을 얻은 수취은행은 그로 인하여 부당
한 이득을 취득한 것이 없음을 이유로 송금의뢰인의 수취은행에 대한 부
당이득반환청구를 배척한 대상판결의 결론은 타당하다.

다만, 대상판결은 통일설에 입각한 판시라고 보이고, 그에 따라 수
취은행이 법률상 원인 없이 이익을 취득한 것이 있는지와 관련하여 수취
인의 수취은행에 대한 예금채권의 성립 여부 및 대출거래약정에 따른 수
취은행의 대출채권 만족이 법률상 원인이 있는지에 관한 논증을 거쳐 위
와 같은 결론에 이르고 있는바, 대상판결은 하급심에서 송금의뢰인의 수
취은행에 대한 부당이득반환청구를 배척하는 근거로 삼았던 '수취은행이
이익을 취득'한 것이 있는지에 관하여는 구체적인 이유를 명시하지 않은
것으로 보여 아쉬움이 남는다.

보다 근본적으로 대상판결과 같이 통일설에 입각하면 위와 같이 '이
익의 취득' 및 '법률상 원인의 유무' 등에 관하여 단계별로 복잡한 논증과
정을 거쳐야 하는 반면, 비통일설(유형론)에 따르면 이미 급부개념을 통하
여 재산의 이동이 전제되어 있으므로 별도로 이익의 취득 여부를 따질
필요가 없다는 점에서 그 설명이 용이하다. 대상판결 선고 이후 양창수
전 대법관(한양대 로스쿨 석좌교수)은 대상판결의 사안과 같은 착오송금의

부당이득법 처리에서는 그 이유를 수취인의 예금채권의 성립 등을 들어 수취은행에는 이익이 없다는 것에서 찾을 것이 아니라, 송금 의뢰로 인한 급부관계는 송금의뢰인과 수취인 사이에서만 성립하는 것이므로 그 급부의 원인 결여로 인한 부당이득(이른바 급부부당이득)도 송금의뢰인과 수취인 사이에만 성립한다는 것이고, 이에 따른다면, 대상판결이 비록 이른바 마이너스 통장에 입금된 금전의 반환청구에 관한 것이었다고 해도, "원고의 이 사건 송금으로 인한 급부관계는 피고 은행이 아니라 A와의 사이에서 성립한 것이므로, 그 급부의 원인이 없음을 이유로 하는 반환청구도 그를 상대로 하여야 한다."는 것으로 간단하게 끝나고, 이체된 금전의 그 후의 운명(채권채무의 성립, 자동적 상계 등)은 애초 이를 문제 삼을 필요가 없었을 것이라는 의견으로 대상판결을 평석한 바 있다.[48] 이는 비통일설(유형론)의 입장에서 대상판결의 논리 전개방식보다 더 간명한 설명이 가능하다는 점을 지적한 것으로 보이고, 보다 설득력이 있다.

따라서 적어도 대상판결과 같은 급부관계 당사자가 아닌 제3자와의 부당이득이 문제된 사안에서는 대상판결의 접근방식보다는 비통일설(유형론)에 따른 문제 해결이 보다 간단명료하고 의문의 여지가 없는 접근방식이라고 생각된다.

그럼에도 대상판결은 일반적인 예금계좌로 착오송금이 이루어진 경우뿐만 아니라 잔고가 마이너스 상태인 종합통장자동대출의 약정계좌로 착오송금이 발생한 경우에도 송금의뢰인은 수취은행을 상대로는 민법 제741조에 근거하여 부당이득반환청구권을 행사할 수 없다는 법리를 다시 한 번 확고히 하였다는 점에서 결론적으로 의미가 있다고 할 것이다.[49]

---

48) 양창수 전 대법관(한양대 로스쿨 석좌교수), 법률신문, 판례평석(2022. 8. 25.).
49) 대상판결의 선고 무렵 대법원 2022. 6. 30. 선고 2018다247425 판결, 대법원 2022. 7. 14. 선고 2022다205244 판결은 송금의뢰인이 착오로 잔고가 마이너스 상태인 종합통장자동대출의 약정계좌로 송금함으로써 수취인의 대출채무가 감소하게 됨과 동시에 수취은행의 대출채권과 상계가 이루어지게 된 사안에서 송금의뢰인은 수취은행을 상대로 부당이득반환청구권을 행사할 수 없다는 취지로 대상판결과 결론에 있어 동일한 판시를 한 바 있다.

## VII. 결 론

이처럼 민법상 부당이득 법리에 기초하여서는 착오송금이 이루어진 경우 송금의뢰인이 수취은행을 상대로 부당이득반환청구권을 행사할 수 없다는 점에서 대상판결과 같은 결론에 이를 수밖에 없다. 다만 현실적으로 여전히 착오송금으로 인한 송금의뢰인의 피해 구제방안 문제가 남게 된다. 따라서 앞으로 금융시장의 안정 및 국민경제의 발전에 이바지해야 하는 공공적 역할을 담당하고 있는 은행으로 하여금 일정한 요건을 충족하는 경우에 송금의뢰인에게 착오송금된 금원이 환원될 수 있게끔 하는 민사법적 구제방안에 대한 법리도 형성되기를 기대한다.[50]

---

50) 예를 들어 송금의뢰인의 착오송금시 수취은행의 수취인에 대한 상계권 행사와 관련한 신의칙 위반 또는 권리남용 법리를 설시한 대법원 판례(주 24)에서와 같이 수취인이 착오송금을 인정하고 수취은행에 그 반환을 승낙하고 그로 인하여 새로운 법률상 이해관계를 맺은 제3자에게 피해가 발생하지 않는 경우 등 송금의뢰인의 보호필요성은 큰 반면 반사적으로 채권변제의 만족을 얻는 금융기관의 보호필요성은 상대적으로 적은 경우를 상정할 수 있다. 이러한 경우에 송금의뢰인에게 착오송금된 금원이 환원될 수 있게끔 한다면 앞서 살펴본 대법원 판례 법리의 기본적인 입장을 벗어나지 않으면서도 순간적인 실수를 범한 송금의뢰인의 피해를 회복시키는 방법으로 현실적인 구체적 타당성을 도모할 수 있다고 할 것이다.

[Abstract]

# Legal Relation of Erroneous Remittance to an Automatic Bank Account Loan and Obligation to Return Unjust Enrichment

Ko, Beom Jin*

Recently, the popularization of smart phone and the advancement of IT technology and the internet have enabled people to engage in financial transactions conveniently and quickly anytime and anywhere using only the internet or smart phones. This continuous progress has enhanced the convenience and speed of financial transactions. On the other hand, the number and scale of erroneous remittances that the remitter mistakenly inputs the name of the financial institution, the recipient's account number or a larger amount than intended have been increasing annually. As a result, there's been active legal reviews on the legal relation of erroneous remittance and discussions regarding remedies for the remitter's losses due to erroneous remittance.

The Supreme Court has firmly established the position that the remitter has the right to claim the return of unjust enrichment not from the receiving bank but from the recipient in cases of erroneous remittance to a regular deposit account because the receiving bank gains no benefit from the erroneous remittance.

This case of the Supreme Court's Decision is about an erroneous remittance to an automatic bank account loan. In this case, the receiving bank automatically applies the mistakenly transferred amount to satisfy the loan obligation as a consequence of the erroneous remittance. So, the question is raised whether the remitter can claim for return of unjust enrichment

---

* Judge, Incheon District Court.

against the receiving bank in this case.

The Supreme Court rejected the claim for return of unjust enrichment against the receiving bank in this case as well on the grounds that the receiving bank having obtained satisfaction of the loan receivable according to a lawful loan agreement with the recipient did not acquire any undue benefit. Instead, the Supreme Court ruled that only the recipient who gained the benefit of reducing the loan obligation as a consequence of the erroneous remittance was obliged to return the unjust enrichment to the remitter because the recipient acquired a deposit bond as a result of the erroneous remittance, then the deposit bond of the recipient and the loan receivable of the receiving bank are set off simultaneously in accordance with the loan agreement between the recipient and the receiving bank.

This case would be classified as a type of unjust enrichment known as 'Unjust Enrichment by Payment', if there is a defect in the causal relationship of that payment, the remitter can only claim for return of unjust enrichment against the recipient because the payment relationship is established between the remitter and the recipient by the remitter's request for remittance. On the other hand the remitter cannot claim for return of unjust enrichment against the receiving bank because the payment relationship cannot be established between the remitter and the receiving bank. Therefore, the conclusion of the Supreme Court's Decision is valid.

## [Key word]

- Erroneous remittance
- Electronic funds transfer
- Automatic bank account loan
- Deposit bond
- Claim for return of unjust enrichment

## 참고문헌

### 1. 단 행 본

곽윤직, 채권각론(제6판), 박영사(2012).

김증한/김학동, 채권각론(제7판), 박영사(2006).

정동윤, 어음수표법(제5판), 법문사(2004).

지원림, 민법원론(제2판), 홍문사(2019).

편집대표 곽윤직, 민법주해 ⅩⅦ 채권(10), 박영사(2005).

편집대표 김용덕, 주석 민법 채권각칙(5)(제5판), 한국사법행정학회(2022).

편집대표 손주찬 · 정동윤 · 정찬형 · 강봉주 · 손진화, 주석 어음 · 수표법(Ⅲ), 한국
　　사법행정학회(2003).

### 2. 논    문

강위두, "전자자금이체에 관한 법률상 문제점", 부산대학교 법학연구 제40권
　　제1호(1999).

고영태, "원인관계 없이 이루어진 지급이체의 법률관계", 부산판례연구회 제
　　21집(2010. 2.).

김상중, "송금인의 수취인 착오로 이루어진 계좌이체에 따른 반환관계", 고려
　　법학 제55호(2009).

김일연, "의무 없이 타인을 위하여 사무를 관리한 자가 그 사무관리에 의하
　　여 사실상 이익을 얻은 제3자에 대하여 직접 부당이득반환을 청구할
　　수 있는지", 대법원판례해설 제95호(2013상).

박  준, "예금계약", BFL 제85호(2017. 9.).

서희석, "착오이체(송금)의 법률관계", 고시계(2012. 6).

＿＿＿, "지급인의 착오로 인한 자금이체의 효력－착오이체의 법률관계에 관
　　한 판례 법리의 전개－", 비교사법 제20권 제3호(통권 제62호, 2013).

이종준, "착오송금의 민사법적 구제방안 연구", 한양대학교 법학석사학위논문
　　(2021. 2.).

임정하, "착오송금의 분쟁해결지원과 관련 법리의 재검토", 은행법연구 제12권
　　제1호(2019. 5.)

최재혁, "착오 자금이체(착오송금)와 수취은행의 상계권 행사", 수원지방법원 재판실무연구 제4권(2011. 12.).

# 무효인 계약에 기하여 급부가 이루어진 경우, 부당이득반환의 범위와 현존이익 추정의 번복

현 재 언*

■요 지■

대상판결은 공익법인인 원고가 주무관청의 허가 없이 투자중개업자인 피고에게 그 기본재산을 예탁한 후 FX마진거래를 하여 손실을 입자, 피고를 상대로 그 기본재산의 예탁이 공익법인법 위반으로 무효임을 이유로 투자 손실액 상당의 부당이득반환을 구한 사안을 다루었다. 제1심판결은 원고가 위탁계좌에 기본재산을 입금함으로써 바로 용도변경행위가 성립하고, 수익자가 취득한 것이 금전상의 이득인 때에는 그 이득은 현존하는 것으로 추정된다는 이유로 원고의 부당이득반환청구를 인용한 반면, 항소심판결은 피고가 입금받은 현금은 투자자인 원고의 재산이고, 원고가 이를 사실상 지배하면서 FX마진거래에 자유롭게 사용하였으므로 이를 실질적으로 이득하였다고 볼 수 없다는 이유로 원고의 청구를 기각하였다. 대상판결은 항소심판결의 결론을 정당하다고 보면서도, 원심판결 이유에는 적절하지 않은 부분이 있음을 지적하고, "수익자가 급부자의 지시나 급부자와의 합의에 따라 그 금전을 사용하거나 지출하는 등의 사정이 있다면" 현존이익의 추정이 번복되는데, 이 사안에서 피고에게는 현존하는 이익이 없다고 판시하였다.

이른바 '실질적 이익'은 그것이 부당이득반환청구권의 발생요건인 '이득'과 어떤 차이가 있는 것인지, 그 판단의 기준시가 언제인지, 또 원인사실 이후 언제까지 얼마만큼 관련 있는 사정들을 고려하여야 한다는 것인지 불분명하여 개별 사안의 해결에 있어서 별다른 구체적 기준을 제시하지 못한다. 실

---

* 서울동부지방법원 판사.

제로 대상판결의 사안은 원고가 입금한 금전이 피고에게 일단 귀속되었으므로 피고에게 실질적 이익이 없다고 보기 어려운 사안이었다. 대상판결의 판시는 청구원인 단계에서 부당이득반환의무의 발생을 일단 인정하면서 그 반환 범위, 즉 현존이익에 관하여 이득소멸의 항변을 받아들인 일반론을 판시한 것으로 이해할 수 있다. 이득소멸의 항변이 인정되기 위해서는 ① 수익자가 선의여야 하고, ② 취득한 이득과 수익자의 손실 사이에 인과관계가 인정되어야 하며, ③ 수익자가 이득소멸로 인하여 얻은 대상(代償)이 없어야 한다. 이득소멸의 항변에 기초한 접근법은 청구원인 단계에서 간명하게 부당이득반환의무를 인정하면서도, 항변 단계에서는 법관으로 하여금 수익자에게 부당이득반환의무를 지우는 것이 부당하다고 느껴지게 하는 지점을 정확하게 지적함으로써, 개별 사안의 형평에 맞는 결론을 도출하기 위해 구체적으로 살펴야 할 사정들을 제시할 수 있는 장점이 있다.

[주 제 어]
- FX마진거래
- 투자자예탁금
- 급부부당이득
- 구체적 대상설
- 실질적 이익
- 현존이익, 현존이익 추정, 현존이익 추정의 복멸
- 이득소멸, 이득소멸의 항변

대상판결 : 대법원 2022. 10. 14. 선고 2018다244488 판결

[사안의 개요]

1. 사실관계

(1) 원고는 장학금 지급을 목적으로 2011. 8. 23. 「공익법인의 설립·운영에 관한 법률」(이하 「공익법인법」이라고만 한다)에 의하여 설립된 공익법인이다. 원고 정관은 기본재산을 '현금, 1계좌, 5억 원'으로 정하고 있고, 원고는 위 현금 5억 원을 주무관청의 관리감독 하에 2013. 6. 21.까지 새마을금고 정기예탁금계좌(이하 '이 사건 새마을금고 정기예탁금계좌'라고만 한다)에 보관하였다.

(2) 피고는 구 「자본시장과 금융투자업에 관한 법률」(2020. 2. 11. 법률 제16998호로 개정되기 전의 것, 이하 구 「자본시장법」이라고만 한다)에서 정의하는 투자매매업, 투자중개업 등의 금융투자업 등을 목적으로 설립된 회사로, 유사해외통화선물거래인 FX마진거래를 중개한다.

(3) 서○○은 2013. 6. 18. 원고를 대리하여 피고와 FX마진거래계약(이하 '이 사건 FX마진거래계약'이라고만 한다)을 체결하면서 같은 날 피고에 원고 명의의 위탁계좌를 개설하였고, 2013. 6. 21. 이 사건 새마을금고 정기예탁금계좌에 보관되어 있던 502,775,801원(= 원금 5억 원 + 이자 2,775,801원)을 출금하여 위 위탁계좌에 연계된 국민은행 연계계좌(입출금편의를 위하여 개설된 가상계좌)에[1] 입금하였다.

(4) 원고는 2013. 6. 21.부터 2014. 1. 13.까지 4,084회에 걸쳐 피고에게 HTS(Home Trading System)를 통해 종목·가격·수량 등을 정하여 FX마진거래를 위탁하였고, 피고는 그에 따라 거래를 실행하였다. 원고는 2014. 1. 13.경 이 사건 FX마진거래계약을 해지하고 위탁계좌 잔액을 전부 출금하였는데, 원고가 그때까지 이 사건 위탁계좌에서 출금한 돈은 합계 181,924,975원이었다.

---

1) 연계계좌의 의미에 대해서는 이 판례평석 16면 참조.

2. 소송의 경과

(1) 원고의 주장

(가) 부당이득반환청구

1) 이 사건 FX마진거래계약은 다음과 같은 이유로 무효이다.

① 서○○에게 이 사건 FX마진거래계약에 관한 대리권이 없었다.

② 이 사건 FX마진거래계약은 공익법인인 원고가 주무관청 허가 없이 한 기본재산 용도변경행위에 해당하여 「공익법인법」에 반하여 무효이다.

2) 따라서 피고는 원고에게 부당이득으로 331,009,259원(= 원고 입금액 502,775,801원 - 피고 반환액 171,676,542원) 및 이에 대한 지연손해금을 지급할 의무가 있다(원고는 피고로부터 반환받은 돈이 181,924,975원이 아니라 171,676,542원임을 전제로 주장하였다).

(나) 불법행위를 원인으로 한 손해배상청구

피고는 공익법인인 원고와 이 사건 FX마진거래계약을 체결하면서, ❶ 그것이 주무관청 허가 없이 이루어진 기본재산의 용도변경에 해당하는 것이 아닌지 확인하지 않은 과실, ❷ 금융투자업자로서 구 「자본시장법」이 정한 신의성실의무(제37조) · 적합성원칙(제46조) · 적정성원칙(제46조의2) · 설명의무(제47조) 등을 다하지 않은 과실, ❸ 계약 상대방인 서○○에게 원고를 대표 또는 대리할 권한이 있는지를 충분히 확인하지 않은 과실, ❹ 법인에 대하여는 연계계좌를 개설할 수 없도록 한 지침을 어기고 원고에게 연계계좌를 개설하도록 한 과실 등으로 인해 원고에게 입힌 손해배상으로 331,009,259원(= 원고의 입금액 502,775,801원 - 피고의 반환금액 171,676,542원) 및 이에 대한 지연손해금을 지급할 의무가 있다.

(2) 제1심-인천지법 2017. 6. 23. 선고 2016가합680 판결: 원고 일부 승
   (사실상 원고 전부 승)

(가) 공익법인인 원고가 주무관청의 허가를 받지 않고 피고와 이 사건 FX마진거래계약을 체결한 것은 강행규정인 「공익법인법」 제11조 제3항을 위반하여 무효이다. 따라서 피고는 원고에게 이 사건 위탁계좌로 입금받은 돈 중 이미 반환한 181,924,975원을 공제한 나머지 318,075,025원을 반환할 의무가 있다.

(나) 피고는 FX마진거래의 상대방은 해외파생상품시장회원이므로 피고가

실질적으로 이득을 얻은 사실이 없다고 주장하나, 원고가 이 사건 위탁계좌에 이 사건 기본재산을 입금함으로써 바로 공익법인의 용도변경행위가 성립하고, 개개의 FX마진거래행위는 그 이후의 행위이므로, 이 부분 피고의 주장은 이유 없다.

(다) 피고는 이미 원고에게 투자손익을 정산하고 남은 금액 전부를 반환하여 그 이익이 현존하지 아니한다고 주장하나, 수익자가 취득한 것이 금전상의 이득인 때에는 이를 취득한 자가 소비하였는지 아닌지를 불문하고 그 이득은 현존하는 것으로 추정되고, 피고가 무효인 이 사건 FX마진거래계약에 터 잡아 원고의 이 사건 기본재산을 피고의 위탁계좌에 입금받은 것은 '금전상의 이득'으로서 그 이득은 소비 여부를 불문하고 현존하는 것으로 추정되므로, 이 부분 피고의 주장도 이유 없다.

(3) 항소심-서울고법 2018. 6. 1. 선고 2017나2036879 판결: 원고 패

(가) 부당이득반환청구에 관하여

부당이득제도는 이득자의 재산상 이득이 법률상 원인을 갖지 못한 경우에 공평·정의의 이념에 근거하여 이득자에게 그 반환의무를 부담시키는 것인데, 이득자에게 실질적으로 이득이 귀속된 바 없다면 그 반환의무를 부담시킬 수 없다. 법률상 원인 없이 금전을 입금 받은 이득자가 그 돈을 실질적으로 이득하였다고 하기 위해서는 이득자가 이를 사실상 지배할 수 있는 상태에까지 이르렀다고 볼 만한 사정이 인정되어야 한다.

피고가 원고로부터 이 사건 위탁계좌로 입금받은 현금은 투자자인 원고의 재산이고, 원고는 이를 사실상 지배하면서 FX마진거래에 자유롭게 사용한 반면, 피고는 이를 사실상 지배하거나 처분할 수 없었다. 피고는 원고의 기본재산인 현금을 입금 받아 실질적으로 이득하였다고 볼 수 없다.

(나) 불법행위를 원인으로 한 손해배상청구에 관하여

① 원고의 실질 경영자인 서○○에게 적법한 대리권이 인정된다.

② 금융투자업자인 피고가 금융투자상품을 판매하면서 투자자가 공익법인으로서 기본재산의 용도변경에 해당하는 행위를 하는지 여부까지 확인할 일반적인 주의의무가 있다고 볼 근거가 없다. 공익법인에 대하여 연계계좌 개설이 금지된다고 볼 근거도 없다.

③ 피고가 이 사건 FX마진거래계약을 체결하면서 신의성실의무, 적합성원칙, 적정성원칙, 설명의무 등을 위반하였다고 인정할 증거도 없다(이 사건 FX마진거래계약은 피고의 투자권유를 통해 체결된 것이 아니므로, 구 「자본시장

법」 제46조의 적합성원칙이 아니라 제46조의2에 규정된 적정성원칙이[2] 문제된
다). 오히려 피고가 「자본시장법」상 적정성원칙, 설명의무 등을 준수한 사실
이 인정된다.

### 3. 대상판결 요지

(1) 불법행위를 원인으로 한 손해배상청구에 관하여: 항소심 판단 수긍

(2) 부당이득반환청구에 관하여

법률상 원인 없이 타인의 재산 또는 노무로 인하여 이익을 얻고 이로
인하여 타인에게 손해를 가한 경우 선의의 수익자는 받은 이익이 현존하는
한도에서 반환책임이 있고(민법 제748조 제1항), 부당이득 반환의무자가 악의
의 수익자라는 점에 대하여는 이를 주장하는 측에서 증명책임을 진다(대법원
2010. 1. 28. 선고 2009다24187, 24194 판결 등 참조). 수익자가 취득한 것이 금
전상의 이득인 때에는 그 금전은 이를 취득한 자가 소비하였는지 여부를 불
문하고 현존하는 것으로 추정되나, 수익자가 급부자의 지시나 급부자와의 합
의에 따라 그 금전을 사용하거나 지출하는 등의 사정이 있다면 위 추정은
번복될 수 있다(대법원 2003. 12. 12. 선고 2001다37002 판결, 대법원 2016. 5. 26.
선고 2015다254354 판결 등 참조).

이 사건 사실관계를 앞서 본 법리에 비추어 살펴보면, 피고가 FX마진거
래계약에 따라 원고로부터 현금 5억 원을 예탁받았으나, 이후 원고의 위탁에
따라 위 돈으로 FX마진거래를 실행한 다음 원고에게 거래에 따른 정산결
과가 반영된 잔액을 전부 반환한 이상, 피고에게는 원고로부터 예탁받은 위
5억 원과 관련하여 현존하는 이익이 없다고 보아야 한다.

그렇다면 원심판결 이유에 일부 적절하지 않은 부분이 있으나 원고의 부
당이득반환청구를 기각한 원심의 결론은 정당하고, 거기에 상고이유 주장과
같이 부당이득에 관한 법리를 오해하여 판결에 영향을 미친 잘못이 없다.

---

2) 현 「금융소비자 보호에 관한 법률」 제17조(적합성원칙), 제18조(적정성원칙).

〔研 究〕

# I. 서 론

## 1. 문제의 소재

대상판결은 공익법인인 원고가 주무관청의 허가 없이 투자중개업자인 피고에게 그 기본재산을 예탁한 후 FX마진거래를 하여 손실을 입자, 피고를 상대로 그 기본재산의 예탁이 「공익법인법」 위반으로 무효임을 이유로 투자 손실액 상당의 부당이득반환을 구한 사안을 다루었다. 사실관계가 비교적 단순한 사건임에도 불구하고 제1심판결과 항소심판결의 결론이 완전히 달랐고, 항소심판결과 대상판결은 결론이 같았지만 그 법적 구성은 달랐다. 이에 비추어 이 사안은 부당이득의 본질은 무엇이고 문제 해결을 위해서는 어떻게 접근해야 하는지, 급부부당이득의[3] 경우 누가 '이득'을 본 것이고 얼마만큼의 이익을 반환해야 하는 것인지, 나아가 법률가들 각자가 가지고 있는 공평과 형평의 이상은 어떠한 모습인지 스스로 물음을 제기해 볼 만한 좋은 기회가 될 수 있다.

본 연구에서는 특히 급부부당이득의 관점에서 부당이득반환청구권의 발생요건이 충족되었는지를 검토하고, 투자중개업자인 피고가 '이득'을 얻었는지, 항소심판결이 피고에게 '실질적 이익'이 없다고 판시한 것인지 정당한지 살펴본다. 이후 부당이득의 효과로서 반환의 대상이 되는 현존이

---

3) 윤진수, "부당이득법의 경제적 분석", 서울대학교 법학 제55권 제3호(2014. 9.), 108-109면에서는 '급부(給付)'라는 용어는 일본 민법에서 사용되는 용어일 뿐 우리 민법에서 사용되는 용어가 아니고, 우리 민법은 대신 '급여(給與)'라는 용어를 사용하고 있음[예컨대 민법 제746조(불법원인급여)]을 들어, '급부부당이득'이라는 용어는 부적절하고 '급여부당이득'이라는 용어가 맞음을 지적한다. 타당한 지적이라고 사료되나, 대법원 2008. 9. 11. 선고 2006다46278 판결 이래 다수의 대법원 판례[예컨대 대법원 2022. 8. 25. 선고 2019다229202 전원합의체 판결, 대법원 2023. 7. 27. 선고 2023다228107 판결 참조], 대상판결에서도 '급부자의 지시나 급부자와의 합의에 따라'라는 판시를 하고 있으므로, 본 판례평석에서는 부득이하게 '급부부당이득'이라는 용어를 사용한다.

익의 증명책임을 살펴보고, 현존이익 추정의 복멸에 관한 대상판결의 판시가 충분히 정밀하였는지를 검토한다.

## 2. 전제: FX마진거래의 개념과 구조
### (1) FX마진거래의 개념[4]

FX마진거래(Foreign Exchange margin trading)는 통화를 실제로 교환하는 외환시장에서의 외환거래와 달리, 소액의 증거금(margin)만을 예치하고 해당 증거금의 수십 배에 달하는 통화를 매매하고 환율변동 및 통화 간 이자율 격차 등에 따른 손익을 정산하는 고수익·고위험 거래이다. 외국환거래규정 제1-2조 제20-2호는 '외환증거금거래'를 '통화의 실제 인수도 없이 일정액의 거래증거금을 예치한 후 통화를 매매하고, 환율변동 및 통화 간 이자율 격차 등에 따라 손익을 정산하는 거래'로 정의하고 있는데, FX마진거래는 위 외환증거금거래에 해당한다.

FX마진거래는 외환거래의 계약단위를 통화 100,000단위로 대량화·표준화하면서, 실제 통화 매수/매도대금 전부를 요구하는 것이 아니라 소액의 증거금(5~10%)만을 요구하고 그 손익만을 정산함으로써 레버리지(leverage)를 극대화한다. 예를 들어 2023. 5. 11. 14:45의 유로/달러 호가는 1.0905(매도)/1.0910(매수), 17:45의 호가는 1.0931(매도)/1.0936(매수)이었는데, 투자자가 FX마진거래를 이용한다면, 2023. 5. 11. 14:45 증거금으로 5,455달러(= 매수호가 1.0910 × 거래단위 100,000 × 증거금률 0.05)만 예치하면 100,000유로에 대한 매수포지션을 취할 수 있다. 이후 17:45 위 100,000유로를 매도하면 210달러[= (17:45 매도호가 1.0931 - 14:45 매수호가 1.0910) × 거래단위 100,000]의 이익을 정산받게 된다. 2023. 5. 11. 14:45부터 17:45의 유로/달러 환율변동폭은 0.24%에 불과하였는데도, FX마진거래 투자자는 증거금 대비 3.85%(= 이익 210달러 / 증거금 5,455달러)의 이익을 얻을 수 있는 것이다. 반

---

4) 금융투자협회, "FX마진거래의 정의와 거래구조", https://www.kofia.or.kr/wpge/m_73/sub03040401.do, 2023. 12. 25. 확인; 박임출, "FX 마진거래 규제의 법적 과제", 상사판례연구 제24권 제4호(2011. 12.), 337-340면.

면 환율이 투자자의 포지션과 반대방향으로 움직인다면 높은 레버리지로 인해 투자자의 손실도 더욱 확대되고, 경우에 따라서는 예치한 증거금보다도 더 큰 손실을 입을 수 있다.

### (2) FX마진거래의 구조5)

「자본시장법」은 일반투자자가 해외 파생상품시장에서 거래를 하려는 경우에는 반드시 국내 투자중개업자를 통하여 거래를 해야 한다고 규정하고 있다(「자본시장법」 제166조, 같은 법 시행령 제184조 제1항). 이에 FX마진거래는 ❶ 투자자가 피고와 같은 투자중개업자와 FX마진거래계약을 체결하고 위탁계좌를 개설한 후, ❷ 계약수량에 따른 위탁증거금을 예탁하고, ❸ 종목·가격·수량 등을 정하여 거래를 위탁하면(주문을 내면), ❹ 투자중개업자는 해외선물업자(Futures Commission Merchant, 이하 'FCM'이라고 한다)에게 투자중개업자의 이름으로(「금융투자회사의 영업 및 업무에 관한 규정」 제3-29조 제5항) 주문을 내고, ❺ FCM은 다시 외환거래시장에서 자기의 이름으로 외환거래를 하며, ❻ 투자중개업자는 FCM으로부터 거래결과 및 손익 등을 통지받아, ❼ 투자자에게 위탁계좌를 통해 이익금을 지급하거나 손실에 따라 증거금을 추가 입금할 것을 요청(margin call)하게 된다.

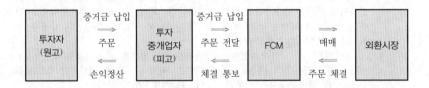

### 3. 불법행위를 원인으로 한 손해배상청구에 관하여

이 사건 제1심, 항소심이 인정한 사실관계에 의하면, 원고의 실질경영자인 서○○이 피고의 투자권유 없이 스스로의 판단으로 이 사건

---

5) 박철호, "FX마진거래제도 개선방안", 자본시장연구원(2010. 7.), 10면 이하; 고제성, "자본시장법의 규율을 받는 금융투자상품의 거래에 해당하는지에 대한 판단 기준", BFL 제77호(2016. 5.), 92면 이하.

FX마진거래계약을 체결하였으므로 구 「자본시장법」 제46조의 적합성원
칙, 제47조의 설명의무는[6]·[7] 기본적으로 문제되지 않는다. 오히려 피고
는 서○○의 투자목적, 재산상황 및 투자경험 등의 투자자 정보를 파악
하고, 그 투자성향보다 위험도가 높은 부적정 금융투자상품에 투자한다고
고지하였으며, 금융투자상품의 내용 및 투자에 따르는 위험 등을 설명하
고 설명서를 교부하고, 서○○로부터 '부적정 파생상품 등 거래확인서'에
서명 확인을 받았으므로, 구 「자본시장법」 제46조의2의 적정성원칙 및
설명의무를 준수하였다고 봄이 타당하다.[8] 따라서 대상판결이 이 부분
항소심의 판단을 수긍한 것은 정당하므로, 본 연구에서는 대상판결 중
부당이득반환청구에 관한 판시 부분을 위주로 살펴본다.

## Ⅱ. 피고의 부당이득

### 1. 부당이득에 대한 일반적 이해

#### (1) 부당이득반환청구권의 발생요건

부당이득반환청구권은 민법 제741조의 요건, 즉 ❶ 타인의 재산 또는

---

6) 제46조(적합성 원칙 등) ② 금융투자업자는 일반투자자에게 투자권유를 하기 전
   에 면담·질문 등을 통하여 일반투자자의 투자목적·재산상황 및 투자경험 등
   의 정보를 파악하고, 일반투자자로부터 서명(「전자서명법」 제2조제2호에 따른
   전자서명을 포함한다. 이하 같다), 기명날인, 녹취, 그 밖에 대통령령으로 정
   하는 방법으로 확인을 받아 이를 유지·관리하여야 하며, 확인받은 내용을 투
   자자에게 지체 없이 제공하여야 한다.
   제47조(설명의무) ① 금융투자업자는 일반투자자를 상대로 투자권유를 하는 경우
   에는 금융투자상품의 내용, 투자에 따르는 위험, 그 밖에 대통령령으로 정하
   는 사항을 일반투자자가 이해할 수 있도록 설명하여야 한다.
7) 다만 설명의무는 구 「자본시장법」 제47조뿐만 아니라 신의성실의 원칙에 의하여
   도 인정될 수 있다.
8) 제46조의2(적정성의 원칙 등) ① 금융투자업자는 일반투자자에게 투자권유를 하지
   아니하고 파생상품, 그 밖에 대통령령으로 정하는 금융투자상품(이하 "파생상품
   등"이라 한다)을 판매하려는 경우에는 면담·질문 등을 통하여 그 일반투자자의
   투자목적·재산상황 및 투자경험 등의 정보를 파악하여야 한다.
   ② 금융투자업자는 일반투자자의 투자목적·재산상황 및 투자경험 등에 비추어
   해당 파생상품등이 그 일반투자자에게 적정하지 아니하다고 판단되는 경우에는
   대통령령으로 정하는 바에 따라 그 사실을 알리고, 일반투자자로부터 서명, 기
   명날인, 녹취, 그 밖에 대통령령으로 정하는 방법으로 확인을 받아야 한다.

노무로 인하여 이익을 얻을 것(이득 요건), ❷ 그 타인에게 손해를 가하였을 것(손해 요건), ❸ 위의 이득과 손해 사이에 인과관계가 있을 것(인과관계 요건), ❹ 그 이득에 법률상의 원인이 없을 것(법률상 원인의 결여 요건)의 요건을 충족하면 발생한다.

### (2) 부당이득을 이해하는 기초: 이른바 통일설과 유형설

### (가) 통 일 설

통일설은 부당이득반환청구권의 공통된 기초를 공평의 원칙 또는 사회적 정의에서 찾는다. 부당이득반환제도는 '누구도 정당한 이유 없이 타인의 손해로 이익을 얻어서는 안 된다'는 자연법적인 원칙이 '법률상 원인 없는 이익은 반환되어야 한다'는 근대 법학 이론으로 전환된 것으로서,[9] '법률상의 원인'이라는 것은 재산적 가치의 변동이 당사자들 사이의 관계에 있어서도 정당한 것으로서 유지될 수 있어야 한다는 공평의 이념에 바탕을 둔 실질적·상대적 이유라고 설명한다.[10] 통일설은 민법 제741조 이하에서 부당이득을 통일적·일반적·포괄적 규정으로 규율하고 있고, 부당이득의 모든 경우에 대하여 민법 제741조의 요건 모두의 충족이 요구된다는 점에 주목한다.[11]

### (나) 유 형 설

유형설은 비교법적으로 계약이나 불법행위는 어느 나라, 어느 시대의 법에서나 현저한 지위를 차지하였지만, '부당이득'이 독자적인 채권발생원인으로 민법전에 규정된 것은 비교적 최근의 일이라는 점에 주목한다.[12] '부당이득'이라는 개념은 그 채권의 발생원인이 계약도 불법행위도 아니라는 소극적인 점에서만 일치할 뿐 성질상으로는 서로 극히 다른 생활사실들을 억지로 통합하는 것이라고 하면서, '공평의 이념'을 내세워 부

---

9) 곽윤직 편집대표, 민법주해(XVII), 채권(10), 박영사(2005)[이하 '민법주해(XVII), 채권(10)'이라고만 한다], 145-146, 165, 171면(양창수).

10) 곽윤직, 채권각론(제6판), 박영사(2012), 345-346면.

11) 민법주해(XVII), 채권(10), 154면(양창수); 김용덕 편집대표, 주석민법(제5판), 채권각칙(5), 한국사법행정학회(2022)[이하 '주석민법(제5판), 채권각칙(5)'라고만 한다], 730면(이계정).

12) 민법주해(XVII), 채권(10), 102-105면(양창수).

당이득제도를 통일적으로 설명하려고 하는 시도는 부당이득의 성립 여부를 판단하는 실질적·구체적 기준을 설득력 있게 제시하는 데 성공하였다고 말하기 어렵다고 평가한다.[13] 이에 유형설은 부당이득의 문제는 ❶ 급부자가 의식적·목적지향적 급부를 하였으나 실제 채무가 존재하지 않아 잘못된 급부를 청산·교정하여야 하는 경우(급부부당이득), ❷ 타인의 객관적 권리를 침해하는 행위가 있는 경우(침해부당이득), ❸ 의무 없이 객관적으로 타인에 속하는 사무를 자신의 비용으로 처리한 경우(비용부당이득)로 나누어 고찰하여야 한다고 본다.[14]

(다) 판례의 흐름

1) 대법원 2003. 6. 13. 선고 2003다8862 판결은 편취금전에 의한 변제가 문제된 사안에서 "부당이득제도는 이득자의 재산상 이득이 법률상 원인을 결여하는 경우에 공평·정의의 이념에 근거하여 이득자에게 그 반환의무를 부담시키는 것"이라고 판시하였고,[15] 대법원 2015. 6. 25. 선고 2014다5531 전원합의체 판결은 위와 같은 판시에 이어서 "특정한 당사자 사이에서 일정한 재산적 가치의 변동이 생긴 경우에 그것이 일반적·형식적으로는 정당한 것으로 보이지만 그들 사이의 재산적 가치의 변동이 상대적·실질적인 관점에서 법의 다른 이상인 공평의 이념에 반하는 모순이 생기는 경우에 재산적 가치의 취득자에게 가치의 반환을 명함으로써 그와 같은 모순을 해결하려는 제도"라고 판시하였으며[16], 대법원 2016. 1. 14. 선고 2015다219733 판결은 "부당이득의 성립 요건 중 '법률상 원인의 흠결' 여부는 공평의 이념을 기초로 한 규범적 판단의 영역에 속하므로, 급부행위의 성질이나 급부자(손실자)의 해당 급부행위에 관한 책임과 의무 등 여러 사정을 고려하여 합리적으로 판단하여야 한다"고 판시하였다.[17] 이러한 판시들은 기본적으로 통일설에 입각한 판시

---

13) 민법주해(XVII), 채권(10), 161-163면(양창수).
14) 민법주해(XVII), 채권(10), 105, 171-172면(양창수).
15) 대법원 2003. 6. 13. 선고 2003다8862 판결.
16) 대법원 2015. 6. 25. 선고 2014다5531 전원합의체 판결.
17) 대법원 2016. 1. 14. 선고 2015다219733 판결.

로 이해된다.

2) 그러나 대법원은 유형설의 입장을 받아들인 판시도 여러 차례 한 바 있다.[18]

① 대법원 2008. 9. 11. 선고 2006다46278 판결은 "이득자가 손실자의 부당한 출연 과정을 알고 있었거나 잘 알 수 있었을 경우에는 그 이득이 손실자에 대한 관계에서 법률상 원인이 없는 것으로 보아야 한다는 취지로 원심에서 들고 있는 대법원 2003. 6. 13. 선고 2003다8862 판결은 **손실자의 권리가 객관적으로 침해당하였을 때 그 대가의 반환을 구하는 경우**(이른바 침해부당이득관계)에 관하여 적용되는 것으로서, **손실자가 스스로 이행한 급부의 청산을 구하는 경우**(이른바 급부부당이득관계)에 관련된 이 사건과는 사안을 달리하는 것이므로 이 사건에 원용하기에 적절하지 않다"고 판시하여 급부부당이득과 침해부당이득을 명시적으로 구분하였다 (밑줄 - 필자, 이하 같다).

② 대법원 2010. 3. 11. 선고 2009다98706 판결은[19] "계약상 채무의 이행으로 당사자가 상대방에게 급부를 행하였는데 그 계약이 무효이거나 취소되는 등으로 효력을 가지지 못하는 경우에 당사자들은 각기 상대방에 대하여 계약이 없었던 상태의 회복으로 자신이 행한 급부의 반환을 청구할 수 있다. 계약의 효력불발생에서의 이러한 원상회복의무를 법적으로 뒷받침하는 것이 민법 제741조 이하에서 정하는 부당이득법이 수행하는 핵심적인 기능의 하나이다. 이 경우의 부당이득반환의무에서는, 예를 들면 소유권 등의 권리에 기하여 소유자 기타의 사람에게 배타적으로

---

18) 다음에서 보는 판례 외에도 대법원 2012. 4. 13. 선고 2012다97864 판결, 대법원 2020. 5. 21. 선고 2017다220744 전원합의체 판결 중 대법관 김재형의 다수의견에 대한 보충의견, 2020. 10. 29. 선고 2018다228868 판결 등도 참조.

19) 위 대법원 2009다98706 판결을 원용한 판례로는 대법원 2017. 6. 29. 선고 2017다213838 판결이 있다. 그런데 위 대법원 2009다98706 판결이 피고에게 '실질적인 이득'이 있어야 한다고 설시한 종전의 재판례는 대체로 침해부당이득 사안이라고 판시하였음에도 불구하고, 위 대법원 2017다213838 판결은 급부부당이득 사안에서 '이득자에게 실질적으로 이득이 귀속된 바 없다면 그 반환의무를 부담시킬 수 없다'고 하여 '실질적 이익' 표현을 사용하였다.

귀속되어야 하는 이익이 제3자에게 귀속됨으로써 **그 권리가 객관적으로 침해당하였으나 그 이익취득자에게 이익의 보유를 법적으로 정당화하는 권원이 없어서 권리자가 그에 대하여 그 취득한 이익을 부당이득으로 반환청구하는 경우에 상대방이 얻는 이익의 구체적인 내용을 따져서 과연 부당이득반환의 대상이 될 만한 것인지를 살펴보아야 하는 것**(대법원 2009. 11. 26. 선고 2009다35903 판결도 참조. 종전의 재판례가 부당이득반환청구소송에서 피고에게 '실질적인 이득'이 있어야 한다고 설시하는 것은 대체로 이러한 사건맥락에서이다)과는 달리, **상대방이 얻은 계약상 급부는 다른 특별한 사정이 없는 한 당연히 부당이득으로 반환되어야 한다. 다시 말하면 이 경우의 부당이득반환의무에서 민법 제741조가 정하는 '이익' 또는 '그로 인한 손해'의 요건은 계약상 급부의 실행이라는 하나의 사실에 해소되는 것이다.**"라고 판시하였다.

③ 대법원 2018. 1. 24. 선고 2017다37324 판결은 "당사자 일방이 자신의 의사에 따라 일정한 급부를 한 다음 급부가 법률상 원인 없음을 이유로 반환을 청구하는 이른바 **급부부당이득의 경우에는 법률상 원인이 없다는 점에 대한 증명책임은 부당이득반환을 주장하는 사람에게 있다.** 이 경우 부당이득의 반환을 구하는 자는 급부행위의 원인이 된 사실의 존재와 함께 그 사유가 무효, 취소, 해제 등으로 소멸되어 법률상 원인이 없게 되었음을 주장·증명하여야 하고, 급부행위의 원인이 될 만한 사유가 처음부터 없었음을 이유로 하는 이른바 착오 송금과 같은 경우에는 착오로 송금하였다는 점 등을 주장·증명하여야 한다. 이는 타인의 재산권 등을 침해하여 이익을 얻었음을 이유로 부당이득반환을 구하는 이른바 **침해부당이득의 경우에는 부당이득반환 청구의 상대방이 이익을 보유할 정당한 권원이 있다는 점을 증명할 책임이 있는 것과 구별된다.**"라고 판시하여 '법률상 원인'의 유무에 관한 증명책임에 관하여도 양자가 차이가 있다고 하였다.

**(라) 검　토**

타인의 급부(Leistung)에 의한 부당이득과 기타의 방법(in sonstiger

Weise)에 의한 부당이득을 명시적으로 나누고 있는 독일민법 제812조 제
1항과 달리, 우리 민법은 제741조 이하에서 부당이득의 모든 경우를 포
괄하는 일반적 규정을 두고 있을 뿐이다.[20] 부당이득제도가 연혁적으로
공평 내지 형평의 관념에 기반하고 있다는 점도 부인하기는 어렵다. 그
러나 모든 법제도는 공평 내지 형평을 지향하므로 부당이득제도가 공평
의 이념에 기초하고 있다는 설명은 결국 공허하고, 여러 종류의 분쟁
을 해결하는 데 있어 실질적인 기준을 제시해 주지 못한다. 현실적인
문제 해결에 있어서는 유형설을 통해 구체화된 판단기준을 따를 수밖
에 없다.[21]

    이에 부당이득 사건을 처리하는 법원으로서는, 당해 사건이 부당이
득의 어느 유형에 해당하는지를 염두에 두고, 다른 사건에서 판례가 제
시한 법리가 이 사건에도 유효하게 적용될 수 있는 것인지를 항상 자문
해 볼 필요가 있다. 특히 급부부당이득과 침해부당이득은 증명책임, 적용
할 법규범 등 재판실무상 중요한 문제들에 있어서 차이가 있으므로, 충
분한 검토 없이 다른 유형의 부당이득 사건에서 제시된 판례 법리를 무
분별하게 확장 적용할 경우 자칫 잘못된 결론에 빠질 위험이 있다.

### 2. 이 사안의 경우: 급부부당이득 유형에 해당함

(1) 원고가 기본재산을 국민은행 연계계좌로 입금한 것은 용도변경에
   해당함

(가) 「공익법인법」은 그 재산의 원활한 관리 및 유지 보호와 재정의
적정을 기함으로써 공익법인의 건전한 발달을 도모하고 공익법인으로 하
여금 그 본래의 목적사업에 충실하게 한다는 데 목적이 있다. 이에 「공

---

20) 민법개정위원회 분과위원회에서는 민법 제741조에 관하여 "타인의 재산 또는 노
   무로 인하여"라는 문언에 "급부"를 추가하여 "타인의 급부 또는 타인의 재산이나
   노무로 인하여"로 개정하자는 시안을 마련하였으나, 실무위원회 및 위원장단 회의
   단계에서 받아들여지지 않았다. 권영준, "부당이득에 관한 민법개정안 연구", 서울
   대학교 법학 제55권 제4호(2014. 12.), 158면.
21) 특히 유형설은 부당이득법의 경제적 분석에 관하여도 의미 있는 분석틀을 제공
   한다는 점에 관하여, 윤진수(주 3), 115면 참조.

익법인법」제11조 제3항 제1호는 공익법인이 기본재산을 매도·증여·임
대·교환 또는 용도변경하려는 경우에는 주무관청의 허가를 받아야 한다
고 규정하고 있는데, 여기서 '용도변경'은 '매도·증여·교환·임대·담보
제공이 아닌 방법으로 공익법인의 기본재산을 처분하는 행위, 즉 기본재
산의 현상에 변동을 일으키는 행위 중 위와 같은 입법목적을 침해할 우
려가 있는 행위'를 의미한다.[22] 「공익법인법」제11조 제3항은 강행규정으
로 이를 위반하여 주무관청의 허가를 받지 않고 기본재산을 처분하는 것
은 무효이다.[23]

(나) 원고는 2013. 6. 18. 피고와 이 사건 FX마진거래계약을 체결하
고 피고에 원고 명의의 위탁계좌를 개설한 후, 2013. 6. 21. 이 사건 새
마을금고 정기예탁금계좌에 보관되어 있던 원고의 기본재산인
502,775,801원을 출금하여 위 위탁계좌에 연결된 국민은행 연계계좌에 입
금하였다.

(다) 위 국민은행 연계계좌는 예금 잔액을 유지하는 실제 계좌가 아
니라 입출금 편의만을 위하여 개설된 가상계좌로, 연계계좌에 입금된 금
전은 실시간으로 피고의 모(母)계좌로 집금 처리된다.[24] 따라서 원고가
국민은행 연계계좌에 502,775,801원을 입금하는 순간, 모계좌의 예금명의
자인 피고가 예금채권을 취득함으로써 위 금전은 피고에게 귀속되고, 원
고는 피고에게 위탁계좌 잔액을 출금하도록 요구할 수 있는 채권을 가지
게 될 뿐이다.

(라) 위와 같이 초고위험 투자의 성격을 가지는 FX마진거래를 위하
여 기본재산을 피고의 위탁계좌로 연결된 국민은행 연계계좌에 입금함으
로써, 원고는 새마을금고에 대한 예탁금채권을 상실하고 선물회사인 피고
에 대하여 위탁계좌 잔액을 출금하도록 요구할 수 있는 채권만을 가지게

---

22) 헌법재판소 2006. 7. 27. 선고 2005헌바66 결정.
23) 대법원 1998. 12. 11. 선고 97다9970 판결.
24) 기업은행, 가상계좌 안내, https://kiup.ibk.co.kr/uib/jsp/guest/cms/cms20/ECMS201006_i.jsp,
　　2013. 12. 25. 확인.

되었으므로, 이는 기본재산의 용도변경에 해당한다고 봄이 타당하다. 그런데 공익법인인 원고가 이에 관하여 주무관청의 허가를 받지 않았으므로, 원고가 피고와 이 사건 기본재산에 관하여 FX마진거래계약을 체결하고 기본재산을 피고의 위탁계좌로 입금한 것은 강행규정을 위반하여 무효이다.

### (2) 이 사안은 전형적인 급부부당이득 사안에 해당함

따라서 이 사안은 무효인 계약에 기하여 급부가 이루어진 경우로 전형적인 급부부당이득 사안에 해당한다. 이 사안과 같이 급부자가 의식적·목적지향적 급부를 하였으나 법률상 원인이 흠결된 경우에는 그 급부가 수익자의 이득이자 손실자의 손해이다. 즉 급부부당이득의 경우 ❶ 수익자의 이득, ❷ 손실자의 손해, ❸ 이득과 손해 사이의 인과관계라는 요건은 급부가 이루어진 사실 자체만으로 충족되므로 요건들을 별도로 논할 실익이 없다.[25] 판례도 급부부당이득의 경우 "민법 제741조가 정하는 '이익' 또는 '그로 인한 손해'의 요건은 계약상 급부의 실행이라는 하나의 사실에 해소되는 것"이라고 보고 있다.[26] 따라서 이 사안에서 피고의 부당이득반환의무 성립 여부는 피고가 이 사건 FX마진거래계약에 의하여 이득을 얻었다고 평가할 수 있는지 여부에 달려 있게 된다.

### 3. 피고가 이득을 얻었는지

### (1) 반환의 대상으로서 이득의 개념

불법행위로 인한 손해배상과 달리 부당이득반환은 '손해'를 '배상'하는 것이 아니라 '이득'을 '반환'하는 것을 목적으로 한다. 이득이 없다면 부당이득반환의무는 발생하지 않는다. 그런데 수익자가 얻은 '이득'의 개념에 관하여는, 수익자가 수익 당시 '얻은 것'인가, 아니면 판단의 기준시(基準時)에 '남은 것'인가에 따라 서로 대립하는 두 개의 견해가 있다.[27]

---

25) 민법주해(ⅩⅦ), 채권(10), 161면(양창수); 주석민법(제5판), 채권각칙(5), 761면(이계정); 양창수/권영준, 민법Ⅱ: 권리의 변동과 구제(제4판), 박영사(2021), 506-507면.
26) 대법원 2010. 3. 11. 선고 2009다98706 판결.

### (가) 차 액 설

부당이득의 원인사실이 있은 후에 현실적으로 존재하는 재산의 총액이, 그 사실이 없었다고 가정하는 경우에 있었을 것으로 예상되는 재산의 총액보다 많은 경우, 그 차액을 이득으로 파악하는 견해이다. 원인사실이 수익자의 전체재산에 미친 효과를 이득으로 보는 것이다. 이러한 차액설적 이득 개념은 부당이득과정에서 수익자의 재산에 발생한 광범위한 사정들을 포괄할 수 있는 이점을 가진다.[28] 따라서 재산이 적극적으로 증가한 경우뿐만 아니라 당연히 발생하였을 재산의 감소를 면한 경우도 이득에 속하는 것으로 이해할 수 있다. 차액설의 논리에 따르면 판단의 기준시까지 원인사실과 인과관계가 있는 수익자의 모든 이득과 손해를 포괄하여, 손해를 이득으로부터 공제하고 남는 것이 현존이익으로서 반환의 대상이 된다.[29] 따라서 선의의 수익자가 현존이익을 반환하여야 한다는 민법 제748조 제1항은 당연한 이치를 선언한 것에 불과하게 되고, 반환청구자는 이익의 현존을 청구원인으로서 증명하여야 한다.

### (나) 구체적 대상설

부당이득의 원인사실로 수익자가 취득한 구체적 대상 자체를 이득으로 파악하는 견해이다. 민법 제741조에 의하면 수익자는 현존이익이 아니라 '그 이익'을 반환하여야 하고, 부당이득반환의 대상을 규정한 민법 제747조 제1항의 반대해석상 수익자는 원칙적으로 그가 받은 목적물 자체를 반환하여야 하므로, 우리 민법의 해석으로는 부당이득으로 반환하여야 할 대상으로서의 이득은 기본적으로 수익자가 구체적으로 취득한 대상(목적물)으로 보아야 한다는 것이다. 구체적 대상설의 논리에 따르면 반환청구자는 수익자가 급부 등으로 인하여 어떤 것(etwas … erlangt)을[30] 얻었음을 증명하면 되고, 이에 대하여 선의의 수익자가 민법 제748조 제1

---

27) 주석민법(제5판), 채권각칙(5), 775면(이계정).
28) 민법주해(XVII), 채권(10), 154-155면(양창수).
29) 민법주해(XVII), 채권(10), 535면(양창수).
30) 독일 민법 제812조 제1항.

항을 원용하여 이득의 소멸을 항변사항으로 주장하며 그 소멸사실을 증명하여야 한다.

### (다) 검토-구체적 대상설의 타당성

1) 의용민법 제703조는 "법률상의 원인 없이 타인의 재산 또는 노무로 인하여 이익을 얻고 이 때문에 타인에게 손실을 끼친 자는 그 이익이 있는 한도에서 이를 반환할 의무를 진다."고 정하고 있었다.[31] 그러나 우리 민법은 제741조는 그중 "그 이익이 있는 한도에서"라는 구절을 삭제하였고, 제747조 제1항에서 "수익자가 그 받은 목적물을 반환할 수 없는 때에는 그 가액을 반환하여야 한다"고 규정함으로써 '받은 목적물', 즉 원물을 반환하는 것이 원칙이라고 정하면서, 민법 제748조 제1항에서 선의의 이득자에 대하여만 현존이익의 범위 내에서만 반환할 것을 정하고 있다. 우리 민법의 문언과 규정방식에 비추어 보면, '이득'은 수익자가 취득한 구체적 대상 자체라고 해석함이 타당하다.[32]

2) 나아가 차액설에 따르면 반환청구자는 이득이 잔존한다는 사실까지 증명하여야 한다는 것인데, 수익자의 지배영역에서 발생하는 일에 대하여 반환청구자에게 증명책임을 부담시키는 것은 반환청구자에게 지나치게 가혹한 결과가 된다.[33]

3) 특히 급부부당이득의 경우 차액설을 따르면 복잡한 법적 문제가 발생할 수 있다. 쌍무계약에서 양 당사자는 수령하는 급부의 경제적 가치 상당의 반대채무를 부담하므로, 차액설에 따르면 급부를 수령한다고 하더라도 얻은 이득은 여전히 '0'이거나 '0'에 가깝다. 이후 쌍무계약이 무효 또는 취소되면 양 당사자는 소급적으로 반대채무를 면하게 됨으로써 수령한 급부 상당의 이득을 얻은 것이 되는데, 이러한 법적 구성은 독립적으로 파악되어야 할 '이득'이라는 부당이득반환청구권의 발생요건이 '법

---

31) 민법주해(XVII), 채권(10), 143면(양창수).
32) 민법주해(XVII), 채권(10), 536면(양창수).
33) 이계정, "수익증권 매매계약 취소에 따른 부당이득의 법률관계와 이득소멸의 항변", 한국민법과 프랑스민법 연구: 남효순 교수 정년기념논문집, 박영사(2021), 417면.

률상 원인의 결여'라는 또 다른 발생요건에 얽매이는 결과가 된다. 나아
가 쌍방의 급부가 모두 이루어진 경우에는 양 당사자가 급부받은 원물을
반환해야 하는 것인지, 차액을 정산하여 반환하여야 하는 것인지도 불분
명하다. 반면 구체적 대상설을 따르면 양 당사자는 상대방으로부터 급부
를 수령하는 즉시 이득을 얻은 것이고, 계약이 무효 또는 취소되면 위
급부가 법률상 원인을 결여한 것이 되어 부당이득으로 상대방에게 급부
한 원물의 반환을 청구할 수 있으며, 다만 서로의 반환청구에 대하여 동
시이행항변의[34] 문제만이 남을 뿐이므로 법적 구성이 간명해진다. 이 점
에서도 구체적 대상설이 타당하다.

(2) 항소심이 판시한 이른바 '실질적 이익'에 관하여

피고는 무효인 이 사건 FX마진거래계약에 기하여 원고로부터 이 사
건 위탁계좌로 5억 원을 지급받았는바, 위 5억 원은 피고가 무효인 이
사건 FX마진거래계약에 기하여 취득한 구체적 대상으로서 원고가 얻은
이득이라고 볼 수 있다.

그런데 항소심은 원고는 이 사건 위탁계좌에 입금된 현금을 사실상
지배하면서 FX마진거래에 자유롭게 사용한 반면, 피고는 이를 사실상 지
배하거나 처분할 수 없었으므로, 피고가 위 현금을 실질적으로 이득하였
다고 볼 수 없다고 보았다. 즉 급부가 이루어졌음에도 불구하고 부당이
득반환청구권의 성립요건인 '이득'을 인정하지 않음으로써 청구원인 단계
에서 부당이득반환청구권의 성립을 부정한 것이다. 이하에서는 위와 같
은 항소심의 판시가 타당한지 살펴본다.

(가) '실질적 이익'에 관한 재판례

1) 최초의 재판례

대법원은 임대차종료 후 임차인이 동시이행항변 내지 유치권을 행사
하면서 임차건물을 계속 점유하였으되 사용·수익하지 않은 사안에서 '실

---

34) 대법원 1995. 9. 15. 선고 94다55071 판결, 대법원 1996. 6. 14. 선고 95다54693
판결, 대법원 2007. 12. 28. 선고 2005다38843 판결, 대법원 2019. 6. 13. 선고
2019다208533 판결.

질적 이익'이라는 표현을 사용하기 시작하였다. 대법원 1960. 9. 15. 선고 4295민상553 판결은 "거주로 인한 실질적 이익은 이로 인하여 가옥소유자에게 손해가 있는 한 상환하여야 한다"고 판시하였고, 대법원 1963. 7. 11. 선고 63다235 판결에서도 "동시이행의 항변권 또는 가옥의 유익비상환청구권에 기인하여 임차한 가옥에 대하여 유치권을 행사하여 임차가옥을 사용수익을 한 경우에 있어서는 임차인이 임차가옥의 사용으로 인하여 얻은 실질적 이익은 이로 인하여 임대인에게 손해를 끼치는 한에 있어서 부당이득으로서 임대인에게 상환할 의무가 있다. … 유치권에 의하여 피고들 또는 기타인들로 하여금 이를 점거 간수하고 있다고 인정하면서 실질적 이익을 얻은 바 있는 여부를 심리판단하지 아니하고 감정인의 임료 감정액 상당의 부당한 이득을 상환할 의무가 있다고 인정하였음은 심리미진이 아니면 부당이득에 관한 법리를 오해한 이유불비의 위법이 있다"고 판시하였다. 이후 대법원 1984. 5. 15. 선고 84다카108 판결이 임차인에게 동시이행의 항변권이나 유치권이 없었던 사안에서도 "법률상 원인 없이 이득하였음을 이유로 한 부당이득반환에 있어서 이득이라 함은 실질적인 이익을 가리키는 것이므로 법률상 원인 없이 건물을 점유하고 있다고 하여도 이를 사용수익하지 못하였다면 실질적인 이익을 얻었다고 볼 수 없는 것"이라고 판시함으로써, 임대차종료 후 임차인이 임차건물을 계속 점유하더라도 사용·수익하지 않았다면 임차인의 부당이득반환의무는 성립하지 않는다는 판례가 형성되기에 이른다.

  2) '실질적 이익' 표현의 확장

  ① 그런데 대법원 2003. 6. 13. 선고 2003다8862 판결은 원고회사의 경리과장이자 피고의 남편인 甲이 원고회사의 계좌에서 자금을 인출하여 퇴직금 중간정산금 명목으로 피고의 계좌에 입금하였다가 피고가 甲의 요청에 따라 위 돈을 甲의 계좌로 송금한 사안에서, "甲이 횡령한 돈이 처인 **피고의 예금계좌로 입금되었다고 하더라도**, 그로 인하여 피고가 위 돈 상당을 이득하였다고 하기 위해서는 피고가 위 돈을 영득할 의사로 송금받았다거나 甲으로부터 이를 증여받는 등으로 **위 돈에 관한 처분권**

을 취득하여 실질적인 이득자가 되었다고 볼 만한 사정이 인정되어야 할 것인데, … 이와 같은 송금 및 반환 경위에 비추어 볼 때 피고가 위 돈을 자신의 구좌로 송금받았다고 하여 실질적으로 이익의 귀속자가 되었다고 보기는 어려우므로"라고 판시하여 수익자 명의의 예금계좌로 돈이 입금된 사안에서도 '실질적 이익' 표현을 사용하였다.

② 이후 대법원 2011. 9. 8. 선고 2010다37325, 37332 판결은 반소원고가 반소피고의 무권대리인 甲으로부터 반소피고 소유의 부동산을 매수하는 매매계약을 체결하고 반소피고 명의의 예금계좌에 매매대금을 송금하였는데, 위 甲이 송금 당일 반소피고 몰래 위 예금계좌에서 송금받은 돈을 모두 인출하여 소비한 사안에서, "반소원고가 송금한 위 각 금원이 **반소피고의 계좌로 입금되었다고 하더라도, 그로 인하여 반소피고가 위 각 금원 상당을 이득하였다고 하기 위해서는 반소피고가 위 각 금원을 사실상 지배할 수 있는 상태에까지 이르러 실질적인 이득자가 되었다고 볼 만한 사정이 인정되어야 할 것인데,** 반소원고의 위 각 금원의 송금 경위 및 甲이 이를 인출한 경위 등에 비추어 볼 때 반소피고가 위 각 금원을 송금받아 실질적으로 이익의 귀속자가 되었다고 보기 어렵다"고 판시하며 반소원고의 부당이득반환청구를 배척함으로써, 급부부당이득 사안에서도 '실질적 이익' 표현을 확장하여 적용하기 시작하였다.

③ 대법원 2015. 5. 29. 선고 2012다92258 판결은 보험사인 원고가 질권자인 피고은행에 피담보채권액을 초과하는 보험금을 지급하여, 피고은행이 위 보험금을 피담보채권의 변제에 충당한 다음 나머지 보험금을 질권설정자에게 반환하였는데, 나중에 보험자의 면책사유가 밝혀진 사안에서, "질권자가 제3채무자로부터 자기채권을 초과하여 금전을 지급받은 경우 그 초과 지급 부분에 관하여는 위와 같은 제3채무자의 질권설정자에 대한 급부와 질권설정자의 질권자에 대한 급부가 있다고 볼 수 없으므로, 제3채무자는 특별한 사정이 없는 한 질권자를 상대로 초과 지급 부분에 관하여 부당이득반환을 구할 수 있다고 할 것이지만, **부당이득반환청구의 상대방이 되는 수익자는 실질적으로 그 이익이 귀속된 주체이**

**어야 하는데,** 질권자가 초과 지급 부분을 질권설정자에게 그대로 반환한 경우에는 초과 지급 부분에 관하여 질권설정자가 실질적 이익을 받은 것이지 질권자로서는 실질적 이익이 없다고 할 것이므로, 제3채무자는 질권자를 상대로 초과 지급 부분에 관하여 부당이득반환을 구할 수 없다."고 판시함으로써 원고의 피고은행에 대한 부당이득반환청구를 배척하였다.

이후 대법원 2015. 6. 24. 선고 2014다231507 판결은 공무원이 민원인인 원고를 기망하여 피고 대한민국의 민원발급수수료 수입금 관리계좌로 1억 원을 송금하게 한 후 1시간 42분 후에 위 계좌에서 위 1억 원을 인출한 사안에서, "피고가 위와 같이 송금된 돈을 **사실상 지배할 수 있는 상태에까지 이르러 실질적인 이득을 얻었다고 보기 어렵다**"고 판시하였고, 대법원 2017. 6. 29. 선고 2017다213838 판결은 무권대리인이 뇌출혈로 쓰러진 피고를 대신하여 매매계약을 체결하고 계약금을 지급받은 사안에서 "원고들이 계약 당시 교부한 돈은 무권대리인에게 지급된 것일 뿐 위 돈이 피고에게 지급되었다고 볼 수 없고, 달리 의사무능력 상태에 있던 피고에게 위 돈이 실질적으로 귀속되었다고 보기도 어렵다"고 판시하여, 급부부당이득 사안에서도 '실질적 이론'에 입각한 판시를 계속해 오고 있다.

(나) '실질적 이익' 이론에 관한 비판적 검토[35]

1) 판례가 서로 다른 유형의 부당이득에서 사용하는 '실질적 이익'이라는 표현은 그 개념이 모호할 뿐만 아니라 가리키는 대상이 동일한 것인지도 의심스럽다. 먼저 '실질적 이익'이라는 표현은 부정형(不定形)의 개념으로서 그것이 부당이득반환청구권의 발생요건인 '이득'과 어떤 차이가

---

35) 이계정, "삼각관계에서의 부당이득 법률관계와 질권자의 부당이득반환의무 유무", 법조 제721호(2017. 2.), 651면 이하; 오대석, "제3채무자가 질권자에게 질권의 피담보채권액을 초과하여 지급하고 질권자가 초과 지급된 금액을 질권설정자에게 반환한 경우 부당이득반환의무자", 민사판례연구 제39권, 박영사(2017), 683면 이하; 최준규, "임대차계약 종료 후 임차인의 목적물 계속점유와 실질적 이득", 저스티스 제174호(2019. 10.), 341면 이하.

있는 것인지 불분명하다.

특히 앞서 본 바와 같이 부당이득반환청구권의 발생요건으로서의 '이득'은 원인사실 당시 수익자가 취득한 구체적 대상 자체로 해석함이 타당한데, 이에 더하여 '실질적 이익'을 살펴보라는 것은 그 판단의 기준시가 언제인지 즉 구체적 대상의 취득 이후 언제까지 발생한 사정들을 고려하여야 한다는 것인지, 또 원인사실과 얼마만큼 관련이 있는 사정들을 고려하여야 한다는 것인지 불분명하다. 결국 '실질적 이익'이라는 개념은 개별 사안의 해결에 있어서 별다른 구체적 기준을 제시하지 못하며, 오히려 개별 사안을 처리해야 하는 법관의 '공평에 대한 관념' 내지 '형평에 대한 감각'에 사건의 해결을 미루는 것에 불과하다는 비판을 면하기 어렵다.

2) 나아가 침해부당이득 사안에서는, 판례는 대체로 점유와 사용의 개념을 명확히 구별하고, 임차건물을 점유하고 있더라도 사용이 없는 이상 부당이득은 발생하지 않는다고, 즉 임차건물의 사용·가능성은 반환되어야 할 경제적 가치의 이익으로서 평가하지 않겠다는 점을 '실질적 이익'이라는 개념으로 표현하였다고 평가할 수 있다.[36] 그런데 급부부당이득 사안에서 판례가 사용하고 있는 '실질적 이익'이라는 표현은, 침해부당이득 사안에서와 같이 경제적 가치의 이익이 인정되지 않는다는 맥락에서 사용되는 것이 아니라, 송금 등에 따라 경제적 가치가 있는 급부는 이루어졌으되 누구를 급부수령자로 보아야 하는가, 즉 누가 급부를 반환해야 하는가 하는 문제가 발생한 사안에서, 구체적인 사실관계에 비추어 예금계좌의 명의인인 피고에게 부당이득반환의무를 인정하는 것은 부당하다는 맥락에서 사용되고 있는 것으로 보인다.

그러나 이는 예금의 귀속에 관한 대법원의 판례와 정합하지 않는다.

---

36) 박세민, "부당이득법상의 이익 및 반환범위", 자율과 정의의 민법학: 양창수 교수 고희 기념 논문집, 박영사(2021), 444면; 다만 이러한 재판례에 대하여는 임차인이 임대차목적물을 실제로 사용·수익하지 않았다고 하더라도 그 사용·수익가능성을 보유하였던 것이므로 부당이득반환청구권이 인정되어야 한다는 비판이 있다. 민법주해(ⅩⅦ), 채권(10), 282면(양창수).

대법원은 2009. 3. 19. 선고 2008다45828 전원합의체 판결을 통해 금융실명제의 취지에 맞추어 극히 예외적인 경우가 아닌 한 예금명의자를 예금계약의 당사자로 보아야 한다고 선언하였고, 위와 같은 법리는 사회현실에서도 확고하게 정착되었다. 따라서 예금명의자는 그 명의의 계좌에 입금된 돈에 관하여 은행에 대한 예금채권을 취득하고, 그 돈은 예금명의자에게 귀속된 것으로 보아야 한다. 이에 대하여 다른 부수적인 사실관계를 내세워 그 돈을 '누가 사실상 지배'하였는지, '실질적 이익'이 누구에게 귀속되었는지를 논의하는 것은 위 법리에 의한 결론에 오히려 혼란을 더할 뿐이다.

3) 판례가 '실질적 이익'이라는 표현을 사용한 것은 누구에게 이득이 귀속되었는지를 형식에 함몰되지 않고 실질에 따라 규범적으로 판단하라는 취지로 이해할 수도 있다. 그러나 대법원이 '실질적 이익' 표현을 사용한 급부부당이득 사안들을 살펴보면, 사안의 구체적이고 타당한 해결에 있어서 '실질적 이익'이라는 모호한 개념이 반드시 필요한 것은 아니다. 오히려 위 사안들은 이득소멸의 항변 내지 지시관계에서의 부당이득 법리에 따를 경우 더욱 간명하고 타당하게 해결될 수 있다.[37]

**(다) 피고에게 '실질적 이익'이 없는가**

1) 설령 판례가 사용하고 있는 '실질적 이익'의 관점에서 보더라도, 피고에게 '실질적 이익'이 없었다고 보기는 어렵다.

2) 먼저 항소심은 투자중개업자는 투자자로부터 금융투자상품의 거래와 관련하여 예탁받은 금전(투자자예탁금)을 고유재산과 구분하여 그것이 투자자의 재산이라는 뜻을 밝혀 증권금융회사에 예치 또는 신탁하여

---

[37] 그중 대법원 2003다8862 판결, 대법원 2010다37325, 37332 판결, 대법원 2014다231507 판결의 사안에 관하여는 뒤에서 살펴본다. 한편 대법원 2012다92258 판결의 사안은, 보험금 전부에 대하여 질권설정자의 지시에 따라 제3채무자의 질권설정자에 대한 급부와 질권설정자의 질권자에 대한 급부가 이루어졌다고 봄이 타당하므로, 제3채무자는 보험계약의 상대방인 질권설정자를 상대로 부당이득반환청구를 하여야 한다. 그리고 대법원 2017다213838 판결의 사안은, 애초 본인이 아니라 무권대리인의 계좌로 돈이 지급된 사안이므로 본인이 이득을 얻었다고 인정할 수 없다.

야 한다(자본시장법 제74조 제1항, 제3항)는 점을 들어, '피고가 원고로부터 위탁계좌로 입금받은 현금은 **투자자인 원고 재산이고**, 원고는 이를 사실상 지배하면서 FX마진거래에 자유롭게 사용'할 수 있었다고 인정하여 피고는 위 현금을 실질적으로 이득하지 않았다고 평가하였다.

그러나 증권금융회사에 대하여 위 투자자예탁금 지급채권을 가지는 주체는 투자자인 원고가 아니라 피고이다. 투자자는 투자자예탁금을 예치 또는 신탁한 투자매매업자 또는 투자중개업자(이하 '예치금융투자업자'라고 한다)가 인가가 취소되거나, 해산 결의를 하거나, 파산선고를 받거나, 금융투자업 전부 양도·폐지가 승인되거나, 금융투자업 전부의 정지명령을 받은 경우에 비로소 대통령령으로 정하는 방법과 절차에 따라 증권금융회사에 직접 투자자예탁금의 지급을 청구할 수 있을 뿐이다(구 자본시장법 제74조 제5항). 이에 관하여 2021. 6. 8. 법률 제18228호로 신설된 자본시장법 제74조 제10항은 '제5항에 따라 예치기관이 투자자예탁금을 투자자에게 직접 지급한 경우 예치금융투자업자(투자중개업자 등)에 대한 예치기관의 투자자예탁금 지급채무와 투자자에 대한 예치금융투자업자의 투자자예탁금 지급채무는 그 범위에서 각각 소멸한 것으로 본다'고 규정하고 있는데, 이는 예치기관에 대하여 투자자예탁금 지급채권을 가지는 주체가 개별 투자자가 아닌 예치금융투자업자임을 전제로 직접지급의 효과를 정한 조항으로 해석할 수밖에 없다. 따라서 피고가 원고로부터 위탁계좌로 입금받은 예탁금이 '투자자인 원고의 재산'이라고 볼 수는 없다[예컨대 이 사안의 사실관계에서 원고가 기본재산인 금전을 연계계좌에 입금한 직후 피고를 상대로 그 입금액 전액을 부당이득으로 반환청구하는 경우를 상정하여 보자. 이 경우에도 원고가 입금한 금전이 투자자예탁금으로 증권금융회사에 예치되어 있음을 들어 '피고에게는 실질적 이익이 없다'고 보아 부당이득반환청구를 배척할 수 있는가? 원고가 증권금융회사에 대하여 위 투자자예탁금의 반환을 구할 아무런 법적 권원이 없는 상황에서 위와 같은 결론이 부당함은 명백하다].

3) 한편 이 사안에서, 투자중개업자인 피고는 투자자인 원고가 FCM에게 증거금을 납입하고 주문을 내기 위한 도관(導管, conduit)에 불과하

고, 원고는 FCM에게 증거금을 납입한 것이므로 피고는 실질적 이익을 취득한 것이 없다고 평가할 수 있는가? 이와 같은 관점은[38] 투자중개업자를 통한 거래의 본질을 솔직하게 직시하는 견해로서 상당한 설득력이 있으나, 이 사안과 같은 FX마진거래에는 그대로 적용되기 어렵다고 생각된다. FX마진거래의 경우 원고가 연계계좌로 입금한 현금 전부가 곧바로 FCM에 증거금으로 납입되는 것이 아니다. 피고는 원고가 연계계좌로 입금한 금전을 증권금융회사에 투자자예탁금의 형태로 예치하고 있다가, 원고의 지시에 따라 FCM에 피고의 이름으로 주문을 내고 해당 주문에 상응하는 증거금을 납입한다(위 증거금을 제외한 나머지 금액은 여전히 투자자예탁금의 형태로 예치되어 있다). 즉 원고의 지시에 따라 FCM에 납입한 증거금을 제외한 나머지 금액에 대하여는 피고가 위 금전을 증권금융회사에 투자자예탁금의 형태로 예치하고 그 투자자예탁금 지급채권의 주체가 되므로, 피고를 단순히 FCM에 증거금과 주문을 전달하기 위한 '도관'이나 '이행보조자'에 불과하다고 보기 어렵고, 원고와의 관계에서 부당이득반환의무의 주체가 된다고 봄이 타당하다[앞서와 마찬가지로, 원고가 기본재산인 금전을 연계계좌에 입금한 직후 아무런 주문을 내지 않고 피고를 상대로 그 입금액 전액을 부당이득으로 반환청구하는 경우를 상정하여 보면, 이와 같은 결론이 타당함은 분명해진다].

## 4. 소 결 론

이상의 검토에 비추어 보면, 부당이득반환청구권의 발생요건, 즉 청구원인 단계에서 피고가 현금 5억 원을 '실질적으로 이득'하지 못하였다는 이유로 피고의 부당이득반환청구권을 부정한 항소심판결의 논리는 충

---

[38] 투자자가 투자중개업자(증권사, 은행 등)를 통해 집합투자자산의 수익증권을 취득한 경우, 그 실질은 투자자가 집합투자업자 및 신탁업자에게 투자금을 맡긴 것에 가깝고, 투자중개업자는 투자금 지급의 '도관'에 불과하므로 부당이득반환의무의 주체로 보는 것은 부당하다는 견해로, 권영준, "투자신탁과 부당이득", 선진상사법률연구 통권 제96호(2021. 10.), 43면 이하; 한편 이득소멸 항변의 관점에서 투자중개업자의 부당이득을 부정한 견해로는 이계정(주 33), 443면 이하.

분히 정밀하지 않다. 이에 대하여 대상판결은 "원심판결 이유에 일부 적절하지 않은 부분"이 있다고 하면서 "피고에게는 원고로부터 예탁받은 위 5억 원과 관련하여 현존하는 이익이 없다고 보아야 한다"고 판시하였는바, 이는 피고의 부당이득반환의무 발생을 일단 인정하면서 그 반환 범위, 즉 현존이익에 관하여 이득소멸의 항변을 받아들인 것으로 이해할 수 있다. 이러한 대상판결의 판시는 비록 대법원이 '실질적 이익' 법리를 본격적으로 재고한 것은 아니지만, 적어도 그 표현의 무분별한 확장을 차단한 것으로 의미가 있다.

## Ⅲ. 부당이득반환의 범위

### 1. 수익자의 선의·악의에 따른 부당이득의 반환범위

(1) 앞서 본 바와 같이 민법 제741조, 제747조 제1항에 의하면 수익자는 자신이 받은 목적물, 즉 원물을 반환해야 하고 그것이 불가능하면 가액을 반환해야 한다. 그런데 수익자는 법률상 원인의 결여를 알고 있었는지 여부에 따라 선의의 수익자와 악의의 수익자로 나뉘는바, 민법 제748조 제1항은 선의의 수익자는 받은 이익 중 현존이익만 반환하면 된다고 하여 그 반환책임을 감축하고, 제2항은 악의의 수익자는 받은 이익뿐만 아니라 이자도 붙여서 반환하고, 나아가 손해가 있으면 손해배상까지 하도록 하고 있어 그 반환책임을 가중한다.

(2) 여기서 '악의'라 함은 자신의 이익 보유가 법률상 원인이 없음을 인식하는 것을 말하고, '선의'라 함은 그러한 인식이 없는 상태를 말한다.[39] 부당이득반환의무의 발생요건에 해당하는 '사실'이 있음을 인식하는 것만으로는 악의의 수익자라고 할 수 없고, 그 법적 효과도 인식하고 있음을 요한다.[40] 따라서 예를 들어 명의수탁자가 부동산 매수자금의 명의신탁약정에 기하여 지급되었다는 사실을 알았다고 하여도 그 명의신탁약

---

39) 대법원 2012. 11. 15. 선고 2010다68237 판결, 대법원 2015. 5. 28. 선고 2013다 1587 판결.
40) 민법주해(XVII), 채권(10), 591면(양창수).

정이 무효임을 알았다는 등의 사정이 부가되지 아니하는 한 명의수탁자가 그 금전의 보유에 관하여 법률상 원인 없음을 알았다고 단정할 수 없다.[41] 판례는 '악의'의 수익자라는 점에 대한 증명책임은 반환청구자에게 있다고 본다.

(3) 제1심, 항소심이 인정한 사실관계만으로는 피고가 이 사건 FX마진거래계약이 무효임을 알면서도 이 사건 위탁계좌로 기본재산을 송금받았다고 인정하기 부족하다. 따라서 이하에서는 피고가 선의의 수익자로서 그 반환책임이 현존이익에 한정됨을 전제로 살펴본다.

## 2. 현존이익의 추정[42]

(1) 선의의 수익자는 그 받은 이익이 현존하는 한도에서 반환의무를 부담한다. 수익자는 취득한 물건을 현상(現狀)대로, 즉 손상되거나 마모·훼손되었더라도 그대로 반환하면 된다. 물건이 아무런 대가 없이 멸실·유실되었다면 현존이익이 존재하지 않으므로 아무런 반환책임을 지지 않는다. 반면 원물은 없어졌으나 그로 인하여 재산이 증가하거나 재산의 지출을 면한 경우, 대상(代償)을 취득한 경우에는 이익이 현존하는 것으로 보아야 할 것이다.

(2) 현존이익의 증명책임에 관하여, 판례는 "선의의 수익자에 대한 부당이득반환청구에 있어서 그 이익이 현존하고 있는 사실에 관하여는 그 반환청구권자에게 입증책임이 있다"고 판시하여 일반론으로서는 반환청구자가 현존이익의 존재를 증명해야 한다고 하였으나,[43] 금전상의 이득 또는 이와 유사한 대체물이라면 그 이익의 현존이 추정된다고 한다.[44] 이러한 금전상의 이득에 관한 현존이익의 추정 법리는, 금전은 보

---

41) 대법원 2010. 1. 28. 선고 2009다24187, 24194 판결.
42) 양창수/권영준(주 25), 557-558면; 이계정, "송금된 금원에 대한 예금 명의인의 부당이득반환의무 유무의 판단기준", 민사판례연구 제35권, 박영사(2013), 586-587면.
43) 대법원 1970. 2. 10. 선고 69다2171 판결.
44) 대법원 1969. 9. 30. 선고 69다1093 판결, 대법원 1987. 8. 18. 선고 87다카768 판결, 대법원 1996. 12. 10. 선고 96다32881 판결, 대법원 2005. 4. 15. 선고 2003다60297 판결, 대법원 2009. 5. 28. 선고 2007다20440, 20457 판결.

편적인 효용을 가진 대체물로서 금전이 소비된 경우 수익자는 그에 상응하는 다른 이익을 취득하였으리라는 경험칙에 기초한 사실상의 추정으로 이해할 수 있다.[45]

(3) 그러나 앞서 본 바와 같이, 수익자는 자신이 받은 목적물 자체를 반환하는 것이 원칙이고, 민법 제748조 제1항은 자신의 재산취득이 유효한 것으로 믿었던 수익자의 신뢰를 보호하기 위해 선의의 수익자에 한하여 반환의무를 감축하는 조항이라는 점을 고려하면, 그 받은 목적물이 금전인지 여부를 불문하고 현존이익은 추정되고 수익자가 이득소멸의 항변을 주장하며 그 소멸사실을 증명하도록 함이 타당하다.

(4) 따라서 대상판결의 판시 중 "수익자가 취득한 것이 금전상의 이득인 때에는 그 금전은 이를 취득한 자가 소비하였는지 여부를 불문하고 현존하는 것으로 추정"된다는 부분은, 물론 그 결론은 타당하되, 그러한 현존이익의 추정을 금전상의 이득에 한정할 필요는 없다는 점에서 불필요하다고 생각된다.

### 3. 현존이익 추정의 복멸: 이득소멸의 항변

(1) 앞서 본 바와 같이, 수익자가 구체적 대상을 취득함으로써 부당이득반환청구권은 일단 성립하므로, 민법 제748조 제1항은 수익자의 항변으로서 '이득소멸의 항변'을 규정하고 있다고 볼 수 있다. 이는 자신의 재산취득이 유효한 것으로 믿었던 수익자의 신뢰 및 이러한 신뢰에 기한 처분의 자유를 보호하기 위한 것이다.

그런데 '받은 이득이 소멸하였는지'는 단순한 사실인정의 문제가 아니라 규범적 평가의 문제이다. 예를 들어 비소비물의 경우, 수익자는 취득한 물건을 현상대로 반환하면 된다는 설명으로 이득소멸에 관한 문제는 해결된다. 그런데 수익자가 취득한 물건에는 손상이 없으되, 수익자가 물건의 현상을 유지하기 위해서 비용을 지출하였다거나 그 취득을 신뢰

---

45) 최진수, 요건사실과 주장증명책임(제8판), 진원사(2019), 841면.

하고 다른 지출을 하였다면, 이 역시 '받은 이득이 소멸한 것'으로 보아야
하는가? 수익자의 신뢰 및 이러한 신뢰에 기한 처분의 자유를 보호한다
는 취지에 비추어 보면, 기본적으로 수익사실과 인과관계가 있는 수익자
의 모든 손해는 이득으로부터 공제함이 타당하다. 그러나 위와 같이 수
익자의 책임을 경감하는 것은 정당한 권리자인 반환청구자에게는 손해
를 감수할 것을 강제하는 결과가 되므로, 양자의 이익이 형평을 유지하
고 있는지, 위와 같은 결과가 정당화되는지를 규범적으로 살펴볼 필요
가 있다.[46]

(2) 이에 이득소멸의 항변을 인정하기 위한 요건, 즉 정당한 권리자
인 반환청구자로 하여금 손해를 감수하도록 하는 것이 정당화되는 요건
으로는 다음을 들 수 있다.[47]

① 수익자는 선의여야 한다. 이득을 얻은 원인사실 당시는 물론 이
득을 처분하거나 이득이 멸실된 시점에도 선의여야 한다. 수익자가 악의
라면 현존이익의 반환을 정한 민법 제748조 제1항이 적용될 여지가 없을
뿐더러, 재산취득이 무효임을 알면서도 재산을 함부로 처분하여 발생한
결과에 대하여 악의의 수익자를 보호할 만한 이유가 없다.

② 취득한 이득과 수익자의 손실 사이에 인과관계가 인정되어야 한
다. 이득과 무관한 재산의 감소는 반환범위에서 공제할 이유가 없기 때
문이다. 다만 인과관계는 사회통념상 그 연결을 인정할 수 있는 것이면
충분하므로, 제3자의 행위나 우발적인 사건에 의해서 소멸된 경우에도
이득소멸의 항변은 인정될 수 있다. 한편 수익자의 처분행위에 의하여
이득이 소멸한 경우에는 수익자가 그 이득을 부당이득으로 반환해야 한
다는 점을 알았더라도 그와 같이 손실을 보는 처분행위를 하였을 것인지
를 기준으로 인과관계를 판단함이 타당하다.[48]

---

46) 수익자의 신뢰에 기인하여 발생한 불이익만을 이득을 반환할 이득을 감축시키는
사유로서 고려하여야 한다는 견해로는 민법주해(XⅦ), 채권(10), 535-537, 581-582면
(양창수) 참조.
47) 이계정(주 33), 418면 이하에서 상세한 비교법적 고찰을 통해 위와 같은 요건을
도출하고 있다.

③ 수익자가 이득소멸로 인하여 얻은 대상(代償)이 없어야 한다. 예를 들어 물건을 매도하였다면 수익자는 여전히 그 매매대금 내지 매매대금채권이라는 이득을 보유하고 있다고 보아야 하므로 이를 반환하여야 한다. 다만 원물의 시가보다 싸게 매각한 경우에는 이득소멸의 항변을 원용하여 그 받은 매매대금을 반환하면 되고, 시가보다 비싸게 매각한 경우에는 이득소멸의 항변은 문제되지 않으며 민법 제747조 제1항에 따라 목적물의 시가 상당액만을 반환하면 족하다.

(3) 이러한 이득소멸의 항변에 기초하여, 대법원이 '실질적 이익' 표현을 사용한 판례들을 분석하면 다음과 같다.

○ 대법원 2003다8862 판결의 사안에서, 피고는 남편인 甲으로부터 자기 명의의 예금계좌로 횡령금을 송금받았으므로 위 횡령금 상당의 예금채권을 취득하였고 일단 부당이득반환의무는 성립하였다고 보아야 한다. 이에 대하여 위 대법원 2003다8862 판결은 "위 돈에 관한 처분권을 취득하여 실질적인 이득자가 되었다고 볼 만한 사정이 인정"되지 않는다는 취지로 판시하였으나, 이후 위 횡령금을 甲의 계좌로 다시 송금한 주체는 피고이므로, 피고가 위 보관금에 대한 처분권을 가지고 있지 않았다는 판시는 다소 모순된다고 보인다. 오히려 이득소멸의 항변이라는 관점에서 보면, 피고는 위 횡령금이 퇴직금 중간정산금이라고 신뢰하였고 (선의), 그러한 신뢰에 기초하여 남편인 甲의 계좌로 다시 돈을 송금하여 주었으며(인과관계 있는 처분행위), 판단의 기준시 현재 피고의 계좌에는 위 횡령금이 남아 있지 않으므로(대상의 부존재), 이득소멸의 항변이 인정되어 피고는 부당이득반환의무를 면한다고 봄이 타당하다.[49]

○ 대법원 2010다37325, 37332 판결, 대법원 2014다231507 판결의 사안 역시, 일단 예금계좌의 명의인이 송금받은 돈 상당의 이득을 얻은

---

48) 예를 들어 수익자가 법률상 원인 없이 취득한 금전을 사치성 지출에 소비한 경우에, 수익자는 그 금전이 법률상 원인이 없다는 것을 알았다면 사치성 지출을 하지 않았을 것을 증명하여 반환의무를 면할 수 있다. 다만 사치성으로 매수한 물건이 있다면 이를 대상으로서 반환하여야 할 것이다.

49) 박세민(주 36), 458면.

것으로 인정하되, 권한 없는 자가 몰래 위 예금계좌에서 송금받은 돈을 인출하였음이 증명되면, 마치 우연적 사정에 의하여 원물이 멸실된 경우와 같이 명의인은 부당이득반환의무를 면한다고 봄이 타당하다.

(4) 이처럼 이득소멸의 항변에 기초한 접근법은 '실질적 이익' 이론과 비교하여 다음과 같은 장점이 있다: ❶ 청구원인 단계에서 일단 부당이득반환청구권의 성립이 인정되므로 예금 내지 예탁금의 귀속에 관한 법률의 문언과 대법원 판례 법리에 정합된다. ❷ 법관으로 하여금 결과적으로 수익자에게 부당이득반환의무를 지우는 것이 부당하다고 느껴지게 하는 지점을 항변 단계에서 정확하게 지적함으로써, 개별 사안의 형평에 맞는 결론을 도출하기 위해 구체적으로 살펴야 할 사정들을 일률적으로 명확하게 제시할 수 있다.

### 4. 이득소멸의 항변에 기초한 사안의 해결과 대상판결 판시의 검토

(1) 이득소멸의 항변에 기초하여 이 사안의 사실관계를 살펴본다. 피고는 무효인 이 사건 FX마진거래계약에 기하여 원고로부터 이 사건 위탁계좌로 5억 원을 지급받았으므로 일단 위 돈 상당의 부당이득반환의무가 성립하였다. 그러나 피고가 이 사건 FX마진거래계약이 무효라는 점을 알았다고 인정할 아무런 증거가 없고(선의), 피고는 이 사건 FX마진거래계약이 유효하다는 전제 하에 원고의 지시에 따라 4,084회에 걸친 FX마진거래를 수행하였으며(인과관계 있는 손실 내지 처분행위), 이후 남은 잔액은 원고에게 전부 출금하여 주었고 달리 피고가 얻은 이익이 없으므로(대상의 부존재),[50] 이득소멸의 항변이 인정되어 피고는 부당이득반환의무를 면한다고 봄이 타당하다. 따라서 원고의 청구를 기각한 원심판결을 수긍한 대상판결의 결론은 물론 정당하다.

(2) 한편 대상판결은 대법원 2003. 12. 12. 선고 2001다37002 판결, 대법원 2016. 5. 26. 선고 2015다254354 판결을 원용하며 **"수익자가 급부**

---

[50] 피고가 원고로부터 거래수수료를 지급받았다면 이를 현존이익으로 볼 여지는 있다. 그러나 이에 관하여는 공방이 이루어지지 않은 것으로 보인다.

자의 지시나 급부자와의 합의에 따라 그 금전을 사용하거나 지출하는 등
의 사정이 있다면 위 추정은 번복될 수 있다"고 판시하였다

(가) 우선 대상판결이 원용한 판결들을 살펴보면 다음과 같다.

○ 대법원 2001다37002 판결은 원고 은행의 지점장과 甲, 甲의 친구
인 피고 사이에 대출금을 甲이 사용한다는 사전 합의가 있었고, 실제 그
사전 합의에 따라 피고가 주채무자가 되어 피고 명의의 예금계좌로 대출
을 받은 다음 甲이 위 돈 전액을 인출하여 사용한 사안에서, "이 사건 대
출 즉시 **피고가 원고 및 甲과의 사이에 사전 합의된 내용에 따라** 그 대
출금 1억 원이 입금된 피고 명의의 예금통장과 피고의 도장을 甲에게 제
공하여 甲이 그 돈 전액을 인출 사용하였음이 명백하여 **위 추정은 깨어
졌다 할 것이므로, 결국 피고가 甲에게 가지는 위 대출금 상당의 반환채
권(대여금채권) 자체 또는 그 평가액이 그 현존이익이 된다**"고 판시하였다.

○ 대법원 2015다254354 판결은 피고 증권회사가 원고 대한민국과
자산운용약정을 체결하고 그 약정에 따라 국민주택기금 여유자금 500억
원을 받아 그중 300억 원으로 A회사의 기업어음을 매수한 사안에서, "**이
사건 자산운용약정에 따라** 원고의 단기자산에 이 사건 기업어음을 편입
시킨 후 그 관리권한을 원고에게 반환하였고, 원고가 A회사의 회생채권
자로서 이 사건 기업어음의 원리금을 변제받고 있는 이상 **피고에게는 이
사건 자산운용약정과 관련하여 현존하는 이익이 없다고 보아야 한다**"고
본 원심의 판단을 수긍하였다.

(나) "급부자의 지시나 급부자와의 합의에 따라 그 금전을 사용하거
나 지출"하는 것이 현존이익의 추정을 복멸시키는 요건이 될 수 있다는
대상판결의 판시는, 부당이득반환청구를 부정한 선행판결들의 사실관계
중 급부자와 수익자 사이에 급부된 금전의 사용처에 관한 사전합의 내지
약정이 있었다는 점에 주목하여, 투자자인 원고의 지시에 따라 FX마진거
래를 한 대상판결의 사안에 있어서 이득소멸의 항변이 인정될 수 있는
사안에 관한 일반론을 설시한 것으로, 타당하다고 사료된다.

(다) 한편 이득소멸의 항변에 관하여는 다음과 같이 법리를 더욱 일

반화할 여지도 남아 있다고 생각된다.

① 민법 제748조 제1항의 문언상 법원으로서는 '그 받은 이득이 소멸하였는지'를 살피면 되는 것이다. 수익자가 부당이득의 원인사실을 유효한 것으로 신뢰하고 그 받은 이득을 처분하거나 소비함으로써 그 받은 이득이 소멸하였다면, 그러한 수익자의 재산감소는 처분의 자유에 따른 결과로서 보호가치가 있다고 봄이 타당하다.

② 즉 이득소멸의 항변을 인정하기 위하여 '급부자의 지시나 급부자와의 합의에 따른 결과' '받은 이득이 소멸하였는지'라는 요건이 **반드시** 필요한 것은 아니다. 특히 제3자의 행위나 우발적인 사건에 의해서도 '받은 이득'은 소멸할 수 있다. '급부자의 지시나 급부자와의 합의에 따른 결과'만을 강조할 경우, 위와 같이 수익자의 처분행위에 의하지 않고 이득이 소멸한 경우를 다룰 수 없게 된다.

③ 또한 우리 민법의 체계상 민법 제748조 제1항은 부당이득의 모든 경우에 적용되므로, 침해부당이득의 경우에도 이득소멸의 항변은 가능하여야 한다. 그런데 '급부자의 지시나 급부자와의 합의에 따른 결과'라는 요건이 반드시 필요하다고 본다면 침해부당이득의 경우에는 이득소멸의 항변이 사실상 불가능하다는 결론에 이르게 될 위험이 있다.

④ 한편 대상판결은 피고가 '원고에게 거래에 따른 정산결과가 반영된 잔액을 전부 반환'한 사실관계를 원용하면서도, '대상(代償)의 부존재' 요건에 관하여 아주 명확하게 언급하고 있지는 않다.[51]

(3) 이에 대상판결의 결론 및 사안의 해결을 위한 법리 판시에는 물론 동의하나, 이득소멸의 항변에 관하여는 여전히 그 법리가 확장될 여지가 남아 있다고[52] 생각된다.

---

51) 이와 대비하여 대상판결이 원용한 대법원 2001다37002 판결은 제3자에 대한 대여금채권이 이득소멸로 인한 대상(代償)이 될 수 있음을 명시하고 있다.
52) 예컨대 "**수익자가 급부의 기초가 되는 법률관계가 유효하다고 신뢰하였고, 그러한 신뢰에 기초한 처분행위를 함으로써 얻은 이익이 소멸하였으며, 달리 그 처분행위로 인하여 다른 대상을 취득한 바 없다면, 위 추정은 번복될 수 있다.**" 등의 일반론이 가능할 것으로 생각된다(다만, 이는 수익자의 처분행위에 의하여 이득이 소멸한 경우에 관한 설시이다).

## Ⅳ. 결 론

대상판결은 급부부당이득의 경우 부당이득반환의 범위에 관하여 그 의미가 모호한 '실질적 이익' 이론을 무분별하게 확장하지 않고 이득소멸의 항변에 기초한 접근법을 통하여 부당이득의 법률문제를 해결하는 방법론을 제시했다는 데 큰 의미가 있다. 앞으로도 계속 이득소멸의 항변 문제를 다룬 판결들이 선고됨으로써, 이 문제에 관한 심사기준이 더욱 정밀하게 구체화되기를 바라본다.

[Abstract]

# When the Contract is Null:
# Reversal of 'Still-Existing Presumption Rule'
# and the Amount of Benefits to be Returned

Hyun, Jae Eon*

This Supreme Court Decision dealt with a case in which a plaintiff, a public interest corporation, deposited its basic property to the defendant, an investment broker, without the required permission from the competent administrative authority. Subsequently, the plaintiff engaged in FX margin trading, incurring losses. The plaintiff sought the return of unjust enrichment equivalent to the investment loss amount, arguing that the deposit of the basic property was null and void under the Act on the Establishment and Operation of Public Interest Corporations. The first-instance decision cited the plaintiff's claim for unjust enrichment return, reasoning that the act of depositing the basic property into the investor's deposit account constituted an immediate change of purpose, and when gains acquired by a beneficiary are monetary benefits, those gains are presumed to still-exist. On the contrary, the appellate decision rejected the plaintiff's claim, asserting that the cash received by the defendant was the plaintiff's property as an investor. Since the plaintiff practically controlled it and freely used it for FX margin trading, the defendant could not be considered to have actually benefited from it.

While the Supreme Court Decision deemed the conclusion of the appellate judgment valid, it pointed out inappropriate aspects in the reasoning of

---

* Judge, Seoul Eastern District Court.

the appellate decision. The Decision argued that if there are circumstances where the beneficiary uses or spends the money based on the instructions or agreements of the benefactor, the presumption of still-existing profits is reversed. In this case, the Decision stated that the defendant had no existing profits.

The term 'actuacl benefit' remains unclear in its distinction from the 'benefit', when the standard for judgment is, and until when relevant circumstances after the causal facts should be considered. In the case of the Decision, it was challenging to assert that the defendant had received no actual benefit, considering that the money deposited by the plaintiff had already been attributed to the defendant. The Decision seemed to indicate a general principle that accepts the defense of disenrichment concerning the scope of existing profits when acknowledging the obligation of unjust enrichment return at the stage of the plaintiff's claim. To recognize the defense of disenrichment, (1) the beneficiary must be in good faith, (2) a causal relationship must be recognized between the acquired gains and the beneficiary's losses, and (3) the beneficiary must not have obtained substitute due to the disposing of the enrichment. This approach based on the defense of disenrichment, while clearly acknowledging the obligation of unjust enrichment return at the stage of the plaintiff's claim, accurately points out the point at which the court should feel that imposing the obligation of unjust enrichment return on the beneficiary is unfair during the defense stage. This advantage enables the court to present specific circumstances that need to be examined to derive a fair conclusion for individual cases.

[Key word]

- FX margin trading
- investor's deposit
- unjust enrichment
- actual benefit
- disenrichment
- change of position

## 참고문헌

[단 행 본]

곽윤직 편집대표, 민법주해(ⅩⅦ), 채권(10), 박영사(2005).

김용덕 편집대표, 주석민법(제5판), 채권각칙(5), 한국사법행정학회(2022).

곽윤직, 채권각론(제6판), 박영사(2012).

양창수/권영준, 민법Ⅱ: 권리의 변동과 구제(제4판), 박영사(2021).

최진수, 요건사실과 주장증명책임(제8판), 진원사(2019).


[논    문]

권영준, "부당이득에 관한 민법개정안 연구", 서울대학교 법학 제55권 제4호
    (2014. 12.).

_____, "투자신탁과 부당이득", 선진상사법률연구 통권 제96호(2021. 10.).

고제성, "자본시장법의 규율을 받는 금융투자상품의 거래에 해당하는지에 대한
    판단 기준", BFL 제77호(2016. 5.).

박세민, "부당이득법상의 이익 및 반환범위", 자율과 정의의 민법학: 양창수
    교수 고희 기념 논문집, 박영사(2021).

박임출, "FX 마진거래 규제의 법적 과제", 상사판례연구 제24권 제4호(2011. 12.).

박철호, "FX마진거래제도 개선방안", 자본시장연구원(2010. 7.).

오대석, "제3채무자가 질권자에게 질권의 피담보채권액을 초과하여 지급하고
    질권자가 초과 지급된 금액을 질권설정자에게 반환한 경우 부당이득
    반환의무자", 민사판례연구 제39권, 박영사(2017).

윤진수, "부당이득법의 경제적 분석", 서울대학교 법학 제55권 제3호(2014. 9.).

이계정, "송금된 금원에 대한 예금 명의인의 부당이득반환의무 유무의 판단
    기준", 민사판례연구 제35권, 박영사(2013).

_____, "삼각관계에서의 부당이득 법률관계와 질권자의 부당이득반환의무
    유무", 법조 제721호(2017. 2.).

_____, "수익증권 매매계약 취소에 따른 부당이득의 법률관계와 이득소멸의
    항변", 한국민법과 프랑스민법 연구: 남효순 교수 정년기념논문집, 박
    영사(2021).

최준규, "임대차계약 종료 후 임차인의 목적물 계속점유와 실질적 이득", 저
    스티스 제174호(2019. 10.).

[웹사이트]
금융투자협회, "FX마진거래의 정의와 거래구조", https://www.kofia.or.kr/wpge/m_73/
    sub03040401.do, 2023. 12. 25. 확인.
기업은행, 가상계좌 안내, https://kiup.ibk.co.kr/uib/jsp/guest/cms/cms20/ECMS201006
    _i.jsp,2013. 12. 25. 확인.

# 가해법인 및 피해법인에 공통된 사실상 대표자의 불법행위로 인한 법인의 손해배상책임 인정여부[*]

송 호 영[**]

■요　지■

　　본 논문은 대법원 2023. 6. 1. 선고 2020다9268 판결을 평석한 것이다. 피고 (가해)법인 및 원고 (피해)법인 양자에 대하여 사실상 대표자 지위에 있던 甲이 부정한 방법으로 피고법인뿐만 아니라 원고법인으로부터도 금원을 횡령하였는데, 원고법인으로부터 횡령한 금원의 일부가 피고법인으로 흘러들어 감으로써 피해를 주장하는 원고법인이 피고법인을 상대로 부당이득의 반환 내지 불법행위로 인한 손해배상을 청구한 사건이다. 이에 대하여 1심과 2심 그리고 대법원은 본 사안에 대해 접근하는 법리와 그에 따른 결론에 있어서 차이를 보이고 있다. 1심과 2심은 사실상 대표자의 불법행위에 기반하여 법인의 불법행위책임이 성립됨을 인정하였으나, 손해배상을 산정함에 있어서는 손해배상을 부정하거나 50%로 제한하였다. 이에 반해 대법원은 甲의 불법행위를 인정하더라도 그것이 가해법인의 불법행위로 인정할 근거가 명확하지 않다는 이유로 손해배상책임을 부정하였다.

　　이에 대해 필자는 대법원이 법인의 불법행위책임과 관련하여 기존의 판례에서 형성되었던 '사실상 대표자' 법리나 '외형이론의 한계' 법리 그리고 '인

---

[*] 이 글은 2023. 11. 20. 개최된 민사판례연구회 제466회 연구발표회에서 발표한 것으로서, 「법학연구」(충북대 법학연구소 간행) 제34권 제2호(2023. 12.)에 게재된 것임을 밝혀 둔다.

[**] 한양대학교 법학전문대학원 교수.

식의 귀속' 법리 등은 대상판결에서 거의 또는 전혀 활용되지 못하였음을 비판하였다. 필자의 해결책을 정리하면, 甲은 가해법인의 사실상 대표자로 볼수 있고 그가 한 교비 횡령행위 등 위법행위는 그 자신의 불법행위를 형성할 뿐만 아니라 외형상 가해법인을 대표한 (사실상) 대표자의 직무관련행위로볼 수 있다. 그렇지만 甲은 피해법인에 대해서도 사실상 대표자의 지위에 있으므로 그가 인식한 것은 피해법인의 인식으로도 귀속되는바, 그가 행한 위법행위는 가해법인의 직무와 관련한 행위가 아님을 스스로 인식하였을 것이므로 그의 인식은 피해법인의 인식으로 귀속되어 피해법인은 가해법인에 대해 손해배상을 청구할 수 없다.

[주 제 어]
- 법인
- 사실상 대표자
- 불법행위
- 직무관련성
- 인식의 귀속

## 대상판결 : 대법원 2023. 6. 1. 선고 2020다9268 판결

### [사안의 개요]
#### Ⅰ. 사실관계

1심 소제기 당시와 대상판결 사이에 원고 및 피고에 약간의 변화가 있는데, 사안의 이해를 위해 우선 1심 소제기 당시의 사안으로 설명한다.

甲은 학교법인 A[1]와 학교법인 B[2] 및 학교법인 C[3]와 학교법인 D[4] 그리고 건설회사 E[5]를 설립한 자이다. 甲은 각 학교법인 산하에 있는 이 사건 대학교나 병원 등에서 아무런 직책이 없음에도 자신의 처나 친인척, 학교 교직원이나 병원장 또는 지인 등을 학교법인의 이사나 학교 총장 등 주요 보직에 배치하여 이를 실질적으로 운영하였다. 甲은 여러 지역에 분산된 이 사건 각 대학교와 병원 등을 운영하기 위하여 모처에 '법인기획실'을 설치하여 이 사건 각 학교법인과 E회사의 회계 등 모든 사항을 결정하였다.

甲은 위 법인기획실 회계담당 직원과 공모하여 이 사건 각 대학교나 E회사가 실제 공사를 한 사실이 없음에도 공사비 등 명목으로 금원을 지출한 것처럼 서류를 허위로 작성하여 이를 근거로 이 사건 각 대학교의 교비 및 E회사의 자금을 차명계좌로 입금하여 A, B, C, D 법인 및 E 회사로부터 모두 약 1,000억 원을 횡령하였다. 甲은 이 사건 횡령행위를 포함한 범죄사실로 특정경제범죄가중처벌등에관한법률위반(횡령) 등으로 기소되어 유죄 확정판결(징역 9년, 벌금 90억 원)을 받았다.

원고 A와 B는 이 사건 甲의 횡령행위로 인해 발생한 손해와 그 횡령행위와 별개로 각 대학교에서 부풀려진 공사대금의 지급으로 발생한 손해를 합산한 금액의 배상 또는 그 상당액을 부당이득으로 반환할 것을 甲에게 청구하였다. 한편, A와 B는 甲이 A와 B로부터 횡령한 금원의 일부가 피고 C, D, E에 귀속되었다고 주장하면서, A와 B는 C, D, E를 상대로 그에 상응하는

---

1) 1994. G대학교를 설치하여 운영함. 이하 'A' 또는 'A 법인'으로 칭함.
2) 1995. H대학교를 설치하여 운영함. 이하 'B' 또는 'B 법인'으로 칭함.
3) 1991. I대학교를 설치하여 운영하였으며 1995. I대학교 부속 J병원 및 1997. I대학교병원을 인수하여 운영함. 이하 'C' 또는 'C 법인'으로 칭함.
4) 2005. K대학교를 설치하여 운영함. 이하 'D' 또는 'D 법인'으로 칭함.
5) 위 G, H, I, K대학교 등의 공사를 전담시킬 목적으로 설립된 회사임. 이하 'E 회사'라 칭함.

금액을 불법행위에 기한 손해배상 또는 부당이득반환으로 지급할 것을 청구하였다.[6]

## Ⅱ. 소송의 경과

### 1. 개 설

원고 A 및 B 법인의 甲에 대한 손해배상청구에 대해 제1심 법원은 용도가 엄격히 제한되어 있는 원고 법인 산하 대학교의 교비회계에 속하는 자금을 甲이 허위 노임 등의 지급 명목으로 별도로 관리하는 차명계좌로 입금한 후 현금으로 인출하는 방법으로 횡령하였으므로 민법 제750조에 따라 위와 같은 횡령행위로 원고들이 입은 손해를 배상할 의무가 있다고 판시하였고, 원심 법원도 같은 취지로 판단하여 이로써 C에 대한 소는 확정되었다. 이에 따라 이하에서는 C에 대한 배상문제에 대해서는 다루지 않는다.

또한 1심에서의 원고 A, B 법인 중에서 B는 1심 판결 이후 항소하였으나 취하간주 되어 원심 및 대상판결에서는 A 법인만이 원고로서 다투게 된다. 또한 원심 판결 이후 당초 피고였던 E 회사는 상고를 포기하고 C 및 D 법인만이 상고하여 대법원에서는 원고로 학교법인 A와 피고로 학교법인 C 및 D가 다투게 되는바, 이하에서 A와 C·D 사이의 소송의 경과를 중심으로 설명한다.

한편 소송에서의 쟁점과 관련하여, 원고의 청구에 대해 1심 법원에서는 가해 법인에 대하여 부당이득의 반환 및 불법행위로 인한 손해의 배상 여부에 대해 다루었지만, 원심 및 대법원에서는 주로 불법행위의 성부에 대해서만 논점이 집중되었다. 특히 불법행위의 성부에 있어서 법인의 불법행위책임(민법 제35조 제1항)의 성립여부와 甲과 가해법인 사이에 공동불법행위(민법 제760조)의 성립여부가 문제될 수 있는데, 1심과 원심은 주로 법인의 불법행위책임(민법 제35조 제1항)의 성립여부가 다루어졌고, 대상판결에서는 법인의 불법행위책임(민법 제35조 제1항)과 법인의 공동불법행위(민법 제760조)의 성립여부에 대해 논의되었다.

---

6) 본 사안과 관련한 甲의 교비 횡령 사건에 대해 보다 자세하게 서술한 글로는 오길영, "교비 횡령 사건에서의 배상 및 반환 청구에 대한 사례 검토", 민주법학 제82호, 민주주의법학연구회, 2023. 7., 413면 이하 참고. 다만 해당 논문은 본 사건의 대법원 판결이 내려지기 전에 작성된 것이어서 1심과 2심 법원에서의 법원판단만을 다루고 있다.

## 2. 제1심 판결[7]

민법 제35조 제1항은 "법인은 이사 기타 대표자가 그 직무에 관하여 타인에게 가한 손해를 배상할 책임이 있다"고 규정하는바, 대법원은 여기서 '법인의 대표자'에는 그 명칭이나 직위 여하, 또는 대표자로 등기되었는지 여부를 불문하고 당해 법인을 실질적으로 운영하면서 법인을 사실상 대표하여 법인의 사무를 집행하는 사람을 포함한다고 해석함이 상당하다고 판시한 바 있다.[8] 1심 법원은 동 대법원 판결을 인용하면서, 甲은 C, D 법인을 설립하여 그 운영에 관한 모든 사항을 결정하는 등 이를 실질적으로 운영하였으므로, 甲이 사실상 대표자로써 민법 제35조 제1항의 대표자에 해당한다고 보았다. 한편 직무관련성에 관하여 1심 법원은 甲이 원고 법인 산하 대학교의 교비에서 횡령한 금전 중 일부를 C, D에 기부금이나 공사대금 수령 등의 명목으로 귀속시켰다면, 甲의 위와 같은 일련의 불법행위는 외형상 C, D의 자금조달이나 채권행사 등 행위에 해당하여 그 직무와의 관련성도 충분히 인정된다고 보아 C, D는 민법 제35조 제1항에 따른 손해배상책임을 부담한다고 보았다.

1심 법원은 C, D에 대해 법리적으로 민법 제35조 제1항에 따른 불법행위책임이 성립될 수 있음을 인정하면서도, 정작 C와 D가 부담하는 책임의 범위에 관하여는 원고 A에 대한 횡령금이 C, D에 귀속되었다는 것을 확인하기 어렵다거나, 甲의 개인적인 용도로 사용된 자금의 출처가 A로부터 甲이 횡령한 금전일 수 있다거나, 甲이 횡령금으로 교직원 명의 대출 원리금 상환비용 등 학교운영과 관련하여 지출한 제반비용의 자금의 출처와 그 비용 지출로 인한 법률적·경제적 이익의 귀속 주체를 특정할 수 없다는 점 등을 이유로 원고 A의 청구를 기각하였다.

## 3. 원심 판결[9]

1심 판결에 대해 원고 A가 항소하였는바, 주위적으로 피고 C, D는 실질적 대표자인 甲 또는 C, D 법인의 대표이사나 그 소속 대학교 총장들이 甲의 횡령행위를 공모하거나 방조하였으므로 공동불법행위자로서 甲과 공동하여 A의 손해를 배상할 책임이 있고, 예비적으로 설령 피고 C, D가 甲의 횡령행위 전부에 대하여 공모하거나 방조하지 않았다 하더라도 적어도 그 횡령

7) 광주지법 2017. 1. 13. 선고 2014가합6949.
8) 대법원 2011. 4. 28. 선고 2008다15438 판결.
9) 광주고법 2019. 12. 20. 선고 2017나123 판결.

금 중 자신들에게 귀속된 부분에 대하여는 甲과 공모·방조하였거나 법률상 원인 없이 이를 이득하였다고 할 것이므로 공동불법행위에 기한 손해배상 내지 부당이득을 반환할 의무가 있다고 주장하였다.

이에 대해 원심 법원은 피고 C, D에 대해 법인의 불법행위에 관한 민법 제35조 제1항에서의 '법인의 대표자'에는 사실상 대표자도 포함한다고 전제하면서, 甲은 C, D를 설립하여 그 운영에 관한 모든 사항을 결정하는 등 이를 실질적으로 운영하였으므로 C, D의 사실상 대표자에 해당한다고 보았다. 甲이 원고 A 소속 대학의 교비에서 횡령한 돈 중 일부를 C, D에 기부금이나 공사대금 수령 등의 명목으로 귀속시킨 이상, 甲의 위와 같은 일련의 불법행위는 외형상으로 C, D 법인의 자금조달이나 채권행사 등 행위에 해당하여 그 직무와의 관련성이 인정된다고 보았다. C, D 법인 소속 총장들과 대표이사가 법인기획실을 통한 甲의 자금관리 사실을 알면서도 이를 도와주기 위해 총장 직인이나 법인 인감을 법인기획실에 보관시키고 회계직원 등을 파견하는 등 공모 내지 방조하였으며, 이를 통해 공동으로 필요한 자금을 인출하고 그 분배의 혜택을 누려온 이상 원고 A 소속 대학의 교비 횡령으로 인한 피해 발생에 대해 공동으로 관련된 책임을 부담하는 것이 타당하다고 보았다.

그렇지만 손해배상의 범위를 판단함에 있어서 원심 법원은 원고 A의 실질적 대표자 역시 甲이라고 할 것이어서 피해자인 A의 대표자인 甲이 그 직무에 관하여 고의의 불법행위를 저지른 결과 피해자에게 손해가 발생하고, 그에 따라 피고 C, D가 이를 배상하여야 할 책임을 부담하게 되는데 이와 같은 경우에 C, D가 A에 대하여 손해배상액 전액을 부담하게 된다면 C, D는 甲이 한 직무상 행위로 인하여 입은 손해를 다시금 A에게 청구할 수 있게 되어 원고 A와 피고 C, D 사이에서 손해배상소송이 순환·반복될 수밖에 없게 되는 점을 고려해 볼 때 손해분담의 공평이라는 손해배상제도의 이념에 비추어 그 배상액을 제한할 수 있다고 한다.[10] 원심 법원은 원고 A의 실질적 대표자인 甲의 불법행위로 A에게 재산상 손해가 발생한 점, A도 이 사건 횡령금의 일부를 甲의 지시하에 다시 입금받기도 했던 점, A 법인의 이사장을 비롯한 이사진은 甲의 친인척으로서 甲의 위와 같은 횡령행위를 용인해 온 것으로 보이는 점 등 제반 사정을 참작하여 피고 C, D가 원고 A에 부담

---

10) 원심 법원은 이러한 법리에 관하여 대법원 2005. 11. 10. 선고 2003다66066 판결을 참고하였다.

하여야 할 책임 비율을 전체 손해액의 50%로 제한하였다.

### 4. 대법원 판결[11]

원심 판결에 대하여 피고 C와 D가 원고 A를 상대로 상고하였다. 이에 대해 대법원은 원심 판결 중 피고들 패소부분을 파기하고 사건을 원심법원으로 환송하였는데, 그 이유에 대해 다음과 같이 밝히고 있다.

대법원은 "법인이 대표자의 불법행위로 인하여 손해배상의무를 지는 것은 그 대표자의 직무에 관한 행위로 인하여 손해가 발생한 것임을 요한다. 법인의 대표자의 행위가 대표자 개인의 사리를 도모하기 위한 것이었거나 혹은 법령의 규정에 위배된 것이었다 하더라도 외관상 객관적으로 직무에 관한 행위라고 인정할 수 있다면 민법 제35조 제1항의 직무에 관한 행위에 해당하는바(대법원 2004. 2. 27. 선고 2003다15280 판결 등 참조), 외관상 객관적으로 법인의 대표자의 직무에 관한 것인지 여부는 법인의 목적, 대표자의 통상적 업무와 불법행위와의 관련 정도를 고려하여 판단하여야 한다"고 전제하면서, 甲이 허위 공사를 통해 원고 산하 대학교의 교비를 횡령한 행위는 외관상 피고들의 직무에 관한 행위라고 볼 수 없고, 피고 C, D의 대표기관이나 C, D 산하 대학교 총장들이 원고 A 산하 대학교에 대한 교비 횡령의 불법행위를 甲과 공모하였다거나 이를 방조하였다고 단정할 수도 없기에 피고들이 원고에 대해 허위 공사를 통한 교비 횡령에 관하여 불법행위책임을 진다고 보기 어렵다고 보았다.

또한 대법원은 수인이 공동하여 타인에게 손해를 가하는 민법 제760조 제1항의 공동불법행위가 성립하려면 각 행위가 독립하여 불법행위의 요건을 갖추고 있으면서 객관적으로 관련되고 공동하여 위법하게 피해자에게 손해를 가한 것으로 인정되어야 하고 민법 제760조 제3항에 따른 방조자에게 공동불법행위자로서의 책임을 지우려면 방조행위와 피해자의 손해 발생 사이에 상당인과관계가 있어야 한다고 설시하면서, 피고 C, D의 대표기관이 甲의 원고 A 산하 대학교에 대한 횡령 범행에 가담하거나 위 대학교에 대해 가해한 행위가 특정되지 않으므로 독립하여 원고 A에 대한 불법행위의 요건을 갖추었다고 인정하기 어렵고, 여기에다가 원고 A 산하 대학교의 교비를 횡령한 甲은 원고 A의 실질적 대표자이기도 한 점을 더하여 볼 때, 피고 C, D의 대표기관이 이에 객관적으로 관련되어 원고 A의 손해발생에 대해 상당인과관계가 인정될 만한 행위를 하였다고 단정하기도 어렵다고 보았다.

---

11) 대법원 2023. 6. 1. 선고 2020다9268 판결.

〔研　究〕

## Ⅰ. 들어가며

사안을 간단히 정리하면, 피고 (가해)법인 및 원고 (피해)법인 양자에 대하여 사실상 대표자 지위에 있던 甲이 부정한 방법으로 피고법인뿐만 아니라 원고법인으로부터도 금원을 횡령하였는데, 원고법인으로부터 횡령한 금원의 일부가 피고법인으로 흘러들어 감으로써 피해를 주장하는 원고법인이 피고법인을 상대로 부당이득의 반환 내지 불법행위로 인한 손해배상을 청구한 사건이다. 이에 대하여 1심과 원심 그리고 대법원은 본 사안에 대해 접근하는 법리와 그에 따른 결론에 있어서 차이를 보이고 있다.

1심법원은 채무자가 횡령 또는 편취한 금전으로 자신의 채권자에 대한 채무변제에 사용하는 경우 채권자가 변제를 수령하면서 그 금전이 횡령한 것이라는 사실에 대하여 악의 또는 중대한 과실이 있는 채권자에 대해 부당이득을 인정하는 법리를 적용함과 아울러 사실상 대표자의 직무행위에 의한 법인의 불법행위책임을 인정하는 법리를 적용하였다. 다만, 1심 법원은 법리적으로 피고의 부당이득반환책임 내지 불법행위책임을 인정하면서도 책임의 범위에 관하여서는 횡령금의 불확실한 출처와 귀속을 이유로 피고의 책임을 인정하지 않았다.

원심법원은 甲을 피고법인의 사실상 대표자로 보고, 甲의 횡령행위에 대해 외형상 피고법인의 직무관련성을 인정함으로써 법리적으로는 피고법인의 불법행위가 성립됨을 인정하였지만, 손해배상의 범위에 관해서는 甲이 원고법인에 대해서도 사실상 대표자인 이상 피고법인이 원고법인에 대해 배상하게 되면 피고법인으로서는 다시금 甲의 직무상 불법행위에 터 잡아 원고법인에 배상을 청구할 수 있게 된다는 이유로 손해분담의 공평의 관점에서 손해배상액을 50%로 제한하였다.

사안에서 원고법인과 피고법인의 재산을 횡령한 甲에 대해 불법행위책임을 물을 수 있음에 대해서는 다툼의 여지가 없으나, 사실상 대표자였던 甲의 영향력에 놓여 있던 피고법인에 대해서도 부당이득반환책임 내지 불법행위에 따른 손해배상책임을 인정할 수 있을 것인지에 대해서는 논란이 될 수 있다. 1심과 원심에서는 甲의 피고법인에 대한 직무관련성을 인정한 데 반해 대법원은 甲의 횡령행위에 대해 외관상 직무관련성을 없음을 이유로 피고법인의 불법행위책임을 인정하지 않았다. 나아가 대법원은 甲과 피고법인의 대표기관이나 총장들 사이의 공동불법행위의 성립도 인정하지 않음으로써 피고의 손해배상책임을 인정하지 않았다. 사실상 대표자의 위법행위에 대해서도 법인의 불법행위가 성립될 수 있음은 이전 판례에서 인정되었던 바이지만, 사안에서의 특징은 사실상 대표자라 할 수 있는 甲의 영향력이 가해자에 해당하는 피고법인에만 미친 것이 아니라 피해자에 해당하는 원고법인에게도 미치고 있다는 점이다.[12] 1심과 원심은 이러한 특징을 불법행위책임을 부인하거나 제한하는 사정으로 파악한 데 반해, 대법원은 원고법인에게 발생한 손해에 대한 상당인과관계를 파악하는 요소로 삼았을 뿐, 법리적으로는 특별한 고려를 하지 않았다.

필자는 피고법인의 손해배상책임을 인정하지 아니한 대법원 판결의 결과에 대해서는 동의한다. 그렇지만 그 결과에 이르게 된 법리적 근거는 충분한 설득력을 갖추지 못하였다고 생각한다. 이러한 점은 1심과 원심의 판결에서도 마찬가지이다. 1심, 원심 및 대법원에서는 피고법인에 대해 민법 제35조 제1항에서 정한 법인의 불법행위책임이 성립되는 것인지가 주로 다투어졌다. 1심에서는 피고법인에 대해 부당이득반환책임의 성부에 대한 언급이 있었으나, 2심과 대법원에서는 부당이득에 대해서는 별도로 다루지 않고 불법행위책임의 성부에 대한 문제에 집중되었기에 본고에서도 불법행위책임의 성부를 중심으로 살펴본다.

1심과 원심은 피고법인이 부담하는 손해배상책임과 관련하여 민법

---

12) 본고의 제목과 관련하여 가해법인이란 피고법인에 해당하는 C학교법인과 D학교법인을, 피해법인이란 원고법인에 해당하는 A학교법인을 의미한다.

제35조 제1항에서 정한 법인의 불법행위책임의 성부를 중심으로 판단한 데 반해, 대법원은 민법 제35조 제1항에 정한 법인의 불법행위책임의 성립여부에 출발하여 민법 제760조에 정한 공동불법행위의 성립여부 문제로 쟁점을 넓히고 있다. 이것은 사실상 대표자 역할을 하는 甲과 가해자 측 법인에 해당하는 C 및 D와의 관계를 어떻게 보느냐에 따라 민법 제35조 제1항에서 정한 법인의 불법행위책임의 문제로 족히 해결할 수도 있고 민법 제760조에 정한 공동불법행위의 문제로 확장해서 검토해야 할 수도 있다. 즉, 甲을 피고 C, D 법인의 사실상 대표자로 인정한다면 민법 제35조 제1항의 법인의 불법행위책임의 문제로 쟁점이 집중되겠지만, 만약 甲의 사실상 대표자로 인정하지 않는다면 甲의 불법행위와는 별개로 피고 C, D 법인의 불법행위의 성립요건이 따로 검토되어야 하고 아울러 甲과 C, D 법인 사이에 공동불법행위가 성립하는지 여부도 검토되어야 할 것이다. 이러한 점을 일러두면서, 이하에서 법인의 불법행위책임의 성립여부를 중심으로 해서 대상판결에서 법원이 간과한 쟁점과 그 의미에 대해 살펴본다.

## Ⅱ. 법인의 불법행위의 성립여부

### 1. 민법 제35조의 규범적 성격

사안에서는 피고법인에 대해 민법 제35조 제1항에 따른 법인의 불법행위책임이 성립되는 지가 문제되었으므로 우선 이에 관하여 개관한다.

민법 제35조 제1항은 [법인의 불법행위능력]이란 표제에서 법인의 이사 기타 대표자가 그 직무에 관하여 타인에게 가한 손해에 대해 법인에게 배상책임을 부여하고 있다. '법인의 불법행위능력'이라는 표제는 법인 스스로가 불법행위를 할 수 있는 '능력'을 가지고 있는지에 대한 사변적인 논의로 쟁점이 새어 나갈 수 있다는 점을 생각하면, 법문의 내용에 비추어 '법인의 불법행위책임' 또는 '법인의 손해배상책임'이라는 표제가 바람직하다. 그 이유는 법인본질론에 관한 법인실재설 및 법인의제설의 논리에도 불구하고 법인은 스스로 불법행위를 하는 것이 아니라, 실제로는 법인을 구성하는 기관인(Organperson)이 행한 불법행위를 법인의 것으로 귀속시킴으로써, 그러한 행위가 마치 법인이 행한 불법행위로 규범적으로 평가하는 것뿐이기 때문이다.[13)]

그런데 민법 제35조 제1항이 법인의 불법행위책임뿐만 아니라 법인의 채무불이행책임에 관해서도 규정한 것인지에 대해서는 다툼이 있다. 즉, 법인의 손해배상책임을 야기하는 이사 기타 대표자의 행위가 불법행위에 의한 것에 한정되는 것인지 아니면 계약위반에 의한 것도 포함하는 것인지에 대해서 견해의 대립이 있다. 생각건대 민법 제35조는 법인의 불법행위에 대해서만 적용된다고 보는 것이 타당하다. 그 이유는 법인의 대표에 관하여는 대리에 관한 규정을 준용되는 바(민법제59조 제2항), 적법한 대표권을 가진 이사가 맺은 계약의 효과는 법인에게만 귀속되는 것과 마찬가지로 그러한 계약상의 의무를 위반하여 발생한 손해배상책임도 계약체결에 관여한 이사가 아닌 법인만이 책임의 당사자가 되므로, 민법 제35조에 의하지 않더라도 대리법 원리에 의해 법인은 계약상 이행책임 또는 채무불이행책임을 부담하는 것으로 처리하면 되기 때문이다.[14)]

민법 제35조가 법인의 불법행위책임에 관한 규정이라고 하더라도, 동 규정의 성격에 대해서는 정확하게 인식할 필요가 있다. 법인의 기관인이 불법행위를 하였더라도 그의 행위가 자동적으로 모두 법인의 것으로 인정되는 것이 아니라 일정한 요건과 기준에 따라 법인의 것으로 귀속한다. 민법 제35조는 일정한 요건이 충족될 경우에 법인에게 불법행위책임을 지울 수 있음을 표방한 규정이지, 민법 제35조가 그 책임의 요건

---

13) 졸고, "법인의 활동과 귀속의 문제-법인본질논쟁의 극복을 위한 하나의 시론-", 민사법학 제31호(2006), 19-22면.

14) 판례도 대법원 2019. 5. 30. 선고 2017다53265 판결에서 "법인이 대표기관을 통하여 법률행위를 한 때에는 대리에 관한 규정이 준용된다(민법 제59조 제2항). 따라서 적법한 대표권을 가진 자와 맺은 법률행위의 효과는 대표자 개인이 아니라 본인인 법인에 귀속하고, 마찬가지로 그러한 법률행위상의 의무를 위반하여 발생한 채무불이행으로 인한 손해배상책임도 대표기관 개인이 아닌 법인만이 책임의 귀속주체가 되는 것이 원칙이다"라고 판시하여 기본적으로 필자와 같은 입장을 취하는 것으로 보인다.

을 자족적으로 규정하고 있지는 않다. 달리 설명하면, 민법 제35조는 법인에게 불법행위책임을 근거지우는(haftungsgründend) 규범 즉, 독자적인 청구권의 기초가 아니라, 불법행위의 성립요건을 규정한 민법 제750조의 법률효과인 손해배상책임이 일정한 요건과 기준하에서 법인에게 귀속되도록(haftungszurechnend) 지시하여 주는 귀속규범이다.[15) 따라서 민법 제35조는 불법행위책임의 근거규정인 민법 제750조의 요건충족을 전제로 하여 법인에게 책임을 지우기 위한 요건과 기준을 살펴야 한다.

## 2. 법인의 불법행위책임의 요건

### (1) 일 반 론

민법 제35조 제1항에서 규정한 법인의 불법행위책임이 성립하기 위해서는 일반적으로 ① 대표기관의 행위일 것, ② 대표기관이 '직무에 관하여' 타인에게 손해를 입혔을 것, ③ 불법행위에 관한 일반적 요건이 충족되어 있을 것 등의 요건이 요구되는 것으로 설명한다.[16) 이들 요건 중에서 ③과 관련해서 민법 제35조 제1항은 독자적인 청구권의 기초가 아니라 책임의 귀속규범에 해당할 뿐이어서 대표기관이 한 행위가 민법 제750조의 성립요건을 갖추어야 함은 앞서 살펴보았다. 법인의 불법행위책임의 성립여부와 관련하여 ①과 ②의 요건에 관해서 세부적으로는 많은 쟁점들이 있지만, 여기서는 본 사안의 쟁점과 관련한 범위에서 해당 쟁점들을 살펴본다.

### (2) 대표기관의 행위

### (가) 이사 기타 대표자 및 사실상 대표자

법인의 불법행위책임이 성립되기 위해서는 그 불법행위가 법인의 대표기관이 한 행위여야 한다. 민법 제35조 제1항은 '이사 기타 대표자'라고 표현하고 있는데, 여기에는 이사(민법 제57조) 외에도 임시이사(민법 제

---

15) 졸고, "법인의 불법행위책임에 관한 소고—민법 제35조의 해석론을 중심으로—", 법학논총 제25집 제2호(2008), 한양대 법학연구소, 211면.
16) 대표적으로 곽윤직 · 김재형, 민법총칙, 제9판(2013), 187면 이하.

63조), 특별대리인(민법 제64조), 직무대행자(민법 제52조의2, 제60조의2) 및 청산인(민법 제82조, 제83조) 등이 해당한다.

여기서 법인의 불법행위가 성립하기 요건으로 '이사'는 대표권이 있는 이사만을 의미하는 것인지 아니면 대표권이 없는 이사도 포함되는지가 문제된다. 이에 대해 '이사 기타 대표자'는 법인의 대표기관을 의미하는 것이고 대표권이 없는 이사는 법인의 기관이기는 하지만 대표기관은 아니기 때문에 그들의 행위로 인하여 법인의 불법행위가 성립하지 않는다는 견해가 있다.[17] 판례도 이와 같은 입장을 취하고 있다.[18] 그러나 이러한 입장에 대해서는 찬동하기 어렵다. 그 이유는 다음과 같다. 우선 문언을 해석해 본다. 문언상으로 '이사 기타 대표자'는 대표권을 가진 이사만을 한정하는 표현이라기보다 (대표권이 있든 없든) 업무집행기관으로서의 '이사' 이외에 이사는 아니지만 '법인을 대표하는 다른 기관인'(특별대리인, 직무대행자 등)을 포함한다는 의미의 표현으로 해석될 수도 있다. 다음으로 민법 제35조 제1항의 지향점에 대한 생각이다. 법인의 불법행위책임을 규정한 본조는 법인이 스스로 불법행위를 하는 것을 전제로 한 것이 아니라 법인을 대표해서 실제로 행위하는 기관인의 불법행위를 법인의 것으로 삼아 책임을 귀속시키는 법리적 산물이며, 그러한 법리에는 피해자의 보호가 중심을 차지하고 있다. 그러한 맥락에서 후술하는 직무관련성 여부도 외형이론에 따라 판단하게 되는 것이다. 그렇다면 민법 제35조의 이사에 관해서도 비록 대내적인 업무집행권한만 가진 이사의 불법행위가 외형상 법인을 대표하는 행위로써 비춰질 경우에는 비록 대외적인 대표권이 없다고 하더라도 법인의 불법행위책임이 성립될 수 있다고 본다.[19]

17) 이영준, 민법총칙, 개정증보판(2007), 948면.
18) 대법원 2005. 12. 23. 선고 2003다30159 판결.
19) 졸고, "법인의 불법행위책임에 관한 소고-민법 제35조의 해석론을 중심으로-", 217면. 同旨, 김용한, 민법총칙론, 재전정판(1997), 178면; 이은영, 민법총칙, 제5판(2009), 285면 등. 또한 이동진, "법인 기관의 불법행위책임", 비교사법 제22권 제4호(2015), 1608면도 민법 제35조 제1항과 관련하여서는 대표권 있는 기관에만 본조를 적용하는 것이 타당한지 재검토할 필요가 있다고 한다.

이러한 연장선상에서 '이사 기타 대표자'라는 명칭에 관계없이 교회의 목사 또는 전도사 등 법인의 대표기관 또는 그 기관의 구성원의 불법행위라면 법인의 불법행위책임이 성립될 수 있다.[20] 나아가 비법인사단인 주택조합의 대표자로부터 모든 권한을 포괄적으로 위임받아 주택조합을 실질적으로 운영하면서 조합을 사실상 대표하여 사무를 집행한 자가 분양계약을 체결하고 그 분양대금을 수령함으로써 발생한 손해에 대한 배상책임이 문제된 사안에서, 대법원은 민법 제35조 제1항의 '이사 기타 대표자'에 관하여 "여기서의 '법인의 대표자'에는 그 명칭이나 직위 여하, 또는 대표자로 등기되었는지 여부를 불문하고 당해 법인을 실질적으로 운영하면서 법인을 사실상 대표하여 법인의 사무를 집행하는 사람을 포함한다고 해석함이 상당하다"고 하면서 이른바 '사실상 대표자'라는 개념을 신설하여, 조합을 사실상 대표한 자의 불법행위에 대한 조합의 손해배상책임을 인정하였다.[21] 사실상 대표자에 해당하는지에 대한 판단기준으로 판례는 ① 법인과의 관계에서 그 지위와 역할, ② 법인의 사무 집행 절차와 방법, ③ 대내적·대외적 명칭을 비롯하여 법인 내부자와 거래 상대방에게 법인의 대표행위로 인식되는지 여부, ④ 공부상 대표자와의 관계 및 공부상 대표자가 법인의 사무를 집행하는지 여부 등 제반 사정을 종합적으로 고려하여 판단하여야 한다고 판시하였다. 이 판결을 계기로 이후에도 '사실상 대표자'의 개념을 통하여 민법 제35조 제1항의 '이사 기타 대표자'의 범위를 넓게 보는 태도는 계속 유지되고 있다.[22]

---

20) 대법원 1976. 7. 13. 선고 75누254 판결.
21) 대법원 2011. 4. 28. 선고 2008다15438 판결. 이 판결에 평석으로는 김선일, "민법 제35조 제1항에서 정한 '법인의 대표자'에 당해 법인을 실질적으로 운영하면서 법인을 사실상 대표하여 법인의 사무를 집행하는 사람도 포함되는지 여부", 대법원판례해설 제87호(2011 상반기), 11-36면 및 안성포, "사실상 대표자의 행위에 대한 비법인사단의 책임", 법학논총 제29권 제4호(2012. 12.), 371-390면 참고.
22) 대법원 2015. 3. 26. 선고 2013다49732(본소), 2013다49749(반소) 판결; 대법원 2015. 8. 27. 선고 2014다25047 판결; 대법원 2015. 10. 15. 선고 2013다29707 판결; 대법원 2016. 4. 28. 선고 2015다2201(본소), 2015다2218(반소) 판결 등.

이러한 대법원에 태도에 대하여 긍정적으로 평가하는 견해도 있지만,[23] '사실상 대표자'를 통하여 '이사 기타 대표자'의 범위를 확장하는 해석론은 문언의 해석가능한 범위를 벗어난 것이고, 상법상 회사의 불법행위책임 규정이나 민법의 사용자책임 규정의 해석론과의 균형도 맞지 않으며, 공익성이 있는 민법상 법인 보호에 충실하지 못하게 된다는 비판도 있다.[24] 비판론에 수긍할 만한 점도 있지만 그래도 '사실상 대표자'를 인정하는 판례의 태도가 타당하다고 생각한다. 그 이유는 다음과 같다. 자연인은 출생과 더불어 사람의 몸뚱이 자체가 그 존재를 공시하는 데[25] 반해, 법인은 등기라는 공시제도에 의해 비로소 그 존재가 외부적으로 확인된다.[26] 그렇지만 법인의 존재에 관한 공시에도 불구하고 법인 구성원간의 내부적인 권한관계나 실제적인 영향력의 지배관계에 관해서는 외부에서는 알기 어렵다. 자연인과 거래한 상대방의 지위와 달리 법인과 거래한 상대방의 지위가 공시의 불확실성에 의해 위태롭게 된다면, 자연인과 법인을 동등한 권리주체로 인정하는 민법의 기본체계가 흔들릴 수 있다. 결국 법인에 대한 불확실성은 법인 스스로가 해소해줌으로써 법인과 거래한 상대방에 대하여 자연인과 거래한 상대방과 동등한 지위의 안정성을 확보해주어야 한다. 또한 자연인은 생물학적으로 하나의 단일체인 데 반해, 법인은 여러 기관으로 구성된 일종의 조직체(Organization)이므로 법인의 기관을 적법하게 구성하지 아니하면 그로 인해 발생하는 불이익은 법인이 스스로 감수해야 한다. 즉, 법인은 내재적으로 법률의 규정에 좇아 적정한 기관을 구성하여 조직을 운용하여야 할 조직의무(Organizationspflicht)를 부담한다.[27] 판례가 설시한 '사실상 대표자'론의 기본취지도 법인이

---

23) 안성포, "사실상 대표자의 행위에 대한 비법인사단의 책임", 법학논총 제29권 제4호 (2012. 12.), 387면.
24) 강현준, "'사실상 대표자'의 행위로 인한 법인 및 비법인사단의 불법행위책임", 민사판례연구 제43권(2021), 45면.
25) 이것은 Savigny의 설명이다. Friedrich Carl v. Savigny, System des heutigen römischen Rechts, II. Band, Berlin 1840, S. 278.
26) 법인 아닌 단체는 그 존재를 공시할 수 없기 때문에 외부로 드러나는 단체의 실제적인 활동을 통해 단체의 존재성을 추지할 수밖에 없다.

적법한 대표자에게 대표권을 행사하도록 하지 않고 대표권한이 없는 자에게 대표권을 행사하도록 하여 일종의 조직의무를 위반한 데 따른 불이익을 법인에게 지우는 것으로써, 법인이 적법한 대표자가 아니라 사실상 대표자를 통하여 상대방에게 피해를 입힌 경우에 그 귀책의 근거를 찾을 수 있도록 하는 법리라고 생각한다.

'사실상 대표자'론은 처음 비법인사단에 관한 사건에서 문제가 되어 민법상 비영리법인에 적용되는 법리로 인정되었지만, 민법이 사법의 기본법임을 감안하면 민법의 법인에 관한 규정은 비영리법인에 국한되지 않고 특별규정이 없는 한 상법 등 영리법인에 관해서도 적용되므로, '사실상 대표자'에 관한 판례의 법리는 원칙적으로 모든 유형의 법인에 대해 적용될 수 있다고 본다. 다만, 상법은 제395조에서 "사장, 부사장, 전무, 상무 기타 회사를 대표할 권한이 있는 것으로 인정될 만한 명칭을 사용한 이사의 행위에 대하여는 그 이사가 회사를 대표할 권한이 없는 경우에도 회사는 선의의 제3자에 대하여 그 책임을 진다"고 하여 표현대표이사의 행위에 대한 회사의 책임을 명시하고 있으므로, 영리법인인 회사에 대해서는 상법 제395조가 적용되지 않는 범위에서 '사실상 대표자'론이 적용될 수 있다.

**(나) 사안의 검토**

사안에서 甲은 원고 학교법인 A와 피고 학교법인 C 및 D를 설립한 자로써, 스스로는 아무런 직책을 가지고 있지 않음에도 피고법인뿐만 아니라 원고법인에 대해서도 각 학교법인 소속 대학교와 병원 등에 자신의 처와 친인척 및 기타 지인들을 주요 보직에 배치하여 실질적으로 운영하였다는 점에서 판례가 의미하는 사실상 대표자에 해당한다고 할 수 있다.

사안에서 대상판결의 1심과 원심은 甲을 A 및 C, D 법인의 사실상 대표자로 인정하였다. 이에 대해 대상판결에 대한 대법원의 판결문에는

---

27) Detlef Kleindiek, Deliktshaftung und juristische Person, Tübingen 1997, S. 284 f.

원고법인 및 피고법인에 대한 甲의 지위에 대하여 '사실상 대표자'라는 표현 대신 '실질적인 운영자' 또는 '실질적 대표자'라는 표현만 보인다. 표현상 '실질적' 대표자와 '사실상' 대표자가 법적 지위에서 차이를 가진다고 보기 어렵다. 그럼에도 불구하고 대상판결에서 대법원이 종전 판결에서 사용된 '사실상 대표자'와 다른 '실질적 대표자'라는 표현을 쓴 의도가 피고법인에 대한 불법행위책임의 성부에 있어서 甲의 (사실상) 대표자로서의 지위에 대한 심사를 피함으로써 피고법인의 불법행위책임을 부인하기 위한 복선을 깐 것이라는 의심을 불러일으킬 수 있다. 실제로 대상판결에서 대법원은 甲에 의한 피고법인의 불법행위책임의 성부에 대해서는 정면으로 다루고 있지 않다. 甲은 자신에 대한 불법행위책임을 인정한 원심법원에 대해 상고를 포기하였는바, 비록 甲이 상고를 포기하였더라도 피고법인의 불법행위책임의 성부를 다루는 데 있어서 甲의 지위를 어떻게 볼 것인지는 반드시 짚고 넘어갔어야 하는 쟁점이다.

### (3) 직무관련성

### (가) 외형이론

법인의 불법행위책임이 성립하기 위해서는 '사실상 대표자'를 포함한 이사 기타 대표자가 타인에게 가한 불법행위가 직무와 관련하여 행해진 것이어야 한다. 대표기관이 한 법률행위는 대표권에 기초한 직무행위만이 법인의 법률행위로 귀속되는 데 반해,[28] 대표기관이 한 불법행위는 "그 직무에 관하여" 행해진 것이더라도 법인의 불법행위로 귀속된다(민법 제35조 제1항). 대표기관의 행위의 직무관련성 여부는 실질적·내용적으로 따질 것이 아니라 형식적·외형적으로 판단하여야 한다. 만약 대표기관의 행위를 실질적·내용적으로 따지게 되면 법인의 설립목적 및 법인의 정관에 비추어 볼 때 법인이 대표기관으로 하여금 불법행위를 할 수 있도록 대표권을 부여하였다고 보기 어려우므로 직무에 관한 불법행위라는 것은 사실상 성립될 수 없으며, 이에 따라 법인의 불법행위책임도 발생

---

28) 다만 외관상 표현대표 또는 표현대리가 성립할 경우에는 대표기관이 한 법률행위의 효과가 법인에게 귀속될 수는 있다.

하지 않게 된다. 따라서 대표기관의 불법행위로 인하여 피해를 입은 상대방을 보호하기 위해서는 직무관련성에 대한 판단을 완화하는 해석론이 필요하다. 학설은 직무관련성에 대하여 행위의 외형상 기관의 직무수행 행위라고 볼 수 있는 행위 및 직무행위와 사회관념상 견련성을 가지는 행위를 포함하는 것으로 새긴다.[29] 대법원은 "법인이 그 대표자의 불법행위로 인하여 손해배상의무를 지는 것은 그 대표자의 직무에 관한 행위로 인하여 손해가 발생한 것임을 요한다 할 것이나, 그 직무에 관한 것이라는 의미는 행위의 외형상 법인의 대표자의 직무행위라고 인정할 수 있는 것이라면 설사 그것이 대표자 개인의 사리를 도모하기 위한 것이었거나 혹은 법령의 규정에 위배된 것이었다 하더라도 위의 직무에 관한 행위에 해당한다고 보아야 한다"고 하여[30] 학설과 궤를 같이하고 있다. 이러한 통설과 판례의 입장을 종합하면 직무관련성은 다음과 같은 두 유형으로 분설할 수 있다.

첫째, 행위의 외형상 직무행위라고 인정되는 것은 비록 그것이 부당하게 행해진 경우에도 직무관련성이 인정된다. 여기에는 대표기관의 행위가 법령의 규정이나 정관규정에 위반하여 행하여진 경우를 포함한다. 예컨대 회사의 대표이사가 회사소유의 자동차에 대한 집달관의 강제집행을 방해하여 압류불능케 하고 이로 말미암아 채권자에게 손해를 입힌 경우,[31] 학교법인의 대표자가 사립학교법 제16조 및 제28조 소정 이사회의 결의를 거치지 아니하고 감독관청의 허가없이 금원을 차용하고 수표를 발행한 경우,[32] 농지개량조합의 조합장이 어음을 발행함에 있어서 소정 절차를 밟지 아니하여 조합의 채무로 성립되지 아니함에도 금전을 차입하여 채권자에게 손해를 끼친 경우,[33] 토지구획정리조합의 대표자가 구획정리사업 시공회사의 원활한 자금 운용 등을 위하여 시공회사의 채무를

---

29) 대표적으로 곽윤직·김재형, 민법총칙, 제9판(2013), 188면.
30) 대법원 2004. 2. 27. 선고 2003다15280 판결 등.
31) 대법원 1959. 8. 27. 선고 4291민상395 판결.
32) 대법원 1975. 8. 19. 선고 75다666 판결.
33) 대법원 1974. 6. 25. 선고 74다71 판결.

연대보증하였으나 조합원총회 등의 결의를 거치지 아니함으로써 연대보
증행위가 무효로 된 경우[34] 등에 대해 판례는 모두 직무관련성을 인정
하였다.

둘째, 본래의 직무행위에 해당하지 않지만, 직무행위와 적당한 견련
관계에 있으면서 외형상 법인이 담당하는 사회적 작용을 실현하기 위하
여 행하는 행위라고 인정되는 행위도 직무관련성에 포함된다. 여기에 해
당하는 예로써, 대법원은 노동조합의 간부들이 불법쟁의행위를 기획·지
시·지도하는 등으로 주도함으로써 사용자에게 손해를 입힌 경우,[35] 종중
의 대표자가 종중 소유의 부동산을 개인 소유라 하여 매도하고 계약금과
중도금을 지급받은 후 잔대금지급 이전에 매수인이 종중 소유임을 알고
항의하자 종중의 결의가 없는데도 종중 대표자로서 그 이전을 약속하고
종중총회 결의서 등을 위조하여 등기이전을 해 주고 잔금을 받았는데 그
후 종중이 소송으로 부동산을 되찾아 감으로써 매수인에게 손해를 입힌
경우[36]에도 직무관련성을 인정하였다.

### (나) 외형이론의 한계

앞의 두 유형을 보면, 대법원은 법인의 불법행위책임과 관련하여 대
표기관의 직무관련성을 상당히 넓게 인정함을 알 수 있다. 특히 둘째 유
형은 외형상 대표기관의 직무행위뿐만 아니라 외형상 법인이 담당하는
사회적 작용을 실현하기 위해 행한 행위에 대해서도 직무관련성을 인정
하고 있다. 외형이론이란 단순히 직무관련성을 외형적으로 판단한다는
의미에 그치는 것이 아니라, 대표자의 행위가 실제로는 법인의 직무에
해당하지 않더라도 외형적인 판단에 의해 법인을 위한 직무집행과 관련
된 행위로 인정된다는 의미를 가지고 있다. 즉, 실제로는 좀인 것을 외형
이론에 의해 正으로 인정하는 것이다. 이처럼 대표기관이 한 행위의 직
무관련성을 외형적으로 판단하는 이유는 법인의 내부적 조직상황을 잘

---

34) 대법원 2004. 2. 27. 선고 2003다15280 판결.
35) 대법원 1994. 3. 25. 선고 93다32828, 32835 판결.
36) 대법원 1994. 4. 12. 선고 92다49300 판결.

알 수 없는 상대방을 보호하기 위해 법인의 불법행위의 성립요건을 완화해줄 필요가 있기 때문이다. 그렇다면 법인의 대표기관이 한 행위가 직무관련성이 없음을 알고 있거나 조금만 주의를 기울이면 그 사정을 알 수 있는 상대방에 대해서는 구태여 그와 같은 보호가 필요하지는 않다. 즉, 그러한 경우에는 실제로 否인 것을 외형이론에 의해 구태여 正으로 만들 필요없이 여전히 否로 두어도 부당하지 않다. 대법원도 "법인의 대표자의 행위가 직무에 관한 행위에 해당하지 아니함을 피해자 자신이 알았거나 또는 중대한 과실로 인하여 알지 못한 경우에는 법인에게 손해배상책임을 물을 수 없다"는 입장을 취하고 있다.[37] 여기서 중대한 과실이란 "거래의 상대방이 조금만 주의를 기울였더라면 대표자의 행위가 그 직무권한 내에서 적법하게 행하여진 것이 아니라는 사정을 알 수 있었음에도 만연히 이를 직무권한 내의 행위라고 믿음으로써 일반인에게 요구되는 주의의무에 현저히 위반하는 것으로 거의 고의에 가까운 정도의 주의를 결여하고, 공평의 관점에서 상대방을 구태여 보호할 필요가 없다고 봄이 상당하다고 인정되는 상태"[38]라고 설명하고 있다.

법인의 불법행위책임의 성립여부와 관련하여, 대법원은 외형이론을 통하여 대표자의 직무관련성을 폭넓게 인정함으로써 피해자로 하여금 손해배상을 청구할 수 있는 가능성을 넓히면서도, 대표자의 행위가 적법한 직무집행행위가 아니라는 것에 대한 피해자의 인식가능성을 통하여 법인에 대한 손해배상청구권을 제한함으로써 법인과 상대방 사이의 이익에 균형을 맞추고 있다.

**(다) 사안의 검토**

사안에서 대법원은 대표기관의 직무관련성에 대해 앞서 살펴 본 외형이론, 즉 "법인의 대표자의 행위가 대표자 개인의 사리를 도모하기 위

---

37) 대법원 2003. 7. 25. 선고 2002다27088 판결; 대법원 2004. 3. 26. 선고 2003다34045 판결; 대법원 2009. 11. 26. 선고 2009다57033 판결.
38) 대법원 2003. 7. 25. 선고 2002다27088 판결; 대법원 2004. 3. 26. 선고 2003다34045 판결; 대법원 2009. 11. 26. 선고 2009다57033 판결.

한 것이었거나 혹은 법령의 규정에 위배된 것이었다 하더라도 외관상 객
관적으로 직무에 관한 행위라고 인정할 수 있다면 민법 제35조 제1항의
직무에 관한 행위에 해당"한다고 본 선행판결[39]에서 정립된 법리를 그대
로 유지하고 있다. 그러면서 "외관상 객관적으로 법인의 대표자의 직무에
관한 것인지 여부는 법인의 목적, 대표자의 통상적 업무와 불법행위와의
관련 정도를 고려하여 판단하여야 한다"고 하여 직무관련성을 판단하는
몇 가지 요소를 새롭게 제시하고 있다. 이러한 법리에 비추어 대법원은
甲이 허위 공사를 통해 원고 A학교법인에 속한 대학교의 교비를 횡령한
행위는 외관상 피고 C, D 법인의 직무에 관한 행위라고 볼 수 없다고
판단하였다.[40]

대법원이 외형이론의 기조를 유지하면서도 이전 판례에서는 볼 수
없었던 '법인의 목적', '대표자의 통상적 업무와 불법행위와의 관련 정도'
를 직무관련성에 대한 판단기준으로 제시한 것은 직무관련성 판단의 구
체성을 꾀한다는 점에서 긍정적으로 평가할 수 있다. 그렇지만 대법원이
제시한 직무관련성의 판단기준은 일반적인 기준의 제시에 그칠 뿐, 구체
적으로 대상판결의 사안에서 그 기준이 어떻게 작용하여 "외관상 피고들
의 직무에 관한 행위라고 볼 수 없"다는 결론에 이르게 된 것인지를 알
기 어렵다. 필자의 생각으로는 대법원이 새로이 제시한 기준에 의하더라
도 사안에서 사실상 대표자인 甲의 직무관련성은 인정될 여지가 있다.
그 이유는 다음과 같다.

대법원이 제시한 '법인의 목적'이란 법인정관에 기재된 법인의 설립
목적을 의미하는 것으로 이해된다(민법 제40조 참조). 이는 곧 법인의 권리
능력에 관하여 "정관으로 정한 목적의 범위 내에서" 권리와 의무의 주체
가 된다는 민법 제34조의 해석론으로 이어진다. 법인의 권리능력을 정관

---

39) 대법원 2004. 2. 27. 선고 2003다15280 판결.
40) 나아가 대법원은 피고 C, D의 대표기관이나 C, D 산하 대학교 총장들이 원고
   A 산하 대학교에 대한 교비 횡령의 불법행위를 甲과 공모하였다거나 이를 방조하
   였다고 단정할 수도 없기에 피고들이 원고에 대해 허위 공사를 통한 교비 횡령에
   관하여 불법행위책임을 진다고 보기 어렵다고 보았다.

에서 정한 목적범위내로 제한하는 이른바 ultra vires 법리의 타당성 여부는 논외로 하더라도,[41] 법인의 정관에 기재된 목적을 가능한 넓게 해석하는 것이 우리 판례의 뚜렷한 경향이라고 할 수 있으며, 그 기저에는 법인과 거래한 상대방 보호의 관념이 깔려 있다. 이러한 관념은 법인의 불법행위책임에 관해서는 직무관련성을 넓게 인정하려는 외형이론으로 이어진다. 문제는 대상판결이 제시한 '대표자의 통상적 업무와 불법행위와의 관련 정도'라는 판단기준이다. 대법원은 본 사안에서 甲의 행위가 (사실상) 대표자로서 '통상적인 업무'에 해당하지 않는 것으로 판단한 것으로 보인다. 그렇지만 가령 甲을 제외하고 피고 C, D 법인의 대표자들(가령 학교법인의 이사장)이 허위공사를 통해 교비를 횡령하였다면 그들의 행위에 대해서도 법인의 '통상적인 업무'에 해당되지 않아 직무관련성이 없는 것으로 볼 수 있을지는 의문이다. 대표자의 통상적인 업무인지 아닌지는 결과적으로 법인의 대표자의 직무인지 아닌지를 '외형적으로' 판단할 수밖에 없는 것이므로 대상판결이 직무관련성을 판단하는 데 있어서 제시한 기준은 본 사안에서의 적용에 크게 도움이 되지 않는다. 또한 사안에서는 법인의 불법행위책임과 관련하여 다른 일반적인 사례와는 달리 법인의 사실상의 대표자가 가해 법인에 대해서뿐만 아니라 피해 법인에 대해서도 사실상 대표자로 행위 한 점에 특색이 있는데, 만약 사실상 대표자인 甲과 피해자 측 원고법인과의 관계를 차치한다면, 다시 말하자면 가령 원고·피고 법인과 무관한 제3자가 피해자였다고 가정한다면, C, D 법인의 사실상 대표자인 甲의 횡령행위를 (사실상) 대표자로서 외형상 '통상적인 업무'에서 벗어난 행위라고 할 수 있을지도 의문이다.

　　요컨대 본 사안에서의 특징이라고 할 수 있는 사실상 대표자에 의한 불법행위 및 그 사실상 대표자가 원고법인에 대해서도 (사실상) 대표

---

41) 법인의 능력을 정관에서 규정된 목적범위 내에서만 인정하는 ultra vires 법리는 법인을 일종의 도구로 보는 영국법에서 창안된 것으로써, 법인을 유기체로써 일종의 人(Person)으로 인정하는 대륙법계에서는 조화되지 않는 이론이다. 우리 민법에서 ultra vires 법리를 수용함에 따른 문제점과 이를 극복하기 위한 해석론으로는 졸저, 법인론, 제2판(2015), 신론사 2015, 146면 이하 참고.

자 역할을 한 것이라는 점을 제외하면, 법인의 (사실상) 대표자 지위를 이용하여 허위 공사를 통해 소속 대학의 교비를 횡령한 행위에 대해서는 종래의 외형이론에 의해서 직무관련성을 인정할 수 있다. 다만 그러한 직무관련성이 인정된다고 하더라도 원고법인이 피고법인에 대해 민법 제35조 제1항에 따른 불법행위책임을 물을 수 있는 것인지는 외형이론의 한계와 관련하여 검토할 문제이다.

## Ⅲ. 법인의 인식

### 1. 문 제 점

위에서 살펴보았듯이 법인의 불법행위책임의 성부에 있어서 사실상 대표자의 행위도 대표기관의 행위로 볼 수 있으며, 그 사실상 대표자의 행위가 직무관련성을 갖추었는지의 여부도 대표기관의 그것과 마찬가지로 외형이론에 따라 판별하게 된다. 법인의 법적 지위란 자연인보다 더 유리해야 할 이유도 없고 또한 자연인보다 더 불리해야 할 필요도 없다. 마찬가지로 자연인과 법률관계를 맺은 상대방에 비해 법인과 법률관계를 맺은 상대방이 더 유리해지거나 더 불리해져서도 안 된다. 자연인에 의한 불법행위에서는 위법행위의 주체가 누구인지를 가리는 것은 피해자로서는 사실관계를 파악하는 것에 불과하지만, 법인에 의한 불법행위에서는 위법행위의 주체가 대표권한을 가진 자인지 그리고 그 행위가 직무와 관련된 행위인지를 가려야 하는 규범적 판단의 과정을 거쳐야 한다는 점에서 피해자의 입장에서는 법인을 상대로 불법행위책임을 묻는 것이 자연인을 상대로 불법행위책임을 묻는 것보다 더 어렵다. 외형이론은 직무관련성에 대한 판단기준을 완화하여 피해자로 하여금 법인에 의한 불법행위의 성부를 자연인에 의한 그것과의 격차를 줄여 줌으로써 피해자를 보호하는 데 기여하고 있다. 그렇지만 법인과 법률관계를 맺은 상대방(피해자)이라고 하여 자연인과 법률관계를 맺은 상대방에 비해 더 유리한 지위를 갖는 것도 부당하다. 즉, 법인의 상대방으로서는 대표기관이 한 행위가 직무관련성이 없음을 알았더라도 법인의 상대방이라는 이유로 외형이론에 기대어 무조건 법인에게 책임을 물을 수 있도록 하는 것은 타당하지 않다. 이러한 이유에서 판례는 "법인의 대표자의 행위가 직무에 관한 행위에 해당하지 아니함을 피해자 자신이 알았거나 또는 중대한 과실로 인하여 알지 못한 경우에는 법인에게 손해배상책임을 물을 수 없다"[42]고 하여 외형이론의 적용에 일정한 제한을 두고 있다. 여기서 피해자가 법인일 경우에 가해법인의 대표자의 행위가 직무관련성이 없음을 "알았거나 중대한 과실로 인하여 알지 못한 경우"에 해당하는지 여부는 어떻게 판별할 것인지가 문제된다. 만약 피해자가 자연인일 경우에는 피해자 자신의 인식여부를 밝힘으로써 판단하면 되지만, 만약 피해자가 법인일 경우에는 과연 누구의 인식을 기준으로 무엇을 근거로 법인의 인식여부를 가릴 것인지가 문제된다. 법인본질에 관하여 법인실재설에도 불구하고 법인은 현실적으로 자연인과 달리 스스로 행위하고 인식하는 존재가 아니기 때문에 법인기관을 구성하는 자연인의 행위나 인식을 법인의 것으로 볼 수 있는지에 대한 규범적 평가과정을 거쳐 법인의 행위나 인식으로 '귀속'하게 된다.

사안과 관련해서는 피해자는 A 법인으로써, 사실상 대표자인 甲이 행한 횡령행위 등이 C, D 법인의 직무와 관련된 것이 아님을 A 법인이 '알았거나 중대한 과실로 인하여 알지 못한 경우'에 해당하는지가 문제된다. 즉, 피해자인 A 법인으로서는 누구의 인식을 기준으로 그리고 무엇을 근거로 직무관련성에 관한 인식여부를 판단하여야 하는지가 검토되어야 한다.

## 2. 법인의 인식귀속

### (1) 의의 및 관련판례

민법은 권리주체가 어떤 사실을 알았는지(악의), 알 수 있었는지(과실에 의한 부지) 또는 중대한 과실로 알지 못한 것인지 등에 따라 법률효과

---

42) 대법원 2003. 7. 25. 선고 2002다27088 판결; 대법원 2004. 3. 26. 선고 2003다34045 판결; 대법원 2009. 11. 26. 선고 2009다57033 판결.

가 달라지는 규정이 산재해 있는데, 권리주체의 주관적 인식 또는 인식
가능성 여부에 따라 법률효과가 영향을 받도록 되어 있는 규정을 인식규
범(Wissensnorm)이라고 한다.[43] 민법은 자연인 외에 법인을 권리주체로 인
정하고 있지만, 이러한 인식규범들은 대리인이나 이행보조자 등을 매개로
하지 않은 한 개별 자연인의 단순하고 직접적인 행위를 상정하여 정해진
것이다. 자연인의 인식여부는 해당 자연인의 실제적인 인식여부(또는 인식
가능성)에 대한 사실확정 문제로 그치지만, 기관인의 행위를 매개로 하는
법인에 있어서는 누구의 인식을 기준으로 어떠한 근거에서 법인의 인식
으로 귀속시킬 수 있는 것인지에 대한 규범적 평가를 필요로 한다. 이를
법인에 있어서 인식귀속(Wissenszurechnunbg)의 문제라고 한다. 법인의 인
식귀속에 관한 문제는 독일에서 1989년 독일연방재판소의 판결[44]을 계기
로 기관인의 인식을 법인의 것으로 귀속시키는 근거에 대해 크게 다투어
졌으나,[45] 현재는 독일민법 제166조[46]의 표제를 [의사흠결](Willensmängel)

---

43) 민법전에 규정된 인식규범으로는 ① "~을 알았거나 알 수 있었을 경우"(제107조
제1항, 제110조 제2항, 제115조, 제125조, 제135조 제2항, 제393조 제2항, 제471조,
제535조 제2항 등), ② "善意 ~"(제29조, 제107조 제2항, 제108조 제2항, 제109조
제2항, 제110조 제3항, 제129조, 제197조, 제201조 제1항, 제202조, 제251조, 제426조
제2항, 제445조 제2항, 제449조 제2항, 제452조 제1항, 제465조 제1항, 제492조 제2항,
제572조 제2항 및 제3항, 제573조, 제748조 제1항, 제749조 제2항 등), ③ "알지 못한 ~"
(제113조, 제116조 제1항, 제129조, 제504조, 제514조, 제518조, 제571조, 제574조,
제575조 제1항, 제580조 제1항, 제677조, 제712조), ④ "惡意 ~"(제197조 제2항,
제201조 제2항, 제202조, 제573조, 제747조 제2항, 제748조 제2항, 제749조 제1항
등) 또는 "~ 아니함을 안 때에"(제571조 제2항), ⑤ "~ 안 날로부터"(제406조 제2항,
제556조 제2항, 제573조, 575조 제3항, 제766조 제1항 등) 등이 그것이다. ⑥ 기타
제245조의 "소유의 의사", 제406조 제1항의 害意("해함을 알고" 및 "해함을 알지 못
한"), 제559조 제1항 "알고 … 고지하지 아니한 때", 제584조 "알고 고지하지 않은"
등이 있다.

44) BGHZ 109, 327. 사안은 원고에게 도축장을 매도한 피고 市가 도축장 시설의 결
함에 대해 알면서도 이를 고지하지 않고 물건을 매도한 것으로 보아 市가 담보책
임을 부담하느냐가 문제된 것이다. 이에 관한 자세한 소개는 졸고, "이른바 인식의 귀
속(Wissenszurechnung)에 관하여-법인의 경우를 중심으로-", 비교사법 제8권 제1호
(2001), 43면 참고.

45) 여기에는 독일민법 제31조(우리 민법 제35조에 상응)에 근거한 기관설(Organtheorie)과
독일민법 제166조(우리 민법 제116조에 상응)에 근거한 대리인설(Vertretertheorie)이 대
립하였었다. 인식의 귀속에 관한 독일학설의 상황에 대해서는 졸고, "이른바 인식의

에서 [의사흠결; 인식의 귀속](Willensmängel; Wissenszurechnung)으로 개정함
으로써 대리법의 원리에 기대어 기관인의 인식을 법인의 인식으로 귀속
하는 법적 근거로 삼고 있다.

　법인의 인식여부가 문제된 우리의 사례를 살펴보면 몇 가지 유형으
로 구분하여 볼 수 있다.[47] 첫째는 법인이 법률행위의 중요부분에 착오
를 일으킨 것인지 문제된 경우이다. 강릉시의 시장이 배임행위에 가담하
여 강릉시를 대표하여 시가보다 고가로 부동산을 매입한 사건에서 대법
원은 시가의 착오는 동기의 착오에 불과함을 이유로 강릉시의 착오에 의
한 계약의 취소를 부정하였다.[48] 이에 대해 필자는 시장은 (공법상) 법인
의 대표자로서 그가 인식한 것은 곧 강릉시의 인식으로 귀속되므로 강릉
시로서는 처음부터 착오를 한 것으로 볼 수 없어 계약의 취소는 부인되
는 것으로 평석한 바 있다.[49]

　둘째는 법인의 대표자가 자신이 속한 법인에 대해 불법행위를 함으
로써 법인이 피해자로서 그 대표자를 상대로 한 손해배상청구권의 행사
가 문제된 경우이다. 이때 피해자인 법인은 손해 및 가해자를 안 날로부
터 3년 내에 손해배상청구권을 행사할 수 있는데, 그 기산점을 언제로
잡을 것인지가 문제된다. 즉, 일반적으로 '법인대표자의 인식이 곧 법인
의 인식'이라는 도식에 의하게 되면 자신이 속한 법인에 대해 불법행위를
한 대표자가 스스로 불법행위를 한 시점에 곧 법인은 그 불법행위에 그
러한 사실을 안 것으로 되어 그때부터 3년을 경과하였다면 그 이후에 비
로소 다른 기관인이 이를 인식하게 되었더라도 손해배상청구권은 이미

---

　귀속(Wissenszurechnung)에 관하여", 48면 이하 참고.
46) 내용상 우리 민법의 제116조에 해당한다.
47) 인식의 귀속이 문제된 우리 판례를 크게 ① 기관의 배임적 행위가 문제되지 않
　　는 경우와 ② 대표기관의 배임행위가 문제된 경우로 유형화하여 분석한 글로는
　　송방아, "법인에 대한 인식의 귀속-적용 가능한 기준들에 관한 검토-", 법조 제71권
　　제6호(2022. 12.), 77면 이하 참고.
48) 대법원 1985. 4. 23. 선고 84다카890 판결.
49) 졸고, 법인의 대표자가 자신이 대표하는 법인에 대해서 불법행위를 한 경우에
　　법인의 인식여부-우리나라 판례를 중심으로-, 저스티스 제82호(2004), 103-104면.

시효로 소멸한 것으로 되어 그 불법행위를 한 대표자를 상대로 손해배상을 청구할 수 없는 모순에 빠지게 된다. 이러한 문제점을 바로잡기 위해 판례는 "법인의 경우 불법행위로 인한 손해배상청구권의 단기 소멸시효의 기산점인 '손해 및 가해자를 안 날'이라 함은 통상 대표자가 이를 안 날을 뜻하지만, 법인의 대표자가 가해자에 가담하여 법인에 대하여 공동불법행위가 성립하는 경우에는, 법인과 그 대표자는 이익이 상반하게 되므로 현실로 그로 인한 손해배상청구권을 행사하리라고 기대하기 어려울 뿐만 아니라 일반적으로 그 대표권도 부인된다고 할 것이므로, 단지 그 대표자가 손해 및 가해자를 아는 것만으로는 부족하고, 적어도 법인의 이익을 정당하게 보전할 권한을 가진 다른 임원 또는 사원이나 직원 등이 손해배상청구권을 행사할 수 있을 정도로 이를 안 때에 비로소 위 단기시효가 진행한다고 해석함이 상당하다"고 판시하였다.[50) 셋째는 법인의 대표자를 신원보증한 신원보증인에 대한 법인의 통지의무가 문제된 경우이다. 법인의 대표자가 자신이 속한 법인을 상대로 불법행위를 하여 법인에게 손해를 입힘에 따라 법인이 그 대표자의 신원보증인에게 신원보증책임을 묻기 위한 요건으로 통지의무가 문제된 사안에서 대법원은 "법인 직원의 업무상 불성실한 사적이 비록 법인 대표자와 공동으로 이루어진 것이라고 하더라도 법인 대표자가 법인 직원에게 업무상 불성실한 사적이 있어 그로 말미암아 신원보증인의 책임을 야기할 염려가 있음을 알았다면 바로 법인이 그러한 사실을 알은 것"이라고 하면서 법인의 대표자가 불법행위를 한 시점에 법인이 이를 인식한 것으로 보아 그때부터 신원보증인에 대한 법인의 통지의무는 발생한다고 판단하였다.[51)

넷째는 사용자책임에 있어서 피해법인이 가해자의 사무집행관련성을

50) 대법원 1998. 11. 10. 선고 98다34126판결. 그 외 대법원 2002. 6. 14. 선고 2002다11441 판결; 대법원 2008. 2. 28. 선고 2006다36905 판결; 대법원 2015. 1. 15. 선고 2013다50435 판결; 대법원 2016. 10. 13. 선고 2014다12348 판결 등도 같은 취지임.
51) 대법원 1999. 8. 24. 선고 99다28340 판결. 그 외 대법원 2001. 4. 24. 선고 2000다41875 판결; 대법원 2002. 10. 25. 선고 2002다13614 판결; 대법원 2003. 5. 16. 선고 2003다5344 판결 등도 같은 취지임.

인식하였는지가 문제된 경우이다. 사용자책임에 관한 민법 제756조는 법인의 불법행위책임에 관한 민법 제35조 제1항과 유사한 구조를 띠고 있다. 대법원은 "피용자의 불법행위가 외형상 사무집행의 범위 내에 속하는 것으로 보이는 경우에도 피용자의 행위가 사용자의 사무집행행위에 해당하지 않음을 피해자 자신이 알았거나 또는 중대한 과실로 알지 못한 경우에는 사용자에 대하여 사용자책임을 물을 수 없다"[52]고 하여 법인의 불법행위책임에 있어서 직무관련성에 관한 외형이론의 제한[53]과 같은 법리를 취하고 있다. 이때 피해자가 법인인 경우에 사무집행관련성에 대한 인식여부가 문제된 사례에서 "법인이 피해자인 경우 법인의 업무에 관하여 일체의 재판상 또는 재판 외의 행위를 할 권한이 있는 법률상 대리인이 가해자인 피용자의 행위가 사용자의 사무집행행위에 해당하지 않음을 안 때에는 피해자인 법인이 이를 알았다고 보아야 하고, 이러한 법리는 그 법률상 대리인이 본인인 법인에 대한 관계에서 이른바 배임적 대리행위를 하는 경우에도 마찬가지"라고 판단하였다.[54]

### (2) 법인의 인식주체

자연인과 달리 법인은 법에서 요구하는 여러 기관이 조직적으로 구성된 권리주체로써, 법인을 구성하는 여러 기관인 중에서 누구의 인식을 법인의 인식으로 볼 수 있는지가 문제된다. 자연인의 인식과는 달리 법인의 인식은 어떤 계기를 통해 인식하게 된 자연인의 인식을 법인의 것

---

52) 대법원 2005. 12. 23. 선고 2003다30159 판결. 그 외 대법원 2007. 4. 12. 선고 2006다11562 판결; 대법원 2007. 10. 26. 선고 2005다42545 판결; 대법원 2008. 2. 1. 선고 2005다49270 판결; 대법원 2009. 6. 25. 선고 2008다13838 판결; 대법원 2011. 11. 24. 선고 2011다41529 판결 등.

53) 대법원 2003. 7. 25. 선고 2002다27088 판결; 대법원 2004. 3. 26. 선고 2003다34045 판결; 대법원 2009. 11. 26. 선고 2009다57033 판결.

54) 대법원 2005.12.23. 선고 2003다30159 판결. 이 판결에 대한 평석으로는 이진만, "불법행위의 피해자인 법인의 법률상 대리인이 법인에 대한 관계에서 배임적 대리행위를 하는 경우, 그 법률상 대리인의 인식(악의)을 법인에게 귀속시킬 수 있는지 여부(2005. 12. 23. 선고 2003다30159 판결: 공2006상, 161)", 대법원판례해설, 통권 제57호, 331면 이하 참고. 그 외 대법원 2007. 9. 20. 선고 2004다43886 판결; 대법원 2009. 6. 25. 선고 2008다13838 판결 등.

으로 귀속시킬 수 있는지 그리고 이때 어떤 지위에 있는 자연인을 법인의 인식 주체로 삼을 수 있을 것인지가 문제된다.

우선 대표권을 가진 이사의 인식은 법인의 인식으로 귀속시키는 것에 대해서는 이론이 없다. 판례도 기본적으로 같은 입장이다.[55] 단독 대표이사뿐만 아니라 다수의 이사가 각자대표권을 가진 경우에도 어느 한 이사가 업무와 관련하여 인식하거나 혹은 업무와 관련 없이 개인적으로 알게 된 경우라고 하더라도 법인의 인식으로 귀속될 수 있다.[56] 또한 전임이사는 어떤 사실을 알고 있었지만 정작 행위를 한 당시의 후임이사는 그 사실을 알지 못하였다고 하더라도 전임이사의 인식이 법인의 인식으로 귀속된 이상 그 인식은 死藏되지 않으므로 법인으로서는 후임이사의 부지를 이유로 인식의 귀속을 부정할 수 없다.

다수의 이사가 공동대표권을 가지는 경우에 있어서 어느 한 이사가 인식하게 된 사실은 법인의 조직의무상 다른 공동대표들도 모두 인식한 것으로 보아야 하고 따라서 그 이사의 인식은 법인의 인식으로 귀속된다.

다수의 이사가 있지만 1인의 이사에게만 대표권이 주어진 경우, 대표권 없는 이사가 어느 사정을 인식한 것이 법인의 인식으로 귀속될 수 있느냐가 문제될 수 있는데, 이 경우에도 법인의 인식귀속을 긍정하여야 한다. 대표권있는 이사의 인식이 법인의 인식으로 귀속되는 것은 당연한 것이지만, 어떤 사실에 대한 인식은 반드시 대외적인 업무집행의 권한행사와 결부되지 않더라도 일어날 수 있는 것이기 때문이다. 가령 법인의 상대방이 어떤 사정을 대표권없는 이사에게 고지하였다고 법인이 그 사정에 대해 부지를 주장하는 것은 상대방 보호에 반한다. 상대방의 입장에서는 비록 대표권없는 어느 이사에게 어떤 사정을 고지하였다면 그 내용을 다른 이사 및 대표이사에게도 전파할 것이라는 신뢰를 가질 수 있

---

55) 대법원 1998. 11. 10. 선고 908다34126판결에서 "법인의 경우 불법행위로 인한 손해배상청구권의 단기 소멸시효의 기산점인 '손해 및 가해자를 안 날'이라 함은 통상 대표자가 이를 안 날을 뜻하지만…"이라고 하여 기본적으로 대표자의 인식이 법인의 인식이라는 입장에 있다.

56) 독일의 통설이기도 하다.

기 때문이며 또한 법인으로서도 조직상 그러한 정보가 공유되도록 조직할 의무(Organisationspflicht)가 있는 것이다.

나아가 이사 기타 대표자가 아닌 대리인이 인식한 경우에도 대리권한을 매개로 하여 법인의 인식으로 귀속될 수 있다(민법 제116조 제1항 참조). 이에 반해 법인의 대리인이 아닌 자가 법인에게 효력을 미치는 어떤 사실을 인식하더라도 그것은 법인의 인식으로 귀속되지 않는다. 다만 상대방의 입장에서 보았을 때 대리인 아닌 자가 마치 법인으로부터 정당한 대리권을 수여받을 것과 같은 외관을 띠고 법인이 그 외관조성에 기여한 바가 있는 경우에는 표현대리의 법리를 유추하여 대리인 아닌 자의 인식도 법인에게 귀속될 수도 있다 할 것이다.

### 3. 사안의 검토

C, D 법인이 가해자로서 타인에 대해 불법행위를 하였는지에 대한 인식여부는 원칙적으로 C · D 법인에 대해 적법한 대표권을 가진 자(즉, 학교법인의 이사장)를 기준으로 해야 한다. 여기서 사실상 대표자의 인식도 법인의 인식으로 볼 수 있을지가 문제될 수 있는데, 이를 긍정하여야 한다. 인식의 귀속이 문제된 지금까지의 사례에서 대법원은 문제된 법인의 대표권을 매개로 하여 법인의 인식을 귀속시킬 수 있는 근거로 삼았음을 알 수 있다. 그렇지만 인식의 귀속을 매개하는 대표권을 반드시 적법한 대표권으로 한정할 필요는 없고 사실상의 대표행위에 의해서도 인식귀속의 매개체로 삼을 수 있다 할 것이다. 그 이유는 민법은 법인의 대표에 관하여 대리에 관한 규정을 준용하고 있지만(제59조 제2항), '대표'는 '대리'에 비해 법률행위뿐만 아니라 사실행위나 불법행위에 관해서도 성립될 수 있다는 점에서[57] 더 넓은 범위에서 법인의 활동을 표출한다. 법인의 '인식'은 법률행위와 결부되는 경우도 있지만 법률행위 외에 사실행위나 불법행위 등의 활동을 통해서도 이루어질 수 있는 것이므로 인식의 통로

---

57) 곽윤직 · 김재형, 민법총칙, 제9판(2013), 340면.

를 '적법한' 대표권에 한정할 필요가 없고 사실상의 대표권에 대해서도 인정할 필요가 있다. 특히 법인의 불법행위책임의 성립요건에 있어서 사실상의 대표자를 '이사 기타 대표자'에 포함시키거나 직무관련성에 대해 외형이론에 따라 판단하는 등의 해석론은 법인과 거래한 상대방의 보호에 기반하고 있다. 이러한 연장선상에서 법인의 인식으로 귀속시킬 매개체를 적법한 대표권뿐만 아니라 사실상 대표행위에 대해서도 넓히는 것도 법인과 거래한 상대방의 보호와 결을 같이 하는 것이다. 그렇다면 C, D 법인이 타인에 대해 불법행위를 하였는지에 대한 인식여부는 C, D 법인에 대해 적법한 대표권을 가진 자뿐만 아니라 사실상 대표자인 甲의 인식도 기준이 될 수 있다.[58]

이러한 법리는 불법행위를 한 법인에 대해서만 적용되는 것이 아니라 불법행위로 인해 피해를 입은 법인에 대해서도 마찬가지로 적용되어야 한다. 즉, 우리 판례는 외형이론의 제한과 관련하여 "법인의 대표자의 행위가 직무에 관한 행위에 해당하지 아니함을 피해자 자신이 알았거나 또는 중대한 과실로 인하여 알지 못한 경우에는 법인에게 손해배상책임을 물을 수 없다"는 입장이다.[59] 이때 피해자가 법인이라면 가해법인의 대표자의 행위가 직무와 관련된 것이 아님을 "알았거나 중대한 과실로 인하여 알지 못"하였음을 누구의 인식을 기준으로 판단할 것인지가 똑같이 문제된다. 여기서도 원칙적으로 피해법인의 대표자의 인식이 기준이 되어야 할 것이지만, 피해법인이라고 하여 그 인식의 매개체를 적법한 대표권으로 한정할 이유는 없고, 사실상의 대표자가 인식한 것에 대해서도 피해법인의 것으로 귀속시킬 수 있다할 것이다.

그렇다면 사안에서 원고 A 법인은 적법한 대표권한을 가진 학교법

---

58) 만약 C, D 법인의 적법한 대표자나 사실상 대표자가 C, D 법인을 상대로 불법행위를 한 경우에 그러한 대표자를 상대로 한 불법행위로 인한 손해배상청구권의 소멸시효는 그러한 대표자의 인식을 기준으로 할 수 없고 그 대표자를 상대로 손해배상청구권을 행사할 수 있을 정도로 이를 알게 된 다른 기관인의 인식이 기준이 되어야 한다. 대법원 1998. 11. 10. 선고 98다34126 판결 등 참고.

59) 대법원 2003. 7. 25. 선고 2002다27088 판결; 대법원 2004. 3. 26. 선고 2003다34045 판결; 대법원 2009. 11. 26. 선고 2009다57033 판결.

인의 이사장의 인식뿐만 아니라 사실상 대표자인 甲이 인식한 것에 대해
서도 A 법인이 인식한 것으로 귀속을 인정하여야 한다. 즉, 사실상 대표
자인 甲의 불법행위에 관한 인식은 한편으로 가해법인 측으로 하여금 피
해법인을 상대로 불법행위를 저지르고 있음에 대한 인식을 귀속시킬 뿐
만 아니라 다른 한편으로 피해법인 측에 대해서도 甲의 공금횡령행위가
직무집행과 관련된 것이 아님을 인식한 주체로 작용하여 그의 인식에 따
라 피해법인으로 하여금 가해법인에 대해 손해배상을 청구할 수 없는 결
과로 이끌게 된다.

## Ⅳ. 맺 으 며

대상판결에서 1심 및 원심 법원은 사실상 대표자의 불법행위에 따른
법인의 불법행위책임의 성립여부의 문제로 쟁점을 집중한 데 반해, 대법
원은 법인의 불법행위책임에 관한 언급을 하였지만, 甲의 지위를 법인의
사실상 대표자로 보기보다 '실질적인 운영자' 또는 '실질적 대표자'로 보
아 그의 행위를 외관상 피고법인의 직무에 관한 행위로 보지 않았다. 나
아가 원고법인 산하 대학교에 대한 교비 횡령의 불법행위에 대해 피고법
인의 대표기관이나 피고법인 산하 대학교총장들이 교비 횡령행위에 공모
또는 방조하였다고 단정할 수 없음을 이유로 공동불법행위의 성립도 부
정하였다. 대법원은 법인의 불법행위책임의 성부에서 시작한 논점을 '실
질적인 운영자'와 피고법인 및 그 대표자들 사이의 공동불법행위책임의
성부 문제로 끌고 가면서 결과적으로 원고법인의 손해배상청구권을 인정
하지 않았다. 필자는 대법원의 결론에 대해서는 찬동한다. 그렇지만 결론
에 이르는 논리적 전개과정에 대해서는 동의하기 어렵다. 대상판결에서
대법원은 법인의 불법행위책임의 성립요건으로써 직무관련성의 판단기준
으로 기존의 판례에서는 볼 수 없었던 "법인의 목적, 대표자의 통상적 업
무와 불법행위와의 관련성 정도" 등을 제시하였다는 점에서 진일보한 점
이 있기는 하지만, 정작 그러한 기준이 외형이론과 관련하여 대상판결에
서 구체적으로 어떻게 활용되었는지에 대해서는 파악하기 어렵다. 또한

법인의 불법행위책임과 관련하여 기존의 판례에서 형성되었던 '사실상 대표자' 법리나 '외형이론의 한계' 법리 그리고 '인식의 귀속' 법리 등은 대상판결에서 거의 또는 전혀 활용되지 못하였다. 필자는 이러한 법리들을 활용하였다면 구태여 공동불법행위에 관한 논점으로 넘어가지 않더라도 사건은 해결될 수 있다고 생각한다.

필자의 해결책을 간단히 정리하면 다음과 같다. 甲은 가해법인의 사실상 대표자로 볼 수 있고 그가 한 교비 횡령행위 등 위법행위는 그 자신의 불법행위를 형성할 뿐만 아니라 외형상 가해법인을 대표한 (사실상) 대표자의 직무관련행위로 볼 수 있어서 가해법인으로서는 피해자에 대해 불법행위로 인한 손해배상의무를 부담하게 되는 구조가 성립한다. 그렇지만 甲은 피해법인에 대해서도 사실상 대표자의 지위에 있으므로 그가 인식한 것은 피해법인의 인식으로도 귀속된다. 따라서 甲이 행한 위법행위가 외형상으로는 가해법인의 직무관련행위에 해당할 수 있더라도, 甲은 그가 한 위법행위가 가해법인의 직무와 관련한 행위가 아님을 스스로 인식하였을 것이므로 그의 인식은 피해법인의 인식으로 귀속되어 피해법인으로서도 甲이 가해법인의 사실상 대표자로서 한 위법행위가 가해법인의 직무집행과 관련되지 아니한 것임을 알았다고 보아야 하므로, 결국 피해법인은 가해법인에 대해 손해배상을 청구할 수 없다.

대상판결은 사실상 대표자가 가해법인뿐만 아니라 피해법인에 대해서도 동일인으로서 양측에 모두 영향을 끼치는 보기 드문 사례인데, 사실상 대표자의 인식도 법인의 인식의 귀속시킬 수 있다는 점, 사실상 대표자의 인식을 통해 피해법인에 대해서도 그의 위법행위가 직무관련성이 없음에 대한 인식을 귀속시킴으로써 외형이론의 한계를 명확히 할 수 있는 점 등에 관하여 좋은 선례로 자리매김할 수 있었음에도 그러하지 못한 점에 많은 아쉬움을 남긴다.

[Abstract]

# Whether the Legal Entity is Recognized as Liable for Damages Due to the Illegal Acts of Its De Facto Representative Common to the Offending Entity and the Damaged Entity

Song, Ho Young*

This paper is an analysis of the Korean Supreme Court's decision 2020Da9268, pronounced on June 1, 2023. This is a case in which Mr. G, who was in a de facto representative position for both the defendant (offending) entity and the plaintiff (damaged) entity, embezzled money not only from the defendant entity but also from the plaintiff entity through unfair means. The plaintiff entity, which claimed to have suffered damage as part of the money embezzled from the plaintiff entity flowed into the defendant entity, filed a claim against the defendant entity for the return of money based on unjust enrichment or compensation for damages due to tort. Regarding this case, the first and second trials and the Supreme Court differ in their approach to the matter and their resulting conclusions.

The first and second trials acknowledged that the entity's tort liability was established based on the representative's illegal acts, but in calculating damages, they denied or limited the amount of damages to 50%. In contrast, the Supreme Court denied liability for damages on the grounds that even if it recognized Mr. G's illegal act, there was no clear basis for recognizing it as an illegal act by the offending entity. Regarding this, the author criticized that the 'de facto representative' principle, the 'limits of the

---

* Professor, Hanyang University, School of Law.

appearance theory' principle, and the 'attribution of recognition' principle, which were formed in the existing precedents of the Supreme Court in relation to the liability of corporations for illegal acts, were rarely or not used in this judgment.

To summarize the author's solution, Mr. G can be evaluated as the de facto representative of the offending entity, and his illegal acts, such as embezzlement of school funds, not only constitute his own illegal acts, but can be judged as business-related acts of the (de facto) representative who ostensibly represents the offending entity. However, since Mr. A is in the position of de facto representative of the damaged entity, what he recognizes also belongs to the damaged entity. Since he would have recognized on his own that his illegal act was not related to the duties of the offending entity, his awareness is attributed to that of the damaged entity as well. Therefore, the damaged entity cannot claim compensation from the offending entity.

[Key word]

- legal entity
- de facto representative
- tort
- relevancy of business
- attribution of perception

## 참고문헌

[단 행 본]

곽윤직 · 김재형, 민법총칙, 제9판, 박영사, 2013.

김용한, 민법총칙론, 재전정판, 박영사, 1997.

송호영, 법인론, 제2판, 신론사, 2015.

이영준, 민법총칙, 개정증보판, 박영사, 2007.

이은영, 민법총칙, 제5판, 박영사, 2009.

[논  문]

강현준, "'사실상 대표자'의 행위로 인한 법인 및 비법인사단의 불법행위책임", 민사판례연구 제43권, 민사판례연구회, 박영사, 2021.

김선일, "민법 제35조 제1항에서 정한 '법인의 대표자'에 당해 법인을 실질적으로 운영하면서 법인을 사실상 대표하여 법인의 사무를 집행하는 사람도 포함되는지 여부", 대법원판례해설 제87호, 법원도서관, 2011 상반기.

송호영, "법인의 대표자가 자신이 대표하는 법인에 대해서 불법행위를 한 경우에 법인의 인식여부-우리나라 판례를 중심으로-", 저스티스 제82호, 한국법학원, 2004.

_____, "법인의 불법행위책임에 관한 소고-민법 제35조의 해석론을 중심으로-", 법학논총 제25집 제2호, 한양대 법학연구소, 2008.

_____, "법인의 활동과 귀속의 문제-법인본질논쟁의 극복을 위한 하나의 시론-", 민사법학 제31호, 한국민사법학회, 2006.

_____, "이른바 인식의 귀속(Wissenszurechnung)에 관하여-법인의 경우를 중심으로-", 비교사법 제8권 제1호, 한국비교사법학회, 2001.

안성포, "사실상 대표자의 행위에 대한 비법인사단의 책임", 법학논총 제29권 제4호, 한양대 법학연구소, 2012.

오길영, "교비 횡령 사건에서의 배상 및 반환 청구에 대한 사례 검토", 민주법학 제82호, 민주주의법학연구회, 2023.

이동진, "법인 기관의 불법행위책임", 비교사법 제22권 제4호, 한국비교사법학회, 2015.

이진만, "불법행위의 피해자인 법인의 법률상 대리인이 법인에 대한 관계에서
    배임적 대리행위를 하는 경우, 그 법률상 대리인의 인식(악의)을 법인
    에게 귀속시킬 수 있는지 여부(2005. 12. 23. 선고 2003다30159 판결:
    공2006상, 161)", 대법원판례해설 통권 제57호, 법원도서관, 2006, 331면.

[외국문헌]

Kleindiek, Detlef, Deliktshaftung und juristische Person, Tübingen, 1997.

Savigny, Friedrich Carl v., System des heutigen römischen Rechts, II. Band,
    Berlin, 1840.

# 의사결정능력 있는 미성년자 환자에 대한 의사의 설명의무*
## - 대법원 2023. 3. 9. 선고 2020다218925 판결을 중심으로 -

박 혜 진**

■요  지■■━━━━━━━━━━━━━━━━━━━━━━━━━━━━━━

대상판결은 의사결정능력이 있는 미성년자인 환자에 대한 의사의 설명의무를 처음으로 다룬 대법원 판결일 뿐만 아니라 어떠한 경우에 의사가 의사결정능력이 있는 미성년자 환자에게 '직접' 설명할 의무를 부담하는지에 대한 판단 기준을 제시하였다는 점에서 중요한 의미가 있다. 대상판결은 우선, 의사는 의사결정능력이 있는 미성년자인 환자에 대해서 의료행위에 관하여 설명할 의무를 부담한다고 선언하였다. 다만, 이때 설명의무는 원칙적으로 '간접적' 설명, 즉 친권자 또는 법정대리인에게 설명하여 그 설명이 미성년자에게 전달되도록 하는 방식으로 이행할 수 있고, 예외적으로 미성년자인 환자에게 직접 의료행위에 관하여 설명하고 승낙을 받을 필요가 있는 '특별한 사정'이 있으면 미성년자인 환자에게 '직접' 설명하는 방식으로 이행하여야 한다고 한다. 결국, (1) 미성년자가 의사결정능력이 있고, (2) 직접 설명하여야 하는 특별한 사정이 인정되는 두 단계의 요건이 충족되는 경우에만 의사가 미성년자 환자에게 '직접' 설명할 의무를 부담한다고 볼 수 있다. 이는 현재 임상 실무 여건과 실무 관행을 고려한 것으로 이해할 수 있고, 이러한 법리 구성은 외국에서는 그 예를 찾기 어려운 새로운 접근방식으로 보인다. 그러

---

* 이 논문은 법조 제72권 제5호(2023. 10.)에 게재되었다.
** 한양대학교 법학전문대학원 부교수.

나 특별한 사정이 없는 한 부모에게만 설명하고 동의를 받으면 된다는 대상 판결의 판시에 따르면 의사결정능력이 있는 미성년자인 환자의 자기결정권이 보호받지 못하는 사각지대가 발생할 여지가 있고, 또한 의사가 개별적으로 환자의 의사결정능력을 판단하고 직접 설명하는 방향으로 실무 관행이 개선 될 수 있는 동력을 차단하는 결과가 될 우려가 있다. 의사결정능력이 있는 미성년자인 환자에 대하여 의사가 설명의무를 부담한다면, 환자에게 직접 설 명하는 것이 원칙이 되어야 한다. 다만 개별적으로 미성년자의 의사결정능력 을 판단하는 의사의 불확실성과 부담을 줄이기 위하여 연령에 따른 미성년자 의 의사결정능력 추정 규정을 법률에 두거나, 가이드라인을 마련하여 판단 기준을 구체화하거나, 의사결정능력 평가도구를 활용하는 등의 방안을 마련 할 필요가 있다.

[주 제 어]
- 미성년자
- 청소년
- 의사의 설명의무
- 동의능력
- 의사결정능력
- 인폼드 컨센트
- 자기결정권

대상판결 : 대법원 2023. 3. 9. 선고 2020다218925 판결

[사안의 개요]
I. 사실관계

1. 원고 1(당시 11세 7개월)은 2016. 6. 17. 모야모야병 치료를 위해 피고 서울대학교병원 (이하 '피고 병원')에 내원하였고, 원고 1의 어머니 원고 2는 피고 병원 의료진으로부터 모야모야병 치료를 위한 간접 우회로 조성술 시행 전 검사로서 뇌혈관 조영술(이하 '이 사건 조영술')을 하여야 한다는 설명을 들었으며, 시술동의서에 서명하였다.

2. 원고 1은 2016. 6. 30. 피고 병원에 입원한 뒤 2016. 7. 1. 09:00경부터 10:20경까지 이 사건 조영술을 받은 후 10:37경 병실로 옮겨졌다.

3. 원고 1은 2016. 7. 1. 12:02경부터 간헐적으로 입술을 실룩이면서 경련 증상을 보이기 시작했는데, 16:01경 경련이 가라앉은 듯하다가 16:20경 다시 경련 증상이 나타났다. 이에 17:26경 뇌 MRI 촬영 검사가 시행되었고 그 결과 좌측 중대뇌동맥에 급성 뇌경색 소견이 보여 18:52경 중환자실로 옮겨져 집중치료를 받았다.

4. 원고 1은 2016. 7. 13. 간접 우회로 조성술을 받은 다음, 2016. 7. 20. 피고 병원을 퇴원하였으나 영구적인 우측 편마비 및 언어기능 저하가 후유장애로 남게 되었다.

II. 소송의 경과

1. 제1심(서울중앙지방법원 2019. 6. 11. 선고 2019가합515956 판결)

원고들은, (1) 피고 병원 의료진은 이 사건 조영술을 시행함에 있어서 뇌허혈 예방조치를 하지 않았고, 이 사건 조영술 이후 검사 및 조치를 지연함으로써 주의의무를 위반하여 원고 1에게 뇌경색이 발병하게 하였고, 이로 인해 우측 편마비 및 언어기능 장애가 남게 되었으므로 피고 병원은 위 의료진의 사용자로서 원고들의 손해를 배상하여야 하고, (2) 피고 병원 의료진은 이 사건 조영술의 부작용, 합병증 등에 대하여 아무런 설명을 하지 않아 원고들의 자기결정권을 침해하였으므로 피고 병원은 원고들에게 이로 인한 정신적 손해를 위자하여야 한다고 주장하였다.

이에 대하여 위 법원은, 주의의무 위반 여부에 대하여는, "피고 병원이

이 사건 조영술을 시행함에 있어서 주의의무를 위반한 과실로 원고 1에게 뇌경색 및 그로 인한 후유장애가 남게 되었다고 보기 어렵고, 달리 이를 인정할 만한 증거가 없다"고 하는 한편, 설명의무 위반 여부에 대하여는, "피고 병원 의료진은 이 사건 조영술 전날인 2016. 6. 30. 09:34경 원고 2에게 이 사건 조영술의 필요성, 방법과 내용뿐만 아니라 이 사건 조영술로 인하여 발생할 수 있는 합병증으로서 혈관 혈전, 색전으로 인한 뇌경색의 발생 가능성과 위험성 등이 자세히 기재된 시술동의서를 제시하면서 이를 설명하였고, 원고 2가 미성년자인 원고 1의 대리인 또는 보호자로서 직접 서명한 사실을 인정할 수 있다. 이에 의하면, 피고 병원 의료진은 이 사건 조영술 시행에 앞서 원고들에게 설명의무를 다하였다 할 것이고, 위 시술동의서가 부동문자로 인쇄된 것이거나 거기에 수기로 기재된 부분이 없다는 사정만으로는 원고들의 자기결정권을 침해한 상태에서 이 사건 조영술이 시행되었다고 볼 수 없다"고 판단하였다.

  2. 항소심(서울고등법원 2020. 1. 23. 선고 2019나2028025 판결)

  설명의무 위반 여부에 관하여 위 법원은, ① 모야모야병이 의심되는 환아에게 이 사건 조영술과 같은 침습적 시술을 시행하는 경우에는 그 과정에서 뇌경색 발생의 위험성이 높아 환아에게 시술과정을 설명하여 긴장하지 않도록 해야 하며, 다만 취학 전이나 의사소통이 어려운 경우에는 전신마취로 진정상태에서 시술을 하는 점, ② 이 사건 조영술을 담당했던 피고 병원의 소아신경외과 주치의가 당시 12세인 원고 1에게 위 조영술을 시행하는 이유 및 그로 인하여 뇌경색 등의 부작용이 발생할 가능성에 대하여 직접 설명하였음을 인정할 수 있는 진료기록상 기재를 찾기 어려운 점, ③ 위 시술동의서의 'Ⅰ. 진단에 관한 설명' 항목 중 '상기 환자에서 뇌혈관조영술을 시행하는 이유 : '가 부동문자로 인쇄되어 있으나, 그 옆의 기재 부분이 공란으로 되어 있는 점 등에 비추어 보면, 원고 1과 같이 모야모야병의 수술적 치료에 앞서 대뇌혈관의 해부학적 구조를 파악하기 위해 'CT 조영검사'나 'MR 혈관술'이 아닌 이 사건 조영술을 시행하는 상황에서, 그 시술을 담당하는 주치의는 시술과정이나 시술 후에 발생할 수 있는 뇌경색 등의 부작용과 그로 인한 위험성을 좀 더 구체적으로 설명하여 환아와 그 보호자가 이를 진지하게 고려하여 시술 여부를 결정할 수 있도록 해야 한다"고 하면서 피고 병원 의료진이 설명의무를 위반하여 원고 1의 자기결정권을 침해하였다고 판단하여 피고 병원에게 2천만 원의 위자료 배상을 명하였다.

### Ⅲ. 대상판결의 요지

대법원은, "의료법 및 관계법령들의 취지에 비추어 보면, 환자가 미성년자라도 의사결정능력이 있는 이상 자신의 신체에 위험을 가하는 의료행위에 관한 자기결정권을 가질 수 있으므로 원칙적으로 의사는 미성년자인 환자에 대해서 의료행위에 관하여 설명할 의무를 부담한다. 그러나 미성년자인 환자는 친권자나 법정대리인의 보호 아래 병원에 방문하여 의사의 설명을 듣고 의료행위를 선택·승낙하는 상황이 많을 것인데, 이 경우 의사의 설명은 친권자나 법정대리인에게 이루어지고 미성년자인 환자는 설명 상황에 같이 있으면서 그 내용을 듣거나 친권자나 법정대리인으로부터 의료행위에 관한 구체적인 설명을 전해 들음으로써 의료행위를 수용하는 것이 일반적이다. 아직 정신적이나 신체적으로 성숙하지 않은 미성년자에게는 언제나 의사가 직접 의료행위를 설명하고 선택하도록 하는 것보다는 이처럼 미성년자와 유대관계가 있는 친권자나 법정대리인을 통하여 설명이 전달되어 수용하게 하는 것이 미성년자의 복리를 위해서 더 바람직할 수 있다. 따라서 의사가 미성년자인 환자의 친권자나 법정대리인에게 의료행위에 관하여 설명하였다면, 그러한 설명이 친권자나 법정대리인을 통하여 미성년자인 환자에게 전달됨으로써 의사는 미성년자인 환자에 대한 설명의무를 이행하였다고 볼 수 있다. 다만 친권자나 법정대리인에게 설명하더라도 미성년자에게 전달되지 않아 의료행위 결정과 시행에 미성년자의 의사가 배제될 것이 명백한 경우나 미성년자인 환자가 의료행위에 대하여 적극적으로 거부 의사를 보이는 경우처럼 의사가 미성년자인 환자에게 직접 의료행위에 관하여 설명하고 승낙을 받을 필요가 있는 특별한 사정이 있으면 의사는 친권자나 법정대리인에 대한 설명만으로 설명의무를 다하였다고 볼 수는 없고, 미성년자인 환자에게 직접 의료행위를 설명하여야 한다. 이와 같이 의사가 미성년자인 환자에게 직접 설명의무를 부담하는 경우 의사는 미성년자인 환자의 나이, 미성년자인 환자가 자신의 질병에 대하여 갖고 있는 이해 정도에 맞추어 설명을 하여야 한다."고 하였다.

대법원은 이 사건에서 "원고 1은 원고 2로부터 피고 병원 의료진의 설명 내용을 전해 듣고 이 사건 조영술 시행을 수용하였을 가능성이 높고, 당시 원고 2와 함께 피고 병원 의료진의 설명을 들었을 수도 있다. 사정이 이러하다면 특별한 사정이 없는 한 피고 병원 의료진은 원고 1에게 설명의무를 다하였다고 볼 수 있을 것이다."라고 하면서 "원심이 피고 병원 의료진이 이 사건 조영술에 관한 설명의무를 이행하지 않았음을 문제 삼아 원고 1의 자기결정권이 침해되었다고 판단하려면 <u>우선 원고 1에게 의료행위의 의미를 이해하고 선택·승낙할 수 있는 결정능력이 있는지를 심리하여야</u> 하고, 원고 1이 그러한 능력을 가지고 있다고 판단된다면 원고 2에게 이 사건 조영술에 관한 설명을 하였더라도 <u>원고 1에게 직접 설명하여야 하는 특별한 사정이 있는지를 심리하였어야 했</u>"음에도 필요한 심리를 다하지 아니하였음을 이유로 원심 판결을 파기·환송하였다.

## 〔研　究〕

### Ⅰ. 들어가며

　　의사의 설명의무에 관한 법리는 원래 학설과 판례를 통하여 발전하여 오다가 2000년 보건의료기본법과 응급의료에 관한 법률, 2016년 의료법 개정을 통하여 명문의 규정이 마련되었다.[1] 그러나 아직도 의사의 설명의무에 대한 실무의 인식은 부족한 편이다. 비교적 최근의 한 언론매체에서 실시한 의사 500명에 대한 설문조사 결과에 따르면, 설명의무의 주체인 의사들은 의사의 설명의무를 규정한 의료법 제24조의2의 내용에 대하여 '규정이 생긴 건 알지만 내용은 모른다'거나 '전혀 모른다'고 답한 경우가 절반 가까이 되고(43.2%), 대부분이 스스로 설명의무를 적절하게 이행하지 못한 경험이 있다고 하였다(81.2%).[2]

　　환자에게 보장되는 자기결정권은 자기결정능력 또는 동의능력[3]을 갖춘 미성년자인 환자에게도 인정된다. 미성년자인 환자의 자기결정권에

---

1) Ⅲ. 1. 가. 참조.

2) 김상기, [어쩌다 의사(意思)] 의사 10명 중 4명 의료법상 '설명의무 규정' 내용 모른다, 라포르시안(2020. 12. 4.), (https://www.rapportian.com/news/articleView.html?idxno=129792).

3) 대상판결에서는 '의사결정능력'이라는 표현을 사용하고 있으나 그동안 학설상 논의되어 오던 '동의능력'과 같은 의미로 보인다. 이하에서는 '의사결정능력'이라는 용어로 통일한다.

관한 우리나라의 논의는, 의사결정능력이 있는 미성년자인 환자에 대한 의사의 설명의무를 직접적으로 다룬 우리나라의 판례 사안은 아직까지 없었던 관계로[4] 주로 외국의 판례와 학설을 소개하면서 이루어져 왔다.[5] 대상판결은 이 문제를 처음으로 다룬 대법원 판결일 뿐만 아니라 어떠한 경우에 의사가 의사결정능력이 있는 미성년자 환자에게 '직접' 설명할 의무를 부담하는지에 대한 판단 기준을 제시하였다는 점에서 중요한 의미가 있다.[6]

대상판결은 우선, 의사는 의사결정능력이 있는 미성년자인 환자에 대해서 의료행위에 관하여 설명할 의무를 부담한다고 선언하였다. 다만, 이때 설명의무는 원칙적으로 '간접적' 설명, 즉 친권자 또는 법정대리인에게 설명하여 그 설명이 미성년자에게 전달되도록 하는 방식으로 이행할 수 있고, 예외적으로 미성년자인 환자에게 직접 의료행위에 관하여 설명

---

[4] 대법원 1980. 9. 24. 선고 79도1387 판결과 서울동부지방법원 2010. 10. 21.자 2010카합2341 결정은 모두 미성년자인 환자가 의사결정능력이 없었고, 부모가 치료를 거부하였던 사안이므로, 의사결정능력이 있는 미성년자에 대한 설명의무가 문제될 여지는 없었다.

[5] 김상찬, "의료에 있어서 미성년자의 자기결정권", 법학연구(제42권), 한국법학회(2011. 5.); 김천수, "의료행위에 대한 동의능력과 동의권자", 민사법학(제13·14호), 한국민사법학회(1996. 5.)(이하 '의료행위에 대한 동의능력과 동의권자'); 백경희, "자기결정능력 흠결 상태의 환자에 대한 의료행위의 동의에 관한 소고", 법학논총(제33집), 숭실대학교 법학연구소(2015. 1.); 백승흠, "길릭(Gillick) 판결과 아동의 동의능력", 법학연구(제30권 제2호), 충북대학교 법학연구소(2019. 12.); 서종희, "의료계약 및 임상시험계약에 있어서 미성년자 보호에 관한 소고―독일 및 스위스에서의 논의 소개를 중심으로―", 의생명과학과 법(제17권), 원광대학교 법학연구소(2017. 6.); 송영민, "미성년자의 최선의 이익의 평가방법―영국의 Gillick rule과 미국의 Informed Assent 법리의 검토를 중심으로―", 원광법학(제33권 제3호), 원광대학교 법학연구소(2017. 9.); 송재우, "의료행위에 대한 미성년자의 의사결정권―캐나다의 법률을 중심으로―", 법학연구(제63권 제2호), 부산대학교 법학연구소(2022. 5.); 윤석찬, "의료행위에 있어 미성년자의 동의능력에 관한 고찰―독일에서의 논의를 중심으로―", 법학논집(제28권 제1호), 전남대학교 법학연구소(2008. 6.); 이재경, "한국과 독일에 있어서 환자의 동의능력에 관한 비교법적 연구", 민사법학(제50권), 한국민사법학회(2010. 9.)(이하 '한국과 독일에 있어서 환자의 동의능력') 등 참조.

[6] 대상판결에 대한 평석으로, 최아름/김성은/백경희, "미성년자인 환자에 대한 의사의 설명의무에 관한 소고―대법원 2023. 3. 9. 선고 2020다218925 판결에 대한 평석을 중심으로―", 서강법률논총(제12권 제2호), 서강대학교 법학연구소(2023. 6.).

하고 승낙을 받을 필요가 있는 '특별한 사정'이 있으면 미성년자인 환자에게 '직접' 설명하는 방식으로 이행하여야 한다고 한다. 결국, (1) 미성년자가 의사결정능력이 있고, (2) 직접 설명하여야 하는 특별한 사정이 인정되는 두 단계의 요건이 충족되는 경우에만 의사가 미성년자 환자에게 '직접' 설명할 의무를 부담한다고 볼 수 있다(이하 '2단계 요건'). 이러한 법리구성은 외국에서는 그 예를 찾기 어려운 새로운 접근방식으로 보인다.

이하에서는, 우선 의사의 설명의무의 인정 근거 및 개념, 환자의 동의의 법적 성격 및 설명의무 위반 책임 법리를 간략히 살피고(Ⅱ.), 다음으로 미성년자인 환자에 대한 의사의 설명의무와 관련하여 법률 규정, 의사결정능력의 개념과 미성년자의 의사결정능력에 관한 과학적 연구결과, 그리고 영국, 미국, 독일의 태도를 차례로 검토한다(Ⅲ.). 이어서 대상판결에서 제시한 법리를 비판적으로 검토하고, 위 법리를 적용하는 경우 남아있는 문제로서 의사결정능력의 판단기준 문제를 짚어 본 후(Ⅳ.) 이 글을 마무리한다(Ⅴ.).

## Ⅱ. 의사의 설명의무 및 환자의 동의

### 1. 의사의 설명의무의 인정 근거 및 개념

의사의 환자에 대한 설명의무는 전통적으로 신체의 침습을 수반하는 의료행위에 대한 위법성 조각사유로서의 환자의 동의나 승낙을 유효하게 하는 기능을 한다고 이해되었다. 최근에는 생명, 신체 및 건강에 대해 자기 스스로 결정할 수 있다는 환자의 자기결정권을 보장하기 위한 진료계약상 의무나 사회생활상의 주의의무로써 의사에게 설명의무가 인정된다고 보고 있다.[7] 판례는 설명의무를 인정하는 근거에 대하여, 환자는 헌법 제10조에서 규정한 개인의 인격권과 행복추구권에 의하여 생명과 신

---

7) 설명의무위반 책임은 계약책임 또는 불법행위책임으로 구성될 수 있는데, 이에 대한 논의는 백경일, 의료계약상 설명의무위반책임의 법적 성질과 입증책임의 문제-대법원 2007. 5. 31. 선고 2005다5867 판결-, 민사법학(제40호), 한국민사법학회(2008. 3.); 이재경, "의료과오책임에서 설명의무위반과 증명에 대한 연구", 법학연구(제23권 제1호), 경상대학교 법학연구소(2015. 1.) 등 참조.

체의 기능을 어떻게 유지할 것인지에 대하여 스스로 결정하고 의료행위를 선택할 권리를 갖고,[8] 진료계약상의 의무 내지 침습 등에 의한 승낙을 얻기 위한 전제로서 의사의 설명의무가 필요하다고 설시한다.[9]

설명의무는 판례에 따르면 크게 환자의 동의를 얻기 위한 설명의무와 지도·설명의무로 나뉜다.[10] 이때 지도·설명의무는 "진료의 목적을 달성하기 위해 환자가 의사의 업무 범위 이외의 영역에서 생활을 영위할 때 예견되는 위험도 회피할 수 있도록 환자에게 요양방법 기타 건강관리에 필요한 사항을 지도하고 설명하는 것"을 의미한다.[11] 이 글에서는 환자의 동의를 얻기 위한 설명의무에 한정하여 논의를 진행하기로 한다.

## 2. 동의의 법적 성격

환자의 의료행위에 대한 동의의 법적 성격을 어떻게 이해할 것인가? 우리나라에서는 이를 법률행위로 보지 않는 데에 이견이 없는 것으로 보이지만,[12] 이에 관하여 과거에 독일에서는 견해의 대립이 있었다. 동의를 의사표시로 보고 구 독일 민법 제104조 이하의 행위능력에 관한 규정을 직접 적용 또는 유추적용될 수 있고, 미성년자의 치료에 대한 동의 여부

---

8) 대법원 2017. 2. 15. 선고 2014다230535 판결.
9) 대법원 1994. 4. 15. 선고 93다60935 판결.
10) 백경희, "의사의 설명의무 관련 민법 내 도입에 관한 제안", 민사법학(제100호), 한국민사법학회(2022. 9.), 648면. 학설 중에는 설명의무를 환자의 알 권리에 대응하는 보고성 설명의무, 요양지도성 설명의무, 환자의 동의권과 거절권에 대응하는 기여성 설명의무의 세 가지로 나누는 견해[석희태, "의사 설명의무의 법적 성질과 그 위반의 효과", 의료법학(제18권 제2호), 대한의료법학회(2017. 1.)(이하 '의사 설명의무의 법적 성질과 그 위반의 효과'), 4-5면]나 고지설명의무(위 보고성 설명의무에 대응함), 지도설명의무(위 요양지도성 설명의무에 대응함), 조언설명의무(기여성 설명의무에 대응함)의 세 가지로 나누는 견해[김천수, "진료계약", 민사법학(제15호), 한국민사법학회(1997. 4.), 157-161면]도 있다.
11) 대법원 2010. 7. 22. 선고 2007다70445 판결.
12) 김천수, 의료행위에 대한 동의능력과 동의권자, 234면; 석희태, "의사의 설명의무와 환자의 자기결정권", 연세행정논총(제7집), 연세대학교 행정대학원(1980. 8.), 287면 이하; 김민중, "의사책임 및 의사법의 발전에 관한 최근의 동향", 민사법학(제9·10호), 한국민사법학회(1993. 7.), 339면; 이재경, 한국과 독일에 있어서 환자의 동의능력, 524-525면.

는 법정대리인인 부모가 단독으로 결정할 수 있다는 견해가 있었고,[13] 판례도 초기에는 위와 같은 입장이었다.[14] 그러나 1958년 12월 5일 독일 연방대법원은 환자의 동의는 "법률행위적 의사표시가 아니라 허용자의 권리영역을 침범하는 사실행위의 시도에 대한 허용 또는 권한부여"로서, 미성년자가 의사표시를 할 때에는 법정대리인의 동의를 요한다고 규정한 독일 민법 제107조의 규정은 미성년자의 의학적 침습에 대한 동의에는 적용되지 않는다고 판시하였다.[15] 이것이 독일의 통설의 입장이기도 하다.[16] 동의에 행위능력이나 의사의 흠결 및 무효에 관한 규정이 적용되지 않는다고 보는 근거로는, 단순한 동기의 오류는 의사표시를 무효로 하지 않으나 정보에 근거하지 않은 동의는 무효가 되는 등 의사표시의 원칙과 양립할 수 없는 부분이 많이 있고,[17] 행위능력에 대한 규정은 미성년자를 보호하고 거래안전을 보호하기 위한 것인데 의료행위에 대한 동의는 미성년자인 환자의 신체의 완전성에만 영향을 미치므로 거래안전을 보호할 필요가 없어 그 보호목적이 다르다는 점[18]을 주로 들고 있다. 이러한 논의는 뒤에서 살펴볼 동의를 하기위하여 환자가 갖추어야 할 능력(의사결정능력)을 어떻게 이해할 것인가의 문제와 연결된다.

## 3. 설명의무 위반과 책임의 구성

독일의 판례와 다수설은 설명의무 위반이 있는 경우 환자의 유효한 동의 없이 이루어진 위법한 의료행위로 환자의 신체의 완전성이라는 신

---

13) Sarah Brückner, Das medizinische Selbstbestimmungsrecht Minderjähriger, 2014, 65면 각주 352-356.

14) RGZ 68, 431 (433f.).

15) BGHZ 29, 33 (36); 김천수, 의료행위에 대한 동의능력과 동의권자, 233-234면; 이재경, 한국과 독일에 있어서 환자의 동의능력, 523면.

16) Brückner, 위의 책, 66면 각주 360 참조.

17) Erwin Deutsch/Andreas Spickhoff, Medizinrecht-Arztrecht, Arzneimittelrecht, Medizinprodukterecht und Transfusionsrecht, 6. Aufl., Berlin, 2008, Rn. 255 (Brückner, 위의 책, 67면 각주 369에서 재인용).

18) Dagmar Coester-Waltjen, Reichweite und Grenzend der Patientenautomie von Jungen und Alten-Ein Vergleich, MedR 2012, 553 (558).

체적 법익이 침해되었다고 본다.[19] 신체침습이 수반되는 의료행위는 신체의 완전성을 침해하는 위법행위로서, 그 위법성은 환자의 동의를 통하여 조각되는데, 환자의 동의는 결정을 위하여 필요한 사항들에 대한 의사의 설명이 있어야 유효하다는 것이다. 따라서 설명의무 위반의 경우, 유효한 동의 없이 이루어진 의료행위로 인하여 신체적 법익이 침해된 데 대한 재산적, 비재산적 손해를 배상해야 한다.[20] 판례는 설명의무 대상이 아닌 위험이 실현된 경우에도 마찬가지로 신체침습에 따른 전체 손해를 배상하도록 한다.[21]

　　미국에서도 동의가 없는 경우 의료행위가 신체상해가 된다고 보나, 동의가 있었던 이상 설명의무 위반이 있다 하더라도 동의가 무효가 되지는 아니한다고 본다.[22] 설명의무 위반을 이유로 손해배상을 묻기 위하여는, (1) 설명의무 위반, (2) 그 위험이 실현되었을 것, (3) 설명하였더라면 동의하지 않았을 것을 주장, 증명하여야 하고, 그 설명의무의 대상이 된 위험이 실현된 것인 한 생명 · 신체 침해, 즉 전손해의 배상을 구할 수 있다.[23]

　　우리의 통설, 판례가 취하고 있는 입장은 독일의 판례와 다수설 또는 미국의 판례와 다수설이 택하고 있는 입장과는 차이가 있다. 의사의 설명의무를 환자의 자기결정권을 보호하기 위한 것으로 이해하고,[24] 설명의무를 위반한 부작위 그 자체를 손해배상책임을 성립시키는 행위로 본다.[25] 설명의무 위반이 인정된다면 설명의무 위반으로 인하여 선택기

---

19) 이재경, "의료행위에서 설명의무의 보호법익과 설명의무 위반에 따른 위자료 배상", 의료법학(제21권 제2호), 대한의료법학회(2020. 9.)(이하 '의료행위에서 설명의무의 보호법익'), 48면.

20) 이재경, 의료행위에서 설명의무의 보호법익, 49면.

21) BGH NJW 1996, 777.

22) 이동진, "의사의 위험설명의무-법적 기능, 요건 및 위반에 대한 제재-", 의료법학(제21권 제1호), 대한의료법학회(2020. 6.), 15면.

23) 이동진, 위의 논문, 15면.

24) 석희태, 의사 설명의무의 법적 성질과 그 위반의 효과, 9면; 김천수, "의사의 설명의무-서독의 학설 및 판례를 중심으로-", 민사법학(제7호), 한국민사법학회(1988. 6.), 278면.

회를 상실하였음은 명백하므로 바로 자기결정권 침해 자체에 대한 정신적 손해로 위자료 배상을 인정한다.[26] 또한 더 나아가 상당인과관계가 인정되고 의사의 설명의무 위반이 의사의 주의의무 위반과 동일시할 정도의 것이라면 전손해의 배상을 인정하는 독특한 이원적인 배상책임구조를 가지고 있다. 대법원 1994. 4. 15. 선고 93다60953 판결은, "의사가 위 설명의무를 위반한 채 수술 등을 하여 환자에게 사망 등의 중대한 결과가 발생한 경우에 있어서 환자 측에서 선택의 기회를 잃고 자기결정권을 행사할 수 없게 된 데 대한 위자료만을 청구하는 경우에는 의사의 설명결여 내지 부족으로 선택의 기회를 상실하였다는 사실만을 입증함으로써 족하고, 설명을 받았더라면 사망 등의 결과는 생기지 않았을 것이라는 관계까지는 입증할 필요는 없다"고 하였다. 더 나아가 위 법원은, "그 결과로 인한 모든 손해를 청구하는 경우에는 그 중대한 결과와 의사의 설명의무위반 내지 승낙취득과정에서의 잘못과의 사이에 상당인과관계가 존재하여야 하며, 그 경우 의사의 설명의무의 위반은 환자의 자기결정권 내지 치료행위에 대한 선택의 기회를 보호하기 위한 점에 비추어 환자의 생명, 신체에 대한 의료적 침습과정에서 요구되는 의사의 주의의무위반과 동일시할 정도의 것이어야 한다"고 한다. 또한 우리 판례는 가정적 승낙에 의한 면책 항변은 환자의 승낙이 명백히 예상되는 경우에만 허용된다고 하여[27] 매우 엄격하게 판단하고 있다.[28]

---

25) 김천수, "환자의 자기결정권과 의사의 설명의무", 박사학위논문, 서울대학교(1994), 344면.
26) 대법원 2013. 4. 26. 선고 2011다29666 판결; 대법원 2014. 12. 24. 선고 2013다28629 판결 등.
27) 대법원 1994. 4. 15. 선고 92다25885 판결. 이 판결은 자기결정권 침해를 이유로 위자료를 구하는 경우, 설명을 하였더라면 승낙하였을 것이라는 설명의무 위반과 승낙 사이의 인과관계를 피고 측의 항변사유로 판단하고 있다.
28) 실제로 설명하였더라도 승낙하였을 것이라는 이유로 위자료 청구를 배척한 사례는 거의 없다.

## Ⅲ. 미성년자인 환자에 대한 의사의 설명의무

### 1. 미성년자의 자기결정권

#### (1) 헌법 및 법률상 근거

헌법 제10조에서 규정한 개인의 인격권과 행복추구권에서 파생된 자기결정권, 즉 생명과 신체의 기능을 어떻게 유지할 것인지에 대하여 스스로 결정하고 의료행위를 선택할 권리는 의사결정능력을 갖춘 미성년자에게도 인정된다. 환자의 자기결정권을 구체화하고 있는 법률 규정으로, 우선 보건의료법 제12조는 "모든 국민은 보건의료인으로부터 자신의 질병에 대한 치료 방법, 의학적 연구 대상 여부, 장기이식 여부 등에 관하여 충분한 설명을 들은 후, 이에 관한 동의 여부를 결정할 권리를 가진다"고 선언하고 있다. 다음으로, 응급의료에 관한 법률 제9조 제1항은 응급의료종사자는 '응급환자가 의사결정능력이 없는 경우' 또는 '설명 및 동의 절차로 인하여 응급의료가 지체되면 환자의 생명이 위험하여지거나 심신상의 중대한 장애를 가져오는 경우'를 제외하고는 "응급환자에게 응급의료에 관하여 설명하고 그 동의를 받아야 한다"고 규정하여, 응급환자가 의사결정능력이 있는 경우에는 환자에게 설명하고 동의를 받도록 하고 있다. 가장 최근인 2016년 개정된 의료법 제24조의2 제1항 본문은 "의사·치과의사 또는 한의사는 사람의 생명 또는 신체에 중대한 위해를 발생하게 할 우려가 있는 수술, 수혈, 전신마취(이하 이 조에서 "수술 등"이라 한다)를 하는 경우 제2항에 따른 사항을 환자(환자가 의사결정능력이 없는 경우 환자의 법정대리인을 말한다. 이하 이 조에서 같다)에게 설명하고 서면(전자문서를 포함한다. 이하 이 조에서 같다)으로 그 동의를 받아야 한다"고 규정하고 있어, 의사결정능력이 있는 환자의 경우에는 환자에게 설명하고 서면으로 동의를 받도록 정하고 있다. 응급의료에 관한 법률 제9조 제2항이나 의료법 제24조의2 제1항 본문에서는 환자가 의사결정능력이 없는 경우에는 법정대리인에게 설명하고 동의를 받도록 하고 있고, 환자가 의사결정능력이 있는 경우에는 법정대리인이 아니라 환자 본인에게 설명하고 동의를 받도록 하고 있음을 알 수 있다.

#### (2) 의사결정능력의 행위능력 및 의사능력과의 비교

앞서 보았듯이 구체적인 의사결정능력의 판단 기준을 법률에서 정하고 있지는 않다. 법률에 규정이 있거나 학설로 정립되어 온 개념인 행위능력 또는 의사능력과 의사결정능력을 비교함으로써 그 판단기준을 구체화하려는 노력이 있었다.[29]

#### (가) 행위능력과 의사결정능력

행위능력제도는 미성년자 등 제한행위능력자를 보호함과 동시에 거래상대방을 보호함으로써 거래의 안전을 도모하는 제도로서, 특히 재산법상의 행위를 획일적인 기준에 따라 처리하고자 한다. 혼인, 입양 등 가족법상 행위에 대해서는 행위자 본인의 진의가 존중되어야 하므로 행위능력제도와 같은 획일적인 판단은 적절하지 않고, 상대방의 거래안전 보호와도 관련이 없으므로 행위능력에 관한 규정이 적용이나 준용되지 않는다.[30] 의료에 대한 동의도 가족법상 행위와 마찬가지로 행위자 본인의 진의가 존중되어야 하는 행위이고 거래안전을 보호할 필요가 없으므로, 행위능력제도에 따라 획일적으로 처리할 필요가 없고, 따라서 행위능력이 없는 경우에도 의사결정능력이 있다면 의료행위에 동의하는 것이 인정되어야 한다.

#### (나) 의사능력과 의사결정능력

의사능력은 자기행위의 법적 결과를 인식, 판단할 수 있는 능력으로 정의되는데 당면한 상황이나 자기가 하려는 일의 의미를 정확하게 인식

---

29) 그 외 책임능력을 의사결정능력과 비교한 논문으로, 시종희, 위의 논문, 191-192 면(민법 제753조에서 말하는 '행위의 책임을 변식할 지능'이라 함은 단순히 선악과 시비를 구별하는 것을 넘어 자신의 행위가 위법한 것이어서 법적 책임이 따를 수 있음을 인식할 수 있는 능력을 의미하는데, 책임능력은 피해자와 가해자 사이의 특수한 사정을 종합적으로 고려하여 당사자들의 이해관계를 개별적으로 조정하는 역할을 담당한다는 점에서 의사결정능력과는 구별된다고 봄).

30) 永水裕子, 未成年者の治療決定権と親の権利との関係-アメリカにおける議論を素材として, 桃山法学 第15号, 桃山学院大学学術機関リポジトリートップページ, 2010, 각주 154 참조.

할 수 있는 측면과 이에 따라 적절하게 하려는 일을 통제할 수 있는 측면, 두 가지를 모두 포함한다고 한다.[31] 우리 판례에 따르면, 일반적으로 의사능력이란 자신의 행위의 의미나 결과를 정상적인 인식력과 예기력을 바탕으로 합리적으로 판단할 수 있는 정신적 능력 내지는 지능을 말하는 것으로서, 의사능력의 유무는 구체적인 법률행위와 관련하여 개별적으로 판단된다.[32] 즉, 거래행위에 있어서 통상 의사능력의 유무나 필요한 의사능력의 정도는 행위의 성질에 따라 행위시를 기준으로 개별적, 구체적으로 정해지는 상대적인 개념이라는 것이다.[33] 의사결정능력이 일반적으로 자기의 행위의 의미를 이해할 수 있는 의사능력보다 고도의 상위개념이라는 견해도 있으나,[34] 의사결정능력을 위한 변식능력이 의사능력을 위한 변식능력과 크게 다르지 않다는 견해[35]도 설득력이 있다. 의사결정능력도 뒤에서 보듯 당해 의료행위의 위험성이나 복잡성을 고려하는 상대적인 개념이라는 점에서 그러하다.[36]

### (3) 의사결정능력의 개념

일반적으로 본인에게 행해지는 의료행위의 종류, 의미, 범위 및 위험을 이해할 수 있고, 그에 따라 자신의 의사를 결정할 수 있는 능력을 의사결정능력이라고 정의한다.[37] 독일 판례에 따르면 의사결정능력은 "미성년자 본인의 개별적 정신적 및 도덕적 성숙도에 따른 의사의 의료행위의 의미와 영향을 제대로 이해할 수 있는 능력"이라고 한다.[38] 미국 메인주 대법원은 In re Swan 사건에서 "미성년자가 평균적인 사람이 위험과 편익을 이해하고 형량할 수 있는 능력을 갖추었다면 의사결정능력이

---

31) 永水裕子, 위의 논문, 각주 161 참조.
32) 대법원 2002. 10. 11. 선고 2001다10113 판결.
33) 永水裕子, 위의 논문, 각주 167, 168 참조.
34) 윤석찬, 위의 논문, 287면.
35) 김천수, 의료행위에 대한 동의능력과 동의권자, 230면.
36) 송영민, "미성년자에 대한 임상시험과 자기결정권", 원광법학(제31권 제3호), 원광대학교 법학연구소(2015. 1.), 8-9면도 같은 취지.
37) 이재경, 한국과 독일에 있어서 환자의 동의능력, 531면 각주 44 참조.
38) BGHZ 29, 33 ff.

인정된다"고 하였고,[39] 테네시주 대법원은 Cardwell v. Bechtol 사건에서
훨씬 더 광범위하게 "미성년자의 연령, 능력, 경험, 교육, 훈련, 성숙도
또는 판단력 … 사건 당시 미성년자의 행동 및 태도 … [그리고] 상황의 총
체성"을 고려하여 의사결정능력을 판단한다고 판시하였다.[40] 미국 캘리포
니아 Probate Code는 의사결정능력(capacity)을 "결정의 본질과 결과를 이
해하고 결정을 내리고 전달하는 개인의 능력을 의미하며, [제안된 치료의]
중요한 혜택, 위험 및 대안을 이해하는 능력을 포함한다"고 정의하고 있
다.[41] 한편 독일의 유전자검사법(Gendiagnostikgesetz, GenDG 제14조 제1항)
에서는 의사결정능력이 없는 사람을 "유전자 검사의 본질, 중요성 및 범
위를 인식하고 그에 따라 자신의 의사를 결정할 능력이 없는 사람"이라
고 규정하고 있다.

미성년자의 의사결정능력을 개별적으로 판단할 때에는 미성년자의
개인적인 성숙도는 물론 당해 의료행위의 성질도 고려하는 것이 합리적
이다. 우리나라에도 미성년자의 의사결정능력의 정도는 당해 환자의 연
령과 당해 수술의 복잡성 및 위험성의 정도, 그리고 환자의 자연적인 통
찰력과 평가능력을 모두 고려하여 인정하여야 한다는 견해나[42] 의사결정
능력을 개인의 성숙도와 의료행위의 위험-이익관계를 고려하여 판단하여
야 한다는 견해[43]가 있다. 의료행위의 영향이 중대할수록 의사결정능력
을 더 엄격하게 평가하거나[44] 긴급한 의료행위의 경우 미성년자도 판단
할 수 있는 것으로 간주하는 견해,[45] 더 큰 위험과 더 적은 이익이 있는

---

39) In re Swan, 569 A2d 1202 (Me 1990).
40) Cardwell v. Bechtol, 724 SW2d 739, 748 (Tenn 1987).
41) California Probate Code x4609 (2019) ("'Capacity' means a person's ability to
understand the nature and consequences of a decision and to make and commu-
nicate a decision, and includes in the case of proposed health care, the ability to
understand its significant benefits, risks, and alternatives").
42) 김천수, 의료행위에 대한 동의능력과 동의권자, 241-242면.
43) 이재경, 한국과 독일에 있어서 환자의 동의능력, 538-539면.
44) Werner Neyen, Die Einwilligungsfähigkeit im Strafrecht, Trier 1991, S. 62; Adolf
Laufs/Bernd-Rüdiger Kern, Handbuch des Arztrechts, 4. Aufl., München 2010, §139
Rn. 45 (Brückner, 위의 책, 77면에서 재인용).

치료에 동의하거나, 더 큰 이익 및 더 적은 위험이 있는 치료를 거부하거나, 의학적으로 더 복잡한 결정을 내릴 때에는 더 고도의 의사결정능력 또는 고도의 증명이 필요하다는 결정능력의 '슬라이딩 스케일'을 주장하는 견해[46]도 이와 궤를 같이한다.

### (4) 미성년자 환자의 의사결정능력 유무에 따른 설명의 대상 및 동의의 주체

미성년자인 환자에게 의사결정능력의 존부에 따라 의사가 누구에게 설명을 하고 동의를 얻어야 하는지가 달라질 수 있다. 우선 미성년자인 환자에게 의사결정능력이 없는 경우, 의사는 친권자 등 법정대리인의 동의를 얻어야 한다.[47] 반면 미성년자인 환자가 의사결정능력이 있는 경우에는 환자 본인에게 설명하고 동의를 얻어야 한다.[48] 이에 대하여는 크게 이견이 없으나 이에 더하여 미성년자의 친권자 또는 법정대리인의 동의도 필요한지에 대하여는 다양한 견해들이 있다. 미성년자인 환자가 의사결정 능력이 있는 경우라도 여전히 그 친권자도 동의할 권리를 가지나, 긴급상황, 독립생활, 수치스러운 치료, 법정대리인의 권리남용, 사소한 치료의 경우에는 예외를 인정하여 미성년자가 단독으로 결정할 수 있다는 견해[49]

---

45) BGH NJW 1972, 335 (337).

46) Dan W. Brock & Allen Buchanan, Deciding for others: The ethics of surrogate decision making, 1989 (Aleksandra E. Olszewski & Sara F. Goldkind, The default position: Optimizing pediatric participation in medical decision making, 18 Am. J. Bioethics 4, 5 (2018)에서 재인용).

47) 이를 들어 의사결정능력이 없는 환자의 자기결정권을 타인이 대신 행사하는 것으로 보아야 하는지의 문제가 있다. 이에 대하여 자기결정권은 일신전속적 성질을 띠어 타인이 대신 행사한다는 것은 상정하기 어려우므로, 이때 친권자의 동의는 그 고유 권한인 민법 제913조에서 정한 보호권에서 그 근거를 찾고, 동의무능력자에 대한 의료행위의 정당성은 신체침습으로서의 의료행위가 의료목적을 위하여 행하여진 것으로서 정당한 행위에 해당한다거나 동의가 추정된다는 데에서 그 이론적 근거를 찾아야 한다는 견해가 있다. 김천수, 의료행위에 대한 동의능력과 동의권자, 246면. 서울동부지방법원 2010. 10. 21.자 2010카합2341 결정 역시 친권자의 동의권은 부모 고유의 친권으로부터 파생된다는 점을 언급하고 있다.

48) 김천수, 의료행위에 대한 동의능력과 동의권자, 246면.

49) 김천수, 의료행위에 대한 동의능력과 동의권자, 247-248, 256면; 유사한 견해로, 김상찬, 위의 논문, 73-74면.

와 의료행위의 경중에 따라 미성년자 본인의 동의만으로 족한 경우와 법정대리인의 동의를 함께 받아야 하는 경우를 달리 보아야 한다는 견해[50]는 법정대리인의 동의가 중첩적으로 필요한 경우와 미성년자 본인의 동의만으로 충분한 경우를 구분한다. 이와는 달리 의사가 미성년자 환자가 의사결정능력이 있다면, 친권자의 동의 없이 의료행위를 하였더라도 이를 위법하다고 할 수 없다는 견해도 있다.[51] 한편 의료계의 관행은 미성년자인 환자가 의사결정능력이 있는 경우라도 일반적으로 친권자로부터 따로 동의서를 받는 것이라고 한다.[52]

(5) 미성년자 또는 법정대리인의 의료행위에 대한 동의와 거부에 따른 처리

(가) 미성년자인 환자에게 의사결정능력이 없는 경우

우선 미성년자인 환자에게 의사결정능력이 없는 경우, 법정대리인은 단독으로 동의를 함에 있어서 가능한 한 환자 본인과 상의를 거치는 등 환자 본인의 의사를 신중히 고려하여야 하지만, 환자와 법정대리인의 의사가 충돌하는 경우에는 원칙적으로 법정대리인의 의사에 따라야 한다.[53] 그런데 자녀의 생명유지를 위하여 반드시 필요한 필수적 의료행위임에도 친권자가 이를 거부하는 경우에는, 친권자의 의사를 존중하여서는 안 될 것이다.[54] 대법원 1980. 9. 24. 선고 79도1387 판결에서는, '사리를

---

50) 윤석찬, 위의 논문, 300-301면. 미성년자의 의사결정능력 유무에 대한 언급 없이 의료적 침습이 중대한 경우에는 원칙적으로 친권자의 동의를 받아야 한다는 견해로는, 김민중, 위의 논문, 342면.

51) 송재우, 위의 논문, 49-50면(나아가 위 견해는 미성년자가 의사결정능력이 있다는 것을 의사가 증명하여야 하고, 의사결정능력의 객관적 판단을 위하여 의학적, 법률적으로 명확하게 공인된 기준을 마련하는 것이 필요하며, 법적 분쟁에 대비하여 그 판단과정을 기록할 필요가 있다고 함).

52) 윤진수/현소혜, "부모의 자녀 치료거부 문제 해결을 위한 입법론", 법조(제62권 제5호), 법조협회(2013. 5.), 44면(이러한 의료 관행이 형성된 이유를 의료계약 체결의 당사자는 법정대리인이 될 수밖에 없고, 치료과정에 문제가 생겼을 때 의료과오책임을 추궁할 가능성이 가장 높은 자도 법정대리인인 부모라는 점으로 설명함).

53) 김천수, 의료행위에 대한 동의능력과 동의권자, 251-252면.

54) 김상찬, 위의 논문, 83-84면. 다만, 자녀의 생명유지를 위하여 필요하나 치료의 부작용이 크거나 위험성을 수반하는 경우에는 이를 고려하여 부모의 거부 의사를

변식할 지능이 없'는 미성년자인 환자의 어머니가 자신이 믿는 종교인 여호와의 증인의 교리에 어긋난다는 이유로 환자에 대한 수혈을 거부하여 환자가 실혈사한 사안에서 환자의 어머니의 이러한 행위를 유기치사죄에 해당한다고 판시하였다.[55] 그러나 자녀의 치료를 거부한 친권자를 형사처벌하는 것은 종교적인 신념으로 치료를 거부하는 환자의 부모를 사전적으로 저지하기에는 부족함이 있다. 서울동부지방법원 2010. 10. 21.자 2010카합2341 결정에서는, 심장질환을 가지고 태어난 신생아의 부모가 여호와의 증인 신도로서 그 치료에 필요한 수술과 수혈을 거부하는 것은 친권 남용이라는 이유로 병원 측이 부모를 상대로 제기한 자녀에 대한 수혈을 방해해서는 안 된다는 취지의 가처분신청을 인용하였다.[56] 위 결

---

존중한 미국 판례의 소개는, 윤진수, "미국법상 부모의 자녀에 대한 치료 거부에 따르는 법적 문제", 가족법연구(제18권 제1호), 한국가족법학회(2004. 3.), 22면 [1990년의 Newmark v. Williams 판결에서 주가 개입하기 위하여 최선의 이익에 부합하는지를 판단할 때 치료의 효과, 치료의 성격 및 자녀에 대한 영향을 고려하여야 하고, 치료의 위험성이 커지고 그로 인한 이익이 감소할 때는 미성년자에게 치료를 강제할 수 있는 주(state)의 이익이 감소한다고 판시함]. 또한, 자녀의 생명유지를 위하여 필수적이지는 않으나 삶을 질을 높이기 위한 치료의 경우에도, 자녀의 최선의 이익에 부합하는 경우에는 부모의 거부의사에도 불구하고 법원이 치료를 명할 수 있어야 한다는 견해로, 윤진수, 위의 논문, 66면.

55) 대법원 1980. 9. 24. 선고 79도1387 판결(피해자인 환자가 전격성간염에 걸려 장내출혈이 발생하여 부득이 당시의 의료기술상 최선의 치료방법인 수혈이 필요한 상황임에도 불구하고, 그 어머니인 피고인이 자신이 믿는 종교인 여호와의 증인의 교리에 어긋난다는 이유로 이를 거부하여 결국 환자가 의학상 적정한 치료를 받지 못하여 장내출혈로 실혈사한 사안에서, 피고인의 이러한 행위는 결과적으로 요부조자를 위험한 장소에 두고 떠난 것이나 다름이 없다고 하면서 유기치사죄에 해당한다고 판단해서 "그때에 사리를 변식할 지능이 없다고 보아야 마땅할 11세 남짓의 환자 본인이 가사 그 생모와 마찬가지로 위의 수혈을 거부한 일이 있다고 하여도 이것이 피고인의 위와 같은 수혈거부 행위가 위법한 것이라고 판단하는데 어떠한 영향을 미칠만한 사유가 된다고 볼 수는 없"다고 함).

56) 서울동부지방법원 2010. 10. 21.자 2010카합2341 결정(대동맥판막선천협착 등의 선천성 심장질환을 가지고 태어난 신생아에 대하여 의료진은 해당 질환을 치료하기 위하여 심장교정수술인 폰탄수술을 하고자 하였으나, 환자의 부모는 폰탄수술이 무수혈 방법으로 시행할 경우 회복가능성이 매우 희박하다는 것을 인식하면서도 여호와의 증인 신도로서 종교적 신념과 가치관에 따라 수술과 그 과정에서의 타가수혈에 동의하지 않자, 병원 측이 부모를 상대로 자녀에 대한 수혈을 방해해서는 안 된다는 취지의 가처분신청을 한 사안에서, 위 법원은 미성년자인 신생아의 경우 자기결정권을 행사할 수 없으므로 친권자가 자녀를 대신하여 진료행위에

정 이후인 2014년에 이루어진 민법 개정에 따라 지금은 이러한 부모의
거부권 행사를 친권자의 권리남용으로 보아 자녀, 자녀의 친족, 검사 또
는 지방자치단체의 장의 신청에 따라 가정법원에서 친권자의 동의를 갈
음하는 결정을 받아 의료행위를 할 수 있다.[57]

### (나) 미성년자인 환자에게 의사결정능력이 있는 경우

의사결정능력이 있는 미성년자와 그 친권자의 의사가 불일치하는 경
우에는 어떻게 해결을 해야 하는가?[58] 이에 대하여는 환자 본인의 결정
이 객관적으로 합리적인 범위 내에 있는 한 법정대리인의 의사에 우선한
다는 견해가 있다.[59] 이는 최소한 성년자가 되기까지는 생명침해의 결과
를 야기할 수 있는 치료거부에 관한 중대한 판단을 합리적으로 하기가
곤란하다고 보아야 한다는 견해[60]와 궤를 같이한다고 볼 수 있다.

친권자가 의료행위를 거부하고 미성년자인 환자는 동의하는 경우가
있을 수 있다. 앞서 본 미성년자인 환자와 법정대리인의 결정이 불일치
하는 경우에는 합리적인 결정이 우선한다는 견해[61]에 따르면 미성년자인
환자의 의사가 합리적인 한, 미성년자의 동의 의사가 법정대리인의 거부
의사에 우선할 수 있을 것이다. 다만, 해당 의료행위가 생명 또는 신체에
중대한 영향을 줄 수 있는 행위라면 친권자의 개입의 여지를 아예 차단

---

대한 동의를 하게 되고, 이때 민법 제912조에 의하여 자녀의 복리를 고려하여 자
녀의 생명·신체의 유지, 발전에 부합하여야 한다고 하면서, 자녀의 생명이 위험에
처한 경우 치료를 거부하는 것은 친권의 남용이 될 수 있고, 이러한 경우 부모의
종교의 자유보다 자녀의 생명권을 더 우선해야 한다고 하면서 신청을 인용하였음).

57) 민법 제922조의2(친권자의 동의를 갈음하는 재판) 가정법원은 친권자의 동의가
필요한 행위에 대하여 친권자가 정당한 이유 없이 동의하지 아니함으로써 자녀의
생명, 신체 또는 재산에 중대한 손해가 발생할 위험이 있는 경우에는 자녀, 자녀
의 친족, 검사 또는 지방자치단체의 장의 청구에 의하여 친권사의 동의를 갈음하
는 재판을 할 수 있다.

58) 이하에서는 이에 관한 논의를 간단히만 정리하고 넘어가지만, 앞으로 더 깊이
있는 연구가 필요한 부분이라고 생각된다.

59) 김천수, 의료행위에 대한 동의능력과 동의권자, 263-264면.

60) 주지홍, "종교적 이유로 인한 수혈거부 시 자기결정권과 망인의 생명 간의 비교
형량 접근방법에 대한 비판적 검토-대판 2014. 6. 26., 2009도14407 판례 평석-",
동북아법연구(제8권 제2호), 동북아법연구소(2014. 9.), 412-413면.

61) 김천수, 의료행위에 대한 동의능력과 동의권자, 252면; 김상찬, 위의 논문, 78면.

하는 것은 바람직하지 않으므로 법원에서 친권자의 동의를 갈음하는 결정(민법 제922조의2)을 받는 등 제3의 기관의 판단을 받는 것이 바람직하다는 견해가 있다.[62]

친권자와 미성년자인 환자 모두 거부하는 경우에는, 자녀의 생명유지를 위하여 반드시 치료가 필요함에도 부모가 그 치료에 동의하지 않을 경우, 역시 가정법원으로부터 친권자의 동의에 갈음하는 결정을 받을 수 있을 것이다(민법 제922조의2). 다만, 치료에 의한 구명 내지 연명의 가능성이 극히 낮은 반면 침습성이 극히 큰 경우 등에는 의사결정능력을 가진 미성년자의 거부 의사를 존중하여 치료를 행하지 않을 수 있는 예외를 인정할 수도 있다.[63] (1) 13세인 미성년자 환자가 성공 확률이 낮은 매우 위험한 수술인 심장 이식을 거부한 사안에서, 해당 환자가 4살 때부터 백혈병을 투병하면서 의료 경험이 풍부했고, 이식을 받을 때와 거부할 때 예상되는 위험과 잠재적 이점을 모두 이해하고 있었다는 점을 고려하여, 법원과 부모는 위 환자의 결정을 존중하였다.[64] (2) 이와 대조적인 사안으로, 17세의 미성년자 환자가 새로 진단받은 호지킨 림프종 치료를 거부하였으나, 해당 치료를 받지 않으면 2년 이내에 사망할 가능성이 높지만 치료를 받으면 완치 가능성이 90% 이상이나 되는 상황이었으므로, 부모의 지지에도 불구하고 법원은 화학 요법을 받도록 명하였다.[65] 위 두 사안은 치료에 따른 예후는 물론 환자의 이해도, 성숙도 및 환자의 의료 경험 등을 고려하여 서로 다른 결론에 이른 것으로 보인다.

---

62) 송재우, 위의 논문, 14-16면. 민법 제922조의2 도입 이전에, 이러한 경우 친권자 등에게 형사상 책임 부담, 친권자의 동의 없이 이루어진 의료인의 정당한 의료행위에 대한 민/형사 및 행정책임의 면제뿐만 아니라 친권자의 동의가 없어도 미성년자를 치료할 수 있는 법적 근거 및 보호자의 거부에 대한 강제적 억지수단 강구의 필요성이 있음을 지적하는 견해로, 윤진수/현소혜, 위의 논문, 49면.
63) Rosato, 위의 논문.
64) Mark Cornock & Hannah Jones, consent and the child in action: A legal commentary, 22 Pediatric Care 14 (2010).
65) Shawna Benston, Not of minor consequence?: Medical decisionmaking autonomy and the mature minor doctrine, 13 Indiana Health Law Review 1 (2016).

　　마지막으로 친권자가 동의하는데 미성년자인 환자가 거부하는 경우가 있을 수 있고, 이러한 경우가 친권자의 동의를 전제로 한 대상판결의 사안과도 관련이 있다. 일반적으로 성인 환자의 경우에는 의사로부터 진료거부의 위험성에 대한 설명을 듣고도 계속 의료행위를 거부하는 경우에 환자의 의사는 존중되어야 한다고 본다.[66] 의사결정능력 있는 미성년자인 환자의 거부권도 마찬가지로 존중되어야 할 것이나, 일정한 한계가 있다고 보는 것이 일반적이다. 뒤에서 보겠지만 영국에는 치료를 받지 않으면 미성년자의 생명에 위험이 생기거나 회복 불가능한 손상이 생길 경우에는 의사결정능력이 있는 미성년자에게도 치료를 거부할 권리가 제한되고, 의사는 친권자 또는 법원의 동의를 얻어 합법적으로 치료를 하는 것이 가능하다는 항소원 판례가 있다.[67] 뒤에서 볼 2006년 독일 연방대법원 판결에서 장래의 삶에 상당한 영향을 미칠 가능성이 있는 비필수적 치료의 경우, 충분한 판단능력이 있는 미성년자는 거부권을 가질 수 있다고 판시하여[68] 필수적 치료의 경우에는 의사결정능력이 있는 미성년자라도 거부권이 제한된다는 취지로 해석될 여지가 있다. 미성년자가 자신의 생명, 건강에 유리한 의료행위를 거부하는 경우에는 미성년자의 최선의 이익에 어긋나는지에 대하여 제3의 기관이 판단하도록 하여야 한다는 견해가 있다.[69] 비록 위 견해들과 같이 일정한 한계를 인정한다 하더라도, 의사결정능력이 있는 미성년자인 환자의 거부권은 원칙적으로 존중되어야 하므로, 미성년자에게 설명하고 동의 여부를 묻는 것은 더욱 더 실질적인 의미를 갖는다.

---

66) 성인환자의 진료거부에 대한 우리나라의 다수설 및 영미법, 독일, 프랑스의 논의에 관하여는, 최민수, "의료행위에 있어 환자의 진료거부와 의사의 설명의무", 한국의료법학회지(제21권 제1호), 한국의료법학회(2013. 6.), 138-139면 참조.

67) 김상찬, 위의 논문, 79-80면; Emma Cave, Goodbye Gillick? Identifying and resolving problems with the concept of child competence, 34 Legal Studies 103 (2014).

68) BGH NJW 2007, 217 (218).

69) 송재우, 위의 논문, 16-18면.

## 2. 미성년자의 의사결정능력에 대한 과학적 연구결과

1980년대 이후에 발표된 아동 발달에 관한 연구들에 따르면, 미성년자가 청소년기 중반이 되면 추상적 사고와 복잡한 작업을 처리할 수 있는 인지 발달이 어느 정도 완성된다고 한다.[70] 특히 만 14세에 이른 아동은 이해, 감상, 추론, 선택의 네 가지 역량 표준에 따라 평가했을 때 성인과 차이가 없었다.[71]

청소년이 성인에 비하여 위험한 행동을 하는 경향을 청소년의 뇌 발달로 설명하기도 한다. 변연계에 위치한 '사회정서' 시스템, 즉 뇌의 보상회로는 사춘기 전후에 도파민 활동이 증가하면서 점점 활성화되어 보상추구행동으로 나타나는데, 이에 대하여 자기조절과 충동조절기능을 하는 전전두엽 피질의 '인지조절' 시스템은 생후 30년까지 점차적으로 발달함으로 인하여 두 시스템의 시간적 불균형 또는 격차가 청소년기의 위험한 행동으로 이어질 수 있다.[72] 이 때문에 청소년은 성인에 비하여 일반적으로 더 위험한 결정과 행동을 하거나 위험을 덜 회피하는 경향이 있다. 연구 동의에 관한 한 연구에 따르면, 청소년 환자는 부모보다 더 위험한 의료행위에 동의하는 경향이 있을 수 있다고 한다.[73]

이러한 뇌 발달의 시간적 격차 때문에 청소년은 성인과 다르게 인지능력이 있더라도 상황에 따라 이러한 기능을 제대로 활용하지 못할 가능성이 있다.[74] 강한 감정이 없이 숙고가 필요한 상황에서 사용되는 정신적 과정(예: 작업 기억 또는 반응 억제)을 "차가운 인지"라고 하는데,[75] 이

70) Lois A. Weithorn & Susan B. Campbell, The competency of children and adolescents to make informed treatment decisions, Child development, 1982.
71) Olszewski, 위의 논문, 5면.
72) Aviva L. Katz et al., Informed Consent in Decision-Making in Pediatric Practice, 138 Pediatrics e1, e7 (2016).
73) David G. Sherer, Pediatric Participation in Medical Decision Making: The Devil Is in the Details, 18 Am. J. Bioethics 16 (2018).
74) Katz et al., 위의 논문, e8면.
75) Grace Icenogle et al., Adolescents' cognitive capacity reaches adult levels prior to their psychosocial maturity: evidence for a "maturity gap" in a multinational,

러한 정서적 각성이 낮고 또래의 영향이 최소화된 상황에서는 청소년은 성인과 같은 논리적 추론 능력을 마음껏 발휘할 수 있다.[76] 반면, 숙고할 가능성이 낮거나 어려운 정서적 상황에서의 정신적 과정을 "뜨거운 인지"라고 하는데[77] 이러한 상황에서는 충동 조절 및 또래의 영향에 대한 민감성과 같은 요인이 청소년의 추론 및 분석적 사고 기능의 발휘를 방해할 수 있다.[78] 이러한 차이를 "성숙도 격차(maturity gap)"라고 한다.[79]

그러나 의학적 결정은 일반적으로 성인 상담자가 존재하고, 시간적 압박이 없으며, 충동적인 의사 결정의 위험을 최소화할 수 있는 충분한 외부 통제가 있는 상황에서 이루어진다는 점에서[80] 청소년인 미성년자도 성숙한 결정을 내릴 수 있는 가능성이 높다. 일부 연구는 11세 또는 12세의 미성년자도 이러한 능력을 발휘할 수 있다고 예측하는 반면,[81] 다른 연구에서는 15세 또는 16세부터 가능하다고 본다.[82] 14세 이상 청소년과 성인 간에 통계적으로 유의미한 차이가 발견되지 않는다는 연구도 있다.[83] 성숙한 미성년자의 임종 시 의료 지원에 관한 권고안 마련을 위한 전문가 패널 작업반은, 최근 연구결과를 종합하여 성숙한 결정을 내릴 수 있는 인지적 토대가 마련되는 시기는 일반적으로 12~15세라고 한다.[84]

---

cross-sectional sample, 43 L. & Hum. Behav. 69 (2019).

76) Lawrence Steinberg, Does recent research on adolescent brain development inform the mature minor doctrine?, 38 J. Med. Philos. 256 (2013).

77) Icenogle et al., 위의 논문.

78) Steinberg, 위의 논문.

79) Icenogle et al., 위의 논문.

80) Icenogle et al., 위의 논문.

81) Petronella Grootens-Wiegers et al., Medical decision-making in children and adolescents: developmental and neuroscientific aspects, 17 BMC pediatrics 1 (2017).

82) Icenogle et al., 위의 논문.

83) Weithorn et al., 위의 논문.

84) Expert Panel Working Group on MAID for Mature Minors, The state of knowledge on medical assistance in dying for mature minors, 2018, (https://cca-reports.ca/

## 3. 영국, 미국, 독일의 태도

### (1) 영    국

가족법개혁법(Family Law Reform Act 1969) 제8조 제1항에 따르면, 영국에서의 성인연령인 18세에 미치지 못한 경우라도, "16세에 이른 미성년자의 치료행위에의 동의는 성인의 경우와 마찬가지의 효력이 있다." 더나아가 의사가 '16세 미만'의 미성년자에게 부모의 동의 없이 피임에 대한 조언 및 시술을 할 수 있는지가 문제되었던 1985년의 길릭(Gillick) 사건에서 귀족원(the House of Lords)[85]은, 16세 미만의 미성년자라도 해당의료에 관한 이해력과 판단력이 성숙했다고 인정되는 경우 해당 의료를받을지 여부를 결정할 권한은 환자 본인에게 귀속되고, 반대로 해당 의료에 관한 부모의 권리는 종료된다고 판단하였다.[86] 위 판결의 다수의견은, (1) 부모의 권리는 자녀의 이익을 위해, 부모로서의 의무를 이행하기위해 인정된 것으로서, (2) 자녀가 스스로 결정할 수 있게 될 때까지, 즉자녀가 18세가 될 때까지 존속하지만 점차 축소되는 권리이고, (3) 16세미만의 아동이 제안된 치료 내용을 완전히 이해할 수 있는 충분한 이해력과 판단력에 도달하는 경우 부모의 권리가 종료한다는 것은 법적 문제이며, 해당 아동이 충분한 이해력을 가지고 있는지의 문제는 사실 문제라고 하였다.[87] (3) 프레이저(Fraser) 대법관은 16세 미만의 환자의 의사결정능력을 판단하기 위한 테스트를 제시하였고(이를 'Gillick test'라고 하고 이요건을 만족하면 'Gillick 능력'이 있다고 한다),[88] (4) 스카맨(Scarman) 판사는

---

wpcontent/uploads/2018/12/The-State-of-Knowledge-on-Medical-Assistance-in-Dying-for-Mature-Minors.pdf).

85) 2005년 헌법개혁법(the Constitutional Reform Act 2005)에 따라 2009년 설립된 대법원(Supreme Court)에 대응하는 위 판결 당시 최고 법원이다.

86) Gillick v. West Norfolk and Wisbech Area Health Authority [1985] 3 WLR 830; [1986] AC 112.

87) 백승흠, 위의 논문, 64면.

88) 첫째, 16세 미만의 소녀가 의사의 조언을 이해할 것, 둘째, 환자가 부모에게 고지하도록 또는 의사가 부모에게 고지하는 것을 허락하도록 설득할 수 없을 것, 셋째, 환자의 피임 시술 여부와 관계없이 환자가 성관계를 시작하거나 계속

이에 더하여 피임 시술 등에 대해 '충분한 이해력'을 갖는다는 것은 단순히 시술의 성격을 이해하는 것뿐만 아니라 충분한 성숙도(a sufficient maturity)가 필요하다고 하였다.[89] 위 판결은 연령에 관계없이 판단능력이 성숙한 미성년자에게는 치료동의권과 치료거부권이 인정된다는 의미로 이해되고 있다.

　　그러나 의사결정능력이 인정되는 미성년자 환자의 경우에도, 생명을 보존하거나 심각한 위해를 피하기 위해 필수적인 치료를 거부하는 경우라면 부모나 법원은 미성년자의 거부의사를 무시할 수 있다.[90] Gillick 판결 이후 1990년대 초 이러한 취지로 이해할 수 있는 항소심 판결이 2건 선고되었다, 우선 1991년 Re R 사건은, 자살이 염려되는 15세의 정신질환자에 대하여 본인이 거부하는 약을 투약하는 것이 가능한지 여부가 다투어진 사안으로서, 부모는 미성년자가 성년(18세)에 도달할 때까지 미성년자의 의사와 관계없이 의사가 제안하는 치료에 동의할 권한이 있기 때문에(부모는 '마스터키'를 쥐고 있다는 비유를 사용), 설령 Gillick 능력이 있는 미성년자가 동의를 거부하더라도 부모의 동의를 얻어 의사는 적법하게 의료행위를 할 수 있다고 판시하였다. 다음으로, 1992년 Re W 사건은, 장래의 임신능력 상실 및 생명의 위험이 있는 16세의 거식증 환자에 대하여 본인의 동의 없이 타시설로 이송하여 강제영양을 하는 것에 대한 가부가 다투어진 사안에서, Gillick 능력이 있는 미성년자의 동의, 부모의 동의, 법원의 허가라는 세 가지를 의사를 소송으로부터 보호하는 방탄조

---

할 가능성이 높다는 것, 넷째, 피임 조언 또는 시술을 받지 않으면 환자의 신체적 또는 정신적 건강을 해할 것, 다섯째, 부모의 동의 없이 피임조언 및/또는 시술을 하는 것이 환자를 위한 최선의 이익일 것이다. 백승흠 위의 논문, 64면 참조.

89) 도덕적 관계 및 가족관계(특히 부모－자녀 관계)의 문제, 임신과 낙태가 정서적으로 미치는 장기적 영향, 그 나이에 성관계가 건강에 미치는 위험성 등을 이해해야 한다고 하였다. 家永登. 「イギリス判例研究」未成年者の中絶に関する保健省通達がヨーロッパ人権条約に違反しないとされた事例: 同意能力を有する未成年者に対する妊娠中絶と親への告知の要否, 専修大学法学研究所紀要 42(2017): 167-212.

90) Cave, 위의 논문.

끼에 비유하면서, 위 세 가지 중 하나를 얻어 미성년자에게 의료행위를
한 의사에게는 불법행위책임을 묻지 않는다고 판단하였다. 이처럼 미성
년자가 치료를 거부할 수 있는 연령과 동의할 수 있는 연령에 비대칭성
을 부여하는 정책은, 미성년자의 발달하는 자율성을 존중하면서도 성인이
될 때까지 이들의 건강과 생명을 보호하고자 하는 사회적 합의를 반영한
것으로 평가되기도 한다.[91]

### (2) 미 국

미국의 경우 미성년자는 의료행위에 동의할 수 없고, 친권자 또는
법정대리인의 동의를 얻어야 하는 것이 원칙이다.[92] 이 원칙에는 다양한
예외가 존재하는데, 미국법에서는 이때 미성년자의 의사결정능력이 예외
를 인정하는 주된 판단기준이 되는 것이 아니다. 부모가 결정권을 갖는
것이 중요한 정책목표를 달성하지 못하거나 관련된 헌법적 권리를 보호
하지 못한다고 여겨지는 경우에 주로 미성년자의 의사결정능력이 있는지
가 비로소 문제된다.[93] 미성년자가 의료행위에 대해 단독으로 의사결정
을 할 수 있는 상황으로 크게 다음 세 가지 범주가 있다.[94]

### (가) 특정 진단 또는 치료 범주에 따른 예외

성병 치료, 피임, 산전 관리, 임신중절, 정신건강, 약물남용 등과 관
련된 의료행위에 대한 청소년의 법적 동의 권한은 지난 수십 년간 확대
되어 왔다. 이러한 변화는 청소년의 의료행위에 대한 의사결정능력을 인
정하고자 하는 것과는 특별히 관련이 있다기보다는, 오히려 미성년자가
부모에게 공개하기를 주저하는 민감한 사안이 포함되어 있어 부모의 동
의를 요하면 미성년자가 치료를 받지 않을 것이라는 현실적 고려와 미
성년자가 이러한 서비스에 쉽게 접근할 수 있도록 하는 것이 미성년자
는 물론 사회적으로 이익이 된다는 정책적 판단, 미국 대법원 판결의 헌

91) Lois A. Weithorn, When does a minor's legal competence to make health care decisions matter?, 146 Pediatrics S25, S28 (2020).
92) 김천수, 의료행위에 대한 동의능력과 동의권자, 236면
93) Weithorn, 위의 논문, S26면.
94) Katz et al., 위의 논문, e9면.

법상 사생활 보호권의 보호 강화 경향을 반영한 것이라고 보아야 한다.[95] 미성년자에 대한 의료행위는 그 부모에게 동의를 받아야 한다는 원칙이 정책적이나 헌법적인 이유로 부적절해질 때 비로소 미성년자에게 의사결정능력이 있는지가 문제되는 것이다.[96] 다만 이에 관한 법령은 각 주마다 다양하다.[97]

### (나) 성숙한 미성년자(mature minor)의 예외

성숙한 미성년자의 이론(mature minor doctrine)이란 미성년자가 의사가 제시한 치료의 성질과 결과를 이해하기에 충분히 성숙하였다면 해당 치료에 동의하거나 거부할 수 있는 권한을 갖는다고 보는 원칙이다.[98] 이 이론은 소수의 주에서만 법령 또는 판례의 형태로 채택하고 있고, 채택한 주들 사이에서도 해당 원칙의 요건에 관하여 상당한 편차를 보인다.[99] 처음 이 이론이 도입된 계기는 부모가 없거나 동의하지 않는 상황에서 미성년자를 치료하여야 하는 의사의 법적 책임을 배제하기 위한 것이었다.[100] 1970년대 초반까지만 해도 이 이론이 적용된 사례는 대체로 의사결정능력이 있는 미성년자(15세 이상)와 중대하거나 심각하지 않은 의료 시술에 관한 것이었다.[101] 그러나 최근에는 중대하거나 심각한 질병의 경우에도 이러한 법리가 적용되는 경우가 있다.[102]

---

95) Katz et al., 위의 논문, e9면; Weithorn, 위의 논문, S26-S27면.

96) Weithorn, 위의 논문, S28면.

97) Guttmacher Institute, Preventing cervical cancer: new resources to advance the domestic and global fight, 15 Guttmacher Policy Review 1 (2012), (www.guttmacher.org/pubs/gpr/15/1/gpr150108.html).

98) Jennifer L. Rosato, Let's Get Real: Quilting a Principled Approach to Adolescent Empowerment in Health Care Decision-Making, 51 DePaul L. Rev. 769 (2002); Walter Wadlington, Minors and health care: The age of consent, 11 Osgoode Hall L.J. 115 (1973); Doriane Lambelet Coleman et al., The legal authority of mature minors to consent to general medical treatment, 131 Pediatrics 786 (2013); Elizabeth S. Scott, The legal construction of adolescence, 29 Hofstra L. Rev. 547 (2000).

99) Coleman et al., 위의 논문.

100) Coleman et al., 위의 논문.

101) Weithorn, 위의 논문, S29면; Wadlington, 위의 논문.

102) In re E.G., 549 NE2d 322 (Ill 1989).

**(다) 법적 해방(legally emancipated minor)**

부모와 따로 살면서 경제적으로 자립하거나, 결혼했거나, 군대에서 현역으로 복무 중인 미성년자는 일반적으로 법적으로 독립하여 스스로 결정을 내리고 의료 치료에 동의할 수 있는 능력(competent)이 있는 것으로 간주된다.[103] 미성년자의 의사결정능력을 기준으로 하는 것이 아니라 미성년자의 법적 지위에 주목하는 예외 범주이다.

**(3) 독     일**

2013년 '환자의 권리의 개선에 관한 법률(환자권리법)' 시행으로 독일 민법상 전형계약으로 진료계약이 규정되었다(제630조의a 내지 제630조의h). 특히 630조의d 이하의 규정을 통하여 그때까지 판례와 학설에 의해 발전된 동의에 관한 원칙이 처음으로 입법되었다.[104] 제630조의d 제1항 제1문은 "의료인은 어떠한 의료적 처치, 특히 신체나 건강에의 침습을 행하기 전에 환자의 동의를 얻을 의무를 진다."[105]라고 규정하여 신체적 침습을 정당화하는 의미에 불과했던 동의의 지위가 계약상 의무로 확장되었다.[106] 제630조의d 제1항 제2문에 의하면 환자에게 동의할 능력이 없는 경우에는 동의권한을 가진 사람(법정대리인 또는 후견인)의 동의를 얻어야 한다. 그러나 이러한 동의는 포괄적인 정보에 근거해서만 효력을 가질 수 있다. 제630조의e 제1항 제1문 및 제2문은 "의료인은 동의에 필수적인 모든 사정을 설명할 의무를 진다. 그에는 특히 처치의 종류, 범위, 기대되는 효과 및 위험, 나아가 진단 또는 치료법을 고려할 때 그 필요성, 긴급성, 적합성 및 성공가능성이 포함된다."라고 정한다. 환자가 동의무능력자일 때에는 환자를 대신하여 동의할 수 있는 권한이 있는 자에 대해 설명이 이루어져야 하고(제630조의e 제4항), 환자가 동의무능력자인 때에도

---

103) Katz et al., 위의 논문, e9면.

104) Gerhard Wagner, Kodifikation des Arzthaftungsrecht?-Zum Entwurf eines Patientenrechte-gesetzes, VersR 2012, 789 (793) (Brückner, 위의 책, 71면 각주 381에서 재인용).

105) 양창수 역, 『독일민법전 총칙·채권·물권』, 박영사(2021. 3.), 491면 참조.

106) Andreas Spickhoff, Patientenrechte und Patientenpflichten-Die medizinische Behandlung als kodifizierter Vertragstypus, VersR 2013, 267 (275) (Brückner, 위의 책, 71면 각주 382에서 재인용).

그 환자가 그 발육단계 및 이해가능성에 기하여 설명을 받아들일 수 있
고 또한 그것이 그의 이익에 반하지 아니하는 경우에는 환자에게도 그의
이해력에 상응하게 설명되어야 한다(제630조의e 제5항). 그러나 언제 의사
결정능력이 있다고 볼 수 있는지에 대해서는 언급이 없다. 해설에 "미성
년자의 경우 법정대리인인 부모가 동의해야 하는지, 미성년자 단독으로
동의해야 하는지, 미성년자와 부모가 함께 동의해야 하는지는 개별 사안
의 상황에 따라 달라진다"는 언급이 있을 뿐이다.[107]

위 환자권리법 제정 전 독일의 학설[108]과 판례[109]의 초기 입장은 미
성년자인 환자의 치료에 대하여는 법정대리인의 동의가 있어야 하고, 부
모가 단독으로 결정을 내린다는 입장이었다. 그런데 독일 연방대법원은
1958년 미성년자가 자신의 정신적, 도덕적 성숙도에 따라 침습의 중대성
과 범위를 평가할 수 있는 능력이 있는 경우 권리 침해에 대한 승낙을
할 수 있다는 입장을 확립하였다.[110]

그 이후에 독일 연방대법원은 1958년의 판결과는 다소 어긋나 보이
는 판결을 내리기도 하였다. 1971년 독일연방대법원은 거래행위가 아니
더라도 중요한 결정을 내릴 때 미성년자는 친권자 또는 법정대리인의 통
찰력과 판단 능력에 의한 도움이 필요하고, 따라서 연기할 수 있지만 중
대한 의료행위에 관하여 미성년자의 동의만으로 충분하지 않다고 판단했
다.[111] 1991년에도 독일연방대법원은 만 18세가 몇 달 남지 않은 환자에

---

107) BT-Dr. 17/10488, S. 23.
108) Brückner, 위의 책, 각주 352-356 참조.
109) RGZ 68, 431 (433f.).
110) BGHZ 29, 33 (36). 의사결정능력 판단의 자세한 기준은 설시되지 않았으나 당
    해 사안에서는 환자가 곧 21세가 될 예정이었고 법정대리인의 동의를 얻을 수 없
    었던 사안이어서 의사결정능력의 기준이 쟁점이 되지는 않았다. 위 판결을 의사결
    정능력 있는 미성년자의 단독 동의에만 의존하여 의료행위를 행하려면 의료행위의
    긴급성과 법정대리인의 연락 불가 내지 연락 두절이라는 정황을 요구하는 것으로
    이해하는 견해로, 윤석찬, 위의 논문, 289면.
111) BGH NJW 1972, 335 (337). 위 판결을 만 16세 6월의 소녀를 의사결정능력이
    없다고 본 것으로서, 의사결정능력이 없는 미성년자 환자의 경우 부모의 동의가
    필요하다는 판례로 이해하는 견해로, 윤석찬, 위의 논문, 287면.

게 필요한 수술에 대해 부모의 동의가 필요하다고 보았으나 별다른 설명을 하지는 않았다.[112] 2006년 독일연방대법원은 장래의 삶에 상당한 영향을 미칠 가능성이 있는 비필수적 치료의 경우, 충분한 판단능력(ausreichender Urteilfähigkeit)이 있는 미성년자는 최소한 법정대리인의 외부결정에 대한 거부권을 가질 수 있고, 이러한 거부권을 행사할 수 있도록 하기 위해서는 미성년자인 환자에게도 정보를 제공해야 하지만, 일반적으로 의사는 부모의 동의로 충분하다고 신뢰할 수 있다고 판시하였다.[113] 이처럼 독일 연방대법원의 1958년 이후 판례에서는 의사결정능력을 판단할 수 있는 구체적인 기준이 마련되지 않았고, 오히려 다소 모순되는 것으로 보일 여지가 있는 판결들이 나왔을 뿐이다. 2013년 환자권리법 제정 이후에는 미성년자의 의사결정능력에 관한 연방대법원 판결이 나오지 않고 있다.[114]

다만 비교적 최근인 2020년에는 의사결정능력을 갖추지 못한 미성년자에게도 거부권이 인정된다는 취지의 하급심 판결이 있었다.[115] 법원은 위 판결에서 "미성년자인 환자가 아직 치료에 동의할 수 있는 통찰력과 판단력을 갖추지는 못했지만, 결정 당시(적어도 당분간) 자신의 거부 결정의 의미와 범위를 이해하고 있다면 거부권을 행사할 수 있다"고 하면서 "미성년자이고 동의 및 판단능력이 있는 환자는 완전한 의사결정능력이 있다"고 판시하였다. 위 판결에 따르면, 의사결정능력이 없는 미성년자도

112) BGH NJW 1991, 2344 (2345).
113) BGH NJW 2007, 217 (218). 이 사건은 수술 당시 15세였던 환자가 수술에 대한 정보가 불충분하였다는 이유로 위자료 배상을 청구한 사건인데, 환자의 부모는 상담 후 동의서에 서명하였고, 환자 본인은 마지막 상담에만 참석하여 동의서에 서명하였다. 다만 이 사건에서는 환자가 서명함으로써 치료에 동의하였으므로 원고의 자기결정권이 충분히 고려되었다는 이유로 의사결정능력은 판단하지 않았다. 이 판결로부터 동의할 능력이 있는 미성년자에게 거부권만 있고 단독결정권이 없다는 반대 결론을 도출할 수 있는지 의문이라는 견해로, Leon Birck & Tobias Solscheid, Einwilligungszuständigkeit bei der Behandlung Minderjähriger, 39 MedR 970, 972 (2021).
114) Birck/Solscheid, 위의 논문.
115) LG München II, Urt. 22. 9. 2020 – 1 O 4890/17 Hei.

거부권을 행사할 수 있고, 의사결정능력이 있는 미성년자는 단독 결정
권한이 있다.[116]

또한 "동의와 참여의 분리(Entkoppelung von Einwilligung und Partizipation)",[117]
즉 진료 과정에서 의사결정능력이 없는 환자를 의사결정 전후로 의사소
통에 포함시키려는 움직임이 있다. 동의 능력이 없는 사람에게도 동의를
하고, 정보를 제공받으며, 발언할 권리를 보장해주자는 것이다. 이러한
시각은 장애, 정신질환, 치매의 영향을 받는 성인 환자과도 관련이 있는
데, 2011년 연방헌법재판소는 의사결정능력 없는 자, 특히 정신병원에 입
원한 정신질환자라도 "당사자가 말을 할 수 있는 한, 신뢰를 바탕으로 동
의를 얻기 위해 충분한 시간을 들여 부당한 압력을 가하지 않고 진지한
노력을 기울여야 한다"고 선언하였고, 이는 "의사결정능력이 있는지 여부
와 관계없이" 적용된다고 하였다.[118] 기본법 제2조 제2항 제1호에 따른
신체적 완전성에 대한 기본권과 일반적인 인격권을 고려할 때, 의사결정
능력 없는 자라도 치료 여부와 치료 방법에 대해 알지 못하는 상태로 방
치되어서는 안 되고, 따라서 이해가능성에 따라 의도된 치료와 그 효과
에 대해 알려야 한다는 것이다.[119] 이러한 연방 헌법재판소 결정의 영향
으로, 환자권리법 제정과정 마지막 단계에서 의사결정능력이 없는 환자
에게도 설명이 이루어져야 한다는 취지의 제630조의e 제5항[120]이 포함
되었다.[121]

---

116) Leon Birck & Tobias Solscheid, Anmerkung zu OLG Frankfurt a. M., Beschl. v.
17. 8. 2021 – 6 UF 120/21 (AG Bensheim), 40 MedR 227 (2022).
117) Reinhard Damm, Assistierte Selbstbestimmung als normatives und empirisches
Problem des Rechts–am Beispiel von Einwilligungs–und Entscheidungsfähigkeit, 37
Zeitschrift für Rechtssoziologie 337, 342 (2017).
118) BVerfGE 128, 282, Rdnr. 59.
119) Bernhard Kreße, Aufklärung und Einwilligung beim Vertrag über die ärztliche
Behandlung einwilligungsunfähiger Patienten, 33 MedR 91, 94 (2015).
120) 유사한 규정은 스위스 민법 제377조 제3항("가능한 한 의사결정능력이 부족한
사람도 의사결정과정에 참여해야 한다")에서도 찾아볼 수 있다.
121) 다만, 이 규정을 위반하는 경우 발생하는 법적 효과에 대해서는 명시적인 규정
이 없다. 그 효과에 대한 자세한 논의는, Kreße, 위의 논문, 94-95면 참조.

## Ⅳ. 대상판결에의 적용 및 확장

### 1. 의사가 미성년자인 환자에게 "직접" 설명할 의무를 부담하는 2단계 요건의 제시

대상판결의 사안은 미성년자인 환자의 어머니에게는 조영술에 관한 설명을 하고 동의를 받았으나, 미성년자인 환자 본인에게 설명을 하지 않은 것이 의사의 설명의무 위반인지가 문제된 사안이다. 따라서 아래 〈표〉의 3번 사안에 해당한다고 볼 수 있다. 대상판결과 사안을 달리하는 부모가 치료를 거부한 기존 판례[122] 사안은 6번 사안에 해당한다. 그렇다면 대상판결에서 판시한 법리는 3번 사안에만 적용되는 것일까? 대상판례에서 제시한 법리는 1~3번 사안, 즉 부모에게 설명하여 동의를 받은 사안에 적용되는 법리로 보는 것이 합리적일 것이다. 부모에게 설명하였으나 부모가 거부의사를 표시한 4~6번 사안에도 적용된다고 볼 여지가 없는 것은 아니나, 이 경우에는 미성년자인 환자에게 직접 설명을 하여야 하는지를 판단할 때 해당 치료가 필수적인지 등 다른 고려사항들이 전면에 부각될 것으로 보여, 대상판결의 법리가 그대로 적용되기는 어려울 것으로 보인다. 물론, 부모가 거부의사를 표시하기 전에 의사가 환자에게도 직접 설명하여야 하는지를 판단함에 있어 대상판결의 법리가 적용될 수는 있을 것이나 이는 그 당시에 의사로서는 부모가 거부의사를 보이고 있지 않으므로 동의할 것을 전제로 1~3번의 사안에 준하여 판단하는 것일 뿐이다. 7, 8(, 9)번 사안은 부모에게 알리지 않고 미성년자인 환자 단독 결정에 따라 의료행위를 하는 것이 허용되는지의 문제가 될 것이어서 대상판결의 법리가 적용될 수는 없을 것이다.[123] 그렇다면, 대상판결의 사안은 3번 사안이고, 대상판결의 법리의 적용범위는 1, 2, 3번

---

122) 대법원 1980. 9. 24. 선고 79도1387 판결; 서울동부지방법원 2010. 10. 21.자 2010카합2341 결정.

123) 따라서 의사결정능력 있는 미성년자가 의료행위에 동의하는 경우에도 별도로 법정대리인의 동의를 얻어야 하는지의 '중첩적 의사결정'의 문제는 대상판결에서는 다루어지지 않았다.

사안이라고 보고, 이를 전제로 논의를 진행한다.

〈표〉 미성년자인 환자에 대한 의료행위에 관한 부모와 환자의 의사결정

| 연    번 | 1 | 2 | 3 | 4 | 5 | 6 | 7 | 8 | 9 |
|---|---|---|---|---|---|---|---|---|---|
| 부모에 대한 설명 | O | O | O | O | O | O | × | × | × |
| 부모의 의사 | 동의 | 동의 | 동의 | 거부 | 거부 | 거부 | | | |
| 환자에 대한 (직접) 설명 | O | O | × | O | O | × | O | O | × |
| 환자의 의사 | 동의 | 거부 | | 동의 | 거부 | | 동의 | 거부 | |
| 이 사건 | | | ✓ | | | | | | |

우선, 대상판결은 그동안 학설상으로만 논의되었던 미성년자의 자기결정권과 미성년자인 환자에 대한 설명의무가 있음을 선언하고 판단기준을 제시한 첫 판결이라는 점에서 의미가 있다. 판시 내용에 따르면, 의료법 및 관계법령의 취지에 비추어 보면 "환자가 미성년자라도 의사결정능력이 있는 이상 자신의 신체에 위험을 가하는 의료행위에 관한 자기결정권을 가질 수 있으므로 원칙적으로 의사는 미성년자인 환자에 대해서 의료행위에 관하여 설명할 의무를 부담한다."고 한다. 여기서 쓰인 '의사결정능력'이라는 용어는 의료법 제24조의2 제1항 및 응급의료에 관한 법률 제1항 및 제2항의 '의사결정능력'과 동일한 용어로서 학설상 논의되어 온 '동의능력'과도 같은 의미로 보인다. 또한 의사결정능력이 있는지를 심리하여야 한다는 취지로 "의료행위의 의미를 이해하고 선택·승낙할 수 있는 결정능력이 있는지"를 심리하여야 한다고 하여 의사결정능력의 판단기준도 일응 제시하였다.

그런데 대상판결은, 의사결정능력이 있는 미성년자에 대한 설명의무의 이행 방식을 **원칙적으로** '간접적' 설명, 즉 친권자 또는 법정대리인을 통하여 미성년자에게 전달되는 방식으로 이행할 수 있다고 하였다. 구체적으로 그 "친권자나 법정대리인에게 의료행위에 관하여 설명하였다면, 그러한 설명이 친권자나 법정대리인을 통하여 미성년자인 환자에게 전달됨으로써 의사결정능력이 있는 미성년자인 환자에게 설명의무를 이행하

였다"고 볼 수 있다고 하였는데, 그렇다면 미성년자의 부모에게 설명한
의사는 부모에게 설명하고 동의서에 받은 서명만을 가지고 미성년자에
대하여도 설명의무를 이행하였음을 증명할 수 있게 되는 것이다.[124] 환
자에게 내용이 적절히 전달되었는지, 그리고 미성년자인 환자가 동의하였
는지를 확인할 것을 요구하고 있지는 않은 것으로 보인다.

　　대상판결은 미성년자인 환자에 대한 설명의무의 이행방식을 원칙적
으로 '간접설명'으로 족하다고 보는 근거로 크게 두 가지를 제시하고 있
다. (1) "미성년자인 환자는 친권자나 법정대리인의 보호 아래 병원에 방
문하여 의사의 설명을 듣고 의료행위를 선택, 승낙하는 상황이 많을 것
인데, 이 경우 의사의 설명은 친권자나 법정대리인에게 이루어지고 미성
년자인 환자는 설명 상황에 같이 있으면서 그 내용을 듣거나 친권자나
법정대리인으로부터 의료행위에 관한 구체적인 설명을 전해 들음으로써
의료행위를 수용하는 것이 일반적"이라는 것이다. 지금까지 이루어진 실
무 관행상 미성년자인 환자도 부모와 함께 설명을 들었거나 부모로부터
설명을 전해 들었고 의료행위에 동의함에도, 부모에게 설명하고 동의서에
서명을 받은 이상 별도로 따로 미성년자인 환자에게 직접 설명하거나 동
의를 받지 않았던 경우가 많을 수 있음을 지적하는 것으로 보인다. 이러
한 실무관행에 대한 실증적 근거를 찾기는 어려우나, 임상시험의 경우에
는 '소아대상 임상시험 가이드라인'[125]에서 7세 이상의 소아에게 동의를
받으라는 등의 상세한 지침을 제시하고 있으나, 일반적인 의료행위에 대

---

124) 친권자에 대한 설명이 미성년인 환자에게 전달되었는지 여부까지 의사에게 증명
　　하도록 하는 취지로는 읽히지 않는다. 이는 뒤에서 예외적인 경우에는 "의사는 친
　　권자나 법정대리인에 대한 설명만으로 설명의무를 다하였다고 볼 수 없"다고 판시
　　한 데에 비추어 보아 예외가 적용되지 않는 사안에서는 친권자나 법정대리인에 대
　　한 설명만으로 설명의무를 다하였다는 증명이 가능한 것으로 보인다. 또한, 대법
　　원은 원심이 원고 1이 의사결정능력이 있는지 및 원고 2에게 이 사건 조영술에
　　관한 설명을 하였더라도 원고 1에게 직접 설명하여야 하는 특별한 사정이 있었는
　　지를 심리하였어야 한다고 하였을 뿐 원고1에게 원고 2에게 한 설명이 전달되었는
　　지를 심리하였어야 한다고 하지 않았다.
125) 식품의약품안전처 식품의약품안전평가원, 소아대상 임상시험 가이드라인[민원인
　　안내서], (2018), 22면.

한 미성년자의 동의에 관하여는 이러한 지침이 전혀 없음에 비추어 우리나라의 실무관행이 이러했으리라 짐작된다.

두 번째 근거로 대상판결은, (2) "아직 정신적이나 신체적으로 성숙하지 않은 미성년자에게는 언제나 의사가 직접 의료행위를 설명하고 선택하도록 하는 것보다는 이처럼 미성년자와 유대관계가 있는 친권자나 법정대리인을 통하여 설명이 전달되어 수용하게 하는 것이 미성년자의 복리를 위하여 더 바람직할 수 있다"는 이유를 든다. 그런데 이러한 입장은 우선 미성년자인 환자에 대한 설명의무 이행이 문제되는 경우는 해당 미성년자가 '의사결정능력'이 있는 자, 즉 의료행위에 관한 의사결정을 할 만한 정신적·신체적 성숙을 이룬 것을 전제로 하는 것이어서, "정신적이나 신체적으로 성숙하지 않"았다는 전제가 잘못된 설정된 것으로 읽힌다. 또한 의사가 직접 설명하는 것보다 부모를 통하여 설명이 전달되도록 하는 것이 미성년자의 복리를 위하여 더 바람직한지에 대해 아무런 근거를 제시하지 않고 있어 의문이 남는다. 물론, 이상적인 상황에서는 부모가 의사의 설명을 완벽히 이해하고 자녀의 눈높이에 맞춰 설명을 해 주고, 자녀가 의사결정을 편하게 할 수 있도록 분위기를 조성해 줄 가능성도 있겠으나, 그렇지 못한 상황에서는 의사결정에 필요한 정보가 빠짐없이 정확하게 전달되지 못할 수도 있고, 부모가 자신의 의견을 강요하는 등의 영향력을 행사할 가능성도 있기 때문이다. 특히 설명의무의 이행 대상이 의사결정능력이 있는 (비교적 나이가 많은) 미성년자라는 점을 고려하면 위 근거는 더더욱 설득력이 있다고 보기는 힘들다.

대상판결은 위와 같은 원칙적인 '간접 설명'만으로 자기결정권을 보호받기 어려운 경우가 있을 수 있음을 고려하여 **예외를 인정**하여, 의사가 미성년자인 환자에게 직접 의료행위에 관하여 설명하고 승낙을 받을 필요가 있는 '특별한 사정'이 있으면 의사는 친권자나 법정대리인에 대한 설명만으로 설명의무를 다하였다고 볼 수 없고, 미성년자인 환자에게 '직접' 의료행위를 설명해야 한다고 한다. 특별한 사정의 예로써 제시한 경우는 크게 두 가지다. 첫 번째 예시는 (1) "친권자가 법정대리인에게 설명하더라도 미성년자에게 전달되지 않아 의료행위 결정과 시행에 미성년자의 의사가 배제될 것이 **명백**한 경우"로서, 부모가 의사의 설명을 미성년자인 환자에게 전달하지 않아 실질적으로 미성년자인 환자의 자기결정권이 박탈되는 경우에 대비한 것이다. 그러나 의사에게 당시에 이러한 사정이 명백하지 않더라도 미성년자에게 설명이 전달되지 않는 경우나 불완전하게 전달되어 환자가 거부의사를 형성하기 어려운 경우도 있을 수 있을 것인데, 이러한 경우에는 의사에게 사전적으로 이러한 사정이 명백하지 않았다면 직접 설명할 의무는 없다고 보게 되어 보호의 사각지대가 발생하게 된다.[126] 두 번째 예시는 (2) "미성년인 환자가 의료행위에 대하여 적극적으로 거부의사를 보이는 경우"로서, 일반적으로 부모에게만 설명이 이루어지는 '간접설명'의 경우 별도로 환자의 의사를 확인하지 않을 것임을 전제로, 의사(意思)를 묻지 않았음에도 적극적으로 의사에게 거부의사를 표시하는 경우를 상정한 것으로 보인다. 물론 의사결정능력이 있는 미성년자 환자가 의료행위를 거부하는 경우에는 이를 존중할 필요가 있음을 전제로 의사가 환자에게 직접 설명하여 그 의사결정이 정보에 근거한 결정이 될 수 있도록 할 필요가 있으므로 타당한 예외라고 본다. 그러나 의사가 묻기 전에 적극적으로 거부의사를 밝히지 않은 미성년자인 환자의 경우에는 의사가 그 거부 여부를 알기 어려워 역시 보호의 사각지대에 놓이게 될 것으로 보인다.

이와 같이 대상판결은 의사결정능력이 있는 미성년자에게 설명의무를 이행하는 방식을 원칙적으로 친권자 또는 법정대리인을 통하여 미성년자에게 전달되는 방식(별도로 전달 여부를 확인하거나 동의서를 징구하지 않음), 예외적으로 직접 설명하는 방식으로 이행할 수 있다고 하였다. 이는 의사가 미성년자에게 "직접" 설명의무를 부담하기 위해서는 (1) 미성년자가 의사결정능력이 있고, (2) 특별한 사정이 인정될 것이라는 두 단계의

---

126) 이러한 경우에 부모에 대한 설명이 있었음에도 미성년자에게 이 설명이 전달되지 않았음을 원고측이 증명하여 의사의 설명의무 위반을 증명할 수 있을지는 불명확하다.

요건을 부과한 것으로도 볼 수 있다.[127] 이러한 법리구성은 외국에서 그 예를 찾기 어려운 새로운 접근방식이다.[128]

이와 같은 법리 구성을 선택한 주된, 실질적인 이유는 대상판결이 제시한 두 가지 근거 중 첫 번째 근거, 즉 그동안의 실무관행에 있다고 생각된다. 지금까지 임상에서 대부분의 경우 미성년자 환자의 경우에는 부모에게 혹은 부모와 환자에게 설명을 하고 동의서에 서명은 부모로부터만 받았기 때문에, 환자가 설명의무 위반을 주장하게 되면 의사는 환자에게(도) 직접 설명하였음을 증명할 직접적인 증거가 없다.[129] 이런 경우 설명의무 이행의 증명이 없다고 하여 설명의무 위반을 인정하게 되면, 앞서 살펴본 바와 같이 환자가 선택의 기회를 잃고 자기결정권을 행사할 수 없게 되었다고 보아 바로 위자료 청구가 가능하게 된다.[130] 그러나 실제로는 미성년자인 환자도 부모와 함께 의사로부터 설명을 들었거나 부모로부터 전달받아 인지하고 의료행위를 수용함으로써 실질적으로 자기결정권이 침해되었다고 보기 어려운 사안인 경우에도, 의사의 증명곤란을 이용하여 위자료 청구를 하고 승소하는 사례들이 다수 생겨날 가능성도 배제할 수 없다. 아마도 이러한 고려에서 미성년자가 의사결정능력이 있는 경우에도 부모에게만 설명하고 동의를 받던 일반적인 관행을 승인하고 원칙으로 보고,

---

127) 따라서 미성년자인 환자에게 직접 설명하지 않았음을 들어 설명의무 위반을 주장하려면 환자는 자신이 의사결정능력이 있다는 점과 특별한 사정이 있다는 점을 주장, 증명해야 할 것으로 보인다.

128) 원칙적으로 미성년자인 환자의 경우 법정대리인으로부터 동의를 받는 것으로 하되 일정한 경우에 예외를 인정하는 미국의 경우와 일견 유사해 보이나, 미국의 예외는 부모의 동의권을 제한할 만한 헌법적, 정책적인 이유가 있는 경우에 인정되는 데 반해, 우리나라의 예외는 미성년자인 환자의 자기결정권이 심각하게 침해될 우려가 있을 때를 염두에 둔 것이어서 그 접근방법에서 차이가 있다.

129) 설명의무 이행의 증명책임은 의사가 부담한다. 대법원 2007. 5. 31. 선고 2005다 5867 판결.

130) 대법원 1994. 4. 15. 선고 93다60953 판결("의사가 위 설명의무를 위반한 채 수술 등을 하여 환자에게 사망 등의 중대한 결과가 발생한 경우에 있어서 환자 측에서 선택의 기회를 잃고 자기결정권을 행사할 수 없게 된 데 대한 위자료만을 청구하는 경우에는 의사의 설명결여 내지 부족으로 선택의 기회를 상실하였다는 사실만을 입증함으로써 족하고, 설명을 받았더라면 사망 등의 결과는 생기지 않았을 것이라는 관계까지는 입증할 필요는 없다").

예외적인 경우에만 미성년자인 환자에게 직접 설명하도록 한 것이 아닌가 생각된다. 그리고 판결에서 직접 언급하지는 않았지만, 예외적인 상황에만 의사가 미성년자의 의사결정능력을 판단해도 무방하도록 함으로써, 미성년 자의 의사결정능력을 판단하기 위한 기준이나 방법이 확립되어 있지 않은 상황에서 미성년자인 환자의 의사결정능력을 개별적으로 판단하는 부담을 의사에게 과도하게 지우지 않으려는 고려도 있었을 것으로 짐작된다.[131]

　　그러나 대상판결이 일반적인 경우 의사결정능력이 있는 미성년자의 경우에도 부모에게 설명하는 것만으로 의사의 설명의무를 다하였다고 볼 수 있다는 취지의 설시를 한 것은 다음과 같은 면에서 아쉬움이 남는다.

　　(1) 의사결정능력이 있는 미성년자에게 의사가 설명의무를 진다는 원칙을 선언하면서도, 실질적으로는 예외(특별한 사정이 있는 경우)에 해당 하지 않는 대부분의 경우에는 부모에게만 설명하고 동의를 받으면 족하 다는 것을 확인해주는 취지여서 의사결정능력이 있는 미성년자에게 설명 의무를 인정하지 않은 것과 마찬가지의 결과가 된다. 결국, 대상판결은 사실상 의사결정능력이 있는 미성년자인 환자의 자기결정권을 크게 염두 에 두지 않았던 기존의 실무 관행을 승인할 뿐, 이를 변화시킬 만한 동 력을 거의 제공하지 않는다.

　　(2) 의료법 제24조의2 제1항, 제2항에 따르면 의사 · 치과의사 또는 한의사가 사람의 생명 또는 신체에 중대한 위해를 발생하게 할 우려가 있는 수술, 수혈, 전신마취를 하는 경우 수술 등에 따라 전형적으로 발생 이 예상되는 후유증 또는 부작용 등을 환자에게 의사결정능력이 있는 경 우에는 환자에게 설명하고 서면으로 동의를 받고, 환자에게 의사결정능력

<hr/>

131) 이러한 법리 구성에 부모의 친권을 보장하려는 고려가 있었다고 보기는 어렵다. 의사결정능력이 있는, 성숙한 미성년자인 자녀에게 의사가 치료의 필요성과 위험 성 등에 관하여 직접 설명하는 것이 자녀를 보호하려는 친권자의 권리를 침해하는 것으로는 이해하기 어렵고, 의사가 설명을 하는 단계에서는 아직 미성년자인 환자 의 의사가 부모의 의사와 충돌하는 것도 아니다. 미성년자인 환자가 만약 부모의 의사를 거슬러 치료를 거부한다면 오히려 의사가 치료를 받지 않을 경우의 위험성 등에 관하여 환자에게 직접 설명하여 환자가 충분한 정보에 근거하여 의사결정을 하도록 하여야 할 필요가 있을 뿐이다.

이 없는 경우에는 환자의 법정대리인에게 설명하고 서면으로 동의를 받
도록 정하고 있는데, 대상판결에서 미성년자인 환자에 대한 원칙적인 설
명의 형태인 '간접설명'도 "환자에게 설명"한 것으로 볼 수 있을 것인지,
그리고 부모에게만 서면 동의를 받은 것을 환자에게 "서면으로 동의"를
받은 것으로 볼 수 있을 것인지 의문이다.

(3) 의사결정능력이 있는 미성년자인 환자에 대하여 의사가 설명의
무를 부담한다면, 환자에게 직접 설명하는 것이 원칙이 되어야 한다. 부
모가 의사로부터 설명을 듣고 환자에게 이를 전달하였고, 이를 전달받은
환자도 해당 의료행위를 수용한 바 있다면, 의사의 설명의무 위반이 있
었더라도 환자의 자기결정권이 침해되지는 않았으므로 손해나 인과관계
가 부존재하는 것으로 볼 수 있을 뿐이다. 대상판결은 특별한 사정이 없
는 한 친권자에게 설명을 하고 동의를 얻은 것만으로 미성년자인 환자에
대한 설명의무를 이행한 것으로 볼 수 있다고 함으로써 설명의무 위반
자체를 부정하고 있는데, 의사결정능력을 개별적으로 판단하고 이에 따라
환자에게 설명하여야 하는 의사의 부담만 가지고 미성년자인 환자의 자
기결정권을 이 정도로 제한하기에는 그 근거가 부족하다.[132]

(4) 실제로 의사결정능력이 있는 성인의 경우에는 설령 가족에게 설
명을 한 경우라도, 가족으로부터 환자에게 설명이 전달되어 실질적으로
자기결정권이 보장되었는지에 대하여 의사가 증명책임을 부담하도록 한
하급심 판결[133]이 존재한다. 대상판결은 의사결정능력이 있는 미성년자의

---

132) 물론 의사가 개별적으로 환자의 의사결정능력을 판단하는 것은 의사에게 부담일
수 있으나, 이는 성년 환자의 경우에도 개별적으로 의사결정능력의 존부를 판단하
여야 하는 것은 의사라는 점에서 미성년자 환자의 경우에만 지는 부담이라고는 보
이지 않는다. 다만 아래에서 논의하듯 의사가 미성년자인 환자의 의사결정능력의
판단의 어려움을 덜어줄 수 있는 여러 가지 방안들을 동원할 필요가 있다. 의료진
이 설명의무 위반의 책임을 피하기 위하여 애매한 경우에는 부모뿐만 아니라 미성
년자인 환자에게도 설명하고 동의를 받는다고 하여 그것이 의료진에게 과도한 부
담이 된다거나, 오히려 환자의 복리에 반하는 상황이 될 것으로는 보이지 않는다.
133) 서울고등법원 2002. 1. 31. 선고 99나48674, 99나48667 판결(환자가 아닌 자식들
에게 시술의 내용 및 시술 도중에 발생할 수 있는 부작용, 각종 후유증에 대하여
설명을 한 사안에서, 성년인 원고가 신체적·정신적으로 의사의 설명을 듣고 자기

경우에는 의사가 부모로부터 환자에게 설명이 전달되었는지를 증명하지 않아도 부모에게 설명한 것만으로 환자에 대한 설명의무를 이행한 것으로 봄으로써 의사결정능력이 있는 성인과 의사결정능력이 있는 미성년자를 합리적인 근거를 제시하지 않은 채 서로 다른 취급을 하고 있다.

(5) 마지막으로 앞서 살펴 본 의사결정능력이 없는 미성년자 환자에 대하여 까지 의사에게 설명할 의무를 부과한 2013년 독일 민법 개정(제630조의e 제5항) 방향 및 의사결정능력이 없는 미성년자 환자에게도 거부권을 인정한 2020년 독일 하급심 판례에서 드러나는 미성년자의 인격권을 존중하려는 방향성과 대상판결의 태도는 대조적이다.

## 2. 남아 있는 문제 – 의사결정능력의 판단 기준

대상 판결에서 설시한 기준에 따라 특별한 사정이 인정되는 경우에는, 미성년자인 환자의 의사결정능력이 인정되는 이상 의사는 환자에게 직접 설명할 의무를 부담한다. 그렇다면 환자의 의사결정능력, 즉 의사결정능력이 있는지 여부는 어떻게 판단할 것인가의 문제가 남고, 이에 대하여는 대상판결은 침묵하고 있다. 미성년자의 의사결정능력의 구체적인 판단기준에 관하여 법률에서 정하고 있지 않고, 판례도 이에 관하여 추상적으로 기술할 뿐이라면, 이를 어떻게 판단하여야 할까?

미성년자의 의사결정능력은 의사에 의하여 개별적으로 판단되어야 할 것인데,[134) 이로 인한 법적 불확실성의 문제를 완화하기 위하여 연령

---

결정권을 행사할 수 있는 상태에 있지 않았다거나 자식들로부터 의사의 설명내용을 충실히 전해 듣고 자기결정권을 행사하였다고 볼 증거도 없는 이상, 자식들에게 위와 같은 설명을 한 것만으로는 원고에 대한 설명의무를 이행하였다고 볼 수 없다고 판시함). 다만 위 원심 판결에 대하여는 원고만이 상고하여 설명의무위반 여부는 상고심(대법원 2002. 9. 4. 선고 2002다16781, 16798 판결)에서 판단의 대상이 되지 아니하였다. 의사는 의사결정능력이 있는 환자에게 설명의무를 부담하므로 환자에게 직접 설명하지 않고 가족에게 설명하였다면 그 설명이 환자에게 전달되지 않을 위험은 환자가 아닌 의사가 부담하는 것이 타당하다는 고려에서 의사에게 그 설명이 실제로 전달되었는지를 증명하도록 하고 있는 것으로 이해된다.
134) Brückner, 위의 책, 75면; Kreße, 위의 논문, 92면. 법적 확실성에 대한 의사의 요청보다는 미성년자의 자기결정권이 우선되어야 한다는 것이다. Florian Wölk,

기준을 법에 도입한 예도 있다. 대표적으로, 18세 미만을 미성년자로 보는(오스트리아 민법 제21조) 오스트리아에서는 민법 제173조에 다음과 같은 규정을 두고 있다.

---

**오스트리아 민법 제173조**

(1) 의사결정능력이 있는 미성년자는 의료행위에 대한 동의(Einwilligung)를 단독으로 할 수 있으며, 의심스러운 경우 14세 이상의 미성년자(mündige Minderjährige)에게는 이러한 의사결정능력의 존재가 추정된다. 의사결정능력이 결여된 경우, 보호 및 양육에 관한 법정대리권자의 동의(Zustimmung)가 필요하다.

(2) 의사결정능력이 있는 미성년자가 통상적으로 신체적 완전성 또는 인격의 중대하거나 지속적인 침해와 관련된 의료행위에 동의한 경우, 보호 및 양육에 대한 법정대리권자도 동의한 경우에만 그 조치를 취할 수 있다.

---

즉, 14세 이상은 의료행위에 관한 의사결정능력이 추정되나, 중대한 결과를 초래하는 의료행위에 대해서는 부모의 동의가 필요하다고 하여 아동을 보호하고 있다. 또한, 14세 미만이 동의를 한 경우 환자가 의사결정능력이 있었다는 점에 대해 의사가 증명책임을 지고, 환자가 14세 이상이면 의사결정능력이 없었다는 점을 환자가 증명할 책임이 있다. 이와 같은 추정 규정을 둠으로써 법적 안정성을 꾀하면서도 이를 반박할 가능성을 열어두어 구체적 타당성과 조화를 이룰 수 있는 여지를 남겨둔 것은 참고할 만하다.

법령에 위와 같은 규정을 두지 않더라도, 의료 전문가집단에서 마련한 가이드라인에서 체계적으로 개발되고 과학적 근거로 뒷받침된 지침을 제공하는 것도 의사들의 예측가능성을 확보하는 좋은 방안이 될 수 있다. 가이드라인 제정을 통한 의료 전문가들 사이의 사적 규범의 형성은 국제적으로 증가하는 추세이다.[135] 미국 소아과학회의 가이드라인에 따르

---

Der minderjährige Patient in der ärztlichen Behandlung, 19 MedR 80, 86 (2001). 한편, 연령을 기준으로 판단하는 견해들의 소개는, Brückner, 위의 책, 74면 각주 397 내지 400 참조. 우리나라에도 미성년자인 환자에게 수혈 여부에 대한 의사결정능력이 있는지 및 어떤 범위에서 동의권한을 행사할 수 있는지를 연령을 기준으로 나누어 판단하는 견해가 있다. 김민중, "미성년자에 대한 의료행위와 부모의 권한—종교상의 신념에 기한 수혈거부를 중심으로", 의료법학(제13권 제2호), 대한의료법학회(2012. 12.), 242-243면.

면,[136] 미성년자를 ① 의사결정능력이 결여된 미성년자, ② 능력이 개발되고 있는 중인 미성년자, ③ 의사결정능력이 있는 미성년자의 3가지로 분류한다. ①에 대하여는 학대나 방임에 해당하지 않는 한 부모에게 충분히 정보를 준 후 부모로부터 승낙을 받아야 하고, ②에 대하여는 부모의 승낙뿐만 아니라 자녀의 동의(assent)가 필요하며, 많은 경우 자녀가 거부하면 이에 따라야 하고, 부모와 자녀 간 의견 불일치 시 의사는 제3자의 중재나 조정을 요구해야 한다. 생명과 관련된 문제의 경우에는 아이의 거부의사를 무시할 수 있지만, 설득하여 동의를 얻고자 하는 노력을 해야 한다고 한다. ③에 대해서는 부모의 승낙은 필요 없고, 자녀의 정보에 근거한 동의를 얻으면 된다. 다만 적절하다고 생각되는 경우에는 부모의 관여가 장려된다. 일본의 종교적 수혈거부에 관한 합동위원회가 2008년 발표한 '종교적 수혈거부에 관한 가이드라인'에서도 동의권한 판단의 기준을 18세 이상, 15세 이상 18세 미만, 15세 미만으로 나누어 제시한다.[137]

또한 의사가 환자의 정신적 성숙도를 평가할 때에는 임상경험을 바탕으로 환자의 상황을 개별적으로 평가하여야 할 것인데, 그 평가의 객관성과 신뢰성을 높이기 위하여 검사도구를 활용할 수도 있다. 특히 Appelbaum과

135) 의료 가이드라인의 개발은 국제적으로는 1970년대 말, 독일에서는 1990년대 중반부터 이루어졌다. 가이드라인은 특정 건강 문제에 대한 적절한 행동 방침에 대해 체계적으로 개발되고 과학적 근거로 뒷받침되며 실무 지향적인 의사결정보조수단으로서, 의료행위의 질을 보장하고 환자를 보호하는 역할을 한다. Damm, 위의 논문, 349면 각주 14 참조.
136) American Academy of Pediatrics, Committee on Bioethics, Informed Consent, Parental Permission, and Assent in Pediatric Practice, 95 Pediatrics 314-17 (1995).
137) 日本輸血細胞治療学会誌 54巻 3号 345-351頁(2008) (永水裕子, 위의 논문, 각주 199에서 재인용) (즉, 18세 이상의 자에게는 판단능력이 있다고 보고 성인과 동일한 대우를 한다. 15세 이상 18세 미만의 경우에는 친권자와 본인 모두가 수혈거부를 하는 경우에는 수혈거부를 인정하고, 본인이 수혈을 거부하지만 친권자가 수혈을 원할 경우에는 의사는 가급적 무수혈치료를 하되 최종적으로 필요한 경우에는 친권자로부터 수혈동의서를 제출받는다. 즉, 환자의 수혈거부 의사를 존중하지 않는다. 또한 15세 미만의 경우 미성년자의 의사를 고려하지 않고 의료진은 부모와 상의하고, 필요한 경우 수혈을 하기 위해 친권상실선고 및 보전처분을 신청하는 등의 법적 조치를 취한다).

Grisso에 의해 개발된 MacArthur 역량평가도구-치료(MacCAT-T)는 유사한 평가도구 중 황금표준으로 여겨지고 있다.[138] 위 평가도구를 이용하여 약 30분 동안 구조화된 인터뷰를 통하여 환자의 의사결정능력을 판별하는 표준화된 검사를 진행하게 된다. 이 검사는 네 가지 기준, 즉 (1) 특정 치료 결정과 관련하여 관련 정보를 이해하는 능력(정보 이해력), (2) 대안을 비교하고 평가하기 위해 관련 정보를 합리적으로 처리하는 능력(판단력), (3) 전달된 질병 및 가능한 치료에 대한 정보를 본인에게 미치는 중요성 측면에서 파악하는 능력(질병 및 치료에 대한 통찰력), (4) 선택을 하고 이를 전달하는 능력(선택 및 전달 능력)을 바탕으로 환자의 자기결정 능력을 평가한다.[139]

법령에서 연령을 기준으로 한 추정규정을 두는 방안, 가이드라인을 통하여 일정한 판단기준을 제시하는 방안, 그리고 평가도구를 사용하는 방안은 어느 한 가지만을 선택하여야 하는 것이 아니고 중첩적으로 사용될 수도 있을 것이다. 이를 통하여 임상에서 의사가 미성년자의 의사결정능력을 개별적으로 판단하는 기준이나 방법이 확립이 되어야 실무 관행의 변화도 기대할 수 있을 것으로 생각된다.

## V. 마 치 며

대상판결은 그동안 학설상으로만 논의되어 왔던 의사결정능력 있는 미성년자인 환자에 대한 의사의 설명의무를 정면으로 다룬 첫 판결이라는 점에서 중요한 의미가 있다. 의사결정능력이 있는 미성년자인 환자에게도 의사는 설명의무를 부담한다는 점을 선언하였고, 구체적으로 설명의무를 어떠한 방식으로 이행할 수 있는지, 환자에게 직접 설명을 하여야 하는 경우는 어떠한 경우인지에 대하여도 기준을 제시하였다. 이 기준에 따르면 특별한 사정이 없는 한 부모에게만 설명하고 동의를 받으면 된다

---

138) Damm, 위의 논문, 359면.
139) Thomas Grisso & Paul S. Appelbaum, Assessing Competence to Consent to Treatment: A Guide for Physicians and Other Health Professionals, 1998.

고 하고 있어 현재 임상 실무 여건과 실무 관행을 고려한 것으로 보이나, 대상판결의 판시에 따르면 의사결정능력이 있는 미성년자인 환자의 자기결정권이 보호받지 못하는 사각지대가 발생할 여지가 있고, 또한 의사가 개별적으로 환자의 의사결정능력을 판단하고 직접 설명하는 방향으로 실무 관행이 개선될 수 있는 동력을 차단하는 결과가 될 우려가 있다. 의사결정능력이 있는 미성년자인 환자에 대하여 의사가 설명의무를 부담한다면, 환자에게 직접 설명하는 것이 원칙이 되어야 한다. 다만 연령에 따른 미성년자의 의사결정능력 추정 규정을 법률에 두거나, 가이드라인을 마련하여 판단 기준을 구체화하거나, 의사결정능력 평가도구를 활용하는 등의 방안을 통하여 개별적으로 미성년자의 의사결정능력을 판단하는 의사의 불확실성과 부담을 줄일 수 있다면, 의료법의 취지에 맞는 실무 관행의 개선을 기대해 볼 수 있을 것이다.

[Abstract]

# Duty to Explain to a Patient who is a Minor with a Decision-Making Capacity
## − Review on the Supreme Court Decision 2020Da218925 Delivered on March 9, 2023 −

Park, Hai Jin*

The targeted ruling not only represents the Supreme Court's first decision on a physician's duty to explain to a patient who is a minor with decision-making capacity, but it is also significant in that it provides criteria for determining when a doctor has the duty to 'directly' explain to such a minor patient. According to the ruling, a doctor has the duty to explain to a patient who is a minor with decision-making capacity. However, this duty to explain can principally be met 'indirectly' by explaining to the minor's legal guardian or parents so that they can convey the information to the minor. Exceptionally, if there are 'special circumstances' where it's necessary to directly explain and get consent from the minor, then the physician should explain 'directly' to the patient. Therefore, only when (1) the minor has decision-making capacity, and (2) there are recognized special circumstances that warrant a direct explanation, does the physician bear the duty to 'directly' explain to the minor patient. This approach can be understood considering current clinical condition and practice, and such a legal framework appears to be a novel approach that is difficult to find examples of in other countries. However, by following the ruling's directive that explaining and obtaining consent solely from parents suffices unless special circum-

---

* Associate Professor, Hanyang University School of Law.

stances are present, there's a risk of leaving a blind spot where the self-determination rights of minors with decision-making capacity aren't protected. Moreover, there's a concern that this could stifle the momentum for improvement in the practice of physicians' individually assessing if patients are capable of decision-making and, if so, explaining directly to the patient. If doctors have the duty to explain to a minor with decision-making capacity, then explaining directly to the patient should be the principle. In order to reduce the uncertainties and burdens on doctors in assessing individual minors' decision-making capacity, it may be necessary to legislate legal provisions presuming a minor's decision-making capacity based on age, develop professional guidelines to specify assessment criteria, or adopt assessment tools for evaluating decision-making capacity.

[Key word]

- minor
- adolescent
- duty to inform
- decision-making capacity
- informed consent
- self-determination

## 참고문헌

[국내문헌]

[논 문]

김민중, "미성년자에 대한 의료행위와 부모의 권한-종교상의 신념에 기한 수혈
거부를 중심으로", 의료법학(제13권 제2호), 대한의료법학회(2012. 12.).

_____, "의사책임 및 의사법의 발전에 관한 최근의 동향", 민사법학(제9·10
호), 한국민사법학회(1993. 7.).

김상찬, "의료에 있어서 미성년자의 자기결정권", 법학연구(제42권), 한국법학
회(2011. 5.).

김천수, "의료행위에 대한 동의능력과 동의권자", 민사법학(제13·14호), 한국
민사법학회(1996. 5.).

_____, "의사의 설명의무-서독의 학설 및 판례를 중심으로-", 민사법학(제7호),
한국민사법학회(1988. 6.).

_____, "진료계약", 민사법학(제15호), 한국민사법학회(1997. 4.).

_____, "환자의 자기결정권과 의사의 설명의무", 박사학위논문, 서울대학교
(1994).

백경일, 의료계약상 설명의무위반책임의 법적 성질과 입증책임의 문제-대법원
2007. 5. 31. 선고 2005다5867 판결-, 민사법학(제40호), 한국민사법학
회(2008. 3.).

백경희, "의사의 설명의무 관련 민법 내 도입에 관한 제안", 민사법학(제100호),
한국민사법학회(2022. 9.).

_____, "자기결정능력 흠결 상태의 환자에 대한 의료행위의 동의에 관한 소
고", 법학논총(제33집), 숭실대학교 법학연구소(2015. 1.).

백승흠, "길릭(Gillick) 판결과 아동의 동의능력", 법학연구(제30권 제2호), 충북
대학교 법학연구소(2019. 12.).

서종희, "의료계약 및 임상시험계약에 있어서 미성년자 보호에 관한 소고-독일
및 스위스에서의 논의 소개를 중심으로-", 의생명과학과 법(제17권),
원광대학교 법학연구소(2017. 6.).

석희태, "의사 설명의무의 법적 성질과 그 위반의 효과", 의료법학(제18권 제

2호), 대한의료법학회(2017. 1.).

_____, "의사의 설명의무와 환자의 자기결정권", 연세행정논총(제7집), 연세대학교 행정대학원(1980. 8.).

송영민, "미성년자에 대한 임상시험과 자기결정권", 원광법학(제31권 제3호), 원광대학교 법학연구소(2015. 1.).

_____, "미성년자의 최선의 이익의 평가방법−영국의 Gillick rule과 미국의 Informed Assent 법리의 검토를 중심으로−", 원광법학(제33권 제3호), 원광대학교 법학연구소(2017. 9.).

송재우, "의료행위에 대한 미성년자의 의사결정권−캐나다의 법률을 중심으로−", 법학연구(제63권 제2호), 부산대학교 법학연구소(2022. 5.).

윤석찬, "의료행위에 있어 미성년자의 동의능력에 관한 고찰−독일에서의 논의를 중심으로−", 법학논집(제28권 제1호), 전남대학교 법학연구소(2008. 6.).

윤진수, "미국법상 부모의 자녀에 대한 치료 거부에 따르는 법적 문제", 가족법연구(제18권 제1호), 한국가족법학회(2004. 3.).

윤진수/현소혜, "부모의 자녀 치료거부 문제 해결을 위한 입법론", 법조(제62권 제5호), 법조협회(2013. 5.).

이동진, "의사의 위험설명의무−법적 기능, 요건 및 위반에 대한 제재−", 의료법학(제21권 제1호), 대한의료법학회(2020. 6.).

이재경, "의료과오책임에서 설명의무위반과 증명에 대한 연구", 법학연구(제23권 제1호), 경상대학교 법학연구소(2015. 1.).

_____, "의료행위에서 설명의무의 보호법익과 설명의무 위반에 따른 위자료 배상", 의료법학(제21권 제2호), 대한의료법학회(2020. 9.).

_____, "한국과 독일에 있어서 환자의 동의능력에 관한 비교법적 연구", 민사법학(제50권), 한국민사법학회(2010. 9.).

주지홍, "종교적 이유로 인한 수혈거부 시 자기결정권과 망인의 생명 간의 비교형량 접근방법에 대한 비판적 검토−대판 2014. 6. 26., 2009도14407 판례 평석−", 동북아법연구(제8권 제2호), 동북아법연구소(2014. 9.).

최민수, "의료행위에 있어 환자의 진료거부와 의사의 설명의무", 한국의료법학회지(제21권 제1호), 한국의료법학회(2013. 6.).

최아름/김성은/백경희, "미성년자인 환자에 대한 의사의 설명의무에 관한 소고−대법원 2023. 3. 9. 선고 2020다218925 판결에 대한 평석을 중심으로-", 서강법률논총(제12권 제2호), 서강대학교 법학연구소(2023. 6.).

**[기타 자료]**

김상기, [어쩌다 의사(意思)] 의사 10명 중 4명 의료법상 '설명의무 규정' 내용 모른
　　다, 라포르시안(2020. 12. 4.), (https://www.rapportian.com/news/articleView.
　　html?idxno=129792).

대법원 1980. 9. 24. 선고 79도1387 판결.

대법원 1994. 4. 15. 선고 92다25885 판결.

대법원 1994. 4. 15. 선고 93다60935 판결.

대법원 1994. 4. 15. 선고 93다60953 판결.

대법원 2002. 10. 11. 선고 2001다10113 판결.

대법원 2007. 5. 31. 선고 2005다5867 판결.

대법원 2010. 7. 22. 선고 2007다70445 판결.

대법원 2013. 4. 26. 선고 2011다29666 판결;
　　대법원 2014. 12. 24. 선고 2013다28629 판결.

대법원 2017. 2. 15. 선고 2014다230535 판결.

서울고등법원 2002. 1. 31. 선고 99나48674, 99나48667 판결.

서울동부지방법원 2010. 10. 21.자 2010카합2341 결정.

식품의약품안전처 식품의약품안전평가원, 소아대상 임상시험 가이드라인[민원인
　　안내서], (2018).


**[외국문헌]**

家永登. 「イギリス判例研究」 未成年者の中絶に関する保健省通達がヨーロッ
　　パ人権条約に違反しないとされた事例: 同意能力を有する未成年者に
　　対する妊娠中絶と親への告知の要否, 専修大学法学研究所紀要
　　42(2017):167-212.

永水裕子, 未成年者の治療決定権と親の権利との関係-アメリカにおける議論
　　を素材として, 桃山法学 第15号, 桃山学院大学学術機関リポジトリー
　　トップページ, 2010.

Sarah Brückner, Das medizinische Selbstbestimmungsrecht Minderjähriger, 2014.

Thomas Grisso & Paul S. Appelbaum, Assessing Competence to Consent to Treatment: A Guide for Physicians and Other Health Professionals, 1998.

Aleksandra E. Olszewski & Sara F. Goldkind, The default position: Optimizing pediatric participation in medical decision making, 18 Am. J. Bioethics 4 (2018).

American Academy of Pediatrics, Committee on Bioethics, Informed Consent, Parental Permission, and Assent in Pediatric Practice, 95 Pediatrics 314 (1995).

Aviva L. Katz et al., Informed Consent in Decision-Making in Pediatric Practice, 138 Pediatrics e1 (2016).

Bernhard Kreße, Aufklärung und Einwilligung beim Vertrag über die ärztliche Behandlung einwilligungsunfähiger Patienten, 33 MedR 91 (2015).

Dagmar Coester-Waltjen, Reichweite und Grenzend der Patientenautomie von Jungen and Alten-Ein Vergleich, MedR 553 (2012).

David G. Sherer, Pediatric Participation in Medical Decision Making: The Devil Is in the Details, 18 Am. J. Bioethics 16 (2018).

Doriane Lambelet Coleman et al., The legal authority of mature minors to consent to general medical treatment, 131 Pediatrics 786 (2013).

Elizabeth S. Scott, The legal construction of adolescence, 29 Hofstra L. Rev. 547 (2000).

Emma Cave, Goodbye Gillick? Identifying and resolving problems with the concept of child competence, 34 Legal Studies 103 (2014).

Florian Wölk, Der minderjährige Patient in der ärztlichen Behandlung, 19 MedR 80, 86 (2001).

Grace Icenogle et al., Adolescents' cognitive capacity reaches adult levels prior to their psychosocial maturity: evidence for a "maturity gap" in a multinational, cross-sectional sample, 43 L. & Hum. Behav. 69 (2019).

Guttmacher Institute, Preventing cervical cancer: new resources to advance the domestic and global fight, 15 Guttmacher Policy Review 1 (2012), (www.guttmacher.org/pubs/gpr/15/1/gpr150108.html).

Jennifer L. Rosato, Let's Get Real: Quilting a Principled Approach to Adolescent Empowerment in Health Care Decision-Making, 51 DePaul L. Rev. 769 (2002).

Lawrence Steinberg, Does recent research on adolescent brain development inform the mature minor doctrine?, 38 J. Med. Philos. 256 (2013).

Leon Birck & Tobias Solscheid, Anmerkung zu OLG Frankfurt a. M., Beschl. v. 17. 8. 2021 − 6 UF 120/21 (AG Bensheim), 40 MedR 227 (2022).

Leon Birck & Tobias Solscheid, Einwilligungszuständigkeit bei der Behandlung Minderjähriger, 39 MedR 970 (2021).

Lois A. Weithorn & Susan B. Campbell, The competency of children and adolescents to make informed treatment decisions, Child development, 1982.

Lois A. Weithorn, When does a minor's legal competence to make health care decisions matter?, 146 Pediatrics S25 (2020).

Mark Cornock & Hannah Jones, consent and the child in action: A legal commentary, 22 Pediatric Care 14 (2010).

Petronella Grootens-Wiegers et al., Medical decision-making in children and adolescents: developmental and neuroscientific aspects, 17 BMC pediatrics 1 (2017).

Reinhard Damm, Assistierte Selbstbestimmung als normatives und empirisches Problem des Rechts-am Beispiel von Einwilligungs−und Entscheidungsfähigkeit, 37 Zeitschrift für Rechtssoziologie 337 (2017).

Shawna Benston, Not of minor consequence?: Medical decisionmaking autonomy and the mature minor doctrine, 13 Indiana Health Law Review 1 (2016).

Walter Wadlington, Minors and health care: The age of consent, 11 Osgoode Hall L. J. 115 (1973).

BGH NJW 1972, 335.

BGH NJW 1991, 2344.

BGH NJW 1996, 777.

BGH NJW 2007, 217.

BGHZ 29, 33.

BT-Dr. 17/10488.

BVerfGE 128, 282.

California Probate Code x4609 (2019).

Cardwell v Bechtol, 724 SW2d 739 (Tenn 1987).

Expert Panel Working Group on MAID for Mature Minors, The state of knowl
edge on medical assistance in dying for mature minors, 2018, (https://
cca-reports.ca/wpcontent/uploads/2018/12/The-State-of-Knowledge-on-
Medical-Assistance-in-Dying-for-Mature-Minors.pdf).

Gillick v. West Norfolk and Wisbech Area Health Authority [1985] 3 WLR
830; [1986] AC 112.

In Re Swan, 569 A2d 1202 (Me 1990).

LG München II, Urt. 22. 9. 2020 - 1 O 4890/17 Hei.

RGZ 68, 431.

# 간접강제결정에 대한 청구이의의 소

구 태 회*

■요  지■

부작위의무를 명하는 간접강제결정에서는, 채권자가 부작위의무의 불이행사실을 주장, 증명해야 하므로 부작위의무 위반사실은 민사집행법 제30조 제2항의 집행문부여조건에 해당하고, 이 경우 의무를 이행하였다고 주장하는 채무자는 집행문부여 이의의 소로써만 다툴 수 있으며, 간접강제결정에 대한 청구이의의 소는 허용되지 않는다.

이와 달리 대법원은 부대체적 작위의무에 있어서는 주문의 문언에 의하여 간접강제금 액수를 특정할 수 없는 경우에는 작위의무 위반사실이 조건에 해당하지만, 그렇지 않은 경우에는 조건에 해당하지 않는다고 명시하였다. 그리고 작위의무 위반사실이 조건에 해당하여 조건성취집행문을 부여해야하는 경우에도, 채무자는 의무를 이행했다고 주장하면서 간접강제결정에 대하여 청구이의의 소를 제기할 수 있다고 보았다. 대법원이 위와 같이 본 주된 이유는 채권자가 채무자의 작위의무 불이행을 증명하기가 곤란하다는 데에 있다고 보인다.

그러나 작위의무와 부작위의무의 구별이 쉽지 않고, 우리나라의 실체법상 채무불이행 사실의 증명책임은 작위, 부작위를 불문하고 채권자에게 있으며, 증명 곤란의 문제는 작위의무인지 부작위의무인지에 따라 본질적으로 달라지지 않는다. 또한 간접강제결정에 조건성취집행문이 부여된 경우에도 그 결정에 대한 청구이의의 소가 가능하다고 본다면, 집행문부여 이의의 소와의 관계에 있어서 해결하기 어려운 문제가 발생할 수도 있다.

---

\* 서울고등법원 판사.

따라서 부작위의무와 마찬가지로 부대체적 작위의무에 있어서도 일률적으로 조건성취집행문을 부여해야 하고, 의무를 이행하였다고 주장하는 채무자는 집행문부여 이의의 소만 제기할 수 있으며, 간접강제결정에 대한 청구이의의 소는 허용되지 않는다고 봄이 타당하다.

[주 제 어]
- 부대체적 작위의무
- 부작위의무
- 간접강제
- 조건성취집행문
- 청구에 관한 이의의 소
- 집행문부여에 대한 이의의 소

## 대상판결 : 대법원 2022. 2. 23. 선고 2022다277874 판결

### [사안의 개요]

#### 1. 사실관계[1]

(1) 원고는 집합건물 관리단이고 피고는 그 집합건물의 구분소유자이다. 피고는 원고를 상대로 다음과 같은 내용의 확정판결을 받았다.

---

1. 원고는 매월 25일부터 말일까지 그 전월에 해당하는 별지 공개사항을 건물의 현관에 게시하거나 피고에게 통보해야 한다.
[별지 공개사항]
원고가 각 입주자들에게 부과하는 관리비의 부과내역 및 각 항목별 사용 경비 내역, 적립 금액

2. 원고는 피고에게 원고 사무실 내에서 별지 자료에 대한 열람·복사를 허용하여야 한다.
[별지 자료]
원고의 2013. 7. 이후의 다음의 장부, 서류, 계좌내역
가. 각 입주자들로부터 받는 관리비 입금 및 지출 계좌
나. 각 호실별 관리비 부과 장부
다. 관리비를 수납하고 발행한 세금계산서들
라. 전기, 수도 검침 장부
마. 거래원장(전표)

---

(2) 피고는 원고를 상대로 위 확정판결 중 일부[2]에 대한 간접강제신청을 하여 2020. 3. 5. 아래와 같은 내용의 간접강제결정을 받았다(확정).

---

1. 원고는 이 결정을 고지 받은 날부터 피고에게 원고 사무실 내에서 별지 일부 자료에 대한 열람·복사를 허용하여야 한다.

2. 원고가 제1항의 의무를 위반할 경우 이를 위반한 때부터 위반행위를 종료할 때까지 원고는 피고들에게 1일당 1,000,000원의 비율로 계산한 돈을 지급하라.
[별지 일부 자료]
원고의 2017. 11. 이후의 다음의 장부, 서류, 계좌내역
가. 각 입주자들로부터 받는 관리비 입금 및 지출 계좌
나. 각 호실별 관리비 부과 장부
다. 관리비를 수납하고 발행한 세금계산서들
라. 거래원장(전표)

---

---

[1] 편의상 일부 사실관계를 단순화하였다.
[2] 공개사항의 게시 또는 통보 의무와 전기, 수도 검침 장부 열람, 복사의무를 제외한 나머지 의무 중 2017. 11. 이후의 것.

(3) 피고는 2020. 3. 18. 위 간접강제결정에 기초한 간접강제금의 집행을 위해 집행문부여를 신청하여, 2020. 3. 7.부터 2020. 3. 18.까지 12일의 간접 강제결정 위반기간 동안의 간접강제금 1,200만 원(= 100만 원 × 12일)에 관한 집행문을 부여받고, 2020. 3. 24. 위 1,200만 원에 관한 압류, 추심을 완료했다.

(4) 피고는 위 집행문 부여 이후의 기간 동안의 간접강제금을 집행하기 위해 2020. 5. 8., 2022. 1. 13., 2022. 3. 29. 세 차례에 걸쳐 추가로 집행문 재도부여를 신청하여 해당 집행문을 모두 부여받았으나, 실제로 간접강제금을 변제받지는 못했다.

## 2. 소송의 경과

### (1) 제1심판결[3]

원고는 "피고는 2020. 2. 28.까지 원고의 사무실에 방문조차 하지 않아 원고의 의무이행에 협력하지 않았고, 그 이후 원고는 위 자료를 이메일로 송부하여 확정판결상의 의무를 모두 이행했으므로, 확정판결에 기한 강제집행이 불허되어야 한다."고 주장하며, 확정판결에 대한 청구이의의 소[4]를 제기했다.

제1심법원은 다음과 같은 이유로 원고의 청구를 기각했다.

① 부대체적 작위채무로서의 장부 등 열람등사 허용의무에 대한 간접강제결정은 이를 집행하는 데 민사집행법[5] 제30조 제2항[6]의 조건이 붙어 있다고 보아야 하는데, 그 조건의 성취 여부는 집행문부여의 소 또는 집행문부여 이의의 소[7]에서 주장·심리되어야 할 사항이지, 청구이의의 소에서 심리되어야 할 사항은 아니다.

② 원고는 위 별지 자료의 열람등사 허용의무를 모두 이행하였다고 주

---

3) 서울남부지방법원 2021. 12. 23. 선고 2020가합107064 판결.
4) 민사집행법에 따른 용어는 '청구에 관한 이의의 소'이나 이하에서는 '청구이의의 소'로 약칭한다.
5) 이하 괄호 안에서는 '민집'이라고 약칭한다.
6) 민사집행법 제30조 제2항: 판결을 집행하는 데에 조건이 붙어 있어 그 조건이 성취되었음을 채권자가 증명하여야 하는 때에는 이를 증명하는 서류를 제출하여야만 집행문을 내어 준다. 다만, 판결의 집행이 담보의 제공을 조건으로 하는 때에는 그러하지 아니하다.
7) 민사집행법에 따른 용어는 '집행문부여에 대한 이의의 소'이나 이하에서는 '집행문부여 이의의 소'로 약칭한다.

장하는데, 이는 간접강제결정에 대한 조건의 성취를 다투는 취지이다. 따라서 간접강제결정에 대한 집행문부여 이의의 소가 아닌 확정판결에 대한 청구이의의 소로 이를 다툴 수 없다.

### (2) 원심판결[8]

원고는 원심에서 간접강제결정 중 1,200만 원을 초과하는 부분에 대한 강제집행 불허를 구하는 청구를 추가했다.

원심은 아래와 같은 이유로 원고의 청구를 일부 인용했다.

① 채무자는 확정판결상의 부대체적 작위의무를 이행하였다고 주장하면서 간접강제결정은 물론 확정판결에 대한 청구이의의 소도 제기할 수 있다.

② 이 사건 변론종결일(2022. 7. 7.) 무렵인 2022. 6.까지의 위 확정판결상의 의무는 모두 이행되어 소멸하였다. 즉, 원고는 별지 공개사항을 매달 게시, 통보하였고 피고가 요청하는 별지 자료를 모두 열람등사해 주었다. 그밖에 피고가 열람 등을 거부당했다고 주장하는 변호사 선임계약서 등은 별지 자료에 포함되지 않는다.

③ 피고는 "확정판결상의 채무는 1회성 의무가 아니라 계속적 의무로서 그 강제집행의 전부의 불허를 구할 수 없다."고 주장한다. 이러한 피고의 주장과 같이 원고의 의무는 종기가 정해져 있지 않으므로 확정판결과 간접강제결정의 집행력 전체를 배제할 수 없다. 그러나 원고가 2022. 6.까지 발생한 의무를 모두 이행한 이상, 그 부분에 관한 강제집행은 불허되어야 한다.[9]

### 3. 대상판결 요지

(1) 피고는 이 사건 확정판결에 대한 강제집행은 오로지 간접강제의 방법으로만 집행할 수 있으므로, 채무자인 원고로서는 간접강제결정에 대해서만 다투면 되고, 확정판결에 대하여는 다툴 실익이 없다는 것을 상고이유로 삼았다.

---

8) 서울고등법원 2022. 8. 18. 선고 2022나2000812 판결.
9) 그리하여 원심은 "① 위 확정판결에 기한 강제집행은 그중 원고에게 2022. 7. 이후 별지 공개사항의 게시 등을 명한 부분과 2022. 7. 이후의 별지 자료에 관한 열람·복사 허용을 명한 부분을 각 초과하는 부분에 한하여, ② 위 간접강제결정에 기한 강제집행은 그중 원고에게 2022. 7. 이후의 별지 일부 자료에 관한 열람·복사 허용의무를 위반한 경우에 간접강제금 지급을 명한 부분 및 집행이 종료된 12,000,000원을 각 초과하는 부분에 한하여, 각 이를 불허한다. 원고의 나머지 청구를 기각한다."는 주문의 판결을 선고했다.

이에 대하여 대법원은 아래와 같이 판단했다.

"부대체적 작위의무의 이행으로서 장부 또는 서류의 열람·복사를 허용하라는 판결 등의 집행을 위한 간접강제결정에서 채무자로 하여금 의무위반시 배상금을 지급하도록 명한 경우, 채권자는 특정장부 또는 서류의 열람·복사를 요구한 사실, 그것이 본래의 집행권원에서 열람·복사 허용을 명한 장부 또는 서류에 해당한다는 사실 등을 증명함으로써 간접강제결정에 집행문을 받을 수 있다. 한편 채무자는 위와 같은 조건이 성취되지 않았음을 다투는 집행문부여 이의의 소를 통해 간접강제결정에 기초한 배상금채권의 집행을 저지할 수 있다. 아울러 채무자는 부대체적 작위의무를 이행하였음을 내세워 청구이의의 소로써 본래의 집행권원인 판결 등의 집행력 자체를 배제해 달라고 할 수 있고, 그 판결 등을 집행권원으로 하여 발령된 간접강제결정에 대하여도 청구이의의 소를 제기할 수 있다. 부대체적 작위의무는 채무자의 의무이행으로 소멸하므로 이 경우 채무자는 판결 등 본래의 집행권원에 기한 강제집행을 당할 위험에서 종국적으로 벗어날 수 있어야 하고, 또한 간접강제결정은 부대체적 작위의무의 집행방법이면서 그 자체로 배상금의 지급을 명하는 독립한 집행권원이기도 하므로, 본래의 집행권원에 따른 의무를 이행한 채무자는 그 의무이행 시점 이후로는 간접강제결정을 집행권원으로 한 금전의 강제집행을 당하는 것까지 면할 수 있어야 하기 때문이다."

(2) 피고5는 '원심 변론종결 이전에 원고가 열람복사 허용의무를 불이행한 적이 있음에도 간접강제결정 중 변론종결 이전 부분에 관한 집행력이 전부 소멸했다고 본 원심판단이 부당하다.'고도 주장했다.

이에 대해 대법원은 "간접강제결정에서 부대체적 작위의무를 위반한 때부터 의무이행 완료 시까지 위반일수에 비례하여 배상금 지급을 명한 경우, 그에 대한 청구이의의 소에서 채무자는 간접강제의 대상인 작위의무를 이행했음을 증명하여 의무이행일 이후 발생할 배상금에 관한 집행력 배제를 구할 수 있지만, 이미 작위의무를 위반한 기간에 해당하는 배상금 지급의무는 소멸하지 아니하므로 그 범위 내에서 간접강제결정의 집행력은 소멸하지 않는다. 장부 또는 서류의 열람·복사를 허용할 의무를 위반하는 때에는 배상금을 지급하라는 간접강제결정이 발령된 경우, 채무자는 주문의 문언상 채권자가 특정 장부 또는 서류의 열람·복사를 요구할 경우에 한하여 이를 허용할 의무를 부담하는 것이지 채권자의 요구가 없는데도 먼저 이를 제공할 의무를 부담하는 것은 아니다."라고 판시하면서, "원고가 간접강제결정이 발령된

2020. 3. 전후로 사무실로 찾아온 피고 측 직원에게 이 사건 자료에 속하는 문서를 복사해 주거나 보여 주고, 피고에게 이 사건 자료 문서가 첨부된 전자우편을 보내 주었으며, 보관하지 않던 자료는 세무사사무실을 통해 보내 주는 등 피고의 요구에 따라 열람·복사에 협조했다는 사정을 들어, 간접강제결정 중 사실심 변론종결일 이전까지의 의무 부분(다만 피고들이 이미 1,200만 원의 배상금 추심을 마친 2020. 3. 7.부터 2020. 3. 18.까지의 의무 부분은 원고의 청구취지 변경으로 소송물에서 제외됨)에 대한 집행력이 소멸하였다."고 한 원심판단을 수긍할 수 있다고 하였다.

〔研　究〕

## Ⅰ. 서　론

1. 확정판결이 있음에도 채무자가 임의로 채무이행을 하지 않으면, 채권자는 강제집행의 방법으로 채권의 만족을 얻을 수 있다.

채무자의 의사와 무관하게 집행기관이 직접 권리의 내용을 실현하는 집행방법을 직접강제라 한다. 반대로 채무자에게 '채무를 이행하지 않는 경우에는 불이익이 있을 수 있다.'는 심리적 압박을 가하여 채무자 스스로 이행하도록 강제하는 방법을 간접강제라 한다. "채권자에게 배상금을 지급하거나, 국가에 벌금을 납부하거나, 구금을 당할 수 있다."고 경고하는 방법을 그 예로 들 수 있다.

우리 민사집행법은 "간접강제결정에는 채무의 이행의무 및 상당한 이행기간을 밝히고, 채무자가 그 기간 이내에 이행을 하지 아니하는 때에는 늦어진 기간에 따라 일정한 배상을 하도록 명하거나 즉시 손해배상을 하도록 명한다(민집 261조 1항)."고 규정하고 있다. 즉, 채무불이행 시 채무자로 하여금 채권자에게 배상금을 지급하게 하는 방식을 택하고 있다.

2. 간접강제결정은 본래의 집행권원과 구별되는 별도의 집행권원이다. 따라서 채무자가 본래의 집행권원상의 채무이행을 완료하여, 본래의 집행권원에 대한 청구이의의 소로써 그 집행력을 소멸시킨다고 하더라도,

당연히 간접강제결정의 집행력이 없어지지 않는다. 이 경우 채무자는 어떤 방법으로 다툴 수 있는가.

부대체적 작위의무의 일종인 장부 등의 열람등사 허용의무와 관련하여, 대상판결의 제1심법원은 "열람등사 허용의무의 이행은 간접강제결정의 집행을 위한 조건에 해당한다."고 보는 전제에서, 간접강제결정에 대한 집행문부여 이의의 소로써만 다툴 수 있다고 판단하였다.

반면 대법원은 "① 채권자가 특정장부 또는 서류의 열람·복사를 요구한 사실, ② 그 장부 등이 본래의 집행권원에서 열람·복사 허용을 명한 장부 또는 서류에 해당한다는 사실"은 간접강제결정의 집행을 위한 조건이므로, 채무자는 위와 같은 조건이 성취되지 않았음을 다투는 간접강제결정에 대한 집행문부여 이의의 소를 통해 간접강제결정의 집행을 막을 수 있고, 아울러 의무이행을 이유로 하여서도 본래의 집행권원은 물론 간접강제결정에 대하여 청구이의의 소를 제기할 수 있다고 판시하였다.

3. 한편 채무자가 간접강제결정에서 명한 이행기간이 지난 후에 채무를 이행하였다면, 채권자는 특별한 사정이 없는 한 채무의 이행이 지연된 기간에 상응하는 배상금의 추심을 위한 강제집행을 할 수 있다.[10] 그런데 원심은 "원고가 과거에 이 사건 자료의 열람·복사를 허용하지 않아 그 의무를 불이행한 적이 있다 하더라도 이 사건 변론종결일 당시에 의무를 모두 이행하였다면, 과거의 불이행 사정은 간접강제결정의 집행력 배제 여부를 판단하는 이 사건의 결론에 영향을 미치지 않는다."고 하여 마치 위 법리에 배치되는 듯한 판시를 하였다. 대법원은 이에 대하여 "이미 작위의무를 위반한 기간에 해당하는 간접강제의 집행력은 소멸하지 않는다."고 하여 기존 법리를 재차 확인하면서도, "피고가 특정서류의 열람, 복사를 요구할 경우에 한하여 원고가 이를 허용할 의무를 부담하는 것이지 피고의 요구가 없는데도 원고가 먼저 이를 제공할 의무를 부담하는 것은 아니다."라고 판시하면서, 원심 변론종결 시까지 "'피고의

---

10) 이른바 추심가능설, 대법원 2013. 2. 14. 선고 2012다26398 판결.

요구'에 따라 원고가 서류를 열람, 복사할 수 있도록 제공했다."는 원심의
판단이 정당하다고 하였다.[11]

## Ⅱ. 단순집행문과 조건성취집행문

　　강제집행은 집행문이 있는 판결정본이 있어야 할 수 있다(민집 28조
1항).[12] 집행문은 집행권원에 집행력 있음과 집행당사자를 공증하기 위하
여 집행권원의 끝에 덧붙여 적는 공증문언이다.[13] 집행의 요건으로서 집
행권원 외에 다시 집행문을 요구하는 이유는, 판결의 확정이나 집행조건
의 성취 여부 등에 관하여 집행기관에게 조사시키기보다는 별개의 공무
원으로 하여금 조사하게 함이 적당하고 효율적이라는 데에 있다.[14]

　　집행문은 원칙적으로 채권자의 신청에 따라 법원서기관, 법원사무관,
법원주사 또는 주사보(이하 '법원사무관등')가 내어 준다(민집 28조 2항. 이하
'단순집행문').

　　다만 판결을 집행하는 데에 조건이 붙어 있어 그 조건이 성취되었
음을 채권자가 증명하여야 하는 때에는 이를 증명하는 서류를 제출하여
야만 집행문을 내어 주고(민집 30조 2항), 이와 같이 재판을 집행하는 데
에 조건을 붙인 경우에는 집행문은 재판장(사법보좌관)의 명령이 있어야
내어 준다(민집 32조 1항, 사법보좌관규칙 2조 1항 4호. 이하 '조건성취집행문').
여기에서의 조건은 민법상의 개념보다 넓은 것으로 불확정기한도 포함되
며 그밖에 즉시 집행을 저지할 모든 사실을 포함하는 개념이다.[15] ① 불

---

11) "과거의 불이행 사정은 간접강제결정의 집행력 배제 여부를 판단하는 이 사건의
　　결론에 영향을 미치지 않는다."는 등의 일부 부적절한 원심 판시는 가정적 방론에
　　불과하다고 하였음.
12) 지급명령(민집 58조 1항) 등 일부 집행권원에 대하여는 집행문이 필요 없는 경
　　우가 있다. 구체적인 내용은 법원실무제요 민사집행 Ⅰ, 사법연수원(2020), 226-228
　　쪽 참조.
13) 편집대표 민일영, 주석 민사집행법 Ⅱ(제4판), 한국사법행정학회, 118쪽(홍동기
　　집필부분).
14) 김성룡, "집행문부여등에 대한 불복에 관한 제문제", 재판자료 제35집, 법원도서
　　관, 121쪽.
15) 주석 민사집행법 Ⅱ(제4판), 136쪽(홍동기 집필부분).

확정기한, ② 정지조건, ③ 의사표시의무(등기절차이행의무 등)와 관련된 동시이행의무의 이행(민집 263조 2항), ④ 채권자의 선이행, ⑤ 채권자의 선택권 행사는 집행조건에 해당하지만, ㉮ 확정기한, ㉯ 해제조건, ㉰ 의사표시의무를 제외한 나머지 의무와 관련된 동시이행의무의 이행, ㉱ 대상청구[16]는 집행조건에 해당하지 않는다고 보는 것이 일반적이다.[17]

채권자가 민사집행법 제30조 제2항의 규정에 따라 필요한 증명을 할 수 없는 때에는 집행문을 내어 달라는 소, 즉 집행문부여의 소를 제기할 수 있다(민집 33조). 민사집행법 제30조 제2항은 조건의 성취 등을 '서류'로만 증명하도록 규정한다. 집행문부여의 소는 조건의 성취 등에 대한 증명방법을 서류로 한정함에 따라 서류로 증명할 수 없거나 불충분한 경우 채권자를 구제하기 위한 수단이다.[18] 채권자는 소송절차를 통해 증명방법의 제한 없이 조건성취 사실을 주장, 증명하여 판결로 집행문을 부여받을 수 있다. 반대로 채무자가 집행문부여에 관하여 증명된 사실에 의한 판결의 집행력을 다툴 때에는 집행문부여 이의의 소를 제기할 수 있다(민집 45조).

집행문 관련 규정들은 간접강제결정과 같이 항고로만 불복할 수 있는 재판에 대하여도 준용된다(민집 57조, 56조 1호). 즉, 채권자는 본래의 집행권원에 대하여 집행문을 받아야 할 뿐만 아니라, 간접강제결정 자체에 대하여도 집행문을 받아야 한다. 간접강제결정은 본래의 집행권원과 별도로 발령되는 것이 원칙이지만, 가처분결정을 하거나 판결선고를 하면서 동시에 명할 수도 있다.[19] 이때에도 간접강제 부분의 집행을 위해서는 집행문을 받아야 한다.[20]

간접강제결정의 주문은 통상 "~를 이행하라. 위 의무를 위반하면 위

---

16) 예컨대, 피고는 원고에게 주식을 인도한다. 인도집행이 불능인 때에는 100원을 지급한다.

17) 박진수, "부대체적 작위채무의 이행을 명하는 집행권원의 간접강제결정에 부여되는 집행문의 법적 성격", 서울고등법원 판례공보스터디(2022), 115쪽.

18) 주석 민사집행법 Ⅱ(제4판), 171쪽(홍동기 집필부분).

19) 대법원 2021. 7. 22. 선고 2020다248124 전원합의체 판결.

20) 대법원 2008. 12. 24.자 2008마1608 결정.

반행위 1일당 ~원을 지급하라."는 형태이다. 이러한 간접강제결정의 문언
상 "의무위반"이 "배상금 집행"의 조건이 된다고 볼 여지가 있다. 그렇다
면 간접강제결정에 대하여는 조건성취집행문을 받아야 하는가. 다음 항
에서 자세히 살펴본다.

## Ⅲ. 간접강제결정에 조건성취집행문을 받아야 하는지 여부

### 1. 부작위의무의 경우

부작위채무에 대한 간접강제결정에서 부작위의무의 위반사실은 채권
자가 증명하여야 하는 집행을 위한 조건이므로 조건성취집행문을 부여받
아야 한다. 이는 통설, 판례[21]이고 여기에 대하여 반대하는 견해를 특별
히 찾아볼 수 없다.

### 2. 부대체적 작위의무의 경우

#### (1) 단순집행문설[22]

(가) 부대체적 작위채무에 대한 간접강제결정에는 단순집행문이 부
여되어야 한다는 견해이다. 간접강제결정에서 정한 상당한 이행기간 이
내에 채무자가 부대체적 작위채무를 이행하지 않는 경우에 배상금 지급
의무가 발생하기는 하지만, 작위채무에 있어서는 채무자가 그 이행사실을
주장·증명하여야 하므로 단순집행문이 부여되어야 한다는 것이다. 이
견해에 따르면 간접강제결정의 이행기간의 말일은 확정기한으로서 그 기
한의 도래는 집행개시 요건이 된다(민집 40조 1항[23]). 이 견해가 종래의

---

21) 대법원 2012. 4. 13. 선고 2011다92916 판결.
22) 주석 민사집행법 Ⅵ(제4판), 119쪽(황진구 집필부분); 법원실무제요 민사집행 Ⅳ,
776쪽; 양진수, "부대체적 작위의무에 관한 가처분결정이 정한 의무이행 기간 경과
후 그 가처분결정에 기초하여 발령된 간접강제결정의 효력과 채무자의 구제수단",
대법원판례해설 제111호, 법원도서관, 143-144쪽; 조병구, "간접강제 배상금의 법적
성질과 실무상 제 문제", 재판자료 제131집: 민사집행법 실무연구(Ⅳ), 법원도서관,
370쪽.
23) "집행을 받을 사람이 일정한 시일에 이르러야 그 채무를 이행하게 되어 있는 때
에는 그 시일이 지난 뒤에 강제집행을 개시할 수 있다."

통설이라고 한다.[24)]

(나) 단순집행문설에 의하면, 부대체적 작위채무에 대한 간접강제결 정의 경우, 채무불이행 사실은 채권자가 그 성취를 증명하여야 하는 조 건이라고 할 수 없으므로, 단순집행문을 부여받을 수 있다. 아래와 같은 주문의 간접강제결정에 대하여 채권자가 단순집행문을 부여받는다면, 간 접강제결정에 기초한 집행절차에서의 청구금액은 '결정 고지일로부터 10 일이 지난 날의 다음 날부터 집행개시일까지 1일당 10만 원의 비율로 계 산한 돈'이 된다.[25)]

> "1. 채무자는 ~를 하여야 한다. 2. 채무자가 이 결정 고지일부터 10일 이내에 위 채무를 이행하지 아니할 때에는 그 다음 날부터 위 채무를 이행할 때까지 채권자에 게 1일당 10만 원의 비율로 계산한 돈을 지급하라."

(2) 조건성취집행문설

(가) 작위채무든, 부작위채무든 간접강제결정에 대하여는 조건성취집 행문이 부여되어야 한다는 견해이다. 그 주된 논거는 다음과 같다.[26)]

① 간접강제결정의 문언상 '채무자가 간접강제결정에 기재된 이행기 간 이내에 이행을 하지 않을 때'라는 조건이 성취되어야 간접강제결정의 배상금 지급의무가 발생하는 것으로 해석된다.

② 조건부 법률행위에 있어서 조건의 성취사실에 대한 증명책임은 조건이 성취되었음을 주장하는 자에게 있으므로, 간접강제결정의 집행문 을 부여받을 때에도 채권자가 채무불이행 사실을 증명하여야 한다. 이는

---

24) 이봉민, "부대체적 작위채무인 장부 또는 서류의 열람·등사 허용의무에 관한 간접강제와 집행문", 대법원판례해설 제127호, 법원도서관, 186쪽.

25) 민동근, "부대체적 작위의무와 간접강제결정에 관한 약간의 문제", 재판자료 제 141집: 민사집행법 실무연구(Ⅴ), 법원도서관, 357쪽.

26) 자세한 내용은 오흥록, "간접강제에 대한 몇 가지 검토", 민사판례연구 제37권, 박영사(2015), 952-955쪽; 이민령, "간접강제결정의 집행문 부여절차에서 작위·부 작위의무 위반사실의 집행문부여조건 해당여부", 민사집행법연구: 한국민사집행법 학회지 17, 한국사법행정학회, 209쪽 이하; 강윤희, "간접강제결정의 집행에 있어 작위채무와 부작위채무의 구별", 민사집행법연구: 한국민사집행법학회지 19, 한국 사법행정학회, 70쪽 이하 참조.

본안소송에서의 증명책임 분배, 즉 채무발생 사실은 채권자가, 채무이행 사실은 채무자가 증명해야 하는 것과는 다른 문제이다. 또한 채무불이행으로 인한 손해배상청구나 계약해제 의사표시에 있어, 채무불이행 사실의 증명책임은 작위, 부작위를 불문하고 채권자에게 있다고 보는 것이 일반적이다.

③ 간접강제결정상의 의무가 작위채무인지 부작위채무인지 명확하게 구별되지 않는 경우[27])가 있을 수 있다. 예컨대, "채무자는 채권자에게 ○○의 공급을 중단하여서는 아니 된다."는 집행권원의 경우, 이는 '공급'이라는 작위의무를 부과한 것인지, 아니면 '공급중단금지'라는 부작위의무를 부과한 것인지 불명확하다. 따라서 부작위채무에 대한 간접강제결정 대하여만 채무불이행 사실이 조건이라고 본다면, 집행문 부여절차나 그 불복방법을 정하는 데 있어 혼란이 생길 우려가 있다.

④ 프랑스는 2016년 채권법 개정을 통하여, 주는 채무, 작위채무, 부작위채무의 개념을 폐기하였고, 유럽계약법원칙에서도 행위의 개념에 부작위를 포함시켰으며, 채무의 종류와 관계없이 동일한 구제수단을 부여한다. 이처럼 비교법적으로도 작위와 부작위의 구별을 완화하려는 시도가 이루어지고 있음에도, 굳이 명확한 근거 없이 작위의무와 부작위의무의 집행문 부여 방식에 차이를 둘 필요가 없다.

⑤ 간접강제결정에 대한 집행문 부여는 고도의 규범적 판단을 요할 뿐만 아니라 그 실질이 또 한 단계의 재판에 해당하므로, 재판장(사법보좌관)의 명에 따라 집행문을 부여할 필요가 있다.

**(나)** 조건성취집행문설에 의하면, 부대체적 작위채무에 대한 간접강제결정의 경우에도, 부작위채무에 대한 간접강제결정과 마찬가지로, 조건성취집행문을 부여하여야 한다. 위 (1)항에서 본 간접강제결정에 대하여, 채권자가 결정 고지일부터 10일이 경과하였음에도 채무자가 부대체적 작위채무를 이행하지 않았음을 증명하는 서류를 제출하면서 집행문부여를 신청하면, '결정 고지일로부터 10일이 지난날의 다음 날부터 신청서 접수

---

27) 구체적인 내용은 이민령, 앞의 논문, 255-257쪽 및 강윤희, 앞의 논문, 84-91쪽 참조.

일(또는 집행문 부여일)까지 1일당 10만 원의 비율로 계산한 돈'에 해당하는 부분에 대하여 조건성취집행문을 부여하여야 한다. 예컨대, "위 정본은 사법보좌관의 명령에 의하여, 피신청인에 대하여 결정 조항 중 제2항에 관하여 ○○○만 원[의무위반일수: ○일(2021. ○. ○. ~ 2021. ○. ○.) × 10만 원]의 강제집행을 실시하기 위하여 신청인에게 부여한다."와 같은 식으로 부여하여야 한다.[28]

### (3) 절 충 설

**(가)** 간접강제결정 주문의 문언을 기준으로 배상금의 발생 여부나 시기, 범위가 확정적인 경우(1유형)에는 단순집행문을, 불확정적인 경우(2유형)에는 단순집행문을 부여해야 한다는 견해이다.[29]

**(나)** 1유형의 예로는 채무불이행 시 즉시 손배해상을 명하는 주문(~까지 ~를 하지 않으면 ~원을 지급하라)을 들 수 있다. 또한 '2021. 1. 1.까지 인터넷 게시물을 삭제하라. 위 의무를 위반하는 경우 이행기 다음 날부터 삭제완료 시까지 1일 10만 원의 비율로 계산한 돈을 지급하라.'와 같이, ① 이행기까지 채무를 이행하지 않으면 이행기 다음 날부터 곧바로 배상금이 발생하고, ② 이행기 이후부터 이행 완료 시까지 계속 배상금이 기간에 비례하여 발생한다는 점을 주문의 문언에 의해 쉽게 알 수 있는 경우를 들 수 있다.

**(다)** 2유형의 예로는 채권자의 어떤 행위가 선행되어야 채무자가 의무를 이행할 수 있는 경우를 들 수 있다. 예컨대, '단체교섭 청구에 성실하게 응하여야 한다. 위 의무를 이행하지 않으면 이행할 때까지 1일당 10만 원의 비율로 계산한 돈을 지급하라.'와 같은 간접강제결정의 경우, 채권자의 단체교섭 청구가 선행되지 않는 이상 채무자가 응낙의무를 위반하였다고 할 수 없다. 즉 '채권자가 채무자에게 단체교섭 청구를 하였

---

28) 민동근, "부대체적 작위의무 위반을 이유로 한 배상금 조항에 대한 집행문 실무(서울중앙지방법원 사법보좌관실)", 코트넷 민사집행법연구회 커뮤니티 토론장 2021. 7. 7.자 게시글 참조.
29) 이봉민, 앞의 논문, 190-202쪽.

는지', '하였다면 언제 청구하였는지'에 따라 배상금의 발생 여부, 시기, 범위가 달라진다. 이때 집행을 위한 조건은 '채무자의 의무위반 상태의 도래'이고,[30] 채권자는 자신이 언제 단체교섭 청구를 하였는지에 관한 서류를 제출함으로써 의무위반 상태의 도래를 증명하여야 집행문을 부여받을 수 있다.

(라) 절충설은 1유형의 경우에는 단순집행문설과 동일한 입장이다. 2유형의 경우에도 조건성취집행문설처럼 채무불이행 사실을 조건으로 보는 것이 아니라, '채권자가 간접강제결정 주문의 문언에 의하여 요구되는 선행 행위를 함으로써, 채무자가 의무를 이행하여야 하는 상태에 놓이는 것'을 조건이라고 본다. 절충설의 논거를 요약하면 다음과 같다.

① 1유형의 경우에는 간접강제결정의 주문만으로 집행 범위가 특정된다. 반면 2유형의 경우에는 간접강제결정의 주문만으로 집행 범위가 특정되지 않기 때문에 집행기관은 주문만 보고서는 집행의 범위를 파악할 수 없다. 따라서 2유형에서는 집행문에서 집행의 범위를 특정해야 할 필요가 있다.

② 조건성취집행문설을 관철하면 모든 경우에 채권자가 조건의 성취를 증명해야 하는데 이는 채권자에게 과도한 부담이 된다. 예컨대, '어음을 발행하라.'는 식의 1유형 간접강제결정에서 채무자가 어음을 발행하였다는 사실은 쉽게 증명할 수 있으나, 채권자가 '어음 발행'이라는 사실의 부존재를 증명하는 것은 매우 어렵다. 채권자가 집행문부여 신청을 하면서 부존재를 증명하지 못하면, 집행문부여 거절처분에 대한 이의를 신청하거나 집행문부여의 소를 제기할 수밖에 없는데 이는 집행절차의 신속과 효율을 저해한다.[31]

(4) 판    례

우리 판례는 절충설을 택하고 있다. 대법원은 최근 채권자의 요구가

---

30) 이봉민, 앞의 논문, 198쪽.
31) 조병구, 앞의 논문, 369-370쪽에서도 작위의무를 이행하지 않았다는 것을 증명하기는 어려우므로 단순집행문설의 입장이 더 효율적인 집행을 위한 해석이라고 한다.

있을 때만 장부 등의 열람등사를 허용하면 된다는 전제에서, 장부 등 열람등사 허용의무 관련 간접강제결정은 그 주문의 문언만으로는 배상금 지급의무의 발생 여부나 시기 및 범위가 불확정적인 경우에 해당한다고 판시하였고, 이를 근거로 위 간접강제결정에는 조건성취집행문이 부여되어야 한다고 판단했다.[32] 앞서 본 것처럼 대상판결도 같은 취지로 판시하였다.

　　반면 "1. 채무자는 채권자의 2016. 12. 1.자 교섭요구에 관하여 교섭요구사실을 채무자의 교섭단위 내 모든 사업장에 이 사건 가처분결정 부본 송달일부터 7일간 공고하는 등 별지 목록 기재와 같은 교섭창구 단일화 절차를 이행하라. 2. 채무자가 제1항을 위반할 경우 위반일수 1일당 200만 원을 채권자에게 지급하라."는 가처분결정 및 간접강제결정과 관련하여, "이는 그 주문의 내용과 형식에 비추어 볼 때 배상금 지급의무의 발생 여부와 발생 시기 및 범위를 확정할 수 있는 경우로서 조건의 성취를 증명할 필요 없이 민사집행법 제30조 제1항에 따라 집행문을 부여받을 수 있는 간접강제결정에 해당하고, 그 집행에 조건이 붙은 경우라고 볼 수 없다."고 판단하면서, 채권자의 집행문부여의 소를 각하한 원심이 정당하다고 하였다.[33] 이러한 일련의 판례에 따르면 대법원은 절충설을 택하고 있다고 보인다.[34]

　　그런데 과거 대법원은 집행문부여에 대한 이의신청 사건에서 "신청인은 장부등열람허용가처분사건의 결정에 따른 회계장부의 열람·등사의무를 이행한 사실을 알 수 있으므로, 위 의무의 위반을 조건으로 하는 간접강제결정은 그 조건이 성취되지 않았다 할 것이어서 간접강제결정에 대한 집행문은 취소되어야 하고, 위 집행력 있는 결정정본에 기한 강제집행을 불허함이 상당하다."고 판시한 바 있고,[35] 부대체적 작위의무의

---

32) 대법원 2021. 6. 24. 선고 2016다268695 판결.
33) 대법원 2022. 2. 11. 선고 2020다229987 판결.
34) 박진수, "교섭창구 단일화 절차이행을 명하는 가처분 중 간접강제결정에 대하여 채권자가 집행문부여의 소를 제기하는 것이 적법한지 여부", 서울고등법원 판례공보스터디(2022), 824-831쪽 참조.

일종인 단체교섭응낙의무와 관련하여, "원고가 피고의 단체교섭 청구에 성실하게 응하여야 할 의무를 이행하지 않은 것이라고 보아 간접강제결정의 집행을 위한 조건이 성취되었다고 쉽사리 단정할 수 없다."고 판시한 바도 있다.[36] 이에 대해 위와 같은 판례는 절충설의 입장과 배치되지 않는다는 견해도 있으나,[37] 위 사건에서 대법원이 "의무위반사실이 집행조건에 해당한다."고 명시한 이상, 그와 같이 볼 수 있을지는 의문이다.

(5) 검   토

사견으로는 조건성취집행문설이 타당하다고 생각한다. 그 구체적 이유는 다음과 같다.

(가) 우리 민사집행법 문언에 따른 검토

우리 민사집행법 제261조는 "채무자가 '이행기간' 이내에 이행을 하지 아니하는 때"에 배상을 하도록 명할 수 있다고 규정할 뿐, 부대체적 작위채무와 부작위채무를 구분하여 부작위채무의 경우에만 "이행을 하지 아니하는 때"에 배상금 지급의무가 발생한다고 규정하고 있지 않다. "이행을 하지 않는 것"은 장래의 불확실한 사실로서 배상금 지급의무의 발생 여부가 장래의 불확실한 사실에 달려 있는 이상, 이는 정지조건이라고 보아야 한다.

단순집행문설의 기본 입장은 "간접강제결정에서 정한 '이행기간'의 만료일"은 집행의 "정지기한"[38]으로 보는 것이다. 하지만 우리 민사집행법 문언상 채무자가 이행기간 이내에 채무를 이행하지 않는 것과 무관하게 정지기한이 지나면 배상금이 당연히 발생하는 것으로 해석하기는 어렵다. 그렇게 해석하기 위해서는 "채무자가 이행기간 이내에 이행을 하지 아니하는 때"라는 문구는 삭제하고 "이행기간 이후부터 채무자가 이행할

---

35) 대법원 2016. 10. 31.자 2016카기218 결정(미간행).

36) 대법원 2017. 3. 30. 선고 2016다14966 판결(미간행).

37) 이봉민, 앞의 논문, 197-198쪽.

38) 기한사실의 도래로 법률행위의 효력을 발생하게 하는 기한을 말한다. 예컨대, A가 19살이 되면 건물을 증여하겠다고 약정한 사안에서 A의 19세 도달은 증여의 효력발생요건인 시기에 해당한다. 편집대표 김용덕, 주석 민법[총칙 3](제5판), 한국사법행정학회, 601쪽(남성민 집필부분) 참조.

때까지의 기간에 따른 일정한 배상을 하도록 명하여야 한다."라고만 규정했어야 한다. 즉, 간접강제결정에서 정하는 '이행기간'은 본래의 집행권원상의 의무를 이행하여야 하는 기간일 뿐,[39] 배상금 발생의 시기(始期)가 된다고 보기 어렵다.

### (나) 증명책임 문제와 관련한 검토

단순집행문설에서는 작위의무 이행사실은 채무자가 증명하여야 하기 때문에 이는 '채권자가 증명해야 할 집행조건'이 아니라고 본다. 채권자가 소송절차에서 채무이행을 청구할 때 채무가 발생한 사실을 증명하면, 채무자가 그 채무를 이행한 사실을 증명해야 하고, 나아가 본래의 집행권원에 기한 집행을 면하기 위해서도 채무이행 사실을 증명해야 하는 것은 분명하다. 그러나 간접강제결정은 본래 채무의 이행을 명하는 집행권원이 아니라, 본래 채무를 이행하지 않을 때 배상금을 지급하도록 하는 별도의 집행권원이다. 따라서 본래의 집행권원을 얻기 위한 소송절차나 그 집행절차에서 '본래 채무가 이행으로 소멸하였다는 것'을 채무자가 증명해야 한다고 하여, 논리 필연적으로 간접강제금 집행절차에서도 채무이행 사실을 채무자가 증명해야 한다고 볼 수는 없다.

이는 본래적 이행청구의 경우에는 채무이행 사실을 채무자가 증명하여야 함에도, 채무불이행으로 인한 손해배상청구권, 계약해제권, 위약금 청구권(민법 제398조)의 행사를 위해서는 채권자가 채무불이행 사실을 증명해야 한다고 보는 것과 일맥상통한다. 이에 대하여는 단순집행문설, 절충설과 유사한 논거, 즉 채권자가 채무자의 영역에서 이루어지는 채무불이행의 소극적 사정을 증명하기는 어렵다는 점 등을 근거로 채무자에게 증명책임이 있다는 반대설도 있으나, 채권자가 채무불이행 사실을 증명해야 한다고 보는 것이 다수의 견해이다.[40] 판례도 불완전이행으로 인한 채무불이행책임,[41] 손해배상액의 예정으로서의 위약금 청구,[42] 이행지체

---

39) 오홍록, 앞의 논문, 995쪽 주 75 참조.
40) 주석 민법[채권총칙 1](제5판), 751-754쪽(김상중 집필부분).
41) 대법원 2000. 11. 24. 선고 2000다38718, 38725 판결.
42) 대법원 2000. 12. 8. 선고 2000다50350 판결.

로 인한 계약해제권 발생[43]에 관하여 모두 채권자에게 증명책임이 있다
고 보았다.

**(다) 비교법적 검토**

**1) 독　일**

가) 독일 민사소송법[44] 제888조는 부대체적 작위채무(Nicht vertretbare
Handlungen)의 집행에 관하여 다음과 같이 규정하고 있다.

"① 행위가 제3자에 의하여 이행될 수 없고 오직 채무자의 의사에
매인 경우, 제1심 수소법원은 신청에 따라 채무자가 행위를 하도록 하기
위하여 강제금(Zwangsgeld)을 부과하고 만일 그것을 징수할 수 없는 경우
에는 강제구금(Zwangshaft)을 한다는 재판을 하거나, 강제금을 부과하지
않고 강제구금을 한다는 재판을 할 수 있다. 개별 강제금은 25,000유로를
초과할 수 없다. (이하 생략)

② 강제수단(Zwangsmittel)의 계고(Androhung)는 하지 않는다."[45]

이와 같이 독일 민사소송법상 부대체적 작위채무에 대한 강제금은
'작위의무를 위반하는 때' 발생하는 배상금이 아니라, 채무자에게 심리적
압박을 가하여 본래의 집행권원상의 의무를 자발적으로 이행하도록 하는
성격의 이행강제금이다.[46] 즉 부대체적 작위채무에 대하여는 본래의 집
행권원이 성립하면, 채권자는 채무자가 집행권원상의 작위의무를 스스로
이행하도록 하기 위하여 법원에 이행강제금의 부과를 신청할 수 있고,

---

43) 대법원 1995. 4. 28. 선고 94다16083 판결.
44) 법무부, 독일 민사소송법 번역집(2019)을 참조하였음.
45) § 888 Nicht vertretbare Handlungen
  (1) Kann eine Handlung durch einen Dritten nicht vorgenommen werden, so ist,
    wenn sie ausschließlich von dem Willen des Schuldners abhängt, auf Antrag
    von dem Prozessgericht des ersten Rechtszuges zu erkennen, dass der
    Schuldner zur Vornahme der Handlung durch Zwangsgeld und für den Fall,
    dass dieses nicht beigetrieben werden kann, durch Zwangshaft oder durch
    Zwangshaft anzuhalten sei. Das einzelne Zwangsgeld darf den Betrag von
    25000 Euro nicht übersteigen. (이하 생략)
  (2) Eine Androhung der Zwangsmittel findet nicht statt.
46) 조병구, 앞의 논문, 350쪽.

법원은 강제금을 부과하는 재판을 함에 있어 "의무를 위반하면 돈을 지급하게 된다."는 별도의 경고(Androhung) 없이 강제금을 부과할 수 있으며, 채무자는 의무 이행을 이유로 강제금의 집행을 면하려면 청구이의의 소를 제기해야 한다.[47]

나) 반면, 독일 민사소송법 제890조는 부작위(Unterlassungen) 및 수인(Duldungen) 의무의 집행에 관하여 다음과 같이 규정하고 있다.

"① 채무자가 일정한 행위를 하지 않거나 일정한 행위를 수인할 의무를 위반하는 때에는, 제1심 수소법원은 채무자에게 각 위반행위에 대하여 채권자의 신청에 따라 과태료(Ordnungsgeld)를 부과하고 만일 그것을 징수할 수 없는 경우에 감치(Ordnungshaft)를 하도록 재판을 하거나, 최장 6개월까지 감치를 하도록 재판을 할 수 있다. 개별 과태료는 250,000유로를, 감치는 총 2년을 초과할 수 없다.

② 전항의 재판에 앞서 상응한 계고(Androhung)를 하여야 하고, 의무를 명하는 판결에서 계고를 포함하지 않은 경우에는 신청에 따라 제1심 수소법원이 계고를 한다."[48]

독일에서 부작위 및 수인의무 위반에 대한 집행방법은 부대체적 작위채무의 집행방법과는 그 명칭 및 상한금액 자체가 다르다. 부대체적 작위채무에서의 강제금은 단순히 장래의 이행을 강제하는 수단이지만 부작위 및 수인의무에서의 과태료는 법원의 계고(Androhung)를 무시하고 위

---

47) 정선주, "간접강제금의 본질과 소송상의 제문제", 민사소송 제16권 제1호, 한국민사소송법학회, 452-453쪽.

48) § 890 Erzwingung von Unterlassungen und Duldungen

(1) Handelt der Schuldner der Verpflichtung zuwider, eine Handlung zu unterlassen oder die Vornahme einer Handlung zu dulden, so ist er wegen einer jeden Zuwiderhandlung auf Antrag des Gläubigers von dem Prozessgericht des ersten Rechtszuges zu einem Ordnungsgeld und für den Fall, dass dieses nicht beigetrieben werden kann, zur Ordnungshaft oder zur Ordnungshaft bis zu sechs Monaten zu verurteilen. Das einzelne Ordnungsgeld darf den Betrag von 250.000 Euro, die Ordnungshaft insgesamt zwei Jahre nicht übersteigen.

(2) Der Verurteilung muss eine entsprechende Androhung vorausgehen, die, wenn sie in dem die Verpflichtung aussprechenden Urteil nicht enthalten ist, auf Antrag von dem Prozessgericht des ersten Rechtszuges erlassen wird.

반행위로 나아간 것에 대한 처벌로서의 성격도 함께 가진다.[49] 이처럼 과태료가 처벌 내지 제재로서의 성격도 가지고 있기 때문에, 법원의 경고 이후에 처벌의 대상이 되는 '위반행위'가 있었음이 증명되어야 한다. 법조항도 부대체적 작위채무에 관한 제888조와 달리 '의무를 위반하는 때에', '위반행위에 대하여' 과태료를 명한다고 명시하고 있다.

다) 우리 민사집행법은 독일법과 달리 일률적으로 '채무불이행이 있는 때' 배상금이 발생하는 것으로 규정하고 있으므로, 작위와 부작위를 구분할 필요도 없고 그렇게 구분할 근거도 명확하지 않다.

라) 또한 우리 대법원은 부대체적 작위채무와 관련한 사건에서 "간접강제금은 '심리적 강제수단'과 '채무불이행에 대한 법정 제재금'의 성격을 모두 가지고 있다."고 판시했다.[50] 이는 독일법상 부대체적 작위채무에 대한 강제금이 '심리적 강제수단'으로서의 성격만 가지고 있고, 부작위채무에 대한 과태료는 두 가지 성격을 모두 가지고 있는 것과 대비된다. 우리 민사집행법상 작위채무에 대한 간접강제금이 채무불이행에 대한 법정 제재금의 성격을 가지는 이상, 그 제재를 위한 전제로서 채무불이행 사실의 증명이 요구되는 것은 부작위채무와 다를 바 없다.

2) 일    본

가) 일본에서는 작위, 부작위의무를 구분하여, 작위의무에 대하여는 단순집행문을, 부작위의무에 대하여는 조건성취집행문을 부여해야 한다는 것이 다수설, 판례이다. 그 논거는 우리의 단순집행문설과 대동소이한 것으로 보인다.[51] 이처럼 일본에서는 작위의무의 불이행 사실은 집행의 조건에 해당하지 않는다고 본다. 그런데 그렇게 볼 경우, "채무자가 채권자에게 ~까지 ○원을 지급하지 않는 경우, 채무자는 채권자에게 ~에 관한 소유권이전등기절차를 이행한다."는 화해, 조정조서에 관하여, 채무자가 ~까지 ○원을 지급하였음에도 채권자가 단순집행문을 부여받아 소유권이전

49) 조병구, 앞의 논문, 350쪽.
50) 대법원 2013. 2. 14. 선고 2012다26398 판결.
51) 구체적인 내용은 강윤희, 앞의 논문, 81-82쪽, 이민령, 앞의 논문, 231-233쪽 참조.

등기를 마쳐 버릴 가능성이 있다. 이와 같이 의사표시를 명하는 집행권원의 경우, 채권자가 그에 따른 집행, 즉 등기 이전을 완료해 버리면, 채무자가 청구이의의 소로써 다툴 수 없다. 그리하여 일본에서도 소수설은 위와 같은 문제점을 지적하면서 "채권자가 채무자에게 채무이행을 구하는 최고서 사본 등도 집행조건의 증명을 위한 서류에 해당한다고 볼 수 있고, 재판장의 명령 전의 채무자의 심문절차를 통해 채무불이행 여부를 확인할 수 있으므로, 증명의 어려움이라는 문제는 해결될 수 있다."는 점 등을 근거로, 작위의무 불이행도 집행조건에 해당한다고 주장한다.[52]

나) 그런데 일본은 위와 같은 문제를 입법적으로 해결하였다. 일본 민사집행법 제177조 제3항[53]은 "채무자의 의사표시가 '채무자가 증명해야 할 사실이 없는 것'에 관계되는 경우 집행문부여 신청이 있는 때에는 재판소 서기관은 채무자에게 일정기간을 정하여 사실을 증명하는 문서를 제출할 것을 최고하고, 채무자가 그 기간 내에 문서를 제출하지 않은 때에만, 집행문을 부여할 수 있다."라고 규정한다. 이는 집행에 있어 "작위채무의 이행사실"을 채무자가 증명해야 할 사실로 전제한 후, 채무자의 의사표시가 "채무의 이행사실이 없는 것", 즉 "채무불이행 사실"을 조건으로 경우에는 재판소 서기관이 채무자에게 채무의 이행사실을 증명하는 문서를 제출할 기회를 부여함으로써, 위와 같은 불측의 손해가 발생하는 것을 방지하기 위한 규정으로 보인다. 나아가 일본에서는 실권약관(失權約款)이 있는 화해조서, 예컨대 "1,000만 원을 10회 분할하여 지급하되, 1회라도 지체 시 전액을 일시에 지급한다."는 화해조서의 경우, 위 제177조 제3항을 유추적용하여 집행문부여신청을 받은 재판소 서기관은 채무자가 채무를 이행한 사실의 증명문서(할부금의 영수증 등)의 제출을 최고하고,

---

52) 김성룡, 앞의 논문, 126-127쪽 참조.
53) 第百七十七条 3.債務者の意思表示が債務者の証明すべき事実のないことに係る場合において、執行文の付与の申立てがあつたときは、裁判所書記官は、債務者に対し一定の期間を定めてその事実を証明する文書を提出すべき旨を催告し、債務者がその期間内にその文書を提出しないときに限り、執行文を付与することができる。

채무자가 그 최고기간 내에 해당 관련 문서를 제출하지 않거나 제출한
문서가 채무이행사실을 증명하기 부족한 때에 한하여 집행문을 부여할
수 있다고 한다.[54]

다) 우리 민사집행법에는 일본 민사집행법 제177조 제3항과 같은 규
정이 없기 때문에, 단순집행문설이나 절충설에 따르면 채권자의 부당한
의사표시의무 집행을 저지할 구제수단이 없다. 그래서 우리의 등기실무
는 "금전지급의무를 불이행하는 경우, 등기를 이전해야 한다."는 형식의
집행권원에 대하여는 조건성취집행문을 받도록 하고 있다.[55] 그러나 의
사표시의무에 관하여만 위와 같이 예외적으로 조건성취집행문을 부여하
는 것은 타당하지 않다. 인도의무 등과 같이 즉시 집행이 완료되어 버리
는 경우에도 의사표시의무와 동일한 문제가 발생하기 때문이다. 이처럼
일본은 작위의무 이행사실을 채무자가 증명해야 한다는 것을 전제로 이
를 보완하는 입법을 하였지만, 우리는 그런 법 조항이 없고, 판례상으로
도 채무불이행 책임을 물으려면 채권자가 작위의무 불이행 사실을 증명
해야 한다. 결국, 채권자가 이행 최고서 등으로 작위의무 위반사실을 증
명하게 하고, 심문절차(민집 32조 2항)를 통해 이를 보완하게 함이 우리
민사집행법 체계나 민법상 채무불이행 사실의 증명책임 부담원칙에 더
부합하는 해석이라고 보인다.

**(라) 증명의 어려움이라는 비판에 대한 반박**

1) 위와 같이 우리 민사집행법 문언, 체계나 간접강제결정의 문언,
채무불이행에 대한 증명책임 분배에 관한 법리 등에 비추어 보면, 우리
민사집행법하에서는 조건성취집행문설을 택하는 것이 더 타당해 보인
다. 결국, 조건성취집행문설을 비판하는 견해의 주된 논거는 작위채무를
이행하지 않은 사실을 증명하여 집행문을 받는 것이 곤란하다는 데에
있다.[56]

54) 주석 민사집행법 II(제4판), 141쪽(홍동기 집필부분).
55) 주석 민사집행법 VI(제4판), 154쪽(황진구 집필부분).
56) 이봉민, 앞의 논문, 195쪽.

2) 하지만 이러한 상황은 부작위의무에서도 충분히 발생할 수 있다. 다음과 같은 사안을 상정해 보자.

> 채무자가 채권자 회사와의 전직금지약정을 위반하여 경쟁사인 ○○ 회사에 취업하자, 채권자가 가처분신청을 하여 "채무자는 이 결정 송달일부터 1년간 ○○ 회사에 취업하여서는 안 된다. 채무자가 위 명령을 위반할 경우 채권자에게 위반행위 1일당 100만 원씩을 지급하라."는 결정을 받았다. 위 의무는 부작위의무이므로 채권자는 채무자가 ○○ 회사에 취업하였음을 증명하여 조건성취집행문을 부여받아야 한다. 그런데 채무자는 이미 위 결정 송달일 이전부터 ○○ 회사에 취업한 상태였고, 따라서 채권자는 '채무자의 퇴사사실의 부존재'를 증명해야 했다. 이에 채권자가 집행문부여의 소를 제기하자 채무자는 사직서 등을 증거로 제출하면서 이미 퇴사하여 부작위의무를 이행하였다고 주장하였다. 하지만 채권자는 "채무자의 퇴사가 형식적인 것이었고 실제로는 퇴사하지 않았다는 사실"을 증명하여 판결로써 집행문을 부여받았다.[57]

채권자가 자기의 영역이 아닌 부분인 '채무자가 퇴사하지 않았다는 사실'이나 '퇴사가 형식적이었다는 사실'을 증명하는 것이, 채무자가 자기의 영역에 해당하는 부분인 '스스로 퇴사하였다는 사실'을 증명하는 것보다 더 어렵다는 점은 다언을 요하지 않는다.

3) 한편, 부대체적 작위의무의 이행을 명하는 가처분결정을 받은 채권자가 간접강제의 방법으로 그 가처분결정에 대한 집행을 함에 있어서도 가압류에 관한 민사집행법 제292조 제2항의 규정이 준용되어 특별한 사정이 없는 한 가처분결정이 채권자에게 고지된 날부터 2주 이내에 간접강제를 신청하여야 함이 원칙이다. 반면 채무자에 대하여 단순한 부작위를 명하는 가처분은 그 가처분 재판이 채무자에게 고지됨으로써 효력이 발생하는 것이지만, 채무자가 그 명령 위반의 행위를 한 때에 비로소 간접강제의 방법에 의하여 부작위 상태를 실현시킬 필요가 생기는 것이므로 그 때부터 2주 이내에 간접강제를 신청하여야 함이 원칙이다.[58] 이처럼 작위의무와 부작위의무는 가처분의 집행기간과 관련하여 원칙적인 차이가 있다.

---

57) 대법원 2012. 4. 13. 선고 2011다92916 판결의 사실관계와 동일하다.
58) 대법원 2010. 12. 30.자 2010마985 결정 참조.

그러나 위 2)항의 사안처럼, 가처분 재판이 고지되기 전부터 채무자가 부작위의무 위반행위를 계속하고 있었던 경우라면 부대체적 작위의무와 마찬가지로 고지일부터 집행기간이 기산한다.[59] 즉, 채무자가 이미 가처분 결정 이전부터 부작위의무(전직금지의무)를 위반하고 있었다면, "퇴사"라는 적극적인 행위(작위)로 나아가지 않는 이상, 의무위반 상태는 해소되지 않는다. 결국 위 가처분은 부작위의무를 명하는 형식이지만 실질은 퇴사를 명하는 가처분과 다름없고, 그리하여 대법원도 이러한 경우에는 작위의무와 마찬가지로 가처분 고지일부터 집행기간이 기산한다고 본 것이다.[60]

4) 이처럼 작위의무와 부작위의무는 동전의 양면과도 같은 것으로서 조건성취 증명의 어려움이라는 문제는 작위의무 불이행 사실을 증명할 때뿐만 아니라 부작위의무 불이행 사실을 증명할 때에도 나타날 수 있다. 따라서 증명의 어려움이라는 사정을 들어 부작위의무와 작위의무를 구분하여 부작위의무 위반만 집행조건이라고 볼 필요는 없다.

**(마) 채무자에 대한 절차적 권리 보장의 필요성**

1) 판결선고와 동시에 간접강제결정을 할 수 있는지에 관한 대법원 2021. 7. 22. 선고 2020다248124 전원합의체 판결의 반대의견[61]은 판결절차에서 동시결정을 하는 경우 채무자를 지나치게 불리하게 대우하는 결과가 발생한다는 지적을 하였고, 이에 대하여 다수의견의 보충의견[62]은 다음과 같이 재반박하였다.

"간접강제가 집행방법임과 동시에 집행권원이 되고, 간접강제에 기초하여 별도의 금전집행이 예정되어 있는 점을 고려하면, 판결절차에서 간접강제를 명한다고 하더라도 채무자에게 과도하게 불리하다거나 채무자의 절차상 권리를 박탈한다고 볼 수 없다. 판결절차에서 명한 간접강

---

59) 위 2010마985 결정 참조.
60) 손흥수, "부작위를 명하는 가처분 결정의 집행기간", 민사집행법 실무연구 Ⅲ(김능환 대법관 화갑기념), 356쪽 주 9 참조.
61) 대법관 이기택, 대법관 안철상, 대법관 이흥구.
62) 대법관 김선수.

제에 대하여 집행문이 부여될 때, 그 집행에 조건이 붙어 있는 경우라면 채권자는 조건이 성취되었음을 증명해야 하는데(민집 30조 2항), 특히 부작위채무의 경우에는 채무자의 부작위의무 위반이 부작위채무에 대한 간접강제결정의 집행을 위한 조건에 해당하므로 민사집행법 제30조 제2항에 의하여 채권자가 그 조건의 성취를 증명하여야 집행문을 받을 수 있다. 재판장은 집행문 부여를 위한 명령에 앞서 서면이나 말로 채무자를 심문할 수 있다(민집 32조 2항). 채무자는 간접강제에 집행문이 부여되는 데 위법이 있으면 이의를 신청할 수도 있다(민집 34조 제2항). 이와 같이 간접강제에 기초하여 별도의 금전집행이 개시되기 전까지 채무자에 대한 절차 보장의 기회는 충분히 마련되어 있다. 따라서 채무자의 집행절차에서의 절차적 권리가 실질적으로 훼손된다고 볼 수 없다."

그런데 위와 같은 절차적 권리가 부작위의무(절충설의 경우는 일부 부대체적 작위의무 포함)에만 보장되어야 하고 부대체적 작위의무에는 보장되지 않아도 되는가.

2) 독일법에서는 부대체적 작위채무에 대한 이행강제금은 심리적 압박수단으로서의 성격만 가질 뿐 제재금으로서의 성격은 없고, 그 상한액도 25,000유로로서 부작위의무의 10분의 1에 불과하다. 또한 독일법상의 이행강제금은 일시금으로 부과될 뿐 기간에 따라 늘어나지 않는다. 반면 부작위의무에 대한 과태료는 질서벌로서의 성격이 강하고, 그 상한액도 25만 유로에 이르지만, 구체적인 위반행위를 전제로 하여서만 부과되고, 그 이전에 계고 절차가 선행되어야 한다. 게다가 우리나라처럼 판결 선고 등과 동시에 강제금이나 과태료를 부과하는 절차도 없다.

하지만 우리나라의 경우, 작위, 부작위를 구분하지 않고 배상금은 모두 제재금으로서의 성격은 가짐은 물론 채권자의 손해배상금에 충당되며,[63] 채권자가 받을 수 있는 정당한 손해배상금보다 간접강제금이 많아지더라도 채권자는 이를 부당이득으로 반환할 의무가 없다.[64] 또한 작위,

---

63) 대법원 2014. 7. 24. 선고 2012다49933 판결, 반면 독일에서의 강제금 및 과태료는 국고에 귀속된다.

부작위에 대한 간접강제발령 절차도 동일하다. 그리고 배상금 상한을 제한하는 규정이 없을 뿐만 아니라 위반기간에 비례한 배상금을 명하는 것도 가능하기 때문에, 이행기간의 종기가 특정되어 있지 않은 경우에는 배상금이 무한히 늘어날 우려도 있다.

따라서 우리 민사집행법하에서는 부작위채무는 물론 부대체적 작위채무의 경우에도 집행문 부여단계에서 집행의 범위를 특정하는 등으로 채무자의 절차적 권리를 보장할 필요가 있다. 독일 민사소송법 제890조 제2항의 계고 절차에서는 제재의 상한이나 범위를 정하여야 하지만 구체적인 액수를 정할 필요는 없고, 계고 이후 부작위의무를 실제 위반하였을 때에 같은 조 제1항에 의한 별도의 절차에서 다시 과태료 액수를 구체적으로 정한다고 한다.[65] 이에 대하여 부작의의무 위반의 정도나 태양의 다양성에 유연하게 대처하기 위해서는 우리 민사집행법에서도 독일처럼 집행문부여 단계에서 구체적인 제재금액을 정하는 방법을 도입할 필요가 있다는 견해가 있다.[66] 우리 민사집행법은 독일처럼 부작위의무나 부대체적 작위의무를 다르게 취급하지 않고 있기 때문에, 위와 같은 논의는 부대체적 작위의무에도 그대로 적용된다.

3) 단순집행문은 채무자에게 송달할 필요가 없다. 따라서 채무자는 단순집행문 부여 사실을 알 수 없고 이에 대하여 다투기도 어렵다. 채무자는 자신 소유의 부동산에 대한 경매개시결정을 송달받는 등으로 구체적인 금전집행 절차가 진행되어야 비로소 자신의 의무위반으로 재산을 잃을 위험에 처한다는 것과 배상금의 구체적 액수를 현실적으로 자각하게 된다.

이와 달리 조건성취집행문은 채무자에게 송달하여야 한다(민집 39조 2항). 집행문부여 이의로 다툴 수 있는 기회를 보장하여야 하기 때문이

---

64) 조병구, 앞의 논문, 353쪽.
65) Thoma/Putzo, ZPO, 25, Aufl.(2003), §890 Rn 20[주석 민사집행법 Ⅵ(제4판), 128쪽 (황진구 집필부분)에서 재인용.
66) 주석 민사집행법 Ⅵ(제4판), 128쪽(황진구 집필부분).

다. 채무자는 조건성취집행문 부여를 위한 심문절차나 집행문 송달을 통해, 의무위반으로 인해 자신이 구체적으로 부담해야 할 배상금의 액수를 알게 되고, 그 배상금 집행이 임박하였다는 점까지 알게 된다. 그러한 사정을 알게 된 채무자로서는 배상금 집행이 개시되기 전에 "빨리 본래의 의무를 이행해야겠다."는 생각을 가지게 될 수 있다. 간접강제의 주된 목적은 배상금을 지급하게 하는 것에 있기 보다는 채무자를 심리적으로 압박하여 본래의 의무를 이행하게 하는 데 있으므로, 위와 같은 조건성취 집행문 부여절차는 채무자의 절차적 권리를 보장함은 물론, 본래의 채무 만족을 얻으려는 채권자의 이익에도 일부 부합하는 면이 있다.[67]

### (바) 판례(절충설)의 문제점

1) 절충설은 "~까지 열람등사를 허용해야 한다. 허용하지 않으면 ~를 지급하라."라는 주문의 문언 중 "허용"이라는 문구에 착안하여, 채권자가 요구하는 경우에만 허용의무를 부담하는 것일 뿐, 요구가 없는 경우에까지 열람등사 할 수 있도록 채무자가 먼저 이행제공하여야 하는 것은 아니라고 본다. 본래의 집행권원 성립단계에서는 위와 같이 볼 수 있다. 하지만 간접강제결정의 배상금 집행단계에서도 반드시 그렇게 보아야 하는가.

"장부 등의 열람등사를 허용해야 한다."는 가처분결정만 고지된 이후 채권자가 수차례에 걸쳐 채무자에게 열람등사를 요청했는데 이를 모두 거절당하였기 때문에 간접강제결정을 별도로 받았다면, 이미 절충설에서 말하는 의무위반 상태가 도래하였다고 볼 수도 있다. 상법상의 회계장부 열람등사 청구는 이유를 붙인 서면으로 하여야 하나(상법 제466조 제1항), 가처분신청서나 준비서면에 구체적인 이유를 밝힌 경우에는 그 송달로써 사전에 서면청구를 하지 않은 하자가 치유된다.[68] 또한 채권자는 채무자에게 열람 등 요구를 한 번 하면 족하고 채무자가 그 요구를 거절하면 그 이후부터는 채권자의 별도 요구행위 없이도 그 의무위반 상태는 계속된다고 보아야 한다.

---

67) 강윤희, 앞의 논문, 93쪽 참조.
68) 법원실무제요 민사집행 Ⅴ, 154쪽 참조.

집행기간에 관한 대법원 판례의 사안에서도 이와 같은 사정을 엿볼 수 있다. "법원이 신청인들의 신청에 따라 1999. 2. 22. 재항고인에 대하여 결정 정본을 송달받은 날의 3일 후부터 공휴일을 제외한 20일의 기간 동안 그 영업시간 내에 한하여 신청인들 또는 그 대리인에게 장부 및 서류를 열람·등사하게 하도록 명하는 내용의 가처분결정을 내렸고, 신청인들은 같은 달 24일 위 가처분결정 정본을 송달받은 다음, 같은 해 3월 2일부터 재항고인 회사를 방문하여 가처분결정에 명시된 장부와 서류의 열람 및 등사를 요구하였으나 재항고인이 첫날부터 일부 장부와 서류만 보여 주고 나머지의 열람을 거부하자, 신청인들이 같은 달 23일 위 가처분결정의 집행을 위하여 간접강제 신청을 한 사안"에서, 대법원은 "위 가처분결정은 재항고인에 대하여 일정 기간 계속되는 부대체적 작위의무를 명한 것이라 할 것이고 재항고인은 1999. 3. 2.부터 작위의무를 성실히 이행하지 않는 태도를 보이므로 신청인들로서는 간접강제가 필요하다고 보이는 그 시점부터 14일의 집행기간 내에 가처분의 집행을 위한 간접강제를 신청하였어야 하는데, 14일이 지난 같은 달 23일에야 이 사건 간접강제 신청을 하였음이 명백하므로, 이 사건 간접강제 신청은 집행기간을 넘긴 것으로서 부적법하다고 할 것이다."라고 하였다.[69] 위 판례에서 말하는 "채무자의 태도에 비추어 작위의무의 불이행으로 인하여 간접강제가 필요한 것으로 인정되는 때"가 도래하여 간접강제가 발령된 이상, 또다시 채권자가 배상금 집행을 위해 '의무위반 상태'에 이르렀다는 것을 증명해야 할 필요가 없다고 볼 여지도 충분히 있다. 즉, 반대로 채무자가 간접강제결정에서 정한 이행기간 동안 "열람등사가 다 준비되어 있으니 사무실로 찾아오라"는 식의 통지를 하여 열람등사 허용의무의 이행제공을 하였다는 점을 증명해야 한다고 볼 수도 있다.[70]

2) 본래 의무의 이행을 명하는 판결 등이 확정된 이후에도, 채권자

69) 대법원 2001. 1. 29.자 99마6107 결정.
70) 이 사건에서 채무자는 채권자에게 별지 자료를 이메일로 송부했는데, 이와 같은 방법으로 의무이행을 할 수도 있을 것이다.

가 요구하는 경우에만 허용의무를 부담하는 것이라면, 열람등사 허용을 명하는 본래의 집행권원에 대하여도 조건성취집행문을 부여받아야 하는가. 그렇다고 보는 것이 논리 일관적이다. 본래 집행권원 주문의 문언만으로는 채권자가 언제 열람등사를 요구할지 알 수 없고, 따라서 채무자가 언제 허용의무를 이행해야 하는지도 확정할 수 없기 때문이다(불확정기한과 유사하다). 그렇게 되면 채권자는 본래의 집행권원에 대하여도 "열람등사 요구사실"을 증명하여 집행문을 부여받은 다음 그에 기하여 간접강제결정을 받고, 간접강제결정에 대하여도 재차 "열람등사 요구사실"을 증명하여 집행문을 부여받아야 한다. 채권자로서는 차라리 "의무위반 사실"이 조건이라고 보고 간접강제결정에 대하여서만 조건성취집행문을 받는 것이 신속하고 효율적인 집행을 하는 데 더 유리할 것이다.

3) 법원사무관등으로서는 "주문의 문언상 배상금 지급의무의 발생 여부, 시기, 범위를 확정할 수 있는지 아닌지"에 관한 판단을 전제로, ① 단순 집행문을 부여할지 아니면, ② 재판장(사법보좌관)의 명령이 필요하다고 보아, 재판장(사법보좌관)의 명령을 얻기 위한 내부적 절차[71]를 진행할 것인지를 선택해야 한다.[72] 형식적 심사권한만을 가진 집행문부여기관에게 위와 같은 부담을 주는 것은 집행의 신속과 효율이라는 면에서 적당하지 않다. 오히려 법원사무관등으로서는 간접강제결정에는 모두 재판장 등의 명령을 받아 집행문을 부여한다는 원칙이 정립되는 것이 훨씬 더 간명하다.

4) 예컨대, "A 부분을 삭제하지 아니하고서는 B 방송을 하여서는 아니 된다. 위 의무를 위반하는 경우 ○원을 지급하라."는 간접강제결정에서, A 부분 삭제의무는 부대체적 작위의무이고, B 방송 금지의무는 부작위의무이다. 그런데 작위의무를 이행하면(A 부분을 삭제하면) 부작위의무(B

---

71) 재판장의 명령은 집행문부여기관인 법원사무관등에 대한 내부적 지휘이므로 그 명령을 당사자에게 고지할 필요가 없고, 당사자들은 재판장의 명령에 대하여 직접 불복할 수도 없다. 주석 민사집행법 Ⅱ(제4판), 167쪽(홍동기 집필부분).

72) 법원사무관등은 조건의 성취 여부를 직접 판단할 필요는 없으나, 해당 집행권원에 조건이 붙어 있는지 여부, 즉 집행문을 부여함에 있어 재판장 등의 명령이 필요한지 여부는 직접 판단해야 한다. 주석 민사집행법 Ⅱ(제4판), 169쪽(홍동기 집필부분).

방송 금지의무)는 발생하지 않고, 부작위의무를 이행하면(B 방송을 하지 않으면), 작위의무(A 부분 삭제의무)는 발생하지 않는다.

조건성취집행문설에 따르면 채권자는 "A 부분을 삭제하지 않고 B 방송을 방영한 사실" 모두를 증명하여 조건성취집행문을 받아야 한다. 절충설이나 단순집행문설에 의하면 명확치 않다. 단순히 "B 방송이 방영된 사실"을 증명하면 집행문을 부여할 수 있는가. 아니면 "A 부분 삭제가 이루어지지 않은 사실"까지 증명해야 집행문을 부여할 수 있는가. B 방송이 방영된 사실만으로는 부작위의무 위반이 있다고 볼 수 없고 부작위의무 위반은 채권자가 증명해야 하므로, A 부분 미삭제 사실까지도 채권자가 증명해야 하는 집행조건이라고 할 수 있다. 반면 A 부분 삭제의무는 부대체적 작위의무이고 그 이행사실은 채무자가 증명해야 하므로 집행조건이 아니라고 할 수도 있다. 여하간 여기에 집행문이 부여된 경우, 채무자는 부작위의무 위반이라는 조건성취를 다투면서 집행문부여 이의의 소를 제기할 수도 있고 A 부분 삭제라는 부대체적 작위의무를 이행했다고 주장하며 청구이의의 소도 제기할 수 있다. 하나의 소송은 다른 하나의 소송에 어떤 영향을 미치는가. 다음 항[Ⅳ.2.(2)]에서 살펴본다.

## Ⅳ. 채무자의 구제수단 및 그 수단 간의 관계

### 1. 간접강제결정이 있는 경우 본래의 집행권원에 대한 청구이의의 소가 허용되는지 여부

대상판결의 제1심은 간접강제결정에 대한 집행문부여 이의의 소만 가능할 뿐, 본래의 집행권원에 대한 청구이의가 불가능하다고 판단했다.

간접강제결정은 본래의 집행권원과 독립된 별개의 집행권원이기는 하지만, 본래의 집행권원에 대한 집행방법임은 분명하다. 본래의 집행권원에 대한 직접강제나 대체집행 절차가 개시되었다 하여 본래의 집행권원에 대한 청구이의가 불가능하다고 보지 않는 것처럼, 간접강제결정이 발령되었다는 이유만으로 본래의 집행권원에 대한 청구이의가 불가능하다고 할 수는 없다. 집행권원에 기한 강제집행이 일단 전체적으로 종료되어 채권자가 만족을 얻은 후에는 더 이상 청구이의의 소로써 그 강제집행의 불허를 구할 이익이 없기는 하나,[73] 본래 집행권원에서 명한 의무이행이 이루어지지 않는 이상, 간접강제결정이 발령되었거나 거기에 집행문이 부여되었다 하여 본래의 집행권원에 기한 강제집행이 전체적으로 종료되었다고 볼 수는 없다.

대상판결은 "부대체적 작위의무는 채무자의 의무이행으로 소멸하므로 이 경우 채무자는 본래의 집행권원에 기한 강제집행을 당할 위험에서 종국적으로 벗어날 수 있어야 한다."는 이유로 본래 집행권원에 대한 청구이의가 가능하다고 판시했다. 그런데 부작위의무도 의무이행으로 소멸함은 마찬가지이다. 대상판결은 원심 변론종결 이후 부분을 제외한 나머지 부분에 대한 집행력을 배제한 원심을 수긍했는데, 계속적 부작위의무에 있어서도, 채무자가 청구이의의 소의 사실심 변론종결 시까지 부작위의무를 위반하지 않았으면, 마찬가지로 그 부분에 관한 집행력을 소멸시킬 필요가 있다.[74]

## 2. 간접강제결정에 대하여 집행문부여 이의의 소와 청구이의의 소가 모두 허용되는지 여부 및 양자 사이의 관계

### (1) 본래 의무의 이행을 이유로 간접강제결정에 대하여 청구이의의 소를 제기할 수 있는지

본래의 집행권원에 대한 청구이의의 소가 인용되면, 민사집행법 제49조 제1호, 제50조 제1항[75]에 따라 간접강제결정을 취소할 수 있다.[76]

---

73) 대법원 1997. 4. 25. 선고 96다52489 판결 참조.
74) 같은 취지, 강윤희, 앞의 논문, 98-99쪽.
75) 민사집행법 제49조: 강제집행은 다음 각 호 가운데 어느 하나에 해당하는 서류를 제출한 경우에 정지하거나 제한하여야 한다.
   1. 집행할 판결 또는 그 가집행을 취소하는 취지나, 강제집행을 허가하지 아니하거나 그 정지를 명하는 취지 또는 집행처분의 취소를 명한 취지를 적은 집행력 있는 재판의 정본
   제50조 ① 제49조 제1호·제3호·제5호 및 제6호의 경우에는 이미 실시한 집행처분을 취소하여야 하며, 같은 조 제2호 및 제4호의 경우에는 이미 실시한 집행처분을 일시적으로 유지하게 하여야 한다.

단, 채무자가 뒤늦게 채무를 이행하였더라도 채무를 이행하기 전까지
발생한 간접강제금은 추심할 수 있으므로, 간접강제결정의 취소는 소급
효가 없다. 따라서 채무자는 채무이행 시부터 간접강제결정이 취소되기
전까지 부분에 대해서는 간접강제금의 집행을 저지할 구제수단이 필요
하다.[77]

　　판례는 부작위의무에서는 의무위반 사실이 집행조건이므로 집행문부
여 이의의 소를 통해 구제받을 수 있다고 한다.[78] 조건성취집행문설은
작위의무와 부작위의무를 구분하지 않으므로, 부대체적 작위의무의 경우
에도 마찬가지로 집행문부여 이의의 소를 제기하면 된다(단, 간접강제 배상
금의 변제 등을 이유로 하여서는 당연히 간접강제결정에 대하여 청구이의의 소를
제기할 수 있다).

　　반면 절충설이나 단순집행문설에 의하면, 부대체적 작위의무 위반사
실은 집행조건이 아니다. 따라서 집행문부여 이의의 소를 제기할 수 없
고 청구이의의 소를 제기해야 한다. 종래 본래의 의무이행을 이유로, 간
접강제결정에 대하여 청구이의가 가능한지에 관하여 견해가 대립하였으
나,[79] 대상판결은 청구이의가 가능하다는 입장을 분명히 밝혔다.

### (2) 판례(절충설)을 따르는 경우의 문제점

### (가) 의무를 이행한 채무자가 간접강제결정에 대하여 다툴 수 있는 구제 수단 정리

　　단순집행문설에 의하면, 작위의무에 대하여는 청구이의의 소를, 부작
위의무에 대하여는 집행문부여 이의의 소를 제기하면 되고, 조건성취집행
문설에 의하면, 두 의무 모두에 대하여 집행문부여 이의의 소를 제기하
면 된다. 즉, 위 두 소송이 양립하는 경우가 발생하지 않는다. 하지만 절

---

76) 대법원 2000. 3. 17.자 99마3754 결정 참조, 주석 민사집행법 Ⅵ(제4판), 110쪽
　　(황진구 집필부분); 이에 대하여 채권자의 배상금채권 취득사실이 소명되는 이상
　　집행절차에서 간접강제결정을 취소할 수 없다는 견해도 있다(김승표, "가처분에 있
　　어서의 보전의 필요성과 간접강제", 대법원판례해설 제47호, 법원도서관, 373쪽).
77) 주석 민사집행법 Ⅵ(제4판), 110-111쪽(황진구 집필부분) 참조.
78) 대법원 2012. 4. 13. 선고 2011다92916 판결.
79) 부정하는 견해로 양진수, 앞의 논문, 145-146쪽.

충설에 의하면, 부대체적 작위의무 중 일부[위 Ⅲ.2.(3)에서 본 이른바 2 유형]에 대하여는 조건성취집행문이 부여되기는 하나, 여전히 본래 의무이행 여부는 집행조건이 아니라 청구이의 사유이므로, 위 두 소를 모두 제기할 수 있다. 대상판결이 열람등사 허용의무와 관련하여 위 두 소송이 모두 가능하다고 판시하였음은 앞서 살핀 것과 같다.

**(나) 청구이의의 소와 집행문부여 이의의 소와의 관계**

1) 청구이의의 소와 집행문부여 이의의 소 사이의 관계에 대하여 아래와 같은 견해대립이 있다.

가) 법조경합설은 집행문부여 이의의 소와 청구이의의 소는 본질적으로 같은 종류의 불복절차라는 견해이다. 법조경합설에 따르면 채무자는 하나의 소를 제기하여 양쪽의 이의사유, 즉 조건의 불성취나 청구권의 불발생, 소멸 등을 모두 주장할 수 있다. 따라서 어느 하나의 소송에서 선고된 판결의 기판력은 다른 소송에도 미친다.

나) 소권경합설은 두 소송을 별개의 절차로 보는 견해이다. 청구이의의 소를 제기하면 집행권원의 집행력 자체가 배제되고, 집행문부여 이의의 소를 제기하면 집행문의 효력만 배제될 뿐 집행권원은 여전히 집행력을 가진다는 점을 근거로 한다.

2) 두 소송은 민사집행법에 의해 그 근거조문과 요건이 분리되어 있고 집행문부여 이의의 소에서는 조건의 성취 또는 승계의 유무만 다투게 함으로써 신속한 집행을 도모할 수 있으므로,[80] 소권경합설이 타당하다고 생각한다. 채무자로서는 양 쪽의 이의사유를 모두 주장하기 위해서는 양 소를 모두 제기하거나 소의 객관적 병합의 형태로 다투어야 한다.[81] 대법원은 부작위의무 간접강제결정 사안에서 "집행문부여 요건인 조건의 성취 여부는 집행문부여와 관련된 집행문부여의 소 또는 집행문부여 이의의 소에서 주장·심리되어야 할 사항이지, 집행권원에 표시되어 있는

---

80) 권창영, "집행문부여에 대한 이의제도와 청구이의의 소의 상호관계", 법조(2018. 6), 365쪽.
81) 주석 민사집행법 Ⅱ, 278쪽(홍동기 집필부분).

청구권에 관하여 생긴 이의를 내세워 집행권원이 가지는 집행력의 배제를 구하는 청구이의의 소에서 심리되어야 할 사항은 아니다."라고 판시하여 소권경합설을 채택하였음을 분명히 했다.[82]

한편 대법원은 승계집행문 부여의 소에서 피고가 채권의 소멸시효가 이미 완성되었다고 주장하자, "민사집행법이 집행문부여의 소와 청구이의의 소를 각각 인정한 취지에 비추어 보면 집행문부여의 소의 심리대상은 조건성취 또는 승계 사실을 비롯하여 집행문부여 요건에 한하는 것으로 보아야 한다. 따라서 채무자가 민사집행법 제44조에 규정된 청구이의의 소의 이의 사유를 집행문부여의 소에서 주장하는 것은 허용되지 아니한다."라고 판시하였다.[83] 이와 같이 집행문부여의 소에서도 피고는 청구이의사유를 들어 항변할 수 없고, 반소나 별소로 다투어야 한다.[84]

### (다) 2유형에서 청구이의와 집행문부여 이의 모두 가능하다고 할 경우의 문제점

1) 대상판결 판결의 사안에서, 아래 도표와 같이 채권자가 열람등사 요구를 하지 않아 아예 의무를 부담하지 않는 A 기간이 있을 수 있고, 채권자의 요구에 따라 채무자가 의무이행을 완료한 B 기간도 있을 수 있다. 따라서 소권경합설을 관철한다면, A 기간 부분에 관하여는 집행문부여 이의의 소로만 다투어야 하므로 청구이의의 소가 부적법하다고 해야 하고, B 기간 부분에 대하여만 청구이의를 인용해야 하나, 대상판결과 그 원심은 그렇게 보지 않고 전체 기간에 관하여 청구이의를 인용했다.

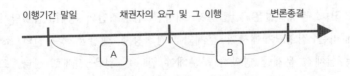

82) 대법원 2012. 4. 13. 선고 2011다92916 판결.
83) 대법원 2012. 4. 13. 선고 2011다93087 판결.
84) 호제훈, "청구이의의 소의 이의 사유를 집행문부여의 소에서 주장할 수 있는지 여부", 대법원판례해설 제91호, 법원도서관, 406쪽 참조.

판례가 집행조건으로 보고 있는 "채권자가 열람등사를 요구한 특정
문서가 본래 집행권원에서 열람등사 허용을 명한 문서에 해당하는지 여
부"는 열람등사 허용의무 위반 여부와 분리하여 판단하기 어렵다. 특정문
서가 열람등사 대상이 아니라고 보는 경우, 조건이 성취되지 않았다고
볼 수도 있지만, 의무위반이 없었다고 볼 수도 있다. 절충설을 택하면,
위와 같은 결론은 불가피하다.

2) 또한, 절충설의 입장을 취한 최초의 판례인 대법원 2021. 6. 24.
선고 2016다268695 판결의 사안에서, 원고(채무자)는 A 문서에 관하여는
피고(채권자)의 열람등사 요구사실이 없었거나, 본래의 집행권원에서 열람
등사 허용을 명한 서류가 아니라고 주장했다. 대법원은 이러한 주장은
집행조건의 성취 여부를 다투는 것이므로 원고가 제기한 집행문부여 이
의의 소는 적법하다고 판시했다. 반면 원고는 "피고가 B 문서의 열람등
사를 요구한 사실 및 B 문서가 본래 집행권원에서 열람등사 허용을 명하
는 서류라는 사실"은 다투지 않으면서, B 문서에 대한 열람등사를 허용
했다고만 주장했다.[85] 절충설의 입장에서는 열람등사 허용사실은 집행문
부여 이의사유가 아니라, 청구이의사유이다. 따라서 소권경합설을 관철한
다면, B 문서에 대한 집행조건 성취사실은 다툼이 없으므로 집행문부여
는 정당한 것이고, B 문서에 관한 의무이행 사실은 별도의 청구이의의
소에서 다투어야 한다. 그러나 대법원은 B 문서에 관한 열람등사 허용사
실이 인정되지 않으므로, 집행문부여가 정당하다고 판단했다. 이는 채무
자가 집행문부여 이의의 소에서 조건성취 사실을 다투기만 하면 의무이
행 사실도 함께 다툴 수 있다고 본 것이다.[86]

3) 소권경합설은 "간접강제 배상금 집행조건의 성취, 집행당사자의
승계"라는 집행단계에서의 문제와, "간접강제 배상금 청구권의 소멸"이
라는 실체적 문제를 명확히 구분해야 한다는 것을 전제로 한다. 조건성
취집행문설을 따르면, ①간접강제 배상금 청구권은 그 배상금의 변제

---

85) 편의상 사실관계를 일부 단순화하였음.
86) 이봉민, 앞의 논문, 203쪽.

등을 이유로만 소멸하고, ②본래 집행권원상의 의무이행 여부는 배상금 청구권 집행을 위한 조건일 뿐이므로, 소권경합설과 상충될 위험이 없다. 단순집행문설을 따르더라도, 부작위의무는 위와 같이 볼 수 있고, 부대체적 작위의무 관련 간접강제결정에는 집행조건이 붙어 있지 않아 청구이의만 가능하므로, 소권경합설과 상충될 위험이 없는 것은 마찬가지이다. 그러나 절충설에 의하면, 소권경합설과의 상충 문제를 해결하기 어렵다.

4) 위 2016다268695 판결의 사안에서, 대법원은 B 문서에 관한 열람 등사 허용사실이 인정되지 않는다고 판단했다. 이 판결 확정 후 채무자가 또다시 B 문서에 관한 열람등사를 허용했다고 주장하면서 별도로 청구이의의 소를 제기하면, 법원은 종전 집행문부여 이의사건 판결의 기판력을 이유로 청구를 기각해야 하는가. 아니면 기판력을 인정하지 않고 다시 심리하여 채무자의 청구를 인용할 수 있는가. 전자와 같이 해결하면 소권경합설에 정면으로 배치되고, 후자와 같이 해결하면 채권자에게 너무 불리한 결과가 초래된다.

5) 거꾸로 법원사무관등이 열람등사 사건에서 조건성취집행문을 부여하지 않아, 채권자가 집행문부여의 소를 제기하였다고 가정해보자. 이 소송에서 "채권자가 열람등사를 요구한 사실"과 "그 요구서류가 본래 집행권원에서 명한 서류에 해당한다는 사실"이 증명되었는데, 채무자가 "위 서류에 대한 열람등사 허용의무를 이행하였다."고 주장하여 그 주장사실이 인정된다면 채권자의 청구를 기각할 수 있는가. 만약 기각할 수 있다고 본다면, 이는 "청구이의의 소와 집행문부여의 소가 준별되므로 승계집행문부여의 소에서 소멸시효 완성을 주장할 수 없다."는 대법원 2012. 4. 13. 선고 2011다93087 판결과 배치된다. 기각할 수 없고 집행문을 부여해야 한다고 본다면, 집행문부여 이의의 소에서 의무위반 사실을 심리할 수 있다는 위 2016다268695 판결과 배치된다.

## V. 결 론

대상판결은 절충설의 입장에서 장부 등 열람등사 허용의무 관련 간접강제결정에 대하여는 조건성취집행문이 부여되어야 한다고 보면서도, 이에 대하여 집행문부여 이의의 소도 제기할 수 있고, 청구이의의 소도 제기할 수 있다고 하였다. 하지만 그와 같이 해석하는 경우, 앞서 살핀 것처럼 해결하기 어려운 문제가 발생할 수 있다. 또한 절충설처럼 간접강제결정 중 "본래의 의무 부분"의 실체법적 성질이나 그 이행시기 등을 근거로 "배상금 지급 부분"에 조건이 붙어 있다고 본다면, 본래의 집행권원에 대하여도 조건성취집행문을 부여해야 한다는 문제가 발생하고, 집행문부여기관이 본래 의무의 법적 성격에 대하여 판단해야 하는 문제까지 발생할 수 있다.

따라서 대상판결의 사안에서는 조건성취집행문설에 따라 청구이의의 소는 허용되지 않고 집행문부여 이의의 소만 허용된다고 보아야 한다. 만약 모든 간접강제결정에 대해 조건성취집행문을 부여받아야 하는 것이 채권자에게 가혹한 증명책임을 지우는 것이라 받아들일 수 없다고 한다면, 차라리 종래의 통설인 단순집행문설을 따르는 것이 집행절차의 신속과 효율이라는 점에 더 부합한다고 보인다. 절충설에서 말하는 2유형의 부대체적 작위의무로는 열람등사 허용의무와 단체교섭 응낙의무 정도를 생각해 볼 수 있는데, 위에서 본 것처럼[Ⅲ.2.(5)(바)1)], 이미 소송절차나 가처분절차에서 채권자가 열람등사 허용이나 단체교섭 절차진행을 수차례 요구하였을 것이라는 점에서, 간접강제결정이 발령된 후에는 채무자가 먼저 이행제공을 해야 된다고도 볼 수 있고, 그렇다면 1유형의 부대체적 작위의무와 마찬가지로 간접강제결정에서 명한 이행기간이 종료하면 곧바로 배상금이 발생하는 것으로 하되, 대상판결의 사안처럼 채무자는 청구이의의 소에서 의무위반이 없는 기간에 대한 간접강제결정의 집행력을 소멸시킴으로써 구제받을 수 있기 때문이다.[87) ]대상판결에서 채권자는 여러 차례에 걸쳐 조건성취집행문을 받았는데, 채무자의 입장에서는 이에 대하여 모두 다투기보다는 한꺼번에 청구이의의 소로 다투는 것이 더 편리할 수도 있다.

집행절차는 가능한 한 단순, 명료하여야 하고 절차 진행에 관하여 다툼의 여지가 적어야 한다. 절차가 번잡해짐으로써 비용이 증가하면 강제집행절차의 효율을 떨어뜨린다. 간접강제 일반에 대하여 조건성취집행문을 부여해야 한다는 견해를 관철했을 때 집행문을 부여받기 위한 채권자의 증명 부담이 커지는 것은 사실이다. 하지만 우리 민사집행법에서는 작위와 부작위를 구분할 만한 근거가 뚜렷하지 않고, 부작위의무에는 작위의무가 내포되어 있는 경우가 많으므로, 채권자가 부작위의무 위반사실을 증명하기 어려운 경우도 충분히 있을 수 있다. 채무자에 대한 별도의 심문 절차 없는 동시결정형 간접강제결정이 다수 발령되는 우리 실무의 여건상, 모든 간접강제결정에 대한 집행문부여 단계에서 배상금의 범위를 정하게 하는 것이 채무자의 절차적 권리를 보장하고 입법의 흠결[88]을 보완하기 위한 불가피한 선택이라고도 보인다. 조건성취집행문을 부여하고 이를 채무자에게 송달함으로써 채무자로 하여금 한 번 더 본래 의무이행을 촉구하는 효과를 누릴 수도 있다. 또한 간명하고 다툼의 여지가 적은

---

87) 단순집행문설을 따르고 있는 법원실무제요는 "위반횟수 1회당 100만 원"이라는 식의 간접강제결정을 발령한 경우에는 어쩔 수 없이 조건성취집행문을 부여한다고 하면서, 실무상 부대체적 작위의무 불이행을 이유로 간접강제결정을 발령할 때에는 위반횟수에 비례하는 배상금을 지급하도록 하는 방식은 가급적 자제하는 것이 바람직하다고 한다(법원실무제요 민사집행 Ⅳ, 776-777쪽 참조). 부작위를 명하는 가처분에서는 위반횟수에 비례한 배상금의 지급을 명하는 경우가 있으나, 작위채무에 있어서는 그러한 경우가 많지 않다. 상정할 수 있는 경우가 1달에 2회, 1년에 3회 등과 같이 정기적으로 어떤 의무를 이행할 것을 명하고, 그 위반횟수마다 일정한 배상금의 지급을 명하는 경우 정도일 텐데, 이러한 경우에는 단순집행설을 따르더라도 집행단계에서 배상금의 계산이 불가능한 것은 아니다. 즉, 다른 작위의무와 마찬가지로, 의무위반이 있다는 것을 전제로 집행개시 당시까지의 위반횟수를 기준으로 청구금액을 산정하되, 다툼이 있으면 청구이의의 소를 제기하게 하면 된다.

88) 간접강제결정은 강제집행 방법이면서도 실체적인 금전 지급의무를 발생시키는 별도의 집행권원으로서, 그 강제금의 결정, 변경, 확정, 불복 등의 절차를 진행함에 있어 민사집행법 제261조만으로는 일률적인 해석이 어려운 경우가 많이 발생한다.

집행절차의 정립이라는 측면에서도 조건성취집행문설은 나름대로 합리적
견해라고 생각한다.

[Abstract]

# Objection Suit Against Execution of Indirect Compulsory Enforcement Order

Koo, Tae Hoe*

In an indirect compulsory enforcement ordering obligation to omit, the obligee must allege and prove the violation of duty; therefore, a violation of duty is the condition for granting an execution clause of Civil Execution Code Article 30②. In this case, a debtor who claims to have fulfilled his obligation can only file an objection suit against a grant of execution clause, and an objection suit against an execution of indirect compulsory enforcement order is not permitted.

In contrast, the Supreme Court has manifested that in the case of an obligation to irreplaceable act, if the amount of monetary fine cannot be specified based on the wording of the order, a violation of obligation to irreplaceable act falls under the condition of Article 30②, but in cases where the monetary fine can be specified, it does not fall under the condition of Article 30②. Futhermore, the Supreme Court ruled that even if a violation of obligation to irreplaceable act falls under the condition of Article 30② and an execution clause of Article 30② must be issued, the debtor can file an objection suit against the execution of indirect compulsory enforcement order while claiming that the obligation has been fulfilled. The main reason the Supreme Court takes the above view is that it is difficult for the creditor to prove a violation of the debtor's duty of act.

However, it is not easy to distinguish between a duty to act and a du-

---

* Judge, Seoul High Court.

ty to omit, and under Korean substantive law, the burden of proof of default lies with the creditor, regardless of act or omission, and the problem of difficulty in proving does not essentially change depending on whether it is a duty of act or one of omission. If we consider that it is possible to file an objection suit against an execution of indirect compulsory enforcement order even if an execution clause of Article 30② has been issued, problems that may be difficult to resolve may arise in relationship between an objection suit against an execution of indirect compulsory enforcement order and an objection suit against a grant of execution clause.

Therefore, just like an obligation to omit, an execution clause of Article 30② must be uniformly given to the indirect compulsory enforcement ordering obligation to act, and it is reasonable to assume that even a debtor who bears an obligation to irreplaceable act and claims to have fulfilled his obligation can only file an objection suit against a grant of execution clause, and an objection suit against an execution of indirect compulsory enforcement order is not permitted.

[Key word]

- Obligation to irreplaceable act
- Obligation to omit
- Indirect Compulsory Enforcement
- Execution clause of Civil Execution Code Article 30②
- Objection suit against execution
- Objection suit against a grant of execution clause

# 참고문헌

## 1. 단 행 본

편집대표 김용덕, 주석 민법[총칙 3](제5판), 한국사법행정학회.

_____, 주석 민법[채권총칙 1](제5판), 한국사법행정학회.

편집대표 민일영, 주석 민사집행법 Ⅱ(제4판), 한국사법행정학회.

_____, 주석 민사집행법 Ⅵ(제4판), 한국사법행정학회.

법원실무제요 민사집행 Ⅰ, 사법연수원(2020).

_____ 민사집행 Ⅳ, 사법연수원(2020).

_____ 민사집행 Ⅴ, 사법연수원(2020).

법무부, 독일 민사소송법 번역집(2019).

## 2. 학술논문

강윤희, "간접강제결정의 집행에 있어 작위채무와 부작위채무의 구별", 민사
       집행법연구: 한국민사집행법학회지 19, 한국사법행정학회.

권창영, "집행문부여에 대한 이의제도와 청구이의의 소의 상호관계", 법조
       (2018. 6.).

김성룡, "집행문부여등에 대한 불복에 관한 제문제", 재판자료 제35집, 법원
       도서관.

김승표, "가처분에 있어서의 보전의 필요성과 간접강제", 대법원판례해설 제
       47호, 법원도서관.

민동근, "부대체적 작위의무와 간접강제결정에 관한 약간의 문제", 재판자료
       제141집: 민사집행법 실무연구(Ⅴ), 법원도서관.

박진수, "교섭창구 단일화 절차이행을 명하는 가처분 중 간접강제결정에 대
       하여 채권자가 집행문부여의 소를 제기하는 것이 적법한지 여부", 서울
       고등법원 판례공보스터디(2022).

_____, "부대체적 작위채무의 이행을 명하는 집행권원의 간접강제결정에 부
       여되는 집행문의 법적 성격", 서울고등법원 판례공보스터디(2022).

손흥수, "부작위를 명하는 가처분 결정의 집행기간", 민사집행법 실무연구 Ⅲ
       (김능환 대법관 화갑기념).

양진수, "부대체적 작위의무에 관한 가처분결정이 정한 의무이행 기간 경과 후 그 가처분결정에 기초하여 발령된 간접강제결정의 효력과 채무자의 구제수단", 대법원판례해설 제111호, 법원도서관.

이민령, "간접강제결정의 집행문 부여절차에서 작위·부작위의무 위반사실의 집행문부여조건 해당여부", 민사집행법연구: 한국민사집행법학회지 17, 한국사법행정학회.

이봉민, "부대체적 작위채무인 장부 또는 서류의 열람·등사 허용의무에 관한 간접강제와 집행문", 대법원판례해설 제127호, 법원도서관.

오흥록, "간접강제에 대한 몇 가지 검토", 민사판례연구 제37권, 박영사.

정선주, "간접강제금의 본질과 소송상의 제문제", 민사소송 제16권 제1호, 한국민사소송법학회.

조병구, "간접강제 배상금의 법적 성질과 실무상 제 문제", 재판자료 제131집: 민사집행법 실무연구(Ⅳ), 법원도서관.

호제훈, "청구이의의 소의 이의 사유를 집행문부여의 소에서 주장할 수 있는지 여부", 대법원판례해설 제91호, 법원도서관.

# 담보권실행경매의 공신력 규정에 관한 해석의 한계*

강 지 웅**

██요　　지██

　　본 논문은 이미 소멸한 근저당권에 기초하여 담보권실행경매가 개시되고 매각이 이루어진 경우 그 경매가 유효한지를 다룬다. 민사집행법 제267조는 "매수인의 부동산 취득은 담보권 소멸로 영향을 받지 아니한다."라고 규정하고 있다. 대상판결의 다수의견은, 위 조항의 "담보권 소멸"은 경매개시결정이 있은 후에 담보권이 소멸한 경우만을 의미한다고 해석한다. 그러나 대상판결의 별개의견은, 담보권이 유효하게 성립한 후 나중에 발생한 사유로 소멸한 경우에는 담보권이 경매개시결정 전에 소멸하였는지 여부에 관계없이 민사집행법 제267조가 적용된다고 해석한다. 결국 핵심 쟁점은 민사집행법 제267조의 "담보권 소멸"에 경매개시결정 전의 담보권 소멸도 포함되는지 여부이다.

　　민사집행법 제267조의 "담보권 소멸"에 관한 해석의 한계를 밝히려면 위 문구의 '문언의 가능한 의미'를 규명해야 하고, 그러려면 ① 언어적·문법적 해석, ② 체계적 해석, ③ 역사적 해석, ④ 목적론적 해석의 네 가지 해석기준을 이용하여 위 법조항을 해석하여야 한다.

　　먼저 언어적·문법적 해석기준과 관련하여, 경매개시결정 전의 담보권 소멸이 "담보권 소멸"이라는 문언 의미의 중립적 후보자인지 아니면 적극적

---

* 이 논문은 2023. 7. 24. 민사판례연구회 제463회 월례회에서 발표한 초고를 수정·보완한 것으로서, 법조 제72권 제6호(2023. 12.)에 게재된 바 있다. 발표문 초고에 대하여 귀중한 의견을 주신 전원열 교수님, 최봉경 교수님, 전휴재 교수님, 노재호 변호사님께 감사드린다.
** 창원지방법원 마산지원 부장판사, 법학박사.

후보자인지 살펴보아야 하는데, 이를 위해서는 다른 세 가지 해석기준을 이용해야 한다. 체계적 해석과 관련하여, 강제경매와 담보경매의 차이점보다 공통점에 더 주목해야 하고, 민사집행법 제265조와 제267조 간의 체계 정합성을 고려해야 한다. 역사적 해석과 관련하여, 입법자료상 민사집행법 제267조가 경매개시결정 후에 담보권이 소멸한 경우에 한하여 담보경매의 공신력을 인정하려는 취지로 신설되었다고 보기 어려운 점을 참작해야 한다. 마지막으로 목적론적 해석과 관련하여, 그동안 이룩된 경매 제도의 발전과 사회적 여건의 변화를 감안하여 경매절차에 대한 신뢰 및 거래안전 보호에 더 초점을 맞추어야 한다.

결국 경매개시결정 전의 담보권 소멸과 경매개시결정 후의 담보권 소멸은 모두 민사집행법 제267조에 규정된 "담보권 소멸"의 개념의 핵에 속하는 적극적 후보자에 해당한다. 따라서 민사집행법 제267조의 "담보권 소멸"이라는 문언의 가능한 의미 속에는 경매개시결정 전의 담보권 소멸과 경매개시결정 후의 담보권 소멸이 모두 포함되는 것으로 해석함이 타당하다. 그렇다면, 민사집행법 제267조의 "담보권 소멸"에서 '경매개시결정 전의 담보권 소멸'을 제외하는 것은 정당성이 없는 목적론적 축소에 해당하여 허용될 수 없다.

[주 제 어]
• 담보권실행경매
• 공신력
• 법해석
• 법형성
• 문언의 가능한 의미
• 해석기준
• 법률의 흠결
• 목적론적 축소

대상판결 : 대법원 2022. 8. 25. 선고 2018다205209 전원합의체 판결<sup>***</sup>

[사안의 개요]

1. 사실관계[1]

(1) 제1, 2부동산에 관한 근저당권설정등기 및 가압류등기

소외 1은 A회사의 피고(목재가공업체)에 대한 물품공급 대리점계약에 따른 일체의 채무를 담보하기 위하여, 1997. 3.경 소외 1 소유의 제1, 2부동산을 공동담보로 하여 피고에게 채권최고액 3억 원의 근저당권설정등기를 마쳐주었다(이하에서는 위와 같이 성립된 근저당권을 '이 사건 근저당권'이라 한다). 뒤이어 소외 1의 채권자인 B회사는 1997. 4.경 제1, 2부동산에 관하여 가압류등기를 마쳤다.

한편, 소외 1은 소외 2의 원고에 대한 대출금채무를 연대보증하였고, 원고는 소외 1에 대한 연대보증채권을 보전하기 위한 가압류결정을 받아 1998. 1.경 제1, 2부동산에 관하여 가압류등기를 마쳤다.

원고는 2003년에 소외 1, 2를 상대로 대출금 등 청구의 소를 제기하여 청구인용 확정판결을 받았고, 위 대출금채권과 연대보증채권의 소멸시효 중단을 위하여 2013년에 소외 1, 2를 상대로 재차 소를 제기하여 2014년에 청구인용 확정판결을 받았다.

(2) 제1, 2부동산에 관한 경매절차 진행 경위

피고는 이 사건 근저당권에 기초하여 제1부동산에 관하여 담보권 실행을 위한 경매를 신청하였고, 2002. 4.경 경매절차가 개시되었다(이하 '제1차 경매'라 한다). 제1차 경매절차에서 제1부동산이 매각되어 매각대금이 완납되었고, 경매법원은 2003. 4.경 배당기일에서 실제 배당할 금액 4억 원 중 1순위로 근저당권자인 피고에게 청구금액 2억 원 전액을 배당하고, 2순위로 가압류채

---

*** 대상판결에 관하여는 서울고등법원 판례공보스터디, 민사판례해설 제4권(상), 2023, 441-453면에 충실한 판례평석(특별해설: 박진수 부장판사)이 담겨 있다. 본 논문 중 대상판결의 배경과 쟁점, 다수의견에 대한 비판 등의 내용은 위 판례평석을 상당 부분 참조하였음을 밝힌다.
1) 사안의 이해를 돕기 위해 소외 1의 제1, 2부동산 매도 및 제2부동산 매수인의 사망에 따른 상속, 소외 1의 사망에 따른 상속, 대출금채권 및 연대보증채권의 양도 등을 생략하고, 근저당권의 채권최고액과 경매 청구금액 등을 수정함으로써 사실관계를 단순화하였다.

권자인 B회사와 원고에게 각각 청구채권액 비율대로 안분 배당을 하였다. 위 매각으로 제1부동산에 관하여 마쳐져 있던 이 사건 근저당권설정등기가 말소되었고, B회사와 원고의 각 가압류등기도 함께 말소되었다.

그런데 피고는 위와 같이 제1차 경매에서 청구금액 전액을 배당받았음에도, 제2부동산에 마쳐져 있던 이 사건 근저당권설정등기가 말소되지 않고 남아 있음을 기화로, 그로부터 약 6년이 흐른 뒤 재차 이 사건 근저당권에 기초하여 제2부동산에 관하여 담보권 실행을 위한 경매를 신청하였고, 2009. 9.경 경매절차가 개시되었다(이하 '제2차 경매'라 한다). 제2차 경매절차에서 제2부동산이 매각되어 매각대금이 완납되었고, 경매법원은 배당기일에서 실제 배당할 금액 2억 원을 1순위 근저당권자인 피고에게 모두 배당하였다(청구채권은 3억 원이었다). 위 매각으로 제2부동산의 소유자인 소외 1에서 매수인 앞으로 소유권이전등기가 마쳐졌고, 제2부동산에 관하여 마쳐져 있던 이 사건 근저당권설정등기와 B회사 및 원고의 각 가압류등기는 모두 말소되었다.

## 2. 소송의 경과

### (1) 제1심(서울중앙지방법원 2017. 6. 22. 선고 2016가합18079 판결)

원고는, 이 사건 근저당권은 제2차 경매 전에 이미 소멸하였으므로 피고는 제2차 경매에서 배당을 받을 수 없다고 주장하면서, 원고가 가압류채권자로서 제2차 경매에서 배당받을 수 있었던 금액에 대하여 부당이득반환을 구하는 이 사건 소를 제기하였다.

이에 대하여 피고는, 제1차 경매 당시의 청구금액은 이 사건 근저당권의 피담보채권 중 일부의 배당만을 신청하는 취지였으므로 이 사건 근저당권은 소멸하지 않았고, 따라서 자신에게 제2차 경매에서 배당받을 권리가 있다고 다투었다. 그러나 제1심법원은 피고가 제1차 경매를 신청함에 따라 이 사건 근저당권의 피담보채권은 확정되었고, 제1차 경매에서 그와 같이 확정된 피담보채권 전액을 배당받음에 따라 이 사건 근저당권은 소멸하였으므로, 피고는 법률상 원인 없이 수령한 배당금 중에서 원고가 B회사와 채권액 비율대로 안분 배당받을 수 있었던 금액을 부당이득으로 반환할 의무가 있다고 보아 원고의 청구를 일부 인용하였다.

(2) 원심(서울고등법원 2017. 12. 21. 선고 2017나2038189 판결)

피고는 원심에서 주장을 바꾸어, 이 사건 근저당권은 제2차 경매 전에 이미 소멸하였다고 하면서, 이미 소멸한 근저당권에 기하여 이루어진 제2차 경매는 무효이기에 원고도 배당을 받을 수 없으므로, 원고의 청구는 기각되어야 한다고 주장하였다.

이에 대하여 원심법원은 이미 소멸한 근저당권에 기하여 이루어진 제2차 경매는 무효이므로 매수인은 제2부동산의 소유권을 취득할 수 없고, 피고가 법률상 원인 없이 수령한 배당금은 매수인에게 반환되어야 하는 것으로서, 원고에 대한 관계에서 부당이득에 해당한다고 할 수 없다는 이유로, 제1심판결 중 피고 패소 부분을 취소하고, 그 취소 부분에 해당하는 원고의 청구를 기각하였다.

### 3. 대상판결의 요지

대법원 전원합의체는, 원고가 제2차 경매에서 배당받을 수 있었던 범위에서 피고에게 부당이득반환을 구할 수 있다는 이유로 원심판결을 파기 환송하였다. 그런데 원고가 피고에 대하여 부당이득반환청구권을 가진다고 보는 근거를 놓고 다수의견과 별개의견의 대립이 있었다. 즉, 다수의견은 이미 소멸한 근저당권에 기초하여 이루어진 제2차 경매는 무효이지만, 피고가 제2차 경매의 무효를 주장하는 것은 금반언 또는 신의성실의 원칙에 반하여 허용될 수 없다고 보았던 반면에, 별개의견은 이미 소멸한 근저당권에 기초하여 개시된 제2차 경매절차에서 제2부동산이 매각되어 매각대금이 완납된 이상, 민사집행법 제267조에 따라 제2차 경매는 유효하다고 본 것이다.

---

**[민사집행법]**
**제265조(경매개시결정에 대한 이의신청사유)** 경매절차의 개시결정에 대한 이의신청 사유로 담보권이 없다는 것 또는 소멸되었다는 것을 주장할 수 있다.
**제267조(대금완납에 따른 부동산취득의 효과)** 매수인의 부동산 취득은 담보권 소멸로 영향을 받지 아니한다.

---

(1) 다수의견(8인)

다수의견은, 민사집행법 제267조는 경매개시결정이 있은 뒤에 담보권이 소멸하였음에도 경매가 계속 진행되어 매각된 경우에만 적용된다고 보는 것이 대법원의 일관된 입장이고, 위와 같은 현재의 판례는 타당하므로 그대로 유지되어야 한다고 하였다. 다수의견의 구체적인 이유 중 본 논문에서 주목하는 부분은 다음과 같다.

(가) 민사집행법 제267조가 담보권의 소멸 시기를 언급하지 않고 있더라도 그것이 경매개시결정 전에 담보권이 소멸한 경우까지도 포함하여 경매의 공신력을 인정하려는 취지인지는 그 문언만으로는 분명하지 않고, 여전히 법률해석의 여지가 남아 있게 되었다.

(나) 대법원이 현재에 이르기까지 민사집행법 제267조가 경매개시결정이 있은 뒤에 담보권이 소멸한 경우에만 적용되는 것으로 해석해 온 것은 민사집행법 제267조의 입법 경위, 임의경매의 본질과 성격 및 부동산등기제도 등 법체계 전체와의 조화를 고려하여 다양한 해석이 가능한 법문언의 의미를 분명히 밝힌 것으로 보아야 한다.

(2) **별개의견(5인)**[2]

별개의견은, 민사집행법 제267조의 문언과 체계, 입법 경위와 목적에 비추어, <u>이미 소멸한 담보권에 기초하여 경매절차가 개시되고 부동산이 매각된 경우에도 특별한 사정이 없는 한 경매는 유효하고 매각대금을 다 낸 매수인은 부동산 소유권을 적법하게 취득한다</u>고 보았다. 별개의견의 구체적인 이유 중 본 논문에서 주목하는 부분은 다음과 같다.

(가) 민사집행법 제267조의 입법 취지와 경위, 문언의 통상적인 의미에 비추어 보면 이 조항은 '담보권 소멸', 즉 담보권이 유효하게 성립한 후 나중에 발생한 사유로 소멸한 경우에는 담보권이 경매절차개시 전에 소멸한 것인지 여부를 묻지 않고 모두 적용된다고 해석하여야 한다.

(나) 민사집행법 제267조는 그 의미가 명확하여 달리 해석할 여지가 없으므로, 다수의견과 같은 해석은 법규정의 가능한 범위를 넘는 목적론적 축소로서 법관에 의한 법형성에 해당한다. 그런데 담보권 소멸의 시기가 경매개시결정을 기준으로 하여 그 전인지 후인지에 따라 이 조항의 적용 여부를 달리 볼 만한 근거가 없다. 이러한 목적론적 축소는 법원의 법률해석권의 범위를 명백히 벗어난 것이다.

---

2) 대법관 김재형(주심), 대법관 안철상, 대법관 김선수, 대법관 이흥구, 대법관 오경미.

〔研　究〕

## I. 사안의 쟁점 및 논의의 순서

　　대상판결의 주된 쟁점은, 이미 소멸한 근저당권에 기초하여 담보권
실행을 위한 경매(이하 '담보권실행경매' 또는 '담보경매'라 한다)[3]가 개시되고
매각이 이루어진 경우 그 경매가 유효한지이다. 위 쟁점에 관하여 대상
판결의 다수의견과 별개의견은 민사집행법 제267조의 입법 경위와 목적,
담보경매의 본질과 성격, 부동산등기 제도와의 관계 등 여러 가지 근거
를 들어 각자의 논지를 전개하고 있다.

　　그런데 대상판결은 담보경매의 제도적 측면뿐만 아니라 법학방법론
의 측면에서도 검토할 가치가 크다. 왜냐하면 대상판결은 법의 적용에
관한 법학방법론의 핵심을 이루는 '법해석'과 '법형성'의 구별 문제를 정
면으로 다루고 있기 때문이다.

　　종래 대법원은 법률문언의 가능한 의미 안에서 이루어지는 해석
(Auslegung)과, 문언의 가능한 의미를 넘는 법형성인 유추(Analogie) 또는
목적론적 축소(teleologische Reduktion)가 구별된다는 점을 정확히 인식하면
서 용어를 사용하지 않았다. 예컨대, 대법원은 법학방법론상 '유추'에 해
당하는 법형성을 "유추해석"[4]이라고 지칭하거나, '목적론적 축소'에 해당

---

　　3) 종래 담보권 실행을 위한 경매를 편의상 '임의경매'라고 약칭해 왔고, 대상판결
　　에서도 '임의경매'라는 용어를 사용하고 있다. 이는 일본 법학계에서 집행권원에
　　기초한 '강제경매'와 대비되는 개념으로 사용해 온 용어를 그대로 받아들인 것이
　　다. 그러나 위 용어는 '임의'라는 것이 무엇을 의미하는지 불분명할 뿐만 아니라
　　(예컨대, 당사자가 임의로 담보권을 설정해 주었기 때문이라는 견해도 있고, 담보
　　물권에 내재되어 있는 환가권의 자발적 발동임을 의미한다는 견해도 있으며, 집행
　　권원 없이 경매절차가 진행된다는 점 때문이라고 보는 견해도 있다), 우리 실정법
　　상 근거도 빈약하다. 따라서 본 논문에서는 제도의 의미가 제대로 전달될 수 있도
　　록 '담보권실행경매' 또는 '담보경매'라는 약어를 사용하도록 하겠다. '임의경매'라는
　　용어에 관한 비판적 고찰은 강대성, "담보권실행경매신청에 관하여", 법학논총 제
　　31집 제3호, 전남대학교 법학연구소, 2012, 239-242면 참조.
　　4) 대표적으로 대법원 1994. 12. 20. 자 94모32 전원합의체 결정(과수원 실화 사건)
　　을 들 수 있다.

하는 법형성을 "목적론적 축소해석"[5]이라고 지칭한 바 있다.[6] 이러한 대법원의 용어 사용은 대법원의 법적용(Rechtsanwendung) 작업이 해석인지 아니면 법률의 흠결을 보충하는 법형성인지를 구별하기 어렵게 할 뿐만 아니라, 이론과 실무 간의 학문적 대화에 장애를 초래하는 요인이었다.

그러나 근래 들어 법해석과 법형성을 개념적으로 구별하고, 법형성의 일종인 '목적론적 축소'라는 용어를 정확하게 구사하는 판시내용이 대법원 판결에 등장하기 시작하였다.[7] 특히 대상판결은, 다수의견이 민사집행법 제267조를 문언의 가능한 의미 안에서 해석한 것인지 아니면 문언의 가능한 의미를 넘어 법형성을 한 것인지가 정면으로 다루어진 사건이다. 따라서 대상판결을 법학방법론의 관점에서 재구성해 보는 것은 의미가 있다.

이를 위해서 먼저 법의 적용에 관한 고전적 법학방법론의 체계를 살펴본다. 특히 법해석과 법형성의 구별기준인 '문언의 가능한 의미'를 확정하기 위해 사용되는 네 가지 해석기준, 즉 언어적·문법적 해석, 체계적 해석, 역사적 해석, 목적론적 해석을 살펴보고, 그러한 해석기준에 따른 해석의 결과 법률의 흠결이 있다고 판명되면 법관은 그 흠결을 어떻게 보충해야 하는지 살핀다. 다음으로 위와 같은 법학방법론의 체계 속에서 민사집행법 제267조를 해석해 본다. 즉, 대상판결의 다수의견과 별개의견이 내세운 여러 가지 논거들을 위 네 가지 해석기준의 틀 속에서 재배치하고, 각각의 타당성을 검토한다. 그러한 검토 결과 민사집행법 제267조에 흠결이 있다고 볼 수 있는지, 그 흠결을 보충하는 것이 정당성을 갖는지 고찰하기로 한다.

---

5) 대표적으로 대법원 1997. 3. 20. 선고 96도1167 전원합의체 판결(공직선거법상 자수 사건)을 들 수 있다. 대상판결 중 다수의견에 대한 대법관 노태악의 보충의견도 "목적론적 축소해석"이라는 용어를 사용하고 있다.

6) 이러한 용어 사용에 대한 비판은 최봉경, "법률의 흠", 연세법학연구 제10권 제1호, 연세법학회, 2003, 43면; 김영환, "한국에서의 법학방법론의 문제점 – 법발견과 법형성: 확장해석과 유추, 축소해석과 목적론적 축소 간의 관계를 중심으로", 법철학연구 제18권 제2호, 한국법철학회, 2015, 155-156면 참조.

7) 대법원 2020. 9. 3. 선고 2016두32992 전원합의체 판결 중 대법관 김재형의 별개의견; 대법원 2021. 9. 9. 선고 2019두53464 전원합의체 판결 중 대법관 김재형의 별개의견; 대상판결 중 대법관 김재형 외 4인의 별개의견.

## Ⅱ. '법의 적용'에 관한 고전적 법학방법론의 체계

### 1. 법관의 법해석과 법형성

구체적인 법적 분쟁이 발생하여 당사자가 법원에 쟁송을 제기하면, 독립적 지위를 가진 법관은 중립적 입장에서 법을 적용하여 그 분쟁을 해결하는 실질적 의미의 司法작용을 담당한다.[8] 여기서 '법을 적용한다' 는 것은, 구체적인 법적 분쟁에 적용되어야 할 법을 획득하고 선언함으로써 구속력 있는 결정을 내리는 것을 의미한다.[9] 그렇다면 법관이 구체적인 법적 분쟁에 적용하기 위해 획득해야 할 법(Recht)이란 무엇을 말하는가? 법의 적용에 관한 법학방법론을 '법관이 법을 획득하려는 思考의 형식과 규칙'이라고 정의한다면, 법관에게 법은 단순한 소재가 아니라 과제(Aufgabe)이다.[10] 즉, 당해 사안을 포섭하였을 때 정의로운 결론이 도출될 수 있는 대전제의 역할을 하여야 할 뿐만 아니라, 그 결론을 합리적 이성에 기초하여 논증할 수 있는 근거를 제공하여야 한다. 이러한 관점에서 볼 때, 법(Recht)이란 단순한 실정법이나 판례, 이론, 법원리와 같은 유형적 범주를 넘어 '합리적 논의를 거쳐 얻어진 정당한 법적 판단'을 의미한다.[11]

독일어 문헌의 고전적 법학방법론에 따르면, 법관이 구체적인 사안에 적용할 법을 획득하는 법발견(Rechtsfindung)은 법해석(Gesetzesauslegung)과 법형성(Rechtsfortbildung)이라는 두 가지 방법에 의해 이루어진다.[12] '법

---

8) Schulze-Fielitz, in: H. Dreier(Hrsg.), Grundgesetz-Kommentar, Bd. Ⅲ, 3. Aufl., Tübingen 2018, GG Art. 92 Rn. 25-29 참조.

9) Schulze-Fielitz, in: H. Dreier, Bd. Ⅲ, GG Art. 92 Rn. 26 참조.

10) 심헌섭, "법획득방법의 기본구조에서 본 법학과 법실무", 서울대학교 법학 제23권 제1호, 서울대학교 법학연구소, 1982, 35-36면 참조.

11) 결국 법(Recht)은 '이성'과 '정의'라는 두 개의 축으로 이루어진다. 심헌섭, 앞의 논문(주 10), 36면.

12) 독일의 전통적 견해는 법발견(Rechtsfindung)을 3단계로 구분한다. 즉, ① 법률문언의 가능한 의미 안에서 행해지는 해석은 '법률에 따른 법발견'(Rechtsfindung *secundum legem*)이고, ② 법률문언의 가능한 의미를 넘어 법률의 흠결을 보충하는 법형성은 '법률을 넘어서는 법발견'(Rechtsfindung *praeter legem*)이며, ③ 법률문언

해석'이란 법관이 법규범을 문언의 가능한 의미에 충실하게 해석함으로써 구체적인 개별 사건에 적용할 법을 찾아내는 것을 말한다. 반면에 '법형성'이란 법규범에 흠결이나 공백이 있어 개별 사건에 적용할 법이 문언의 가능한 의미 속에 존재하지 않는 경우, 법으로 인식되어야 하는 것, 다시 말해 법관이 '있어야 한다'고 판단하는 법을 만들어 흠결을 보충하는 것을 말한다.[13]

이처럼 '법률문언의 가능한 의미'의 안과 밖으로 법해석과 법형성을 구별하는 실천적인 의미는 무엇일까? 그것은 바로 법해석은 문언의 가능한 의미 내에서 이루어지는 것이므로 언제나 허용되지만, 법형성은 문언의 가능한 의미를 넘어서거나 그에 반하여 이루어지는 것이므로, 법치국가원리의 구성요소인 '司法의 헌법과 법률에의 구속'(대한민국헌법 제103조)[14]

---

에 (명백히) 반하여 법규범의 의미내용을 새롭게 만들어내는 법형성은 '법률에 반하는 법발견'(Rechtsfindung *contra legem*)이다. Karl Engisch, Einführung in das juristische Denken, 12. Aufl., Stuttgart 2018, S. 193-251; 프란츠 비들린스키·페터 비들린스키 저/김성룡 역, 법적 방법론 강요(제3판), 준커뮤니케이션즈, 2021, 97-102면, 140-157면; 양천수, "법률에 반하는 법형성의 정당화 가능성 - 이론적·실정법적 근거와 인정범위 그리고 한계", 법과사회 제52호, 법과사회이론학회, 2016, 113-117면 참조. 반면에 카나리스(Claus-Wilhelm Canaris)는 위 ②단계의 법률흠결을 협의의 흠결(이 흠결의 확인기준은 '해당 법률의 입법목적'이다)과 광의의 흠결(이 흠결의 확인기준은 '전체 법질서'이다)로 세분한 다음, 협의의 흠결을 보충하는 이른바 법률내재적 법형성(gesetzesimmanente Rechtsfortbildung)을 '법률을 넘어서는 법발견'(Rechtsfindung *praeter legem*)이라 칭하고, 광의의 흠결을 보충하는 이른바 초법률적 법형성(gesetzesübersteigende Rechtsfortbildung)을 '법률 외부, 그러나 법 내부의 법발견'(Rechtsfindung *extra legem aber intra ius*)이라 칭하여 법발견을 4단계로 구분한다. Larenz/Canaris, Methodenlehre der Rechtswissenschaft, Berlin·Heidelberg 1995, S. 143-145, 187-201, 232-252; 최봉경, 앞의 논문(주 6), 25-35면 참조. 이하에서는 '법형성'을 원칙적으로 법률내재적 법형성에 한정하여 논한다. 한편, 스위스의 법학자인 크라머(Ernst A. Kramer)는 법해석을 '본래적 해석'(eigentliche Gesetzesauslegung)이라 부르고, 법형성을 '법관법'(Richterrecht)이라 부르며, 양자의 상위개념을 '법발견'이라고 부른다. 에른스트 A. 크라머 저/최준규 역, 법학방법론, 박영사, 2022, 24-33면 참조.

13) 이 문단의 내용에 관하여는 Larenz/Canaris, a.a.O.(주 12), S. 143-145, 187-252; 박정훈, 행정법의 체계와 방법론, 박영사, 2005, 116-117면, 127-128면; 김영환, 앞의 논문(주 6), 137-138면 참조.

14) 김상겸, "헌법의 기본원리로서 법치국가원리", 고시계 제48권 제5호, 국가고시학회, 2003, 14면.

과 상충할 소지가 있어 별도의 정당화가 필요하다는 점에 있다.[15]

## 2. 법해석과 법형성의 구별기준인 '법률문언의 가능한 의미'

문제는 법해석과 법형성의 구별기준인 '법률문언의 가능한 의미'의 폭이 명확하지 않다는 데 있다. '문언의 가능한 의미'(möglicher Wortsinn)란 독일의 전통적 법학방법론에서 법해석의 한계로 제시되는 개념[16]으로서, '문언의 통상적인 의미'(üblicher Wortsinn)라는 개념과 구별된다. '문언의 통상적인 의미'란 법률문언을 언어공동체의 통상적인 어법과 언어관용에 따라 파악하여 밝힌 의미를 말하는 것으로서, 뒤에서 살펴볼 언어적·문법적 해석에서 등장하는 개념이다.[17] 이에 비하여 '문언의 가능한 의미'라는 개념은 너무나 막연하고 형식적인 기준이어서, 그 자체로는 실질적 내용을 담고 있지 않을 뿐 아니라 해석의 한계를 모호하게 만들 우려가 있다. 이 때문에 해석과 유추의 구별이 특히 문제 되는 형법해석학에서는 '문언의 가능한 의미'라는 구별기준을 비판하고 이를 다른 목적론적 기준으로 대체하려 하거나, 더 나아가 해석과 유추의 구별은 법해석 과정에서 해석자의 성찰 또는 자제에 의해 이루어질 뿐 명확한 한계를 그을 수 없다고 보는 견해들이 이어졌다.[18]

---

15) 특히 형법에서는 죄형법정주의의 파생원칙인 유추금지원칙(Analogieverbot) 때문에 '허용되는 해석'과 '금지되는 유추' 간의 구별이 중요하다. 그러나 사법(私法)에서도 법관이 문언의 가능한 의미를 넘어 법형성을 하려면 별도의 정당성 부여가 필요하다. 에른스트 A. 크라머 저/최준규 역, 앞의 책(주 12), 32-33면; 김영환, "법학방법론의 관점에서 본 유추와 목적론적 축소", 법철학연구 제12권 제2호, 한국법철학회, 2009, 9-10면 참조.

16) 엥기쉬(Karl Engisch)에 따르면, 이 개념은 헤크(Philipp Heck)의 저서에 나오는 "해석가설의 한계는 '가능한 문언'(der mögliche Wortlaut)이다."라는 표현에 의해 정식화되었다고 한다. Karl Engisch, a.a.O.(주 12), S. 123; 칼 엥기쉬 저/안법영·윤재왕 역, 법학방법론, 세창출판사, 2011, 133면 참조.

17) '문언의 통상적인 의미'는 ① 일반적 언어관용에 따른 '일상적 의미'와 ② 법학을 비롯한 특정 분야의 전문적 언어관용에 따른 '전문적 의미'로 나뉜다. 일반적으로 사용되는 단어는 일상적 의미에 따라 해석하고, 법적 전문용어는 전문적 의미를 기준으로 해석해야 한다. 에른스트 A. 크라머 저/최준규 역, 앞의 책(주 12), 59-69면; 오세혁, "법 문언의 언어적 의미 — '일상적 의미'와 '가능한 의미'를 위한 변론", 경희법학 제56권 제3호, 경희법학연구소, 2021, 37-41면 참조.

그러나 오늘날에도 '문언의 가능한 의미'라는 구별기준은 통설에 의해 지지되고 있는데, 통설은 그 근거로 죄형법정주의라는 헌법적 요청을 실현해야 한다거나(형법), 문언의 의미 한계 바깥에서 법을 획득할 때는 법치국가원리에 따른 방법론적 정당화전략이 필요하다(私法)는 점을 내세운다.[19] 어쨌든 이상의 논의를 통해 알 수 있는 것은 '문언의 가능한 의미'라는 기준이 법해석 이전에 미리 확정된 것이 아니라, 법해석 과정을 통해 비로소 규명된다는 점이다. 즉, '문언의 가능한 의미'는 법해석의 한계이지만, 법해석의 출발점[20]이 아니라 오히려 법해석의 결과물에 해당한다.[21] 결국 어떤 법조문에 관한 해석의 한계를 파악하려면 일단 그 법조문을 해석해 보아야 하므로, 어떤 해석기준들을 이용하여 법을 해석할 것인가 하는 문제가 관건이 된다.

### 3. '법률문언의 가능한 의미'를 확정하기 위한 해석기준

오늘날 통용되는 법해석방법론의 초석을 놓은 사람은, 19세기 초에 歷史법학을 창시한 독일의 법학자 사비니(Friedrich Carl von Savigny)이다. 사비니는 법을 해석할 때 우선 문법을 따라야 하고(문법적 해석요소), 둘째로 문맥의 논리를 살펴야 하며(논리적 해석요소), 셋째로 역사적 입법자의 의도를 고려해야 하고(역사적 해석요소), 넷째로 이러한 법해석은 역사적 법제도 전체와의 체계적 통일성을 갖추어야 한다고 보았다(체계적 해석요소).[22]

---

18) 이에 관한 상세한 내용은 김영환, "형법해석의 한계 — 허용된 해석과 금지된 유추의 상관관계", 형사판례연구 제4권, 박영사, 1996, 7-9면; 김학태, "법률해석의 한계 — 판례에서 나타난 법해석방법론에 대한 비판적 고찰", 외법논집 제22집, 한국외국어대학교 법학연구소, 2006, 182-185면 참조.

19) 김영환, 앞의 논문(주 18), 9-10면; 에른스트 A. 크라머 저/최준규 역, 앞의 책(주 12), 32-33면 참조.

20) 반면에 '문언의 통상적인 의미'는 대개 법해석의 출발점이 되지만, 결코 그것이 최종적인 결과물일 수는 없다. 김영환, 앞의 논문(주 18), 13면 참조.

21) 김영환, 앞의 논문(주 18), 10-11면.

22) 배재식, "법학방법론서설", 서울대학교 법학 제25권 제1호, 서울대학교 법학연구소, 1984, 19면; 에른스트 A. 크라머 저/최준규 역, 앞의 책(주 12), 34면 참조.

이같이 사비니가 초석을 마련한 법해석방법론은 그 후 여러 학파에 의해 보충되고 발전되었는데, 그 중심에는 법해석방법론의 근본 질문, 즉 법해석의 목표는 역사적 입법자의 법률제정 당시의 의사를 밝히는 데 있는가(주관적 해석이론) 아니면 법률적용 시점을 기준으로 하여 법 자체의 객관적 의미를 밝히는 데 있는가(객관적 해석이론) 하는 문제가 자리하고 있다.

우선 19세기 중반에 판덱텐 법학을 근거로 융성한 槪念법학은, 법조항의 의미를 순전히 형식논리적인 방법을 통해 개념의 논리적 관련으로부터 도출할 수 있다고 보았다.[23] 그러면서 개념법학은 사비니의 체계적 해석요소인 '역사적 법제도를 중심으로 한 의미통일성'을 '형식논리적인 개념적 피라미드'로 대체하였다.[24] 그러나 젊은 시절 법개념의 논리적 체계 구축에 전념하던 예링(Rudolf von Jhering)은 19세기 후반에 이르러 실생활과 유리된 개념법학을 비판하면서, 입법자가 추구하는 법의 목적을 중시하는 目的법학으로 전환하였다.[25] 이러한 토대 위에서 헤크(Philipp Heck)를 위시한 튀빙겐 학파에 의해 利益법학이 성립되었다. 이익법학은 법률을 '법공동체에서 승인받기 위해 투쟁하는, 서로 대립하는 이익들의 결과물'로 보면서, 법해석자는 법률을 야기한 실제 이익을 역사적으로 올바로 인식하고 탐구해야 한다고 주장하였다.[26] 그러면서 이익법학은 종래 역사적 입법자의 사실적 의사에 초점을 두는 '주관적-역사적 해석방법'을 극복하고, 법률제정 당시의 이익충돌 상황과 입법 배후에 놓인 입법상의 추구목적을 기초로 법률의 의미를 탐구하는 '객관적-역사적 해석방법'(이를 '주관적-목적론적 해석'이라고도 한다)을 정초하였다.[27]

그런데 19세기 말에 이르러 객관적 관념주의철학이나 가치철학이 독

---

23) 푸흐타(Puchta), 빈트샤이트(Windscheid) 등이 대표적이다. 에른스트 A. 크라머 저/최준규 역, 앞의 책(주 12), 157-159면 참조.
24) 배재식, 앞의 논문(주 22), 19면 참조.
25) 에른스트 A. 크라머 저/최준규 역, 앞의 책(주 12), 159-160면 참조.
26) 에른스트 A. 크라머 저/최준규 역, 앞의 책(주 12), 160-161면; 배재식, 앞의 논문(주 22), 20면 참조.
27) 에른스트 A. 크라머 저/최준규 역, 앞의 책(주 12), 112-113면 참조.

일 법학방법론에 영향을 미침에 따라, 서로 다른 분야의 석학인 빈딩(Karl Binding, 형법), 바흐(Adolf Wach, 민사소송법), 콜러(Josef Kohler, 비교법 및 지적재산권법) 3명은 각각 비슷한 시기에 법을 단순한 역사적 산물이 아니라 그 자체로 합리성을 띤 객관적 實在로 바라보는 객관적 해석이론을 전개하였다.[28] 즉, 법률을 해석할 때 입법에 관여한 사람들의 의사나 제정 당시의 법정책적 노력에 초점을 맞추지 아니하고, 법의 이념과 목적을 중심으로 문언의 가능한 의미를 확정하는 '객관적-목적론적 해석방법'이 대두된 것이다.[29]

이러한 역사적 전개과정을 거쳐 오늘날에는 법의 해석기준으로 ① 언어적·문법적 해석, ② 체계적 해석, ③ 역사적 해석, ④ 목적론적 해석의 네 가지를 드는 것이 보편적인데, 이를 '해석카논'(Kanones der Auslegung)이라 한다.[30] 위 네 가지 해석기준의 순위에 관하여 전통적 견해는, 언어적·문법적 해석을 출발점으로 하되 여기에 나머지 해석기준을 종합적으로 활용하여 문언의 가능한 의미를 확정해야 한다는 입장을 취한다.[31] 다만, 주관적 해석이론은 역사적 해석요소에 조금 더 무게를 두는 데 비하여, 객관적 해석이론은 목적론적 해석요소에 더 무게를 둔다.[32]

## 4. 법률흠결의 확정 및 보충

위와 같은 해석기준에 따라 법조문을 해석하여 확정된 '문언의 가능한 의미' 속에 해당 법문제에 관한 規律(Regelung)이 담겨 있다면, 법관은

---

28) 배재식, 앞의 논문(주 22), 21면; 김영환, 앞의 논문(주 6), 138면 참조.
29) 에른스트 A. 크라머 저/최준규 역, 앞의 책(주 12), 114-115면; 배재식, 앞의 논문(주 22), 21면 참조.
30) 배재식, 앞의 논문(주 22), 21-22면 참조.
31) 다만, 위 네 가지 해석기준의 선후관계나 체계적 연관성에 관하여는 여러 논의가 있고, 아직 학문적으로 명확하게 정리되지 않은 상태이다. 김영환, "형법상 해석과 유추의 한계", 저스티스 제30권 제1호, 한국법학원, 1997, 82면; 권영법, "형법 해석의 한계 – 허용된 해석과 금지된 유추의 상관관계", 한국형법학의 전망: 심온 김일수교수 정년기념논문집, 문형사, 2011, 243-244면 참조.
32) 에른스트 A. 크라머 저/최준규 역, 앞의 책(주 12), 177-179면; Karl Engisch, a.a.O.(주 12), S. 121-128 참조.

그 규율을 대전제 삼아 사안에의 포섭으로 나아갈 수 있고, 이로써 법발견은 별도의 정당화를 요하지 않고 끝이 난다. 그러나 문언의 가능한 의미 속에 그 법문제에 관하여 정의로운 결론을 도출할 수 있는 규율이 누락되어 있다면 법조문에 흠결이 존재하는 것이고, 이제는 그 흠결을 어떤 방식으로 보충할 것인가, 그리고 그러한 흠결의 보충은 정당화될 수 있는가 하는 법형성의 문제로 넘어간다. 즉, 문언의 가능한 의미는 법해석의 한계점이자 법형성의 출발점이 된다.[33)]

고전적 법학방법론에 따르면, 법률의 흠결(Gesetzeslücke)이란 입법자의 계획에 반하는 불완전성(planwidrige Unvollständigkeit)을 의미한다.[34)] 여기서 '불완전하다'는 것은, 전체 법질서가 특정 문제영역에 관하여 어떤 합리적이고 정의로운 규율을 요구하고 있음에도 그 규율이 누락되어 있는 것을 말한다.[35)] 또한 '입법자의 계획에 반한다'는 것은, 입법자가 어떤 문제영역을 고려하지 아니하여 그에 관한 규율을 하지 않았으나, 만약 그 영역을 고려하였더라면 그에 관하여 규율을 하였을 것으로 인정되는 경우를 말한다.[36)]

예컨대, 민법상 제한능력, 착오, 사기, 강박 등을 이유로 법률행위(의 사표시)를 취소할 수 있도록 하는 규정들[37)]은, 법률행위의 일부에 취소사유가 존재하는 경우 일부취소가 가능한지에 관하여 규율하고 있지 않다. 그러나 위와 같은 취소사유로 법률행위를 취소하면 소급하여 무효가 되므로(민법 제141조) 법률효과 면에서 본래의 무효와 차이가 없는 점, 민법 제137조가 법률행위의 일부무효에 관한 규정을 두고 있는 점 등 전체 법질서에 비추어 보면, 법률행위의 가분적 일부에 취소사유가 존재하는 경우에도 일정한 요건을 갖추면 그 일부만을 취소할 수 있도록 하는 것이

---

33) 김영환, "법의 흠결과 목적론적 축소해석", 형사판례의 연구: 지송 이재상교수 화갑기념논문집 I, 박영사, 2003, 74-75면 참조.
34) Larenz/Canaris, a.a.O.(주 12), S. 194-196 참조.
35) 에른스트 A. 크라머 저/최준규 역, 앞의 책(주 12), 193면 참조.
36) 김영환, 앞의 논문(주 15), 11-12면 참조.
37) 민법 제5조 제2항, 제10조 제1항, 제13조 제4항, 제109조, 제110조 등을 말한다.

합리적이고 정의로운 규율이며, 입법자가 그러한 일부취소의 문제를 고려
하였더라면 이에 관하여 규율을 하였을 것으로 인정된다. 따라서 위 민
법 규정들에는 계획에 반하는 불완전성, 즉 흠결이 있는 것이고, 그 흠결
은 일부무효에 관한 민법 제137조를 유추함으로써 보충할 수 있다.[38]

그런데 일부취소에 관한 규율의 흠결을 민법 제137조를 통해 보충하는
것이 정당화되는 이유는, 일부무효에 관한 규율의 배후에 있는 '법적 가치
평가'(rechtliche Bewertung)[39]를 아직 규율되고 있지 않은 일부취소에도 동일
하게 적용할 수 있기 때문이다.[40] 결국 법률의 흠결은 그 흠결을 보충하는
데 기여하는 법조항을 고려하여 확정된다. 즉, 이러한 법조항은 법률의 흠
결을 보충하는 수단일 뿐만 아니라, 흠결의 존재를 확정하기 위한 논거로서
기능한다. 따라서 흠결의 확정과 보충은 함께 이루어지는 것이다.[41]

법률의 흠결은 법관의 법형성을 통해 보충할 수 있는 해석론상 흠
결(법률내재적 흠결)과, 의회가 입법을 통해 보충해야 하는 입법론상 흠결
(법정책적 흠결)로 크게 나눌 수 있다.[42] 그리고 해석론상 흠결은 다시 공
개된 흠결(offene Lücke)과 숨겨진 흠결(verdeckte Lücke)로 나뉜다.[43] '공개
된 흠결'이란, 문언의 가능한 의미 속에 해당 법문제에 관한 규율이 존재

---

38) 이 문단의 내용에 관하여는 양창수(편집대표), 민법주해[IV], 총칙(4)(제2판), 박영
   사, 2022, 32-33면(이동진 집필부분); 김용덕(편집대표), 주석 민법[총칙 3](제5판),
   한국사법행정학회, 2019, 415-416면(권순민 집필부분) 참조.
39) 당사자의 가정적 의사 존중, 법률행위의 효율성, 일부무효 사유를 둘러싼 소송
   의 남발과 지연 방지 등을 들 수 있다. 김용덕(편집대표), 앞의 책(주 38), 411-414
   면(권순민 집필부분) 참조.
40) 우리는 이것을 '두 사안 간에 유사성(Vergleichbarkeit)이 있다'고 표현할 수 있다.
   Larenz/Canaris, a.a.O.(주 12), S. 202-203; 김영환, 앞의 논문(주 15), 15-16면 참조.
41) 에른스트 A. 크라머 저/최준규 역, 앞의 책(주 12), 194-195면 참조.
42) 에른스트 A. 크라머 저/최준규 역, 앞의 책(주 12), 195-196면 참조. 앞서 언급한
   바와 같이 본 논문에서 논하는 '법형성'은 해석론상 흠결을 보충하는 법률내재적
   법형성에 한정되므로, 법정책적 흠결(법정책적 오류라고도 한다)에 관하여는 더 나
   아가 살피지 않는다.
43) Larenz/Canaris, a.a.O.(주 12), S. 198-201 참조. 한편, 에른스트 A. 크라머 저/최
   준규 역, 앞의 책(주 12), 195-205면에서는 해석론상 흠결을 위임흠결, 공개된 흠
   결, 숨겨진 흠결(예외흠결)의 세 가지로 나눈다. 그러나 위임흠결은 일반조항과 같
   이 입법자가 법적용자에게 상당한 해석활동 공간을 마련해 준 경우를 말하는 것으
   로서 '입법자의 계획에 반하는' 흠결이 아니므로, 본 논문의 연구범위에서 제외한다.

하지 않음이 드러나 있는 경우를 말한다. 앞서 살펴본 일부취소에 관한 흠결이 공개된 흠결의 한 예이다. 이때는 법률문언을 넘어서(*praeter verba legis*) 해당 법문제와 유사한 사안을 찾아내어 그에 관한 규율을 해당 법문제에 전용하는 '유추'의 방법으로 흠결을 보충해야 한다.[44]

이에 비하여 '숨겨진 흠결'이란, 문언의 가능한 의미 속에 해당 법문제에 관한 규율이 존재하긴 하지만, 법의 목적에 비추어 볼 때 그 의미의 폭이 너무 넓어 불합리한 결과가 나타나는 경우를 말한다.[45] 예컨대, 구 공직선거및선거부정방지법(2000. 2. 16. 법률 제6265호로 개정되기 전의 것, 이하 같다) 제262조는 일정한 선거범죄를 저지른 사람이 자수한 경우 그 형을 필수적으로 면제하도록 규정하고 있는데,[46] 위 조항은 자수의 시기를 제한하고 있지 않으므로, 여기서 "자수"는 문언상 범행발각 전/후의 자수를 모두 포함하는 의미로 새기는 것이 통상적이다. 그러나 형법 제52조에 따른 자수의 효과가 임의적 감면에 그치는 점에 비추어 보면, 범행발견에 아무런 기여를 하지 않은 범행발각 후의 자수자에게 필수적 면제라는 혜택을 주는 것은 정의와 형평에 반한다. 따라서 이 경우에는 '다른 것은 다르게'라는 원칙에 따라 법률문언에 반하여(*contra verba legis*) 해당 규범의 적용영역을 입법목적에 맞게 축소하는 '목적론적 축소'의 방법으로 흠결을 보충해야 한다.[47] · [48]

---

44) Larenz/Canaris, a.a.O.(주 12), S. 202-210; 김영환, 앞의 논문(주 33), 76-78면 참조.
45) 에른스트 A. 크라머 저/최준규 역, 앞의 책(주 12), 202면, 233면에서는 카나리스가 말하는 숨겨진 흠결을 '예외흠결'(Ausnahmelücke)이라 부르고, 목적론적 축소를 통해 예외흠결을 보충함으로써 해당 규범의 적용영역에서 빠지게 된 부분을 다른 법조항의 유추를 통해 다시 보충하는 특수한 경우를 '숨겨진 흠결'이라 부른다.
46) 위 조항은 2000. 2. 16. 형의 필수적 면제에서 형의 필수적 감경 또는 면제로 개정되었다.
47) 위 사안의 경우 구 공직선거및선거부정방지법 제262조의 "자수"를 '범행발각 전의 자수'로 축소하는 방법으로 흠결을 보충하게 된다. 그러나 대법원 1997. 3. 20. 선고 96도1167 전원합의체 판결의 다수의견이 적절히 지적하다시피, 이 같은 목적론적 축소는 처벌범위를 문언의 가능한 의미보다 확장하는 결과를 낳아 형법상 유추금지원칙에 위반되므로, 법형성에서 요구되는 '정당성'이 인정되지 않아 결국 허용될 수 없다.
48) Larenz/Canaris, a.a.O.(주 12), S. 210-216; 김영환, 앞의 논문(주 33), 76-84면 참조.

## Ⅲ. 민사집행법 제267조에 관한 해석의 한계

### 1. 민사집행법 제267조의 '문언의 가능한 의미' 확정 필요성

대상판결에서 다수의견은, 민사집행법 제267조에 따라 담보경매의 공신력이 인정되는 경우를 '경매개시결정 후에 담보권이 소멸하였음에도 경매가 계속 진행되어 매각된 경우'로 한정하고, '경매개시결정 전에 담보권이 소멸한 경우'는 적용 범위에서 제외하면서, 이것은 "다양한 해석이 가능한 법문언의 의미를 분명히 밝힌 것"이라고 한다. 즉, 문언의 가능한 의미 속에서 이루어진 법해석이라는 것이다. 반면에 별개의견은, 경매개시결정 후에 담보권이 소멸한 경우는 물론이고 경매개시결정 전에 담보권이 소멸한 경우에도 매각이 이루어지면 민사집행법 제267조에 따라 담보경매의 공신력이 인정된다고 하면서, 다수의견의 위와 같은 법발견 작업은 "법규정의 가능한 범위를 넘는 목적론적 축소"로서 법관에 의한 법형성에 해당한다고 본다.

이러한 견해 대립은 결국 민사집행법 제267조의 '문언의 가능한 의미'를 양 의견이 서로 다르게 파악하기 때문이다. 따라서 다수의견과 별개의견의 타당성을 논증하기 위해서는 그 전제로서 민사집행법 제267조 중 "담보권 소멸"이라는 문언의 가능한 의미의 폭을 규명해야 하고, 이를 위해서는 앞서 살펴본 해석기준을 이용하여 위 법조항을 해석하여야 한다. 그러한 해석의 결과 문언의 가능한 의미가 확정되면, 대상판결의 다수의견이 법해석에 불과한지 아니면 법형성에 해당하는지가 드러날 것이다. 따라서 이하에서는 해석카논, 즉 네 가지 해석기준을 각각 이론적으로 고찰하고, 그러한 이론적 검토 결과를 대상판결에 차례로 대입해 보도록 하겠다.

### 2. 언어적 · 문법적 해석

#### (1) 이론적 고찰

언어적 · 문법적 해석, 즉 '문언의 통상적인 의미'를 탐구하는 것이 법해석의 출발점이라는 점에는 별다른 이견이 없다.[49] 전통적 법학방법론에 따르면, 구성요건과 법률효과로 이루어진 법규범에서 구성요건 부분은 기술적 개념(deskriptiver Begriff)과 규범적 개념(normativer Begriff)으로 나뉜다.[50]

기술적 개념이란, 현실의 사실관계를 가리키는 언어수단을 말한다. 예컨대, '동물', '건물', '부모' 같은 개념이 이에 속한다. 이런 개념들은 일상용어이므로 문언의 통상적인 의미가 명확하고 일의적일 것이라고 짐작하기 쉬우나, 실제로는 의미가 모호하거나 중의적인 경우가 대부분이다.[51] 헤크(Philipp Heck)는 이 같은 문언 의미의 불명확성을 설명하기 위해 개념의 핵(Begriffskern)과 개념의 뜰(Begriffshof)을 구별하였다. '개념의 핵'이란 그 개념이 의심 없이 적용될 수 있는 영역을 말하고, '개념의 뜰'이란 그 개념의 적용 가능성이 다소 모호하긴 하나 의미 범위 안에 있다고 여겨지는 주변영역을 말한다. 나아가 코흐(Hans-Joachim Koch)는 특히 기술적 개념의 모호성과 중의성을 설명하면서 '3가지 영역 모델'을 제시하였다. 이 모델에 따르면, 일반적 언어관용에 비추어 문제 된 표현이 명확하게 적용되는 대상을 적극적 후보자(positiver Kandidat)라 하고, 문제 된 표현이 의문의 여지 없이 적용되지 않는 대상을 소극적 후보자(negativer Kandidat)라 하며, 적용 여부를 쉽게 결정할 수 없는 일련의 대상들을 중립적 후보자(neutraler Kandidat)라 한다.[52] 예컨대, 민법 제758조의 공작물책임과 관련하여, 건물은 '공작물'의 개념의 핵에 속하는 적극적 후보자이고, 액화석유가스통[53]은 '공작물'의 개념의 뜰에 속하는 중립적 후보자이

49) 오세혁, 앞의 논문(주 17), 33면 참조.
50) Rüthers/Fischer/Birk, Rechtstheorie: und Juristische Methodenlehre, 12. Aufl., München 2022, Rn. 176 ff.; 에른스트 A. 크라머 저/최준규 역, 앞의 책(주 12), 36면 참조.
51) 예컨대, 어느 정도의 건축물을 독립한 부동산인 '건물'이라고 할 것인지 경계가 불분명할 수 있고, '부모'에 조부모도 포함되는 것인지 명확하지 않을 수 있다.
52) 에른스트 A. 크라머 저/최준규 역, 앞의 책(주 12), 38-40면; 권영법, 앞의 논문(주 31), 248-250면 참조.
53) 대법원 1994. 7. 29. 선고 93다32453 판결 참조.

며, 전기 그 자체는 소극적 후보자이다.[54]

　다음으로 규범적 개념이란, 물리적 현실 차원이 아니라 추상화 또는 평가와 관련된 개념을 말한다. 대표적으로 '소유권', '점유', '해제'와 같은 법적 전문용어와, '현저하게 공정을 잃은'(민법 제104조), '중대한 사유'(민법 제840조 제6호)와 같은 불확정 법개념을 들 수 있다. 규범적 개념도 앞서 살펴본 3가지 영역 모델에 따라 파악할 수 있으나, 기술적 개념보다 모호성이 더 큰 관계로 적극적 후보자의 사례는 소수이고 중립적 후보자의 사례가 많은 것이 특징이다.[55]

　3가지 영역 모델은 '제한해석/확대해석'과 '유추/목적론적 축소'를 개념적으로 구별하는 데 도움을 준다. 즉, 어떤 법률문언의 규율 대상에 중립적 후보자(개념의 뜰)를 포함하지 않고 적극적 후보자(개념의 핵)만을 포착하는 것을 제한해석(restriktive Auslegung)이라 하고, 중립적 후보자도 포함하는 것을 확대해석(extensive Auslegung)이라 한다.[56] 한편, '유추'는 개념의 뜰 바깥에 있는 소극적 후보자를 유사성을 근거로 규율 대상에 포함하는 것이고, '목적론적 축소'는 이와 반대로 개념의 핵에 속하는 적극적 후보자를 차별성을 근거로 하여 규율 대상에서 제외하는 것이다.[57] 그러나 적극적/소극적/중립적 후보자 간의 경계는 유동적이며, 명확하지 않다. 그러므로 어떤 대상이 문제 된 개념의 3가지 영역 중 어디에 해당하는지는 언어적·문법적 해석기준만으로 규명할 수 없으며, 체계적 해석, 역사적 해석, 목적론적 해석과 같은 추가적인 해석 단계를 요한다.[58]

---

54) 김용덕(편집대표), 주석 민법[채권각칙 8](제5판), 한국사법행정학회, 2021, 353-354면 (김승표 집필부분); 김성미, "민법 제758조 '공작물' 범위에 관한 재고찰", 재산법연구 제38권 제2호, 한국재산법학회, 2021, 189-198면 참조.

55) 에른스트 A. 크라머 저/최준규 역, 앞의 책(주 12), 43-47면 참조.

56) 예컨대, 장물죄에서 적극적 후보자인 '재산범죄로 직접 취득한 물건'만을 장물로 보는 것은 제한해석이고, 중립적 후보자인 '그 취득한 물건을 팔거나 교환하여 취득한 물건(대체장물)'도 장물에 포함하는 것은 확대해석이다. 김영환, 앞의 논문(주 33), 75면 참조.

57) 김영환, 앞의 논문(주 6), 156-161면; 에른스트 A. 크라머 저/최준규 역, 앞의 책 (주 12), 40-41면 참조.

58) 에른스트 A. 크라머 저/최준규 역, 앞의 책(주 12), 59-64면 참조.

## (2) 대상판결에의 적용

대상판결의 다수의견은, 민사집행법 제267조가 담보권의 소멸 시기를 언급하지 않고 있더라도 그 규정취지가 문언만으로는 분명하지 않아 여전히 해석의 여지가 남아 있다고 한다. 반면에 별개의견은, 민사집행법 제267조에서 "담보권 소멸"은 그 문언의 객관적 의미와 내용이 명확하므로, 여기서 경매개시결정 전의 담보권 소멸을 제외하는 것은 문언의 통상적인 의미에 맞지 않는다고 한다. 민사집행법 제267조의 "담보권 소멸"을 언어적·문법적으로 해석하는 데서부터 이렇게 견해가 갈리는 원인은 무엇일까? 그것은 다수의견과 별개의견이 위 문언의 적극적 후보자의 범위를 달리 파악하는 데에 기인한다.

통상 '담보권 부존재'는 담보권이 처음부터 유효하게 성립하지 않았음을 뜻하는 데 비하여 '담보권 소멸'은 일단 발생하여 유효하게 존재하던 담보권이 후발적인 사유로 소멸한 것을 뜻한다. 그런데 위 법률문언은 담보권 소멸의 시기를 제한하고 있지 않으므로, 별개의견은 경매개시결정 전의 담보권 소멸과 경매개시결정 후의 담보권 소멸이 모두 적극적 후보자에 해당한다고 본다. 따라서 민사집행법 제267조의 "담보권 소멸"에서 경매개시결정 전의 담보권 소멸을 제외하는 것은 적극적 후보자를 규율 대상에서 제외하는 목적론적 축소이므로, 별도의 정당화가 이루어지지 않는 한 허용되지 않는다. 그러나 다수의견은 경매개시결정 후의 담보권 소멸은 적극적 후보자에 해당한다고 보지만, 경매개시결정 전의 담보권 소멸은 뒤에서 보는 바와 같이 담보권 부존재와 유사하여 중립적 후보자에 해당한다고 보기 때문에, 위 "담보권 소멸"에서 경매개시결정 전의 담보권 소멸을 제외하여도 이는 제한해석에 불과하여 별도의 정당화가 필요하지 않다.

결국 대상판결의 다수의견이 제한해석인지 목적론적 축소인지를 규명하려면, 경매개시결정 전의 담보권 소멸이 "담보권 소멸"이라는 문언 의미의 중립적 후보자인지 아니면 적극적 후보자인지 살펴보아야 하는데, 이는 언어적·문법적 해석기준만으로는 가려낼 수 없다. 이 점은 앞서 살펴본 구 공직선거및선거부정방지법 제262조의 "자수"에 관한 대법원 1997. 3. 20. 선고 96도1167 전원합의체 판결을 대상판결과 비교해 보아도 알 수 있다. 구 공직선거및선거부정방지법 제262조의 "자수"나 민사집행법 제267조의 "담보권 소멸"이나 문언상 시기의 제한이 없는 점에서는 같다. 그런데 대법원 96도1167 전원합의체 판결에서는 반대의견이 범행발각 전의 자수를 적극적 후보자로, 범행발각 후의 자수를 중립적 후보자로 파악하여 구 공직선거및선거부정방지법 제262조의 "자수"에서 범행발각 후의 자수를 제외하는 것을 제한해석으로 보았던 반면에, 다수의견은 범행발각 전의 자수와 범행발각 후의 자수를 모두 적극적 후보자로 파악하여 위 법조항의 "자수"에서 범행발각 후의 자수를 제외하는 것을 목적론적 축소로 보았으므로, 대상판결과 구도가 반대이다. 즉, 법률문언이 지닌 언어적·문법적 조건이 같아도 체계적·역사적·목적론적 해석 여하에 따라 적극적 후보자의 범위는 달라질 수 있는 것이다.

### 3. 체계적 해석

#### (1) 이론적 고찰

체계적 해석이란, 개별 법조문의 의미를 규명할 때 그 법조문이 전체 법률의 구조와 그 법률이 속한 법질서 부분영역의 구조 그리고 전체 법질서의 구조 안에서 갖는 체계적 위치와 맥락을 고려하는 것을 말한다.[59] 이상적인 의미에서 법질서란 그 안에 있는 여러 가지 법명제들이 동질적이고 조화롭게 관련을 맺는 법적 사고의 복합체를 말하는데, 이를 '법질서의 통일성'(Einheit der Rechtsordnung)이라 한다.[60] 그러므로 법관은 법질서의 개별 구성부분을 해석할 때 법질서 안에 흩어져 있는 법적 사고의 조각들이 서로 모순·충돌하거나 일관성을 잃지 않도록 그 규범적 맥락을 고려해야 한다.[61] 이런 점에서 고대 로마의 법학자 켈수스(Celsus)

---

59) 에른스트 A. 크라머 저/최준규 역, 앞의 책(주 12), 69면 참조.
60) Karl Engisch, a.a.O.(주 12), S. 95-99 참조.
61) Karl Engisch, a.a.O.(주 12), S. 101-102; 에른스트 A. 크라머 저/최준규 역, 앞의

는 "법 전체를 보지 않고 그 일부만을 가지고 법의 목적을 판단하거나
답하는 것은 어리석은 일이다."라고 하였다.[62]

라렌츠와 카나리스에 따르면, 법질서의 체계는 외적 체계(äußeres
System)와 내적 체계(inneres System)로 나눌 수 있다.[63] '외적 체계'는 법률
의 형식적 구성과 법소재를 분류하는 것을 말하고,[64] '내적 체계'는 가치
판단의 일관된 체계로 이해된, 법의 내적 구조물을 말한다.[65] 본 논문에
서 주목하고자 하는 것은 그중에서도 내적 체계인데, 이와 관련하여 두
가지 점을 짚어보도록 한다.

첫째는, 내적 체계가 개방적인 체계라는 점이다. 법질서의 내적 체
계를 이루는 여러 가지 법원리들은 목적론적으로 또는 가치론적으로 정
합성을 갖추어야 한다. 즉, 법해석으로 말미암아 법질서의 서로 다른 구
성부분들이 평가모순에 빠지지 않도록 해야 한다. 그런데 이러한 법원리
들과 그 적용범위 그리고 상호작용의 유형과 태양은 사회적·기술적 변
화에 따라 얼마든지 변경될 수 있고, 그 과정에서 새로운 법원리가 발견
될 수도 있다. 이런 점에서 내적 체계는 개방적 성격을 지닌다.[66]

둘째는, "의심스러울 때는 다른 규범이 무의미해지지 않게 해석하
라."라는 해석원칙이다. 즉, 법관은 해당 법조문을 일정한 의미로 해석함
에 따라, 해석대상이 아닌 다른 법조문이 적용될 수 없게 되거나 그 목
적과 기능을 상실하는 일이 없도록 하여야 한다. 전체 법질서의 각 구성
부분은 체계 정합성을 훼손하지 않는 범위에서 각각의 목적을 달성하기

책(주 12), 69-73면 참조.

62) Mommsen/Krüger, Corpus Iuris Civilis Volumen Primum: Institutiones, Digesta,
   22. Aufl., Dublin·Zürich 1973, Digesta S. 34(Celsus D.1.3.24.) 참조.
63) Larenz/Canaris, a.a.O.(주 12), S. 263-318; 라렌츠·카나리스 저/허일태 역, 법학
   방법론, 세종출판사, 2000, 343-413면 참조.
64) 이를테면 법전을 판덱텐 체계로 구성한다든가, 개별 조문을 일정한 규칙에 따라
   법률의 특정 위치에 배치한다든가, 다른 법률 또는 법조문을 준용하는 규정을 두
   는 것을 말한다. 에른스트 A. 크라머 저/최준규 역, 앞의 책(주 12), 75-80면 참조.
65) 에른스트 A. 크라머 저/최준규 역, 앞의 책(주 12), 74면 참조.
66) Larenz/Canaris, a.a.O.(주 12), S. 314 ff.; 에른스트 A. 크라머 저/최준규 역, 앞
   의 책(주 12), 80-82면 참조.

위해 최대한의 기능을 발휘할 수 있도록 해석되어야 하며, 이것이 입법자의 의사에도 부합하기 때문이다.[67]

### (2) 대상판결에의 적용

담보경매의 공신력 규정인 민사집행법 제267조가 전체 법질서에서 갖는 체계적 의미와 관련하여, 대상판결에서는 크게 세 가지 쟁점이 다루어지고 있다. 첫째는 강제경매와 담보경매 사이의 관계이고, 둘째는 담보경매의 공신력과 담보경매개시결정에 대한 실체법상 이의사유 사이의 관계이며, 셋째는 담보경매의 공신력과 부동산등기의 공신력 사이의 관계인데, 이하에서 순서대로 살펴본다.

### (가) 강제경매와 담보경매의 공통점과 차이점

대상판결의 다수의견은 강제경매와 담보경매의 차이점에 주목한다. 즉, 강제경매는 판결 등 공적으로 확인된 집행권원에 기초하여 실시되므로, 집행채권이 실체적으로 부존재하거나 소멸한 경우에도 공신력이 인정된다. 반면에 담보경매는 집행권원을 요구하지 않고, 私人 간에 설정된 담보권에 내재하는 실체적 환가권능에 기초한 처분행위를 국가가 대행하는 것이므로, 담보경매의 정당성은 실체적으로 유효한 담보권의 존재에 근거한다. 따라서 담보권에 실체적 하자가 있다면 그에 기초한 경매는 원칙적으로 무효이고, 특히 담보경매를 신청할 당시 담보권이 이미 소멸하였다면, 그 경매개시결정은 처분권 없는 私人이 국가에 처분권을 부여함에 따라 이루어진 것으로서 위법하므로, 일단 유효한 담보권에 기하여 담보경매가 개시되어 국가가 처분권을 적법하게 부여받은 후에 담보권이 소멸한 경우와는 그 법률적 의미가 본질적으로 다르다는 것이다.

반면에 별개의견은 강제경매와 담보경매의 공통점에 주목한다. 즉, 담보경매는 당사자가 임의로 설정한 담보권을 실행하는 절차이고 집행권원이 요구되지 않는다는 점에서는 강제경매와 차이가 있지만, 국가기관이 개입하여 公的으로 환가 및 배당절차를 진행한다는 측면에서는 강제경매

---

67) 프란츠 비들린스키 · 페터 비들린스키 저/김성룡 역, 앞의 책(주 12), 28-29면; 에른스트 A. 크라머 저/최준규 역, 앞의 책(주 12), 94-97면 참조.

와 다를 바 없고, 그 구체적인 절차에도 강제경매에 관한 규정이 준용된다(민사집행법 제268조). 결국 경매절차의 신뢰성은 국가기관이 법률에 따라 절차를 진행한다는 점에서 비롯되는 것이므로, 경매개시의 원인이 집행권원이든 담보권이든 간에 경매절차를 신뢰하고 매각대금을 납부한 매수인을 보호할 필요가 있는 점에서는 차이가 없다는 것이다. 결국 강제경매와 담보경매의 차이점에 주목한다면 민사집행법 제267조를 예외적인 규정으로 보아 그 적용 범위를 가능한 한 줄이는 방향으로 해석하는 것이 전체 민사집행법 체계에 부합할 것이나, 양자의 공통점에 주목한다면 민사집행법 제267조는 오히려 꼭 필요한 규정이므로 굳이 적용 범위를 줄이는 방향으로 체계적 해석을 시도할 이유가 없다.

私見으로는, 강제경매와 담보경매의 차이점에 주목하는 다수의견에 대하여 두 가지 의문점이 있다. 첫째, 집행권원의 요부를 강제경매와 담보경매의 결정적인 구별기준으로 삼는 것 자체에 의문이 있다. 우리나라의 담보경매에서 집행권원을 요구하지 않는 것은 담보경매절차의 신속성을 중시함에 따른 입법정책상의 문제일 뿐, 엄격한 이론적 배경에 기인한 것이 아니다.[68] 또한 집행권원 중에는 확정판결과 같이 권리판정기관이 그 형성에 관여하는 것도 있지만, 집행증서와 같이 권리판정기관의 관여 없이 형성되는 것도 있고, 또 가집행선고부 판결과 같이 취소·변경 가능성이 열려 있는 것도 있어 집행권원의 종류에 따라 공신력 정도에 차이가 있으므로, 집행권원 없이 담보경매가 개시되는 것이 담보경매의 공신력을 원칙적으로 인정하지 않는 이론적 근거가 된다고 단정하기 어렵다.[69]

둘째, 기왕에 다수의견처럼 강제경매와 담보경매의 차이점에 주목한

---

68) 예컨대, 독일의 경우 강제경매와 담보경매 모두 강제집행의 방식에 따르게 되어 있으므로, 부동산담보권을 실행하기 위해서는 확정된 종국판결이나 집행증서와 같은 집행권원이 있어야 하고, 집행문도 받아야 한다. Lieder, in: MüKo BGB, Bd. Ⅷ, 9. Aufl., München 2023, §1147 Rn. 1, 8-9; Becker, in: Stöber, Zwangsversteigerungsgesetz, 23. Aufl., München 2022, ZVG §16 Rn. 13-15 참조.
69) 강대성, 앞의 논문(주 3), 240-241면 참조.

다면, 양 절차에서 경매개시결정이 갖는 의미가 다르다는 점도 짚어볼
필요가 있다. 다수의견은 강제경매와 담보경매의 공신력을 달리 보는 근
본 이유를 집행권원의 유무에서 찾고 있으므로, 경매개시결정 후 담보권
이 소멸한 경우에만 공신력을 인정하려면 경매개시결정에 집행권원과 같
이 담보권의 실체적 존재를 드러내는 법적 의미가 있을 것이 요구된다.
그러나 별개의견이 적절히 지적하고 있다시피, 집행법원이 담보경매절차
를 개시할 때는 담보권의 형식적 존재를 증명하는 서류를 조사하는 것으
로 충분하고, 피담보채권의 존부 등 실체법상의 사유는 조사할 필요가
없다.[70] 따라서 집행법원의 담보경매개시결정이 그 당시 담보권이나 피
담보채권의 실체적 존재를 드러낸다고 볼 수 없다.[71]

### (나) 담보경매의 공신력과 담보경매개시결정에 대한 실체법상 이의사유 사이의 관계

민사집행법 제265조는 "경매절차의 개시결정에 대한 이의신청사유로
담보권이 없다는 것 또는 소멸되었다는 것을 주장할 수 있다."라고 규정
하고 있다. 그런데 위 조항은 민사집행법 제267조를 통해 담보경매의 공
신력을 인정하는 핵심 근거가 된다. 왜냐하면 일반적으로 민사집행법 제
267조의 제도적 근거를 이른바 '실권효'에서 찾기 때문이다. 즉, 소유자는
담보경매개시결정을 송달받음으로써 자신이 설정한 담보권에 기초하여
현재 경매절차가 진행 중임을 구체적으로 인식하게 되고, 경매절차에서
위와 같은 실체법상의 사유를 들어 경매의 효력을 다툴 수 있으므로, 그
럼에도 경매절차를 저지하지 않아 매각이 이루어졌다면 소유자보다 매수
인의 보호를 우선해야 한다는 것이다.[72]

그런데 민사집행법 제265조는 담보경매개시결정에 대한 이의사유로

---

70) 대법원 2000. 10. 25. 자 2000마5110 결정; 민일영(편집대표), 주석 민사집행법(Ⅵ)
   (제4판), 한국사법행정학회, 2018, 233-236면(전휴재 집필부분) 참조.
71) 반면에 강제경매개시결정은 집행권원에 기초하여 행하여지는 것일 뿐만 아니라,
   채무자의 부동산에 압류의 효력이 발생하게 된다는 점에서 강제경매절차가 시작되
   는 실질적인 출발점이라는 의미가 있으므로, 담보경매개시결정보다 훨씬 더 중요
   한 법적 의미가 있다. 강대성, 앞의 논문(주 3), 248면 참조.
72) 민일영(편집대표), 앞의 책(주 70), 266-267면(전휴재 집필부분) 참조.

담보권 부존재와 담보권 소멸을 함께 규정하고 있고, 여기서 담보권 소멸을 경매개시결정 이후의 것으로 한정하고 있지 않다.[73] 그러므로 민사집행법 제267조의 "담보권 소멸"도 제265조와 마찬가지로 담보경매개시결정 전/후를 불문하고 담보권의 후발적 소멸을 모두 포함하는 것으로 해석하는 것이 민사집행법의 전체적인 체계에 부합한다.

**(다) 담보경매의 공신력과 부동산등기의 공신력 사이의 관계**

대상판결의 다수의견은, 경매개시결정 전에 담보권이 소멸한 경우에도 담보경매의 공신력을 인정하는 것은 부동산등기의 공신력을 인정하지 않는 우리 등기 제도와 조화되지 않는다고 한다. 즉, 경매개시결정이 있기 전에 담보권이 소멸한 경우에도 그 담보권에 기한 경매의 공신력을 인정한다면, 이는 소멸한 담보권 등기에 공신력을 인정하는 것과 같은 결과를 가져오므로 진정한 권리자의 보호를 중시하는 현재의 부동산등기 제도와 평가모순에 빠지게 된다는 것이다.

이에 대하여 별개의견은, 부동산등기 제도와 담보경매 제도는 각자의 목적과 기능을 달리하는 별개의 제도이므로, 등기와 경매의 공신력 인정 여부 및 범위는 각각의 제도를 규율하는 법령의 내용, 전체 체계와 이해관계, 실무관행 등 여러 사정을 고려하여 다르게 정할 수 있다고 본다. 따라서 담보권 등기의 공신력을 인정하지 않으면서 담보경매의 공신력을 인정하는 것이 법체계적으로 모순된다고 할 수 없다는 것이다.

생각건대, 경매개시결정 전에 담보권이 소멸하였음에도 담보경매의 공신력을 인정할 경우, 소멸한 담보권 등기에 공신력을 인정하는 것과 같은 결과가 초래되는 것은 사실이다. 그러나 경매개시결정 후에 담보권이 소멸한 경우에도 잔존 담보권 등기가 실체관계와 부합하지 않게 되는 것은 마찬가지이므로, 이때 담보경매의 공신력을 인정하게 되면 소멸한 담보권 등기에 공신력을 인정하는 것과 같은 결과가 초래된다. 결국 경매개시결정 전/후가 중요하다기보다는 민사집행법 제267조의 존재 자체

---

73) 민일영(편집대표), 앞의 책(주 70), 241-242면(전휴재 집필부분) 참조.

가 부동산등기의 공신력을 인정하지 않는 현행 등기 제도와 부합하지 않을 소지를 안고 있다. 그럼에도 민사집행법이 위와 같은 규정을 둔 것은, 경매는 국가기관이 개입하여 절차를 진행한다는 점에서 *私的* 매매와 성질이 다르기 때문이다. 따라서 담보경매의 공신력으로 말미암아 사실상 담보권 등기의 공신력이 인정되는 것과 같은 결과가 초래되더라도, 그것은 담보경매의 성질 때문이지 담보권 등기에 공신력이 인정되기 때문이 아니다. 따라서 담보경매 제도와 부동산등기 제도 사이의 모순·충돌을 방지하기 위해 반드시 민사집행법 제267조의 적용 범위를 제한할 필요는 없다.

### 4. 역사적 해석

#### (1) 이론적 고찰

'제정시점의 입법자의 의사'를 중시하는 주관적 해석이론과 '적용시점의 법의 목적'을 중시하는 객관적 해석이론 간의 논쟁은 앞서 본 것처럼 법해석방법론 발전과정의 중심을 이룬다. 이 논쟁은 오늘날 실무에서 역사적 해석요소를 더 강조하느냐, 목적론적 해석요소를 더 강조하느냐의 문제로 나타난다. 예컨대, 스위스 연방대법원은 보(Vaud)州[74]에서의 여성 투표권 인정 여부에 관한 1957년 판결[75]에서, 역사적 입법자의 의사에 따르면 州헌법 제23조의 "모든 스위스인들"(tous les Suisses)이란 남성 스위스인만을 뜻한다고 해석하였다. 그러나 그로부터 30여 년 후 아펜젤이너로덴(Appenzell Innerrhoden)州[76]에서 여성 투표권 인정 여부가 문제 된 1990년 판결[77]에서는, 州헌법 제16조 제1항의 "모든 州시민들"(alle Landleute)과 "그 밖의 스위스인들"(die übrigen Schweizer)을—비록 역사적 입법자의 의사에는 반하지만—여성 시민도 포함하는 개념으로 해석하였

---

74) 스위스의 26개 州(Kanton; Canton) 중 하나로서 스위스의 서쪽에 있으며, 프랑스어가 공식 언어이다.
75) BGE 83 I 173, S. 177-181 참조.
76) 스위스의 북동쪽에 있는 작은 州로서, 독일어가 공식 언어이다.
77) BGE 116 Ia 359, S. 366 ff. 참조.

는데, 이는 시대변화를 반영하여 헌법상 평등원칙에 합치되게 위 법조항을 객관적으로 해석한 것이다.[78]

오늘날 독일어 문헌의 법학방법론에서는 객관적 해석이론, 즉 법해석에서 입법자료를 중요한 실마리로 참조하기는 하지만 결국에는 법적용시점의 목적론적 고려를 중심에 놓는 객관적-목적론적 해석방법이 더 우세하다.[79] 그 근거로는 ① 법률은 공포됨으로써 입법자를 떠나 입법자가 더 이상 통제할 수 없는 독자적인 존재가 된다는 점, ② 법률의 구속력은 문언에서 나오는 것이지 입법자료에서 나오지 않는다는 점, ③ 법률 수신자인 시민이 오늘날의 언어관용에 따라 합리적으로 이해할 수 있는 의미를 법률로부터 도출함으로써 수범자의 신뢰를 보호해야 한다는 점, ④ 무엇보다도 법률은 현재의 문제를 해결하기 위한 것이므로, 현실의 요청과 새로운 규범상황에 맞추어 계속 조정될 필요가 있다는 점 등을 들 수 있다.[80]

법의 적용은 현재의 분쟁 상황을 극복하기 위한 것이고, 법관이 오늘날 맞닥뜨리는 실무상 과제를 해결하기 위해 행하는 작업이다. 따라서 과거의 어느 시점에 만들어진 법률이라 하더라도 그 문언의 의미는 오늘날의 언어관용과 법적·사회적 맥락에 맞게 해석되어야 한다.[81] 그러므로 해석대상 규범의 의미를 밝히기 위해 입법자료를 중요한 실마리로 활용하더라도, 그것은 법률적용 시점의 목적론적 고려를 기초로 통제되어야 한다.[82]

이러한 관점에서 볼 때, 법해석 과정에서 입법자료를 살펴볼 때는 가급적 공개적으로 접근할 수 있는 입법자료, 그리고 해당 법조문에 관한 역사적 입법자의 의도를 명확히 확인할 수 있는 입법자료만 참고하는

---

78) 에른스트 A. 크라머 저/최준규 역, 앞의 책(주 12), 110-111면 참조.
79) Larenz/Canaris, a.a.O.(주 12), S. 137-141; 에른스트 A. 크라머 저/최준규 역, 앞의 책(주 12), 128-139면 참조.
80) 에른스트 A. 크라머 저/최준규 역, 앞의 책(주 12), 122-128면 참조.
81) 에른스트 A. 크라머 저/최준규 역, 앞의 책(주 12), 129-132면 참조.
82) 에른스트 A. 크라머 저/최준규 역, 앞의 책(주 12), 179면 참조.

것이 바람직하다. 또한 법관이 그러한 입법자료를 참고하더라도 그 내용
에 무조건 구속되는 것은 아니며, 논증의무를 충분히 이행하기만 한다면
이를 벗어나 현재의 법적 상황에 부합하는 해석을 할 수 있다.[83]

(2) 대상판결에의 적용

민사집행법 제267조를 해석할 때 역사적 해석요소에 더 초점을 맞출
지 목적론적 해석요소를 더 중시할지는 별론으로 하고, 일단 법률제정
당시 민사집행법 제267조에 담긴 입법 취지가 무엇이었는지 먼저 살펴보
도록 한다.

1990년 이전까지 강제경매는 민사소송법에서, 담보경매는 구 경매법
(1990. 1. 13. 법률 제4201호로 폐지되기 전의 것)에서 각각 규율하고 있었다.
그런데 입법자는 구 경매법 제28조에서 경매개시결정에 대한 이의에 관
하여 규정하면서도 이의사유에 관하여는 침묵하였고, 담보경매의 공신력
에 관하여도 아무런 규정을 두지 않았다. 그러나 종래 대법원은 명문의
규정이 없음에도 담보경매개시결정에 대한 이의사유에는 경매절차상의
위법뿐만 아니라 담보권의 불성립, 소멸과 같은 실체법상의 사유도 포함
된다고 해석하였고,[84] 경매개시결정 후에 담보권이 소멸되었음에도 경매
가 진행되어 매수인이 소유권을 취득한 경우 예외적으로 그 경매의 공신
력을 인정하는 해석론을 취해 왔었다.[85]

그러다 민사소송법이 1990. 1. 13. 법률 제4201호로 개정되어 1990.
9. 1. 시행되면서 구 경매법을 폐지하고 제7편(강제집행) 안에 담보경매에
관한 제5장(제724조 내지 제735조)을 새로 마련하였는데, 이때 구 경매법에

---

83) 김학태, 앞의 논문(주 18), 188-189면; 에른스트 A. 크라머 저/최준규 역, 앞의 책
 (주 12), 136-137면 참조.
84) 대법원 1968. 4. 24. 자 68마300 결정, 대법원 1973. 2. 26. 자 72마991 결정; 민
 일영(편집대표), 앞의 책(주 70), 239-242면(전휴재 집필부분) 참조.
85) 대법원 1964. 10. 13. 선고 64다588 전원합의체 판결, 대법원 1980. 10. 14. 선
 고 80다475 판결 등 참조; 담보권이 부존재하는 경우에 공신력을 인정하지 않은
 판례는 대법원 1967. 1. 23. 자 66마1165 결정 참조; 경매개시결정 전에 담보권이
 소멸한 경우에 공신력을 인정하지 않은 판례는 대법원 1972. 3. 28. 선고 72다199
 판결, 대법원 1976. 2. 10. 선고 75다994 판결 참조.

없었던 제725조와 제727조가 아래와 같이 신설되었다. 그리고 이 두 조항은 현행 민사집행법에서도 문구만 일부 바꾸어 제265조와 제267조로 이어졌다(이하에서 민사집행법 제267조와 그 전신인 구 민사소송법 제727조를 통틀어 지칭할 때는 '이 사건 조항'이라 한다).

> [구 민사소송법](2002. 7. 1. 법률 제6626호로 전부개정되기 전의 것)
> 제725조(경매개시결정에 대한 이의사유) 경매절차의 개시결정에 대한 이의에서는 담보권의 부존재 또는 소멸을 주장할 수 있다.
> 제727조(대금완납에 의한 부동산 취득의 효과) 대금의 완납에 의한 매수인의 부동산 취득은 담보권의 소멸에 의하여 방해받지 아니한다.

이 사건 조항의 입법 취지에 관하여 이른바 공신력제한설(대상판결의 다수의견과 같은 해석론)은, 이 사건 조항은 경매개시결정 후에 담보권이 소멸된 경우에 한하여 공신력을 인정하려는 취지로 신설된 조항이라고 한다. 즉, 이 사건 조항은 담보경매의 공신력에 관한 종래 대법원의 판례이론을 입법으로 확인한 것에 불과하다고 본다.[86] 대상판결의 다수의견도 "담보경매를 개시하기 위해 담보권이 실체적으로 존재하는지 공적으로 확정하는 절차가 없고, 부동산등기에 공신력이 인정되지 않는 점과 진정한 소유자의 권리를 보호할 필요성 등을 고려하여 부분적으로만 경매의 공신력을 인정하는 취지로 이 사건 조항이 신설되었다."라고 설시하였는데, 위 판시내용만으로는 명확하지 않으나 공신력제한설의 시각에서 이 사건 조항의 신설 취지를 이해하고 있는 것으로 보인다.

그러나 법률제정 시점의 이익충돌 상황과 입법목적을 기준으로 하는 객관적-역사적 해석방법에 따르더라도, 이 사건 조항이 신설될 당시의 입법자료를 살펴보면, 과연 이 사건 조항이 경매개시결정 후에 담보권이 소멸된 경우에 한하여 공신력을 인정하려는 취지로 만들어진 조항인지 의문이 든다.

당시 법무부 산하에 구성된 민사소송법개정특별분과위원회(위원장 유

---

86) 민일영(편집대표), 앞의 책(주 70), 269-271면(전휴재 집필부분) 참조.

현석, 이하 '법무부 개정위원회'라 한다)는 1984. 4.부터 1988. 12.까지 총 81회의 전체회의를 거쳐 민사소송법 개정안을 마련하여 국회에 제출하였다. 위 위원회는 우선 1984. 4. 30. 제2차 전체회의에서 총칙과 소송절차편을 다루는 제1소위원회[87]와 강제집행편을 다루는 제2소위원회[88]를 만들고, 1984. 12.까지 토의를 진행하여 민사소송법 개정요강을 확정하였다.[89] 이후 법무부 개정위원회는 1985. 7.까지 총칙과 소송절차편에 관한 개정안을, 1986. 4.까지 강제집행편에 관한 개정안을 각 마련하고, 1987. 6.까지 각계의 의견을 조회하여 반영하였으며, 이후로도 여러 차례 전체회의를 거쳐 개정안을 확정하고 1988. 7. 공청회를 개최하였다. 이러한 일련의 과정은 법무부가 발간한 총 4권의 회의록과 1권의 개정자료집에 담겨 있다.[90]

공신력제한설은 "1990년 민사소송법개정위원회의 심의 당시에도 법원이 시행하는 경매절차에 대한 신뢰를 제고하기 위해서는 공신력의 인정범위를 넓혀 매수인의 지위를 강화하여야 한다는 이유로 담보권이 사후적으로 소멸한 경우뿐만 아니라 당초부터 부존재한 경우에도 공신력을 인정하여야 한다는 주장과 현실적으로 아직은 진정한 권리자의 정적 안전의 보호에 더 중점을 두어야 한다는 이유로 경매개시결정 후에 담보권이 소멸된 경우에 한하여 공신력을 인정하자는 주장이 대립되었는데 결국 후자의 주장이 채택되어 만들어진 것이 본조이다."라고 하면서, 당시 법무부 개정위원회 회의록 제2권 236면 이하에 나오는 이재성 위원과 이

---

87) 제1소위원회의 구성원은 최광률(소위원장), 이시윤, 이정락, 송상현이었다.

88) 제2소위원회의 구성원은 이재성(소위원장), 이석선, 정동윤, 진성규, 김홍규였다.

89) 법무부, 민사소송법개정위원회 회의록 제1권, 1989, 54면, 489면 참조.

90) 안타깝게도 위 입법자료에 모든 회의 경과가 담겨 있지는 않다. 회의록 제1권과 제2권은 1989. 5.에 발간되었는데, 여기에는 1984. 4.부터 1984. 12.까지 개최된 전체회의(제1차~제9차)와 소위원회 회의(소위원회별로 제1차~제7차)의 경과가 수록되어 있다. 회의록 제3권과 제4권은 1990. 11.에 발간되었는데, 제3권에는 1987. 11. 14. 개최된 제53차 전체회의부터 1988. 2. 27. 개최된 제66차 전체회의까지의 경과가 수록되어 있고, 제4권에는 1988. 6. 11. 개최된 제71차 전체회의부터 1988. 12. 23. 개최된 제81차 전체회의까지의 경과가 수록되어 있다. 1988. 8. 발간된 개정자료집에는 확정된 개정안 해설자료와 공청회 자료가 담겨 있다.

시윤 위원의 발언을 근거로 든다.[91]

그러나 위 회의록 제2권의 236면 이하에는 위와 같은 견해 대립이 나오지 않는다. 담보경매의 공신력에 관한 최초의 토의는 1984. 6. 26. 열린 제2소위원회의 제1차 회의록에서 발견된다.[92] 위 회의에서 이재성 위원은 일본 민사집행법에 담보권이 부존재하거나 소멸한 경우에도 매각이 이루어진 경우 공신력을 인정하는 규정이 신설되었음을 언급하고,[93] 이어서 유현석 위원장과 이재성, 정동윤 위원은 개정요강(안)의 '담보권 소멸'이란 경매개시결정 후에 담보권이 소멸한 경우를 말한다고 하면서, 그러한 취지의 판결[94]도 있다는 내용의 대화를 한다. 그러나 이재성 위원은 집행권원에 기초한 강제경매와 그렇지 않은 담보경매는 성질이 다르므로 위와 같은 공신력 규정을 두는 것은 — 담보권의 부존재이든 소멸이든 불문하고 — 문제가 많다고 하면서 이 문제는 일단 보류하자고 발언하고, 다른 위원들도 이에 동의한다.

그러고 나서 담보경매의 공신력 문제가 다시 토의 대상이 된 것은 1984. 12. 10. 열린 제8차 전체회의인데, 공신력제한설이 근거로 드는 것이 바로 위 회의의 회의록 중 이시윤 위원과 이재성 위원의 논쟁 부분이다.[95] 위 회의에서 이시윤 위원은 담보경매에 공신력이 없는 까닭에 매수인의 지위가 불안정하고 경매절차에 대한 신뢰도가 떨어져 경매 물건이 저가에 매각되는 현실을 지적하면서, 매수인 보호를 위해 담보경매의 공신력 규정이 필요하다고 역설한다. 반면에 이재성 위원은 강제경매와 담보경매는 성질상 차이가 있는 점, 담보경매의 공신력을 인정할 경우

91) 김능환 · 민일영(편집대표), 주석 민사집행법(Ⅵ)(제3판), 한국사법행정학회, 2012, 286면(문정일 집필부분) 참조.
92) 법무부, 앞의 책(주 89), 259-262면 참조.
93) 일본 민사집행법 제184조는 "담보부동산경매에서 대금의 납부에 의한 매수인의 부동산 취득은, 담보권의 부존재 또는 소멸에 의하여 방해받지 않는다."라고 규정하고 있다.
94) 여기서 위원들이 언급하는 '판결'은, 경매개시결정 후에 담보권이 소멸되었음에도 경매가 진행되어 매수인이 소유권을 취득한 경우 예외적으로 그 경매의 공신력을 인정하는 종래의 대법원판결을 의미하는 것으로 추측된다.
95) 법무부, 민사소송법개정위원회 회의록 제2권, 1989, 235-241면 참조.

등기의 공신력을 인정하지 않는 현행 법제와 충돌되는 점 등을 내세워 담보경매의 공신력 규정을 신설하는 데 반대한다. 그러나 두 위원은 담보경매의 공신력 규정 신설 여부에 관하여만 논쟁하였을 뿐, 담보권이 부존재하는 경우와 소멸한 경우에 모두 공신력을 인정할 것인지, 담보권의 소멸을 경매개시결정 후에 소멸한 경우로 한정할 것인지 등에 관하여는 논쟁한 바 없다.

총 4권의 회의록 중 위 두 군데를 제외하고는 이 사건 조항에 관하여 언급된 부분이 발견되지 않는다. 법무부 개정위원회가 강제집행편에 관한 개정안 조문화 작업을 본격적으로 진행한 1985. 1.경부터 1987. 6.경까지 열린 전체회의의 회의록은 아쉽게도 위 4권에 수록되어 있지 않아, 구체적인 논의 경과를 알 수 없다. 한편, 법무부 개정위원회가 확정한 민사소송법 개정안 해설자료 중 이 사건 조항의 신설이유 부분에는 "채무자 또는 소유자가 집행정지, 취소신청을 해태한 경우에는 대금완납한 경락인을 보호하여 집행의 적정 도모, ※ 일본 민사집행법 제184조 - 담보권의 부존재에 의하여도 방해받지 않음"이라고 기재되어 있다. 즉, 담보경매의 공신력을 인정하는 근거가 실권효에 있다는 점과, 일본에서는 담보권이 부존재하는 경우와 소멸한 경우에 모두 공신력이 인정되는 반면에 신설되는 조항은 담보권이 소멸한 경우에만 공신력이 인정된다는 점이 기재되어 있을 뿐, 그 '소멸'이 경매개시결정 후의 소멸만을 의미한다는 내용은 나오지 않는다.[96]

또한 법무부는 1988. 7. 18.과 같은 달 19. 양일간 위 개정안에 관한 공청회를 개최하였는데, 위 공청회에서 이 사건 조항에 관하여 의견을 밝힌 박두환 변호사와 민형기 법원행정처 송무심의관 2명은 강제경매와 마찬가지로 담보경매에 관하여도 공신력 규정이 신설된 것을 의미 있게 평가하거나,[97] 대금완납한 경락인의 소유권취득은 담보권의 소멸에 의하여 영향을 받지 아니함을 명문으로 규정한 것은 타당하다고만 하였

---

96) 법무부, 민사소송제도-민사소송법개정자료, 법무자료 제103집, 1988, 365면 참조.
97) 법무부, 앞의 책(주 96), 134면 참조.

을 뿐,[98] 위 조항에서 말하는 "담보권 소멸"의 시기에 관하여는 별다른 언급을 하지 않았다. 다만, 법무부 개정위원회 제2소위원회의 위원이었던 진성규 부장판사가 개정 민사소송법의 공포 직후 발표한 논문에서 비로소 "이 사건 조항은 담보경매개시 후에 담보권이 소멸하였음에도 매각이 이루어진 경우 일종의 실권효로서 공신적 효과를 인정하는 규정"이라는 설명을 발견할 수 있을 뿐이다.[99]

현재 공개적으로 접근할 수 있는 위와 같은 입법자료들을 통해 이 사건 조항 신설 당시의 이익충돌 상황과 입법목적을 고찰해 보면, 이 사건 조항은 담보권이 부존재하는 경우에는 담보경매의 공신력을 인정하지 않고, 담보권이 소멸한 경우에만 공신력을 인정하려는 취지로 신설되었다고 볼 수 있다. 이 점은 대상판결의 별개의견도 동의하는 부분이다. 그러나 여기에서 나아가 이 사건 조항이 경매개시결정 전에 담보권이 소멸한 경우에도 담보경매의 공신력을 인정하지 않으려는 취지로 신설된 것인지, 또는 경매개시결정 시점과 담보권 소멸 시점의 선후관계에 따라 공신력을 달리 인정하는 것에 관하여 면밀한 검토와 논의를 거쳤는지는, 위 입법자료만으로는 알기 어렵다.

결국 우리가 명확하게 확인할 수 있는 역사적 사실은, 종래 대법원이 이 사건 조항의 신설 전에도 경매개시결정 후 담보권이 소멸한 경우에 한하여 예외적으로 담보경매의 공신력을 인정하였다는 것, 그리고 이 사건 조항이 신설된 후에도 대법원이 같은 입장을 유지하였다는 것뿐이다.[100] 그러나 이 사건 조항의 신설을 전후하여 판례가 일관되게 유지되어 온 사실로부터 곧바로 대상판결의 다수의견이 주장하는 바와 같은 입법 취지가 도출되는 것은 아니다. 대상판결의 별개의견이 "판례 자체가 법은 아니다. 판례가 법에 우선할 수는 없다."라고 일갈하는 것은 이러한

98) 법무부, 앞의 책(주 96), 162면 참조.
99) 진성규, "강제집행에 관한 개정민사소송법의 개관", 고시계 제35권 제3호, 국가고시학회, 1990, 100-101면 참조.
100) 대법원 1999. 2. 9. 선고 98다51855 판결, 대법원 2012. 1. 12. 선고 2011다68012 판결 등 참조.

맥락에서 이해할 수 있다.

오히려 별개의견은 "만일 구 민사소송법 제727조가 경매개시결정 후 담보권이 소멸한 경우에만 적용된다고 보면, 위 조항이 신설되기 전과 후에 아무런 차이가 없게 되어 위에서 본 것처럼 경매절차에 대한 신뢰와 거래안전을 보호하기 위하여 위 조항을 신설한 입법 취지가 퇴색된다. 또한 위 조항이 당시의 판례 법리를 확인하는 차원에서 입법되었다면, 그 문언을 '매수인의 부동산 취득은 경매개시결정 후 담보권 소멸로 영향을 받지 아니한다.'와 같이 정함으로써 담보권 소멸의 시기를 명확히 하였을 것이다."라고 지적하고 있는바, 이 사건 조항 신설 당시의 이익충돌 상황과 입법목적에 관한 설명 자체도 다수의견보다는 별개의견이 더 설득력이 있다.

### 5. 목적론적 해석
#### (1) 이론적 고찰

사비니가 처음 해석기준을 제시할 때는 목적론적 해석요소가 없었다. 오히려 그는 목적론적 해석에 법적용자의 자의가 개입될 위험이 있다고 여겼다.[101] 그러나 오늘날에는 법조문의 배후에 있는 법정책적 목적이나 근본 사상을 탐구하는 객관적-목적론적 해석방법이 주요 해석기준으로 자리 잡았다.[102] 여기서 말하는 '법의 목적'이란 입법자의 의사로부터 독립된 것으로서, 현재의 법질서가 객관적으로 요구하는 이성적인 목적이다. 즉, 법관은 역사적 입법자의 결정에 종속되는 것이 아니라, 현재 상황에 맞게 법의 목적을 새롭게 밝혀냄으로써 '법적용의 구체적 타당성'을 도모해야 한다.[103] 법률의 의미에 관한 일반적인 관념이나 그 법률이 규율하는 사안에 관한 규범적 평가는 시대와 사회의 변화에 따라 바

---

101) 에른스트 A. 크라머 저/최준규 역, 앞의 책(주 12), 34면; 김영환, 앞의 논문(주 6), 138면 참조.
102) 에른스트 A. 크라머 저/최준규 역, 앞의 책(주 12), 146-147면 참조.
103) 김영환, 앞의 논문(주 6), 151-152면; 김학태, 앞의 논문(주 18), 191면 참조.

뀐다. 따라서 법관은 헌법을 비롯한 전체 법질서를 고려하여, 오늘날의 규범상황에 가장 부합하는 문언 의미를 탐구해야 한다.

다만, 목적론적 해석을 과도하게 강조하면 해석의 범위가 지나치게 넓어져 해석과 입법의 경계가 불분명해지고 법치국가원리에 반할 소지가 있다.[104] 따라서 목적론적 해석은 언어적·문법적 해석, 체계적 해석, 역사적 해석과의 상호보완을 통해 자의적 해석으로 흐르지 않도록 제한되어야 한다.[105] 또한 법관은 자신의 목적론적 해석에 관한 상세한 근거를 제시해야 한다. 법률의 의미를 밝히는 데 영향을 미친 모든 관점과 고려요소들을 서술하고, 법해석 과정에서 행하여진 가치형량 및 이익형량의 타당성을 논증해야 한다.[106]

### (2) 대상판결에의 적용
### (가) 진정한 소유권 보호와 거래안전 보호 사이의 가치형량

소유자는 자기 재산에 관하여 설정된 담보권이 유효하다는 전제 아래 그 재산을 강제로 환가하는 경매절차의 진행을 받아들인다. 따라서 담보경매의 기초가 되는 담보권이 원래부터 존재하지 않았거나 후발적으로 소멸하였다면 그 경매절차에는 하자가 있으므로, 소유자가 그러한 경매절차를 적극적으로 저지하지 않았다는 이유로 그의 소유권을 상실시키는 것은 부당하다. 그러나 다른 한편으로 경매는 국가기관이 주관하는 공적 절차라는 특수성이 있으므로, 그에 대한 신뢰와 매수인의 지위 안정 및 거래안전을 특별히 보호할 필요성도 있다. 따라서 이렇게 대립하는 두 가치를 비교형량하여 어느 범위에서 담보경매의 공신력을 인정할 것인지 결정해야 한다.

위와 같은 가치형량 문제에서 대상판결의 다수의견은 '진정한 권리자의 소유권 보호'에 더 초점을 맞춘다. 즉, 부존재하거나 소멸한 담보권에 기초하여 담보경매가 진행된 때에는 매각이 이루어지더라도 진정한

---

104) 김영환, 앞의 논문(주 6), 152면 참조.
105) 에른스트 A. 크라머 저/최준규 역, 앞의 책(주 12), 148-152면 참조.
106) 박정훈, 앞의 책(주 13), 129-130면 참조.

권리자의 소유권이 상실되지 않는 것이 원칙이고, 상대적으로 진정한 권리자에 대한 보호가치가 줄어든 경우에 한하여 예외적으로 담보경매의 공신력을 부여할 수 있다고 본다. 따라서 다수의견의 관심은 '어느 범위까지 실권효를 인정하여 진정한 권리자의 소유권을 상실시키는 것이 정당화될 수 있는가'에 있다.

이러한 관점에서 다수의견은 '경매개시결정 시점을 기준으로 할 때 담보권의 실체법적 효력 유무'를 실권효의 한계점으로 제시한다. 즉, 민사집행법 제267조의 문언에 비추어 보면 담보권이 부존재하는 경우에는 담보경매의 공신력을 인정하지 않으려는 취지임이 분명한데, 경매개시결정이 있기 전에 담보권이 소멸하였다면 그 담보권은 법적 효과 측면에서 담보권이 부존재하는 것과 차이가 없고, 그러한 담보권에 기초한 경매개시결정은 환가권능의 대행이 불가능하여 애초부터 적법하지 않다는 것이다. 결국 담보경매 개시 시점을 기준으로 한 담보권의 실체법적 효력이라는 측면에서, 경매개시결정 전의 담보권 소멸은 담보권의 부존재와 실질적으로 동일하고, 오히려 경매개시결정 후 담보권이 소멸한 경우와는 구별된다고 본다. 이것이 바로 다수의견이 경매개시결정 전의 담보권 소멸을 "담보권 소멸"이라는 문언 의미의 중립적 후보자로 파악하는 핵심 이유이다.

반면에 별개의견은 '경매절차에 대한 신뢰와 거래안전 보호'에 더 초점을 맞춘다. 그러면서 별개의견은 법률을 적용하는 현재 상황에 맞게 법의 목적을 밝혀내는 목적론적 해석기준에 따라 상세한 논증을 진행해 나간다. 별개의견은, 법원이 법률에 따라 공적으로 진행하는 담보경매가 그 기초가 된 담보권의 부존재 또는 소멸로 말미암아 나중에 무효가 될 수도 있다는 사정은 경매절차의 안정적 진행에 지장을 초래하는 요인임을 지적한다. 나아가 경매가 종료된 후 뒤늦게 담보권의 실체적 하자를 이유로 경매의 효력이 번복되면 거래안전이 심각하게 저해되며, 이는 경매절차에 대한 신뢰도와 경매참여 유인을 현저히 떨어뜨리고 경매 물건이 저가에 매각되도록 하여 경매 제도와 담보금융 제도의 효율적이고 적정한 운영을 해친다고 본다. 따라서 별개의견의 관심은 '어느 범위까지 실권효를 인정하여 담보권의 후발적 부실등기로 인한 사회적 거래비용을 줄이는 것이 바람직한가'에 있다.

이러한 관점에서 별개의견은 '담보권 설정 시점을 기준으로 할 때 적법·유효한 환가권능의 부여 여부'를 실권효의 한계점으로 제시한다. 즉, 담보권이 애초부터 부존재하거나 무효인 경우에는 담보권자에게 환가권능이 전혀 부여된 바 없으므로, 이런 경우에까지 소유자에게 적극적으로 경매절차를 저지할 것을 요구하는 것은 가혹하다고 본다. 그러나 담보권이 적법하게 성립하여 소유자에게 효력이 있었고 담보권자에게 환가권능이 부여되었던 경우에는, 담보권자가 환가권능을 가지고 있다는 외관을 스스로 형성한 소유자가 경매절차에서 아무런 이의를 제기하지 않음으로써 그러한 외관을 강화한 이상 제3자에 대한 관계에서 그로 인한 위험을 소유자에게 부담시키는 것이 부당하다고 볼 수 없다는 것이다. 결국 담보권 소멸의 시기가 경매개시결정 전이든 후이든 간에 소유자가 담보권자에게 환가권능을 적법·유효하게 부여하였다는 점에서는 차이가 없으므로, 실권효의 측면에서 양자를 다르게 취급할 이유가 없다고 본다.

별개의견이 경매절차에 대한 신뢰와 거래안전 보호를 강조하면서 내세운 근거들은, 1984년에 법무부 개정위원회에서 이시윤 위원이 담보경매의 공신력 규정을 신설해야 한다고 주장하면서 밝힌 논거와 별반 다르지 않다. 그런데 그 후 40년에 가까운 시간이 흐르는 동안 우리나라의 경매 제도는 눈부신 발전을 거듭해 왔다. 1990년 민사소송법 개정으로 강제경매절차와 담보경매절차가 통합되었고, 그 밖에 경락인 등을 보호하고 경매절차의 신속성과 적정성을 제고하기 위한 여러 규정이 신설되었다. 2002년에는 민사집행 부분을 민사소송법에서 분리하여 별도의 법률인 민사집행법을 제정하였는데, 이때 매각조건의 조기 확정, 부동산 매각 방법의 개선, 대금 납부 제도의 개선 등 부동산집행에 관한 여러 조항이 개정되거나 신설되었다.[107] 그뿐만 아니라 2005년 법원조직법 개정을 통해 사법보좌관 제도가 도입되어 강제경매와 담보경매를 아우르는 부동산

집행 업무 대부분을 사법보좌관이 담당하게 되었고, 풍부한 실무경험과 전문성을 갖춘 사법보좌관을 양성하기 위한 선발 및 교육 제도가 마련되었다.[108] 나아가 2015년에는 민사집행·비송사건에도 전자소송이 도입되어, 이해관계인의 전자적 문서 제출과 법원의 전자적 기록 관리가 가능하게 되었다.[109] 요컨대, 우리의 부동산경매 제도는 담보경매의 공신력 규정 신설 여부를 놓고 법무부 개정위원회에서 논쟁이 벌어지던 1980년대 중반과는 비교할 수 없을 정도로 인적·물적 인프라가 고도화되었고 국민의 사법접근성이 향상되었다.

또한 대상판결의 별개의견이 적절히 지적하고 있다시피, 담보권이 소멸한 경우 소유자나 채무자는 매각대금이 지급될 때까지 경매개시결정에 대한 이의를 하거나, 담보권 등기가 말소된 등기사항증명서 혹은 담보권 존재를 다투는 소를 제기하고 잠정처분을 받아 그 정본을 경매법원에 제출하는 등으로 어렵지 않게 경매절차를 정지·취소시킬 수 있다. 반면에 매수인이 담보경매의 기초가 된 담보권의 소멸 여부와 그 시기를 조사하는 것은 불가능에 가깝고, 훨씬 더 많은 비용과 노력을 요한다. 따라서 이들 중 어느 쪽을 더 보호할 것인지에 관하여 이익형량을 하더라도, 매수인 보호를 제한하는 쪽으로 민사집행법 제267조를 해석하는 것은 바람직하지 않다.

### (나) 개별 사건에서 구체적 타당성을 도모하는 방법

대상판결의 다수의견은, 현재의 판례에 따르더라도 구체적 사안에서 소유자가 경매가 유효하다는 신뢰를 부여하였거나 경매를 저지하지 않은 데 귀책사유가 있는 등 소유자를 보호할 필요성이 크지 않다고 판단되는 경우에는 금반언의 원칙 또는 신의성실의 원칙을 적용함으로써 충분히

---

107) 이에 관한 상세한 내용은 민일영, "우리나라 강제집행법의 변천", 민사재판의 제 문제 제11권: 변재승선생·권광중선생 화갑기념, 민사실무연구회, 2002, 1148-1168면 참조.
108) 김경오, 사법보좌관제도의 발전적 운영방안에 관한 연구, 사법정책연구원, 2019, 11-17, 35-41면 참조.
109) 사법연수원, 법원실무제요 민사집행[ I ], 2020, 59-72면 참조.

타당한 결론을 도모할 수 있다고 한다. 실제로 대상판결의 사안에서도 다수의견은, 피고가 이 사건 근저당권에 기하여 제2차 경매를 신청하고 경매 과정에서 배당금을 수령하여 놓고 그로부터 수년이 지나 제2차 경매의 무효를 주장하는 것은 금반언의 원칙 또는 신의성실의 원칙에 반하여 허용될 수 없다고 보았다.

그러나 별개의견은, 다수의견이 위와 같이 금반언의 원칙 또는 신의성실의 원칙을 적용하는 것 자체가 다수의견에 따를 때 구체적 타당성에 반하는 경우가 많음을 방증하는 것이라고 본다. 그러면서 금반언이나 신의칙과 같은 추상적 원칙을 적용하여 무효인 경매를 사실상 유효하게 취급하는 것보다, 민사집행법 제267조의 문언에 충실하게 경매개시결정 전/후를 불문하고 담보권이 소멸된 경우에 매각이 이루어지면 공신력을 인정하는 것이 법적 안정성과 구체적 타당성을 함께 도모하는 길이라고 주장한다. 즉, 경매가 무효라고 할 경우 매수인은 배당에 참여한 모든 채권자들을 상대로 부당이득반환청구를 하여 이미 납부한 매각대금을 회수해야 하는 어려움에 처하는 반면에, 경매가 유효하다고 보면 소유자는 경매부동산의 소유권을 상실하지만 무효인 담보권에 기초하여 배당을 받은 경매채권자 외에 나머지 배당채권자에 대해서는 적법하게 채무를 변제한 효과가 있고, 경매채권자에게서만 배당금을 반환받으면 되므로, 법률관계가 훨씬 간명하다는 것이다.

### 6. 소결론 – 민사집행법 제267조의 '문언의 가능한 의미'와 법률의 흠결 유무

결국 ① 체계적 해석과 관련하여, 강제경매와 담보경매의 차이점보다 공통점에 더 주목하고, 민사집행법 제265조와 제267조 간의 체계 정합성을 고려하며, ② 역사적 해석과 관련하여, 입법자료상 민사집행법 제267조가 경매개시결정 후에 담보권이 소멸한 경우에 한하여 담보경매의 공신력을 인정하려는 취지로 신설되었다고 보기 어려운 점을 참작하고, ③ 목적론적 해석과 관련하여 그동안 이룩된 경매 제도의 발전과 사회적 여건의 변화를 감안하여 경매절차에 대한 신뢰 및 거래안전 보호에 더 초점을 맞추게 되면, 경매개시결정 전의 담보권 소멸과 경매개시결정 후의 담보권 소멸은 모두 민사집행법 제267조에 규정된 "담보권 소멸"의 개념의 핵에 속하는 적극적 후보자에 해당한다. 따라서 대상판결의 별개의견과 같이, 민사집행법 제267조의 "담보권 소멸"이라는 문언의 가능한 의미 속에는 경매개시결정 전의 담보권 소멸과 경매개시결정 후의 담보권 소멸이 모두 포함되는 것으로 해석함이 타당하다.

그러므로 민사집행법 제267조의 규율을 대전제 삼아 대상판결의 사안과 같이 제2차 경매개시결정이 있기 전에 피고의 이 사건 근저당권이 소멸한 경우를 포섭하면, 이미 소멸한 근저당권에 기초하여 개시된 제2차 경매절차에서 제2부동산이 매각되어 매각대금이 완납된 이상, 제2차 경매는 유효하다.

또한 대상판결의 다수의견이 금반언의 원칙 또는 신의성실의 원칙을 적용하여 피고가 제2차 경매의 무효를 주장하는 것을 허용하지 않음으로써 구체적 타당성을 기하는 점에 비추어 보면, 위와 같이 해석된 민사집행법 제267조의 문언의 가능한 의미 속에는 해당 법문제에 관하여 정의로운 결론을 도출할 수 있는 규율이 담겨 있다고 봄이 타당하다. 즉, 민사집행법 제267조의 목적에 비추어 볼 때 "담보권 소멸"이라는 문언의 가능한 의미 속에 경매개시결정 전의 담보권 소멸을 포함하는 것이 지나치게 무차별적이어서 불합리한 결과를 야기한다고 볼 수 없으므로, 민사집행법 제267조에는 이른바 '숨겨진 흠결'이 존재하지 않는다. 흠결이 존재하지 않는다면, 굳이 법률문언에 반하여 위 조문의 적용영역을 경매개시결정 후에 담보권이 소멸한 경우로 축소할(목적론적 축소) 이유가 없으며, 오히려 그러한 흠결의 보충은 실권효의 정당화 근거 측면에서 실질적인 차이가 없는 경매개시결정 전의 담보권 소멸과 경매개시결정 후의 담보권 소멸을 다르게 취급하는 것이어서 정당화될 수 없다.

## Ⅳ. 대상판결의 의의

대상판결은 이미 소멸한 근저당권에 기초하여 담보경매가 개시되고 매각이 이루어진 경우 그 경매의 공신력을 인정할 것인지가 다투어진 판결이다. 법학방법론의 측면에서 이는 민사집행법 제267조에 관한 해석의 한계를 정하는 문제가 된다. 즉, 민사집행법 제267조는 그 문언상 담보권 소멸의 시기를 제한하고 있지 않은데, 여기서 '경매개시결정 전의 담보권 소멸'을 제외하는 것이 제한해석에 해당하는지 목적론적 축소에 해당하는지가 정면으로 다루어진 것이다.

대상판결의 다수의견과 별개의견은 각각의 해석론을 뒷받침하기 위한 관점과 해석요소들을 숨김없이 서술하고, 법해석 과정에서 행한 가치형량 및 이익형량의 타당성을 상세히 논증하고 있다. 다수의견은 민사집행법 제267조를 신설할 당시의 이익충돌 상황과 입법목적을 상대적으로 더 중시하면서, 위 조항의 신설을 전후하여 대법원의 판례이론이 일관되게 유지되어 왔고 그에 따라 오랜 기간 실무례가 정착된 점을 강조하였다. 반면에 별개의견은 경매 제도의 발전과 사회적 여건의 변화가 상당히 이루어진 오늘날 민사집행법 제267조가 추구해야 하는 목적을 상대적으로 더 중시하면서, 위 조항을 그 문언 의미에 맞게 해석하는 것이 오히려 구체적 타당성을 도모하는 길이라고 주장한다.

법의 적용에 관한 법학방법론은, 법관이 법적용 과정에서 행하는 작업을 한 차원 높은 시각에서 비판적으로 성찰할 수 있도록 하는 길잡이 역할을 한다. 다시 말해 법학방법론은 법의 적용에 관한 '메타인지' (metacognition)를 가능케 하는 이론적 수단이다. 그러므로 법학방법론은 법관의 법발견에 관한 이론적 기초를 제공할 뿐 아니라, 실무에서 문제해결에 유용한 실천적인 지침을 제공할 수 있다. 즉, 대상판결은 구체적인 법조문의 해석을 둘러싼 각각의 견해를 법학방법론의 관점에서 논증함으로써 이론과 실무 간의 학문적 대화의 장을 열었다는 점에서 의의가 있다. 이러한 대상판결의 의의는 한 법학자의 다음과 같은 명제를 통해 정리할 수 있다.

"법을 해석하고 적용하려는 사람은 자기가 하는 일이 과연 무엇이고, 그것은 어떤 이론적 구조를 갖고 있으며, 더 나아가 그것을 통제하는 합리적 기준은 무엇인가를 반드시 한번쯤은 생각해 보아야 한다."[110]

---

110) 김영환, 앞의 논문(주 6), 142면 참조.

[Zusammenfassung]

# Die Grenzen der Auslegung der Bestimmung des öffentlichen Glaubens der Zwangsversteigerung für die Verfolgung des Rechts aus der Hypothek

– vorliegende Streitsache: Oberster Gerichtshof Großer Senat, Urteil vom 25. 8. 2022. – 2018Da205209

Kang, Jee Woong*

In der vorliegenden Arbeit geht es um die Gültigkeit einer Zwangsversteigerung für die Verfolgung des Rechts aus der Hypothek auf der Grundlage einer bereits erloschenen Hypothek. § 267 der Zivilvollstreckungsordnung (K-ZVO) sieht vor, dass der Eigentumserwerb durch Zuschlag bei der Zwangsversteigerung für die Verfolgung des Rechts aus der Hypothek nicht durch das Erlöschen der Hypothek beeinträchtigt wird. In der Urteilsbegründung vorliegender Streitsache wird der Begriff "Erlöschen der Hypothek" in der oben genannten Bestimmung so ausgelegt, dass er nur das Erlöschen der Hypothek nach der Anordnung der Versteigerung meint. In der abweichenden Minderheitsmeinung vorliegender Streitsache findet § 267 der K-ZVO jedoch auf Fälle Anwendung, in denen die Hypothek rechtsgültig festgestellt wurde und dann aufgrund später eingetretener Ereignisse erloschen ist, unabhängig davon, ob die Hypothek vor der Anordnung der Versteigerung erloschen ist. Die Schlüsselfrage ist, ob der Begriff "Erlöschen der Hypothek" in § 267 der K-ZVO auch das Erlöschen der Hypothek vor der Anordnung der Versteigerung umfasst.

Um die Grenzen der Auslegung des Begriffs "Erlöschen der Hypothek"

---

* Vorsitzender Richter, Masan Niederlassung des Landgerichts Changwon, Dr. jur.

in § 267 der K-ZVO zu klären, ist es notwendig, "den möglichen Wortsinn" des Begriffs zu ermitteln, und zu diesem Zweck muss der Begriff anhand von vier Auslegungskriterien ausgelegt werden: (1) die sprachliche und grammatikalische Auslegung, (2) die systematische Auslegung, (3) die historische Auslegung und (4) die teleologische Auslegung.

Bei der sprachlichen und grammatikalischen Auslegung ist zunächst zu prüfen, ob das Erlöschen der Hypothek vor der Anordnung der Versteigerung ein neutraler oder positiver Kandidat für die Formulierung "Erlöschen der Hypothek" ist, was die Anwendung der anderen drei Auslegungskriterien erfordert. Bei der systematischen Auslegung sollten die Gemeinsamkeiten zwischen der allgemeinen Zwangsversteigerung und der Zwangsversteigerung für die Verfolgung des Rechts aus der Hypothek stärker beachtet werden als die Unterschiede, und es sollte die systematische Kohärenz zwischen § 265 und § 267 der K-ZVO berücksichtigt werden. Hinsichtlich der historischen Auslegung ist zu beachten, dass die Gesetzgebungsgeschichte nicht darauf hindeutet, dass § 267 der K-ZVO mit der Absicht erlassen wurde, der öffentliche Glaube der Zwangsversteigerung für die Verfolgung des Rechts aus der Hypothek nur in Fällen anzuerkennen, in denen die Hypothek nach der Anordnung der Versteigerung erloschen ist. Was schließlich die teleologische Auslegung anbelangt, so sollte angesichts der Entwicklung des Versteigerungssystems und der veränderten gesellschaftlichen Bedingungen der Glaube an das Versteigerungsverfahren und die Sicherheit im Rechtsverkehr stärker betont werden.

Schließlich sind sowohl das Erlöschen der Hypothek vor der Anordnung der Versteigerung als auch das Erlöschen der Hypothek nach der Anordnung der Versteigerung aktive Kandidaten, die in den Begriffskern der in § 267 der K-ZVO festgelegten Formulierung "Erlöschen der Hypothek" fallen. Daher umfasst der mögliche Wortsinn der Formulierung "Erlöschen der Hypothek" sowohl das Erlöschen der Hypothek vor der Anordnung der Versteigerung als auch das Erlöschen der Hypothek nach der Anordnung der Versteigerung. Demnach stellt der Ausschluss des Erlöschens der Hypothek vor der Anordnung der Versteigerung aus dem "Erlöschen der Hypothek" in § 267 der K-ZVO eine ungerechtfertigte teleologische Reduktion dar.

[Schlüsselwörter]

- Zwangsversteigerung für die Verfolgung des Rechts aus der Hypothek
- öffentlicher Glaube
- Gesetzesauslegung, Rechtsfortbildung
- möglicher Wortsinn
- Auslegungskriterien
- Gesetzeslücke
- teleologische Reduktion

## 참고문헌

### 1. 국내문헌

[단 행 본]

김경오, 사법보좌관제도의 발전적 운영방안에 관한 연구, 사법정책연구원, 2019.

김능환·민일영(편집대표), 주석 민사집행법(Ⅵ)(제3판), 한국사법행정학회, 2012.

김용덕(편집대표), 주석 민법[총칙 3](제5판), 한국사법행정학회, 2019.

_____, 주석 민법[채권각칙 8](제5판), 한국사법행정학회, 2021.

라렌츠·카나리스 저/허일태 역, 법학방법론, 세종출판사, 2000.

민일영(편집대표), 주석 민사집행법(Ⅵ)(제4판), 한국사법행정학회, 2018.

박정훈, 행정법의 체계와 방법론, 박영사, 2005.

법무부, 민사소송제도-민사소송법개정자료, 법무자료 제103집, 1988.

_____, 민사소송법개정위원회 회의록 제1~2권, 1989.

_____, 민사소송법개정위원회 회의록 제3~4권, 1990.

비들린스키, 프란츠·비들린스키, 페터 저/김성룡 역, 법적 방법론 강요(제3판), 준커뮤니케이션즈, 2021.

사법연수원, 법원실무제요 민사집행[Ⅰ], 2020.

서울고등법원 판례공보스터디, 민사판례해설 제4권(상), 2023.

양창수(편집대표), 민법주해[Ⅳ], 총칙(4)(제2판), 박영사, 2022.

엥기쉬, 칼 저/안법영·윤재왕 역, 법학방법론, 세창출판사, 2011.

크라머, 에른스트 A. 저/최준규 역, 법학방법론, 박영사, 2022.

[논    문]

강대성, "담보권실행경매신청에 관하여", 법학논총 제31집 제3호, 전남대학교 법학연구소, 2012.

권영법, "형법해석의 한계-허용된 해석과 금지된 유추의 상관관계", 한국형법학의 전망: 심온 김일수교수 정년기념논문집, 문형사, 2011.

김상겸, "헌법의 기본원리로서 법치국가원리", 고시계 제48권 제5호, 국가고시학회, 2003.

김성미, "민법 제758조 '공작물' 범위에 관한 재고찰", 재산법연구 제38권 제2호, 한국재산법학회, 2021.

김영환, "형법해석의 한계-허용된 해석과 금지된 유추의 상관관계", 형사판례연구 제4권, 박영사, 1996.

_____, "형법상 해석과 유추의 한계", 저스티스 제30권 제1호, 한국법학원, 1997.

_____, "법의 흠결과 목적론적 축소해석", 형사판례의 연구: 지송 이재상교수 화갑기념논문집 I, 박영사, 2003.

_____, "법학방법론의 관점에서 본 유추와 목적론적 축소", 법철학연구 제12권 제2호, 한국법철학회, 2009.

_____, "한국에서의 법학방법론의 문제점-법발견과 법형성: 확장해석과 유추, 축소해석과 목적론적 축소 간의 관계를 중심으로", 법철학연구 제18권 제2호, 2015.

김학태, "법률해석의 한계-판례에서 나타난 법해석방법론에 대한 비판적 고찰", 외법논집 제22집, 한국외국어대학교 법학연구소, 2006.

민일영, "우리나라 강제집행법의 변천", 민사재판의 제문제 제11권: 변재승선생·권광중선생 화갑기념, 민사실무연구회, 2002.

배재식, "법학방법론서설", 서울대학교 법학 제25권 제1호, 서울대학교 법학연구소, 1984.

심헌섭, "법획득방법의 기본구조에서 본 법학과 법실무", 서울대학교 법학 제23권 제1호, 서울대학교 법학연구소, 1982.

양천수, "법률에 반하는 법형성의 정당화 가능성-이론적·실정법적 근거와 인정범위 그리고 한계", 법과사회 제52호, 법과사회이론학회, 2016.

오세혁, "법 문언의 언어적 의미-'일상적 의미'와 '가능한 의미'를 위한 변론", 경희법학 제56권 제3호, 경희법학연구소, 2021.

진성규, "강제집행에 관한 개정민사소송법의 개관", 고시계 제35권 제3호, 국가고시학회, 1990.

최봉경, "법률의 흠", 연세법학연구 제10권 제1호, 연세법학회, 2003.

## 2. 외국문헌

Dreier, Horst(Hrsg.), Grundgesetz-Kommentar, Bd. III: Art. 83-146, 3. Aufl., Tübingen 2018.

Engisch, Karl, Einführung in das juristische Denken, 12. Aufl., Stuttgart 2018.

Larenz, Karl/Canaris, Claus-Wilhelm, Methodenlehre der Rechtswissenschaft, 3. Aufl., Berlin · Heidelberg 1995.

Mommsen, Theodor/Krüger, Paul, Corpus Iuris Civilis Volumen Primum: Institutiones, Digesta, 22. Aufl., Dublin · Zürich 1973.

Rüthers/Fischer/Birk, Rechtstheorie: und Juristische Methodenlehre, 12. Aufl., München 2022.

Säcker/Rixecker/Oetker/Limperg, Münchener Kommentar zum BGB, Bd. VIII, 9. Aufl., München 2023.

Stöber, Zwangsversteigerungsgesetz, 23. Aufl., München 2022.

# 가상자산의 증권성 판단기준[*]

　피고들은 가상자산을 발행하여 자신이 운영하는 거래소에 상장하여 유통하였다. 원고들은 당해 가상자산에 투자하였으나 손실을 입자, 동 가상자산이 자본시장법상 투자계약증권에 해당하여 자본시장법상 발행공시규제가 적용됨에도, 피고들이 이러한 규제를 준수하지 아니한 위법이 있다는 이유로 손해배상소송을 제기하였다. 이에 대해 법원은 당해 가상자산과 관련하여 거래로 발생하는 시세차익 취득이 원고들 매수의 가장 큰 동기라는 점 등을 고려할 때 동 가상자산은 자본시장법상 투자계약증권이라고 볼 수 없다는 이유로 원고들의 청구를 기각하였다.

　이 사건 판결은 가상자산의 증권성 판단, 특히 투자계약증권의 판단에 있어 최초의 판결이라는 점, 자본시장법상 투자계약증권이 되기 위해서는 전매차익 외 이익분배의 요소를 필요로 하여, 미국의 투자계약(investment contract)에 관한 Howey test와는 요건을 달리하였다는 점, 판결의 반대해석상 일정한 가상자산에 대해서는 자본시장법의 적용가능성을 열어두고 있다는 점 등 중요한 가치를 가진다. 그러나 투자계약증권의 해석과 그 적용에 있어 사실관계와 법리를 구체적으로 설시하지 않고 있고, 특히 "사업손익을 분배받을 계약상의 권리가 표시된 것"의 요건에 대해 명확한 기준을 제시하고 있지 아니한 점에 대해서는 아쉬움이 남는다.

\* 이 논문은 2023. 5. 22. 민사판례연구회 제461회 연구발표회에서 발표 후 상사판례연구 제36권 제2호(2023. 6.)에 같은 제목으로 게재한 것을 일부 수정·보완한 것이다.
\*\* 서울대학교 법학전문대학원 조교수.

  우리나라는 2021년 이후 본격적으로 가상자산에 대한 규제입법을 준비하고 있으며 그중 하나가 가상자산법(가칭) 제정을 통한 규제이다. 2020년에 선고된 이 사건 판결은 그와 같은 입법방향을 암시하고 있기도 하다. 이 사건 판결은 1심이 확정되어 상급심의 판단을 받지 못하였으나 유사한 사건에 대해 항소심이 계속 중이고, 루나코인에 대한 형사사건에서도 가상자산의 증권성 판단이 중요한 쟁점이 될 것이다. 법원은 개별사건을 해결하는 역할도 하지만 추상적인 법령에 대한 구체적인 해석을 통해 향후의 행위지침을 제공하기도 한다. 자본시장법상 투자계약증권에 대한 해석과 적용이 바로 그와 같은 법원의 역할이 필요한 부분이라 생각한다. 이 사건 판례평석이 관련 사건의 향후 법원 판단에 있어 하나의 참고가 될 수 있기를 기대한다.

[주 제 어]
- 가상자산
- 암호자산
- 증권성
- 투자계약증권
- 투자계약
- Howey test

**대상판결 : 서울남부지방법원 2020. 3. 25. 선고 2019가단225099 판결**

## [사안의 개요]

### 1. 사실관계

피고 주식회사 갑(이하 "갑 회사" 또는 "갑"이라 한다)은 A라는 상호의 암호화폐 거래소(이하 "A거래소"라 한다)[1]를 운영하고 있고, 피고 을은 갑 회사의 대표자이다.

갑은 A거래소에서 사용할 수 있는 B라는 명칭의 가상자산인 자체 토큰(token)[2]·[3]을 만들고, "B의 보유자에게 거래소 수수료 수익 중 일정액을 지급하는 방법(수익금 배당)과 거래행위에 사용한 수수료에 따라 토큰을 지급하는 방법(트레이드 마이닝) 등으로 이익을 취득할 수 있다. 거래소 자체 토큰의 단점을 극복하기 위하여 다양한 프로모션 및 사용자 인센티브를 제공하고, 토큰 바이백 및 소각을 통해 인플레이션을 감소시킨다"고 광고하면서 매수인을 모집하였다.

갑은 2018년 12월경 1이더리움당 125만 개의 B를 제공하는 조건으로 120억 개의 B를 사전 판매하였다. 사전 판매 당시, 원고들은 이더리움을 지급하고, 그에 해당하는 B를 할당받았고, 갑은 2018년 12월 말 B를 발행하여

---

1) 본건 거래소는 바이빗이다. 공개된 자료에 의하면 거래소 거래 시스템은 증권거래소 수준의 대용량 처리기술을 이용하여 초당 1만 건 이상 거래 처리가 가능하며 동시 접속자 30만 명 이상 수용할 수 있고 특정 이슈로 사용자들이 몰릴지라도 정상적으로 사용할 수 있다. 바이빗은 실물경제 연동 암호화폐 지갑 '에어월렛'과 제휴관계를 맺는 방식으로 에어월렛 플랫폼과 바이빗 거래시스템을 연동하여 지갑내에서 투자 및 디지탈 자산관리를 가능케 할 예정이었다. 2019년 6월 28일 기준 바이빗은 BTC마켓, ETH마켓, KRW마켓을 운영하며 상장된 암호화폐 품목 수는 22종이었다. 자세한 내용은 해시넷의 거래소 정보를 참고(http://wiki.hash.kr/index.php/%EB%B0%94%EC%9D%B4%EB%B9%97, 2023. 4. 17. 최종방문).

2) 본건 가상자산은 바이토큰(BAI)이다. 바이토큰은 총 3,000억 개 발행되며 45%의 발행량(1,350억 개)이 채굴에 분배되고 채굴은 3년에 거쳐 종료되는 구조였다. 한편, 토큰분배비율은 토큰세일 15%, 바이빗 펀드 15%, 슈퍼노드 10%, 팀 10%, 바이빗연합 5%, 예비체굴량 45%로 이루어졌고, 수수료분배는 거래소운영 20%, 거래소 내 기여자 수수료 환급 80%의 비율이었다.

3) 토큰을 중심으로 이루어지는 경제를 종래 금융기관 중심의 전통경제(legacy economy)에 대비하여 토큰이코노미(token economy)라고 부를 수 있을 것이다. Shermin Voshmgir, "Token Economy: How Blockchains and Smart Contracts Revolutionize the Economy", 2019. 6.

A거래소에 상장하였다.

원고들은 할당받은 B의 가격이 하락하여 손해를 입자 피고들을 상대로, B가 자본시장과 금융투자업에 관한 법률(이하 "자본시장법" 또는 "법"이라 한다)에서 정한 투자계약증권에 해당하므로, 자본시장법상 증권발행절차에 따라 발행되어야 함에도 피고들은 이러한 절차를 거치지 않고, B를 발행하였으므로 손해를 입었다고 주장하며 손해배상소송을 제기하였다.[4]

## 2. 쟁    점

이 사건의 주된 쟁점은 가상자산인 B가 자본시장법상 증권, 특히 그중 투자계약증권에 해당하는지 여부이다. 만약 B가 투자계약증권에 해당하는 경우 발행공시규제를 포함한 자본시장법상 각종 규제가 적용될 것이고, 피고들은 B의 발행과정에서 이러한 규제를 준수하지 아니하였던 것으로 보이므로 손해배상책임을 부담할 여지가 있다.

## 3. 판    결

법원은 가상자산인 B가 자본시장법상 투자계약증권인지 여부에 대하여 "자본시장법상 투자계약증권은 특정 투자자가 그 투자자와 타인 간의 공동사업에 금전 등을 투자하고 주로 타인이 수행한 공동사업의 결과에 따른 손익을 귀속받는 계약상의 권리가 표시된 것을 말한다(자본시장법 제4조 제6항)"고 전제한 다음, "B를 보유함으로써 피고 회사가 운영하는 거래소의 수익을 분배받기는 하지만, 그러한 수익분배는 피고 회사가 B의 거래를 활성화하기 위하여 토큰 보유자에게 부수적으로 제공하는 이익일 뿐 B에 내재된 구체적인 계약상 권리라거나 본질적 기능이라고 볼 수 없는 점, 토큰 자체 거래로 발생하는 시세차익의 취득이 B 매수의 가장 큰 동기이고, 이에 관하여 토큰보유자(투자자) 사이에 이해관계가 상충하는 점 등에 비추어 볼 때 B를 자본시장법상 투자계약증권이라고 볼 수 없다. 이를 전제로 하는 원고의 이 부분 주장은 나머지 점에 관하여 살필 필요 없이 이유 없다"고 하여 원고 청구를

---

4) 원고들은 그 외 피고들이 B의 지급시기를 임의로 연기하고, 자전거래를 하면서 거래수수료율을 임의로 낮춤으로써 수익금 배당액을 감소시켰으며, 장부조작 및 시세조종행위를 하고, A거래소 자체 토큰을 임의로 추가발행하였다는 청구원인도 주장하였으나, 법원은 모두 이유 없다고 판단하였다.

기각하였다.[5]

이와 같은 법원의 판결은 원고들이 항소하지 아니하여 그대로 확정되었다.

〔研　究〕

## Ⅰ. 들어가며

일반적으로 판례평석은 대법원 판결을 대상으로 하기 마련이다. 하급심 판결의 경우 법원의 최종적 입장이라고 보기 어렵고, 항소, 상고과정에서 상급심에 의해 판단이 뒤바뀌는 경우가 얼마든지 있을 수 있기 때문이다. 따라서 제1심, 그것도 단독사건의 판결을 평석의 대상으로 삼는 것은 매우 이례적이고, 평석자로서도 상당한 부담을 느낄 수밖에 없다. 그러나 그럼에도 불구하고, 선고 후 3년이 지난 1심 단독사건에 불과한 이 사건 판결을 평석의 대상으로 삼은 두 가지 이유가 있다.

하나는 가상자산의 증권성 판단과 관련하여 이를 정면으로 논의한 판결을 지금까지도 이 사건 판결 외에 찾아보기 힘들기 때문이다. 이 사건에 대해 항소와 상고가 이루어져 상급심, 바라기는 대법원의 판단을 받았으면 어땠을까 하는 바람이 있었으나 원고들이 항소하지 아니하였고, 이후에도 관련한 상급심의 판결을 찾지 못하였다.[6]

다른 하나는 현재의 상황과 관련한 이 사건 판결의 중요성에 비추어 더 이상 논의를 미룰 수 없는 상황이기 때문이다. 최근 토큰증권에 대한 가이드라인이 발표되고, 자본시장법 개정과 가상자산법(가칭) 제정이 논의 중이다.[7] 또한 형사사건이기는 하나 루나 사태와 관련하여 루나가

---

5) 법원은 방론으로 "설사 B가 자본시장법상 투자계약증권에 해당하고, 피고 회사가 그 발행절차를 지키지 않았다고 하더라도, 그로 인하여 원고들에게 어떠한 손해가 발생하였는지에 대한 주장, 입증도 없다"고 설시하였다.
6) 뒤에서 살피는 바와 같이 다른 1심 판결로는 의정부지방법원 고양지원 2021. 9. 10. 선고 2019가단78506 판결이 있다. 1심의 판결내용은 거의 동일하고, 동 사건에 대해서는 현재 의정부지방법원 2021나219018호로 항소심이 계속 중이다.
7) 본고의 발표 이후인 2023. 7. 18. 가상자산 이용자 보호 등에 관한 법률이 공포되어 1년 후인 2024. 7. 19.부터 시행예정이다. 다만, 동 법률은 가상자산 이용자

증권인지 여부가 사건에서 중요한 쟁점이 될 수밖에 없는데, 이 사건 판결은 동 사건에도 영향을 미칠 가능성이 있다.[8]

이 사건 판결의 사실관계와 쟁점은 단순하다. 하지만 판결이 내포한 영향력은 적지 않다. 본 평석에서는 (ⅰ) 자본시장법상 증권 및 투자계약증권의 의의에서 출발하여, (ⅱ) 투자계약증권의 해석과 적용을 미국의 투자계약과 비교하고, (ⅲ) 최근 우리나라에서 진행되고 있는 입법논의와 금융감독당국의 입장을 검토한다. 그리고 이를 통해 (ⅳ) 이 사건 판결의 의의와 한계에 대해 평가하고, 평석을 마무리한다.

## Ⅱ. 자본시장법상 투자계약증권의 의의

### 1. 자본시장법의 규율체계

자본시장법은 자본시장의 건전한 발전과 투자자의 보호를 위하여 종래 증권거래법, 간접투자자산운용업법, 신탁업법 등으로 분리되어 있던 자본시장 규제를 기능적 규제라는 원칙하에 통합하여 입법한 것이다(제1조 및 법 제정시 부칙 제2조). 자본시장법은 금융투자업자에 대한 규제(이른바 "업자규제")와 금융투자상품에 대한 거래규제(이른바 "거래규제")로 나뉘어지는데 금융투자업자도 금융투자상품을 중심으로 개념정의되므로 핵심은 '금융투자상품'에 놓이게 된다.

자본시장법은 '금융투자상품'을 "이익을 얻거나 손실을 회피할 목적으로 현재 또는 장래의 특정(特定) 시점에 금전, 그 밖의 재산적 가치가 있는 것(이하 "금전등"이라 한다)을 지급하기로 약정함으로써 취득하는 권리로서, 그 권리를 취득하기 위하여 지급하였거나 지급하여야 할 금전등의

---

의 자산보호 및 불공정거래에 중점을 두어 제정된 것으로 가상자산에 대한 일반 규제입법이라고 할 수는 없다. 따라서, 본고에서 가상자산법(가칭)으로 제시한 일반 규제입법의 제정 내지 개정은 여전히 향후 과제로 남아 있는 상황이다. 가상자산 이용자 보호 등에 관한 법률의 내용 및 향후 개정방향에 대해서는 이정수, "가상자산 이용자 보호 등에 관한 법률의 법적 의의와 쟁점 및 향후 입법방향", 증권법연구 제24권 제2호, 한국증권법학회, 2023. 8. 등.

8) 서울남부지방검찰청, "'테라프로젝트' 금융사기 사건 수사결과"(보도자료), 2023. 4. 25., 12-15면.

총액(판매수수료 등 대통령령으로 정하는 금액을 제외한다)이 그 권리로부터 회수하였거나 회수할 수 있는 금전등의 총액(해지수수료 등 대통령령으로 정하는 금액을 포함한다)을 초과하게 될 위험이 있는 것"이라고 하여 이른바 "투자성"을 중심으로 개념정의하고, 이를 다시 추가지급의무의 유무에 따라 추가지급의무가 없는 '증권'과 추가지급의무가 있는 '파생상품'으로 구분하고 있다(제3조).

요컨대, 자본시장법의 적용 여부는 업의 대상 내지 거래의 대상이 금융투자상품인지 여부에 달려 있고, 금융투자상품이라면 자본시장법이 적용되며, 다만 어떤 금융투자상품(증권과 파생상품)을 누가(투자자), 어떻게 (금융투자업자) 취급하는지에 따라 위험을 구분하여 기능적으로 규율을 달리하는 체계(이른바 '기능주의 규제')를 가지고 있다.

## 2. 자본시장법상 증권의 개념

이 사건에서 원고인 투자자들에 추가지급의무를 인정할 여지는 없어 보이므로 문제가 되는 것은 가상자산인 B가 금융투자상품 중 추가지급의 무가 요구되지 아니하는 '증권'에 해당하는지 여부이다.

자본시장법은 '증권'에 대해 "내국인 또는 외국인이 발행한 금융투자 상품으로서 투자자가 취득과 동시에 지급한 금전등 외에 어떠한 명목으로든지 추가로 지급의무(투자자가 기초자산에 대한 매매를 성립시킬 수 있는 권리를 행사하게 됨으로써 부담하게 되는 지급의무를 제외한다)를 부담하지 아니하는 것"이라고 규정하고 있고(제4조 제1항), 이를 다시 채무증권, 지분증권, 수익증권, 투자계약증권, 파생결합증권, 증권예탁증권의 6가지로 구분하고 이를 각각 정의하고 있다(제4조 제2항 이하).[9]

---

9) 앞서 언급한 바와 같이 자본시장법상 증권에 해당하면 이를 업의 대상으로 삼거나 거래의 대상으로 삼는 경우 자본시장법이 적용되고, 구체적으로는 금융투자업자에 대한 규제(제2편), 발행시장과 유통시장에서의 거래규제(제3편), 불공정거래규제(제4편), 거래소규제(제7편) 등이 사안에 따라 적용되는 구조이다.

### 3. 투자계약증권의 의의와 자본시장법의 적용

#### (1) 투자계약증권의 의의

이 사건에서 B의 경우 증권 중 채무증권, 지분증권, 수익증권, 파생결합증권, 증권예탁증권에 해당할 가능성은 없어 보인다. 유일하게 문제되는 것이 이른바 일반조항(catch all clause)이라고 할 수 있는 투자계약증권의 해당 여부이다.

자본시장법은 투자계약증권을 "특정 투자자가 그 투자자와 타인(다른 투자자를 포함한다. 이하 이 항에서 같다) 간의 공동사업에 금전등을 투자하고 주로 타인이 수행한 공동사업의 결과에 따른 손익을 귀속받는 계약상의 권리가 표시된 것"이라고 정의하고 있다(제4조 제6항). 따라서 투자계약증권의 개념요소를 (ⅰ) 타인 간의 공동사업에 (ⅱ) 금전 등을 투자하고, (ⅲ) 주로 타인이 수행한 공동사업의 (ⅳ) 결과에 따른 손익을 귀속받는 계약상의 권리가 표시된 것 정도로 분설할 수 있다.

그런데 이렇게 정의를 하였을 때 지분증권의 일종인 주식도 투자계약증권에 해당할 수 있다.[10] 주식의 경우 주식회사라고 하는 공동사업에 금전을 투자하고, 경영진이 수행하는 공동사업의 결과에 따른 손익을 배당이나 잔여재산분배청구권이라는 계약상의 권리를 보유하는 것이므로 지분증권이면서 동시에 투자계약증권에 해당할 수 있는 것이다. 이러한 문제로 인해 투자계약증권의 경우 다른 증권과의 관계에서 일종의 법조경합 관계로 파악하여 다른 증권에 해당하는 때에는 투자계약증권에 해당하지 않는 것으로 본다.[11]

---

10) 김건식/정순섭, "자본시장법"(제3판), 홍문사, 2013, 95면. 회사채의 경우에는 다른 의견이 있을 수 있다. 회사의 입장에서 이자의 지급 등은 이익의 분배라기보다는 비용에 해당하기 때문이다.
11) 김건식/정순섭, 전게서, 95면에서는 자본시장법은 증권유형의 중복가능성을 전제로 증권을 정의하고 있다고 설명하고 있다. 다만, 투자계약증권의 경우 본문 Ⅱ. 3. 다.에서 언급한 바와 같이 자본시장법 제4조 제1항 단서에 의해 발행시장규제와 불공정거래규제 중 일부만이 적용되므로 다른 증권에 해당하는 때에는 투자계약증권에 해당하지 않는 것으로 보아야 할 것이다.

## (2) 투자계약증권의 요건

자본시장법상 투자계약증권에 해당하기 위한 각 요건을 구체적으로 살피면 다음과 같다.

### (가) 타인 간의 공동사업

사업에 대해 2인 이상의 구성원이 필요함은 문언상 분명하다. 다만, 2인 이상 구성원 간 관계와 관련하여 투자자와 사업자 사이의 공동의 이해관계만 있으면 된다는 견해와 투자자들도 공동이어야 한다는 견해가 있을 수 있다. 강학상 전자를 수직적 공동성(vertical commonality)이라고 하고, 후자를 수평적 공동성(horizontal commonality)이라고 한다. 아래 (다)의 '주로 타인이 수행한 공동사업' 요건과의 관계에서 수직적 공동성을 요함은 분명하다. 수평적 공동성에 대해서는 다툼이 있을 수 있으나 사업자와 투자자간 1:1의 계약관계에까지 증권규제를 적용할 것은 아니라고 생각한다. 미국의 경우 수평적 공동성에 대해서는 이를 요구한 판례[12]도 있고, 그렇지 않은 판례[13]도 있다. 뒤에서 살피는 바와 같이 금융위원회가 발표한 토큰증권 가이드라인에서는 수직적 공동성 또는 수평적 공동성을 갖춘 경우면 투자계약증권이 성립할 수 있다고 하여 수평적 공동성 요건을 반드시 요구하지는 않는 입장이지만 의문이다.[14]

### (나) 금전 등을 투자

"금전 등"의 해석과 관련하여 법정화폐를 투자한 경우만이 아니라 금전과 대체가능성(교환가능성)이 있는 유가물을 투자한 경우도 포함된다.[15]

---

12) SEC v. Glenn W. Turner Enterprises, Inc., 474 F.2d 476(9th Cir. 1973) 등.
13) Curran v. Merrill Lynch, Pierce, Fenner & Smith, Inc., 622 F.2d 216(6th Cir. 1980) 등.
14) 미국의 경우에도 대다수의 항소법원에서는 증권업자와 일임매매계약을 체결한 투자자가 다수인 경우 그 계약은 증권업자와 각 투자자 사이에 개별적으로 체결되는 것이므로 투자자들 사이의 공동성을 결하여 투자계약으로 볼 수 없다는 견해를 취하고 있다. 김건식/송옥렬, "미국의 증권규제", 홍문사, 2004, 148면.
15) 유사수신행위규제법과 관련하여 대법원 2019. 5. 30. 선고 2019도1462 판결(원심은 서울중앙지방법원 2019. 1. 9. 선고 2018노2816 판결)에서는 가상자산에 대해서도 자금출자 등으로 인정한 바 있다.

### (다) 주로 타인이 수행한 공동사업

수익이 주로 사업자나 제3자의 노력으로부터 발생하여야 한다는 것이다. 증권규제를 적용하는 이유는 정보의 비대칭성 때문인데 만약 투자자가 사업경영에 참여한다면 그는 이미 그 사업에 대한 충분한 정보가 있을 것이기 때문에 구태여 증권규제를 통해 보호할 필요가 없을 것이다. 따라서 수익이 제3자의 노력에 의해 발생한 경우가 아니라면 증권으로 보지 않는다. 다만, 사업의 수익이 사업자 등 제3자의 노력만으로 이루어지는 경우는 드물고 투자자의 참여에 의해서도 어느 정도 영향을 받을 수 있으므로 "주로"라는 문구를 기재하여 투자자의 역할이 있는 경우에도 사업수익의 주된 원천이 제3자에 의하였다면 증권으로 볼 수 있음을 명시하였다. 미국의 경우 Howey 판결에서는 "오로지(solely)"라는 문구를 사용하여 문제가 되었으나 이후 연방항소법원의 Turner 판결에서는 "오로지"의 해석을 유연하게 하고 있다.[16] 한편, 타인의 의미와 관련하여 투자자가 아닌 사업자 이외 제3자도 포함한다고 본다. 그러나, 이때 제3자를 포함한다고 함은 사업자의 노력 이외 투자자가 아닌 자의 기여에 의해 사업수익이 영향받을 수 있음을 의미하는 것이지 사업자의 노력은 배제된 채 그 밖의 제3자에 의해서만 사업의 수익이 결정되는 것을 의미하는 것은 아니라고 할 것이다.

### (라) 결과에 따른 손익을 귀속받는 계약상의 권리가 표시된 것

사업의 손익에 대한 계약상 권리가 표시되어 있어 증권의 보유자가 발행자에게 법적으로 수익분배를 청구할 수 있을 것을 요구한다. 사업의 결과에 따른 손익이므로 결과와 무관한 수익, 예컨대 미리 정해진 일정한 채무는 이에 속하지 않는다고 본다. 계약상의 권리로서 증권의 보유자가 발행자에게 법적으로 요구할 수 있어야 하므로 발행자가 부정기적으로, 시혜적으로 주는 사업에 대한 이익분배는 계약상의 권리라고 보기

---

16) EC v. Glenn W. Turner Enterprises, Inc., 474 F.2d 476(9th Cir. 1973). 동 판결에서 연방항소법원은 "제3자의 노력이 부정할 수 없을 정도로 중대하고 사업의 성패를 좌우하는 필수적인 경우"라고 하여 Howey 판결에서의 "오로지"의 의미를 축소하는 해석을 하였다.

어렵다. 나아가 발행자와의 관계가 아닌, 제3자와 거래상의 이익을 얻을 수 있다는 것만으로는 손익귀속에 대한 계약상의 권리가 아닐 것이다. 계약상의 권리라 함은 발행자와 증권 보유자 사이의 법률관계를 전제하기 때문이다. 한편, 그러한 권리가 표시된 것을 요구하므로 계약이나 증서 등에 명시될 것이 요구된다. 이는 증권의 보유자라면 증권의 발행자에게 동일한 계약상 권리를 주장할 수 있어야 한다는 점에 귀인한다. 금융위원회가 발표한 토큰증권 가이드라인에서는 묵시적인 것도 이 요건을 충족할 수 있다고 설명하고 있으나, 증권의 경우 그 보유자가 발행자에게 동일한 권리를 주장할 수 있어야 하는데, 묵시적으로 표시된 사항에 대해서는 별도의 약정에 의한 청구를 할 수 있음을 별론으로 하더라도, 증권을 보유한 자 중 묵시적 의사표시의 상대방이 아닌 자에 대해서까지 일률적으로 계약상 권리를 인정할 수 있을지 의문이다.[17]

(3) 투자계약증권에 대한 자본시장법의 제한적 적용

투자계약증권은 지분증권 등 다른 증권에 해당하지 않지만 증권으로서 자본시장법상 규제가 필요할 수 있는 증권이 존재할 수 있다는 가정하에 도입된 보완적 개념으로 그와 같은 투자계약증권은 유통성이 거의 없을 것으로 예상하였다.[18] 이에 따라 투자계약증권에 대해서는 자본시장상 모든 규제가 적용되는 것이 아니라 발행시장 규제 중 증권신고서 규제(제3편 제1장)와 불공정거래규제 중 사기적 부정거래규제(제4편 중 제3장의 제178조와 제179조)만 적용되는 것으로 규정하고 있다.[19]

가상자산에 대해 투자계약증권으로의 포섭을 통해 자본시장법을 적

---

17) 발행자가 상대방에게 개인적으로 한 구두약속이나 이메일 등은 증권성 판단에 있어 계약상의 권리가 표시된 것이라고 보기 어렵다고 생각한다. 발행자의 상대방 이외 제3자(구두약속을 받은 자로부터 증권을 넘겨받은 자 또는 그 이후의 자 등)가 그와 같은 내용을 증권에 화체된 권리로서 발행자에 주장하기는 어려울 것이기 때문이다.
18) 김건식/정순섭, "자본시장법"(제3판), 홍문사, 2013, 93면. 그에 대한 반대 견해로 김상만, "금융투자상품의 정의", BFL 제60호, 서울대 금융법센터, 2013. 7., 12면.
19) 그 외 제2편 제5장의 온라인소액투자중개업자규제도 적용되지만 이는 온라인소액투자중개업자에 한하므로 이 사건과는 무관하다.

용하는 경우 이와 같이 유통성이 없을 것을 전제로 한 자본시장법의 제
한적 적용이 그대로 유지되어야 하는지에 대해서는 논란이 있다. 뒤에서
살피는 바와 같이 금융위원회는 향후 자본시장법을 개정하는 경우 제4조
제1항 단서를 삭제하여 투자계약증권에 대해서도 다른 5종의 증권과 동
일하게 자본시장법을 제한 없이 적용하겠다는 입장으로 보인다.[20]

## Ⅲ. 자본시장법상 투자계약증권과 미국의 투자계약의 비교

### 1. 투자계약증권에 관한 자본시장법의 입법경위

투자계약증권 개념은 자본시장법을 제정할 때 우리 스스로 고안한
개념이 아니다. 증권거래법을 자본시장법으로 통합하는 과정에서 기능주
의 규제를 기반으로 하기로 하였으나 증권거래법에서 증권 개념은 열거
주의에 의하였으므로[21] 자본시장법을 제정하면서 증권에 대해 새로이 개
념화를 시도할 수밖에 없었다. 이에 따라 종래의 증권거래법상 열거된
증권을 포섭하면서 증권을 분류하여 다시 개념화하는 식으로 입법을 하
였으나, 그와 같은 개념화에 포섭이 되지 않는 증권의 가능성에 대해 고
민을 할 수밖에 없었다. 이에 따라 도입된 개념이 미국 증권법상 투자계

---

20) 토큰증권을 규제하기 위한 자본시장법 개정입법으로는 윤창현 의원이 2023. 7. 28.
대표발의한 입법안(의안번호 2123531)이 국회 계류 중이다. 동 입법안의 주된 내
용은 첫째, 온라인·디지털 플랫폼이 발전함에 따라 비정형적 증권인 투자계약증
권에 대해서도 다수 투자자 간 유통시장이 형성될 수 있으므로, 투자계약증권은
발행 관련 규정에서만 자본시장법상 증권으로 보고 있는 단서를 삭제하여 다른 증
권과 동일하게 유통에 대한 규제를 적용받도록 한다는 것(안 제4조 제1항), 둘째,
상장시장에 해당하는 거래소시장 및 다자간매매체결회사 외에도 협회, 종합금융투
자사업자 및 대통령령으로 정하는 투자중개업자(장외거래중개업자)를 통하여 다수
투자자 간에 증권을 거래할 수 있도록 허용하여 다양한 장외시장의 형성을 가능하
도록 한다는 것(안 제166조 제1항 신설), 셋째, 장외거래중개업만을 영위하는 투자
중개업자의 경우 장외시장에서의 다수 투자자 간 증권 거래 중개업무에 불필요한
겸영업무, 투자권유대행인을 통한 투자권유 및 신용공여에 관한 규정을 적용하지
아니한다는 것(안 제166조 제3항 신설), 넷째, 과도한 고위험 투자로부터 일반투자
자를 보호하기 위해 투자중개업자를 통한 장외거래의 경우 투자목적, 재산상황,
투자경험 등에 따라 일반투자자의 투자한도를 제한한다는 것(안 제166조 제4항 신
설)이다.
21) (구)증권거래법 제2조 제1항.

약에 대한 증권성 판단이다. 우리나라의 경우 민법 등 기초법령은 일본
을 통해 대륙법계의 법률을 수용하였으나 증권법을 포함한 금융법령의
경우 미군정 시기 미국의 입법에 큰 영향을 받은 일본의 법령(증권취인법
등)을 계수하였으므로 자본시장법상 증권 개념을 설정하는 데 있어 자연
히 미국의 증권 개념, 특히 투자계약에 대한 증권성 판단에 영향을 받게
되었다.

## 2. 미국의 증권법상 투자계약

미국의 경우 1933년 증권법 제2조[22]와 1934년 증권거래법 제3조[23]
에서 증권에 대해 정의하고 있다. 증권법 제2조는 증권에 대해 "달리 해
석하여야 할 상황이 존재하지 않는 한 '증권'이라는 용어는 어음, 주식,
자기주식, 담보사채, 무담보사채, 부채증서, 이익분배계약에 대한 이익이
나 지분의 증서, 담보신탁증서, 설립전증서 또는 청약, 양도성지분, 투자
계약, 의결권신탁증서, 증권예탁증서, 석유, 가스, 기타 광물에 대한 미분
할 이익지분, 증권, 예탁증서, 증권의 그룹이나 지수(그에 대한 또는 그 가
치에 기한 이익을 포함)에 대한 매도옵션, 매수옵션, 매도매수옵션, 옵션,
특권, 전국 증권거래소에서 체결된 외화에 관한 매도옵션, 매수옵션, 매
도매수옵션, 옵션, 특권, 일반적으로 통상 증권으로 인식되는 이익이나
증서, 이상의 어느 것에 대한 이익, 지분증서, 임시적 또는 잠정적 증서, 영
수증, 보증서, 청약 또는 매수의 특권 또는 권리를 의미한다"고 광범위하게
정하고 있다. 이 중 특히 문제가 되었던 것이 "투자계약(investment contract)"
의 의미였다.

투자계약의 의미에 대해서는 1946년 Howey 사건에서 연방대법원이
기준을 제시하였는데 이를 'Howey test'라고 한다. Howey 사건은 Howey
사가 오렌지농장을 분매하면서 동시에 매수인과 농장에 대한 일종의 운
영계약을 맺은 것이 투자계약에 해당하여 증권으로 볼지 여부가 문제된

---

22) 주로 발행시장의 공시의무와 관련된다.
23) 주로 유통시장의 불공정거래규제와 관련된다.

사안이었다. 증권으로 보게 되면 증권법에 의해 발행규제를 적용받게 되므로 Howey사에 증권신고서 제출 등 공시의무가 부과된다. 당시 미국 증권거래위원회는 이러한 당사자 간 계약을 증권으로 파악하여 Howey사에 제재를 가하였고, Howey사는 연방법원에 소를 제기하였다. 이에 연방대법원은 (ⅰ) 타인의 노력으로 인한 (ⅱ) 이익에 대한 합리적인 기대로 (ⅲ) 공동사업에 (ⅳ) 금전을 투자하는 것에 해당하면 증권법상 증권에 포섭되는 투자계약으로 판단하였고, 해당 기준에 따라 Howey사의 계약을 증권으로 보아 증권법을 적용하였다.[24]

### 3. 자본시장법상 투자계약증권의 비교

미국의 투자계약 개념은 우리나라의 자본시장법상 증권의 유형 중 투자계약증권의 정의와는 차이가 있다. 자본시장법상 투자계약증권은 앞서 살핀 바와 같이 "특정 투자자가 그 투자자와 타인(다른 투자자를 포함한다) 간의 공동사업에 금전 등을 투자하고 주로 타인이 수행한 공동사업의 결과에 따른 손익을 귀속받는 계약상의 권리가 표시된 것"을 말하는데[25] 위 Howey test의 요건 중 특히 (ⅱ)에서 다름이 있다.[26] 즉, Howey test 에서는 "이익에 대한 합리적 기대"만 있으면 되지만 자본시장법상 투자계약증권은 그것만으로는 부족하고, "손익을 귀속받는 계약상의 권리가 표시"까지 되어 있어야 한다. 즉 권리의 내용이 "기대권"에서 나아가 "계약상의 권리"여야 하고, 그것이 "표시"되어 있을 것까지 요구하는 것이다.

이와 같이 미국의 투자계약과 우리나라의 투자계약증권 사이에는 문언상 차이가 있음은 분명하다. 종래에는 가상자산에 대한 투자계약증권

---

24) Securities and Exchange Commission v. W. J. Howey Co., 328 U.S. 293 (1946).
25) 자본시장법 제4조 제6항.
26) 특히 (ⅱ)라고 언급한 것은 다른 부분에서도 다름이 있기 때문이다. 예컨대 (ⅲ) 공동사업에 대해서도 수직적, 수평적 공동사업 인정 여부 등에 있어 양국간 차이가 있다. 또한 (ⅰ)과 관련해서도 우리나라의 경우 "주로"라는 문구가 추가되어 있어 차이가 있다. 다만, 미국에서도 Turner 판결 이후 "오로지" 요건을 완화하여 해석하고 있어 우리나라의 그것과 사실상 차이가 없는 상황이다. 이에 대해서는 앞서 각주 15) 참고.

의 해석과 적용에 있어서는 우리나라의 입법경위 등에 비추어 미국의 투자계약 개념과 자본시장법상 투자계약증권을 동일시하는 견해가 일반적이었던 것으로 보인다.[27] 자본시장법상 투자계약증권 개념을 마련한 이유가 전형적인 5종의 증권 유형에 속하지 아니하는 유형을 포섭하기 위한 것이기 때문이다. 하지만, Howey test의 "이익에 대한 합리적 기대"와 자본시장법상 요구되는 "손익을 귀속받는 계약상의 권리"(가 표시된 것)를 완전히 동일시하기는 어렵다고 생각한다.[28] 일단 문언상 차이가 있음이 분명하고, 이를 만연히 넓게 해석하여 증권으로 포섭하는 경우 행정책임, 형사책임이 문제될 수 있는데 여기에 엄격해석, 명확성의 원칙, 유추해석 금지, 적정성의 원칙 등 제한이 따르기 때문이다. 이에 따라 최근의 투자계약증권의 개념논의에서 미국의 투자계약과 동일하다는 논의는 어느 정도 극복된 것으로 보이고, 다만, '손익을 귀속받는 계약상의 권리'를 어떻게 해석하고, 어느 범위에서 인정할지에 논의가 집중되고 있다.

### 4. 사   례

미국의 투자계약과 자본시장법상 투자계약증권 개념이 구분되는 사례가 바로 이 사건이다. 다만, 뒤에서 살피는 바와 같이 이 사건에서 법원은 이를 개념적으로 구분하여 구체적으로 설명하고 있지는 아니하므로 다음과 같이 여러 유형의 골프회원권에 관한 가상의 사례를 통해 차이를 분석해 본다.

1유형: 회원은 골프를 예약할 수 있고, 직접 골프를 칠 수 있다. 그러나 골프회원권을 타인에게 양도할 수 없다.[29]

---

27) 한국증권법학회, 「자본시장법 주석서 I」(개정판), 박영사, 2015, 20면 이하에서는 자본시장법상 투자계약증권에 대해 미국 증권법상 투자계약 개념을 도입한 것으로서 미국의 판례에 의하여 발전하여 온 이른바 Howey test를 받아들여 개념 정의를 시도한 것으로 평가하고, 해석, 적용을 하고 있다.

28) 박준/한민, 「금융거래법」(제2판), 박영사, 2019, 1234면.

29) 예컨대, 골프클럽의 약관에 명의개서가 금지된 경우를 상정할 수 있다.

2유형: 회원은 골프를 예약할 수 있고, 직접 골프를 칠 수 있다. 또한 골프회원권을 타인에게 양도할 수 있고, 그에 따른 거래이익을 취할 수 있다. 하지만 골프클럽의 운영이익을 분배받을 수는 없다.[30]

3유형: 회원은 골프를 예약할 수 있고, 직접 골프를 칠 수 있다. 또한 골프회원권을 타인에게 양도하는 방법으로 거래이익을 취할 수 있고, 골프클럽의 운영이익을 분배받을 권리까지 보유한다.[31]

1유형의 골프회원권은 예약과 회원의 자격을 증명하는 기능을 가지고 있지만 증권이라고 볼 수 없다.[32] 2유형의 골프회원권은 미국에서는 증권에 해당할 수 있다. 골프회원권을 보유하는 것은 타인(골프장 경영진)의 노력으로 인한 공동사업(골프장사업)에 금전을 투자하는 것에 해당하고, 골프회원권의 양도를 통해 자본이익을 기대할 수 있다면 이익에 대한 합리적인 기대 요건도 충족할 수 있기 때문이다. 하지만 우리 자본시장법의 경우 이익에 대한 합리적 기대만으로는 부족하고, "손익을 귀속받는 계약상의 권리가 표시된 것"까지 요구한다. 다시 말하면 골프회원권의 보유자(보유자)가 골프클럽(발행자)에 대해 이익분배라고 하는 권리를 '법적으로' 그리고 '직접' 요구할 수 있어야 한다는 것이다. 따라서 2유형은 자본시장법상 투자계약증권이 아니고, 3유형에 이른 경우에만 투자계약증권으로 포섭할 수 있다.[33]

강학상 이러한 투자계약증권의 투자성 판단에 있어 전매차익형과 이익귀속형으로 나누어 설명을 하는데 2유형은 전매차익형, 3유형은 이익

---

30) 우리나라 대부분의 프라이빗골프클럽의 회원권이 여기에 해당한다.

31) 우리나라 일부 프라이빗골프클럽의 회원권이 여기에 해당할 가능성이 있다. 예컨대 신원cc는 주주회원으로 구성되어있고, 골프장의 운영이익을 주주회원에게 배당한 바 있다(이 구조가 주식회사의 그것과 동일한지에 대해서는 자료에 대한 접근성 제약으로 확인하지 못함).

32) 토큰의 유형으로 본다면 이른바 기능성 토큰(utility token)에 해당한다고 할 것이다.

33) 한국에서는 2유형 골프회원권을 50인 이상에게 청약을 권유하는 경우에는 공모규제를 받지 않지만 3유형 골프회원권을 50인 이상에게 청약을 권유하는 경우에는 공모규제를 적용받게 된다.

귀속형에 해당한다. 이익귀속형은 자본시장법상 투자계약증권의 정의에 들어맞는 "손익을 귀속받는 계약상의 권리가 표시"된 것이지만(따라서 보유자가 발행자에 대해 이익분배에 관한 계약상 권리를 '법적으로' 그리고 '직접' 요구할 수 있다), 반면, 전매차익형은 그러한 계약상 권리가 표시되어 있지는 않지만 전매과정에서 이익이 발생할 수 있고, 그러한 이익이 타인의 기업가적 혹은 경영적 노력으로 인한 것을 말한다(그러나, 보유자가 발행자에 대해 이익분배에 관한 계약상 권리를 '법적으로' 그리고 '직접' 요구할 수는 없다). 투자성 계약에 있어 미국의 경우 대부분 증권으로 규제가 가능하지만[34] 우리나라에서는 자본시장법상으로 이익귀속형만 규제대상이 되고, 전매차익형은 규제대상이 아니다.[35] 명확한 이유를 입법자료에서 발견하기는 어렵지만 미국의 경우 되도록 투자자를 넓게 보호하기 위하여 증권개념을 확장하였고, 반면 우리나라의 경우 자본조달 기능에 주목하여 최소한 발행자와 투자자 사이의 법률관계가 있는 경우로 증권개념을 한정한 것으로 보인다.

## 5. 이 사건의 경우

이 사건에서 법원은 "B를 보유함으로써 피고 회사가 운영하는 거래소의 수익을 분배받기는 하지만, 그러한 수익 분배는 피고 회사가 B의 거래를 활성화하기 위하여 토큰 보유자에게 부수적으로 제공하는 이익일 뿐 B에 내재된 구체적인 계약상 권리라거나 본질적 기능이라고 볼 수 없는 점, 토큰 자체 거래로 발생하는 시세차익의 취득이 B 매수의 가장 큰

---

34) Howey test의 (ⅱ)요건을 중심으로 이익귀속형과 전매차익형을 나누어 전매차익형까지도 미국 증권법상 증권에 해당한다고 할 수 있지만 (ⅰ)이나 (ⅲ)요건에 부합하지 아니하여 증권에서 제외될 가능성이 있다. 미국에서 최근 제기되고 있는 증권성 판단에 대한 소송들은 보유자가 사업이익에 상당한 기여를 했는지 여부 ((ⅰ)의 쟁점)에 대한 것이 많다.

35) 미국의 경우 소위 거버넌스코인에 대해서도 증권으로 규제가 가능하다는 입장이다. SEC, "ICO Issuers Settles SEC Registration Charges, Agrees to Return Funds and Register Tokens as Securities", February 19, 2020. (https://www.sec.gov/news/press-release/2020-37)

동기이고, 이에 관하여 토큰보유자(투자자) 사이에 이해관계가 상충하는
점 등에 비추어 볼 때 B를 자본시장법상 투자계약증권이라고 볼 수 없
다"고 판시하였다.

　법원은 명시적으로 전매차익형과 이익귀속형이라는 용어를 사용하고
있지는 않지만 B는 이익귀속형이 아니고, 전매차익형이므로 자본시장법
상 투자계약증권이 아니라는 것이다. 또한, 역시 명시하고 있지는 않지만
이러한 법원의 판단은 우리 자본시장법상 투자계약증권과 미국의 투자계
약 개념(구체적으로는 투자계약의 증권성 판단에 대한 Howey test)이 구분됨을
전제하고 있다.

　그리고 이 사건에서는 비록 해당 가상자산이 전매차익형에 해당하여
자본시장법상 투자계약증권으로 포섭할 수 없다고 판단하였으나, 그와 같은
설시는 반대로 해석하면 이익귀속형에 해당하면 가상자산에 대해서도 자본
시장법이 적용될 수 있음을 내포하고 있다. 이러한 이 사건 판결은 향후
가상자산 규제에 관한 입법방향에 있어서도 중요한 시사점을 제공한다.

## IV. 가상자산 규제에 관한 입법논의

### 1. 2020년까지의 경과

　2008년 사토시 나카모토의 비트코인에 대한 논문이 발표된 이후 본
격적으로 가상자산 시장이 열렸다고 평가된다.[36] 우리나라에서도 MZ세대
를 중심으로 가상자산에 대한 활발한 투자가 이루어졌으며 그에 따른 분
쟁도 다수 발생하였다. 여기서 가지게 되는 의문은 그럼에도 불구하고
2020년에 선고된 이 사건에 이르러서야 가상자산의 증권성 판단에 대한
최초의 판결이 내려진 이유가 무엇이냐는 것이다.

　한 가지 이유는 정부의 태도에 귀인한다. 정부는 2017년에 이르러

---

36) 사토시 나카모토에 의해 2008년 10월에 "Bitcoin: A Peer-to-Peer Electronic Cash
　System"이라는 제목의 9쪽짜리 논문을 통해 공개되었다. 2009년 1월 3일에 비트코
　인이 처음 발행(제네시스블록 생성)되었으며 2009년 2월 11일에 Bitcoin Core v 0.1
　프로그램이 공개되었다.

비트코인 가격이 개당 2만불에 이르고 가상자산시장이 과열되자 정부 차원에서 태스크포스를 조직하여 규제방향을 논의하였다. 하지만 정부 내 가상자산 시장에 대한 부정적인 기류로 같은 해 9월 29일 동 태스크포스는 국내 ICO와 STO를 금지하는 것으로 가이드라인을 발표하였다.[37] 정부에서는 가상자산시장의 위험이 은행을 중심으로 한 전통금융시장에 전이되지 아니하는 한 가상자산에 대해 별도의 규제체계 마련이 필요치 않다고 생각하였고, 국내에서의 ICO를 금지함으로써 ICO나 그 대상이 되는 가상자산에 대한 논의가 제대로 이루어지지 아니하는 환경이 조성되었다.

다른 한 가지 이유는 투자계약증권 자체에 대한 것이다. 앞서 언급한 바와 같이 자본시장법 제정시 일종의 보완규정으로 투자계약증권에 대한 개념을 마련하였으나 2020년에 이르기까지 투자계약증권이 실제로 적용된 사례가 없었다. 따라서 감독당국이나 법조계 모두 투자계약증권 개념을 통한 자본시장법의 적용에 대해 깊은 고려를 하지 않았던 것으로 보인다. 하지만 소위 조각투자가 문제되면서 투자계약증권의 적용이 논의되기 시작하였고, 가상자산을 통한 조각투자 가능성이 검토되면서 가상자산에 대해서도 투자계약증권 개념으로 포섭가능성이 본격적으로 문제되었다.

## 2. 2021년 이후 가상자산 규제 입법논의

### (1) 입법논의의 시작

우리나라의 가상자산 규제논의는 2021년 말 정도를 기점으로 크게 변화하게 된다. 2021년 말에 이르러 가상자산에 투자하는 투자자의 수는 약 700만에 이르게 되었고, 가상자산 거래소에서 거래되는 규모가 상장증권 시장의 그것을 초과하는 경우도 발생하게 되었다. 또한 스테이블코인과 이를 이용한 탈중앙화금융(DeFi, Decentralized Finance)[38]은 가상자

---

37) 2017. 9. 29. '가상통화 관계기관 합동 태스크포스(TF)'는 ICO에 대한 전면적 규제 방침을 밝혔다. 유사수신행위규제에 관한 법률 개정으로 ICO를 유사수신행위의 한 형태로 규정하고 ICO를 전면 금지한다는 내용이 주요 골자이다.

산시장과 전통금융시장을 직접 연결함으로써 가상자산 시장에 대한 규제 필요성을 제고하였다.[39] · [40] 이에 따라 2021년 말 진행된 대통령 선거에서는 여야 모두 가상자산법(가칭)의 제정[41]과 ICO/STO의 허용 등을 공약으로 내걸게 되었다. 또한 2022년 초 발표된 조각투자 가이드라인은 조각투자에 대해 투자계약증권 개념을 통해 자본시장법을 적용할 수 있다는 점을 확인하였다.[42] 이러한 변화에 따라 2021년 이후 우리나라에서도 본격적으로 가상자산에 대한 규제 논의가 진전을 이루게 된다.

### (2) 가상자산의 유형구분과 입법방향

가상자산의 규제 입법을 논의하기 위해서는 우선 가상자산(토큰)의 유형구분이 필요하다. 영국, EU 등의 예에 의하면 가상자산(이하 표에서는 "토큰")은 그 성격에 따라 결제성, 투자성 및 기능성으로 구분할 수 있다. 결제성 가상자산은 거래의 대가 지급하는 수단적 성격을 갖는 가상자산을 말하고 대표적으로 스테이블 코인이 있다.[43] 투자성 가상자산은 투자 목적의 대상이 되는 가상자산으로 대부분의 가상자산이 여기에 속한다. 기능성 가상자산은 사용권이나 신분증명 등 특정한 기능을 가진 가상자산이다.

이 중 순수한 의미의 기능성 가상자산은 금융규제의 대상이 아니므로 논외로 하면,[44] 규제 입법논의의 주된 대상은 결제성과 투자성 가상

---

38) 전통금융과 DeFi의 차이비교에 대해서는 이용재 외, 「넥스트 파이낸스」, 북저널리즘, 2019, 107면의 〈표〉 참조.

39) 탈중앙화에 대해 의문을 제기하는 견해로 Chris Brummer(editor), 「Cryptoassets: Legal, Regulatory and Monetary Perspectives」, Oxford, 2019 중 Angela Walch, "Deconstructing 'Decentralization': Exploring the Core Claim of Crypto Systems", pp. 39-51.

40) 탈중앙화금융의 법적 이슈에 대해서는 이정수, "탈중앙화금융(DeFi)에 대한 금융규제 연구", 한국증권법학회, 증권법연구 제23권 제2호, 2022. 8. 등

41) 입법안의 내용에 대해서는 김갑래, "디지털자산법안의 주요 쟁점 및 입법 방향", 자본시장연구원, 2022. 9. 세미발표자료 참고. 실제 입법과 관련해서는 앞의 각주 7) 참고.

42) 금융위원회, "조각투자 등 신종증권 사업 관련 가이드라인", 2022. 4. 29.

43) 스테이블 코인이라는 이름을 가졌다고 하여 결제성 가상자산이 되는 것은 아니다. 스테이블 코인을 표방하더라도 가치변동이 있다면 투자성 가상자산이 될 수 있음은 물론이다.

자산이 된다. 그런데 투자성 가상자산 중 자본시장법상 증권, 특히 투자계약증권으로 포섭이 가능한 것들에 대해서는 자본시장법상 규제가 적용될 수 있다. 반면, 투자성 가상자산 중 증권으로 포섭되지 않는 것들과 결제성 가상자산에 대해서는 달리 적용될 법률이 없는 상태[45]이므로 이들에 대해서는 가상자산법(가칭)의 제정이 필요하다.[46]

가상자산법의 제정과 자본시장법의 개정 간의 관계를 표로 나타내면 아래와 같다.[47]

<표> 가상자산법과 자본시장법의 관계

| | 구체적인 유형 | 현행법상 규제가능성 | 규제필요성과 내용 | |
|---|---|---|---|---|
| 결제성토큰 | 스테이블 코인 | 자본시장법상 증권 개념으로 포섭 불가 | 주로 건전성 규제 필요 (은행 규제 유사) CBDC에 대해서는 별도 규제필요성 | 가상자산법 (제정) |
| 투자성토큰 | 전매차익형 토큰 (비증권형토큰) | 자본시장법상 증권 개념으로 포섭 불가 | 규제공백O | |
| | 이익귀속형 토큰 (증권형토큰) | 자본시장법상 증권 개념(특히 투자계약증권)으로 포섭 가능 | 규제공백X (자본시장법의 보완) | 자본시장법 (개정) |
| 기능성토큰 (협의) | 신분증명토큰 사용권토큰 | 자산으로서의 성격(사용가치)은 있으나 교환이 불가(교환가치X) 기본적으로 금융규제의 대상 아님 | 다만, 다중적 성격이거나 시간에 따라 성격변화 가능하다는 점 유의 | |

앞의 골프회원권의 예로 돌아간다면 1유형은 기능성 가상자산에 해당하고, 2유형은 투자성 가상자산 중 전매차익형에, 3유형은 투자성 가상

---

44) 만약 기능성 가상자산에 대해 금융규제가 이루어진다면 이는 당해 가상자산이 기능성이기 때문이 아니라 동시에 투자성이나 결제성 가상자산에 해당하기 때문이다.
45) 이에 관한 특정 금융거래정보의 보고 및 이용 등에 관한 법률(이하 "특정금융정보법"이라 한다)상 가상자산사업자(VASP, Virtual Asset Service Provider)에 대한 규제가 있다는 견해가 가능하다. 특정금융정보법을 가상자산에 대한 제대로된 금융규제법이 없는 상황에서 사실상 금융규제 목적으로 이용해 온 것은 사실이다. 그러나 특정금융정보법은 소위 자금세탁방지법제로서 금융시장의 건전성과 투자자를 보호하기 위한 금융법제는 아니다.
46) 각주 7) 참고.
47) 이정수, "토큰이코노미의 입법과제", 금융법연구 제19권 제3호, 2022. 12., 69면.

자산 중 이익귀속형에 각 해당한다고 할 수 있다.

### (3) 토큰증권 가이드라인과 그 한계

위와 같은 구분에서 결제성과 투자성 가상자산 사이의 구분은 상대적으로 명확하다. 결제성 가상자산으로 이용되기 위해서는 가치변동이 없어야 하고, 가치변동이 없다면 투자의 대상이 되지 않을 것이기 때문이다.[48] 하지만 투자성 가상자산에서 전매차익형(비증권형)과 이익귀속형(증권형)의 구분은 애매할 수밖에 없다. 이러한 구분에 대해 이 사건 판결이 있었으나 1심 판결이었고, 양자를 구분할 명확한 기준을 제시하지 아니하였다는 한계가 있다. 따라서, 가상자산 업계에서는 감독당국에 자본시장법이 적용되는 증권형 가상자산과 비증권형 가상자산을 구분하는 가이드라인을 요청하였고, 그에 따라 2023. 2. 6. 발표된 것이 소위 토큰증권[49] 가이드라인이다.

토큰증권 가이드라인은 두 가지 내용을 담고 있다. 하나는 증권 여부에 대한 판단원칙을 제시한 것이고 다른 하나는 토큰증권의 발행유통체계에 대한 것이다. 이 중 후자는 이 사건의 평석과는 거리가 있고, 투자계약증권과 관련하여 중요한 것은 전자이다. 동 가이드라인은 증권 여부 판단원칙에 있어 우선 증권인지는 제반사정을 종합적으로 감안하여 개별적으로 판단하며, 권리의 내용이 증권에 해당한다면 현행 증권 규제가 전면 적용됨을 선언하고, 토큰 증권의 특성을 감안하여 이해관계인의 자율적 증권성 판단을 지원하기 위한 적용례를 제시하고 있다.

투자계약증권과 관련하여 가이드라인은 우선 '공동사업'에 대해 수평적 공동성 또는 수직적 공동성이 있는 경우 공동사업에 해당한다고 하여 어느 하나의 공동성만 있어도 공동사업이 인정될 수 있다고 설명하고 있

---

48) 앞의 본문 Ⅳ. 2. 나. 및 각주 41)에서 언급한 바와 같이 이때 가치변동이 있는 지 여부는 상대적인 것이다. 예컨대, 1원의 가치변동이 있다고 하여 결제성 가상자산이 바로 투자성 가상자산이 되지는 않을 것이다. 하지만 가치변동의 폭이 커진다면 어느 순간에는 더 이상 결제성으로 사용되지 않을 것이고, 투자성이 강해질 것이다. 물론 어느 순간에는 두 가지 성격을 겸병할 수도 있을 것이다.
49) 금융위원회는 가이드라인에서 향후 증권형토큰을 '토큰증권'(ST, Security Token)으로 명칭하기로 정하였다.

다.[50] 그리고 '금전등을 투자'한다는 것의 의미에 대해서는 반드시 법정
통화일 필요는 없고, 법정통화의 교환 가능성, 재산적 가치의 유무 등을
종합적으로 고려할 수 있음을 명시하였다.[51] '주로 타인이 수행'에 관해
서는 타인(발행인)의 노력이 부정할 수 없을 정도로 중대하고, 사업의 성
패를 좌우하는 필수적인 경영상의 노력이어야 하고, 투자자가 사업 일부
를 수행하는 경우에도 사업의 대부분의 사항에 대한 정보비대칭성이 있
는 경우 주로 타인이 수행한 것으로 볼 수 있다고 판단하였다.[52] 중요한
것은 '공동사업의 결과에 따른 손익을 귀속 받는 계약상의 권리'에 대한
것으로 장래 일정 시점이 도래하거나 일정한 객관적 조건이 달성될 경우
사업결과에 따른 손익을 귀속받기로 계약한 경우도 포함될 수 있고, 투
자자의 권리가 스마트계약을 통해 이행되나 그 스마트계약의 구현을 계
약으로 약속한 발행인이 있다면 발행인에 대한 계약상 권리로 해석이 가
능하며, 발행인 등이 투자자의 금전등으로 사업을 수행하고, 수행한 사업
의 성과에 따른 수익을 귀속시키기로 약속한 경우 해당하고, 특히 약속
한 수익이 사업에서 발생한 매출, 이익과 비례관계에 있거나 사업에서
발생한 매출, 이익을 환산하여 분배하기로 약속한 경우 공동사업의 결과
에 따른 손익에 해당한다고 보았다. 그리고 발행인이 투자자에게 사업
수익을 직접 분배할 것을 명시적, 묵시적으로 약속하거나, 발행인이 제3
자와의 계약 등을 바탕으로 해당 제3자가 투자자에게 사업수익을 분배할
것을 약속하는 등 투자자와 발행인 간 계약에 따른 수익청구권이 인정되
어야 함을 명시하였다.[53]

동 가이드라인은 투자계약증권에 해당할 가능성이 높은 경우의 예시
로 첫째, 발행인이 투자자의 금전 등으로 사업을 수행하여 그 결과로 발

---

50) 금융위원회, "토큰증권 가이드라인", 2023. 2. 6., 16면. 문구만을 놓고 보면 수평
　　적 공동성만 있고, 수직적 공동성이 없는 경우에도 공동사업 요건을 충족한 것처
　　럼 해석될 여지가 있으나 의문이다.
51) 위 가이드라인 16면.
52) 위 가이드라인 16면.
53) 위 가이드라인 17면.

생한 수익을 귀속시키는 경우. 특히 투자자 모집시 사업을 성공시킬 수 있는 발행인의 노력, 경험과 능력 등에 대한 내용이 적극적으로 제시된 경우, 둘째, 투자자에게 지급되는 금전 등이 형식적으로는 투자자 활동의 대가 형태를 가지더라도 해당 대가의 주된 원천이 발행인이 투자자의 금전 등으로 사업을 수행한 결과로 발생한 수익이고 해당 대가가 투자자 활동보다는 사업 성과와 비례적인 관계에 있어 실질적으로 사업수익을 분배하는 것에 해당하는 경우. 특히 투자자 모집시 사업성과에 따른 수익분배 성격이 적극적으로 제시된 경우를 언급하고 있다.[54]

　　이러한 토큰증권 가이드라인은 특히 투자계약증권과 관련하여 자본시장법상 개념요건의 구체적인 해석을 제시하고, 사례를 제공하였다는데 의의가 있다. 그러나 앞서 투자계약증권의 개념요소에 대한 설명에서 언급한 바와 같이 '공동사업'의 해석이나 '사업손익의 결과를 분배받을 계약상 권리'에 대한 해석에 있어 다소 의문이 있다. 또한, 본질적으로 개념요건의 해석이 자본시장법의 문구를 풀어 써서 공중에 안내하는 내용에 가깝고, 가장 문제가 되는 공동사업의 결과에 따른 손익을 귀속 받는 계약상의 권리가 블록체인상 어떠한 메커니즘을 통해 작동할 수 있는지에 대해 구체적인 지침이 없다는 점, 그리고 자본시장법 문구상으로는 계약상의 권리가 표시될 것을 요구하고 있는데 표시가 어디에 어떻게 되어야 하는지에 대해서는 직접 언급하고 있지 아니하고 있다는 점에서 한계가 있다.

### 3. 향후의 입법 로드맵

　　가상자산 규제에 대한 입법은 앞서 살핀 바와 같이 법적 공백이 존재하는 결제성과 투자성 중 비증권형에 대한 가상자산법(가칭)의 입법과 투자성 중 증권형(토큰증권)에 대한 자본시장법의 개정에 대한 것으로 소위 투트랙(two-track)으로 이루어질 예정이다.

---

54) 위 가이드라인 18면.

이 중 전자의 가상자산법에 대해서는 현재 18개 입법안이 국회에
계류 중인데 정부에서는 순차적인 입법을 진행할 것으로 보인다. 즉, 가
상자산에 대한 규제 중 공감대가 형성되어 있고, 시급성이 있는 불공정
거래규제와 발행인에 대한 규제는 우선하여 입법을 하고,[55] 그 외 전반
적인 사항에 대해서는 EU의 MiCAR 입법을 참고하여 진행할 것으로 보
인다.[56]·[57]

반면 후자의 자본시장법에 대해서는 특별한 개정 없이도 가상자산에
대한 적용이 가능한 상황이다. 다만, 앞서 언급한 바와 같이 투자계약증
권에 해당하는 경우 자본시장법 제4조 제1항 단서에 의해 자본시장법 규
제 전반이 아닌 발행시장규제 일부와 불공정거래규제 일부만이 적용되는
상황이므로 해당 규정에 대해서는 개정이 필요하다.[58] 한편, 가상자산이
발행, 유통됨에 있어 권리이전 및 행사방법에 대해서는 법적 제도마련이
필요하여 토큰증권 가이드라인에서도 발행유통체계의 정비에 대해 언급
하고 있는데, 해당 내용은 주로 전자증권법의 개정을 통해 이루어질 것
으로 보인다.[59]·[60]

---

55) 2023. 5. 국회 정무위에서 위 법안들을 심의하여 "가상자산 이용자 보호 등에
관한 법률안(대안)"을 마련하였다.
56) 왜 미국이 아닌 EU의 입법이 우리나라의 향후 입법에 더 영향을 미칠 것인지에
대해서는 또 다른 논의가 필요하다. 이에 대해서는 이정수, "토큰이코노미의 입법
과제", 금융법연구 제19권 제3호, 2022. 12., 71-76면.
57) 각주 7) 참고.
58) 자본시장법의 개정방향에 대한 자료로는 김갑래, "증권형 토큰 규율체계 정비
방향", 자본시장연구원, 2022. 10., 세미나 발표자료 중 6-11면. 국회 계류 중인 입
법안과 관련해서는 각주 20) 참고.
59) 금융위원회, "토큰증권 발행, 유통 규율체계 정비방안", 2023. 2. 6. 독일과 미국
의 관련법제 현황에 대해서는 최지웅, "디지털자산과 증권결제제도: 독일과 미국의
입법례를 중심으로", 서울대 금융법센터, BFL 제115호, 2022. 9. 등 참고.
60) 이와 관련해 2023. 7. 28. 윤창현 의원이 대표발의한 전자증권법 일부개정법률
안(의안번호 2123533)이 국회 계류 중이다. 동 개정법률안은 첫째, 주식등의 정보
를 다수 참여자가 공동으로 기록하고 관리하여 무단삭제 및 사후적인 변경으로부
터 보호하는 분산원장을 정의하고, 분산원장인 전자등록계좌부에 전자등록한 주식
등을 분산원장등록주식등으로 하는 한편, 분산원장을 이용해 자기가 발행한 주식
등의 전자등록업무를 하는 발행인 계좌관리기관을 정의한다는 것(안 제2조), 둘째,
발행인 계좌관리기관 등록제를 신설하여 자기자본, 인력·물적설비, 분산원장, 대

## Ⅴ. 이 사건 판결의 의의와 한계

### 1. 판결의 의의

이 사건 판결은 무엇보다 가상자산에 대하여 자본시장법상 투자계약증권의 해석, 적용에 대한 첫 판결로서 의미를 가진다. 이후 2021년에 유사한 내용으로 문제된 사건이 있었으나 이 사건 판결과 거의 같은 내용으로 증권성을 부정한 바 있다.[61]

또한 이 사건 판결은 자본시장법상 투자계약증권의 의미와 관련하여 개념요건에 있어 일반적인 기대이익, 다시 말하면 거래이익만으로는 투자계약증권으로 포섭할 수 없다는 점을 명확히 하였다는 점에 의미가 있다. 자본시장법상 투자계약증권은 앞서 살핀 바와 같이 미국의 증권법상 투자계약의 증권성 판단에 관한 Howey test에 영향을 받았다. 하지만 자본시장법의 도입과정에서 '계약'보다는 '증권'에 강조점을 두어 "공동사업

---

주주, 사회적 신용, 이해상충방지체계 요건을 갖춘 발행인이 발행인 계좌관리기관으로 등록하여 전자등록업무를 수행할 수 있도록 허용한다는 것(안 제19조 및 제19조의2·제19조의3 신설), 셋째, 발행인 계좌관리기관으로 등록한 자는 대주주 요건 외 등록요건을 유지하도록 하되, 자기자본 및 사회적 신용 요건은 완화된 요건을 유지하도록 한다는 것(안 제19조의4 신설), 넷째, 대통령령으로 정하는 주식등의 전자등록 및 관리에 대통령령으로 정하는 요건을 갖춘 분산원장을 대통령령으로 정하는 방법으로 이용할 수 있도록 하되 발행인 계좌관리기관은 분산원장만을 이용하도록 한다는 것(안 제23조의2 제1항 및 제2항 신설), 다섯째, 분산원장인 전자등록계좌부에 전자등록된 분산원장등록주식등과 분산원장이 아닌 전자등록계좌부에 전자등록된 전자등록주식등 간 전환할 수 있는 절차를 마련한다는 것(안 제23조의2 제6항 신설) 등 내용을 담고 있다.

61) 의정부지방법원 고양지원 2021. 9. 10. 선고 2019가단78506 판결(현재 의정부지방법원 2021나219018호로 계속 중). 동 판결에서는 "피고들은 이 사건 거래소 수수료의 일부를 코인 보유자들에게 배당하기로 하였고, 그에 따라 일부 수익이 실제 코인 보유자들에게 배당되기는 하였음은 앞서 본 바와 같으나, 앞서 인정한 사실에 의하여 인정되는 다음과 같은 사정, 즉 ① 그러한 수익분배는 피고 회사가 코인의 거래를 활성화하기 위하여 코인 보유자에게 부수적으로 제공하는 이익일 뿐 코인에 내재된 구체적인 계약상 권리라거나 본질적 기능이라고 볼 수 없는 점, ② 이용자들이 이 사건 거래소를 코인 거래를 한 것은 코인 자체 거래로 발생하는 시세차익의 취득이 가장 큰 동기이고, 이에 관하여 코인 보유자(투자자) 사이에 이해관계가 상충하는 점 등에 비추어 볼 때, 코인을 자본시장법상 투자계약증권이라고 볼 수 없다"고 판단하였다.

에서 손익을 귀속받을 수 있는 계약상의 권리가 표시된 것"을 요구하였
던 것으로 보인다. 이 사건 판결은 이러한 준별을 전제로 하여 가상자산
의 증권성 판단을 하였고, 이는 우리나라의 증권성 판단이 미국의 그것
과는 다를 수 있다는 점을 보였다는 점에서 의미가 있다.

마지막으로 가상자산에 대한 증권성 판단은 결국 자본시장법이 적용
되는 한계에 대한 판단으로 의미가 있다. 가상자산이 투자계약증권에 해
당하는 경우 제한적이지만 자본시장법의 규제가 적용되기 때문이다. 반
면 이에 해당하지 않는다는 것은 자본시장법이 적용되지 아니한다는 의
미로 이에 대해서는 사실상 입법의 공백이 발생한다. 이러한 공백을 메
우기 위한 입법이 가상자산법(가칭)임은 앞서 살핀 바와 같다.[62] 이 사건
판결은 가상자산법의 입법필요성을 간접적으로 보여주고 있기도 하다.

## 2. 판결의 한계

이 사건 판결이 중요한 의의를 가짐에도 불구하고, 몇 가지 부분에
서 아쉬움 내지 한계를 가지고 있다.

우선, 투자계약증권의 판단과 관련해서 가장 중요한 것이 '공동사업
의 수익의 분배에 관한 계약상 권리가 표시된 것'의 의미인데 이에 대해
구체적으로 판단하고 있지 않다. 이 사건 판결문에 의하면 판단부분에서
"B를 보유함으로써 피고 회사가 운영하는 거래소의 수익을 분배받기는
하지만, 그러한 수익 분배는 피고 회사가 B의 거래를 활성화하기 위하여
토큰 보유자에게 부수적으로 제공하는 이익일 뿐 B에 내재된 구체적인
계약상 권리라거나 본질적 기능이라고 볼 수 없"다고 하여 요건을 갖추
지 못하였다고 결론을 내렸다.[63] 하지만 수익분배가 이루어졌다고 하면

---

62) 각주 7) 참고.
63) 그 외 법원은 "토큰 자체 거래로 발생하는 시세차익의 취득이 B 매수의 가장 큰
    동기이고, 이에 관하여 토큰보유자(투자자) 사이에 이해관계가 상충하는 점 등"을
    고려하였다. 시세차익 취득이 중요하다는 부분은 문제가 될 것이 없다. 그런데 투
    자자 사이에 이해관계가 상충하는 점에 대해서는 왜 그렇게 판단하였는지, 그리고
    이해관계상충이 어떻게 증권성 판단에 연결되는지에 대해 별다른 설명이 없다.

일단 이익분배형으로서 요건을 갖추었다고 볼 여지가 있지 않은지, 전매차익과 이익분배의 관계에서 어느 정도에 이르러야 혹은 양자의 비율이 어느 정도이어야 이익분배의 요소가 부수적이라고 하여 요건을 갖추지 못한 것으로 볼 수 있는지에 대해서도 별다른 설명이 없다.

나아가, 가상자산과 관련해서 문제가 되는 또 다른 요소는 분배받은 수익이 공동사업의 수익에 의한 것인지 여부이다. 투자자가 별도의 기여를 한 부분이나 해당 손익이 공동사업과는 분리되거나, 별도로 산정될 수 있는 것이라면 설사 수익을 분배받더라도 해당 요건을 갖추지 못한 것이 된다. 이 사건의 경우에도 거래소 수수료 수익이 가상자산과 관련한 공동사업의 수익인지, 거래소 수수료 수익을 분배받는 방법이 법상 수익의 분배에 해당할 수 있는지, 만약 사업자(발행자)가 사업수익을 분배하지 않는 경우에 가상자산 보유자에게 이를 청구할 법상 권리가 있는지 등이 문제될 수 있으나 이 사건 판결은 이에 대해 침묵하고 있다.

한편, 사실관계에서 "B의 보유자에게 거래소 수수료 수익 중 일정액을 지급하는 방법(수익금 배당)과 거래행위에 사용한 수수료에 따라 토큰을 지급하는 방법(트레이드 마이닝) 등으로 이익을 취득할 수 있다"고 광고하였음을 설시하고 있는데, 이러한 광고가 공동사업의 수익의 분배에 관한 계약상 권리가 '표시된 것' 요건에 해당하는지도 문제이다. 이 사건 판결은 이에 대해서 별다른 판단을 하지 아니하였다. 다만, 공동사업의 수익의 분배에 대한 계약상 권리가 없는 것으로 판단한 것에 비추어 일응 형식적인 표시 요건은 갖추었다고 전제한 것으로 보일 뿐이다. 그러나 일반적인 광고가 발행규제에서 말하는 증권신고서 기재와 동일하게 볼 수 있는지에 대해서는 논란이 있을 수 있다. 설사 가상자산이라는 새로운 유형의 기술에 대해, 투자계약증권으로 포섭하기 위한 개념요소로서 증권신고서의 기재를 기대할 수는 없다고 하더라도 어떠한 내용을, 어떠한 방식으로 어디에 기재하는 것이 필요한지에 대해서는 향후 법원의 판단이 필요할 것이다.[64]

이러한 판결의 한계는 법원의 문제라기보다는 제1심 단독사건의 특성상 해당 내용이 원고와 피고 사이에 원인사실로서 공격, 방어가 제대로 이루어지지 않았기 때문일 가능성이 크다. 이 사건에 대해 항소, 상고가 이루어져 상급심에서 보다 구체적인 공방이 이루어지고, 그에 따른 법원의 판단이 내려지지 않은 것에 대한 아쉬움이 남는 이유이다.

### 3. 앞으로의 추이: 루나 사건

비록 민사사건은 아니지만 조만간 가상자산의 투자계약증권 여부가 본격적으로 다투어질 사건이 있다. 바로 루나 사건이다.[65] 루나(Luna) 코인은 권도형 등이 스테이블 코인인 테라와 함께 발행한 것으로 테라코인은 루나코인과의 교환을 통해 가치를 유지하도록 알고리즘이 짜여져 있다. 중요한 것은 루나와 테라코인 사이에 자동교환 메커니즘이 내재되어 있고, 루나코인의 가치유지를 위해 앵커 프로토콜(Anchor protocol)이라고 하는 스테이킹 구조가 추가되었다는 점이다.[66] 동 사건에서는 이와 같은 교환메커니즘이나 앵커 프로토콜 및 그 외 루나에 내재된 여러 요소들이 자본시장법상 투자계약증권의 개념요소인 '공동사업의 수익의 분배에 관한 계약상 권리가 표시된 것'을 충족하는지 여부가 문제될 것이다.[67] 만

---

64) 이 사건에서 말미에 "토큰보유자(투자자) 사이에 이해관계가 상충하는 점"을 하나의 논거로 제시하고 있는데 구체적인 설명이 없어 아쉬운 점이 있다. 굳이 선해한다면 타인 간의 공동사업 요건과 관련하여 수평적 공동성에 있어 투자자간 이해관계가 일치해야 한다는 점을 의미한 것 아닌가 생각한다.

65) 루나사건의 주범은 권도형으로 몬테네그로에서 구류 중에 있다. 국내에서 계속 중인 루나사건은 권도형이 아닌 관계자들에 대한 것으로 권도형에 대한 사건과는 그 내용이나 쟁점 및 판단에 있어 차이가 있을 수 있다.

66) 송은경, "합수단, 테라, 루나 '20% 수익보장' 폰지 사기 혐의 수사', 연합뉴스, 2022. 5. 20.

67) 앵커 프로토콜의 경우 테라와 루나 코인의 최초 발행 이후에 등장하였으므로 루나의 증권성 판단에 있어 앵커 프로토콜을 고려해야 하는지에 대해서는 추후 논의가 필요한 영역이다. 기존 증권의 경우 최초 발행시를 기준으로 증권의 성격 여부가 결정되며, 앵커프로토콜은 최초 발행 이후 등장한 일종의 DApp(Decentralized Application)에 불과하므로 증권성 판단에 고려대상이 되지 않는다는 견해가 가능하다. 그러나 앵커 프로토콜의 작성자가 테라, 루나 코인의 발행주체와 사실상 동일하고, 앵커 프로토콜 전후로 테라, 루나토큰의 활용도나 성격(DeFi 등)이 크게 바뀌는 점, 가상자산은 백서 발간 후 다양한 방법으로 발행이 이루어지고, 기술적 변경을 통해 새로 발행되는 가상자산뿐 아니라 기존 발행된 가상자산에 대해서도

약 이러한 요소를 충족한다면 루나는 투자계약증권에 해당하여 권도형
등에 대해 자본시장법 제178조의 사기적 부정거래규정이 적용될 수 있을
것이고, 충족하지 못한다면 자본시장법상 사기적 부정거래규정이 적용될
수 없으므로 일반 형법상 사기죄를 적용할 수밖에 없을 것이다. 가상자
산 거래의 경우 거래상대방의 특정이 거의 불가능하고,[68] 개별적인 기망
의 인과관계를 입증하기가 어려우므로 루나 사건에서 핵심적 쟁점이 증
권성 판단이 될 것임은 분명하다.[69]

이 사건 판결에서 한계로 지적하였던 점들이나 금융위원회의 토큰증
권 가이드라인에서 살펴본 문제들에 대해 루나사건의 재판부가 어떤 판
결을 내릴지 주목된다.[70] 또한 동 사건의 경우 사건의 특성상 상급심의
판결을 받을 가능성이 커 보이는바, 이 사건 판결에서의 아쉬움이 루나
사건을 통해 어느 정도 해소될 수 있을 것으로 기대된다.

## Ⅵ. 마 치 며

이 사건 판결은 선고 후 3년이 지난, 그것도 1심 단독사건 판결에
불과하다. 앞서 언급한 바와 같이 이 사건 판결을 평석의 대상으로 삼을
지 여부에 대해 많은 고민을 하였다. 그럼에도 불구하고 평석을 해야겠
다고 결정한 이유는 이 사건 판결의 내재적 중요성과 향후 입법과 관련
사건에 대한 영향력 때문이다.

이 사건 판결은 가상자산의 증권성 판단, 특히 투자계약증권의 판단

---

그 내용과 성격이 변화할 수 있다는 점 등을 고려해야 한다는 견해도 역시 가능
하다.

68) Hacker et al., 「Regulating Blockchain」, Oxford, 2019 중 Phillip Hacker and Chris
Thomale, "The Crypto-Security: Initial Coin Offering and EU Securities Regulation",
pp. 229-248.

69) 검찰의 증권성 판단에 대한 내용은 서울남부지방검찰청, "'테라프로젝트' 금융사
기 사건 수사결과"(보도자료), 2023. 4. 25., 12-15면 참고.

70) 권도형의 동업자로 알려진 신현성에 대한 구속영장실질심사에서도 루나의 증권
성 여부가 문제된 바 있다. 김도형, '테라루나' 신현성 구속영장 또 기각 … "일부
혐의 다툼 여지", 한국일보, 2023. 3. 30.자(https://www.hankookilbo.com/News/Read/
A2023033016280005698?did=NA, 2023. 4. 19. 최종방문).

에 있어 최초의 판결이라는 점, 자본시장법상 투자계약증권이 되기 위해서는 전매차익 외 이익분배의 요소를 필요로 하여, 미국의 투자계약(investment contract)에 관한 Howey test와는 요건을 달리하는 것을 전제하였다는 점, 판결의 반대해석상 일정한 가상자산에 대해서는 자본시장법의 적용가능성을 열어 두고 있다는 점 등 중요한 가치를 가진다. 그러나 투자계약증권의 해석과 그 적용에 있어 사실관계와 법리를 구체적으로 설시하지 않고 있고, 특히 "사업손익을 분배받을 계약상의 권리가 표시된 것"의 요건에 대해 명확한 기준을 제시하고 있지 아니한 점에 대해서는 아쉬움이 남는다.

우리나라에서는 2021년 이후 본격적으로 가상자산에 대한 규제입법을 준비하고 있으며 그중 하나가 가상자산법(가칭) 제정을 통한 규제이다.[71] 2020년에 선고된 이 사건 판결은 그와 같은 입법방향을 암시하고 있기도 하다. 이 사건 판결은 1심이 확정되어 상급심의 판결을 받지 못하였으나 유사한 사건에 대해 항소심이 계속 중이고, 루나코인에 대한 형사사건에서도 가상자산의 증권성 판단이 중요한 쟁점이 될 것이다. 법원은 개별사건을 해결하는 역할도 하지만 추상적인 법령에 대한 구체적인 해석을 통해 행위지침을 제공하기도 한다. 자본시장법상 투자계약증권에 대한 해석과 적용이 바로 그와 같은 법원의 역할이 필요한 부분이라 생각한다. 이 사건 판례평석이 관련 사건의 법원 판단에 있어 하나의 참고가 될 수 있기를 기대한다.[72]

---

71) 1차 입법으로 가상자산이용자 보호 등에 관한 법률이 제정되었음은 앞서 살핀 바와 같다. 각주 7) 참고.

72) 2023. 4. 25. 루나 사건이 기소되어 형사재판이 진행될 예정이다. 김잔디/안정훈, 檢 "테라'는 허구 · 사기"… 신현성 등 무더기 기소, 연합뉴스, 2023. 4. 25.

[Abstract]

# Judgement on a Characteristic of Securities
# for Virtual Assets
## − Seoul Southern District Court 2019Gadan225099, March 25, 2020 −

Lee, Jung Soo*

The Defendants issued a virtual asset and listed it on the exchange they operated and distributed it. The Plaintiffs invested in the virtual asset, but suffered losses, and filed a compensation for damages on the grounds that the Defendants did not comply with the Capital Markets Act, given that the issuance disclosure regulations were applied under the Capital Markets Act. In response, the court dismissed the Plaintiffs' claims on the grounds that the virtual asset cannot be regarded as an investment contract securities under the Capital Markets Act, considering that the acquisition of capital gains arising from transactions in relation to the virtual asset is the biggest motivation for the Plaintiffs' purchase.

The judgment in this case is the first judgment in determining the securities of virtual assets, especially investment contract securities, requires elements of profit distribution other than resale gains under the Capital Market Act. However, it is regrettable that it does not specify facts and legal principles in the interpretation and application of investment contract securities, and in particular, it does not provide clear standards for the requirements of "marking contractual rights to distribute business gains and losses."

* Assistant Professor, Seoul National University School of Law.

Since 2021, Korea has been preparing for regulatory legislation on virtual assets in earnest, and one of them is regulation through the enactment of the Virtual Asset Act. The ruling in this case, sentenced in 2020, also implies such a legislative direction. The judgment in this case was not judged by the higher court after the first trial was confirmed, but an appeal is still pending for similar cases, and the judgment of the securitability of virtual assets will be an important issue in criminal cases against Luna Coin. Courts play a role in solving individual cases, but they also provide future guidelines for behavior through specific interpretations of abstract laws. I think that the interpretation and application of investment contract securities under the Capital Markets Act is a part that requires such a role of the court. It is expected that the case review in this case can be a reference for future court judgment of related cases.

[Key word]

- Virtual Asset
- Crypto Asset
- Security
- Investment Contract
- Howey Test

## 참고문헌

[국내문헌]

고동원, "탈중앙화금융의 진전과 불공정거래의 규제방향", 증권법연구 제23권 제1호, 2022.

고종문, 「DeFi 분산금융」, 지식공감, 2021.

권민경, 「DeFi의 위험요인과 국제사회의 규제동향」, 자본시장연구원, 2022. 1.

김갑래, "디지털자산안의 주요 쟁점 및 입법 방향", 자본시장연구원, 2022. 9. 세미나 발표자료.

_____, "증권형 토큰 규율체계 정비 방향", 자본시장연구원, 2022. 9. 세미나 발표자료.

김건식/송옥렬, 「미국의 증권규제」, 홍문사, 2004.

김건식/정순섭, 「자본시장법」(제3판), 홍문사, 2013.

김상만, "금융투자상품의 정의", BFL 제60호, 서울대 금융법센터, 2013. 7.

김재진/최인석, 「가상자산 법제의 이해」, 박영사, 2022.

김현태, "탈중앙화금융의 확산과 향후과제", 금융포커스 제31권 제4호, 2022.

박준/한민, 「금융거래법」(제2판), 박영사, 2019.

이정수, "가상자산 이용자 보호 등에 관한 법률의 법적 의의와 쟁점 및 향후 입법방향", 한국증권법학회, 증권법연구 제24권 제2호, 2023. 8.

_____, "제4차 산업혁명과 금융법의 과제", 한국상사법학회, 상사법연구 제40권 제3호, 2021. 11.

_____, "탈중앙화금융(DeFi)에 대한 금융규제 연구", 한국증권법학회, 증권법연구 제23권 제2호, 2022. 8.

_____, "토큰이코노미의 입법과제", 한국금융법학회, 금융법연구 제19권 제3호, 2022. 12.

이정엽 외 2인, 「가상자산 판례백선-민사, 신청편」, 박영사, 2023.

정순섭, "블록체인과 금융", BFL 제108호, 2021. 7.

최지웅, "디지털자산과 증권결제제도: 독일과 미국의 입법례를 중심으로", 서울대 금융법센터, BFL 제115호, 2022. 9.

한국증권법학회, 「자본시장법 주석서 I」(개정판), 박영사, 2015.

[외국문헌]

Campbell R. Harvey et al., 「DeFi and the Future of Finance」, Wiley, 2021.

Chris Brummer(editor), 「Cryptoassets: Legal, Regulatory and Monetary Perspectives」, Oxford, 2019.

Daniel T. Stabile et al., 「Digital Assets and Blockchain Technology: US Law and Regulation」, Elgar, 2020.

Danny Busch et al., 「Regulation of the EU Financial Markets: MiFID II and MiFIR」, Oxford, 2017.

David Fox et al., 「Cryptocurrencies in Public and Private Law」, Oxford, 2019.

Douglas Arner, Raphael Auer and Jon Frost, "Stablecoins: risks, potential and regulation", BIS Working Paper No. 905, November 2020.

Hacker et al., 「Regulating Blockchain」, Oxford, 2019.

Igor Makarov & Antoinette Schoar, "Cryptocurrencies and Decentralized Finance (DeFi)", NBER Working Paper 30006, April 2022.

Michele Finck, 「Blockchain Regulation and Governance in Europe」, Cambridge, 2019.

Oreste Pollicino and Giovanni De Gregorio, 「Blockchain and Public Law: Global Challenges in the Era of Decentralisation」, Elgar, 2021.

Perry H. Beaumont, 「Digital Finance: Big Data, Start-ups, and the Future of Financial Services」, Routledge, 2020.

Sirio Aramonte et al., "DeFi risks and the decentralisation illusion", BIS Quarterly Review, December 2021.

Syren Johnstone, 「Rethinking the Regulation of Cryptoassets: Cryptographic Consensus Technology and the New Prospect」, Elgar, 2021.

Tanja Boskovik et al., 「Comparing European and U.S. Securities Regulation」, World Bank, 2010.

_____, 「Comparing European and U.S. Securities Regulation」, World Bank, 2010.

[기  타]

금융위원회, "디지털금융 종합혁신방안", 2020. 7. 26.

_____, "조각투자 등 신종증권 사업 관련 가이드라인", 2022. 4. 29.

_____, "토큰증권 가이드라인", 2023. 2. 6.

_____, "토큰증권 발행, 유통 규율체계 정비방안", 2023. 2. 6.

기획재정부, "4차 산업혁명과 혁신성장을 주제로 정부업무보고 실시", 2018. 1. 24.

법제처, "가상자산 거래 관련 입법 동향", 최근 입법동향, 2021. 9.

서울남부지방검찰청, "'테라프로젝트' 금융사기 사건 수사결과"(보도자료), 2023. 4. 25.

# 주식양도제한약정의 효력 및 그 약정에 위반한 주식양도행위에 따른 법률관계[*]

안 태 준[**]

**◾요　지◾**

　　주식양도의 자유는 주식회사의 본질적인 특징이지만, 실무상 주주 구성이 폐쇄적인 회사에서는 주주들 간에 주식의 양도를 제한할 현실적인 필요가 있을 수 있고 그러한 필요에 대응하여 주주들 간에 주식의 양도를 금지하거나 제한하는 약정을 체결하는 경우가 많다. 과거 주식양도제한약정의 효력을 판단하는 기준에 관한 한, 소위 신세기통신 사건으로도 불리는 2000년 판결 및 그 판결과 비슷한 취지의 일부 학설로 인하여, 주주들 사이에 채권적 효력만 인정될 뿐인 주식양도제한약정의 효력을 판단함에 있어서도 상법 제335조 제1항 단서를 판단 기준으로 삼거나 중요 고려요소로 참작하며 주식양도제한약정의 유효성을 제한적으로 인정하는 경향이 있었음을 부정할 수 없다. 그러나 상법 제335조 제1항 단서는 주식양도를 단체법적·조직법적 효력을 가지고 제한하기 위한 방법을 규정하였을 뿐 그 규정이 주주들 사이의 개인법적인 주식양도제한약정의 효력을 판단하는 기준이 될 수는 없다. 또한 실무상 합작투자 등에 있어서 주주들 사이에 주식양도를 제한해야 할 현실적인 필요성이 존재하는 경우가 많은데 그러한 사업상 필요에 따라 주식양도의 자유를 제한하는 의미를 충분히 이해할 수 있는 주주들이 그들 사이의 채권적 계약으로서 주식양도를 금지하거나 제한하는 취지의 약정을 체결하는 것을

---

　＊ 이 논문은 필자가 민사판례연구회 2023. 4. 월례회(제460회)에서 발표한 글을 수정·보완한 것으로 사법지 제64호(2023. 6.)에 게재되었다.
　＊＊ 한양대학교 법학전문대학원 교수.

막아야 할 명분을 떠올리기도 어렵다. 이러한 의미에서 계약의 일종인 주식
양도제한약정에 대하여도 계약자유의 원칙에 입각하여 그 당사자 사이의 채
권적 효력에 관한 한 매우 관대한 판단 기준을 적용하는 것이 바람직하다.
대상판결 역시 비슷한 맥락에서 주식양도제한약정의 효력을 상당히 넓게 인
정하였는데, 이로써 주식양도제한약정을 사실상 자유화시켰다고 평가할 수도
있을 것 같다.

　　한편 주식양도제한약정이 유효함을 전제로 그 약정을 위반한 주식양도행
위를 둘러싼 법률관계도 문제 되는데, 우선 그러한 약정의 효력은 약정주주
들 사이의 채권적 효력에 그치기 때문에 그러한 약정에 위반하여 양도된 주
식을 양수한 제3자는 해당 주식을 유효하게 취득할 수 있다. 다만 그 경우
나머지 약정주주들은 위약주주를 상대로 주식양도제한약정상의 의무 위반을
이유로 손해배상청구를 할 수 있을 텐데, 손해배상소송의 실무상 주식양도제
한약정 위반으로 인한 손해액을 구체적으로 입증하는 것이 어려울 수 있으므
로, 주식양도제한약정의 당사자인 주주들은 그 약정에 위약금 조항을 미리
포함시켜 약정 위반행위가 발생한 경우 위약주주를 상대로 그 위약금 조항에
기한 청구를 하는 것이 더 일반적이다. 이러한 사후적 구제수단과 별도로 일
부 주주가 주식양도제한약정을 위반하여 제3자에게 보유주식을 처분하려는
경우 나머지 주주들은 사전적 구제수단으로서 주식처분금지가처분을 활용해
볼 수도 있다.

[주 제 어]
• 주식양도제한약정
• 주식양도제한합의
• 주식양도금지약정
• 주주 간 계약
• 주주 간 합의
• 주식양도자유의 원칙
• 투하자본회수
• 우선매수권
• 우선매수협상권
• 강제매매조항

# 대상판결 : 대법원 2022. 3. 31. 선고 2019다274639 판결[1]

**[사안의 개요]**

**1. 사실관계**

(1) 甲 주식회사(이하 '이 사건 회사'라 한다)는 ○○시 일대에서 첨단 복합 산업단지를 조성하는 ○○테크노폴리스개발사업(이하 '이 사건 사업'이라 한다)을 위해 설립되었다. 이 사건 회사의 발행주식은 피고(丙 주식회사)를 비롯한 8명의 출자자가 보유하고 있었다.

(2) 이들 출자자 사이에 2008. 5. 9. 체결된 주주 간 협약(이하 '이 사건 협약'이라 한다)의 주요 조항은 아래와 같다.

(가) 제14조 제1항: 출자자들은 협약 종료 이전에 이 사건 회사 등의 주식을 다른 당사자 또는 제3자에게 매각, 양도 등의 방법으로 임의로 이전하거나 질권 기타 담보로 제공할 수 없다. 다만 다음 각 호의 1의 경우에는 출자자는 보유주식의 전부 또는 일부를 본조에서 정하는 조건에 따라 다른 당사자 또는 제3자에게 양도할 수 있다: ① 어느 출자자가 주식을 계속하여 보유하는 것이 관련 법령상 위법하게 되는 경우, ② 어느 출자자의 보유주식 양도에 대하여 나머지 출자자 전원이 동의하는 경우.

(나) 제14조 제2항: 위 제1항 단서의 규정에 따라 어느 출자자가 그 보유주식의 전부 또는 일부를 양도하고자 하는 경우 다른 출자자들은 그 당시 각자의 지분비율에 따라 당해 출자자가 처분하고자 하는 주식을 우선매수할 수 있는 권리가 있다.

(3) 원고(乙 주식회사)는 2013. 9. 3. 피고로부터 이 사건 회사 주식의 5%에 해당하는 50,000주(이하 '이 사건 주식'이라 한다)를 5억 원에 양수하는 계약(이하 '이 사건 양도계약'이라 한다)[2]을 체결하고 같은 날 계약금 5,000만 원

---

1) 대법원 2022. 3. 31. 선고 2019다274639 판결(원심: 서울고법 2019. 9. 19. 선고 2019나2006063 판결).

2) 이 사건 양도계약에서 주요 쟁점이 되었던 제6조의 내용은 다음과 같다: 양도·양수 계약 시 5,000만 원을 지급하고 잔금 4억 5,000만 원은 이 사건 협약의 주식양도에 따른 절차 이행과 출자자 전원의 동의 후 이 사건 회사의 이사회 승인 시 3일 이내 지급한다. 다만 출자자 전원의 동의와 이사회 승인이 이행되지 않을 경우에는 본 계약을 무효로 하고 피고는 지체 없이 원고에게 계약금을 반환한다.

을 지급하였다.

(4) 피고는 2014. 2. 원고에게 이 사건 양도계약은 출자자 중 일부가 주식양도에 반대하여 이 사건 양도계약 제6조 단서에 따라 무효가 되었으니 원고에게 계약금을 반환하겠다는 취지로 통보하고, 계약금을 반환하였다. 한편 원고는 이 사건 양도계약이 여전히 유효함을 전제로 주식양도절차의 이행을 구하는 이 사건 소를 제기하였고 이 사건 회사 주식의 양도를 위해 다른 출자자들 전원의 동의가 필요하다고 볼 경우 이는 상법 제335조에 반하게 되어 무효라고 주장하였다.

## 2. 대법원의 판단3)

주식의 양도를 제한하는 방법으로 이사회 승인을 받도록 정관에 정할 수 있다는 상법 제335조 제1항 단서의 취지에 비추어 볼 때, 주주 사이에서 주식의 양도를 일부 제한하는 약정을 한 경우, 그 약정은 주주의 투자자본회수 가능성을 전면적으로 부정하는 것이 아니고, 선량한 풍속 그 밖의 사회질서에 반하지 않는다면 당사자 사이에서 원칙적으로 유효하다.

이 사건 협약 조항에서 주식의 양도를 전면적으로 금지하는 것이 아니라 일정한 요건과 절차를 거쳐 양도가 가능하도록 규정하고 있고, 이 사건 회사의 주주가 8명에 지나지 않아 다른 주주로부터 동의를 받는 것이 양도를 금지할 정도에 이른다고 보기 어려운 점, 이 사건 회사는 존립기간이 13년으로 정해져 있어 주주의 투자자본 회수가 불가능하다고 보기 어려운 점, 이 사건 회사의 목적 사업은 주주의 구성이 중요하여 그 구성의 변동을 제한할 합리적 필요성이 있는 점 등을 들어 주식양도를 위해 출자자 전원의 동의를 받도록 한 이 사건 협약 조항을 무효라고 할 수 없다고 본 원심의 판단에 법리오해 등의 잘못은 없다.

---

3) 지면관계상, 원심판결의 주요 내용 중 본 논문의 쟁점과 관련된 부분은 뒤에서 대상판결의 내용을 본격적으로 검토할 때 언급하기로 한다.

〔研　究〕

## Ⅰ. 들어가며

주식양도의 자유는 주식회사의 본질적 특성이자 주주의 유한책임과 함께 주식회사의 자본조달을 가능하게 하는 핵심적 요소이다.[4] 그러나 회사의 사정에 따라 주식의 양도가능성을 필요로 하지 않거나 주식의 양도가 회사의 계속에 해로울 영향을 줄 수도 있는데, 특히 주주들의 공동지배와 경영참여를 필요로 하는 동업체제의 회사 같은 경우에는 주식의 자유로운 양도가능성이 동업체제의 유지를 어렵게 하여 회사경영을 방해하는 요인이 될 수도 있다.[5] 이러한 점을 감안해 대부분의 국가는 주식양도의 자유를 원칙으로 하면서도 일정한 형태로 주식의 양도가능성을 제한하는 메커니즘을 제공한다.[6] 우리나라 상법의 경우에도 제335조 제1항 본문이 주식양도의 자유를 원칙으로 천명하면서, 그 단서에서는 정관에 근거를 두고 이사회의 승인을 얻는 방법으로 주식의 양도를 제한할 수 있도록 함으로써 주식의 양도가능성에 일정한 제한을 가하고 있다.

그런데 실무에서는 상법 제335조 제1항 단서에 의하지 않고 주주들 간의 합의로 주식의 양도를 제한하거나 금지하는 내용의 약정을 체결하기도 하는데 이를 보통 주식양도제한약정이라 부른다. 주식양도제한약정은 컨소시엄이나 합작투자의 형태로 회사를 설립하거나 회사를 인수할 때 컨소시엄이나 합작투자의 당사자인 주요 주주들 사이에 흔히 체결되는데, 실무에서는 그러한 약정에 위반하여 일부 주주가 주식을 양도하고자 할 때 주식양도제한약정의 효력 내지 그 약정에 위반한 주식양도행위와 관련된 분쟁이 적지 않게 발생한다. 그러한 분쟁의 일부는 대법원 판

---

4) Reinier Kraakman et al.(김건식 외 譯), 회사법의 해부, 소화(2020), 39-41; Stephen Bainbridge, Corporate Law (Foundation Press, 2020) 532.
5) Reinier Kraakman et al.(주 4), 40.
6) Reinier Kraakman et al.(주 4), 40.

례로도 이어진 바 있는데 특히 '신세기통신 사건'으로도 불리는 대법원 2000. 9. 26. 선고 99다48429 판결(이하 '2000년 판결'이라 한다)이 큰 주목을 받은 바 있다. 그 이후에도 주식양도제한약정의 효력과 관련된 몇 차례의 대법원판결이 선고되면서, 주식양도제한약정의 효력과 관련하여 '주식양도제한약정이 주주의 투하자본회수 가능성을 전면적으로 부정한다면 무효가 된다.'라는 큰 틀에서의 추상적 판단 기준은 정립되었다고 볼 수 있지만, 구체적으로 주식양도제한약정의 내용이나 조건이 어떠할 때 '주주의 투하자본회수 가능성을 전면적으로 부정하는 것'으로 볼 수 있을지에 대하여는 여전히 명확하지 않은 부분이 존재했던 게 사실이다. 이러한 와중에 대상판결 및 그 원심판결은 2000년 판결 등 기존 판결에서 문제 된 것보다 사실상의 양도금지기간이나 예외적인 양도허용요건 등의 측면에서 양도제한의 정도가 더 엄격하다고 볼 수도 있는 주식양도제한약정의 효력을 인정하면서 그 판단의 근거가 되는 이유를 자세히 설시하였는바, 그 판결에서 문제 된 주식양도제한약정과 그 이전의 다른 대법원판결[7]에서 문제 된 주식양도제한약정을 비교분석해 본다면 주식양도제한약정의 유효성 판단 기준을 좀 더 구체적으로 검토해 볼 수 있을 것이다.

또한 주식양도제한약정에 관한 선행연구를 살펴보면 2000년 판결을 대상으로 사례분석을 한 선행연구는 많지만, 그 이후에 선고된 주요 대법원 판례를 자세히 분석한 선행연구는 별로 없는 상황이다.[8] 주식양도

---

7) 2000년 판결과 대상판결 이외에도 본 연구에서 구체적으로 분석할 대법원 판례는 대법원 2004. 11. 11. 선고 2004다39269 판결, 대법원 2008. 7. 10. 선고 2007다14193 판결, 대법원 2013. 5. 19. 선고 2013다7608 판결 등이다.

8) 2000년 판결을 주된 분석대상으로 한 선행연구로는, 김명수, "상법 제335조 제1항 단서의 취지 및 정관의 규정 또는 당사자 사이의 약정으로 주식의 양도를 전면적으로 금지할 수 있는지 여부", 판례해설(35); 김영균, "주주계약에 의한 주식양도의 제한-대법원 2000. 9. 26. 선고 99다48429 판결", 기업법연구 제11집, 한국기업법학회(2002); 이태종, "주주간의 주식양도제한약정의 효력", 인권과 정의 제312호, 대한변호사협회(2002); 조민제, "주식양도 제한 계약의 법적 효력-대법원 2000. 9. 26. 선고 99다48429 판결에 대한 평석", 저스티스 제34권 제5호, 한국법학원(2001) 등을 참고할 수 있다. 이 외에 주식양도제한약정을 주제로 한 국내 선

제한약정의 효력을 검토함에 있어서는 그 유효성에 관한 추상적인 판단 기준을 검토하는 것도 중요하지만 구체적인 사건에서 문제 된 사실관계, 즉 주식양도제한약정의 구체적인 내용과 조건을 분석하는 것이 더 중요할 수도 있는바, 본 연구에서는 기존에 많은 관심을 받은 2000년 판결뿐만 아니라 그 이외의 다른 주요 대법원 판례의 사실관계도 분석대상에 포함시킴으로써 실무에서 사용되는 다양한 주식양도제한약정의 내용과 조건에 따라 그 약정 전체의 효력을 어떻게 판단해야 할 것인지를 구체적으로 검토한다.

한편 주식양도제한약정에 관련된 법적 쟁점으로서 주식양도제한약정 그 자체의 효력도 중요한 문제이지만, 실무에서는 주식양도제한약정의 당사자인 주주가 그 약정을 위반하여 제3자와 주식양도계약을 체결하였을 때 그러한 약정위반행위를 둘러싼 법률관계가 더 직접적인 문제로 부각되는 경우도 많다. 그럼에도 주식양도제한약정을 위반한 주식양도행위를 둘러싼 법률관계를 다룬 선행연구는 별로 없는 상황이다. 이에 본 연구는 주식양도제한약정의 유효성 판단 기준뿐만 아니라 주식양도제한약정을 위반한 주식양도행위를 둘러싼 법률관계도 주요 검토대상으로 삼고자 한다.

## Ⅱ. 주식양도제한약정에 대한 개관

### 1. 주식양도자유의 원칙과 주식양도제한약정의 의의

원칙적으로 주금의 환급이 금지되는 주식회사에서 주식의 양도는 사실상 거의 유일한 투하자본 회수의 방법이기 때문에 주식양도의 자유를 보장함으로써만 잠재적인 투자자를 유인할 수 있을 것이다.[9] 이러한 점에서 주식양도의 자유를 보장하는 것은 주식회사의 자본조달을 원활히

---

행연구를 보더라도, 관련된 국내 판례로는 2000년 판결 정도가 주로 언급되고 있을 뿐이다.

9) 권순일 편집대표 외, 주석 상법: 회사 2, 한국사법행정학회(2021), 455-457면; 권오성, "주주간 계약의 효력에 관한 연구", 홍익법학 제10권 제3호, 홍익대학교 법학연구소(2009), 438면.

하는 데 결정적인 기여를 한다고 볼 수 있고 이로 인해 주식양도자유의 원칙은 주식회사법제의 기본원리 중 하나로도 손꼽힌다.[10] 그런데 주식의 양도는 필연적으로 주주 구성의 변화를 가져오고 이는 회사지배구조 전반에 변동을 초래할 수 있기 때문에 이를 원하지 않는 주주들은 자발적으로 자신들이 보유한 주식의 양도를 제한하고자 하는 유인을 가질 수 있다.[11] 이처럼 새로운 주주의 유입을 방지하고 폐쇄적인 주주 구성을 유지하고자 하는 동기에 의해 주식의 양도를 제한할 필요가 있는 대표적인 예로는 복수의 당사자가 컨소시엄을 형성하여 회사를 인수하거나 합작회사를 설립하는 경우를 들 수 있겠다.[12]

위와 같이 물적 회사인 주식회사에서도 주주 구성을 폐쇄적으로 유지할 필요성이 있을 수 있는 점을 감안해 우리나라 상법 제335조 제1항 단서는 정관이 정하는 바에 따라 양도 시 이사회의 승인을 얻도록 하는 방법에 의해 주식의 양도를 제한할 수 있도록 하였다. 그러나 실무에서는 정관에 의한 방법 이외에 주주들이 주주 간 계약의 일환으로 주식양도를 제한하는 합의를 하는 경우가 많은데, 이렇듯 상법이 정한 정관에 의한 방법 이외에 주주 간 계약에 의한 주식양도제한이 적극 활용되는 이유로는 다음과 같은 점을 들 수 있겠다: ① 계약이라는 유연한 방법에 의해 주식양도제한의 방식이나 내용을 좀 더 자유롭게 설계할 수 있는 점, ② 상장회사는 정관에 의한 방법으로 주식양도를 제한할 수 없기 때문에 상장회사의 주요 주주 사이에서 주식양도를 제한할 필요가 있는 경우에는 계약을 활용할 수밖에 없는 점, ③ 정관에 의한 주식양도제한의 경우 그 변경

---

10) 권순일 편집대표 외(주 9), 455-457면; 권오성(주 9), 438면.

11) F. Hodge O'Neal, "Restrictions on Transfer of Stock in Closely Held Corporations: Planning and Drafting", 65 Harvard Law Review 773 (1952), 773-774; 그 밖에도 다양한 이유 내지 동기로 인해 주식양도를 제한해야 할 필요성이 있을 수 있는데, 그에 관한 자세한 설명은, William Gregory, "Stock Transfer Restrictions in Close Corporations", Southern 3(4) Illinois University Law Journal 477 (1978), 479-482 등을 참고할 수 있다.

12) 이철송, 회사법강의, 박영사(2023), 400면; 윤성승, "계약에 의한 주식양도 제한에 관한 연구", 기업법연구 제26권 제4호, 한국기업법학회(2012), 113면.

을 위해 주주총회 특별결의 등의 엄격한 절차를 거쳐야 하는 반면 계약에 의한 주식양도제한의 경우 그 변경을 위해 관련된 주주들 사이의 합의만 거치면 되는 점, ④ 소규모 폐쇄회사에서 매도강제 또는 매수강제 유형의 주식양도제한약정은 소정의 사유가 발생한 주주에게 주식양도의 기회를 제공함으로써 투하자본을 회수할 수 있는 통로로 활용될 수도 있는 점 등.[13)]

## 2. 주식양도제한약정의 유형

주식양도제한약정을 생각하면 가장 먼저 록업(lock-up) 조항, 즉 일정 기간 동안 주식의 양도를 아예 금지하거나 주식을 양도함에 있어 다른 주주 전원의 동의를 요구하는 조항을 떠올릴 수 있을 텐데, 최근에는 사모펀드 등 재무적 투자자들이 다양한 M&A 거래나 지분투자에 참여하며 투자금의 효과적 회수 등에 관련된 자신들의 요구사항을 주주 간 계약에 세밀하고 정치하게 반영하는 과정에서 다양한 형태의 주식양도제한약정을 활용하고 있다. 이하에서는 주식양도제한약정의 다양한 유형을 살펴본다.

첫째, 다른 주주(들)의 동의가 없는 한 일정 기간 동안 아예 주식을 제3자에게 양도하지 못하도록 하는 록업 조항 형태의 주식양도제한약정을 들 수 있다.[14)] 주주 간 계약에서 록업 조항은 기존 주주 간의 신뢰관계에 기초하여 주주 각자의 역할 분담을 통해 안정적인 경영을 도모하고자 하는 필요에 의하여 약정되고 특히 재무적 투자자들이 기존 대주주 또는 지배주주의 능력과 비전을 믿고 지분투자를 할 경우 많이 포함된다고 한다.[15)]

---

13) 한국상사법학회(편), 주식회사법대계 I, 법문사(2022), 865-866면; 이태종(주 8), 13-15면(이하 이 논문의 페이지는 대한변호사협회의 자료실에 게재된 해당 논문 파일을 기준으로 함); 김영균(주 8), 410-411면.
14) 이동건 외, "주주간 계약상 주식양도의 제한: 주식양도제한조항에 관한 실무상 쟁점을 중심으로", BFL 제88호, 서울대학교 금융법센터(2018), 25면.
15) 조민제(주 8), 224면; 이동건 외(주 14), 25면.

둘째, 주식의 양도 자체는 허용하되 양도인의 상대방 선택의 자유를 일정 부분 제한하여 일정한 상대방(회사나 임원 또는 다른 주주)에게 우선 적으로 매수하거나 협상할 권리를 부여하는 우선매수권(right of first refusal) 조항 또는 우선매수협상권(right of first offer) 조항 형태의 주식양도 제한약정을 들 수 있다.[16] 여기서 우선매수권은 "양도하고자 하는 주주가 제3자로부터 제안 받은 양도가격 등 거래조건을 다른 주주에게 통지하고 다른 주주는 제안 받은 조건과 동일한 조건으로 해당 주식을 양수할 우 선권을 갖는 것"을 의미하고, 우선매수협상권은 "주식을 양도하고자 하는 주주가 매수예정자인 제3자의 출현 전에 상대방 주주에게 매수 의사 및 매매가격 등의 거래조건을 협상할 수 있는 권리를 우선적으로 부여하는 것"을 의미한다.[17]

셋째, 사망이나 (임직원 지위를 가진 주주의) 퇴직 또는 경영교착상태 등 미리 정해둔 일정한 사유가 발생한 경우 해당 주주의 주식을 미리 약 정한 일정한 가격에 따라 회사나 다른 주주에게 강제로 매도할 의무를 부과하는 강제매매 조항 형태의 주식양도제한약정을 들 수 있다.[18]

넷째, 투자금을 원활하게 회수하기 위한 계약적 장치로 주주 간 계 약에 많이 포함되는 동반매도참여권(tag-along right) 조항[19]이나 동반매각 청구권(drag-along right) 조항[20]도 주식양도의 여부, 시기, 상대방 등을 일 정 부분 제한하는 측면이 있기 때문에 주식양도제한약정의 한 유형으로 분류할 수 있을 것이다.[21]

---

16) 이동건 외(주 14), 26면; 천경훈, "주주간 계약의 실태와 법리: 투자촉진 수단으로 서의 기능에 주목하여", 상사판례연구 제26집 제3권, 한국상사판례학회(2013), 12면.
17) 이동건 외(주 14), 26면.
18) 한국상사법학회(편)(주 13), 864면; 염미경, "계약에 의한 주식양도제한의 효력", 경영법률 제19권 제3호, 한국경영법률학회(2009), 57면.
19) 동반매도참여권은 "주주 간 계약의 일방 주주가 제3자에게 보유 주식을 매도하 고자 하는 경우 상대방 주주가 그 양도하는 주주와 함께 동일한 조건으로 해당 제3자에게 양도할 수 있는 권리"를 의미한다[이동건 외(주 14), 28-29면].
20) 동반매각청구권은 "주주 간 계약의 일방 주주가 제3자에게 그 보유 주식을 매도 하고자 하는 경우 상대방 주주로 하여금 그 보유 주식을 해당 제3자에게 동시에 매도하도록 강제할 수 있는 권리"를 의미한다[이동건 외(주 14), 29면].

## Ⅲ. 주식양도제한약정의 효력 유무 및 그 판단 기준

### 1. 서  설

이하에서는 앞서 본 대상판결의 이유와 사실관계에 더하여, 그 이전에 주식양도제한약정의 효력을 다루었던 주요 대법원판결과 관련 학설도 함께 분석함으로써 다양한 주식양도제한약정의 유형별로 그 효력 유무를 판단하기 위한 기준을 검토한다.

### 2. 대상판결 이전의 주요 판례

#### (1) 대법원 2000. 9. 26. 선고 99다48429 판결

이 사안에서 문제 된 조항의 구체적인 내용은 다음과 같다: "합작회사가 사전에 공개되는 경우를 제외하고 합작회사의 설립일로부터 5년 동안, 합작회사의 어느 주주도 합작회사 주식의 전부 또는 일부를 다른 당사자 또는 제3자에게 매각, 양도할 수 없다. 단 법률상 또는 정부의 조치에 의하여 그 주식의 양도가 강제되는 경우 또는 당사자들 전원이 그 양도에 동의하는 경우는 예외로 한다."

위와 같은 약정에 대하여 대법원은 다음과 같이 판시하였다: "회사와 주주들 사이에서, 혹은 주주들 사이에서 회사의 설립일로부터 5년 동안 주식의 전부 또는 일부를 다른 당사자 또는 제3자에게 매각·양도할 수 없다는 내용의 약정을 한 경우, 그 약정은 주식양도에 이사회의 승인을 얻도록 하는 등 그 양도를 제한하는 것이 아니라 설립 후 5년간 일체 주식의 양도를 금지하는 내용으로 이를 정관으로 규정하였다고 하더라도 주주의 투하자본회수의 가능성을 전면적으로 부정하는 것으로서 무효라고 할 것이다. 그러므로 그와 같이 정관으로 규정하여도 무효가 되는 내용을 나아가 회사나 주주들 사이에서 약정하였다고 하더라도 이 또한 무효라고 할 것이다."

---

21) 한국상사법학회(편)(주 13), 865면; 조민제(주 8), 225-226면; 천경훈(주 16), 12-13면; 이동건 외(주 14), 28-29면; 윤성승(주 12), 124-125면.

또한 위 약정 중 다른 주주 전원의 동의를 받으면 양도할 수 있다는 내용에 대하여도 다음과 같이 판시하였다: "상법 제335조 제1항 단서 소정의 양도제한 요건을 가중하는 것으로서 상법 규정의 취지에 반할 뿐 아니라 사실상 양도를 불가능하게 하거나 현저하게 양도를 곤란하게 하는 것으로서 실질적으로 양도를 금지한 것과 달리 볼 것은 아니다."

(2) 대법원 2004. 11. 11. 선고 2004다39269 판결(이하 '2004년 판결'이라 한다)

원심은, 이 사건 주식양도금지 약정은 사업승인기간 동안 주식의 양도를 금지하는 내용으로서 비록 사업승인기간이 3년간 한시적인 것이라 하더라도 같은 기간 동안 주주의 투하자본회수 가능성을 전면적으로 부정하는 결과를 가져오게 되고, 한편 위 약정에 의할 경우에도 방송위원회의 사전승인을 얻는 등의 특별한 사정이 있으면 양도가 가능하기는 하나, 이 역시 상법 제335조 제1항 단서 소정의 양도제한 요건을 가중하는 것이어서 상법 규정의 취지에 반할 뿐만 아니라, 사실상 양도를 불가능하게 하거나 현저하게 양도를 곤란하게 하는 것으로서 실질적으로 양도를 금지한 것과 달리 볼 것은 아니므로, 결국 이 사건 주식양도금지 약정은 효력이 없다고 봄이 상당하다고 판단하여, 이 사건 주식양도금지 약정이 유효함을 전제로 하는 이 사건 가처분신청을 배척하였다. 원심의 판단은 정당한 것으로 수긍이 가고, 거기에 상고이유로 주장하는 바와 같이 채증법칙을 위반하여 사실을 잘못 인정하였거나 주식양도에 관한 법리를 오해하는 등의 위법이 있다고 할 수 없다.

(3) 대법원 2008. 7. 10. 선고 2007다14193 판결(이하 '2008년 판결'이라 한다)

적대적 M&A를 대비하여 주식양도 등에 있어서 다른 주주 전원의 동의를 요구하고 다른 주주 중 매수의사가 있는 주주가 있는 경우 그 주주에게 우선매수권을 부여하는 내용의 약정(이하 '이 사건 약정'이라 한다)[22)]

---

22) 이 사안에서 문제가 된 이 사건 약정의 관련 조항은 아래와 같다:
　　제2조(합의내용)

에 기해 그 위반을 이유로 위약금의 지급을 구한 사안에서, 대법원은 "주식의 양도를 제한하는 방법으로서 이사회의 승인을 요하도록 정관에 정할 수 있다는 상법 제335조 제1항 단서의 취지에 비추어 볼 때, 주주들 사이에서 주식의 양도를 일부 제한하는 내용의 약정을 한 경우, 그 약정은 주주의 투하자본회수의 가능성을 전면적으로 부정하는 것이 아니고 공서양속에 반하지 않는다면 당사자 사이에서는 원칙적으로 유효하다고 할 것이다."라고 전제한 후, 이 사건 약정이 약정 주주들의 투하자본회수 가능성을 전면적으로 부정하여 강행법규에 위반되거나 공서양속에 반한다고 볼 수 없다는 원심의 판단[23])을 수긍하였다.

---

1. 서명 주주들 개인이 소유한 주식을 개별적으로 합의계약서 서명 주주 이외의 제3자에 대한 유상양도, 무상양도, 담보제공 및 소유권에 영향을 끼칠 수 있는 모든 행위를 할 수 없으며, 향후 추가적으로 획득하게 되는 주식 및 주식을 취득할 수 있는 권리 등도 포함된다.

2. 만약 합의계약서에 서명한 주주가 주식의 일부 또는 전부에 대하여 위 1항에 해당하는 행위를 하고자 할 경우, […] 서명주주 전원이 반드시 참석하여 그 승인 여부를 만장일치로 결정하고 주식매매를 희망할 경우 서명주주 중 매수의사가 있는 주주가 우선적으로 매수할 수 있는 권리를 가지며, 매수의사가 있는 주주가 2인 이상일 때에는 매도 주식수를 매수의사 주주로 나눈 주식을 각각의 매수의사를 가진 주주에게 배분한다.

3. 매도주식에 대한 인수의사를 가진 주주가 없고 제3자에게 양도할 때에는 가격결정 및 매수자 선정에 관한 모든 사항은 서명주주들의 만장일치로 의결한다.

제3조(계약기한)

1. 합의계약의 기간은 서명날인한 날로부터 2007. 8. 20.까지이다.
   […]

제4조(위약금)

서명주주들은 위의 합의내용을 위반하여 소유주식을 유상양도, 무상양도, 담보제공, 서명 주주 간 우선매수선택권에 관한 의무조항을 위반한 경우 및 소유권의 이전을 유발할 가능성이 있는 모든 원인행위를 할 경우 위반행위자의 기 보유 주식을 제외한 나머지 주주들의 주식을 주당 50,000원으로 산정하여 그 총액을 위약금으로 하며, 1개월 이내 해당 주주들에게 각각의 주식 수에 해당하는 금액을 지불하여야 하고, 제2조 제5항의 의무를 위반한 경우에도 상기 위약금을 동일하게 적용한다.

23) 부산고법 2007. 1. 11. 선고 2005나13783 판결: 주주가 자신의 이익 일부를 포기하면서 계약에 참여하는 주주 간 주식양도제한약정에 있어서는 상법상 강행적 규율이 필요한 구조적 약자가 존재하지 아니하고 계약에 참여한 주주를 특별히 보호하여야 할 이유도 존재하지 아니하므로 원칙적으로 유효하다고 할 것이고 따라서 그러한 제한의 위반에 관하여 위약금을 부과하는 약정도 당사자 사이에서는 원칙적으로 유효하다고 할 것이며 예외적으로 그러한 주주 상호 간의 약정이라도 그

(4) 대법원 2013. 5. 9. 선고 2013다7608 판결(이하 '2013년 판결'이라 한다)

이 판결은 드라마 세트장과 그 배후 부지를 관광단지로 개발하기 위해 설립된 회사의 주주들 사이에 상대방 주주의 동의 없이는 보유 주식을 처분할 수 없도록 하는 조항을 포함한 부속약정(이하 '이 사건 부속약정'이라 한다)[24]을 체결하였는데, 일부 주주가 그 약정에 위반하여 보유 주식을 처분하자 상대방 주주가 위약금의 지급을 청구한 사안에 관한 것이었다. 원심[25]은 "이 사건 부속약정의 체결 경위, 목적 및 내용에 비추어 이 사건 부속약정의 보유주식 처분금지 조항이 공서양속에 반하는 것이라고 할 수 없고 이 사건 사업의 안정적 수행을 바라는 원고의 의사에 반하는 주식 처분을 금지하고 이를 위해서는 원고의 사전 서면동의를 얻도록 하는 것일 뿐이어서 그 제한이 주주의 투하자본회수의 가능성을 원천적으로 봉쇄하는 것은 아니므로 상법 제335조의 강행규정을 위반하는 것이라고 할 수 없다."라고 판시하였고, 대법원도 그러한 판단을 수긍하였다.

---

약정의 체결 목적과 내용, 제한의 정도 등에 비추어 공서양속에 위반되거나 투하자본의 회수가능성을 전면적으로 부정하는 경우에는 이를 무효라고 보아야 할 것이라 전제한 후, 이 사건 약정의 내용이 약정 주주들의 투하자본회수 가능성을 전면적으로 부정하여 강행법규에 위반되거나 공서양속에 반한다고 볼 수 없다고 판단하였다.

24) 이 사안에서 문제가 된 이 사건 부속약정의 관련 조항은 아래와 같다:
  (2) 보유주식 처분금지 의무
  ① 甲과 乙은 각각 보유하고 있는 대상회사 발행주식 보통주 3,200주 및 보통주 1,000주의 전부 또는 일부에 대하여 丙의 명시적인 사전 서명동의 없이는 매각, 양도, 이전, 무상공여하거나 질권 기타 담보의 목적물로 제공하는 등 甲과 乙의 대상회사에 대한 지분비율을 변경시킬 수 있는 일체의 처분행위를 할 수 없다. 다만 대상회사의 사업 및 운영자금을 조달할 목적임이 명백한 경우에 한하여, 甲과 乙은 대상회사 발행주식 총수의 33퍼센트 범위 이내에서 丙의 명시적인 사전 서명동의 없이도 대상회사에 대한 지분비율을 변경시킬 수 있는 처분행위를 할 수 있다. 甲과 乙은 각각 보유하고 있는 대상회사에 대한 주식을 예외적으로 처분한 경우에도 대상회사 사업 및 운영자금 등 대상회사를 위하여만 사용하여야 한다.
  ② 甲 또는 乙 중 1인이라도 위 ①항 기재 의무를 위반한 경우 甲과 乙은 위약벌로서 丙에게 일금 이십억 원의 위약금을 연대하여 지급하기로 한다[…].
25) 서울고법 2012. 12. 28. 선고 2012나65654 판결.

## 3. 회사에 대한 효력

주식양도제한약정의 효력과 관련해서는 회사에 대한 효력과 당사자간의 효력을 구분하여 논할 필요가 있다.

우선, 회사에 대한 효력은 실무상 주식양도제한약정을 한 주주가 그 약정을 위반하여 주식을 양도하고 그 양수인이 회사를 상대로 명의개서를 청구한 경우 회사가 이를 거부할 수 있을 것인지의 문제와 주로 결부된다. 위 2000년 판결 역시 주식양도제한약정을 한 주주가 그 약정에 위배하여 주식을 양도하였고 그 양수인은 양수 당시 주식양도제한약정의 존재를 알고 있었음에도 그 주식을 양수한 후 회사를 상대로 그 주식에 대한 명의개서의 이행을 청구한 사안에 관한 것이었다. 이러한 사안에 대하여 대법원은 위 2000년 판결에서 앞서 본 바와 같이 해당 사안에서의 주식양도제한약정이 무효인 점을 근거로 회사가 해당 양수인의 명의개서 청구를 거부할 수 없다고 보았다. 즉 대법원은 위 2000년 판결에서 주식양도제한약정이 회사에 대하여 어떠한 효력을 가지는지에 대하여는 명시적으로 언급하지 않은 채 해당 주식양도제한약정이 주주의 투하자본회수 가능성을 전면적으로 부정하는 것으로서 무효이기 때문에 그 양수인에 대하여 회사는 명의개서절차를 이행해야 한다고 본 것이다. 그러나 대법원의 이러한 논리에 대하여는, 주식양도제한약정이 회사법적 효력을 갖지 못하므로 그러한 약정의 효력이 미치지 않는 회사는 그 약정을 위배하여 주식을 양수한 제3자에 대하여도 명의개서절차를 이행해야 한다고 판단하면 충분함에도 불구하고, 대법원이 해당 주식양도제한약정이 주주의 투하자본회수 가능성을 전면적으로 부정한 것으로서 무효라고 설명한 것은 사족에 불과하거나 불필요했다는 비판이 가능하다.[26] 주식의 양도를 단체법적 효력을 가지고 제한하여 그 제한의 효력을 회사에 대하여도 주장할 수 있는 유일한 방법은 상법 제335조 제1항 단서에 따라 정관

---

26) 이철송(주 12), 403면.

에 규정을 두어 이사회의 승인을 얻도록 하는 것뿐이므로, 주주 간 계약의 일종으로서의 주식양도제한약정으로 회사에 대하여 그 효력을 주장하거나 회사가 그 효력을 원용할 수는 없기 때문이다.[27]

정리하자면, 주식양도제한약정이 주주 간에 체결되었든, 회사가 그 약정의 당사자로 포함되었든, 회사에 대하여는 그 약정의 효력이 없고 회사도 그 효력을 주장하지 못하며 이는 양수인이 악의였거나 (상법 제335조 제1항 단서의 요건을 갖추지 않는 한) 해당 주식양도제한약정의 내용이 정관에 포함되었더라도 마찬가지다.[28] 이에 관한 대법원의 명시적인 판시는 아직 없지만, 위 2008년 판결의 원심이 "그 제한계약은 계약당사자 사이에 채권적 효력을 발생시킴에 불과하고 그러한 제한에 위반하여 주식양도가 행하여진 경우 주식양도 자체는 원칙적으로 유효하므로 회사는 제3자에 대하여 주식양도의 효력을 인정하여야 한다."라고 판시하며 주식양도제한약정의 회사에 대한 효력을 부정하는 취지의 언급을 하고 있다.[29]

## 4. 당사자 간의 효력

### (1) 일 반 론

### (가) 영미와 일본에서의 논의

영국 법원은 전통적으로 주식을 계약적 권리(contractual chose in action)로 보아 또 다른 계약으로 주식양도의 자유를 제한하지 못할 법적 이유는 없다고 보았다.[30] 이러한 시각에 따라 영국에서는 주식양도제한 약정이 계약법상의 기본원칙(fundamental principles of contract law)에 반하지 않는 한 대체로 그 효력을 인정하였다.[31] 반면, 미국의 경우를 보면

---

27) 한국상사법학회(편)(주 13), 867면; 이철송(주 12), 401면.
28) 이철송(주 12), 401면; 송옥렬, 상법강의, 홍문사(2023), 857면.
29) 부산고법 2007. 1. 11. 선고 2005나13783 판결; 송옥렬(주 28), 857면.
30) L. C. B. Gower, "Some Contrasts between British and American Corporation Law", 69(8) Harvard Law Review 1369 (1956), 1377.
31) William Painter, "Stock Transfer Restrictions: Continuing Uncertainties and a Legislative Proposal", 6 Villanova Law Review 48 (1960), 50; Niranjan Venkatesan and Umakanth

과거 19세기에는 주식을 재산(property)으로 보아 그 양도를 제한하는 것은 자유로운 통상의 흐름(free flow of commerce)에 반할 뿐만 아니라 공서양속(public policy)에도 반한다고 보는 시각이 많았다.[32] 그러나 주식의 특수성, 즉 주식이 재산적 성격을 가지지만 조합계약상 조합원 사이의 관계와 유사하게 일정한 개인적 관계(personal relation)를 창설한다는 점을 주목하며 주주들이 자신의 파트너를 선택할 수 있도록 주주들 사이에 주식의 양도를 제한할 필요성을 인정하는 견해가 등장하였고 이러한 견해는 점차 확산되었다.[33] 또한 주식양도의 자유를 절대시 하던 시각에 대하여는 사적 재산으로서의 주식 처분의 자유만 중시한 나머지 또 다른 중요한 가치, 즉 계약 체결의 자유(주주들이 자유로이 주식양도를 제한하는 계약을 체결할 자유)를 과소평가했다는 비판도 제기되었다.[34] 이러한 흐름 속에 미국 법원의 판결 역시 19세기에는 주식양도제한약정의 효력을 부정하거나 매우 제한적으로만 인정하기도 하였지만, 20세기 중반 전후로 소위 합리성 기준, 즉 주식양도제한약정을 통한 양도제한이 합리적이라면 그 유효성이 인정된다는 기준을 확립하고 그 합리성의 인정 범위를 점차 확대하면서 대체로 주식양도제한약정의 유효성 인정 범위도 넓어졌다고 볼 수 있다.[35] 구체적으로 우선매수권 조항을 포함한 주식양도제한약정은 대체로 그 효력이 인정되고, (주주 전원 또는 특정 주주) 동의 요건을 포함한 주식양도제한약정은 그 동의 권한이 선의에 따라 합리적으로 행사된다면 유효하다고 한다.[36] 한편 미국에서는 델라웨어주 회사법 그리고 모범회사법 등이 주식양도제한약정의 효력 및 그 판단 기준을 명시하고 있기도 하다. 델라웨어주 회사법은 다양한 유형의 주식양도제한약정

---

Varottil, "The Enforceability of Contractual Restrictions on the Transfer of Shares", Supreme Court Cases, Issue No. 5, p. J-1 (2012), 2-3.

32) Painter, op. cit., 49-50.

33) Ibid., 50.

34) Ibid., 54.

35) Bainbridge, op. cit., 533; O'Neal, op. cit., 777-778; Gregory, op. cit., 484; Painter, op. cit., 56; 임재연, 회사법 I, 박영사(2017), 449면.

36) Bainbridge, op. cit., 533; O'Neal, op. cit., 780-781.

을 유효한 것으로 규정하고 특정인을 매수인으로 하는 주식양도를 금지
하는 것도 명백히 비합리적이지 않다면 유효하다고 규정한다.[37] 모범회
사법 역시 대부분의 주식양도제한약정의 효력을 인정하고 주식양도에 회
사 또는 주주 등의 동의를 요건으로 한 주식양도제한약정에 대하여도 그
동의 요건이 명백히 비합리적이지 않다면 유효하다고 규정한다.[38]

다음으로, 일본에서는 ⅰ) 회사가 약정의 당사자인지 여부에 따라
회사가 당사자인 경우에는 정관에 근거하여서만 주식의 양도를 제한할
수 있도록 한 회사법 규정의 탈법수단으로서 원칙적으로 무효이지만 회
사가 당사자가 아닌 경우에는 원칙적으로 유효하여 주식의 양도에 특정
인의 승인을 얻도록 하거나 그 위반에 대하여 위약금을 정하는 것도 인
정되나 그것이 (무효가 되는) 회사와 주주 간의 계약의 탈법수단으로 이용
되는 경우에는 무효라는 학설, ⅱ) 회사가 당사자인지 여부를 불문하고
계약자유의 원칙이 타당하므로 원칙적으로 주식양도제한약정은 유효하고
민법상 공서양속에 반하는 약정만이 무효가 된다는 학설, ⅲ) 계약에 의
한 양도제한이 투하자본회수의 기회를 부당하게 박탈하거나 침탈해서는
안 된다는 상법의 이상과 모순되는 경우에는 그 계약이 무효가 된다는
학설 등이 주장되었다고 한다.[39] 이러한 일본의 학설은 국내에도 영향을
미쳐 주식양도제한약정의 효력에 관한 국내 학설 양상도 일본의 그것과
크게 다르지 않다.

### (나) 국내의 학설과 판례

과거에는 주식양도의 자유가 주식회사의 본질에 기초한 속성이라는
점을 근거로 이를 제한하거나 금지하는 약정은 그 당사자 간에도 무효라
는 견해가 있었다고 하나,[40] 오늘날에는 주식양도를 제한하거나 금지하
는 약정도 주주의 투하자본회수 가능성을 전면적으로 부정하거나 공서양

---

37) DGCL § 202(c); 임재연(주 35), 449-450면.
38) MBCA § 6.27(d)(3); 임재연(주 35), 450면.
39) 김명수(주 8), 233-234면; 조민제(주 8), 227면; 김영균(주 8), 414-415면; 염미경(주 18),
   46면; 河本一郎·川口恭弘(권용수 역), 신·일본 회사법, 박영사(2021), 155면.
40) 한국상사법학회(편)(주 13), 867면.

속에 반하지 않는 한 그 당사자 사이에는 채권적 효력이 있다는 견해가 학계의 다수설이자 판례라고 할 수 있다.[41]

한편 일부 판례에서는 정관으로 규정하여도 무효가 되는 내용을 회사나 주주들 사이에서 또는 주주들 사이에서 약정하였다고 하더라도 이 또한 무효라고 설시한 바 있는데,[42] 이를 보면 정관에 의한 주식양도 제한의 요건과 절차를 규정한 상법 제335조 제1항 단서를 주주 간 주식양도제한약정의 유효성 판단 기준으로 삼아야 하는 것 아닌가 하는 생각이 들 수도 있다. 그러나 상법 제335조 제1항 단서가 허용한 정관에 의한 주식양도 제한과 주주 간 계약에 의해 이루어지는 주식양도 제한은 그 목적과 취지가 다른 것으로서 상법 제335조 제1항 단서가 규정한 정관에 의한 주식양도제한의 요건에 따라 주식양도제한약정의 효력을 따져야 한다면 주주 간 계약의 일종으로서의 주식양도제한약정의 가치와 효용성은 사라지게 될 것이다.[43] 따라서 주식양도제한약정의 효력을 판단함에 있어 상법 제335조 제1항 단서가 규정한 정관에 의한 주식양도 제한의 요건을 기준으로 삼아서는 안 될 것이다.[44]

---

41) 권순일 편집대표 외(주 9), 458면; 이철송(주 12), 401면; 송옥렬(주 28), 857면; 임재연(주 35), 448-450면; 권기범, 현대회사법론, 삼영사(2021), 605면; 염미경(주 18), 61면. 한편 이러한 다수설 내지 판례의 기준과 구별해 볼 수 있는 학설상의 기준으로는, ⅰ) "계약상 양도제한이 적법한 것인지는 주식회사의 본질에 비추어 당사자들의 목적을 고려할 때 그러한 양도제한이 합리성이 있는지 여부를 가지고 독자적으로 판단하여야 [한다]"는 견해[윤성승(주 12), 130면], ⅱ) "계약에 의한 주식양도제한의 효력을 논함에 있어서는 의사표시의 하자, 반사회질서의 법률행위 및 불공정한 법률행위 등과 같은 거래법적 원리에 의하여 판단하는 것이 타당하[다]"는 견해[권오성(주 9), 448면], ⅲ) "계약내용이 주주의 투하자본회수를 부당하게 방해하지 않는 합리적인 경우에는 그 효력을 인정하여야 하[지만] 계약내용이 사실상 주식의 양도를 금지하거나 정관으로 주식의 양도를 제한하는 경우보다 현저하게 주식의 양도를 제한하는 것인 때에는 그 계약은 무효로 된다."는 견해[김영균(주 8), 421면], ⅳ) "주주가 자신의 이익을 포기하면서 계약에 참여하는 주식양도 제한계약에 있어서는 조직법상 강행적 규율이 필요한 구조적 약자가 존재하는 것도 아니므로 계약에 참여한 주주를 특별하게 보호해야 할 이유도 존재하지 않[으므로] 계약에 의한 주식양도 제한의 효력을 논함에 있어서는 거래법적 원리에 의하여 판단하는 것이 타당하다."는 견해[조민제(주 8), 228면] 등을 확인할 수 있다.

42) 대법원 2000. 9. 26. 선고 99다48429 판결.

43) 한국상사법학회(편)(주 13), 872면; 조민제(주 8), 229면; 염미경(주 18), 54-55면.

그렇다면 주식양도제한약정의 채권적 효력도 부정되는 투하자본회수 가능성이 전면적으로 부정되거나 공서양속에 반하는 경우란 어떤 경우를 의미하는지가 문제 되는데, 우선 '투하자본회수 가능성이 전면적으로 부정되는 경우'와 '공서양속에 반하는 경우'의 관계를 살펴볼 필요가 있다. 즉 투하자본회수 가능성이 전면적으로 부정되는 경우와 공서양속에 반하는 경우가 서로 병렬적인 관계인지 아니면 후자가 전자를 포함하는 관계로서 공서양속에 반하는 경우가 투하자본 회수가능성이 전면적으로 부정되는 경우를 포함하는 상위의 개념인지 여부가 문제 되는 것이다. 이에 대하여 통설은 투하자본회수 가능성이 전면적으로 부정되는 경우를 공서양속에 반하는 경우의 한 예로 보고 있다.[45]

구체적으로 어떤 경우에 투하자본회수 가능성이 전면적으로 부정되거나 공서양속에 반한다는 이유로 주식양도제한약정의 채권적 효력을 부정할 것인지에 대하여는 사실관계에 기초한 개별적인 판단이 이루어질 수밖에 없어서 포괄적이고 일률적인 판단 기준을 제시하기는 어려울 것이다. 다만 앞서 본 주식양도제한약정의 유형별로 해당 유형의 주식양도제한약정이 투하자본회수 가능성에 미치는 영향, 해당 유형의 주식양도제한약정을 체결해야 할 합리적인 동기 유무 등을 분석해 보면 어느 정도 실무적으로 도움이 되는 구체적인 판단 기준도 정립해 볼 수 있을 것이다. 이하에서는 주식양도제한약정의 유형 내지 특징적인 조항별로 주식양도제한약정의 채권적 효력 유무와 그 판단 기준을 구체적으로 검토한다.

(2) 당사자 간의 효력에 대한 구체적 검토
(가) 주식양도제한약정의 당사자에 따른 효력 유무와 그 판단 기준
학설에 따라서는 회사가 주식양도제한약정의 당사자인 경우와 그렇지 않은 경우를 구분하여, 전자의 경우에는 원칙적으로 무효로 보지만 예외적으로 주식양도제한약정의 내용이 주주의 투하자본 회수를 부당하

---

44) 김영균(주 8), 420면; 윤성승(주 12), 129면.
45) 이철송(주 12), 402면.

게 방해하지 않는 합리적인 경우 또는 그 내용이 상법이 정관에 의하여
양도를 제한할 수 있도록 허용한 것과 실질적으로 동일한 경우 등에는
회사를 당사자로 포함한 주식양도제한약정의 효력도 인정할 수 있다고
보는 견해도 있다.[46] 이러한 견해에 따를 경우, 후자의 경우(회사가 당사
자로 포함되지 않은 주식양도제한약정)에는 원칙적으로 효력이 인정되지만
예외적으로 회사와 주주 간의 주식양도제한약정이 무효로 되는 것을 회
피하기 위한 탈법수단으로 주주 간에 주식양도제한약정을 체결하는 방법
을 취한 경우에는 그 약정이 무효가 될 수 있다고 한다.[47]

　위와 같이 주식양도제한약정의 효력을 회사가 당사자인 경우와 그렇
지 않은 경우를 구분하여 판단하는 입장은, 회사를 당사자로 포함한 주
식양도제한약정에 대하여 그 계약의 효력을 인정할 경우 그에 따라 주식
양도를 제한하는 취지가 혹시라도 회사와 그 이해관계자 전체에 단체법
적으로 확대됨으로써 상법 제335조 제1항 단서의 입법 취지(주식의 양도를
단체법적으로 제한할 수 있는 유일한 방법을 정관 규정에 따라 이사회 승인을 받
는 방법으로만 제한)를 훼손할 수 있음을 염려한 것으로 보인다. 그러나 앞
서도 본 바와 같이 주식양도제한약정의 효력을 인정한다 함은 그 당사자
사이에 채권적 효력만을 인정한다는 것이지 회사에 대한 단체법적 효력
을 인정한다는 것이 아니다. 즉 회사가 당사자로 포함된 주식양도제한약
정의 경우에도 그 효력을 인정한다 함은 회사를 하나의 개인법적 거래당
사자로 상정한 채권적 효력만을 인정할 뿐 회사와 그 이해관계자 전체에
대한 단체법적 효력을 인정하는 것은 아니다. 따라서 회사와 주주 간의
주식양도제한약정을 허용하여도 상법 제335조 제1항 단서의 입법 취지를
훼손하지는 않는다고 보아야 한다.[48]

---

46) 정동윤, 상법(상), 법문사(2012), 487면. 한편 "회사와 주주 간의 양도제한에 관한
　계약의 내용이 사실상 주식의 양도를 금지하거나 정관으로 주식의 양도를 제한한
　경우보다 현저하게 주식의 양도를 제한하는 것인 때에는 그 계약은 무효라고 할
　것이다."라는 견해도 있다[최기원, 신회사법론, 박영사(2012), 341면].
47) 한국상사법학회(편)(주 13), 869면; 이태종(주 8), 16면.
48) 권기범(주 41), 606면.

물론 회사가 주식청약서 등에 주식양도제한의 취지를 기재하는 등
부합계약의 형식으로 대다수의 주주와 주식양도제한약정을 체결할 경우
에는 주주의 투하자본회수 가능성이 심각하게 침해될 여지도 있다.[49] 그
러나 이러한 경우를 감안하더라도 형식적으로 회사가 주식양도제한약정
의 당사자로 포함되었는지 여부가 그 약정의 효력 유무를 결정짓는 기준
이 될 필요는 없고, 앞서 본 채권적 효력의 판단 기준인 투하자본회수
가능성을 전면적으로 부정하는지 여부를 판단하기 위한 하나의 요소로
고려되면 족할 것이다.[50]

요컨대, 주식양도제한약정은 채권적 효력만 인정되기에 그 당사자의
유형(회사가 당사자로 포함되었는지 여부)에 관계없이 원칙적으로 그 유효성을
인정할 수 있을 것이다.[51] 다만 앞서 본 주식양도제한약정의 유효성 판단
기준에 따라 회사가 당사자로 포함된 주식양도제한약정의 경우에도 주주
의 투하자본회수 가능성을 전면적으로 부정할 경우에는 그 효력이 부정될
것인바, 구체적 사실관계에 따라 투하자본회수 가능성을 전면적으로 부정
하는지 여부를 판단함에 있어 회사가 그 약정의 당사자라는 점은 최종 판
단을 위한 하나의 고려요소로 참작하면 충분할 것이다.

**(나) 주식양도를 금지하는 약정(양도금지특약)의 효력 유무**

이 문제에 관한 국내 논의를 살펴보면, 주식양도 자체를 금지하는
약정을 크게 다음과 같은 두 가지 유형, 즉 일정한 기간을 정하여 그 기
간 동안 주식양도를 금지하는 약정과 (기간 제한 없이) 주식양도를 (절대적
으로 또는 전면적으로) 금지하는 약정으로 나눈 다음, 전자에 대하여는 양
도금지기간이 합리적인 범위 내에 있고 그와 같은 양도금지기간을 설정
할 정당한 이유가 있을 경우 그 유효성을 인정할 수 있을 것이나, 후자

---

49) 이태종(주 8), 23면; 염미경(주 18), 56면.
50) 한국상사법학회(편)(주 13), 871면; 이태종(주 8), 23-24면; 염미경(주 18), 56면.
51) 권기범(주 41), 606면; 이태종(주 8), 21면. 한편 주식양도제한약정뿐만 아니라
주주 간 계약 전반을 대상으로 하여 "회사가 주주 간 계약의 상대방이 된다고 해서
주주 간 계약의 법리에 변화가 생긴다고 보기는 어렵다."고 설명하기도 한다[송옥렬,
"주주간 계약의 회사에 대한 효력: 회사법에 있어 사적 자치의 확대의 관점에서",
저스티스 제178호, 한국법학원(2020), 356면].

에 대하여는 무효라고 보는 것에 큰 이견이 없다는 취지로 설명하기도
한다.[52]

그런데 위 두 유형을 구분함에 있어 무효라는 점에 큰 이견이 없다
는 후자의 유형이 그 비교대조군인 전자의 유형(즉 '일정 기간을 정하여' 주
식양도를 금지하는 약정)과 대비되어 '양도금지기간의 제한이 없다는 점'에
만 초점이 맞춰진 것인지 여부는 불확실하다. 예를 들어, 주주 간 합의로
주식양도를 원칙적으로 금지하면서도 양도금지기간을 명시적으로 설정하
지 않은 경우 일견 (영구적으로) 주식양도가 금지된다고 볼 수도 있지만,
그 합의에서 일정한 요건과 절차에 따라 예외적으로 양도를 허용하는 사
유를 규정하였고 그 예외 사유가 실현 불가능한 것이 아니라면 투하자본
회수 가능성이 원천적으로 봉쇄된다고 보기 어려울 수 있는데, 이러한
경우에도 단순히 양도금지기간의 제한이 없다는 이유로 무조건 무효라고
볼 수 있을지는 의문이다. 더 나아가 조합과 유사한 소규모 폐쇄회사에
서는 주식의 양도만이 투하자본회수의 유일한 방법은 아니고 경영진의
지위도 겸유하는 주주가 장기간 상당한 금액의 임금 내지 보수를 수령하
거나 제한된 수의 주주들이 회사 이익의 대부분을 막대한 이익배당으로
수령하는 경우 등과 같이 주주가 주식을 영구적으로 보유하면서도 투하
자본을 사실상 충분히 회수하였다고 볼 수 있는 상황도 충분히 있을 수
있다. 생각건대, 주식양도를 금지하는 약정을 체결하면서 양도금지기간을
명시적으로 제한하지 않았다는 징표만으로 그 약정을 무조건 무효라 볼
수는 없고, 그 약정이 합리적인 목적에 의해 체결된 것인지 여부, 그 약
정에 예외적인 양도 사유가 포함되어 있는지 그러한 예외 사유가 실현
불가능한 것인지 여부 등을 따져 해당 약정의 전체적인 내용과 체계가
명백히 비합리적이고 투하자본회수 가능성을 전면적으로 부정한다고 볼
수 있을 때에만 그 효력을 부정하는 것이 타당할 것이다.

한편 일정한 기간을 정하여 주식양도를 금지한 약정의 경우 일반적

---

52) 한국상사법학회(편)(주 13), 874면; 이태종(주 8), 22면; 염미경(주 18), 58면.

으로는 양도금지기간이 합리적인 범위 내에 있고 그와 같은 양도금지기간을 설정할 정당한 이유가 있을 경우에는 그 효력을 인정할 수 있다고 한다.[53] 그런데 앞서 본 판례를 보면, 위 2000년 판결의 경우 5년의 양도금지기간에 대하여 주주의 투하자본회수 가능성을 전면적으로 부정하였다고 본 반면, 위 2008년 판결의 경우에는 같은 5년 정도의 양도금지기간[54]에도 불구하고 투하자본회수 가능성을 전면적으로 부정하여 강행법규에 위반되거나 공서양속에 반한다고 볼 수 없다고 판단하였다. 2004년 판결 및 일부 하급심판결은 위 5년보다 짧은 3년의 기간 동안 주식의 처분을 금지하는 취지의 주주 간 약정에 대하여도 투하자본회수 가능성을 전면적으로 부정하므로 무효라고 판시한 사례도 있었던 반면,[55] 2013년 판결의 경우에는 약 6년 동안, 대상판결의 경우에는 약 13년 동안 주주의 투하자본회수가 사실상 제한되었음에도 불구하고 해당 주식양도금지약정을 유효로 보았다.[56] 이를 보면 일정한 기간을 정하여 주식양도를 금지한 약정의 경우 단순히 그 기간의 절대적인 수치 또는 장단(長短)만으로 해당 주식양도금지약정의 효력을 결정짓는다고 보기는 어렵고, 그와 같이 일정 기간 주식양도를 금지해야 할 정당한 사업상 목적의 유무 그리고 양도금지기간 중에도 일정한 요건이 충족될 경우 양도를 허용하는 예외적인 양도 사유의 유무 등이 중요한 고려요소로 참작되었음을 알

---

53) 한국상사법학회(편)(주 13), 874면; 염미경(주 18), 58-59면; 윤성승(주 12), 116면.

54) 2008년 판결의 원심판결을 보면, 문제가 된 양도금지약정이 2002. 7. 31. 체결되었는데 그 약정의 제3조가 계약기한을 2007. 8. 20.까지로 규정하고 있어 양도금지기간이 대략 5년 정도였음을 알 수 있다.

55) 대전고법 2002. 12. 20. 선고 2002나6164 판결; 진홍기, "주주들간 계약의 내용과 효력에 관한 연구-영·미를 중심으로 우리나라와 비교법적 관점에서-", 상사법연구 제26권 제4호, 한국상사법학회(2008), 209면.

56) 2013년 판결이나 대상판결의 경우에는 문제가 된 주식양도제한약정 그 자체에 양도금지기간이 따로 설정되어 있지는 않았다. 대신 2013년 판결의 경우, 그 사실관계를 보면 문제가 된 주식양도제한약정은 2005. 12. 12.경 체결되었고 대상 회사의 사업기간이 2012. 2. 6. 만료될 예정이라 사실상 6년 2개월 정도 투하자본회수가 제한되었다고 볼 수 있었다. 그리고 대상판결의 경우에는 대상 회사의 정관상으로 회사의 존립기간이 13년으로 제한되어 있어서 그 기간 동안 사실상 투하자본회수가 제한되었다고 볼 수 있었다.

수 있다.

검토컨대, 주식양도금지와 관련하여 양도금지기간을 따로 설정하지 않고 주식을 예외적으로 양도할 수 있는 요건이나 사유도 별도로 규정하지 않은 채 주식양도를 영구적으로 예외 없이 금지한 주식양도제한약정은 무조건 무효라고 보아야 할 것이다. 그러나 일정 기간을 정하여 주식양도를 금지하거나 그러한 금지기간을 따로 설정하지 않은 경우라 하더라도, 주식양도를 금지할 합리적인 목적이 인정되고 원칙적인 양도금지에도 불구하고 예외적으로 양도를 허용하는 요건과 절차를 규정하여 양도가능성이 전면적으로 부정되는 것이 아닌 이상, 그러한 약정의 효력을 부정할 이유는 없을 것이다.

### (다) 다른 주주 전원 또는 특정 주주나 기관의 동의를 주식양도의 요건으로 하는 약정의 효력 유무

앞서 본 판례들의 사실관계를 보더라도 알 수 있지만, 주식양도제한약정은 예외적으로 허용하는 주식양도의 요건 내지 절차로서 주주 전체 또는 특정 주주의 동의를 요구하는 경우가 대부분이라 할 수 있다. 이러한 동의요건을 포함한 주식양도제한약정의 효력과 관련된 학설로는, ① 다른 주주 전원의 동의를 얻도록 하는 형태가 투하자본의 회수를 부당하게 방해하는 것인 때에는 무효라는 견해,[57] ② 주식을 양도할 때에 다른 주주들의 동의를 얻도록 하는 것은 일반적으로 허용되지만 동의 여부가 특정인의 자의에 달려 있고 주주의 투하자본 회수가 전적으로 그 동의 여부에 달려 있는 경우에는 공서양속에 반한다고 보아야 한다는 견해,[58] ③ 합작투자계약에서 주식양도에 상대방 주주의 동의를 얻도록 하는 약정은 합작상대방의 동일성에 대한 기대를 보호할 현실적 필요성이 있을 뿐 아니라 투하자본회수 가능성의 전면적 부정이라고 볼 수 없고 달리 공서양속에도 반하지 않는다는 견해,[59] ④ 주식을 양도할 때 다른 주주나 회사

---

57) 권기범(주 41), 607면.
58) 이철송(주 12), 402면.
59) 김건식 외, 회사법, 박영사(2021), 210면.

의 동의를 얻어야 한다는 것은 양도 자체를 통제하는 것이고 동의권이 자의적으로 행사되는 때에는 주식의 양도가 금지되기 때문에 그 유효성을 인정하기 어려울 것이나 동의조항이 일정 기간 동안만 효력을 갖는 경우에는 그 유효성을 인정할 수 있다는 견해,[60] ⑤ 주식의 양도에 주주 전원의 동의를 얻도록 하는 것은 그 동의를 얻는 것이 그다지 곤란한 것이 아니라는 특별한 사정이 없는 한 실질적으로 양도를 금지한 것과 같기 때문에 무효로 보아야 한다는 견해,[61] ⑥ 동의조항의 남용을 방지하기 위하여 자의적인 동의권 행사를 합리적으로 제한할 수 있는 규정이 존재하는지 여부 등을 고려하여 동의조항의 유효성을 판단해야 한다는 견해,[62] ⑦ 동의약정의 효력은 일률적으로 판단할 수 없고 사모의 요건을 충족시키기 위하여 또는 이사에게 주식을 보유시켜서 직무에 충실하도록 하기 위하는 등의 적극적인 합리성이 인정되면 무효가 아니라고 볼 수 있다는 견해[63] 등을 확인할 수 있다.

한편 대법원은 위 2000년 판결에서 "이 사건 약정 가운데 주주 전원의 동의가 있으면 양도할 수 있다는 내용이 있으나 이는 상법 제335조 제1항 단서 소정의 양도제한 요건을 가중한 것으로서 상법 규정의 취지에 반할 뿐만 아니라 사실상 양도를 불가능하게 하거나 현저하게 양도를 곤란하게 하는 것으로서 실질적으로 양도를 금지한 것과 달리 볼 것은 아니다."라고 판시하며 주주 전원의 동의를 양도의 예외적인 요건으로 설정한 주식양도제한약정의 효력을 부정하기도 하였다. 그러나 이러한 결론에 대하여는 계약에 의한 주식양도제한약정의 효력 유무를 정관의 규정에 의한 양도제한을 규정한 상법 제335조 제1항 단서를 기준으로 판단하였다는 오류를 지적할 수 있다.[64] 대법원은 2000년 판결에서는 위와 같이 정관에 의한 양도제한과 계약에 의한 양도제한을 다소 혼동하였다

---

60) 염미경(주 18), 60면.
61) 이태종(주 8), 27면.
62) 윤성승(주 12), 122-123면.
63) 한국상사법학회(편)(주 13), 876면.
64) 이태종(주 8), 28면.

고 볼 수도 있는 판시를 하였으나, 그 이후에 2008년 판결이나 2013년 판결 그리고 대상판결에서는 문제가 된 주식양도제한약정이 다른 주주 전원의 동의 또는 특정 주주의 동의를 예외적 양도 요건으로 규정하였음에도 그러한 약정의 효력을 인정하였다.

검토컨대, 주식양도제한약정이 체결되는 회사는 주로 주주의 구성이 소규모인 회사 또는 특수한 사업 목적상 합작투자로 설립된 회사 등이 대부분인데 그러한 회사의 경우 주주 구성이 단순하고 그들 사이에 인적 신뢰관계 또는 사업상 유대관계가 형성되어 있어 관련 주주 전체의 동의를 얻는 것이 불가능하다고 보기 어렵다. 해당 사업 목적상 주주의 구성이 중요하고, 주주들로부터 동의를 얻는 것이 불가능하지 않다면, 주주 전원의 동의 또는 특정 주주의 동의를 주식양도의 요건으로 규정하였다는 이유만으로 해당 주식양도제한약정의 효력을 부정해서는 안 될 것이다.

**(라) 우선매수권 조항을 포함한 약정의 효력 유무**

주주 간 약정이 양도희망주주의 양도 시 다른 약정주주에게 우선매수권 또는 우선매수협상권을 부여하는 내용을 포함한 경우 그러한 약정은 양도희망주주의 양도상대방 선택의 자유를 제한하는 측면이 있다.[65] 그러나 우선매수권 조항은 주식양도의 상대방을 제한할 뿐 양도희망주주의 주식양도 자체를 방해하거나 금지하는 것은 아니기 때문에[66] 양도희망주주는 주식양도를 통해 투하자본을 회수할 수 있다는 사실 자체만으로도 대체로 만족할 것이고 회사를 이탈하려는 양도희망주주에게 자신을 대신하여 새로이 주주가 될 양수인의 개성은 중요하지 않을 것이다.[67] 따라서 양도희망주주의 투하자본회수 자체는 가능하게 하면서 단지 그 양도상대방의 개성을 제한할 뿐인 우선매수권 또는 우선매수협상권 조항

---

65) 한국상사법학회(편)(주 13), 878면; 윤성승(주 12), 119면.
66) 대체로 우선매수권 조항은 우선매수권자가 우선매수를 거절한 경우에는 제3자에 대한 양도도 허용한다.
67) 이태종(주 8), 22면; 염미경(주 18), 57면; 윤성승(주 12), 119면.

은 그 효력을 부정할 수 없다고 봄이 타당하다.

한편 양도희망주주 이외 다른 약정주주에게 우선매수권 또는 우선매수협상권을 부여하였다는 이유만으로 그러한 조항을 포함한 주주 간 약정이 무효가 되지는 않겠지만, 그러한 약정에는 양도대상주식의 매매가격을 합리적으로 결정하는 절차와 기준에 관한 내용도 반드시 포함되어야 하고, 만약 그러한 절차와 기준이 불공정하여 매매가격이 적정하게 정해질 수 없다면 그러한 주주 간 약정은 무효로 될 여지도 있다.[68]

### (마) 강제매매 조항을 포함한 약정의 효력 유무

사망, 퇴직 등 일정한 사유가 발생하면 해당 주주가 보유한 주식의 양도가 강제되는 강제매매 조항의 경우, 양도 여부, 양도 시점, 양도상대방이 제한되는 특징을 가진다. 그러나 강제매매 조항으로 인하여 투하자본회수 가능성이 전면적으로 부정된다고 볼 수 없고 발행주식의 시장성이 없는 소규모 폐쇄회사의 경우에는 강제매매 조항이 오히려 투하자본회수를 가능하게 하는 이점도 있으므로 강제매매 조항을 포함하였다는 이유만으로 그 조항을 포함한 주주 간 약정을 무효로 볼 수는 없다.[69]

한편 강제매매 조항의 경우에도 위에서 본 우선매수권 조항과 마찬가지로 매도가 강제되는 주식의 매매가격을 적정하게 정할 수 있는 절차와 기준을 포함하는 것이 중요하다.[70] 특히 그 매매가격을 정하는 기준이 강제매매사유가 발생할 당시의 공정가치가 아닌 취득가 또는 액면가 등인 경우가 문제인데, 이와 관련해서는 취득가 또는 액면가가 공정가치와 차이를 보이면 해당 강제매매 조항이 무효라는 견해, 취득가 또는 액면가와 공정가치 사이에 차이가 있더라도 해당 주식의 보유기간 중 충분한 이익배당이 이루어져 해당 주주에게 자본이득을 실질적으로 보장해 주었다고 볼 수 있을 경우에는 유효라는 견해 등이 있다.[71] 검토컨대, 강

---

68) 한국상사법학회(편)(주 13), 879면; 권오성(주 9), 441면.
69) 한국상사법학회(편)(주 13), 876면; 염미경(주 18), 57면.
70) 권오성(주 9), 442면.
71) 한국상사법학회(편)(주 13), 877면; 이태종(주 8), 22-23면; 염미경(주 18), 57면.

제매매 조항을 포함한 주주 간 약정을 체결하면서 강제매매사유 발생 시 그 매매가격을 취득가로 정한다는 조건을 포함한 경우 이러한 조건이 약정주주에게 반드시 불리하다고 볼 수는 없을 것이다. 강제매매사유 발생 시까지 회사의 성장으로 그 회사 주식의 가격이 상승하였다면 이러한 조건이 약정주주에게 불리할 수도 있겠지만 반대로 회사의 경영상황이 악화되어 해당 주식의 가격이 취득가보다 하락하였다면 이러한 조건은 약정주주에게 유리할 수도 있다.[72] 그러한 결과를 예측할 수 없는 상황에서 강제매매사유 발생 시 취득가를 매매가격으로 정한다는 조건은 주식의 가격이 하락할 위험을 헤지하는 수단이 될 수도 있기 때문에 그러한 조건을 포함하였다고 하여 해당 강제매매 조항을 무효로 보기는 어려울 것이다.[73]

### 5. 대상판결에 대한 검토: 주식양도제한약정의 채권적 효력 판단 기준을 중심으로

2008년 판결 이래로 대법원은 주식양도제한약정의 유효성 판단 기준과 관련하여 비교적 일관되게 "주주의 투하자본회수 가능성을 전면적으로 부정하는 것이 아니고 선량한 풍속 그 밖의 사회질서에 반하지 않는다면 당사자 사이에 원칙적으로 유효하다."라는 입장을 취하고 있다. 앞서 본 2008년 판결이나 2013년 판결 그리고 대상판결 모두 그러하다. 구체적으로 대상판결의 경우에는 원심이 인정한 다음과 같은 사정, 즉 ① 대상 회사의 주주가 8명에 지나지 않아 다른 주주들 전부로부터 동의를 받는 것이 양도를 금지할 정도에 이른다고 보기 어렵다는 점에 비추어 볼 때 이 사건 협약 조항은 주식의 양도를 전면적으로 금지한 것이 아니라 일정한 요건과 절차를 거쳐 양도가 가능하도록 규정하고 있다고 볼 수 있는 점, ② 대상 회사는 정관상으로 존립기간이 설립등기일로부터 13년으로 정해져 있어 주주의 투하자본회수가 불가능하다고 보기 어려운 점,

---

72) 이태종(주 8), 23면.
73) 이태종(주 8), 23면.

③ 대상 회사의 목적 사업은 주주의 구성이 중요하여 그 구성의 변동을 제한할 합리적 필요성이 있는 점 등을 근거로, 주식양도를 위해 출자자 전원의 동의를 받도록 한 이 사건 협약 조항은 주주의 투하자본회수 가능성을 전면적으로 부정한 것이 아니고 선량한 풍속 기타 사회질서에도 반하지 않으므로 유효하다고 판단하였다.

위와 같은 판단 기준에서 '선량한 풍속 그 밖의 사회질서에 반하지 않을 것'이라는 부분은 사법상 모든 계약에 적용되는 일반적인 기준으로서 대법원의 명시적인 별도 언급이 없었더라도 주식양도제한약정에 당연히 적용되어야 하는 기준으로 본다면, 결국 '주주의 투하자본회수 가능성을 전면적으로 부정하지 않을 것'이라는 부분이 판례에 따른 주식양도제한약정의 유효성 판단에 있어 핵심적인 기준이라 할 것이다. 그런데 '주주의 투하자본회수 가능성을 전면적으로 부정하지 않을 것'이라는 기준은, 문언 그대로 읽으면 주주가 투하자본을 회수할 수 있는 일말의 가능성이라도 있으면(즉, 투하자본회수 가능성을 실질적으로나 현실적으로 보장할 수 있을지 여부와 관계없이 형식적으로나 이론적으로 투하자본을 회수할 수 있는 가능성이 조금이라도 인정된다면) 그 기준을 충족할 수 있다는 관점(이하 ①설)74)으로 접근할 수도 있는 반면, 주주의 투하자본회수 가능성을 적극 요건으로 심사하여 주주의 투하자본회수가 실질적으로도 어느 정도 보장될 수 있을 때에만 그 기준을 충족할 수 있다는 관점(이하 ②설)75)으로 접근할 수도 있을 것이다.76) ①설에 따라 주식양도제한약정의 효력을 판

---

74) 즉, 이 경우에는 주주가 투하자본을 회수할 가능성이 없다는 것을 일종의 소극적 요건으로 하여 주주의 투하자본회수 가능성이 전혀 없다고 볼 수 있을 경우에만 주식양도제한약정의 효력을 부정하게 될 것이다.

75) 즉, 이 경우에는 주주가 투하자본을 실질적으로나 현실적으로 회수할 가능성이 있다는 것을 적극적 요건으로 하여, 주주의 투하자본회수 가능성이 어느 정도 실현될 수 있다고 볼 경우에만 주식양도제한약정의 효력을 인정하게 될 것이다.

76) 대법원의 똑같은 판단 기준 문언을 두고도 이렇게 다른 접근방법을 상정해야 할 필요는 다음과 같다: 대법원이 문제가 된 주식양도제한약정의 효력을 부정한 2000년 판결에서 제시한 기준 역시 주주의 투하자본회수 가능성을 전면적으로 부정한다는 것이었는데, 앞에서도 본 것처럼 2000년 판결에서 문제가 된 주식양도제한약정의 양도금지기간은 불과 5년 정도로서 '주주의 투하자본회수 가능성을 다소 제한한

단한다면, 주식양도제한약정은 원칙적으로 유효하고 다만 주주의 투하자본회수 가능성이 전적으로 부정될 경우에만 그 약정의 효력을 무효로 볼 것이다. 반면 ②설에 따르면 주식양도제한약정은 본질적으로 주식양도자유의 원칙에 반하고 주주의 투하자본회수를 방해하는 속성을 가지고 있기 때문에 원칙적으로 무효이고 다만 그 약정에도 불구하고 주주의 투하자본회수 가능성이 어느 정도 실질적으로 확보될 수 있을 경우에만 그 약정의 효력을 유효로 볼 것이다.

대법원은 이 사건 협약의 효력과 관련하여 주주의 수, 주주 구성의 특수성, 회사의 존립기간 등을 검토함으로써 이 사건 협약에서 주주의 투하자본회수가 실질적으로 보장되는지 여부를 적극적인 요건으로 심사한 것처럼 보이기도 하지만, 대법원이나 원심이 이 사건 협약이 유효하다고 결론 내리면서 그 근거로 제시한 간접사실을 구체적으로 살펴보면, 주식양도제한약정의 효력과 관련하여 위 ①설에 가까운 접근방법을 취한 것으로 볼 여지가 크다.

구체적으로 보면, 이 사건 협약 제14조 제1항에서 주식양도를 원칙적으로 금지하면서 같은 항 단서 제2호에 따라 다른 주주 전원이 동의하는 경우에만 예외적으로 주식양도를 허용하고 있는데, 이는 앞서 본 주

---

것'으로는 볼 수 있을지언정 '주주의 투하자본회수 가능성을 전면적으로 부정한 것'으로 보기는 어려웠다. 즉 '전면적으로 부정한다.'는 표현을 문언 그대로 해석할 경우 5년 정도의 양도금지기간이라면 주주의 투하자본회수 가능성을 전면적으로 부정한 것으로 보기는 어려움에도 그러한 내용의 주식양도제한약정의 효력을 부정했다는 것은 대법원이 (그러한 문언과 상관없이) 주주의 투하자본회수가 실질적으로 보장되는지 여부를 적극 요건으로 심사한 것으로 볼 여지가 있을 것이다. 반면 대법원은 2013년 판결이나 대상판결 등에서는 주식양도를 금지하면서도 양도금지기간을 따로 명시하지 않은 주식양도제한약정에 대하여 주주의 투하자본회수 가능성이 전면적으로 부정되지는 않았다고 하며 그 효력을 인정하였다. 이러한 판결을 비교분석해 보면, 대법원이 '주주의 투하자본회수 가능성을 전면적으로 부정하지는 않을 것'이라는 똑같은 문언을 사용한 추상적 기준을 여러 판결에서 반복하고는 있지만 각 사건마다 그 추상적 기준을 적용하는 구체적인 접근방법은 다를 수 있다는 점을 충분히 추론해 볼 수 있다. 이에 이하에서는 대법원이 판시한 추상적 판단 기준상의 문언에 초점을 맞추기보다는 대법원의 구체적 접근방법에 집중하고자 한다.

식양도제한약정의 유형에 따르면 일종의 록업 유형으로서 양도금지특약
과 다른 주주들 전부의 동의를 요구하는 동의조항을 포함한 것으로 볼
수 있다. 그런데 종래 학설은 양도금지특약을 포함한 주식양도제한약정
의 효력과 관련하여 일정 기간을 정하여 주식의 양도를 금지하는 약정은
그 기간이 합리적인 범위 내에 있고 그러한 양도금지기간을 설정할 정당
한 이유가 있을 경우에 그 유효성을 인정할 수 있겠지만 주식의 양도를
(기간 제한 없이) 전면적으로 금지하는 약정은 무효라고 보고 있었다. 이
사건으로 돌아와 이 사건 협약이 주식양도를 금지하면서 양도금지기간을
별도로 설정하거나 제한하였는지를 보면 대상판결이나 원심판결 어디에
도 양도금지기간을 따로 설정하거나 제한하였다는 사정은 보이지 않는
다. 다만 위에서 본 판결 이유 중 ②번의 사정, 즉 대상 회사의 경우 정
관상 회사의 존립기간이 설립등기일로부터 13년으로 정해져 있어 주주의
투하자본회수가 불가능하다고 보기 어렵다고 한 점을 보건대, 이 사건
협약은 대상 회사의 존속 중에는 주식의 양도를 원칙적으로 금지하면서
양도금지기간을 별도로 설정하거나 제한하지 않았고 (다른 주주 전원의 양
도 동의가 없는 한) 주주의 투하자본회수는 사실상 회사의 존립기간 만료
후 잔여재산분배라는 방법을 통해서만 가능하였다고 봄이 합리적인 추론
이라 할 것이다.[77] 그렇다면 이 사건 협약은 일견 앞서 본 주식양도제한
약정의 분류상으로 기간 제한 없이 주식의 양도를 금지한 약정으로 봄이
타당한데, 대상판결은 그러한 약정조차도 회사 자체의 존속기간이 한시적
으로 설정되어 있는 경우에는 그 존속기간 만료 후 주주의 잔여재산분배
청구가 가능한 이상 주주의 투하자본회수 가능성이 완전히 부정되지는

---

77) 즉, 대상판결에서의 13년이라는 기간 제한은 정관상 명시된 회사의 존속기간 내
   지 존립기간이라는 점에서 이를 2000년 판결(신세기통신 사건)에서처럼 주식양도
   제한약정에서 설정한 양도금지기간 내지 양도제한기간과 동일시할 수는 없을 것이
   다. 주식양도제한약정에 양도금지기간이 설정된 경우에는 그 기간이 도과한 후 해
   당 주식을 회사의 존속 중에(회사가 정상적으로 운영되는 동안에) 정상적으로 양
   도하는 방법으로 처분할 수 있겠지만, 정관에 규정된 회사의 존속기간이 도과한
   후에는 주식 양도는 더 이상 의미가 없고 주주의 잔여재산분배청구만이 사실상 주
   주의 유일한 투하자본회수 방법으로 기능할 것이기 때문이다.

않는다고 본 것이다. 그런데 양도금지기간이 설정되었다가 그 기간이 만료된 후 회사의 존속 중에 주주가 주식을 양도함으로써 투하자본을 회수할 때와 한시적인 회사의 존립기간이 만료된 후 회사가 해산 및 청산되는 과정에서 주주가 잔여재산을 분배받음으로써 투하자본을 회수할 때는 투하자본의 회수 가능성이나 회수 정도 내지 회수 금액에 있어 그 의미가 많이 다르다. 특히 일시적인 프로젝트를 위해 회사가 한시적으로 존립하다가 해산하는 경우에는 해산 당시 회사에 잔여재산이 남아 있지 않을 수도 있고 남아 있더라도 그 가치는 회사가 정상적으로 운영될 때보다 상당히 축소되어 있을 것이다. 이렇게 불확실하고 제한적인 투하자본 회수 가능성으로도 이 사건 협약의 효력을 인정하였다는 것은 결국 대법원이 위 ①설에 의한 접근방법과 유사하게 주주의 투하자본회수 가능성이 이론적으로나 개념적으로 완전히 부정되지 않는 이상 주식양도제한약정은 유효하다는 입장을 취한 것으로 볼 수 있을 것이다.

또 다른 한편 대상판결은 위 판결 이유 중 ①번의 사정, 즉 대상 회사의 주주가 8명에 불과하여 다른 주주들로부터 주식양도에 관한 동의를 받는 것이 그 양도를 금지할 정도에 이른다고 보기 어렵다고 한 점을 보건대, 양도희망주주 이외 7명의 주주들 전원으로부터 예외적인 양도에 대한 동의를 구하는 것은 경우에 따라서는 매우 어렵거나 현실적으로 불가능한 일일 수도 있다. 그렇게 좁은 예외적 양도 요건에도 불구하고 이 사건 협약의 유효성을 인정한 것을 보면, 대법원은 원칙적인 양도금지에도 불구하고 예외적 요건에 의한 주식 양도가 이론적으로나 개념적으로 완전히 불가능하지 않은 이상 주식양도제한약정이 유효하다는 입장을 취한 것으로 볼 수 있을 것이다.[78]

---

78) 실무상 주식양도제한약정은 합작투자 등의 명분으로 연결된 제한된 수의 주주들 사이에 체결되는 것이 대부분이라는 점에 착안하여 보면, 대상판결에서 주주의 투하자본회수 가능성이 전면적으로 부정되지는 않았다고 본 근거 중 '이 사건 협약 당사자인 소외 회사의 주주가 8명에 불과하여 다른 주주들로부터 주식양도에 관한 동의를 받는 것이 그 양도를 금지할 정도에 이른다고 보기는 어려운 점'이 인정되지 못할 주식양도제한약정은 사실상 거의 없을 것이다.

추가적으로 대상판결은 "회사의 목적사업은 주주의 구성이 중요하여 그 구성의 변동을 제한할 합리적 필요성이 있는 점"도 중요한 요소로 고려하고 있는데, 이를 보면, 앞서 본 미국 법원이 주식양도제한약정의 유효성을 판단함에 있어 적용하는 '합리성'기준을 우리 대법원도 유효성 판단 기준의 한 요소로 고려하였음을 알 수 있다.

결국 위와 같은 분석에 의할 때, 대법원이 주식양도제한약정의 유효성을 판단함에 있어 취한 구체적 접근방법은 (판결의 문언에 충실하게) 주주의 투하자본회수 가능성이 이론적으로나 개념적으로 완전히 부정되지 않은 이상 주식양도제한약정의 효력을 부정할 수 없다는 것으로 해석하는 것이 타당하고, 미국의 판례상 기준인 '합리성'기준도 내포하고 있는 것으로 보아야 한다. 이러한 분석에 따른다면, 회사 목적 사업의 특성이나 주주 구성의 특수성 등으로 인하여 주식양도를 금지하거나 제한해야 할 합리적인 목적이 인정되는 상황에서는 주식의 양도를 금지하면서 예외적인 양도 요건을 일체 규정하지 않았거나 양도금지기간 또는 회사의 존속기간을 따로 제한하지 않은 경우가 아니라면 실제 주식양도제한약정의 효력이 부정되기는 어려울 것이다.

현대 회사법의 흐름 중 하나는 회사법의 강행규정성을 절대시하거나 지나치게 확대해석하는 것을 경계하면서 주주 간 계약의 채권적 효력은 물론이고 회사에 대한 효력도 좀 더 전향적으로 검토하자는 것이라 할 수 있는데, 주주 간 계약의 일종인 주식양도제한약정의 경우에는 2000년 판결과 그 취지에 따르는 일부 후속 판결[79] 그리고 상법 제335조 제1항 단서에 근거한 단체법적인 주식양도제한과 주주 간 계약에 의한 개인법적인 주식양도제한을 혼동한 일부 학설 등의 영향으로 약정주주들 사이의 채권적 효력을 인정함에 있어서도 지나치게 경직되고 엄격한 기준을 적용한 것은 아닌가하고 되돌아볼 필요가 있다. ① 공개회사가 아닌 폐쇄회사에

---

79) 이러한 판결은, 주식양도를 금지하는 주식양도제한약정에서 예외적으로 양도를 허용하는 요건이 상법 제335조 제1항 단서 소정의 양도제한 요건을 가중하면 해당 약정의 효력을 무효로 보았다(2000년 판결 및 2004년 판결 등).

서는 주식양도의 자유가 절대적으로 중요한 강행적인 회사법 원칙이라 보기 어려운 점, ② 실무적으로 주식양도제한약정은 합작투자계약 등에서 대등한 동업자 주주들이 주식의 양도를 제한할 사업상 필요에 공감하고 주식의 양도를 제한하는 의미를 이해한 상태에서 체결되는 경우가 대부분이기 때문에 법원이 그 약정의 사법적 효력을 부인해 가면서 보호해야 할 약자가 구조적으로 존재하기 어려운 점, ③ 주식양도제한약정의 효력을 부정할 경우 계약을 위반한 위약주주는 보호를 받는 반면 계약을 준수하고 있는 잔존주주는 피해를 입게 될 텐데 주식양도제한약정의 채권적 효력을 부정해 가면서까지 자기 스스로 체결한 약정을 위반한 주주는 보호하고 그 약정을 준수하고 있는 주주는 피해를 입도록 방치함으로써 지켜야 할 사법질서상의 가치가 존재한다고 보기는 어려운 점[80] 등을 감안하면, 주식양도제한약정의 채권적 효력은 넓게 인정하는 것이 타당할 것이다.

대상판결의 경우, 주식양도제한약정의 효력을 판단함에 있어 "주식의 양도를 제한하는 방법으로 이사회 승인을 받도록 정관에 정할 수 있다는 상법 제335조 제1항 단서의 취지에 비추어 볼 때"라는 표현을 아직 고수하고 있어서 형식적으로는 2000년 판결에서 일부 확인되던 단체법적 시각을 완전히 탈피하였다고 보기는 어렵지만, 실질적으로는 투하자본회수 가능성이 전면적으로 부정되는 경우를 문언 그대로 매우 좁게 해석함으로써 사실상 주식양도제한약정의 효력을 매우 넓게 인정하는 입장을 확고히 한 것으로 보이며, 이는 주식양도제한약정의 취지와 속성상 타당하다고 할 것이다.

---

80) 주식양도제한약정의 효력을 부정할 경우 해당 약정을 위반한 위약주주는 잔존주주에게 지급해야 했던 위약금 또는 손해배상금을 지급하지 않아도 됨으로써 실질적인 이득을 얻는 반면 해당 약정을 준수하고 있는 잔존주주는 그 위약주주를 상대로 위약금 또는 손해배상금의 지급을 구하지 못하게 됨으로써 실질적인 손실을 입게 될 것이다. 또한 주식양도제한약정의 당사자인 주주들은 대부분 동업자들로서 주주 구성이 자기들로만 이루어졌을 때에만 동업 형태의 사업을 운영할 수 있다고 판단하여 주식양도제한약정을 체결하는 것일 텐데, 일부 주주가 그 약정에 위배하여 동업자가 아닌 제3자(양수인)가 새로 주주로 편입될 경우 잔존주주들은 더 이상 사업을 운영하기 어려울 수도 있을 것이다.

## Ⅳ. 주식양도제한약정을 위배한 주식양도행위에 따른 법률관계

### 1. 서　　설

주식양도제한약정이 무효라면 일부 약정주주가 그 약정에 위반하여 제3자와 주식양도계약을 체결하였더라도 그로 인하여 법적 문제가 생길 여지는 거의 없을 것이다. 그러나 주식양도제한약정이 유효라면 양상이 달라진다. 일단 유효한 주식양도제한약정을 위반한 주식양도행위의 효력이 문제 될 수 있고 그와 같이 주식양도제한약정상의 의무를 위반한 위약주주의 나머지 약정주주에 대한 법적 책임이 문제 될 수도 있다. 그 밖에도 주식양도제한약정을 위반하려는 양도희망주주를 상대로 나머지 약정주주들이 사전적으로 취할 수 있는 법적 구제수단으로서 주식처분금지가처분 등이 문제 될 여지도 있다. 이하에서는 주식양도제한약정을 위반한 주주의 주식양도행위를 둘러싼 다양한 법률관계를 일반적으로 살펴본 후, 대상판결에서의 원고와 피고 사이의 주식양도계약을 둘러싼 문제도 구체적으로 검토한다.

### 2. 주식양도제한약정을 위반하여 이루어진 주식양도행위의 효력

주주들 사이에 주식양도를 금지하거나 제한하는 약정을 체결하였음에도 약정주주가 그 약정에 반하여 제3자에게 주식을 양도하는 경우가 적지 않게 발생한다. 이 경우 주식양도제한약정의 효력과 관련하여, 제3자, 즉 양수인이 해당 주식을 유효하게 취득하는지 여부가 문제 된다.

통설인 채권적 효력설에 따르면, 주식양도제한약정은 그 당사자 사이에만 채권적 효력을 발생시킬 뿐이므로 그 약정을 위반하여 주식을 양도한 경우 양수인의 주관적 요건(선의, 악의)에 관계없이 그 양수인은 해당 주식을 유효하게 취득한다고 본다.[81]

그런데 양도금지특약에 위반한 채권양도의 효력에 관한 대법원 전

---

81) 권순일 편집대표 외(주 9), 459면; 한국상사법학회(편)(주 13), 879면; 이철송(주 12), 9-10면; 권기범(주 41), 607면; 최기원(주 46), 341면; 정동윤(주 46), 488면.

원합의체 판결(대법원 2019. 12. 19. 선고 2016다24284 전원합의체 판결)과 관련하여, 주식양도제한약정을 위반한 주식양도행위의 효력을 달리 볼 여지가 없는지를 검토해 볼 수도 있을 것이다. 민법 제449조 제1항은 채권의 양도성을 원칙으로 규정하면서 같은 조 제2항은 채권양도금지특약의 가능성을 규정하고 있다. 이러한 조문하에서 종래 양도금지특약을 위반한 채권양도의 효력과 관련해서는 물권적 효과설과 채권적 효과설이 대립하였다. 전원합의체 판결에서도 물권적 효과설과 채권적 효과설이 대립하였는데 다수의견[82]은 물권적 효력설을 취하였고, 소수의견[83]은 채권적 효력설을 취하였다.[84] 주식양도제한약정을 위반한 주식양도행위에 채권양도에 관한 위 전원합의체 판결의 다수의견 법리(즉 물권적 효력설)를 적용하거나 유추할 수 있다고 할 경우 주식양도제한약정을 위반한 주식양도행위가 무효라고 볼 여지도 물론 있을 것이다.[85] 그러나

---

82) 당사자가 양도를 반대하는 의사를 표시(이하 '양도금지특약'이라고 한다)한 경우 채권은 양도성을 상실한다. 양도금지특약을 위반하여 채권을 제3자에게 양도한 경우에 채권양수인이 양도금지특약이 있음을 알았거나 중대한 과실로 알지 못하였다면 채권 이전의 효과가 생기지 아니한다. 반대로 양수인이 중대한 과실 없이 양도금지특약의 존재를 알지 못하였다면 채권양도는 유효하게 되어 채무자는 양수인에게 양도금지특약을 가지고 채무 이행을 거절할 수 없다. 채권양수인의 악의 내지 중과실은 양도금지특약으로 양수인에게 대항하려는 자가 주장 · 증명하여야 한다.

83) 채권자와 채무자의 양도금지특약은 채권자가 채무자에게 채권을 양도하지 않겠다는 약속이다. 채권자가 이 약속을 위반하여 채권을 양도하면 채권자가 그 위반에 따른 채무불이행책임을 지는 것은 당연하다. 그러나 이것을 넘어서서 양도인과 양수인 사이의 채권양도에 따른 법률효과까지 부정할 근거가 없다. 채권양도에 따라 채권은 양도인으로부터 양수인에게 이전하는 것이고, 채권양도의 당사자가 아닌 채무자의 의사에 따라 채권양도의 효력이 좌우되지는 않는다. 따라서 양수인이 채무자에게 채무 이행을 구할 수 있고 채무자는 양도인이 아닌 양수인에게 채무를 이행할 의무를 진다고 보아야 한다.

84) 위 전원합의체 판결에 대하여는 이미 다수의 평석이 출간되어 있는바, 이 글에서는 위 전원합의체 판결 내지 관련 민법 법리에 대한 자세한 분석은 생략한다. 위 전원합의체 판결 및 관련 민법 법리에 대한 연구로는, 여미숙, "양도금지특약을 위반한 채권양도의 효력-대법원 2019. 12. 19. 선고 2016다24284 전원합의체 판결", 법조 제71권 제4호, 법조협회(2022); 이동진, "양도금지특약에 반하는 채권양도, 회생절차와 민법 제434조", 법조 제69권 제5호, 법조협회(2020) 등을 참고할 수 있다.

85) 천경훈, "2022년 회사법 판례의 회고", 상사판례연구 제36권 제1호, 한국상사판례

주식을 '주주를 채권자'로 하고 '회사를 채무자'로 하는 일종의 채권적
권리로 비유하자면 주식양도제한약정은 채권자 간의 특약이라 할 수 있
는 반면, 민법 제449조 제2항에서 말하는 채권양도금지특약은 채권자와
채무자 간의 특약으로서 주식양도제한약정과 채권양도금지특약을 같은
평면에서 논의할 수는 없을 것이다.[86] 따라서 주식양도제한약정에 관한
기존 통설과 달리 양도금지특약을 위반한 채권양도의 효력에 관한 위
전원합의체 판결(특히 다수의견)의 법리를 유추적용하여 주식양도제한
약정을 위반한 주식양도행위의 효력을 부정하는 것은 타당하지 않다
고 본다.

### 3. 위약주주 및 양수인에 대하여 다른 약정주주가 행사할 수 있는 법적 구제수단

#### (1) 위약금 약정과 그에 기한 위약금 지급청구

위에서 본 바와 같이 주식양도제한약정은 채권적 효력을 가질 뿐이
므로 그에 위반하여 주식이 양도된 경우에도 그 양도는 유효하다. 그러
나 그와 같이 주식양도제한약정을 위반하여 주식을 양도한 주주는 주식
양도제한약정에 따른 채무를 불이행한 것으로 볼 수 있기 때문에 다른
약정주주에 대하여 채무불이행에 따른 손해배상책임을 진다고 볼 수 있
다.[87] 그런데 이때 잔존한 약정주주들이 손해배상청구를 할 수 있다고
하더라도, 실제 소송에서는 잔존한 약정주주들이 위약주주로 인해 손해를
입었다고 볼 수 있는지, 손해를 입었다고 보더라도 그 손해액을 얼마로
볼지가 문제 될 텐데, 그러한 손해액을 구체적으로 입증하는 것은 실무
적으로 상당히 어려울 것이다.[88] 이러한 경우를 대비하여 주식양도제한

---

학회(2023), 79면(각주 10).

86) 한편 이와 관련하여 "민법상 채권양도 금지특약에 관한 물권적 효력설에 따르면
제3양수인의 선의 또는 악의에 따라 결론에 차이가 생긴다. 주식의 양도는 채권양
도는 아니라는 점에서 민법상 논의가 유추적용되기 부적절할 뿐만 아니라, 특히
선의의 제3양수인을 더 보호한다는 점에서도 문제가 있다."는 견해도 참고할 만하
다(송옥렬(주 51), 358면].

87) 송옥렬(주 28), 857면.

약정에는 그 약정을 위반한 주주가 다른 약정주주에게 지급해야 할 위약
금에 관한 조항이 포함되는 경우가 많다.[89]

　　그런데 위약금 약정은 원칙적으로 손해배상액의 예정으로 추정되고(민법
제398조 제2항), 손해배상의 예정액이 부당히 과다한 경우에는 법원은 적
당히 감액할 수 있으므로(민법 제398조 제4항), 당사자들이 합의한 위약금
액수가 지나치게 크다고 인정될 경우에는 법원에 의해 감액되어 그 일부
만 인정될 여지가 있다. 2008년 판결에서 문제가 된 주식양도제한약정에
도 위약주주를 제외한 잔존주주들의 주식 전부를 1주당 50,000원으로 계
산하여 그 총액을 위약금으로 한다는 조항이 포함되어 있었는데, 원심은
그 위약금 약정을 손해배상액의 예정으로 본 다음 위와 같이 산정된 위
약금 전액을 배상하는 것은 지나치게 과하다고 인정하며 그 금액의 10%(즉,
1주당 5,000원)로 감액함이 상당하다고 판단하였고 대법원도 그러한 결론
을 수긍하였다.[90]

　　위와 같이 단순히 위약금을 감액하는 데서 더 나아가, 위약금 액수
가 양도희망주주의 투하자본회수를 부당히 침해한다고 볼 정도로 과다하
다면 그 위약금 조항을 포함한 주식양도제한약정 자체의 효력이 부정될
수 있다는 견해도 있다.[91] 그런데 위약금이 과다할 경우 (위약금 약정을
손해배상액의 예정으로 추정할 수 있다는 전제에서) 민법 제398조 제2항에 의
해 과다한 부분을 감액하면 충분할 텐데, 거기서 더 나아가 주주들이 자
발적으로 참여한 주식양도제한약정 전체의 효력까지 부정할 필요가 있을
지는 의문이다.

---

88) 한국상사법학회(편)(주 13), 879면; 이동건 외(주 14), 23면.
89) 한국상사법학회(편)(주 13), 879면; 진홍기(주 55), 210면.
90) 이처럼 위약금 약정은 손해배상액의 예정으로 추정되어 법원에 의해 재량감액될
　　여지가 있으므로, 이러한 가능성을 차단하기 위해 실무에서는 주식양도제한약정에
　　위약벌 조항을 포함시키는 경우도 많다. 실제 2013년 판결에서 문제가 된 주식양
　　도제한약정에는 보유주식 처분금지의무를 위반한 경우를 대비한 위약벌 조항이 포
　　함되어 있었는데, 2013년 판결의 원심은 피고들의 무효 주장에도 불구하고 해당
　　위약벌 조항에 기재된 금액 전부를 그대로 인용하였다.
91) 한국상사법학회(편)(주 13), 879면; 이태종(주 8), 21면; 염미경(주 18), 61면.

(2) 임시 지위를 정하는 가처분

앞서 본 바와 같이 양도희망주주가 주식양도제한약정을 위반하여 보
유주식을 제3자에게 처분하더라도 주식양도제한약정의 채권적 효력으로
인하여 제3자는 유효하게 그 주식을 취득할 수 있다. 이때 잔존주주는
위약주주를 상대로 계약위반을 이유로 한 손해배상청구를 할 수 있지만
손해액의 입증이 어려울 수 있고 위약금 약정을 하였더라도 그 금액이
감액될 수 있다. 이처럼 주식양도제한약정을 체결한 주주가 그 약정을
위반하여 보유주식을 이미 처분한 후에는 잔존주주의 권리구제가 어렵거
나 가능하더라도 그 실효성이 떨어질 수 있다. 이러한 점 때문에 양도희
망주주가 주식양도제한약정을 위반하여 보유주식을 처분하기 전에 잔존
주주들은 주식처분금지가처분을 활용할 수 있을 것이다.[92]

그런데 위와 같은 주식처분금지가처분과 관련해서는 주의할 점이
있다.

우선 주식양도제한약정상의 권리를 피보전권리로 하여 주식처분금지
가처분을 신청하려면 그 주식양도제한약정을 체결한 주주를 상대로만 신
청할 수 있고, 그 약정주주로부터 주식을 양수한 제3자 등은 위와 같은
주식처분금지가처분 신청의 상대방이 될 수 없다.[93] 그리고 주식양도제
한약정이 유효할 경우에만 위와 같은 주식처분금지가처분의 피보전권리
가 인정될 수 있으므로 주식양도제한약정 자체가 무효로 판명될 경우에
는 주식처분금지가처분을 신청할 피보전권리 자체가 인정되지 않을 것이다.

---

92) 백숙종, "주주간 계약과 가처분", BFL 제88호, 서울대학교 금융법센터(2018), 82-84면;
   이러한 가처분 이외에도 주식양도제한약정과 관련하여 "회사가 당사자로 된 양도
   제한계약의 경우 회사는 계약에 위반한 주식양도를 승인하여 명의개서청구에 따르
   지 않을 채무를 부담하기 때문에 회사를 채무자로 하는 명의개서금지의 가처분은
   인정[되고] 주식양도제한계약에서 다른 주주에게 선매권을 부여한 규정이 있다면
   당해 주주는 선매권의 규정을 근거로 하여 회사에 대하여 제3자에게로의 주식양도
   를 불승인으로 하여 스스로를 매수인으로 지정할 것을 명하는 가처분을 청구하는
   것도 가능하다."는 견해도 있다[김지환, "주주간 계약과 정관자치법리에 관한 연구",
   상사판례연구 제26집 제3권, 한국상사판례학회(2013), 224면].
93) 서울고법 2016. 7. 4. 자 2016라20291 결정; 이철송, "주주간계약의 회사법적 효력
   론의 동향", 선진상사법률연구 제86호, 법무부(2019), 10면.

또한 위와 같은 주식처분금지가처분을 신청함에 있어서는 피보전권리 뿐만 아니라 보전의 필요성 역시 인정되어야 할 것인데, 피신청인인 양도희망주주가 이미 보유주식을 양도한 이후라면 보전의 필요성이 인정될 수 없을 것이다.

### (3) 제3자(양수인)를 상대로 한 손해배상청구(제3자 채권침해의 법리)

앞서 본 바와 같이 주식양도제한약정을 위반하여 주식을 양도하더라도 이를 양수한 제3자는 유효하게 그 주식을 취득하게 되는데, 이때 제3자는 아무런 책임 내지 불이익을 부담하지 않는가? 이와 관련하여, 제3자의 채권침해가 불법행위를 구성하는 기준에 관한 대법원 판례[94]의 법리를 적용하여 제3자인 양수인이 양도한 주주와 적극 공모하거나 기망·협박 등의 수단을 사용하여 해당 주식을 매매하였다는 등의 특별한 사정이 입증된 경우에는 양수인이 잔존주주에 대하여 손해배상책임을 질 수 있다는 견해도 있는데,[95] 실제 사례에서 그와 같은 특별한 사정이 입증되기는 어려울 것이다.

### 4. 대상판결에 대한 검토

앞서 본 대상판결의 사실관계를 보면, 주식양도제한약정으로서의 이 사건 협약의 당사자인 피고가 제3자인 원고에게 이 사건 주식(이 사건 회사 주식의 5%에 해당하는 50,000주)을 5억 원에 양도하기로 하고 원고로부터 계약금 5,000만 원을 지급받았다. 그런데 이 사건 양도계약 제6조 단서는 "출자자 전원의 동의와 이사회 승인이 이행되지 않을 경우에는 본 계약을 무효로 하고 [피고는] 지체 없이 [원고]에게 계약금을 반환한다."라고 규정하고 있다. 피고는 주식양도제한약정을 체결한 다른 주주들 중 일부가 이 사건 주식양도에 반대하여 이 사건 양도계약은 위 제6조 단서 조항에 따라 무효가 되었다고 하며 원고에게 위 계약금을 반환하였으나, 원고는 이 사건 주식양도에 반대하는 주주가 없어 이 사건 양도계약이

---

94) 대법원 2001. 5. 8. 선고 99다38699 판결 등.
95) 이동건 외(주 14), 24면.

여전히 유효하다고 하며 피고에게 이 사건 양도계약에 따라 이 사건 주식에 관한 주식양도절차를 이행할 것을 청구하였다.

이 사건 주식양도계약 제6조 단서의 의미에 대하여 대상판결의 원심은 "이 사건 [양도]계약을 체결하면서 출자자 전원의 동의를 이 사건 주식의 양도 요건으로 삼는다는 점에 대하여 명시적으로 합의하였으므로, [설령 [주식양도제한약정인] 이 사건 협약 제14조의 일반적인 구속력 등에 대하여 논란의 여지가 있다고 가정하더라도] 적어도 원고와 피고 사이에서는 출자자 전원의 동의를 주식양도의 요건으로 삼는 것 자체를 무효라고 보기는 어렵다."라고 전제한 후, "다른 출자자 전원의 동의 요건 및 소외 회사의 이사회 승인 요건 중 어느 하나라도 흠결되는 경우 주식양수인인 원고는 소외 회사에 대하여 주식양수의 효력을 주장할 수 없고, 이 사건 계약을 무효로 한다는 점에 대하여 원고와 피고가 명시적으로 합의한 것이고, 위와 같은 요건 흠결이 발생한 경우 이 사건 계약관계가 청산된다는 점을 분명히 한 것으로 해석된다."라고 설시하였다. 이를 바탕으로 원심은 "이 사건 [양도]계약 제6조 단서가 출자자 전원의 동의 및 이사회의 승인을 얻지 못한 경우 이 사건 계약은 무효가 된다고 규정하고 있는데, 출자자 전원의 동의 및 이사회 승인을 얻지 못하였으므로 이 사건 [양도]계약은 무효가 되었다."라고 결론 내렸다.

위와 같이 이 사건에서는 주식양도제한약정의 당사자인 주주가 그 약정에 반하여 제3자에게 대상 주식을 양도하는 계약을 체결하면서 제3자와 사이에 그 양도계약을 무효로 하는 사유를 별도로 합의한 후 그 무효사유를 이 사건 양도계약 제6조 단서에 포함하였는데, 그 단서 조항의 법적 성격이 문제 된다. 이에 대하여 원심은, 위에서 본 바와 같이, 이 사건 양도계약 제6조 단서가 이 사건 주식 양도의 요건을 규정한 것이라거나 원고와 피고가 이 사건 양도계약의 무효사유를 합의한 것이라고 설명하고 있는데, 그러한 설명만으로는 그 단서조항의 법적 성격을 명확히 규명하기 어렵다. 위 단서조항에 규정된 무효사유의 법적 성격과 관련하여, ⅰ) 이 사건 양도계약의 효력의 발생을 장래의 불확실한 사실(출자자

전원의 동의와 발행회사 이사회의 승인을 얻었다는 사실)에 의존케 한 정지조건을 규정한 것으로 볼 수도 있고,[96] ⅱ) 이 사건 양도계약의 효력의 소멸을 장래의 불확실한 사실(출자자 전원의 동의와 발행회사 이사회의 승인을 얻지 못한 사실)에 의존케 한 해제조건을 규정한 것으로 볼 수도 있으며,[97] ⅲ) 단순히 이 사건 양도계약의 당사자들이 계약자유의 원칙에 따라 그들 사이의 약정에 의한 해제사유 또는 무효사유를 임의로 설정한 것으로 볼 수도 있을 것이다. 대상판결 및 그 원심판결에 언급된 제한된 사실관계만으로 이 사건 양도계약을 둘러싼 모든 정황을 파악할 수는 없어서 한계가 있기는 하지만, 일견 이 사건 양도계약이 발효되어 그에 기하여 이미 계약금이 지급되었다고 볼 수 있는 점, 위 단서조항의 문언을 보면 출자자 전원의 동의 및 이사회의 승인이 이행되지 않았다는 조건이 발생함으로써 이 사건 양도계약이 무효로 된다고 해석할 수 있는 점 등을 고려할 때, 위 단서조항은 이 사건 양도계약의 해제조건을 규정한 것으로 봄이 타당하다고 사료된다. 그렇다면 이 사건에서는 그 해제조건이 성취되었다고 볼 수 있는가? 앞서 본 바와 같이 원고는 이 사건 주식양도에 반대하는 주주가 없어 이 사건 양도계약이 여전히 유효하다고 주장하였는데 이는 해제조건이 아직 성취되지 않았다는 주장으로 선해해 볼 수도 있을 것이다. 이에 대하여 원심은 "위 제6조 단서가 규정하는 '출자자 전원의 동의가 이행되지 아니할 경우'는 반드시 출자자 중 명시적으로 반대 의사를 표시한 자가 있는 경우만이 아니라 그 동의가 이루어지기 어렵다고 보고 동의 절차를 진행하지 않은 경우 등도 포함된다고 봄

---

96) 이 사건 양도계약을 정지조건부 계약으로 보면, '출자자 전원의 동의 및 발행회사 이사회의 승인'이라는 정지조건이 불성취로 확정되어 이 사건 양도계약이 무효로 될 것이다.

97) 이 사건 양도계약을 해제조건부 계약으로 보면, '출자자 전원의 동의 및 발행회사 이사회의 승인을 얻지 못한 사실'이라는 해제조건이 성취되어 이 사건 양도계약의 효력은 소멸하게 될 것이다. 원칙적으로 해제조건부 계약은 그 조건이 성취된 때부터 그 효력이 소멸할 것이나(민법 제147조 제2항), 이 사건의 경우 위 단서조항에 의해 당사자가 해제조건 성취의 효력을 소급하게 한다는 합의를 한 것으로 볼 수도 있을 것이다(민법 제147조 제3항).

이 타당하고, '발행회사의 이사회 승인이 이행되지 아니할 경우'라 함은
반드시 이사회가 개최되어 주식양도 승인 안건이 결의에 부쳐진 후 부
결된 경우만이 아니라 그 승인이 이루어지기 어렵다고 보고 이사회를
개최하지 않은 경우 등도 포함된다고 해석함이 타당하다."라고 하며 이
사건에서는 출자자 전원의 동의 및 이사회의 승인을 얻지 못하였다고
결론 내렸다.

　이 사건 양도계약의 무효에 따른 법률효과 내지 원상회복관계에 관
하여 보건대, 이 사건 양도계약에서는 '출자자 전원의 동의와 발행회사
이사회의 승인'을 모두 얻지 못한 경우의 법률효과 내지 원상회복관계를
피고의 원고에 대한 계약금 반환으로 명시하고 있고 이 사건 양도계약에
서 양수인 입장인 원고가 이 사건 주식을 (주식소유관계에서) 이미 취득하
였거나 다시 제3자에게 전매한 것도 아니므로, 이 사건 양도계약 제6조
단서조항이 정한 사유가 발생하였다고 인정된 이상 그 이후의 계약무효
의 효과에 따른 법률관계 내지 원상회복과 관련해서는 논란의 여지가 별
로 없어 보인다.[98]

　한편 이 사건의 경우에는 주식양도제한약정의 당사자인 주주가 그
약정에 위반하여 제3자(양수인)와 체결한 주식양도계약에 발행회사 주주
전원의 동의를 얻지 못하면 그 주식양도계약을 무효로 한다는 조항을 포
함하고 있고 그 조항에 규정된 무효사유가 발생하였다고 인정되어 그 주
식양도계약은 무효가 되었다. 그런데 만약 주주 전원의 동의를 얻지 못
하면 제3자와의 주식양도계약이 무효가 되고 제3자가 대상 주식을 취득
하지 못한다는 조항이 주주와 제3자(양수인) 사이의 주식양도계약이 아니

---

98) 한편 이 사건 양도계약과 달리, 주식양도계약에서 주식의 양도를 위해 출자자
　전원의 동의 및 발행회사 이사회의 승인을 받아야 한다고 규정하면서도 그것을 충
　족하지 못했을 때 해당 주식양도계약을 무효로 한다는 규정이 없는 경우를 가정하
　여, 그러한 경우에는 출자자 전원의 동의를 확보하지 못함에 따라 양도인은 양수인
　에 대하여 해당 주식양도계약을 이행하지 못한 데 대한 채무불이행책임을 질 것이고
　그에 따른 손해배상책임의 범위는 이 사건 양도계약의 무효에 따른 원상회복 범위
　(계약금 반환)를 초과할 수도 있었을 것이라고 설명하는 견해도 있다[천경훈(주 85),
　79-80면].

라 주주들 간의 주식양도제한약정에만 포함된 경우에도, 이 사건에서와 같이 주주와 제3자 사이의 주식양도계약이 무효로 될 것이며 제3자는 대상 주식을 취득하지 못하는가? 이러한 경우에는 주식양도제한약정의 채권적 효력으로 인하여 그 약정에 위배한 주주와 주식양도계약을 체결한 제3자에게는 주식양도제한약정상의 무효 조항이 적용되지 않아 제3자는 유효하게 대상 주식을 취득할 수 있다.[99]

## V. 결  론

2000년 판결 및 그 판결과 비슷한 취지의 일부 학설로 인하여, 주주들 사이에 채권적 효력만 인정될 뿐인 주식양도제한약정의 효력을 판단함에 있어서 상법 제335조 제1항 단서를 중요하게 고려하는 경향이 있었음을 부정할 수 없다. 그러나 상법 제335조 제1항 단서는 주식양도를 단체법적·조직법적 효력을 가지고 제한하기 위한 방법을 규정하였을 뿐 그 규정이 주주들 사이의 개인법적인 주식양도제한약정의 효력을 판단하는 기준이 될 수는 없다. 또한 실무상 합작투자 등에 있어서 주주들 사이에 주식양도를 제한해야 할 현실적인 필요성이 존재하는 경우가 많은데 그러한 사업상 필요에 따라 주식양도의 자유를 제한하는 의미를 충분히 이해할 수 있는 주주들이 그들 사이의 채권적 계약으로 주식양도를 금지하거나 제한하는 취지의 약정을 체결하는 것을 막아야 할 명분을 떠올리기도 어렵다. 이러한 의미에서 계약의 일종인 주식양도제한약정에 대하여도 계약자유의 원칙에 입각하여 그 당사자 사이의 채권적 효력에 관한 한 매우 관대한 판단 기준을 제시하는 것이 바람직하며, 대상판결 역시 비슷한 맥락에서 주식양도제한약정의 효력을 상당히 넓게 인정함으로써 사실상 주식양도제한약정을 자유화한 것으로 평가할 수도

---

99) 이철송(주 93), 10면: "양도제한약정을 하며 흔히 약정에 위반하여 주식을 양수할 경우 양수인에게도 양도금지약정의 효력이 미친다거나 양수인은 일체의 권리를 갖지 못한다는 취지를 약정서에 기재하기도 하지만 이러한 약정으로 양수인에게 대항할 수 없다."

있을 것 같다.

대상판결에서는 주식양도제한약정에 양도금지기간을 별도로 설정하지 않은 채 회사 정관에 회사존립기간으로 명시된 13년간 약정주주의 투하자본회수를 원칙적으로 금지하였다고 볼 수 있고 예외적으로 양도를 허용하는 요건으로도 8명 주주들 전원의 동의를 요구하고 있어, 2000년 판결을 비롯한 기존의 대법원판결에서 문제 된 주식양도제한약정과 비교할 때 주주의 투하자본회수 가능성을 현저히 제한하였다고 볼 여지가 있음에도, 해당 주식양도제한약정이 주주의 투하자본회수 가능성을 전면적으로 부정하지는 않았다고 하며 그 효력을 인정하였다. 이를 보건대, 향후에는 주주의 구성이 폐쇄적이고 주식발행회사가 수행하는 사업이 한시적이기만 하다면, 투하자본회수 가능성을 제한하는 정도가 상당히 높다고 평가할 수 있는 유형의 주식양도제한약정, 즉 양도금지기간을 따로 설정하지 않은 상태에서 주식양도를 원칙적으로 금지하면서 주주들 전원의 동의만을 유일한 예외사유로 규정하는 형태의 주식양도제한약정도 그 효력을 부정하기는 어려울 것이고, 이는 실무상 주식양도제한약정을 필요로 하지만 그 효력과 관련한 법적 불확실성에 직면해야 했던 많은 투자자들의 염려를 불식시키는 데 기여할 것으로 기대된다.

한편 주식양도제한약정이 유효함을 전제로 그 약정을 위반한 주식양도행위를 둘러싼 법률관계도 문제 되는데, 우선 그러한 약정의 효력은 약정주주들 사이의 채권적 효력에 그치기 때문에 그러한 약정에 위반하여 양도된 주식을 양수한 제3자는 해당 주식을 유효하게 취득할 수 있다. 다만 그 경우 나머지 약정주주들은 위약주주를 상대로 주식양도제한약정상의 의무 위반을 이유로 손해배상청구를 할 수 있을 텐데, 손해배상소송의 실무상 주식양도제한약정 위반으로 인한 손해액을 구체적으로 입증하는 것이 어려울 수 있으므로, 주식양도제한약정의 당사자인 주주들은 그 약정에 위약금 조항을 미리 포함시켜 약정 위반행위가 발생한 경우 위약주주를 상대로 위약금 조항에 기한 청구를 하는 것이 더 일반적이다. 이러한 사후적 구제수단과 별도로 일부 주주가 주식양도제한약정을 위반하여 제3자에게 보유주식을 처분하려는 경우 나머지 주주들은 사전적 구제수단인 주식처분금지가처분을 활용해 볼 수도 있다.

[Abstract]

# The Validity of the Agreement to Restrict Transfer of Shares and the Legal Relations Surrounding the Transfer of Shares Violating the Agreement
－Focusing on Supreme Court Decision 2019Da274639 Decided March 31, 2022

Ahn, Tae Joon*

The free transferability of shares is an essential feature of joint stock companies. However, it is sometimes necessary that shareholders agree with themselves to limit the transferability of shares for business reasons. In 2000, the Korea supreme court rendered a seminal ruling with regard to the validity of an agreement to restrict transfer of shares. According to the ruling, the agreement to prohibit transfer of shares for five years is not valid for the reason that it completely prevents the collection of invested capital by shareholders. In addition, the requirement that a shareholder should obtain consent from all the other shareholders in order to transfer its own shares was held to be invalid by the Supreme Court. The conclusion was predicated upon the reasoning that the requirement is contradictory to Article 335 of the Korea Commercial Code which statutorily limits the means for restricting transfer of shares and prevents the transfer of shares remarkably. However, the ruling has been criticized for the failure to distinguish the restriction of share transfer by shareholder agreements from the restriction of share transfer by articles of incorporation. The contractual validity of the agreement to restrict transfer of shares does not need to be de-

---

\* Professor, Hanyang University School of Law.

termined based on Article 335 of the Korea Commercial Code which intends to limit the means for restricting transfer of shares with the effect on the company issuing the shares. The agreement to restrict transfer of shares should be valid if it does not completely prevent the collection of invested capital. In this sense, the ruling rendered by the Supreme Court in 2022 that the agreement to prohibit transfer of shares for around 13 years without consent from all the other shareholders is valid can be said to be sound.

[Key word]
- agreement to restrict transfer of shares
- restriction on transfer of shares by consent
- agreement to prohibit transfer of shares
- shareholders' agreement
- free transferability of shares
- collection of invested capital
- right of first refusal
- right of first offer
- provisions on compulsory sales of shares

## 참고문헌

[국내문헌]

**1. 단 행 본**

권기범, 현대회사법론, 삼영사(2021).

권순일 편집대표 외, 주석 상법: 회사 2, 한국사법행정학회(2021).

김건식 외, 회사법, 박영사(2021).

송옥렬, 상법강의, 홍문사(2023).

이철송, 회사법강의, 박영사(2023).

임재연, 회사법 I, 박영사(2017).

정동윤, 상법(상), 법문사(2012).

최기원, 신회사법론, 박영사(2012).

한국상사법학회(편), 주식회사법대계 I, 법문사(2022).

河本一郎·川口恭弘(권용수 譯), 신·일본 회사법, 박영사(2021).

Reinier Kraakman et al.(김건식 외 譯), 회사법의 해부, 소화(2020).


**2. 논  문**

권오성, "주주간 계약의 효력에 관한 연구", 홍익법학 제10권 제3호, 홍익대
      학교 법학연구소(2009).

김명수, "상법 제335조 제1항 단서의 취지 및 정관의 규정 또는 당사자 사이
      의 약정으로 주식의 양도를 전면적으로 금지할 수 있는지 여부", 판례
      해설(35).

김영균, "주주계약에 의한 주식양도의 제한-대법원 2000. 9. 26. 선고
      99다48429 판결", 기업법연구 제11집, 한국기업법학회(2002).

김지환, "주주간 계약과 정관자치법리에 관한 연구", 상사판례연구 제26집 제
      3권, 한국상사판례학회(2013).

백숙종, "주주간 계약과 가처분", BFL 제88호, 서울대학교 금융법센터(2018).

송옥렬, "주주간 계약의 회사에 대한 효력: 회사법에 있어 사적 자치의 확대
      의 관점에서", 저스티스 제178호, 한국법학원(2020).

염미경, "계약에 의한 주식양도제한의 효력", 경영법률 제19권 제3호, 한국경영법률학회(2009).

윤성승, "계약에 의한 주식양도 제한에 관한 연구", 기업법연구 제26권 제4호, 한국기업법학회(2012).

이동건 외, "주주간 계약상 주식양도의 제한: 주식양도제한조항에 관한 실무상 쟁점을 중심으로", BFL 제88호, 서울대학교 금융·법센터(2018).

이철송, "주주간 계약의 회사법적 효력론의 동향", 선진상사법률연구 제86호, 법무부(2019).

이태종, "주주간의 주식양도제한약정의 효력", 인권과 정의 제312호, 대한변호사협회(2002).

조민제, "주식양도 제한 계약의 법적 효력-대법원 2000. 9. 26. 선고 99다48429 판결에 대한 평석", 저스티스 제34권 제5호, 한국법학원(2001).

진홍기, "주주들간 계약의 내용과 효력에 관한 연구-영·미를 중심으로 우리나라와 비교법적 관점에서-", 상사법연구 제26권 제4호, 한국상사법학회(2008).

천경훈, "주주간 계약의 실태와 법리: 투자촉진 수단으로서의 기능에 주목하여", 상사판례연구 제26집 제3권, 한국상사판례학회(2013).

_____, "2022년 회사법 판례의 회고", 상사판례연구 제36권 제1호, 한국상사판례학회(2023).

[외국문헌]
1. 단 행 본
Stephen Bainbridge, Corporate Law (Foundation Press, 2020).

2. 논   문
F. Hodge O'Neal, "Restrictions on Transfer of Stock in Closely Held Corporations: Planning and Drafting", 65 Harvard Law Review 773 (1952).

L. C. B. Gower, "Some Contrasts between British and American Corporation Law", 69(8) Harvard Law Review 1369 (1956).

Niranjan Venkatesan and Umakanth Varottil, "The Enforceability of Contractual

Restrictions on the Transfer of Shares", Supreme Court Cases, Issue No. 5, p. J-1 (2012).

William Gregory, "Stock Transfer Restrictions in Close Corporations", 3(4) Southern Illinois University Law Journal 477 (1978).

William Painter, "Stock Transfer Restrictions: Continuing Uncertainties and a Legislative Proposal", 6(1) Villanova Law Review 48 (1960).

# 신주인수권부사채·전환사채 발행 이후
# 신주의 발행과 신주발행무효의 소의 제기 가부[*]

최 문 희[**]

■요　　지■

　　상법 제429조는 신주발행 무효의 소를 규정하고 있고 신주인수권부사채, 전환사채(양자를 '주식관련사채'라고 통칭)의 발행에 관해서 그 무효를 다투는 소는 법정되어 있지만 대법원은 양자의 무효의 소를 허용한다. 주식관련사채의 신주인수권·전환권 행사에 따라 신주가 발행된 경우에, 원고는 어떠한 원인에 대해서 어느 소에 의하여 사채 또는 신주의 효력을 다툴 수 있는지 문제된다. 주식관련사채에 대해서 전환사채발행무효의 소 또는 신주인수권부사채발행무효의 소, 그리고 신주에 대해서 신주발행무효의 소가 인정되기 때문에 주식관련사채발행무효의 소로만 다툴 수 있는지, 신주발행무효의 소로만 다툴 수 있는지 또는 양자 모두로써 다툴 수 있는지이다. 만일 주식관련사채발행 무효의 소만 제기할 수 있다면 주식관련사채발행 이후 6개월 도과 후에 신주인수권·전환권이 행사된 경우 원고주주는 주식관련사채 발행의 무효, 신주인수권·전환권 행사에 따른 신주발행의 무효도 주장할 수 없게 된다. 이와 반대로 주식관련사채 발행일로부터 6개월이 도과한 이후이더라도 신주발행무효의 소의 제소기간 6개월 도과 전의 시점이라면 신주발행무효의 소를 제기할 수 있다면, 주식관련사채발행을 둘러싼 법률관계를 조기에 확정

---

[*] 2023. 1. 16. 민사판례연구 월례회 발표에서 유의미한 의견을 주신 김영석 판사님 (대법원)과 노혁준 교수님(서울대학교 법학전문대학원)께 감사드린다. 이 글의 일부는 상사법연구 제42권 제4호(2024. 2.)에 게재되었다.
[**] 강원대학교 법학전문대학원 교수.

— 773 —

하기 위하여 6개월의 제소기간을 둔 취지가 몰각된다.

대상판결은 원고 주주의 제소권 보호와 주식관련사채발행의 법률관계의 조기확정이라는 상반되는 이익을 조정하는 법리를 밝힌 주목할 만한 판결이다. 대상판결은 기본적으로 '주식관련 사채발행의 고유의 하자'와 '신주발행 고유의 하자'를 구분하여 각기 '주식관련사채발행 무효의 소'와 '신주발행 무효의 소'를 각각의 제소기간 내에 제기해야 한다고 본다. 두 판결은 같은 법리에 근거하지만, 판결1은 신주인수권부사채의 신주인수권을 대주주가 제3자로부터 양수하여 신주인수권을 행사한 반면, 판결2는 전환사채의 사채인수권자가 전환권을 행사하였다는 차이가 있다. 이러한 사실관계의 차이가 결론에 차이를 가져왔다는 점에는 의문이 제기될 수 있다. 대상판결에 의할 때에 어느 사유가 신주발행 무효의 소로도 다툴 수 있는지에 관해서 여전히 의문이 있을 수 있고 장차 사례의 집적을 통하여 대상판결의 적용범위가 정리되어야 할 것이다. 대상판결에 의할 때 원고 주주의 제소권을 넓히는 것인데, 필자는 원칙적으로 주식관련사채발행 무효의 소로써 다투어야 하고, 경영권 방어 목적의 존재의 판단시점도 주식관련사채발행시로 보아야 한다고 본다.

[주 제 어]
• 신주인수권부사채
• 전환사채
• 주식관련사채
• 신주인수권
• 전환권
• 신주발행무효의 소
• 경영권 방어
• 제3자 배정

대상판결 : 대법원 2022. 10. 27. 선고 2021다201054 판결(판결1)
　　　　　 대법원 2022. 11. 17. 선고 2021다205650 판결(판결2)

## [사안의 개요]
■ 판결1(신주인수권부사채 사건)
### 1. 사실관계

　피고 주식회사(이하 '피고')의 정관은 경영상 긴급한 자금조달을 위하여 필요한 경우에 이사회의 결의로 주주 이외의 금융기관 등에게 신주인수권부사채를 발행할 수 있다고 규정하고 있다(피고 정관 제23조 제1항 제5호).[1] 피고는 2016. 6. 20. 이사회 결의를 거쳐서 2016. 6. 30.에 각각 파트너스 B유한회사(이하 'B')와 파트너스 C투자조합(이하 'C')에게 30억 8,400만 원과 20억 5,600만 원 상당의 사모 분리형 신주인수권부사채[2](이하 '이 사건 신주인수권부사채')를 발행하였다.

　원고는 이 사건 신주인수권부사채의 발행일 이전에 피고의 이사에서 해임된 자이고, 신주인수권부사채 발행일을 기준으로 피고의 발행주식총수 중 8.78%(131,449주), 피고의 대표이사 A는 22.39%를 보유하고 있었다. A는 2016. 9. 12.에 B, 같은 해 9. 21.에 C로부터 각각 이 사건 신주인수권부사채에 부여된 신주인수권 일부 합계(100,000주)를 (권면액 총액의 3%) 총액 약 7,700만 원을 양수하였다(이하 A가 양수한 신주인수권을 '이 사건 신주인수권'). A는 2019. 10. 21. 이 사건 신주인수권 전부를 행사하여 주식납입금 약 25억여 원을 납입하였고, 피고는 같은 날 100,000주(이하 '이 사건 신주')를 A에게 발행하였다.

---

1) 피고의 정관은 제23조(신주인수권부사채) 제1항에서 "피고는 사채의 액면 총액이 최종의 재무상태표에 의하여 현존하는 순자산액의 4배를 초과하지 않는 범위 내에서 다음 각 호의 경우 이사회의 결의로 주주 이외의 자에게 신주인수권부사채를 발행할 수 있다."라고 규정하고, 제5호에서 "경영상 긴급한 자금조달을 위하여 이사회의 결의로 금융기관, 법인 또는 개인에게 사채를 발행하는 경우"를 열거하고 있다. 1심 판결문 2-3면.
2) 신주인수권부사채는 분리형과 비분리형으로 나뉜다. 전자는 신주인수권이 사채권으로부터 별도로 신주인수권증권에 의하여 표창되어 분리양도가 허용되는 형태이고, 비분리형은 사채와 신주인수권이 동일한 사채권에 표창되어 분리양도가 허용되지 않는 형태이다.

2. 소송의 경과

(1) 원고의 소제기

원고는 이 사건 신주발행 및 신주인수권부사채발행에는 절차적 하자와 실체적 하자가 있다고 주장하면서 2019. 11. 19. 신주발행 무효의 소를 제기하였다. 회사가 제3자에게 신주인수권부사채를 발행하는 경우 신주의 발행에 따른 공고 및 통지의무를 규정한 상법 제418조 제4항, 제419조 제1항이 유추적용되므로 회사는 그와 같은 의무를 사전에 이행하여야 하는데 피고는 이 사건 신주인수권부사채 발행 당시 피고의 주주들에 대하여 상법 제418조 제4항, 제419조 제1항에 따른 공고 및 통지의무를 이행하지 않았으므로 절차적 하자가 있다는 것이다.

또한 피고는 정관에서 정한 사유가 없음에도 경영상 긴급한 자금조달의 필요성 없이 대표이사 A의 경영권이나 지배권 강화 등을 목적으로 이 사건 신주인수권부사채를 발행하였고, A는 당시 발행주식총수의 약 6.7%에 해당하는 100,000주의 신주인수권을 행사할 수 있게 되어 피고의 지배구조에 심대한 변화가 초래되고 기존 주주인 원고의 피고에 대한 지배권이 현저하게 약화되었으므로 이 사건 신주발행은 실체적 하자가 있다는 것이다. 이 사건 신주인수권부사채의 발행일로부터 6월 내에 신주인수권부사채발행무효의 소가 제기된 바는 없다.

(2) 제1심[3]과 원심[4] - 원고 패소

제1심과 항소심은 출소기간 도과를 이유로 소를 각하하였다.[5] "원고는

---

[3] 서울중앙지방법원 2020. 7. 16. 선고 2019가합582601 판결.
[4] 서울고등법원 2020. 12. 10. 선고 2020나2027721 판결.
[5] 원심은 제1심 판결문 제5면 제17행과 제18행 사이에 다음 내용을 추가한 것을 제외하고 제1심 판결문을 그대로 수용하였다. "원고는 위 대법원 2004. 6. 25. 선고 2000다37326 판결이 "전환사채의 발행 또는 그 전환권의 행사에 의한 주식의 발행을 무효로 할 수 있을 것"이라고 판시함으로써 전환권 행사에 의해 주식이 발행된 경우에는 전환사채의 발행일로부터 6개월이 지났다고 하더라도 전환사채발행무효의 소와 별개로 신주발행무효의 소가 허용된다고 판시하였으므로, 이 사건과 같이 신주인수권부사채에 의하여 신주가 발행된 경우에도 신주인수권부사채의 발행일로부터 6개월이 지났다고 하더라도 신주인수권부사채발행무효의 소와 별개로 신주발행무효의 소를 제기할 수 있다고 주장한다. 그러나 위 판결은 전환사채의 발행에 무효사유가 있을 경우에 이를 무효사유로 삼아 전환사채의 발행은 물론 그 전환권의 행사로 인해 발행된 주식의 무효를 주장할 수 있다는 것을 선언한 것일

'이 사건 신주인수권부사채의 발행'과 '이 사건 신주인수권의 행사에 따른 이 사건 신주의 발행'이 모두 무효라고 주장하면서도 이 사건 신주인수권부사채의 발행에 관한 무효 사유를 주장하고 있을 뿐, 그 외에 달리 이 사건 신주발행에 관한 독자적인 무효 사유에 관해서는 아무런 주장·증명을 하지 않고 있다. […] 이 사건 소는 그 주장 자체로 실질적으로 이 사건 신주인수권부사채 발행의 효력을 다투는 것으로서, 그 발행일인 2016. 6. 30.로부터 6월이 경과한 후임이 역수상 명백한 2019. 11. 19.에야 비로소 제기되었다. 따라서 이 사건 소는 상법 제429조가 정한 출소기간을 도과하여 부적법하다." (밑줄은 필자 추가)

(3) 상고심[6] – 파기환송

대상 판결은 신주인수권부사채 발행 무효의 소에 상법 제429조가 유추적용된다는 점, 경영권 방어목적의 신주발행은 무효라는 점에 관해 선행 판례를 확인하였다. 대상 판결에서 새로운 판시 부분은 다음과 같다.

(가) […] 신주인수권부사채에 부여된 신주인수권의 행사나 그로 인한 신주발행에 대해서는 상법 제429조를 유추적용하여 신주발행무효의 소로써 다툴 수 있다. 이때에는 특별한 사정이 없는 한 신주인수권 행사나 그에 따른 신주 발행에 고유한 무효 사유만 주장할 수 있고, 신주인수권부사채 발행이 무효라거나 그를 전제로 한 주장은 제기할 수 없다. (밑줄은 필자 추가)

(나) 신주인수권부사채의 경우 경영상 목적 없이 대주주 등의 경영권이나 지배권 방어목적으로 제3자에게 발행되더라도 그 자체로는 기존 주주의 신주인수권을 침해하지 않고, 이후 대주주 등이 양수한 신주인수권을 행사하여 신주를 취득함으로써 비로소 기존 주주의 신주인수권이 침해되고 대주주 등의 경영권이나 지배권 방어목적이 현실화된다. […] 회사가 대주주 등의 경영권이나 지배권 방어목적으로 제3자에게 신주인수권부사채를 발행하였다면 신주인수권부사채의 발행은 무효가 될 수 있고, 이런 사유는 그 발행일로부터 6월 이내에 신주인수권부사채발행무효의 소로써 다툴 수 있다. 나아가 대주주 등이 위와 같은 경위로 발행된 신주인수권부사채나 그에 부여된 신주인수권을 양수한 다음 신주인수권부사채 발행일부터 6월이 지난 후 신주인수권

---

뿐, 원고의 주장과 같이 전환사채발행무효의 소와 별개로 진행하는 신주발행무효의 소의 제소기간을 인정하는 취지는 아니다. 따라서 이와 전제를 달리하는 원고의 주장은 이유 없다."

6) 대법원 2022. 10. 27. 선고 2021다201054 판결.

을 행사하여 신주를 취득하였다면, 이는 실질적으로 회사가 경영상 목적 없이 대주주 등에게 신주를 발행한 것과 동일하므로, 신주인수권 행사나 그에 따른 신주 발행에 고유한 무효 사유에 준하여 신주발행무효의 소로도 신주 발행의 무효를 주장할 수 있다. (밑줄은 필자 추가)

(다) 신주발행무효의 소의 제소기간은 신주 발행일로부터 기산하여야 하고, 설령 신주 발행이 신주인수권부사채에 부여된 신주인수권의 행사 결과에 따른 것이라 할지라도 신주인수권부사채 발행일부터 기산되는 것은 아니다. (밑줄은 필자 추가)

(라) 대상판결은 위 법리에 "[…] 원고의 주장 중에 이 사건 신주인수권부사채 발행의 무효에 관한 사유가 포함되어 있다고 하여 이 사건 신주인수권부사채 발행일부터 기산하여야 하는 것은 아니다. […] 이 사건 신주발행무효의 소는 신주의 발행일인 2019. 10. 21.부터 6월 내인 2019. 11. 19.에 제기되었으므로 제소기간을 준수하였다. […] 원심으로서는 피고가 A의 경영권이나 지배권 방어에 도움을 줄 목적으로 이 사건 신주인수권부사채를 발행함으로써 실질적으로 경영상 목적 없이 A에게 신주를 발행한 것과 동일하게 평가될 수 있는지, 이로 인하여 피고의 지배구조에 심대한 변화가 초래되고 기존 주주인 원고의 회사에 대한 지배권이 현저하게 약화되는 중대한 결과가 발생하였는지 등을 심리한 후 이 사건 신주발행의 무효 여부를 판단하였어야 한다."라고 판시하였다.

위와 같은 판시를 바탕으로 "[…] 원고가 신주인수권부사채 발행의 무효 사유만을 주장한다는 이유로 이 사건 신주인수권부사채의 발행일로부터 제소기간을 기산하여 이 사건 신주발행무효의 소가 부적법하다."고 판단한 원심을 파기환송하였다.

### (4) 파기후 환송심[7] – 원고 패소

(가) 절차적 하자 주장에 대한 판단

피고가 이 사건 신주인수권부사채의 발행 과정에서 준수하여야 할 상법상 절차를 따르지 않았다는 것은 이 사건 신주인수권의 행사나 이 사건 신주의 발행에 고유한 무효 사유 혹은 그에 준하는 무효 사유에 관하여 주장하는 것으로 볼 수 없다고 보았다.

신주인수권부사채 발행의 경우 명문규정이 없으므로 신주 발행에 따른

---

7) 서울고등법원 2023. 11. 23. 선고 2022나2042878 판결.

공고 및 통지의무를 규정한 상법 제418조 제4항, 제419조 제1항을 유추적용
하여 공고 및 통지를 하여야 한다고 볼 만한 근거는 없다고 보았다.[8]

(나) 실체적 하자 주장에 대한 판단

1) 이 사건 신주인수권부사채가 경영권 방어목적으로 발행되었는지 여부

피고가 긴급한 자금 조달의 필요성 때문에 이 사건 신주인수권부사채를
발행한 것으로서 A의 경영권이나 지배권 방어에 도움을 줄 목적이 있었다고
보기 어렵다고 보았다. 원고는 이 사건 소 제기 이전까지 경영에 참여하거나
경영권을 행사하려는 행위를 한 적이 없고, 이 사건 신주인수권부사채 발행 당
시 피고의 경영권 분쟁 상황이 현실화되었다고 단정하기 어렵다는 이유이다.

B, C가 A에게 이 사건 신주인수권을 양도한 동기가 코스닥 시장 상장의
심사항목으로 "최대주주 등의 안정적 지분 보유 여부"가 규정되어 있으므로
최대주주이자 대표이사인 A에게 이 사건 신주인수권을 양도한 것으로 본 것
이고, 이 사건 신주인수권은 이 사건 신주인수권부사채의 발행 후 6개월이
지난 시점부터 행사할 수 있었으므로, A의 경영권 내지 지배권 '방어'목적으
로 발행되었다고 보기는 어렵다는 이유이다.

이에 반하여 긴급한 자금 조달의 필요성은 존재하였다고 보았다. 이 사
건 신주인수권부사채 발행일 기준 현금잔고를 훨씬 초과하는 자금을 채권자
에게 상환하였으며, 그 이후에도 여러 채권자들로부터 여러 차례에 걸쳐 합
계 33억여 원을 차입하였기 때문이다.

2) 이 사건 신주인수권부사채의 발행이 피고의 지배구조에 심대한 변화
를 초래하고 원고의 지배권을 현저하게 약화시켰다는 점도 부정하였다.

가) 이 사건 신주인수권 행사 시점에 근접한 2019. 10. 17. 기준 A와 그
우호주주의 지분율은 합계 32.88%, 원고와 우호주주의 지분율은 합계 9.41%
로 그 차이가 23.47%이므로 이 사건 신주인수권 행사로 100,000주가 발행되
어도 피고의 지배구조에 심대한 변화가 초래된다고 할 수는 없다.

나) 피고는 운영에 필요한 자금을 조달하기 위하여 제3자 배정의 유상증
자 등을 모색하여야 했고, 실제로 이 사건 신주인수권부사채의 발행 시점으
로부터 2019. 10.까지 총 6차례의 제3자 배정의 유상증자를 실시하였는데 피

---

8) 피고는 2016. 7. 5. 임시주주총회를 개최하여 이 사건 신주인수권부사채의 발행
   사실을 주주들에게 보고하고, 위 임시주주총회 개최과정에서 주주들은 이 사건 신
   주인수권부사채의 발행 사실을 알았거나 알 수 있었다는 사실을 인정하였다. 파기
   후 환송판결 판결문 7면.

고의 지배권에 다소의 변동이 발생하는 것은 불가피하였고, 원고 및 그 우호주주의 지분율이 현저하게 낮아졌다고 단정할 수는 없다.

■ 판결2(전환사채 사건)

### 1. 사실관계

#### (1) 당사자 등

피고 주식회사(이하 '피고')는 코스닥시장 상장법인이고, 피고의 대표이사 C는 2015. 9.경 피고의 발행주식총수 6,918,324주의 17.60%를 보유하여 피고의 최대주주이었다. 원고 A회사는 2015. 12. 17. 피고 발행주식 670,000주, 원고의 대표이사 B는 249,805주를 취득한 이래 2016. 3. 2.경까지 매도 및 추가 취득을 반복하여 654,922주를 보유하여 원고들 합계 14.02%를 보유하였다.[9]·[10]·[11]

#### (2) 이 사건 전환사채 발행

피고는 2015. 12. 23. 이사회를 개최하여 출석 이사 전원의 동의로 총 발행가액 32억 원의 전환사채를 복수의 회사들에게[12] 발행하기로 결의하고,

---

9) 이 사건 하급심, 대법원 판결문에 거시된 것은 아니지만, 관련 선행소송의 1심 판결문(서울중앙지방법원 2017. 6. 22. 선고 2016가합529616 판결)에 의하면 원고들은 2015. 12. 22. 자본시장과 금융투자업에 관한 법률 제154조 제3항에 따라 원고 A회사와 그 특별관계자(최대주주)인 원고 B가 피고 발행주식 969,805주(= 67만 주 + 299,805주)를 취득하여 보유하였다는 주식 등의 대량보유상황보고서가 금융위원회에 제출·공시되었다. 필자가 금융감독원 전자공시시스템에 공시된 보고서에서 확인한 바에 따르면 당시 주식 보유지분율은 14.02%, 보유목적이 단순투자목적으로 '경영참가목적 없음' 확인서가 제출되었다.

10) 관련 선행소송의 1심 판결문(서울중앙지방법원 2017. 6. 22. 선고 2016가합 529616 판결)에 의하면 원고들은 2016. 3. 4. 원고들이 피고 발행주식 1,324,922주를 보유하게 되었다는 내용의 주식 등의 대량보유상황보고서를 제출·공시하였고, 이로써 피고의 최대주주가 피고의 대표이사 C에서 원고들로 변경되었다는 공시도 이루어졌다. 금융감독원 전자공시시스템에 공시된 보고서에 의하면 원고들의 지분율은 19.15%, 보유목적이 단순투자목적으로 '경영참가목적 없음' 확인서가 제출되었다.

11) 금융감독원 전자공시시스템에 공시된 보고서에 의하면 원고들은 2016. 4. 1.자 보고서에서 보유목적을 단순투자목적에서 경영참가목적으로 변경하였다. 원고들의 보유주식 합계 비율은 피고의 발행주식 6,918,324주 중 19.75%이다.

12) 피고 회사의 정관에 의하면 "사채의 액면총액이 150억 원을 초과하지 않는 범위 내에서 신기술의 도입, 재무구조의 개선 등 회사의 경영상 목적을 달성하기 위한 다음의 경우(기술도입, 연구개발, 생산·판매·자본제휴를 위하여 그 상대방에게

그 다음날 이들(이하 '이 사건 전환사채 인수회사들')은 전환사채 인수대금을 전부 납입하였다(이하 '이 사건 전환사채발행').

(3) 관련 신주발행

피고는 2016. 3. 15. 보통주 총 485,312주를 발행가액 3,915원에 D, E에 배정하는 내용의 이사회 결의를 하였고, D, E는 다음날 주금을 납입하였다 (이하 '관련 신주발행').

(4) 관련 선행소송의 진행

(가) 원고들은 이 사건 전환사채발행 및 관련 신주발행의 무효를 구하는 소를 제기하였는데, 1심 법원은 원고들의 청구를 모두 기각하였다(이하 '선행 1심판결').[13]

(나) 원고들은 선행 1심판결에 대하여 서울고등법원 2017나2037858호로 항소하였다가 이 사건 전환사채발행의 무효를 구하는 부분에 대한 항소를 취하하여 이 사건 전환사채발행의 무효를 구하는 부분은 선행 1심판결대로 확정되었다. 2심 법원[14]은 관련 신주발행은 피고의 현 경영진의 지배권 확보를 위하여 제3자 배정방식으로 이루어진 것으로서 기존 주주의 신주인수권을 침해한 것이고, 그로 인하여 원고들의 피고에 대한 지배권이 현저하게 약화되는 등 중대한 영향을 받게 되어 현저히 불공정하므로 관련 신주발행은 무효임을 선언하는 판결을 선고하였다(이하 '선행 2심판결'). 선행 2심판결은 상고기각으로 확정되었다.[15]

(5) 이 사건 전환사채에 기한 신주발행

이 사건 전환사채 인수회사들 중 5개 회사들이 2018. 12. 19. 전환권을 행사[16]하여 보통주 총 574,712주(전환가액 4,350원)가 발행되었다(이하 '이 사건 신주발행').[17]

---

전환사채를 발행하는 경우; 긴급한 자금의 조달을 위하여 국내외 금융기관 및 법인에게 전환사채를 발행하는 경우) 이사회 결의로 주주 외의 자에게 전환사채를 발행할 수 있다(정관 제14조 제1항). 관련 선행소송의 1심 판결문(서울중앙지방법원 2017. 6. 22. 선고 2016가합529616 판결).

13) 서울중앙지방법원 2017. 6. 22. 선고 2016가합529616 판결.
14) 서울고등법원 2018. 10. 26. 선고 2017나2037858 판결.
15) 대법원 2019. 4. 3. 선고 2018다289542 판결.
16) 이 사건 전환사채의 전환권 행사의 시기(始期)는 (전환사채의 발행일 2015. 6. 24.로부터 6월이 지난 이후인) 2016. 12. 25.이었다.
17) 원고들은 2018. 12. 27. 이 신주의 교부 및 상장 금지 가처분신청을 하였으나

## 2. 소송의 경과

### (1) 원고의 소제기

원고들은 2019. 5. 22. 이 사건 전환사채와 그에 기한 신주발행의 무효를 구하는 소를 제기하였다. 이 사건 전환사채는 주주의 신주인수권을 침해하여 경영권 방어목적에서 발행된 것이고, 이 사건 신주발행은 이 사건 전환사채에 기한 전환권 행사에 따라 이루어진 것이므로 주주의 신주인수권을 침해하는 경영권 방어목적의 신주발행에 해당하여 무효라는 주장이다.[18]

### (2) 제1심[19]-각하

전환사채 발행일로부터 6개월이 경과한 후에 소가 제기되었다는 이유로 소를 각하하였다. "원고들이 주장하는 이 사건 신주발행 무효 사유는 이 사건 전환사채의 발행의 무효 사유를 주장하는 것과 다름없고(즉, 이 사건 전환사채에 기한 전환권 행사시점의 고유하거나 독자적인 사유가 아님은 물론 그 행사시점의 사유 자체도 아니다), 이 사건 전환사채발행 당시에 존재했던 사유에 불과하다. 이러한 사유들은 이 사건 전환사채 발행일로부터 6개월 이내에 소로써만 주장할 수 있는 것인바 전환권 행사에 따른 신주발행무효를 구하는 소 역시 이 사건 전환사채 발행일로부터 6개월 이내에 제기되어야 하고, 전환사채 발행일로부터 6개월이 지난 후 전환권이 행사되었다고 하더라도 마찬가지라고 보아야 할 것이다(대법원 2018. 7. 13. 선고 2018다228950 판결 및 그 1심인 서울남부지방법원 2017. 8. 18. 선고 2016가합104099 판결)."

### (3) 항소심[20]-항소기각

"[…] 전환권을 행사하여 신주발행이 이루어진 이후 […] 신주발행무효의 소를 제기하는 것을 금지할 수는 없으며 주주 등은 전환사채발행무효의 소와 별도로 신주발행무효의 소 역시 제기할 수 있다."고 보아 이 점에서 제1심과 판단을 달리하였다.

---

기각되었다. 서울서부지방법원 2019. 1. 19 자 2018카합50784 결정.

18) 이 외에 원고들은 이 사건 신주의 인수대금은 이 사건 전환사채 발행 당시 피고가 불법적으로 공여한 자금으로 납입된 것이어서 이 사건 신주발행은 자본충실의 원칙에 반할 뿐만 아니라 상법상 금지되는 자기주식 취득에도 해당하여 무효이다라고 주장하였다.

19) 서울서부지방법원 2019. 12. 19. 선고 2019가합34602 판결.

20) 서울고등법원 2020. 12. 11. 선고 2020나2001750 판결.

본안 판단에서 결론적으로 원고 청구를 기각하였다. "원고들은 […] 이 사건 전환사채발행의 무효를 구하는 선행소송을 제기하였다가 패소한 후 […] 항소를 취하함으로써 위 청구기각 판결이 확정된 사실이 각 인정되므로, 선행소송의 확정판결의 기판력은 전환사채발행 무효사유의 존부에 관하여 미친다", "이 사건 소는 이 사건 전환사채에 기한 전환권 행사에 따른 신주발행의 무효를 구하는 것으로 선행소송과 그 소송물이 상이하므로 이 사건 소제기 자체가 기판력에 반하여 허용되지 않는다고 볼 수는 없다."라고 보았다. 그러나 결론적으로 "[…] 이 사건 전환사채가 경영목적상 필요가 없음에도 지배주주의 경영권 방어목적에서 불법적으로 발행되어 전환사채 발행 단계에서 이미 무효사유가 존재함을 전제로 그에 따른 후속절차, 즉 전환권 행사에 기한 신주발행의 무효를 구하는 것인데, […] 선행소송에서 […] 전환사채발행 무효사유의 부존재가 확정된 이상 원고들이 이 사건에서 동일한 이유로 전환사채발행이 무효가 됨을 전제로 그에 따른 전환권 행사 및 신주발행이 무효라고 주장하는 것은 […] 이 사건 전환사채발행의 무효사유가 부존재한다는 전소판결의 판단과 서로 모순관계에 있으므로, 전소판결의 기판력에 저촉되어 허용될 수 없다."라고 보았다.

(4) 상고심[21]-상고기각

(가) 전환권 행사로 인한 신주발행을 다투는 소에 관하여 제1판결의 법리를 재확인하였다. "전환권의 행사로 인한 신주 발행에 대해서는 상법 제429조를 적용하여 신주발행무효의 소로써 다툴 수 있겠지만, […] 특별한 사정이 없는 한 전환사채 발행이 무효라거나 그를 전제로 한 주장은 제기될 수 없고 전환권 행사나 그에 따른 신주 발행에 고유한 무효 사유가 있다면 이를 주장할 수 있을 뿐이다."

원고들의 주장은 이 사건 전환사채 발행과 관련한 무효 사유에 대한 것일 뿐 이 사건 신주발행과 관련한 고유한 무효 사유나 그에 준하는 무효 사유에 대한 것이 아니므로, 전환사채발행무효의 소로써 다투어야 하고 신주발행무효의 소로써는 다툴 수 없다고 보았다.

(나) 경영권 방어목적의 전환사채 발행 및 전환권 행사에 기한 신주발행에 관해서는 "회사가 […] 대주주 등의 경영권이나 지배권 방어목적으로 제3자에게 전환사채를 발행하였다면 […] 전환사채 발행일로부터 6월 내에 전환

---

21) 대법원 2022. 11. 17. 선고 2021다205650 판결.

사채발행무효의 소로써 다툴 수 있다. 나아가 대주주 등이 위와 같은 경위로 발행된 전환사채를 양수한 다음 전환사채 발행일로부터 6월이 지난 후 전환권을 행사하여 신주를 취득하였다면, 이는 실질적으로 회사가 경영상 목적 없이 대주주 등에게 신주를 발행한 것과 동일하므로 전환권 행사나 그에 따른 신주 발행에 고유한 무효 사유에 준하여 신주발행무효의 소로도 신주 발행의 무효를 주장할 수 있다고 보아야 한다."라고 제1판결의 법리를 재확인하였다.

이 사건에서는 "주주 아닌 회사들이 이 사건 전환사채를 인수한 후 그중 일부가 전환권을 행사하여 신주를 발행받은 이 사건에서, 원고들의 주장은 이 사건 전환사채 발행과 관련한 무효 사유에 대한 것일 뿐 이 사건 신주 발행과 관련한 고유한 무효 사유나 그에 준하는 무효 사유에 대한 것이 아니므로 전환사채발행무효의 소로써 다투어야 하고 신주발행무효의 소로써는 다툴 수 없다."고 보았다.[22) (밑줄은 필자가 추가)

〔研　　究〕

## Ⅰ. 서　　론

대상판결들은 신주인수권부사채, 전환사채(이하 양자를 '주식관련사채'라고 통칭) 발행 이후 신주인수권·전환권 행사에 기하여 신주가 발행된 경우 새로운 쟁점에 관하여 대법원에서 법리를 판시한 유의미한 판결들이다.

상법[23) 제429조에 따라 신주발행의 무효는 주주, 이사 또는 감사에 한하여 신주를 발행한 날로부터 6월 내에 소만으로 이를 주장할 수 있다. 주식관련사채발행무효의 소를 명시한 규정은 없지만[24) · 25) 제429조

---

22) 이 사건 전환사채의 사채권자들이나 피고가 전환권의 불행사를 확약하는 등의 언동을 하였다가 전환권을 행사하였다는 신의칙 또는 금반언의 원칙 위반 주장(상고이유 제2점)과 피고가 이 사건 전환사채를 인수한 자들에게 인수자금을 제공하였으므로 자기주식 취득 금지 및 자본충실의 원칙 위반이라는 주장에 관해서는 원심의 판단을 유지하였다.

23) 이하 상법 법명은 생략한다.

24) 전환사채의 발행에 관해서는 신주발행유지청구권(제424조), 불공정한 가액으로

를 주식관련사채에 준용하는 것이 확립된 판례이다.[26] · [27] 대상판결들도 이에 따르고 있다. 판례에 의하면 주식관련사채가 발행된 경우, 그 발행의 무효는 제429조의 요건을 갖춘 소로써만 다툴 수 있고 다른 소송에서의 공격방어방법이나 일반적인 확인의 소로써는 그 하자를 주장할 수 없으며, 그 발행일로부터 6월 내에 소만으로 이를 주장할 수 있다.

주식관련사채의 신주인수권 · 전환권 행사에 따라 신주가 발행된 경우에, 원고는 어떠한 원인에 대해서 어느 소에 의하여 사채 또는 신주의 효력을 다툴 수 있는지 문제된다. 주식관련사채에 대해서 전환사채발행무효의 소 또는 신주인수권부사채발행무효의 소, 그리고 신주에 대해서 신주발행무효의 소가 인정되기 때문에 주식관련사채발행무효의 소로만 다툴 수 있는지, 신주발행무효의 소로만 다툴 수 있는지 또는 양자 모두로써 다툴 수 있는지이다.

어느 소이든 발행일로부터 6월 내에만 제소할 수 있는데, 주식관련사채 발행일 시점으로부터 6개월 이전에는 주식관련사채 발행 무효의 소로도 다툴 수 있기 때문에 원고주주의 제소권이 보호된다. 이에 대해 6개월 도과 후에 신주인수권 · 전환권이 행사된 경우에도 주식관련사채발

---

주식을 인수한 통모인수인의 책임(제424조의2) 규정을 준용하고(제516조 제1항), 신부인수권부사채의 발행에 관해서는 전환사채 규정(제516조 제1항)의 준용을 통하여 제424조, 제424조의2를 준용한다(제516조의11).

25) 인정 여부에 관하여 학설이 대립되었지만, 긍정설을 취한 대법원 판례 이후에는 긍정설이 압도적 다수설이고, 현재 최신판 주석서와 교과서 중 부정설은 거의 보이지 않고 판례의 입장을 전재하고 있을 뿐이다. 주석 상법[회사5](제6판), 한국사법행정학회, 2021. 6., 제516조와 제516조의11의 주석(김상훈 집필); 최근 논문까지 포함하여 학설을 잘 정리한 논문으로 천경훈, "전환권 · 신주인수권 행사에 따른 신주발행의 효력과 그 쟁송방법", 상사법연구 제41권 제3호(2022. 11.), 222면 이하.

26) 전환사채에 관하여 대법원 2004. 6. 25. 선고 2000다37326 등 그 따름 판결들; 대법원 2022. 11. 17. 선고 2021다205650 판결.

27) 대법원 2015. 12. 10. 선고 2015다202919 판결("신주인수권부사채 발행의 경우에도 주식회사의 물적 기초와 기존 주주들의 이해관계에 영향을 미친다는 점에서 사실상 신주를 발행하는 것과 유사하므로, 신주발행무효의 소에 관한 상법 제429조가 유추적용되고, 신주발행의 무효원인에 관한 법리 또한 마찬가지로 적용된다.") 과 그 따름 판결들; 대법원 2022. 11. 17. 선고 2021다205650 판결.

행무효의 소만 제기할 수 있다고 한다면 원고주주는 쟁송방법이 없게 된다. 주식관련사채 발행의 효력발생일로부터 6월이 경과한 이후에는 원고주주는 주식관련사채 발행의 무효, 신주인수권·전환권 행사에 따른 신주발행의 무효도 주장할 수 없게 된다. 이와 반대로 주식관련사채 발행일로부터 6개월이 도과한 이후이더라도 신주발행무효의 소의 제소기간은 6개월 도과 전이어서 신주발행무효의 소를 제기할 수 있다면, 주식관련사채발행을 둘러싼 법률관계를 조기에 확정하기 위하여 6개월의 제소기간을 둔 취지가 몰각된다.

종래 이 쟁점은 본격적으로 논의되지 않았는데,[28] 대상판결들은 원고 주주의 제소권 보호와 주식관련사채발행의 법률관계의 조기확정이라는 상반되는 이익을 조정하는 법리를 밝힌 주목할 만한 판결이다.[29] 대상판결들은 기본적으로 '주식관련 사채발행의 고유의 하자'와 '신주발행 고유의 하자'를 구분하여 각기 '주식관련사채발행 무효의 소'와 '신주발행 무효의 소'를 각각의 제소기간 내에 제기해야 한다고 본다. 두 판결은 같은 법리에 근거하지만, 판결1은 신주인수권부사채의 신주인수권을 대주주가 제3자로부터 양수하여 신주인수권을 행사한 반면, 판결2는 전환사채의 사채인수권자가 전환권을 행사하였다는 차이가 있다. 이러한 사실관계의 차이가 상이한 결론을 이끌었다는 점에는 의문이 제기될 수 있다.

이 글에서는 대상판결의 법리와 결론이 타당한지, 대상판결의 법리의 사정범위를 살펴본다. 이 글의 순서는 다음과 같다. 대상판결들의 주

---

28) 종래 공간된 문헌 중에 이 문제를 논의한 것은 물론이고 하급심 판결을 소개한 문헌은 거의 찾아볼 수 없다. 신주발행무효의 소를 제기할 수 있다는 전제에서 신주발행무효의 소의 출소기간을 주식관련사채 발행일로부터 기산하여야 한다고 본 하급심 판결의 입장을 소개한 문헌으로 주석 상법[회사5](제6판), 한국사법행정학회, 2021. 6., 516조와 제516조의11의 주석(김상훈 집필), 246-247, 319면. 대상판결들을 소재를 이 문제를 상세히 검토한 논문으로 천경훈, 앞의 논문(주 25), 233면 이하.

29) 대상판결 이전에 이 문제를 본격적으로 논의한 대법원 판결은 없는 것으로 보인다. 판결2의 제1심의 참조판결인 대법원 2018. 7. 13. 선고 2018다228950 판결에서 이 쟁점이 문제되었으나 심리불속행 기각된 바 있다. 제1심인 서울남부지방법원 2017. 8. 18. 선고 2016가합104099 판결에서 이 쟁점을 다루었다.

요 판시사항을 정리하고, 논의 범위를 간추린다(Ⅱ). 기초적 고찰로 주식관련사채의 의의, 신주발행무효의 소, 전환사채발행무효의 소, 신주인수권부사채발행무효의 소의 일반론과 무효판단에 관한 대법원 판결을 이 글의 핵심쟁점을 논의하는 데 필요한 범위에서 개관하고(Ⅲ), 주식관련사채발행무효의 소와 신주발행무효의 소의 쟁송방법과 대상판결을 검토한다(Ⅳ, Ⅴ).

## Ⅱ. 대상판결들의 판시사항과 논의의 범위

### 1. 판시사항 정리

대상판결에 공통된 판시사항은 다음과 같다. ① 주식관련사채발행의 무효의 소가 발행일로부터 6월 내에 제기되지 않거나 6월 내에 제기된 주식관련사채발행무효의 소가 적극적 당사자의 패소로 확정되었다면 주식관련사채 발행의 무효를 주장할 수 없다. ② 신주인수권·전환권의 행사나 그로 인한 신주발행에 대해서는 제429조를 유추적용하여 신주발행무효의 소로써 다툴 수 있지만, 이때에는 특별한 사정이 없는 한 신주인수권·전환권 행사나 그에 따른 신주발행에 고유한 무효 사유만 주장할 수 있고, 신주인수권부사채·전환사채 발행이 무효라거나 그를 전제로 한 주장은 제기할 수 없다. ③ 회사의 경영권 분쟁이 현실화된 상황에서 대주주나 경영진 등의 경영권이나 지배권 방어목적을 달성하기 위하여 제3자에게 주식관련사채를 배정하는 것은 주주의 신주인수권을 침해하는 것이고, 그로 인하여 회사의 지배구조에 심대한 변화가 초래되고 기존 주주들의 회사에 대한 지배권이 현저하게 약화되는 중대한 결과가 발생하는 경우에는 그러한 주식관련사채의 발행은 무효이다.[30]·[31] ④ 경영상

---

30) 이 법리는 기존의 대법원 법리를 확인한 것으로서 대법원 2009. 1. 30. 선고 2008다50776 판결, 대법원 2019. 4. 3. 선고 2018다289542 판결 등을 참조하고 있다.
31) 신주발행에 관한 법리가 주식관련사채의 경우에도 마찬가지로 적용됨을 판시하고 있다. 신주인수권부사채에 관하여 대법원 2015. 12. 10. 선고 2015다202919 판결; 전환사채에 관하여 대법원 2004. 6. 25. 선고 2000다37326 판결 등을 참조하고 있다.

목적 없이 대주주 등의 경영권이나 지배권 방어목적을 위해 주식관련사
채를 발행하였다면 그 주식관련사채의 발행일로부터 6월 이내에 주식관
련사채 발행의 무효의 소를 제기할 수 있다. ⑤ 대주주 등이 위와 같은
경위로 발행된 전환사채·신주인수권부사채나 그에 부여된 신주인수권을
양수한 다음 주식관련사채 발행일부터 6월이 지난 후 신주인수권을 행사
하여 신주를 취득하였다면, 실질적으로 회사가 경영상 목적 없이 대주주
등에게 신주를 발행한 것과 동일하므로, 신주인수권 행사나 그에 따른
신주발행에 고유한 무효 사유에 준하여 신주발행무효의 소로도 신주발행
의 무효를 주장할 수 있다.

　신주인수권부사채 사건에 관한 판결1에 특유한 판시사항은 다음과
같다. ⑥ ⑤의 경우 신주발행무효의 소의 제소기간은 신주발행일로부터
기산하여야 하고, 설령 신주발행이 신주인수권부사채에 부여된 신주인수
권의 행사 결과에 따른 것이라 할지라도 신주인수권부사채 발행일로부터
기산되는 것은 아니다.

## 2. 논의의 범위

　판시사항 ①, ③, ④[32)]는 확립된 대법원 판례이거나 대상판결들의
참조판결들에서 같은 입장을 밝힌 것이다. 대상판결들의 새로운 판시는
②, ⑤, ⑥이다. 이 중 ⑥은 신주인수권부사채 발행에 기하여 신주인수권
이 행사되어 신주가 발행된 경우 신주발행무효의 소의 기산점을 신주발
행일이라는 점을 명확히 한 것으로서 제429조에 의하면 당연히 도출된
다. 이 글의 서두에서 제기한 문제에 관한 핵심적인 판시는 ②, ⑤이다.
②는 주식관련사채에 기해 신주가 발행된 경우 신주발행무효의 소를 제
기할 수 있다고 보면서도 주장 가능한 무효사유가 "특별한 사정이 없는
한 신주인수권·전환권 행사나 그에 따른 신주발행에 고유한 무효 사유"
에 한정된다는 점을 선언한 것이다. ⑤는 대주주 등이 전환사채, 신주인

---

32) 대상판결들이 종전 판례를 인용하지는 않으나 대법원 2015. 12. 10. 선고 2015
　다202919 판결 참조.

수권부사채나 그에 부여된 신주인수권을 양수한 다음 주식관련사채 발행일부터 6월이 지난 후 전환권/신주인수권을 행사하여 신주를 취득한 경우는 ②의 사유에 준하여 신주발행무효의 소를 주장할 수 있다는 점을 밝힌 것이다. 대상판결들의 핵심 법리인 ②, ⑤의 쟁점을 살펴본다.

## Ⅲ. 기초적 고찰

### 1. 신주발행, 주식관련사채발행의 의의와 그 무효의 소

#### (1) 신주발행 무효의 소

신주발행의 무효란 원칙적으로 신주발행에 법령 또는 정관에서 정한 절차나 내용에 위반한 하자 등이 있어서 발행된 신주 전부를 일체로[33] 무효로 하는 것이다. 신주발행의 무효는 제429조에 따라 신주발행일로부터 6월 내에 주주, 이사, 감사가 소로써만 주장할 수 있다.

신주가 발행된 후에 신주발행의 유효를 전제로 다양한 새로운 법률관계가 형성되며 이해관계자가 생기는데,[34] 민법의 일반원칙에 따라 누구나 개별적으로, 언제나, 어떠한 방법으로든, 무효를 주장할 수 있다면 신주발행의 법률관계가 불안정해진다. 이러한 취지에서 제429조는 신주발행에 따른 법률관계의 획일적 처리와 법률관계의 안정을 위해서[35] 신주발행의 무효주장 방법을 소로 제한하고,[36] 제소권자, 제소기간을 제한한 것이다.

---

33) 발행된 신주 중 일부만의 무효를 주장하는 것이 허용되는지 문제된다. 예를 들어 발행된 신주 중 실권주를 무효로 하는 것이나 현물출자자에게 배정한 부분에만 중대한 하자가 있는 경우와 같이 무효 부분의 특정이 가능한 경우 그 부분만 무효로 할 수 있다는 견해가 있다. 권기범, 현대회사법론, 삼영사(제7판), 2017, 1078면.

34) 신주 납입금으로 회사 자본이 증가하여 채권자의 책임재산이 증가하고, 새로운 주주가 생기며, 그 주식에 대해 의결권 행사, 이익배당 등 여러 가지 주주권이 행사되며, 주식이 전전유통되는 등 많은 법률관계가 수반된다. 원고 승소판결이 장래효를 가지더라도 다양한 이해관계자에게 영향을 미치게 된다.

35) 김건식/노혁준/천경훈, 회사법강의(제6판), 박영사, 2022, 662면.

36) 이 때문에 일반민사소송절차로서 신주발행 무효확인의 소를 제기하는 것이나 항변에 의한 무효주장은 허용되지 않는다. 주석 상법[회사4](제6판), 한국사법행정학회, 2021. 6., 제429조의 주석(고홍석 집필), 181면.

(2) 주식관련사채발행과 그 무효의 소

(가) 주식관련사채의 의의와 유형

전환사채·신주인수권부사채는 사채에 전환권·신주인수권인 콜옵션 (call option)을 붙인 것이다. 이들 사채는 신주를 인수할 수 있는 옵션이 부여되어 있으므로 일반 사채에 비해 저렴한 이자율로 발행할 수 있고, 사채권자는 주가가 상승하는 경우에 옵션 행사에 의해 차익을 실현할 수 있으며 주가가 하락하면 옵션을 행사하지 않고 채권을 보유하여 이자를 얻을 수 있다. 이들 사채는 사채권자에게 신주발행 콜옵션(= 신주인수권)을 부여한다는 점이 공통되고, 콜옵션이 행사되면 신주를 발행받으므로 잠재적 주식으로서의 속성을 지닌다.

콜옵션 행사시 행사대금(신주인수대금)을 사채의 원리금지급청구권과 상계하기로 미리 정한 것이 전환사채 또는 사채로 대용납입을 허용하는 신주인수권부사채이고, 사채권자가 사채의 원리금지급청구권은 그대로 보유하고 콜옵션 행사시 행사대금을 별도로 발행회사에 납입하는 것이 대용납입을 허용하지 않는 신주인수권부사채이다.[37]

신주인수권부사채는 콜옵션(신주인수권)이 사채와 분리되는 분리형과 그렇지 않은 비분리형으로 나뉜다. 분리형에서는 신주인수권을 신주인수권증권에 표창하여 옵션권리자가 쉽게 양도할 수 있다는 점이 전환사채와 큰 차이이다. 분리형은 사채의 확정수익을 확보하려는 투자자로부터는 사채, 높은 위험의 투자를 선호하는 투자자로부터는 신주인수권증권에 대한 투자를 받을 수 있게 되므로 투자자의 성향에 맞춘 발행이 가능하게 된다.[38]

분리형 신주인수권부사채에서 투자자는 신주인수권증권만 취득하여 (전환사채나 비분리형신주인수권부사채에 비하여) 큰 자금부담 없이 잠재적인 지분을 확보할 수 있기 때문에 경영권 방어로 활용되기가 수월하다. 판

---

37) 박준, "회사채 관련 법제의 개선", 상사법연구 제36권 제1호, 상사법학회, 2017, 86면; 박준/한민, 금융거래와 법(제3판), 박영사, 2022, 469면.
38) 박준/한민, 앞의 책(주 37), 470면.

결1의 사안에서 이 사건 신주인수권을 양수한 대주주는 신주인수권부사채와 신주인수권을 전체로서 양수하려면 약 26억 원의 자금을 들여야 했지만, 사채권면액 3%인 7,700만 원의 비용만 들여서 신주인수권을 양수할 수 있었다.

과거 분리형 신주인수권부사채가 지배주주의 지분율 확대[39] 또는 편법 지분 승계[40]의 방법으로 이용된다는 지적이 있어서 자본시장과 금융투자업에 관한 법률(이하 '자본시장법')은 상장회사의 분리형 신주인수권부사채의 발행을 전면 금지하였다가, 과도한 규제라는 비판에 따라 현재는 분리형 신주인수권부사채는 사모의 방식으로 발행할 수 없도록 하고 있다(자본시장법 제165조의10).

**(나) 주식관련사채의 잠재적 주식으로서의 속성**

주식관련사채의 콜옵션이 행사되면 기존 주주의 지분권이 희석된다는 점에서 기존 주주 보호 측면에서 신주발행과 유사하게 취급할 필요가 있다. 그리하여 주주 외의 자에게 전환사채를 발행하는 경우 발행규모, 콜옵션의 내용(전환조건, 전환으로 발행할 주식의 내용, 전환청구기간 등)을 정관에 규정하지 않으면 주주총회의 특별결의로 정하여야 한다(제513조 제3항, 제516조의2 제4항).

**(다) 주식관련사채발행무효의 소**

주식관련사채발행의 무효는 발행된 주식관련사채 전부를 일체로 무효로 하는 것이다. 전환사채와 신주인수권부사채의 발행에 관해서는 제429조와 같은 규정이 존재하지 않아서 주식관련사채에 제429조의 유추적용 여부에 대하여 학설이 대립[41]되었다.[42] 긍정하는 입장이 확립된 판례

---

39) 2009년 하반기 상장회사가 발행한 사모 신주인수권부사채는 138건으로서 그 중 최초 투자자가 신주인수권증권을 분리하여 매각한 사례는 82건이었는데, 이 중 57건이 최대주주에게 매각되었다. 금융감독원 보도자료, 사모 신주인수권부사채 발행실태 분석, 2010. 5. 25.

40) 김선웅, "두산이 발행한 해외신주인수권부사채의 법적 문제", 기업지배구조연구 제5호, 좋은 기업지배구조연구소, 2002 겨울, 40면 이하.

41) 부정설로는 정찬형, 상법강의(상)(제22판), 박영사, 2019, 1273면(전환사채도 사채이므로 사채발행과 신주발행을 동일하게 볼 수 없고, 제429조의 준용규정이 없다

로서 대상판결들도 이를 따르고 있다. 전환사채는 전환권 행사에 의하여 장차 주식으로 전환될 수 있는 권리가 부여된 사채로서 이러한 전환사채의 발행은 주식회사의 물적 기초와 기존 주주들의 이해관계에 영향을 미친다는 점에서 사실상 신주를 발행하는 것과 유사하므로 전환사채 발행의 경우에도 제429조가 유추적용되고,[43] 신주인수권부사채도 마찬가지이다.[44]

주식관련사채발행의 무효를 민사소송법상의 일반적인 무효확인의 소에 의할 경우 무효확인판결의 효력이 발행된 주식관련사채 전부에 미치지 못하고, 신주가 소급적으로 무효가 됨에 따라 신주와 관련된 법률관계가 혼란스러워진다는 점, 신주에 기해 형성된 법률관계를 존중해줄 필요가 있다[45]는 점을 고려한 것이다.

제429조가 유추적용되기 때문에 주식관련사채발행무효의 소의 제소권자, 제소기간, 주장방법 등에 관한 제한이 그대로 적용된다. 주주가 주식관련사채발행을 다툴 수 있도록 제429조의 유추적용을 인정하게 됨으로써 일반무효확인의 소와 달리 제소기간의 제한이 적용되어, 대상판결의 사안과 같이 오히려 주주에게 불리한 결과가 초래될 수 있다.

---

는 점을 근거로 한다). 긍정설을 취한 대법원 판례가 선고된 이후에는 긍정설이 압도적 다수설이고, 최신판 주석서와 교과서 중 부정설은 거의 보이지 않고 판례의 입장을 전재하고 있을 뿐이다. 주석 상법[회사5](제6판), 한국사법행정학회, 2021. 6, 제516조와 제516조의11의 주석(김상훈 집필); 최근 논문까지 포함하여 학설을 잘 정리한 논문으로 천경훈, 앞의 논문(주 25), 222면 이하.

42) 우리나라 상법의 모델이 된 일본의 구 상법(2005년 제정 회사법 이전의 상법)도 신주발행유지청구권 규정은 신주인수권부사채 등에 준용됨을 명시하면서도 신주발행무효의 소에 관한 규정은 명시적으로 준용하는 규정이 존재하지 않았다. 그리하여 일반무효확인의 소로 다툴 수 있다는 입장, 주주는 신주인수권부사채무효확인청구를 할 수 없다는 하급심 판결(東京高判 1999. 8. 20, 金融商事判例 1196호, 35면)이 있었다. 일본에서는 신주인수권에 기해 주식이 발행되면 의결권 등 주주권에 영향을 줄 수 있으며, 무효판결에 대세효를 인정할 필요가 있다는 이유로 신주발행무효의 소와 같은 신주예약권부사채발행 무효의 소에 관한 명문규정을 신설하였다(회사법 제828조, 제842조)(일본은 신주를 부여할 수 있는 옵션이 붙은 사채를 신주예약권부사채로 일괄하여 규정한다).

43) 대법원 2004. 6. 25. 선고 2000다37326 등 그 따름 판결들.

44) 대법원 2015. 12. 10. 선고 2015다202919 판결과 그 따름 판결들.

45) 이철송, 회사법강의(제29판), 박영사 2021, 1073면.

## 2. 신주발행, 주식관련사채발행의 무효사유

### (1) 하자의 제한적 인정

### (가) 무효원인의 제한적 인정

신주발행의 무효원인은 신주발행무효의 소에서 원고의 청구를 이유 있게 만드는 원인사실로서 전체로서 신주발행의 효력을 부정하게 하는 원인이다.[46] 신주발행의 무효원인은 법정되어 있지 않기 때문에 그 무효의 인정범위와 개별 무효원인은 학설과 판례에 맡겨져 있다. "법령 또는 정관을 위반하거나 현저하게 불공정한 방법에 의한 주식의 발행"이 신주발행유지청구의 요건으로 규정되어 있지만(제424조), 신주가 일단 발행된 후 사후적 구제수단인 신주발행 무효사유는 이 요건과 동일하게 볼 수는 없고 주식거래, 법률관계의 안정을 위하여 엄격하게 해석해야 한다는 것이 판례[47]와 통설[48]이다.

### (나) 주주의 신주인수권 침해와 경영권 방어목적

#### 1) 신주인수권 침해

신주발행, 주식관련사채발행의 무효가 주로 다투어진 사례는 신주, 주식관련사채의 제3자 배정이 이루어진 경우이다. 제3자 배정에서는 주주의 신주인수권이 침해되고, 제3자 배정이 경영권 방어를 위해 이루어지기 때문이다.

주주의 신주인수권이 침해된 경우 발행의 효력에 관해서 통설은 신주인수권을 무시한 경우 언제나 무효로 판단하지는 않고, 신주인수권의 전부 또는 대부분 무시되었거나, 중대하게 침해된 경우, 회사 지배에 대한 영향력에 변동을 줄 정도에 이른 경우 등을 기준으로 무효 여부를 판

---

46) 곽병훈, "신주발행의 무효원인 및 그 유무의 판단기준", 대법원판례해설 제83호, 법원도서관, 2010, 233면.
47) 대법원 2004. 6. 25. 선고 2000다37326 판결; 대법원 2009. 1. 30. 선고 2008다50776 판결; 대법원 2010. 4. 29. 선고 2008다65860 판결.
48) 상세는 주석 상법[회사4](제6판), 한국사법행정학회, 2021. 6., 제429조의 주석, 185면 이하(고홍석 집필); 김건식/노혁준/천경훈, 앞의 책(주 35), 663면; 노혁준, "신주발행의 무효사유에 관한 연구", 선진상사법률연구 제60호, 법무부, 2012. 10, 42면.

단한다.[49) 판례도 대체로 같은 입장이다.[50)

### 2) 발행목적: 경영상 목적의 존부

제3자 배정은 필연적으로 주주의 신주인수권을 침해하므로 자금조달 등 '경영상 목적'(제418조 제2항 단서)이 존재하여야 인정될 수 있다. 경영상 목적과 관련하여 주로 문제되는 것은 지배권 또는 경영권 방어목적을 위해 신주, 주식관련사채가 발행된 경우이다. 경영상 목적이 없이 이루어진 신주발행은 무효원인이 될 수 있다거나, 경영권 방어목적이 있는 경우에는 무효라는 것이 통설이다.[51)

아래 대법원 판결례에서 주주의 신주인수권이 침해된 사안은 경영권 방어목적, 지배권에 대한 영향이 다투어진 사안이 대부분이다.

### (2) 판 결 례

#### (가) 대법원 2004. 6. 25. 선고 2000다37326 판결

신주발행무효의 소 규정(제429조)의 준용을 최초로 인정한 전환사채 발행무효 판결에서 무효원인을 가급적 엄격하게 인정하는 입장을 최초로 판시하였다. "[…] 전환사채발행무효의 소는 사후에 이를 무효로 함으로써 거래의 안전과 법적 안정성을 해칠 위험이 큰 점을 고려할 때, 그 <u>무효원인은 가급적 엄격하게 해석하여야 하고</u>, […] <u>법령이나 정관의 중대한 위반 또는 현저한 불공정이 있어</u> 그것이 <u>주식회사의 본질이나 회사법의 기본원칙에 반하거나</u> 기존 <u>주주들의 이익과 회사의 경영권 내지 지배권에 중대한 영향</u>을 미치는 경우로서 <u>전환사채와 관련된 거래의 안전, 주주 기타 이해관계인의 이익 등을 고려하더라도 도저히 묵과할 수 없는 정도라고 평가되는 경우</u>에 한하여 전환사채의 발행 […] 그 전환권 행사에 의한 주식의 발행을 무효로 할 수 있을 것[…]." (밑줄은 필자가 추가)

#### (나) 대법원 2009. 1. 30. 선고 2008다50776 판결

신주발행 당시 피고 회사에 경영권 분쟁이 있었는데, 신주발행이 제

---

49) 주석 상법[회사4](제6판), 한국사법행정학회, 2021. 6., 제429조의 주석, 218면(고홍석 집필).
50) 아래 (2) 판결례.
51) 김건식/노혁준/천경훈, 앞의 책(주 35), 664면.

418조 제2항과 피고 회사의 정관이 정한 재무구조 개선이나 신기술도입을 위한 경영상 목적이 아니라 현 경영진의 경영권 방어목적으로 이루어진 사안이다. 피고의 주식 24.25%를 보유한 원고와 피고의 현 경영진 사이에 경영권 분쟁이 발생하였다. 피고 회사는 소외 회사로부터 정관상 제3자 배정 요건인 '기술도입상 필요한' 경우가 아니고 자금조달 목적이 없었음에도 소외 회사에 신주를 발행하였다. 이에 따라 원고의 지분율은 18.65%로 감소하고, 소외 회사가 23.08%를 보유한 최대주주가 되었다.

　신주발행의 무효원인을 가급적 엄격히 해석해야 한다는 2000다37326 판결을 따르면서 "신기술 도입이나 재무구조 개선 등 회사의 경영상 목적을 달성하기 위하여 필요한 범위 안에서 정관이 정한 사유가 없는데도 회사의 경영권 분쟁이 현실화된 상황에서 경영진의 경영권이나 지배권 방어의 목적으로 제3자에게 신주를 배정한 경우, 기존 주주의 신주인수권을 침해"하며 이 사안에서 "[…] 피고 회사의 지배구조에 […] 심대한 변화가 초래되어 원고의 피고 회사에 대한 종래의 지배권이 현저하게 약화되는 중대한 영향을 받게 되었으니 이러한 신주발행은 도저히 허용될 수 없어 무효"라고 판단한 원심을 유지하였다. (밑줄은 필자가 추가)

　(다) 대법원 2010. 4. 29. 선고 2008다65860 판결
　신주발행을 결의한 피고 회사의 이사회에 참여한 이사들이 하자 있는 주주총회에서 선임된 이사들이어서, 그 후 이사 선임에 관한 주주총회결의가 확정판결로 취소되었고, 위와 같은 하자를 지적한 신주발행금지 가처분이 발령되었음에도 위 이사들을 동원하여 위 이사회를 진행한 측만이 신주를 인수한 사안이다.

　일부 주주의 신주인수권이 침해되어 참가인 주주와 그 우호주주들의 지분은 57.9%에서 73.6%로 크게 높아졌고, 반대주주들의 지분은 42.1%에서 26.4%로 크게 감소하였는데, 이 때문에 참가인 주주가 피고의 지배권을 확고히 하는 결과가 초래되었다. 대법원은 신주발행이 신주의 발행사항을 이사회결의에 의하도록 한 법령과 정관을 위반하였을 뿐만 아니라

현저하게 불공정하고 기존 주주의 신주인수권을 침해하고, 그로 인하여 기존 주주들의 이익과 회사의 경영권 내지 지배권에 중대한 영향을 미쳤다는 등의 이유로 무효라고 판시하였다.

**(라) 대법원 2016. 6. 23. 선고 2013다64571 판결**

피고의 대표이사가 제418조 제3항의 신주배정일 공고절차, 제419조 제1항의 신주인수권자에 대한 최고절차를 거치지 않고 자신 및 그 우호세력에게만 신주를 배정하여 대표이사의 지분이 20%에서 그 우호주주의 지분과 합쳐서 68%로 증가하고, 원고측 지분은 80%에서 32%로 감소되어 회사에 대한 지배권이 변경된 사안이다. 대법원은 신주발행이 대표이사의 회사에 대한 지배권 확보 및 그 강화를 위해서 현저히 불공정하게 이루어진 것으로서 원고의 회사의 지배권이 변경되어 원고측에 중대한 영향을 미치는 결과가 초래되었고, 이는 신주와 관련된 거래안전, 기타 이해관계인의 이익을 고려하더라도 도저히 묵과할 수 없는 정도에 이르러 무효라고 판단하였다.

**(마) 대법원 2015. 12. 10. 선고 2015다202919 판결**

신주인수권부사채발행무효가 다투어진 사건에서도 전환사채발행, 신주발행의 무효에 관한 무효원인의 판단기준을 따랐다. "따라서 회사가 […] 경영권 분쟁이 현실화된 상황에서 경영진의 경영권이나 지배권 방어라는 목적을 달성하기 위하여 제3자에게 신주를 배정하는 것은 상법 제418조 제2항을 위반하여 주주의 신주인수권을 침해하는 것이다. […] 이러한 법리는 신주인수권부사채를 제3자에게 발행하는 경우에도 마찬가지로 적용된다(상법 제516조의2 제4항 후문, 제418조 제2항 단서)."

이 사건에서 신주인수권부사채는 피고의 정관에서 정한 긴급한 자금조달의 필요성이 있어 그러한 자금조달을 위하여 발행된 것으로서, 피고의 경영권 분쟁이 임박하거나 현실화된 상황에서 경영진의 경영권/지배권 방어목적을 달성하기 위하여 발행된 것이라고 보기 어려우므로, 적법하게 발행된 것이고, 현저하게 불공정하게 발행되었다고 볼 수도 없다고 판단하여 원고의 주장을 배척하였다.

## (3) 판례의 무효원인의 판단기준과 논리

대법원 판결의 무효원인의 판단기준은 ① 법령이나 정관의 중대한 위반 또는 현저한 불공정이 있어 그것이 ② 주식회사의 본질이나 회사법의 기본원칙에 반하거나 기존 주주들의 이익과 회사의 경영권 내지 지배권에 중대한 영향을 미치는 경우로서 ③ 신주와 관련된 거래의 안전, 주주 기타 이해관계인의 이익 등을 고려하더라도 도저히 묵과할 수 없는 경우이다. 그 논리구조는 ①에서 보는 것처럼 무효원인은 신주발행 유지 사유인 '법령 또는 정관에 위반하거나 현저하게 불공정한 방법에 의하여' (제424조)의 신주/주식관련사채를 발행하였는지 여부이다. ①에서 나아가 ② 주식회사의 본질이나 회사법의 기본원칙에 반하거나(②-a) 기존 주주들의 이익(②-b)과 회사의 경영권 내지 지배권(②-c)에 '중대한' 영향을 미치는 경우로서 ③ 신주와 관련된 거래의 안전, 주주 기타 이해관계인의 이익 등을 고려하더라도 도저히 묵과할 수 없는 정도이어야 한다.

②-a는 하자의 경중과 위법성의 크기, ②-b, c는 주주들의 이익, ③은 거래안전을 고려한 것이다. ②가 존재하기만 하면 무효로 판단되는 것이 아니고 ③을 고려하므로 무효판단에는 늘 하자의 경중과 이익형량을 한다.[52]

## (4) 주식관련사채발행의 특이점

제3자 배정 발행의 무효사유 중 "기존 주주들의 이익과 회사의 경영권 내지 지배권에 중대한 영향을 미치는 경우"인지 여부는 주식관련사채의 발행 당시에는 드러나지 않고, 신주인수권·전환권 행사 시점에 드러나거나 현실화할 수 있다. 판결1에서 "대주주 등이 양수한 신주인수권을 행사하여 신주를 취득함으로써 비로소 기존 주주의 신주인수권이 침해되고 대주주 등의 경영권이나 지배권 방어목적이 현실화된다."라고 판시하는 바와 같다.[53]

---

52) 노혁준, 앞의 논문(주 48), 44면; 송옥렬, "신주발행 무효사유의 재검토", 증권법연구 제22권 제3호, 증권법학회, 2021, 61면.
53) 대법원 2022. 10. 27. 선고 2021다201054 판결.

이 때문에 주식관련사채 발행일로부터 6개월 이전에 주식관련사채발행 무효의 소를 제기하더라도 경영권 방어목적이나 경영권·지배권에 중대한 영향을 미치는 경우의 존재가 드러나는 경우가 적고, 소를 제기해도 승소할 가능성이 신주발행의 경우보다 낮다. 주식관련사채발행무효의 소는 승소 가능성이 낮아서 제기하지 않았는데, 사채발행일로부터 6개월 경과한 후 신주인수권·전환권이 행사된 이후 비로소 소를 제기하려고 해도 주식관련사채발행무효의 소의 제소기간이 경과한 이후여서 신주발행무효의 소를 제기할 수밖에 없고, 제소의 적법성이 문제될 수 있다.

## Ⅳ. 신주인수권·전환권의 행사에 따라 신주가 발행된 경우 쟁송방법

### 1. 논 점

주식관련사채 발행 후 신주인수권·전환권 행사에 따라 신주가 발행된 경우 원고는 어떠한 방법으로 다툴 수 있는가? 주식관련사채가 발행된 경우 판례·통설에 따라 주식관련사채발행무효의 소가 인정되고, 신주발행에 대해서는 신주발행무효의 소(제429조)가 인정된다. 주식관련사채발행무효의 소를 제기하여야 하는지(제1설), 신주발행무효의 소를 제기하여야 하는지(제2설), 양자를 선택적으로 제기할 수 있는지(제3설)가 문제된다.[54] 제2설과 제3설을 전제하는 경우 양자에 모두 6개월의 제소기간의 제한이 있는데, 신주발행무효의 소를 제기할 수 있다고 보는 경우 제소기간은 주식관련사채 발행일로부터 기산하여야 하는지, 전환권/신주인수권 행사에 따른 신주발행일로부터 기산하여야 하는지 문제된다.

그동안 이 논점에 관해서는 거의 논의가 이루어지지 않았다.[55] 통상

---

54) 상세는 천경훈, 앞의 논문(주 25), 233면 이하.
55) 일본 회사법은 주식관련사채발행의 무효판결에 대세효를 인정할 필요성에서 신주예약권부사채발행 무효의 소에 관한 명문규정을 신설하였다(회사법 제828조, 제842조). 일본의 교과서, 주석서는 신주발행무효의 소 또는 신주예약권부사채발행무효의 소에 관한 서술 부분에서 본고의 논점에 관해서 언급하고 있지 않다. 會社法大系2, 株式·新株豫約權·社債, 靑林書院, 2020, 288면. 일본 회사법 제정 이전 시행되던 구 일본 상법상 신주발행, 주식관련사채발행에 관한 규정은 우리나라 상법과 유사한 체계의 규정을 두고 있었다. 신주발행무효의 소(구 일본상법 제280조

의 신주발행(제416조)뿐만 아니라 주식관련사채발행에 기한 특수한 신주발
행도 신주발행무효의 소의 대상이 된다고 서술하지만, 특수한 신주발행이
이루어진 경우 언제나 신주발행무효의 소를 제기할 수 있는지를 정면으
로 다루고 있지는 않다. 아래에서는 판결례에 나타난 입장과 가능한 입
장을 상정한 후 대상판결을 검토한다.

## 2. (상정가능한) 입장과 그 논거

### (1) 1    설

주식관련사채발행에 기하여 신주가 발행되었더라도 주식관련사채발
행 자체에 무효원인이 있다면 주식관련사채발행무효의 소에 의해야 한다
는 입장이다.[56] 주식관련사채발행 이후 6개월 경과 후에 신주발행무효의
소를 제기할 수 있다면 주식관련사채발행에 대한 제소기간 제한의 취지
가 몰각되기 때문이다. 발행에 수반되는 복잡한 법률관계를 조기에 확정
하기 위하여 제소기간을 둔 취지에 충실한 입장이다.

이 입장에 의하면 주식관련사채발행 당시에는 발행을 무효로 할 만
한 사유가 존재하지 않았거나 예상할 수 없었기 때문에 소를 제기하지
않고 다투지 않았는데, 신주인수권ㆍ전환권의 행사에 따라 신주가 발행되
어 무효사유가 존재하게 되었지만 주식관련사채 발행일로부터 6개월이
도과한 경우 구제수단이 없게 된다.

대상판결들과 그 하급심 중 언제나 주식관련사채발행무효의 소만 제

의15)에 관한 주석서에서 특수한 신주발행과 신주발행무효의 소에 관하여 서술하
고 있지만 본고의 논점에 관해서는 언급하고 있지 않다. 新版注釋會社法(7), 新株の
發行, 有斐閣, 1985, 제280조의15의 주석, 361면 이하.
56) 천경훈, 앞의 논문(주 25), 234면은 비교법적으로 일본 회사법에서 신주예약권부
사채의 발행 자체의 무효를 소로써 다투도록 하므로 이 입장을 취한 것이라고 한
다. 일본에서는 과거 신주예약권부사채발행의 무효를 다툴 수 있는지, 그 경우 어
느 소에 의하여야 하는지 논란을 해결하기 위하여 신주예약권부사채 발행무효의
소에 관한 명문규정(회사법 제828조, 제842조)을 신설한 것이다. 이러한 입법이 있
지만 여전히 일본에서도 신주예약권부사채 발행에 기하여 신주가 발행된 경우에도
신주예약권부사채 발행무효의 소에 의하여야 하는지 신주발행무효의 소도 제기할
수 있는지는 논란이 있을 수 있는 것처럼 보인다.

기할 수 있다는 입장을 취한 것은 없는 것으로 보인다.

### (2) 2 설

신주발행무효의 소만 제기할 수 있다는 입장이다. 주식관련사채발행무효의 소에 대해 제429조가 유추적용되지 않는다고 보는 경우 신주발행무효의 소만 제기할 수 있다는 입장을 취하게 될 것이다. 그러나 주식관련사채발행무효의 소를 인정하는 것이 확립된 판례·통설이므로 위 논거를 이유로 하는 2설은 취할 수 없다.

2설은 종래 회사법상 선행행위의 효력을 다투는 소와 그 후속행위의 효력을 다투는 소가 모두 인정되는 경우에 소위 통설·판례인 흡수설을 취하는 입장과 부합한다는 주장도 가능하다. 신주발행, 회사의 합병, 분할, 자본금 감소 등 회사법상 중요한 행위에 대해서는 그 무효를 소로써만 주장할 수 있다. 이러한 행위에 대해서 요구되는 주주총회 결의(또는 이사회 결의)의 하자도 소에 의해서만 다툴 수 있는 바 승인결의의 하자는 주주총회 결의하자의 소의 원인도 되고, 신주발행무효의 소의 원인도 된다. 양자의 소의 관계에 대해서 통설[57]·판례[58]는 신주발행의 효력이 발생하기 전에는 결의의 하자를 다투는 소를 제기할 수 있으나 신주발행의 효력이 발생한 후에는 결의하자는 신주발행의 무효원인으로 흡수되어 신주발행무효의 소만 제기될 수 있다고 본다.[59] 판례는 자본금감소무효의 소,[60] 합병무효의 소[61]와의 관계에서도 같은 입장을 취한다.

이 입장의 연장선에서 주식관련사채발행일로부터 6월이 경과하였으나, 신주발행일로부터 6월이 경과하지 않은 경우에 신주발행무효의 소를

---

57) 송옥렬, 상법강의, 홍문사, 2023, 984면; 이철송, 앞의 책(주 45), 646면.
58) 대법원 2004. 8. 20. 선고 2003다20060 판결; 대법원 2010. 2. 11. 선고 2009다83599 판결.
59) 만일 선행행위인 주주총회 승인결의의 하자를 다투는 소를 제기하면 각하된다. 김건식/노혁준/천경훈, 앞의 책(주 35), 353면.
60) 자본금감소를 위한 주주총회 결의에 취소 또는 무효의 하자가 있더라도 자본금감소의 효력이 발생한 후에는 자본금감소 무효의 소에 의해서만 다툴 수 있다고 본 대법원 2010. 2. 11. 선고 2009다83599 판결.
61) 합병등기에 의하여 합병의 효력이 발생한 후에는 합병무효의 소만 제기할 수 있다고 본 대법원 1993. 5. 27. 선고 92누14908 판결.

제기할 수 있는지 문제된다. 신주발행무효의 소가 허용되며, 그 기산점은 신주발행일로 보는 경우 주식관련사채 발행무효의 소에 대해 제소기간을 둔 취지가 몰각된다. 신주발행무효의 소를 제기할 수 있다고 보면서도, 제소기간의 기산점을 주식관련사채 발행일이라고 한다면 유독 주식관련사채의 옵션이 행사되어 신주가 발행된 경우에만 기산점을 다르게 파악하는 것이 타당하지 않다는 비판이 가능하다. 신주발행무효의 소의 제소기간을 '신주를 발행한 날'로부터 기산하도록 하는 명문규정(제429조)에 반한다는 비판도 가해질 수 있다. 나아가 주식관련사채발행 이후 장기간 경과한 후에는 제소기간이 도과하게 되어 신주발행무효의 소를 인정하는 실익이 없게 된다는 문제가 있다.

(3) 3 설

두 가지 소를 모두 제기할 수 있다는 입장으로 다시 두 가지로 갈릴 수 있다.

(3)-(가) 사유 여하를 불문하고 주식관련사채발행무효의 소뿐만 아니라 신주발행무효의 소를 제기할 수 있다는 전제에서, 주식관련사채발행무효의 소는 사채발행일로부터 6월 내에, 신주발행무효의 소는 신주발행일로부터 6월 내에 제기할 수 있다고 보는 입장이다.

주식관련사채발행무효의 소만 인정할 경우 제소시간 도과 후에 신주인수권·전환권이 행사되더라도 신주발행무효의 소도 제기할 수 없다는 문제에 대처할 수 있으므로 잠재적 원고의 권리보호에 충실하다. 판결2의 항소심[62]은 다음과 같이 그 이유를 자세히 설시하고 있다.

가. […] 제429조에 따라 주주 등은 신주의 종류가 무엇인지, 제416조에 따른 통상의 신주발행인지 여부 등을 불문하고 신주발행무효의 소를 제기할 수 있다. […] 전환사채권자의 전환권 행사에 따라 신주발행이 되는 경우 신주발행무효의 소가 허용되지 않는다고 해석하면 <u>주주 등의 재판청구권을 부당하게 제한하게</u> 된다.

---

62) 서울고등법원 2020. 12. 11. 선고 2020나2001750 판결.

　나. [⋯] 전환사채의 전환권 행사에 따른 신주발행에 대하여 전환사
채발행무효의 소만을 인정하고 신주발행무효의 소를 허용하지 아니할 경
우에는, 신주발행에 수반될 수 있는 법률관계를 조기에 확정할 수 있는
장점은 있으나, 주주의 신주인수권을 보호하기 위한 수단 중 하나인 신
주발행무효의 소제기 권능을 제한함으로써 주주의 권리를 오히려 축소하
는 결과를 초래한다.

　다. 전환사채발행 단계에서는 무효사유가 존재하지 아니하였으나 그
이후 전환사채권자가 전환권을 포기하였음에도 이를 다시 행사하는 경우
와 같이 전환권 행사와 관련하여 독립된 무효사유가 존재하는 때에는 전
환사채발행무효의 소를 상정할 수 없고 오로지 신주발행무효의 소를 제
기할 수 있을 뿐이다.

　라. 두 가지 소가 병존적으로 허용될 경우 주주 등이 전환사채발행
무효의 소를 제기하여 패소확정판결을 받은 다음 다시 동일한 무효사유
를 주장하여 신주발행무효의 소를 제기할 염려가 있으나, [⋯] 전소인 전
환사채발행무효의 소의 확정판결의 기판력이 후소인 신주발행무효의 소
에 미쳐 후소 법원이 모순되는 판단을 할 수 없으므로, 소송경제, 소송의
통일성 측면에서 별다른 문제가 없다. (밑줄은 필자가 추가)

　이 입장은 사채발행무효의 소의 제소기간 제한의 취지에 반한다는
비판이 가능하다. 신주인수권·전환권 행사의 절차나 내용, 신주발행에
아무런 하자가 없는데도 당초 주식관련사채발행의 하자를 이유로 신주발
행무효의 소를 제기할 수 있다면 주식관련사채발행무효의 소에 대한 제
소기간을 둔 취지가 몰각되고 신주인수권·전환권행사가 사채발행 후 수
년이 경과한 경우 제소기간이 장기간 연장된다.

　(3)-(나) 주식관련사채발행무효의 소뿐만 아니라 신주발행무효의 소도
제기할 수 있다는 전제에서 신주발행무효의 소의 기산점은 원칙적으로 사
채발행일로 보는 입장이다. 신주발행무효의 소의 제기를 허용하더라도 신
주발행의 무효사유로 주장하는 것이 전환권 행사에 관한 고유하거나 독자
적 사유가 아니라 전환사채 발행 당시에 존재했던 사유인 경우 신주발행

무효의 소도 사채발행일로부터 6개월 이내에 제기되어야 한다는 것이다.[63)]
대상판결들의 1심 이전에 선고된 다음 하급심 판례들이 취하는 입장이다.

### 1) 서울남부지방법원 2017. 8. 18. 선고 2016가합104099 판결[64)]

원고들은 피고 회사의 주주이다. 피고 회사와 피고보조참가인[65)]은
2012. 11. 27. 피고 회사가 발행하는 발행총액 2,299,995,000원 상당의 '주
식회사 네오바이오텍 제3회 사모전환사채' 중 1,149,997,500원인 사채 1매
를 피고보조참가인이 인수하기로 하는 인수계약을 체결하고 전환사채를
발행하였다. 인수계약에 따르면 전환가격은 4,500원이고, 2012년 및 2013
년 평균당기순이익의 규모에 따라 최대 4,500원, 최소 1,500원으로 조정
하게 되어 있었다.[66)] 피고 회사의 당기순이익이 평균 30억 원에 미치지
못하자, 피고보조참가인은 2016. 4. 29. 전환가격을 1,500원으로, 전환주
식수를 766,665주로 하여 전환권을 행사하였다.

원고들은 2016. 5. 4. 전환권 행사에 따른 신주에 대해 신주발행무
효의 소를 제기하였다. 전환권 행사 당시 피고 회사의 1주당 가격은
10,000원이었음에도 불구하고, 전환권 행사는 적정가격의 15%에 불과한
1주당 1,500원에 이루어졌으므로 현저하게 불공정하며, 전환권 행사에 따
른 신주발행은 피고 회사 지배구조에 중대한 영향을 초래하여 기존 주주
의 이익을 심각하게 침해한다는 주장이다.

제1심은 '전환권 행사에 따른 신주발행'의 무효 사유는 전환사채의
전환조건에 대한 것으로 전환사채 발행 당시 존재했던 사유에 불과하고,
이는 전환사채 발행일로부터 6개월 이내에 소로써만 주장할 수 있는 것
인바 […] 이 사건 전환권 행사에 따른 신주발행무효를 구하는 소 역시

---

63) 서울남부지방법원 2017. 8. 18. 선고 2016가합104099 판결(서울고등법원 2018.
4. 6. 선고 2017나2049738 판결로 항소기각; 대법원 2018. 7. 13. 선고 2018다
228950 판결로 심리불속행 기각).

64) 항소심은 서울고등법원 2018. 4. 6. 선고 2017나2049738 판결(항소기각).

65) 여신전문금융업법 제2조 14의5, 제44조에 기하여 신기술사업자에게 투자하기 위
하여 설립된 신기술사업투자조합이다.

66) 50억 원 이상 4,500원; 40억 원 이상 50억 원 미만 3,500원; 30억 원 이상 40억
원 미만 2,500원; 30억 원 미만 1,500원.

이 사건 전환사채 발행일로부터 6개월 이내에 제기되어야 하고, 이는 전환사채 발행일로부터 6개월이 지난 후 피고보조참가인이 전환권을 행사하였다고 하더라도 마찬가지라고 하면서 소를 각하하였다.

2) 부산지방법원 서부지원 2019. 7. 11. 선고 2018가합101111 판결

피고 회사는 코스닥시장 상장회사이다. 원고 A는 피고 회사의 발행주식 중 683,990주, 원고 B는 10,000주를 보유한 주주로서 이사회 결의 없이 신주인수권부사채가 발행되었다고 주장하면서 2018. 4. 30. 신주발행 무효의 소를 제기하였다. 피고 회사는 2013. 8. 28. 총 40억 원의 '사모 분리형 신주인수권부사채 발행'을 이사회에서 결의하고 2013. 9. 23. 소외 무림캐피탈 주식회사(이하 '무림캐피탈')와 신한캐피탈 주식회사(이하 '신한캐피탈')에게 각각 20억 원의 사채를 발행하였다.[67] 무림캐피탈과 신한캐피탈은 2013. 9. 23. 위 신주인수권증권 중 권면총액 각 12억 원을 피고 회사의 대표이사인 C에게 양도하였다. 2017. 11. 24. 이 사건 신주인수권을 일부 행사한 C에게 957,243주를 총액 15억 원(1주당 행사금액 1,567원)에 발행하였다.

법원은 "원고들은 2013. 9. 23.자 신주인수권부사채발행의 무효를 전제로 2017. 11. 24.자 신주발행의 무효를 주장하고 있을 뿐 그 외에 달리 신주발행의 독자적인 무효 사유에 관하여는 아무런 주장·증명을 하지 않고 있다. 그런데 이처럼 후행 신주발행의 독자적인 무효 사유에 관한 주장 없이 오로지 선행하는 신주인수권부사채발행의 무효를 전제로 하는 경우, 그 제소기간은 신주인수권부사채발행일로부터 기산한다."고 보았다. 설령 가사 원고들의 이 사건 소가 상법 제429조의 출소기간 내에 제기된 것이라고 하더라도 이사회 결의가 없었다는 원고들의 주장은 배척하고,

---

67) 당시 2013. 5. 28. 법률 제11845호로 개정된 구 자본시장과 금융투자업에 관한 법률 제165조의10 제2항은 주권상장법인의 경우 분리형 신주인수권부사채의 발행을 금지하고 있고, 위 신설규정은 부칙 제6조에 따라 위 법 시행(공포 후 3개월이 경과한 날) 후 최초로 신주 및 주권 관련 사채권 등을 발행하는 이사회 결의가 있는 경우부터 적용하도록 되어 있으므로, 이 사건 신주인수권부사채는 위 개정 법률이 시행되기 직전에 발행된 것이다.

이사회 결의에 하자가 있더라도 신주발행은 효력이 있다고 판단하였다.

### (4) 4 설

3설보다는 좁게 예외적인 사유가 있는 경우에만 두 가지 소의 제기를 허용하는 입장이다.[68] 이 입장은 원칙적으로 주식관련사채발행무효의 소에 의하여야 하나, 신주인수권 · 전환권 행사 자체에 위법사유가 있는 경우, 주식관련사채 발행 당시에는 존재하지 않았거나 예상할 수 없었던 무효사유가 제소기간 만료에 임박 또는 제소기간의 도과 이후에 현실화되는 예외적인 경우에는 신주발행 무효의 소를 인정한다.

이때 예외적인 사유로는 ① 신주인수권 · 전환권 행사에 하자가 있는 경우, ② 신주인수권 · 전환권 행사로 회사 또는 자회사가 주식을 취득하게 되는 경우, ③ 제418조 제2항의 경영상 목적 요건의 불충족이 나중에 드러나는 경우, 즉 주식관련사채 발행 당시에 발행목적이 불분명하다가 나중에 경영권 방어목적임이 드러나는 경우를 든다.[69]

제소기간 제한의 취지를 살리고 또한 구체적 타당성을 고려하기 위한 방안이나 원칙과 예외를 가르는 기준이 중요한 관건이 되며, 구체적 타당성의 고려 여하에 따라 예측 불가능성이 존재할 수 있다.

### 3. 대상판결의 입장
### (1) 법  리

원칙적으로 주식관련사채발행무효의 소에 의하고 예외적으로 신주발행무효의 소의 제기가 허용된다는 입장이다. 신주인수권 · 전환권의 행사나 그로 인한 신주발행에 대해서는 제429조를 유추적용하여 신주발행무효의 소로써 다툴 수 있지만, 이때에는 "특별한 사정이 없는 한 신주인수권 · 전환권 행사나 그에 따른 신주발행에 고유하거나 그에 준하는 무효사유만 주장할 수 있고, 주식관련사채 발행이 무효라거나 그를 전제로 한 주장은 제기할 수 없다."고 보았다. 신주발행무효의 소로써 다툴 수

---

68) 천경훈, 앞의 논문(주 25), 236면.
69) 천경훈, 앞의 논문(주 25), 236-245면.

있다고 보면서도 그 무효사유를 예외적으로 인정하기 때문에 4설의 입장과 유사하다.

여기서 신주인수권·전환권 행사나 그에 따른 신주발행에 고유하거나 그에 준하는 무효사유가 존재하는지 여부가 관건이 된다. 같은 법리에 근거한 판결1과 판결2가 다른 결론에 이른 이유는 "신주인수권·전환권 행사나 그에 따른 신주발행에 고유하거나 그에 준하는 무효사유의 존재"에 대한 판단을 달리하였기 때문이다.

(2) 판 결1

원고들은 신주인수권부사채발행무효의 소를 제기한 바는 없지만, 신주발행일로부터 6개월 이내에 신주발행무효의 소를 제기하였다. 대상판결의 법리에 의하면 신주인수권부사채 발행에 이어서 신주가 발행되어 신주인수권 행사나 그에 따른 신주발행에 고유하거나 그에 준하는 무효사유가 존재하는지 여부가 신주발행무효의 소의 적법성 판단에 관건이 된다.

"회사가 대주주 등의 경영권이나 지배권 방어목적으로 신주인수권부사채를 제3자에게 발행하고, 대주주 등이 그 사채나 그에 부여된 신주인수권을 양수한 다음 신주인수권부사채 발행일로부터 6월이 지난 후 신주인수권을 행사하여 신주를 취득한 경우"는 신주발행에 고유하거나 그에 준하는 무효 사유가 있다고 보았다. 신주인수권부사채의 발행 시 대주주 등이 인수한 것이 아니어서 지배권 방어목적임을 알기 어려웠더라도 그 후 대주주 등이 신주인수권을 취득하여 신주인수권부사채 무효의 소 제소기간 경과 후 이를 행사하고 신주를 발행받았다면, 신주발행에 고유한 무효 사유가 있는 경우에 준하여 신주발행 무효의 소의 적법성을 인정한 것이다.[70]

이 사건에서 대주주 겸 대표이사가 신주인수권부사채의 신주인수권

---

70) 천경훈, 앞의 논문(주 25), 254면은 이 판결에 찬성하면서도 후속 신주발행이 무효가 되면 주식관련사채권자들의 이익을 크게 침해하고 권리관계를 불안정하게 하므로, 남소방지를 위하여 대주주 등의 주식관련사채 또는 신주인수권 취득에 회사가 적극적으로 관여하였을 경우에 이를 인정하여야 한다는 입장이다.

을 신주인수권부사채 발행일로부터 3월 내에 양수하였다가 사채발행일로
부터 약 3년 4개월, 신주인수권 양수일로부터 3년 1개월이 지난 시점에
서 신주인수권을 행사하였다. 판결1의 법리하에서 신주발행 무효의 소를
제기할 수 있는 사유의 존재는 "대주주 등의 경영권이나 지배권 방어목
적으로" 신주인수권부사채를 제3자에게 발행하였는지가 관건이 된다.

판결1은 이 부분에 대해 심리 · 판단하지 않은 원심을 탓하고 "회사
가 대주주 등의 경영권이나 지배권 방어목적으로" 신주인수권부사채를
발행한 것인지 심리 · 판단하도록 원심판결을 파기환송하였다.

### (3) 판 결2

판결2에서는 전환사채의 인수자들이 전환권을 행사한 것이고, 판결1
처럼 대주주에게 양도되는 사실관계가 존재하지 않았기 때문에 후발적으
로 경영권 방어목적이 발현된 사정은 없다. 나아가 관련 선행소송에서
원고들이 이 사건 전환사채발행의 무효를 구하는 소를 제기하였다가 항
소심에서 더 이상 다투지 않고 취하하여 기각 판결이 확정되었다는 점도
고려하였을 것이다.[71] 선행 판결인 판결1의 법리에 의하면 판결2의 결론
을 도출할 수밖에 없었다.

## Ⅴ. 대상판결의 검토

### 1. 신주발행의 고유 또는 이에 준하는 무효사유의 의미

대상판결은 제소기간 제한의 취지와 주주 보호 취지를 조화시키는
입장이지만 대상판결에 의할 때 향후 중요한 의미를 갖는 것은 대상판결
에서 예외적으로 신주발행 무효의 소로도 다툴 수 있다고 거시한 무효사
유의 의미이다. 대상판결이 설시한 (1) 신주인수권 · 전환권 행사나 (2) 그
에 따른 신주발행에 고유하거나 그에 준하는 무효 사유를 무엇으로 볼
것인지는 다양한 해석이 있을 수 있다.

신주인수권 · 전환권 행사 자체에 하자가 있는 경우란 당초 발행조건

---

71) 서울중앙지방법원 2017. 6. 22. 선고 2016가합529616 판결.

에서 정한 행사기간이나 전환조건을 위반한 경우, 신주인수권부사채의 신주발행 대금이 납입되지 않은 경우, 당초 사채발행 당시 정한 전환조건, 전환가액으로 신주를 발행하기는 했는데, 이후 주가가 변동됨으로써 신주발행 당시의 공정한 주식 가치보다 저가 발행이 되는 경우를 들 수 있다.[72] 이러한 하자는 쉽게 판단될 수 있다.

신주발행에 고유하거나 그에 준하는 무효 사유의 의미이다. 주식관련사채 발행 당시에는 존재하지 않았거나 예상할 수 없었던 무효사유가 제소기간 만료에 임박 또는 제소기간의 도과 이후에 현실화되는 예외적인 경우를 들고 있다.[73]

대상판결은 신주발행 무효의 소로 다툴 수 있는 예외로서 (2)를 설시한 다음에 "위와 같은 경위로 발행된 전환사채·신주인수권부사채나 그에 부여된 신주인수권을 대주주 등이 양수한 경우"를 신주인수권 행사나 그에 따른 신주발행에 고유한 무효 사유에 준하는 예로서 들고 있다. 여기서 "위와 같은 경위로 발행된"이란 그 앞의 문장들의 맥락상 "대주주 등의 경영권이나 지배권 방어목적으로 발행된"으로 읽힌다. 대상판결에 의하면 주식관련사채가 타인에게 양도되거나 신주인수권이 양도된 경우는 구체적 사정 여하에 따라서 신주발행 무효의 소의 적법성 여부가 결정된다.

## 2. 대상판결의 사정범위

대상판결은 전환사채·신주인수권부사채를 대주주 등의 경영권 방어목적으로 제3자에게 발행하고 그 주식관련사채나 신주인수권을 대주주 등이 양수한 다음 사채발행일로부터 6개월 후에 신주인수권·전환권을 행사(이하 '옵션행사')하여 신주를 취득한 경우에 신주발행의 무효를 주장할 수 있다고 한다.

대상판결의 법리가 제3자 배정방식으로 발행된 주식관련사채의 옵션

---

72) 상세는 천경훈, 앞의 논문(주 25), 236-237면.
73) 천경훈, 앞의 논문(주 25), 236면.

이 행사되어 신주가 발행된 모든 사안을 포괄하여 선언한 것은 아니므로 옵션 행사에 따라 신주가 발행된 경우 신주발행 무효의 소를 제기할 수 있는지 의문이 남는 영역이 있다. 주식관련사채발행일 6월 경과 여부, 사채/옵션 양도 여부, 옵션 행사에 따른 신주발행 여부에 따라 사안을 구분하여 상정하면 〈표〉와 같다.

〈표〉 [사안의 구분] 대상판결의 사정범위

| 사채/옵션의 양도 | 번호 | 사채발행일 6월 경과 전 | 사채발행일 6월 경과 후 |
|---|---|---|---|
| (1) 양도되지 않은 경우 | ① | 옵션행사 + 신주취득 | - |
| | ② | 옵션 불행사 | 옵션행사 + 신주취득 |
| (2) 양도된 경우 | ③ | 양도 후 옵션불행사 | - |
| | ④ | 양도 + 옵션행사 + 신주취득 | - |
| | ⑤ | 양도 후 옵션불행사 | 옵션행사 + 신주취득 |
| | ⑥ | 미양도 | 양도 + 옵션행사 + 신주취득 |

### (1) 주식관련사채/옵션이 양도되지 않은 경우

1.에서 서술한 (1)에 관한 사유가 존재하는 경우는 논외로 하고, 회사가 제3자에게 주식관련사채를 경영상 목적 없이 경영권 방어목적으로 발행된 경우 어느 소로 다툴 수 있는지 살펴본다.

주식관련사채가 경영상 목적 없이 제3자에게 발행된 경우에 사채발행일로부터 6개월이 경과하지 않은 경우 주식관련사채 발행무효의 소로 다툴 수 있다.[74) 옵션이 행사되지 않은 경우 사채발행일로부터 6개월 제소기간이 적용되고 주식관련사채발행무효의 소를 제기하여야 함은 물론이다.

같은 조건인데 〈표〉 ①에서처럼 사채발행 후 6개월 경과 전에 그 사채인수인이 옵션을 행사하여 신주가 발행된 경우나 ②에서처럼 사채발행일 6개월 경과 후 그 사채인수인이 옵션을 행사하여 신주가 발행된 경

---

74) 대법원 2004. 6. 25. 선고 2000다37326 판결; 대법원 2015. 12. 10. 선고 2015다202919 판결.

우는 어떠한가? 옵션이 행사되어 신주가 발행되면 분쟁이 표면화될 공산이 높고, 대부분의 판례의 사안은 실제 옵션이 행사되어 신주발행이 이루어진 사례이다.

①처럼 사채발행 후 6개월 이내에 옵션이 행사되어 신주까지 발행된 사안을 보자. 대상판결이 이러한 사안을 정면으로 다루어 법리를 선언한 것은 아니므로 그 처리가 문제된다. 세 가지 주장을 상정할 수 있다.

(가) 하자 있는 주주총회 결의 이후 합병등기가 경료되었을 때 판례는 흡수설에 따라 합병무효의 소로 다투어야 하는 것과 마찬가지로 나중에 이루어진 신주발행 무효의 소로 다투어야 한다는 입장이다. 전환사채에 기해서 신주가 발행된 경우에 동 신주의 발행에 관해서 독립적으로 신주발행무효의 소를 제기할 수 있다는 하급심 결정이 있다.[75] (나) 두 가지 소를 모두 다툴 수 있다는 입장이다.[76] 사채발행 시점으로부터 6개월 경과 전이므로 주식관련사채발행무효의 소도 제기가능하므로 어느 소로 다투어도 무방하다는 입장이다. (다) 사채발행 단계에서 경영권 방어 목적이라는 하자가 있은 것이고 신주발행의 독자적인 하자가 존재하는 것은 아니므로 사채발행무효의 소에 의해야 한다는 입장이다.

대상판결 이전에 선고된 대법원 판결은 주주가 전환사채 발행 후 6개월 경과 전에 전환사채발행무효의 소를 제기한 후 제3자의 전환권이 행사되어 주식이 발행된 사안에서 당초 제기된 전환사채발행 무효의 소의 적법성을 전제하고 전환사채발행의 효력을 판단하였다.[77] 신주발행무효의 소로 다투는 경우에는 승소한 경우 주식관련사채권자에게 위법하게 발행된 주식관련사채를 회복하는 효과만 있을 뿐이므로, 분쟁의 종국적인 해결을 위해서는 주식관련사채발행 무효의 소에 의하는 것이 적절할 것이다.

75) 수원지방법원 1997. 12. 16.자 97카합 7333 결정.
76) 전현정, 전환사채발행의 효력, BFL 제9호, 2005. 1., 110면.
77) 대법원 2004. 6. 25. 선고 2000다37326 판결. 피고 회사는 1997. 3. 24. 이사회를 개최하여 같은 날 전환사채를 발행하였고, 원고는 1997. 6. 24. 전환사채발행 무효의 소를 제기하였고, 사채인수인들이 전환권을 행사하여 9. 24.에 신주가 발행된 사안이다.

②의 경우 사채발행 시점으로부터 6개월 경과 후이므로 신주발행무효의 소로 다툴 수 있는지 문제된다. 전환사채발행일로부터 6개월 경과 후 전환권이 행사되어 신주가 발행된 판결2의 사안[78]에서 원고는 신주발행무효의 소를 제기하였다. 판결2는 원고의 주장은 이 사건 전환사채 발행과 관련한 무효사유에 대한 것일 뿐 신주발행과 관련한 고유한 무효사유나 그에 준하는 사유가 아니므로 신주발행무효의 소로써는 다툴 수 없다고 보았다.[79] ②와 같은 사안에서 신주발행무효의 소로 다툴 수 있는지 여부는 '신주발행과 관련한 고유한 무효사유나 그에 준하는 사유'의 존부가 관건이다. 원고는 선행판결에서 전환사채발행 무효의 소 제기 후 소를 취하한 후 전환사채발행의 무효사유로 주장된 사유를 신주발행무효의 사유로 재차 주장하였다는 점에서 "신주발행과 관련한 고유한 무효사유나 그에 준하는 사유"라고 보기 어렵다는 점에서 판결2는 타당하다.

### (2) 주식관련사채 또는 신주인수권이 양도된 경우

주식관련사채의 인수인이 사채 또는 신주인수권을 양도한 경우이다. 대상판결은 "위와 같은 경위로 발행된 전환사채·신주인수권부사채나 그에 부여된 신주인수권을 대주주 등이 양수한 다음 사채 발행일로부터 6월이 지난 후 신주를 취득한 경우"에는 신주발행무효의 소를 제기할 수 있다고 한다. 대상판결의 법리가 적용되는 사안으로 명백히 선언한 경우는 ⑤이므로 나머지 경우는 어떠한지 문제된다. ③과 ④는 위 (1)의 ①, ②와 사정이 같으나 주식관련사채나 신주인수권이 양도되었다는 사정만

---

78) 신주발행무효의 소 제기 이전에 원고는 전환사채 발행일로부터 6월 경과 전에 피고를 상대로 전환사채발행무효의 소를 제기하였으나 패소판결(서울중앙지방법원 2017. 6. 22. 선고 2016가합529616 판결)을 받은 뒤 항소심에서 전환사채발행 무효 청구를 취하하였다. 원고는 경영권 분쟁이 현실화한 상황에서 경영권 방어목적으로 전환사채를 발행하였다고 주장하며 전환사채발행 무효의 소를 제기하였으나, 제1심은 이 사건 변론종결일 당시까지 이 사건 전환사채 중 전환권이 행사된 사례가 없는 점 등에 비추어 보면, 이 사건 전환사채발행 당시 피고의 경영권 분쟁이 현실화되어 있었다거나 나아가 피고에게 기존 최대주주의 경영권을 방어하기 위한 목적이 있었다고 보기 부족하다고 보았다.

79) 서울남부지방법원 2017. 8. 18. 선고 2016가합104099 판결도 같다. 그 항소심은 서울고등법원 2018. 4. 6. 선고 2017나2049738 판결(항소기각).

차이가 있다. 경영권 방어목적으로 제3자에게 사채가 발행된 후 6개월 경과 전에 대주주가 주식을 양수한 경우 ③처럼 옵션을 행사하지 않은 경우에도 주식관련사채발행무효의 소로 다툴 수 있다. ④와 같이 옵션이 행사되어 신주도 발행된 경우에도 주식관련사채발행무효의 소로 다투어야 하는지 신주발행무효의 소로 다투어야 하는지 문제된다. 이 경우에도 ②처럼 주식관련사채발행무효의 소로 다투어야 한다.

⑥은 대주주 등이 신주인수권이나 사채를 양수한 시점이 사채발행 후 6개월이 경과한 후로서 이후 신주가 발행된 경우에도 대상판결의 법리가 적용되는지는 불분명할 수 있다. 판결1에서 대주주는 사채발행 후 6개월 이내에 신주인수권을 양수한 후 6개월 경과한 시점에서 신주인수권을 양수한 사안으로 이 사안의 해결과 관련하여 대상판결이 설시한 것이므로 ⑥의 영역에도 대상판결의 법리가 적용되는 것으로 명시적으로 선언한 것은 아니라고 볼 수 있다. 만일 사안 ⑥에 대해서 대상판결 법리가 적용되지 않는다고 본다면, 양자의 차별이 타당한지 의문이 있을 수 있다. 대주주 등이 경영권 방어목적으로 옵션을 양수하였다는 점이 공통된다면 ⑤와 ⑥의 차이는 양도 시점이 사채발행일 6월 경과 전인지 여부의 차이뿐인데, 대주주가 사채발행일 6월 경과 직전에 양수하고 6월 경과 후 옵션을 행사한 경우(사안 ⑤)와 대주주가 사채발행일 6월 경과 직후에 양수하고 바로 옵션을 행사한 경우(사안 ⑥)는 경영권 방어목적이 있었다는 점에서 비난의 여지가 같다고 볼 수 있기 때문이다.

제1판결은 "원심으로서는 피고가 A의 경영권이나 지배권 방어에 도움을 줄 목적으로 이 사건 신주인수권부사채를 발행함으로써 실질적으로 경영상 목적 없이 A에게 신주를 발행한 것과 동일하게 평가될 수 있는지"를 심리하였어야 한다고 원심을 탓하였는데 신주발행의 무효사유 존부는 경영권 방어 목적의 존부에 좌우된다. 경영권 방어목적의 존부는 주식관련사채 발행 당시를 기준으로 파악하여야 하는 것이지, 주식관련사채나 신주인수권의 양도 또는 옵션의 행사시점을 기준으로 하는 것이 아니다. 나아가 대상판결에 의하면 사안 ⑤처럼 옵션을 양수한 대주주가 사채발행 시점에서 6개월이 경과한 후에 옵션을 행사하여 신주를 취득하였다면 경영권 방어목적의 존재가 사채발행 시점에 있었다고 볼 수 있음에도 불구하고 신주발행무효의 소로 신주발행을 다툴 수 있게 된다. 이처럼 파악하는 것은 신주발행 무효사유를 무한정 넓히는 결과를 야기하고, 대주주가 경영권 방어목적으로 기발행 주식을 양수하는 것은 아무런 문제가 되지 않는다는 점과 비교할 때도 타당하지 않다. 마지막으로 경영권 방어목적은 ⑥의 경우보다 ⑤의 경우에 보다 이른 시기에 파악할 수 있다는 점을 고려하면 ⑤의 경우에 사채발행 후 6개월 제소기간의 제한을 받아야 한다는 주장도 가능하다.

### 3. 경영상 목적의 부존재와 무효사유

대상판결에서 "신주인수권부사채의 경우 경영상 목적 없이 대주주 등의 경영권이나 지배권 방어목적으로 제3자에게 발행되더라도 그 자체로는 기존 주주의 신주인수권을 침해하지 않는다."라고 설시한 부분은 대상판결의 다른 설시 부분, 참조판결 등 선행판결과 모순된다. 제418조 제2항의 경영상 목적 없이 경영권 방어목적으로 제3자에게 신주를 배정하는 경우는 주주의 신주인수권을 침해함을 다수의 판결[80]에서 밝히었기 때문이다. 신주인수권부사채발행 사안"[81]에서도 신주, 전환사채의 제3자 배정 사안과 마찬가지 법리를 밝히고 있다.

### 4. 경영권 방어목적의 존재 시점과 신주발행무효의 소의 제기 가부

대상판결은 주식관련사채에서 사채발행 자체는 기존 주주의 신주인수권을 침해하지 않고, 나중에 옵션의 행사 여하, 그 옵션 행사에 따라 현실적으로 신주가 누구에게 발행되었는지에 따라 경영권이나 지배권 방어목적의 현실화 여부와 신주발행무효의 소의 적법성을 판단한다. 그러나 주식관련사채의 발행시점에서 경영상 목적 여부를 판단하는 것이 기본 법리라면 후발적으로 신주인수권을 행사한 시점에서 신주인수권 행사

---

80) 신주발행에 관하여 대법원 2009. 1. 30. 선고 2008다50776 판결.
81) 대법원 2015. 12. 10. 선고 2015다202919 판결.

자나 신주를 발행받은 자가 누구인지에 따라 신주발행무효의 소의 제기 가부를 판단하는 입장은 의문이 있다. 기존 판결의 입장을 전제로 할 때 경영권 분쟁상태에서 신주, 주식관련사채를 제3자에게 배정한 경우 쟁송 방법과 제소기간은 다음과 같이 사안을 구분하여 살펴볼 수 있다.[82]

(1) 경영상 목적 없이 지배권에 중대한 변동을 초래하도록 주식을 제3자에게 배정한 경우

이 경우는 확립된 판례에 따라 신주발행 무효사유가 된다.[83] 신주발행 무효의 소 제소기간은 신주의 납입기일 다음날로부터 6월임은 물론이다.

(2) 경영상 목적 없이 지배권에 중대한 변동을 초래하도록 주식관련 사채를 제3자에게 배정한 후 계속 제3자가 보유하는 경우

주식관련사채발행의 무효사유가 되며, 사채발행일로부터 6월 이내에 주식관련사채발행무효의 소로 다투어야 한다. 판결2는 전환사채 발행일로부터 약 3년이 경과한 시점에서 제3자가 전환권을 행사하자 전환사채 발행일로부터 3년 5개월이 경과한 후 제기된 신주발행 무효의 소를 각하하였다.

(3) 경영상 목적 없이 지배권에 중대한 변동을 초래하지 않은 정도의 주식관련사채를 제3자에게 배정한 후 계속 제3자가 보유하는 경우로서 지분구조의 급변 등으로 신주인수권 행사 시에는 지배권에 중대한 변동을 초래하는 상황인 경우

주식관련사채의 발행시점에서 경영상 목적 여부를 판단하여야 하며 사후의 지분구조 급변에 의해 과거의 주식관련사채의 발행을 무효화하는 것은 타당하지 않다.

(4) 경영상 목적 없이 지배권에 중대한 변동을 초래하도록 주식관련 사채를 제3자에게 배정하였는데 대주주가 주식관련사채, 신주인수 권을 양수하고 전환권을 행사한 경우

(가) 대주주의 경영권 방어목적을 은폐하기 위하여 제3자에게 배정한 경우에는 주식관련사채발행 무효의 소로써 다투고 사채발행일로부터

---

82) 이 부분은 민사판례연구회에서 노혁준 교수님의 토론으로부터 시사받았다.
83) 대법원 2009. 1. 30. 선고 2008다50776 판결 등 다수.

6개월 이내에 제소하여야 한다고 본다.

(나) (가)와 달리 자금조달을 위하여 제3자에게 배정하였는데, 대주주가 주식관련사채를 양수받아 신주인수권 · 전환권을 행사한 경우에도 사채발행일로부터 6개월 이내에 제소하여야 한다고 본다.

## 5. 대주주의 신주인수권 양수/행사와 대주주의 주식양수의 차별

제3자가 주식관련사채 발행 이후 6개월 이후에 대주주에게 양도한 경우에는 주주의 쟁송방법이 없게 된다. 이 때문에 판결1은 대주주가 제3자 배정에 의해 사채를 인수한 자로부터 신주인수권을 양수하고 이후에 신주인수권을 행사하는 경우는 경영권 방어목적이 있을 수 있기 때문에, 원심이 이를 심리하였어야 한다고 판단하였다. 판결1의 사안(가상의 사안 경우의 수1)을 가상의 사안들과 비교해 보자.

(1) (경우의 수1) 〈표〉의 ⑤ 판결1의 사안이다. 제3자 배정방식으로 신주인수권부사채발행 + 대주주의 신주인수권 양수 + …(사채발행일로부터 6월 경과) + 대주주의 신주인수권 행사. 이 경우는 판결1에 의하면 신주발행 무효의 소의 제기가 허용된다. 판결1에 의하면 실질적으로 경영상 목적 없이 대주주에게 신주를 발행한 것과 동일한 것으로 보기 때문이다.

(2) (경우의 수 2) 제3자 배정방식으로 신주인수권부사채 발행되어 그 제3자가 사채발행일로부터 6월 경과 전 신주인수권을 행사하고 신주를 발행받은 후 즉시 그 신주가 대주주에게 양도된 경우이다. 이 경우는 신주발행무효의 소의 제기가 허용되지 않는다고 보게 될 것이다.

(3) (경우의 수 3) 제3자 배정방식으로 신주인수권부사채가 발행되어 그 제3자가 사채발행일로부터 6월 경과 후 신주인수권을 행사하고 신주를 발행받은 후 즉시 그 신주가 대주주에게 양도된 경우. 이 경우도 신주발행무효의 소의 제기가 허용되지 않는다고 보게 될 것이다.

판결1에 따르면 추후에 대주주에게 신주를 취득시킬 의도로써 주식관련사채를 이용하여 제3자에게 배정하고 그 제3자로부터 대주주가 양수

하는 경우도 경영권 방어목적이 있을 수 있기 때문에 (2), (3)의 경우도
신주발행무효의 소의 적법성을 인정해야 한다는 주장도 있을 수 있다.
그러나 일반적으로 (2), (3)의 경우에 제3자로부터 지분을 추가 확보하여
경영권 방어를 하는 경우는 적법하다는 점에서 신주발행무효의 소의 적
법성이 인정되기 어렵다.

### 6. 분리형 신주인수권부사채의 제3자 배정 실무

분리형 신주인수권부사채는 판결1의 사안처럼 금융기관에 제3자 배
정방식으로 발행되는 경우가 적지 않다. 이때 금융기관은 대주주나 경영
진에게 우호적인 제3자인 경우도 있지만, 단순 재무적 투자자의 속성을
띤 경우도 있다. 후자인 경우에는 신주인수권부사채의 발행 당시에 옵션
을 추후 양수할 자가 확보되는 것을 조건으로 사채를 인수하기도 한다.
대주주나 경영진은 낮은 자본조달 비용으로 사채를 발행할 수 있기 때문
에 사채발행을 성공시키기 위하여 양수인으로 나서는 경우가 적지 않다.
주식관련사채발행 이후에 경영권 분쟁이 발생한 경우 대주주나 경영진이
신주인수권을 행사한 사례에서 대법원의 논리대로 라면 경영권 방어목적
이 인정된다고 추단되어 신주발행 무효의 소를 제기할 수 있다고 보고,
심지어 신주발행이 무효로 판단될 여지도 있을 것이다. 경영권 분쟁이
있는 경우 대주주나 경영진이 주식을 양수하여 경영권 방어에 성공한 경
우에는 아무런 문제가 없는 것과 대비된다.

### 7. 대주주 등의 신주인수권 인수의 동기

판결1의 사안은 신주인수권부사채를 대주주가 인수한 것이므로 대상
판결은 주식관련사채발행 시점에서 경영권 방어목적이 있는지를 살펴보
았어야 한다고 보았다. 이 사건에서 대주주 겸 대표이사가 신주인수권을
양수한 이유에 대해서는 두 가지 입장을 상정해 볼 수 있다.

#### (1) 경영권 방어에 활용하기 위한 경우

우선 대주주 겸 대표이사의 양수 시점에 대주주의 경영권 방어목적

이 있었을 것이라고 추단하는 입장이다.[84] 분리형 신주인수권부사채의
경우 신주인수권을 표창하는 신주인수권증권은 사채와 분리하여 양도 가
능하므로 대주주에게 양수되어 현실적으로 경영권 방어수단으로 활용될
가능성이 더욱 높다. 신주인수권부사채의 신주인수권이 반드시 행사되는
것은 아니지만, 분리형 신주인수권부사채의 경우 신주인수권만의 양도가
가능하고 그 양수인의 신주인수권 행사가 있을 것이 상정된다.

분리형 신주인수권부사채의 경우에는 대주주는 지분확보를 위해서
일단 신주인수권 양수를 위한 자금만 투자하면 된다. 판결1의 대주주가
신주인수권부사채와 신주인수권을 전체로서 양수하려고 했다면 약 26억
원의 자금을 들여야 했지만, 사채권면액 3%인 7,700만 원의 비용만 들여
서 신주인수권을 양수할 수 있었다. 이 때문에 분리형 신주인수권부사채
는 경영권 방어목적에 활용되기가 수월하다.

이러한 동기를 고려하여 이 사건에서 신주인수권부사채 발행 시점에
서 제3자에 대한 신주인수권부사채의 발행 자체가 경영상 목적 없이 경
영권 방어목적에 의한 발행임을 신주인수권부사채발행 무효의 소로써 다
투었어야 한다고 볼 여지도 있다.

(2) 사채권자의 인수 조건에 응하기 위한 경우

대주주 등에게 경영권 방어목적 없이 제3자로부터 그의 사채인수 조
건에 응하기 위한 경우이다. 분리형 신주인수권부사채의 경우 제3자가
신주인수권의 양수인 지정을 조건으로 신주인수권부사채를 인수하는 것
이 실무인데, 이때 대주주 등이 신주인수권을 양수하는 경우가 적지 않
다. 이러한 경우는 사채발행무효의 소를 제기하더라도 승소하기 어렵고,
사채발행일로부터 6월 경과 후 신주발행무효의 소의 제기는 허용되지 않
을 것이다.

---

84) 상장회사에서는 경영권 분쟁이 있는 경우 주주배정방식이나 공모발행이 아닌 한
  사모형 신주인수권부사채의 발행은 금지된다(금융위원회, 증권의 발행 및 공시 등
  에 관한 규정 제5-24조 제1항, 제5-21조 제1항). 나아가 상장회사에서는 분리형 신
  주인수권부사채는 사모방식으로 발행하지 못한다(자본시장과 금융투자업에 관한
  법률 제165조의10 제2항).

판결1의 파기후 환송심[85])은 피고가 긴급한 자금 조달의 필요성 때문에 이 사건 신주인수권부사채를 발행한 것으로서 A의 경영권이나 지배권 방어에 도움을 줄 목적이 있었다고 보기 어렵다고 보았다. 신주인수권부사채의 B, C가 A에게 이 사건 신주인수권을 양도한 동기가 코스닥 시장 상장의 심사항목으로 "최대주주 등의 안정적 지분 보유 여부"가 규정되어 있으므로 최대주주이자 대표이사인 A에게 이 사건 신주인수권을 양도한 것으로 보았다.

## 8. 경영권 분쟁이 현실화된 경우의 의미

전환사채는 경영권 방어수단으로 활용될 수 있기 때문에 상장회사에서는 경영권 분쟁 중에는 주주배정이나 공모발행[86]) 이외의 방식에 의한 전환사채 발행을 금지한다.[87]) 이에 의하면 경영권 분쟁의 예로 「금융회사의 지배구조에 관한 법률」 제33조의 소수주주가 임원해임을 목적으로 임시주주총회 소집을 청구한 경우, 소수주주가 회사의 임원의 직무집행의 정지를 청구하거나 주주총회결의의 무효·취소 등의 소를 제기하는 등 경영과 관련된 분쟁으로 소송이 진행중인 경우, 앞 2개의 경우에 준하는 경영권분쟁 사실이 신고·공시된 후 그 절차가 진행중인 경우이다. 이들 사유에 해당하지 않는 한 제3자 배정이 허용되므로, 전환사채의 제3자 발행 시점에서 경영권 분쟁이 존재하지 않는다고 판단될 공산이 크다. 이러한 사정하에서는 전환사채발행일로부터 6개월 이내에 전환사채발행 무효의 소가 제기되더라도 '경영권 분쟁' 사실이 부정되어 패소할 가능성이 높고, 대법원의 논리대로 라면 전환사채가 대주주에게 양수되지 않는 한 신주발행무효의 소도 제기할 수 없다.

주식관련사채의 발행 시점에 경영권분쟁이 현실화된 단계에 있었는지가 무효판단에서 중요한 관건인데, 판결2에서처럼 원고들이 지분을 점

---

85) 서울고등법원 2023. 11. 23. 선고 2022나2042878 판결.
86) 자본시장과 금융투자업에 관한 법률 제165조의6 제1항 제3호.
87) 금융위원회, 증권의 발행 및 공시 등에 관한 규정 제5-21조 제1항.

차 매집하여 최대주주로 된 경우 경영권 분쟁이 현실화된 상황인지 문제
된다. 판결2에서 원고는 애초에 단순참가목적으로 신규취득, 변동보고 등
대량보유보고를 하였다가 최대주주가 되었는데, 최대주주 변동을 전후하
여 전환사채를 발행하였다. 이후 원고들은 전환사채 발행 이후 투자목적
을 경영참가목적으로 변경보고하였다. 이러한 사례에서 경영권 분쟁의
현실화 시점을 대량보유보고서에 기재된 보유목적에 따라 판단해야 하는
지 여부이다.

### 9. 대주주 등의 범위

판결1에서는 대주주 등이 신주인수권부사채나 신주인수권을 양수한
경우는 신주발행에 고유한 무효사유에 준하는 경우라고 판시하였다. 여
기서 대주주 등이 어느 범위를 의미하는지 다투어질 수 있다. 사안에서
처럼 대주주 겸 대표이사가 신주인수권의 양수인인 경우는 의문이 없다.
만일 회사 정관상 제3자 배정을 할 수 있는 대상, 즉 신기술 도입을 위
하거나 자금조달을 위한 금융기관이 아닌 자라면 어떠한가? 예를 들어
대주주의 특수관계인이 신주인수권을 취득하였다면 어떠한가? 이들에게
신주를 제3자 배정하는 경우는 우호적 제3자에 대한 신주배정임을 주장
할 수 있을 것이다. 신주인수권을 특수관계인이나 우호적 사업관계에 있
는 자가 양수한 경우에도 대상판결처럼 판단해야 한다는 입장도 있을 수
있겠다. 대상판결이 이러한 점도 고려하였는지 의문이다.

## Ⅵ. 대상판결의 의의

대상판결들은 주식관련사채의 발행에 따라 신주가 발행된 경우 원고
가 어느 소를 통하여 다툴 수 있는가에 관하여 법리를 판시한 유의미한
판결이다. 대상판결은 주식관련사채 발행에 의해 창출된 법률관계의 안
정을 위해 제소기간을 규정한 취지, 사채권자의 이익과 기존 주주의 이
익을 조화시키기 위해 대법원이 고심한 결과라고 보인다. 주식관련사채
발행 무효의 소만 허용하거나 신주발행무효의 소를 무제한 허용할 경우

의 폐해를 고려하여, 주식관련사채발행 무효의 소의 제소기간 경과 후에도 주식관련사채발행 자체의 무효사유와 무관한 신주발행에 고유한 무효사유가 존재하는 경우 신주발행무효의 소의 제기를 허용하므로 앞으로 소송실무에 지침을 제시한 것이다.

본론에서 서술한 것처럼 대상판결에 의할 때에 어느 사유가 신주발행 무효의 소로도 다툴 수 있는지는 여전히 의문이 있을 수 있고 장차 사례를 통하여 정리가 필요할 것이다. 판결1의 결론의 결정적 이유는 판결1에서 대주주가 신주인수권을 양수하여 이후 신주인수권을 행사하였다는 사정에 기인한 것이다. Ⅴ.에서 지적한 여러 가지 사정에 비추어 이 결론에 의할 때 향후 이 판결의 사정범위는 여전히 불확실성을 남겨 두고 있다.

[Abstract]

# Suit for Invalidating New Shares Issued via Exercise of Conversion Right or Warrant

Choi, Moon Hee*

Article 429 of the Korean Commercial Code('KCC') stipulates actions for the invalidation of issuance of new shares. The Supreme Court allows actions challenging the invalidity of issuance of both bond with warrant('BW') and convertible bond('CB'). These actions are subject to six-month statute of limitation. In cases where new shares are issued through the exercise of warrants or conversion rights, the issue arises of whether the plaintiff can challenge the invalidity of such subsequent issuance of new shares.

In 2022 two Korean Supreme Court cases(2021da201054 and 2021da205650) allowed a separate nullification suit for the shares issued by exercising detachable warrant or conversion right. These cases are noteworthy for balancing two conflicting interests: the protection of the plaintiff shareholders' filing rights and the early determination of legal relationships, aiming to promote transaction safety. Both cases are based on the same legal principle. While 2021da201054 involves a large shareholder acquiring warrants from the subscriber of the BW and exercising them, 2021da205650 involves a CB holder exercising conversion rights. The different factual circumstances have led to different conclusions, raising question about under which circumstances a separate nullification suit challenging the invalidity of issuance of new shares is allowed.

Under the two cases, there may still be uncertainties about the conditions where plaintiffs can challenge the invalidity of subsequent issuance

---

* Professor, Kangwon National University School of Law.

of new shares. The scope of application of the rulings should be clarified through the accumulation of future cases. This paper argues that plaintiffs should contest the invalidity of issuance of BW/CB, not that of subsequent issuance of new shares.

[Key word]

- bond with warrant
- convertible bond
- warrant
- conversion right
- invalidating the new shares
- business purpose
- third party allotment

## 참고문헌

곽병훈, "신주발행의 무효원인 및 그 유무의 판단기준", 대법원판례해설 제83호, 법원도서관, 2010.

김건식/노혁준/천경훈, 회사법(제7판), 박영사, 2022.

노혁준, "신주발행의 무효사유에 관한 연구", 선진상사법률연구 제60호, 법무부, 2012.

노혁준/강동욱/이완근, 회사소송제도의 개선을 위한 연구 보고서, 법무부, 2012.

박  준, "회사채 관련 법제의 개선", 상사법연구 제36권 제1호, 상사법학회, 2017.

박준/한민, 금융거래와 법(제3판), 박영사, 2022.

송옥렬, 상법강의(제13판), 홍문사, 2023.

_____, "신주발행 무효사유의 재검토", 증권법연구 제22권 제3호, 증권법학회, 2021

이철송, 회사법강의(제30판), 박영사, 2022.

전현정, "전환사채발행의 효력", BFL 제9호, 서울대학교 금융법센터, 2005. 1.

정찬형, 상법강의(상)(제22판), 박영사, 2019.

주석 상법[회사5](제6판), 한국사법행정학회, 2021(김상훈 집필).

주석 상법[회사4](제6판), 한국사법행정학회, 2021(고홍석 집필).


江頭憲治郎, 株式會社法(제8판), 有斐閣, 2021.

會社法大系2, 株式 · 新株豫約權 · 社債, 靑林書院, 2020.

新版注釋會社法(7), 新株の發行, 有斐閣, 1985.

田中亘, 會社法(제3판), 東京大學出版會, 2021.

# 공법과 사법이 교차하는 영역에서의 법적 혼란과 그 해결방안의 모색-사회복지법인의 기본재산 처분허가*의 법적 성격과 소급적인 취소 가부에 관하여**

민 성 철***

## ■요　지■

사회복지법인의 기본재산 처분행위에 허가를 받도록 한 사회복지사업법 제23조 제3항은 거래 안전보다 법인의 재정적 건전성 확보라는 공익을 우선한 것으로서 강행규정이므로, 허가 없이 이루어진 기본재산 처분행위는 무효이다. 그런데 만약 허가에 따라 기본재산에 대한 매매 등 처분행위가 이루어지고 그에 따라 등기 이전도 다 마친 이후 허가가 취소되었다면, 이는 기본재산을 둘러싼 사법상 법률관계에 어떠한 영향을 미치는가.

이 점에 관하여 판례는 ① 해제조건부 허가로 보아 허가조건을 위반하면 허가가 소급적으로 효력을 상실하여 기본재산 처분행위도 사법상 무효가 된다고 본 사안과 ② 취소 사유가 허가 당시 존재하지 아니하였다면 '취소'라는 문언에도 불구하고 이를 '철회권 유보'로 보아 그 이전에 이루어진 기본재

* 일부 문헌[선정원, 인가의 부관-기본재산의 처분과 관련하여, 저스티스(제189권), 한국법학원(2022. 4.), 220면 이하]에는 사회복지사업법 제23조 제3항의 허가의 법적 성격이 강학상 '인가'임을 전제로, 이를 '인가'라고 표시하기도 하나, 이 글에서는 법문상 용어를 그대로 사용하기로 한다.
** 이 글의 작성 과정에서 독일의 이론과 판례에 관하여 사법정책연구원의 김봉철 박사의 도움을 받았다. 지면을 통하여 감사의 뜻을 전한다.
*** 서울남부지방법원 부장판사.

산 처분행위의 사법상 효력에는 영향이 없다고 본 사안으로 대별되는데, 이들 판례의 사안에 비추어 두 유형의 판결이 명확하게 구별될 수 있는지는 의문이다.

기본재산 처분허가는 법률행위의 효력을 완성시키는 보충행위로서 '인가'에 해당하나 전형적인 인가와 달리 재량행위로서 부관의 부과가 허용되고, 법인의 기본재산 처분행위에 앞서서 이루어진다는 '사전허가'라는 특성이 있다.

인가가 효력이 발생한 이후 취소·철회가 가능한지에 관하여 과거 국내외 학설은 거래 안전에 대한 고려를 근거로 부정적이었으나 독일에서는 1970년대부터 이를 긍정하는 견해가 확산되었고, 최근 독일연방대법원에서는 명시적으로 인가의 취소·철회를 인정하는 판결이 선고되었다.

대상결정은 '철회권 유보'로 본 선례를 좇아서 허가 당시 하자가 없었으므로, '취소'라는 문언에 불구하고 이를 철회로 보아 그 이전에 이루어진 처분행위의 효력에 영향이 없다고 판단하였으나, 사전허가의 특성을 고려하지 아니하고 하자의 존부 판단 시점을 허가 시점으로 앞당긴 결과 처분행위와 관련된 하자를 원인으로 하여서는 취소할 수 없다는 결론에 이르게 되어 법인의 재정적 건전성 회복에 관한 공익을 충분히 고려하지 못하는 문제가 있다. 그리고 행정처분의 해석에 관한 법리에 부합하지 아니하여 허가 취소 처분의 해석을 넘어서 실질적으로 그 효력을 부정하는 결과를 초래하였다.

기본재산 처분허가에 대한 처분청의 취소가 가능함을 전제로, 거래 안전에 대한 고려는 그 취소처분에 대한 항고소송에서 공익과 사익의 형량 과정에서 이루어져야 함이 타당하다.

[주 제 어]
• 사회복지법인
• 기본재산 처분허가
• 강학상 인가
• 수익적 행정처분의 취소·철회
• 행정처분의 해석
• 처분의 공정력
• 항고소송

대상판결 : 대법원 2022. 9. 29.자 2022마118 결정,

　　　　　 대법원 2022. 3. 11.자 2021다295646 판결

[사안의 개요]

1. 사실관계

(1) 기본재산 처분허가 및 매매계약의 체결

(가) 서울특별시장은 2016. 12.경 X사회복지법인(이하 'X법인')에 대하여 기본재산인 이 사건 부동산을 포함한 여러 부동산에 대한 처분 허가를 하면서, 아래와 같은 조건을 부과하였다(이하 '이 사건 허가'라 한다).

---

1. 본 허가는 기본재산의 처분에 대한 허가이며, <u>처분 후 취득하는 재산은 기본재산으로 편입하고, 편입된 기본재산으로 채무변제를 하는 경우 별도의 허가를 받아야 한다.</u>
2. 처분의 방법은 「공유재산 및 물품관리법」, 「공유재산 및 물품관리법 시행령」 및 관련 지침의 절차에 따라야 한다.[1]
4. 본 처분과 관련한 주무관청의 지시 또는 <u>위 조건을 위반한 때에는 본 허가를 취소할 수 있다.</u>

---

(나) X법인은 2017. 8.경 Y회사와 사이에 이 사건 부동산에 관하여 매매계약을 체결하였는데, 매매대금 6,860,000,000원의 지급방법에 관하여 다음과 같이 정하였다(이하 '이 사건 매매계약'이라 한다).

---

7. 매매대금의 지급
　가. 매매계약금 500,000,000원은 2017. 8. 23. 지급한다.
　나. 매매약정 체결 즉시 매수자(Y회사)는 매도자(X법인)의 우리은행 채무 잔액 일체를 인수하고 기존 투자금(대여금) 1,750,000,000원은 매매대금에서 상계처리하여 우리은행 채무 잔액과 함께 이를 중도금으로 한다.

---

(다) X법인은 2018. 2.경 이 사건 부동산 등에 관하여 Y회사 앞으로 위

---

[1] 「공유재산 및 물품관리법」 제37조(매각대금의 납부) ① 일반재산의 매각대금은 그 전액을 대통령령으로 정하는 기간에 한꺼번에 내야 한다. 다만, 매각대금 전액을 한꺼번에 내는 것이 곤란하다고 인정되어 대통령령으로 정하는 경우에는 1년 만기 정기예금 금리수준을 고려하여 대통령령으로 정하는 이자를 붙여 분할납부하게 할 수 있다.

매매계약에 따른 소유권이전등기를 경료하였다.

### (2) 서울특별시장의 허가처분 취소

(가) 이로부터 약 2년이 경과한 2020. 1.경 서울특별시장은 X법인에 대하여, 이 사건 부동산 등에 관한 X법인과 Y회사 사이의 매매계약에서 대금지급에 갈음하여 채무를 인수하도록 하는 등 허가조건 위반을 이유로 이 사건 허가를 취소하였다(이하 '이 사건 취소처분'이라 한다).

(나) X법인은 서울특별시장을 상대로 이 사건 취소처분의 취소를 구하는 소송을 제기하였다(관련행정소송).

### (3) 이 사건 부동산에 대한 X법인의 채권자 A회사에 의한 강제경매절차

(가) X법인의 채권자 A회사는, 2017. 12.경 자신의 채권을 피보전채권으로 하여 이 사건 부동산에 관하여 가압류결정을 받았고, 이후 집행권원을 확보하여 2020. 10.경 이 사건 부동산에 대한 강제경매절차가 진행되었다.

(나) B(재항고인)는 2022. 1.경 위 강제경매절차에서 최고가 매수신고인이 되었다. 경매법원은 B에게 이 사건 부동산이 X법인의 기본재산임을 이유로 처분허가를 제출하도록 하였으나 이를 제출하지 아니하자 2022. 2. 9.자로 매각불허가결정을 하였다(의정부지방법원 2022. 2. 9.자 2020타경16870 결정).

### 2. 소송의 경과

이 사안과 관련하여 여러 차례 민사소송과 행정소송이 있었는데, 그 개요는 다음과 같다.

### (1) 관련민사소송

(가) Y회사는 X법인으로부터 이 사건 허가 아래 이 사건 부동산 이외에 '다른 토지'도 매수하여 등기를 마쳤는데, 이 사건 취소처분의 범위에는 이 사건 부동산 이외에 '다른 토지'도 포함되었다. Y회사가 '다른 토지'의 점유자를 상대로 소유권에 기한 인도 청구 소송을 제기하였다.

(나) 위 소송에서 Y회사 명의의 소유권이전등기의 효력과 그 전제로서이 사건 취소처분의 소급효 유무가 쟁점이 되었고, 법원은 이 사건 취소처분은 그 명칭에도 불구하고 장래를 향하여만 효력이 있는 '철회'이므로, X법인과 Y회사 사이의 매매계약과 Y회사 명의의 소유권이전등기는 여전히 유효하

다고 판단하여, Y회사의 인도 청구가 인용되었다(대법원 2022. 3. 11.자 2021
다295646 심리불속행 판결. 이하 '관련민사판결'이라 한다).

(2) 관련행정소송

(가) X법인이 서울특별시장을 상대로 이 사건 취소처분의 취소를 청구한
관련행정소송에서 처분사유 존부와 재량권 일탈·남용 여부가 다투어졌다.

① 처분사유 존부에 관하여, 법원은 X법인이 Y회사에게 기본재산을 매
도하면서 매매대금 지급에 갈음하여 채무를 인수하도록 하는 등 허가조건을
위반하였으므로 처분사유가 인정된다고 판단하였다.

② 재량권 일탈·남용에 관하여, X법인은 이 사건 취소처분에 소급효가
있음을 전제로 "이 사건 취소처분으로 인해 또다시 220억 원에 이르는 채무
를 부담하게 될 경우[2] ⋯ 해산절차를 진행하는 것 외에 채무를 변제할 능력
이 없어 ⋯ 운영하는 사회복지시설이 모두 폐쇄되어야 할 처지에 놓인다는
등의 이유에서 이 사건 취소처분이 재량권을 일탈·남용했다"고 주장하였고,
법원도 이 사건 취소처분에 소급효가 있다는 전제에서, "⋯ 허가조건을 위반
하여 기본재산을 매도한 것은 사회복지법인의 기본재산이 부당하게 처분·관
리되어 사회복지법인의 운영과 재정 건전성을 해할 우려가 크다. ⋯ 이 사건
취소처분으로 인해 이 사건 처분대상 재산의 매각 및 X법인의 재정 정상화
가 다소 지연된다고 하더라도[3] 이 사건 취소처분을 통해 달성하고자 하는
공익이 X법인의 불이익에 비해 결코 작지 아니하다"는 이유를 들어 그 주장
을 배척하였고, 결국 X법인의 청구가 기각되었다(대법원 2022. 6. 16.자 2022
두37158 심리불속행 판결. 이하 '관련행정판결'이라 한다).

(나) 이와 같이 관련행정소송은 이 사건 취소처분의 소급효에 의하여 이
사건 허가가 소급적으로 효력을 상실하고, 그에 따라 이 사건 매매계약도 무
효가 됨을 전제로 주장과 판단이 이루어졌고, 절차적인 측면에서도 문제된
부동산의 매수인 Y회사는 원고 X법인을 위하여, X법인의 채권자로서 이 사

---

[2] X법인이 Y회사에 이 사건 부동산을 비롯한 기본재산을 매각하면서 그 매매대금
중 일부의 지급에 갈음하여 Y회사가 인수하기로 한 X법인의 채무를 의미하는 것
으로서, 이 사건 취소처분에 의하여 이 사건 허가가 소급적으로 효력을 상실하여
이 사건 매매계약도 소급적으로 무효가 되어 X법인이 중도금 지급에 갈음하여 인
수·상계처리한 채무를 다시 부담한다는 의미이다.

[3] 위 사건에서 문제된 기본재산은 모두 Y회사에게 소유권이전등기가 경료되었는
데, '매각이 지연된다'는 의미는 이 사건 취소처분에 의하여 X법인이 Y회사와 체결
한 이 사건 매매계약이 모두 소급적으로 효력을 상실함을 전제로 한 것이다.

건 부동산에 대한 강제경매를 신청한 A회사는 피고 서울특별시장을 위하여 각 '보조참가'하였다.

(3) 대상결정의 사안

(가) 경매법원의 매각불허가결정에 대하여, 최고가매수신고인 B는 경매목적물인 이 사건 부동산에 관하여 집행채권자 A회사의 2017. 12. 29.자 가압류 이후인 2018. 2. 5. Y회사 앞으로 소유권이전등기가 경료되었으므로 이를 더 이상 X법인의 기본재산이라고 볼 수 없으므로 제1심이 매각조건에서 처분허가서를 요구한 것은 부당하다는 취지로 항고하였다.

(나) 이에 대하여 원심(의정부지방법원 2022. 4. 28.자 2022라13 결정)은, 사회복지사업법 제23조의 규정은 강행규정으로서 사회복지법인이 이에 위반하여 주무관청의 허가를 받지 않고 그 기본재산을 매도하더라도 효력이 없고(대법원 2003. 9. 26.자 2002마4353 결정 참조), 사회복지법인의 기본재산에 대하여 실시된 부동산경매절차에서 최고가매수신고인이 그 부동산 취득에 관하여 허가를 얻지 못하였다면 민사집행법 제121조 제2호 소정의 '최고가매수신고인이 부동산을 매수할 자격이 없는 때'에 해당하므로 경매법원은 그에 대한 매각을 불허하여야 함을 전제로, X법인이 2016. 12. 5. 이 사건 허가를 받았으나, 이 사건 취소처분에 의하여 취소되었고, 그에 대한 관련행정소송의 1, 2심에서 패소하였으므로, 이 사건 경매신청 이전에 이미 이 사건 허가가 취소되었고 그 취소처분의 효력이 유지되고 있는 이상 이 사건 경매절차에서 매각허가를 얻기 위해서는 다시 기본재산 처분허가를 받아야 할 것이다. 따라서 최고가매수신고인이 새로이 처분허가서를 제출하지 않은 것은 '최고가매수신고인이 부동산을 매수할 자격이 없는 때'로서 매각불허가 사유가 된다고 보아 B의 항고를 기각하였다.

3. 대상결정의 요지

(1) 대상결정의 요지

행정행위의 취소는 일단 유효하게 성립한 행정행위를 성립 당시 존재하던 하자를 사유로 소급하여 효력을 소멸시키는 행정처분이고, 행정행위의 철회는 적법요건을 구비하여 유효한 행정행위를 행정행위 성립 이후 새로이 발생한 사유로 행위의 효력을 장래에 향해 소멸시키는 행정처분이다. 행정청의 행정행위 취소가 있더라도 취소사유의 내용, 경위 기타 제반 사정을 종합하여 명칭에도 불구하고 행정행위의 효력을 장래에 향해 소멸시키는 행정행위의 철회에 해당하는지 살펴보아야 한다.

서울특별시장의 기본재산처분 허가에 따라 Y회사에 처분되어 소유권이 전등기까지 마쳐진 이후 서울특별시장이 위 허가를 취소하였더라도, 말소되지 않고 있는 Y회사의 소유권이전등기가 당연히 무효임을 전제로 이 사건 부동산이 X법인의 기본재산이라고 볼 것은 아니다. 서울특별시장이 허가를 취소하면서 내세운 취소사유가 허가 당시에 그 허가에 존재하던 하자가 아니라면, 그 명칭에도 불구하고 법적 성격은 허가의 '철회'에 해당할 여지가 있어 그 전에 이루어진 X법인과 Y회사의 이 사건 부동산 매매계약과 이를 원인으로 마쳐진 Y회사의 소유권이전등기는 서울특별시장의 허가 취소에도 불구하고 여전히 유효하다고 볼 수 있기 때문이다.

이 사건 부동산이 X법인의 기본재산이 아니라서 이 사건 강제경매절차에서 매수인이 소유권을 취득함에 있어 그 처분허가를 받을 필요가 없었음에도 사회복지법인의 기본재산이라는 이유로 주무관청의 처분허가서를 제출하도록 매각물건명세서에 기재되어 매각기일공고가 되었다면, 그러한 하자는 일반 매수희망자가 매수의사나 매수신고가격을 결정함에 있어 실질적인 영향을 미쳤을 것이므로 '매각물건명세서 작성에 중대한 흠'이 있는 경우(민사집행법 제123조 제2항, 제121조 제5호)에 해당하여 집행법원은 직권으로 매각을 불허해야 하는지도 살펴볼 필요가 있음을 지적하여 둔다.

(2) 대상결정 이후 소송 경과

환송심은 2022. 11. 28. 대상결정의 취지에 따라 이 사건 부동산은 X법인의 기본재산에 해당하지 아니하고, 그럼에도 처분허가서를 제출하도록 한 것은 '매각물건명세서 작성에 중대한 흠이 있는 경우'에 해당하므로 제1심이 매각불허가결정을 한 것은 그 이유는 잘못되었으나 결론에 있어서 정당하다는 이유로 B의 항고를 기각하였다.[4]

---

4) 의정부지방법원 2022. 11. 28.자 2022라30423 결정.

〔研　　究〕

## I. 서　론

### 1. 공법과 사법이 교차하는 영역-사법적 법률관계에 대한 공법적 규율

공법과 사법은 서로 구별되는 각각의 규율 영역, 규범적 특징이 있고, 이러한 차이로 인하여 소송형태 등 권리구제방식도 상이하다. 독일 행정법학의 체계를 형성했다는 평가를 받는 오토 마이어는 공법과 사법은 엄격히 구별되는 것으로서 사법 규정의 공법에의 준용 등은 상정하기 어렵다고 하였다.

그러나 사법상 법률관계를 규율하는 대원칙인 사적자치의 원칙도 질서유지·공공복리를 위한 제한으로부터 자유로울 수 없고, 그로 인하여 국가에 의한 공법적 규율 대상에 사법상 법률관계가 포함되는 현상도 그리 어렵지 않게 발견할 수 있다.

사법상 법률관계에 대한 공법적 규율은 여러 형태로 나타난다. 구「금융산업의 구조개선에 관한 법률」(1998. 9. 14. 법률 제5549호로 개정되기 전의 것) 제14조 제2항에 따른 금융감독위원회의 계약이전결정에 의하여 별도의 대항요건 등을 거치지 않더라도 금융거래상의 계약상 지위가 이전되는 사법상 법률효과가 발생한다.[5] 다른 방식으로 사법상 법률관계에 대한 강력한 공법적 개입이 이루어지는 형태로는 사법상 법률행위의 효력이 행정처분에 의존하도록 하는 '강학상 인가'를 들 수 있다.

「부동산 거래신고 등에 관한 법률」 제11조 제1항이 정한 토지거래허가 구역 내에서의 토지거래계약은 시장·군수·구청장의 허가를 받아야만, 그 계약이 본래 효력을 발생하고, 이러한 '토지거래허가'는 토지거래계약의 효력을 완성시키는 행정처분으로서 강학상 인가로 이해되고 있다. 그리고 대상결정의 사안에서 문제된 사회복지사업법 제23조 제3항도

---

5) 대법원 2002. 4. 12. 선고 2001다38807 판결.

사회복지법인이 '기본재산에 관하여 매도·증여·교환·임대·담보제공 또는 용도변경을 하려는 경우'(이하 '기본재산 처분행위'라 한다)를 포함한 일정한 경우 시·도지사의 허가를 받도록 정하고 있다.

이와 같이 행정처분에 의하여 계약상 지위가 이전되는 효과가 발생하거나, 사법상 권리의 변경을 목적으로 하는 계약의 효력이 완전하게 발생하는 등 행정처분에 의하여 사법상 법률효과가 발생하는데, 이러한 행정처분이 사후적으로 취소된다면 이미 형성되거나 그 효력이 완성된 사법상 법률효과의 운명은 어떻게 되는가.

## 2. 사법상 법률행위의 효력을 완성시키는 행정처분이 취소된 경우의 법률관계에 관하여 어떻게 접근할 것인가

(1) 대상결정의 사안에서, 기본재산 처분허가가 취소된 상태에서 X 법인과 Y회사 사이의 이 사건 매매계약과 Y회사 명의의 등기의 효력이 문제되는데, 민법에 이와 같이 사법상 계약의 효력을 완성하는 행정처분이 취소된 경우의 법률관계를 직접적으로 규율하는 규정은 발견되지 아니한다. 그리고 사회복지사업법, 행정절차법 및 행정기본법에도 이러한 규정은 없다.

(2) 기본재산 처분허가는 법인의 기본재산 처분행위라는 사법상 법률행위의 효력을 완성시키는 행정처분이므로, 사회복지법인으로서는 그 소유 부동산을 주무관청의 허가가 있어야 처분할 수 있다는 점에 주목하여 보면, 이는 미성년자가 그 소유 재산을 처분하는 법률행위를 함에 있어서 법정대리인의 동의 또는 허락을 받도록 한 것(민법 제5, 6조)과 일견 유사하다고 볼 수 있다. 민법 제7조는 "법정대리인은 미성년자가 아직 법률행위를 하기 천에는 전2조의 동의와 허락을 취소할 수 있다"라고 정하고 있는데, 여기에서 '취소'는 '철회'로 해석된다.[6] 그리고 민법 제8조 제2항은 미성년자에 대한 특정 영업 허락에 관하여, "법정대리인은 전항의 허

---

6) 주석 민법 총칙 1, 제5판, 한국사법행정학회(2021), 303, 304면(신숙희 집필 부분).

락을 취소 또는 제한할 수 있다. 그러나 선의의 제삼자에게 대항하지 못한다"라고 정하고 있고, 여기서 '취소'도 '철회'를 의미한다고 해석된다고 한다.[7] 두 조항에서 말하는 '동의'나 '허락'은 모두 특별한 공시방법이 없으므로 그 '철회'도 '거래 안전'을 위하여 선의의 제3자에게 대항할 수 없다고 해석된다. 그런데 이러한 '동의'나 '허락'은 법정대리인의 단독행위로서 민법상 의사표시 하자에 관한 규정의 적용이 배제된다고 볼 수 없으므로,[8] 만약 '동의'나 '허락'이 착오나 사기·강박에 의하여 이루어진 것이라면 민법 제109, 110조에 따라 취소할 수 있고, 미성년자의 거래 상대방과 같은 제3자의 보호 문제는 민법 규정(제109조 제2항, 제110조 제3항)에 따라 정해질 것이다.[9]

　그러나 미성년자의 재산 처분행위에 대한 법정대리인의 동의·허락이 착오나 사기·강박을 원인으로 취소되었다면, 미성년자의 재산 처분행위는 취소할 수 있는 법률행위가 되고, 거래 상대방이 선의인 경우에 대한 보호 규정이 있지만, 사회복지법인의 기본재산 처분허가가 취소되면, 법인의 재산 처분행위는 강행법규 위반으로 무효가 되고, 선의 제3자에 대한 보호 규정이 없을 뿐만 아니라, 그 취소는 행정처분으로서 사법상 의사표시와는 전혀 다른 법리에 의하여 규율되는 점을 고려하면, 법정대리인의 동의·허락도 '취소'될 수 있다는 것을 제외하면, 사회복지법인의

---

7) 같은 책, 307, 308면(신숙희 집필 부분).

8) 국내문헌 중 이 부분을 명시적으로 다룬 문헌은 확인되지 아니하나, 주석 민법 총칙 1, 291면, 민법주해〔I〕총칙(1), 제2판, 박영사(2022), 543면은 모두 민법 제5조의 법정대리인의 동의에 관하여 "동의는 법정대리인의 독립된 단독행위이고, 미성년자의 법률행위의 일부가 되지 아니한다. 따라서 동의가 착오나 사기·강박으로 취소되어도 미성년자의 행위는 이와 별개로 존속한다"라고 하여, 미성년자의 법률행위에 대한 법정대리인의 '동의'에 관하여 민법상 의사표시 하자에 관한 규정이 적용됨을 전제로 서술하고 있다.

9) 약간 성격을 달리하기는 하나, 임의대리에서 대리권 수여행위(수권행위)를 의사표시 하자를 이유로 취소할 수 있는지에 관하여, 거래 안전을 위하여 대리행위가 이루어진 이후에는 수권행위의 취소가 제한된다는 견해도 있으나, 다수의 견해는 수권행위도 그 의사표시 하자를 원인으로 취소할 수 있다고 보는 것으로 보인다〔주석 민법 총칙 3, 29면(권순민 집필 부분); 민법주해 Ⅲ. 37면(손지열 집필 부분); 곽윤직·김재형, 민법총칙(제9판), 343면; 지원림, "수권행위의 실효와 대리행위의 상대방 보호", 민사법학(제25호), 한국민사법학회(2004. 3.), 294-295면〕.

기본재산 처분허가 취소의 국면에서 유의미한 시사점을 제공한다고 보기
는 어렵다.

(3) 사법과 공법이 교차하는 영역에서, 기본재산 처분허가가 취소된
경우 그 처분행위의 사법상 효력과 그 계약 당사자의 법적 지위가 문제
되는데, 사법과 공법 어느 쪽에도 이 문제에 관한 직접적인 법적 규율이
부재한 결과 당사자들의 지위를 결정하는 핵심적인 쟁점인 허가 취소가
소급효를 갖는지, 그 소급효에 의하여 기본재산 처분행위의 효력도 소급
적으로 상실되는지에 관하여 규범적 혼란이 야기되고 있다. 이 점에 관
하여 관련행정판결과 관련민사판결·대상결정은 전혀 다른 입장을 취하
고 있고, 대상결정은 그 원심과도 다른 입장을 취하고 있다. 뿐만 아니라
뒤에서 보는 바와 같이 이 쟁점을 다룬 몇 개의 대법원 판결은 그 판결
들의 취지가 서로 일치하지 아니할 뿐만 아니라 개별 대법원 판결에 있
어서도 원심과 상반된 결론에 이른 경우가 대부분이다.[10]

## 3. 논의의 방향과 순서

이 글은 사회복지사업법 제23조 제3항이 정하고 있는 기본재산 처분
행위에 대한 허가가 허가조건 위반을 이유로 취소된 경우, 기본재산 처
분행위 및 그에 따라 이루어진 소유권이전등기의 효력 등 사법적 법률관
계에 미치는 영향에 관하여 기존 선례들과 이에 기초한 대상결정의 타당
성을 검토하고, 가능한 범위 내에서 취소로 인하여 초래될 수 있는 거래
안전 등의 문제에 대한 해결 방안을 모색함을 목적으로 한다. 사회복지
사업법 제23조 제3항이 허가를 요하는 행위에는 기본재산의 매매 등 처
분행위 이외에 일정 규모 이상 자금의 차입도 포함하고 있으나 이 글에
서는 주로 부동산과 같은 기본재산의 매매 등 처분행위를 위주로 살피기
로 한다.

---

10) 아래에서 살펴볼 4건의 선례 중 원심과 대법원의 결론이 동일한 것은 대법원
2005. 9. 28. 선고 2004다50044 판결뿐이고, 나머지 3건은 모두 원심과 대법원의
결론이 상이하다.

Ⅱ.항에서 사회복지사업법 제23조 제3항이 정하고 있는 기본재산의 처분행위에 대한 '허가'의 법적 성격을 살피고, 이를 기초로 그 허가에 대한 소급적인 취소의 가부에 관하여 국내외 이론과 판례를 살핀다. 독일에서 논의되고 있는 '사권형성적 행정행위'(privatrechtsgestaltender Verwaltungsakt)의 취소에 관한 이론과 최근 판례를 살피고, 이 문제에 관한 국내 이론과 판례를 살피는데 기존 선례는 크게 두 가지 유형으로 나뉘어 각각 이 쟁점에 관하여 서로 다른 논리적 구성을 취하고 있는데, 이러한 선례의 타당성을 검토한 다음 대상결정과 그 근거가 된 것으로 보이는 관련민사판결의 타당성에 관하여 살핀다.[11]

Ⅲ.항에서는 앞선 논의를 바탕으로, 기본재산 처분허가의 취소로 인하여 우려되는 거래 안전을 어떻게 확보할지, 즉 취소의 소급효에 대한 사법적 통제를 어떠한 방식으로 하는 것이 바람직한지에 관한 방안을 모색하기로 한다.

## Ⅱ. 사법상 법률행위의 효력을 완성하는 행정처분의 법적 성격과 소급적인 취소의 가부

### 1. 사회복지사업법 제23조 제3항에 따른 기본재산 처분허가의 법적 성격

#### (1) 사회복지사업법의 규정 내용

**(가)** 사회복지사업법에 의하면, 사회복지법인을 설립하려는 자는 시·도지사의 허가를 받아야 하고(제16조 제1항), 사회복지법인은 사회복지사업의 운영에 필요한 재산을 소유하여야 하는데, 그 재산은 기본재산[12]

---

11) 뒤에서 보는 바와 같이, 「공익법인의 설립·운영에 관한 법률」, 사립학교법에도 기본재산 처분허가에 관하여 사회복지사업법 제23조 제3항과 거의 동일한 규정을 두고 있고, 사회복지사업법, 사립학교법은 「공익법인의 설립·운영에 관한 법률」과의 관계에서 특별법이라고 볼 수 있으므로, 기본재산 처분허가에 관하여 동일한 법리가 적용될 수 있다고 본다. 이하에서 같은 전제하에서 선례를 검토한다.

12) 사회복지법인의 '기본재산'은 <u>'부동산'</u>, '정관에서 기본재산으로 정한 재산' 그리고 '이사회의 결의에 의하여 기본재산으로 편입된 재산'을 의미한다(사회복지사업법 시행규칙 제12조 제1항).

과 보통재산으로 구분되고, 그중 기본재산은 정관에 기재해야 하며, 기본
재산을 매도 · 증여 · 교환 · 임대 · 담보제공 또는 용도변경을 하려는 경우
시 · 도지사의 허가를 받아야 한다(제23조[13]).

　(나) 사회복지사업법 이외에 「공익법인의 설립·운영에 관한 법률」(이
하 '공익법인법'이라 한다) 제11조 제3항, 사립학교법 제28조 제1항, 「전통
사찰의 보존 및 지원에 관한 법률」 제9조 제1항도 기본재산 등을 처분
하는 경우 주무관청의 허가를 얻도록 정하고 있다. 한편 민법상 재단법
인은 '자산에 관한 사항'을 정관 기재사항으로 정하고 있고, 정관 변경에
는 주무관청의 허가를 얻도록 정하고 있으므로, 재단법인의 기본재산의
처분은 결국 재단법인 정관변경을 초래하게 됨으로 정관의 변경이 이루어
지지 아니한다면 재단의 기본재산에 관한 처분행위는 그 효력을 발생할 수
없다.[14]

　(다) 사회복지사업법 제23조 제1항에 대하여 헌법재판소는, "재산의
원활한 관리 및 유지 보호와 재정의 적정을 기하기 위한 목적에서, 법인
의 기본재산을 처분함에 있어 그 설립자나 법인 운영자의 사익이나 자의
적 경영을 방지하기 위하여 허가를 받도록 하는 것은 그 목적 달성에 적
절한 수단일 뿐만 아니라 사회복지법인의 운영 자유와 거래의 안전이나
거래의 상대방의 재산권보다 사회복지법인의 채청의 건천화에 대한 공익
적 요구를 더욱 중요한 가치로 선택한 것을 두고 합리적인 근거가 없는
기본권의 침해라 할 수 없다"고 보아 합헌으로 판단하였다.[15]

　(라) 사회복지법인이 기본재산을 처분하기 위하여는, '기본재산의 처

---

13) 1970. 1. 1. 제정된 사회복지사업법 제12조 제1항은 "법인은 사회복지사업운영에
　　필요한 자산을 소유하여야 한다"고만 정하고 제2항에서 "전항의 규정에 의한 자산
　　에 관하여 필요한 사항은 보건사회부령으로 정한다"고 하여 하위 법령에 위임하고
　　있었고, 당시 사회복지사업법 시행령 제15조, 사회복지사업법 시행규칙 제6조, 제
　　10조에서 이와 유사한 규정을 두고 있었다가, 1997. 8. 22. 개정으로 현재와 같은
　　내용의 규정에 이르게 되었다.
14) 대법원 1966. 11. 29. 선고 66다1668 판결.
15) 헌법재판소 2005. 2. 3. 선고 2004헌바10 결정. 사립학교법 제28조 제1항에 관하
　　여 같은 취지에서 위헌이 아니라고 판단한 것으로 대법원 2011. 12. 8. 선고 2011
　　두14357 판결, 헌법재판소 2012. 2. 23. 선고 2011헌바14 결정이 있다.

분을 결의한 이사회 회의록사본 1부', '처분하는 기본재산의 명세서 1부', '처분하는 기본재산의 감정평가서 1부'를 첨부하여 허가 신청을 해야 하는데, 허가신청서에는 처분재산의 표시, 처분 종류, 처분사유 및 용도, 처분방법, 감소된 재산의 보충방법만을 기재하도록 정하고 있다(사회복지사업법 시행규칙 제14조 제1항). 이와 같이 사회복지법인의 기본재산 처분허가신청시 처분행위 자체를 증명하는 서류, 예컨대 매매계약서 등의 제출이 요구되지 아니하므로, 주무관청은 처분행위 이전에 사회복지법인이 제출한 처분계획서를 보고 기본재산 처분허가 여부를 결정하게 된다.[16]

(마) 기본재산 처분행위가 부동산의 매매와 같이 소유권이전등기를 요하는 경우, 부동산등기규칙 제46조 제1항 제2호가 정한 '등기원인에 대하여 제3자의 허가, 동의 또는 승낙이 필요한 경우'에 해당하므로 이를 증명하는 정보, 즉 시도지사의 기본재산 처분에 대한 허가서를 등기신청시 제출해야 한다.[17]

(2) 사회복지사업법상 기본재산 처분허가의 특징과 법적 성격

(가) '강학상 인가'의 성격

사회복지사업법 제23조 제3항은 강행규정으로서 사회복지법인이 이에 위반하여 주무관청의 허가를 받지 않고 그 기본재산을 매도하더라도 효력이 없다.[18] 결국 주무관청의 허가는 사회복지법인으로 하여금 기본재산에 관하여 유효하게 처분행위를 할 수 있도록 하는 효과, 즉 기본재산 처분행위의 사법상 효력을 완성시켜 주는 효과가 있다.

'강학상 인가'는 타인의 법률적 행위를 보충하여 그 법률적 효력을 완성시켜주는 행정행위를 의미하는 것으로서, 법령에 의한 자연적 자유에 대한 일반적인 상대적 금지를 일정한 요건을 갖춘 경우에 해제하여 일정

---

16) 선정원, 인가의 부관－기본재산의 처분과 관련하여, 저스티스(제189권), 한국법학원(2022. 4.), 233면.
17) 부동산등기실무(Ⅰ), 법원행정처(2015), 317면.
18) 기본재산의 매도·담보제공 등에 관한 사회복지사업법 제23조 제1항 제1호에 관하여 대법원 2003. 9. 26.자 2002마4353 결정이 있고, 자금 차입에 관한 같은 항 제2호에 관하여 대법원 2014. 4. 10. 선고 2013다98710, 98727 판결이 있다.

한 행위를 적법하게 할 수 있게 하는 '허가'나, 상대방에게 직접 권리, 능력, 법적 지위, 포괄적 법률관계를 설정하는 '특허'와는 구별된다.[19]

인가의 본질적인 특징은 기본행위의 효력을 완성시켜주는 '보충행위'라는 점에 있고, 전형적인 '인가'의 예로는 재단법인 정관변경에 대한 허가,[20] 학교법인의 임원 선임에 대한 승인[21], 토지거래허가[22] 등을 들 수 있다.

**(나) 처분행위에 앞서 이루어지는 '사전(事前)' 허가**

전형적인 '인가'에 해당하는 학교법인 임원 승인의 경우, 기본행위에 해당하는 이사회의 임원 선임 결의가 이루어진 이후에 행해지고,[23] '토지거래허가'의 경우 토지거래계약의 당사자, 목적물, 권리의 내용, 예정금액 등 계약의 대강이 정해진 이후에 이루어진다.[24] 이와 같이 전형적인 '인가'로 논의되는 학교법인 임원 취임 승인 또는 토지거래허가는 기본행위가 완성되거나 또는 그 대강이 정해진 이후에 이루어지므로, 인가 전 기본행위는 유동적 무효의 상태에 있다가 소급적으로 효력이 완성된다는 인가의 본질적 특징에 부합한다.

반면 사회복지법인의 기본재산 처분허가는, ① 토지거래허가와 달리 사회복지법인이 단독으로 허가 신청을 하게 되고, ② 그 신청시에 기본재산 처분에 관한 계약이 체결될 것을 요하지 아니할 뿐만 아니라 그 계약 상대방, 가액 등이 정해질 것을 요하지도 아니한다.[25] 이와 같이 사회

---

19) 박균성, 행정법론(상) 제21판, 360, 367, 371면.
20) 대법원 1996. 5. 16. 선고 95누4810 전원합의체 판결.
21) 대법원 2005. 12. 23. 선고 2005두4823 판결.
22) 대법원 1991. 12. 24. 선고 90다12243 전원합의체 판결.
23) 사립학교법 제20조 제1, 2항은, 학교법인의 임원은 정관에 따라 이사회에서 선임하고, 관할청의 승인을 받아 취임하도록 정하고 있다(제20조 제1, 2항).
24) 「부동산 거래신고 등에 관한 법률」 제11조 제1항, 제6항 및 「부동산 거래신고 등에 관한 법률 시행령」 제8조 제1항에 의하면, 허가구역에 있는 토지에 관한 소유권·지상권을 이전하거나 설정하는 계약을 체결하려는 당사자는 공동으로 시장 등의 허가를 받아야 한다고 정하여 계약 체결 이전에 허가를 받도록 정하고 있으나, 허가 신청서 기재사항으로 '당사자의 성명 및 주소', '토지의 지번·지목·면적·이용현황 및 권리설정현황', '이전 또는 설정하려는 권리의 종류', '계약예정금액' 등을 정하고 있다.

복지법인 기본재산 처분허가는 기본재산 처분행위의 효력을 완성시킨다는 점에서 전형적인 인가와 공통적이나, 기본행위에 앞서서 사전적으로 이루어질 것을 예정하고 있으므로, 사후적으로 이루어지는 전형적인 인가와는 그 성격을 일부 달리한다.[26)

### (다) 재량행위로서 부관의 부과도 가능함

전형적인 인가는 기본행위가 법이 정한 요건에 부합하는지를 확인하고, 법에 위반되지 아니한 이상 인가를 해야 한다는 의미에서 일반적으로 기속행위로 이해되고, 토지거래허가도 「부동산 거래신고 등에 관한 법률」 제12조[27) 각 호가 정한 사유에 해당하지 아니하면 허가를 해야 하는 기속행위로 이해된다. 반면 사회복지사업법에는 기본재산 처분허가의 기준에 관하여 구체적인 규정을 두고 있지 아니한데, 이는 국가의 예산 지원이 이루어지는 사회복지법인의 재정적 기초가 되는 기본재산을 유지함에 관하여 국가가 중요한 이해관계를 갖게 된 것을 기초로 주무관청으로 하여금 사회복지법인의 재정적 건전성과 목적 사업의 원활한 수행이라는 관점에서 특정 기본재산의 처분행위 허가 여부를 결정할 수 있도록 재량을 인정한 것으로 보는 것이 타당하다.

일반적으로 기속행위는 부관과 친하지 아니한 행위로 이해되는데, 사회복지법인의 기본재산 처분허가는 앞서 본 바와 같이 재량행위이므로,

---

25) 기본재산 처분허가 신청시점에 처분행위와 관련한 계약서를 요구하지 아니하고, 재산명세서, 이사회회의록, 감정평가서 등만을 요구하는 것은 공익법인법 및 사립학교법에서도 동일하다(공익법인법 시행령 제17조 제1항, 사립학교법 시행령 제11조 제1항).

26) 선정원, 각주 16의 논문, 224-230면.

27) 제12조(허가기준) 시장·군수 또는 구청장은 제11조에 따른 허가신청이 다음 각 호의 어느 하나에 해당하는 경우를 제외하고는 허가하여야 한다.
  1. 토지거래계약을 체결하려는 자의 토지이용목적이 다음 각 목의 어느 하나에 해당되지 아니하는 경우
    가. 자기의 거주용 주택용지로 이용하려는 경우(이하 생략)
  2. 토지거래계약을 체결하려는 자의 토지이용목적이 다음 각 목의 어느 하나에 해당되는 경우
    가. 「국토의 계획 및 이용에 관한 법률」 제2조 제2호에 따른 도시·군계획이나 그 밖에 토지의 이용 및 관리에 관한 계획에 맞지 아니한 경우(이하 생략)
  3. 그 면적이 그 토지의 이용목적에 적합하지 아니하다고 인정되는 경우

부관을 붙일 수 있다. 판례도 공익법인법상 기본재산 처분허가에 관하여 "그 법률적 성질이 형성적 행정행위로서의 인가에 해당한다고 하여 조건으로서의 부관의 부과가 허용되지 아니한다고 볼 수는 없[다]"라고 하여 명시적으로 부관의 부과를 허용하고 있다.[28] 이러한 부관의 허용성은, 기본재산 처분허가가 처분행위 이전에 이루어진다는 점에서 의미가 있다. 허가가 사전에 이루어지고, 처분행위가 실제 이루어진 경우 등기 이전에 반드시 주무관청의 확인을 받도록 강제되지 아니하는 관계로, 사회복지법인 운영자가 법인의 재정적 안정성이나 목적 사업의 원활한 수행보다 개인적 이익 등 다른 동기에서 기본재산을 처분할 가능성을 배제할 수 없다. 따라서 각종 조건 등 부관에 의하여 사회복지법인의 기본재산 처분에 일정한 의무를 부과하고, 그 실효성을 확보하기 위하여 조건을 위반하였을 경우 처분 허가를 취소 또는 철회할 수 있는 권한을 유보할 필요성도 있다.

### (라) 수익적 행정행위이나 계속적인 급부 또는 자격 부여를 내용으로 하지 아니함

사회복지사업법 제53조 제1호는 제23조 제3항을 위반하여 허가 없이 기본재산을 처분하는 행위에 대한 처벌 규정을 두고 있다.[29] 따라서 기본재산 처분허가는 이러한 금지를 해제하고 사회복지법인으로 하여금 기본재산을 처분할 수 있는 지위를 회복 또는 부여한다는 의미에서 '수익적 행정행위'로 볼 수 있다.

하지만 그 '수익'의 내용이 일정한 급부의 제공을 목적으로 하지 아니하고, 문제된 특정 '기본재산'의 처분행위를 유효하게 하는 것으로서, 그 효과는 문제된 기본재산의 처분행위에만 미치고, 그 처분의 효과가 일정한 기간 계속될 것을 예정하고 있지 아니하다. 만약 사회복지법인이 기본재산을 타에 처분하여 그 재산이 법인의 소유에서 벗어나게 되면 그

---

28) 대법원 2005. 9. 28. 선고 2004다50044 판결.
29) 기본재산 처분에 허가를 받도록 하는 규정을 두고 있는 공익법인법 제19조 제1항, 사립학교법 제73조의2 제1호도 허가를 받지 아니하고 기본재산을 처분한 행위에 대한 처벌 규정을 두고 있다.

재산은 더 이상 '기본재산'이 아니므로, 그 처분으로 인하여 법인의 재정
적 기초와 사업의 원활한 수행에 지장이 없는 이상, 처분행위 이후 그
재산의 소유권 귀속을 포함한 권리관계를 더 이상 규제할 필요성이 없게
되고, 사회복지사업법에서도 기본재산 처분 이후의 권리관계를 직접 규율
하는 규정을 두고 있지 아니하다.

## 2. 기본재산 처분허가 '취소'의 문제 - 취소의 가부 및 소급효 유무

### (1) 행정행위 폐지의 기본적 개념 - 취소와 철회

일단 유효하게 성립한 행정행위의 효력을 상실시키는, 즉 행정행위
를 폐지하는 원인으로는 취소(Rücknahme)와 철회(Widerruf)가 있다. 양자의
구별은 그 사유와 효과라는 관점에서, 취소는 처분시점에 존재했던 행정
행위의 하자(위법 또는 부당)를 원인으로 하고, 철회는 사후적인 사정변경
등을 원인으로 하며, 취소는 원칙적으로 소급효가 있으나 철회는 장래효
만 있다고 이해된다(행정기본법 제18조[30], 제19조[31]).

### (2) 인가와 같은 사권형성적 행정행위의 취소 문제

**(가)** 일반적인 행정처분은 공법상 법률관계의 성립 또는 변경을 그

---

30) 제18조(위법 또는 부당한 처분의 취소) ① 행정청은 위법 또는 부당한 처분의
전부나 일부를 소급하여 취소할 수 있다. 다만, 당사자의 신뢰를 보호할 가치가
있는 등 정당한 사유가 있는 경우에는 장래를 향하여 취소할 수 있다.
② 행정청은 제1항에 따라 당사자에게 권리나 이익을 부여하는 처분을 취소하려
는 경우에는 취소로 인하여 당사자가 입게 될 불이익을 취소로 달성되는 공익
과 비교·형량하여야 한다. 다만, 다음 각 호의 어느 하나에 해당하는 경우에는
그러하지 아니하다.
1. 거짓이나 그 밖의 부정한 방법으로 처분을 받은 경우
2. 당사자가 처분의 위법성을 알고 있었거나 중대한 과실로 알지 못한 경우
31) 제19조(적법한 처분의 철회) ① 행정청은 적법한 처분이 다음 각 호의 어느 하
나에 해당하는 경우에는 그 처분의 전부 또는 일부를 장래를 향하여 철회할 수
있다.
1. 법률에서 정한 철회 사유에 해당하게 된 경우
2. 법령등의 변경이나 사정변경으로 처분을 더 이상 존속시킬 필요가 없게 된
경우
3. 중대한 공익을 위하여 필요한 경우
② 행정청은 제1항에 따라 처분을 철회하려는 경우에는 철회로 인하여 당사자가
입게 될 불이익을 철회로 달성되는 공익과 비교·형량하여야 한다.

내용으로 하므로, 이를 취소할 경우 처분에 의하여 부여된 공법상 지위가 소멸하게 된다. 예컨대 건축허가에 의하여 일정한 지역에서 건축행위를 할 수 있는 공법상 지위가 부여되었다가 그 취소에 의하여 그 지위가 소급적으로 상실된다.

(나) 반면 기본재산 처분허가와 같은 '인가'의 성격을 갖는 행정행위는 사회복지법인의 기본재산 처분행위와 같은 사법상 법률행위의 효력을 완성시킨다는 특징이 있다.[32] 토지거래허가의 경우 허가 이전에는 토지거래계약이 유동적 무효의 상태에 있다가 일단 허가를 받으면 행위시로 소급하여 유효하게 되므로, 일단 인가에 의하여 사법상 계약이 효력을 발생한 이상 인가를 취소하거나 철회할 수 있는가라는 의문이 제기된다. 만약 이러한 '인가'가 취소되어 소급적으로 효력을 상실할 경우, 인가의 대상이 되는 사법상 법률행위도 소급적으로 '인가' 없이 이루어진 것으로서 강행규정 위반에 해당하여 무효를 면할 수 없다. 그리고 그에 따라 소유권이전등기가 경료되었다면 그 등기도 소급적으로 원인 무효의 등기가 되고, 만약 취소 이전에 제3자에게 전전양도되었다 하더라도 모두 원인 무효의 등기가 된다. 이와 같이 사법상 법률행위 효력 완성을 내용으로 하는 인가의 취소와 그 소급효를 인정할 경우 거래 안전에 상당한 불확실성을 초래하게 된다.

(다) 그리하여 국내 행정법 학계에서는 종래 '인가'와 같이 사법상 법률행위를 완성시켜 주는 행위는, 이를 기초로 하여 여러 법률관계가 형성되므로, 인가에 의하여 사인의 법률행위가 완성된 이후에는 사적 거래의 안정 내지는 법률생활의 안정의 관점에서 인가의 취소가 제한된다는 것이 다수 견해였다.[33] 그러나 최근 사권형성적 행정행위에 대한 직권취소 자체는 가능하나 제3자의 권리를 침해할 수 있으므로 이익 형량이

32) 김중권, 행정법기본연구 I, 법문사(2008), 286면.
33) 김동희, 행정법 I 제26판, 박영사(2021), 366면; 김남진·김연태, 행정법 I 제19판, 법문사(2015), 341면; 김철용, 행정법, 박영사(2011), 287면; 정하중, 행정법개론(제8판), 법문사(2013), 303면; 이현수, "행정행위의 직권취소: 취소사유로서의 위법성 판단과 취소기간", 법학연구(제16권 제1호), 충북대학교 법학연구소(2005. 8.), 212면.

필요하다는 견해,[34] 사회복지법인의 기본재산 처분허가와 같은 '인가'의 특성을 고려하면 기존의 이론에 대한 재검토가 필요하다는 견해 등이 유력하게 제시되고 있다.[35]

**(라)** 그런데 이 문제는 최근 들어 학계에서 이론적인 차원에서만 다루어지는 것이 아니라, 국내에서도 1960년대부터 여러 차례에 걸쳐서 기본재산 처분허가의 취소와 관련하여 기본재산 처분행위의 사법상 효력 여하가 판례에서 다루어졌다. 그리고 독일에서도 이 쟁점에 관한 논의가 시대에 따라 다른 양상을 보여 왔다.

### 3. 독일에서의 사권형성적 행정행위와 그 취소에 관한 논의[36]

(1) '사권형성적 행정행위'(privatrechtsgestaltender Verwaltungsakt)는 직접적으로 사법적 권리행사 가능성을 발생시키거나 폐지하는 공법적 성질의 고권적 법적 행위 또는-그 자체로 사법 상황의 변경을 초래하거나 사법 상황의 형성을 위한 법률상의 필수적 요건일 정도로-직접적으로 사적 법률행위나 사법적 권리의무 시스템을 목표로 하는 공법적 성질의 고권적 법적 행위로 정의된다.[37] 그 전형적인 예로 사법상 법률행위의 효력을 완성시키는 인가(Genehmigung)를 들고 있다.

사권형성적 행정행위의 취소에 관한 독일 학계의 논의를 살펴보면, 과거 독일의 통설은 사법상 법률행위에 대한 공법상 인가는 일단 사법상 법률행위가 인가에 의하여 효력을 발생한 이상 철회와 취소와 불가하다

---

34) 홍정선, 행정법원론(상), 박영사, 2023(제29판), 498면.
35) 선정원, 각주 16의 논문, 220면 이하; 선정원, 행정행위 철회의 장래효원칙과 그 예외, 법조(제71권 제1호), 법조협회(2022. 2.), 278면 이하; 김중권, 사권형성적 행정행위와 그 폐지의 문제점에 관한 소고, 행정판례연구 XI, 박영사(2006), 151면 이하.
36) 이하 독일의 논의는 김중권, 각주 34의 책, 286-289면; 선정원, 인가론의 재검토, 행정법연구(제10호), 행정법이론실무학회(2003. 10.), 191면 이하의 내용을 정리한 것이다.
37) 이는 독일의 G. Manssen의 견해에 입각한 것으로서 김중권, "사권형성적 행정행위-행정행위에 의한 직접적 사권형성", 공법학연구(제10권 제3호), 한국비교공법학회(2009), 234면에서 재인용하였다.

는 것이었다고 한다. 즉 행정청의 인가에 의하여 유동적 무효 상태에 있던 사인간의 법률행위는 소급하여 확정적으로 유효하게 되고, 새로운 법적 불안정의 초래는 허용되지 않는다는 것이다. 그 근거로는 사전 승인은 원칙적으로 법률행위가 행하여질 때까지 철회될 수 있다는 독일 민법 제183조[38]가 제시되기도 하는데, 주된 논거는 거래 안전과 신뢰보호의 고려였고, 일단 인가에 의하여 사법상 법률행위의 효력이 완전히 발생한 이상, 그 이후의 논의는 전적으로 사법의 차원에서 이루어져야 한다는 것이었다. 독일의 과거 판례도 인가가 무효가 아닌 이상 직권 취소 또는 철회는 불가능하고, 처분청의 취소 또는 철회 가능성이 상실되는 시점은 제소기간 도과시점이 아니라 이해관계인에게 인가가 통지되었을 때라고 하였다.[39]

그런데 1970년대에 이르러 점차 사권형성적 행정행위도 일반 원칙에 따라 철회나 취소될 수 있다는 견해가 점차 확산되었고, 그 주된 근거는 폐지 불가론의 주된 논거인 거래의 안전과 신뢰보호도 일반적인 행정행위의 취소, 철회의 제한에서 보는 바와 같이 재량권 행사 또는 그 사법심사 과정에서 충분히 고려될 수 있으므로, 사권형성적 행정행위라 하여 취소, 철회에 관한 일반 법리의 예외를 인정할 필요가 없다는 것이었다. 그리고 아래에서 보는 바와 같이 최근 사권형성적 행정행위인 인가의 취소를 정면으로 인정한 판결이 선고되었다.

(2) 독일연방대법원 판결(BGH. Beschl. v. 29. 4. 2022 – Blw 5/20)

(가) 사안의 개요

① A를 포함한 14개 법인은 B농업회사와 사이에 2015. 6. 29. 각각의 단

---

38) 제183조(동의의 철회) 사전의 승인("동의")은, 그 기초되는 법률관계로부터 달리 해석되지 아니하는 한, 법률행위가 행하여질 때까지 철회될 수 있다. 철회의 의사표시는 당사자의 어느 일방에 대하여도 할 수 있다.
    § 183 Widerruflichkeit der Einwilligung
    Die vorherige Zustimmung (Einwilligung) ist bis zur Vornahme des Rechtsgeschäfts widerruflich, soweit nicht aus dem ihrer Erteilung zugrunde liegenden Rechtsverhältnis sich ein anderes ergibt. Der Widerruf kann sowohl dem einen als dem anderen Teil gegenüber erklärt werden.
39) RGZ 102, 1; JW 1922, 491; JR 1950, 583 ziff 14.(선정원, 각주 36의 논문, 190, 191면에서 재인용).

독 소유로 된 농지를 B농업회사에 매도하기로 하는 내용의 매매계약을 체결하였고, P郡(Landkreis)은 2015. 7.경 토지거래법(Grundstückverkehrsgesetz. GrdstVG)에 따라 위 토지에 대한 매매계약을 인가하였다.

② B농업회사의 유일한 주주는 2015. 8.경 자신이 보유한 주식 중 94.9%를 외부의 투자회사에 양도하였고, B농업회사는 2016. 2.경 위 토지의 소유자로 등기부에 등재되었다.

③ P郡은 2017. 9. B농업회사의 주식 양도에 의하여 위 매매계약은 직접 농사를 짓기 위한 것이 아니라 농지를 임대하여 수익을 내기 위한 것으로서 토지거래법 제9조 제1항 제1호(매각으로 인하여 토지가 불건전하게 분배되는 경우)에 해당되고, 당초 위 허가는 B농업회사의 불완전한 진술과 행정청의 잘못된 사실 인정에 기초하여 이루어진 것이라는 이유에서 위 매매계약에 대한 인가를 취소하였다.

**(나) 주요 판시사항**

① 토지거래법상 인가에도 독일 연방행정절차법이 적용되므로 제48조, 제49조에 따라 취소 또는 철회될 수 있고, 이는 토지거래에 대한 인가가 효력을 발생한 이후에도 마찬가지다. 토지거래법에 따른 인가는 행정절차법 제48조[40] 제2항 제1문이 정한 행정행위에 해당하지 아니하여

---

40) 제48조 위법한 행정행위의 취소
   (1) 위법한 행정행위는 다툴 수 없게 된 후라도 장래를 향하여 또는 소급적인 효력으로 그 전부 또는 일부를 취소할 수 있다. 권리 또는 중대한 법률상의 이익을 설정하거나 확인하는 행정행위(수익적 행정행위)는 제2항 내지 제4항의 제한 하에서만 취소할 수 있다.
   (2) 일회적이거나 지속적인 금전급부 또는 분할 가능한 현물급부를 제공하거나 그 것을 위한 전제조건이 되는 행정행위는, 수익자가 행정행위의 존속을 신뢰하고 있고, 취소로 인한 공익과 형량할 때 그의 신뢰가 보호의 가치가 있는 경우, 취소되어서는 안 된다. 수익자가 제공된 급부를 사용하였거나 재산을 이미 처분하여 되돌릴수 없거나 부당한 불이익을 감수해야 되돌릴 수 있는 경우에는, 신뢰는 일반적으로 보호의 가치가 있다. 수익자는 다음과 같은 경우 신뢰를 주장할 수 없다.
   1. 고의적 사기 또는 강박이나 뇌물에 의하여 행정행위를 하도록 한 때
   2. 중요한 관계에 관하여 부정 또는 부실한 보고를 함으로써 행정행위를 하도록 한 때
   3. 행정행위의 위법성을 알고 있었거나 중대한 과실로 인지하지 못한 경우

제3항이 적용되므로, 최초부터 신뢰보호에 대한 고려에 의하여 재량권이 제한되지 아니한다. 제48조 제1항 제1문에 따른 재량권 행사의 틀 안에서, 적법한 상태의 창출에 대한 공익과 행정행위 유지에 대한 관련자의 이익을 비교형량하여야 하며, 정당한 기대의 보호 측면도 포함하는 구체적인 개별 사건의 모든 상황을 고려하여 종합적인 이익 형량이 요구된다.

② B농업회사의 인가 신청 당시 매수인은 그룹 내 지주회사 설립을 위한 매각이라고 진술하였으나, 신청 당시 주식의 양도가 개시되었으므로 이 진술은 불완전하고, 해당 토지를 매수한 의도가 이를 외부의 투자회사에 재매각하여 이를 임대하여 수익을 창출하기 위한 것이지 지주회사에 종국적으로 귀속시킬 의도로 볼 수 없으므로 이는 잘못된 정보이다. 행정처분이 행정청의 잘못된 사실인정에 기초하여 이루어진 경우 그 처분은 위법하므로, 이 사건에서 문제된 인가는 행정절차법 제48조 제3항에 따라 취소될 수 있다.

③ 토지거래법 제7조 제3항은 "인가받지 아니한 법률행위에 기초한 권리변경의 등기가 1년간 유지된 경우, 토지등록부에 이의신청이 기재되어 있거나 토지등기부의 정정신청이 있거나 이 기간이 만료되기 전에 이의신청이나 등기청구가 이루어지지 아니한 이상, 인가를 받은 것으로 본다"고 규정하고 있다.[41] 토지거래법(GrdstVG) 제7조 제3항은 인가받지 않

---

제3문의 경우 행정행위는 원칙적으로 과거에 소급하여 취소된다.

(3) 제2항에 속하지 않는 위법한 행정행위가 취소되면, 그의 신뢰가 공익과 형량하여 보호의 가치가 있는 경우, 관청은 청원이 있으면 당사자에게 그가 행정행위를 신뢰하여 입게 된 재산상의 불이익을 보상하여야 한다. 제2항 제3문이 적용된다. 그러나 재산상의 불이익은 당사자가 행정행위가 존속하였을 때 얻을 수 있는 이익의 액수를 초과할 수 없다. 보상될 재산상의 불이익은 관청에 의해서 확정된다. 청구권은 1년 이내에서만 주장될 수 있다. 기한은 관청이 당사자에게 그것에 대해서 통지함과 동시에 시작한다.

(4) 관청이 위법한 행정행위의 취소를 정당화하는 사실을 인지한 경우, 취소는 인지 시점부터 1년 이내에만 허용된다. 이것은 제2항 제3문 제1호의 경우에는 적용되지 않는다.

(5) 취소에 대해서는 행정행위의 명백성에 따라 제3조에 따른 관할 관청이 결정한다. 취소될 행정행위가 다른 관청에 의해 발령된 경우에도 이것은 적용된다.

41) §7 [Nachweis beim Grundbuchamt] (3) Besteht die auf Grund eines nicht genehmigten Rechtsgeschäfts vorgenommene Eintragung einer Rechtsänderung ein

은 채 등기부에 등재된 경우에 적용되는 것으로서, 1년이 경과한 경우 적법한 상태의 창출이라는 공익적 요청이 제한되고 취소는 제한된다. 그러나 인가의 수혜자로서 하나 또는 그 이상의 계약당사자에게 행정절차법 제48조 제2항 제3문[42] 또는 제3항 제2문이 정한 조건이 존재하는 경우에는 이와 달리 보아야 한다. 어떠한 행정행위가 사기, 강박 또는 뇌물수수에 의하여 얻어진 경우 그러한 행정행위는 시간적 제약 없이 취소될 수 있도록 하는 것이 입법자의 의도이다. 일반적으로 행정절차법 제48조 제2항 제3문 또는 제3항 제2문이 적용되는 사건에서 정당한 기대에 대한 보호보다 적법한 상황의 창출에 대한 공익에 대한 요청이 우선하고. 부동산 등기부에 대한 제3자의 정당한 기대는 사법상 법률관계에 대한 행정법의 영향과 관련하여 취소 결정 단계에서 고려될 수 있는데, 제3자의 이익은 주로 부동산등기부의 공신력에 관한 민법 제892조[43]의 적용을 받게 된다.

(3) 위 판결 이전에도 독일연방행정법원은 연방행정절차법 시행 이전에도 사권형성적 행정행위에 대한 취소 또는 철회가 당연히 배제되는

---

Jahr, so gilt das Rechtsgeschäft als genehmigt, es sei denn, daß vor Ablauf dieser Frist ein Widerspruch im Grundbuch eingetragen oder ein Antrag auf Berichtigung des Grundbuchs oder ein Antrag oder ein Ersuchen auf Eintragung eines Widerspruchs gestellt worden ist.

42) 제48조 위법한 행정행위의 취소
 (2) … 수익자는 다음과 같은 경우 신뢰를 주장할 수 없다.
  1. 고의적 사기 또는 강박이나 뇌물에 의하여 행정행위를 하도록 한 때
  2. 중요한 관계에 관하여 부정 또는 부실한 보고를 함으로써 행정행위를 하도록 한 때
  3. 행정행위의 위법성을 알고 있었거나 중대한 과실로 인지하지 못한 경우
  제3문의 경우 행정행위는 원칙적으로 과거에 소급하여 취소된다.

43) 제892조[부동산등기부의 공신력]
 ① 부동산물권 또는 그러한 권리에 대한 권리를 법률행위에 의하여 취득한 사람을 위하여서 부동산등기부의 내용은 정당한 것으로 본다. 그러나 그 정당함에 대한 이의가 등기되어 있거나 또는 취득자가 그 정당하지 아니함을 알았을 경우에는 그러하지 아니하다. 권리자가 부동산등기부에 등기된 권리의 처분에 관하여 특정인을 위하여 제한을 받는 때에는, 그 제한은, 그것이 부동산등기부로부터 바로 인지될 수 있거나 취득자가 이를 알았던 때에 한하여 그에 대하여 효력이 있다.

것은 아니라는 내용의 판결을 선고한 바 있다.[44]

## 4. 기본재산 처분허가 취소와 관련된 판례의 법리

### (1) 판례의 개요

아래에서 살펴볼 판례들의 사안은 공통적으로, 주무관청이 기본재산 처분을 허가하면서 부관에서 일정한 준수사항(기본재산 처분 대가를 확보하여 기본재산에 편입해야 한다 등)과 그 위반시 허가의 효력에 관한 사항(예컨대 허가의 유효기간을 명시하거나, 허가가 무효가 된다고 하거나 또는 허가를 취소할 수 있다)을 부과하였다.

판례는 이러한 부관이 허용됨을 전제로, 허가의 성격을 '해제조건부 허가'로 보아 허가조건 위반시 별도의 취소 통지 없이도 허가가 소급적으로 효력을 상실하거나 실효되어 기본재산 처분행위도 무효가 된다고 본 유형과, '허가 취소'라는 문언에도 불구하고 장래효만을 갖는 '철회권의 유보'로 보아 취소 이전에 이루어진 기본재산 처분행위는 여전히 유효하다고 본 유형으로 대별된다.

### (2) '해제조건부 허가'로 본 유형의 판례들(이하 'A 유형'이라 한다)

#### (가) 대법원 1968. 7. 24. 선고 68다799 판결(사립학교법 적용. A-① 판결)

① 학교법인인 원고와 피고는 1963. 1. 15. 피고가 말레이시아에서 원목 벌채사업을 하기 위하여 정부의 지급보증하에 외국은행으로부터 자금을 차관(借款)함에 있어서, 원고는 기본재산인 본건 부동산을 지급보증에 대한 담보로 제공하되, 피고가 벌채한 원목에 대한 판매권 일체를 원고가 갖기로 약정하였는데, 문교부장관은 1963. 6. 19. 원고에 대하여 이 사건 부동산을 담보로 제공함에 있어서, "㉮ 상환완료시까지 본건 부동산을 대한민국에 담보제공하고, 피고가 벌채한 원목 및 제품일체에 대한 판매권을 취득하여 그 이득을 목적사업에 충당할 것, ㉯ 본 인가 사항을

---

44) BVerwG, Urteil vom 12. 8. 1977 — IV C 20/76 (München).

인가일로부터 3개월 이내에 이행하지 아니하면, 무효로 한다"는 조건으로 인가를 하였고, 그에 따라 원고는 1963. 10. 8. 한국산업은행 앞으로 본건 부동산에 관한 근저당권 설정등기를 경료하였다. 그런데 원고와 피고 회사는 1964. 5. 18. 위 인가 조건과 달리 원고가 벌채한 원목 등에 대한 판매권을 포기하는 대신 피고가 원고에게 톤당 495원의 보수를 지급하기로 하는 약정을 체결하였다.

② 원고는 피고를 상대로 피고가 수입한 원목 톤수에 대하여 위 보수 약정에 따른 금원 지급을 구하였고, 위 보수약정의 효력을 판단하기 위한 전제로서 문교부장관의 인가 처분이 원·피고의 인가 조건 위반으로 인하여 무효가 되었는지, 원고가 설정한 근저당권설정등기가 원인 무효가 되었는지가 문제된 사안에서, 위 판결은 "문교부장관의 당초 인가조건으로 된 판매권 취득을 포기하고 … 보수금 지급으로 약정하였다면 이는 인가사항을 이행하지 아니한 것이 되어 위 인가에서 정한 대로 문교부장관의 추인 등 특별한 사정이 없는 한 취소를 기다릴 것 없이 그 인가는 당연 무효가 된다 할 것이며, 그 인가가 무효인 이상 형식적으로는 본건 저당권설정등기가 있어도 이는 문교부장관의 인가 조건에 위배되는 것이어서 특별한 사정이 없는 한 그 저당권설정등기는 원인무효가 되었다"라고 판단하였다.[45]·[46]

**(나) 대법원 2005. 9. 28. 선고 2004다50044 판결(공익법인법 적용. A-② 판결)**

① 주무관청은 1997. 5. 2. 甲법인의 기본재산인 이 사건 부동산의 처분허가 신청에 대하여, "㉮ 위 허가사항의 유효기간은 허가일로부터 6

---

45) 원심(서울고등법원 1968. 3. 20. 선고 67나2301 판결)은, 기본재산 처분허가가 효력을 상실하지 아니한 근거 중 하나로 "문교부장관이 위 인가를 취소한 바 없다"는 이유를 들어 피고의 주장을 배척하였으나, 위 판결은 명시적으로 "문교부장관이 추인하지 아니한 이상 별도로 취소 통지를 하지 아니하였다 하더라도 인가는 당연히 무효가 된다"고 판단하였다.

46) 환송후원심인 서울고등법원 1969. 6. 10. 선고 1968나1847 판결에서는, 위 보수금 지급약정 이후인 1964. 9. 4. 문교부장관의 추인을 받은 사실 등이 인정되어 결론적으로 기본재산 담보제공 인가가 효력을 상실하였다는 피고의 주장은 받아들여지지 아니하였다.

개월로 하고, ㉯ 위 허가는 처분허가 부동산의 매각대금 이상이 유효기간 내에 甲법인에 현금으로 확보됨을 전제로 하며, ㉰ 처분허가 부동산에 관한 계약서에는 법인 인감과 주무관청 직인이 날인된 것만 유효로 한다"는 조건을 붙여 허가하였다. 甲법인은 1997. 7. 10. 乙회사와 이 사건 부동산에 관하여 매매계약을 체결하였다가 이후 매수인 지위가 원고에게 이전되어 1998. 7. 14. 원고와 甲법인 사이에 새로운 매매계약이 체결되었다. 원고와의 새로운 매매계약에 대한 별도 허가를 받지 못하고 있던 중, 甲법인에 매매대금이 입금되지 아니한 채 1998. 7. 31. 원고 앞으로 소유권이전등기가 경료되었다.

② 원고는 자신이 위 부동산의 소유자임을 들어 그 후 다른 원인에 의하여 피고들 앞으로 경료된 소유권이전등기의 말소를 구하는 소를 제기하였고, 원고의 소유권 취득 여부와 관련하여 기본재산 처분허가의 효력 유무가 문제되었다. 위 판결은 "위 처분허가에 수반된 매매대금의 액수, 지급방법, 지급기한 등의 조치의 이행이 허가의 유효조건이라고 보아야 하고, 그럼에도 원고 및 재단이 이를 이행하지 아니하였음은 물론 … 주요 부분에 있어서 당초의 허가조건과 다른 내용의 약정을 체결하고도 그 변경사항에 관하여 감독관청의 허가를 취득하지 아니한 이상 결국 이 사건 처분허가는 실효된 것(68다799 판결 등 참조)"이라고 판단하여, 원고 명의의 소유권이전등기는 주무관청의 허가 없이 이루어진 처분행위에 기한 원인 무효의 등기라고 보아 원고의 청구를 기각한 원심 결론을 유지하였다.

(3) 장래효만을 갖는 '철회권 유보'로 본 사안(이하 'B 유형'이라 한다)

(가) 대법원 2003. 5. 30. 선고 2003다6422 판결(공익법인법 적용. B-① 판결)

① 종교법인인 원고는 1995. 11. 27. 소외 회사와 기본재산인 이 사건 부동산 등을 소외 회사에게 제공하고, 그 대가로 소외 회사가 신축 중인 아파트 등 공급받기로 하는 교환계약을 체결하였고, 같은 날 주무관청으로부터 기본재산전환인가를 받았는데, 그 조건은, "원고는 … 취득

재산은 원고의 기본재산으로 편입하여 사업목적에 제공하여야 하고, … 이를 이행하지 않거나 신청서상 허위가 발견될 시에는 위 기본재산전환인가를 취소할 수 있다"라고 되어 있다. 원고는 1996. 4. 25. 소외 회사에게 이 사건 부동산에 관하여 소유권이전등기를 경료하였고, 이어서 1997. 3. 피고 은행 앞으로 이 사건 부동산에 근저당권을 설정하여 주고 1997. 5. 피고 회사 앞으로 신탁을 원인으로 한 소유권이전등기를 경료하였다. 소외 회사는 위 아파트 건축공사를 시행하다가 1998. 2.경 부도를 내고, 2001. 6. 22. 파산 선고를 받았다. 위 아파트공사의 중단과 소외 회사의 파산으로 위 인가조건의 이행이 불가능하게 되자, 주무관청은 2001. 8. 25. 원고에 대하여 위 인가조건의 불이행을 이유로 위 기본재산전환인가를 취소하였다.

② 원고는 피고들을 상대로 기본재산전환인가 취소로 그 인가가 소급적으로 효력을 상실하였으므로 피고들 명의의 등기는 모두 소급적으로 원인 무효가 되었다고 주장하며 그 말소를 구하였고 원심은 원고의 주장을 받아들여 원고의 청구를 인용하였다. 그러나 위 판결은 "인가조건으로 되어 있는 사유들은 모두 위 인가처분의 효력이 발생하여 기본재산 처분행위가 유효하게 이루어진 이후에 비로소 이행할 수 있는 것들이고, 인가처분 당시에 그 처분에 그와 같은 흠이 존재하였던 것은 아니므로, … 위 사유들은 모두 인가처분의 철회사유에 해당한다고 보아야 하고, … 위 인가조건의 전체적 의미는 인가처분에 대한 철회권을 유보한 것이라고 봄이 상당하다. … 원심이 이와 다른 견해에서 … 인가처분이 소급하여 무효가 되었다고 판단한 것은 기본재산전환인가의 인가조건의 성격에 관한 법리를 오해하여 판결에 영향을 미친 위법이 있다"라고 판단하였다.

(나) 대법원 2006. 5. 11. 선고 2003다37969 판결(사립학교법 적용. B-②
   판결)

① 학교법인 원고가 1997. 12. 20. 이사회에서 학교 부지를 한일은행에 담보로 제공하고 자금을 차입하기로 하는 결의를 하고, 주무관청으로부터 기본재산인 위 부동산을 한일은행에 담보로 제공하고 금원을 차

입할 수 있다는 내용의 기본재산의 처분 등의 허가를 받았으나, 한일은
행의 사정으로 대출을 받지 못하자, 금융기관을 한일은행에서 피고로 변
경하는 내용의 이사회 회의록을 이사회 개최 없이 작성하고 이를 기초로
1998. 3. 변경허가를 받아 대출을 받았는데, 주무관청은 1999. 2. 원고에
대한 감사 결과 이 사건 제2대출금을 허가용도인 예원학교 이전교사 신
축 및 수익용 건물 공사비로 사용하여야 함에도 법인회계에 수입조치하
지 아니하였음을 들어 위 허가와 변경허가를 취소하였다.

　② 위 판결은, 취소와 철회의 구별을 기초로 관할청이 이 사건 허가
및 변경허가를 취소하는 사유로 든 것은 원고가 차입한 자금을 법인회계
에 수입조치하지 아니하고 본래의 허가 용도가 아닌 다른 용도에 사용하
였다는 것으로서, 이는 허가처분의 효력이 발생하여 자금차입행위가 유효
하게 이루어진 이후에 비로소 이행할 수 있는 것들이고, 허가처분 당시
에 그 처분에 위와 같은 흠이 존재하였던 것은 아니므로, … 위 사유들
은 허가처분의 철회사유에 해당한다고 보아야 하고, 따라서 관할청이 위
와 같은 사유를 들어 이 사건 허가 및 변경허가를 취소하였다면 이는 그
명칭에 불구하고 행정행위의 철회에 해당하는 것으로 이 사건 허가 및
변경허가의 효력은 장래에 향하여 소멸할 뿐이라 할 것이다"라고 판단하
였다.

(4) 판례에 대한 분석

(가) A, B 유형에 대한 전체적인 평가

① 기본적으로 허가처분 또는 취소처분의 '해석'에 의하여 소급효 유무를
　　판단하고 있음

　A 유형의 판결들(68다799, 2004다50044 판결)은 기본재산 처분허가시
부가된 부관에, '허가 유효기간을 명시'하였거나 '허가조건 위반시 무효로
한다'는 등의 기재가 있음을 근거로 위 허가조건에서 정한 의무 위반시
허가의 효력이 상실된다는 '해제조건부 허가'로 '해석'하였다. 그리고 B 유
형의 판결들(2003다6422, 2003다37969 판결)은 문제된 허가조건이 기본재산
처분행위가 유효하게 이루어진 이후에 이행할 수 있는 것들로서, 부관에

서 '취소'라는 문언을 사용했다 하더라도 이를 '철회권의 유보'로 '해석'하여 기본재산 처분허가가 소급적으로 효력을 상실하지 아니한다고 판단하였다.

이와 같이 두 유형의 판결들은 모두 허가 또는 취소라는 행정처분의 해석에 의하여 소급효 유무를 판단하고 있다.

② 두 유형의 구별이 반드시 명확하지는 아니함

A, B 유형이 기본재산 처분허가의 소급적 효력 상실과 기본재산 처분행위의 사법상 효력 유무라는 관점에서 전혀 다른 결론에 이르고 있지만 두 유형의 구별이 명확한지는 의문이다. A-①(68다799) 판결에서는 허가조건에 따라 기본재산 담보제공의 대가로 취득한 원목 등 판매권을 사후적으로 현금을 수령하는 것으로 변경한 것이고, B-①(2003다6422) 판결에서는 공익법인의 기본재산 교환의 반대급부로서 장래 취득할 부동산이 사후적으로 계약 상대방의 재정 악화로 그 취득 가능성이 없어졌다는 것이므로, 두 판결 모두 허가처분 이후 사후적으로 발생한 사유가 문제되었는데, 기본재산 처분허가의 소급적 효력 상실이라는 점에서 양자를 본질적으로 달리 평가할 수 있는지는 의문이다.

③ 두 유형이 병존함

이들 판결의 선고시점의 선후를 살펴보면, A-①(1968. 7. 24.), B-①(2003. 5. 30.), A-②(2005. 9. 28.), B-②(2006. 5. 11.)의 순으로 이루어졌으므로, 처음 선고된 A-①을 제외한 나머지 판결들은 서로 다른 유형의 판결의 존재를 인식한 상태에서 판단이 이루어졌다고 보는 것이 합리적이다, B 유형 판결이 A 유형판결에 대하여 전원합의체를 통한 정식 판례 변경 절차를 거치지 아니하였으므로, A 유형의 판결이 B 유형에 의하여 폐기 또는 대체되었다고 보기는 어렵다.[47] 사안에 따라 적정한 결론을 도출하기 위하여 소급효 인정 여부에 관하여 필요한 논리를 선택한 것으로 보는 것이 합리적인데, 위 판결들로부터 대상결정 및 관련민사판결에 이르

---

47) A-① 판결을 인용한 하급심 판결이 최근 선고되기도 하였다(서울중앙지방법원 2023. 9. 15. 선고 2022가합538130 판결. 항소심 계속 중).

기까지 전체적인 판례의 흐름은 A 유형에서 B 유형으로 점차 옮겨가는 것으로 볼 수 있다.

④ 기본재산 처분허가의 소급적 취소는 인정하지 아니함

소급효를 인정한 A 유형도 주무관청에 의한 취소의 법리에 의하지 아니하고 있고, 철회권 유보로 본 B 유형도 판시에서 '취소'를 언급하고는 있으나 결론적으로 취소를 인정하지는 아니하였다.

**(나) A 유형이 취한 '해제조건부 허가' 논리 구성에 관하여**

① 위 판결들은 해제조건부 허가라는 구성을 통하여 기본재산 처분허가가 소급적으로 효력을 상실하였거나 실효되었으므로, 기본재산에 대한 처분행위도 허가 없이 이루어진 것으로서 그 사법상 효력이 무효라고 보아 결론적으로 기본재산이 법인에 복귀되어야 한다고 판단하였다. 이는 법인의 재정 건전화에 대한 공익적 요구에 무게를 실은 판결이라고 볼 수 있다. 특히 A-②(2004다50044) 판결의 경우, 허가의 유효기간을 정하고 그 매각대금이 유효기간 내에 현금으로 법인에 의하여 확보되도록 함으로써, 허가의 조건은 법인이 기본재산 처분대가인 현금을 현실적으로 확보하지 아니하는 이상 기본재산의 소유권을 타에 이전해서는 안된다는 취지임에도 불구하고 이를 위반하여 기본재산의 소유권을 이전하였으므로, "인가조건으로 되어 있는 사유들은 모두 위 인가처분의 효력이 발생하여 기본재산 처분행위가 유효하게 이루어진 이후에 비로소 이행할 수 있는 것들"이라는 B 유형의 논리가 적용되기는 어렵다.

② 그러나 이미 처분 허가에 의하여 기본재산 처분행위가 사법상 효력이 발생하여 권리 이전까지 마친 시점에서 '해제조건의 성취'에 의하여 별도의 취소 통지 없이도 허가가 소급적으로 효력을 상실하고 권리 이전의 효력 자체가 부정된다는 것은 처분 상대방은 물론 계약 당사자들에게 상당한 법적 불안을 초래하는 것으로서 언제 조건이 성취되었는지가 불분명할 뿐만 아니라 법적 불안을 해소하기 위하여 어떤 권리 구제 방법을 취하여야 할지를 불명확하게 한다는 비판이 가능하다.[48] 그리고 행정절차법[49]은 당사자의 권익을 제한하는 처분을 하는 경우 사전 통지

(제21조), 청문 등 의견청취(제22조), 처분의 이유 제시(제23조), 불복방법 고지(제26조) 등 절차를 통하여 재판청구권 등 절차적 보장을 하고 있는 점에 비추어 보더라도, '해제조건부 허가'라는 구성에 의하여 아무 통지 없이도 처분의 효력이 상실된다는 것이 권익 보장에 충실한지는 의문이다.

**(다) B 유형이 취한 장래효를 갖는 '철회권 유보' 논리 구성에 관하여**

① 위 판결들이 전제하고 있는 취소와 철회의 구별은 일반 법리에 부합한다.[50] 그리고 위 판결들에서 문제된 사유들은 교환계약 상대방의 재정 악화로 인한 반대급부의 이행이 불가능해진 것(B-① 판결), 금융기관과의 대출계약이 성립한 이후 법인이 허가 조건과 다른 용도에 대출금을 사용한 것(B-② 판결)으로서 계약 당시 예상하기 어렵거나 계약의 효력 자체와 직접 관련이 없는 사정에 해당하므로, 이를 들어 기본재산 처분행위 또는 금전소비대차계약의 효력 자체를 부정하는 것이 타당하지 않다는 판단은 구체적 타당성이라는 측면에서 수긍할 수 있다.

② 그러나 위 판결들에서 말하는 '철회'에 의하여 기본재산 처분허가가 '장래를 향하여 효력이 상실된다'는 의미가 무엇인지는 살펴볼 필요가 있다.[51) · 52)] 만약 철회가 기본재산 처분행위 또는 그에 따른 등기 이전

---

48) 민법 제147조 제2항은 해제조건은 원칙적으로 조건이 성취한 때로부터 효력을 상실하도록 정하고, 당사자가 조건 성취의 효력을 그 성취 전으로 소급하도록 한 경우에만 소급효를 인정하고 있다(제147조 제2항, 제3항).
49) 1996. 12. 31. 법률 제5241호로 제정되어 1998. 1. 1. 시행되었고, 행정절차법 부칙(1996. 12. 31.) 제2조는 "이 법 시행 당시 진행 중인 처분·신고·행정상 입법예고·행정예고 및 행정지도에 관하여는 이 법을 적용하지 아니한다"고 정하고 있으므로, 1960년대에 이루어진 A-① 판결의 사안에는 행정절차법이 적용될 수 없고, 행정절차법 시행 이전인 1997. 5. 2.경 허가가 이루어졌고 1998. 7. 31. 이전 등기를 마친 A-② 판결의 사안에 행정절차법이 적용되는지는 명확하지 아니하다.
50) 대법원 2018. 6. 28. 선고 2015두58195 판결.
51) 사권형성적 행정행위의 철회가 사법상 법률관계에 미치는 영향에 관한 의문을 제기한 견해로는 김중권, 각주 35의 논문, 179, 180면 참조.
52) B-① 판결(2003다6422)에 대한 판례해설(허부열, "행정청이 종교단체에 대하여 기본재산전환인가를 함에 있어 부가한 인가조건이 취소사유인지 철회사유인지 여부에 관한 판단기준", 대법원 판례해설(제44호), 법원도서관(2004)), B-② 판결(2003다37969)에 대한 판례해설(노경필, "학교법인의 자금차입과 관련하여 이사회 결의를 필요로 하는 범위, 행정처분의 취소와 철회의 구별", 대법원 판례해설(제60호), 법원도서관(2006))에도 모두 문제된 사유가 취소 사유인지, 철회 사유인지를 검토

에 이루어졌다면, 그 시점부터 기본재산 처분허가가 효력을 상실하므로, 그 이후 다시 허가를 받지 아니한 채 이루어진 기본재산 처분행위 또는 그에 따른 이전등기는 허가 없이 이루어진 것으로서 무효를 면할 수 없게 된다.

그런데 만약 '철회'가 기본재산 처분행위와 그에 따른 등기까지 모두 마쳐진 이후에 이루어졌다면 어떠한가. 위 판결들의 사안은 모두 허가 이후 기본재산에 대한 교환계약에 따른 이전등기가 이루어졌거나 자급 차입계약에 따른 대출이 모두 실행된 이후에 '철회'가 이루어진 사안들이다. 위 판결들이 취소의 문언에도 불구하고 장래효만을 갖는 철회라고 보아 기본재산 처분행위 및 그에 따른 등기가 소급적으로 효력을 잃지 않는다고 한 것은 분명한데, 그렇다면 '장래를 향하여 기본재산 처분허가가 효력을 상실한다'는 것은 어떠한 의미이고, 사법상 법률관계에 어떠한 영향을 미치는가.

③ 만약 행정행위의 내용이 계속적 급부 또는 자격 부여를 내용으로 하는 것이라면, 철회의 효과는 명확하다. 즉 연금과 같이 일정한 급부를 계속적으로 지급하도록 하는 내용의 행정처분을 취소하였다면 최초부터 그 수급자격을 상실하는 반면 철회의 경우에는 철회 시점 이후의 기간에 대하여만 장래를 향하여 수급자격을 상실하게 된다(영유아보육법상 평가인증과 같이 계속적인 자격 부여를 내용으로 하는 경우도 동일하다[53]).

---

하여 철회사유라고 결론을 짓고 있을 뿐 이러한 철회가 기본재산에 관한 사법상 법률관계에 미치는 영향에 관하여는 다루고 있지 아니하다.

[53] 대법원 2018. 6. 28. 선고 2015두58195 판결.
영유아보육법 제30조 제5항 제3호에 따른 평가인증의 취소는 평가인증 당시에 존재하였던 하자가 아니라 그 이후에 새로이 발생한 사유로 평가인증의 효력을 소멸시키는 경우에 해당하므로, 법적 성격은 평가인증의 '철회'에 해당한다. 그런데 행정청이 평가인증을 철회하면서 그 효력을 철회의 효력발생일 이전으로 소급하게 하면, 철회 이전의 기간에 평가인증을 전제로 지급한 보조금 등의 지원이 그 근거를 상실하게 되어 이를 반환하여야 하는 법적 불이익이 발생한다. 이는 장래를 향하여 효력을 소멸시키는 철회가 예정한 법적 불이익의 범위를 벗어나는 것이다. 이처럼 행정청이 평가인증이 이루어진 이후에 새로이 발생한 사유를 들어 영유아보육법 제30조 제5항에 따라 평가인증을 철회하는 처분을 하면서도, 평가인증의 효력을 과거로 소급하여 상실시키기 위해서는, 특별한 사정이 없는 한 영유아보육

④ 그런데 기본재산 처분허가는 계속적 급부 또는 자격 부여를 내용으로 하지 아니하고 특정 재산에 대한 처분행위의 효력을 완성시키는 처분이므로 ③항에서 본 논리가 그대로 적용되기 어렵다. 이러한 '철회'의 의미가 철회 시점부터 기본재산 처분허가가 효력을 상실하고, 그에 따라 기본재산 처분행위의 사법상 효력도 그 때부터 상실되므로, 그에 따른 등기도 그 때부터 원인무효의 등기가 되어 철회 시점 이후부터는 장래를 향하여 기본재산의 반환 등의 법률관계가 성립한다는 의미인가.

위 판결들은 취소의 소급효를 인정한 원심을 파기한 사안들로서, 그 이후 환송후 원심의 소송 진행 경과를 살펴보면, B 유형 판결들에서 말한 '철회'가 장래를 향하여 사법상 법률관계에 어떠한 영향을 미치는지를 추단할 수 있을 것이다. B-①(2003다6422) 판결의 사안에서는, 허가 취소로 인하여 처분행위인 교환계약과 그에 따라 이루어진 등기의 효력이 문제되었는데, 만약 '철회'로 인하여 허가가 장래를 향하여 효력을 상실하여 그 시점 이후 사법상 법률관계에 영향을 미친다면, 그 영향이란 처분행위인 교환계약의 효력이 '장래를 향하여' 상실하는 것일 수밖에 없고, 이 경우 교환계약에 따라 이루어진 등기는 말소의 원인만 '교환계약의 실효'가 될 뿐 말소 자체를 면하기 어려울 것이다.[54] B-②(2003다37969) 판결의 사안에서는, 자금차입계약의 효력이 문제되었는데, 만약 허가 '철회'가 장래를 향하여 자금차입계약의 효력에 영향을 미친다면 효력을 상실하였다면, 철회 이후로는 부당이득반환의 문제가 발생할 것으로 보인다. 그러나 이들 사건의 환송후원심에서는 '철회'로 인하여 '장래를 향하여도' 사법상 법률관계에 영향이 없음을 전제로 판단되었고, 이들 판결은 모두 심리불속행 상고기각으로 확정되었다.[55] · [56]

---

법 제30조 제5항과는 별도의 법적 근거가 필요하다.

54) 오히려 위 사안과 같이 교환계약 중 일방의 이행은 종료되었으나 상대방의 이행이 불가능해진 경우라면 담보책임 등 계약법에 따라 해결되어야지 계약의 효력 자체가 상실된다고 보는 것은 오히려 더 부당한 결과를 초래한다.

55) B-①(2003다6422) 판결의 환송후원심인 부산고등법원 2003. 10. 22. 선고 2003나7463 판결은, 위 판결의 취지와 같이 피고들 명의의 근저당권설정등기 및 소유권이전등기 말소 청구를 받아들이지 아니하였고, 이는 대법원 2004. 6. 22.자 2003다

이 문제는 사법상 법률관계의 존속이 인가의 유효한 존속을 전제로 하는지의 문제로 볼 수 있는데,[57) 일단 기본재산인 어느 부동산이 타에 처분되어 법인의 소유가 아니게 되었다면 그 부동산은 더 이상 사회복지 사업법의 규율대상인 기본재산에 해당하지 아니하고, 주무관청이 허가를 통하여 기본재산 처분행위를 규제하는 취지는 기본재산을 처분한 대가가 법인의 기본재산에 편입되지 아니하는 등 부당하게 법인의 기본재산이 감소하여 재정적 건전성을 해치는 것을 방지하기 위함이지 기본재산 처분 이후의 그 재산의 권리관계나 사용관계를 규제하려는 취지가 아니다. 그리고 사회복지법인과 그 거래상대방의 의사도 기본재산 처분허가를 받으면 그로써 그 재산을 사법상 유효하게 처분할 수 있다는 것이지, 그 이후의 권리관계도 주무관청의 의사에 좌우하게 할 의사로 볼 수는 없다.

그리고 처분행위가 매매계약이고 그에 따른 등기 이전 등 이행이 완료되었다면, 계약에 따른 법률관계는 종료되었다고 보아야 하므로, 그 이후 발생한 사정에 의하여 이미 종료된 법률관계가 장래를 향하여 효력을 상실한다는 것은 쉽게 상정하기 어렵다.[58)

이렇게 보았을 때, B 유형의 판례에서 기본재산 처분허가의 효력을 장래를 향하여 상실하게 하는 철회라고 한 것이 장래를 향하여 처분행위의 효력이 상실되게 하는 등 사법상 법률관계에 어떤 영향이 있을 것을 예정한 것이라고 보기는 어렵다. 그리고 B 유형이 '취소'를 '철회'라고 판

---

64442 판결(심리불속행 상고기각)로 확정되었다.
56) B-②(2003다37969) 판결의 환송후원심인 서울고등법원 2006. 11. 28. 선고 2006나50033판결도 원고의 자금차입계약이 무효임을 전제로 한 부당이득반환청구권 등 원고의 주장을 모두 배척하였고, 이는 대법원 2007. 5. 11.자 2007다6109 판결(심리불속행 상고기각)로 확정되었다.
57) 김중권, 각주 35의 논문, 180면 참조.
58) 임대·담보제공과 같이 법인의 기본재산임을 전제로 일정 기간 동안 계속되는 계약이라 하더라도 '기본재산 처분허가'는 당사자 사이의 의사 합치만으로 효력이 발생하지 아니한 상황에서 그 효력을 완성하는 것이고, 그 이후의 법률관계는 허가에 따라 효력을 발생한 계약의 내용에 따라 규율되어야 하는 것이고, 달리 '기본재산 처분허가'에서 정하지 아니한 이상 그 처분허가가 그 이후의 법률관계까지 규율한다고 보기는 어렵다.

단한 것의 실질적인 의미는 기본재산 처분허가가 소급하여 효력을 상실하지 않는다, 즉 소급효의 부정에 다름 아니라고 생각된다.

⑤ 이와 같이 '철회'가 장래를 향하여 기본재산 처분행위와 관련된 사법상 법률관계에 영향이 없다면, 주무관청이 '취소'라는 문언을 사용하였음에도 불구하고 이를 취소가 아니라 철회로 '해석'한 B 유형의 논리를 어떻게 보아야 할까.

행정처분의 내용은 그 처분이 문서에 의하여 이루어진 경우 그 '문언'에 따라 확정하여야 함이 원칙이고, 문언만으로 행정청이 어떠한 처분을 하였는지 불분명한 경우 당사자들의 의사와 처분의 경위 등에 비추어 문언과 다른 내용으로 '해석'할 수 있을 뿐이다.[59] 그런데 앞서 본 바와 같이 장래를 향하여 기본재산 처분허가의 효력을 상실한다는 것이 이미 권리 변동이 이루어진 경우 기본재산에 관한 사법상 법률관계에 아무런 영향이 없다면 주무관청이 장래를 향하여 기본재산 처분허가의 효력을 상실시키는 '철회'를 할 합리적인 이유가 있는지는 의문이다. 만약 법인의 허가조건 위반을 문제 삼기 위한 것이라면, 주무관청으로서는 사회복지사업법 제26조 제1항 제11호[60]에 따라 시정명령을 할 수 있으므로, 굳이 사법상 법률관계에 아무런 영향을 미치지 못하는 '철회'를 할 이유가 없다. 오히려 B 유형 판결에서 주무관청의 의사는 기본재산이 처분되거나 자금 차입이 이루어졌는데 그 처분의 대가 또는 차입금이 기본재산으로 편입되지 아니하였음을 들어 기본재산 처분허가 자체를 소급적으로 효력을 상실시켜 이탈한 기본재산을 법인에 회복시키겠다는 것으로 봄이 타당하다.

그리고 주무관청의 허가 취소는 그 자체로 독립된 행정처분이므로 그 공정력에 의하여 취소 처분이 당연 무효가 아닌 이상 항고소송 등 권

---

59) 대법원 2010. 2. 11. 선고 2009두18035 판결.
60) 제26조(설립허가 취소 등) ① 시·도지사는 법인이 다음 각 호의 어느 하나에 해당할 때에는 기간을 정하여 **시정명령을 하거나** 설립허가를 취소할 수 있다. 다만, 제1호 또는 제7호에 해당할 때에는 설립허가를 취소하여야 한다.
  11. 그 밖에 이 법 또는 이 법에 따른 명령이나 정관을 위반하였을 때

한 있는 기관에 의하여 취소되기 전까지는 유효한 것으로 통용되고, 민사소송의 수소법원으로서는 그 처분이 당연무효가 아닌 이상 처분의 효력을 부정할 수 없다.[61] 그럼에도 B 유형 판결에서, 취소 처분의 하자에 의한 유무효의 문제로 접근하지 아니하고, '해석'에 의하여 이를 철회로 보아 실질적으로 취소 처분의 효력을 부정한 것은 취소 처분의 공정력에 반한다는 비판으로부터 자유로울 수 없다고 생각된다.

### 5. 대상결정과 관련민사판결의 논리의 검토
#### (1) 대상결정과 관련민사판결의 판단

대상결정은 "… 이 사건 허가에 따라 Y회사에 처분되어 소유권이전등기까지 마쳐진 이후 서울특별시장이 위 허가를 취소하였더라도, 말소되지 않고 있는 Y회사의 소유권이전등기가 당연히 무효임을 전제로 이 사건 부동산이 X법인의 기본재산이라고 볼 것은 아니다. 서울특별시장이 허가를 취소하면서 내세운 취소사유가 허가 당시에 그 허가에 존재하던 하자가 아니라면, 그 명칭에도 불구하고 법적 성격은 허가의 '철회'에 해당할 여지가 있어 그 전에 이루어진 X법인과 Y회사의 이 사건 부동산 매매계약과 이를 원인으로 마쳐진 Y회사의 소유권이전등기는 서울특별시장의 허가 취소에도 불구하고 여전히 유효하다고 볼 수 있기 때문이다"라고 판단하였다.

이는 관련민사판결 원심의 판단이 타당하다는 전제에 선 것으로 보이는데, 그 원심[62]은 "이 사건 허가의 조건으로 되어 있는 위 각 사유[63]는 그 허가처분의 효력이 발생하여 기본재산 처분행위가 유효하게 이루어진 이후에 비로소 이행할 수 있는 것 등이고, 허가처분 당시 그 허가

---

61) 대법원 1973. 7. 10. 선고 70다1439 판결.
62) 서울고등법원 2021. 10. 20. 선고 2020나2010600 판결.
63) 허가조건에서 "처분 후 취득하는 재산은 기본재산으로 편입하고, 편입된 기본재산으로 채무변제를 하는 경우 별도의 허가를 받아야 한다"고 했음에도, 이 사건 매매계약에서 매매대금 지급에 갈음하여 매수인으로 하여금 X법인의 채무를 인수하도록 한 것을 의미한다.

처분에 그와 같은 흠이 존재하였던 것은 아니므로, … 위 허가조건의 전체적 의미는 허가처분에 대한 철회권을 유보한 것이라고 봄이 타당하다(2003다6422 판결, 2003다37969 판결 등 참조). 그리고 유보된 철회권의 행사로 인한 행정행위의 철회는 장래에 대해서만 그 효력이 있으므로, 이 사건 허가가 철회되기 전에 이루어진 원고 X법인과 … 원고 승계참가인 Y회사 사이의 각 매매계약과 이를 원인으로 마쳐진 각 소유권이전등기는 위 철회에도 불구하고 여전히 유효하다고 보아야 한다"라고 판단하여, '철회권 유보'로 본 B 유형의 판결을 인용하고 그 판시를 그대로 사용하고 있다.

(2) 검   토

(가) 선례와의 정합성 -B 유형 판결의 법리를 적용한 것은 타당한가

대상결정과 관련민사판결은 모두 앞서 본 두 유형의 판례군 중 B 유형을 따라 '철회권의 유보'로 보아 이 사건 취소처분의 소급효를 부정하였다.

B 유형 판결 중 B-② 판결은 자금차입에 관한 사안이므로, 부동산의 처분에 관한 B-①(2003다6422) 판결이 주된 비교 대상이 되는데, B-① 판결, 대상결정의 사안, 그리고 해제조건부 허가로 본 A-②(2004다50044) 판결을 비교해 보면 다음의 〈표〉와 같다.

| 구    분 | B-①<br>2003다6422 | A-②<br>2004다50044 | 대상결정 |
|---|---|---|---|
| 대법원의 판단 | 철회권의 유보 | 해제 조건 | 철회권의 유보? |
| 허가 시점<br>(처분행위와<br>허가의 선후) | 교환계약 당일<br>(사후 허가) | 매매계약 이전<br>(사전 허가) | 매매계약 이전<br>(사전 허가) |
| 허가조건 | 반대급부<br>기본재산에 편입 | 매매대금<br>현금으로 확보 | 매매대금으로<br>기존 채무 변제 금지 |
| 위반 사유 | 계약 상대방의<br>파산으로 기본재산에<br>편입되어야 할<br>반대급부 이행 불능 | 매매대금 미확보 | 매매대금 중 일부<br>기존 채무 변제에<br>갈음 |
| 위반 사유의<br>발생 시점 | 허가 시점으로부터<br>5년 6개월 경과 시점 | 처분 유효기간의<br>終期 | 매매계약 체결 당시 |

〈표〉에서 보는 바와 같이, B-① 판결의 경우, 교환계약에서 기본재산의 반대급부는 건축 중인 아파트로서 교환계약 당시부터 원고의 기본재산의 소유권을 먼저 이전하고 그 반대급부는 장래에 이전받을 것이 예정되어 있었는데, 반대급부의 이행불능의 원인이 된 상대방의 파산 선고가 허가 시점으로부터 약 5년여가 경과한 시점에 발생하였으므로, 위 판결이 판시하고 있는 바와 같이, 인가조건으로 되어 있는 사유들은 모두 위 인가처분의 효력이 발생하여 기본재산 처분행위가 유효하게 이루어진 이후에 비로소 이행할 수 있는 것들이고, 인가처분 당시에 그 처분에 그와 같은 흠이 존재하였던 것은 아니라고 할 수 있다.

반면 대상결정의 사안에서 취소 사유에서 언급하고 있는 허가조건은, 처분 후 취득하는 재산은 기본재산으로 편입하고, 처분은 「공유재산 및 물품관리법」이 정한 방식에 따라야 하고(위 법 제37조는 매각대금은 원칙적으로 전액을 일시에 지급받도록 규정하고 있다), 편입된 기본재산으로 채무변제를 하는 경우 별도의 허가를 받도록 정하고 있다. 이는 매매대금의 현실적 지급에 갈음하여 매수인에게 기존 채무를 인수하도록 해서는 안 된다는 의미인데, 이 사건 매매계약에서 X법인의 금융기관 채무를 Y회사가 인수하고, Y회사의 기존 대여금 채권을 상계처리한 것은 위 허가조건에 정면으로 반하는 것이므로, 이 사안에서 문제된 취소 사유는 '기본재산 처분행위가 유효하게 이루어지기 위하여 준수해야 하는 사항'으로 보아야 하지, 앞서 본 B 유형 판결들과 같이 '기본재산 처분행위가 유효하게 이루어진 이후에 비로소 이행할 수 있는 사항'으로 볼 수는 없다.

그리고 '인가처분 당시에 그 처분에 그와 같은 흠이 존재하지 아니한 것'은 다름 아니라 사회복지사업법령이 예정한 바와 같이 기본재산 처분허가가 처분행위에 앞서서 사전에 이루어졌기 때문이다. 대상결정의 논리에 의하면, 처분행위에 앞서서 '사전 허가'가 있었던 경우 취소 사유가 될 수 있는 '처분 당시에 존재했던 하자'는 허가 신청시 제출 서류인 '기본재산의 처분을 결의한 이사회 회의록', '처분하는 기본재산의 명세서', '처분하는 기본재산의 감정평가서'와 관련된 것, 즉 이사회 결의의 흠결, 감정평가의 위법 등이고, 허가조건 준수 여부 등 처분행위의 내용과 관련된 것은 취소 사유가 될 수 없게 된다. 이는 처분행위가 법령의 취지에 부합하게 이루어져서 사회복지법인의 재정적 건전성을 확보하기 위하여 부과된 '부관'의 실효성을 무의미하게 만드는 것으로서 사회복지사업법의 입법목적에 반한다고 아니할 수 없다.

대상결정의 사안은, 사전 허가가 이루어진 사안으로서 허가조건이 기본재산 처분 이전에 매매대금이 전액 법인에 입금되도록 한 것이라는 점에서 허가의 효력이 소급적으로 상실되었다고 본 A-② 판결의 사안에 더 가깝다고 보는 것이 합리적이다.

**(나) 상충하는 여러 이익이 충분히 고려되었는가**

① 이 사건에서 문제된 바와 같이 기본재산 처분허가가 소급적으로 취소될 경우 관련되는 이익으로, 허가조건에 위반한 처분행위의 효력을 부정하여 사회복지법인에 기본재산을 회복시킴으로써 법인의 재정 건전성을 회복하려는 공익이 있고, 이와 상충하는 이익으로 허가 취소로 기본재산 처분행위가 효력을 상실하여 기본재산에 대한 권리를 상실하게 될 운명에 처하는 매수인·전득자(기본재산 처분의 반대급부를 반환할 의무를 부담하게 되는 법인도 포함된다)의 거래 안전에 대한 이익을 들 수 있으며, 후자는 이들의 기본재산 처분허가의 존속에 관한 신뢰를 주된 내용으로 한다.

② 대상결정이 이 사건 취소처분을 '철회'로 보아 소급효를 부정함으로써 거래 안전과 매수인의 이익은 보호된 반면 사회복지법인의 재정 건전성 회복이라는 공익은 보호되지 못하는 결과가 초래되었다. 그렇다면 대상결정의 사안에서 거래 안전이라는 이익의 중심에 있는 기본재산 처분허가의 존속에 대한 법인 또는 매수인의 신뢰가 공익의 희생을 정당화할 정도로 공고(鞏固)한가.

③ 수익적 행정처분의 취소를 제한하는 주된 사유는 '상대방의 신뢰 보호'인데, 수익적 행정처분의 하자가 당사자의 사실은폐나 기타 사위의 방법에 의한 신청행위에 기인한 것이라면 당사자는 처분에 의한 이익이 위법하게 취득되었음을 알아 취소가능성도 예상하고 있었다 할 것이므로,

그 자신이 처분에 관한 신뢰이익을 원용할 수 없음은 물론 행정청이 이를 고려하지 아니하였다고 하여도 재량권의 남용이 되지 않는다.[64] 그리고 행정기본법 제18조 제2항[65] 단서 제2호도 '거짓이나 그 밖의 부정한 방법으로 처분을 받은 경우', '당사자가 처분의 위법성을 알고 있었거나 중대한 과실로 알지 못한 경우'는 사익과 공익의 비교형량을 할 필요가 없다, 즉 공익이 우선한다고 정하고 있다.

대상결정의 사안에서, 허가의 상대방인 X법인은 서울특별시장의 허가조건에 대하여 별다른 이의를 제기하지 아니하였고, 그럼에도 그 허가조건에 정면으로 반하는 처분행위(이 사건 매매계약)를 하고, 그 처분허가서를 첨부하여 기본재산에 대한 소유권이전등기를 경료하였다. X법인으로서는 이 사건 매매계약이 허가조건에 위반되는 것으로서 취소될 수 있음을 충분히 예상할 수 있었다고 보아야 하므로, X법인의 허가 존속에 대한 신뢰가 보호가치 있다고 보기 어렵다.

이 사건 매매계약의 상대방인 Y회사도 이 사건 허가의 직접 상대방은 아니라 하더라도 사회복지법인인 X법인과 그 소유의 기본재산에 관하여 매매계약을 체결한 자이므로 허가가 필요함을 잘 알고 있을 것이고, 계약 체결 및 이행 과정에서 허가조건을 알 수 있는 지위에 있었다고 보아야 하며, 무엇보다 기본재산 처분허가에 관한 사회복지사업법 제23조 제3항이 '거래의 안전이나 거래의 상대방의 재산권보다 사회복지법인의

---

64) 대법원 2006. 5. 25. 선고 2003두4669 판결 등. 처분청이 신청인의 제출 서류를 그대로 믿고 건축허가를 하였다가 이후 이를 직권 취소한 사안에서 처분청에게 신청인의 주장을 그대로 믿은 과실이 있다 하더라도, 그러한 **처분청의 착오가 신청인에 의하여 유발된 경우라면 신청인에게도 책임이 있으므로, 처분의 존속에 대한 신청인의 신뢰는 보호가치가 없다**고 한 판례로는 대법원 2020. 7. 23. 선고 2019두31839 판결이 있다.

65) 제18조(위법 또는 부당한 처분의 취소) ② 행정청은 제1항에 따라 당사자에게 권리나 이익을 부여하는 처분을 취소하려는 경우에는 취소로 인하여 당사자가 입게 될 불이익을 취소로 달성되는 공익과 비교·형량하여야 한다. 다만, 다음 각 호의 어느 하나에 해당하는 경우에는 그러하지 아니하다.
    1. 거짓이나 그 밖의 부정한 방법으로 처분을 받은 경우
    2. 당사자가 처분의 위법성을 알고 있었거나 중대한 과실로 알지 못한 경우

재정의 건전화에 대한 공익적 요구를 더욱 중요한 가치로 선택한 것'으로
서 강행규정임을 고려하면, Y회사의 허가 존속에 대한 신뢰도 공익에 우
선할 정도로 공고하다고 보기 어렵다.

그렇다면 적어도 대상결정의 사안에서 계약 당사자인 X법인과 Y회
사의 허가 존속에 대한 신뢰의 보호 가치가 법인의 재정 건전성 회복이
라는 공익적 가치에 비하여 높다고 보기 어려움에도 불구하고 공익을 충
분히 고려하지 아니하여 결론적으로 상충하는 이익을 적절하게 조정하지
못하였다는 비판으로부터 자유로울 수 없다고 생각된다.

**(다) 관련행정판결과의 상충 문제**

① 대상결정의 사안에서 앞서 본 A, B 유형의 선례들과 주목할 만
한 차이점으로 볼 수 있는 것이 관련행정판결, 즉 '이 사건 취소처분'에
대한 취소소송의 확정판결이 있다는 것이다.[66] 관련행정판결에서는 이
사건 취소처분에 소급효가 있음을 전제로 이 사건 취소처분이 재량권을
일탈·남용하였다고 볼 수 없다고 판단하였다. 위 소송절차에서 매수인
Y회사는 X법인을 위하여, 가압류채권자 A회사는 서울특별시장을 위하여
각각 보조참가하였고, 이는 Y회사와 A회사가 관련행정소송의 결과에 이
해관계가 있는 자임을 전제로 하는데, 그 이해관계란 이 사건 취소처분
의 소급효에 의하여 이 사건 부동산에 관한 자신들의 법률상 지위에 영
향을 받는 것을 의미한다고 볼 수밖에 없다. 이와 같이 관련행정판결은
판단은 물론 소송절차에 있어서도 이 사건 취소처분에 소급효가 있음을
전제하고 있다.

② 관련행정소송과 대상결정·관련민사소송은 그 소송물을 달리하므
로 처분의 소급효에 관하여 달리 판단했다고 하여 기판력의 저촉 문제가
발생하지는 아니한다. 그러나 동일한 사실관계에서 동일한 처분의 소급
효 유무가 쟁점이 된 사안에서 대법원이 행정사건(관련행정소송)에 대하여

---

66) A 유형은 취소 통지 없이도 처분허가가 효력을 상실한다는 것이므로 별도의 항
고소송이 없었을 것이고, '취소 통지'가 있었던 B 유형의 경우도 문제된 '취소 통
지'에 대한 행정소송 판결이 확인되지 아니한다.

는 '소급효'를 전제로 판단하고, 민사사건(대상결정 및 관련민사소송)에서는 소급효를 부정하는 판단을 한 것이 바람직하다고 볼 수는 없다.

③ 대상결정은 B 유형의 선례를 따랐고, B 유형은 처분의 '해석'에 의하여 실질적으로 처분의 '효력'을 부정한 것으로서 취소 처분의 공정력에 반하는 문제점이 있다는 점은 앞서 본 바와 같으므로, 대상결정도 B 유형의 이러한 문제점으로부터 자유로울 수 없다.

먼저 취소 처분의 소급효와 같은 효력 범위의 확정은 재량권 일탈·남용과 같은 처분의 위법 판단의 전제가 된다. 처분의 '해석'은 원칙적으로 처분의 문언에 의해야 하고, "처분서의 문언만으로는 행정청이 어떤 처분을 하였는지 불분명하다는 등 특별한 사정이 있는 때에는 처분 경위나 처분 이후의 상대방의 태도 등 다른 사정"을 고려하여 처분의 문언과는 다른 해석을 할 수 있다.[67] 그런데 대상결정의 사안에서 처분청의 의도는 그 문언과 같이 이 사건 허가의 효력을 소급적으로 상실시켜서 기본재산의 소유권을 법인으로 회복시키려는 것임이 이미 관련행정판결에서 확인되었고, 처분 상대방 등 이해관계인도 그 소급효를 전제로 관련행정소송에서 보조참가하였으므로, 이 사건 취소처분을 그 처분서의 문언과는 달리 해석할 이유가 있다고 보기 어렵다.

다음으로 대상결정은 관련행정판결 확정 이후에 선고되었는데,[68] 관련행정판결의 확정으로 이 사건 취소처분이 위법하지 아니함이 확인되었으므로 민사법원으로서는 그 효력을 부정할 수 없게 되었다. 그럼에도 대상결정이 이 사건 취소처분의 소급효를 부정하고 그 의미가 불확실한 장래효만을 인정한 것은 실질적으로 그 처분의 효력을 부정한 것과 다르지 않다고 볼 수 있는데, 그 처분의 효력이 관련행정판결에 의하여 확인된 것이라는 점에서, 대상결정에서 B 유형의 문제점이 더욱 두드러지게 나타난다고 볼 수 있다.

---

67) 대법원 2010. 2. 11. 선고 2009두18035 판결.

68) 관련민사판결(2022. 3. 11.), 관련행정판결(2022. 6. 16.) 및 대상결정(2022. 9. 29.)은 약 3개월의 시차를 두고 순차로 선고되었으므로, 대상결정 선고 시점에 관련행정판결은 이미 확정되었다.

## Ⅲ. 기본재산 처분허가의 '취소'를 둘러싼 문제를 어떻게 해결할 것인가

### 1. 개    요

지금까지 기본재산 처분허가가 그에 따른 처분행위와 권리 이전 이후 취소된 경우의 법률관계에 관하여 국내외 이론과 선례의 법리를 살펴보았다. 선례는 기본재산 처분허가가 소급적으로 효력을 상실하는지에 관하여 상반된 결론에 이른 두 유형으로 나뉘는데, 두 유형 모두 기본재산 처분허가의 소급적인 취소를 인정하지 않았다는 점에서는 공통적이다. 그 배경이 사법상 법률행위의 효력을 완성하는 인가의 특수성에 근거하여 그 취소에 대하여 부정적이었던 과거 국내외 학계의 시각이 반영된 것인지, 아니면 사법상 법률관계의 효력을 행정청의 일방적 의사에 의하여 좌우되도록 하여 이미 유효하게 이루어진 권리 변동이 소급적으로 효력을 상실하는 등 거래 안전에 불측의 위험을 초래하는 것에 대한 우려 때문인지는 명확하지 아니하다.

그런데 대상결정의 사안은 사회복지사업법령이 예정한 기본재산 처분행위에 대한 '사전 허가'가 갖는 특수성에 의하여 기존 선례, 특히 B유형에 따라 허가 시점을 기준으로 소급효 유무를 결정할 경우 공익적 요구에 대한 고려가 제대로 이루어질 수 없는 문제점을 잘 보여 주는 사안으로서, 오히려 기본재산 처분허가 취소의 문제를 정면으로 다루어야 할 필요성을 잘 보여 주는 사례라고 생각된다.

이하에서는 기본재산 처분허가 취소의 법적 근거를 살피고, 이러한 취소가 가능함을 전제로 처분행위 상대방 또는 전득자 등 이해관계인의 이익을 어떠한 절차에서 어떠한 기준에 따라 보호할 수 있는지에 관하여 살피기로 한다.

### 2. 기본재산 처분허가 취소의 근거와 효과

(1) 사권형성적 행정행위로서 기본재산 처분허가 취소의 가부

(가) 먼저 기본재산 처분허가를 포함한 '인가'도 행정처분인 이상 사

법적 법률관계에 영향을 미친다는 이유만으로 일반 원칙에 따른 취소 및 철회 가능성이 배제된다고 보기 어렵다. 앞서 본 B 유형의 선례에서도 취소와 철회의 구별을 기초로 하여 결론적으로 '철회'만을 인정하고 있으나, 취소 자체가 불가능하다는 취지로 보기는 어렵다. 그 수가 많지는 않지만 관련행정판결을 포함하여 선례 중에는 기본재산 처분허가의 취소가 가능함을 전제로 그 위법 여부를 판단한 것도 발견된다.[69]

(나) 거래 안전 등 사법상 법률관계에 불안정을 초래할 수 있는 위험은 수익적 행정행위의 취소·철회 제한 법리, 특히 이익 형량 과정에서 고려될 수 있고, 이러한 사정이 반영되어 최근 독일의 이론과 판례가 사권형성적 행정행위의 취소를 허용하고 있음은 앞서 본 바와 같다. 따라서 거래 안전에 대한 고려에 의하여 '인가'의 취소가 허용되지 않는다고 볼 수는 없다. 문제는 어떠한 기준과 절차에 따라 거래 안전 등 이해관계인의 사익과 법인의 재정 건전성 확보라는 공익을 형량하여 취소의 소급효 유무에 대한 판단에 반영할 것인지가 될 것이다.

(2) 허가조건 위반을 원인으로 한 취소의 허용 여부

(가) 행정행위의 취소는 원칙적으로 처분 시점을 기준으로 처분의 하자를 원인으로 한다는 점에서 후발적 사유를 원인으로 한 철회와 구별된다. 대상결정의 사안과 같이 기본재산 처분행위 이전에 사전 허가가 있었고, 그 후에 허가조건에 위반한 처분행위가 이루어진 경우 과연 취소의 원인인 하자가 처분 당시에 있었다고 볼 수 있는가, 즉 취소의 요건을 갖추고 있는지에 관하여 의문이 제기될 수 있다.

(나) 그러나 다음과 같은 이유에서 대상결정의 사안과 같이 사전 허가를 하면서, 허가조건에서 처분행위가 유효하게 이루어지기 위하여 준수해야 할 일정한 의무를 부과하고, 만약 이를 위반할 경우 허가를 취소할 수 있다는 부관을 부과하였다면, 이는 소급적인 효력을 갖는 취소권의

---

69) 기본재산 처분허가 취소 처분에 대한 취소소송의 예는 많지 않다. 관련행정판결과 서울고등법원 2011. 6. 16. 선고 2010누43046 판결(대법원 2011. 11. 10.자 2011두18014 판결로 심리불속행 상고기각) 정도가 확인된다.

유보로 볼 수 있고, 허가조건 위반시 이를 근거로 허가를 소급적으로 취소할 수 있다고 생각된다.[70]

① 처분행위에 앞서 이루어지는 보충행위로서 '사전 허가'의 특수성

취소의 원인으로서 처분의 위법 여부는 원칙적으로 처분 시점의 법령과 사실 상태를 기준으로 판단해야 하나, '인가'는 기본행위의 효력을 완성시켜주는 보충적 행위이므로 기본행위가 성립하지 아니한 이상 그 인가만으로는 본래의 효력을 발생시킬 수 없고,[71] · [72] 처분행위가 이루어지기 이전에 '인가'가 이루어졌다면 그 '인가'가 다른 요건을 구비했다 하더라도 그 자체로 본래 효력을 발생시킬 수는 없다. 이와 같이 사전 허가는 이후 처분행위가 이루어진 때 그 효력을 완성시키는 본래의 효력이 발생하는데, 만약 그 처분행위가 허가조건에 위반하여 이루어졌다면, 처분행위 시점을 기준으로 처분행위와 허가 사이에 내용적 불일치가 발생한다.[73] 이와 같이 사전 허가의 본래적 효력이 발생하는 처분행위 시점을 기준으로 허가와 처분행위 사이에 내용적 불일치가 존재한다면, 이러한 경우를 대비하여 부과된 취소권 유보는 그 문언대로의 효력, 즉 처분 허가의 효력을 소급적으로 상실시키는 효력을 인정하는 것이 타당하다.

---

70) 선정원, 각주 35의 논문(행정행위 철회의 장래효원칙과 그 예외), 296-297면.

71) 박균성, 같은 책, 373면.

72) 대법원 1987. 8. 18. 선고 86누152 판결.
　학교법인의 임원에 대한 감독청의 취임승인처분은 학교법인 이사회의 사법상의 유효한 임원선임행위가 존재함을 전제로 그 선임행위의 법률상의 효력을 완성시키는 보충행위로서 성질상 기본행위를 떠나 승인처분 그 자체만으로서는 법률상 아무런 효력도 발생할 수 없는 것이다.
　그러므로 기본행위인 사법상의 임원선임행위에 하자있다 하여 그 선임행위의 효력에 관하여 다툼이 있는 경우에 민사쟁송으로서 그 선임행위의 취소 또는 무효확인을 구하는 것은 별론으로 하고 기본행위의 불성립 또는 무효를 내세워 바로 그에 대한 감독청의 취임승인처분의 취소 또는 무효확인을 구하는 것은 특단의 사정이 없는 한 소구할 법률상의 이익이 있다고 할 수 없다.

73) 만약 주무관청이 처분행위 이후 허가 여부를 결정하였다면, 이러한 내용적 불일치에도 불구하고 허가를 하였을 것으로 보기 어렵다. 그럼에도 기본재산 처분행위가 부동산 등기를 요하는 경우에는 허가조건에 위반한 계약서가 마치 그러한 처분행위가 '허가'에 부합하는 것처럼 제출되어 등기가 이루어지게 된다. 형식적 심사권만을 갖는 등기관에게 처분행위가 주무관청의 허가조건에 어긋나는지 여부까지 확인할 것을 요구하기는 어렵다고 생각된다.

앞서 본 B 유형의 판결에서 '인가조건으로 되어 있는 사유들이 인가처분의 효력이 발생하여 기본재산 처분행위가 유효하게 이루어진 이후에 비로소 이행할 수 있는 것'임을 들어 '철회권 유보'로 보았으므로, 그 사유가 '기본재산 처분행위가 유효하게 이루어지 위하여 준수하여야 할 사항'인 경우에는 그와 달리 '취소권의 유보'로 볼 수 있을 것이다.

원래 직권 취소는 별도의 법적 근거 없이도 할 수 있고,[74] 전항에서 본 바와 같이 사전 허가가 본래 효력을 발생하는 시점에서 허가와 처분행위 사이에 내용적 불일치가 발생하였고, 이러한 내용적 불일치로 인하여 재량행위인 기본재산 처분허가가 전제한 사실관계가 실제와 다르게 되었다면, 취소의 목적이 위법성 시정을 통한 '적법성의 회복'에 있음[75]에 비추어 별도의 법적 근거가 없더라도 '취소권 유보'가 취소의 근거가 될 수 있다고 생각된다.

앞서 본 A 유형의 선례가 '해제조건부 허가'로 보아 허가조건을 위반한 경우 별도의 취소 통지가 없더라도 '소급적'으로 허가가 효력이 상실된다고 본 점에 비추어 보면, 이보다 덜 침익적인 취소권 유보가 금지된다고 볼 수도 없다.

② 원시적 사유에 의한 취소와 후발적 사유에 의한 철회 구별의 상대화

처분시점 기준으로 원시적 사유를 원인으로 하였다 하여 그 취소에 언제나 소급효가 인정되는 것도 아니고 후발적 사유를 원인으로 하였다 하여 또 언제나 장래효만을 갖는 것도 아니다. 처분시점을 기준으로 후발적으로 발생한 사유를 원인으로 하여 당초 처분을 소급적으로 취소할 수 있도록 하는 규정은 우리 법제에서 그다지 어렵지 않게 발견할 수 있다. 「보조금 관리에 관한 법률」 제30조 제1항은 보조금 교부결정의 취소 사유로서 '거짓 신청이나 그 밖의 부정한 방법으로 보조금을 교부받은 경우'(제3호)와 같이 교부결정 당시 존재한 원시적인 사유뿐만 아니라 '보조금을 다른 용도에 사용한 경우'(제1호)와 같이 후발적인 사유가 발생한 경

---

우에도 당초 지급결정을 소급적으로 취소할 수 있도록 정하고 있고, 이와 유사한 규정은 여러 법률에서 찾을 수 있다.[76) · 77)] 특히 학술진흥법 제19조[78)]의 경우 환수 사유로 '협약을 위반한 경우'를 들고 있는데, 이는 법령에 정해진 사유가 아니라도 부관에서 정한 후발적 사유를 들어 소급적인 취소를 할 수 있음을 전제한 것으로 볼 수 있다.

독일 연방행정절차법 제49조 제3항[79)]은 일정한 경우 소급효를 갖는 철회를 인정하고 있는데, 특정한 목적을 충족시키기 위해서 1회적 또는 지속적인 금전급부나 분할 가능한 현물급부를 제공하거나 그것을 위한 전제조건인 적법한 행정행위는 다툴 수 없게 된 후라도, ⓐ 급부가 사용되지 않거나, 제공된 직후에 사용되지 않거나 더 이상 행정행위에서 결정된 목적에 사용되지 않는 경우, ⓑ 행정행위에 의무가 결부되어 있으면서 수익자가 이것을 이행하지 않았거나 그에게 설정된 기한 이내에 이

---

76) 중소기업기술혁신촉진법 제31조 제1항, 「자유무역협정 체결에 따른 농어업인 등의 지원에 관한 특별법」 제21조 제1항, 과학기술기본법 제11조의2 제1항, 학술진흥법 제19조 제1, 2항 등.

77) 선정원, 각주 35의 논문, 292-293면.

78) 제19조(사업비의 지급 중지 등) ① 교육부장관은 사업비를 지원받은 연구자 및 대학등이 다음 각 호의 어느 하나에 해당하는 경우에는 사업비 지급을 중지하고 **지급한 사업비를 환수하여야 한다.**
   **2. 정당한 사유 없이 연구의 수행을 포기한 경우**
   **3. 연구부정행위를 한 경우**
   ② 교육부장관은 사업비를 지원받은 연구자 및 대학등이 다음 각 호의 어느 하나에 해당하는 경우에는 사업비 지급을 중지하거나 **이미 지급한 사업비의 전부 또는 일부를 환수할 수 있다.**
   1. 사업비를 용도 외에 사용한 경우
   **2. 제6조제2항에 따른 협약을 위반한 경우**
   **3. 제6조제3항에 따른 결과보고를 하지 아니한 경우**

79) 제49조 적법한 행정행위의 철회
   (3) 특정한 목적을 충족시키기 위해서 1회적 또는 지속적인 금전급부나 분할 가능한 현물급부를 제공하거나 그것을 위한 전제조건인 적법한 행정행위는 다툴 수 없게 된 후라도 다음과 같은 경우 소급적으로 그 전부 또는 일부를 철회할 수 있다.
   1. 급부가 사용되지 않거나, 제공된 직후에 사용되지 않거나 더 이상 행정행위에서 결정된 목적에 사용되지 않는 경우
   2. 행정행위에 의무가 결부되어 있으면서 수익자가 이것을 이행하지 않았거나 그에게 설정된 기한 이내에 이행하지 않은 경우
   **제48조 제4항은 준용된다.**

행하지 않은 경우 소급적으로 그 전부 또는 일부를 철회할 수 있고, 이 경우 취소의 시간적 제한에 관한 제48조 제4항[80]이 준용되도록 정하고 있다.

이러한 규정들은, 장래에 일정한 행정목적 달성을 위하여 사전에 일정한 수익적 행정행위를 하면서도, 그 목적 달성을 위하여 필요한 의무를 부과하고 이를 위반할 경우 당초 처분을 소급적으로 효력을 상실시킬 수 있도록 한 것으로서, 비록 후발적 사유라 하더라도 당초 처분의 목적을 위하여 필요하다면 소급적 취소가 허용됨을 전제로 한 것이다. 대상 결정에서 문제되는 기본재산 처분행위에 관한 사전 허가도 이와 같이 볼 수 있을 것이다.

### (3) 기본재산 처분허가 취소의 효과

행정기본법 제18조 제1항에 의하면, 취소는 일정한 경우 장래를 향하여 할 수도 있으므로, 주무관청의 취소가 소급효 또는 장래효 중 어느 것인지는 원칙적으로 처분서의 문언에 따라 확정되어야 한다. 그리고 처분의 내용이 처분허가의 효력을 소급적으로 상실시키는 것이라면, 처분이 외부적으로 성립하였을 때 그 효력에 의하여 기본재산 처분허가는 소급하여 효력이 상실된다. 그리고 법인의 기본재산 처분행위는 처음부터 처분허가 없이 이루어진 것이 되므로, 그러한 처분행위는 소급적으로 강행규정에 위반한 것이 되어 무효가 된다. 문제는 이러한 취소처분에 대한 사법심사를 어떠한 방식으로, 어떠한 기준에 따라 할 것인지이다.

## 3. 기본재산 처분허가 취소에 대한 사법심사의 방식과 기준에 관하여

### (1) 소송형태에 관하여

(가) 앞서 본 선례들은 A, B 어느 유형이나 모두 민사소송절차에서 처분의 '해석'에 의하여 허가 취소의 소급효 유무를 판단하고 있고, 민사

---

80) (4) 관청이 위법한 행정행위의 취소를 정당화하는 사실을 인지한 경우, 취소는 인지 시점부터 1년 이내에만 허용된다. 이것은 제2항 제3문 제1호의 경우에는 적용되지 않는다.

소송 이외의 다른 소송절차에 소급효 유무라는 판단을 의존하고 있지 아니하다. 따라서 이들 선례의 법리에 따르면, 기본재산 처분허가 취소의 효력을 둘러싼 민사소송, A-② 판결과 B-① 판결의 사안과 같이 법인이 기본재산 처분행위의 상대방에 대하여, 처분 취소를 원인으로 그 처분행위에 의하여 이루어진 등기의 말소를 구하는 민사소송을 제기한 경우, 그 상대방으로서는 굳이 허가 취소에 대하여 별도의 행정소송을 제기할 필요 없이, 당초 허가가 '해제조건부 허가'가 아니고, 취소 사유로 들고 있는 허가조건이 허가 이후에 발생한 사정이라는 것을 증명함으로써 허가 취소로 인한 법적 위험으로부터 벗어날 수 있게 된다.

(나) 그러나 주무관청이 기본재산 처분허가를 '취소'하였다면, 그러한 '허가 취소'도 독립적인 행정처분이므로 항고소송 등 권한 있는 기관에 의하여 취소되기 전까지는 유효한 것으로 통용되고,[81] 민사법원으로서는 당연 무효가 아닌 이상, 취소 처분의 효력을 부정할 수 없으므로, 법인이나 매수인·전득자 등과 같은 이해관계인으로서는 민사소송에서 허가 취소가 당연 무효임을 증명하거나,[82] 허가 취소에 대한 취소소송을 제기해야 한다, 행정처분의 공정력과 항고소송에 관하여 행정법원의 전속관할을 인정한 우리 법제에 따른 불가피한 결과다.

(다) 이 문제는 사회복지법인의 재정 건전성 확보라는 공익과 기본재산을 둘러싼 사법상 거래 안전과 같은 사익이 충돌하는 영역이므로, 단순히 관련자들의 소송상 부담만을 고려할 것이 아니라 어떠한 소송 형태가 충돌하는 이익을 조정함에 적합한가라는 관점에서 접근할 필요가 있다.

① 먼저 소송물과 당사자라는 측면에서, 취소소송과 같은 항고소송

---

81) 대법원 1973. 7. 10. 선고 70다1439 판결.
　　국세등의 부과 및 징수처분과 같은 행정처분이 당연무효임을 전제로 하여 민사소송을 제기한 때에는 그 행정처분이 당연무효인지의 여부가 선결문제이므로 법원은 이를 심사하여 그 행정처분의 하자가 중대하고도 명백하여 당연무효라고 인정될 경우에는 이를 전제로 하여 판단할 수 있으나 그 하자가 단순한 취소사유에 그칠 때에는 법원은 그 효력을 부인할 수 없다.
82) 대법원 2012. 6. 14. 선고 2010다86723 판결.

의 소송물은 행정처분의 '위법성 일반'이고 피고는 처분청이 되므로, 그
위법의 한 내용으로 처분을 소급적으로 취소한 것이 재량권 일탈·남용
에 해당하는지가 주된 쟁점이 된다. 반면 민사소송은 원고가 구하는 청
구권의 존부가 소송물이 되고, 다양한 이해관계인에 의하여 다양한 형태
로 제기되므로(처분청이 민사소송에서 당사자가 되는 경우는 쉽게 상정하기 어
렵다), 공익과 사익의 이익형량 등 재량권 일탈·남용 여부가 본격적인
쟁점으로 심리하는 것이 용이하지 아니하다. 실제로 관련행정소송에서는
매수인 Y회사는 처분상대방인 X법인을 위하여, 가압류채권자 A회사는 처
분청을 위하여 보조참가한 반면, 관련민사판결은 매수인과 그 부동산의
점유자 사이의 민사소송으로서 처분상대방인 X법인이 당사자로 포함되었
거나 소송절차에 참가하지도 아니하였고, 처분청도 그 소송절차에 참가하
지 아니하였다.[83]

이와 같이 소송물과 당사자라는 측면에서 법원으로서도 관련된 이익
을 형량하기에 더 적합한 소송형태라고 볼 수 있고, 대상결정과 같이 관
련행정판결과 상충되는 문제도 해결할 수 있을 것으로 생각된다.

② 다음으로 상충하는 이익의 조정을 위한 '기준'이라는 관점에서 볼
때, 취소 처분에 대한 항고소송에서는 뒤에서 보는 바와 같이 공익과 사
익의 비교형량에 의하여 취소해야 할 공익상 필요가 취소로 인하여 입게
될 불이익을 정당화할 정도로 강한 경우에만 취소가 정당화되므로, 취소
사유와 위반의 중대성, 취소로 인한 이해관계인의 불이익의 내용, 취소에
있어서 처분상대방 등의 신뢰보호 필요성 등 여러 사정을 고려하여 취소
의 위법 여부, 즉 취소의 소급효를 그대로 유지할 것인지를 정하게 되는
반면 대상결정이 따르고 있는 B 유형의 선례에 의하면 허가처분 당시 존
재하는 하자인지 여부만을 기준으로 하므로 관련된 이익이 충분히 고려

83) 행정소송법 제11조는, 처분등의 효력 유무 또는 존재 여부가 민사소송의 선결문
제로 되어 당해 민사소송의 수소법원이 이를 심리·판단하는 경우에는 행정청의
소송참가에 관한 제17조, 직권심리에 관한 제26조 등을 준용하고(제1항), 제1항의
경우 당해 수소법원은 그 처분등을 행한 행정청에게 그 선결문제로 된 사실을 통
지하여야 하도록 규정하고 있다(제2항).

되기 어렵다. 그리고 처분 당시 하자가 존재했다 하더라도 전득자 등이
있어서 거래 안전 보호 필요성이 큰 경우 취소가 제한될 수 있고, 반면
대상결정의 사안과 같이 당초 허가 당시에는 그러한 하자가 없었다 하더
라도 공익적 필요가 크다면 소급적인 취소를 인정할 필요가 있는 경우도
있다.

(라) 행정처분의 직권 취소는 기본적으로 재량행위이고, 기본재산 처
분허가는 물론 그 취소도 성질상 가분적인 행정처분이라고 볼 수는 없으
므로, 권력분립의 원칙과 의무이행소송이 허용되지 아니하는 행정소송법
규정 내용에 의하면, 만약 기본재산 처분허가의 취소가 매수인 또는 전
득자의 보호가치 있는 이익에 대한 형량에 실패하여 재량권을 일탈·남
용한 경우라면 법원으로서는 취소 처분 전부를 취소해야 하고, 처분의
효과 중 일부인 소급효 부분만 제한하여 취소할 수는 없다.[84]

결국 기본재산 처분행위의 상대방 또는 전득자 등 이해관계인은 기
본재산 처분허가 취소처분에 대한 취소소송에서 취소 판결을 받는 방식
으로 자신의 권리를 구제받을 수 있다.

(2) 매수인 또는 전득자 등의 신뢰보호를 포함한 거래 안전 보호 방안
(가) 취소로 달성하려는 공익과 이로 인하여 입게 되는 불이익 사이의
이익 형량
① "수익적 행정처분을 취소할 때에는 이를 취소하여야 할 중대한
공익상 필요와 취소로 인하여 처분상대방이 입게 될 기득권과 법적 안정
성에 대한 침해 정도 등 불이익을 비교·교량한 후 공익상 필요가 처분
상대방이 입을 불이익을 정당화할 만큼 강한 경우에 한하여 취소할 수

---

84) 대법원 1982. 9. 28. 선고 82누2 판결, 대법원 1982. 6. 22. 선고 81누375 판결 등.
　　행정청이 영업정지처분을 함에 있어서 그 정지기간을 어느 정도로 할 것인지는
　　행정청의 재량권에 속하는 사항인 것이며, 다만 그것이 공익의 원칙이나 평등의
　　원칙 또는 비례의 원칙등에 위반하여 재량권의 한계를 벗어난 재량권 남용에 해당
　　하는 경우에만 위법한 처분으로서 사법심사의 대상이 되는 것이나, **법원으로서는
　　영업정지처분이 재량권 남용이라고 판단될 때에는 위법한 처분으로서 그 처분의
　　취소를 명할 수 있을 뿐이고, 재량권의 한계내에서 어느 정도가 적정한 영업정지
　　기간인지를 가리는 일은 사법심사의 범위를 벗어난다.**

있다. 수익적 행정처분의 하자가 처분상대방의 사실은폐나 그 밖의 부정한 방법에 의한 신청행위에 기인한 것이라면 처분상대방은 행정처분에 의한 이익을 위법하게 취득하였음을 스스로 알아 취소가능성도 예상하고 있었다고 보아야 하므로, 그 자신이 행정처분에 관한 신뢰이익을 원용할 수 없음은 물론이고, 행정청이 이를 고려하지 아니하였다고 하여도 재량권 일탈·남용에는 해당하지 않는다"는 것이 수익적 행정행위의 취소 제한에 관하여 확립된 법리이다.[85]

② 기본재산 처분허가의 취소의 재량권 일탈·남용을 판단하는 국면에서 이익형량도 사회복지법인 재정 건전화라는 공익과 사익간의 교량이라는 점에서 본질적으로 동일하지만, 그 허가 취소가 기본재산에 관한 사법상 법률관계에 직접 영향을 미치는 만큼 '사익'의 내용도 다양하고, 그 충돌 양상도 복잡하다. 이하에서 기본적인 이익형량에 관한 필자의 일응의 견해를 밝힌다.

㉮ 침해되는 사익의 내용과 그 귀속 주체

먼저 허가 취소로 인하여 발생하는 직접적인 불이익이 처분상대방인 법인에게만 국한되지 아니한다. 기본재산 처분행위에 대한 허가에 있어서 처분행위가 계약인 경우 그 계약 상대방(예컨대 매매계약의 매수인)도 허가 취소에 의하여 기본재산에 대한 권리를 상실하는 등 직접적으로 불이익을 받게 된다. 또한 전득자가 있는 경우 사회복지사업법 제23조 제3항의 강행규정성에 의하여 전득자도 직접적인 불이익을 받게 된다. 법인, 매수인 및 전득자는 모두 기본재산 처분허가의 존속에 대하여 일정한 이익을 갖고 있다고 할 수 있으나, 매수인 또는 전득자는 기본재산에 대한 권리를 상실하는 반면 그 권리는 법인에 회복되므로, 허가 취소에 의하여 매수인 또는 전득자가 처분 상대방인 법인과는 독립된 불이익을 입게 되고, 그 크기 또한 처분 상대방보다 작다고 볼 수는 없다.[86] 그리고 이

---

85) 대법원 2006. 5. 25. 선고 2003두4669 판결, 대법원 2020. 7. 23. 선고 2019두 31839 판결 등.

86) 관련행정소송의 제1심판결에서, 이 사건 취소처분이 X법인에 대한 제재적 행정처분임을 전제로, "제재적 행정처분이 재량권의 범위를 일탈하였거나 남용하였는

들의 불이익은 법인의 재정적 건전성 확보라는 공익과 상충된다.

  ㉯ 기본재산 처분허가의 존속에 대한 신뢰보호의 문제

  처분 상대방인 법인의 경우 사실 은폐 등으로 허가를 받았거나 대
상결정의 사안과 같이 허가조건에 위반하여 처분행위를 하였다면 스스로
허가 취소 가능성을 인지하였다고 볼 수 있으므로 그러한 법인의 허가
처분 존속에 대한 신뢰를 보호할 필요는 없을 것이다.

  매수인의 경우 자신이 사회복지법인 기본재산에 대하여 계약을 체결
하므로 허가가 필요하다는 사정은 인지하고 있다고 보아야 하고, 계약
체결 및 이행 과정에서 허가조건에 관한 사항도 인지할 수 있는 지위에
있으므로, 만약 허가조건 위반의 내용이 '기본재산 처분행위의 유효성'과
관련된 내용이라면, 사회복지사업법 제23조 제3항이 '거래 상대방의 재산
권보다 사회복지법인의 재정의 건전화에 대한 공익적 요구를 더욱 중요
한 가치로 선택'한 것임을 고려하면, 그 신뢰가 공익적 요구에 앞설 정도
로 공고하다고 보기는 어렵다고 생각된다. 한편 그 사유가 기본재산 처
분행위로 취득한 대가를 기본재산에 편입하지 아니한 경우와 같이 '기본
재산 처분행위가 유효하게 이루어진 이후에 비로소 이행할 수 있는 것'이
라면, 기본재산 처분행위 자체가 유효하게 이루어졌다는 상대방의 신뢰의
보호가치는 '처분행위 자체의 유효성'이 문제된 경우와는 달리 볼 수 있
을 것이다.

  한편 처분행위 상대방으로부터 해당 부동산을 매수한 전득자의 경
우, 이미 법인의 기본재산으로부터 이탈하여 더 이상 사회복지법인의 기
본재산이 아닌 재산을 매수한 것이므로 그 신뢰보호 필요성에 관하여 처
분행위 상대방과는 달리 볼 필요가 있다. 전득자가 허가 취소 가능성을
알거나 알 수 있었다고 볼 만한 사정이 없는 이상, 전득자의 허가 존속
에 대한 신뢰는 보호가치가 있다고 볼 수 있을 것이다. 이 점에 관하여,

---

  지 여부는 … 공익침해의 정도와 처분으로 인하여 개인이 입게 될 불이익을 비
  교·교량하여 판단하여야 한다"라고 판단하였는데, 이러한 판단기준에 의하여 사회
  복지법인 기본재산 허가의 취소로 인하여 영향받을 수 있는 처분행위 상대방 또는
  전득자 등 이해관계인의 이익이 충분히 고려될 수 있는지는 의문이다.

기본재산에 대한 처분 허가 없이 매수한 자로부터 그 부동산을 전득한 자가 기본재산이 허가 없이 처분되었다는 사정을 알지 못하였다 하더라도 보호받지 못하는 것과 형평성에 대한 의문이 제기될 수는 있다. 그러나 수익적 행정행위의 취소 제한 문제는 적법성 회복의 요청을 어느 정도 희생하더라도 신뢰를 보호하겠다는 것이므로 최초부터 허가가 없었던 경우와 허가가 취소된 경우는 전득자의 신뢰보호 필요성에 있어서 달리 평가할 수 있다고 생각된다. 예컨대 처분 상대방인 법인은 처분의 취소 가능성을 알고 있어서 그 신뢰보호가치가 없으나, 전득자의 경우 이러한 사정을 인지하지 못하여서 그 신뢰보호가치가 있다고 볼 수 있는 경우는 어떻게 볼 것인가. 행정기본법 제18조 제2항[87]의 해석과 관련하여 처분 상대방인 법인이 처분의 위법성을 알고 있었던 경우에는 이익형량이 배제되는 것이 아닌가 하는 의문이 제기될 수 있으나, 전득자의 이익을 독립적으로 보호가치 있는 이익으로 보는 이상 이러한 경우도 이익형량이 배제되지 아니하고 전득자의 신뢰를 보호할 가치가 크다면 취소가 제한된다고 볼 수 있을 것이라 생각된다. 이러한 문제는 독일과 달리, ⓐ 민법 제892조와 같은 등기의 공신력을 인정하는 규정이 없고, ⓑ 독일 연방행정절차법 제48조 제3항, 제49조 제6항과 같이 취소 또는 철회로 인하여 처분의 존재를 신뢰하여 입게 된 불이익에 대한 보상 규정도 없으며, ⓒ 처분청이 취소할 수 있는 시한에 관한 규정도 없는(같은 법 제48조 제4항) 등 거래 안전을 보호하기 위한 제도적 장치가 부족한 상황에서 전득자 등 선의의 이해관계인의 신뢰를 적극적으로 고려할 필요가 있다.

　　㉯ 이 밖에 처분허가 시점과 허가 취소 시점 사이의 시간적 간격,

---

87) 제18조(위법 또는 부당한 처분의 취소) ② 행정청은 제1항에 따라 당사자에게 권리나 이익을 부여하는 처분을 취소하려는 경우에는 취소로 인하여 당사자가 입게 될 불이익을 취소로 달성되는 공익과 비교·형량하여야 한다. 다만, 다음 각 호의 어느 하나에 해당하는 경우에는 그러하지 아니하다.
　1. 거짓이나 그 밖의 부정한 방법으로 처분을 받은 경우
　2. 당사자가 처분의 위법성을 알고 있었거나 중대한 과실로 알지 못한 경우

처분허가 이후 해당 재산의 이용 상태 등도 이익형량 과정에서 고려될
수 있을 것이다.

**(나) 절차적 위법 및 재량권 불행사·해태에 대한 심사**

행정절차법이 정한 청문절차 준수 여부와 그 과정에서 처분행위 상
대방 또는 전득자 등의 의견 제출 등 이익 형량에 필요한 요소들을 충분
히 고려하였는지도 취소 처분의 위법 여부 판단에서 고려될 수 있고, 만
약 기본재산 처분허가 취소와 관련된 이익을 충분히 고려하여 형량하지
아니하고 단순히 상급행정기관의 감사에서 지적에 따라 허가가 취소된
것이라면 그러한 취소 처분이 정당화되기는 어려울 것이다.[88]

# Ⅳ. 결 론

지금까지 살펴본 바와 같이 사회복지법인의 기본재산 처분허가는 사
법상 법률행위의 효력이 공법상 행정처분에 의하여 완성되도록 한 제도
로서 서로 이질적인 공법상 법률관계와 사법상 법률관계의 접점에 해당
한다. 그리고 이러한 이질적인 법률관계의 접점에서 발생하는 법률관계
의 불명확성은 그 허가를 취소한 경우 극적으로 나타나는데, 앞서 본 선
례들의 불일치는 이러한 불명확성이 반영된 결과로 보아야 한다.

기존 선례의 흐름은 '법인의 재정적 건전성 회복'과 '거래 안전'이라
는 상충되는 이해관계의 조정을 도모하는 과정으로 볼 수 있다. A 유형
이 해제조건부 허가라는 논리에 의하여 허가조건 위반시 기본재산 처분
행위의 효력을 부정하여 법인의 재정적 건전성 회복을 우선하였다면, B
유형은 A 유형에 의할 때 발생하는 법률관계의 불명확성과 거래 안전에
대한 우려를 고려하여 허가 당시 하자인지를 기준으로 취소와 철회를 구

---

88) 대법원 2015. 8. 27. 선고 2013두1560 판결.
　　행정기관의 장의 거부처분이 재량행위인 경우에, 위와 같은 사전통지의 흠결로
　　민원인에게 의견진술의 기회를 주지 아니한 결과 민원조정위원회의 심의과정에서
　　고려대상에 마땅히 포함시켜야 할 사항을 누락하는 등 재량권의 불행사 또는 해태
　　로 볼 수 있는 구체적 사정이 있다면, 거부처분은 재량권을 일탈·남용한 것으로
　　서 위법하다.

별하여 거래 안전을 보호하려한 것으로서, 각각의 판결들은 대체로 사안에 따라 구체적으로 타당한 결론을 도출하려 한 것으로 볼 수 있다. 그러나 대상결정의 사안은 '사전 허가'의 특수성을 충분히 고려하지 아니한 채 B 유형의 논리를 그대로 적용한 결과 사회복지사업법 제23조 제3항 소정의 '기본재산 처분허가'를 통하여 달성하고자 한 공익이 고려되지 못하는 결과를 초래하였음은 물론, 관련행정판결과의 상충이라는 문제도 야기하였다. 대상결정의 논리와 결론 어느 쪽에도 동의하기 어렵다. 그러나 한편 대상결정은 지금까지 선례에서 명시적으로 인정되지 아니한 기본재산 처분 허가의 소급적 취소를 인정하고, 이 문제를 선례와 같이 처분의 '해석'이 아니라 처분의 '효력' 문제로 접근해야 할 필요성을 잘 보여 준다고 생각된다.

필자는 기본재산 처분허가 취소로 인한 문제, 구체적으로 거래 안전과 법인의 재정적 건전성 회복이라는 서로 충돌하는 가치의 조정은 항고소송에서 허가 취소의 효력을 다투는 방식으로 다루어져야 하고, 공익과 사익의 형량을 통하여 공익이 우월하지 아니한 경우 허가 취소를 취소하는 방식으로 다루어져야 한다고 생각한다. 기존 선례와 같이 취소 처분의 효력이 중점적으로 다루어지지 않았던 민사적 법률관계에서 그 효력을 중심으로 법률관계를 구성하게 되면, 단기적으로는 제소기간을 지키지 못하여 취소 처분에 불가쟁력이 발생한 경우 민사소송에서 취소 처분의 당연 무효를 증명해야만 그 소급효를 부정할 수 있게 되므로 기존 선례의 법리에 비하여 불리한 지위에 서게 될 수도 있다.

이러한 단기적인 혼란은 법적 기준이 정립되고 그에 따라 실무례가 정착되면 해소될 것이라 생각된다. 주무관청의 취소 처분에 대한 사법심사의 기준에 관하여 이론과 실무례의 집적에 의하여 법인의 재정적 건전성 회복이라는 공익과 거래 안전에 관한 이해관계인의 사익을 합리적으로 조정할 수 있는 방안이 도출되기를 기대한다.

[Abstract]

# A Proposal to Address Legal Uncertainties Arising From the Intersection of Public and Private Laws: Retrospective Revocation of the Permit for a Social Welfare Corporation to Dispose of its Fundamental Assets?

Min, Sung Chul*

Article 23 (3) of the Social Welfare Services Act, which requires Social Welfare Corporation to obtain a permit to dispose of its fundamental assets, is a mandatory rule that prioritizes the public interest of securing the financial health of the corporation over the safety of transactions, and therefore, disposal of fundamental assets made without a permit is legally invalid. On the other hand, If a sale or other disposal of fundamental assets is made pursuant to a permit and the permit is revoked after the transfer is completed, how does this affect legal effect of the disposal?

In this regard, the precedents are divided into (1) cases in which it was held that the permit was subject to revocation condition, and if the condition was violated, the permit would be retroactively invalidated and the disposal would be judicially invalidated, and (2) cases in which it was held that that despite the term 'revocation', it was only considered a 'reservation of the right to withdrawal' and did not affect the legal effect of disposal made prior to the 'revocation.' Given the facts of these cases, it is questionable whether the two types of cases are clearly distinguishable and it is therefore difficult to say that these cases are consistent.

Disposal permit of fundamental assets falls under the category of

---

* Judge, Seoul Southern District Court.

'authorization'(Genehmigung), that is an administrative act that completes the legal effect of the disposal of fundamental assets, but unlike typical authorization, administrative authority has the discretion and is allowed to attach subordinate clauses and the disposal permit has the characteristic of 'pre-authorization', meaning that it precedes the disposal of fundamental asset.

In the past, the domestic and foreign scholarly opinions on whether the disposal permit can be retroactively revoked after the disposal has become legally effective based on the permit have been negative in the past based upon considerations of 'transaction security.' But in Germany, the affirmative view has spread since the 1970s, and BGH has recently issued a ruling expressly recognizing the revocation of permit.

This case followed the category (2) cases of 'reserving the right to withdrawal' and held that the legal effect of disposal still remained intact as there was no defect at the time of permit. But it is not free from criticism that, as a result of not considering the characteristic of the pre-authorization, it failed to fully consider the public interest in restoring the financial health of the corporation. It is not consistent with the legal standard on the interpretation of administrative action, went beyond the scope of interpretation of the permit revocation and actually negated its legal effect.

On the premise that disposal permit of fundamental assets can be retroactively revoked by administrative authority, it is reasonable that the consideration of transaction safety should be made in the course of balancing the private and public interests in the appeals suit against the permit revocation.

## [Key word]

- Permit for disposition of fundamental assets
- Social Welfare Corporation
- Retrospective revocation
- Interpretation of the administrative disposition
- Appeals suit

## 참고문헌

[단 행 본]

편집대표 김용덕, 주석 민법 총칙 1 제5판, 한국사법행정학회(2021).
_____, 주석 민법 총칙 3 제5판, 한국사법행정학회(2021).
편집대표 양창수, 민법주해〔Ⅰ〕총칙(1) 제2판, 박영사(2022).

김남진 · 김연태, 행정법Ⅰ 제19판, 법문사(2015).
김동희, 행정법Ⅰ 제26판, 박영사(2021).
김중권, 행정법기본연구Ⅰ, 법문사(2008).
김철용, 행정법, 박영사(2011).
박균성, 행정법론(상) 제21판, 박영사(2022).
홍정선, 행정법원론(상) 제29판, 박영사(2023).

부동산등기실무(Ⅰ), 법원행정처(2015).


[논문 · 평석]

김중권, 사권형성적 행정행위-행정행위에 의한 직접적 사권형성, 공법학연구
    (제10권 제3호), 한국비교공법학회(2009).
_____, 사권형성적 행정행위와 그 폐지의 문제점에 관한 소고, 행정판례연구 ⅩⅠ,
    박영사(2006).
노경필, "학교법인의 자금차입과 관련하여 이사회 결의를 필요로 하는 범위,
    행정처분의 취소와 철회의 구별", 대법원 판례해설(제60호), 법원도서관
    (2006).
선정원, 인가의 부관-기본재산의 처분과 관련하여, 저스티스(제189권), 한국
    법학원(2022. 4.).
_____, 인가론의 재검토, 행정법연구(제10호), 행정법이론실무학회(2003.
    10.).
_____, 행정행위 철회의 장래효원칙과 그 예외, 법조(제71권 제1호), 법조협회
    (2022. 2.).
송덕수, "재단법인의 기본재산인 토지에 지상권을 설정하는 경우에 주무관청

의 허가를 받아야 하는지 여부-대상판결: 대법원 2014. 7. 14. 선고 2012다81630 판결", 법학논집(제22권 제2호), 이화여자대학교 법학연구소 (2017).

이현수, "행정행위의 직권취소: 취소사유로서의 위법성판단과 취소기간", 법학연구(제16권 제1호), 충북대학교 법학연구소(2005. 8.).

지원림, "수권행위의 실효와 대리행위의 상대방 보호", 민사법학(제25호), 한국민사법학회(2004. 3.).

허부열, "행정청이 종교단체에 대하여 기본재산전환인가를 함에 있어 부가한 인가조건이 취소사유인지 철회사유인지 여부에 관한 판단기준", 대법원 판례해설(제44호), 법원도서관(2004).

# 附　　錄

「資本市場의　法的　爭點　및
새로운　動向」

# 부록에 부치는 말

    우리 연구회는 2023년 8월 3일부터 8월 5일까지 2박 3일에 걸쳐 강원도 평창군에 위치한 용평리조트에서 제46회 하계 심포지엄을 열고 "자본시장의 법적 쟁점 및 새로운 동향"이라는 주제로 여러 쟁점들을 검토하고 논의하는 기회를 가졌다. 이 부록은 그 모임에서 발표된 논문들을 다시 수정·보완한 것이다. 심포지엄은 다음과 같은 일정으로 진행되었다.

## 2023. 8. 3.(목)

18:20~19:00    참가자 등록----------------------그린피아 그랜드볼룸

19:00~19:15    개 회 사--------------------------------전원열 회장

19:15~21:20    회원과 가족을 위한 만찬-------그린피아 그랜드볼룸

## 2023. 8. 4.(금)

09:00~12:20    제1세션 : 주제발표와 토론------그린피아 그랜드볼룸

  (1) 암호자산의 개념 및 법적 성격

    ------------------------------------ 김준영(김·장 법률사무소 변호사)

  (2) 블록체인 기반 가상자산에 대한 민사법적 취급 – 기술적 분석을 기초로--------------- 신지혜(한국외국어대학교 법학전문대학원 교수)

  (3) 온라인 금융거래와 금융소비자보호

    ------------------------ 김정연(이화여자대학교 법학전문대학원 교수)

## 2023. 8. 5.(토)

09:00～12:00　　제2세션 : 주제발표와 토론----- 그린피아 그랜드볼룸
　(4) 금융거래에서 지급결제 당사자의 사법상 권리·의무
　　　---------------------- 김형석 교수(서울대학교 법학전문대학원 교수)
　(5) 자본시장에서 공시의무 위반 및 불공정거래시의
　　　손해배상액 산정기준 – 판례 동향을 중심으로
　　　-------------------------------- 임기환(서울북부지방법원 부장판사)
　(6) 종합토론


12:00～12:20　　회원총회 ----------------------- 그린피아 그랜드볼룸
12:20～12:30　　폐회 및 기념 촬영

# 암호자산의 개념 및 법적 성격*

김 준 영**

■요  지■

　암호자산 관련 법적 쟁점에 대해 분석을 하거나, 암호자산을 규율하는 규제 체계에 대해 검토하기 위해서, 먼저 암호자산의 개념 및 법적 성격에 대해 살펴보는 것은 중요한 의미가 있다. 이 글에서는 먼저 암호자산의 개념 (특히, 실무적으로 주로 접하게 되는 기술적인 사항) 및 분류 방식에 대해 간단히 살펴본 다음, 이어서 암호자산의 법적 성격에 대해 살펴보았다. 암호자산의 개념과 관련하여, 암호자산은 아직까지 그 정의나 범위가 확립되어 있지 않으나, 대체로 디지털정보로 구성되고 분산원장기술과 암호화기술을 이용하여 전자적으로 가치가 저장, 이전될 수 있는 전자적 수단을 의미하는 것으로 이해된다. 특히, 실무적으로 주로 접하게 되는 암호자산 관련 개념 및 기술적 사항으로는 분산원장 및 암호화 기술, 합의 알고리즘, 검증인 및 스테이킹, 공개키·개인키, 암호자산 통제권, 암호자산 지갑 등이 있으며 이에 대한 이해가 법적 쟁점에 대한 검토를 위해 중요하다.

　암호자산의 분류와 관련하여, 암호자산은 기술적 측면에서 대체가능 토큰(FT)과 대체불가능 토큰(NFT)으로 분류하거나, 기능적 측면에서 결제 수단, 투자 수단, 그 외 서비스 이용 수단 등으로 분류하고 달리 규제하는 경향이 있으나, 대부분 동시에 여러 기능과 성격이 혼재되어 있어 일률적으로 분류

* 이 글의 내용은 필자의 개인적 견해이며 필자가 속한 김·장 법률사무소의 공식적 입장과는 관련이 없다. 또한, 이 글을 준비하는 과정에서 많은 도움을 준 김·장 법률사무소의 강성윤, 김영준, 박상우, 유승재 변호사와 최민석 선임연구원께 감사드린다.
** 김·장 법률사무소 변호사.

하는 것은 어려울 수 있다. 다만, 특히 기능적 측면에서 암호자산을 분류하는 것은 통상 각 국가별로 기존 법체계에 따라 규제를 어떻게 적용해야 하는지를 이해하기 쉽게 하기 위한 목적에서 분류하는 경우가 많고, 이러한 점 때문에 각 국가별로 구분하는 방식 등에 차이가 있으나, 대체로 암호자산이 결제 수단으로 주로 활용되는 이상 암호자산 외의 다른 결제 수단과 유사한 수준의 규제를 적용하고, 자산과 관련된 토큰 등 투자 수단으로 주로 활용되는 암호자산의 경우 다른 투자상품과 유사한 수준의 규제를 적용하며, 이러한 기능이 아닌 블록체인 기술을 기반으로 한 서비스 이용 등 목적에서 사용되는 암호자산의 경우에는 상대적으로 규제 필요성이 낮다는 점을 고려하여 엄격한 규제를 적용하지 않으려고 하는 경향이 공통적으로 발견된다는 점은 중요한 시사점이 될 수 있을 것으로 생각된다. 그 외에도 중앙은행이 발행하는 전자적 형태의 법정화폐인 CBDC, 법정통화 또는 기타 기초자산 대비 안정적인 가치를 유지하기 위해 민간주체가 발행하는 암호자산인 스테이블코인도 존재하며 향후 이와 관련하여서도 다양한 법률적인 쟁점이 제기될 수 있을 것으로 예상된다.

암호자산의 법적성격과 관련하여, (ⅰ) 민사법상 성격과 관련하여서는 현행 법제상 암호자산을 민법상 물건으로 보기는 어렵고 다만 입법적 정비 등을 통해 물권에 준하는 권리 내지 특수한 형태의 재산권으로 취급하는 것이 실질에 부합하는 방향으로 생각되며, (ⅱ) 형사법상 성격과 관련하여서는 대법원은 암호자산이 재물에 해당하지 않는다는 전제에서 재산상 이익에 해당한다고 판단한 바 있으며, 암호자산이 몰수의 대상에 해당한다고 판단한 바 있다. (ⅲ) 금융법적 성격과 관련하여, 실무상 암호자산은 자본시장법상 증권 중에서도 주로 투자계약증권 해당 여부가 문제되고, 판단 기준으로는 국내 금융당국의 토큰 증권 가이드라인, 하급심 법원 판시내용 등이 있고 미국에서의 Howey 기준에 대한 논의도 중요한 참고가 될 수 있으나, 생각건대 현행 자본시장법 해석상으로는 투자자와 발행자(또는 사업자) 간에 계약상 수익 청구권이 존재하지 않는다면 투자계약증권에 해당하지 않는 것으로 보는 것이 자본시장법 문언에 충실한 해석이라 생각된다. 그 외에도 암호자산에 대해서는 특정금융정보법상 가상자산에 해당하는지 여부 및 (특히 스테이블코인의 경우) 전자금융거래법상의 전자화폐나 선불전자지급수단에 해당하는지 여부가 실무상 주로 문제된다.

그 외에도 본고에서는 중앙화 및 탈중앙화 암호자산 거래소에 보관된 암호자산의 법적성격, DAO의 법적성격 및 DAO에서 투표권 행사를 위해 필요한 암호자산의 지분증권 해당 여부 등 특수한 사례에서의 암호자산의 법적성격에 관하여도 살펴보았으며, 암호자산을 규율하기 위한 법제도가 완비되어 있지 않으며, 여러 암호자산들이 다양한 기술적 특성과 기능을 가지는 현 상황에서 실무상 주로 논의되는 이슈를 중심으로 암호자산의 법적 성격에 대해서 다양한 각도에서 살펴보고자 하였다.

[주 제 어]
• 암호자산
• 디지털자산
• 암호화폐
• 블록체인
• 분산원장기술

# Ⅰ. 서  론

비트코인 백서[1]가 처음으로 공개된 2008년으로부터 약 15년이 지난 지금, 전 세계적으로 암호자산(cryptoasset)에 대한 논의가 활발하게 이루어지고 있다. 특히, 비트코인 외에도 수많은 종류의 암호자산이 발행되고, 2016~2017년에 이어 2020~2021년에 암호자산 가격이 폭발적으로 상승하면서, 불과 약 8년 전까지만 해도 대중에게 널리 알려지지 않았던 암호자산이라는 존재가 모두에게 주목받고 있다. 이와 같이 다양한 종류의 암호자산이 발행되고, 암호자산과 관련한 서비스나 계약, 거래 등이 많아지면서, 암호자산 관련 법률 쟁점에 대해서도 많은 연구가 이루어지고 있고, 암호자산을 효과적으로 규율하기 위한 규제 체계에 대한 논의도 활발하다.

암호자산 관련 법적 쟁점에 대해 분석을 하거나, 암호자산을 규율하는 규제 체계에 대해 검토하기 위해서, 먼저 암호자산의 개념 및 법적 성격에 대해 살펴보는 것은 중요한 의미가 있다고 생각된다. 암호자산은 아직까지 그 정의나 범위가 확립되어 있지 않을 뿐 아니라, 개별 암호자산별로 특성, 기능, 목적 등이 다르고 다양한 유형이 존재하기 때문에, 어느 특정 암호자산을 염두에 두고 분석 및 검토한 내용을 다른 암호자산에 대해서도 큰 고민 없이 그대로 적용하는 경우 불합리한 결론에 이르게 되는 경우가 있다. 또한, 암호자산은 새로이 등장한 개념으로 기존 법체계에서 미리 예정하고 있던 개념이 아니라는 측면에서, 암호자산을 기존 법체계하에서 어떻게 법률적으로 평가해야 하는지가 명확하지 않은 경우가 상당히 존재하며, 기존 법률 및 규제만으로는 암호자산을 제대로 규율하기 어려운 경우도 많다. 이에 대한 대응으로 여러 국가에서는 암호자산과 관련하여 기존 법률을 개정[2]하거나 새로운 법률을 입법[3]하여

---

1) Satoshi Nakamoto, Bitcoin A Peer-to-Peer Electronic Cash System(2008), https://bitcoin.org/bitcoin.pdf(2023. 6. 30. 확인).
2) 예를 들어, 일본, 싱가포르 등.

암호자산에 대한 법체계를 정비하기도 하고, 기존 법체계하에서 해석 등을 통해 암호자산에 기존 법규를 어떻게 적용할 것인지 구체화하는 등의 노력을 하고 있다. 또한, 암호자산을 가능한 범위에서 유형화하여 각 유형별로 그 특성에 맞게 규율하는 방안에 대한 논의도 활발하게 진행되고 있다.

이 글에서는 이와 같이 암호자산 관련 법적 쟁점에 대한 분석, 규제체계에 대한 검토에 있어 암호자산의 개념 및 법적 성격에 대한 이해가 선행되어야 한다는 점에 주목하여, 먼저 암호자산의 개념 (특히, 실무적으로 주로 접하게 되는 기술적인 사항 포함) 및 분류 방식에 대해 간단히 살펴본 다음(Ⅱ.항), 이어서 암호자산의 법적 성격에 대해 살펴보고자 한다(Ⅲ.항).

## Ⅱ. 암호자산 개념 및 분류

### 1. 암호자산 개념 및 기반 기술

암호자산은 아직까지 그 정의나 범위가 확립되어 있지 않고, 용어도 디지털자산(digital asset), 가상자산(virtual asset), 암호화폐(cryptocurrency), 토큰(token) 등 다양한 용어와 혼용되고 있으나,[4] 대체로 디지털정보로 구성되고 분산원장기술과 암호화기술을 이용하여 전자적으로 가치가 저장, 이전될 수 있는 전자적 수단을 의미하는 것으로 이해하고 있다.[5]

현재 우리나라에서는 G20 정상회의와 국제자금세탁방지기구(Financial Action Task Force on Money Laundering, 이하 "FATF")의 권고사항을 바탕으로 2020. 3. 24. 특정 금융거래정보의 보고 및 이용 등에 관한 법률(이하 "특정금융정보법")을 제정하면서 암호자산에 대해 "가상자산"이라는 용어를 사

---

3) 예를 들어, 유럽연합(European Union, 이하 "EU"), 두바이 등.
4) 각 용어마다 통상 강조하는 부분과 포섭되는 범위가 조금씩 다르지만, 실무상 용어를 엄격하게 구분하여 사용하기보다는 혼용하고 있다. 참고로, 이 글에서는 암호자산이 분산원장기술과 암호화기술을 이용한다는 특성에 보다 주목하여 원칙적으로 '암호자산'이라는 용어를 사용하고, 법률이나 문헌 등을 인용하는 경우에는 경우에 따라 해당 법률이나 문헌 등에서 사용하는 용어를 그대로 사용하였다.
5) 박준·한민, 금융거래와 법 (제3판), 박영사(2022), 1170-1171면.

용하여 정의하였고, 아직 시행 전이지만 2023. 6. 30. 국회 본회의를 통
과한 가상자산 이용자 보호 등에 관한 법률(이하 "가상자산이용자보호법")에
서도 암호자산에 대해 "가상자산"이라는 용어를 사용하여 정의하고 있다.
구체적인 정의 조항을 보면 특정금융정보법상 '가상자산'은 '경제적 가치
를 지닌 것으로서 전자적으로 거래 또는 이전될 수 있는 전자적 증표(그
에 관한 일체의 권리를 포함한다)'로 정의되어 있고 (가상자산의 범위에서 제외
하는 예외 항목을 명시하고 있음),[6] 가상자산이용자보호법에서도 '가상자산'
을 동일한 방식으로 정의하면서 일부 예외 규정을 추가하고 있어,[7] 유사
하게 정의하고 있다.

　　일반적으로 혼용되는 다양한 용어나 각 국가나 법률에서의 정의 조
항에 대해 구체적으로 비교하는 것은 (각 용어나 정의들이 강조하고 있는 부
분이 다를 뿐 대체로 유사한 내용을 담고 있다는 점에서) 실제로 암호자산 개
념을 이해하는 데 큰 도움이 되지 않을 수 있고, 암호자산이 그 기술적
설계에 따라 다양한 특성, 기능, 용도를 갖는다는 점을 고려할 때 이러한
기술적인 사항이나 용어에 대한 이해가 실무적인 측면에서는 더 실질적
인 도움이 될 수 있을 것이므로, 이하에서는 암호자산과 관련한 법적 쟁
점을 분석할 때 실무적으로 참고가 될 수 있는 주요 기술 관련 사항을
간략하게 살펴보겠다.

### (1) 분산원장 및 암호화 기술

　　암호자산은 통상 디지털정보로 구성되고 분산원장기술과 암호화기술
을 이용하여 전자적으로 가치가 저장, 이전될 수 있는 전자적 수단을 의
미하므로, 암호자산 개념에 있어 분산원장기술은 가장 핵심적인 요소 중
하나이다.[8] 분산원장기술은 여러 참여자가 탈중앙화된 방식으로 데이터

---

6) 특정금융정보법 제2조 제3호.
7) 가상자산이용자보호법 제2조 제1호 사목, '한국은행법에 따른 한국은행이 발행하
　는 전자적 형태의 화폐 및 그와 관련된 서비스'가 예외로 추가되었으며, 부칙에 따
　라 특정금융정보법상 '가상자산'을 가상자산이용자보호법상 '가상자산' 정의를 따르
　도록 하고 있어 두 법률상 '가상자산' 정의를 통일하고 있음.
8) OECD, Public Consultation Document, Crypto-Asset Reporting Framework and
　Amendments to the Common Reporting(2022), p. 4.

를 기록 및 관리하는 방식으로, 블록체인은 대표적인 분산원장의 예에 해당한다. 분산원장은 전자거래를 기록한 일종의 전자적 장부인데, 정보가 중앙화된 시스템에 보관되는 대신 블록체인 네트워크 참여자들이 관리하는 노드(node)에 전파되고, 참여자들의 검증(validation) 및 합의(consensus) 절차에 따른 결과가 기록된다는 점이 중앙화된 시스템과의 주요 차이점이다.[9] 이러한 분산원장은 중앙화된 저장 시스템을 이용하는 경우 발생할 수 있는 단일 장애점 문제(single point of failure)[10]에 대한 대안으로 주로 설명되는데,[11] 중앙화된 시스템 대비 상대적으로 제한된 처리 속도나 과도한 전력 사용 등 비효율적인 측면도 있다.

분산원장에서의 암호화(cryptography)란 탈중앙화 방식으로 거래를 검증하는 데 사용되는 데이터를 암호화 및 복호화하는 수학적 및 전산적 방법을 의미하는데, 탈중앙화된 방식으로 암호자산의 무결성(integrity), 암호자산의 명확한 거래 및 처분을 보장하기 위해 암호화 방법이 이용된다.[12]

## (2) 합의 알고리즘

블록체인 네트워크의 설계상 거래(arrangement)의 무결성은 블록체인 네트워크상의 합의 메커니즘(consensus mechanism), 예를 들어 proof-of-work(이하 "PoW"), proof-of-stake(이하 "PoS") 또는 delegated proof-of-stake(이하 "DPoS")등과 같은 합의 메커니즘에 의해 보장된다.[13] PoW란 비트코인 등에서 사용되는 합의 메커니즘으로, 노드가 복잡한 연산 문제를 풀고[14]

---

9) European Commission, Commission Staff Working Document Impact Assessment, Proposal for a Regulation of the European Parliament and of the Council on a Pilot Regime for Market Infrastructures based on Distributed Ledger Technology, SWD(2020) 201 final(2020), p. 4.

10) 일반적으로 단일 장애점 문제(single point of failure)란 시스템 구성 요소 중에서 어느 한 요소가 동작하지 않는 경우 전체 시스템이 중단되는 문제를 말한다.

11) Ibid.

12) OECD, op.cit., p. 41.

13) President's Working Group on Financial Markets, the Federal Deposit Insurance Corporation, and the Office of the Comptroller of the Currency, Report on Stablecoins(2021), p. 5.

14) 구체적으로는 예를 들어 비트코인의 경우 임의의 nonce 값을 대입하여 생성된 블록 해시 결과값이 제시된 목표치보다 작은 블록 해시를 찾는 방식.

그 결과로 새로운 블록을 생성하는 것을 의미하며, 이와 같은 과정에 높은 컴퓨팅 파워와 막대한 양의 전기가 소비되기 때문에 이에 대한 인센티브를 부여하는 차원에서 그 대가로 암호자산을 보상으로 받게 되는데, 이 절차를 통상 '채굴(mining)'이라고 한다.[15] PoS 합의 메커니즘에서는, 알고리즘이 암호자산 보유자들의 스테이킹(staking) 물량 등에 기반하여 특정 검증인(validator)을 제안자(proposer)로 선택하고, 그 제안자가 생성될 블록을 제안한 다음 제안된 블록에 대한 검증이 이루어지게 된다.[16] DPoS는 PoS 합의 메커니즘을 기반으로 하여 암호자산 보유자가 검증 절차를 위임(outsourcing)할 수 있도록 한 것이다.[17]

채굴자나 이하 (3)항에서 살펴볼 검증인은 블록 생성 또는 신규 계정(entries) 생성을 위해 경쟁하는 자를 의미하는데, 블록체인 네트워크의 합의 메커니즘 절차를 따르게 된다.[18]

(3) 검증인, 스테이킹

비허가형 블록체인(permissionless blockchain 또는 public blockchain)의 경우 제3자의 사전 승인 없이 누구나 암호자산 거래 검증인 역할을 할 수 있으며, 허가형 블록체인(permissioned blockchain)의 경우 시스템 운영자가 승인한 그룹에 한정하여 검증인 역할을 수행할 수 있다.[19] 블록체인 네트워크에 따라 검증인이 되기 위해 일정 요건을 갖추도록 하되 해당 요건 충족 여부에 따라 자동으로 검증인을 선정하는 경우도 있다.[20] 비허가형 블록체인에서 검증인은 일반적으로 ( i ) 다른 참여자들에게 거

---

15) IMF, Blockchain Consensus Mechanisms: A Primer for Supervisors(2022), p. 8.

16) Ibid., p. 10.

17) Ibid., p. 12.

18) Ibid., p. 18.

19) U.S. Department of the Treasury, The Future of Money and Payments (Report Pursuant to Section 4(b) of Executive Order 14067)(2022), p. 18.

20) 예를 들어 코스모스 아톰(Cosmos Atom)의 경우 검증인 신청인 중 스테이킹된 아톰 개수로 순위를 매겨 일정 순위에 포함되면 검증인으로 선정하는데, 순위에 포함되지 못하는 경우 자동으로 검증인의 지위를 상실한다[코스모스 허브 웹사이트 FAQ 참조, https://hub.cosmos.network/main/validators/validator-faq.html(2023. 6. 30. 확인)].

래 정보를 전파하거나, (ⅱ) 거래 처리 절차에 참여하는 행위 중 하나 이
상을 담당하는 노드 운영자 역할을 한다.[21] 비허가형 블록체인의 경우
누구나 데이터에 접근하여 열람할 수 있으며, (어떠한 검증 방법 및 합의 메
커니즘 절차가 사용되었는지에 따라 달라질 수 있으나) 블록을 새로 생성하여
분산원장을 업데이트하는 데 기여할 수 있다.[22] 이와 달리 허가형 블록
체인의 경우 지정된 참여자만 제안(propose) 및 검증 절차에 참여하여 블
록체인을 업데이트 할 수 있다.[23] 아직까지 금융 영역에서는 보안 등의
이유로 허가형 블록체인을 활용하는 경우가 많은 것으로 알려져 있다.[24]

　스테이킹이란 PoS 또는 DPoS 합의 메커니즘을 사용하는 블록체인에
서, 블록체인 네트워크에 추가될 정보에 관한 신규 블록을 생성할 때 이
러한 블록을 검증하는 검증인으로 선정되기 위하여 그 블록체인 네트워
크 고유(native) 암호자산을 미리 정해진 방식으로 네트워크에 맡기는 행
위를 의미한다.[25] 이용자 본인의 암호자산을 검증인에게 위임하여 암호
자산을 집합(pooling)하여 스테이킹하고, 검증인에게 검증 또는 제안에 대
한 보상으로 제공되는 신규 암호자산을 스테이킹된 암호자산의 지분에
비례하여 분배하기도 한다.[26] 다만 스테이킹이라는 용어를 사용하더라도
모두 위와 같은 PoS 또는 DPoS 합의 메커니즘상 검증 절차를 위한 스
테이킹을 의미하는 것은 아니며, 이와 무관한 스마트계약상 락업(lock-up)
유형을 칭하는 경우도 있는 등 다양한 양태를 보인다.[27] 또한, 이와 무관
한 예치 서비스 (예를 들어, 일정 기간 예치하는 경우 그에 따른 보상을 지급하
는 서비스) 등을 제공하면서도 스테이킹이라는 용어를 사용하는 경우가

21) President's Working Group on Financial Markets, the Federal Deposit Insurance Corporation, and the Office of the Comptroller of the Currency, op. cit., p. 5.
22) European Commission, op. cit., p. 4.
23) Ibid.
24) Ibid.
25) U.S. Department of the Treasury, Crypto-Assets: Implications for Consumers, Investors, and Businesses(2022), p. 18.
26) Ibid.
27) Ibid.

있으므로, 스테이킹이라는 용어를 사용한 경우 구체적으로 어떠한 내용의 스테이킹에 해당하는지 면밀하게 살펴볼 필요가 있다.

### (4) 공개키/개인키, 암호자산 통제권, 지갑

블록체인 네트워크에서는 이용자가 암호자산 관련 거래, 이전을 승인할 때 통상 공개키(public key)와 개인키(private key)가 짝(pair)을 이루어 승인하도록 구성되어 있다. 공개키란 일종의 이용자 계정번호와 유사한 것으로 이용자가 암호자산 거래를 위해서 블록체인상 타인과 공유하는 암호화 주소(cryptographic address)(공개키보다 짧은 형태의 공개주소를 포함함[28])이며, 거래 승인 및 암호자산에 대한 권리를 증명하기 위해 반드시 개인키와 짝을 이루어야 한다.[29] 개인키는 암호자산 지갑 주소에 접근하기 위한 인증 및 암호화에 사용되는 암호화 비밀번호로서 이용자가 암호자산의 이전이나 거래를 승인할 때 사용되므로 외부에 공개되지 않도록 안전히 보관해야 한다.[30]

이와 같이 암호자산 관련 거래, 이전을 승인하기 위해서는 개인키가 필요하므로, 암호자산에 대한 통제권이나 권리가 누구에게 있는지 여부를 판단함에 있어 통상적으로 실무상 개인키에 대한 통제권을 갖는 자가 암호자산에 대한 통제권 및 권리를 보유하고 있는 것으로 보는 것이 일반적이다.[31] 이와 같은 개인키에 대한 통제권은 암호자산의 권리 주체를 판단함에 있어서뿐만 아니라 아래 암호자산 지갑 관련 사례에서 보듯이 규제 적용 대상을 판단함에 있어서도 중요한 고려 요소가 된다.

암호자산 지갑은 공개키 및 개인키를 저장하는 소프트웨어 애플리케이션, 하드웨어, 기타 장치나 서비스를 의미한다.[32] 암호자산 지갑 서비

---

28) European Commission, op. cit., p. 4.
29) U.S. Department of the Treasury, Crypto-Assets: Implications for Consumers, Investors, and Businesses(2022), p. 6.
30) European Commission, op. cit., p. 4.
31) 암호자산 자체의 지배권(Control)에 대한 논의로는 아래 UNIDROIT report 참조. UNIDROIT, Principles on Digital Assets and Private Law(2023), pp. 38-41[https://www.unidroit.org/wp-content/uploads/2023/04/C.D.-102-6-Principles-on-Digital-Assets-and-Private-Law.pdf(2023. 6. 30. 확인)].

스를 제공하는 자에 대해 인·허가·등록(license) 등 규제가 적용되는지 여부를 판단함에 있어서도 개인키에 대한 통제권을 누가 갖고 있는지 여부가 중요한 고려 요소가 되고, 이에 따라 개인키에 대한 통제권을 지갑 사업자가 갖고 있는 경우 해당 서비스를 수탁형 지갑 서비스(custodial wallet service)라고 분류하고 반대로 이용자가 갖고 있는 경우 해당 서비스를 비수탁형 지갑 서비스(non-custodial wallet service)라고 분류하기도 한다. 이때 암호자산 지갑 서비스를 제공하는 자가 개인키에 대한 통제권을 보유하는 수탁형 지갑 서비스(custodial wallet service)의 경우 우리나라를 포함한 여러 국가에서 관련 규제 적용 대상 사업자로 보고 있으며, FATF의 개정 가상자산 및 가상자산사업자 위험기반접근 지침(이하 "FATF 지침서")<sup>33)</sup>에서도 이 경우 자금세탁방지 측면에서 사업자 규제 적용 필요성이 있다고 기재하고 있다.<sup>34)</sup> 반면, 암호자산 지갑 서비스를 제공하는 자가 아닌 이용자가 직접 개인키에 대한 통제권을 보유하는 비수탁형 지갑 서비스(non-custodial wallet service)의 경우 규제 적용 대상 사업자에 해당하지 않는다고 보는 것이 우리나라를 포함한 다수 국가에서의 일반적인 입장이다. 다만, 실무적으로는 암호자산 지갑 서비스 제공자가 이용자와 함께 개인키의 일부를 보관하거나 관리하는 경우도 있어 구체적인 방식에 따라 그 통제권의 수준이 달라질 수 있다는 점에서 해당 지갑 서비스를 수탁형 지갑 서비스로 보아야 할지, 아니면 비수탁형 지갑 서비스로 보아야 할지 명확하게 구분하기 쉽지 않은 경우도 존재한다.

---

32) U.S. Department of the Treasury, Crypto-Assets: Implications for Consumers, Investors, and Businesses(2022), p. 6.
33) FATF, Updated Guidance for a Risk-Based Approach Virtual Assets and Virtual Asset Service Providers(2021), p. 29.
34) The Board of the International Organization of Securities Commissions(IOSCO Board)에서 발간한 Policy Recommendations for Crypto and Digital Asset Markets Consultation Report(2023)에서도 암호자산사업자의 고객 자산 및 개인키 보관 및 관리 방법을 고객에게 명확하게 안내하게 하는 등(권고안 14 i.) 개인키 관련 권고 사항을 포함하고 있다.

## 2. 암호자산 분류

암호자산을 분류하는 방법은 여러 가지가 있다. 암호자산의 기술적 특성상 다른 암호자산과 대체가능한지(fungible) 여부를 기준으로 구분할 수도 있고, 암호자산의 사용 용도, 기능에 따라 구분하기도 한다. 이처럼 암호자산은 여러 기준과 차원으로 구분될 수 있는데, 이 글에서는 실무상 법적 분석에 있어 주로 영향을 미치는 유형을 중심으로, 먼저 기술적인 측면에서 FT와 NFT의 차이를 살펴보고, 다음으로 기능적인 측면에서 각 국가에서 암호자산을 어떻게 분류하는지 살펴본 후, 기타 규제 측면에서 많은 관심의 대상이 되고 있는 CBDC(central bank digital currency), 스테이블코인(stablecoin)에 대해 살펴보겠다.

### (1) 기술적 측면에서의 분류(FT, NFT)

대체가능 토큰(fungible token, 이하 "FT")과 대체불가능 토큰(non-fungible token, 이하 "NFT")은 원칙적으로 암호자산에 사용되는 기술적 특성에 기초하나, 법적으로 특정 토큰의 고유성과 대체가능성을 판단하기 위해서는 기반 기술에만 의존하기는 어려우며 그 실질을 살필 필요가 있다.[35]

일반적으로 (ⅰ) 비트코인, 이더리움 등으로 대표되는 FT는 각 암호자산 단위가 성격과 가치 측면에서 다른 암호자산 단위와 동일하여야 하고, 그에 따라 대체가능하고 식별불가한 특성을 지녀야 한다고 보며, (ⅱ) NFT는 기술적인 특성상 특정 암호자산이 내재적으로 고유성을 띠거나 또는 다른 유사한 암호자산과 구별 가능한 방식으로 차이가 있어 대체가 불가능하고 개별 암호자산이 식별 가능한 특성을 지녀야 한다고 본다.[36] 다만, NFT의 기술적 특성을 갖고 있어 형식적으로는 각 암호자산

---

35) 이러한 점을 고려하여 유럽연합 차원에서의 최초의 포괄적인 암호자산을 규율하는 법인 MiCA[Regulation on Markets in Crypto-assets (이하 "MiCA"), https://data.consilium.europa.eu/doc/document/PE-54-2022-INIT/en/pdf(2023. 6. 30. 확인)] 전문 제11항에서는 "암호자산에 대한 고유한 식별자라는 특성만으로 [MiCA의 적용 대상에서 제외되는] 고유성 및 대체불가능성으로 분류하기는 충분하지 않다"라고 기술하고 있다.

36) U.S. Department of the Treasury, Crypto-Assets: Implications for Consumers,

별로 고유성이 인정된다고 하더라도, 그 본질에 있어서는 모두 동일한 권리나 내용을 갖고 있어 대체가능성이 있는 경우라면 (즉, 예를 들어 동일한 내용의 암호자산이 단지 일련번호만 서로 다른 경우) 법률적인 분석 측면에서는 그 실질에 따라 사실상 NFT가 아닌 FT와 유사한 것으로 보아야 하는 경우도 존재할 수 있으므로, NFT의 성격은 그 실질에 따라 개별적으로 판단할 필요가 있다.

NFT는 스마트 컨트랙트(smart contract)의 주소 코드(address code)와 토큰 ID(token ID) 등 숫자와 영문 코드로 구성되고 블록체인상에 기록된다.[37] NFT는 2018년 이더리움 블록체인의 기술표준인 ERC-721[38]이 개발되면서 그 기술적 기반을 마련하게 되었는데,[39] 이더리움 외의 다른 블록체인 네트워크에서도 이와 같은 기술적 특성을 구현하는 방식으로 NFT가 발행될 수 있다. 일반적으로 스마트 컨트랙트란 이더리움 블록체인 등 블록체인상 특정 요건을 충족하면 자동으로 기능하는 프로그램을 총칭하는데, 블록체인상 특정 주소에 기반한 코드 및 정보의 집합으로 구성되어 있다.[40]

이처럼 NFT가 기술적 측면에서는 고유성 및 대체불가능성을 보인다는 점에서 여러 감독기관에서 NFT에 암호자산 관련 규제를 적용하는 데 신중한 입장을 보이는 경향이 있다. 예를 들어 실무상으로는 NFT의 특정 금융정보법상 가상자산 해당 여부가 자주 문제되고 있는데, 금융위원회는 "NFT는 일반적으로 가상자산이 아니며, 다만 결제·투자 등의 수단으로 사용될 경우에는 해당될 수 있습니다"라는 입장을 밝힌 바 있고,[41] FATF

---

Investors, and Businesses(2022), p. 5.

37) Dr. Katharina Garbers-von Boehm, Helena Haag, Katharina Gruber, European Parliament Policy Department for Citizens' Rights and Constitutional Affairs Directorate-General for Internal Policies, Intellectual Property Rights and Distributed Ledger Technology with a Focus on Art NFTs and Tokenized Physical Artworks(2022), p. 13.

38) https://eips.ethereum.org/EIPS/eip-721(2023. 6. 30. 확인).

39) Dr. Katharina Garbers-von Boehm, Helena Haag, Katharina Gruber, op. cit., p. 14.

40) https://ethereum.org/en/developers/docs/smart-contracts/(2023. 6. 30. 확인).

41) 금융위원회, 2021. 11. 23.자 보도자료, NFT는 일반적으로 가상자산이 아니며, 다만 결제·투자 등의 수단으로 사용될 경우에는 해당될 수 있습니다, https://www.fsc.

지침서의 입장도 같은 취지이므로,[42] 이와 같이 예외적으로 결제·투자 등의 수단으로 사용되지 않는 NFT의 경우에는 특정금융정보법상 가상자산에 해당하지 않아 특정금융정보법상 자금세탁방지 관련 규제 적용대상에서도 배제된다고 해석하는 것이 일반적이다.

### (2) 기능적 측면에서의 분류

주요 기능에 따라 암호자산을 분류해 볼 수 있는데, 이와 같은 기능적인 측면에서의 분류는 암호자산이 기존 법체계하에서 존재했던 개념 중 어느 것과 유사한지를 파악하여 그에 맞는 규제를 적용하거나 관련 지침을 제공하기 위한 목적에서 많이 활용되었다. 이때 암호자산은 동시에 하나 이상의 기능을 가질 수 있으므로, 하나의 암호자산이 여러 유형에 동시에 해당할 수 있는데, 그 경우에는 여러 규제가 중첩적으로 적용될 수 있다고 보는 것이 일반적인 입장이다.

예를 들어, 과거 스위스 금융시장감독청(Swiss Financial Market Supervisory Authority, 이하 "FINMA")은 2018. 2. 16. 일반 대중에 대한 암호자산발행(initial coin offering, 이하 "ICO")에 대한 가이드라인을 발표하면서 암호자산을 (ⅰ) 비트코인 및 이더리움 등 교환의 수단으로 활용될 수 있는 지급결제토큰(payment token 또는 cryptocurrency), (ⅱ) 블록체인 기반 인프라(infrastructure)를 이용하기 위한 디지털 접근 수단인 유틸리티토큰(utility token), (ⅲ) 권리를 부여하는 것을 내용으로 하는 자산토큰(asset token) 유형으로 구분하면서, 하나 이상의 특성을 가진 경우 하이브리드토큰(hybrid token)으로 구분한 바 있다.[43]

---

go.kr/no010102/76934?srchCtgry=&curPage=&srchKey=&srchText=&srchBeginDt=&srchEndDt=(2023. 6. 30. 확인).

42) FATF, op. cit., p. 24에 따르면, NFT는 일반적으로 가상자산에 해당하지 않을 것이나, 지급결제(Payment) 또는 투자(Investment) 목적으로 사용되는 경우에는 가상자산에 해당할 수도 있다면서 NFT의 특성과 실제 기능을 고려하는 것이 중요하다는 점을 밝히고 있다.

43) FINMA, Guidelines for Enquiries Regarding the Regulatory Framework for Initial Coin Offerings (ICOs)(2018), p. 3, https://www.finma.ch/en/~/media/finma/dokumente/dokumentencenter/myfinma/1bewilligung/fintech/wegleitung-ico.pdf(2023. 6. 30. 확인).

유럽연합은 포괄적인 암호자산 규제법안인 MiCA 규정에서 금융규제의 적용을 받는 금융상품등(MiCA 제2조 제4항 등 참조)을 제외한 나머지 암호자산을 자산준거토큰(asset-referenced token), e-money토큰(electronic money token 또는 e-money token), 일반토큰(금융상품등인 토큰, 자산준거토큰, e-money 토큰을 제외한 토큰으로 유틸리티토큰을 포함함)으로 구분하였다.[44]

우리나라는 암호자산에 대해 법률상 가상자산으로 포괄적으로 정의하고 있을 뿐 이에 대해 별도로 명시적으로 유형화하고 있지는 않다. 특정금융정보법은 FATF의 가상자산의 정의를 참조하여 제2조 제3호에서 가상자산을 "경제적 가치를 지닌 것으로서 전자적으로 거래 또는 이전될 수 있는 전자적 증표(그에 관한 일체의 권리를 포함한다)"라고 포괄적으로 규정하면서, 게임물 관련 결과물, 전자화폐, 전자등록주식 등을 열거하여 가상자산의 범위에서 제외하고 있다.[45] 또한, 아직 시행 전이지만 2023. 6. 30.자로 국회 본회의를 통과한 가상자산이용자보호법도 특정금융정보법과 유사하게 가상자산을 포괄적으로 정의하고 예외규정을 두는 방식을 취하고 있다.[46] 다만, 우리나라에서도 암호자산 중 자본시장과 금융투자업에 관한 법률(이하 "자본시장법")상 금융투자상품에 해당하는 암호자산이나 전자금융거래법상 선불전자지급수단에 해당하는 암호자산 등 기존 법규에서 정하는 개념에 해당하는 경우 관련 규제가 적용됨은 당연하다는 전제하에 논의가 이루어지고 있어, 암호자산 중에서도 그 특성에 따라 자본시장법상 금융투자상품이나 전자금융거래법상 선불전자지급수단에 해당하는 유형이 존재할 수 있다는 점은 일반적으로 인정되고 있다. 금융당국에서도 2017. 9. 1. '지분증권·채무증권 등 증권발행 형식으로 가상통화를 이용하여 자금조달(ICO)하는 행위에 대해서는 자본시장법 위반

---

44) MiCA 제3조 제1항 (5), (6), (7), (8) 참조; European Parliament, Regulation of the European Parliament and of the Coucil on Markets in Crypto-assets, and Amending Regulations (EU) No 1093/2010 and (EU) No 1095/2010 and Directives 2013/36/EU and (EU) 2019/1937 (2023), p. 80, https://data.consilium.europa.eu/doc/document/PE-54-2022-INIT/en/pdf(2023. 6. 30. 확인).

45) 특정금융정보법 제2조 제3호 참조.

46) 가상자산이용자보호법 제2조 제1호 참조.

으로 처벌'하겠다는 방침을 발표하여 동일한 입장을 밝힌 바 있으며,[47] 암호자산이 자본시장법상 증권에 해당할 수 있다는 전제하에 그 구체적인 판단 기준을 예시하고 있는 토큰 증권 가이드라인을 공개한 바 있다 [이하, Ⅲ. 2. (1) (나) 2)항 참조].

싱가포르의 경우, MAS는 디지털 토큰 제공 관련 지침[48]에서 암호자산이 증권선물법[Securities and Futures Act (Cap. 289)]에 따른 자본시장상품이나 지급결제서비스법[Payment Services Act 2019 (Act 2 of 2019)]에 따른 디지털 지급결제 토큰(digital payment token)에 해당하는 경우 관련 법의 적용을 받는다는 점을 안내한 바 있다.

일반적으로 이와 같이 기능적인 측면에서 암호자산을 분류하는 것은 통상 각 국가별로 기존 법체계에 따라 규제를 어떻게 적용해야 하는지를 이해하기 쉽게 하기 위한 목적에서 분류하는 경우가 많았고, 이러한 점 때문에 각 국가별로 구분하는 방식 등에 차이가 있다. 그러나 대체로 암호자산이 결제 수단으로 주로 활용되는 이상 암호자산 외의 다른 결제 수단과 유사한 수준의 규제를 적용하고, 자산과 관련된 토큰 등 투자 수단으로 주로 활용되는 암호자산의 경우 다른 투자상품과 유사한 수준의 규제를 적용하며, 이러한 기능이 아닌 블록체인 기술을 기반으로 한 서비스 이용 등 목적에서 사용되는 암호자산의 경우에는 상대적으로 규제 필요성이 낮다는 점을 고려하여 엄격한 규제를 적용하지 않으려고 하는 경향이 공통적으로 발견된다는 점은 중요한 시사점이 될 수 있을 것으로 생각된다. 다만, 앞서 언급한 대로 실제로는 대부분의 암호자산이 동시에 여러 기능과 성격이 혼재되어 있는 경우가 많이 있기 때문에 특정 암호

---

47) 금융위원회, 2017. 9. 1.자 보도자료, 「가상통화 관계기관 합동 TF」 개최 – 가상 통화 현황 및 대응방향, https://www.korea.kr/briefing/pressReleaseView.do?newsId =156223319(2023. 6. 30. 확인).

48) MAS, A Guide to Digital Token Offerings(2019), https://www.mas.gov.sg/-/me-dia/mas/sectors/guidance/guide-to-digital-tokens-offering---23-dec-2019.pdf(2023. 6. 30. 확인); MAS, A Guide to Digital Token Offerings(2020), https://www.mas.gov.sg/-/media/mas/sectors/guidance/guide-to-digital-token-offerings-26-may-2020.pdf(2023. 6. 30. 확인).

자산에 대해 이와 같이 기능적 측면에서의 분류에 따라 일률적으로 암호자산을 분류하는 것은 상당히 어려울 수 있다는 점에 유의할 필요가 있다.

### (3) 기　　타

### (가) CBDC

CBDC는 통상 디지털 형태의 주권화폐로(country's sovereign currency)[49] 중앙은행이 발행하는 전자적 형태의 법정화폐이며,[50] 기존의 금융기관 지급준비금과는 다른 경우를 의미한다(CPMI-MC, 2018).[51] 일반적으로 CBDC는 (ⅰ) 법정화폐(legal tender)로서 (ⅱ) 준비금 또는 지폐와 1：1로 교환될 수 있고 (ⅲ) 그 결제 및 정산(clear and settle)이 거의 즉시 확정적으로 이루어지는 특성이 있는 것으로 설명된다.[52] CBDC는 크게 개인이 지급결제를 위해 사용할 수 있는 소매형 CBDC(retail CBDC)와 금융시장에서 금융기관 간 거래를 정산하는 데 사용되는 도매형 CBDC(wholesale CBDC)로 구분된다.[53] 한국을 비롯한 유럽연합,[54] 미국,[55] 일본[56] 등 주

49) U.S. Department of the Treasury, The Future of Money and Payments (Report Pursuant to Section 4(b) of Executive Order 14067)(2022), p. 19.

50) 김영식·권오익, 중앙은행 디지털화폐(CBDC) 발행의 의의 및 필요성-지급결제시스템을 중심으로-, 한국은행 경제연구원 「經濟分析」 제28권 제4호(2022), 6면.

51) BIS Committee on Payments and Market Infrastructures, Markets Committee, Central Bank Digital Currencies(2018), p. 4, https://www.bis.org/cpmi/publ/d174.pdf(2023. 6. 30. 확인).

52) U.S. Department of the Treasury, The Future of Money and Payments (Report Pursuant to Section 4(b) of Executive Order 14067)(2022), p. 19.

53) BIS, BIS Innovation Hub work on central bank digital currency (CBDC), https://www.bis.org/about/bisih/topics/cbdc.htm(2023. 6. 30. 확인). 국제결제은행 (Bank for International Settlements, BIS)는 지속적으로 CBDC 관련 보고서를 발간 중이며, BIS와 일부 중앙은행은 일반 대중의 지급결제에 사용되는 소매형 CBDC에 대한 연구를 진행하고 있다. 이에 관한 상세는 BIS et al., Central Bank Digital Currencies: Ongoing Policy Perspectives(2023), p. 1, https://www.bis.org/publ/othp65.pdf(2023. 6. 30. 확인).

54) European Central Bank, Digital Euro, https://www.ecb.europa.eu/paym/digital_euro/html/index.en.html(2023. 6. 30. 확인).

55) The White House, Fact Sheet: White House Releases First-Ever Comprehensive Framework for Responsible Development of Digital Assets, https://www.whitehouse.gov/briefing-room/statements-releases/2022/09/16/fact-sheet-white-house-releases-first-ever-comprehensive-framework-for-responsible-development-of-digital-assets/(2023.

요 국가 · 지역에서는 CBDC 도입 시 효익과 위험성에 대한 연구를 진행 중이며 중국은 일부 지역에서 디지털 위안화를 시범적으로 도입하였다.[57]

특정금융정보법에서는 CBDC를 가상자산의 정의에서 명시적으로 제외하고 있지 않았다. 최근 가상자산이용자보호법 제정 과정에서 CBDC를 가상자산의 범위에서 명시적으로 제외할 필요가 있는지 여부에 대한 논의가 있었고, 2023. 6. 30. 본회의 통과된 가상자산이용자보호법 최종 법안에서는 '한국은행법에 따른 한국은행이 발행하는 전자적 형태의 화폐 및 그와 관련된 서비스'를 명시적으로 '가상자산'의 범위에서 제외하였다 (가상자산이용자보호법 부칙에서 특정금융정보법을 개정하여 특정금융정보법에서도 가상자산이용자보호법상 가상자산의 정의를 따르도록 규정하였으므로, 특정금융정보법상 가상자산의 정의에서도 CBDC가 명시적으로 제외되는 결과가 되었다).[58] 향후 한국은행이 법화로서 강제통용력을 가지는 CBDC를 발행할 수 있도록 입법적 정비를 한 후 CBDC를 발행하는 경우 기존 현금 등과의 차이점 등으로 인해 다양한 법률적인 쟁점이 제기될 수 있을 것으로 예상된다.[59]

### (나) Stablecoin

스테이블코인(stablecoin)은 주로 블록체인 등 분산원장기술을 활용하여 법정통화 또는 기타 기초자산 대비 안정적인 가치를 유지하기 위해 민간주체가 발행하는 암호자산을 의미한다.[60] 안정적인 가치를 유지한다

---

6. 30. 확인).

56) Bank of Japan, "Central Bank Digital Currency", https://www.boj.or.jp/en/paym/digital/index.htm(2023. 6. 30. 확인).

57) CNN, China Makes Major Push in its Ambitious Digital Yuan Project, CNN Business, https://edition.cnn.com/2023/04/24/economy/china-digital-yuan-government-salary-intl-hnk/index.html(2023. 4. 24. 1:40).

58) 가상자산이용자보호법 제2조 제1호, 부칙 제2조.

59) 한국은행이 법화로서 강제통용력을 가지는 CBDC를 발행하기 위해서는 입법적 정비가 필요하다는 점에 대해서는 박준 · 한민, 금융거래와 법(제3판), 박영사(2022), 1179면; CBDC 관련 법적 이슈에 대한 자세한 내용은 정순섭 · 정준혁 · 이종혁, 중앙은행 디지털화폐(CBDC) 관련 법적 이슈 및 법령 제 · 개정 방향(2021), 한국은행 참조.

60) U.S. Department of the Treasury, The Future of Money and Payments (Report

는 측면에서 CBDC와 유사하나, 발행인이 민간주체라는 점, 그리고 법정화폐가 아니라는 점에서 주요한 차이가 있다. 스테이블코인은 정의하기에 따라 그 범위가 달라질 수 있는데, 크게 (ⅰ) 통화, 다른 암호자산, 은행예금, 상업어음 및 국채 등 단기 또는 유동성 채권으로 구성된 준비자산에 의해 지원 또는 담보되는 자산담보부 스테이블코인(asset-backed stablecoin)과 (ⅱ) (적어도 이론적으로는) 스테이블코인이 참조하는 자산가치를 유지할 수 있도록 전부 또는 일부에 있어서 시장 참여자들에게 인센티브를 부여하거나 자동 조정되도록 한 알고리즘 스테이블코인(algorithmic stablecoin)으로 구분해 볼 수 있다.[61]

　　스테이블코인은 어떻게 설계되었는지, 스테이블코인의 보유자가 발행자에 대하여 어떠한 권리를 갖는지에 따라 그 법적 성격이 달리 평가될 수 있다. 일본은 2022년 6월 자금결제법을 개정하여 2023년 6월 1일부터 일정한 금융기관등의 법정화폐 준거형 스테이블코인의 발행을 허용하였다.[62] 유럽연합의 MiCA에서는 스테이블코인을 e-money토큰 및 자산준거토큰으로 포섭하였으며, 스테이블코인 발행 규제를 도입하였다. 또한, 개별 스테이블코인의 특성에 따라서는 채무증서와 같은 증권 또는 금융상품으로 분류되거나 펀드나 집합투자기구에 대한 지분성격을 갖는다고 판단될 수도 있는데, 이 경우 증권 및 금융상품 관련 법률이 적용될 수 있다.[63]

　　우리나라에서도 일부 국가에서 도입한 것처럼 스테이블코인에 대해 일반 암호자산과 다른 별도의 규제를 할 필요성이 있는지 여부에 대한 논의가 활발하게 진행되고 있으며,[64] 이번 가상자산이용자보호법 제정

---

　　Pursuant to Section 4(b) of Executive Order 14067)(2022), p. 16.

61) Ibid., p. 17.

62) Nikkei Asia, Japanese banks prepare to launch stablecoins, https://asia.nikkei.com/Spotlight/Cryptocurrencies/Japanese-banks-prepare-to-launch-stablecoins(2023. 6. 1. 03:06).

63) G7 Working Group on Stablecoins, Investigating the Impact of Global Stablecoins (2019), p. 6, https://www.bis.org/cpmi/publ/d187.pdf(2023. 6. 30. 확인).

64) 한국은행, 지급결제 조사자료(암호자산 규제 관련 주요 이슈 및 입법 방향)(2022), 75-77면.

과정에서도 법안 내 부대의견으로, '금융위원회는 스테이블코인(증권형 토큰, 유틸리티 토큰 등을 포함)에 대한 규율체계를 확립하며, 가상자산평가업 및 자문업, 공시업 등에 대한 규율체계를 마련하고, 신뢰성 있고 합리적으로 디지털자산 정보를 제공하는 통합전산시스템(통합시세 및 통합공시 등)을 구축, 운영할 수 있는 방안과 사고 발생 시 전자금융거래법과 유사하게 입증책임의 전환 규정을 마련하기 위해 연구용역 등의 방법을 통해 입법의견을 포함한 대책을 마련하여 이 법 시행 전까지 국회 소관 상임위원회에 보고한다'고 명시하고 있어, 앞으로 스테이블코인 규율체계에 대한 연구 및 논의가 보다 활발하게 진행될 것으로 예상된다.

## Ⅲ. 암호자산의 법적 성격

Ⅲ.에서는 본격적으로 암호자산의 법적 성격에 대하여 살펴본다. 암호자산의 법적 성격에 관하여 학계 또는 실무에서 다양한 주제로 논의가 되고 있으나, 본 문헌에서는 실무상 가장 문제가 되는 쟁점들을 중심으로 (ⅰ) 암호자산의 민사법적 성격, (ⅱ) 암호자산의 형사법적 성격, (ⅲ) 암호자산의 금융법적 성격에 대하여 검토하고, 마지막으로는 (ⅳ) 특수한 사례에서의 법적 성격에 대해 간략하게 살펴보기로 한다.

### 1. 암호자산의 민사법적 · 형사법적 성격

#### (1) 민법상 물건

#### (가) 긍 정 설

암호자산을 민법상 물건[65]으로 보는 견해는, (ⅰ) 암호자산 주소에 대응하는 개인키를 가진 자가 당해 주소에 기재된 암호자산을 배타적으로 지배하는 점,[66] (ⅱ) 암호자산은 경합성, 배제성, 존립성이 있어 유체물과 동등한 수준으로 관리가 가능한 점,[67] (ⅲ) 암호자산은 블록체인 기

---

65) 유체물 및 전기 기타 관리할 수 있는 자연력을 말한다(민법 제98조).
66) 김이수, 비트코인의 사법상 지위에 관한 고찰, 법학연구 제59권 제4호(2018), 22면.
67) 백대열, 데이터 물권법 시론(試論)-암호화폐를 비롯한 유체물-동등 데이터를

술의 특성상 해킹이 어려워 현실적으로 이중지불될 수 없다는 점[68] 등을
근거로 한다.

### (나) 부 정 설

반면, 암호자산을 민법상 물건으로 볼 수 없다는 견해는, (ⅰ) 암호
자산은 디지털상에 존재하는 코드에 불과하므로 유체물이나 관리할 수
있는 자연력에 해당하지 않는다는 점,[69] (ⅱ) 개인키에 대한 지배를 통하
여 일정한 재산적 가치를 확보할 수 있는 사실상태에 있을 뿐이어서 재
산권이라고 보기 어렵다는 점,[70] (ⅲ) 개인키 자체만으로는 동산에서 성
취되는 배타적 지배가능성을 가상자산에서 기대하기 어렵다는 점[71] 등을
근거로 한다. 법원도 '비트코인은 물리적인 실체 없이 경제적 가치를 디
지털로 표상하여 전자적으로 이전, 저장 및 거래가 가능하도록 한 가상
화폐의 일종으로서 디지털 정보에 해당하므로, 현행법상 물건이라고 볼
수는 없다'고 판단한 바 있다.[72]

### (다) 검    토

실제로 암호자산은 활발하게 거래되고 있고, 거래당사자 간 보유자
가 해당 암호자산에 대한 독점적이고 배타적인 지배권을 갖고 있는 것으
로 인식하고 있다는 점에서 긍정설도 그 취지에 상당히 설득력이 있으
나, 디지털 정보는 유체물이나 관리할 수 있는 자연력에 해당하지 않아
민법의 해석상 물건에 해당하지 않는다는 것이 통설적 견해[73]임을 고려
하면, 해석론상으로는 현행 법제상 암호자산을 민법상 물건으로 보기는
어렵다고 해석하는 것이 합리적이라 생각된다. 다만, 일반적인 디지털 정

---

중심으로, 민사법학 제90호(2020), 106면, 136면.

68) 전승재·권헌영, 비트코인에 대한 민사상 강제집행 방안－암호화폐의 제도권 편
입 필요성을 중심으로－, 정보법학 제22권 제1호(2018), 88-89면.

69) 박영호, 암호화폐의 강제집행, 비트코인을 중심으로, 사법 제49호(2019), 24-26면.

70) 정순섭, 블록체인과 금융, BFL 제108호(2021), 18면.

71) 천창민, 가상자산 거래의 물권법적 측면에 관한 연구, 서울대학교 법학 제63권
제1호(2022), 56면.

72) 서울고등법원 2021. 12. 8. 선고 2021나2010775 판결(대법원 2022다204029호로
계속 중이다가 상고취하로 확정).

73) 김용덕 편집대표, 주석 민법 제5판, 한국사법행정학회(2019), 259면.

보와 달리, 암호자산 보유자는 자신이 관리하는 개인키를 통해 그에 대
응하는 암호자산 주소에 보관된 암호자산에 대한 지배력을 행사할 수 있
다는 점과 통상적으로 상관례상 암호자산에 대해서 재산적 가치가 있다
는 점을 인정하고 있다는 점에서, (필요한 부분에 대한 입법적 정비 등을 통
해) 사법적으로 물권에 준하는 권리 내지 특수한 형태의 재산권으로 취
급하는 것이 보다 실질에 부합하는 방향이라 생각된다.[74] 이와 같은 현
행 법률 해석상 한계, 불확실성 및 암호자산의 성질 및 거래 현실을 종
합적으로 고려할 때 암호자산 관련 법률을 통해 암호자산 보유자에게 일
정한 권리를 인정하고 암호자산의 취득, 처분 및 담보권 설정 등 물권적
인 측면에 대해 명확한 법적 근거를 마련하는 방식으로 입법적으로 해결
하는 방안을 고려할 수 있을 것으로 생각된다.[75]

### (2) 형법상 재물 또는 재산상의 이익

#### (가) 의    의

형법은 재산범죄의 객체가 재물인지 재산상의 이익인지에 따라 이를
재물죄와 이득죄로 구별하고 있다.[76] 따라서 암호자산이 재물인지 또는
재산상 이익인지 살펴볼 실익이 있다.

#### (나) 재    물

관리할 수 있는 동력은 재물로 간주된다(형법 제346조). 관리가능성의
개념과 관련하여, 배타적 동등관리가능성의 개념을 제시하며 반드시 관리
방법이 유체물의 경우와 동등한 수준으로 물리적으로 이루어질 필요는
없다는 점 등을 들어 암호자산에 대하여 재물성을 인정할 수 있다는 견
해도 있다.[77]

그러나, 하급심 법원은 "이 사건 비트코인은 물리적 실체가 없으므

---

74) 박준·한민, 전게서, 1199면; 천창민, 전게논문, 57면.
75) 천창민, 전게논문, 83-84면; 해외에서의 암호자산에 대한 물권적인 측면에서의
    주요 논의로는 UNIDROIT, op. cit., pp. 38-46 참조.
76) 대법원 2003. 5. 13. 선고 2003도1178 판결.
77) 백대열·송희권, 형법상 재물과 재산상의 이익 간 구분 기준으로서의 관리가능
    성, 서울대학교 법학평론 제9권(2019), 519-520면.

로 유체물이 아니고, 또 사무적으로 관리되는 디지털 전자정보에 불과한
것이어서, 물리적으로 관리되는 자연력 이용에 의한 에너지를 의미하는
'관리할 수 있는 동력'에도 해당되지 않으며, 나아가 가상화폐는 가치 변
동성이 크고, 법적 통화로서 강제 통용력이 부여되지 않은 상태이므로
예금 채권처럼 일정한 화폐가치를 지닌 돈을 법률상 지배하고 있다고 할
수 없어 횡령죄의 객체인 재물로 볼 수 없다"고 판단하여 재물성을 부정
하면서 횡령죄에 대하여 무죄를 선고한 바 있다.[78]

컴퓨터에 저장되어 있는 '정보' 그 자체는 유체물이라고 볼 수도 없
고, 물질성을 가진 동력도 아니므로 재물이 될 수 없으므로,[79] 현행 법률
상 해석론으로 암호자산을 재물로 보기는 무리가 있고, 이와 같이 재물
로 보기 어렵다면 암호자산은 절도죄, 횡령죄, 손괴죄 등의 재물죄의 객
체가 될 수 없다. 이처럼 암호자산이 재물죄의 객체가 될 수 없다면 경
우에 따라 개별 사건에서 구체적 타당성을 확보하기 어려운 사안이 존재
할 수도 있겠지만, 입법론으로 논의되는 것처럼 재물의 정의를 넓히거
나[80] 재산죄의 객체로서 재물과 재산상 이익을 구별하지 않는 방향[81]으
로 입법적으로 해결되지 않는 한, 현행 형법 체계에 비추어 암호자산에
대해서 법률 해석만으로 재물죄를 적용할 수 있다고 보기는 무리가 있을
것으로 생각된다.

### (다) 재산상 이익

형법상 재산상 이익이란 재물 이외의 일체의 재산적 가치·이익을
의미한다.[82] 대법원은 암호자산은 "국가에 의해 통제받지 않고 블록체인
등 암호화된 분산원장에 의하여 부여된 경제적인 가치가 디지털로 표상

---

78) 수원지방법원 평택지원 2020. 2. 14. 선고 2019고합56 판결, 수원고등법원 2020.
7. 2. 선고 2020노171 판결.
79) 대법원 2002. 7. 12. 선고 2002도745 판결.
80) 하태영, 한국형법에 있어서 재물개념의 논쟁사, 비교형사법연구 제5권 제2호(2003),
317면.
81) 최호진, 암호화폐 또는 가상자산의 형법적 성격, 형사법연구 제34권 제3호(2022),
259-260면.
82) 정성윤·박광민, 형법각론, 성균관대학교출판부(2012), 281면.

된 정보로서 재산상 이익에 해당한다"고 판시하였고,[83] 암호자산이 사기죄[84]와 배임죄[85]의 객체가 됨을 인정한 바 있다.

암호자산은 개념적으로 전자적으로 가치가 저장, 이전될 수 있는 전자적 증표에 해당하고, 통상 실제로 재산적 가치를 갖고 거래되고 있으며, 설사 거래되고 있지 않은 암호자산의 경우에도 잠재적인 재산적 가치가 있다는 점에서, 이러한 암호자산을 재산상 이익에 해당한다고 보아 사기죄와 배임죄의 객체가 되는 것으로 인정하는 것은 합리적이라 생각된다.

### (3) 형법상 몰수의 대상

범죄수익은닉의 규제 및 처벌 등에 관한 법률(이하 "범죄수익은닉규제법")은 "중대범죄에 해당하는 범죄행위에 의하여 생긴 재산 또는 그 범죄행위의 보수로 얻은 재산"을 범죄수익으로 규정하고[제2조 제2호 (가)목], 범죄수익을 몰수할 수 있다고 규정한다(제8조 제1항 제1호).

대법원은 비트코인을 몰수할 수 있는지가 문제된 사안에서, 범죄수익은닉규제법에 정한 중대범죄에 해당하는 범죄행위에 의하여 취득한 것으로 재산적 가치가 인정되는 무형재산도 몰수할 수 있는 것으로 해석된다면서, 비트코인은 경제적인 가치를 디지털로 표상하여 전자적으로 이전, 저장 및 거래가 가능하도록 한, 이른바 '가상화폐'의 일종인 점, 피고인은 음란사이트를 운영하면서 비트코인을 대가로 지급받아 재산적 가치가 있는 것으로 취급한 점에 비추어 비트코인은 재산적 가치가 있는 무형의 재산이라고 보아야 하고, 몰수의 대상인 비트코인이 특정되어 있다는 이유로, 피고인이 취득한 비트코인을 몰수할 수 있다고 보았다.[86] 해당 판결은 암호자산의 재산적 가치를 최초로 인정한 사안이라는 점에서 의의가 있다.

---

83) 대법원 2021. 12. 16. 선고 2020도9789 판결.
84) 대법원 2021. 11. 11. 선고 2021도9855 판결.
85) 대법원 2021. 12. 16. 선고 2020도9789 판결.
86) 대법원 2018. 5. 30. 선고 2018도3619 판결 참조.

## 2. 암호자산의 금융법적 성격
### (1) 자본시장법상 증권
### (가) 증권의 개념

자본시장법은 증권을 "내국인 또는 외국인이 발행한 금융투자상품으로서 투자자가 취득과 동시에 지급한 금전등 외에 어떠한 명목으로든지 추가로 지급의무(투자자가 기초자산에 대한 매매를 성립시킬 수 있는 권리를 행사하게 됨으로써 부담하게 되는 지급의무를 제외한다)를 부담하지 아니하는 것"으로 정의하면서, 증권을 채무증권, 지분증권, 수익증권, 투자계약증권, 파생결합증권, 증권예탁증권의 여섯 유형으로 구분하고 있다(자본시장법 제4조 제1항 및 제2항).

여기서 금융투자상품이란 이익을 얻거나 손실을 회피할 목적으로 현재 또는 장래의 특정 시점에 금전, 그 밖의 재산적 가치가 있는 것(이하 "금전 등")을 지급하기로 약정함으로써 취득하는 권리로서, 그 권리를 취득하기 위하여 지급하였거나 지급하여야 할 금전 등의 총액이 그 권리로부터 회수하였거나 회수할 수 있는 금전 등의 총액을 초과하게 될 위험(이하 "투자성")이 있는 것을 의미한다(자본시장법 제3조 제1항).

투자성이란 (ⅰ) 금융투자상품의 지급조건 등 상품구조 자체로 투자자가 투자원본의 전부 또는 일부를 회수하지 못할 가능성이 있는 경우(상품구조에 의한 투자성), (ⅱ) 금융투자상품의 양도 시 이자율 변동 등 시장위험(market risk)에 의하여 투자원본의 손실이 발생할 가능성이 있는 경우(시장위험에 의한 투자성)로 크게 구분될 수 있다. 학설상으로는 대체로 시장위험에 의한 투자성이 인정되기 위해서는 해당 금융상품이 '유통성'[87] 또는 '양도가능성'[88]이 있을 것을 요구한다.

이론적으로는 증권의 6가지 유형 모두 특정 암호자산이 그 구체적인 내용에 비추어 볼 때 해당 증권 유형에 해당할지 여부가 문제될 가능성

87) 김건식·정순섭, 자본시장법(제3판), 두성사(2013), 59면.
88) 임재연, 자본시장법(2015년판), 박영사(2015), 28-29면.

이 있을 것이나, 실무상으로 암호자산이 증권에 해당하는지 여부를 판단
함에 있어서는 주로 투자계약증권 해당 여부가 문제되고 있다. 투자계약
증권이란 "특정 투자자가 그 투자자와 타인(다른 투자자를 포함)간의 공동
사업에 금전등을 투자하고 주로 타인이 수행한 공동사업의 결과에 따른
손익을 귀속받는 계약상의 권리가 표시된 것"으로 정의된다(자본시장법 제
4조 제6항). 투자계약증권은 다른 5가지 증권 유형[89]에 해당하지 않는 경
우 보충적으로 적용되는 자본시장법의 포괄주의 규제원칙에 기반한 개념
으로 이해된다.[90] 만약 특정 암호자산이 투자계약증권에 해당하는 경우
에는 증권신고서 등의 발행공시 규제(자본시장법 제3편 제1장), 사기적 부
정거래 금지 규제(동법 제178조, 제179조) 및 온라인소액투자중개업자 규제
(동법 제2편 제5장)가 적용된다.

### (나) 투자계약증권의 판단 기준

#### 1) 미국의 Howey 기준

자본시장법상 투자계약증권의 정의는 미국의 'Howey 기준'을 참고하
여 만들어진 것으로 이해된다.[91] 미국 연방대법원은 투자계약(investment
contract)의 판별 기준에 관한 leading case인 연방대법원의 SEC v.
Howey, 328 U.S. 293, 66 S. Ct. 1100(1946) 사건에서 미국 증권법상의
투자계약의 네 가지 요소를 「(ⅰ) 공동의 사업(common enterprise)에, (ⅱ) 자
금을 투자하여(investment of money), (ⅲ) 오로지 사업자나 제3자의 노력
으로부터(solely from the efforts of the promotor or third party),[92] (ⅳ) 수익
을 기대하는 계약, 거래, 계획(a contract, transaction or scheme)」이라고 정의
하였다(이하 "Howey 기준").

관련하여, 미국의 SEC(U.S. Securities and Exchange Commission, 이하

---

89) 채무증권, 지분증권, 수익증권, 파생결합증권, 증권예탁증권을 말한다.
90) 금융위원회·금융감독원·한국거래소·예탁결제원, 토큰 증권 가이드라인(2023),
    16면.
91) 재정경제부, 자본시장과 금융투자업에 관한 법률 제정안 설명자료(2006), 11면.
92) 이에 대해서는 판례를 통해 '주로' 사업자나 제3자의 노력으로부터로 요건이 완
    화되었다.

"SEC")는 2019년 4월 "Framework for "Investment Contract" Analysis of Digital Assets"(이하 "미국 증권형 토큰 가이드라인")를 발표한 바 있다.[93] 미국 증권형 토큰 가이드라인은 디지털 자산(digital assets)이 투자계약의 특성을 갖는지 여부에 관하여 분석한 지침으로, Howey 기준을 기초로 하여 디지털 자산의 발행 또는 판매가 투자계약에 해당하는지 여부에 관하여 판단할 수 있는 다음과 같은 기준을 제시하고 있다.

(1) 돈의 투자(the investment of money)

(2) 공동사업(common enterprise)

(3) 타인의 노력에서 비롯한 이익에 대한 합리적 기대(reasonable expectation of profits derived from efforts of others)

　(가) 타인의 노력에 의존(reliance on the efforts of others)

　(나) 이익에 대한 합리적 기대(reasonable expectation of profits)

이러한 기준을 바탕으로, SEC는 다수의 암호자산에 대하여 적극적으로 증권 규제를 집행하고 있다. 예를 들어, SEC는 XRP,[94] Terra USD(UST)·LUNA,[95] TRX·BTT,[96] AMP·RLY·DDX·POWR,[97] 등 수많은 암호자산에 대하여 증권에 해당한다고 검토하여 증권 규제를 집행하고 있고, SEC 의장 Gary Gensler는 대부분의 암호자산이 증권에 해당한다는 입장을 견지하고 있다.[98] 최근에는, SEC는 Binance,[99] Coinbase[100] 등의 암호자산

---

93) SEC, Framework for "Investment Contract" Analysis of Digital Assets(2019), https://www.sec.gov/files/dlt-framework.pdf(2023. 6. 30. 확인).

94) SEC Press Release, https://www.sec.gov/news/press-release/2020-338(2023. 6. 30. 확인).

95) SEC Press Release, https://www.sec.gov/news/press-release/2023-32(2023. 6. 30. 확인).

96) SEC Press Release, https://www.sec.gov/news/press-release/2023-59(2023. 6. 30. 확인).

97) SEC Press Release, https://www.sec.gov/news/press-release/2022-127(2023. 6. 30. 확인).

98) SEC Press Release, https://www.sec.gov/news/speech/gensler-sec-speaks-090822(2023. 6. 30. 확인).

99) SEC Press Release, https://www.sec.gov/news/press-release/2023-101(2023. 6. 30.

거래소들에 대하여도 해당 거래소들에 상장된 다수의 암호자산이 증권에 해당한다는 이유로, 암호자산 거래소들이 미등록 거래소 등에 해당하여 증권법을 위반하였다고 보고 있으며, 나아가 해당 거래소들의 스테이킹 프로그램 등에 대하여도 역시나 투자계약에 해당한다는 이유로 증권 규제를 집행하고 있다.

이에 따라 우리나라도 미국과 같이 Howey 기준과 유사한 기준에 따라 다수의 암호자산에 대해 증권 규제를 적용해야 하는지가 실무상 문제되어 왔다. 특히 금융위원회가 2022. 4. 28.에 발표한 "조각투자 등 신종증권 사업 관련 가이드라인"에서 투자계약증권 해당 여부 판단 시 미국의 Howey 기준과 유사한 기준들을 제시하기도 하였다. 즉, 해당 가이드라인은 "투자자 모집 과정에서 해당 사업의 성과와 연계된 수익, 가치·가격상승 또는 투자 손실 방지에 대한 합리적 기대를 갖도록 하는 경우"를 증권성이 인정될 가능성이 높은 경우로 예시적으로 제시하였다.[101]

2) 토큰 증권 가이드라인

금융위원회·금융감독원·한국거래소·예탁결제원은 2023. 2. 6. "토큰 증권(Security Token) 발행·유통 규율체계 정비방안"을 발표하면서, 붙임의 형태로 "토큰 증권 가이드라인"을 공개하였다. 이에 따르면, 투자계약증권의 주요 요건은 (ⅰ) 공동사업, (ⅱ) 금전등을 투자, (ⅲ) 주로 타인이 수행, (ⅳ) 공동사업의 결과에 따른 손익을 귀속 받는 계약상의 권리, (ⅴ) 이익획득 목적으로 나누어 볼 수 있다. 여기서 실무상 가장 중요한 요건은 (ⅵ) 요건인데, 이에 관하여 토큰 증권 가이드라인의 구체적 기준은 아래와 같다.[102]

---

확인).
100) SEC Press Release, https://www.sec.gov/news/press-release/2023-102(2023. 6. 30. 확인).
101) 금융위원회, 조각투자 등 신종증권 사업 관련 가이드라인(2022), 2면. 다만, 이와 동시에 계약상의 권리가 표시된 것을 요하는 것으로 보이는 요건도 동시에 제시하고 있어서 향후 투자계약증권 판단 사례가 축적되면서 그 기준이 보다 명확해질 수 있을 것으로 생각된다.
102) 금융위원회·금융감독원·한국거래소·예탁결제원, 전게문헌, 17면.

❹ **공동사업의 결과에 따른 손익을 귀속 받는 계약상의 권리**\*

[ \* 조각투자는 동 요건이 충족되는 것을 전제로 「조각투자 등 신종증권 사업 관련 가이드라인」(2022. 4. 28)을 제시한 바 있으나, 디지털자산은 이에 대해 별도의 판단 필요]

– 장래 일정 시점이 도래하거나 일정한 객관적 조건(예: 매출액 목표)이 달성될 경우 사업 결과에 따른 손익을 귀속 받기로 계약한 경우도 포함될 수 있음

– 투자자의 권리가 스마트계약을 통해 이행되나 그 스마트계약의 구현을 계약으로 약속한 발행인이 있다면 발행인에 대한 계약상 권리로 해석 가능

– 발행인 등이 투자자의 금전등으로 사업을 수행하고, 수행한 사업의 성과에 따른 수익을 귀속시키기로 약속한 경우 해당함. 특히 약속한 수익이 사업에서 발생한 매출·이익과 비례관계에 있거나, 사업에서 발생한 매출·이익을 환산하여 분배하기로 약속한 경우 공동사업의 결과에 따른 손익에 해당함

– 발행인이 투자자에게 사업 수익을 직접 분배할 것을 명시적·묵시적으로 약속하거나, 발행인이 제3자와의 계약 등을 바탕으로 해당 제3자가 투자자에게 사업 수익을 분배할 것을 약속하는 등 투자자와 발행인 간 계약에 따른 수익 청구권이 인정되어야 함

위 내용에서 주목할 점은, 투자계약증권이 인정되기 위해 투자자와 발행인 간 계약에 따른 수익 청구권이 인정되어야 한다고 명시한 것이다. 미국 Howey 기준이 투자계약의 요건으로서 '이익에 대한 합리적 기대'를 요구한 것과 비교해보면, 토큰증권 가이드라인은 투자계약증권의 범위를 미국 Howey 기준보다 좁게 본 것으로 해석된다. 예를 들어, 실무상 다수의 암호자산은 투자자들이 유통시장에서 전매차익을 얻을 것을 합리적으로 기대할 수 있을지는 몰라도, 발행인이나 기타 사업자에 대한 계약상 수익 청구권이 인정되는 경우는 많지 않을 것이다. 이러한 취지에서 금융당국은 토큰 증권 가이드라인과 함께 공개된 보도자료에서 "현재 가상자산 거래소에서 거래되는 디지털 자산 중 발행인이 투자자에게 증권에 해당하는 계약상 권리를 부여하는 경우가 일반적이지는 않을 것으로 생각됨"이라는 입장을 밝힌 것으로 이해된다.[103]

___
103) 금융위원회·금융감독원·한국거래소·예탁결제원, 토큰 증권 발행·유통 규율체계 정비방안 보도자료(2023), 13면. 이러한 입장은 앞서 살펴본 SEC의 입장과는

한편, 최근 하급심 법원은 암호자산 거래소가 발행한 암호자산의 투자계약증권 해당 여부가 문제된 사안에서, (ⅰ) 해당 암호자산 자체에 본질적으로 내재된 구체적인 계약상 권리가 없다면 이는 투자계약증권이라고 볼 수 없다는 점, (ⅱ) 설령 해당 암호자산 보유자가 특정회사로부터 일정 수익을 배분받는다고 하더라도 그것이 암호자산 보유자에게 부수적으로 제공되는 이익일 뿐 해당 암호자산에 내재된 구체적인 계약상 권리거나 본질적 기능이 아닌 한 마찬가지라는 점, (ⅲ) 암호자산 보유자들이 해당 암호자산 거래를 한 것이 해당 거래로 발생하는 시세차익의 취득이 가장 큰 동기이고, 이에 관하여 암호자산 보유자(투자자) 사이에 이해관계가 상충하는 사정이 있다면 해당 암호자산을 투자계약증권으로 볼 수 없다는 점을 들어 암호자산의 투자계약증권성을 인정할 수 없다고 판시한 바 있다.[104]

**(다) 검    토**

자본시장법상 증권에 해당하는지를 판단함에 있어서는 입법 취지와 배경 등과 함께 정의 규정의 문언도 중요하게 고려하여 해석할 필요가 있다고 생각된다. 투자계약의 정의가 법률상으로 존재하지 않고 판례상 기준으로도 이익에 대한 합리적 기대(reasonable expectation of profits)를 요구하는 미국과 달리, 우리나라 자본시장법상 투자계약증권은 "공동사업의 결과에 따른 손익을 귀속받는 계약상의 권리가 표시된 것"임을 명시적 요건으로 삼고 있으므로, 이러한 점에서는 미국의 Howey 기준과는 차이가 있고, 현행 자본시장법 해석상으로는 투자자와 발행자(또는 사업자) 간에 계약상 수익 청구권이 존재하지 않는다면, 자본시장법상 투자계약증권에 해당하지 않는 것으로 보는 것이 합리적이라 생각된다.[105]

---

다소 차이가 있는 것으로 보인다.

104) 서울남부지방법원 2020. 3. 25. 선고 2019가단225099 판결(항소 없이 2020. 4. 9. 확정); 의정부지방법원 고양지원 2021. 9. 10. 선고 2019가단78506 판결(항소하였으나 항소기각으로 2022. 11. 10. 확정) 참조.

105) 한서희, 디지털자산과 자본시장법상 규제 – 증권성 판단 기준을 중심으로, BFL 제115호(2022), 20-21면도 같은 취지.

나아가, 미국 연방증권법상 '투자계약(investment contract)'은 미국의 연방증권법에 열거된 사례뿐만 아니라 현실에 존재하지만 열거되지 않았거나 혹은 현재에 존재하지 않지만 미래에 생성될 수 있는 나머지 증권을 포괄하는 일반원칙(catch-all category)인 반면, 자본시장법상 '투자계약증권'은 (물론 그 해석에 있어 투자계약증권이 다른 5가지 증권 유형에 해당하지 않는 경우 보충적으로 적용되는 포괄주의 규제원칙에 기반한 개념으로 도입되었다는 점은 고려할 필요가 있겠지만) 6가지로 한정적으로 열거된 증권의 유형 중 하나로 도입된 것으로 이해된다.[106] 이러한 점에 비춰보면, 미국 연방증권법상 투자계약과 비교하여 볼 때 자본시장법상 투자계약증권은 포괄주의의 관점에서 상대적으로 제한적인 기능을 할 것으로 보인다.[107] 이러한 측면에서도 암호자산의 투자계약증권 해당 여부를 판단함에 있어서는 자본시장법 문언에 충실하여 해석하는 것이 합리적이라 생각된다.

이러한 측면에서, 공동사업상의 손익의 귀속을 청구할 수 있는 계약상 권리가 존재하지 않는 암호자산의 경우에는 투자계약증권으로 보기는 어렵다고 생각된다. "손익을 귀속 받는 계약상의 권리가 표시"된 암호자산을 '이익귀속형'으로, 그러한 계약상 권리가 표시되어 있지는 않지만 전매과정에서 이익이 발생할 수 있고 그러한 이익이 타인의 기업가적 혹은 경영적 노력으로 인한 암호자산을 '전매차익형'으로 나누어, 이익귀속형과 달리 전매차익형은 자본시장법상 증권에 해당한다고 보기 어렵다는 입장[108]도 같은 취지로 이해된다.

물론, 이러한 암호자산을 증권으로 보지 않는다고 하여 규제 필요성이 전혀 없다는 것은 아니다. 암호자산 보유자와 사업자 간의 정보비대칭을 해소하기 위한 공시 규제, 암호자산사업자들의 파산에 따른 시스템 리스크를 방지하기 위한 건전성 규제, 시세조종 등의 불공정거래를 방지

---

106) 김자봉, 비트코인은 증권인가?, 증권법연구 제19권 제2호(2018), 189면.
107) 김자봉, 전게논문, 2018, 190면; 심인숙, 자본시장과 금융투자업에 관한 법률상 투자계약증권 개념에 대한 검토, 비교사법 15권 제1호(통권 제40호)(2008), 90-91면.
108) 이정수, 토큰이코노미(Token Economy)의 입법과제, 금융법연구 제19권 제3호(2022), 72면.

하기 위한 규제 등은 건전한 암호자산 시장의 발전을 위하여 필요하다. 다만 이러한 규제는 암호자산을 염두에 두지 않고 입법된 자본시장법을 무리하게 해석하여 적용할 것이 아니라, 암호자산 시장과 산업의 특성을 고려한 별도의 입법을 통해 적합한 규제를 마련하는 것이 바람직할 것으로 생각된다.[109] 이와 관련하여 최근 2023. 6. 30. 국회 본회의를 통과한 가상자산이용자보호법안에 불공정거래 규제 등은 이미 일부 포함되어 있고, 기타 암호자산사업자의 이해상충, 영업행위 규율, 유통량, 발행량 등에 대한 통일된 기준 마련, 자기 또는 특수관계인이 발행한 가상자산의 거래 제한 등에 대한 내용은 동 법안 부대의견에서 명시적으로 동법 시행 전까지 금융당국에서 입법의견을 포함한 개선방안, 대책 등을 마련하여 국회 소관 상임위원회에 보고하도록 하고 있으므로, 이에 대한 추가적인 입법이 추진될 가능성이 높을 것으로 예상된다.

### (2) 자금세탁방지 규제에 따른 가상자산

FATF는 자금세탁, 테러자금조달 방지에 관한 국제규범을 제정하고 각국의 이행현황을 평가하고 감독하는 기구로, FATF에서 제시하는 권고사항은 그 미이행 시 이행할 때까지 FATF에서 추적, 관리를 실시하고 필요 시 제재를 추진하고 있다.[110]

FATF는 2018. 10. 가상자산(virtual asset) 및 가상자산사업자(virtual asset service provider)를 용어 정의에 추가하고, FATF 권고사항 15 "신기술(New technologies)"를 개정하여 가상자산사업자에 대한 자금세탁방지의무 부과 및 가상자산사업자에 대한 인가 또는 등록 의무를 부과할 것을 권고하였다.[111] 그리고 FATF는 2019. 6. 권고사항 15에 관한 주석서(Interpretive Notes R.15)와 지침서(Guidance)를 채택하여, 가상자산 및 가상자산사업자

---

109) 관련하여 2023. 6. 29.자로 유럽연합에서 발효된 MiCA는 암호자산에 대한 발행 규제, 암호자산 사업자에 대한 건전성 규제, 불공정거래 규제 등의 통합적인 규제를 도입하였다.
110) 국회입법조사처, 자금세탁방지기구 국제 기준의 국내 입법 방안: 변호사의 의심거래 보고의무를 중심으로(2017), 2면.
111) 금융위원회, 국제자금세탁방지기구(FATF) 총회 참석 결과(2018).

에 대해 FATF 국제기준을 적용하고 위험기반 접근법을 적용하여 관련된 위험을 식별 · 평가 · 이해해야 하며, 가상자산사업자는 인가 또는 등록되어 고객확인의무, 전신송금 시 정보제공의무, 의심거래보고, 기록 보존 등 자금세탁방지 조치를 이행할 것을 요구했다.[112]

우리나라의 자금세탁방지제도는 2001. 11. 28. 시행된 특정금융정보법 및 범죄수익은닉규제법을 통해 도입된 것으로 볼 수 있다. 이후 국회는 상기 FATF의 가상자산에 관한 권고사항을 이행하기 위하여 특정금융정보법의 개정(법률 제17113호로 개정된 것, 2021. 3. 25. 시행)을 통해 가상자산을 정의하고, 가상자산사업자 신고 제도를 도입하였으며, 가상자산사업자에게 자금세탁방지의무를 부여하였다.

특정금융정보법상 가상자산은 앞서 살펴본 바와 같이 경제적 가치를 지닌 것으로서 전자적으로 거래 또는 이전될 수 있는 전자적 증표(그에 관한 일체의 권리를 포함한다)를 말한다고 포괄적으로 정의되어 있으며[113] 특정금융정보법상의 가상자산의 범위가 상당히 넓기 때문에 대다수의 일반적인 암호자산은 특정금융정보법상 가상자산에 해당할 것이다.

(3) 전자금융거래법상의 전자화폐 또는 선불전자지급수단

전자금융거래법상 전자화폐란 이전 가능한 금전적 가치가 전자적 방법으로 저장되어 발행된 증표 또는 그 증표에 관한 정보로서 ( i ) 2개 이상의 광역지방자치단체 및 500개 이상의 가맹점에서 이용될 것, ( ii ) 발행인(특수관계인 포함) 외의 제3자로부터 재화 또는 용역을 구입하고 그 대가를 지급하는 데 사용될 것, ( iii ) 구입할 수 있는 재화 또는 용역의 범위가 5개 이상으로서 5개 업종 이상일 것, ( iv ) 현금 또는 예금과 동일한 가치로 교환되어 발행될 것, ( v ) 발행자에 의하여 현금 또는 예금으로 교환이 보장될 것이라는 5가지 요건을 모두 갖춘 것을 말한다 (제2조 제15호).

---

112) 김재진 · 최인석, 가상자산 법제의 이해(2022), 박영사, 89면.
113) 특정금융정보법 제2조 제3호. 일부 법령상 한정적으로 열거된 사항은 가상자산의 범위에서 제외.

전자금융거래법상 선불전자지급수단이란 이전 가능한 금전적 가치가 전자적 방법으로 저장되어 발행된 증표 또는 그 증표에 관한 정보로서 ( ⅰ ) 발행인(특수관계인 포함) 외의 제3자로부터 재화 또는 용역을 구입하고 그 대가를 지급하는 데 사용되고, ( ⅱ ) 구입할 수 있는 재화 또는 용역의 범위가 2개 업종 이상인 것을 말한다(제2조 제14호).

일반적으로 암호자산은 그 시세가 수시로 변동하고 예측하기 어려우므로, 암호자산에 '이전 가능한 금전적 가치가 전자적 방법으로 저장'되었다고 보기 어려운 면이 있다.[114] 따라서 시세가 수시로 변동하는 암호자산은 원칙적으로 전자화폐나 선불전자지급수단에 해당하기 어려울 것이다.

다만, 스테이블코인과 같은 특수한 암호자산의 경우, 구체적인 사안에 따라 전자화폐나 선불전자지급수단의 개별 요건들을 충족할 가능성이 있으며, 만약 요건에 부합하는 경우라면 전자화폐나 선불전자지급수단에 관한 규제가 적용될 수 있다. 참고로, 유럽연합의 MiCA 규정에 따르면, 스테이블코인의 일종인 e-money 토큰[115]의 경우 MiCA 규정에서 별도로 규정하지 않는 한 원칙적으로 전자화폐지침(Directive 2009/110/EC)의 전자화폐(electronic money) 관련 규제가 적용된다는 점을 명시하고 있다.[116]

### 3. 특수한 사례에서의 법적 성격

#### (1) 암호자산 거래소에 보관된 암호자산

이용자가 중앙화된 암호자산 거래소(이하 "거래소")를 통해 가상자산을 보유하는 경우 그 법적 성격이 무엇인지 문제된다. 이에 대하여 이용

---

114) 금융위원회도 2022. 4. 4. 법령해석위원회를 열고 '선불충전금은 현금과 동일한 가치가 보장되어야 하는데 가상자산은 가치가 시시각각 변해 선불전자지급수단이 될 수 없다고 판단'한 것으로 알려졌다. 머니투데이, "가상자산, 전금업 아니다"… 속도 내는 가상자산법, 제정 방향은?, https://news.mt.co.kr/mtview.php?no=2022040 615141238082(2022. 4. 7. 10:30).

115) 단일한 법화의 가치를 준거함으로써 안정적인 가치유지를 목적으로 하는 암호자산(a type of crypto-asset that purports to maintain a stable value by referencing the value of one official currency)을 의미한다.

116) MiCA 제48조 제3항 참조.

자는 거래소에 대하여 암호자산의 반환청구권 등의 채권적 청구권을 갖는다고 보는 견해가 지배적이다.[117] 이용자의 권리는 거래소와의 계약에 의하여 구체적으로 정해지는 것이라는 점에서 이를 일률적으로 판단할 문제는 아니고, 약관 등을 통해 거래소와 이용자와의 계약관계를 분석하여 거래소에 보관된 암호자산에 대하여 이용자가 어떠한 권리를 갖는지 판단할 필요가 있을 것이다. 다만, 실무상으로는 대부분의 주요 가상자산 거래소 약관 등에서도 이용자가 거래소에 대하여 암호자산 반환청구권 등의 채권적 청구권을 가지는 것을 전제로 법률관계를 정하고 있는 경우가 많아 통상 거래소와 이용자 간 관계에서 이용자는 거래소에 대해 암호자산 반환청구권을 갖는 것에 불과하고 해당 암호자산 자체에 대한 권리를 직접 갖는 것은 아니라고 해석되는 경우가 대다수일 것으로 보인다.[118] 이는 이용자가 중앙화된 암호자산 거래소를 통해 가상자산을 보유하는 경우 해당 가상자산이 있는 주소의 개인키는 이용자가 아닌 거래소가 보관, 관리하고 통제한다는 점을 보더라도 그러하다. 실제로 법원에서도 채권자가 채무자의 거래소에 대한 암호자산 반환청구권을 갖는 것을 전제로, 해당 채권에 대해 (가)압류하는 것을 인정하고 있다.[119]

반면, 탈중앙화 거래소(decentralized exchange, DEX)의 경우, 일반적으로 이용자의 개인지갑에 보관된 암호자산이 스마트 컨트랙트를 통해 다른 암호자산으로 교환되며, 이 과정에서 암호자산이 탈중앙화 거래소가 관리하는 지갑주소로 이전되지 않는 것이 보통이고, 이 경우에는 암호자산 자체가 탈중앙화 거래소에 보관되는 것이 아닐뿐더러 해당 암호자산은 이용자가 개인키를 보관, 관리하고 통제하는 이용자의 개인지갑에 있

---

117) 천창민, 전게논문, 57면; 이나래, 가상통화의 법적 성질 및 보유자권리의 성격 검토, BFL 제89호(2018), 29면; 윤배경, 가상화폐의 법적 성질과 민·형사상 강제집행, 인권과정의 제474권(2018), 13면; 성덕근, 가상자산의 법적 성격과 민사집행에 대한 고찰, 성균관법학 제34권 제4호(2022), 105면.

118) 윤배경, 전게논문, 13면; 이 논문은 빗썸, 업비트, 코인원, 고팍스 등의 이용약관을 근거로 이용자가 거래소에 대하여 암호자산의 반환청구권, 거래 정산에 따른 지급청구권 내지 환불청구권을 갖는다고 설명하고 있다.

119) 성덕근, 전게논문, 106면; 울산지방법원 2018. 1. 5.자 2017카합10471 결정 등.

다는 점에서, 이용자가 직접 해당 암호자산 자체에 대한 통제권 내지 권리를 직접 보유하는 것으로 보는 것이 합리적이다.

### (2) DAO

DAO(decentralized autonomous organization)의 정의는 다양한데, SEC는 컴퓨터 코드로 구체화되고 분산원장 또는 블록체인상에서 실행되는 가상조직으로 정의하고 있고,[120] 이더리움 백서는 일정한 요건의 다수결에 의해 조직의 자금을 소비하고 코드를 수정하는 권리를 가진 특정 수의 멤버나 주주를 보유한 가상조직으로 정의하고 있다.[121] DAO는 통상 어떠한 암호자산 보유자들이 해당 암호자산의 수만큼 투표권을 행사하여 의결되면, 그러한 의사결정이 블록체인에 등록된 스마트 컨트랙트에 의해 자동실행되는 의사결정 구조를 가지고 있다.

DAO의 법적 성격은 우리 법제상 어느 하나에 들어맞는다고 보기는 어렵지만, 조합과 기본적 운영방식에 유사점이 많은 것으로 보인다. 민법상 조합원 모두가 조합 업무에 참여할 권한을 가지며(제703조, 제710조), 조합 의사결정은 조합원 과반수에 의하고(제706조 제2항), 조합의 의결권 부여 및 사무집행 방법에 관하여 조합계약에서 달리 정하는 것이 가능하다. 이러한 측면에서 DAO와 조합은 법적으로 유사한 측면이 있다고 볼 수 있다. 다만, DAO는 블록체인 및 스마트 컨트랙트를 활용하여 공동경영의 개방성 및 효율성을 극대화했다는 점에서는 소규모 조합원 중심의 폐쇄적 조직인 조합과 다르다.[122] 또한, 일반적으로 DAO 구성원들이 무한책임을 부담한다는 의사로 DAO에 참여하였을 가능성은 적어보이므로, 이러한 점은 민법상 조합의 법리와는 맞지 않다.

관련하여, 미국의 버몬트주, 와이오밍주, 테네시주는 입법을 통해 DAO를 유한책임회사(limited liability companies, 이하 "LLC") 형태로 설립할

---

120) SEC, Report of Investigation Pursuant to Section 21(a) of the Securities Exchange Act of 1934: The DAO(2017), p. 1.
121) Ethereum Whitepaper, https://ethereum.org/en/whitepaper/(2023. 6. 30. 확인).
122) 노혁준, 블록체인과 회사법-DAO를 중심으로 한 시론적 고찰-, 상사법연구 제41권 제3호(2022), 95면.

수 있도록 규정하였다. 구체적으로, 버몬트주는 버몬트법(Vermont Statutes)
에 따라 설립된 LLC가 일정한 요건을 충족하면 블록체인 기반의 LLC
(blockchain-based limited liability companies, 이하 "BBLLC")가 되는 것을 스스
로 선택할 수 있도록 규정하였다.[123] BBLLC는 먼저 버몬트법에 따라
LLC가 설립되었음을 전제로 하므로 BBLLC에는 LLC 법제가 기본적으로 적
용되며, 다만 BBLLC의 특성을 고려한 일종의 특칙들이 적용된다.[124] · [125]
와이오밍주는 버몬트주와 달리 DAO를 법률에 명시하며 DAO를 "본 장의
규정에 의하여 설립된 LLC(a limited liability company organized under this
chapter)"로 정의하고 있으나,[126] 버몬트주와 유사하게 와이오밍법에 따라
설립된 LLC가 일정한 요건을 충족할 때 DAO로 전환(convert)할 수 있도
록 규정하였다. 테네시주의 DAO 법제도 와이오밍주와 대체로 유사하다.
따라서 이와 같이 버몬트주, 와이오밍주, 테네시주 법률에 따라 설립된
LLC가 일정한 요건을 충족하여 BBLLC 또는 DAO로 전환한 경우에도 원
칙적으로 LLC법제가 기본적으로 적용되며, 다만 BBLLC 또는 DAO에 관
하여 각 주법에 특별히 규정한 사항이 있다면 그러한 사항들이 특칙으로
적용되게 된다. LLC는 계약법리에 의해 작동하면서도, 구성원에게 유한
책임을 인정하고, 세부담 차원에서는 조합과세를 한다는 장점을 갖는데,
위에서 소개한 미국의 입법들은 LLC의 장점을 DAO에 도입하려는 시도로
이해된다.[127] DAO가 활성화되기 위하여는 구성원들에게 유한책임을 인
정하는 것이 중요한 요소일 것으로 보이므로, 이러한 입법 시도는 참고
할 만하다.

　　한편, DAO에서 투표권 행사를 위해 필요한 암호자산(이하 "DAO 토
큰")의 경우, 자본시장법상 지분증권에 해당하는지가 문제될 수 있다. 지

123) Vermont Statutes, Title 11, Chapter 25, Subchapter 12, Section 4172 참조.
124) Vermont Statutes, Title 11, Chapter 25, Subchapter 12 Section 4173 to 4176 참조.
125) 이를 국문으로 정리한 내용은 안수현, 탈중앙화 금융(De-Fi)의 기업·금융 규제
　　법제 연구-탈중앙화 자율조직(DAO)의 조직구조와 참여자 보호, 한국법제연구원
　　(2022), 69-71면 참조.
126) Wyoming Statutes, Title 17, Chapter 31, Article 1, 17-31-102. (ⅱ) 참조.
127) 노혁준, 전게논문, 107면.

분증권은 주권, 신주인수권이 표시된 것, 법률에 의하여 직접 설립된 법인이 발행한 출자증권, 상법에 따른 합자회사·유한책임회사·유한회사·합자조합·익명조합의 출자지분, 그 밖에 이와 유사한 것으로서 출자지분 또는 출자지분을 취득할 권리가 표시된 것을 말한다(자본시장법 제4조 제4항). 자본시장법상 지분증권에 관한 정의 규정에 개별적으로 열거된 지분증권과 "유사한 출자지분"의 의미는 별도로 규정되어 있지 않으나, 일반적으로 "출자지분"의 주요 요소는 이익배당청구권이나 잔여재산분배청구권 등과 같이 사업으로부터 발생한 이익을 분배 받을 권리로 볼 수 있다. 물론 의결권도 출자지분의 주요 요소로 볼 것인지 여부가 문제될 수 있으나, 지분증권의 하나로 열거되어 있는 주권의 경우 의결권이 없는 주식도 존재하므로, 의결권의 유무가 지분증권 해당 여부를 판단함에 있어서 결정적인 요소라고 할 수는 없을 것이고, 그러한 점에서 이익배당청구권이나 잔여재산분배청구권이 보다 중요한 요소라고 보는 것이 합리적이다. 따라서 DAO 토큰이 지분증권에 해당하려면 단순히 의결권만 갖는 것만으로는 부족하고, 나아가서 이익배당청구권 내지 잔여재산분배청구권을 가져야 자본시장법상 지분증권에 해당한다고 보는 것이 합리적이라 생각된다.

## Ⅳ. 맺 는 말

이 글은 암호자산 관련 법적 쟁점에 대한 분석 및 암호자산을 규율하는 규제 체계에 대한 검토의 전제가 되는 암호자산의 개념 및 법적 성격에 대해 실무상 주로 접하게 되는 사항을 중심으로 간략하게 살펴보았다. 아직까지 암호자산이 비교적 새로운 개념이고, 암호자산을 규율하기 위한 법제도가 완비되어 있지 않으며, 여러 암호자산들이 다양한 기술적 특성과 기능을 가진다는 점에서, 전체적으로 암호자산의 개념 및 기반 기술, 암호자산의 분류 방법에 대해 알아보고, 암호자산의 법적 성격에 대해서 다양한 각도에서 살펴보는 것이 의미가 있을 것이라 생각하여 이 글을 준비하였는데, 제한된 지면과 무엇보다 필자의 역량 부족으로 각 쟁점에 대해 깊이 있게 다루지 못하였다는 아쉬움이 남는다. 다만, 오랜 기다림 끝에 가상자산이용자보호법이 국회 본회의를 통과하여 공포 후 1년 이 경과한 날부터 시행될 예정이고, 시행 전에도 암호자산과 관련한 보다 구체적인 규제나 법제 등에 대해서 추가적인 입법 논의가 계속될 것이며, 암호자산이 점점 더 대중화, 일반화되면서 다양한 법적 쟁점이 문제되고 실무상으로도 이에 대해 고민할 기회가 많아질 것이라는 점에서, 향후 암호자산에 대한 보다 활발한 검토와 연구가 전개될 것이라 예상되는데, 이 글이 그러한 검토와 연구에 작게나마 도움이 될 수 있기를 기대하며 부족한 글을 맺는다.

[Abstract]

# The Concept and Legal Nature of Cryptoasset

Kim, Joon Young*

In order to review and analyze any legal issues and regulatory framework surrounding crypto assets, it is imperative to understand concept and legal characterstics of crypto assets. This paper first discusses about the concept of crypto assets, particularly with respect to the technical aspects of crypto assets which are commonly seen in practice, which is followed by how crypto assets are classified and legally characterized. While the definition and scope of crypto assets have yet to be firmly established, they are generally understood as digital instruments that utilize distributed ledger technology and encryption techniques to electronically store and transfer value. Normally, crypto assets are typically characterized by their technological elements as commonly seen in practice, such as distributed ledgers, encryption technology, consensus algorithms, validators, staking, public-private key pairs, and crypto wallets for key storage, which are important to understand for review and analysis of legal issues involving crypto assets.

In terms of classifying crypto assets, they can be categorized from a technical perspective as either fungible tokens (FT) or non-fungible tokens (NFT). Alternatively, from a functional standpoint, they can be classified as payment instruments, investment instruments, or other instruments used to obtain services, each of which may be subject to different regulations. However, due to the various functions and characteristics possessed by many crypto assets, establishing a uniform classification may prove challenging. Nonetheless, classification of a particular crypto asset from tech-

* Attorney at Law, Kim & Chang.

nical aspects normally allow each jurisdiction to apply its existing regulatory framework to such crypto asset. While different jurisdictions have different classification standards and methods, to the extent such crypto asset is used as payment means, such crypto asset would normally be subject to rules and regulations applicable to payment means. Similarly, to the extent such crypto asset is used for investment purpose, it would normally be regulated under the rules and regulations applicable to investment products. If, on the other hand, such crypto asset is used for services based on blockchain technology, governments tend not to stringently regulate such crypto asset based on the view that there is relatively lower necessity to regulate such crypto assets. Additionally, there are central bank digital currencies (CBDCs), which are digital forms of legal tender issued by central banks, and stablecoins issued by private entities, which aim to maintain stable value relative to legal tender or other underlying assets. These developments are anticipated to raise various legal issues in the future.

Regarding the legal nature of crypto assets, there are several aspects to consider. In civil law, recognizing crypto assets as property would be difficult under existing legislation. However, it would be sensible to recognize them as rights or unique forms of property rights akin to ownership through future legislative efforts in order to more closely reflect realities. In criminal law, crypto assets are deemed non-proprietary and are considered pecuniary interest. Also it is subject to confiscation, as determined by the Supreme Court. In terms of financial law, a key issues on legal classification of crypto assets is whether a crypto asset should be classified as investment contract securities within the scope of the securities under the Financial Investment Services And Capital Markets Act. Such determination would be made based on the Guidelines for Token Securities by Korean financial authorities and certain lower court rulings in Korea (as well as the Howey Test in the US as reference). Based on interpretation of the Financial Investment Services And Capital Markets Act, in the absence of any contractual right to claim profits between investors and issuers (or operators) of crypto asset, it would be reasonable to conclude that such crypto asset should not be viewed as investment contract securities. Separately, other key issues involving legal nature of crypto assets include whether crypto assets would fall under the definition of virtual assets subject to anti-money laundering regulations outlined in the Act on Reporting and Using Specified Financial Transaction Information and whether crypto assets (especially whre they are stablecoins) would qualify as electronic currency or electronic prepayment means under the Electronic Financial Transactions Act.

This paper also examines the legal nature of crypto assets in special cases, including the legal aspects of crypto assets held in centralized and decentralized crypto asset exchanges, the legal nature of Decentralized Autonomous Organizations (DAOs), and whether crypto assets used to exercise voting rights within DAOs can be considered equity securities. Given the incomplete current legal framework for regulating crypto assets and the varied technological attributes and functionalities vested in different crypto assets, this paper aims to explore main practical issues around the legal nature of crypto assets from multiple perspectives.

## [Key word]

- Cryptoasset
- Digital Asset
- Cryptocurrency
- Blockchain
- Distributed Ledger Technology

## 참고문헌

[국내문헌]

국회입법조사처, 자금세탁방지기구 국제 기준의 국내 입법 방안: 변호사의
　　의심거래 보고의무를 중심으로(2017).

금융위원회, 국제자금세탁방지기구(FATF) 총회 참석 결과(2018).

＿＿＿＿, 2017. 9. 1.자 보도자료, 「가상통화 관계기관 합동 TF」 개최－가상통
　　화 현황 및 대응방향, https://www.korea.kr/briefing/pressReleaseView.
　　do?newsId=156223319(2023. 6. 30. 확인).

＿＿＿＿, 2021. 11. 23.자 보도자료, NFT는 일반적으로 가상자산이 아니며, 다
　　만 결제·투자 등의 수단으로 사용될 경우에는 해당될 수 있습니다,
　　https://www.fsc.go.kr/no010102/76934?srchCtgry=&curPage=&srchKey=&
　　srchText=&srchBeginDt=&srchEndDt=(2023. 6. 30. 확인).

＿＿＿＿, 조각투자 등 신종증권 사업 관련 가이드라인(2022).

금융위원회·금융감독원·한국거래소·예탁결제원, 토큰 증권 가이드라인(2023).

＿＿＿＿, 토큰 증권 발행·유통 규율체계 정비방안 보도자료(2023).

김건식·정순섭, 자본시장법 제3판, 두성사(2013).

김영식·권오익, 중앙은행 디지털화폐(CBDC) 발행의 의의 및 필요성－지급결
　　제시스템을 중심으로－, 한국은행 경제연구원 「經濟分析」 제28권 제4호
　　(2022).

김용덕 편집대표, 주석 민법 제5판, 한국사법행정학회(2019).

김이수, 비트코인의 사법상 지위에 관한 고찰, 법학연구 제59권 제4호(2018).

김자봉, 비트코인은 증권인가?, 증권법연구 제19권 제2호(2018).

김재진·최인석, 가상자산 법제의 이해, 박영사(2022).

노혁준, 블록체인과 회사법－DAO를 중심으로 한 시론적 고찰－, 상사법연구
　　제41권 제3호(2022).

박영호, 암호화폐의 강제집행, 비트코인을 중심으로, 사법 제49호(2019).

박준·한민, 금융거래와 법 제3판, 박영사(2022).

백대열, 데이터 물권법 시론(試論)－암호화폐를 비롯한 유체물－동등 데이터
　　를 중심으로, 민사법학 제90호(2020).

백대열·송희권, 형법상 재물과 재산상의 이익 간 구분 기준으로서의 관리가
능성, 서울대학교 법학평론 제9권(2019).

성덕근, 가상자산의 법적 성격과 민사집행에 대한 고찰, 성균관법학 제34권
제4호(2022).

심인숙, 자본시장과 금융투자업에 관한 법률상 투자계약증권 개념에 대한 검
토, 비교사법 제15권 제1호(통권 제40호)(2008).

안수현, 탈중앙화 금융(De-Fi)의 기업·금융 규제 법제 연구-탈중앙화 자율
조직(DAO)의 조직구조와 참여자 보호, 한국법제연구원(2022).

윤배경, 가상화폐의 법적 성질과 민·형사상 강제집행, 인권과정의 제474권
(2018).

이나래, 가상통화의 법적 성질 및 보유자권리의 성격 검토, BFL 제89호
(2018).

이정수, 토큰이코노미(Token Economy)의 입법과제, 금융법연구 제19권 제3호
(2022).

임재연, 자본시장법 2015년판, 박영사(2015).

재정경제부, 자본시장과 금융투자업에 관한 법률 제정안 설명자료(2006).

전승재·권헌영, 비트코인에 대한 민사상 강제집행 방안-암호화폐의 제도권
편입 필요성을 중심으로-, 정보법학 제22권 제1호(2018).

정성윤·박광민, 형법각론, 성균관대학교출판부(2012).

정순섭, 블록체인과 금융, BFL 제108호(2021).

정순섭·정준혁·이종혁, 중앙은행 디지털화폐(CBDC) 관련 법적 이슈 및 법령
제·개정 방향(2021).

최호진, 암호화폐 또는 가상자산의 형법적 성격, 형사법연구 제34권 제3호
(2022).

천창민, 가상자산 거래의 물권법적 측면에 관한 연구, 서울대학교 법학 제63
권 제1호(2022).

코스모스 허브 웹사이트 FAQ 참조, https://hub.cosmos.network/main/validators/
validator-faq.html(2023. 6. 30. 확인).

하태영, 한국형법에 있어서 재물개념의 논쟁사, 비교형사법연구 제5권 제2호
(2003).

한국은행, 지급결제 조사자료(암호자산 규제 관련 주요 이슈 및 입법 방향)
(2022).

한서희, 디지털자산과 자본시장법상 규제-증권성 판단 기준을 중심으로, BFL 제115호(2022).

## [외국문헌]

Bank of Japan, "Central Bank Digital Currency", https://www.boj.or.jp/en/paym/digital/index.htm(2023. 6. 30. 확인).

BIS, BIS Innovation Hub work on central bank digital currency (CBDC), https://www.bis.org/about/bisih/topics/cbdc.htm(2023. 6. 30. 확인).

BIS Committee on Payments and Market Infrastructures, Markets Committee, Central Bank Digital Currencies, 2018, https://www.bis.org/cpmi/publ/d174.pdf(2023. 6. 30. 확인).

BIS et al., Central Bank Digital Currencies: Ongoing Policy Perspectives, 2023, https://www.bis.org/publ/othp65.pdf(2023. 6. 30. 확인).

Ethereum Whitepaper, https://ethereum.org/en/whitepaper/(2023. 6. 30. 확인).

European Central Bank, Digital Euro, https://www.ecb.europa.eu/paym/digital_euro/html/index.en.html(2023. 6. 30. 확인)

European Commission, Commission Staff Working Document Impact Assessment, Proposal for a Regulation of the European Parliament and of the Council on a Pilot Regime for Market Infrastructures based on Distributed Ledger Technology, SWD(2020) 201 final(2020).

European Parliament, Regulation of the European Parliament and of the Coucil on Markets in Crypto-assets, and Amending Regulations (EU) No 1093/2010 and (EU) No 1095/2010 and Directives 2013/36/EU and (EU) 2019/1937(2023), https://data.consilium.europa.eu/doc/document/PE-54-2022-INIT/en/pdf(2023. 6. 30. 확인)

FATF, Updated Guidance for a Risk-Based Approach Virtual Assets and Virtual Asset Service Providers(2021).

FINMA, Guidelines for Enquiries Regarding the Regulatory Framework for Initial Coin Offerings (ICOs)(2018), https://www.finma.ch/en/~/media/finma/dokumente/dokumentencenter/myfinma/1bewilligung/fintech/wegleitung-ico.pdf(2023. 6. 30. 확인).

G7 Working Group on Stablecoins, Investigating the Impact of Global

Stablecoins(2019), https://www.bis.org/cpmi/publ/d187.pdf(2023. 6. 30. 확인).

IMF, Blockchain Consensus Mechanisms: A Primer for Supervisors(2022).

Dr. Katharina Garbers-von Boehm, Helena Haag, Katharina Gruber, European Parliament Policy Department for Citizens' Rights and Constitutional Affairs Directorate-General for Internal Policies, Intellectual Property Rights and Distributed Ledger Technology with a Focus on Art NFTs and Tokenized Physical Artworks(2022).

MAS, A Guide to Digital Token Offerings(2019), https://www.mas.gov.sg/-/media/mas/sectors/guidance/guide-to-digital-tokens-offering---23-dec-2019.pdf (2023. 6. 30. 확인).

_____, A Guide to Digital Token Offerings(2020), https://www.mas.gov.sg/-/media/mas/sectors/guidance/guide-to-digital-token-offerings-26-may-2020.pdf (2023. 6. 30. 확인).

OECD, Public Consultation Document, Crypto-Asset Reporting Framework and Amendments to the Common Reporting(2022).

President's Working Group on Financial Markets, the Federal Deposit Insurance Corporation, and the Office of the Comptroller of the Currency, Report on Stablecoins(2021).

Satoshi Nakamoto, Bitcoin A Peer-to-Peer Electronic Cash System(2008), https://bitcoin.org/bitcoin.pdf(2023. 6. 30. 확인).

SEC, Framework for "Investment Contract" Analysis of Digital Assets(2019), https://www.sec.gov/files/dlt-framework.pdf(2023. 6. 30. 확인).

SEC Press Release, https://www.sec.gov/news/press-release/2020-338(2023. 6. 30. 확인).

_____, https://www.sec.gov/news/press-release/2023-32(2023. 6. 30. 확인).

_____, https://www.sec.gov/news/press-release/2023-59(2023. 6. 30. 확인).

_____, https://www.sec.gov/news/press-release/2023-101(2023. 6. 30. 확인).

_____, https://www.sec.gov/news/press-release/2023-102(2023. 6. 30. 확인).

_____, https://www.sec.gov/news/press-release/2022-127(2023. 6. 30. 확인).

_____, https://www.sec.gov/news/speech/gensler-sec-speaks-090822(2023. 6. 30. 확인).

SEC, Report of Investigation Pursuant to Section 21(a) of the Securities Exchange Act of 1934: The DAO(2017).

The Board of the International Organization of Securities Commissions(IOSCO Board), Policy Recommendations for Crypto and Digital Asset Markets Consultation Report(2023).

The White House, Fact Sheet: White House Releases First-Ever Comprehensive Framework for Responsible Development of Digital Assets, https://www. whitehouse.gov/briefing-room/statements-releases/2022/09/16/fact-sheet- white-house-releases-first-ever-comprehensive-framework-for-responsible- development-of-digital-assets/(2023. 6. 30. 확인).

UNIDROIT, Principles on Digital Assets and Private Law(2023), https://www.unidroit. org/wp-content/uploads/2023/04/C.D.-102-6-Principles-on-Digital-Assets-a nd-Private-Law.pdf(2023. 6. 30. 확인).

U.S. Department of the Treasury, Crypto-Assets: Implications for Consumers, Investors, and Businesses(2022).

_____, The Future of Money and Payments (Report Pursuant to Section 4(b) of Executive Order 14067)(2022).

# 블록체인 기반 가상자산에 대한 민사법적 취급*

## -기술적 분석을 기초로

신 지 혜**

■요　　지■

　　가상자산을 보유하는 방식은 이용자 자신이 직접 블록체인 위의 가상자산에 대한 처분권능을 갖는 경우와, 가상자산사업자를 통해 거래하는 경우로 대별할 수 있으며, 양자는 법적인 관점에서 전혀 다르다. 후자의 경우 민사법적 취급과 관련해서는 가상자산 지급청구권을 보유하는 것으로 이론구성할 수 있으며, 이러한 전제에서 하급심 판례군도 형성되어 있다. 다만 가상자산사업자 파산시 어떻게 처리해야 하는지 논의를 요한다. 한편, 전자의 경우에 관하여, 청구권이 아니라 물권적 성격을 갖는 것으로 일응 파악되기는 하지만, 이를 대상으로 한 담보설정, 원인행위 하자시 이미 이루어진 가상자산 거래의 처리, 강제집행 가부 등이 문제될 수 있다. 특히 블록체인 기반 가상자산에 대한 강제집행 실효성 확보 방안을 깊이 고민해야 한다.

　　현실적으로 블록체인 기반 가상자산 거래가 활발히 일어지고 있지만, 블록체인 기반 가상자산은 기초자산이 전혀 없다는 점에서 엄청난 리스크

* 이 글은 신지혜·김수정, 『민사법상 가상자산 관련 입법 개선방안 연구, 법무부 연구용역보고서』(2022. 12.)의 저자 책임 부분을 발전시켜 작성한 것이다. 이 글을 수정·보완한 글은 한국외국어대학교 법학연구소가 발간하는 외법논집 제48권 제1호 (2024. 2.)에 게재되었다.
** 한국외국어대학교 법학전문대학원 부교수, 변호사, 법학박사.

를 내재하고 있다는 점을 항상 상기해야 한다. 따라서 블록체인 기반 가상 자산에 대한 논의에 있어서, 국가가 가상자산의 경제적 가치를 보장하는 것이 아님을 명시하고, 다만 가상자산을 둘러싼 민사적 분쟁 해결과 그 경제적 가치 환수를 위하여 법률적으로 뒷받침하고자 하는 것뿐이라는 점을 충분히 인식시켜야 할 것이다.

[주 제 어]
- 가상자산
- 블록체인
- 가상자산사업자
- 강제집행
- 파산
- 담보설정
- 물권

# I. 서 론

가상자산(virtual assets)이란 경제적 가치를 지닌 것으로서 전자적으로 거래 또는 이전될 수 있는 전자적 증표를 말한다[「특정 금융거래정보의 보고 및 이용 등에 관한 법률」(이하 '특정금융정보법') 제2조 3호]. 또한 "비트코인은 경제적인 가치를 디지털로 표상하여 전자적으로 이전, 저장과 거래가 가능하도록 한 가상자산의 일종으로 사기죄의 객체인 재산상 이익에 해당"하고(대법원 2021. 11. 11. 선고 2021도9855 판결), "가상자산은 국가에 의해 통제받지 않고 블록체인 등 암호화된 분산원장에 의하여 부여된 경제적인 가치가 디지털로 표상된 정보로서 재산상 이익에 해당한다"(대법원 2021. 12. 16. 선고 2020도9789 판결). 사실 '가상자산' 자체는 매우 폭넓은 개념이나,[1] 위에서 언급된 가상자산은 모두 블록체인을 기반으로 하는 가상자산만을 의미하는 것이며, 이 글에서 다루려는 가상자산 역시 블록체인을 기반으로 한 것에 한정된다.

이처럼 우리 법률이나 판례상 블록체인을 기반으로 한 가상자산에 대해 경제적 가치가 있는 증표로서 법률상 보호될 재산상 이익에 해당한다는 점은 이미 확인된 바 있으며, 이에 대해 의문의 여지는 거의 없다. 그러나 재산상 이익에 해당한다고 보더라도 그 법적 성격을 어떻게 파악해야하는지는 여전히 명확하지 않다. 가상자산의 통상적인 거래 과정에서는 가상자산의 성격을 엄밀히 판명하지 않더라도 무방한 경우가 대부분이었다.[2] 즉, 가상자산이 화폐의 성격을 갖는지 채권의 성격을 갖는지

---

1) 비트코인과 같은 블록체인 기반 암호화폐가 생겨나기 이전에도 이미 IT 및 디지털 기술 발달과 함께 여러 종류의 가상자산이 존재하고 있었다. 이러한 가상자산은 특정금융정보법의 적용 대상에서 제외된다. 종래의 가상자산에 대한 간단한 소개로는, 신지혜, "가상자산의 특성과 법적 규율-블록체인 기반 가상자산의 위험성과 규율 방향을 중심으로-", 소비자법연구 제8권 제3호, 한국소비자법학회(2022. 8.), 91-93면 참조.
2) 적어도 민사적인 관점에서는 그렇다. 그러나 증권법적인 관점에서는 가상자산의 증권성 여부에 따라 가상자산발행자나 가상자산사업자(특정금융정보법 제2조 1호 하목)에 대한 규제 내용이 크게 달라질 수 있으며, 이에 관한 연구는 상당히 진행된 바 있다. 다만 이 글에서는 민사적인 관점에 한정하여 가상자산의 성질을 논하

또는 동산의 성격을 갖는지 등에 따라 거래 양상이나 거래 방식이 달라지는 것이 아니기 때문에, 그 동안 이에 대한 명확한 정리가 이루어지지 못한 상황에서도 가상자산 유통은 활발히 이루어지고 있었다. 그러나 가상자산 유통이나 보유에서 문제가 발생한 경우, 예컨대, 가상자산을 보유하고 있는 사람이 파산하여 가상자산을 파산재단에 편입시켜야 하는 경우, 가상자산 보유자의 채권자가 가상자산을 대상으로 강제집행을 하려는 경우 및 가상자산사업자가 파산한 경우 등에는 가상자산의 법적 성격에 따라 쟁점과 절차가 각각 달라질 수 있다. 따라서 특히 이러한 경우를 염두에 두고 가상자산의 법적 성격, '가상자산 보유'의 법적 의미에 관해 고찰해 보고자 한다.

사실 가상자산을 둘러싼 여러가지 불명확성은 블록체인 기술이나 가상자산이 실제로 유통되는 과정에 관한 기술적 몰이해에 기인하는 경우가 대부분이다. 따라서 먼저 정확한 기술적 이해가 바탕이 되어야 할 것이나, 이에 관하여는 이미 필자의 선행연구에서 여러 차례 설명한 바 있으므로[3] 이 글에서는 이를 반복하지 않고, 가상자산 거래가 이루어지는 개괄적 구조와 선행연구에서 다루지 않은 내용(가령 개인 비밀키의 구체적인 내용에 관한 것)에 한정하여 소개한다. 그리고 가상자산 거래에 대한 기술적 이해를 바탕으로 특히 위에서 열거한 파산이나 집행 등의 절차에서 가상자산을 어떻게 취급하고 처리해야 하는지 살펴보도록 한다.

---

고자 한다. 한편, 증권법적인 관점에서의 논의에 관하여는 김홍기, "가상화폐의 본질과 가상자산시장의 규제방안", 상사법연구 제41권 제1호(2022); 맹수석, "가상자산에 대한 규제 방안의 검토−비트코인 등 블록체인기술 기반의 가상자산을 중심으로−", 한국법학회 법학연구 제21권 제2호(2021); 박선종, "증권형 가상자산의 투자자보호에 관한 연구", 숭실대학교 법학연구소 법학논총 제51집(2021. 9.); 안수현, "암호자산 규제법제 정비를 위한 검토−해외 규제사례를 기초로", 한국경쟁법학회 경쟁법연구 제21권 제1호(2022. 4.); 안현수, "가상자산시장 불공정거래의 규제−자본시장 불공정거래 규제와의 비교를 중심으로−", 금융소비자연구 제12권 제2호(2022. 8.) 등 참조.

3) 신지혜, "블록체인의 성립과 운용에 있어서 민사법적 쟁점−블록체인에 대한 기술적 이해를 기초로−", 비교사법 제28권 제3호, 한국비교사법학회(2021. 8.); 신지혜(주 1) 및 신지혜·김수정, 『민사법상 가상자산 관련 입법 개선방안 연구』, 법무부 연구용역보고서(2022. 12.) 등.

## Ⅱ. 블록체인 기반 가상자산의 거래 구조

### 1. 블록체인 기반 가상자산의 취득 과정

블록체인 기반 가상자산은 여러 가지 종류가 있고 구체적인 거래 방식도 각 가상자산 별로 서로 다르다. 이 글에서는 가장 유력하게 거래가 이루어지는 비트코인을 중심으로 검토한다. 가상자산을 둘러싼 이해관계인의 관계를 비트코인의 최초 발행 시점부터 개별 거래 성립까지 순서대로 구체적으로 살펴보면 다음과 같다.

우선 비트코인과 같은 가상자산을 발행할 목적을 가지고(직접 발행하는 것은 아니다[4]) 비트코인의 채굴과 거래 과정이 구현될 수 있는 블록체인 프로그램을 코딩하여 배포한다.

블록체인을 통해 거래정보를 발신하고자 하는 자는 블록체인에 접속하여 블록체인 계정과 그에 대한 공개키(address) 및 개인 비밀키(private key)를 발급받는다. 공개키는 일종의 계좌번호 내지 ID에 해당하고, 비밀키는 그 ID를 활용하기 위한 비밀번호[5]에 해당한다고 볼 수 있다. 맨 처음 블록체인에 접속하여 공개키와 비밀키를 발급받았을 때에는 자신의 계좌잔고(balance)는 0이다. 계정의 주소나 공개키 주소는 블록체인 위에 공개되지만, 계정 개설 과정에서 주민등록번호는 물론 이메일 주소나 연락처 등의 개인정보를 일절 입력하지 않으므로, 개별 개인과 당해 지갑 주소를 연결하거나 유추할 수 없다.[6]

계좌잔고에 비트코인을 보유하였다고 입력하기 위하여는 ( i ) 블록

---

4) 비트코인을 제외한 대부분의 코인이나 토큰은 발행자가 별도로 존재하는 경우가 훨씬 많다. 이에 관하여는 아래에서 간단히 살펴본다.

5) 랜덤한 256 bit로 이루어진 값으로 생성된다. 만약 무작위로 숫자를 입력해서 특정한 개인 비밀키를 찾아내기 위해서는 무려 2^256회의 연산(계산시 총 77자리의 숫자가 된다고 한다)이 필요하고, 컴퓨터로 연산작업을 하더라도 수백억 년에 달하는 시간이 필요하다고 한다.

6) 반면, 각 계정의 거래 내역은 블록체인에 기록되며 공개되므로, 블록체인의 현황을 볼 수 있는 사이트(https://www.blockchain.com/explorer/mempool/btc 등)에 접속하면, 각 계정의 거래 내역을 순차적으로 모두 확인할 수 있다. 다만 각 계정과 그 계정의 보유자를 서로 연결 짓거나 특정할 수 없을 뿐이다.

생성에 참여하여 채굴을 성공함으로써 생성되는 비트코인을 기재하거나, (ii) 제3자로 하여금 그 제3자가 나의 공개키로 비트코인을 보낸다는 내용의 정보를 발신하게 하고 그러한 내용이 블록에 기록되어야 한다. (i) 블록 생성을 통해 비트코인을 취득하는 과정에 관하여는 위에서 설명한 바와 같다.

한편, 위 (i)과 (ii)는 모두 블록체인 위에서 이루어지는 일이다. 그런데 (ii)와 같이 제3자로 하여금 나의 공개키로 비트코인을 보낸다는 내용의 정보를 발신하도록 하기 위해서는, 블록체인 밖에서 내가 그 제3자와 그러한 정보 발신을 위한 원인이 되는 다른 거래 등을 해야 한다.[7] 예를 들어 내가 그 제3자에게 재화나 용역을 공급하기로 하고, 그 제3자는 나에게 그 대가로 비트코인을 내 공개키로 보낸다는 내용의 정보를 발신하는 것이다.

한편, 가상자산을 취득하는 또 한가지 방식으로는 (iii) 가상자산사업자를 통해 비트코인을 구매하는 방법이 있다. 사실 이는 위 (ii)의 한 유형에 불과하나, 현실적으로 가상자산 거래 대부분이 이 방식을 취하고 있고, 여기에서는 가상자산사업자의 역할이 중요하므로, 이러한 방식에 관하여는 아래에서 항을 나누어 자세히 설명한다.

마지막으로 (iv) 블록체인 운영자에게 대가를 지급하거나 지급하지 않고 이들로부터 신규 가상자산을 발행받는 것이다. 처음 가상자산을 발행하면서 투자자를 모집하는 Initial Coin Offering(이하 'ICO')이나 기존 암호화폐 보유자에게 보유 비율 등에 따라 암호화폐를 무료로 나눠주는 Airdrop 등이다. 비트코인의 경우에는 이러한 정책을 채용하고 있지 않으나, 이더리움 등의 경우에서 채용된 방식이다.

## 2. 가상자산 거래에 필요한 개인 비밀키의 관리

위에서 살펴본 바와 같이 블록체인 위에 계정을 개설하면 당해 계

---

7) 물론 무상으로 제3자로부터 내 계정으로 비트코인을 이전받을 수도 있으나, 일반적인 것은 아닐 것이므로 논의를 생략한다.

정 주소로 타인으로부터 비트코인을 송신받을 수 있는데, 자신이 보유하고 있는 비트코인을 타인에게 송신하고자 할 때에는 계정 개설시 발급받은 비밀키가 반드시 요구된다. 만약 자신의 비밀키를 모른다면, 자신의 계좌에 들어와 있는 비트코인을 절대로 이체하거나 처분할 수 없다. 블록체인 기반에서는 중앙관리자가 없으므로, 만약 자신의 비밀키를 잊어버리거나 분실하였다면, 비밀키를 확인할 방법이 전혀 없다. 이러한 지갑 개설, 공개키 주소 부여 및 비밀키 발급시 다른 블록체인 참여자가 관여하는 것은 아니며, 이러한 과정은 프로그램에 따라 시스템적으로 완전히 자동 진행된다. 비밀키 발급시 관리자나 관여자가 존재하지 않기 때문에, 비밀키는 오직 계정 주인만이 알 수 있고, 만약 비밀키를 분실, 망각한 경우 당해 계정 내의 비트코인을 다른 계정으로 송신할 수 없을 뿐 아니라, 비밀키를 재설정하거나 다른 정보를 입력해 확인하는 것도 불가능하게 된다. 즉 비밀키를 분실한 경우 당해 계정은 영원히 이용할 수 없는 채로 동결된다.

　여기서 공개키나 비밀키는 해쉬함수로 산출된 무작위의 숫자로 발급되는 것이어서, 이를 기억하기 쉽지 않다. 또한 블록체인의 인터페이스가 편리하지 않기 때문에 여기에 직접 접속하여 거래정보를 입력하는 것도 용이하지 않다. 이에 이용자에게 편리한 인터페이스를 제공하여 가상자산 거래를 돕는 여러 사이트나 애플리케이션이 존재하는데, 이를 핫월렛(hot wallet)이라고 한다. 핫월렛은 인터넷상 보관되어 있기 때문에 접근성이 편리하다는 장점이 있지만, 핫월렛이 채용한 보안기술에도 불구하고 인터넷을 통한 해킹 위험성이 존재한다는 문제가 있다. 이에 비밀키를 인터넷에 연결되지 않은 USB 형태의 저장매체에 보관하고, 해당 저장매체의 내용을 열람하기 위해서 다시 비밀번호를 입력해야 하는 형태의 제품이 판매되고 있으며, 이를 콜드월렛(cold wallet) 또는 하드월렛(hard wallet)이라고 부른다.[8] 콜드월렛의 경우 거래를 확정시키기 위해서는 USB 등 형태

---

[8] 공인인증서 발급받아 그 파일을 USB에 보관하는 것과 유사하다.

의 물리적 저장매체를 인터넷에 접속시켜야 하므로, 거래 확정시마다 물리적 매체가 필요하다는 단점이 있지만 사용하지 않을 때에는 인터넷에 접속하지 않고 따로 빼서 보관하므로 해킹 위험성이 매우 낮다는 장점이 있다.[9]

그런데 여기서 주의하여야 할 점은, 핫월렛이나 콜드월렛에 가상자산 내역이나 정보가 어느 정도 기록되기는 하지만, 가상자산 자체는 블록체인 위에 존재할 뿐이고 월렛에 따로 빼내어져 보관되는 것은 아니라는 것이다.[10] '월렛(지갑)'이라는 용어가 사용되고 있기 때문에 마치 핫월렛과 콜드월렛 내에 곧바로 가상자산이 보관되는 것으로 착각하기 쉬우나, 가상자산은 오로지 블록체인 위에 기록된 정보일 뿐이어서, 월렛 내에 가상자산이 보관되는 것은 아니다. 핫월렛이나 콜드월렛에서[11] 곧바로 자신의 가상자산 보유 현황 등을 볼 수 있다고 하더라도 이것은 이용자의 편의를 위해 화면에 보여 주는 것일 뿐 가상자산 자체가 핫월렛이나 콜드월렛에 이전되는 것은 전혀 아닌 것이다. 핫월렛이나 콜드월렛에는 가상자산에 대한 통제를 위해 필요한 열쇠에 해당하는 비밀키 정보만 포함되어 있을 뿐이고, 가상자산 내역이나 정보는 인터넷상 분포되어 있는 블록체인 위에 중복 저장되어 보관되어 있다.

---

9) 콜드월렛은 주로 USB 형태로 판매되지만, 사실 비밀키를 종이에 적어 보관하는 것도 원시적인 형태의 하드월렛에 해당할 수 있다.

10) 예를 들어 최근 발의된 "디지털 자산 시장의 공정성 회복과 안심거래 환경 조성을 위한 법률안"(이하 '디지털 자산법') 제6조 제2항은 "디지털 자산사업자는 제1항에 따라 보관하는 이용자의 디지털 자산 중 대통령령으로 정하는 비율 이상의 디지털 자산을 인터넷과 분리하여 안전하게 보관하여야 한다."고 규정한다. 이는 콜드월렛을 염두에 둔 조항으로 보이기는 하나, 실제 콜드월렛에 가상자산이 보관되는 것은 아니고 오로지 비밀기만 보관되는 것이라는 점에서 정확한 표현이라고 할 수 없다. 가상자산은 인터넷상 네트워크인 블록체인에 기록되는 것으로, 가상자산 자체를 인터넷과 분리하여 보관하는 것이 기술적으로 불가능하다. 만약 콜드월렛을 이용하라는 취지라면, "디지털 자산사업자는 제1항에 따라 보관하는 이용자의 디지털 자산 중 대통령령으로 정하는 비율 이상의 디지털 자산에 관한 접속용 암호 등을 인터넷과 분리하여 안전하게 보관하여야 한다"라고 표현하여야 오해의 소지가 없을 것이다.

11) 콜드월렛은 단순한 USB 형태인 것도 있으나, 저장매체를 포함한 단말기 형태인 제품도 있다.

한편 개인 비밀키는 해쉬함수를 통해 도출된 무작위의 숫자가 나열된 것에 불과하므로, 이를 무수히 복제하여 그 개수만큼 콜드월렛이나 핫월렛을 생성하는 것도 이론적으로 가능하다. 단순하게는 이 비밀키 숫자를 일일이 필사하여 수십 장의 종이로 제작하는 것도 가능하다. 이와 같이 종이에 기재된 개인 비밀키를 입력하면 블록체인에 접속하여 당해 계정에 존재하는 가상자산을 처분하는 것도 얼마든지 가능하다.

정리하면, 비밀키를 기억하고 보관하는 방법으로는 ㉠ 자신의 머리 속에서만 기억하는 방법, ㉡ PC 등에 파일 형태로 보관하거나 핫월렛을 이용하는 방법 및 ㉢ 종이에 출력하거나 USB 형태의 콜드월렛에 보관하는 방법 등이 있다.

### 3. 가상자산사업자를 통한 가상자산의 거래

블록체인 기반 가상자산 거래에는 누구나 참여할 수 있고, 그 거래 과정은 투명하게 모든 참여자에게 공개된다. 또한 거래 과정에 중앙 관리자는 개입하지 않으며, 참여자들의 익명성이 보장되고, 오로지 참여자들 사이의 정보 유통만으로 거래가 완결된다.

그러나 이는 어디까지나 이론상 그렇다는 것이고, 현실적으로는 상당히 다르다. 누구나 비트코인 블록체인에 접속하여 비트코인 지갑을 생성하는 것까지는 쉽게 할 수 있다. 그러나 인터페이스가 불편하고, 채굴 등을 통해 비트코인을 원시적으로 취득하기는 쉽지 않기 때문에, 일반 이용자로서는 실제로 가상자산사업자를 통하여 비트코인 등의 가상자산을 취득하고자 하는 것이 일반적이다. 따라서 일반적으로 개별 이용자들의 비트코인 거래는 아래 [도표 1]과 같이 통상 "거래소"라고 불리는 가상자산사업자를 통해서 이루어지게 된다.

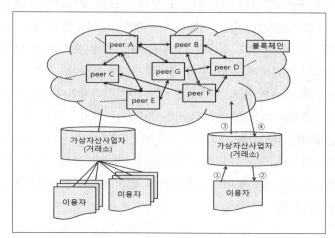

[도표 1] 가상자산사업자를 통한 거래

위 [도표 1]에서 이용자 甲이 ①과 같이 가상자산사업자에 현금 등을 입금하고 "10BTC"를 구매[12]한다는 의사를 표시하여 구매가 성립한 경우, 오로지 가상자산사업자 내부 장부상 甲의 가상자산사업자 계좌에 "10BTC"가 표시될 뿐이고, 그러한 내용이 곧바로 ③과 같이 블록체인에 입력, 기록되지 않는다. 또한 甲이 10BTC를 보유하고자 하고, 가상자산사업자 장부상 "甲 계좌 10BTC"라고 기록되었다고 하더라도, 가상자산사업자 스스로도 블록체인 위 가상자산사업자 명의 계좌에 10BTC만큼을 보유하는 것도 아니다. 그 후 甲이 "10BTC"를 매각하여 현금을 취득하고 그 현금을 인출할 때(위 ②)에도(즉, 가상자산 자체가 아니라 가상자산을 매각한 현금을 인출할 때에는), ④와 같이 블록체인에 입력, 기록되는 과정은 거치지 않게 된다.

다만 각 개인 이용자가 각 가상자산사업자에서 자신이 보유하고 있는 비트코인 등 가상자산 자체를 다른 가상자산사업자의 계정이나 자신

---

12) 법적 의미에서 '매매'인지 문제될 수 있어 여기서는 '구매'라는 용어를 사용하였다.

이 직접 블록체인에 가지고 있는 계정 주소로 이전하고자 할 때에만 비로소 ③ 및 ④를 거쳐 블록체인에 그 거래내역이 기록된다. 다시 위 [도표 1]에서 이용자 甲이 ①과 같이 가상자산사업자에 현금 등을 입금하고 "10BTC"를 구매한다는 의사를 표시하여 구매가 성립하였더라도 그 내용이 곧바로 ③과 같이 블록체인에 입력, 기록되지 않지만, 甲이 10BTC를 자신의 블록체인 계정으로 이전하고자 할 경우에는 비로소 ③과 ④를 거쳐 그 내용이 블록체인에 기록되는 것이다.

이러한 상황에서 가상자산사업자 내부적으로 이루어지는 가상자산의 거래에 관하여는 종래 유가증권 거래 중개자에 관한 법적 규제 중 상당 부분이 그대로 적용될 여지가 있다. 이용자와 가상자산사업자 사이에 일종의 '수탁(custody)'이 발생하는 것이고, 수탁자산에 대한 기존 법제의 규율, 예를 들어 고유자산과 수탁자산의 분리, 이용자의 개인정보 처리, 약관에 대한 명시설명의무, 시세조종행위 등 불공정거래행위의 금지 등이 여기에 적용될 수 있다고 보는 것이 일반적이다.[13] 이러한 시각에서 선행 연구가 다수 이루어졌고, 특정금융정보법 역시 이러한 시각을 반영하여 개정이 이루어져서, 어느 정도 규제가 이루어지고 있기는 하다.[14]

## 4. 소　결

이상에서 블록체인과 가상자산 거래를 기술적 관점에서 간략히 살펴보았다. 블록체인이나 가상자산 거래는 외부에 상식적으로 알려진 것과

---

13) 기노성, "가상자산 거래의 법적 쟁점과 규제 방안−시장의 신뢰성 확보를 위한 방안을 중심으로−", 금융법연구 제17권 1호, 한국금융법학회(2020. 6.), 87-94면. 또한 내부자거래에 관한 규율이 적용될 수 있다는 것으로, Andrew Verstein, "CRYPTO ASSETS AND INSIDER TRADING LAW'S DOMAIN", 105 Iowa L. Rev. 1(2019) 참조.

14) 그러나 여전히 명시설명의무 등을 비롯한 많은 부분에서는 이용자 보호에 미흡하다. 그렇지만 설령 가상자산사업자에게 명시설명의무를 대폭 강화하더라도, 블록체인 기반 가상자산 거래에서 이용자를 근본적으로 보호할 수 있는지는 회의적이다. 특정금융정보법에 대한 비판적 검토로는, 박세준, "개정된 특정금융거래정보의 보고 및 이용 등에 관한 법률의 한계와 가상자산사업 업권법 제정에 관한 논의", 건국대학교 법학연구소 일감법학 제50권(2021. 12.) 참조.

는 사뭇 다른 기술을 전제로 하고 있다. 이 글에서 주로 다루고자 하는 쟁점은 가상자산을 '보유'한다는 것의 의미와, 그에 따른 민사법적 처리방안에 관한 것이다. 그런데 가상자산을 보유하는 방식은 이용자 자신이 직접 블록체인 위의 가상자산에 대한 처분권능을 갖는 경우와, 가상자산사업자를 통해 거래하는 경우로 대별할 수 있으며, 양자는 법적인 관점에서 전혀 다르다고 할 수 있다. 따라서 이하에서는 양자를 나누어 각각의 법적 쟁점에 관해 살펴보고자 한다.

## Ⅲ. 블록체인 기반 가상자산 보유의 의미와 효과

### 1. 가상자산 보유 형태 구별 필요성

위 기술적인 설명 부분에서 상세히 설명한 바와 같이, 블록체인 기반 가상자산을 보유하는 방식은 크게 두가지로 나뉜다.

먼저 직접 블록체인 위 계정에 가상자산을 보유하는 경우이다. 이때는 주소에 해당하는 공개키와 비밀번호에 해당하는 개인 비밀키가 있어야만 자신의 계정에 접속해서 자신의 계정 내에 존재하는 가상자산 범위 내에서 처분(정확히 말하면 기재변경) 등의 행위를 할 수 있다.

다음으로 가상자산사업자 등을 통해서 보유하는 경우이다. 이때 이용자는 가상자산사업자에게 계정을 개설하고 가상자산사업자에게 금전이나 가상자산을 위탁하며, 가상자산사업자 내에서 타인과 가상자산에 관한 거래를 한다. 이 경우 이러한 보유나 거래 내역은 블록체인 상에 기록되지 않고, 오로지 가상자산사업자 내부적으로만 보유 및 거래 내역이 기록되는 것이다. 그런데 이용자는 가상자산사업자에게 자신이 위탁한 가상자산의 반환을 청구할 수 있으며, 가상자산사업자는 자신의 공개키 및 비밀키를 이용하여 이용자의 공개키로 가상자산을 이전하는 내용을 블록체인에 기재함으로써 그러한 반환청구에 응할 수 있다. 즉, 가상자산사업자로부터 자신의 공개키로 가상자산을 이전받는 때에야 비로소 그 내역이 블록체인에 기록되는 것이다. 여기서 만약 가상자산사업자가 이용자의 가상자산 반환청구에 응할 수 있을 만큼 충분한 가상자산을 자신의 블록체인 계정에 보유하고 있지 못한 경우에는 그 처리방법이 문제될 수 있다. 주로 가상자산사업자의 파산시 이러한 문제가 부각된다.

블록체인 기반 가상자산에 대한 민사법적 취급에 있어서, 블록체인 기반 가상자산 보유 방식이 이처럼 두 가지 존재하고, 각각의 경우 전혀 다른 법적 쟁점을 야기한다는 것을 반드시 유념할 필요가 있다. 즉, 직접 블록체인 위에 가상자산을 보유하는 경우와, 가상자산사업자를 통하여 가상자산을 보유하는 경우는 법률 구성이 전혀 다르며, 각각의 경우의 법적 취급도 달라질 수밖에 없다. 구체적인 사안에 있어서도 이 점이 명확히 전제해야 할 것이다.

가상자산에 관한 각국의 입법례와 판결례는 가상자산을 보유하는 위두 가지 방식을 구별하여, 전자에 관하여는 주로 소유권 측면의 논의를, 후자에 관하여는 신탁, 예탁 내지 커스터디(custody)에 관한 논의를 진행하고 있다.[15] 전자와 후자는 법적으로 전혀 다른 의미를 지니는 것이고, 이는 기술적은 물론 법적으로도 큰 의미가 있으므로, 이와 같이 구별하여 논의하는 태도는 타당하며, 이하에서도 각각의 경우를 나누어 정리해 보도록 한다.

## 2. 블록체인 위에 직접 가상자산을 보유한 경우
### (1) 법적 성격
### (가) 법적 성격 논의 개관
블록체인 위에 직접 가상자산을 보유한 경우의 법적 성격에 관하여 명확하게 단정하고 있는 국내외 입법례나 판결례는 찾아보기 어렵다. 블록체인 기반 가상자산의 재산적 가치를 부정하고 있는 경우는 없으나, 이러한 가상자산이 종래의 물권이나 채권 범주로는 설명될 수 없다는 점에 관하여 입장통일이 있을 뿐 정확한 법적 성질까지는 아직 규명되지 못한 단계라고 할 수 있다.

---

15) 각국의 입법 등 현황에 관하여는, 신지혜·김수정(주 3), 31-134면 참조.

그러나 각국의 입법례는 블록체인 기반 가상자산을 직접 블록체인 계정을 통해 보유하고 있는 자에 대하여 소유권자와 유사한 지위를 인정해야 할 필요성에 대해서는 공감하고 있는 것으로 평가할 수 있다. 종래 법리에 따른 물권적 보호를 인정하기 어려운 가장 큰 이유는, 물권은 주로 유체물에 대한 물리적 지배권을 전제로 하기 때문이었으나, 전자 기록에 불과한 블록체인 기반 가상자산에 대하여 공개키와 비밀키를 통한 지배(control) 개념을 도입함으로써, 그 보유자에게 독점적이고 배타적인 지위를 인정하고자 하는 것이다. 다만 명시적으로 소유권을 부여하는 법제는 찾아보기 어렵고, 단지 가상자산 보유자의 권리를 명확히 인정하면서 거기에 배타적이고 독점적인 지위를 확인하는 차원에 그치고 있다.

한편 블록체인 기반 가상자산을 보유하고 있는 경우 블록체인 프로그램 생성자나 블록체인 네트워크 참여자들이 존재한다.[16] 그렇지만 가상자산의 보유나 이전에 관하여 이들이 프로그래밍적으로 개입하게 되기는 하나, 이들에게 가상자산 보유자가 보유 현황이나 개별 거래에 관하여 청구권을 갖는 것은 아니다. 즉, 블록체인 기반 가상자산을 블록체인 계정을 통해 직접 보유하는 경우에는 보유자 스스로 거래 정보 발신을 하면 프로그램 기술적으로 그러한 내용이 블록체인에 기록되는 것이며, 여기에 블록체인 참여자의 의사가 개입하지는 않는다. 이에 각국 입법례 역시 블록체인 기반 가상자산을 직접 블록체인 계정에서 보유한 자에 대해 채권적 지위를 인정할 수는 없다[17]는 점에 관하여는 어느 정도 견해가 통일된 것으로 파악된다.

### (나) 가상자산의 법적 성격

#### 1) 물건인지에 대한 논의

일본을 비롯한 다수의 국가에서는 물권은 유체물에 대해서만 성립할

---

16) 블록체인 참여자들 사이의 관계에 관하여는, 신지혜(주 3), 63-68면 참조.
17) 참고로 아래에서 보는 바와 같이, 가상자산사업자 등을 통해 가상자산을 보유하는 경우에는 가상자산사업자 등에 대하여 채권자적 지위를 인정할 수 있는 것과는 대비된다.

수 있는 것으로 하고 있어, 디지털 정보에 불과한 가상자산을 대상으로 곧바로 물권을 인정하기는 어렵다. 다만 우리 민법은 "유체물 및 전기 기타 관리할 수 있는 자연력"을 물건으로 정의하고 있어(제98조), 무체물이 더라도 배타적 지배력을 가지고 관리할 수 있는 자연력이라면 물건에 해당하여 물권의 대상이 될 여지가 있다. 예외적으로 권리질권이나 재산권의 준점유와 같이 물건이 아닌 재산권을 객체로 물권이 성립하는 경우도 있고, 광업권, 조광권, 어업권 등 물건을 전속적으로 용익할 수 있는 권리로 물권에 준하여 다루어지며, 배타적 지배가 가능한 정신적 창작물에 대한 지식재산권도 물권적 효력으로 보호되고 있으므로 가상자산도 그중 한 유형으로 취급하는 것이다.[18] 물건의 개념요소에서 유체물성이 과연 필수적인지 회의론이 제기될 수 있으며, 그러한 전제에서는 배타적으로 지배 가능한 가상자산 역시 사법상 물건, 특히 동산에 해당하는 것으로 볼 여지가 있다.[19]

그러나 가상자산은 디지털 정보로 이를 자연력이라고 볼 수 없고, 현행 민법 규정상 배타적 지배 가능성이 있다고 하여 곧바로 유체물성을 인정하기는 어렵다. 또한 배타적 지배력을 가지고 관리할 수 있는 재산적 가치 있는 정보로서 특별법상의 재산권이나 지식재산권과 유사한 측면이 있기는 하지만, 물권법정주의 원칙상 명문의 근거규정 없이 이를 물권의 대상으로 삼을 수는 없다. 대법원도 인정한 바와 같이 가상자산은 재산적 가치를 지니고 가상자산에 관한 권리는 재산권의 일종으로 보호될 여지가 있지만,[20] 이를 물건으로 보아 물권법 법리를 그대로 곧바로 적용할 수는 없는 것이다.[21]·[22]

---

18) 김홍배, "가상자산 비트코인은 화폐인가, 자산인가?", 금융공학연구 제17권 제4호 (2020. 12.), 33-64면.

19) 김이수, "미국통일상법전(Uniform Commercial Code)상 가상화폐에 관한 담보물권 법리와 우리 사법에의 시사점", 금융법연구 제16권 제3호(2019), 114면; 同, "비트코인(Bitcoin)의 사법상 지위에 관한 고찰", 부산대학교 법학연구 제59권 제4호(2018), 19-22면.

20) 대법원 2018. 5. 30.선고 2018도3619 판결; 대법원 2021. 12. 16. 선고 2020도9789 판결 참조.

### 2) 하급심 판결례

한편, 가상자산에 관한 논의가 첨예하게 대립되기 수년 전에 선고된 하급심 판결례이기는 하나, 하급심에서는 가상자산의 '물건성'이 인정된 듯한 판시가 있어 소개한다.

이 사건에서 법원은 비트코인의 "인도"를 명함으로써 비트코인을 물건과 같이 취급한 바 있다.[23] 이 사건의 원고와 피고는, 원고가 피고에게 암호화폐인 비트코인을 보내 주면 피고가 이를 사용한 뒤 원고에게 같은 수량의 비트코인으로 반환할 것을 약정하였다. 그런데 피고가 원고로부터 받은 비트코인 중 일부만을 반환하자 원고가 피고에게 반환받지 못한 비트코인의 인도 및 그 강제집행이 불능일 경우 시가에 해당하는 금액의 지급을 구하였다. 이 사건에서 법원은 "피고는 원고에게 비트코인 암호화폐 3.578비트코인(BTC)을 인도하라. 위 비트코인 암호화폐에 대한 강제집행이 불능일 때에는 비트코인 암호화폐 1비트코인(BTC)당 8,254,000원의 비율로 환산한 돈을 지급하라."라는 주문을 선고하여 ① 비트코인이 "인도"의 대상이라고 보았고, ② 만일 위 비트코인 암호화폐 인도의무 집행이 불능일 때에는 피고는 그 전보배상으로서 원고에게 위 비트코인 암호화폐의 변론종결 당시의 시가에 해당하는 금액을 지급할 의무가 있다고 보았다.

비트코인 외 기타 가상자산에 대하여도 "인도"를 명한 하급심 사례도 있다.[24] 이 사례에서는 가상자산이 매매의 대상이라고 보면서, 가상자산의 이전(인도)과 매매대금의 지급 사이에는 동시이행관계가 성립한다고

---

21) 同旨: 김병연 외 1, "가상자산의 법적 성질—미국와 한국의 증권규제를 중심으로—", 상사판례연구 제34권 제3호.(2021. 9.), 391면; 김성욱, "현행 민법규정의 적용 및 해석과 관련한 몇 가지 법적 문제—총칙 및 물권규정을 중심으로—", 財産法研究 제37권 제3호(2020. 11), 76-78면 등.

22) 거래비용 측면에서 가상자산을 둘러싼 이해관계를 분석한 것으로는, Roee Sarel, "PROPERTY RIGHTS IN CRYPTOCURRENCIES: A LAW AND ECONOMICS PERSPECTIVE", 22 N.C. J. L. & Tech. 389(2021. 4.) 참조. 이 견해는 가상자산의 종류, 형태에 따라 달리 취급해야 한다고 주장한다.

23) 부산지방법원 서부지원 2018. 10. 23. 선고 2017가단11429 판결.

24) 서울고등법원 2020. 9. 23 선고 2020나2016462 판결.

보았다. 이 사건에서는 "이 사건 계약은 그 문언 자체로 '매매'계약이라는 것을 명시하고 있으며, 계약서 내용 역시 "원고가 현재 보유하고 있는 이 사건 암호화폐 5억 개에 대해 아래와 같이 '계약'을 한다. 원고가 피고에게 시장가격에 상관없이 이 사건 암호화폐 1개당 0.7원에 '매도'하기로 한다."라고 규정하는 등 매매대금의 액수 및 지급의무를 확정하면서 단지 지급시기와 방법에 있어서 매수인의 편의를 위한 지급기한의 연장 내지 분할지급의 특칙을 규정하고 있어 매도인과 매수인 모두에게 각 구속력 있는 확정적인 의무를 부과한 것으로 해석된다"고 하여, 이것이 확정적인 계약인지 아니면 예약에 불과한지가 다투어졌고, 또한 암호화폐 1개당 가격을 시장가와 달리 정액으로 정하는 것이 가능한지가 다투어졌다. 그러나 우리 민법은 매매의 효력으로 "매도인은 매수인에 대하여 매매의 목적이 된 권리를 이전하여야 하며 매수인은 매도인에게 그 대금을 지급하여야 한다."고 정하고 있는데(제568조 제1항), 이 사건에서는 가상자산 이전을 내용으로 하는 계약에서 '매매의 목적이 된 권리'가 구체적으로 무엇인지에 관하여는 밝히고 있지 않다.

한편 위 두 판례와는 전혀 다른 시각에서 가상자산의 법적 성질을 판단한 사례도 존재한다. 서울북부지법 2018. 9. 20. 선고 2018가합21610 판결은, "암호화폐 리플(XRP, ripple) 350,000개를 지급하여야 할 채무는 피고가 자신의 전자공인인증서로 암호화폐 거래 사이트에 접속하여 명령어를 실행하여야 이행되므로 부대체적 작위채무로 볼 수 있고"라고 판시하였다.[25] 즉 리플 자체에 대한 인도(소위 '주는 채무')를 명한 것이 아니라, 피고로 하여금 부대체적인 일정한 행위를 하도록(소위 '하는 채무')를 명한 것이어서, 위 두 판례와는 전혀 다른 논리를 취하고 있다.

---

25) 전우정, "암호화폐의 법적 성격과 규제개선 방안-민법상 물건, 금전, 자본시장법상 증권인지 여부 검토", 금융법연구 제16권 제1호(2019), 164면에서 재인용. 그런데 이 견해는 가상자산이 민법상 물건, 특히 동산에 해당한다고 하면서(161-164면) 위 판례를 소개하고 있다. 그러나 위 판례에서 가상자산을 동산에 해당하는 것으로 전제한 것이라고 할 수는 없으며, 오히려 가상자산의 법적 성질보다는 가상자산에 대한 집행방법(즉, '주는 채무'가 아니라 '하는 채무'에 대한 집행방식을 취해야 함) 고찰 측면에서 의미가 있다고 할 것이다.

3) 채권성 인정 여부

블록체인에는 다수의 참여자가 참여하기는 하지만, 이용자가 그러한 참여자에게 직접적으로 어떠한 청구권을 갖는다고 할 수는 없으므로, 이를 채권으로 구성하기도 어렵다. 채권으로 구성하려면 의무의 상대방을 특정할 수 있어야 하는데, 블록체인 기술 특성상 그러한 '상대방'이 존재하지 않기 때문이다. 각 이용자는 블록체인 위에 자신의 계정 내에서 보유하는 가상자산의 한도 내에서 자신의 의사에 따라 정보를 기록시킬 권한을 갖고 이러한 권한은 재산적 가치를 지니기는 하나, 이러한 권한을 종래의 물권이나 채권으로 포섭할 수는 없다.

4) 소　결

이처럼 블록체인 위에 직접 보유하는 가상자산의 경우는 현행법상 물권이나 채권 어느 것으로도 정확히 포섭할 수 없다. 다만 배타적 지배 가능성이 있고, 내용의 변경 없이 특정이나 이전이 가능한 정보라는 점에서 오히려 물권적으로 볼 여지가 있다. 국내에서 소수설이기는 하지만 현행법상으로도 물권의 대상으로 파악해야 한다는 견해가 존재하며, 하급심 판례 중에서도 물건으로 보아 인도를 명한 것이 있다. 현행법의 해석상 이를 곧바로 물권으로 구성하는 것은 무리가 있다. 그렇지만 그 성격상 물권성을 가지고 있는 것을 부인할 수 없으므로, 법률 개정을 통해 마치 무형의 지적재산권과 마찬가지로 물권적 지위를 부여하는 것이 타당하다고 생각된다.

(2) 권리의무관계의 정리

최근 해외 입법 동향 등을 살펴보면, 블록체인 위에 직접 가상자산을 보유한 자에 대하여 소유권 자체는 아니지만 어느 정도 물권과 유사한 독점적이고 배타적인 권리를 인정하면서, 이를 전제로 다음과 같은 추가 논의가 이루어지고 있다.

우선 현재 공개키와 비밀키를 통해 블록체인 기반 가상자산의 지배권을 획득한 자에게 전자(前者)가 적법한 보유자인지 여부를 묻지 않고 일정한 선의취득 요건 충족시 완전한 권리 취득을 인정함으로써, 그 지위를 보다 공고히 하고 있다. 이는 블록체인 기반 가상자산 보유에 대하여 물권과 유사한 성질을 부여함으로써 논리적으로 도출된 것이라고도 할 수 있으나, 블록체인 기반 가상자산의 경우 익명성을 특징으로 하기 때문에 자신의 전자에 관하여 알기 어려운 점, 한번 블록체인 위에 정보 변경(가상자산의 이전)이 기록되면 이를 되돌릴 수 없다는 점 등 현실적인 상황을 반영한 것이라고도 할 수 있을 것이다.

또한 대부분의 입법례에서는 양도인과 양수인 사이에서 양도양수의 대상이 된 당해 가상자산에 관한 지배권이 이전됨으로써 양도양수가 완전하게 성립한다고 보고 있다. 즉 마치 우리법상 부동산 물권변동을 위해서는 등기가 요구되고 동산 물권변동을 위해서는 인도가 요구되는 것처럼, 가상자산의 이전에는 '지배권'의 이전이 필요하며, 지배권이 이전된 이상 가상자산에 대한 보유 권한도 완전히 이전되는 것으로 하는 것이다. 이러한 이전의 효과는 제3자에 대하여도 당연히 대세적으로 미치게 된다.

한편 명확히 언급된 바는 없으나, 블록체인 기반 가상자산을 다른 채권의 담보로 제공하는 것을 부정하는 입장은 아닌 것으로 파악된다.

### (3) 논의의 한계

위에서 본 바와 같이, 가상자산을 블록체인 계정을 통해 직접 보유하고 있는 자에 대하여는 물권과 유사한 일정한 권리가 인정되는 것으로 받아들여지고 있으며, 이러한 전제에서 몇 가지 쟁점에 관하여는 논의가 이루어졌다. 그러나 다음과 같은 점에 관하여는 아무런 언급이 없다는 점에서 한계가 있다.

**(가)** 블록체인 프로그램상의 오류나, 블록체인 네트워크 참여자들의 의사에 의하여, 블록체인에 이미 기록된 내용이 삭제되거나 변경된 경우,[26] 타인에게 비밀키가 누설되어 타인이 무단으로 블록체인 기반 가상자산을 이전받아 간 경우 등에 있어서, 삭제되거나 변경된 블록체인

---

26) 하드포크를 통해 이러한 것이 가능하다. 하드포크 방식으로 개입한 사안으로는 이더리움의 DAO 사건을 들 수 있고, 이에 관한 상세한 분석으로는 신지혜, "스마트 컨트랙트에 관한 민사법적 쟁점-DAO 사건을 중심으로-", 민사법학 제99호, 한국민사법학회(2022. 6.), 220-234면 참조.

기반 가상자산 보유자가 누구에게 어떠한 권리를 행사할 수 있는지 여부이다.

예를 들어 부동산의 경우 등기부 기재에 오류가 있는 경우나 등기서류 위조로 타인이 등기명의를 이전받아 간 경우, 소유자는 소유권을 상실하지 않고, 등기부 관리자인 국가나 현재 등기명의인을 상대로 소유권에 기한 물권적 청구권을 행사하여 등기의 오류를 정정하거나 등기명의를 자신으로 되돌릴 것을 청구할 수 있다. 그러나 블록체인의 경우 블록체인 네트워크 참여자들에게 블록체인 위에 기재된 내용을 변경해 달라고 요구할 수 없고, 블록체인의 특성상 한 번 블록체인에 기재된 내용은 하드포크를 거치지 않는 한 삭제될 수도 없으므로, 위와 같은 물권적 청구권을 행사하는 것을 상정하기 어렵다. 또한 무단으로 가상자산을 이전받아 간 경우 당해 가상자산에 대한 지배권이 함께 이전되며, 이때 원래의 보유자가 무단 이전받은 자에게 물권적 청구권으로서 대세적으로 당해 가상자산 자체의 반환을 청구할 수 있는지, 아니면 채권적 청구권으로서 이전만을 청구할 수 있는지 문제된다.

또한 가상자산에 대한 양도양수계약이 블록체인 바깥에서 이루어지고 그에 따라 블록체인 위에서도 양도양수계약 내용에 맞추어 가상자산의 이전이 기록된 이후, 양도양수계약에 무효나 취소 사유가 발생한 경우, 또한 해제사유가 생겨 해제권이 행사된 경우 등 원상회복의 방법과 관련하여서도 같은 점이 문제된다.

(나) 위에서 본 바와 같이 블록체인 기반 가상자산도 일반적으로 담보의 대상이 된다고 보고 있기는 하지만, 구체적으로 담보설정의 방식이나 효과 등에 관하여까지는 거의 논의되지 못하였다. 블록체인 기반 가상자산에 경제적 가치를 인정하는 이상 당사자들이 블록체인 바깥에서 임의로 가상자산에 대해 담보를 설정하는 것은 가능하다. 그러나 블록체인에 그러한 내용이 기재되지 못하는 이상 채권자로서는 여전히 불안한 지위에 있게 되며, 가상자산을 담보로 활용할 경제적 유인이 현저히 저하될 수 있다. 가상자산의 비밀키를 채권자에게 제공하여 채무불이행이

있으면 언제든지 채권자의 계좌로 가상자산을 이전할 수 있는 상태에 두
거나 가상자산 자체를 채권자의 계정으로 이전하여 양도담보를 설정하는
방식도 고려할 수 있으나, 이때에는 채권자가 마음대로 담보권을 실행하
거나 처분해 버릴 수 있어 채무자의 지위가 불안하게 된다. 또한 가상자
산의 비밀키를 채권자에게 제공하여 채무불이행이 있으면 언제든지 채권
자의 계좌로 가상자산을 이전할 수 있는 상태에 두었다고 하더라도 채권
자가 가상자산에 대한 담보권을 실행하기 전에 미리 채무자가 당해 계좌
의 가상자산을 인출하여 다른 곳으로 이전할 수 있으므로, 완전한 담보
설정이라고 보기도 어렵다.

(다) 가상자산을 블록체인 계좌에서 직접 보유하고 있는 자(즉, 가상
자산사업자 등의 제3자가 개입되지 않은 경우)가 타인에게 그 가상자산을 이
전하기로 블록체인 밖에서 약정했음에도 불구하고 그 약정을 이행하지
않는 경우나, 타인이 그 보유자에게 일반채권을 가지고 있는데 보유자의
책임재산이 오로지 가상자산 외에는 존재하지 않아 그 가상자산에 대해
강제집행을 하고자 하는 경우 등에 있어 실질적인 집행방법이 문제된다.
이론상으로는 그 보유자에게 가상자산을 인도하라는 내용의 집행권원을
확보하면 되겠으나, 확보한 집행권원의 현실적 실행 가능성이 문제되는
것이다.

위에서 설명한 바와 같이, 블록체인 계좌에 직접 가상자산을 보유하
고 있는 경우, 그 가상자산을 처분(정보 기재 변경)하기 위하여는 공개키와
비밀키를 모두 알아야 하며, 공개키와 비밀키 중 하나를 알지 못하는 이
상 그 처분은 절대로 불가능하다. 특히 비밀키는 비밀번호의 역할을 하
는 것으로, 계좌 보유자만이 알 수 있는 정보이다. 위에서 예시로 든 바
와 같이, 비밀키를 출력하여 종이로 보관하거나, 비밀키를 USB 형태의
콜드월렛 등 물리적 실체가 있는 저장매체에 보관하는 경우, PC 등에 파
일 형태로 보관하는 경우에는 그 종이나 물리적 실체를 가진 저장매체에
대한 지배권을 획득하여 비밀키를 알아낸 후 집행하는 것이 가능할 수
있다. 그러나 만약 채무자가 비밀키를 외부적으로는 전혀 내보이지 않고

오로지 자신의 머릿속에서 기억하는 경우라면, 채무자의 협력 없이는 절대로 집행할 수 없게 된다.

### 3. 가상자산사업자 등을 통해 간접적으로 가상자산을 보유한 경우
#### (1) 법적 성격 및 권리의무관계의 정리

가상자산을 블록체인 계좌를 통해 직접 보유하는 경우에는 이를 소유권과 유사하게 법리구성하려는 것과는 달리, 가상자산을 가상자산사업자 등을 통해 간접적으로 보유하는 경우에는 가상자산사업자에 대한 채권적 관계로 보는 것이 일반적이다. 이는 가상자산사업자를 매개로 가상자산을 보유하는 경우, 가상자산사업자가 단순 도관(mere conduit)과 같은 중개자의 역할에 그치는 것이 아니고, 이용자가 직접 가상자산을 취득하게 되는 것도 아니기 때문이다.

위에서 설명한 바와 같이, 이용자가 가상자산사업자에게 개설한 계정을 통해 가상자산을 취득한 경우는 블록체인과 아무런 관련이 없다. 이용자는 가상자산사업자가 정하여 공시한 내용에 따라 가상자산사업자의 약관에 따라 가상자산사업자와 사이에서만 법률관계를 맺게 되는 것이며, 이 경우 이용자와 가상자산사업자 사이의 관계는 채권관계임이 명백하다. 즉 이용자가 가상자산사업자에게 금전을 지급하고 가상자산사업자의 별도 장부(블록체인상 장부가 아님)에 당해 금전의 액수에 해당하는 가상자산의 종류와 수량을 기록하도록 요구할 수 있는 청구권을 갖게 되는 것이며, 블록체인상 장부에 기재되는 가상자산에 대해 직접 어떠한 권리를 갖는 것이 아니기 때문이다. 다만 가상자산사업자의 별도 장부에 어떤 가상자산의 보유 내역이 기록되었다면, 추후 이용자는 가상자산사업자에게 그 기록된 보유 내역만큼을 블록체인상 장부에 기록하여 자신에게 이전해 달라고 청구할 수 있으며, 이를 '가상자산 지급청구권'이라고 부를 수 있다.

즉, 고객은 가상자산사업자에게 일정 종류와 수량의 가상자산을 위탁하고, 추후 이용자의 청구가 있을 때 가상자산사업자는 동일한 종류와

수량의 가상자산을 반환하면 되는 것이다. 이때 가상자산사업자가 고객
으로부터 위탁받은 종류와 수량의 가상자산 전부 또는 일부를 자신의 계
좌에 보관할 수도, 보관하지 않을 수 있다. 반환청구를 받으면 그 때 블
록체인 위에서 가상자산을 취득하여 고객의 계좌로 이전하면 충분하다.
또한 가상자산사업자는 위탁받은 종류와 수량의 가상자산을 그대로 자신
의 블록체인 계좌에 보관할 수도 있지만, 보관하더라도 고객 별로 나누
어 보관하지 않고 가상자산사업자의 계좌에 혼합하여 보관할 수도 있다.
더욱이 가상자산사업자는 위탁받은 금전이나 가상자산을 운용하여 고객
을 위하여 활용하는 경우도 상당하다.[27]

따라서 고객이 가상자산사업자에게 가상자산 보유를 위탁한 경우에
대하여는 신탁 내지 커스터디 법리가 적용되는 것으로 보는 것이다.[28] 해
외의 입법현황이나 판결례를 보더라도 가상자산사업자와 고객 사이의 관
계 및 고객이 가상자산사업자에 대하여 갖는 권리의 내용에 관하여는 별
다른 이견이 없는 것으로 보이며, 다만 가상자산사업자 파산시 처리 문제
에 관하여는 논란이 있다. 이에 관하여는 항을 바꾸어 다시 설명한다.

(2) 가상자산사업자의 파산시 처리

일본에서는 마운트곡스 사건에서 고객이 가상자산사업자에게 갖는
권리가 실제로 문제된 바 있고, 미국에서도 최근 대형 가상자산사업자
여러 개가 순차적으로 파산을 신청하여 이 문제가 전면적으로 부각될 것
으로 예측되고 있다.

위에서 본 바와 같이 가상자산사업자에게 가상자산을 위탁한 고객은

---

27) 파산신청한 미국의 가상자산 수탁 플랫폼인 Voyager의 경우, 고객이용약관상 수
탁받은 가상자산을 고객을 위하여 다른 가상자산이나 금융상품 등에 활용할 수 있
도록 정하여져 있다고 한다. Sidney P. Levinson et al., "Recent Crypto Bankruptcy
Filings May Provide Clarity to Critical Unresolved Questions", 25 No. 4 Fintech L.
Rep. NL 1(2022. 7.) 참조. 다른 가상자산사업자의 경우도 마찬가지로, FTX 역시
고객들로부터 수탁받은 가상자산을 활용하여 루나-테라에 투자하였다가 루나-테라
폭락 사태로 큰 손실을 입어 결국 파산신청에 이른 것으로 알려져 있다.
28) 일본의 자금결제에 관한 법률(資金決済に関する法律)이나 스위스의 분산원장
(DLT) 법안들은 주로 이러한 측면을 규율하고 있으며, 기존의 신탁법제의 논의가
거의 대부분 적용될 수 있을 것으로 생각된다.

가상자산사업자에게 가상자산 반환청구권을 갖는다고 이해되는 것이 일반적이다. 그럼에도 불구하고 가상자산사업자가 파산한 경우 각 고객이 자신이 보유한 수량과 종류만큼의 가상자산을 직접 반환청구할 수 있는지, 아니면 자신이 보유한 수량과 종류의 가상자산을 금전으로 환산한 가액을 기준으로 배당에 참여할 수 있는 것뿐인지, 가상자산사업자의 다른 채권자가 고객이 위탁한 가상자산에 대하여도 배당을 신청할 수 있는지 여부가 문제되고 있다.

UNIDROIT와 스위스 개정 도산법에서는 가상자산사업자(커스터디언)의 고객에게 당해 가상자산에 대한 환취권이나 별제권을 인정하고 있다. 다만 모든 경우에 그러한 것은 아니고, 가상자산사업자가 고객의 가상자산을 각 고객 별로 별도의 계정으로 관리하는 등 특정성이 유지되는 경우에 한하여 환취권이나 별제권의 대상이 되는 것으로 정한다. 반면 일본의 마운트곡스 사건에서는 고객이 환취권을 주장하였으나 받아들여지지 않았다. 영국에서는 각 이용자가 신탁한 가상자산에 대해 소유권적 권리(proprietary right)를 갖는지 아니면 무담보의 일반채권자(general unsecured creditor)가 되는지 명확하지 않다고 하면서 법개정의 필요성이 있다고 제안하였다.

가상자산사업자에 대하여 고객이 채권적 반환청구권만을 갖는 것이라면 환취권이나 별제권을 논할 이유가 없을 것이나, 신탁관계로 구성되면서 각 고객의 계정 별로 가상자산이 보관, 관리되고 있었다는 등의 사정이 있다면 달리 판단될 여지도 없지 않다. 마운트곡스 사건의 경우 비교적 초기의 사례로 그 파급력이 크지 않으나, 미국에서 이루어진 파산신청 사건의 경우에는 규모도 훨씬 클 뿐 아니라 가상자산에 대한 관심이 집중된 상황에서 벌어진 것이어서, 향후 처리 방향이 주목된다.

(3) 가상자산사업자 등이 보유하고 있는 가상자산에 대한 집행

위에서 본 바와 같이 이용자는 가상자산사업자에 대하여 '가상자산 지급청구권'을 갖는다고 할 수 있으며, 이를 강제집행의 대상으로 삼아 압류 또는 가압류한 하급심 판결례도 이미 상당수 존재한다.[29) 그런데

이와 같이 압류 또는 가압류된 가상자산 지급청구권을 구체적으로 어떻게 집행할 것인지에 관하여는 정리되지 못하였는데, 최근 민사집행법 제243조 제1항을 유추적용하여 해결한 사례가 등장하였다.[30] 민사집행법 제243조 제1항은 "유체동산에 관한 청구권을 압류하는 경우에는 법원이 제3채무자에 대하여 그 동산을 채권자의 위임을 받은 집행관에게 인도하도록 명한다."고 정하는데, 가상자산사업자를 제3채무자로 하여 가상자산 지급청구권을 압류 또는 가압류한 경우, 가상자산사업자 등으로 하여금 집행관에게 해당 가상자산을 인도하도록 한 사례이다. 이와 같이 집행관이 가상자산을 가상자산사업자로부터 인도받은 후 이를 매각함으로써 현금화(민사집행법 제214조)할 수 있게 된다.

다만 이러한 처리방법은 가상자산사업자를 포함한 제3자가 가상자산을 보유하고 있는 경우, 이용자는 그 제3자에 대하여 가상자산 지급청구권을 갖는다는 것을 전제로 하는 것[31]이어서, 이용자가 가상자산사업자

---

29) 울산지방법원 2018. 1. 5.자 2017카합10471 결정; 서울중앙지방법원 2018. 2. 1.자 2017카단817381 결정; 서울중앙지방법원 2018. 3. 19.자 2018카단802743 결정 등.

30) 조선비즈 2023. 6. 17.자 기사, "해킹당해 빼앗긴 코인, '강제집행' 가능 … 국내 첫 사례 나왔다", https://biz.chosun.com/topics/law_firm/2023/06/17/YSI6HKUY35FHLBY LRXF2TLCSB4/?utm_source=naver&utm_medium=original&utm_campaign=biz 참조. 다만 여기서 유의할 것은, 이 사례에서 중요한 점은 그것이 "해킹당해 빼앗긴 코인" 인지 여부가 문제되는 것은 아니라는 점이다. 즉, "해킹당해 빼앗긴 코인"인지 아닌지와 상관 없이, 가상자산사업자 등 제3자라 보관하고 있는 가상자산에 대해서는, 그 제3자를 제3채무자로 보아 기존의 채권 내지 동산에 관한 청구권의 강제집행 방법에 따라 강제집행이 가능하다는 점에서 의미가 있는 사례이다. 위 사례에서는 해킹당해 빼앗긴 코인이 문제되기는 하였으나, 해킹당해 빼앗긴 코인이 아니라, 채무자가 가상자산사업자를 통해 적법하게 보유하고 있는 가상자산에 대해서도 동일한 논리와 절차로 강제집행이 가능한 것이다.

31) 이 사례는 채무자가 가상자산사업자 등 제3자에게 '가상자산 지급청구권'을 갖고, 가상자산사업자 등 제3자가 당해 가상자산을 그대로 보유하고 있는 것을 전제로 한다. 이러한 경우 채권자는 제3자를 제3채무자로 하여 가상자산 자체의 인도를 청구할 수 있다는 것이다. 그런데 아래에서 보는 바와 같이 이용자가 가상자산사업자에게 금전을 지급하고 가상자산사업자의 장부상으로 가상자산을 보유하고 있다가 가상자산사업자가 파산에 이른 경우에도 위 사례의 논리를 그대로 관철할 수 있을지 의문이다. 이용자나 가상자산사업자의 채권자가 가상자산사업자에게 '가상자산 자체의 인도'까지 곧바로 청구할 수 있는지, 이를 환가한 '금전의 지급'만을 청구할 수 있는지 판단되어야 하며, 특히 가상자산사업자가 위탁받은 가상자산을

등 제3자를 통하지 않고 직접 블록체인 위에 가상자산을 보유하는 경우
에 대하여 적용할 수는 없다. 또한 그 제3자가 강제집행 절차에 순순히
응하는 것을 전제로 하므로, 위와 같은 명령에도 불구하고 제3자가 인도
명령에 응하지 않는다면 이를 강제할 방법을 찾기 어렵다.

그러나 위 사례는 블록체인 위에 존재하는 가상자산에 대하여 동산
에 준하여 강제집행을 할 수 있고, 특히 가상자산사업자 등 제3자를 제3
채무자로 하는 경우에는 기존의 강제집행 방법을 그대로 활용할 수 있다
는 점을 명확히 한 것으로 큰 의미가 있다고 할 것이다.

## Ⅳ. 여러 국면에서 블록체인 기반 가상자산에 대한 민사법적 취급

### 1. 블록체인 기반 가상자산을 대상으로 한 담보설정

위에서 본 바와 같이 블록체인 기반 가상자산 보유자의 법적 지위
는 물권과 유사하다고 볼 수 있다. 즉 그 보유자는 타인의 간섭이나 대
항 없이 독점배타적으로 가상자산을 보유하면서 이를 자유롭게 처분, 이
전할 수 있다. 따라서 블록체인 기반 가상자산을 담보의 대상으로 제공
하는 것도 가능하며, 이론상 이를 제한할 이유는 없다. 이러한 담보설정
을 위한 원인행위는 블록체인 위에서 이루어지는 것이 아니며, 블록체인
바깥에서 채권자와 채무자 사이에 종래의 담보설정행위 방식에 따라 이
루어진다. 그리고 이때 그 담보는 비전형담보의 한 유형이 될 것이다.[32]

그러나 블록체인 기반 가상자산을 담보로 제공할 때 그 담보권 설
정 방법이 문제된다. 블록체인 네트워크를 설계할 때 담보 설정에 관한
스마트 컨트랙트를 삽입하고 오라클 등 여타 기술적 내용을 추가하여, 채
무자의 채무불이행시 곧바로 채권자가 블록체인 기반 가상자산에 대한 담

---

100% 보유하고 있지 않은 경우 문제될 수 있다.
32) 한편 가상자산사업자를 통해 가상자산을 보유하는 경우라면 가상자산사업자에
대한 가상자산 반환청구권을 담보의 목적물로 하는 것이 가능하다. 위에서 본 바
와 같이 가상자산 반환청구권은 채권에 해당하므로, 채권담보에 관한 방법으로 담
보권을 설정하면 되고, 이 글에서는 더 자세히 다루지 않는다. 따라서 이하의 설
명은 모두 가상자산사업자를 통하지 않고 직접 블록체인 위에 가상자산을 보유하
고 있는 경우에 관한 것이다.

보권을 실행할 수 있도록 프로그래밍하는 것이 가능할 수 있으나, 현재까지는 그러한 기술을 탑재한 블록체인 기반 가상자산은 존재하지 않는다.

이러한 상황에서 블록체인 기반 가상자산을 담보로 제공하는 방법으로는 크게 다음 두 가지를 생각해 볼 수 있다.

먼저 블록체인 기반 가상자산에 관한 비밀키를 채권자나 중립적인 제3자에게 보관시키는 것이다. 만약 채무자가 채무불이행을 하는 경우, 채권자는 자신 또는 제3자가 보관하고 있는 채무자의 개인 비밀키를 이용하여 담보권을 실행할 수 있다. 다만 만약 채권자가 채무자의 채무불이행이 없음에도 미리 스스로 보관하고 있던 개인 비밀키를 이용하여 가상자산을 이전하거나, 제3자와 짜고 가상자산을 미리 이전하는 경우에는 채무자의 지위가 불안정하게 된다. 또한 가상자산에 관한 콜드월렛이나 핫월렛을 채권자 내지 제3자에게 전달한 경우, 채무자가 만약 미리 여러 개의 콜드월렛이나 핫월렛을 만들어 가지고 있다가 그중 하나만 전달한 것이라면,[33] 채무자는 자신이 보관하고 있는 다른 콜드월렛이나 핫월렛을 이용하여 담보로 제공한 가상자산을 빼내어 다른 계좌로 이전하는 것도 여전히 가능할 수 있다. 따라서 개인 비밀키를 제공받았다고 하더라도 채권자가 현실적으로 담보를 실행하지 못하게 될 가능성이 여전히 존재할 수 있다.

두 번째로는 채권자의 블록체인 계좌에 미리 채무자 보유 가상자산을 이전시키는 것이다. 이것은 일종의 양도담보에 해당할 수 있다. 그러나 이 경우 종전 양도담보가 갖는 문제점이 모두 발생한다. 즉 청산 없는 귀속정산이나 처분청산이 가능한지, 채권자가 변제기 전에 임의로 처분한 경우 채무자의 보호 방법 등의 문제이다. 특히 채권자가 변제기 전에 임의로 처분하였더라도, 블록체인 기반 가상자산의 경우 한번 거래가 일어나면 불가역적이어서 이를 되돌릴 수 없을뿐 아니라, 각 계좌 명의인은 익명이므로 채권자로부터 가상자산을 취득한 자는 선의취득으로 완

---

33) 만약 비밀키를 종이에 출력해서 보관한 경우라면, 그 종이를 복제하는 것은 얼마든지 가능하다.

전히 권리를 취득하게 될 가능성이 높다. 따라서 채무자 보호에 미흡하다.

결국 블록체인 기반 가상자산을 담보로 제공하는 것이 이론적으로는 가능하나, 채권자와 채무자 모두를 균형 있게 보호할 제도적인 뒷받침이 필요할 것이다.

## 2. 원인행위 하자시 이미 이루어진 가상자산 거래의 처리

위에서 설명한 바와 같이, 블록체인 기반 가상자산 거래가 이루어지는 경우 블록체인 바깥에서 당사자들 사이에 원인행위에 해당하는 법률행위가 이루어질 수 있다. 그런데 당사자들 사이에서 원인행위가 이루어지고 그에 따라 블록체인 기반 가상자산 거래가 완료되었으나, 원인행위에 무효 사유가 있거나 취소, 해제 사유가 있어 취소권, 해제권이 행사된 경우 처리방법이 문제될 수 있다.[34] 또한 당사자들 사이에서 원인행위가 전혀 존재하지 않고 해킹 등으로 타인의 비밀키 정보를 얻어 무단으로 가상자산을 이전시킨 경우도 동일한 문제가 발생한다.

블록체인 기술 특성상 한 번 블록체인 위에 거래내용이 기록되면 이를 삭제하거나 수정할 수 없다. 아예 해당 블록의 생성 자체를 부인하는 것은 가능하지만 이는 블록체인 네트워크 참여자 대부분의 동의를 얻어서만 실행될 수 있는 하드포크에 해당하므로, 개별 거래 하나를 위해 하드포크를 감행하는 것은 전혀 현실적이지 못하다.[35] 더욱이 블록체인 네트워크 참여자들이 이러한 하드포크에 동의할 가능성도 매우 낮다.

따라서 원인행위에 하자가 있는 경우 그 하자로 인한 결과를 블록체인 위에 기록하기 위해서는 가상자산을 이전받은 자가 다시 가상자산을 이전한

---

34) 윤태영, "블록체인 플랫폼에서의 토큰(token) 거래에 대한 민법상 쟁점", 한국외국어대학교 법학연구소 외법논집 제45권 제3호(2021. 8.), 294면에서는 "토큰 양도계약, 즉 토큰의 기록이 이전하는 원인으로 된 계약이 착오나 사기로 취소된 경우나 대금 미납 등으로 해제된 경우, 토큰의 기록이 양수인에게 남아 있다면 발행주체는 어느 쪽에 대해 채무를 지는가"의 문제로 파악하고 있다.

35) 참고로 이더리움 블록체인에서는 소위 DAO 사태가 발생하였을 때, 개별 거래를 삭제하기 위해 하드포크를 단행한 바 있다. 이에 관한 상세한 설명으로는, 신지혜 (주 26) 참조.

자의 계좌에 같은 수량의 가상자산을 이전하는 방식에 의할 수밖에 없다.[36]

　　다만 이 경우 아래에서 보는 바와 같이 강제집행의 현실적 가능성이 문제된다. 가상자산을 이전받은 자가 가상자산을 이전한 자의 계좌로 다시 가상자산을 이전하는 것을 거부하였다면, 집행권원을 얻어 강제집행 절차를 통할 수밖에 없는데, 그 과정에서 개인 비밀키의 확보가 어렵기 때문이다. 또한 사소하게는, 가상자산 이전에 필요한 수수료 부담이 문제된다. 블록체인 위에 거래를 기록하기 위하여는 정보 발신인이 블록체인 네트워크 참여자에게 소정의 수수료를 지급해야 한다.[37] 당초 하자 있는 원인행위로 인하여 가상자산을 이전한 경우 한차례 수수료를 지급해야 하는데, 이를 되돌리는 방식으로 다시 가상자산을 이전하는 방식을 취할 경우 다시 한 번 수수료 지급이 필요하다. 이 경우 수수료 부담에 관한 사항을 미리 정하여 둘 필요가 있을 것이다.

## 3. 블록체인 기반 가상자산에 대한 강제집행 가부
### (1) 이론적 가능성과 현실적 가능성의 괴리

　　가상자산사업자 등 제3자를 통해 보유하고 있는 가상자산의 경우, 이용자가 가상자산사업자에게 가상자산반환 청구권을 갖는 것으로 이론 구성하고, 그 청구권에 대해 민사집행법 등이 정하는 절차상 요건을 갖추어 실제로 강제집행할 수 있다.[38] 즉, 가상자산사업자 등 제3자가 관리

---

36) 부동산등기로 비유하자면, 말소등기청구는 불가능하고, 진정명의 회복을 위한 이전등기청구가 가능할 뿐이다. 이처럼 블록체인 위에 기록된 거래에 대해서는 거래 말소는 불가능하고 오직 재양도(reverse transaction)만이 가능하다는 견해로는, Matthias Lehmann, "WHO OWNS BITCOIN? PRIVATE LAW FACING THE BLOCKCHAIN", 21 Minn. J.L. Sci. & Tech. 93(2020. 2.), pp. 120-124 참조. 다만 이 견해는 아래에서 언급하는 재양도 수수료 비용에 대해서는 언급하고 있지 않고, 양수인이 재양도에 협력하지 않는 경우의 문제점에 관하여는 심각하게 받아들이고 있지 않다. 즉, 양수인이 재양도에 협력함으로써 쉽게 문제가 해결될 수 있다고 보는 것이다.
37) 가상자산 거래시 발생하는 수수료에 관한 상세한 설명으로는, 신지혜(주 1) 참조.
38) 참고로 이두홍 외 1, "사이버 범죄 피해 가상화폐의 환수·환부 절차 연구", 한국경찰학회보 제23권 제6호(2021), 134면 이하에서 형사절차에서 가상자산사업자를 통해 보유하고 있는 가상자산에 대하여 환수조치를 취한 사례를 소개하고 있다. 여기서는 가상자산에 대한 집행과 관련하여, 범죄자가 당초 보유한 가상자산과 현

하는 경우에는 가상자산사업자나 제3자를 제3채무자로 하여 압류나 전부, 추심명령 등이 가능하다.[39]

채무자가 블록체인상 계정에 직접 보유하고 있는 가상자산(즉, 가상자산사업자를 통하지 않고 보유하고 있는 가상자산)에 대하여도 이론적으로 압류명령을 통해 일단 처분을 금지하고 책임재산으로 확보할 수는 있다. 그러나 실질적으로 해당 가상자산에 관하여 강제집행을 하는 현실적인 방법이 문제된다. 위에서 설명한 것과 같이 블록체인 위에 직접 가상자산을 보유하고 있는 경우에는 개인 비밀키를 취득하지 못하는 한 그 이전이나 처분이 절대로 불가능하다. 만약 채무자가 스스로 가상자산을 이전 내지 인도하라는 집행권원 내용대로 임의이행을 한다면 별 문제가 없으나, 만약 이행하지 않은 경우라면 개인 비밀키 취득을 통해서만 강제집행이 가능하다.

위에서 설명한 바와 같이, 개인 비밀키를 보관하는 방식에는 ㉠ 채무자 자신의 머릿속에서만 기억하는 방법, ㉡ PC 등에 파일 형태로 보관하거나 핫월렛 계정을 통해 보유하는 방법 및 ㉢ 종이에 출력하거나 USB 형태의 콜드월렛에 보관하는 방법 등 중 ㉡이나 ㉢의 경우라면 그나마 채무자의 전적인 협조 없이도 강제집행할 수 있는 가능성을 상정이라도 할 수 있으나, ㉠과 같이 채무자 자신이 머릿속에서만 기억하고 있는 경우라면 채무자의 협조 없이는 강제집행이 전혀 불가능하다.

더욱이 ㉡과 ㉢ 방식으로 보관하고 있는 경우라고 하더라도, 강력한 압수수색 권한이 부여되는 형사절차가 아닌 일반 민사절차에서 이를 찾아내는 것은 쉽지 않다. ㉡의 경우 채무자 개인 PC 속을 뒤지거나 핫월렛 계정으로부터의 개인정보 획득이 이루어져야 하는데, 거기서 개인정보나 사생활 자유 침해 문제 소지가 있고, 또 ㉢의 경우 채무자의 주거공간, 업무공간을 뒤지는 것이 가능한지, 뒤지더라도 크기가 작은 물리적 장치를 쉽게 찾아낼 수 있을지 의문이 아닐 수 없다.[40]

---

재 가상자산사업자가 범죄자의 명의로 보유하고 있는 가상자산 사이의 동일성 여부가 문제되었다고 한다.
39) 우리나라의 강제집행 실무상 가상자산사업자는 법원의 압류 및 추심명령, 전부명령이나 가압류 등에 매우 협조적이라고 한다.

 블록체인 위에 직접 가상자산을 보유할 경우에는 지급금지 등을 명할 제3자가 실재하지 않고 오직 비밀키를 소지한 채무자만이 기술적 보호조치를 해제하고 가상자산의 강제집행에 응할 수 있기 때문에, 가상자산에 대한 압류명령의 내용으로, 또는 압류명령과 별도로 채무자에게 기술적 보호조치를 해제하도록 명할 필요성이 있다고 지적하면서도, 가상자산의 다양성과 기술적 보호조치 해제가 대체 가능성 없는 행위라는 점에서 결국 간접강제에 의하여야 한다는 견해가 있다.[41] 이 견해에서 지적하는 바와 같이, 채무자가 비밀키를 이용한 강제집행에 협력하지 않는 경우, 강제집행의 대상이 되는 가상자산에 대한 집행은 기술적으로 불가능하다. 따라서 채무자로 하여금 강제집행에 협력하도록 추가적인 조치가 필요하나, 간접강제 이외에는 가능한 수단을 찾기 어렵다.[42] 참고로 형사절차에서도 범죄자의 협력 없이도 기술적 보호조치를 해제할 수 있

---

40) 이현종, "가상재산(假想財産)에 대한 민사강제집행(民事強制執行)", 민사집행법연구 제18권 제2호(2022), 456면은 "민사집행법령상 그 밖의 재산권에 대한 강제집행에는 채권에 대한 강제집행절차가 준용되므로, 가상자산에 대한 강제집행의 집행기관은 집행법원이지만, 집행관도 집행법원이 행하는 집행절차에 부수된 행위를 담당한다(예컨대, 법 제233조에 따른 지시증권상의 채권의 압류를 위한 증권의 점유, 법 제234조 제2항에 따른 채권 압류를 위한 채권증서의 취득). 집행관은 가상재산의 소재를 파악하고 해당 가상재산의 처분에 요구되는 정보 등을 확인하는 등 가상재산에 대한 채무자의 처분금지를 효과적으로 실행하기 위하여 필요한 경우에는 집행법원의 지시 등을 받아 채무자의 주거 등을 수색하고 잠근 문 등을 여는 등 적절한 조치를 할 수 있을 것"이라고 하면서도, "다만, 가상재산이 전자적 형태로 존재하기 때문에 채무자가 자발적으로 협조하지 않는다면 집행관이 채무자의 주거 등을 수색하더라도 가상재산에 대한 압류와 채무자 처분금지에 얼마나 효과적일지는 다소 회의적이다"라고 설명하는데, 필자 역시 같은 입장이다.
41) 이현종(주 40), 459-461면.
42) 또한 같은 시각에서, "집행채무자가 이를 거부할 경우에는 사실상 추심이 불가능해진다. 채무자에게 비밀키에 대한 인도를 요구하더라도 비밀키 자체가 전자적 데이터로서 복제가 가능하다는 것을 감안하면 집행채권자가 가상자산의 이전을 받기 전에 이미 복제된 비밀키를 이용하여 해당 가상자산이 제3자에게 이전될 수 있다"고 하면서, "결국 채무자가 비밀키를 보유하고 있는데 그의 자발적인 협조를 받을 수 없는 경우 어떤 방법으로 비밀키를 이전받을 수 있는지의 문제로 귀결되는데 이 문제를 해결하기 위한 방안으로는 현행법상 간접강제에 의하는 것"이라고 보는 견해도 있다. 정영수, "가상자산의 강제집행에 관한 소고", 서울대학교 법학연구소 서울法學 제29권 제2호(2021. 8.), 187, 188면.

는 기술적 방안에 관하여 논의가 이루어지고 있으나,[43] 아직까지 실효성 있는 방안을 제시되지 못하고 있는 실정이다.[44]

결국 채무자에게 개인 비밀키를 공개하거나 가상자산 이전에 협조하도록 강제하는 방안을 마련하는 것이 블록체인 기반 가상자산 강제집행에 있어 가장 중요한 핵심이라고 할 수 있다.[45] 현재까지 실효성 있는 방안이 있다고 보기 어려우며, 향후 논의를 요하지만 블록체인 기술 특성상 과연 효과적인 해결책이 제시될 수 있을지는 회의적이다.

### (2) 블록체인 기반 가상자산의 가격변동성에 따른 문제점

위에서 본 바와 같이, 채무자의 개인 비밀키를 확보하지 못하는 이상 블록체인 기반 가상자산에 대한 강제집행에는 상당한 난점이 있다. 그런데 설령 채무자가 비밀키 제공에 협조한다고 하더라도, 블록체인 기반 가상자산에 대한 강제집행에 관하여는 다른 문제점이 존재한다.

블록체인 기반 가상자산은 심한 가격변동성을 갖는다. 비트코인 외 소위 알트코인(Alternative Coin)이라고 불리는 상대적으로 덜 유명한 가상자산은 물론이고, 원조라고 할 수 있는 비트코인조차도 심한 가격변동 추이를 보이고 있다. 테라-루나의 경우에는 단 며칠 만에 가격이 1% 이하로 곤두박질치기도 하였다. 이러한 상황에서 채무자로서는 비밀키를 제공하는 시점을 조절함으로써, 실질적으로 강제집행을 방해하고 부당하게 이득을 취할 수 있다.

현재 민사법상 강제집행의 대상이 되는 물건은 가격이 어느 정도 고정되어 있고, 채권자로서는 그것을 강제집행 하였을 때 얼마 정도의 채권을 회수할 수 있는지 미리 예측이 가능하다. 그러나 블록체인 기반

---

43) 권현 외 4, "온라인수색 이용 랜섬웨어 조직의 가상자산 압수방안", 디지털포렌식연구 제16권 제3호(2022. 9.).

44) 참고로 조세법적 측면에서의 논의도 있다. 정승영, "가상자산의 이용과 조세 포탈에서의 적극적 은닉에 대한 대응방안 고찰—암호자산(Crypto-asset)과 가명성 강화 수단 이용을 중심으로—", 조세법연구 제28권 제2호(2022) 참조.

45) 이 점에 관하여 일본에서도 동일한 논의가 이루어지고 있다. 中島弘雅, "暗号資産をめぐる民事執行法上の問題点(下)", NBL No. 1227(2022. 10.), 40-42면 참조. 우리나라의 논의와 대동소이한 방법만이 제시되고 있다.

가상자산의 경우 하루에도 무제한으로 가격이 변동할 수 있기 때문에, 채무자가 단 며칠 정도 가상자산의 이전을 늦추는 것만으로도 채권자에게 손해를 가하고 자신은 이득을 얻을 수도 있다.[46]

게다가 설령 채무자가 적절한 시점에 개인 비밀키를 제공하여 강제집행에 응하였다고 하더라도, 오랜 시일이 소요되는 강제집행 절차에서 정확히 언제를 기준으로 당해 가상자산의 경제적 가치평가액을 산정할 것인지도 문제된다.[47] 따라서 채무자가 비밀키를 제공하는 시점을 임의로 조정할 수 없도록 하는 조치와, 가상자산 가치평가 기준에 관한 사항을 법제화할 필요가 있을 것이다.

### 4. 가상자산사업자의 파산시 처리

이용자가 가상자산사업자에 대하여 갖는 가상자산 지급청구권은 채권에 해당한다.[48] 따라서 마치 이용자가 은행에 금전을 예치한 경우 은행에게 금전반환청구권을 갖고, 그러한 금전반환청구권을 목적으로 강제집행 등이 가능한 것처럼, 가상자산사업자를 제3채무자로 하는 가상자산 지급청구권에 대한 압류 등 강제집행도 당연히 가능하다.[49]

현재는 가상자산사업자에 대한 행정적 규제를 통하여 가상자산사업자로 하여금 이용자가 위와 같은 과정을 통해 가상자산사업자의 장부에

---

46) 예를 들어 A코인의 가격이 10월 1일 200원이었다가 10월 5일 5원으로 곤두박질 치는 경우, 채무자는 10월 1일 A코인을 200원에 매각하고 10월 5일 다시 A코인을 5원에 매수한 후, 5원에 매수한 A코인을 강제집행 대상으로 제공할 수 있다. 이 경우 만약 채권자가 10월 1일 A코인을 취득하였다면 이를 곧바로 매각할 수 있었을 것이나, 10월 5일에야 A코인을 취득할 수 있어 그러한 매각 기회를 상실하게 된다.
47) 가상자산사업자를 통해 매각하여 현금을 취득하는 것이 현실적인데, 나라 별로, 가상자산사업자 별로 가격이 미묘하게 달리 형성되기 때문에, 어느 나라의 어느 가상자산사업자를 통해 매각할 것인지도 문제될 수 있다.
48) 김이수(주 19), 118면.
49) 김병연 외 1(주 21), 389면에서 소개된 비트코인 출급청구채권 등을 가압류 대상으로 인정한 판례군(울산지방법원 2018. 1. 5.자 2017카합10471 결정; 서울중앙지방법원 2018. 2. 1.자 2017카단817381 결정; 서울중앙지방법원 2018. 3. 19.자 2018카단802743 결정; 서울중앙지방법원 2018. 4. 12.자 2018카단802516결정 등)이 이러한 전제에 있다고 할 것이다.

기록하도록 청구한 종류 및 수량에 대해서는, 별도의 블록체인 계정을 만들어 보유하고, 가상자산사업자의 블록체인 계정 내에서 혼유하지 못하도록 정하고 있다(특정금융정보법 제8조, 동법 시행령 제10조의20). 그러나 별도 계정을 통해 보유하는 가상자산의 종류와 수량이 각 이용자의 청구권과 1:1로 대응하는 것이 아닐뿐더러, 각 이용자가 요청한 수량과 종류의 가상자산을 가상자산사업자가 100% 보유하고 있는 것도 아니다.[50] 더욱이 설령 가상자산사업자가 이용자가 청구한 종류와 수량을 100% 블록체인 계정에 보유하고 있다고 하더라도, 각 이용자가 그러한 가상자산에 대해 직접 물권적 권리를 갖는다고 보기도 어렵다. 각 이용자는 가상자사사업자에 대하여만 청구권을 갖게 되며, 블록체인 위 가상자산에 대해서 직접 소유권에 준하는 권리를 갖게 되지는 않는다.

따라서 만약 가상자산사업자가 파산한 경우, 각 이용자는 가상자산사업자에게 자신의 가상자산사업자 계정 내에 기재된 수량만큼의 비트코인을 직접 지급(블록체인상 장부에 가상자산사업자로부터 이용자에게 비트코인을 이전한다는 내용을 기재하도록 하는 것)하도록 요구할 수는 없고, 자신의 가상자산사업자 계정 내에 기재된 비트코인 수량을 금전적으로 평가하여 그 금액만큼 일반채권자로서 배당에 참여하는 수밖에 없는 것이다. 일본의 마운트곡스 사건에서도 이러한 취지로 판결이 내려졌고, 미국에서 여러 가상자산사업자에 대한 파산 신청 사건들이 진행되면서 이 점이 쟁점으로 부각되고 있다.

### 5. 블록체인 기반 가상자산에 대한 강제집행 실효성 확보 방안

블록체인 기반 가상자산에 있어서 가장 현실적으로 문제가 될 수 있는 것은 이것을 대상으로 하는 강제집행의 실효성 확보 방안이다. 이것은 세 가지 차원에서 문제될 수 있다.

---

50) 최근 발의된 디지털 자산법안 등에서는 이용자 예치금의 신탁과 디지털 자산의 보관, 해킹 전산장애 등 사고에 대비한 보험 또는 공제 가입, 준비금 적립 의무화 등 이용자 자산의 보호에 관한 사항을 정하고 있다(안 제5조 내지 제7조). 최근 발의된 법률안에 관한 분석으로는, 안수현(주 2) 참조.

(1) 먼저 채무자가 보유하고 있는 가상자산의 실체를 파악하는 것이다. 즉, 일종의 재산명시제도의 필요성이다.

가상자산사업자를 통해 보유하고 있는 가상자산의 경우에는, 채무자의 실명으로 계정이 개설되어 있기 때문에, 가상자산사업자에 대한 사실조회나 금융정보제공명령신청 등을 통해 비교적 손쉽게 채무자의 재산을 파악할 수 있다. 그러나 블록체인 위 계정에서 직접 가상자산을 보유하고 있는 경우, 블록체인의 특징인 익명성 보장 때문에 채무자가 가상자산을 보유하고 있다는 사실조차도 파악할 수 없게 된다. 블록체인 네트워크 참여자나 블록체인 프로토콜 생성자 역시도 각 계정 보유자가 누구인지 알지 못하며, 채무자를 확인해 줄 방법이 없다.

입법론적인 방법만으로 이 문제를 해결하기는 어려워 보이나, 해외 여러 나라들이나 수사기관 등과의 긴밀한 협의를 통해 현실적인 방안을 모색할 필요가 있다.

(2) 가상자산사업자에게 일종의 통지의무를 부과하면서 물상대위 제도를 결합하는 방법이다.

위에서 상세히 설명한 바와 같이, 가상자산 거래가 블록체인 위에서 일어나기는 하지만, 블록체인 기반 가상자산을 현실의 금전이나 재화로 바꾸기 위하여는 블록체인 밖으로 나올 필요가 있다. 대부분의 경우는 가상자산사업자를 통하여 블록체인 위의 가상자산을 블록체인 밖의 자산으로 환금한다.

만약 채권자가 채무자의 블록체인 계좌의 정보까지는 입수하였고,[51] 그 정보를 이용해서 채무자가 직접 블록체인 기반으로 보유하고 있는 가상자산에 대하여 압류나 가압류, 가처분 등의 조치를 취한 경우, 그러한 블록체인 계좌 명세를 가상자산사업자에게 미리 통보하고, 그 계좌로부터 가상자산사업자에게로의 인출행위가 있을 경우 이를 즉각 채권자에게 통

---

51) 위 (1)은 채무자가 블록체인 기반 가상자산을 보유하고 있는지 여부, 만약 보유하고 있다면 공개키나 계좌번호 등은 무엇인지 여부조차 알지 못하는 경우에 관한 것이라면, (2)는 채무자의 공개키나 계좌번호 등까지는 파악한 경우에 관한 것이다.

지하는 방안을 고려해 볼 수 있다.[52] 위에서 반복하여 설명한 바와 같이 채무자가 직접 블록체인 기반으로 보유하고 있는 가상자산에 대하여는 채무자의 비밀키 제공 등 협력이 없다면 현실적으로 강제집행하는 것은 불가능에 가깝다. 그러나 블록체인 기반 가상자산이더라도 환금 등을 위해 가상자산사업자를 통하게 되는 순간이 존재할 수 있으며, 그 때 채무자가 함부로 처분할 수 없도록 막고자 하는 것이다. 따라서 채무자가 블록체인 계좌 등에 압류나 가압류, 가처분 등을 당한 후 해당 가상자산을 가상자산사업자의 계좌로 인출하였다면, 이를 즉시 채권자에게 통지하여 채권자로 하여금 강제집행 기회를 갖도록 하는 것이다. 이때 가상자산사업자의 계좌는 채무자가 아닌 제3자 명의이더라도 무방하다고 생각된다.

더 나아가 채권자에게 일종의 물상대위를 통해서, 당초 블록체인 위 가상자산에 대해 가지고 있던 압류 등 강제집행의 효과가, 채무자 또는 제3자가 가상자산사업자에게 갖게 되는 가상자산 반환청구권에도 그대로 미치도록 하는 방안도 함께 고려할 수 있다. 이를 위해서는 입법적 뒷받침이 필요할 것이다.

(3) 다음으로 위에서도 언급한, 채무자의 개인 비밀키 확보 방안이다.

채무자가 개인 비밀키를 관리하는 방법에 따라 여러 가지 대응방안을 상정해 볼 여지는 있으나, 결국은 채무자에게 비밀키 제공에 협조하도록 간접강제 등을 통해 압박하는 절차를 마련하는 수밖에 없을 것이다. 또는 채무자의 사생활의 자유를 침해하지 않는 범위 내에서 채무자에 대한 압수나 수색을 강화하는 방안도 함께 고려할 수 있다.

(4) 절차적으로 강제집행의 대상이 되는 가상자산을 이전받는 구체적 방법을 마련하는 것이다.

블록체인 기반 가상자산을 이전받기 위하여는, 블록체인 위에 직접 계정을 개설하여 그 공개키로 이전하도록 하는 방법과, 가상자산사업자에게 계정을 개설하여 그 계좌로 이전하도록 하는 방법이 있다. 채무자의

---

52) 그러나 만약 채무자가 우리나라 법이 적용되지 않고 실명확인을 요구하지 않는 해외의 가상자산사업자를 통해 인출행위를 할 경우에는 실효성이 없다.

블록체인 기반 가상자산을 직접 매각하는 것보다는, 국가 명의 계좌를 개설하여 그 계좌로 먼저 이전하도록 하고, 집행절차에 따라 진행하는 것이 안정성 확보에 도움이 될 수 있다. 위에서 소개한 하급심 판결례에서 집행관에서 인도를 하도록 명하였는데, 이러한 방식으로 강제집행 절차가 진행되는 것으로 파악된다.

## V. 결론에 갈음하여: 가상자산 규제 방향에 대한 제언

블록체인 기반 가상자산 거래가 활발히 일어지고 있는 현실에서, 가상자산의 법적 성격 등에 관한 입법이 필요할 수 있다. 종래 가상자산사업자에 대한 규제 측면에서 여러 입법이 이루어지기는 하였으나, 가상자산의 본질을 규율하는 입법도 필요하다. 가상자산을 둘러싼 기존의 논의가 주로 가상자산사업자의 공시의무, 위탁받은 가상자산과 고유 가상자산의 분리 등 가상자산사업자를 중심으로 이루어졌다면, 이제는 가상자산 자체의 민사법적 지위 등에 관하여 논의가 필요한 시점이기는 하다. 이에 따라 최근 각국에서도 민사법적 시각에서의 가상자산에 관한 검토를 통해 어느 정도 가시적이 성과를 내고 있기도 하다.

그러나 블록체인 기반 가상자산은 기초자산이 전혀 없다는 점에서 엄청난 리스크를 내재하고 있다는 점을 항상 상기해야 한다. 블록체인 기반 가상자산의 경제적 가치는 오로지 '정확한 장부'라는 점에 있을 뿐이며, 그 자체에 객관적 가치가 존재하는 것은 아니다. 즉, 블록체인 기반 가상자산은 아무런 내재가치가 없고 오로지 교환가치만을 지녔다는 점에서 위험성이 크고, 탈중앙화는 오히려 가상자산을 둘러싼 분쟁해결에 있어 방해요소로 작용할 뿐이다. 종래의 디지털 재화가 현물자산이나 중앙관리자가 가치와 효용을 담보하는 종래의 가상자산 등과 연동하는 것이어서 최소한의 경제적 가치가 보장되거나 현물 세계에서의 가격평가가 가능한 반면, 블록체인 기반 가상자산은 오로지 "정확한 장부에 대한 신뢰"라는 추상적인 가치를 개개의 개인이 어떻게 평가하는지에 따라 전혀 다른 가격이 형성될 수 있으며, 여기에 바로 블록체인 기반 가상자산의 위험성이 있는 것이다.

그럼에도 불구하고 법률이나 판례를 통해 블록체인 기반 가상자산의 재산성 내지 물권 유사의 지위를 인정할 경우, 일반 국민들에게는 마치 블록체인 기반 가상자산의 경제적 가치를 국가가 보장하는 것처럼 오해를 불러일으킬 수 있다.[53] 따라서 블록체인 기반 가상자산에 대한 취급에 있어서, 국가가 가상자산의 경제적 가치를 보장하는 것이 아님을 명시하고, 가상자산의 리스크를 충분히 알 수 있도록 설명하면서, 다만 가상자산을 둘러싼 민사적 분쟁 해결과 그 경제적 가치 환수를 위하여 법률적으로 뒷받침하고자 하는 것뿐이라는 점을 충분히 인식시켜야 할 것이다.

---

53) 가상자산을 둘러싼 거래 등에서, 종래의 금융상품에서 쓰이는 용어나 외관을 그대로 사용하고 있어, 이용자의 오해를 촉발한다는 주장으로는, Michael J. Hsu, "Crypto: "An Immature Industry Based on an Immature Technology", 25 No. 6 Fintech L. Rep. NL 5(2022) 참조.

[Abstract]

# Civil Legal Treatment of Blockchain-Based Virtual Assets
## - Based on technical analysis

Shin, Ji Hye*

There are two ways to hold virtual assets: a case where the user directly has the authority to dispose of virtual assets on the blockchain, and a case where the transaction is made through a virtual asset exchanger. These two ways are completely different from a legal perspective. In the latter case, it can be theoretically constructed as having the right to claim for virtual assets to the exchangers in relation to civil legal treatment. On this premise, a group of lower court precedents has also been formed. However, it should be discussed how to handle the insolvency of a virtual asset exchanger. Meanwhile, in the former case, although it is understood to have the nature of a proprietary right rather than a claim, there remain a lot of problems i.e. the secured transactions, the validity of transactions already made in the event of a defect in the cause, and the availability of inforcement. In particular, the methods to ensure the effective inforcement for blockchain-based virtual assets should be carefully considered.

In reality, blockchain-based virtual asset transaction is actively taking place, but it should always be remembered that they have enormous risks in that they have no underlying assets. Therefore, when discussing blockchain-based virtual assets, it must be clarified that the state does not guarantee the economic value of virtual assets and fully recognized that it is only intended to legally support the resolution of civil disputes related to virtual assets and the recovery of their economic redemption.

---

* Associated Professor, Law School, Hankuk University of Foreign Studies.

[Key word]

- virtual assets
- blockchain
- virtual asset exchanger
- inforcement
- insolvency
- secured transaction
- proprietary right

## 참고문헌

[국내문헌]

권현 외 4, "온라인수색 이용 랜섬웨어 조직의 가상자산 압수방안", 디지털포
　　렌식연구 제16권 제3호(2022. 9.).

기노성, "가상자산 거래의 법적 쟁점과 규제 방안-시장의 신뢰성 확보를 위
　　한 방안을 중심으로-", 금융법연구 제17권 1호, 한국금융법학회(2020. 6.).

김병연 외 1, "가상자산의 법적 성질-미국와 한국의 증권규제를 중심으로-",
　　상사판례연구 제34권 제3호(2021. 9.).

김성욱, "현행 민법규정의 적용 및 해석과 관련한 몇 가지 법적 문제-총칙
　　및 물권규정을 중심으로-", 財産法硏究 제37권 제3호(2020. 11.).

김이수, "미국통일상법전(Uniform Commercial Code)상 가상화폐에 관한 담보
　　물권 법리와 우리 사법에의 시사점", 금융법연구 제16권 제3호(2019).

_____, "비트코인(Bitcoin)의 사법상 지위에 관한 고찰", 부산대학교 법학연구
　　제59권 제4호(2018).

김홍배, "가상자산 비트코인은 화폐인가, 자산인가?", 금융공학연구 제17권 제
　　4호(2020. 12.).

김홍기, "가상화폐의 본질과 가상자산시장의 규제방안", 상사법연구 제41권
　　제1호(2022).

맹수석, "가상자산에 대한 규제 방안의 검토-비트코인 등 블록체인기술 기반
　　의 가상자산을 중심으로-, 한국법학회 법학연구 제21권 제2호(2021).

박선종, "증권형 가상자산의 투자자보호에 관한 연구", 숭실대학교 법학연구
　　소 법학논총 제51집(2021. 9.).

박세준, "개정된 특정금융거래정보의 보고 및 이용 등에 관한 법률의 한계와
　　가상자산사업 업권법 제정에 관한 논의", 건국대학교 법학연구소 일감
　　법학 제50권(2021. 12.).

신지혜, "가상자산의 특성과 법적 규율-블록체인 기반 가상자산의 위험성과
　　규율 방향을 중심으로-", 소비자법연구 제8권 제3호, 한국소비자법학
　　회(2022. 8.).

_____, "스마트 컨트랙트에 관한 민사법적 쟁점-DAO 사건을 중심으로-",

민사법학 제99호, 한국민사법학회(2022. 6.).

_____, "블록체인의 성립과 운용에 있어서 민사법적 쟁점-블록체인에 대한 기술적 이해를 기초로-", 비교사법 제28권 제3호, 한국비교사법학회(2021. 8.).

신지혜·김수정, 『민사법상 가상자산 관련 입법 개선방안 연구』, 법무부 연구용역보고서(2022. 12.).

안수현, "암호자산 규제법제 정비를 위한 검토-해외 규제사례를 기초로", 한국경쟁법학회 경쟁법연구 제21권 제1호(2022. 4.).

안현수, "가상자산시장 불공정거래의 규제-자본시장 불공정거래 규제와의 비교를 중심으로-", 금융소비자연구 제12권 제2호(2022. 8.).

윤태영, "블록체인 플랫폼에서의 토큰(token) 거래에 대한 민법상 쟁점", 한국외국어대학교 법학연구소 외법논집 제45권 제3호(2021. 8.).

이두홍 외 1, "사이버 범죄 피해 가상화폐의 환수·환부 절차 연구", 한국경찰학회보 23권 6호(2021).

이현종, "가상재산(假想財産)에 대한 민사강제집행(民事强制執行)", 민사집행법연구 제18권 제2호(2022).

전우정, "암호화폐의 법적 성격과 규제개선 방안-민법상 물건, 금전, 자본시장법상 증권인지 여부 검토", 금융법연구 제16권 제1호 (2019).

정승영, "가상자산의 이용과 조세 포탈에서의 적극적 은닉에 대한 대응방안 고찰-암호자산(Crypto-asset)과 가명성 강화 수단 이용을 중심으로-", 조세법연구 제28권 제2호(2022).

정영수, "가상자산의 강제집행에 관한 소고", 서울대학교 법학연구소 서울法學 제29권 제2호(2021. 8.).

[외국문헌]

Michael J. Hsu, "Crypto: "An Immature Industry Based on an Immature Technology", 25 No. 6 Fintech L. Rep. NL 5(2022).

Matthias Lehmann, "WHO OWNS BITCOIN? PRIVATE LAW FACING THE BLOCKCHAIN", 21 Minn. J.L. Sci. & Tech. 93(2020. 2.).

Sidney P. Levinson et al., "Recent Crypto Bankruptcy Filings May Provide Clarity to Critical Unresolved Questions", 25 No. 4 Fintech L. Rep. NL 1(2022. 7.).

Roee Sarel, "PROPERTY RIGHTS IN CRYPTOCURRENCIES: A LAW AND ECONOMICS PERSPECTIVE", 22 N.C. J. L. & Tech. 389(2021. 4.).

Andrew Verstein, "CRYPTO ASSETS AND INSIDER TRADING LAW'S DOMAIN", 105 Iowa L. Rev. 1(2019).

中島弘雅, "暗号資産をめぐる民事執行法上の問題点(下)", NBL No. 1227(2022. 10.).

# 온라인 금융거래와 금융소비자보호[*]

김 정 연[**]

■요　　지■

　　본 논문은 온라인 거래에서 금융소비자보호라는 정책목표에 비추어 현행 법제가 갖는 의의와 한계를 분석하는 것을 목적으로 한다. 우선 2021년부터 시행중인 금융소비자보호법이 온라인 금융소비자보호 문제를 어떻게 다루고 있는지를 검토한다. 금융소비자보호법은 금융상품판매업자와 금융상품자문업자와 같이 소비자를 '대면' 또는 '접촉'해서 서비스를 제공하는 금융회사를 규율하는 법규라는 점에서 온라인 소비자보호에 대한 특별한 고려나 취급을 목적으로 제정된 것은 아니다. 본 논문에서는 온라인 금융소비자보호의 취지에 부합하게 현행 금융소비자보호법상 제도들을 운용하고 개선하기 위한 과제들을 검토할 예정이다. 다음으로는 금융상품 온라인 판매 규제에 관해서 분석, 검토한다. 금융소비자보호법에서는 설명의무나 적합성의 원칙같이 금융상품 판매 단계에서 금융회사가 부담하는 의무가 가장 핵심이 된다. 본 논문에서는 온라인에서 해당 의무의 적용 여부 및 구체적 내용에 대해서 집중적으로 살펴볼 것이다. 이후에는 금융소비자보호법이 포섭하지 못하는 다양한 온라인 금융거래상 금융소비자 보호를 위한 과제를 검토한다. 금융거래의 비대면화는 엄청난 속도의 기술 발전을 전제로 한다. 소위 핀테크를 바탕으로 한 새로운 상품과 서비스의 출현은 기존 법제로부터 규제의 사각지대를 만들어 내고 있다. 이러한 영역에서도 소비자들의 피해를 최소화하기 위한 입법적, 해석론적 개선방안을 모색할 때다.

---

　*　본 논문은 2023 민사판례연구회 하계심포지엄 발표문을 수정·보완하였으며, 2023. 12. 발간된 증권법연구 제24권 제3호에 게재된 내용과 동일한 것이다.
　**　이화여자대학교 법학전문대학원 부교수.

[주 제 어]
- 금융소비자보호
- 비대면 거래
- 온라인 금융소비자보호
- 금융소비자보호법
- 금융상품 판매
- 설명의무
- 적합성의 원칙
- 투자권유

## Ⅰ. 문제의 제기

### 1. 온라인 금융거래의 역사 및 현황

세계적으로 온라인 금융거래와 금융소비자보호의 문제가 제기된 시기는 인터넷이 보편화된 1990년대 후반이다.[1] 미국에서도 학계와 실무계에서 관련 논의가 촉발되었고,[2] 증권거래위원회(Securities Exchange Commission)와 전국증권업협회(National Association of Securities Dealers, 이하 "NASD") 주도로 온라인상 정보제공에 대한 규율이 개시되었다.[3] 한국에서도 2000년대 초반부터 객장(客場) 방문 없이 유·무선 전자통신을 활용한 유가증권거래가 급성장하였고 온라인 주문처리 및 정보제공을 주된 수익모델로 하는 온라인증권회사들의 비중이 커지기 시작했다.[4]

최초의 온라인 증권거래로부터 30년에 가까운 시간이 흘렀는데, 국내에서는 2016년이 되어서야 인터넷전문은행 설립 허가 및 비대면 금융계좌 개설을 계기로 온라인 금융거래가 본격화하였다.[5] 2016년 이후 현

---

1) John C. Coffee, Brave New World? The Impacts of the Internet on Modern Securities Regulation, 52 Bus. Law. 1195 (1997); Tamar Frankel, The Internet, Securities Regulation, and Theory of Law, 73 Chi-Kent L. Rev 1319 (1998); Barbara Black, Securities Regulation in the Electronic Age: Online Trading Discount Broker's Responsibilities and Old Wine in New Bottles, 28 Sec Reg. L. J. 15 (2000). 정보 기술 발전이 증권시장에 가져다줄 변화를 알린 효시적 연구로는 Donald C. Langevoort, Information Technology and the Structure of Securities Regulation, 98 HARV. L. REV. 747(1985).
2) 미국 증권거래위원회 위원장이 밝힌 바에 따르면 인터넷 주식거래가 개시된 이후 거래의 신속성과 빈번함으로 인하여 더 큰 위험에 노출될 수밖에 없는 투자자들로부터 제기된 민원이 3.3배 이상 증가하였다. SEC Chairman Levitt Addresses Internet Trading Concerns, Fed. Sec. L. Rep. (CCH) No. 1859, at 1 (Feb. 3, 1999).
3) 온라인 채널의 정의에 전화는 제외한다.
4) 1997년 증권거래법 개정을 통해 영업소 외에서 수탁을 금하는 문언이 삭제되면서 온라인 거래가 가능해졌고 같은 해부터 홈트레이딩시스템(Home Trading System, HTS)을 통한 거래가 본격화하였다. 곽관훈, 온라인상의 증권정보제공에 대한 규제－적합성원칙의 적용가능성을 중심으로, 비교사법 제9권 제3호(2002), 456쪽. 2001. 7. 19. 제정된 "증권회사의영업행위에관한 규정"은 온라인 증권거래의 정의를 이미 포함하고 있다(제1-2조 8항).
5) 금융위원회 보도자료, 계좌 개설시 실명확인 방식 합리화방안(2015. 5. 18.); 금융위원회 보도참고자료, 제2금융권 금융회사에서도 비대면으로 계좌개설 가능(2016. 2. 18);

재까지 대형 시중은행들의 온라인 금융거래는 빠른 성장세를 기록하면서 예금, 신용대출, 펀드의 경우 대면 채널보다 비대면 채널의 판매 비중이 훨씬 높아졌다.[6] 금융회사는 비대면 영업 전환시 전산망이나 보안시스템 구축을 위한 초기 투자 비용을 제외하면 대면 거래와 비교하여 인력 및 시설 측면에서 획기적인 비용 절감의 이점을 누린다. 금융소비자는 점포 방문 시간을 줄일 수 있을뿐더러, 금융회사의 비용 절감이 수수료 또는 보수의 절감이나 수익률 또는 이자율의 증대로 이어질 수 있으므로 온라인 거래를 선호할 유인이 크다. 따라서 온라인 금융거래는 각종 보안 우려 및 금융사고의 위험을 극복할 수 있다면 거래 당사자 모두에게 이익을 가져다주는 것으로서 일단 인프라가 구축된 이후에는 이용자가 늘어날 수밖에 없는 구조이다.[7]

### 2. 온라인 금융거래와 금융소비자보호 필요성 제기

온라인 금융거래는 일반소비자들의 이용을 전제한다. 전문투자자들은 개별 협상을 통해 맞춤형으로 유리한 계약 조건을 적용받을 수 있는 방식을 선호하기 때문이다. 반면, 거래 비용과 시간을 절감해 주는 온라인 채널의 이점은 전문투자자들보다 금융소비자들에게 더 큰 효과를 가져다준다. 그렇다고 온라인 금융거래가 장점만 있는 것은 아니다. 비대면으로 금융거래가 진행되다 보니 금융소비자 보호에 취약한 단점이 여러 군데서 노출되고 있다. 온라인 대출의 경우에는 범죄자들이 피해자들의 개인정보를 탈취한 다음 비대면 대출을 받고 잠적하는 사례가 속출한 지 오래다.[8] 금융회사들은 온라인 금융상품 판매시 오프라인에서 적용되던 각종 판매규제를 우회하여 금융소비자에게 적합하지 않은 위험한 상품을

---

이성복·안유미, 비대면 계좌개설 허용 이후 증권사 소매금융사업의 변화, 이슈리포트 19-15, 자본시장연구원(2019), 1쪽.

6) 이성복, 비대면금융상품 수요 증에 따른 금융상품 시장 변화와 금융소비자 보호 강화 방향, 자본시장연구원, Issue Report, 21-32(2021), 2쪽.

7) 디지털 금융의 장점과 단점에 관해서는 OECD, Financial Consumer Protection Policy Approaches in the Digital Age (2020), pp. 10-11.

8) 한겨레 비대면 대출 소비자보호 최약 … 규제강화 목소리 커져(2022. 1. 17.).

팔 수 있다거나 설명에 걸리는 시간을 단축한다는 인식에 사로잡혀 있다는 보도가 끊이질 않는다.[9]

최근 외국에서도 온라인 금융거래에서 금융소비자 보호를 강화할 필요성이 제기되고 있다.[10] 2023년 5월 유럽연합 집행위원회는 자본시장연합(Capital Market Union)을 위한 액션 플랜의 하나로 소매 금융투자 패키지(Retail Investment Package)를 발표하였는데, 그 주요 내용 가운데는 정보제공 규제를 디지털 시대에 부합하게 개정함으로써 더욱 의미 있고 표준화된 방식으로 소매 투자자들에게 투자 상품과 서비스의 제공 경로를 개선하자는 제언이 포함되었다.[11] 위 패키지는 "소매 투자자들이 비대면 채널을 통한 비현실적인 마케팅 정보에 의해 부당하게 영향을 받을 위험이 점점 커지고 있다."는 점을 근거로 펀드, 보험, 복합상품, 증권 등 거래시 투자자에 대한 정보제공을 규율하는 각종 유럽연합 금융규범(AIFM, ID, UCITS, MiFID II, PRIPPS 등)의 관련 조문들을 개정할 계획을 포함한다.[12] 영국에서도 소셜미디어를 통한 금융상품의 투자권유로 인한 소비자 피해 사례가 속출하면서 소위 불법적인 '핀플루언서(fin-fluencer)'의 행태가 문제시되었다.[13]

---

9) 취재 기자가 미스테리 쇼핑시 "오늘 이후에 온라인으로 다시 측정하면 지금 등급으로 투자할 수 없는 최고위험 상품에 가입할 수 있다"는 권유를 받은 경험에 관한 기사는 서울신문, "ELS, 한 번도 손실난 적 없어요"… 은행들 여전히 불완전판매(2019. 11. 28.); 2023년 11월 말 현재 홍콩 H 지수 반토막으로 인한 투자자 손실 관련하여 온라인 판매분이 많아서 불완전 판매 논란에서 자유로울 것 것으로 예상하는 기사로는 조선비즈, "홍콩H지수 ELS 불완전판매 따진다… 금감원, 증권사 전수조사"(2023. 11. 26.).
10) 최근 G20/OECD에서도 디지털 시대에 맞춘 금융소비자보호를 가장 중요한 과제 가운데 하나로 제시하였다. G20/OECD, HIGH-LEVEL PRINCIPLES ON FINANCIAL CONSUMER PROTECTION (2022), p. 2.
11) Press Release, "Capital Markets Union: Commission proposes new rules to protect and empower retail investors in the EU" (24 May 2023). https://ec.europa.eu/commission/presscorner/detail/en/ip_23_2868
12) European Parliament, BRIEFING EU Legislation in Progress, Retail Investor Package (16 Oct 2023), pp. 4-5. https://www.europarl.europa.eu/RegData/etudes/BRIE/2023/749795/EPRS_BRI(2023)749795_EN.pdf
13) Press Release, "FCA and ASA team up with Sharon Gaffka to warn fin-fluencers of risks of promoting illegal 'get rich quick' schemes" (6 April 2023), https://www.fca.

국내 학계에서도 온라인 증권거래 활성화가 된 2000년대 초반부터 온라인 거래시 투자자 보호 수준이 낮아질 수 있으므로 관련 제도를 정비해야 한다는 연구들이 다수 출간되었다.[14] 그 바탕에는 온라인 증권거래가 투자자 보호의 사각지대가 될지도 모른다는 우려가 자리 잡고 있었다. 투자자가 객장을 방문해서 창구 직원과 면담을 한 다음 특정한 종목을 매수하는 경우 증권회사의 후견적 개입과 그에 대한 영업행위 규제가 가능했다. 온라인에서는 투자자가 주체적으로 제공된 정보를 취사선택해서 투자 판단에 이르는 패턴이 보편화되면서 "그렇게 자주적인 투자자는 보호할 필요가 없다."라는 논리가 지배하게 된다는 우려이다.[15] 영업점 방문시 실질적 투자권유는 대면으로 한 다음 계약만 '온라인'으로 체결할 수도 있고, 고객 데이터를 활용하여 맞춤형 상품을 선택지로 제시할 수도 있는데 온라인으로 가입하는 금융소비자는 보호 필요성이 없거나 매우 낮은 것으로 일괄 취급하는 것은 거래의 실질에 부합하지는 않을 것이다. 게다가 최근 가속화된 핀테크 기반 신종 상품과 서비스의 출현은 온라인 거래시 금융소비자보호의 필요성을 더욱 강조한다. 예컨대, 최근 증권형 토큰(STO)을 투자계약증권으로 규율하는 법리가 정립되고 있다.[16] 증권형 토큰은 비대면 채널로 권유 및 계약체결이 이루어질 확률이 높은데, 자본시장법 시행 이후 발행된 사례가 이제까지 전무한 투자계약증권을 그것도 비대면으로 거래할 때 투자자 보호를 위해 고려할 법적 쟁점들은 하나에서 열까지 새로운 것일 수밖에 없다.[17]

---

org.uk/news/press-releases/fca-asa-sharon-gaffka-warn-finfluencers-illegal-get-rich-quick-schemes

14) 곽관훈, 앞의 논문(주 4), 453쪽; 김재형, 온라인 증권거래와 적합성 원칙, 비교사법 제8권 제2호(2001), 746쪽; 김성탁, 인터넷을 이용한 증권정보의 유통과 증권사기, 비교사법 제7권 제2호(2000).

15) 곽관훈, 앞의 논문(주 4), 453쪽.

16) 금융위원회, 토큰 증권(Security Token) 발행·유통 규율체계 정비방안 – 자본시장법 규율 내에서 STO를 허용하겠습니다. -(2023. 2. 6), 보도자료.

17) 증권형 토큰의 투자자 보호 관련 주된 법적 쟁점에 관해서는 박지웅, 증권형 토큰 발행·유통 현황 및 합리적 규제방안, 경제법연구 제19권 제2호(2020), 29-30쪽.

## 3. 연구의 범위 및 논문의 구성

### (1) 연구의 범위

본 연구는 투자성 상품의 온라인 거래와 관련된 금융소비자보호의 법적인 쟁점을 주로 살펴볼 예정이다. 투자성 상품은 온라인 금융거래가 가장 먼저 시작된 영역인 동시에, 비대면화로 인한 비용 절감 혜택 대비 소비자가 부담해야 할 리스크가 가장 크다.[18] 투자성 상품의 경우에는 온라인 채널에 대한 규제가 철저하게 이루어지지 않는다면 투자자가 투자권유 화면상 '동의' 체크박스를 반복적으로 눌렀다는 이유로 투자 원본을 손실할 위험에 처하게 될 수도 있기 때문이다.

금융소비자보호법의 적용대상인 투자성, 예금성, 대출성, 보장성 금융상품 가운데 투자성 상품이 아닌 유형의 금융상품들은 다음과 같은 이유로 비대면화에 따른 소비자 보호 이슈가 덜 부각된다.[19] 예금성 상품은 온라인으로 가입하더라도 투자자가 비용절감으로 인한 혜택을 누릴 뿐이고 특히 예금자보호법의 보장 범위 내에서는 위험이 0으로 수렴한다. 보장성 금융상품은 인적 네트워크를 활용한다는 점, 생애주기적 특성을 고려하여 표준화가 어렵다는 점 등으로 인하여 자동차보험 등 일부 유형을 제외하고는 온라인 판매에 한계가 있다.[20] 대출성 상품은 비대면 전환이 상당히 이루어지긴 했지만, 금융회사 스스로 상환능력 심사라는 허들을 설정하고 있으므로 온라인 판매에 따른 규제 완화의 효과가 상쇄된다. 또한 대출성, 보장성 상품은 온라인/오프라인 판매가 상호 배타적인 데 반하여 투자성 상품은 같은 조건의 상품을 온라인/오프라인 동시 판매를 하는 경우가 많으므로 온라인 판매가 규제 우회 수단으로 활용되

---

18) 특히 공모펀드의 비대면 채널 판매 증가가 두드러진다. 이성복, 앞의 보고서(주 6), 4쪽.

19) 금융소비자보호법의 적용 범위에 관해서는 천창민, 금융소비자보호법의 적용범위와 진입규제에 관한 고찰, 은행법연구 제14권 제1호(2021), 54쪽.

20) SBS Biz, "다른 곳은 실적잔치 했는데" … 디지털 보험사만 적자 늪 '허우적'(2023. 2. 27.).

지 않도록 하고, 위험의 고지와 차단이 온/오프라인에서 같은 수준으로
이루어지도록 할 필요성이 크다.

(2) 논문의 구성

본 논문은 온라인 거래에서 금융소비자보호라는 정책목표에 비추어
현행 법제가 갖는 의의와 한계를 분석하는 것을 목적으로 한다. Ⅱ.에서
는 2021년부터 시행 중인 금융소비자보호법이 온라인 금융소비자보호 문
제를 어떻게 다루고 있는지를 검토한다. 금융소비자보호법은 금융상품판
매업자와 금융상품자문업자와 같이 소비자를 '대면' 또는 '접촉'해서 서비
스를 제공하는 금융회사를 규율하는 법규라는 점에서 온라인 소비자보호
에 대한 특별한 고려나 취급을 목적으로 제정된 것은 아니다. 본 논문에
서는 온라인 금융소비자보호의 취지에 부합하게 현행 금융소비자보호법
상 제도들을 운용하고 개선하기 위한 과제들을 검토할 예정이다. Ⅲ.에서
는 금융상품 온라인 판매 규제에 관해서 분석, 검토한다. 금융소비자보호
법에서는 설명의무나 적합성의 원칙같이 금융상품 판매 단계에서 금융회
사가 부담하는 의무가 가장 핵심이므로 이를 상세히 검토한다.[21] Ⅳ.에
서는 금융소비자보호법이 포섭하지 못하는 다양한 온라인 금융거래상 금
융소비자 보호를 위한 과제를 검토한다. 금융거래의 비대면화는 엄청난
속도의 기술 발전을 전제로 한다. 소위 핀테크를 바탕으로 한 새로운 상
품과 서비스의 출현은 기존 법제로부터 규제의 사각지대를 만들어 내고
있다. 이러한 영역에서 소비자들의 피해를 최소화하기 위한 입법적, 해석
론적 개선방안을 모색할 때다. 마지막으로 Ⅴ.에서는 온라인 금융거래에
서 금융소비자 보호라는 정책 목표를 달성하기 위한 개선 과제를 제안할
예정이다.

---

21) 안수현, 금융소비자보호법 제정안의 판매관련 금융소비자보호의 의의와 한계, 금
　융법연구 제11권 제1호(2014), 10-11쪽.

## Ⅱ. 금융소비자보호법상 온라인 금융거래 규제

### 1. 금융소비자보호법상 온라인 금융거래를 어떻게 취급할 것인가

#### (1) 금융소비자보호법의 제정과 온라인 금융거래의 취급

금융소비자보호법은 금융소비자보호의 실효성 제고를 목적으로 2011년 의원발의로 제안된 이래 국회에서 수년간 논의가 이루어진 끝에 2020년 제정, 2021년 시행되었다.[22] 키코(KIKO) 사태(2008년), 저축은행 후순위채 (2009년), 동양 기업어음(CP)·회사채(2013년), 해외금리연계 파생연계증권 및 펀드(2019년), 라임·옵티머스 등 사모펀드(2019년)와 같은 고위험 상품 의 불완전 판매 스캔들이 반복되면서 금융소비자보호 규제를 강화해야한 다는 주장이 힘을 얻었고, 각 업권별 소비자보호 규제의 수준을 일치시 키는 방향으로 통합해야 한다는 필요성이 제기되면서 금융소비자보호법 이 제정, 시행될 수 있었다.[23]

금융소비자보호법 입법 단계에서 온라인 거래에 대한 특별한 규율 필요성이 대두된 것은 아니다. 동 법률의 제정을 촉발한 불완전판매 사 례들은 창구를 통한 대면 거래에서 발생한 것이었기 때문에, 영업점 직 원이 고객과의 라포를 활용하여 고위험, 고난도 상품에 대한 투자를 유 인할 가능성을 차단하는 과제가 더 시급성이 있었다.[24] 오히려 2016년 온라인 계좌개설 전면 허용과 핀테크의 급격한 발전이 이루어진 이후인 동 법률의 시행 시점이 되어서야 '온라인 거래에도 금융소비자보호법상 판매권유 규제가 적용되는지'가 업계와 규제당국 간의 해석상 쟁점으로 떠올랐다.[25]

---

22) 전상수·연광석·박준모·황성필, 금융소비자보호법 – 해석과 입법론, 홍문사 (2022), 10-11쪽; 김은, 금융소비자보호법 해설서, 박영사(2022), 2쪽.

23) 전상수 외, 위의 책, 3쪽.

24) 금융소비자보호법 시행 이후에 온라인 설명의무 등의 구체적인 적용 방안에 관 한 가이드라인을 제정, 배포한 것이 그 방증이 될 수 있다. 금융위원회 보도자료, 온라인 설명의무 가이드라인(2022. 8. 11.), 2쪽.

25) 김영근, 금융소비자보호법 시행 1년의 회고, BFL 제111호, 서울대학교 금융법센 터(2022. 1.), 8쪽.

금융소비자보호법의 문언상으로는 온라인 거래에 대한 동 법률의 적
용을 배제하는 규정도 없고, 온라인 거래에 대한 특별히 강화된 규제를
적용하는 조문도 없다. 따라서 특정한 온라인 금융거래에서 금융회사와
소비자 간의 법률적 쟁점은 첫째, 동 거래에 금융소비자보호법이 적용되
는지 여부, 둘째, 금융소비자보호법이 적용된다면 동 거래시 금융회사가
판매 및 자문 규제를 실질적으로 준수하였는지 여부에 관한 해석론으로
수렴될 것이다. 금융회사로서는 온라인 거래에 대한 금융소비자보호법의
적용을 최대한 배제하고자 할 것이나, 금융소비자 권익 강화를 위해서는
금융소비자보호법상 영업행위 규제를 대면 거래와 같은 수준으로 맞출
필요가 있다.

(2) 적극적인 온라인 금융소비자보호 필요성

금융소비자보호법상 온라인 금융거래의 취급은 온라인 금융소비자를
바라보는 관점과 밀접한 연관이 있다. 온라인 금융소비자는 주체적인 판
단력을 지닌 적극적·능동적 존재라는 관점을 강조한다면 온라인 금융거
래의 보호 필요성이 낮아진다. 금융상품 불완전판매 스캔들도 주로 고령
소비자와 같은 금융취약계층을 상대로 한 창구에서의 부당한 권유가 문
제가 되었던 점에 비추어 보면, 자신의 위험감수 능력과 선호를 명확히
인식하고 주체적으로 투자 대상을 선택하는 온라인 소비자까지 보호하는
것은 규제 자원의 낭비라고 볼 수도 있다.

반면, 금융회사가 온라인 규제 공백으로부터 차익을 얻고 소비자들
에게 피해를 전가할 가능성을 사전에 차단하기 위해 온라인 금융거래 규
제를 강화해야 한다는 견해도 가능하다. 누구나 실제 창구를 방문해서
금융상품에 관한 설명을 듣고도 온라인 판매 절차가 '간단하고 빠르므로'
계약 체결은 비대면으로 하라는 권유를 접한 경험이 있을 것이다. 이때
'간단하고 빠르므로'가 곧 대면 채널만큼 복잡한 규제가 적용되지 않는다
는 점을 의미한다는 것은 쉽게 추론할 수 있다. 특히, 온라인 채널로 접
하는 상품과 서비스에 대한 세대별, 계층별, 교육수준별 정보격차와 접근
성은 오프라인에서의 격차보다 더 클 수 있으므로 온라인 금융거래에 대

한 규제 수준을 오프라인과 같거나 더 엄격하게 마련할 필요성이 제기되기도 한다.[26] 금융소비자보호법의 입법취지상 온라인 채널을 이용한다는 이유로 금융소비자의 권익 보호 수단이 박탈되는 것은 허용되어서는 안될 것이다. 본 연구는 이러한 관점에 착안하여 금융소비자보호법의 해석 및 적용에 관한 법률적 쟁점을 검토하고자 한다.

## 2. 금융소비자보호법상 온라인 금융상품 거래 규율
### (1) 온라인 금융상품 판매

금융소비자보호법상 금융상품판매업자등의 온라인 투자성 상품 거래 시 금융소비자보호 관련 첫 번째 쟁점은 금융상품 투자권유시 영업행위 규칙의 준수 여부이다.[27] 금융상품판매업자등은 온라인으로 금융소비자에게 금융상품을 판매하더라도 적합성의 원칙(제17조)을 준수하고 설명의무(제19조)를 이행하여야 한다.[28] 그런데 금융상품의 투자권유 규제의 양축을 이루는 설명의무와 적합성의 원칙은 금융회사의 직원이 점포로 찾아온 고객을 상대로 금융상품을 파는 것을 전제로 만들어진 규제들이다. 투자권유가 "뭐 좋은 상품 없느냐"는 소비자의 질문에서 비롯되었건, "요즘 펀드나 ELS 다들 가입하시는데 한 번 들어보시죠"라는 창구 직원의 청에서 비롯되었건 간에 소비자의 투자성향 등에 비추어 부적합한 상품을 팔지 말고, 소비자가 자신이 가입하는 상품이 뭔지를 알고서 계약을

26) OECD Task Force on Financial Consumer Protection, Effective Approaches for Financial Consumer Protection in the Digital Age: FCP Principles 1,2,3,4,6 and 9 (2019), p. 33.
27) 금융소비자보호법에 의하여 규율되는 금융회사는 크게 금융상품판매업자와 금융상품자문업자로 나뉘고, 이 둘을 합쳐서 금융상품판매업자등이라고 한다. 금융상품판매업자는 자신이 직접 계약의 상대방으로서 금융상품에 관한 계약의 체결을 영업으로 하거나 자본시장법 제6조 제3항에 따른 투자중개업을 영위하는 '금융상품직접판매업자'와 금융상품에 관한 계약의 체결을 대리하거나 중개하는 것을 영업으로 하는 '금융상품판매대리·중개업자'를 합친 것으로서 법률상 필요한 인허가를 받은 자이고. 금융상품자문업자는 금융상품의 가치 또는 취득과 처분결정에 관한 자문에 응하는 자로서 법률상 요구되는 요건을 갖추어 인허가를 받거나 등록한 자이다. 금융소비자보호법 제2조 제2호~제5호.
28) 안수현, 위의 논문(주 21), 11쪽.

체결하도록 해야 한다는 것이다. 은행 창구를 마주하고 대화가 오가다 보니 그 대화에는 '맥락'이라는 것이 생길 수밖에 없으므로 향후 분쟁 발생 시 그 맥락을 판단하기 위해서는 대화를 녹취하기도 하고 자필 서명을 받기도 한다.[29]

그런데 온라인 금융거래는 일단 금융회사의 권유를 통해서 가입했는지, 아니면 권유 없이 온라인을 통해서 계약 체결만을 하는 것인지부터가 불분명하다.[30] 또 설사 권유가 이루어진다고 하더라도 모바일기기 또는 PC 화면에서 제공되는 정보를 금융소비자가 내면으로 소화해서 결심한 후 계약 체결 동의를 하는 순서로 이어지기 때문에 적합성의 판단과 설명의무의 이행이 정해진 알고리즘에 따른 기계적 과정에 그칠 수 있다는 우려가 생겨난다.[31] 즉, 소비자가 비대면 채널을 이용하는 경우 금융회사는 투자권유의 단계마다 필요한 체크박스와 설명자료만 제공하더라도 향후 소비자의 투자실패에 따른 민사적 책임으로부터 면책되기가 훨씬 쉬워진다는 것이다.

### (2) 온라인 금융상품 자문

금융소비자보호법상 금융상품자문업의 온라인 서비스 제공 관련해서는 다음과 같은 법적인 쟁점이 있다. 금융상품의 자문이 온라인으로 이루어지는 대표적인 유형이 바로 '로보어드바이저(robo-advisor)'이다.[32] 로보어드바이저는 2016년 자본시장과 금융투자업(이하 "자본시장법")상 도입되었고, 2022년 기준 계약자 수가 43만 명 이상, 운용금액은 1조 8,453억 원 규모로 급속한 성장을 이루었다.[33] 로보어드바이저를 가리키는 '전자적

---

29) 금융소비자보호법 제19조 제2항.
30) Thompson Reuters, Forum: "Finfluencers"-Beware of clampdowns on social media financial promotions (May 30, 2023). https://www.thomsonreuters.com/en-us/posts/investigation-fraud-and-risk/forum-spring-2023-finfluencers/
31) 이규복, 금소법 정착과정에서의 금융소비자 보호 실효성을 위한 과제, 금융브리프 제30권 제13호, 금융연구원(2021), 3-4쪽.
32) 로보어드바이저의 현황과 특징에 관해서는 박준·한민, 금융거래법 제3판, 박영사(2022), 1137-1139쪽.
33) 양영식, 로보어드바이저의 적합성 원칙과 설명의무 규제에 관한 법적 연구, 금융소비자연구 제13권 제1호(2023), 61-62쪽.

투자조언장치'란 법령에서 규정하고 있는 요건을 충족시키는 자동화된 전산정보처리장치로서 알고리즘을 통해서 금융상품의 취득과 처분에 관한 조언이나 추천을 제공한다.[34) 로보어드바이저는 감독당국의 활성화 시책에 따라 투자자문, 투자일임 및 집합투자재산운용에 활용될 수 있게 되었으나,[35) 금융소비자보호법에서는 자문형 로보어드바이저만이 규제 대상이 될 것이다.[36)

  일단 로보어드바이저가 금융소비자를 대상으로 자문계약의 체결을 권유함에 있어서는 위 2.(1)에서 언급한 온라인 금융상품 판매와 관련된 규제를 준수해야 할 것이다. 로보어드바이저의 조언에 따라 투자한 금융소비자가 해당 알고리즘의 오류에 따른 위법, 부당행위에 따른 손해배상책임을 물으려 한다면 우선은 판매단계에서 적합성원칙, 설명의무의 준수 여부가 문제될 것이다.[37) 다음으로 로보어드바이저의 '자문' 제공 관련 영업행위 규제 준수 여부이다. 투자성 상품에 대한 자문을 제공하는 로보어드바이저는 자본시장법 및 금융소비자보호법상 영업행위 규제를 모두 준수하여야 한다. 이때 로보어드바이저 제공자는 금융소비자에 대한 신인의무를 부담하고 이해상충 행위에 엄격한 제한이 가해진다.[38) 통상 고객은 자문업자가 나의 최선의 이익을 위해 자문을 제공할 것이라는 신뢰를 바탕으로 자문계약관계를 맺게 되는데, 실재하는 사람을 알고리즘으로 대체하더라도 같은 법리가 적용될 수 있는지 다툼이 생길 수 있다.[39)

---

34) 자본시장법 시행령 제2조 제6호 각목, 금융투자업규정 제1조의2. 투자자의 투자성향을 분석해야 하고, 해킹 등 금융사고 및 재해의 예방과 침해사고 또는 재해발생시 피해확산방지 및 신속복구 체계를 갖추어야 하며 그 밖에 코스콤의 지원을 받아 외부전문가로 구성된 심사위원회의 심사를 거쳐야 하는 등 금융위원회가 정하여 고시하는 요건을 갖추어야 한다.
35) 박준·한민, 앞의 책(주 32), 1140쪽.
36) 일임형/운용형 로보어드바이저 활용 계약 체결 권유시에도 적합성의 원칙과 설명의무 등 금융소비자보호법상 금융상품판매업 규제는 적용된다.
37) 양영식, 앞의 논문(주 33), 78쪽.
38) 금융상품자문업자의 신인의무에 관해서는 김정연, 금융상품자문법리 정립을 위한 시론, 서울대학교 법학 제58권 제1호(2017), 367쪽.
39) 안수현, Automated Investment Tool(일면 '로보어드바이저')을 둘러싼 법적 쟁점과 과제, 상사판례연구 제29권 제2호(2016), 201쪽.

## 3. 소　결

검토한 바와 같이 금융소비자보호법은 온라인 금융거래에 대해서 그 적용을 배제하고 있지는 않지만 오프라인 거래와 달리 특별히 취급할 근거를 두고 있지도 않다. 이하 검토하듯이 금융소비자보호법의 핵심이 되는 판매규제와 관련하여 온라인으로 적합성의 원칙이나 설명의무를 이행할 수 있도록 하는 법적인 근거는 마련되어 있다. 그러나 금융회사들은 대면 채널을 기준으로 판매 절차를 운용하여 온 까닭에 온라인상으로는 매우 형식적인 조치들만이 취해질 우려가 있다. 금융회사들이 온라인 채널을 규제 피난처로 활용할 우려가 있다는 점, 디지털 정보 격차에 소외되는 금융소비자들을 보호할 필요성이 있다는 점 등을 감안할 때 금융소비자보호법상 온라인 금융거래에 관한 대비가 소홀해서는 안 될 것이다. 금융거래의 비대면화가 곧 금융소비자보호의 무력화를 의미하는 수단으로 활용되는 것은 금융소비자보호법의 입법 취지에 반하는 일이 될 것이다. 이하 Ⅲ.에서는 금융회사가 온라인에서 소비자를 상대로 준수해야 할 의무의 구체적 내용에 관해서 검토한다.

## Ⅲ. 온라인 금융상품 판매와 금융소비자보호

### 1. 금융상품 판매시 금융소비자보호 법리

금융소비자보호법상 금융회사가 투자권유를 해서 금융상품을 판매할 때에는 적합성원칙, 적정성원칙, 설명의무, 불공정영업행위 금지, 부당권유행위 금지 및 금융상품 광고 규제 등 소위 "6대 판매규제"를 준수해야 하고, 그 가운데 핵심은 적합성의 원칙과 설명의무이다.[40] 먼저 적합성의 원칙에 관해 본다. 금융상품판매업자등은 일반금융소비자에게 투자성 상품의 금융상품계약체결 등을 하거나 자문업무를 하는 경우 면담·질문

---

[40] 문은경·정찬묵, 금융상품판매와 내부통제, BFL 제111호, 서울대학교 금융법센터 (2022. 1.), 27쪽; 윤민섭, 금융소비자보호에 관한 법률 제정과 법적 과제, 은행법연구 제13권 제1호(2020), 14-15쪽.

등을 통하여 취득 또는 처분 목적, 재산상황, 취득 또는 처분 경험에 관한 정보를 파악하고 이를 고려하여 그 일반금융소비자에게 적합하지 아니하다고 인정되는 계약 체결을 권유해서는 아니된다(적합성의 원칙, 제17조 제2항 제2호, 제3항). 단, 계약체결을 권유하지 않고 금융상품 판매 계약을 체결하려는 경우에도 동일한 정보를 파악하고, 확인된 사항을 고려하여 '적정하지 아니하다'고 판단되는 경우에는 그 사실을 알리고 그 일반금융소비자로부터 확인을 받아야 한다(적정성의 원칙, 제18조 제1항 제2호, 제2항).

　　다음으로는 설명의무에 관하여 본다. 금융상품판매업자등이 일반금융소비자에게 계약체결을 권유하는 경우 및 일반금융소비자가 설명을 요청하는 경우 투자성 상품이라면 상품의 내용, 투자에 따른 위험, 위험등급, 수수료, 그 밖에 대통령령으로 정하는 사항 및 청약 철회의 기한·행사방법·효과에 관한 사항 등을 일반 금융소비자가 이해할 수 있도록 설명해야 한다(설명의무, 제19조 제1항 제1호 나목, 제3호 및 제4호). 이때 금융상품판매업자등은 설명에 필요한 설명서를 일반금융소비자에게 제공하여야 하며, 설명한 내용을 일반금융소비자가 이해하였음을 서명, 기명날인, 녹취 등 방법으로 확인을 받아야 한다(제19조 제2항). 금융상품판매업자등은 설명을 할 때 일반금융소비자의 합리적인 판단 또는 금융상품의 가치에 중대한 영향을 미칠 수 있는 사항을 거짓으로 또는 왜곡하여 설명하거나 중요한 사항을 빠뜨려서는 아니 된다(제19조 제3항).

　　금융상품 판매시 적용되는 적합성의 원칙과 설명의무는 통상 매매거래에서의 일반적 상품정보제공의무에 비할 때 매우 후견적인 내용이다. 매매거래시 매도인은 무엇이든 팔 수 있고 나중에 '하자'에 대한 담보책임을 부담할 뿐이지만 금융소비자에게 금융상품을 팔때에는 적합성의 원칙 때문에 상품에 하자가 없더라도 판매자체가 제한될 수 있다. 또 매도인은 객관적 정보를 일방적으로 제공하면 족하고, 판매를 유인, 촉진하기 위해서 더 많은 정보를 제공하는 것과 별론으로 상대방 금융소비자의 주관적인 이해도까지도 충족시켜야 하기 때문이다.[41] 온라인 채널로 금융

거래를 하는 소비자들은 대면한 직원의 꾐에 현혹되지 않는 능동적, 주
체적 존재들인데 이러한 후견적인 의무의 적용이 필요할 것인지에 대하
여 의문이 생기는 것은 당연하다. 또 대면 정보취합, 확인 및 인쇄물 설
명서 제공 방식으로 이행되던 적합성의 원칙과 설명의무를 비대면 채널
에서도 잘 이행할 수 있도록 방법·절차의 개선도 요구될 것이다.

### 2. 온라인 금융상품 투자권유의 판단 기준
#### (1) 권유의 의미와 판단기준

금융상품 판매시 적합성의 원칙과 설명의무가 준수되어야 하는 전제
는 투자 '권유'가 있기 때문이다. 투자권유가 있다면 매도인에 해당하는
금융회사가 더 높은 주의의무를 부담하게 되므로 '매수인 책임부담 원칙
(caveat emptor)'이 적용되는 일반적인 재화의 매매와는 성질을 달리하게
된다.[42] 그리고 이는 금융상품이 신용재 또는 신뢰재라는 특성에 기인한
다.[43] 일반적으로 자본시장에서 주식이나 채권 매매 시에는 적시에 정확
한 정보가 제공되는 이상 이를 바탕으로 주식 등에 투자한 투자자의 손
실은 스스로가 책임진다는 원리가 지배한다.[44] 그런데 금융회사가 개별
투자자를 상대로 특정 금융투자상품을 사도록 유인하는 때에는 금융회사
가 그 금융상품에 내재한 위험에 대해서 정보 및 전문성의 우위를 남용
하지 않도록 엄격한 규칙을 준수하도록 하는 것이다.[45] 따라서 투자권유
를 하지 않고 금융상품을 판매한 금융회사는 투자자의 손해, 즉 경제적
자살(financial suicide)을 방조한 데 대한 책임을 지지 않는다.[46]

---

41) 권영준, 약관 설명의무의 재조명, 사법 제53호(2022), 214쪽.
42) 박준·김무겸·김주영·이숭희·전원열·정순섭, "좌담회: 금융상품 분쟁해결의
   법리" BFL, 제58호, 서울대학교 금융법센터(2013. 3.), 10쪽(전원열 발언부분).
43) 김정연, 앞의 논문(주 38), 380쪽.
44) John Armour, Dan Awrey, Paul Davies, Laca Enriques, Jeffery N. Gordon, Colin
   Mayer, and Jennifer Payne, Principles of Financial Regulation, OXFORD (2015),
   pp. 218-219.
45) NASD Notice to Members(NtM) 01-23, 2001.
46) 장근영, 투자권유 없이 거래하는 고객에 대한 금융투자업자의 의무, 증권법연구
   제12권 제2호(2011), 43쪽.

　금융소비자보호법상은 '권유'에 대해서 별도의 정의를 두고 있지 않다. 금융상품 판매규제의 토대를 제공한 자본시장법에서는 투자권유를 "특정 투자자를 상대로 금융투자상품의 매매 또는 투자자문계약·투자일임계약·신탁계약의 체결을 권유하는 것"으로 정의한다(제9조 제4항). 법조문의 문언만 보면 "권유는 권유이다"는 동어반복처럼 보이지만 굳이 그 법적 성격을 따지자면 매매 등 계약체결을 위한 청약의 유인이다. 자본시장법상 투자권유 정의의 핵심은 매매 등 계약의 체결을 '특정 투자자를 상대로' 한다는 데 있다.[47] 구 증권거래법에 따른 증권업감독규정에서는 투자권유를 "증권회사가 특정한 유가증권의 매매거래나 특정한 매매전략·기법 또는 특정한 재산운용배분의 전략·기법을 채택하도록 고객에게 권유하는 것"으로 정의하고 있었다(제4-15조 제1항). 자본시장법이 제정, 시행됨에 따라 매매전략, 매매기법의 권유에서 '매매'의 권유로 투자권유 규제의 적용대상을 한정하고 '특정 투자자'를 상대로 하는 것임을 명확히 함으로써 적합성의 원칙과 설명의무 적용 범위를 좁혔다고 해석된다.[48]

　적합성 원칙과 설명의무 적용의 '입구'가 되는 투자권유 존부에 대한 판단은 사안별로 이루어질 수밖에 없다. 자본시장법이 시행된 2009년 2월 금융당국은 "단순한 상품설명, 특정 상품의 매매·계약체결의 권유가 수반되지 않는 단순한 상담 및 금융투자 상품 안내는 투자권유에 해당하지 않는다"라는 지침을 제시하면서도, "E-Mail 등을 통한 광고 또는 안내 행위가 사실상 '투자권유'에 해당할 수 있는 경우"가 있을 수 있다는 여지를 남겼다.[49] 즉, 특정 투자자를 상대로 하는 권유는 불특정다수를 상대로 하는 광고와 개념적으로는 구별되지만 그 실질이 권유에 이르는 경우에는 투자권유 규제의 적용 대상이 될 수 있다는 해석이다.

---

47) 박동필, 자본시장법 시행 1년의 회고와 전망 1: 투자권유규제로서의 적합성원칙-표준투자권유준칙을 중심으로, BFL, 서울대학교 금융법센터(2010), 58쪽.
48) 박동필, 위의 논문, 58쪽.
49) 금융위원회·금융감독원·금융투자협회, "투자권유" 관련 업무처리 해설지침(2009. 2. 11.).

### (2) 온라인 금융거래시 투자권유의 존부

온라인 금융거래라고 해서 금융상품판매업자와 소비자 간의 정보격차가 대면거래보다 급격히 줄어들지 않는다. 따라서 온라인으로 투자권유시에도 소비자가 감당할 수 없는 상품은 권유하지 말아야 하고 소비자가 금융상품에 가입에 따른 비용과 최악의 결과를 제대로 알도록 해야한다. 그런데 온라인 금융거래의 패턴을 보면 대면에서와 같이 청약의유인이 있었다고 단정하기 어려운 측면이 있다. 온라인에서는 금융소비자가 모바일앱이나 웹사이트에 게시된 정보 등을 스스로 취합, 판단하여특정 금융상품의 계약 체결만 온라인 플랫폼을 통해서 진행하는 경우도많다. 즉, 청약의 유인에 해당하는 판매권유란 특정 소비자를 특정 상품의 계약체결로 유도하려는 금융회사 직원의 작위를 전제로 하는 것이다.따라서 이미 대중에게 공개된 정보를 토대로 판단을 완료한 소비자에게 더 확인해야 할 적합성이나 제공해야 할 정보는 남아있지 않다고 볼여지가 있다.

이러한 점에서 비대면 채널로 금융상품에 가입한 금융소비자가 불완전판매로 인한 손해배상을 구하는 경우 금융회사의 첫 번째 방어수단은"투자권유가 없었다"가 될 것이다. 실제로 2021년 3월 금융소비자보호법이 시행된 이후 금융회사들은 온라인 판매에서 투자권유의 존부에 관한의문을 표시한 바 있다.[50] 금융회사는 온라인 금융거래시 소비자들이 웹사이트나 모바일 화면으로 제공되는 정보를 바탕으로 '주체적'인 의사결정을 한다는 점에서 비대면 채널에서 직원의 유인을 전제로 하는 권유개념이 적용될 수 없다는 논거를 제시하였다.[51]

이에 금융당국은 (ⅰ) 소비자가 맞춤형 상품 추천에 필요한 정보를제공하는 경우, (ⅱ) 소비자가 특정기준(거래빈도, 수익률, 이자율 대출한도등)을 선택하여 그 기준에 부합하는 상품을 찾는 경우 소비자가 권유를

---

50) "비대면으로 거래하는 경우에는 판매업자의 '권유'가 없다고 보아 적합성 원칙을
적용하지 않아도 되는지", 금융소비자보호법 제정·시행 Q&A, 7쪽.
51) 김영근, 앞의 논문(주 25), 8쪽.

받겠다는 의사표시를 한 것으로 볼 수 있다는 원칙을 제시한 바 있다.[52] 대면거래에서도 투자권유가 반드시 금융회사가 의사소통을 촉발할 것을 요건으로 하지 않고, 투자자가 '좋은 상품을 찾는다'라는 의사를 먼저 표시한 경우에도 투자권유 규제가 적용되는 것과 마찬가지의 논리이다. 해당 질의회신에 따르면 "소비자가 특정 상품명을 직접 입력하여 검색"하는 경우는 권유의 의사표시로 볼 수 없다.

미국에서는 1990년대 후반부터 학계에서 인터넷 발전에 따른 투자자 보호 문제가 논의되기 시작하였고, 2000년에는 전국증권업협회(NASD)를 중심으로 온라인상 정보제공이 투자권유행위에 해당되는지 여부에 관한 기준을 제시하고자 시도하였다.[53] 전국증권업협회(NASD)는 투자권유 여부의 판단을 위해서는 '모든 관련 사실과 정황의 분석'이 전제되어어 하며, 투자권유로 인정되기 위해서는 증권회사가 고객을 적극적으로 유인할 필요는 없고, 어떤 방법을 사용하건 간에 고객이 특정한 증권에 대한 관심을 갖게 하는 것이 투자 권유에 해당한다는 태도를 보인다.[54] 현재 금융감독 당국이 취하고 있는 '권유' 여부에 대한 해석도 적극적 '유인'이 필요조건은 아니라는 점을 분명히 한다.

## 3. 온라인 금융거래에서 적합성 원칙
### (1) 온라인 금융거래에서 적합성의 원칙의 구체적 내용
#### (가) 관련 법령의 태도

일단 투자권유가 있었다는 사정은 인정되더라도 온라인 금융거래시 대면거래에 비해서 적합성의 원칙이나 설명의무의 이행을 보장하기 어렵다는 평가가 있다.[55] 금융상품 판매규제는 금융회사 직원이 고객의 반응

---

52) 위 Q&A, 7쪽.
53) RENÉE BARNETT, Online Trading and the National Association of Securities Dealers' Suitability Rule: Are Online Investors Adequately Protected? American University Law Review: Vol. 49: Iss. 5 (2000), pp. 1108-1110.
54) 위의 논문, p. 1110.
55) 이규복, 앞의 보고서(주 31), 5-6쪽.

을 보아가며 행동하는 것을 전제로 하는 것인데 온라인 거래에서는 일방
적이고 획일적인 정보제공이 이루어지기 때문에 소비자 보호 수준이 떨
어질 것이라는 우려이다. 덧붙여 하나의 인터넷 화면에서 제공되는 정보
의 양이 제한적이라서 소비자들의 판단 근거가 부실할 수 있다는 단점도
지적된다.[56)]

　금융소비자보호법상 적합성의 원칙도 온라인 금융거래가 이루어질
수 있다는 점을 전제로 한다. 동법상 적합성의 원칙은 면담·질문을 통
하여 정보를 파악하고 서명, 기명날인, 녹취 또는 그 밖에 대통령령으로
정하는 방법으로 확인을 받아 이를 유지·관리하는 방법으로 준수될 수
있고, 전자적인 방법도 가능하다.[57)] 금융상품판매업자가 적합성에 관한
정보를 파악하는 절차나 방법에 관해서는 법령상 특별히 정하는 바가 없
고, 확인을 받는 방식에 관해서만 전자적 수단의 안전성과 신뢰성을 갖
추도록 요구한다. 비대면 정보취득에 관한 특별한 규정이 없는 만큼 각
금융회사는 자율적으로 적합성의 원칙을 준수하기 위한 절차를 마련해야
한다.

　금융상품판매업자는 적합성의 원칙을 준수하기 위해서 투자성상품
권유시 취득·처분 목적, 재산상황 및 취득·처분 경험에 관한 정보 및
금융상품에 대한 이해도, 기대이익 및 기대손실 등을 고려한 위험에 대
한 태도, 연령에 관한 정보를 파악해야 한다.[58)] 금융회사는 이런 정보를
고려하여 소비자에게 적합하지 아니하도록 인정되는 계약 체결을 권유해
서는 안 되는데, 이때 투자성 상품의 경우 적합성 판단의 기준은 금융소

---

56) 위의 보고서, 6쪽.
57) 동법 시행령 제11조 제2항에 따르면, 일반금융소비자의 의사를 전달하는 데에
　금융위원회가 정하여 고시하는 기준을 충족하는 수단으로 안정성과 신뢰성이 확보
　된 전자적 수단을 이용하여 일반 금융소비자의 확인을 받을 수 있는 방법을 의미
　하고, 금융위가 정하여 고시하는 기준이란 「전자금융거래법」 제21조제2항에 따른
　기준으로서 전자금융거래의 안전성과 신뢰성을 확보할 수 있도록 전자적 전송이나
　처리를 위한 인력, 시설, 전자적 장치, 소요경비 등의 정보기술부문, 전자금융업무
　및 「전자서명법」에 의한 인증서의 사용 등 인증방법에 관하여 금융위원회가 정하
　는 기준을 의미한다(금융소비자보호에 따른 감독규정 제10조 제1항).
58) 동법 제17조 제2항, 동법 시행령 제11조 제3항.

비자의 '손실감수능력'이다. 손실감수능력은 거래목적, 계약기간·기대이익 및 기대손실 등을 고려한 위험에 대한 태도, 금융상품에 대한 이해도, 재산상황(보유한 자산 중 금융상품의 유형별 비중), 투자성 상품을 취득·처분한 경험 및 연령을 종합 고려하여 평가한다.[59] 금융회사는 이상의 여섯 가지 고려 요소를 해당 금융상품의 위험등급에 관한 정보와 비교하여 평가하여야 하고, 각 항목에 대한 평가 결과를 평가 근거와 함께 문서에 기록하여야 한다.[60]

### (나) 적합성의 원칙의 온라인 적용 실무

금융투자협회는 소속 금융투자업자들에게 적용되는 모범규준인 표준투자권유준칙에 적합성의 원칙 준수를 이행하기 위한 체크리스트를 매우 상세하게 제공하고 있고 실무도 대체로 해당 모범규준에 따라서 진행되고 있다.[61] 표준투자권유준칙은 어디까지나 모범규준으로서 이를 준수하였다고 하여 금융회사가 금융소비자에 대한 민사적 책임에서부터 벗어날 수 있지는 않지만, 이처럼 복잡하게 규정된 금융소비자보호법 관련 규범을 준수하기 위하여 내부통제 차원에서는 좋은 방어막이 될 수 있다. 실무적으로는 투자성향을 항목별 점수로 산정한 총합을 투자자 성향으로 파악하는 '점수화 방식', 투자성향 항목에 투자자의 답변이 적합한 상품을 순차적으로 선별하여 적용하는 '추출 방식'을 혼용하여 사용한다.[62]

금융회사는 투자성향판단이 끝나면 이를 분석하여 안정형, 안정추구형, 위험중립형, 적극투자형, 공격투자형으로 분류하여 해당 결과에 따라 적합한 상품을 추천하게 된다. 온라인에서는 이러한 정보취득 및 성향분석이 자동화된 시스템을 통해서 이루어지기 때문에 창구 직원을 대면한 경우보다 객관적이고 공정한 평가가 가능할 수도 있다. 반면 온라인에서는 해당 상품에 가입하기 위해서 거짓으로 대답하는 것을 거를 장치

---

59) 감독규정 제10조 제2항 제1호 가목.
60) 감독규정 제10조 제2항 제1호 나목, 다목.
61) 금융투자협회 표준투자권유준칙(2023. 4. 13. 자), 참고 4 적합성[적정성] 판단방식 예시.
62) 양영식, 앞의 논문(주 33), 71쪽.

를 마련하기가 더 어려울 수도 있다. 이러한 우려가 있는 이상 온라인 적합성 테스트가 형식적인 데 그치지 않도록 프로그램을 설계하는 데 주력해야 할 것이다.

### (2) 적합성 원칙 준수 여부의 판단 기준

대법원 판례는 적합성의 원칙이란 신의칙상 고객보호의무에서 도출되는 것으로서, "고객의 투자상황에 비추어 과대한 위험성을 수반하는 거래를 적극적으로 권유한 경우"에 해당하면 적합성의 원칙 위반이 된다는 기준을 제시한 바 있다.[63] 분쟁 발생시 적합성의 원칙 위반 여부는 사안별로 판단될 수밖에 없는데 금융회사가 금융소비자보호 법률 및 하위 규정에 따른 정보취득 및 손실감수능력 판단을 하였고, 표준투자권유준칙에 따른 방식을 따른 이상 금융소비자가 반대되는 사정을 입증하지 못하는 이상 적합성의 원칙 위반에 따른 책임을 질 리스크는 낮다. 설명의무 위반과 달리 적합성 원칙 위반에 대해서는 입증책임이 전환되어 있지 않기 때문이다(제44조 제2항).

금융당국은 온라인에서 소비자들이 많은 정보를 취득할 수는 있지만, 그 정보의 질, 신뢰성, 합리적 판단 기준 등 소비자의 의사 결정에 중요한 사항이 보장되지 않기 때문에 오프라인보다 '자기책임의 원칙'이 한 걸음 뒤로 물러나 있어야 한다는 후견적 입장을 띤다.[64] 분쟁 발생시 온라인에서 금융상품에 가입한 소비자들에게도 최소한 오프라인과 동일한 수준에서 적합성의 원칙에 관한 판단이 이루어져야 할 것이다. 형식적으로 온라인과 오프라인에서 투자자 성향 점검을 위한 질문 항목을 일치시키는 것도 중요하지만, 실질적으로 위험한 상품에 대한 투자를 위한 선택지를 창구직원으로부터 들은 다음 온라인 채널의 적합성 테스트시 실제 투자성향과는 다른 정보를 기입하는 등의 행태를 방지하는 것이 더 중요하다.[65]

---

63) 고홍석, 대법원 판례에 나타난 금융투자상품 거래에서의 적합성 원칙, 민사판례 연구 제37권 박영사(2015), 1279쪽.
64) 김영근, 앞의 논문(주 25), 8-9쪽.

## 4. 온라인 금융거래에서 설명의무

### (1) 현황과 문제점

금융소비자보호법이 시행되면서 자본시장법에 비하여 투자성상품 판매권유시 제공해야 할 정보의 종류와 양이 증가했는데, 비대면 채널에서는 이러한 정보를 과연 투자자가 이해할 때까지 전달하였는지를 검증하기가 쉽지 않다. 온라인에서는 많은 정보량을 한꺼번에 제공할 수는 있어도 고객의 이해도에 따라 필요한 정보를 추가적·반복적으로 제공하는 피드백이 이루어지기 어렵기 때문이다. 그 결과 온라인에서는 설명의무 이행이 잘 안 되다 보니 금융회사의 책임이 줄어들고 금융소비자의 위험부담이 커진다는 문제 제기가 있었다.[66]

금융소비자보호법 시행 이후 디지털 환경에 적합한 설명의무 이행 방안이 논의되기 시작했다.[67] 금융당국은 설명의무 상시개선협의체를 구성하여 실태조사를 바탕으로 금융상품 설명화면 구성, 소비자 이해 지원, 이해여부 확인 등 3개 분야 7개 원칙으로 구성된 "온라인 설명의무의 합리적 이행을 위한 가이드라인"을 제정하였다.[68] 금융소비자보호법 시행 직후 발간된 '설명의무 이행을 위한 가이드라인'과 같은 기조를 유지하되, '화면을 통한 정보제공과 상호작용 없음'이라는 한계를 극복하기 위한 대안을 추가하는 것을 주요 내용으로 한다.[69]

금융소비자가 금융회사의 권유에 따라 상품을 매매하기로 결심하였다면 금융상품의 위험과 비용에 관한 어떠한 정보를 보더라도 매매를 단

---

65) 온라인 금융거래에서 금융소비자의 의사판단 왜곡의 정도, 오프라인 채널과의 비교, 세대별, 계층별, 디지털 문해력의 차이 등에 관한 보다 많은 실증연구가 필요하다.

66) 최현민, 금융소비자보호법상 설명의무에 관한 연구, 금융소비자연구 제11권 제2호(2021), 143쪽; 노태석, 금융소비자보호법상의 영업행위 준수사항에 대한 검토, 법학연구 제31권 제2호(2020) 43쪽.

67) 남궁주현, 금융소비자보호법 시행이 금융시장에 미친 영향 및 입법적 개선과제, 국회입법조사처(2021), 136-137쪽.

68) 금융위원회, 온라인 설명의무 가이드라인(2022. 8. 11.), 2쪽.

69) 금융위원회, 설명의무 이행을 위한 가이드라인(2021. 7. 24.).

넘하여 손실을 회피하기로 하는 반대 방향의 결심을 하기는 어렵다.[70] 금융감독당국이 제공하는 상세한 가이드라인은 금융회사의 책임 면제 또는 경감을 위한 방편이 될 수는 있겠지만, 소비자가 정보에 기반한 동의 (informed consent)를 함으로써 손실에 대한 자기책임의 원칙을 수긍하도록 만드는 데는 한계가 있다. 다만 온라인 채널을 비대면 거래시 적용되는 규제를 회피하는 창구로 활용하려는 시도를 차단하기 위해서는 설명의무의 대상과 방식, 절차에 관한 예측가능한 사전 규제를 마련할 필요성이 인정될 것이다.

### (2) 온라인 거래에서의 설명의무 관련 판례

#### (가) 온라인 거래에서의 설명의무 적용여부

금융소비자보호법상 온라인 계약체결 관련 분쟁과 관련된 판례는 아직 없다. 다만, 약관규제법 제3조 제3항에서는 사업자가 '중요한 내용을 고객이 이해할 수 있도록 설명'할 의무를 규정하고 있는바, 온라인 제공 약관과 관련한 해당 조문의 해석론은 금융소비자보호법 제19조의 설명의무 해석시 중요한 참고가 될 수 있다. 금융소비자보호법상 설명의무도 계약체결의 판단 근거가 되는 중요한 내용에 관한 객관적 정보제공에 그치지 않고 고객의 이해라는 주관적 요건까지도 충족시킬 것을 요구한다는 점에서는 마찬가지로 후견적인 성격을 띤다.

이미 대법원은 온라인 거래에서 약관의 설명의무가 면제되지 않는다는 점을 천명해 왔다. "사업자가 인터넷을 통하여 약관을 게시하고 그 약관이 적용됨을 전제로 하여 전자거래의 방법으로 고객과 사이에서 재화나 용역 공급계약을 체결하는 경우에, 법령에서 특별히 설명의무를 면제하고 있다는 등의 특별한 사정이 없는 한 그것이 비대면 거래라는 사정만으로 약관규제법 제3조 제3항 단서가 적용되어 다른 통상의 경우와 달리 약관의 중요한 내용에 관하여 고객이 이해할 수 있도록 설명할 의무가 면제된다고 볼 수 없다."라는 것이다.[71]

---

70) 금융소비자의 행태적 편향에 관해서는 John Armour et al., 앞의 책(주 44), pp. 210-211.

**(나) 설명의무의 이행방법**

대법원 판례는 약관규제법상 온라인 거래에서 설명방식 및 정도와 관련해서는 반드시 개별 소비자의 이해가 요구된다는 점을 강조한다. 대법원 2013. 2. 14. 선고 2011다69053 판결은 은행에서 항공사 마일리지 적립 제휴 신용카드를 온라인으로 판매한 경우, 마일리지 제공 기준의 일방적 변경이 가능하다는 약관 개정 이후 가입한 고객들에게도 약관규제법 제3조의 설명의무는 적용되며, 인터넷에 개정된 약관을 개시하거나 카드 배송시 카드회원 가입신청서를 제시하고 '신용카드 개인회원규약 등을 충분히 이해하고 동의합니다'라는 기재에 서명했다고 하더라도 중요내용에 대한 설명의무를 이행한 것으로 볼 수 없다는 원심을 인용하였다. 동 판결의 원심(서울중앙지법 2011. 6. 28. 선고 2010나37447 판결)에서는 약관게시와는 별도로 전화통화로 구두로 설명하거나, 계약신청 화면 등에 고객이 쉽게 알아보고 이해할 수 있도록 계약의 중요한 내용을 명시하는 등의 방법을 예로 들면서 설명의무는 약관의 '명시의무'보다 적극적이고 후견적인 사업자의 조치를 요구한다는 점을 시사하였다.

미국에서도 최근 온라인 거래에 참여하는 소비자에 대하여 더 명확한 정보제공이 이루어져야 하고, 해당 계약 체결에 따른 소비자의 본질적 권리를 상세히 설명해야 한다는 판결,[72] 온라인을 통한 일괄적·일방적 정보제공의 한계를 지적하는 판결[73] 등이 선고되면서 온라인 거래의 특수성을 감안하여 소비자의 권익보호를 강조하는 견해가 뚜렷하다.[74] 이처럼 온라인 거래 시에도 개별 소비자에 대한 설명의무를 이행하여야 한다는 판례의 적극적 해석 태도는 금융회사와 금융소비자 간 정보격차 해소를 목적으로 하는 금융소비자보호법상 설명의무에도 적용될 수 있다.

---

71) 대법원 1999. 3. 9. 선고 98다43342 판결.
72) Berkson v. Gogo, LLC, 97F. Supp. 3d 359, 382.
73) Nguyen v. Barnes & Nobles, Inc., 763 F. 3d 1171.
74) 전상수 외, 앞의 책(주 22), 207쪽.

### (3) 설명의무의 대상과 방식

### (가) 전통적인 정보제공 모델

금융거래에서 설명의무의 문제는 (ⅰ) 소비자가 수용할 만한 수준과 분량의 정보 제공 여부 및 (ⅱ) 소비자의 동의 여부 확인의 문제로 분리된다. 특정 고객을 상대로 금융상품 계약 체결을 권유할 때 정보와 전문성의 격차를 메우기 위해서 보다 많은 정보를 제공하도록 하는 것은 매우 전통적인 금융규제의 접근법이다.[75] 주식, 채권 등이 거래되는 자본시장에서 공시의무를 강화하고 위반시 책임을 묻는 방식과 본질적으로 같은 사고체계에서 비롯된 것이다. 즉, 투자판단에 필요한 정보를 적시에 제공하였다면 발행회사나 인수인 등은 책임에서 벗어나고, 그 이후에 발생하는 손해는 투자자의 몫이다. 이러한 논리는 특정 금융소비자를 상대로 하는 금융상품의 권유시에도 해당 상품에 관하여 투자판단에 중요한 정보를 제공해야 한다는 설명의무로 이어진다. 그런데 행동경제학의 연구 결과에 따르면 아무리 많은 정보를 제공하더라도 투자자는 이를 소화할 지식과 전문성이 부족하고, 금융회사가 제공 대상 정보를 취사, 선택하는 과정에서 왜곡이 생겨날 수밖에 없다.[76] 전통적인 정보제공 모델에 대한 대안으로 제시된 '스마트 공시(smart disclosure)에서는 (ⅰ) 금융소비자가 '소화할 수 있게' 가공된 정보와 (ⅱ) 금융회사에 불리한 정보, 즉 그러한 정보를 취득하게 되면 소비자가 계약체결에 부정적인 태도를 보일 수 있는 보수·수수료나 위험 관련 정보의 제공을 강제하는데 제도의 초점을 맞춘다.[77]

### (나) 온라인 금융거래에서의 설명의무

온라인 설명의무 가이드라인에서는 특히 온라인 정보 제공시 설명화

---

75) 이를 편의상 '정보제공' 모델이라고 부른다. John Armour et al., 앞의 책(주 44), p. 218.

76) Omri Ben-Shahar and Carl Schneider, "Coping with the Failure of Mandated Disclosure", Jerusalem Review of Legal Studies, Vol. 11, No. 1 (2015), p. 85.

77) Administrator Office of Information and Regulatory Affairs, Memorandum for the Heads of Executive Departments and Agencies, "Disclosure and Simplification as Regulatory Tools" (2010.6. 18); Informing Consumers through Smart Disclosure (2011. 9. 8).

면 구성에 초점을 맞추도록 요구한다.[78] 같은 내용을 설명하더라도 대면 거래에서는 직원의 구두 설명 청취를 통한 이해 메커니즘이 작동하고, 온라인 거래에서는 웹 또는 모바일 화면상 제공된 정보를 시각적으로 습득하여 이해하는 메커니즘이 작동하기 때문이다. 동 가이드라인 상 '화면구성'의 세부 항목으로는 "중요사항 명확하게 제시, 불이익사항과 권리사항 강조, 쉽게 이해할 수 있도록 화면구성"이라는 세 가지 원칙이 제시되어 있는데 비대면 거래의 특수성은 설명의무의 대상이 되는 정보를 전달하는 '방식'을 통해 구현되고 있는 것이다. 금융상품판매업자등은 상품설명서를 게시하거나 다운로드하도록 요구하는 데 그치지 않고 소비자가 이용하는 기기의 화면 크기를 고려하여 그림·그래프 등을 활용하여 정보를 제공하여야 한다. 즉 온라인 채널에서의 설명의무 이행을 위해서는 추가적 비용을 들여 별도의 형식을 갖출 것을 요구하는 것이다.[79]

(4) 설명의무 이행의 확인 : 온라인 동의

다음 단계는 설명을 다 듣고 난 소비자의 이해를 확인하는 절차이다. 온라인 화면으로 제시된 투자 판단에 필요한 정보를 시스템의 도움을 받아 이해하였다는 점을 확인해야 금융계약의 체결로 이어질 수 있는데(금융소비자보호법 제 20조 제3항), 금융소비자보호법은 이러한 확인이 온라인으로 가능함을 전제한다.[80] 온라인에서는 계약의 내용을 읽어 주는 직원이 부재하기 때문에 화면을 통해 제시된 정보를 제대로 확인하지 않고, 다음 '구매 절차 진행'을 위해 이해했다고 서명하거나 동의라는 자필 기재를 하는 경우가 많다는 우려가 있다.[81] 실제로 은행업권에서는 금융

---

78) 금융위원회, 온라인 설명의무 가이드라인(주 68), 2-3쪽.
79) 정보가 소비자의 인지와 선택을 목적으로 제시되는 방식은 설명의무 이행을 보조하는 수단에 불과하다. 최근에는 대면거래 시에도 인쇄물 대신 태블릿 등 화면을 이용하는 경우가 일반적이기 때문에 화면구성의 문제는 대면/비대면 금융상품 판매시 모두 고려해야 한다.
80) 실태조사에 따르면 중요한 사항을 확인하지 않았거나 이해하지 못했으나 구매절차 진행을 위해 이해했다고 서명한 비율이 각각 38.5%, 14.5%에 따른다. 금융위원회, 온라인 설명의무 가이드라인(주 68), 6쪽.
81) 이성복, 앞의 보고서(주 6), 11쪽.

소비자보호법 제정을 계기로 비대면 계약 체결시 금융소비자가 상품설명서를 다운로드한 경우 설명의무를 이행한 것으로 간주된다는 질의응답 자료가 배포되었을 정도로 금융회사들은 온라인 채널로 유입되는 금융소비자들에 대해서는 판매규제가 완화되어 적용된다고 인식하는 경향이 있었다.[82]

온라인 투자권유시에는 소비자와 실시간 의사소통이 가능한 직원이 현장에 없으므로 창구직원을 대면하여 거래하는 것과 최대한 유사한 환경을 만들도록 시스템을 구축할 필요가 있다. 온라인 설명의무 가이드라인에서는 이러한 단점을 보완하도록 상담 채널 접근성·편의성 제고 및 정보탐색 도구 제공을 요구한다. 창구직원과 의사소통을 하면 제시된 정보를 잘 이해하여 정보에 기반한 동의를 이끌어 낼지 오히려 고객의 편향과 기존의 거래관계를 활용하여, 즉 심정적인 호소를 통해 정보이해과정에서의 왜곡으로 이어질지를 현재로서는 판단하기 어렵다.[83] 그렇지만 소비자가 판단을 위한 추가적인 정보를 요구하는 경우 이를 실시간으로 제공할 수 있도록 하는 환경을 갖추어 법률에서 요구하는 설명의무가 같은 수준으로 이행되도록 보장한다는 측면에서라도 실시간 대화, 소통의 채널을 갖추는 것은 당연한 요청이다.

## Ⅳ. 금융소비자보호법이 적용되지 않는 온라인 거래와 소비자보호

### 1. 문제의 제기

금융소비자보호법상 영업행위 규제의 적용대상은 '금융상품판매업자 등'으로 한정되어 있어서 금융소비자법 또는 관련 금융업법상 진입규제를

---

82) 은행연합회, 금융소비자보호법 은행권 Q&A 110번(2021. 5. 26.).

83) 금융회사 입장에서는 인공지능을 적극 활용하여 예컨대 고객상담 녹취 정보를 텍스트 변환한 후 자연어 처리를 통해 분석함으로써 불완전판매 여부를 감지하는 등 기술 발전을 '설명의무 이행'을 위해서뿐만 아니라 '설명의무 불이행의 점검'을 위해서 활용하는 사례가 늘어나고 있다는 점은 고무적이다. 박상철, 금융 AI의 활용과 금융소비자보호: 차별금지, 설명요구권, 6대 판매규제를 중심으로, BFL 제107호, 서울대학교 금융법센터(2021. 5.), 49쪽.

통과하지 않은 금융소비자 대상 영업은 그것이 온라인이건 오프라인이건 간에 아예 금융소비자보호법 적용대상에서 제외된다. 금융소비자 입장에서는 주관적으로 상대방이 제공하는 정보에 유인되어 금융상품을 매입한 것이 분명함에도 불구하고, 객관적으로는 그 상대방이 금융상품판매업자 등에 해당하지 않는다면 금융소비자보호법이 제공하는 보호를 받지 못하게 되는 것이다. 온라인 금융거래의 확산을 가능케 한 핀테크의 발전으로 인해 소비자가 정보를 제공받는 경로가 다양해질 수밖에 없는데, 그 가운데 다수가 비인가/미등록 서비스제공자이기 때문에 금융소비자보호의 공백이 생길 수밖에 없다. 영국의 영업행위감독청(FCA)의 실태조사에 따르면 2022년에만도 1882건의 유튜브, 인스타그램, 페이스북 등 소셜미디어 채널을 통해 특히 젊은 세대들에게 미등록 업자들의 금융투자상품 무단권유행위가 적발되었고, 이는 전년 대비 34% 증가한 수치이다.[84] 물론 인가받은 금융투자회사의 소셜미디어를 통한 규제 미준수 정보제공 역시 늘어나고 있지만, 감독의 사각지대에 있는 전자에 대해 더 큰 우려가 제기된다.

　금융소비자보호법에 따른 금융상품판매업등에 해당하지 않는 서비스에는 금융소비자보호법상 영업행위규제가 적용되지 않고, 그 밖에 증명책임 전환 등 소비자에게 유리한 분쟁해결 제도를 이용하기도 어렵다. 금융소비자보호법 적용의 사각지대에 있으나 소비자보호의 필요성이 큰 대표적 온라인 금융거래에는 다음과 같은 사례들을 들 수 있다. 첫째, 금융플랫폼을 통해서 제공되는 금융상품의 광고이다.[85] 이러한 광고가 단순한 정보제공에 그치는지 아니면 이용자의 개인정보와 투자성향을 반영한 맞춤형 투자권유인지가 문제 된다. 둘째, 온라인투자연계금융업법상 대출성 상품에 대한 투자권유이다.[86] 금융소비자보호법에서는 온라인투자연

84) Thompson Reuters, Forum: "Finfluencers"-Beware of clampdowns on social media financial promotions (May 30, 2023). https://www.thomsonreuters.com/en-us/posts/investigation-fraud-and-risk/forum-spring-2023-finfluencers/
85) 김영근, 앞의 논문(주 25), 7-8쪽; 김지식, 플랫폼 비즈니스와 금융소비자 보호에 관한 법률, BFL 제111호, 서울대학교 금융법센터(2022. 1.), 13-14쪽.
86) 금융소비자보호법에서는 온라인투자연계금융업자에 대해서 적합성의 원칙은 적용되지 않도록 특례를 두고(동법시행령 제11조 제1항 제2호 가목), 설명의무는 적

계금융업자에 대한 적합성의 원칙 적용을 배제하는 데다가, 이들 업자가
투자자에게 적용하는 정보의 진실성을 담보하는 장치가 부실하다는 우려
가 있다.[87] 셋째, 대가를 받지 않고 금융상품판매에 부수하여 제공되는
자동화된 자문 서비스이다.[88] 시장에서는 '로보어드바이저'라는 제명하에
금융상품자문업 규제를 받아야 하는 알고리즘과 금융상품자문업이 아니
라 금융상품판매업의 부수업무에 해당하므로 금융상품자문업 규제를 받
지 않는 알고리즘이 공존하면서 혼란이 자리하고 있다.[89] 넷째, 소위 '리
딩방' 등과 같은 온라인 채널에서의 호재성 또는 호재성을 가장한 정보의
살포도 문제다.

이 가운데 첫째, 둘째는 금융상품판매업 규제의 예외 사례이고 셋
째, 넷째는 금융상품자문업 규제의 예외 사례인데, 문제는 이러한 서비스
를 이용하는 소비자로서는 금융소비자보호법 적용 여부를 예측하거나 판
별하기가 어렵다는 점이다. 금융상품을 파는 이상 판매업규제가 적용되
고 자문을 제공하는 이상 자문업규제가 적용되는 것, 즉 '동일기능-동일
규제' 원칙을 적용해야 하지만 현행 법제하에서는 새로운 유형의 서비스
에 대해서 이러한 원칙이 관철되지 못하고 있다. 국제적으로도 각종 핀
테크 서비스가 출현하면서 동일기능-동일규제 원칙의 필요성은 더욱 중
시되고 있지만,[90] 감독자원의 한계, 법률 적용의 경직성, 규제회피 목적
의 새로운 서비스 개발 등 여러 사유로 인하여 충분한 규제와 감독이 이
루어지지 못할 수 있다.

---

용되도록 하였다(법 제19조 제1항 제1호 나목, 동법 시행령 제13조 제4항 제4호),
박준·한민, 앞의 책(주 32), 1105-1106쪽.
87) 구정한·이성복·오태록, 온라인투자연계금융업법 내 이용자보호를 위한 영업행
위규제 주요 내용 및 향후 강화 방안, KIF 금융분석리포트 2021-5(2021), 40쪽.
88) 이성복, 국내 로보어드바이저 현황과 성과분석, 연구보고서 21-05, 자본시장연구
원(2021), 59쪽.
89) 박준·한민, 앞의 책(주 32), 1148쪽.
90) 김자봉, 핀테크, 빅테크, 은행의 역할과 규제원칙, 은행법연구 제14권 제1호(2021),
4-5쪽; BIS, Big tech in finance: opportunities and risks, Annual Economic Report,
Chapter III (June, 2019).

## 2. 온라인 금융플랫폼의 광고

### (1) 사안의 분석

네이버나 카카오 같은 인터넷 플랫폼의 홈페이지 또는 모바일 화면에서 금융상품에 관한 광고를 접하기 어렵지 않다. 어떤 이용자는 광고를 접한 것을 계기로 해당 상품의 매매를 결심하고 판매채널을 통하여 금융상품 매매계약을 체결하고 싶어질 수도 있다.[91] 이용자는 로그인을 통해서 접근하기 때문에 금융플랫폼은 각종 개인정보, 검색 기록 등을 종합하여 이용자가 투자하고 싶은 상품을 '맞춤형'으로 선정하여 해당 상품에 대한 정보를 제공할 수 있고, 따라서 매매계약 체결로 이어질 확률을 높일 수 있다. 플랫폼 입장에서는 상품 제조사로부터 맞춤형 광고 제공 대가로 수수료를 받을 수도 있을뿐더러 해당 플랫폼의 시스템을 통하여 바로 계약 체결을 할 수 있도록 하면 더욱 큰 수익을 창출할 수 있다.

금융소비자보호법상 이용자 맞춤형 금융상품 정보제공행위를 어떻게 규율할 것인지를 둘러싸고 금융당국과 사업자 간에 첨예한 대립이 있었다.[92] 금융당국은 특정 소비자를 대상으로 특정 금융상품에 대한 정보를 제공하는 권유행위는 중개에 해당하므로 금융상품판매업자로 등록하고 적합성의 원칙과 설명의무 등 금융소비자보호법상 영업행위 규제를 준수하도록 요구하였다.[93] 금융플랫폼은 현재 법체계상 금융상품중개가 불가

---

91) 전자금융거래법 개정안(윤관석 의원 발의) 제2조 제23호에 따른 금융플랫폼의 정의는 '이용자 또는 금융회사나 전자금융업자로 이루어진 둘 이상의 집단 사이에 상호작용을 목적으로 다음행위를 할 수 있도록 하는 인터넷 홈페이지(모바일 애플리케이션 등 가상공간에 개설되는 장소 포함) 및 이에 준하는 전자적 시스템을 말한다.
  1. 금융상품 및 서비스에 대한 대리, 중개나 주선하는 행위
  2. 금융회사나 전자금융업자의 요청을 받아 이용자에게 금융상품 및 서비스에 대한 홍보나 정보제공 등을 하는 행위
  3. 이용자에게 금융상품 서비스에 대한 비교분석, 추천 등을 하는 행위
  4. 1. 내지 3.과 유사한 행위로서 대통령령으로 정하는 행위
92) 김지식, 앞의 논문(주 85), 20쪽.

능하고, 금융상품중개를 위한 인가를 받을 법적인 루트도 사실상 막혀있
으므로 금융감독당국의 입장은 자신들의 업무 범위를 지극히 제한하고
금융혁신을 저해하는 결과를 낳는다는 반론을 제기하였다.[94] 금융플랫폼
제공자로서는 사안별 판단의 원칙에 기대기에는 법률적 리스크가 막대하
였으므로 감독당국에 대하여 해석의 지침 제공을 요청하였다.[95] 만일 맞
춤형 광고가 투자권유로 판명이 나서 (현행 법제상 불가능한) 중개행위에
대한 판매업 등록이 요구된다면 금융플랫폼으로서는 미인가 영업행위에
대한 형사적, 행정 제재 리스크를 안고서까지 이를 강행할 수는 없기 때
문이다.

　감독당국은 투자권유를 판단하는 구체적 기준으로 "판매실적에 따
른 수수료 지급 여부, 상품 공급 규모 결정 권한, 소비자가 금융플랫폼
과 계약 체결한다고 오인할 가능성 유무, 금융상품 구조의 단순성" 등을
제시한 바 있다.[96] 예를 들어 신용카드 회원 전체 대상으로 발송되는
이메일로 새로운 카드에 관한 정보를 안내하는 것은 광고이지만, 플랫
폼 가입자의 개인정보를 바탕으로 맞춤형 신용카드를 추천하는 것은 중
개이다.[97] 금융당국이 맞춤형 금융상품 광고는 투자권유라는 해석을 함
으로써 금융플랫폼의 영업 범위가 일시적으로 위축되더라도 소비자들이
권유를 당하는지도 인식하지 못한 상태에서 온라인 금융상품에 가입하
는 리스크는 당분간 잠잠해진 상태이다. 그러나 금융플랫폼이 개인정
보를 직접적으로 활용하지는 않더라도 최대한 타깃의 범위를 한정하
여 광고를 제공하는 등 규제를 우회하여 상품 가입을 유도할 가능성은

---

93) 김영근, 앞의 논문(주 25), 8-9쪽.
94) 김지식, 앞의 논문(주 85), 22쪽.
95) 김영근, 앞의 논문(주 25), 8쪽.
96) '일반적으로 광고는 불특정 소비자를 대상으로 금융상품 또는 금융회사 등에 관
한 동일한 정보를 널리 알리거나 제시하는 행위를 말하고, 중개는 금융회사 등을
위해 특정 소비자로 하여금 특정 금융상품에 관해 계약을 체결하도록 적극적으로
유인하는 행위'라는 정의하에 제시한 기준이다. 금융위원회·금융감독원, 금융소비
자보호법 FAQ 답변(2차), 2쪽.
97) 위의 자료, 2쪽.

언제든 열려 있다.

### (2) 금융소비자보호 제고 방안

광고와 중개(판매 권유)의 구별에 관한 지침은 소비자 보호의 필요성
을 강조하고 금융회사의 준법리스크를 관리하는 데는 도움이 되지만 구
체적 분쟁 발생시에는 결국 법조문에 대한 사안별 해석이 이루어질 수밖
에 없다. 금융플랫폼과 금융회사들도 이러한 해석 기준이 모호하고 추상
적이기 때문에 사안별 판단을 해야 한다.[98] '사실상 불특정 다수로 볼 수
있을 정도로 포괄분류'는 광고이고, '다양한 정보의 조합을 통해 소비자군
을 세분화하여 사실상 특정 소비자 맞춤형 정보제공'은 권유라는 기준에
만 의지하여 '사실상 불특정 다수'와 '사실상 특정 소비자'를 구별하기란
쉽지 않기 때문이다.[99]

판매대상 상품의 특징 및 위험성을 잘 알고 있는 금융플랫폼이 제
공하는 맞춤형 광고를 오프라인에서의 투자권유와 달리 취급할 이유가
없다. 이러한 문제 제기는 소위 핀테크 붐이 일어난 최근의 현상이 아니
다. 맞춤형 투자정보 제공을 바탕으로 투자자가 자주적인 투자판단을 하
더라도 이것은 전문성의 우위에 있는 증권회사의 노력이 선행된 것이기
때문에 투자권유로 취급할 수 있고, 적합성의 원칙 등 투자권유 규제를
적용해야 한다는 주장은 인터넷 증권거래가 활성화된 21세기 초반부터
널리 받아들여지고 있었다.[100] 금융소비자보호법의 입법취지를 감안한다
면 금융 서비스의 혁신을 저해하지 않아야 한다는 명분하에 금융회사와
금융소비자와의 관계의 본질적 측면을 전도해서는 안 된다. 따라서 금
융플랫폼을 통한 상품 정보제공이 투자권유에 해당하지 않는다는 이유
로 금융소비자보호법의 적용대상에서 배제하는 데는 신중한 고려가 필
요하다.

---

98) 김지식, 앞의 논문(주 85), 22쪽.
99) 금융위원회·금융감독원, 금융소비자보호법 FAQ 답변(3차), 4쪽.
100) 곽관훈, 앞의 논문(주 4), 461쪽.

## 3. 판매에 부수하는 무상 로보어드바이저 서비스

### (1) 사안의 분석

자본시장법 및 금융소비자보호법상 '다른 영업에 부수하여' 전자적 투자조언장치를 활용하여 투자자문 서비스를 제공하는 경우는 규제 대상에서 제외하기 때문에, 소비자들이 많이 활용하는 무상 서비스에 대해서는 영업행위 규제가 적용될 근거가 없다.[101] 예컨대 은행에서 펀드를 판매하면서 따로 대가를 받지 않고 투자자문을 하거나, 증권회사가 투자중개를 하면서 투자자문에 응하면 투자자문업자가 아니고, 투자자문업자의 영업행위 규제 적용을 받지 않는다. 금융소비자보호법 시행령에서도 대가를 받지 않는 부수적 자문행위는 금융상품자문업 규제에서 제외되었다.[102] 그런데 실제로 금융소비자들이 활용하는 다수의 로보어드바이저 서비스가 '판매에 부수하는 무상제공 서비스'에 해당한다. 예를 들어 금융소비자가 펀드를 판매하는 은행이 무상으로 펀드를 추천하는 알고리즘을 활용할 수 있으면 이는 금융상품자문업에 해당하지 않는다. 또, 증권회사가 제공하는 무상의 특정 종목 매수추천 및 매수 타이밍 추천 서비스 또한 금융상품자문업에 해당하지 않을 것이다.[103] 실제 시장에서 가장 빈번하게 활용되는 로보어드바이저가 바로 위와 같은 무상펀드 추천 서비스, 무상종목/타이밍 추천 서비스이므로[104] 로보어드바이저로 인하여 온

---

101) 김건식 · 정순섭, 자본시장법 제4판, 박영사(2023), 123쪽; 김은, 앞의 책(주 22), 27쪽.
102) 시행령 제2항 제4호. 천창민, 앞의 논문(주 19), 49쪽.
103) 박준 · 한민, 앞의 책(주 32), 1145쪽.
104) 이성복, 앞의 보고서(주 6), 13-15쪽에서 제공한 통계에 따르면 2021년 3월 말 기준으로 10개의 은행이 상품추천형 로보어드바이저 서비스를 제공하고 있는데, 그 가운데 자본시장법상 전자적투자조언장치의 요건에 해당하는 테스트베드에 참여한 비율은 높지 않다. 또 같은 시점에 증권회사들이 제공하는 로보어드바이저 서비스 91건 가운데 종목/타이밍 추천 정보제공형 로보어드바이저는 72건으로 압도적 다수를 차지하였으나, 정보제공형 로보어드바이저는 테스트베드에 참여하지 않는다. 즉, 은행과 증권회사 제공하고 다수의 소비자들이 이용하는 로보어드바이저는 자문업 규제 대상에서 제외되는 것이다.

라인 금융상품자문업이 활성화되었다고 말하기가 무색할 지경이다.

금융상품자문업자는 소비자의 이익을 자신의 이익보다 우선시할 강력한 충실의무를 부담하는 자로서, 해당 제도가 활성화된다는 것 자체가 금융소비자보호의 수준이 올라간다는 것을 의미한다.[105] 그러나 현재 시장에서는 추천, 조언과 같은 다양한 서비스들이 사실상 자문과 같이 제공되고 있음에도 불구하고, 이를 수행하는 금융회사들이 '금융상품자문업'의 정의에 해당하지 않는다는 이유로 소비자 보호 규제로부터 빠져나가려는 우려가 있다. 물론 이런 현상이 '무상 서비스'를 추구하는 소비자들의 선호에서 비롯된 것도 사실이다. 그렇다고 금융소비자들로서는 '무상으로 부수적인 서비스로서 규제 대상에서 제외'되기 때문에 이에 대한 신뢰의 수준도 낮아져야 한다고 생각하는 것은 아니다.[106]

### (2) 금융소비자보호 제고 방안

두 유형의 '로보어드바이저'가 과연 동질적인 서비스를 제공하는지는 다툼의 여지가 있다. 금융회사로서는 금융상품자문업자로 등록하고 진입규제, 영업행위 규제를 충족시키면서 금융소비자를 대상으로 제공하는 전자의 자문 서비스와 주된 업무는 금융상품의 판매 또는 판매 중개인데 그 거래상대방이 되는 금융소비자를 '유인'하기 위한 하나의 미끼로 제공하는 후자의 서비스를 일치시킬 경제적 유인이 없다. 반면, 금융소비자로서는 자신이 제공 받는 서비스가 어떤 라이선스와 영업행위 규범의 적용을 받는지 구별하기 쉽지 않다. 왜냐하면 금융상품자문업자가 제공하는 로보어드바이저 서비스나 무상으로 다른 업무에 부수하여 제공되는 로보어드바이저 서비스 모두 고객의 성향을 파악한 다음 자산을 배분하고 소위 '포트폴리오 리밸런싱' 결과를 제공한다는 점에서 일치하므로 소비자에게 이를 구별하도록 하는 것 자체가 무리이다.[107]

따라서 후자라고 하더라도 금융소비자에게 '최선의 이익을 위해 서

---

105) 김정연, 앞의 논문(주 38), 383-384쪽.
106) 이성복, 앞의 보고서(주 88), 59쪽.
107) 박준 · 한민, 앞의 책(주 32), 1144쪽.

비스를 제공한다'라는 오인을 제공할 여지가 있다면 금융소비자의 이익을 우선시할 자문업자의 영업행위 규제를 적용하는 것이 바람직하다.[108] 금융회사의 영업행위 관련 법조문 일부를 인가를 받지 않고 유사한 업무를 제공하는 업자에게도 적용하도록 하는 입법례가 전적으로 새로운 것은 아니다. 예컨대, 자본시장법에서는 투자자문업 정의에서 배제된 유사투자자문업자에게도 선행매수 후 추천행위를 비롯하여 투자자문업자의 충실의무에 바탕을 둔 일부 영업행위를 금지하도록 하는 준용 조문을 입법한 선례가 있다.[109] 이를 참고하여 금융소비자보호법이나 자본시장법상 금융상품자문업/투자자문업자의 영업행위 준칙들 가운데 일부, 특히 금융회사와 금융소비자의 이익충돌을 방지하고 금융소비자의 이익을 우선시할 수 있는 조문들을 무상-부수제공형 로보어드바이저에게 준용하는 입법 방안을 고려하여야 할 것이다.[110]

설령 입법적인 해결이 지연되더라도 금융소비자와 미인가 로보어드바이저 간에 분쟁 발생시 사법부에서 자문제공자의 신의칙상 고객보호의무의 일환으로서 '충실의무'를 적용하는 방안을 적극적으로 고려해야 한

---

108) 유럽연합 법규상 로보어드바이저의 영업행위 준칙에 관해서는 Philipp Maume, Robo-advisors, How do they fit in the existing EU regulatory framework, in particular with regard to investor protection, Policy Deportment for Economic Scientific and Quality of Life Policies, European Parliament (2021), pp. 28-42.

109) 2013년 자본시장법 개정을 통하여 투자자문업자의 스캘핑을 금지하는 조문(제98조 제1항 제5호)을 신설하고 이를 유사투자자문업자에게도 준용하는 근거를 두었다 (제101조 제4항).

110) 자본시장법 제71조로 인하여 무상-부수제공형 로보어드바이저를 제공하는 은행이나 증권회사가 특정종목 추천 후 고객의 계약체결 전 자기 계산으로 해당 금융상품을 매수할 수는 없다. 특정한 매매 패턴을 규제하는 것보다 중요한 것은 '자문' 서비스를 표방하면서도 진입규제 면제를 내세워 소비자의 이익을 빙기하는 행태를 입법적으로 차단하는 것이 중요하다는 취지이다.

　자본시장법 제71조, 투자매매업자 또는 투자중개업자는 다음 각 호의 어느 하나에 해당하는 행위를 하여서는 아니 된다. 다만, 투자자 보호 및 건전한 거래질서를 해할 우려가 없는 경우로서 대통령령으로 정하는 경우에는 이를 할 수 있다.

　1. 투자자로부터 금융투자상품의 가격에 중대한 영향을 미칠 수 있는 매수 또는 매도의 청약이나 주문을 받거나 받게 될 가능성이 큰 경우 이를 체결시키기 전에 그 금융투자상품을 자기의 계산으로 매수 또는 매도하거나 제삼자에게 매수 또는 매도를 권유하는 행위

다. 금융소비자보호법에서는 이미 제14조에 금융상품판매업자등의 주의의무와 고객이익 우선의무를 규정하고 있다. 해당 조문의 성격에 대해서는 영업행위 규제의 원칙을 선언적으로 규정한 것이라고 보는 견해도 있지만, 금융회사와 금융소비자 간의 사법적 법률관계의 본질을 규정한 것이라고 해석함으로써 적극적인 금융소비자보호를 구현할 근거 조문으로 기능할 수 있도록 해야 할 것이다.[111]

### 4. 유사투자자문업자와 금융소비자보호

### (1) 사안의 검토

최근 증권방송진행자의 유튜브 등 소셜미디어 서비스나 은밀한 정보제공을 약속하며 문자메시지를 통해 꾀어내는 '리딩방' 등은 국내 증권시장의 건전성에 방해가 되고 각종 불공정거래의 온상으로 비난을 받고 있다.[112] 이들은 통계 관리차원에서 금융감독원에 '등록'을 하긴 하지만 다른 금융회사들처럼 금융감독의 대상이 되지도 않고 자문업을 규율하는 자본시장법이나 금융소비자보호법의 적용을 받지도 않는다. 유사투자자문업자 또는 미등록유사투자자문업자 는 증권방송이나 인터넷 카페, 소셜미디어 등 비대면 채널을 통하여 정보를 제공하고, 많은 사람들이 이들의 '분석'이나 '추천'을 바탕으로 수익을 꿈꾸면서 금융상품에 투자한다. 즉, 유사투자자문업 서비스 이용자들은 이들로부터 '자문'이나 '조언'을 받는다고 생각하지만, 막상 금융소비자보호법의 규제 대상에서 제외되고 달리 적용될 특별법도 없어서 피해의 예방이나 사후구제가 매우 요원하다.[113]

유사투자자문업 제도는 1997년 증권거래법 개정을 계기로 당시 지하에서 활동하던 ARS 전문업체 등의 악성루머 유포 행위 등을 방지하고

---

111) 김정연, 자본시장법상 영업행위 규칙의 사법(私法)적 의의, 상사법연구 제37권 제4호(2019), 130-131쪽.
112) 동아일보, 투자금 환불 가능" 불법 주식리딩방 활개… 4년새 피해 3배 급증 (2023. 6. 30.).
113) 박혜진·천창민, 유사투자자문업 현황과 개선방안, 이슈보고서 21-17, 자본시장연구원(2021), 2쪽.

이들을 제도화함으로써 투자자 보호를 강화하기 위해서 도입된 독특한 제도이다.[114] 유사투자자문업자들은 불특정다수를 상대로 종목이나 상품을 추천하므로 특정 투자자에 대한 판매권유를 전제로 하는 금융상품판매업의 정의에 포섭되지 않을뿐더러, 금융소비자보호법상으로도 금융상품자문업 규제 대상에서 제외되었다.[115] 2000년대 초에도 인터넷을 통한 무인가 사설증권 정보사이트 등의 투자자 보호 문제가 제기되었지만, 이들이 인가받은 증권회사가 아니라는 이유로 제도개선 논의 대상에서 제외된 경험이 있다.[116]

### (2) 금융소비자보호 제고방안

유사투자자문업자는 시세조종 등 불공정거래로 시장의 건전성을 해치기도 하지만 자본시장법과 금융소비자보호법상 투자자문/금융상품자문업의 정의에서 제외되어 있다 보니 금융 규제 법제상 권리 구제 방안도 제대로 마련되어 있지 않다.[117] 지금으로서는 유사투자자문업자를 믿고 금융상품에 투자했다가 손해를 본 금융소비자들은 금융감독원에 피해를 접수하기는 하지만 실제 권리구제는 공정거래위원회 산하 소비자원을 통해서 이루어지고 있다.[118]

유사투자자문업자의 허위정보 제공행위는 자본시장법 제178조의 부정거래행위로 의율하는 실무가 자리 잡았다. 대법원은 2014년과 2015년 거듭하여 유사투자자문업자에 대해서는 자본시장법상 투자자문업자에게 부과되는 영업행위 규제가 적용될 수 없다는 입장을 확인한 바 있다.[119]

---

114) 전홍렬, 개정 증권거래법 해설, 넥서스(1997), 229쪽. 박혜진·천창민, 유사투자자문업 현황과 개선방안, 이슈보고서 21-17 자본시장연구원(2021), 2쪽.
115) 제3조 제4호 나목. 자본시장법과 미찬가지로 '불특정 다수인을 대상으로 발행되거나 송신되고, 불특정 다수인이 수시로 구입하거나 수신할 수 있는 간행물·출판물·통신물 또는 방송 등을 통하여 조언을 하는 것'은 금융상품자문업의 정의에서 제외한다.
116) 곽관훈, 앞의 논문(주 4), 452쪽.
117) 아주경제, 檢, 리딩투자 사기조직에 '범죄단체' 첫 적용 … 일당 8명 무더기 기소 (2023. 7. 6.).
118) 공정거래위원회 시장조사국, 주식정보제공 서비스(유사투자자문업) 문제점 및 개선방안(2014), 15-16쪽.

해당 판례들에서는 자본시장법에서 명문 규정으로 유사투자자문업을 투자자문업의 정의 조항에서 제외하고 있으므로 규범 체계 및 개별조문의 해석상 투자자문업자의 투자권유규제가 유사투자자문업자에게는 적용될 수 없다는 것이다. 이후 대법원에서는 2017년 증권방송에 출연하는 주식 강사들의 스캘핑(scalping), 즉 특정종목 선행 매수 후 추천, 추천 후 자금 유입/주가상승시 매도 후 차익실현 행위가 자본시장법 제178조 제1항 제1호의 '부정한 수단, 계획이나 기교'의 사용이자 동법 제178조 제2항의 위계의 사용에 해당한다고 보아 유죄를 선고하였고, 2022년에도 같은 취지의 판결을 선고한 바 있다.[120] 자본시장법상 사기적 부정거래 행위에 관한 제178조는 시장 전체의 공정성과 효율성을 보호하기 위한 규범으로서 높은 수준의 형사 처벌을 가능하게 하지만, 개별 투자자의 피해보상을 사전적으로 예방하기 위한 영업행위 규범으로서는 한계가 있다.

최근 감독 당국도 리딩방 등 유사투자자문업자의 불법적 양태를 근절하기 위한 다양한 조치를 취하고 있고, 자본시장법 개정을 통해서 유사투자자문업자를 단속하기 위한 방안들도 제시되고 있다. 첫 번째는 유사투자자문업자라는 명칭을 폐지하고, 온라인 채널로 추천을 빙자한 정보를 제공하는 자들의 업무 태양에 맞는 새로운 명명이 필요하다.[121] 둘째, 이들 가운데, 특히 호재성 또는 호재성이라고 주장되는 정보를 살포하는 것을 넘어서 수강료, 회비 등을 받고 마치 특정 가입자들에게만 '자문'으로 제공하는 듯한 인상을 남기는 업자들은 금융상품자문업자로 분명히 규제하여야 한다.[122]

---

119) 대법원 2014. 5. 16. 선고 2012다46644 판결; 대법원 2015. 6. 24. 선고 2013다13849 판결. 해당 판례에 대한 평석으로는 이원석, 유사투자자문업자의 의무와 손해배상책임: 대법원 2014. 5. 16. 선고 2012다46644 판결, 대법원 2015. 6. 24. 선고 2013다13849 판결, BFL 제74호, 서울대학교 금융법센터(2015. 11.)

120) 진상범, 스캘핑행위가 '부정한 수단' 및 '위계'의 사용에 해당하는지 여부, BFL 제86호 서울대학교 금융법센터(2017. 11.); 김정연, 유사투자자문업 종사자의 스캘핑과 사기적 부정거래, 대법원 2022. 5. 26. 선고 2018도13864 판결, BFL 제120호, 서울대학교 금융법센터(2023. 7.), 147-148쪽.

121) 같은 취지, 김건식·정순섭, 앞의 책(주 101), 121쪽.

122) 미국이나 일본만 보더라도 한국보다 금융상품자문업 또는 그에 준하는 업태의

## 5. 온라인투자연계금융업과 금융소비자보호

### (1) 사안의 검토

2005년 영국의 조파(Zopa)라는 회사가 최초로 시도한 온라인 P2P(Peer-to-Peer) 대출은 온라인에서 금융수요자와 공급자가 매치될 수 있다는 장점을 이용하여 여러 나라에서 성장해 왔다.[123] 국내에서는 P2P 대출을 제도화하는 온라인투자연계금융업법이 제정되면서 자금공급자에게는 원리금수취권을 부여하는 간접대출형 거래 유형으로 정리되었다.[124] 간접대출형 P2P 거래에서 자금공급자가 수취하는 원리금수취권이 '증권'에 해당하지 않기 때문에 자본시장법 적용이 되지 않아서 투자자 보호가 취약하다는 한계가 있다.[125] 한국 시장에서 P2P 영업은 2016년부터 본격적으로 개시되었는데, 온라인투자연계금융업법(이하 "온투업법")이 제정되면서 해당 법에 따른 영업행위 규제를 받게 되었다.

온투업법에 따른 자금제공과 차입은 각각 '연계투자'와 '연계대출'로 정의된다.[126] 동법상 투자자의 원리금수취권은 자본시장법 제3조의 금융투자상품에서 제외되지만[127] 금융소비자보호법에서는 이를 금융상품으로 포섭하고(제2조 제1호 바목, 동법시행령 제2조 제1항 제3호), 온라인투자연계금융업자도 금융회사에 해당하는 것으로 정의함으로써(동법 제2조 제7호

---

정의가 넓고, 실질적으로 '자문'을 제공하는 경우에는 자문업의 정의에 포섭되도록 하고 있다. 김정연, 앞의 논문(주 120), 157쪽.

123) 고동원, 인터넷상에서의 개인간(P2P) 금융거래에 관한 법적 연구 - P2P 대출거래를 중심으로, 은행법연구 제8권 제2호(2015), 5쪽.

124) P2P 대출은 자금수요자와 자금공급자가 직접 차주와 대주의 관계를 맺는 직접대출형 거래와 자금급자가 대출자금 제공에 따른 신용위험만 부담하는 간접대출형 거래로 구된다. 자금공급자들이 온라인을 통해서 반복적으로 대출을 하면 대부업법 등록의무가 발생하므로 이를 피하고자 간접대출형으로 온라인투자연계금융업 모델을 설계하였다. 구정한·이성복·오태록, 온라인투자연계금융업법 내 이용자보호를 위한 영업행위규제 주요 내용 및 향후 강화 방안, KIF 금융분석리포트 2021-5(2021), 13쪽.

125) 위 보고서, 14쪽.

126) 동법 제2조 제1호.

127) 동법 제3조 제3항.

아목, 동법시행령 제2조 제6항 제4호) P2P 대출을 제공한 금융소비자를 보호한다. 금융소비자보호법은 연계투자에 대해서 몇 가지 예외를 인정하고 있는데, 그 가운데 대표적인 것이 적합성의 원칙(제17조)이다. 온투업자는 투자자의 본인확인 및 투자자의 소득·재산 및 투자경험 등에 관련된 정보를 요구할 수 있지만, 투자자의 위험감수능력을 초과하는 상품을 권유하지 않을 의무는 없다(온투업법 제21조 제2항). 다만 온투업자도 연계투자 상품의 내용과 투자에 따른 위험과 투자판단에 필요한 중요한 정보를 제공할 설명의무는 부담한다.[128]

### (2) 금융소비자보호 제고 방안

온투업법이 적용되는 P2P 대출의 많은 부분이 부동산개발사업과 관련된 분야로 흘러 들어갔기 때문에 부동산 PF 부실에 따른 투자자들의 손해가 현실화할 위험이 있다.[129] 이런 상황에서 온투업자에 대하여 금융소비자보호법상 적합성의 원칙을 입법하거나, 금융소비자보호의 공백이 없도록 다른 조문들을 적극적으로 해석해야 한다.[130] 예컨대 현행 온투업법에서는 투자자의 정보확인을 통해서 투자자를 구별하여 소득에 따라 투자 한도를 제한하고 있으므로(동법 제20조 제1항, 동법 시행령 제19조), 적합성의 원칙을 적용하지 않더라도 후견적인 보호를 위한 최소한의 장치를 두고 있다.[131] 금융소비자와 온투업자 간에 사법적 분쟁이 발생할 때 명시적인 근거 조문이 없더라도 적합하지 않은 상품을 권유한 데 대한 신의칙상 고객보호의무 위반으로 배상 책임을 부담하도록 하는 방안도 고려해 볼 수 있다.

적합성의 원칙과 함께 온투업자에 대해서 연계대출 대상에 대한 실사의무 관련 무거운 책임을 부과하는 방안도 강구해야 한다.[132] 온투업

---

128) 금융소비자보호법 제19조 제1항 제1호 나목, 동법시행령 제13조 제4항 제4호.

129) 이투데이, "'부동산PF' 부실에 우르르 무너질라"··· 위기의 온투업계, 내년 과제는"(2022. 12. 25.); 아시아경제, 온투업 대출 2000억 '뚝'··· 잇단 폐업에 업계 긴장, (2023. 6. 23.).

130) 연계투자에 대한 한도 설정만으로는 불충분하고 유럽연합과 같은 적합성/적정성 원칙 도입을 주장하는 견해로는 박준·한민, 앞의 책(주 32), 1105쪽.

131) 구정한 외, 앞의 보고서(주 124), 31쪽.

법상 온투업자는 연계대출과 차입자에 관한 정보를 차입자로부터 받아야 하고, 이러한 정보를 온라인플랫폼을 통해서 투자자가 쉽게 이해할 수 있도록 제공해야 하며, 이를 확인하였는지를 점검하는 방법으로 설명의무를 이행해야 한다.[133] 특히 위험이 큰 부동산 PF 대출에 자금을 제공하는 연계대출 상품에 대해서는 투자금을 모집하기 이전에 일정 기간 투자판단에 중요한 정보를 제공해야 한다(제22조 제2항).[134] 온투업자가 투자자에게 제공하는 차입자 및 연계대출에 관한 정보의 진위에 관해서는 전적으로 차입자의 책임으로 남아 있고, 차입자의 진실된 정보 제공의무(제20조 제2항)는 위반시 제재가 정해지지 않은 선언적인 규정이기 때문에 설명의무의 설명대상에 대한 신뢰성이 문제될 수 있다. 결과적으로 온투업자가 설명의무를 이행하기는 하지만 제공된 정보의 진실성이 담보되지 않으면 추후 분쟁발생시 '나는 도관에 불과하므로 제공된 정보가 허위일 경우 발생하는 문제에 대해서는 책임지지 않는다'라고 주장할 위험이 있는 것이다. 이러한 상황을 방지하기 위해서는 온투업자에게는 차입자 및 연계대출에 대한 리스크를 조사할 의무 및 조사시 준수해야 할 체크리스트를 마련하도록 하고,[135] 차입자의 부실, 허위 정보제공에 대해서는 형사적, 행정적 제재의 근거 조문을 입법해야 할 것이다.[136]

## V. 결론 및 제언

핀테크 시대에는 기존의 금융규제체계의 틀을 벗어나는 각종 온라인 금융 서비스들이 출현하여 소비자 보호의 근간을 흔들 우려가 있다. 우

---

132) 위의 보고서, 32쪽.
133) 온투업법 제22조, 금융소비자보호법 제19조 제1항 제1호 나목.
134) 투자자의 권리구제에 핵심적인 정보 중에 가장 중요한 것은 연체사실에 관한 정보이다. 현행법에서는 5영업일 이내에 온투업자가 그 사유를 확인하여 투자자에게 연체사실과 함께 통지하고 온라인 플랫폼에 게시하도록 하는데, 연체사실에 대해서는 발생 즉시 알리도록 법을 개정할 필요가 있다. 천창민, P2P 대출법의 주요 내용과 법적 쟁점에 관한 연구, 상사법연구 제39권 제1호(2020), 95쪽.
135) 실사의무에 관해서는 구정한 외, 앞의 보고서(주 126), 제40쪽.
136) 신혜진, P2P 대출 온라인플랫폼 법제와 사법적 고찰, 법조 제70권 제2호(2021), 386쪽.

선, 금융거래의 루트가 기존 금융회사의 영업점에서 온라인으로 채널로 바뀌었고, 권유를 하는 주체가 자동화된 시스템으로 변경됨에 따라 적합성의 원칙과 설명의무로 대표되는 판매 규제가 온라인에서도 제대로 작동할 수 있도록 노력을 기울여야 할 것이다. 금융당국에서는 비대면 채널로 금융거래를 할 경우에 발생할 수 있는 문제점을 사전에 진단, 대비하기 위해서 가이드라인을 마련하거나, 금융소비자보호법의 적용 여부가 불분명한 사안에 대해서 적극적으로 법을 적용하는 방향으로 해석지침을 발간하는 등 노력을 기울여야 한다.[137]

한편, 금융소비자보호법의 적용이 일부 또는 전부 배제되는 온라인 거래에서 금융소비자들이 큰 피해에 노출되고 손해를 보더라도 구제절차가 마련되어 있지 않아서 회복이 어렵게 될 위험이 훨씬 크기 때문에 이에 대한 대비책이 필요하다. 온라인 플랫폼이나 소셜네트워크 서비스에서 광고를 보고 투자했으나 금융소비자보호법상 '중개'에 해당하지 않거나, '로보어드바이저'라는 이름을 믿고 그 조언에 따라 금융상품을 매수하였으나 부수적인 무상 서비스라서 금융상품자문업자 규제에서 제외된다면 이를 신뢰한 소비자를 보호할 방법도 마땅하지 않다. 입법론적으로는 '동일규제-동일원칙'이 적용될 수 있도록 법제를 정비하는 것도 필요하지만, 해석론으로도 이와 같은 규제의 공백을 메꿀 방법을 고민할 필요가 있다. 온라인 금융거래란 급변하는 기술 발전에 따라 등장한 현상이므로 기존의 금융시장 규제체계에 편입시키거나 때로는 새로운 입법을 하는데만도 많은 자원이 소요된다. 규제라는 것은 기술 발전과 상용화, 시장의 형성, 탈법과 부정이라는 사이클에 후행적으로, 그것도 임시변통적으로 반응할 수밖에 없다.[138] 기술의 발전을 추수하는 과정에서 규제가 파편화, 복잡화 되고 그 결과 오히려 규제의 공백이 생겨나는 문제를 해결하기 위해서는 원칙으로 돌아가서 계약당사자 간에 사법(私法)적 법률관계의 성

---

137) 금융위원회 보도자료, 온라인 금융플랫폼 금융소비자보호법 적용사례(2021. 9. 7).
138) 기술발전 추수적 개별적 금융규제의 한계에 관해서는 정순섭, 기술발전과 금융규제법의 전망, BFL 제107호, 서울대학교 금융법센터(2021. 5.), 27쪽.

격을 규명하고, 그에 맞는 법리를 적용하는 것이 출발점이 될 수 있다.[139]

국내에서 발생한 대형 금융스캔들은 모두 창구판매를 통한 것이었다. 그렇다고 온라인 금융거래에서는 소비자들이 주체적 판단을 하기 때문에 자기책임의 원칙에 대한 수용도가 높아서 손해를 보더라도 분쟁으로 이어지지 않는다는 긍정적인 해석만이 가능한 것은 아니다. 이미 주식리딩방이나 온라인연계투자에 참여했다가 손해를 본 소비자들이 속출하고 있을뿐더러, 정보제공형 로보어드바이저의 조언에 따른 투자, 비교추천 서비스를 활용한 투자 등의 성과가 마냥 좋지만은 않기 때문에 어떤 양태로든 분쟁이 발생하기 직전의 폭풍전야라고도 볼 수 있다. 결국 공은 사법부로 넘어갈 것이고, 그 경우 관련 법령상 규제 대상에서 제외된다는 이유로 소비자들의 신뢰를 악용하는 행위가 정당화되지 않도록 동일기능-동일규제 원칙, 정보와 전문성의 우위에 있는 금융회사에 대한 소비자의 신뢰를 존중하는 사법적 판단의 원칙을 정립할 필요가 있다.

---

139) 예컨대, 금융소비자보호법이 제정된 이후만 보더라도 '온라인 설명의무 가이드라인'과 같은 규정과 지침들이 계속 발표되고 있는데, 이들은 금융회사의 내부통제라는 관점에서 바람직한 영업행위규제의 모델이 될 수는 있어도 소비자에 대한 민사적 책임의 존부를 가르는 기준이 될 수 없고, 되어서도 안 된다. 금융소비자가 금융회사를 상대로 손해배상 소송을 제기할 경우 금융회사가 감독규정과 가이드라인을 지켰다는 항변만으로 면책될 가능성은 높지 않을 것이다. 심지어 자본시장법 법조문에서는 적합성의 원칙과 설명의무는 일반투자자를 상대로 투자권유 시 준수해야 하는 것으로 규정되어 있지만, 대법원은 전문투자자 대상 투자권유시 설명의무를 이행하지 않은데 대한 금융회사의 손해배상책임을 인정한 바 있다. 이러한 취지에 따르면 담당 부처의 행정규칙이나 가이드라인, 금융투자협회의 모범규준을 준수한 행위라도 개별 사안에 따라 적합성의 원칙이나 설명의무 준수 여부가 충분히 다투어질 수 있다. 임재연, 자본시장법, 박영사(2022), 417쪽; 대법원 2015. 3. 26. 선고 2014다214588 판결.

[Abstract]

# Financial Consumer Protection in Digital Age

Kim, Jung Yeun[*]

This article aims to analyze the meanings and limitations of current laws and regulations from the perspective of policy goal of financial consumer protection in on-line transaction. First, this article would review relevant provisions of Financial Consumer Protection Act (hereafter "FCPA") in terms of on-line transaction. FCPA, which was legislated in 2020 and promulgated in 2021, does not take special account of on-line financial transaction because the bill was drafted and amended to pass the legislative body in order to regulate business conduct of financial companies which recommend and/or give advice on financial instruments to the consumers who visit bank or securities company in person. This article intends to introduce and review regulatory tasks in improving the level of on-line financial consumer protection in interpreting FCPA in digital age. The focus will be given to the suitability rule and duty to explain when recommending financial protections to the consumers. Financial companies are preparing sets of questions and information materials specially designed for on-line consumers. This article will review current practice and suggests methods to enhance financial consumer protection online. In addition, this article points out some regulatory blind spots in on-line financial consumer protection including Stock-Leading Room, P2P transaction or unregulated Robo-advisors. In the last part, the legislative and interpretative means will be suggested to fill the regulatory arbitrage.

---

[*] Associate Professor, Law School, Ewha Womans University.

[Key word]

- Financial Consumer Protection
- Financial Consumer Protection Act
- Investment Recommentdation
- Suitability Rule

## 참고문헌

[국내문헌]

고동원, 인터넷상에서의 개인간(P2P) 금융거래에 관한 법적 연구-P2P 대출거래를 중심으로, 은행법연구 제8권 제2호(2015).

고홍석, 대법원 판례에 나타난 금융투자상품 거래에서의 적합성 원칙, 민사판례연구 제37권 박영사(2015).

공정거래위원회 시장조사국, 주식정보제공서비스(유사투자자문업) 문제점 및 개선방안(2014).

곽관훈, 온라인상의 증권정보제공에 대한 규제-적합성원칙의 적용가능성을 중심으로, 비교사법 제9권 제3호(2002)

구정한·이성복·오태록, 온라인투자연계금융업법 내 이용자보호를 위한 영업행위규제 주요 내용 및 향후 강화 방안, KIF 금융분석리포트 2021-5(2021).

권영준, 약관 설명의무의 재조명, 사법 제53호(2022).

김  은, 금융소비자보호법 해설서, 박영사(2022).

김건식·정순섭, 자본시장법 제4판, 박영사(2023).

김성탁, 인터넷을 이용한 증권정보의 유통과 증권사기, 비교사법 제7권 제2호(2000).

김영근, 금융소비자보호법 시행 1년의 회고, BFL 제111호, 서울대학교 금융법센터(2022. 1.).

김자봉, 핀테크, 빅테크, 은행의 역할과 규제원칙, 은행법연구 제14권 제1호(2021).

김정연, 금융상품자문법리 정립을 위한 시론, 서울대학교 법학 제58권 제1호(2017).

_____, 유사투자자문업 종사자의 스캘핑과 사기적 부정거래, 대법원 2022. 5. 26. 선고 2018도13864 판결, BFL 제120호, 서울대학교 금융법센터(2023. 7.).

_____, 자본시장법상 영업행위 규칙의 사법(私法)적 의의, 상사법연구 제37권 제4호(2019).

김지식, 플랫폼 비즈니스와 금융소비자 보호에 관한 법률, BFL 제111호, 서울대학교 금융법센터(2022. 1.).

남궁주현, 금융소비자보호법 시행이 금융시장에 미친 영향 및 입법적 개선과
　　제, 국회입법조사처(2021).

노태석, 금융소비자보호법상의 영업행위 준수사항에 대한 검토, 법학연구 제
　　31권 제2호(2020).

문은경ㆍ정찬묵, 금융상품판매와 내부통제, BFL 제111호, 서울대학교 금융법
　　센터(2022. 1.).

박동필, 자본시장법 시행 1년의 회고와 전망 1: 투자권유규제로서의 적합성원
　　칙-표준투자권유준칙을 중심으로, BFL, 서울대학교 금융법센터(2010).

박상철, 금융 AI의 활용과 금융소비자보호: 차별금지, 설명요구권, 6대 판매
　　규제를 중심으로, BFL 제107호, 서울대학교 금융법센터(2021. 5.).

박준ㆍ김무겸ㆍ김주영ㆍ이숭희ㆍ전원열ㆍ정순섭, "좌담회: 금융상품 분쟁해결
　　의 법리"BFL, 제58호, 서울대학교 금융법센터,(2013. 3), 10쪽(전원열
　　발언부분).

박준ㆍ한민, 금융거래법 제3판, 박영사(2022).

박혜진ㆍ천창민, 유사투자자문업 현황과 개선방안, 이슈보고서 21-17, 자본시
　　장연구원(2021).

신혜진, P2P 대출 온라인플랫폼 법제와 사법적 고찰, 법조 제70권 제2호
　　(2021).

안수현, Automated Investment Tool(일면 '로보어드바이저')을 둘러싼 법적쟁
　　점과 과제, 상사판례연구 제29권 제2호(2016).

_____, 금융소비자보호법 제정안의 판매관련 금융소비자보호의 의의와 한계,
　　금융법연구 제11권 제1호(2014).

양영식, 로보어드바이저의 적합성 원칙과 설명의무 규제에 관한 법적 연구,
　　금융소비자연구 제13권 제1호(2023).

윤민섭, 금융소비자보호에 관한 법률 제정과 법적 과제, 은행법연구 제13권
　　제1호(2020).

이규복, 금소법 정착과정에서의 금융소비자 보호 실효성을 위한 과제, 금융
　　브리프 제30권 제13호, 금융연구원(2021).

이성복 ㆍ안유미, 비대면 계좌개설 허용 이후 증권사 소매금융사업의 변화,
　　이슈리포트 19-15, 자본시장연구원(2019).

_____, 국내 로보어드바이저 현황과 성과분석, 연구보고서 21-05, 자본시장

연구원(2021).

_____, 비대면금융상품 수요 증에 따른 금융상품 시장 변화와 금융소비자 보호 강화 방향, 자본시장연구원, Issue Report, 21-32(2021).

이원석, 유사투자자문업자의 의무와 손해배상책임: 대법원 2014. 5. 16. 선고 2012다46644 판결, 대법원 2015. 6. 24. 선고 2013다13849 판결, BFL 제74호, 서울대학교 금융법센터(2015. 11.).

이형기, 독립투자자문업자(IFA)의 활성화 방안, 증권법연구 제21권 제2호(2020).

임재연, 자본시장법, 박영사(2022).

장근영, 투자권유 없이 거래하는 고객에 대한 금융투자업자의 의무, 증권법연구 제12권 제2호(2011).

전상수·연광석·박준모·황성필, 금융소비자보호법－해석과 입법론, 홍문사(2022).

전홍렬, 개정 증권거래법 해설, 넥서스(1997).

정순섭, 기술발전과 금융규제법의 전망, BFL 제107호, 서울대학교 금융법센터(2021. 5.).

진상범, 스캘핑행위가 '부정한 수단' 및 '위계'의 사용에 해당하는지 여부, BFL 제86호 서울대학교 금융법센터(2017. 11.).

천창민, P2P 대출법의 주요 내용과 법적 쟁점에 관한 연구, 상사법연구 제39권 제1호(2020).

_____, 금융소비자보호법의 적용범위와 진입규제에 관한 고찰, 은행법연구 제14권 제1호(2021).

최현민, 금융소비자보호법상 설명의무에 관한 연구, 금융소비자연구 제11권 제2호(2021).

[외국어문헌]

Barbara Black, Securities Regulation in the Electronic Age: Online Trading Discount Broker's Responsibilities and old Wine in New Bottles, 28 Sec Reg. L. J. 15 (2000).

Donald C. Langevoort, Information Technology and the Structure of Securities Regulation, 98 HARV. L. REV. 747

European Parliament, BRIEFING EU Legislation in Progress, Retail Investor Package (16 Oct 2023).

G20/OECD, HIGH-LEVEL PRINCIPLES ON FINANCIAL CONSUMER PROTECTION (2022).

John Armour, Dan Awrey, Paul Davies, Laca Enriques, Jeffery N. Gordon, Colin Mayer, and Jennifer Payne, Principles of Financial Regulation, OXFORD (2015).

John C. Coffee, Brave New World? The Impacts of the Internet on Modern Securities Regulation, 52 Bus. Law. 1195 (1997).

OECD Task Force on Financial Consumer Protection, Effective Approches for Financial Consumer Protection in the Digital Age: FCP Principles 1,2,3,4,6 and 9 (2019).

OECD, Financial Consumer Protection Policy Approaches in the Digital Age (2020).

Omri Ben-Shahar and Carl Schneider, "Coping with the Failure of Mandated Disclosure", Jerusalem Review of Legal Studies, Vol. 11, No. 1 (2015).

Philipp Maume, Robo-advisors, How do they fit in the existing EU regulatory framework, in particular with regard to investor protection, Policy Deportment for Economic Scientific and Quality of Life Policies, European Parliament (2021).

RENÉE BARNETT, Online Trading and the National Association of Securities Dealers' Suitability Rule: Are Online Investors Adequately Protected? American University Law Review: Vol. 49: Iss. 5 (2000).

Tamar Frankel,The Internet, Securities Regulation, and Theory of Law, 73 Chi-Kent L. Rev 1319 (1998).

# 금융거래에서 지급결제 당사자의 사법상 권리·의무[*]

김 형 석[**]

■요　지■

　　본고는 무현금 지급거래의 법률관계를 민사법의 도그마틱의 관점에서 검토한다. 그 중요한 결론을 요약하면 다음과 같다.

　　1. 무현금 지급거래에서 당사자들의 이익상황은 금전채무에서 현금이 이행되는 경우의 이익상황을 기준으로 판단하지만, 당사자들이 무현금 지급거래에 가지는 이익을 고려하여 달리 판단할 가능성을 신중히 검토해야 한다.

　　2. 지급거래에서 지급인과 송금매개인, 수취인과 추심매개인 사이의 지급거래 기본계약은 기본적으로 위임계약의 성질을 가진다. 여기서 지급인의 지급지시는 한편으로 위임계약에서의 지시로서 송금매개인의 사무처리 의무를 발생시키면서, 다른 한편으로 변제수령권한의 수권 및 변제지정으로서 추심매개인 → 송금매개인 → 지급인 → 수취인 방향의 급부관계를 성립시키는 단독행위이다. 지급거래를 이유로 하는 입금기장은 무인적 채무약속의 성질을 가진다.

　　3. 직불카드 기타 직불 지급수단, 신용카드의 경우 지급매개인은 수취인을 상대로 무인적 채무약속 또는 손해담보계약으로 채무를 부담하여 지급을 보장한다. 신용카드의 법률관계는 채권양도나 병존적 채무인수로 설명되어서는 안 된다. 전자화폐는 발행자에 대한 채권으로 파악되어야 하며, 금전으로

---

[*] 이 글은 하계 심포지엄에서 발표된 이후 서울대학교 「법학」 제64권 제4호(2023)에 "무현금 지급거래의 법적 쟁점"이라는 제목으로 게재되었다.

[**] 서울대학교 법학전문대학원 교수.

서의 성질을 부여할 수 없다.

4. 지급지시가 유효한 경우, 보상관계나 대가관계에서 대항사유가 있더라도 이는 해당 관계의 당사자 사이에서 부당이득 반환 등으로 해결되어야 한다. 반면 지급지시가 부존재하거나 무효인 경우 지급의 효과가 발생하지 않으며, 송금매개인의 수취인을 상대로 하는 부당이득 반환이 성립한다. 이는 특히 제한능력을 이유로 하는 취소의 경우에도 마찬가지이다. 반면 착오에 의한 지급지시 이른바 오입금 사례는 대가관계에서 부당이득 반환으로 해결되지만, 이때에도 수취인의 입금기장 거절권은 인정되는 것이 타당하다.

5. 무권한 지급지시가 행해진 경우, 그 위험은 송금매개인이 부담하는 것이 원칙이지만, 개별 법률에 따른 예외가 있다. 무현금 지급거래가 지연되거나 좌절되는 경우, 그 위험은 원칙적으로 수취인에 대한 관계에서 지급인이 부담한다. 물론 자금이 추심매개인에 도달한 때에는 변제의 현실제공이 있으므로 위험이 수취인에게 이전한다. 송금매개인의 귀책사유로 지급이 지연·좌절되는 경우, 그는 지급인에 대해 채무불이행 책임을 부담하는 동시에 수취인에 대해서 불법행위 책임을 부담한다. 예외적으로 추심채무가 인정되는 사안에서는 지급인은 이행기에 변제 가능한 상태를 유지함으로써 위험을 이전한다.

[주 제 어]
- 금전채권
- 무현금 지급
- 지급지시
- 무인적 채무약속
- 위임

# I. 도    입

20세기 후반부터 현재까지 급속하게 진행된 정보통신 기술의 발전이 금융거래에 가져온 변화는 괄목할 만하다. 특히 최근에는 모바일 통신, 인공지능, 빅데이터 등 실시간으로 진행되고 있는 새로운 기술적 혁신이 금융산업에 가져올 수 있을 새로운 법적 쟁점에 대해 여러 다양한 이론적 · 실무적 모색이 진행 중이다.[1] 이러한 변화의 흐름은 지급거래에 대해서도 마찬가지이다. 불과 십여 년 전에만 해도 알지 못하였던 다양한 형태의 지급결제 방법들이 시장에서 경쟁하는 중이며, 이로부터 소비자들은 보다 간이하면서도 빠른 지급거래를 통해 편익을 누리고 있다. 이러한 경향은 당분간 계속될 것으로 전망된다.

그런데 이러한 지급결제 방법들은 그것을 매개하는 기술적 수단 때문에 지극히 현대적으로 보이기는 하지만, 그 지급과정을 구성하는 법률관계는 이미 몇천 년 전 무현금 지급이 행해진 이래로[2] 크게 변화하지는 않았다. 기본적인 구조는 중세의 환어음에서 출발하여 현대의 전자화폐에 이르기까지 비슷하다. 금전을 지급할 의무를 부담하는 자는 자신이 영향을 미칠 수 있는 다른 사람으로 하여금 지급되어야 하는 금전과 등가의 독립한 채무를 자기 채권자에 대해 부담하게 함으로써, 달리 말하면 자기 채권자로 하여금 지급되어야 하는 금전과 등가의 독립한 채권을 다른 사람을 상대로 취득하게 함으로써, 자신의 현금을 이전해야 하는 이행에 갈음한다. "즉 [자신의] 채무자에게 [채무를 부담하도록] 지시한 자도 변제한 것이다."[3] 그래서 예컨대 19세기에 성장하는 은행업을 배경으로 현대적 지급이체 거래가 확립될 때, 법적인 설명은 이러한 과거의 경험에

---

[1] 그 개관으로 박준 · 한민, 금융거래와 법, 제3판, 2022, 1053면 이하 참조.

[2] 안예홍, 지급결제의 주역들, 2021, 28면 이하; Geva, *The Payment Order of Antiquity and the Middle Ages*, 2011, p. 68 sqq; Omlor, *Geldprivatrecht*, 2014, S. 31ff.

[3] Ulp. D. 16, 1, 8, 3: solvit enim et qui reum delegat. 또한 Iul. D. 46, 1, 8.; Paul. D. 17, 1, 22, 2; 17, 1, 45, 7 등도 참조. 로마법에서 기본적 법률관계에 대해서는 Kaser/Knütel/Lohsse, *Römisches Privatrecht*, 22. Aufl., 2021, § 65 Rn. 11ff. 참조.

의지하여 구성될 수 있었다.[4] 이러한 상황은 새로운 무현금 지급거래를 설명해야 하는 장면에서는 언제라도 새로이 제기될 수 있을 것이다.[5]

이렇게 무현금 지급거래의 법률관계는 기본적으로 민사법의 규율과 법리에 의지하고 있음에도 불구하고, 종래 그에 대한 설명이 강학상 상법학의 영역에서 이루어지고 있다는 사정 때문인지 그 구조와 내용을 민사적 도그마틱의 관점에서 개관하는 연구는 아직 많지는 않았던 것으로 보인다. 본고는 이러한 과제를 수행한다. 즉 무현금 지급거래의 기본적 법률관계를 분석하고 그 원리적 내용을 도출함으로써 지금 활용되는 그리고 앞으로 성립할 지급결제 방법들에 접근하는 하나의 실마리를 제공하고자 한다. 물론 다양한 지급수단의 세부적인 내용을 여기서 상세하게 구체적으로 살펴볼 수는 없을 것이다. 그러나 도그마틱의 체계에 의해 뒷받침되는 개요는 이후 보다 심화된 연구의 출발점으로 기능할 수 있을 것이다.

## Ⅱ. 금전채무 이행의 이익상황

### 1. 민법에 따른 금전 및 금전채권의 이행

무현금 지급거래의 법률관계를 분석하기 위해서는, 우선 민법이 전제하고 있는 금전 및 금전채무의 개념을 개관할 필요가 있다. 무현금 지급거래는 민법이 예정하는 금전채무의 이행이라는 효과를 금전 없이 달성하기 위해 활용되는 수단이므로, 당사자들의 이익상황은 민법의 금전채

---

4) Meder, *Die bargeldlose Zahlung*, 1996, S. 174ff.; Djazayeri, *Die Geschichte der Giroüberweisung*, 2011, S. 37ff. 등 참조.

5) 이종태, "은행 없는 북한식 핀테크", 시사IN, 제555호, 2018. 5. 8. 참조: "예컨대 평양의 ㄱ씨가 함경북도 청진의 ㄴ업체로부터 1,000원 상당의 상품을 매입하려 한다고 치자. 은행이 없으니 그는 같은 지역인 평양의 '돈주 금융업자'를 찾아가 1,200원을 준다. 물품 대금 1,000원에 수수료 200원을 합친 금액이다. 평양 돈주는 요즘 북한에서도 대중화된 휴대전화로 청진의 돈주 금융업자에게 요청한다. "그곳의 ㄴ업체에게 1,000원을 줘." 이로써 평양 돈주는 청진 돈주에게 1,000원과 일정한 수수료(예컨대 100원)를 지급해야 할 의무를 지게 된다. 그러나 청진의 돈주 역시 평양 돈주에게 비슷한 내용의 요청을 하는 일이 있을 것이다. 두 돈주는 일정 기간 상대방의 주문을 이행한 뒤 만나서 오간 돈의 차액을 주고받으면 된다. 시장경제 시스템에서는 소비자-일반은행-중앙은행 사이의 전산망을 끼고 이뤄지는 상당히 복잡한 청산·결제 업무가 북한에서는 '휴대전화를 든 돈주' 사이에서 해결되는 것이다."

무 규율에 비추어 살펴볼 때 보다 명확히 해명될 수 있기 때문이다.

민법은 금전의 개념에 대해서는 명시적으로 정의하고 있지 않지만, 민법이 적용되는 영역에서 강제통용력을 가지는 법화(法貨)로 전제하고 있다(민법[6] 제376조, 한국은행법 제48조). 이는 기본적으로 한국은행권 및 주화로 구성되므로(한국은행법 제49조, 제53조), 물건 특히 동산이다(제98조, 제99조 제2항).[7] 그러나 금전의 경우 그것이 물건으로서 제공하는 사용 · 수익은 거의 중요하지 않으며, 오히려 은행권이나 주화가 표상하는 재산적 가치로서 의미를 가진다. 따라서 금액채권인 금전채권은 금전 즉 현금에 대한 소유권을 이전함으로써 그것이 담지하는 재산적 가치에 대한 처분 가능성을 창출해 줄 것을 청구하는 권리라고 이해할 수 있다.[8] 그렇기 때문에 강제통용력 있는 통화가 아니더라도 금전과 마찬가지로 가치에 대한 처분 가능성을 확실히 창출해 주는 은행 자기앞수표의 변제제공은 금전채무의 적법한 변제제공이 된다.[9] 민법은 금전채권의 이행을 '지급'이라고 표현한다.[10]

종래 통설은 금전채권도 종류채권의 일종이라고 보고 있다.[11] 그러나 금전채권에서 금전이라는 목적물의 개성은 의미가 없고 그것이 표상하는 가치의 창출이 주된 목적이므로, 금전채권은 개념상으로 종류채권으

---

6) 아래에서 법명의 지시 없이 인용하는 조문은 민법의 조문이다.

7) 제376조는 실제로 경화(硬貨)의 유통을 전제할 때 그 의미가 분명해진다. 이호정, 채권법총론, 1991, 52-53면 참조.

8) 최수정, "민법상 금전의 개념과 금전채권의 특질", 비교사법, 제10권 제1호, 2003, 15-16면. 또한 김형배, 채권총론, 제2판, 1998, 67면.

9) 大判 1961. 12. 21., 4294민상324, 집 9, 130.

10) 제376조 내지 제378조 참조; 또한 제303조, 제342조, 제563조, 제568조, 제586조 내지 제588조, 제593조, 제597조, 제674조의2, 제674조의5, 제685조, 제705조, 제751조, 제958조, 제1014조 등 참조. 한편 민법은 당연히 금전채권은 아니더라도 통상 금전을 내용으로 하는 채권의 이행에 대해서도 그 목적이 금전이라는 것을 전제로 지급이라는 표현을 사용한다. 예컨대 비용(제24조 제3항, 제479조, 제998조의2, 제1107조), 보수(제26조 제2항, 제655조, 제656조, 제664조, 제665조, 제675조, 제678조), 대가(제251조), 지료(제287조), 이자(제402조, 제479조), 자동채권(제498조), 차임(제618조, 제630조, 제633조) 등. 그러나 금전을 포함한 물건의 이전 및 인도에 대해서도 지급이라는 표현을 사용하는 경우도 있다(제163조 제1호, 제605조, 제725조, 제727조).

11) 곽윤직 편집대표, 민법주해[VIII], 1995, 165면(이공현).

로 파악하기 어렵고 또 그렇게 파악할 실익도 없다.[12) 그래서 인도할 목적물의 품질에 관한 제375조 제1항은 적용되지 않고,[13) 금전채권은 채무자의 선택에 따라서 각종의 통화로 변제할 수 있다(한국은행법 제48조도 참조).[14) 그리고 이렇게 임의의 은행권과 주화로 변제가 가능한 이상 목적물의 특정(제375조 제2항)도 상정할 수 없으며,[15) 그 결과 금전채권의 변제가 이루어질 때까지 금전의 분실·도난 등의 경우 물건의 위험은 채무자가 부담한다.[16) 따라서 원칙적으로 금전채무의 이행불능도 발생할 수 없다.[17)

　　금전채권은 원칙에 따라 지참채무이므로(제467조 제2항) 채무자는 채권자의 현주소 또는 현영업소에서 금전 즉 현금의 소유권을 이전할 것을 현실제공해야 한다(제460조 본문). 채무자는 채권자에게 동산 소유권 이전의 방법에 따라 소유권 이전의 합의와 인도에 의해 금전 소유권을 이전하는데(제188조 이하),[18) 금전의 특성상 현실인도 이외의 인도 방법은 거의 상정할 수 없을 것이다. 반면 금전에서는 점유와 소유가 일치하여 점유자가 언제나 소유자이고 간접점유는 있을 수 없다는 통설에 따른다면,[19) 채무자가 채권자에게 금전을 현실인도하는 것만으로 충분할 것이

12) 최수정 (주 8), 20면; 김형배 (주 8), 67면; 백태승, "금전과 금전채권의 특질" 경희법학, 제42권 제2호, 2007, 331면.
13) 김형배 (주 8), 67면 주 1; 이호정 (주 7), 55면.
14) 곽윤직, 채권총론, 제6판, 2003, 33면; 민법주해[Ⅷ] (주 11), 168면(이공현); 김형배 (주 8), 69면.
15) 이호정 (주 7), 56면.
16) 곽윤직 (주 14), 33면; 민법주해[Ⅷ] (주 11), 168면(이공현); 김형배 (주 8), 68면.
17) 이호정 (주 7), 56면; 곽윤직 (주 14), 35면; 민법주해[Ⅷ] (주 11), 171면(이공현); 김형배 (주 8), 69면. 다만 예외적으로 신의칙상 채권자의 영역에 속하는 사정으로 수령지체(제400조)가 발생하였고 채무자가 변제제공을 위해 특정하였고 또 특정을 유지하고 있는 금전이 그동안 유실된 때에는 채권자가 물건의 위험을 부담하는 것이 정당할 것이다. 이때에는 예외적으로 이행불능이 발생할 수 있다고 해야 한다. 김형배 (주 8), 67면 주 1도 참조. 또한 아래 V. 2. (2) (가) 참조.
18) 최수정 (주 8), 22면; 곽윤직 편집대표, 민법주해[Ⅳ], 1992, 191면(이인재); 김용덕 편집대표, 주석 민법 채권총칙(1), 제5판, 2020, 156면(권순형).
19) 곽윤직·김재형, 민법총칙, 제9판, 2013, 236면; 송덕수, 민법총칙, 제6판, 2021, 713면; 김상용·전경운, 민법총칙, 제4판, 2018, 327면; 김대정, 민법총칙, 2012, 558면; 백태승 (주 12), 330면 등. 여기서 상론할 여지는 없으나, 금전의 물건성을

다. 그런데 이렇게 금전채권의 이행으로서 행해지는 금전 소유권 이전의 중요한 특징은 만족을 받은 채권자가 사실상 무인적 물권변동의 이점을 누린다는 것이다. 즉 금전채무의 이행으로서 행해진 금전 소유권 이전의 효력은 일반적으로 금전채무가 발생할 원인행위의 효력에 좌우되지 않는다는 결과가 발생한다. 이는 통설에 따르면 금전을 수령한 채권자가 그 금전의 점유를 계속하는 한 소유자로 남을 것이기 때문에 그렇지만(주 19 참조), 금전의 물건으로서의 성질을 인정하는 견해에 따르더라도 금전채권자는 거의 예외 없이 수령한 금전을 자신의 재산에 혼화함으로써 원상회복을 구하는 금전채무자에 대한 관계에서 부당이득 반환의무만을 부담할 것[20]이기 때문에 그러하다(제258조, 제261조 참조). 따라서 변제를 받은 금전채권자는 일반적으로 금전채권이 발생한 원인관계가 무효·취소·해제된 때에도 원상회복에서 채권적 반환의무만을 부담한다.

금전채무에는 원칙적으로 이행불능을 상정할 수 없으므로, 금전채무의 불이행은 통상 이행지체의 모습으로 나타난다. 채권자의 지연배상 청구에 대해 채무자는 지체에 과실이 없다는 것을 들어 책임에서 벗어날 수 없기에 원칙적으로 무과실책임을 부담하며, 채권자는 손해의 증명 없이 법정이율 또는 약정이율에 따라 지연배상을 청구할 수 있다(제397조). 금전채무자가 원칙적으로 무과실책임을 부담하는 근거는 정상적인 통화시스템을 전제로 물건의 위험을 부담하는 채무자는 일반적으로 그 적시의 이행에 대해 보증(Garantie)을 인수하기 때문이다. 따라서 채무자는 이행기에 과실 없이 금전을 마련할 수 없다는 사정을 들어 배상책임에서

---

아예 부정하는 이러한 견해는 민법의 해석으로 타당하지 않다고 생각되며(제250조 단서 참조), 비교법적으로도 이례적이다. 최수정 (주 8), 11면 이하; 주석 채권총칙(1) (주 18), 155면 이하(권순형); 서을오, "금전에 있어서는 점유와 소유가 일치한다는 학설의 기원", 이화여대 법학논집, 제21권 제2호, 2016, 1면 이하; 정병호, "금전은 점유하는 자가 소유한다는 이론 비판", 법조, 제65권 제1호, 2016, 5면 이하. 그리고 Omlor (주 2), S. 139ff.; Matthews and Nickles, *Payments Law*, 2nd ed., 2015, p. ssq.; Ferid/Sonnenberger, *Das französische Zivilrecht*, Band 2, 2. Aufl., 1986, Rn. 3B42 Fn. 79 등 참조.

20) 최수정 (주 8), 14면. 이는 로마법 이래 일반적인 견해였다. 서을오 (주 19), 8면 참조.

벗어날 수 없다(제397조 제2항 후단 참조).[21]

## 2. 당사자들의 이익과 무현금 지급거래의 선택

민법이 전제하는 금전채권의 이행과 관련해 당사자들의 이익상황을 살펴보면 다음과 같은 특징적인 이익들을 관찰할 수 있다.[22] 금전의 지급은 이행을 제공하는 채무자와 이를 수령하는 채권자 사이에서 의사의 합치 및 인도에 의해 이루어진다. 따라서 지급은 두 당사자 사이에서 다른 이해관계인의 관여 없이 직접 이루어지며, 그 결과 당사자들은 이후 대가 지급을 둘러싼 분쟁에서 다른 사람이 아닌 자신의 채권자 또는 채무자만을 상대할 것으로 기대할 수 있다. 즉 급부관계는 지급의 당사자 사이에서 유지된다(① 당사자 사이 급부관계 유지의 이익). 그런데 이러한 지급은 금전채권의 채무자와 채권자 사이의 합의 및 인도에 의해 이루어지므로, 한편으로 채무자는 자신의 의사에 기하지 않고서는 지급이 이루어지지 않는다는 것을, 다른 한편으로 채권자는 자신의 의사에 반하여 지급의 수령을 강요받지 않는다는 것을 신뢰할 수 있다(② 동의에 따른 지급의 이익). 그런데 이렇게 금전 지급이 당사자들의 의사에 의해 좌우된다

---

21) 김형배 (주 8), 69면. 물론 이러한 보증의 인수가 무제한적인 것은 아니며, 그 한계는 계약해석에 의해 탐구되어야 한다. 예컨대 채권자의 책임 있는 사유로 이행이 지연되는 경우나 불가항력적인 사유가 있는 경우까지 조달의무가 미친다고는 할 수 없으므로, 그러한 때에는 채무자의 귀책사유를 부정할 것이다(제397조 제2항 후단의 목적론적 축소). 전자의 예를 보면, 매도인이 계약금을 입금하려고 하는데 매수인이 해제를 주장하며 입금할 계좌를 폐쇄한 경우, 판례는 매도인에게 귀책사유가 없으므로 유책한 이행지체가 아니라고 한다(大判 2015. 4. 23., 2014다231378, 공보 2015, 743). 이때에는 채권자지체(제400조)가 성립하며, 고의 또는 중과실이 없는 한 책임에서 면한다고 보아야 하므로(제401조) 귀책사유가 없다고 평가할 수 있다. 뒤의 예로는 위헌결정으로 소급하여 금전지급의무가 확인된 사안에서 지연이자의 지급을 부정한 大判 2014. 11. 27., 2011두2477, 공보 2015, 23이 해당한다. 물론 이 판결은 위법성이 없다는 것을 이유로 하였지만, 회피할 수 없는 법률상 착오가 있었던 것이므로 귀책사유가 없다고 설명하는 것이 이론적으로 보다 적절하다고 생각된다. 회피할 수 없는 법률상 착오의 경우 귀책사유가 조각된다는 점에 대해 우선 Huber, *Leistungsstörungen*, Band I, 1999, S. 705ff. 참조.

22) Schön, "Prinzipien des bargeldlosen Zahlungsverkehrs", *Archiv für die civilistische Praxis* 198 (1998), 401, 404f. 참조.

는 것은 당사자들이 지급 시점을 쉽게 확정할 수 있음을 의미하며, 이는
당사자들이 그들 사이에서 예컨대 동시이행(제536조)을 보다 쉽게 관철할
수 있음을 의미한다(③ 지급 시점 확정의 이익). 한편 이렇게 이전된 금전
은 지급 당사자 사이의 원인관계가 무효·취소·해제되더라도 계속 채권
자의 재산에 속하며, 당사자 사이에서는 채권적 부당이득 반환관계만이
문제된다(④ 지급 무인성의 이익). 그리고 금전채무 이행과 관련해 채무자
는 목적물의 특정 가능성 없이 물건의 위험을 부담하므로, 채권자에게
금전이 이전될 때까지 금전의 분실·도난 등의 위험은 그에게 귀속되고,
과실 없는 이행의 지연에 대해서도 원칙적으로 귀책사유가 인정된다(⑤
채무자 위험부담의 이익).

　현금으로 금전채무가 이행될 때 보장되는 이러한 이익에도 불구하
고, 당사자들은 물론 무현금 지급거래로 금전채무가 이행되는 가능성을
선택할 수 있다. 관련해 거래상 금전과 동일시되는 우편환, 전신환, 자기앞
수표(주 9 및 본문 참조) 등이 아닌 이상 계좌이체 등 장부상 금전(Buchgeld,
monnaie scripturale; 記帳金錢)의 제공은 적법한 변제의 제공이 되지 않는다
고 해석된다. 따라서 계좌이체 등 장부상 금전으로 금전채무를 이행하기
위해서는 채무자와 채권자 사이의 합의가 필요하다. 이를 대물변제(제466
조)로 파악할 것인지[23] 아니면 지급 방법의 합의로 보아 변제가 있다고
할 것인지[24] 여부는 문제될 수 있으나, 결론에 영향을 주지는 않는다.[25]
반면 장부상 금전도 현금과 동일시되고 있으므로 계좌이체 등에 의한 변
제제공도 현금의 변제제공과 동일하게 취급해야 한다는 견해도 주장되지
만,[26] 타당하지 않다. 거래계에서 장부상 금전이 현금과 동일시되는 관행
이 일견 존재하는 것처럼 보이기는 한다. 그러나 장부상 금전은 법적으

23) 최수정 (주 8), 24면; 이상용, "지급이체의 법률관계", 충남대 법학연구, 제28권
　　제2호, 2017, 175-176면; 정찬형, 어음·수표법 강의, 제7판, 2009, 843, 847면; 정동
　　윤, 어음·수표법, 제5판, 2004, 575면.
24) Schön (주 22), 453 참조.
25) 같은 취지로 정대익, "지급이체의 법률관계", 상사판례연구, 제17집, 2004, 355면.
26) 백태승 (주 12), 329면; 김대정·최창렬, 채권총론, 2020, 356면 등.

로 금융기관에 대한 금전채권에 불과해 채권자가 금융기관의 무자력 위험을 인수하게 되므로 결코 현금과 단순 동일시할 수 없다. 여전히 드물지 않게 나타나는 현상인 뱅크런[27]은 자금의 보호를 위한 여러 제도에도 불구하고 실제 거래계가 장부상 금전을 현금과 동일시하지 않고 있다는 결정적 반증이다. 게다가 장부상 금전을 창출해 주는 지급 방법은 —아래 살펴보듯— 계좌이체, 신용카드, 전자화폐 등 다양한 형태로 존재하고, 각각의 법률관계에는 세부적으로 차이가 존재한다.[28] 예컨대 계좌이체로 지급하는 것보다 신용카드나 전자화폐로 지급할 때 당사자들의 동시이행(제536조) 관철이 보다 용이하다. 이러한 상황에서 장부상 금전 일반에 대해 채무자 선택에 따라 변제제공이 가능하다고 해석하여 채권자에게 수령을 강제하는(제400조 이하) 해석은 채권자의 이익에 반할 우려가 크다. 그는 자신의 동의에 기초하면서 그 시점을 스스로 확정할 수 있는 지급에 이해관계를 가진다(Ⅱ. 2.의 이익 ②, ③). 그러므로 금전채무의 이행으로 계좌이체 등 무현금 지급거래를 선택해 이행하려는 채무자는 채권자의 동의를 받아야 한다(전자금융거래법 제17조도 참조: "합의에 따라 전자화폐로 지급한 때"). 물론 계약해석의 관점에서 그러한 동의의 인정에 높은 기준을 요구할 필요는 없다. 채권자가 거래 관련 서류(예컨대 청약서)에 자신의 은행 계좌 정보를 적시하였고 그에 기초해 채무자가 계좌이체를 하였다면, 묵시적으로 계좌이체로 지급할 것에 대한 합의가 있다고 상정할 수 있는 것이고, 이는 다른 무현금 지급거래에서도 마찬가지이다.

　당사자들이 이렇게 현금 지급 대신 무현금 지급거래를 선택해 지급하는 경우, 현금 지급이 행해질 때 보장되는 이익이 법률의 해석으로 그대로 보장될 수 있을지 여부는 이하 검토할 과제이다. 우선 현금 없이 지급하기로 하는 당사자들은 현금으로 지급이 이루어질 때 자신들이 가지게 될 이익이 무현금 지급에서도 되도록 유지되는 법상태를 의욕할 것

---

27) 예컨대 비교적 최근에도 2021년 전자화폐인 머지포인트 환불 중단 사태, 2023년 미국 실리콘 밸리 은행(SVB)과 우리나라 몇몇 저축은행의 뱅크런 사태 등이 있었다.
28) Schön (주 22), 454.

이다. 이러한 관점에서 무현금 지급거래에서 발생하는 여러 쟁점의 해석
에서 현금 지급의 법률관계를 참조하여 양자 사이에 큰 괴리가 발생하지
않도록 유의할 필요가 있다. 그렇지 않으면 당사자들은 자신의 의도에
반하는 불리한 무현금 지급거래를 회피하게 될 것이어서, 사회적으로 지
급거래를 둘러싼 비효율이 발생할 우려가 있기 때문이다. 그러나 그렇다
고 해서 무현금 지급거래의 귀결을 현금 지급과 완전히 일치시켜야 한다
는 결론이 자동적으로 도출될 수 있는 것도 아니다. 당사자들은 현금 지
급 대신에 무현금 지급을 선택함으로써 현금 지급의 이익 일부를 포기하
는 대신 무현금 지급거래만이 제공하는 이익을 얻고자 의욕하는 것이기
때문이다. 예컨대 당사자들은 시간·장소의 구속 하에 분실·도난의 위험
을 부담하면서 현금을 소지·보관하는 비용을 절약하고자, 그리고 무현금
지급거래를 통해 거래 가능성을 확장하여 영업이익을 증대하고자 무현금
지급거래를 선택한다. 특히 채권자는 금전 소유권 대신 금융기관에 대한
금전채권을 취득하는 불이익을 그러한 편익이 상쇄한다고 믿기 때문에
무현금 지급을 받아들인다. 그렇다면 무현금 지급거래로부터 발생하는
여러 문제의 해석에 있어서는 현금 지급의 법률관계를 중요하게 참고하
면서도 무현금 지급거래에서 당사자들이 당면하는 고유한 이익상황을 인
식하여 고려하는 신중한 접근법이 요구된다고 말할 수 있다.

## Ⅲ. 무현금 지급거래의 기본적 법률관계

### 1. 구조와 개념

#### (1) 도  입

무현금 지급거래에 관여하는 당사자들을 살펴보면, 우선 지급을 하
는 자와 지급을 받는 자가 있어야 한다. 아래에서는 전자를 「지급인」, 후
자를 「수취인」이라고 명명하기로 한다(전자금융거래법 제2조 제2호 참조).
무현금 지급거래는 통상 지급인이 자신과 법률관계에 있는 자를 이용하
여 신용이 있(다고 믿어지)는 제3자를 상대로 수취인이 금전채권을 취득하
게 하는 방법으로 행해진다. 이로써 지급인과 수취인과의 관계에서 지급

과정을 매개하는 자들이 등장한다. 여기서 논의의 편의를 위해 지급인이
지급과정을 개시하기 위해 상대하는 매개자를 「송금매개인」, 수취인이
금전채권을 취득하는 상대방인 매개자를 「추심매개인」이라고 부르며, 「지
급매개인」을 그 상위개념으로 삼기로 한다. 송금매개인과 추심매개인은
종래에는 은행 등 금융회사인 것이 보통이었지만, 이제는 다양한 전자금
융업자도 당사자로서 무현금 지급거래 서비스를 제공하고 있다(전자금융거
래법 제2조 제3호, 제4호 참조). 민법학에 확립된 용어법에 따라, 이하 지급
인과 수취인 사이의 법률관계를 「대가관계」, 지급인과 송금매개인 사이
의 법률관계를 「보상관계」라고 표시하기로 한다. 그리고 정착된 용어는
아니지만 논의의 편의를 위하여, 수취인과 추심매개인 사이의 법률관계를
「추심관계」, 송금매개인과 추심매개인 사이의 법률관계를 「정산관계」라
는 명칭으로 지시한다. 이로써 무현금 지급거래와 관련해 일반적으로 다
음과 같은 네 당사자 사이의 법률관계가 나타난다.[29]

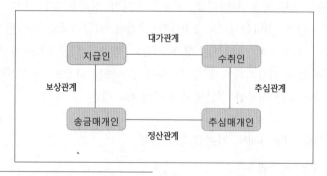

---

29) Schön (주 22), 406f.; Tonner/Krüger, *Bankrecht,* 4. Aufl., 2023, § 12 Rn. 3f.;
   서희석, "지급인의 착오로 인한 자금이체의 효력", 비교사법, 제20권 제3호, 2013,
   718면; 김상중, "송금인의 수취인 착오로 이루어진 계좌이체에 따른 반환관계", 고려법
   학, 제55권, 2009, 236면 등. 이에 대해 Geva, "The Concept of Payment Mechanism",
   *Osgoode Hall Law Journal,* Vol. 24, No. 1, 1986, 1, 3 sqq.; Langenbucher, *Die
   Risikozuordnung im bargeldlosen Zahlungsverkehr,* 2001, S. 432ff. 등은 하나의 지
   급매개인을 상정하는 세 당사자 관계가 기본이며, 네 당사자 관계는 그 확장형으
   로 설명한다. 그러나 이는 설명의 정확성이라기보다는 합목적성의 문제이다. 자행
   이체를 제외하면 무현금 지급거래에 통상 둘 이상의 지급매개인이 관여하는 거래
   현실을 고려할 때 네 당사자의 관계를 논의의 출발점으로 삼는 것이 적절하다고
   생각된다.

### (2) 지급거래 기본계약

지급인은 송금매개인과의 사이의 법률관계에 기초해 무현금 지급거래를 진행한다. 그에 따르면 송금매개인은 지급인의 위탁에 따라 지급인의 자금을 자신의 법률관계를 이용해 수취인 방면으로 이전해야 하는 의무를 지급인에게 부담한다(전자금융거래법 제12조 제1항 참조). 이때 지급인으로서는 송금매개인이 지급과정에서 독자적인 이해관계인이자 당사자로서 등장하는 것을 원하지 않는다. 즉 그는 지급에 따른 급부가 자신으로부터 직접 수취인에게 행해지며, 따라서 급부관계나 그 원상회복 관계에 다른 이해관계인이 개입하지 않는 결과에 정당한 이해관계를 가진다(Ⅱ. 2.의 이익 ①). 이러한 이익은 지급인과 송금매개인 사이에 후자가 전자의 이행보조자(제391조) 역할에 그치는 법률관계를 요구하며, 이는 지급인의 송금매개인에 대한 지시 권한을 함축한다. 그러나 동시에 송금매개인은 지급결제와 관련해 전문적인 영업을 수행하고 있는 자이므로 지급인의 지시에 종속적으로 복종할 수는 없는 위치에 있다. 또한 수취인은 추심매개인을 상대로 채권을 취득해야 하므로, 송금매개인은 수취인의 자금 수취라는 결과 자체를 계약으로 보장할 수는 없다. 그렇다면 지급인과 송금매개인 사이의 관계는, 송금매개인이 지급인의 지급 위탁에 복종하여 지급의 이행과정에 사용되지만 자신의 전문적 지위는 보유하면서 지급 결과 발생까지는 약속하지 않는 그러한 법률관계이어야 한다. 이는 기본적으로 민법의 위임계약(제680조)에 해당할 것이다.[30] 물론 이 계약은 개별적으로 다른 계약 예컨대 도급의 요소를 포함할 수 있지만(예컨대 송금매개인은 적어도 자금을 추심매개인에 도달시킬 결과는 약속한다), 계약전형적인 주된 의무가 위임관계에 상응한다는 사실은 부정하기 어렵다.

지급인과 송금매개인 사이의 보상관계를 이루는 위임계약은 일회적

---

30) 정순섭, 은행법, 2017, 305-306면; 정경영, 전자금융거래와 법, 2007, 174면 이하; 손진화, 전자금융거래법, 제2판, 2008, 36면; 정찬형 (주 23), 840-841면; 정동윤 (주 23), 573면; 이창운, "전자자금이체에 관한 연구", 금융법 연구, 제12권 제1호, 2015, 283면. 大判 2002. 1. 25., 99다53902, 공보 2002, 544도 참조.

인 지급을 위한 개별 계약일 수도 있지만(예컨대 무통장 입금), 일반적으로
는 그들 사이의 지속적 지급거래를 규율하기 위해 계속적 계약으로 체결
되어 존속하면서 이후 행해지는 개별 지급결제(예컨대 계좌이체)의 법적
근거가 된다. 이러한 계속적 위임계약은 지급 서비스와 관련된 기본계약
에 해당하며(예컨대 전자금융거래 기본약관), 일반적으로 송금매개인에 대한
관계에서 지급인의 계좌 개설 및 유지와 결부되어 있다. 계좌(account,
Konto, compte)는 현행 법률의 관점에서는 송금매개인이 상인으로서 지급
인과의 관계에서 재산적으로 의미 있는 거래 사항을 기재하는 상업장부
이면서(상법 제29조 이하 참조; 또한 전자금융기본법 제7조도 참조), 동시에
법학적 관점에서는 지급인과 송금매개인 사이의 법률관계 즉 지급인의
송금매개인에 대한 채권(잔고가 있는 경우) · 채무(당좌대월의 경우)를 의미
한다.[31] 계좌의 법률관계에는 명시적 또는 묵시적으로 상호계산(상법
제72조)의 약정[32]이 포함되어 있어(예컨대 예금거래 기본약관 제9조의2 제1항
참조), 계좌에 입금이나 인출에 의한 변동이 있더라도 다수의 채권 · 채무
가 성립하는 것이 아니라 잔고 액수를 명목액으로 하는 단일한 채권이
성립한다.[33]

지급거래와 관련된 기본계약에 따라 송금매개인은 우선 장래의 지급
거래를 위해 지급인 명의의 계좌를 개설 · 유지하고, 계좌에 입금이 있는
경우 해당 금액을 입금기장(Gutschrift)하며, 계좌에 예치된 금액에 대한 지

---

31) Canaris, *Bankvertragsrecht*, 3. Aufl., 1988, Rn. 142.
32) 정산 기간은 계약해석에 의해 개별적으로 확정되어야 할 것인데(상법 제74조 참
    조), 금융거래에서는 매 거래마다 정산이 행해지거나(이른바 단계적 상호계산) 거
    래일 마감 시간을 기준으로 정산이 행해지는 경우가 많을 것이다. 大判 1986. 7. 22.,
    84다카1481, 집 34-2, 60 참조. 그러한 의미에서 정동윤 편집대표, 주석 상법 총
    칙 · 상행위(1), 제4판, 2013, 460면(김연미)이 이 판결이 "단계적 상호계산을 상법
    상 상호계산과 다른 것으로 인정한 예"라고 설명하는 것에는 의문이 있다. 오히려
    이 판결은 양자 사이에 질적인 차이를 두지 않고 정산 기간의 유무를 개별적으로
    확정할 사항으로 본다고 이해되기 때문이다.
33) 정동윤 (주 23), 573면; Canaris (주 31), Rn. 319; Tonner/Krüger (주 29), § 9
    Rn. 31ff.; Piédelièvre, *Instruments de crédit et de paiement*, 12ᵉ éd., 2022, n° 8;
    Cranston et al., *Principles of Banking Law*, 3ʳᵈ ed., 2017, p. 222; 田中誠二, 銀行
    取引法, 新版, 1984, 113면 등 참조.

급인의 처분을 수행할 의무를 부담한다. 특히 지급인은 송금매개인에 대
한 지시(Weisung)를 통해 위임의 내용을 정하며(제681조 참조),[34] 송금매개
인은 그 취지에 따라 선량한 관리자의 주의로 계좌에 예치된 잔고의 범
위에서 또는 당좌대월 약정이 있으면 잔고가 없더라도 그 한도액의 범위
에서(관련해 주 93 참조) 금액을 인출해 주거나 지급거래를 위해 다른 지
급매개인에게 자금을 이동시킬 의무를 부담한다(제680조, 제681조, 상법 제
49조). 그 밖에 송금매개인은 지급인에게 계좌의 현황이나 변동, 거래 내
역 등에 관한 정보를 제공할 의무를 부담하며(제683조 참조; 예컨대 통장 정
리, 온라인 열람), 지급인의 개인정보나 인증수단의 관리와 관련해 적절한
조치를 취함으로써 지급인의 인격과 재산에 손해가 발생하지 않도록 주
의할 보호의무도 부담한다. 반면 지급인은 송금매개인에 대해 계좌 유지
및 지급거래 수행 등에 대해 약정된 보수를 지급할 의무가 있다(제686조
제1항, 상법 제61조 참조). 지급거래와 관련된 기본계약은 일반적으로 서비
스에 대한 보수가 예정되어 있으므로 유상의 쌍무계약에 해당한다. 더
나아가 지급인은 송금매개인이 지급인의 지시에 따른 사무를 처리함으로
써 발생하는 비용을 선급하거나 상환해야 하며(제687조, 제688조 참조), 지
급거래와 관련된 인증수단을 타인이 남용할 수 없도록 적절히 관리·보
관해야 하고 분실 등이 있는 경우 지체 없이 송금매개인에게 이를 통지
할 의무도 진다.

### (3) 지급지시, 출금기장, 입금기장

무현금 지급거래가 유효하게 이루어지기 위해서는 지급인의 동의가
있어야 한다. 지급인의 동의 없이 현금이 이전될 수 없는 것과 마찬가지
로, 지급인의 동의 없이는 유효한 무현금 지급도 가능할 수 없다(Ⅱ. 2.
의 이익 ②). 이러한 동의는 지급거래의 유형에 따라 상이한 모습으로 나
타난다. 지급과정이 지급인에 의해 개시하는 이른바 추진지급(推進支給;
push payment)의 경우(예컨대 계좌이체), 지급인은 송금매개인을 상대로 지

---

34) 곽윤직, 채권각론, 제6판, 2003, 275면 참조.

급을 위해 자신의 계좌로부터 자금을 다른 지급매개인에게 이전할 것을 지시한다. 반면 지급과정이 수취인에 의해 개시하거나 수취인을 매개로 하여 이루어지는 이른바 견인지급(牽引支給; pull payment)의 경우(예컨대 자동이체), 지급인이 송금매개인에게 행한 지급 동의 및 관련 사무처리 지시에 기초하여 수취인이 송금매개인에게 지급을 요청한다. 이러한 동의와 지시를 포괄하는 지급인의 표시를 아래에서는 「지급지시」(payment order, Zahlungsanweisung)라고 표현하기로 한다.

지급인의 지급지시가 있으면, 송금매개인은 기본계약이 예정하는 방법으로 자금을 이전할 의무를 부담한다. 지급지시에 따라 송금매개인은 지급인을 상대로 이전할 자금과 관련해 비용선급청구권을 취득하고(제687조), 그는 해당 금액을 출금기장함으로써 지급인이 계좌에 기초해 자신에 대해 가지고 있는 채권과 이를 상계[35]한다. 그리고 송금매개인은 수취인이 지정한 추심매개인에게로 자금을 이전하며, 그 과정에서 지급거래에 참여하는 기관들 사이에서 이를 위해 창설된 결제 시스템을 활용한다.[36] 자금을 이전받은[37] 추심매개인은 송금매개인과의 정산관계에 기초해 그

---

35) 정경영 (주 30), 293, 295면 참조. 다만 이 문헌은 민법상 상계(제492조)가 있다고 설명한다. 그러나 이는 민법이 규정하는 일방적 상계라기보다는 지급거래 기본계약에서 예정되어 있는 약정에 기한 상계로 이해할 것이다. 송금매개인의 지급인에 대한 의사표시의 도달이 문제되지 않으며 소급효를 인정하는 결과도 부자연스럽기 때문이다. 계약에 따른 상계 일반에 대해서는 우선 곽윤직 (주 14), 279면 이하 참조. 한편 이러한 상계가 수취인 계좌에 입금기장을 정지조건으로 하여 합의되는지의 의문이 제기될 수 있다. 만일 그렇게 해석한다면, 지급인 계좌의 출금기장은 일단 장부상의 것에 그치다가 수취인 계좌에 입금기장이 있을 때 비로소 상계의 효력이 발생해 실체법적 관계와 일치하게 될 것이다(비슷한 관점으로 서희석 (주 29), 722면). 이는 지급인이 자금을 상실하는 시점과 수취인이 이를 취득하는 시점을 일치시켜 현금의 지급과 거의 동일한 효과를 발생시키며, 이로써 지급인이 송금매개인이나 추심매개인의 도산 위험을 회피할 수 있게 하는 장점이 있다. 그러나 이러한 결과는 송금매개인이 해당 금액에 대해 일정 기간 신용을 부여하는 효과를 가지므로 송금매개인 측의 의사를 쉽게 추정할 수 없을 뿐만 아니라, 출금기장 당시에 계좌의 잔고 범위에서 이체가 이루어지는 관행을 고려할 때에도 의사해석상 쉽게 긍정하기는 어렵다고 생각된다.

36) 그러한 결제 시스템에 대해서는 한국은행, 한국의 지급결제제도, 2014, 177면 이하 참조.

37) 송금매개인과 추심매개인 사이의 자금 이전 역시 한국은행이나 금융결제원을 매

자금의 액수만큼 수취인의 계좌에 입금기장을 할 의무를 송금매개인에
대해 부담한다. 이에 따라 추심매개인이 수취인의 계좌에 입금기장을 하
면, 수취인은 추심매개인을 상대로 해당 금액의 금전채권을 취득한다. 지
급인과 수취인 사이에서는 대물변제 또는 지급 방법의 합의에 따라(위의
주 23, 24의 본문 참조) 수취인이 추심매개인을 상대로 금전채권을 취득함
으로써 수취인의 지급인에 대한 금전채권도 만족을 받아 소멸한다(아래
주 174 참조).

　여기서 지급인의 지급지시는 지급이 유효하게 성립할 수 있는 필수
적인 전제조건이다. 즉 한편으로 지급인은 지급지시에 의해 송금매개인
으로 하여금 추심매개인에게 자금을 이전할 의무를 부담시키면서, 다른
한편으로 송금매개인을 사자로 하여 추심매개인에게 변제수령권한[38]을
부여한다.[39] 따라서 송금매개인이 추심매개인에게 자금을 이전함으로써
송금매개인은 지급인에 대한 지급거래 기본계약에 따른 의무를 이행한
다. 한편 송금매개인이 추심매개인에게 결제 처리를 위탁함으로써, 한편
으로 송금매개인은 추심매개인으로 하여금 수취인을 상대로 입금기장을
할 의무를 부담시키면서, 다른 한편으로 추심매개인을 사자로 하여[40] 수
취인에게 변제수령권한을 부여한다. 따라서 추심매개인이 수취인을 상대
로 입금기장을 함으로써 그는 송금매개인에 대한 의무를 이행한 것이다.
그리고 송금매개인과 추심매개인은 지급인의 사자로서 수취인에 대한 관
계에서 변제목적 지정의 의사표시를 전달하여(제476조 제1항; 예컨대 계좌이
체에서 지급인 및 이체 목적의 기재), 지급된 금액이 대가관계 채무 변제에

---

　　개로 하는 무현금 지급거래의 성격을 가지며, 참가자들 사이의 협약(예컨대 전자
　　금융공동망 업무 규약)은 위임계약에 상응하는 기본계약으로서 지급거래의 수행과
　　관련된 정산관계 당사자들의 권리와 의무를 정한다.
38) 大判 1990. 2. 23., 88다카30108, 공보 1990, 730; 곽윤직 (주 14), 243면 등 참조.
39) Larenz/Canaris, *Lehrbuch des Schuldrechts*, Band II/2, 13. Aufl., 1994, S. 38f.;
　　김형석, "지급지시 · 급부관계 · 부당이득", 서울대 법학, 제47권 제3호, 2006, 292면
　　참조.
40) 수취인과 추심매개인 사이의 지급거래 기본계약의 해석으로 추심매개인에게 입
　　금과 관련해 그러한 수령 권한이 부여되어 있다고 추단되므로, 추심매개인이 수취
　　인을 상대로 해당 취지를 명시적으로 전달할 필요는 없을 것이다.

충당되는 효과를 발생시킨다.

이상과 같은 법률관계에 기초해 무현금 지급거래에 관해 지급인과 수취인의 기본적인 이해관계가 유지된다. 즉 수취인은 무현금 지급에 동의하였고, 지급인은 자신의 지급지시에 기해 지급거래를 가능하게 하여, 동의에 따라서만 지급이 이루어질 이익이 확보된다(Ⅱ. 2.의 이익 ②). 더 나아가 지급인과 수취인은 위임의 성질을 가지는 지급거래 기본계약 그리고 변제수령권한 수권을 포함하는 지급지시에 의해 지급매개인들을 보조자로서만 활용하고 이로써 급부관계가 자신들 사이에서 성립하도록 한다. 이제는 판례도 채택하고 있는[41] 급부 개념에 따를 때,[42] 추심매개인의 수취인에 대한 입금기장으로 추심매개인은 송금매개인에게, 송금매개인은 지급인에게, 지급인은 수취인에게 급부한 것이기 때문이다. 이로써 자신들 사이에서 급부관계 및 원상회복 관계를 유지한다는 이익 역시 보장된다(Ⅱ. 2.의 이익 ①).

그런데 여기서 송금매개인의 출금기장과 추심매개인의 입금기장의 법적 성격에 대해 살펴볼 필요가 있다. 우선 송금매개인의 출금기장은 송금매개인이 지급인을 상대로 취득한 비용선급청구권(제687조)으로 상계한 다음(주 35 참조) 그로 인한 잔고 변동을 표기하는 것이므로, 상업장부인 계좌에 변동 내역을 확인하는 성질만을 가진다.[43] 입금기장의 경우에도, 예컨대 송금매개인이나 추심매개인이 발생한 이자를 지급하기 위해 입금기장하는 때에는 이미 발생한 이자채권의 존재를 상업장부인 계좌에 반영하는 것이므로 역시 확인적 성질을 가진다.[44] 그러나 자금 이체에 따라 추심매개인이 수취인을 상대로 입금기장을 하는 경우, 이로써 수취인의 추심매개인을 상대로 하는 금전채권이 새로이 창설되므로 그것이

---

41) 大判 2003. 12. 26., 2001다46730, 공보 2004, 207; 2007. 11. 29., 2007다51239, 공보 2007, 2031 등.
42) 우선 김형배, 사무관리·부당이득, 2003, 90면 이하 참조.
43) Tonner/Krüger (주 29), § 9 Rn. 28.
44) Koziol in Apathy/Iro/Koziol (Hrsg.), *Österreiches Bankvertragsrecht*, Band III, 2. Aufl., 2008, Rn. 1/80.

확인적인 성질만을 가진다고는 도저히 말할 수 없다. 따라서 입금기장에
의해 추심매개인에 대한 수취인의 금전채권이 창설되기 위해서는 입금기
장에 의하여 수취인이 추심매개인에게 해당 금액을 지급할 것을 약속하
는 계약이 성립한다는 실체법적 사태를 상정해야 한다. 그런데 이 계약
은 단순히 지급 약속만을 내용으로 하므로 합의 내에 교환목적이나 증여
목적 등의 법률상 원인을 포함하고 있지 않다. 오히려 그 법률상 원인은
추심매개인의 의무부담을 정당화하는 법률관계인 정산관계, 보상관계, 대
가관계에 존재한다.[45] 그런데 입금기장에 따른 금전채권 발생이 이들 법
률관계의 운명에 좌우된다면, 지급의 효력은 불확실한 것이 될 수밖에
없다. 이는 특히 현금이 이전되는 경우와 비교할 때 지급인에게 불리한
결과로 당사자들의 전형적 의사가 이를 의욕하지 않을 것임은 분명하다.
그렇다면 입금기장으로 성립하는 계약은 그 법률상 원인인 법률관계의
무효·취소·해제 등에 영향을 받지 않으며, 그 자체로 수취인의 추심매
개인에 대한 채권을 성립시키는 것을 내용으로 해야 한다. 이는 우리 학
설과 판례도 인정하고 있는 결과이다.[46] 그렇다면 지급거래에서 입금기
장은 법교의학적으로 무인적 채무약속(abstraktes Schuldversprechen)에 해당
할 수밖에 없다.[47] 즉 입금기장에 따른 수취인에 대한 추심매개인의 금
전채권 창출은 법률상 원인으로부터 절연된 무인적 출연행위이다. 이 경
우 수취인의 의사표시는 이미 개괄적으로 지급거래 기본계약에 포함되어
있다고 볼 수 있으므로,[48] 추심매개인이 입금기장으로 의사표시를 함으
로써 무인적 채무약속 계약이 성립한다(이 의사표시는 지급거래 기본계약에
따라 수취인에 대한 도달이 필요하지 않는 의사실현에 해당한다; 제532조). 그러
므로 추심매개인을 상대로 성립하는 수취인의 금전채권은 출연의 원인관

---

45) 기본적으로 환어음이나 발행되어 인수된 경우의 법률관계와 동일하다(어음법 제
    28조 제1항). 정동윤 (주 23), 102면 이하 참조.
46) 김상중 (주 29), 237-238면; 정경영 (주 30), 259면; 大判 2007.11.29., 2007다
    51239, 공보 2007, 2031; 2022.6.30., 2016다237974, 공보 2022, 1425 등 참조.
47) 같은 취지로 정동윤 (주 23), 575면; 정경영 (주 30), 262-263면; 이상용 (주 23),
    174면.
48) 정대익 (주 25), 333, 349면.

계인 대가관계, 보상관계, 정산관계가 무효·취소·해제되더라도 그에 영
향을 받지 않고 계속 존속한다. 그 결과 수취인은 무현금 지급거래를 선
택하더라도 마치 현금을 지급받은 것과 마찬가지로 지급 무인성의 이익
을 누리게 된다(Ⅱ. 2.의 이익 ④).

　　이러한 설명에 대해서는 독일 민법과 달리(동법 제780조 참조) 근거
규정이 없는 우리 민법에서 그러한 무인적 채권계약은 존재할 수 없다는
비판이 제기될 수도 있을 것이다. 그러나 이는 타당하지 않다.[49] 물론
두 당사자만을 전제로 할 때에는, 법률이 명시적으로 허용하지 않는 한,
그들 사이에서 법률상 원인과 절연된 무인적 채무약속이 가능하다고 해
석할 수는 없다. 이 경우 채무자는 이행 청구에 대해 원인관계에 따른
항변을 할 수 없으므로, 무인적 채무약속은 공서양속 위반, 강행법규 위
반, 방식 위반 법률행위의 무효를 잠탈하는 수단으로 손쉽게 활용될 수
있을 것이기 때문이다.[50] 물론 채무자는 탈법행위나 신의칙(제2조) 등을
원용할 여지는 있겠지만, 이는 개별 사안의 까다로운 판단을 요구하며,

---

49) 아래의 설명은 Koziol, "Zur Gültigkeit abstrakter Schuldverträge im österreichi-
schen Recht", *Gedenkschrift für Gschnitzer,* 1969, S. 233ff.; *Der Garantievertrag,*
1981, S. 31ff.에 제시된 견해를 따른다. 이 문헌은 유인주의가 원칙이고 법률에 따
라 제한적으로 무인행위가 허용되고 있는 오스트리아 민법의 해석으로 어떠한 범
위에서 계약 자유의 원칙에 따라 무인적 계약이 가능한지를 일반적으로 논하고 있
어, 우리 민법의 해석에도 유용한 시사를 제공한다. 또한 비슷한 관점을 지적하는
柴崎曉, "振込取引における入金記帳の「抽象性」", 山形大学法政論叢, 第13號, 1998,
111-13면도 참조. 삼면관계에서는 무인적 의무부담이 허용된다는 인식은 프랑스
민법에서도 받아들여지고 있다. 프랑스 민법에서는 처음에는 구법의 영향으로 −로
마법과 달리− 지시(délégation)가 채권자 변경의 경개(novation)와 결부되어 규정
됨으로써, 학설에서 무인적 의무부담을 인정하는 것에 방해를 받았다(개정 전 프
랑스 민법 제1275조 이하; 우리 민법 제504조도 참조). 그러나 이후 학설은 지시
와 경개를 개념적으로 분리해 독자적인 지시 이론을 전개함으로써 삼면관계에서
무인적 의무부담이 점차 가능한 것으로 파악되었다(이에 대해 柴崎曉, "抽象的債務
負担行為小論", 山形大学法政論叢, 第12號, 1998, 31면 이하 참조). 이는 최근 개정
된 채권법에도 명시적으로 반영되었다(동법 제1336조 참조).
50) 두 당사자 사이에서 강행법규 위반의 효과를 잠탈할 수 있는 손해담보계약이 체
결된 경우에 대해 大判 2019. 6. 13., 2016다203551, 공보 2019, 1364 참조. 주지하
는 바와 같이 로마법에서 무인적 채무약속인 문답계약(stipulatio)은 두 당사자 사
이에서 채무 없는 급부 또는 소구력 없는 채무의 이행을 법적으로 강제할 수 있
게 할 목적으로 즐겨 사용되었다. Kaser/Knütel/Lohsse (주 3), § 50 Rn. 11 참조.

무엇보다 원인관계가 판단되는 경우와 비교해 증명책임에서 불리한 위치
에 처하게 된다. 그러나 세 당사자 사이에서 무인적 채무약속이 행해지
는 경우 그러한 난점은 발생하지 않는다. 채권 출연이 이루어지는 당사
자(여기서는 수취인과 추심매개인) 사이에는 무인성이 인정되어 거래의 안정
이 도모되면서도, 원인관계에 따른 항변은 급부가 이루어지는 각각의 원
인관계에서 그대로 주장할 수 있게 되기 때문이다. 그러므로 삼자관계에
서 무인적 채무약속은 당사자들에게 아무런 불이익을 가져오지 아니하며
(오히려 법적 활동의 가능성을 확장하는 이익이 생긴다), 계약자유의 관점에서
허용되어야 한다. 실제로 환어음의 법률관계는 세 당사자 관계를 전제로
그러한 무인적 채무약속을 가능한 것으로 전제하고 있고(어음법 제28조 제
1항 참조), 이러한 관점은 지급거래의 입금기장에 대해서도 그대로 타당하
다. 더 나아가 이상의 설명에 동의할 수 없다고 하더라도, 현재 거래의
실상에 비추어 입금기장에 따른 채권 출연이 무인적인 성질을 가진다는
것을 부정하는 견해는 주장될 여지가 없을 것이라고 생각된다. 이렇게
몇십 년 동안 아무런 의문 없이 입금기장에 따른 무인적인 채권 출연이
무수하게 이루어졌다면, 적어도 이 영역에서 무인적 채무약속이 가능하다
는 관습법(제1조 참조)이 존재한다고 말해도 터무니없는 입론이라고 단정
할 수는 없을 것이다.

### 2. 지급거래의 유형
#### (1) 지급이체와 추심이체
(가) 지급이체는 지급인의 송금매개인에 대한 지급지시에 의하여 개
시하는 추진지급 형태의 자금이체이다(전자금융거래법 제2조 제12호 가목 참
조). 지급이체의 과정은 앞서의 서술이 거의 그대로 타당하다. 대표적인
예는 계좌이체이다.[51] 예컨대 예금을 가지고 있는 지급인은 은행의 창구
에서 대면으로 또는 온라인 사이트나 모바일 뱅킹 앱을 사용하여 계좌이

---

51) 업무처리 절차에 대해 한국은행 (주 36), 219-222면 참조.

체를 신청한다. 이는 지급지시에 해당하며, 그에 따라 송금매개인은 계좌에 잔고가 존재하거나 당좌대월이 가능한 범위에서 지급인의 계좌에서 이체할 금액을 출금기장한 다음 정산관계를 통해 추심매개인에 이전한다. 자금을 이전받은 추심매개인은 수취인의 계좌에 해당 금액을 입금기장함으로써 지급이 종결된다(전자금융거래법 제13조 제1항 제1호 참조). 지급이체는 지급인의 주도에 따라 지급이 개시하므로 지급인의 관점에서 동의에 따른 지급의 이익(Ⅱ. 2.의 이익 ②)을 관철하기 용이한 반면, 성질상 수취인과의 대가관계에서의 동시이행을 관철하기 쉽지 않다는 단점이 있다(Ⅱ. 2.의 이익 ③).

(나) 반면 추심이체는 수취인의 추심지시에 의해 개시하는 견인지급 형태의 자금이체이다(전자금융거래법 제2조 제12호 나목 참조). 대표적인 예는 자동이체이다.[52] 우선 지급인은 자신의 송금매개인을 상대로 자동이체에 동의함으로써 관련 수권 및 사무처리 위탁을 내용으로 하는 개괄적 지급지시를 행한다(전자금융거래법 제15조 제1항, 동법 시행령 제10조 참조; 또한 자동이체 약관 제8조도 참조). 이후 수취인은 금융결제원을 통해 출금지시를 송금매개인에게 전달하고, 송금매개인은 그에 따라 계좌에 잔고가 존재하거나 당좌대월이 가능한 범위에서 자금을 추심매개인에게 이전하며, 추심매개인은 해당 금액을 수취인을 상대로 입금기장을 함으로써 지급이 종결된다(전자금융거래법 제13조 제1항 제1호 참조). 추심이체는 결제 과정이 수취인의 주도하에 이루어지므로 남용의 위험이 있는 반면, 수취인이 지급의 시점을 결정할 수 있고 간이하며 특히 계속적 채권관계에서 효율적인 지급을 가능하게 하여 거래비용을 절감하는 장점을 가진다.[53]

(2) 직불카드 및 전자적 직불지급수단

(가) 직불카드(debit card)는 지급인과 수취인 사이에서 전자적 방법에 따라 송금매개인에게 개설한 지급인의 계좌에서 자금을 이체할 수 있도록 송금매개인(통상 은행)이 발행한 카드 형태의 증표를 말한다(전자금융거

---

52) 업무처리 절차에 대해 한국은행 (주 36), 209-211면 참조.
53) 정경영 (주 30), 331-332면; Koziol in Apathy/Iro/Koziol (주 44), Rn. 1/123f.

래법 제2조 제13호 참조). 직불카드에 의한 지급은 견인지급에 해당한다. 재화 또는 용역을 공급받는 지급인이 직불카드 지급이 가능한 단말기를 통해 비밀번호 등의 인증을 거쳐 수취인에게 지급지시를 제공하면, 수취인은 이를 전자적인 방법으로 송금매개인에게 전달한다. 송금매개인은 계좌에 잔고가 존재하거나 당좌대월 약정이 있는 범위에서 지급인의 계좌에서 해당 액수를 출금기장한 다음 수취인이 지정한 추심매개인에게 이전하고, 추심매개인은 도달한 자금을 수취인 계좌에 입금기장한다.[54]

직불카드 지급의 장점은 자금이체의 효과를 가지면서도 동시이행 관계를 비교적 손쉽게 관철할 수 있는 무현금 지급거래라는 사실이다(전자금융거래법 제2조 제13호: "재화 또는 용역의 제공과 그 대가의 지급을 동시에 이행할 수 있도록"). 즉 수취인은 직불카드 결제 승인이 있으면 물품 대금이나 용역 보수를 받는다는 확실한 기대를 가질 수 있게 되는 것이다(Ⅱ. 2.의 이익 ③). 그렇다면 이러한 직불카드 지급의 성질상 직불카드 거래 승인에 의해 송금매개인과 수취인 사이에서는 원칙적으로 그들 사이 기본계약인 가맹계약을 근거로 하여 지급을 약속하는 무인적 채무승인 또는 입금기장을 보장하는 손해담보계약(Garantievertrag)이 체결된다고 의사해석해야 할 것이다(직불카드 가맹점 약관 제6조 참조).[55] 그렇지 않다면 계좌이체와 비교할 때 동시이행을 관철시킬 수 있는 아무런 법적 효과가 없을 것이기 때문이다(아래 Ⅲ. 2. (3) (나) 참조). 그러나 이러한 장점에도 불구하고, 직불카드는 가맹점이 많지 않고 이용시간에 제약이 있어 현재 이른바 체크카드에 밀려 그다지 많이 사용되지는 않고 있다.[56] 체크카드는 그 효과가 비슷하기는 하지만 직불카드는 아니며, 지급인의 대금 결제가 결제일까지 미루어지는 신용이 제공되지 않는 신용카드이다.[57]

---

54) 업무처리 절차에 대해 한국은행 (주 36), 223-224면 참조.
55) Tonner/Krüger (주 29), § 15 Rn. 30; Bonhomme et Roussille, *Instruments de crédit et de paiement*, 14ᵉ éd., 2021, nᵒ 397 참조.
56) 한국은행 (주 36), 224면.
57) 따라서 여신전문금융업법 제2조 제6호가 정의하는 "직불카드"는 신용카드업자가 발행하는 체크카드를 말한다. 大判 2017. 2. 3., 2016다254924, 공보 2017, 513; 문동주, "전자지급수단을 둘러싼 실무상 몇 가지 쟁점에 관한 소고", 금융법연구, 제

**(나)** 이상과 같은 직불지급은 카드 형태의 증표에 의해 이루어질 수도 있지만, 모바일 기기에 의한 정보 제공의 형태로도 가능하다(전자금융거래법 제2조 제13호 참조: "그 증표에 관한 정보"). 이 경우 지급지시는 직불카드에 의한 인증이 아니라 모바일 기기의 구동을 통해 QR 코드 등에 의해 전자적으로 전송되며, 이후의 결제 과정은 동일하다. 서울시가 주도하여 개발·보급한 제로페이가 이에 해당한다.

**(3) 신용카드 및 신용카드에 기반한 전자적 지급**

**(가)** 신용카드(credit card)는 신용카드업자가 발행하여 물품의 대금이나 용역의 보수 등 금전채무 지급을 위해 반복적으로 사용할 수 있는 카드 형태의 증표를 말한다(여신전문금융업법 제2조 제3호 참조). 신용카드는 수취인에게 확실한 지급을 보장하여 동시이행의 관철을 용이하게 하는 지급수단이라는 점에서 직불카드와 유사하지만(Ⅱ. 2.의 이익 ③), 그 지급의 비용이 바로 지급인의 계좌로부터 공제되는 것이 아니라 그 누적액이 매월 정해진 일자에 출금되며 이 대금의 결제도 분할하여 상환할 수 있는 등 지급인이 신용카드업자로부터 신용을 공여받는 효과가 있다는 점에서 직불카드와 차이가 있다.

**(나)** 신용카드 거래에서는 신용카드업자가 송금매개인과 추심매개인의 지위를 겸하므로 기본적으로 세 당사자 관계가 성립한다. 지급매개인인 신용카드업자는 지급인(신용카드회원) 및 수취인(가맹점)과 각각 지급거래를 위한 기본계약을 체결하며, 그에 따라 전자에게 신용카드를 발행해 지급·신용 서비스를 제공하고, 후자에게 결제망을 통해 지급을 받을 수 있도록 한다. 특히 가맹점과의 계약에는 신용카드에 의한 결제를 거부할 수 없는 의무가 부과되며(신용카드 가맹점 표준약관 제6조 제1항 참조), 이는 제3자 약관(제539조)으로서 신용카드 회원에게 가맹점을 상대로 신용카드 지급을 요구할 수 있는 권리를 부여한다.

신용카드에 의한 지급은 견인지급으로, 재화 또는 용역을 공급받는

---

14권 제3호, 2017, 8면 참조.

지급인이 예정된 인증 방법을 거쳐 지급지시를 제공하고, 수취인인 가맹점은 이를 신용카드업자에게 전달한다(신용카드 가맹점 표준약관 제5조 참조). 신용카드회원과의 계약에서 정해진 한도 범위에 따라 거래 승인이 이루어지고 매출전표가 접수되면, 지급매개인인 신용카드업자는 수취인인 가맹점을 상대로 대가관계의 대금 또는 보수의 액수에서 일정 수수료를 공제하고 남은 금액을 지급할 채무를 부담한다(신용카드 가맹점 표준약관 제11조 참조). 신용카드업자는 이 채무를 이행하기 위해 가맹점과의 기본계약에서 정해진 바에 따라 수취인이 지정한 은행 계좌에 지급이체에 상응하는 방법으로 자금을 이전하여 입금기장이 이루어지도록 한다.[58] 한편 신용카드업자는 지급인과의 기본계약에서 정해진 기일에 수취인에게 이전된 금액을 비용상환으로 청구할 수 있으며(제688조 제1항), 미리 약정한 바에 따라 지급인의 거래 계좌로부터 추심이체에 상응하는 방법으로 출금기장이 이루어지도록 하여 결제받는다.

신용카드에 의한 지급에서도 수취인인 가맹점은 동시이행의 관철을 위해 직불카드에서와 마찬가지로 신용카드 승인 및 매출전표 접수가 있으면 지급 결제가 이루어질 것이라는 확실한 기대를 가질 수 있어야 한다(Ⅱ. 2.의 이익 ③). 그리고 현금을 지급받는 경우와 비교할 때 신용카드 회원과의 대가관계에서 분쟁이 발생하더라도 자신이 지급받은 액수를 계속 보유함으로써 원상회복 관계에서도 동시이행을 유지하고자 할 것이며, 그에 따라 지급 무인성에 이해관계를 가진다(Ⅱ. 2.의 이익 ①, ④). 따라서 신용카드에 의한 지급에서도 지급 승인과 매출전표 접수에 의해 지급매개인인 신용카드업자와 수취인인 가맹점 사이에서는 기본계약인 가맹계약을 근거로 하여 신용카드업자가 지급을 약속하는 무인적 채무약속 또는 입금기장을 보장하는 손해담보계약(Garantievertrag)이 체결된다고 의사 해석해야 한다.[59] 이로써 신용카드업자는 가맹점에게 무인적 채권을 출

---

58) 업무처리 절차에 대해 한국은행 (주 36), 217-219면 참조.

59) Schön (주 22), 410f.; Tonner/Krüger (주 29), § 15 Rn. 16; Bonhome et
   Roussille (주 55), n° 390, 397; Piédelièvre (주 33), n^os 426, 430; Ellinger,

연하며, 이는 변제를 위하여(erfüllungshalber) 채권을 창출한 것으로 이해된다. 가맹점은 현실적으로 만족을 받는 시점까지 계약 상대방과의 관계에서 대금 또는 보수 채권을 유지할 이해관계를 가지기 때문이다. 그러므로 결제의 시점은 거래 승인 및 매출전표 접수로 채무약속 또는 손해담보계약이 체결되는 시점이 아니라, 그 이행으로 가맹점의 계좌에 입금기장이 이루어지는 시점이다.[60] 이 시점에 대가관계에서 수취인의 지급인에 대한 금전채권도 변제로 소멸한다. 이는 앞서 살펴본 대로(위의 Ⅲ. 1. (3) 참조) 신용카드업자의 지급으로 각각의 법률관계에서 동시적으로 급부가 행해지기에 가능하다.

그런데 우리 학설에서는 신용카드업자가 가맹점에 지급의무를 부담하는 근거로 가맹점의 신용카드회원에 대한 대금·보수채권을 양도받고 대가를 지급하는 것이라거나,[61] 신용카드회원의 가맹점에 대한 채무를 면책적으로 인수한다거나,[62] 병존적으로 인수한다는[63] 설명이 개진되고 있다. 그러나 이러한 견해는 모두 부당하다. 이렇게 이해하는 경우, 가맹점의 신용카드업자에 대한 지급 청구권은 신용카드회원과의 대가관계의 유·무효 등에 영향을 받게 될 것이다. 그러나 이러한 귀결은 수취인인 가맹점의 이익에 근본적으로 반한다. 예컨대 병존적 채무인수로 구성하는 경우, 대가관계가 무효·취소·해제된다면 가맹점은 신용카드업자에 지급 청구권을 취득할 수 없게 될 것이다. 이는 현금을 지급받았다면 누

---

Lomnicka and Hooley, *Modern Banking Law*, 3$^{rd}$ ed., 2002, p. 534; Matthews and Nickles (주 19), pp. 356-357 등 참조. 그렇다면 거래 승인은 지급 약속에 대한 신용카드업자의 청약으로, 매출전표의 접수는 수취인인 가맹점의 승낙으로 이해할 수 있으며, 그렇다면 양자는 의사표시로서 효력을 가진다. 반면 거래 승인을 단순히 관념의 통지로 보는 정경영 (주 30), 385면.

60) Baumbach/Hefermehl/Casper, *Wechselgesetz/Scheckgesetz/Recht des Zahlungsverkehrs*, 24. Aufl., 2020, E. Rn. 831; 정경영 (주 31), 389면 등 참조. 의문을 제기하는 견해로 제철웅, "전자지급거래의 법적 규율에 관한 비교법적 검토", 비교사법, 제18권 제2호, 2011, 532면.

61) 곽윤직 (주 34), 162면; 김형배, 채권각론[계약법], 신정판, 2001, 844-845면: 김문환, "크레디트카드와 법", 김건식·남효순 공편, 금융거래법 강의, 1999, 675면.

62) 이은영, 채권각론, 제5판, 2007, 392면; 정찬형 (주 23), 814면.

63) 정동윤 (주 23), 565면; 서울고판 2005. 10. 14., 2005나15057, 15064, 15095.

렸을 지급 무인성의 이익이 박탈되는 결과를 의미한다.[64] 그래서 그는
이후 있을 수 있는 지급인과의 원상회복 관계에서 동시이행 관계를 상실
하고(Ⅱ. 2.의 이익 ①, ④), 신용카드업자가 이해관계인으로서 관여할 가능
성이 발생한다. 이는 지급매개인을 보조자로만 활용함으로써 급부관계와
원상회복관계를 대가관계 상대방과의 사이에 국한하고자 하는 이익에도
반한다(Ⅱ. 2.의 이익 ①). 마찬가지로 채권양도로 구성하는 경우, 대가관
계의 무효 · 취소 · 해제 또는 기타 항변이 양도된 채권의 효력에 영향을
미치므로 가맹점의 신용카드업자에 대한 지급 청구권은 (원시적 불능에 따
른 채권양도의 무효, 담보책임의 발생 등을 이유로) 채권양도 원인행위의 영향
을 받게 되어 현금을 수취하는 경우보다 불리해진다(Ⅱ. 2.의 이익 ④).[65]
또한 신용카드회원과 가맹점은 원상회복 관계가 발생할 경우 신용카드업
자가 이해관계인으로 관여할 가능성[66]을 불리하게 고려해야 한다(Ⅱ. 2.의
이익 ①). 한편 신용카드업자로서도 그렇게 독자적인 이해관계인이 됨으
로써 신용카드회원에 대한 상환청구가 대가관계의 무효 · 취소 기타 항변
에 영향을 받는 불이익이 발생할 뿐만 아니라(병존적 채무인수의 경우 구상
의 좌절, 채권양도의 경우 채권 부존재 · 상실), 가맹점과 신용카드회원 사이의
법적 분쟁에 관계할 아무런 이해관계도 없다. 신용카드 거래에 관여하는
세 당사자는 각각의 법률관계에서의 상대방만을 대면하고자 한다.[67] 그

---

64) 같은 취지로 정경영 (주 30), 387면.
65) 같은 취지로 제철웅 (주 60), 532면. 김형배 (주 61), 845면은 이러한 결과를 예
   방하기 위해 지급인인 신용카드회원은 이의의 유보 없는 동의를 통해 일체의 항변
   을 상실한다고 해석한다. 그러나 지급인이 신용카드를 발급받으며 이후 물품 구매
   등에서 일체의 항변을 포기한다고 상정하는 것은 의사해석상 무리일 것이다.
66) 주지하는 바와 같이 이 쟁점에 대해 판례의 태도는 착종되어 있다. 한편으로
   大判 2003. 1. 24., 2000다22850, 공보 2003, 685, 그러나 다른 한편으로 大判 2017. 7. 11.,
   2013다55447, 공보 2017, 1607 참조.
67) 실제로 독일이나 프랑스에서 19세기 말부터 20세기 초반까지 계좌이체를 채권양
   도나 채무인수 등으로 법률구성하려는 시도가 있었지만, 바로 본문에서 언급된 것
   과 같은 그러한 고려 등을 이유로 결국 포기되었다는 사실을 기억할 필요가 있다.
   Schön (주 22), 407f.; Vasseur, "Recht und Praxis der Auslandsüberweisung in
   Frankreich", Hadding/Schneider (Hrsg.), *Rechtsprobleme der Auslandsüberweisung,*
   1992, S. 257ff.; 제철웅 (주 60), 530-531면. 이미 100여 년 전에 극복된 관점을 신

러므로 이익상황을 고려할 때 신용카드업자의 가맹점에 대한 지급의무는 대가관계로부터 독립하여 그 자체로 지급을 보장하는 성질이어야 하며, 이는 무인적 채무약속이나 입금기장을 보장하는 손해담보계약의 성립을 상정함으로써만 가능하다.[68] 이렇게 가맹점을 상대로 독립적인 채무를 부담하고 이를 변제함으로써 신용카드업자는 신용카드회원에 대한 신용카드 기본계약에 따른 채무를 이행한 것이고, 이 채무가 변제됨으로써 신용카드회원은 가맹점에 대한 대가관계에 따른 채무를 이행한 것이다(위의 Ⅲ. 1. (3) 참조).

(다) 신용카드에 기반한 모바일 비접촉 지급(예컨대 애플페이, 삼성페이 등)의 민사법적 법률관계는 앞서 설명에 비추어 특별한 취급을 요구하지는 않는다(전자금융거래법 제2조 제5호 참조).[69] 여기서는 신용카드 정보 및 지급지시가 단말기에 신용카드 증표를 삽입하는 방법으로 인증·전송되는 것이 아니라, 비접촉 통신수단(MST, NFC)을 통해 모바일 기기에 저장된 신용카드 정보를 인증·전송하고 지급을 지시한다는 차이가 있을 뿐이다. 그러한 인증·전송이 가능하도록 비접촉 지급수단을 제공하는 자와 신용카드업자 사이에 위임의 성질을 가지는 사무처리의 계약관계가 성립할 것이지만, 지급 결제의 법률관계 자체는 기존 신용카드 거래와 다르지 않다. 모바일 기기와 신용카드 정보가 저장된 앱이 물리적 신용

---

용카드 거래와 관련해 새삼 채택할 이유는 쉽게 발견할 수 없다.

68) 정경영 (주 30), 388면은 "대지급계약"이라고 표현하는데, 관계인의 이익상황을 전제로 법적 성질을 따져보면 무인적 채무약속이나 손해담보계약일 수밖에 없다. 물론 법률이나 당사자의 약정은 개별적으로 대가관계의 사유가 지급에 영향을 미치도록 정할 수 있다. 할부거래의 경우 대가관계의 일정한 사유를 이유로 할부금 지급을 거절할 수 있도록 하는 규율이 대표적인데(할부거래에 관한 법률 제16조, 신용카드 개인회원 표준약관 제13조 참조), 이는 대가관계에서 일정한 사유가 발생한 경우 지급인인 신용카드회원에게 지급지시 철회(아래 Ⅳ. 4.)의 권한을 인정한 것으로 해석할 것이다. 물론 이는 어디까지나 예외적 규율이다. 小塚莊一郞·森田果, 支拂決濟法, 第3版, 2021, 185면.

69) 이러한 비접촉 지급 서비스를 제공하는 자에게는 전자금융거래법이나 여신전문금융업법이 직접 적용될 수 없어, 금융 규제의 관점에서의 쟁점은 존재할 수 있다. 박태준·김민정, 간편결제 서비스의 등장과 카드업 영향 분석, 여신금융연구소 CFRI INSIGHT 2020-1, 15면 참조.

카드를 대체하는 기능만을 수행한다.[70]

(라) 반면 이른바 신용카드 간편결제와 같은 신용카드에 기반한 결제지급대행(payment gateway; 전자금융거래법 제2조 제19호, 여신전문금융업법 제5호 나목 참조)에서는 기본적으로 네 당사자 관계가 등장한다.[71] 여기서 신용카드로 지급을 받고자 하는 상인(예컨대 소규모 온라인 판매업자)은 기술적이거나 비용적인 이유에서 신용카드업자와 직접 계약을 체결하기 어려운 상태에 있거나 직접 계약 체결이 합리적이지 않은 이해관계를 가질 수 있다. 이때 수취인은 결제대행업자를 자신의 추심매개인으로 사용하여 신용카드 결제를 진행하며, 그에 따라 신용카드업자는 송금매개인으로서 기능을 수행한다.

수취인과 결제대행업자 사이의 기본계약은 보수를 받고 결제 정보의 송신·수신 그리고 대금의 추심·정산을 주된 내용으로 하는 위임적 성질의 계속적 유상계약이다.[72] 결제대행업자는 법률에 따라 신용카드가맹점의 지위를 인정받아(여신전문금융업법 제5호 나목) 자금 흐름에 관여할 수 있으며, 이러한 지급은 견인지급이다.[73] 신용카드회원이 재화나 용역을 제공받으며 대금이나 보수 지급을 위해 신용카드 인증을 통해 지급지시를 수취인에게 전달하면, 결제대행업체는 수취인의 사자로서 이를 수령한

---

70) Schütz, "Mobile Payment-Apple Pay ist in Deutschland gestartet", *Deutscher AnwaltSpiegel,* Ausgabe 02, 23. Jan. 2019, 9f. 참조.

71) 물론 수취인인 가맹점이 신용카드업자와 계약관계에 있으면서 결제대행업자에게 지급결제정보의 송신·수신만을 대행시키는 경우(전자금융거래법 제2조 제19호, 제28조 제3항 제2호, 여신전문금융업법 제19조 제7항 제1호 참조), 결제대행업자는 수취인이 신용카드 거래에서 추심을 위해 사용하는 사자에 그치며 자금 이동에 관여하지 않는다. 이때에는 앞서 서술한 신용카드 결제의 세 당사자 관계가 그대로 유지된다. 신용카드 결제대행의 여러 형태에 대해서는 小塚·森田 (주 68), 183면 참조.

72) 손진화 (주 30), 175면; 정경영 (주 30), 393-394면; 강현구·유주선·이성남, 핀테크와 법, 제3판, 2020, 53-54면. 특히 결제대행업자가 상법에 따른 준위탁매매인(상법 제113조)에 해당한다고 지적되기도 하나, 그 의미는 크지 않다. 예컨대 이전되는 자금이 특정성을 가지지 아니하므로 상법 제103조가 적용되기 어려우며, 본문에서 서술하듯 결제대행업자가 신용카드업자의 결제와 무관하게 독립적으로 지급을 보장한다고 해석할 수도 없을 것이기 때문이다(상법 제105조 단서 참조).

73) 업무처리 절차에 대해 한국은행 (주 36), 223면 참조.

다음 자신의 명의로 신용카드업자에게 전송하여 승인을 받고 매출전표를 접수한다. 그에 따라 결제대행업체는 신용카드업자로부터 대표가맹점의 자격으로 카드 대금을 추심하며, 이로부터 일정 수수료를 공제한 금액을 수취인에게 이전한다.

이 경우 신용카드업자의 지급 약속은 추심매개인인 결제대행업자를 상대로 한 것이므로, 수취인인 가맹점은 그 이익을 직접 받지는 못한다. 제반사정 특히 대행 수수료의 액수에 비추어 추심매개인으로 사용되는 결제대행업자가 독자적으로 수취인을 상대로 무인적 지급 약속을 한다고 상정할 수는 없을 것이다. 그러므로 신용카드업자로부터 자금을 이전받은 결제대행업체는 수취인과의 사이에서 체결된 기본계약에 따라 수수료를 공제한 금액을 이전할 의무를 부담하고(제684조 제1항)[74] 이를 이행한다고 보아야 할 것이다. 그러나 신용카드업자의 지급 약속에 의해 이후 지급 결제가 대가관계로부터 절연되므로, 수취인은 간접적으로 무인적 지급의 이익을 받을 수 있으며 대가관계의 원상회복도 신용카드회원과의 사이에서 유지될 수 있다(Ⅱ. 2.의 이익 ①, ④).

### (4) 계좌이체 결제대행 및 지급지시전달

온라인 상거래 등에서 구매자인 지급인이 신용카드가 아닌 계좌이체의 방법으로 대금을 지급하고자 하는 경우, 수취인은 직불적 지급수단을 온라인에서 구현해야 할 필요가 있다. 이를 가능하게 하는 수단이 계좌이체 결제대행(payment gateway)이다(전자금융거래법 제2조 제19호, 제28조 제3항 제2호; 이른바 "실시간 계좌이체"). 지급인이 결제에서 계좌이체 결제대행을 선택하여 자신의 계좌정보를 포함한 지급지시를 인증을 통해 수취인에게 제공하면, 결제대행업체는 사자로서 이를 수령하여 금융결제원을 통해 지급인이 지정한 거래 은행(송금매개인)에 전달하고, 송금매개인은 해당 금액을 출금기장한 다음 이를 수취인이 지정한 은행(추심매개인)에 이전한다. 추심매개인은 이 자금을 수취인의 계좌에 입금기장함으로써 결

---

74) 손진화 (주 30), 175면.

제가 종결된다.[75] 여기서는 결제대행업자가 지급인의 지급지시를 수령 · 전달하여 계좌이체를 가능하게 한다는 점에서 특징이 있으나, 기본적인 지급의 법률관계는 통상적인 견인지급 자금이체와 다르지 않다.

　이는 현재 발의되어 있는 전자금융거래법 개정안(2020. 11. 27., 의안 번호 5855)이 유럽연합의 제2차 지급 서비스 지침(Directive (EU) 2015/2366) 의 영향으로(동 지침 제4조 제15항 참조) 그 도입을 예정하고 있는 지급지 시전달업(payment initiation service)에서도 마찬가지이다(개정안 제2조 제2호의 6 참조). 여기서 지급지시전달업자는 지급인이 자신의 거래 은행(송금매개 인)에게 직접 지급지시를 전달할 수 있도록 전자적으로 매개하는 서비스 를 제공한다. 이는 수취인 온라인 사이트의 결제 단계에서 지급인이 송 금매개인의 온라인 뱅킹 화면을 직접 대면할 수 있도록 하거나, 아니면 독자적인 인터페이스를 통하지만 이로써 바로 송금매개인에게 온라인 뱅 킹에 필요한 정보와 지급지시를 직접 입력할 수 있도록 하는 방법으로 구현된다. 여기서도 지급지시가 전달되는 과정에서 차이가 있을 뿐, 기본 적인 법률관계는 계좌이체에 상응한다.[76] 이를 위해 지급인과 지급지시 전달업자 사이에는 당해 지급에 관한 사무처리를 내용으로 하는 개별 계 약이 체결되나, 다수의 지급을 전제로 회원가입을 통해 계속적 계약이 체결되는 사안도 가능하다.[77] 이러한 지급지시전달에 따른 추진지급 방 법은 지급인으로 하여금 이체적 지급을 위해 온라인 뱅킹 등 별도의 결 제 과정을 계속해야 하는 수고를 덜어 주며, 그에 따라 수취인의 관점에 서도 비교적 신속하게 확실한 결제를 받을 수 있게 하는 이점을 가진 다.[78] 그러나 이렇게 중간에 데이터를 매개하는 과정에서 해킹이 개입할 가능성이 있어 보안상의 난점 및 그에 따른 책임 문제가 발생할 수 있다 고 지적된다.[79]

75) 업무처리 절차에 대해 한국은행 (주 36), 223-224면 참조.
76) Tonner/Krüger (주 29), § 15 Rn. 42.
77) Tonner/Krüger (주 29), § 15 Rn. 43.
78) Tonner/Krüger (주 29), § 15 Rn. 42.
79) Tonner/Krüger (주 29), § 15 Rn. 44.

### (5) 전자화폐

**(가)** 전자화폐(electronic money)는 이를 발행한 자를 상대로 하는 채권에 의해 대표되는 금전적 가치로서, 전자적으로 저장되어 지급을 위해 사용되는 것을 말한다(유럽공동체 지침 2000/46 제1조 제3항 b호 참조). 우리 법제에서는 전자금융거래법이 예정하는 선불전자지급수단(동법 제2조 제14호)과 「전자화폐」(동법 제2조 제15호)가 이에 해당한다. 후자는 현재로서는 거래에서 그다지 사용되고 있지 않지만, 전자는 선불카드나 온라인 간편송금의 수단으로 활용되고 있다. 그 밖에 특히 역외 온라인 상거래에서 애용되는 페이팔(PayPal)도 기본적으로 전자화폐 형태로 지급을 가능하게 한다.[80]

전자화폐 지급인은 계좌이체·신용카드 등으로 자금을 발행자에게 이전하여 발행자가 발급한 증표(예컨대 선불카드) 또는 온라인 계좌에 정보 형태로 금전적 가치를 저장한다. 이러한 저장이 사전의 개괄적 동의에 따라 일정한 조건이 충족되면 자동적으로 이루어지는 경우도 많다. 이후 지급인이 발행자에 대해 전자적인 방법으로 인증을 통해 일정 금액의 이전을 내용으로 하는 지급지시를 전달하면, 발행자는 지급인의 증표 또는 온라인 계좌에서 해당 금액을 차감한 다음 수취인으로 지정된 자의 증표 또는 온라인 계좌에 금전적 가치를 저장하고, 유보 없이 금액이 기장되면 지급이 종결된다(전자금융거래법 제13조 제1항 제3호 참조).[81] 이체 거래에서와 마찬가지로(위의 Ⅲ. 1. (3) 참조), 지급을 위한 금전적 가치의 차감은 발행자와 지급인 사이의 기본계약에 따른 비용선급청구권(제687조)과의 상계를 확인하는 성질을 가지고, 지급을 위한 금전적 가치의 저장은 발행자와 수취인 사이의 기본계약에 근거해 행해지는 발행자의 무인적 채무약속에 해당한다고 이해해야 하며, 예컨대 지급인의 발행자에 대한 금전채권이 수취인에게 양도되는 것으로 보아서는 안 된다. 이를 채권양도로 보는 경우 수취인은 지급 무인성의 이익을 상실할 뿐만 아니

---

80) Harman, "Neue Instrumente des Zahlungsverkehrs: Paypal & Co.", *Zeitschrift für Bank- und Kapitalmarktrecht* 2018, 457, 462ff.

81) BGH NJW 2018, 537 참조.

라, 지급인과 수취인 모두 지급에 의해 발행자를 이해관계 당사자로 포함시킬 의사가 없으며, 발행자 역시 이들 사이의 분쟁에 관여할 합리적 이익이 없기 때문이다(Ⅱ. 2.의 이익 ①, ④).

(나) 우리 학설에서는 전자화폐를 발행자에 대한 채권으로 파악하는 관점에 대해 실제 거래상 금전으로 통용되는 자유화폐라는 견해도 주장된다.82) 그러나 양자는 차원을 달리하는 논의이다. 전자화폐가 자유화폐83)로 기능한다고 하여도, 그것이 당사자 사이에서 어떠한 법률관계로 표현되는지의 질문에는 여전히 대답이 요구되기 때문이다. 예컨대 채무자의 전자화폐는 그 법적 성질에 좇아 어떤 규정에 따라 강제집행의 대상이 되는지 판단되어야 한다(주 87 참조). 그래서 예컨대 만일 어떤 동산이 자유화폐로 통용된다면 동산집행에 따라야 하는 것이다. 그런데 전자화폐의 가치 그리고 그 실현은 궁극적으로 발행자의 자력과 책임재산에 의존하므로,84) 이에 물건 또는 물권으로서의 성질을 부여할 수 없음은 자명하다.85) 게다가 발행자와의 약정에 의해 양도 또는 담보 설정의 금지도 가능한데(전자금융거래법 제18조), 이 역시 물건 또는 물권의 성질과는 합치하지 않는다.86) 따라서 전자화폐는 권리자의 발행자에 대한 채권

---

82) 손진화 (주 30), 147면; 김은기, "전자화폐의 법적 문제", 상사법연구, 제16권 제2호, 1997, 91면; 정진명, 전자화폐의 실용화를 위한 법적 기반연구, 한국법제연구원, 2002, 31면.
83) 법률에 의한 강제통용력은 없으나 거래상 실제로 금전으로 유통되는 것을 자유화폐라고 한다. 정순섭, "금전의 법적 측면에 관한 연구", 상사판례연구, 제22집 제2권, 2009, 276면 참조.
84) 정진명 (주 82), 63면 이하 참조.
85) 이 점에서 이른바 통화형 전자화폐의 경우 대용화폐로서 금전과 같이 취급해야 한다는 정경영 (주 30), 522-523면의 서술에는 의문이 있다. 특히 이 견해는 이로부터 전자화폐가 저장된 지급수단의 점유와 전자화폐의 소유가 일치한다는 결론을 도출하는데, 이 역시 타당하다고 보기 어렵다. 금전의 점유와 소유가 일치한다는 견해의 핵심 논거는 금전의 경우 권원 입증이 쉽지 않고 혼화의 경우 해석상 문제가 발생한다는 것인데(서을오 (주 19), 20-21면 참조), 이런 문제들은 전자화폐에서는 아예 제기되지도 않기 때문이다. 유럽연합의 지급 서비스 지침에서도 무권한 지급지시와 관련해 전자화폐를 다른 지급수단과 별도로 취급하지 않는다. Cranston et al. (주 33), pp. 365-367 참조. 물론 이른바 통화형 전자화폐에서는 소지자의 점유 상실로 남용 가능성이 크게 발생하므로, 무권한 지급의 경우 분실 사실로부터 과실이 추단되어 소지자의 책임이 인정되는 경우가 많을 것이다(아래 Ⅴ. 1. (1) 참조).

으로 이해할 수밖에 없으며, 은행 계좌에 의해 표현되는 장부상 금전과
비슷한 성질을 가진다.[87] 그러한 의미에서 전자화폐 지급의 법률관계는
송금매개인이 추심매개인을 겸하는 법률관계에 준해서(예컨대 자행이체)
판단할 수 있으며(위의 Ⅲ. 1. (3) 참조), 추진지급이 통상적이지만 견인지
급도 가능하다.

　　한편 전자금융거래법은 전자화폐를 선불전자지급수단과 「전자화폐」
로 구별하여 규정하고 있으며, 학설에서는 양자의 차이로 다음과 같은
점이 지적되고 있다. 「전자화폐」는 가치소재형 전자지급수단인 것에 반
해 선불전자지급수단은 가치표창형 전자지급수단이고, 「전자화폐」는 물품
또는 용역의 구입을 위해 제한 없이 사용될 수 있으나 선불전자지급수단
은 대체로 제한된 목적으로만 사용되며(동법 제2조 제14호, 제15호), 「전자
화폐」는 환급이 일반적으로 보장되지만 선불전자지급수단은 예외적으로
만 인정된다는 것이다(동법 제16조 제4항, 제19조 제1항).[88] 그러나 이는 모
두 금융 규제의 관점에서 설정된 규율들이다(동법 제28조, 제30조 참조). 두
지급수단 모두 그 법적 구조는 권리자가 발행자에 대해 무인적 채권을
보유하면서 지급지시에 따라 소멸과 창설의 방법으로 이를 이전한다는
것이고, 이 점에서 양자 사이에 본질적인 차이는 없다.

---

86) 김이수, "전자화폐 법제의 도입 방향에 대한 비판적 고찰", 상사법연구, 제24권
　　제1호, 2005, 282면.
87) 김이수 (주 86), 281면 이하. 또한 Baumbach/Hefermehl/Casper (주 60), E. Rn. 60;
　　Capdeville, Stork, Mignot Kovar et Éréséo, *Droit bancaire*, 3ᵉ éd., 2021, n° 1610
　　등도 참조. 앞서 제기한 강제집행의 문제는 별도의 상세한 고찰이 필요한 쟁점일
　　것이나, 일단 다음과 같이 처리하는 것이 적절할 것으로 생각된다. 카드 형태의
　　증표에 저장되어 소지되는 전자화폐의 경우 그것이 카드에 체화되어 있으므로 유
　　가증권 특히 무기명증권과 비슷한 성질을 가진다고 말할 수 있으므로, 유체동산에
　　대한 강제집행이 유추적용되어야 할 것이다(민사집행법 제189조 이하). 한편 온라
　　인 계좌에 정보 형태로 존재하는 전자화폐는 현금 또는 예금으로 환급이 보장된
　　것이라면(전자금융거래법 제16조, 제19조 참조) 금전채권에 대한 강제집행에 준하
　　여 환급 청구권에 대해 집행이 가능할 것이다(동법 제223조 이하). 반면 환급이
　　가능하지 않는 전자화폐라면, 민사집행법 제241조가 정하는 특별한 현금화 방법에
　　따라야 할 것이다. Pfefferle, "Die Zwangsvollstreckung in Netzgeldbestände－ein
　　heißes Eisen", *Computer und Recht* 2001, 200ff.도 참조.
88) 손진화 (주 30), 144면; 정경영 (주 30), 493-494면; 정진명 (주 82), 13면.

### (6) 보론: 암호화폐(가상자산)

반면 암호화폐에 의한 지급은 지금까지 살펴본 지급수단과는 법적 구조에서 차이를 보인다. 자금이체, 신용카드, 전자화폐 등의 지급 방법은 지급인이 법률관계를 이용해 추심매개인을 상대로 수취인이 금전채권을 취득하게 함으로써 수취인에 대한 자신의 금전채무를 이행한다. 반면 지급토큰 형태의 암호화폐는 이를 관리하는 기관 없이 탈중심화된 네트워크의 암호화 기술을 통해 이를 이전하므로, 수취인은 지급인으로부터 암호화폐를 직접 취득하는 것이지 타인을 매개로 하여 어떠한 재산적 가치를 청구권의 형태로 귀속받는 것은 아니다. 이러한 암호화폐의 법적 성질에 대해서는 아직도 해명되지 않은 많은 쟁점이 있으며, 여기서 이를 상론할 수는 없다.[89] 그러나 적어도 당사자들이 금전채무를 암호화폐로 이행하기로 합의하여 이전한다면, 지급 방법의 합의 또는 대물변제가 있어(위의 주 23, 24의 본문 참조) 금전채무는 소멸한다고 보아야 할 것이고, 이 효과를 부정할 이유는 없다고 생각된다. 암호화폐의 이전은 블록체인 내부에서 토큰이 귀속되는 공개키를 변경하는 방법에 의해서도 가능하지만(on chain transaction), 블록체인 외부에서 지갑(월렛)에 대한 통제를 창출해 주는 방법으로도 할 수 있다(off chain transaction).[90] 물론 특히 전자의 경우 그러한 "양도"가 법률행위인지 아니면 사실행위인지, 법률행위라면 어떠한 규정에 따라야 하는지 등의 논의는 여전히 진행 중이다.[91]

## Ⅳ. 지급지시의 법률관계

### 1. 지급지시의 법적 성질과 해석

이미 살펴본 바와 같이(위의 Ⅲ. 1. (2), (3) 참조), 무현금 지급거래에 따른 유효한 지급 효과는 지급인의 지급지시에 의해 좌우된다. 송금매개인과 지급인 사이의 지급거래 기본계약은 송금매개인으로 하여금 지급인

---

89) 우선 박준·한민 (주 1), 1197면 이하 참조.
90) Maute in Maume/Maute (Hrsg.), *Rechtshandbuch Kryptowerte*, 2020, § 5 Rn. 2, 12.
91) 독일에서의 논의 상황에 대해 Maute (주 90), § 5 Rn. 3ff. 참조.

의 지급지시를 수행할 의무를 부여하는 원인관계로 작용하며, 구체적인 지급은 지급인의 지급지시에서 그 근거를 발견한다. 앞서 설명한 대로, 지급지시는 위임의 성질을 가지는 기본계약에서 사무처리 의무를 발생시키는 지시를 내용으로 하면서, 동시에 이후 지급과정을 가능하게 하는 변제수령권한의 수권과 변제목적지정을 포함하며, 이로써 무현금 지급이 지급인의 수취인에 대한 급부로서 나타나는 법률관계를 성립시킨다. 지급지시는 이렇게 기본계약에 따른 송금매개인의 의무를 구체화하는 동시에 그와 관련된 수권을 행하므로, 기본계약이 종료되면(제689조, 제690조) 그 전에 이루어진 지급지시도 -급박한 사정이 없는 한(제691조)- 원칙적으로 그 시점부터 효력을 상실한다고 보아야 하며, 따라서 이 지급지시에 따른 지급은 효력을 가지지 못한다(아래 Ⅳ. 2. 참조). 기본계약에 따른 사무처리 의무가 소멸할 뿐만 아니라, 이 의무 이행을 위해 수여된 권한 역시 의미를 잃어 효력을 상실한다고 보아야 하기 때문이다(제128조 제1문의 유추).[92] 물론 송금매개인이 종료를 통지받거나 알게 되기 전에는 종료의 효과를 그에게 대항할 수는 없다(제692조).

지급지시가 유효한 이상 그에 따라 종결된 지급의 효력은 확정되며, 대가관계나 보상관계에 무효 · 취소 · 해제 등의 사유 그리고 그 밖에 이

---

92) 이로써 大判 1996. 12. 10., 95다51281, 공보 1997, 300의 방론에 따라, 기본계약과 지급지시는 별개의 법률관계로서 지급지시의 효력은 지급거래 기본계약의 효력에 직접 영향을 받지는 않는다는 김형석 (주 39), 299면 주 21의 견해는 변경하고자 한다. 물론 민법 제128조는 임의규정으로 본인이 원인관계 실효에도 불구하고 대리권이 존속하도록 정할 수 있으므로(양창수 편집대표, 민법주해[Ⅲ], 제2판, 2022, 674면(김상중) 참조), 같은 취지에 따라 지급인은 기본계약 실효에도 불구하고 지급지시를 유효하게 유지할 수 있다고 보아야 한다. 한편 본문에서의 내용에 따라, 예컨대 지급인이 지급지시를 하였으나 송금매개인이 이를 실행하기 전에 파산한 경우, 위임은 종료하므로 그에 따라 지급지시도 실효하고, 다만 송금매개인을 상대로는 그가 종료를 알게 된 때에 비로소 대항할 수 있다고 보아야 할 것이다(과거 독일의 학설 · 판례에 대해 Zahrte in *Münchener Kommentar zum Handelsgesetzbuch*, Band 6, 3. Auf., 2014, ZahlungsV Rn. B584ff. 참조; 다만 현재 독일 도산법은 특별 규정인 동법 제116조 제3문을 두어 다른 결과를 인정한다). 반면 회생절차가 개시된 때에는 관리인의 선택권 행사를 기다려 법률관계가 결정될 것이다(최준규, 계약법과 도산법, 2021, 364면 참조).

행을 거절할 수 있는 대항사유가 있었던 때에도 송금매개인→ 지급인→ 수취인의 급부를 전제로 각각의 원인관계에서 부당이득 반환이 문제될 뿐이다. 대표적인 예는 아래 살펴볼 오입금 사례이다(아래 Ⅳ. 3. (1) (나) 참조). 그리고 이는 예컨대 지급인의 계좌에 잔고가 없고 당좌대월이 가능하지 않음에도 송금매개인이 착오 등을 이유로 자금을 이전시켜 수취인의 계좌에 입금기장이 이루어진 때에도 마찬가지이다. 송금매개인은 잔고 부족 등으로 지급과정을 진행할 의무가 없음에도 이를 행함으로써 보상관계에서 의무 없이 지급인에게 급부한 것이고, 따라서 지급인을 상대로 부당이득 반환을 구해야지 수취인을 상대로 부당이득 반환을 청구해서는 안 된다.[93]

---

93) 상세한 내용은 大判 1996. 9. 20., 96다1610, 공보 1996, 3118; 2006. 5. 26., 2003다65643, 공보 2006, 1141과 관련해 김형석 (주 39), 304면 이하 참조. 이에 대해 수취인은 지급인의 잔고가 있는 범위에서만 만족받을 수 있다는 것을 알고 있고, 송금매개인의 착오 등으로 원래 지급인의 무자력 위험을 부담해야 할 수취인이 이를 송금매개인에게 전가하는 망외의 이익을 받아서는 안 된다고 반론할 여지도 있을 것이다. 이러한 관점에서는 송금매개인의 착오로 지급이 이루어진 때에는 송금매개인의 수취인을 상대로 하는 부당이득 반환을 허용하고자 한다. 윤진수, 민법논고 Ⅲ, 2008, 228-229, 739면; 박준·한민 (주 1), 41면. 그러나 이는 의문이다. 수취인이 지급인의 무자력 위험을 부담하는 것은 물론이다. 그러나 이는 지급이 이루어지기 전까지만 타당한 명제이다. 급부가 행해진 경우 부당이득 반환에서는 당사자의 지위가 반대로 전환될 수밖에 없기 때문이다. 착오로 의무 없는 변제를 한 자는 변제 수령자의 무자력 위험을 부담하며, 이때 발생하는 망외의 이익도 원칙적으로는 감수한다는 것이 어쨌든 민법의 태도이다(제741조, 제742조, 제745조 참조; 어떠한 의미에서 모든 급부이득 반환 사안은 수령자의 채권자에게 망외의 이익이 발생하는 사안이다). 그런데 여기서 논의되고 있는 사안 유형에서 송금매개인은 지급인에게 그리고 지급인은 수취인에게 급부하였으므로(위의 Ⅲ. 1. (3) 참조), 송금매개인이 자신의 변제수령자인 지급인을 상대로 부당이득 반환을 청구해야 하고 그의 무자력 위험을 부담해야 한다. 게다가 전문적으로 지급결제 영업을 수행하는 송금매개인은 지급을 완료함으로써 지급인에게 자력이 있거나 당좌대월이 가능하다는 외관을 창출한 것이므로, 이후 새삼 자신의 착오를 들어 지급인에 대한 관계에서 자신이 부담해야 하는 무자력 위험을 수취인에게 전가하는 결과는 타당하다고 보기 어렵다. 송금매개인이야말로 보다 적은 비용으로 이 분쟁을 예방할 수 있었던 당사자이다(the cheapest cost avoider). 수취인으로서는 지급인과 송금매개인 사이에 여유 잔고가 있는지 당좌대월이 있는지 아니면 개별적인 양해가 이루어져 있는지 등은 알기 어려울 뿐만 아니라 관심도 이해관계도 없는 사항이다. 이를 이유로 부당이득 반환을 허용한다면 이는 수취인을 타인의 법률관계 분쟁에 관여시키는 것이어서 적절하지 않다. 이 문제는 송금매개인이 자신의

지급지시는 송금매개인에 대한 의사표시로서 송금매개인의 사무처리 의무 발생 그리고 변제수령권한의 부여라는 의욕한 법률효과를 발생하므로, 법률행위로서 단독행위이다.[94] 그러므로 민법총칙이 규정하는 법률행위 관련 규정(예컨대 행위능력, 의사의 흠결·하자, 대리 등)은 지급지시에 적용된다. 법률에 따른 방식도 규정되어 있지 않다. 전자금융거래를 위한 접근매체도 지급지시를 기술적으로 전달하면서 거래의 진정성을 확보하는 수단이지 그에 의하지 않은 지급지시의 효력을 부정하려는 취지로 보기는 어렵다고 생각되므로(전자금융거래법 제2조 제10호: "거래지시를 하거나 이용자 및 거래내용의 진실성과 정확성을 확보하기 위하여 사용"; 제6조도 참조) 법정 방식은 아니라고 할 것이다.

지급지시의 해석 역시 의사표시 해석의 일반적인 원칙에 따른다. 즉 출발점은 의사표시 상대방인 송금매개인이 알았거나 알 수 있었던 제반 사정을 고려하여 이해하는 것이 상당한 의미로 해석된다는 것이다. 그러나 동시에 무현금 지급거래는 현재 기술적인 대량거래의 형태로 행해지고 있다는 사정이 중요하게 참작되어야 한다. 그러므로 지급지시 해석에서 지급인의 개별적 사정에 대한 우연한 인식을 일일이 고려해서는 안

---

계약 상대방인이 지급인과 다투어야 하는 것이다. 관련해 윤진수 (주 93), 739면은 "사실관계를 아주 단순화시킨다면, 약속어음이나 당좌수표의 소지인이 지급은행에 가서 지급을 청구하자, 은행원이 발행인의 계좌에 잔고가 부족한 것을 간과하고 지급을 하였는데, 소지인이 은행을 떠나기 전에 은행원이 잘못을 발견하고 지급을 받은 소지인에게 반환을 청구한 때에 과연 소지인이 반환을 거부할 수 있는가의 문제로 귀착된다"고 하면서, 마치 자명한 결론처럼 그러한 거부는 부당하다고 지적한다. 그러나 영국의 판례는 바로 동일한 사안에서(여기서는 심지어 받은 금전을 수취인이 세어 보는 동안 은행원이 오류를 발견하여 반환을 요구하였고, 수취인이 이를 거부하자 수취인을 억류하고 금전을 탈취하였다) 그러한 반환청구를 부정한다(Chambers v Miller and Others (1862) 143 E.R. 50). 이는 지금도 구속력 있는 선례이다(Pollard v Bank of England (1871) LR 6 QB 623; Barclays Bank Ltd. v W J. Simms, Sons & Cooke (Southern) Ltd. [1980] QB 677). 미국 통일상법전에 따를 때에도, 대가관계가 유상관계였던 한에서 마찬가지이다(동법 § 418 (b), (c)). Miller and Harrel, *The Law of Modern Payment Systems*, 2$^{nd}$ ed., 2017, p. 169 note 384 참조. 또한 독일법에 대해 같은 취지로 Canaris (주 31), Rn. 427, 736.

94) 정경영 (주 30), 202면; 이창운 (주 30), 283-284면; Schön (주 22), 422; Canaris (주 31), Rn. 321 등 참조.

된다.[95] 따라서 송금매개인은 자신에게 도달한 지급지시에 표현된 내용을 기준으로 그 문언에 따라 지급거래를 진행해야 하는 것이 원칙이다.[96] 지급이 지급인에게 합목적적인지 여부의 판단은 송금매개인의 권한에 있지 않다. 그래서 예컨대 송금매개인은 지급인이 지시한 수취인 계좌를 목적으로 하여 지급을 진행해야 하며, 잘못된 수취인을 지정하였다는 의심이 있더라도 그러한 사정만으로 지급을 중단하거나 지급인에게 확인을 구해야 할 의무가 발생한다고는 말할 수 없다. 그에 대한 예외로는 수취인의 성명과 계좌정보의 불일치 사안과 같이 지급지시 자체에 불명확한 부분이 있는 경우를 생각할 수 있을 것인데, 이때에는 이를 인지한 송금매개인은 지급인에게 불일치를 고지할 의무가 있다고 할 것이다.[97] 마찬가지로 송금매개인이 지급인과 수취인 사이에 존재하는 대가관계의 무효·취소 기타 대항사유를 이유로 지급을 유보하는 것도 일반적으로는 허용되지 않는다.[98] 이는 송금매개인이 개입할 이해관계를 가지지 않는 사항이며, 지급인의 전형적 의사 역시 송금매개인이 대가관계에 관여할 것을 의욕하지 않는다. 그러나 물론 송금매개인이 기본계약에 따라 부담하는 선량한 관리자의 주의의무에 따라(제681조) 예외적으로 지급인에게 고지하고 새로운 지시를 요청하거나 그것이 어려운 경우 지급을 진행하지 않을 의무가 발생하는[99] 사안은 있을 수 있다.[100] 예컨대 수취인 또는 추심매개인의 도산이 임박하였거나 개시하였음을 인지한 경우가 그러할 것이다. 또한 지급인의 지시에 따른 지급이 명백히 법령에

---

95) 이 관점은 예컨대 판례가 예견가능성(제393조 제2항)을 판단할 때 대량거래의 경우 개별적 사정에 대한 우연한 인식을 고려하지 않는 태도와도 상통한다. 大判 2009. 7. 23., 2006다81325, 공보 2009, 1470 등 참조.
96) Canaris (주 31), Rn. 321; Tonner/Krüger (주 29), § 12 Rn. 33, § 13 Rn. 13 등 참조.
97) 물론 현대의 전자적 지급거래에서 계좌정보는 그러한 정확성을 확인하는 추가 정보를 포함하고 있으므로 실수를 하는 지급인은 통상적으로 지급지시를 하는 과정에서 바로 그러한 불일치를 전자적인 방법으로 고지받는다.
98) Schön (주 22), 436; 정경영 (주 30), 199-200면 참조.
99) 곽윤직 (주 34), 276면; 정경영 (주 30), 213면 참조.
100) Canaris (주 31), Rn. 105 참조.

반하거나 범죄와 관계된 사정을 알게된 경우, 지급이 법령에 반할 우려가 있어 법적 자문이 필요한 경우 등에서도 지급의 중단 또는 지급인에 대한 고지가 고려될 수 있다.

### 2. 지급지시의 부존재·무효

지급지시에 의해 송금매개인의 사무처리 의무가 발생하고 수권에 따라 지급인과 수취인 사이의 급부관계가 성립하므로, 지급지시가 존재하지 않음에도 불구하고 송금매개인이 자금을 추심매개인에게 이전해 수취인에게 도달시킨 경우 무현금 지급의 효과는 발생하지 않는다. 지급지시가 무효로 예컨대 위조된 지급지시가 전달되었거나, 지급인이 지급지시를 할 때 의사무능력이었거나, 지급지시가 무권대리인에 의해 행해지고 추인되지 않았거나(제130조), 지급지시에 적시된 금액보다 많은 금액이 이체된 경우에도 마찬가지이다. 이로써 지급인에게는 자신의 동의에 의해서만 지급이 행해진다는 이익이 보장된다(Ⅱ. 2.의 이익 ②).

이렇게 지급지시가 부존재하거나 무효인 경우, 유효한 지시가 없으므로 송금매개인의 지급인을 상대로 하는 비용선급청구권 또는 비용상환청구권이 성립하지 않아 출금기장을 통해 표현되는 상계는 효력을 가지지 않는다. 따라서 계좌의 기재는 계좌의 실제 법상태와 불일치하게 된다. 이에 지급인은 지급거래 기본계약에 따라 송금매개인을 상대로 출금기장을 정정하여 원래의 정확한 계좌 상태를 회복시킬 것을 청구할 권리를 가진다. 한편 이 과정에서 송금액 상당의 손실을 입게 된 송금매개인은 수취인을 상대로 법률상 원인 없이 수취한 금액의 반환을 부당이득으로 청구해야 한다(제741조). 통설이며,[101] 판례도 같다.[102] 이 경우 은행이

---

101) 전거와 함께 김용덕 편집대표, 주석 민법 채권각칙(5), 제5판, 2022, 782면(이계정). 또한 전자금융거래에 대해 정경영 (주 30), 275면. 또한 Tonner/Krüger (주 29), § 12 § 13 Rn. 48; Piédelièvre (주 33), n° 435 등도 참조.

102) 大判 1997. 11. 28., 96다21751, 공보 1998, 34(위조된 자기앞수표 추심); 2012. 10. 25., 2010다47117, 공보 2012, 1898(압류되지 않은 예금채권으로부터 추심채권자 변제) 등. 한편 大判 1992.4.28., 92다4802, 공보 1992, 1721는 변조된 어음을 은행(송금매개인)이 과실로 지급한 경우 어음 발행인(지급인)의 수령인(수취인)에

나 수취인이 부존재 또는 무효 원인에 대해 선의였다고 해도 결과에는 변함이 없다.[103] 수취인이 지급인을 상대로 이행기가 도래한 유효한 채권을 가지고 있었다고 해도 마찬가지이다(suum recipit 항변의 불인정).[104]

　이때 송금매개인이 어쨌든 지급인에 대한 기본계약상 의무를 이행하려 했다는 것을 이유로 들어 송금매개인의 지급인에 대한 급부를 인정하고서, 그 귀결에 따라 지급인이 수취인을 상대로 부당이득 반환을 청구해야 한다고 보아서는 안 된다. 이렇게 해석하면 지급인은 아무런 지시를 하지 않았음에도 의사에 반해 원상회복 관계에 관여할 수밖에 없는데, 이러한 예상외의 불이익을 받을 합리적 이유는 발견할 수 없다. 게다가 그러한 부당이득 반환관계를 인정한다면, 지급인이 수취인에 대한 관계에서 취득한 것은 (채무 소멸의 이익이 아니라) 부당이득 반환청구권뿐이므로, 송금매개인은 지급인을 상대로 출금기장을 정정해 주는 것과 상환으로 이 부당이득 반환청구권을 양도받아 수취인을 상대로 행사할 수밖에 없다(이른바 Kondiktion der Kondiktion). 그러나 이러한 해결에 따르면 송금매개인은 대가관계에 따른 대항사유의 대항(예컨대 상계 항변)을 받을 뿐만 아니라 지급인의 무자력 위험까지 부담하는 불이익을 받게 된다. 그러므로 지급지시의 원칙에 따라 지급의 효력 즉 지급인의 수취인에 대한 급부를 부정하고, 송금매개인이 수취인을 상대로 직접 부당이득 반환을 청구한다고 해석해야 한다(비급부이득 반환). 이 해석이 모든 당사자의 이익을 적절하게 고려한다. 판례에 따르면 이때 계좌이체의 송금매개인인 은행은 수취인의 예금채권에 관하여 이미 이해관계를 가지게 된 제3자 등에게 대항할 수 없다는 등의 특별한 사정이 없는 한, 수취인의 예금계좌에 대한 입금기록을 정정하여 그 자금이체를 취소시키는 방법으로 은행의 수취인에 대한 부당이득 반환청구권과 수취인의 은행에 대한 예

---

　　대한 부당이득 반환청구를 인정하는데, 이는 지급지시의 추인이 있는 것으로 볼 것이다.

103) Tonner/Krüger (주 29), § 12 § 13 Rn. 48.

104) 大判 1992.4.28., 92다4802, 공보 1992, 1721(변조된 약속어음 지급); 김형석 (주 39), 315-316면 참조.

금채권을 모두 소멸시킬 수 있다고 한다.[105)

## 3. 지급지시의 취소 특히 착오 송금

지급지시는 의사표시에 의해 행해지므로(위의 Ⅳ. 1. 참조), 그에 취소원인이 있으면 지급인은 이를 취소할 수 있다(제140조, 제142조). 다만 그 구체적인 법률관계는 개별적으로 살펴볼 필요가 있다.

### (1) 착      오

(가) 지급지시 내용의 중요 부분에 착오가 있는 경우 중대한 과실 없는 지급인은 이를 취소할 수 있을 것이다(제109조 제1항, 제140조, 제142조). 그러나 현실에서 착오를 이유로 지급지시가 취소되는 경우는 거의 상정할 수 없을 것이라고 예상된다.[106) 예컨대 채무가 없음에도 채무가 있다고 믿고 무현금 지급을 지시하는 지급인은 고려되지 않는 동기착오를 하고 있을 뿐이므로 지급지시를 취소할 수 없음은 당연하다. 지급인이 정당한 채권자에게 지급한다고 생각하면서 타인의 성명과 계좌정보를 지시하는 경우에도, 평균인의 관점에서는 그 타인에게 지급하는 사무를 충분히 상정할 수 있으므로 객관적 현저성이 없어 법률행위 중요 부분의 착오가 아닐 뿐만 아니라, 최종 발송 전 수취인과 계좌정보의 확인이 통상 기대되므로 대부분 중대한 과실이 있다고 말해야 한다.[107) 마찬가지로 수취인의 계좌정보를 잘못 입력한 경우에도 대부분 중대한 과실이 있다고 할 것이지만, 현재로서는 기술적으로 그러한 착오가 발생하기도 어렵다(주 97 참조).

(나) 그러므로 지급인이 착오로 수취인으로 예정된 자가 아닌 타인

---

105) 大判 2012. 10. 25., 2010다47117, 공보 2012, 1898. 정경영 (주 30), 278면 이하; 神田秀樹·森田宏樹·神作裕之 編, 金融法槪說, 2016, 204면 참조.

106) 김형석 (주 39), 317면 참조.

107) 같은 취지로 김상중 (주 29), 242면; 정대익, "타인의 계좌 또는 지정하지 않은 수취인 계좌로 이루어진 지급이체의 법률문제" 비교사법, 제11권 제4호, 2004, 8면; 정경영, "착오에 의한 자금이체 거래와 지급인의 권리", 성균관 법학, 제21권 제3호, 2009, 630면. 비교를 위해 大判 2014. 11. 27., 2013다49794, 공보 2015, 9 참조.

의 계좌정보를 제공하여 그 타인의 계좌로 자금이 도달해 입금되는 경우, 지급지시는 원칙적으로 취소할 수 없고 따라서 지급도 종국적으로 유효하다.[108] 지급인과 그 타인 사이에서 대가관계가 부존재하거나 무효라고 하더라도, 자금을 수취한 그 타인은 추심매개인을 상대로 유효하게 금전채권을 취득한다. 그래서 예컨대 착오 송금의 상대방인 수취인의 수취은행에 대한 예금채권은 유효하게 성립하여 그의 채권자는 이를 유효하게 압류할 수 있으며, 착오로 입금한 지급인은 배당이의나 제3자이의를 할 수 없다.[109] 추심매개인인 수취은행이 수취인을 상대로 채권을 가지고 있는 경우 상계도 가능하겠지만(제492조), 판례에 따르면 제반사정에 따라 상계권의 행사가 권리남용(제2조)에 해당할 수 있다.[110] 착오는 있었지만 어쨌든 유효한 지급지시에 따라 지급인이 수취인에게 해당 금액을 급부하였고 그들 사이에서는 법률상 원인이 될 수 있는 대가관계가 부존재하거나 무효이므로, 지급인은 수취인을 상대로 부당이득 반환을 청구함으로써(제741조) 자신의 자금을 회수해야 한다.[111] 송금매개인과 추심매개인은 이 분쟁에 아무런 이해관계를 가지고 있지 않으며 부당이득의 당사자가 되지 않는다.

그런데 이러한 법상태에서는, 착오 송금 수취인의 압류채권자나 상계를 시도하는 수취은행은 망외의 이익을 얻는 결과가 발생한다.[112] 또한 수취인은 자신의 의사와 무관하게 부당이득 반환소송의 피고가 되는 동시에, 압류나 상계에 직면하는 경우 추가적인 재원을 마련해 부당이득 반환채무를 이행해야 한다는 불이익에 직면한다. 판례가 상계의 경우 상

---

108) 관련 재판례의 개관으로 서희석 (주 29), 724면 이하 참조.
109) 大判 2006. 6. 24., 2005다59673; 2009. 12. 10., 2009다69746.
110) 大判 2010.5.27., 2007다66088, 공보 2010, 1219; 2022.7.14., 2020다212958, 공보 2022, 1603. 小塚·森田 (주 68), 50면도 참조.
111) 大判 2007.11.29., 2007다51239, 공보 2007, 2031; 2010.11.11., 2010다41263, 공보 2010, 2248. 통설도 같다. 김상중 (주 29), 239-240면; 서희석 (주 29), 744면; 정경영 (주 30), 272면; 정대익 (주 107), 20면; 주석 민법 채권각칙(5) (주 101), 780-781면 (이계정) 등. Tonner/Krüger (주 29), § 12 § 13 Rn. 55; Piédelièvre (주 33), n° 435 등도 참조.
112) 양창수, "타인채무의 착오변제", 민법연구, 제7권, 2003, 355-356면 참조.

계권 남용을 검토하는 것도 이러한 이유 때문이다(주 110 참조). 독일 판례는 대가관계가 존재하지 않는 착오 송금의 사안에서 수취인이 입금기장을 거절함으로써 이상과 같은 문제를 회피할 수 있는 권리를 기본계약의 해석으로 수취인에게 인정하고 있다.[113] 그에 따라 입금기장 거절권이 행사되면 입금기장에 따른 채권은 성립하지 않으며 이전된 자금은 위임의 성질을 가지는 정산관계 및 보상관계의 효력에 따라 추심매개인으로부터 송금매개인에게 그리고 송금매개인으로부터 지급인에게 반환되어야 한다(제684조 제1항 참조). 우리나라에서도 추심관계 기본계약의 보충적 해석으로 이러한 입금기장 거절권을 인정하려는 견해가 주장되고 있다.[114] 그에 따르면 입금기장 거절은 대가관계가 결여되어 있으며 수취인의 계좌가 압류되거나 잔고 부족 상태인 경우에 허용될 수 있으며, 압류채권자나 상계권자의 보호가치가 높지 않으므로 시간적 선후는 문제되지 않는다고 한다.[115] 이렇게 해석한다면, 입금기장 거절권의 행사는 상계권 남용의 선결 조건이 되고, 채권자의 압류가 있는 때에도 지급인에게 제3자이의의 소(민사집행법 제48조)가 인정될 것이다.[116] 이 견해가 타당하다고 생각된다. 무엇보다 의사에 반해 현금 지급도 강요당하지 않을 수 있는 수취인이 의사에 반해 선택하지도 않은 무현금 지급을 강요당한다는 결과는 합리적이라고 보기 어렵기 때문이다(Ⅱ. 2.의 이익 ②). 그는 자신이 예정하지 아니한 원상회복 관계에 끌어들여지지 아니할 이해관계가 있다(Ⅱ. 2.의 이익 ①의 반대 측면).

  **(다)** 극히 드물겠지만 착오를 이유로 지급지시를 취소할 수 있는 경우에도, 취소의 효력을 선의의 제3자인 수취인에게 대항할 수는 없다고

---

113) 전거와 함께 Schmieder in Ellenberger/Bunte (Hrsg.), *Bankrechts-Handbuch*, Band I, 6. Aufl., 2022, § 26 Rn. 16ff. 참조.
114) 김상중 (주 29), 252면 이하; 정대익 (주 107), 13면 이하. 정경영 (주 30), 281면 은 반대하나, 정경영 (주 107), 637면 이하는 판단을 유보한다. 또한 제철웅 (주 60), 504면도 참조.
115) 김상중 (주 29), 255면 이하. 반면 정대익 (주 107), 18-19면은 수취인 계좌의 잔고 부족은 고려할 필요가 없다는 입장이다.
116) 김상중 (주 29), 258면 이하.

해석해야 한다(제109조 제2항).[117] 제109조 제2항이 착오 있는 의사표시에 기하여 발생한 권리 외관을 믿은 자의 신뢰를 보호하는 규정이라면,[118] 이러한 사안에서 수취인이 그러한 보호를 받을 만한 위치에 있다는 사실은 부정하기 어렵기 때문이다. 따라서 지급지시의 효력은 수취인이 지급지시 당시 그러한 착오 사실을 알고 있는 경우에만 좌절될 것인데, 이는 더욱 드물 것이다. 게다가 이때에도 만일 지급거래 기본계약에 따라 지급인에게 지급지시를 할 때 수취인과 계좌정보를 확인할 부수의무를 인정할 수 있다면, 송금매개인은 수취인을 상대로 직접 부당이득 반환청구를 해야 함으로써 발생한 손해의 배상을 과실 있는 지급인을 상대로 청구할 수 있게 될 것이어서(제390조)[119] 취소의 의미는 그다지 크지 않을 것이다.

## (2) 사기·강박

마찬가지로 사기·강박을 이유로 지급지시가 취소되는 사안(제110조 제1항, 제140조, 제142조)도 드물 것이다.[120] 예컨대 매도인의 사기로 불리한 계약을 체결한 매수인이 은행을 통하여 매매대금을 이체한 경우, 사기라는 취소 원인은 매매계약에만 존재하는 것이고 지급지시 자체는 사기에 의한 것이라고 말하기 어렵다. 설령 인과관계를 매우 넓게 이해해서 사기에 의한 것이라고 하더라도, 지급지시 상대방인 송금매개인이 그러한 사실을 인식할 수 없었던 이상, 지급지시의 취소는 문제되지 않는다(제110조 제2항).[121] 강박의 경우 강박이 지급지시까지 미치는 사례가 발생할 수 있지만, 역시 제3자의 강박이므로 통상 취소가 가능하지 않을 것이다.[122] 어쨌든 예외적으로 사기·강박을 이유로 하는 지급지시의 취

---

117) 김형석 (주 39), 317-318면. 가능성을 열어 두는 김상중 (주 29), 243면도 참조. 반면 정경영 (주 30), 89면은 수취인은 직접 거래 상대방이므로 제3자가 될 수 없다고 지적하나 타당하지 않다. 지급지시의 상대방은 수취인이 아니라 송금매개인이기 때문이다.
118) 양창수 편집대표, 민법주해[Ⅲ], 제2판, 2022, 328면 이하(김형석) 참조.
119) 같은 취지로 김상중 (주 29), 243-244면.
120) 김형석 (주 39), 319면.
121) 김형배 (주 42), 300면 참조.

소가 허용된다고 하더라도, 착오에서와 마찬가지로 그러한 취소의 효과는
선의의 제3자의 권리를 해할 수 없다(제110조 제3항). 그러므로 수취인이
선의인 이상 부당이득 반환은 대가관계에서 행해지며, 송금매개인의 수취
인을 상대로 하는 직접청구는 고려되지 않는다.

  (3) 제한능력

  반면 제한능력을 이유로 지급지시가 취소되는 사안은 다르다(제5조
제2항, 제10조, 제13조, 제140조, 제142조).[123] 왜냐하면 우리 입법자는 제한
능력자의 보호를 위하여 그의 법률행위가 취소되는 경우 거래의 안전을
후퇴시키고 있기 때문이다.[124] 그러므로 제한능력자가 법정대리인의 동의
없이 지급지시를 하였고 이후에 법정대리인이 이를 취소하였다면, 이 사
안은 처음부터 유효한 지급지시가 없었던 사안(위의 Ⅳ. 2. 참조)과 동일하
게 취급해야 한다.[125] 그러한 경우 송금매개인은 자신이 이전한 자금을
수취인을 상대로 부당이득으로서 반환청구해야 한다.[126] 이러한 결론은
법정대리인이 제한능력자의 개개 지급행위의 적절성을 판단할 권한을 가

---

122) 보통법 전통에 충실하게(민법주해〔Ⅲ〕 (주 118), 434면 이하(김형석) 참조) 제110조
   제2항과 같은 취소권 제한을 제3자의 사기에만 한정하고 있는 일본 민법(동법 제
   96조 제2항)에서는 강박에 의한 지급지시의 취소가 문제된 바 있다(日最判 1998.
   5. 26., 民集 52-4, 985). 피고는 제3자의 강박을 받아 대주인 원고와 소비대차 계
   약을 체결하고 대여금은 강박자가 미리 지정한 (그리고 피고와는 법률관계가 없
   는) 자에게 지급하도록 지시하였는데, 이후 피고가 강박을 이유로 소비대차를 취
   소하자 원고는 피고에게 부당이득 반환청구를 한 사안이 문제되었다. 최고재판소
   는 "특단의 사정이 없는 한" 직접청구는 허용되지 않는다고 밝히면서도, 이 사안에
   는 그러한 예외적인 사정이 있는 것으로 판단하여 피고가 원고의 출연에 의하여
   이익을 받은 것이 없다는 이유로 청구를 기각하였는데, 이는 원고의 수령자에 대
   한 직접청구를 전제하는 것으로 이해되고 있다. 이 판결을 평석하면서 삼면관계 부
   당이득에 관한 학설과 판례를 개관하는 潮見佳男, "「第三者への給付」と不當利得(上)",
   金融法務事情, 第1539號, 1999, 24면 이하; "「第三者への給付」と不當利得(下)", 金
   融法務事情, 第1540號, 1999, 26면 이하 참조.
123) 김형석 (주 39), 319면 이하.
124) "행위무능력자 제도는 사적자치의 원칙이라는 민법의 기본이념, 특히 자기책임
   원칙의 구현을 가능케 하는 도구로서 인정되는 것이고, 거래의 안전을 희생시키더
   라도 행위무능력자를 보호하고자 함에 근본적인 입법취지가 있"다는 大判 2009. 7.
   23., 2008다78996 참조.
125) 같은 취지로 정경영 (주 30), 95면.
126) 김형배 (주 42), 300면.

지고 있다는 관점에서 정당화된다. 물론 이렇게 송금매개인이 수취인을 상대로 부당이득을 청구하면, 송금매개인은 지급인으로부터 비용의 선급 내지 상환으로 이전받은 자금을 다시 지급인에게 반환해야 하고, 수취인은 제한능력자인 지급인에 대한 관계(대가관계)에서 새로이 이행청구를 해야 하거나 대가관계도 취소되는 경우 원상회복에서 동시이행의 항변권을 상실하는 불이익을 받게 된다(주 134 참조). 그러나 이는 제한능력자와의 거래에 내재한 위험이 실현된 것에 지나지 않으며 감수되어야 한다.

　여기서 유의할 점은 법정대리인은 지급지시를 취소하여 개별 지급행위의 효력을 배제할 수도 있지만, 반대로 개별 지급은 그대로 두고 보상관계나 대가관계를 취소하여 원상회복하는 결과를 의욕할 수도 있다는 것이다. 예컨대 미성년자가 법정대리인의 동의 없이 신용카드 계약을 체결하고 신용카드를 사용해서 재화와 용역을 구매하였는데, 그 법정대리인이 신용카드 계약을 취소하고 미성년자를 대리하여 부당이득을 청구하는 경우,[127] 법정대리인은 대가관계에서 미성년자가 행한 개별적 지급행위의 적절성 여부를 검토하여 지급지시를 취소한 것이 아니다.[128] 법정대리인은 오히려 미성년자와 신용카드 회사 사이의 이용계약 즉 보상관계를 해소하고 그에 기한 재산이동을 원상회복하고자(= 카드 대금을 돌려받고자) 한다. 그러므로 이는 개별 지급행위의 취소가 아니라, 오로지 보상관계에서의 원상회복만을 목적으로 하는 신용카드 이용계약의 취소이다.[129] 제한능력에 따른 취소는 지급지시 자체가 아니라 보상관계에만 영향을 미치며, 따라서 부당이득 반환도 지급인과 송금매개인 사이에서 행해진다. 이러한 결과는 미성년자의 법정대리인이 카드 가맹점에 대한 관계(대가관계)에서 재화나 용역을 구매한 계약도 취소하였다고 하여도[130] 달라지지 않

---

127) 大判 2005. 4. 15., 2003다60297, 60303, 60310, 60327, 공보 2005, 735.
128) 이는 원고측이 카드회사가 반소로 주장한 부당이득 반환청구에 대하여 자신들이 이득한 것은 대가관계에서 수령한 재화와 용역이라고 주장하였다는 사실에서도 나타난다.
129) 이 사안에서 법정대리인은 보상관계의 취소로써 오히려 미성년자의 지급지시를 추인하면서(제143조, 제144조) 그 효력을 유지한 것으로 볼 것이다. 주 92의 본문 참조.

는다. 이러한 경우 보상관계와 대가관계가 모두 무효이거나 취소된 이른
바 이중흠결의 사안이 문제되는데, 이때에도 송금매개인 → 지급인 → 수
취인으로 금전이 급부된 것으로 상정하여 각각의 보상관계 및 대가관계
에서 부당이득 반환이 행해져야 한다는 것이 이제 일반적인 해석이기 때
문이다.[131] 물론 이 사건에서는 카드회사가 미성년자에게 급부한 금전도
원상회복되어야 하므로, 쟁점은 미성년자에게 어느 범위에서 이익이 현존
하는지의 문제로 귀결한다(제141조 단서). 여기서 법원은 금전의 경우 현
존이익이 추정된다는 법리[132]에 의지해 현존이익 상실을 인정하지 않았
으므로,[133] 미성년자의 법정대리인이 의도한 바는 결과적으로 달성될 수
없었다.[134]

---

130) 실제로 미성년자의 법정대리인은 이러한 방법을 시도하였으나(大判 2006. 3. 10.,
    2005다46363, 46370, 46387, 46394, 공보 2006, 606 참조), 판례는 법정대리인의 개
    괄적·묵시적 동의를 상정하여 취소를 부정하였다(大判 2007. 11. 16., 2005다
    71659, 71666, 71673, 공보 2007, 1926).
131) 김형배 (주 42), 324면; 주석 민법 채권각칙(5) (주 101), 781면(이계정); 김형석
    (주 39), 323면 이하 등 참조.
132) 大判 1996. 12. 10., 96다32881, 공보 1997, 317 등.
133) 그러나 미성년자 보호라는 관점에서 현존이익 상실을 보다 구체적으로 검토하는
    것이 바람직하였을 것이다(양창수, "2005년도 민사판례 관견", 민법연구, 제9권,
    2009, 330면 참조). 그렇지 않으면 현존이익의 추정이라는 법리에 의지하여 미성년
    자가 취소한 계약의 효력을 사실상 유지하는 효과가 발생하기 때문이다(실제로 이
    사건에서 그러하였다). 따라서 미성년자가 신용카드를 사용하여 통상적이고 생활
    의 필요를 충당하는 재화나 용역을 공급받는 계약을 체결하였다면 이익이 현존한
    다고 하겠지만, 반대로 신용카드를 발급받음을 기화로 이에 의해서만 가능하게 된
    사치성 소비를 하였다면 그 범위에서는 현존이익이 없다고 보아야 한다. Prütting
    in Prütting/Wegen/Weinreich, *Bürgerliches Gesetzbuch*, 14. Aufl., 2019, § 818 Rn. 21
    참조.
134) 소송의 전략이라는 관점에서는 미성년자의 법정대리인이 지급지시를 취소하는
    방법도 고려할 수 있었을 것이다. 그렇다면 신용카드에 의한 지급은 효력을 상실
    하고, 신용카드 회사는 가맹점을 상대로 지급한 금액을 부당이득 반환으로 청구해
    야 하는 한편 미성년자에게는 (비용상환관계가 소급적으로 소멸하므로) 지급된 카
    드 대금을 반환해야 했을 것이다. 이렇게 되면 재화나 용역을 공급한 가맹점은 결
    과적으로 미성년자를 상대로 선이행한 것이 되어, 미성년자를 상대로 다시 대금이
    나 보수의 이행을 청구할 수밖에 없다. 미성년자는 이때 선택적으로 대가관계를
    취소하여 원상회복 관계에 대처할 수 있었을 것이다. 물론 취소하는 거래에서 미
    성년자는 가맹점으로부터 수령한 재화와 용역에 대해 부당이득 반환의무를 부담할
    것이다. 이 방법은 다수의 소송을 감당해야 하는 불이익은 있지만, 현존이익 상실

### 4. 지급지시의 철회

지급인은 송금매개인을 상대로 유효하게 도달시킨 지급지시를 철회할 수 있다. 앞서 보았지만, 지급지시는 변제수령권한의 수권과 지급에 관한 사무처리 의무를 발생시키는 지시를 포함한다(위의 Ⅲ. 1. (2), (3), Ⅳ. 1. 참조). 그러므로 지급인이 송금매개인을 상대로 지급을 철회하는 의사표시를 도달시키는 경우, 이는 한편으로 수권을 철회하고 지급에 관한 사무처리를 중지하라는 내용의 지시를 전달한 것이다.[135] 따라서 지급지시가 철회되면 송금매개인은 지급인에 대한 관계에서 지급거래 기본계약에 따라 이제 결제를 진행하지 아니할 의무를 부담하게 된다. 그러나 철회는 장래효만이 있으므로, 수취인의 계좌에 종국적인 입금기장이 이루어져 결제가 종결된 이후에는 철회가 의미를 가질 수 없으며 따라서 철회는 불가능하다.[136] 유효한 지급지시에 따라 지급이 적법하게 이루어진 것이다. 그러한 의미에서 전자금융거래법도 지급의 효력이 발생하기 전까지 거래지시를 철회할 수 있다고 규정하면서, 대량으로 처리하는 거래에 대해서는 철회 시기를 달리 약정할 가능성도 허용하고 있다(동법 제14조 제1항, 제2항; 전자금융거래 기본약관 제16조도 참조).

그런데 지급이 종결되기 전에 지급인이 지급지시를 유효하게 철회하였음에도 불구하고 송금매개인이 착오 등으로 이를 간과하고서 지급을

---

이 유리한 대가관계를 선택적으로 취소함으로써 현존이익이 추정되는 금전과 비교해 보다 용이하게 현존이익 상실을 증명할 수 있다는 실익이 있었을 것이다.

135) 같은 취지로 정동윤 (주 23), 574면; 정경영 (주 30), 99면.

136) 정경영 (주 30), 231면; Canaris (주 31), Rn. 354; Gößmann, Recht des *Zahlungsverkehrs*, 2. Aufl., 1993, Rn. 60; Koziol in Apathy/Iro/Koziol (주 44), Rn. 1/42, 45; 小塚·森田 (주 68), 47면. 日最判 2000.3.9., 金融法務事情, 第1586號, 2000, 96도 참조. 반면 지급 서비스 지침 이전의 프랑스 판례는 송금매개인의 출금기장 시점까지 철회가 가능하다고 해석하였다. Piédelièvre (주 33), n° 434; Capdeville, Stork, Mignot Kovar et Éréséo (주 87), n° 1430. 유럽연합의 제1차 지급 서비스 지침(2007)은 지급지시가 송금매개인에게 도달한 시점부터는 철회할 수 없는 것을 원칙으로 하나, 견인지급 특히 추심이체에 대해 예외를 허용하고 있다(동 지침 제66조 참조). 또한 미국 통일상법전 제4A-211조 및 Cranston et al. (주 33), p. 346도 참조.

실행하거나 또는 송금매개인이 철회 사실을 추심매개인에 고지해 사무를
처리하기 전에 입금기장이 이루어진 경우, 법률관계는 어떠한가?[137] 예컨
대 자동이체에 대한 동의가 철회되었음에도 불구하고 은행이 이를 간과
하고 자동이체를 실행하여 수취인에게 입금기장된 경우가 그러할 것이
다. ⓐ 일단 지급거래의 법률관계를 충실히 적용한다면 다음과 같이 처
리될 것이다. 유효한 지급지시가 더 이상 존재하지 않으므로, 지급의 효
력은 발생하지 않는다. 그러므로 지급지시가 부존재한 경우에 해당하여
(위의 Ⅳ. 2. 참조), 송금매개인은 지급인의 출금기장을 정정하여 이전의
잔고를 회복시키는 의무를 부담하면서, 수취인을 상대로 입금기장된 금액
에 대해 직접 부당이득 반환을 청구해야 할 것이다. ⓑ 그러나 이러한
해법에 대해서는 다음과 같은 반대 견해도 주장될 수 있다. 지급지시가
유효하게 철회된 것은 사실이지만, 어쨌든 지급인은 지급지시를 하였다가
철회함으로써 이 과정을 야기한 것이고, 더 나아가 은행이 철회에도 불
구하고 변제수령권한 수권과 변제목적 지정을 전달함으로써 사자권 없는
사자로서 행위한 것이므로 대리권 소멸 후 표현대리에 관한 제129조를
유추적용하여[138] 수취인이 철회에 대해 선의·무과실이라면 지급의 효력
은 유지되어야 한다는 것이다.[139] 특히 지급지시에 의사의 흠결·하자가
있어도 선의의 제3자가 보호받는데, 지급인이 자의로 철회한 경우에 선
의의 수취인이 보호받지 못하는 결과는 평가모순이라고 생각할 여지도
존재한다.[140] 이 경우 송금매개인은 지급인을 상대로 부당이득에 기해서
만 상환을 받을 수 있으며,[141] 지급인이 받는 불이익이 있다면 송금매개

---

137) 정경영 (주 30), 277면 참조.
138) 사자권 없는 사자의 행위에 대해 大判 1962.2.8., 4294민상192, 집 10-1, 87 참조.
139) 김형배 (주 42), 300-301면 참조. 과거 독일의 통설·판례이나(Loewenheim,
    *Bereicherungsrecht,* 3. Aufl., 2007, S. 39ff. 참조), 그 이론구성에 대해서는 견해가
    대립하고 있었다. 본문의 설명은 Larenz/Canaris (주 39), S. 229ff.; Koziol in
    Apathy/Iro/Koziol (주 44), Rn. 116 참조. 또한 미국 통일상법전 § 3-418 (a), (c)도
    참조.
140) 김형석 (주 39), 322면.
141) 김형석 (주 39), 323면.

인을 상대로 하는 손해배상으로 전보되어야 할 것이다(제390조).

두 견해 모두 나름의 논거를 가지고 있으나, 적어도 지급거래의 영역에서는 첫 번째 견해에 따라 처리되어야 할 것이다. 이는 전자금융거래법 제14조 제1항을 이유로 한다. 이 규정에 따르면 동법이 적용되는 범위에서 지급인은 지급이 효력을 가질 때까지 지급지시를 철회할 수 있는데, 이는 한편으로 지급인이 철회를 통해 지급을 중단할 수 있는 자유를 폭넓게 인정하면서, 수취인의 신뢰 보호를 위해 그 시간적 한계로 지급의 효력 발생 시점을 한계로 설정하는 것이다. 이 규정을, 지급인이 철회는 할 수 있되, 그럼에도 불구하고 지급이 실행되면 유효한 지급이 이루어진다는 내용으로 이해하기는 쉽지 않다. 지급인이 철회를 할 수 있다는 명제는 수권과 위임의 법리에서 자연스럽게 도출되는 내용으로, 새삼 법률의 규정이 요구되지 않기 때문이다. 따라서 전자금융거래법 제14조 제1항이 의미를 가지기 위해서는, 지급지시 철회의 경우 지급의 효력도 인정하지 않겠다는 입법적 평가가 반영되어 있다고 보는 것이 합리적이다. 그리고 현재 지급거래에서 전자적 지급이 차지하는 비중을 고려할 때, 전자금융거래법이 적용되는 경우와 그렇지 않은 경우를 구별하여 정반대로 취급하는 것도 적절하다고 말하기 어렵다. 물론 이러한 관점은 지급지시에 의사의 흠결·하자가 있는 사안에서의 취급과 비교할 때 불균형이 발생하는 문제는 있지만, 실제로 착오나 사기·강박을 이유로 취소권이 인정되는 경우가 드물 것으로 예상되므로 실무상으로 큰 난점이 발생하지는 않을 것이다(위의 Ⅳ. 3. (1), (2) 참조). 그렇다면 지급지시의 철회에도 불구하고 지급이 실행된 사안은 지급지시 부존재의 경우와 동일하게 취급하는 것이 타당할 것이다.[142]

---

142) 이로써 전자금융거래법 제정 이전에 민법의 해석만으로 주장되었던 김형석 (주 39), 322-323면의 견해는 변경하기로 한다. 독일 연방대법원도 유럽연합의 제1차 지급 서비스 지침(2007)에 따라 개정된 독일 민법 제675j조의 해석으로 동의가 철회된 경우 송금매개인 → 지급인 → 수취인의 급부관계는 인정될 수 없다고 하여 지급의 효력을 인정하지 않고, 송금매개인이 수취인을 상대로 직접 부당이득 반환을 청구해야 한다고 판례를 변경하였다(BGHZ 205, 377). 전거와 함께 Tonner/Krüger (주 29), § 13 Rn. 49ff. 참조. 또한 수표 추심과 관련해 Cranston et al. (주 33), p. 380.

## V. 무현금 지급거래에서 위험의 분배

계약 당사자 쌍방에게 책임 없는 사유로 발생하는 불이익을 위험이
라고 한다. 모든 계약관계는 계약 진행과 관련해 발생하는 위험을 당사
자 사이에서 분배하는 규율을 포함하고 있다. 무현금 지급거래와 관련해
서도 다양한 형태의 위험 분배가 문제될 수 있다. 아래에서는 보상관계
및 대가관계에서 발생하는 위험 분배를 살펴보기로 한다.

### 1. 무권한 지급지시에서의 위험 분배

#### (1) 송금매개인 위험 부담 원칙

(가) 위조 또는 변조된 지급지시가 행해지거나 지급수단이 부정하게
사용되어 무현금 지급거래가 이루어지는 사안이 발생할 수 있다. 예컨대
타인이 지급인의 온라인 뱅킹 정보를 탈취하여(피싱) 계좌이체를 지시하
거나, 수취인이 자동이체와 관련해 지급인의 동의를 위조하여 제출하거
나, 타인이 전달되는 지급지시에 해킹으로 개입하여 그 내용을 수정하거
나, 분실된 신용카드를 습득한 자가 이를 이용해 대금을 지급하는 등의
경우가 그러하다. 이러한 사안에서 권한 없이 지급지시를 위·변조하거
나 지급수단을 부정 사용하는 자는 마치 자신이 정당한 지급인인 것처럼
지급지시를 행하는 것이다. 이는 계약 당사자 명의가 의미를 가지는 거
래에서 행해지는 성명모용으로, 권한 없이 본인의 이름을 사용하여 현명
하였으므로 무권대리 규정이 적용된다.[143] 본인의 추인이 없는 한 그러

---

143) 고상용, 민법총칙, 제3판, 2003, 523면; 곽윤직·김재형 (주 19), 354면; 백태승,
민법총칙, 제8판, 2021, 254면; 송덕수 (주 19), 374면; 이영준, 민법총칙, 개정증보
판, 2007, 587-588면 등. 김대정 (주 19), 1014면은 반대. 판례도 이러한 방식의 현
명을 인정하고, 성명모용 행위의 효력을 부정하면서도 표견대리가 가능하다고 하
므로, 기본적으로 같은 태도라고 할 것이다. 大判 1963. 5. 9., 63다657, 집 11-1,
298; 1987. 6. 23., 86다카1411, 공보 1987, 1209; 1993. 2. 23., 92다52436, 공보
1993, 1079 등 참조. Flume, *Allgemeiner Teil des bürgerlichen Rechts*, 2. Band, 4.
Aufl., 1992, S. 778f.도 참조. 한편 "表見代理"를 "표견대리"로 읽어야 한다는 점에
대해서는 김형석, 사용자책임의 연구, 2013, 173면 주 3 참조.

한 지급지시는 무효이다. 물론 표견대리(주 143 참조) 규정이 적용될 수 있는 때에는 예외적으로 외관 책임에 기해 지급지시의 효력이 유지될 수 있다.[144] 예컨대 대리인이 자신의 권한을 넘는 금액에 대해 지급을 지시하거나(제126조), 해임된 대리인이 이미 알고 있는 정보를 이용해 지급을 지시한 경우(제129조), 이를 알았거나 알 수 없었던 송금매개인에 대한 관계에서 본인인 지급인은 지급지시의 무효를 대항할 수 없게 될 것이다.

따라서 무권한 지급지시의 경우 법률관계는 기본적으로 지급지시가 부존재하거나 무효인 경우(위의 Ⅳ. 2. 참조)에 해당한다. 지급은 효력을 가지지 않는다. 권한 없이 행해진 지급지시에 따라 지급을 실행한 송금매개인은 지급인의 계좌에 출금기장을 정정하여 원상으로 회복하는 한편, 수취인을 상대로 이전된 금액을 부당이득으로 반환청구해야 한다(제741조). 이때 지급인에게 그러한 무권한 지급지시가 행해지게 된 사정에 대해 책임 있는 사유가 존재한다면, 송금매개인은 지급인을 상대로 지급거래 기본계약에 따른 부수적 급부의무 위반을 이유로 손해배상을 청구할 수 있다(제390조). 예컨대 지급인이 계좌정보를 부주의하게 관리하여 타인이 이를 알게 되었거나, 부주의하게 피싱 스캠에 "낚여" 계좌에 대한 통제를 상실하였거나,[145] 객관적 주의를 다하지 못해 지급수단을 분실하였거나, 분실·도난에도 불구하고 적시에 송금매개인에게 이를 고지하지 않았던 경우 등이 그러할 것이다. 물론 이때에도 송금매개인에게도 부주의한 사정이 있었다면(예컨대 위·변조의 심사, 서버의 보안 관리 등에서 부주의), 이는 손해배상에서 과실상계 사유로 고려될 것이다.[146] 이렇게 송금매개인

---

144) 김상중, "명의도용에 의한 전자금융거래의 효력과 책임", 민사법학, 제99호, 2022, 287-288면; Wiebe in Apathy/Iro/Koziol (주 44), Rn. 3/38ff. 참조.
145) 大判 2014. 1. 29., 2013다86489, 공보 2014, 499. 이 판결에 대해 김기창, "전자금융거래법상 '이용자의 중대한 과실'", 정보법학, 제18권 제3호, 2014, 192면 이하; 서희석, "전자금융거래법상 '이용자의 중과실'의 판단기준", 비교사법, 제21권 제2호, 2014, 781면 이하 참조.
146) 大判 1991.4.23., 90다15129, 공보 1991, 1457은 신용카드 부정 사용 사안에서, "가맹점이 […] 주의의무를 게을리하여 손해를 자초하거나 확대하였다면 그 과실의

이 지급인을 상대로 손해배상 청구권을 가지는 경우, 송금매개인은 손해
배상청구권으로 지급인이 계좌에 기해 자신에 대해 가지는 채권과 상계
하고(제492조) 나머지 금액만을 반영하여 출금기장을 정정할 수 있다. 그
러나 지급인에게 귀책사유가 없는 경우, 송금매개인은 이러한 손해배상
청구권을 가질 수 없으므로 지급인의 계좌를 원상회복해 주면서 수취인
의 무자력 위험을 부담하게 된다. 결과적으로 무권한 지급지시의 위험은
지급인이 아닌 송금매개인이 부담한다.[147]

　　(나) 이러한 해석에는 물론 여러 시각에서 의문이 제기될 수도 있겠
지만, 어느 것이나 설득력이 있다고 보기는 어렵다.

　　우선 송금매개인이 선의·무과실인 경우에는 채권의 준점유자에 대
한 변제 규정(제470조)이 적용되거나 적어도 유추적용되어 지급을 유효한
것으로 취급해야 하므로, 무권한 지급지시의 위험은 지급인이 부담한다고
생각할 가능성이 있다.[148] 그러나 이러한 설명은 기본적으로 개념의 혼

---

　　정도에 따라 회원의 책임을 감면함이 거래의 안전을 위한 신의성실의 원칙상 정당
　　하다"고 하는데, 이는 과실상계의 맥락에서 가맹점이 채권자인 신용카드업자의 영
　　역에 속한다고 판단한 것으로 이해할 수 있다. 김용덕 편집대표, 주석 민법 채권
　　총칙(1), 제5판, 2020, 947면 이하(문주형) 참조.
147) 신용카드의 부정 사용과 관련해 大判 1987.4.14., 85다카2273, 집 35-1, 236 참조.
　　제철웅 (주 60), 538면; Bonhome et Roussille (주 55), n° 427; Schön (주 22),
　　424ff. 등도 참조. 이는 그 구조에 있어서 위조수표 지급의 경우 위험 분배와 비슷
　　하다(정경영, "무권한 전자금융거래에서 금융기관의 책임", 금융법연구, 제3권 제1
　　호, 2006, 21면). 위조수표 지급의 위험 분배에 대해 전거와 함께 정동윤 (주 23),
　　425-426면).
148) 정동윤 (주 23), 583면; 정경영 (주 147), 35, 37-38면. 大判 1998. 11. 10., 98다
　　20059, 공보 1998, 2836도 참조. 이 판결의 사실관계는 복잡하나(대법원 판결의 서
　　술만으로는 쉽게 이해하기 어렵다; 대구고판 1998. 3. 25., 97나5733, 로앤비 참
　　조), 본고의 쟁점과 관련해 요약하면 다음과 같다. 甲은 乙의 신분증을 가지게 된
　　것을 이용하여 乙 행세를 하고서 피고 은행 A 지점에 계좌(a)를 개설하고 폰뱅킹
　　을 신청하였고, 이후 乙이 피고 은행 B 지점에 가지고 있는 계좌(b)의 비밀번호도
　　알아낸 다음, 폰뱅킹을 이용하여 계좌(b)에서 계좌(a) 등으로 금전을 이체하였다.
　　계좌(b)의 예금채권을 乙로부터 양수한 원고의 피고 은행에 대한 예금반환 청구에
　　대해 피고 은행은 채권의 준점유자에 대한 변제를 주장하였으나, 원심은 폰뱅킹
　　신청에서 신원 확인을 제대로 하지 않은 과실을 인정하여 이를 부정하였고, 대법
　　원은 원심의 판단을 시인하였다. 그렇다면 이 판결은 무권한자에 의한 계좌이체
　　지시의 경우 채권의 준점유자에 대한 변제 규정이 적용될 수 있음을 전제한 것으

동에 기인한 것으로 타당하지 않다.[149] 송금매개인은 자금을 수취인 방향으로 이동시킴으로써 지급인을 상대로 지급계약 기본계약에 따른 의무를 이행하는 것이다(위의 Ⅲ. 1. (2), (3) 참조). 그런데 무권한 지급지시 사안에서는 지급지시 자체가 무효이므로 송금매개인은 기본계약에 따라 자금을 이동시킬 의무 자체가 없었다. 따라서 이는 채권의 준점유자인 수취인에게 변제한 것이 아니라 송금매개인이 오상채무자로서 채무 없이 지급인에게 변제한 사안이다. 아무런 채무도 없는 자가 채무가 있다고 착각해 변제한 경우에 제470조가 적용된다고는 보기 어렵다. 게다가 이때 제470조에 따라 수취인의 자금 취득을 종국적인 것으로 인정하더라도, 유효한 지급지시가 없는 이상 송금매개인은 지급인을 상대로 비용선급청구권(제687조)이나 비용상환청구권(제688조)을 취득하지 못해 지급인의 계좌정정 청구에 대해 대항할 수 있는 방법이 없다.[150] 따라서 송금매개인은 오히려 수취인을 상대로 반환청구의 가능성을 가지고 있어야 한다. 그렇지 않으면 채권의 준점유자에 대한 변제를 원용하여 지급의 효력을 종국적인 것으로 해석하는 견해는 송금매개인이 지급인에게는 상계를 주장하지 못하면서도 수취인에게는 부당이득을 반환청구하지 못하는 치명적인 결과를 가져온다. 또한 여기서 분명히 드러나는 바이지만, 진정한 채권자가 가지는 채권의 할당내용 침해가 발생하는[151] 채권의 준점유자에 대한 변제 사안과는 달리, 무권한 지급지시의 경우 지급인의 어떠한 채권도 침해되는 바가 없다는 것을 확인할 수 있으며, 그러한 의미에서도 제470조의 적용은 이 사안유형에 들어맞지 않는다.

---

로 이해될 여지가 있다.

149) 비슷한 관점으로 제철웅 (주 60), 501-502면.

150) 즉 채권의 준점유자에 대한 변제가 가능하다는 견해는 제470조가 적용된다는 명제로부터 그 결과 송금매개인이 지급인을 상대로 비용선급·상환에 기초해 상계 및 출금기장을 할 수 있다는 명제를 암묵적으로 도출하는데, 이는 아무런 법적인 근거가 없는 부당전제(petitio principii)이다. 무슨 근거로 채권자 아닌 자에 대한 변제의 효력만을 규율하는 제470조가 위임의 취지에 반하는 사무처리를 갑자기 위임의 본지에 부합하게 하는 효과를 발생시키는지는 쉽게 이해할 수 없다.

151) 大判 1980. 9. 30., 78다1292, 집 28-3, 99 참조.

그래서 예컨대 무권한자가 계좌이체를 지시하여 자신의 채무를 변제한 경우, 수취인으로서는 무권한자를 상대로 하는 채권의 변제로서 계좌 명의인이 이행보조자 또는 제3자로서 이체한 자금을 수령한 것이다. 여기서 수취인은 당연히 예금채권의 준점유자가 아니다. 그는 무권한자에 대한 진정한 채권자이며, 그 자격으로 변제를 수령하였다. 여기서 은행의 수취인에 대한 부당이득 반환을 부정한다면, 예금채권의 변제효가 발생하는 것이 아니라(이는 바로 앞에서 보았지만 가능하지 않다; 주 150 참조) 무권한자 상대방의 무권한자에 대한 채권이 변제로 소멸한다. 채권의 준점유자에 대한 변제가 이러한 효과를 예정하고 있는 규율이 아님은 명백하다.

물론 무권한자가 직접 금전을 인출하면 채권자의 준점유자에 대한 변제가 성립하지만, 계좌이체를 지시하면 그렇지 않다는 결과가 일견 부당하다고 생각될 수도 있을 것이다. 그러나 자세히 살펴보면 이는 그렇지 않다. 우선 무현금 지급거래에서 예컨대 피싱으로 예금계좌의 정보만이 탈취된 사안이나 분실·습득된 체크카드로 대금을 지급하려는 사안처럼, 무권한자가 통장·현금카드가 없거나 비밀번호를 알지 못해 금전을 직접 청구할 수 없는 경우가 다수 존재한다는 사실을 기억해야 한다. 더나아가 무권한자가 예컨대 현금카드와 비밀번호로 이체를 지시하는 경우에도 자세히 살펴보면 이익상황에 차이가 있다. 무권한자가 진정한 채권자인 것처럼 행세하며 예금의 반환을 청구하는 경우, 은행은 자신의 채권자에게 자기 채무를 변제한다고 생각하고 또 그러한 효과를 의욕한다. 반면 계좌이체가 지시된 경우, 은행은 실제로 이체 수취인이 어떠한 이유에서 해당 자금을 받게 되는지에 대해서는 아무런 관심도 이해관계도 없다. 은행은 자신의 고객인 지급인에 대해 의무를 이행하려고 했을 뿐이며, 그 신원에는 아무런 혼동이 없다. 다만 은행은 무권한자의 개입으로 자신이 이체를 실행할 의무가 없음에도 의무가 있다고 착각했을 뿐이다. 전자는 변제의 효력이 문제되는 영역임에 반해, 후자는 대리의 효력이 문제되는 영역이다. 따라서 여기서는 표견대리가 성립하지 않는

한(주 144의 본문 참조) 별도의 외관 책임은 고려될 여지가 없다고 말해
야 한다.

(다) 한편 위임 관련 규정의 해석으로부터 무권한 지급지시의 위험
을 송금매개인이 아니라 지급인이 부담해야 한다고 해석할 가능성도 존
재한다.[152]

하나의 가능성은 비용선급·상환에 관한 규정과 관련해 제기된다.
위임에 따른 비용선급·상환에서 필요비는 순수 객관적 표준에서 판단할
때의 필요비를 의미하는 것은 아니며, 수임인이 선관주의의무를 다하여서
(제681조) 객관적으로 판단하였을 때 필요하다고 인정할 수 있었던 비용
을 말한다.[153] 즉 필요비의 여부는 수임인의 주관적인 관점에서 객관적
으로 판단되는 비용인 것이다. 그러므로 송금매개인의 관점에서 선량한
관리자의 주의를 다해 유효한 지급지시가 있다고 믿고 사무를 처리한다
면 이를 위해 필요한 비용은 필요비가 되어 상환관계가 성립한다고 말할
수 있는 여지가 있는 것이다. 그렇다면 송금매개인은 지급인에 대한 관
계에서 적법하게 상계를 하고 출금기장을 할 수 있을 것이고, 이로부터
손실을 받은 지급인이 수취인을 상대로 부당이득 반환을 청구해야 하는
결과가 발생한다. 이렇게 해석한다면 지급인에게 귀책사유가 없더라도
그는 수취인의 무자력 위험을 부담하게 되므로, 무권한 지급지시의 위험
은 그에게 귀속하게 될 것이다. 그러나 이러한 견해 역시 부당전제로 타
당하다고 보기 어렵다. 지급지시가 무효인 이상, 송금매개인은 사무처리
를 할 의무를 전혀 부담하지 않으며, 따라서 사무처리를 위해 비용이 필
요하다고 볼 여지가 있는지의 문제가 아예 제기될 여지가 없기 때문이
다.[154] 유효한 사무처리 의무가 있는 경우에 가능한 논리를 그렇지 않은

---

152) 이는 von Tuhr, "Einlösung eines gefälschten Checks", *Schweizerische Juristen-Zeitung*,
1924/1925, 333ff.에서 비롯한 종래 독일의 소수설이다. 그 소개로 Schön (주 22),
425 참조.

153) 곽윤직 (주 34), 278면; 김형배 (주 61), 685면; 곽윤직 편집대표, 민법주해[XVI],
1997, 579면(이재홍 집필) 등 참조.

154) Canaris (주 31), Rn. 368 참조.

경우에 전용할 수는 없을 것이다.

다른 하나의 가능성은 제688조 제3항의 해석으로부터 제기된다. 이에 따르면 수임인이 위임 사무의 처리를 위하여 과실 없이 손해를 받은 때에는 위임인에 대하여 그 배상을 청구할 수 있다. 따라서 송금매개인이 객관적 주의를 다하여 적법한 지급지시가 있다고 믿고 지급거래를 처리하였다면 그로부터 발생한 손해는 위임인인 지급인이 부담해야 하므로, 무권한 지급지시의 위험은 위임인에게 있다고 생각할 여지도 있는 것이다.[155] 그러나 이 역시 타당하지 않다. 여기서도 유효한 지급지시가 없는 이상, 수임인인 송금매개인은 아예 지급 사무를 처리할 의무를 부담하지 않는다.[156] 따라서 위임에 따른 사무처리를 운위할 수 없으므로 그로부터 손해를 받았다는 요건부터 충족되지 않는다. 게다가 이 규정은 위임이 무상계약임을 전제로 하여 로마법 이래 발전된 법리를 실정화한 것이어서, 지급거래와 같이 송금매개인이 전문적인 영업으로 보수를 받고 행하는 사무처리에 당연히 적용된다고 단정하기는 쉽지 않다.[157] 오히려 묵시적인 약정으로 그 적용이 배제되었다고 해석하는 것이 해당 법률관계에 적절하다고 생각된다.

(라) 그러므로 무권한 지급지시의 위험은 원칙적으로 송금매개인이 부담한다. 지급인에게 책임 있는 사유가 있는 경우, 이는 송금매개인의 지급인을 상대로 하는 손해배상에서 고려된다. 이렇게 해석함으로써 지급인은 자신의 동의가 있을 때에만 지급의 효력이 발생한다는 이익을 무권한 지급지시의 경우에도 관철할 수 있다(Ⅱ. 2.의 이익 ②).[158] 그리

---

155) 정경영 (주 147), 38면 이하 참조.

156) Canaris (주 31), Rn. 368.

157) 제철웅 (주 60), 502-503면; Canaris (주 31), Rn. 368. 일반적으로 독일 통설은 우리 제688조 제3항에 상응하는 위임인의 무과실책임을 비용상환에 관한 독일 민법 제670조의 (유추) 적용으로 해결하고 있는데, 이는 무상성에 기초한 것으로 동법 제675조의 준용에도 불구하고 유상의 사무처리계약에는 적용이 제한될 수 있다고 해석되고 있다. Heermann in *Münchener Kommentar zum Bürgerlichen Gesetzbuch*, Band 6, 9. Aufl., 2023, § 675 § Rn. 20 참조. 또한 오스트리아 학설·판례에 대해 Koch in Apathy/Iro/Koziol (주 44), Rn. 2/43ff., Wiebe in Apathy/Iro/Koziol (주 44), Rn. 3/37 참조.

고 이 결론은 경제적인 관점에서도 정당화된다. 송금매개인은 전문적 영업의 수행자로서 지급인보다 위·변조를 보다 쉽게 발견할 수 있는 능력이 있고, 지급과 관련된 보안·인증을 설계·운영하는 자이며, 무권한 지급지시 사안에 대해 지급인보다 보험을 들기에 더 적절한 위치에 있는 것이다.[159] 그는 말하자면 최소비용 회피자이자 최소비용 보험자이다.[160]

물론 이상과 같은 위험 분배의 기본 원칙은 법률 또는 당사자들의 계약[161]에 의해 수정될 수 있다. 아래에서 대표적인 예를 살펴본다.

### (2) 여신전문금융업법

신용카드의 경우 법률은 신용카드업자가 무권한 사용의 위험을 부담한다는 원칙에서 출발한다. 그래서 신용카드의 위조·변조, 신용카드 정보의 부정 사용, 신용카드회원에게 고의·중과실이 없는 명의도용 발급의 경우, 원칙적으로 그로부터 발생하는 불이익은 신용카드업자가 부담한다(여신전문금융업법 제16조 제5항). 그러나 동법은 신용카드의 위조·변조 그리고 신용카드 정보의 부정 사용의 경우 신용카드회원에게 고의·중과실이 있음을 증명하면 회원이 책임을 부담하도록 서면 계약에서 정할 수 있으며, 이 경우 중과실 사유를 특정해야 한다(동조 제6항, 제7항). 이는 실제로 약관에 반영되어 있다(신용카드 개인회원 표준약관 제41조 제2항). 그러므로 법률은 신용카드 무권한 사용의 경우 그 위험은 원칙적으로 신용카드업자가 부담하되, 신용카드회원이 경과실인 경우 그의 손해배상 책임은 면제하고, 신용카드회원에게 약관이 정하는 고의·중과실 사유가 있는 경우에 손해배상 책임을 인정하는 태도라고 말할 수 있다. 이때에도 신용카드업자에게 귀책사유가 인정된다면 이를 과실상계로 고려하여(제396조) 신용카드회원이 책임지는 범위를 조정할 수 있을 것이다(여신전문금융업법

---

158) Schön (주 22), 425f.
159) Canaris (주 31), Rn. 368 참조.
160) 박세일 등, 법경제학, 재개정판, 2019, 250면 참조.
161) 과거 신용카드의 도난, 분실에 관한 책임을 신용카드회원이 부담하도록 정한 약관의 효력을 긍정한 大判 1987. 4. 14., 85다카2273, 집 35-1, 236 참조.

제16조 제2항, 제6항: "책임의 전부 또는 일부"; 주 146도 참조).

신용카드 분실·도난의 경우에도 비슷하다. 신용카드업자는 신용카드회원으로부터 그 카드의 분실·도난 등의 통지를 받은 때부터 그 회원에 대하여 그 카드의 사용에 따른 책임을 진다(동법 제16조 제1항). 따라서 통지 이후 부정 사용의 위험은 전적으로 신용카드업자가 부담한다. 반면 통지 이전에는 신용카드회원의 귀책사유에 따라 그에게 책임이 인정되는 경우가 상정될 수 있을 것이다. 그러나 약관은 이때에도 회원의 책임을 일정한 고의·중과실 사유에 한정하고 있다(신용카드 개인회원 표준약관 제40조 제3항). 따라서 그 내용은 위조·변조 등에서와 크게 다르지 않다.

이상의 내용에 따라 신용카드업자가 부정 사용 등의 위험을 부담하는 경우, 원칙에 따른다면 신용카드업자는 가맹점을 상대로 약속하여 지급한 금액을 부당이득으로 반환청구할 수 있으며(위의 Ⅳ. 2. 참조), 그 과정에서 가맹점의 무자력 위험을 부담하게 될 것이다. 그러나 현재 약관은 일정한 고의·중과실의 사유가 없는 한 신용카드업자가 반환청구를 할 수 없는 것으로 정하고 있다(신용카드가맹점 표준약관 제15조). 그러므로 이 점에 대해서도 위험 분배는 계약에 의해 신용카드업자에게 불리하게 수정되어 있다.

### (3) 전자금융거래법

(가) 전자금융거래법이 적용되는 지급거래에서도 무권한 지급지시가 행해진 경우 그에 무권대리 규정이 적용된다는 원칙이 전제된다. 다만 동법에 따르면 ① 지급지시가 포함된 전자문서가 작성자의 것이었는지를 확인하기 위하여 수신자가 미리 작성자와 합의한 절차를 따른 경우이거나(전자문서 및 전자거래 기본법 제7조 제2항 제1호) ② 수신된 전자문서가 작성자 또는 그 대리인과의 관계에 의하여 수신자가 그것이 작성자 또는 그 대리인의 의사에 기한 것이라고 믿을 만한 정당한 이유가 있는 자에 의하여 송신된 경우에는(동항 제2호), 금융회사 또는 전자금융업자는 그러한 "의사표시를 작성자의 것으로 보아" 행위할 수 있다(전자금융거래법 제5조 제1항). 전자적 지급거래에서는 많은 경우 무권한자가 기존에 존재하는

기본계약이 정하는 기술적 방법에 따라 지급인 명의의 지급지시를 전송할 것인데, 이는 제1호 사유에 해당한다.[162]

    이 규정의 의미는 일견 명백하지 않다.[163] 판례는 이를 상대방의 신뢰 보호를 위해 무효인 의사표시를 예외적으로 유효로 취급하는 규범이라고 이해하는 것으로 보인다. 예컨대 전자문서에 의해 무권한으로 대부계약이 체결된 사안에 대해, 대법원은 "공인인증기관이 발급한 공인인증서에 의하여 본인임이 확인된 자에 의하여 송신된 전자문서는, 설령 본인의 의사에 반하여 작성·송신되었다고 하더라도, 특별한 사정이 없는 한 […] '수신된 전자문서가 작성자 또는 그 대리인과의 관계에 의하여 수신자가 그것이 작성자 또는 그 대리인의 의사에 기한 것이라고 믿을 만한 정당한 이유가 있는 자에 의하여 송신된 경우'에 해당"하며, "따라서 […] 전자문서의 수신자는 전화 통화나 면담 등의 추가적인 본인확인 절차 없이도 전자문서에 포함된 의사표시를 작성자의 것으로 보아 법률행위를 할 수 있다"고 하여 제2호에 따라 대부계약 유효성을 긍정하였다.[164] 이 해석에 따른다면 앞서 언급한 규정의 적용에 따라 지급지시 역시 유효하게 취급될 가능성이 발생할 것이다.

    그러나 이러한 해석은 의문이다. 동법의 규정은 제정 연원에서 분명하듯, 전자문서를 작성자에게 귀속시키는 규정에 그칠 뿐 전자문서에 포함된 의사표시의 효력에 관한 규정은 아니라고 이해되기 때문이다.[165] 작성자가 스스로 전자문서로 행한 의사표시에 대해 상대방이 기술적으로 그 정상성을 신뢰할 수 있는 경우에도 의사표시의 효력은 민법에 따라 결정되는데(예컨대 의사능력, 착오, 사기·강박 등), 타인이 권한 없이 작성자의 것으로 전자문서를 작성하였으나 상대방이 그 정상성을 신뢰할 수 있다는 이유만으로 대리 규정을 적용하지 않는 해석은 쉽게 납득하기 어려

162) 김기창, "전자문서법 제7조와 표현대리", 정보법학, 제22권 제2호, 2018, 109-110면 참조.
163) 김재형, "전자거래기본법에 관한 개정 논의", 민법론 Ⅱ, 2004, 58면.
164) 大判 2018. 3. 29., 2017다257395, 공보 2018, 808.
165) 김기창 (주 162), 109면 이하 참조.

다. 게다가 그러한 해석에 따르면 예컨대 동일한 법률관계를 가지는 계
좌이체라도 전자금융법의 적용을 받는 이체와 그렇지 않은 이체 사이에
서로 다른 법상태가 야기될 것인데, 앞서 규정이 이러한 결과를 의도하
고 있다고는 생각할 수 없다. 그러므로 무권한 지급지시가 유효로 취급
되기 위해서는 민법의 규정에 따라 표견대리가 성립해야 한다고 해석해
야 하며(주 143의 본문 참조),[166] 혹 전자금융거래법 제5조 제1항, 전자문서
및 전자거래 기본법 제7조 제2항 특히 제2호를 판례와 같이 해석하더라
도 상대방의 정당한 이유 판단에 표견대리 규정에 내재한 외관책임 법리
를 적극적으로 반영하여[167] 평가모순을 피해야 한다.

물론 표견대리가 성립하여 지급 자체는 유효한 때에도, 지급인은 일
정한 경우 그 불이익을 송금매개인으로부터 전보받을 수 있다. 이는 전
자금융거래법 제9조 제1항, 제2항에 의해 가능하며,[168] 그 내용은 아래에
서 살펴본다. 따라서 예컨대 자연인인 지급인은 표견대리로 유효하게 지
급이 이루어진 때에도 자신에게 고의·중과실이 없다면 그로부터 받은
손해의 배상을 송금매개인을 상대로 청구할 수 있을 것이다.

(나) 반면 무권한 지급지시에 효력이 인정되지 않는 원칙적인 사안
에서 법률관계는 신용카드에서와 비슷하다(위의 Ⅴ. 2. (2) 참조). 즉 접근
매체의 위조·변조로 발생한 사고, 계약체결 또는 거래지시의 전자적 전
송이나 처리 과정에서 발생한 사고, 부정하게 획득한 접근매체의 이용으
로 발생한 사고의 경우, 이로부터 발생하는 불이익은 원칙적으로 금융회
사 또는 전자금융업자가 부담한다(전자금융거래법 제9조 제1항).[169] 법률은

---

166) 김기창 (주 162), 111면 이하; 이철송, "전자거래기본법의 운영상의 문제점", 조
　　세학술논집, 제16집, 2000, 125면.
167) 김상중 (주 144), 294면 이하. 미국 통일상법전 제4A-202조 (b) 및 제4A-203조
　　(a) (2)도 참조.
168) 김기창 (주 162), 110면; 김상중 (주 144), 294면.
169) 이 규정의 요건에 대한 상세한 내용은 김기창, "전자금융거래 사고의 책임", 정
　　보법학, 제17권 제3호, 2013, 145면 이하; 김용재, "전자금융거래 사고와 금융기관
　　의 책임", 상사판례연구, 제32집 제4권, 2019, 289면 이하; 한승수, "전자금융거래
　　사고에 있어서 배상 책임에 관한 소고", 인하대 법학연구, 제18집 제2호, 2015,
　　149면 이하; 강희주·이상민, "전자금융거래법 제9조에 따른 금융기관 등의 책임",

"사고로 인하여 이용자에게 손해가 발생한 경우에는 그 손해를 배상할 책임"이라는 문언을 사용하고 있으나, 무권한 지급지시가 무효라면 그것만으로는 지급인에게 손해가 발생하지 않는다. 그는 송금매개인을 상대로 여전히 계좌상으로 감축되지 아니한 금전채권을 보유하고 있는 것이다. 그러나 지급인은 계좌에 출금기장이 이루어져 채권행사에 방해를 받고 있으며, 그 결과 대부분의 사례에서 송금매개인을 상대로 하는 별도의 청구로 출금이라는 결과를 달성해야 한다. 그러므로 앞서 인용한 규정은 이러한 경우에는 무효인 무권한 지급지시로부터 발생하는 불이익을 금융회사 또는 전자금융업자가 부담한다는 것을 지시하면서, 손해배상책임은 출금기장을 정정하거나 지급인의 출금 요구에 응하여 이전된 자금에 상응하는 금전을 지급할 의무를 의미한다고 이해할 것이다.[170] 이 때에도 지급 자체는 여전히 무효이므로, 전자금융업자는 수취인을 상대로 이전된 자금의 반환을 부당이득으로 청구할 수 있으며(위의 Ⅳ. 2. 참조), 사실관계에 따라 불법행위(제750조)에 따른 손해배상도 고려될 수 있다.

한편 무권한 지급지시가 무효이더라도, 그 원인이 된 사고에 이용자의 책임 있는 사유가 있는 때에는 금융회사 또는 전자금융업자는 기본계약에 따른 채무불이행을 이유로 손해배상을 청구할 수 있으며, 이를 상계의 방법으로 출금기장 정정에 반영할 수 있을 것이다(위의 Ⅴ. 1. (1) (가) 참조). 전자금융거래법은 이 경우에 대해 이용자를 구별하여 특별 규정을 두고 있다.

자연인 그리고 중소기업기본법 제2조 제2항에 따른 소기업이 이용자인 때에는, 대통령이 정하는 범위 안에서 약관이 정하는 고의 또는 중대한 과실 사유가 있으면 이용자가 책임의 전부 또는 일부를 부담하도록 할 수 있다(동법 제9조 제2항 제1호, 제3항; 동법 시행령 제8조, 전자금융거래

---

증권법연구, 제15권 제1호, 2014, 247면 이하 등 참조.

170) 그러한 의미에서 여신전문금융업법 제16조는 손해배상에 대한 언급 없이 단순히 "책임을 진다"는 문언만을 사용하고 있다.

기본약관 제20조 제4항 참조). 따라서 법률은 자연인이거나 소기업인 이용자가 경과실만 있는 경우에는 면책된다는 취지를 정하고 있다.[171] 물론 송금매개인이 부당이득이나 불법행위에 기해 수취인을 상대로 이전한 자금을 회복할 수 있다면 그 범위에서는 손해가 없어 손해배상은 성립하지 않는다. 그리고 이용자가 고의 또는 중과실이 있어 책임을 지는 경우에도 금융회사 또는 전자금융업자에게 책임 있는 사유가 있다면 과실상계에 따라(제396조) 법인 이용자가 부담해야 할 책임을 감액할 수 있을 것이다(전자금융거래법 제9조 제2항 참조: "책임의 […] 일부").

　반면 이용자가 그 밖의 법인인 때에는 금융회사 또는 전자금융업자가 사고를 방지하기 위하여 보안 절차를 수립하고 이를 철저히 준수하는 등 합리적으로 요구되는 충분한 주의의무를 다하였다면, 이용자가 무권한 지급지시로부터 발생하는 불이익을 부담한다(동법 제9조 제2항 제2호). 이때에도 지급 자체는 무효이고 이용자는 계좌에 기한 채권을 보유하므로, 금융회사 또는 전자금융업자는 이 규정에 따라 수취인에게 이전한 금액의 전보를 청구하는 것이다. 따라서 자연인과 달리 법인인 이용자는 법률에 기초해 금융회사 또는 전자금융업자에 대해 무과실책임을 부담하며, 무권한 지급지시의 위험은 이용자에게 이전된다. 그 결과 과실 없는 금융회사 또는 전자금융업자는 이용자를 상대로 손해배상 청구권을 자동채권으로 하여 계좌에 기한 채권과 상계한 다음 무권한 지급지시에 기초한 출금기장을 그대로 유지할 수 있게 될 것이다. 이는 말하자면 실체관계에 부합하는 출금기장으로서 유효하게 취급된다. 반면 금융회사 또는 전자금융업자가 충분한 주의의무를 다하지 못한 과실이 있다면 이는 과실상계의 형태로(제396조) 책임 분담에 고려될 수 있을 것이다(전자금융거래

---

171) 이때 금융회사 또는 전자금융업자가 이용자를 상대로 불법행위 책임을 물을 수 있는지 여부가 문제되는데(긍정하는 견해로 정찬형 (주 23), 854면), 부정하는 것이 타당하다. 법률의 취지는 이용자가 경과실인 경우 무권한 지급지시와 관련된 책임을 면제하는 것이므로, 책임의 법적 성질에 따라 다른 결과가 도출되는 것은 법률의 목적에 부합하지 않기 때문이다. 예컨대 의료계약에서 경과실 의료과오에 대한 면책 약정이 존재하는 경우 약정의 해석상 그 효력이 경과실 의료과오를 이유로 하는 불법행위 책임과 관련해서도 미쳐야 하는 것과 다르지 않다.

법 제9조 제2항 참조: "책임의 […] 전부 또는 일부").[172] 금융회사 또는 전자금융업자의 과실의 정도에 따라 배상책임을 전부 면제하는 정도의 과실상계도 가능하다.

　　한편 접근매체의 분실로 인하여 발생하는 불이익에 대해서는 이용자로부터 접근매체의 분실이나 도난 등의 통지를 받은 시점 이후에는 금융회사 또는 전자금융업자가 위험을 부담한다(동법 제10조 제1항 본문). 통지가 이루어지기 이전에는 이용자에게 분실·도난 또는 통지 지연에 귀책사유가 있는 경우 그에게 배상책임이 인정될 수 있을 것이다. 다만 선불전자지급수단이나 전자화폐의 분실 또는 도난 등으로 발생하는 손실과 관련해서는 분실 또는 도난의 통지를 하기 전에 저장된 금액에 대한 손해에 대하여 그 책임을 이용자의 부담으로 할 수 있다는 약정이 가능하다(동항 단서, 동법 시행령 제9조).[173]

## 2. 대가관계에서의 위험 분배

### (1) 지급인 위험 부담

　　지급인과 수취인이 금전채무의 이행을 무현금 지급거래에 의하기로 약정한 경우에도, 당사자들은 통상 금전채무의 기본적인 위험 분배를 변경하려는 의도를 추구하지는 않을 것이다. 특히 금전채권자인 수취인이 법률이 그에게 보장하는 이익 즉 금전채무는 지참채무로서 금전의 이전 시점까지 채무자가 물건의 위험을 부담할 뿐만 아니라 원칙적으로 그 불이행에 무과실책임을 부담한다는 이익(위의 II. 1. 참조)을 포기한다는 것은 다른 사정이 없는 한 의사해석상 쉽게 인정하기 어렵다. 따라서 무현금 지급거래로 금전채무가 이행되는 때에도 채권자인 수취인에게는 이러

---

172) 또는 귀책사유 있는 금융회사 또는 전자금융업자를 상대로 이용자가 기본계약의 불이행을 이유로 손해배상 청구권을 가지게 되므로(이때에도 과실상계는 고려된다), 전자의 후자에 대한 무과실책임 손해배상 청구권과 상계된다고 구성하여 책임 분담을 설명할 수도 있을 것이다. 이는 법률구성의 문제이며, 결과에서 차이는 발생하지 않을 것이다.

173) 大判 2022. 6. 30., 2018다248275, 공보 2022, 1430 참조.

한 이익(Ⅱ. 2.의 이익 ⑤)이 유지되어야 한다. 그렇다면 이행기에 직면해 이행지체 책임을 부담하지 않고자 하거나(제387조 제1항 제1문 참조) 상당한 기간을 준수하여 해제를 회피하고자 하는(제544조 본문 참조) 지급인은 이행기 또는 상당한 기간이 끝나는 시점까지 무현금 지급의 방법으로 변제제공을 해야 한다(제460조, 제461조). 지급인과 수취인 모두에게 책임 없는 사유로 변제제공이 이루어지지 않는 경우에도, 지급인은 채권자인 수취인에 대한 관계에서 원칙적으로 지체책임을 부담한다(제397조 제2항). 그러한 의미에서 무현금 지급이 중도에 지연되거나 송금매개인의 도산 등을 이유로 좌절되는 등의 사정으로부터 발생하는 위험은 원칙적으로 지급인이 부담한다.

### (2) 변제제공과 배상책임

**(가)** 지참채무의 법리에 따라 계좌이체와 같은 추진지급에서 지급인은 송금매개인을 통해 자금을 추심매개인에게 도달시킴으로써 변제의 현실제공(제460조 본문)을 한 것으로 보아야 한다. 이 시점부터 입금기장이 지연되거나 좌절되는 등의 위험은 이제 채권자인 수취인이 부담한다.[174] 물론 입금기장이 없는 이상 자금이 추심매개인에 도달하였다는 사정만으로 아직 변제의 효과가 발생하지는 않는다.[175] 그러나 자금은 추심매개인에게 도달함으로써 이제 채권자가 지배하는 영역에 머무르고 있다고 평가해야 한다. 채권자가 스스로 지정하여 변제 수령을 위해 사용하는 자에게 자금이 도달하였음에도 그로부터 발생하는 위험을 채무자에게 전

---

174) Huber, "Grenzüberschreitender Zahlungsverkehr und Valutaverhältnis (underlying obligation)", Hadding/Schneider (Hrsg.) (주 67), S. 42f. 참조. 추심매개인에 자금이 도달하는 시점을 기준으로 변제를 인정하는 프랑스의 통설·판례(Capdeville, Stork, Mignot Kovar et Éréséo (주 87), nº 1423), 추심매개인에 대한 자금 도달 및 입금기장 의무 부담을 기준으로 변제를 인정하는 Cranston et al. (주 33), p. 343, 미국 통일상법전 제4A-406조 등도 비슷한 결과에 도달할 것이다. 한편 정경영 (주 30), 322, 325면은 다른 견해이나, 금전채무가 제한된 송부채무의 성질을 가지는 독일에서의 논의에 의지하고 있어 우리 민법의 해석으로는 의문이다. 반면 입금기장 시점까지 추심매개인도 지급인의 이행보조자로 해석하는 견해로 Koziol in Apathy/Iro/Koziol (주 44), Rn. 1/17.

175) 大判 1998. 7. 24., 98다7698, 공보 1998, 2209 참조.

가하는 결과는 명백히 부당하다. 지급인인 채무자는 채권자가 변제를 수
령하기 위해 자신이 할 수 있는 행위를 다하였으며, 민법은 명시적으로
변제의 제공만으로 채무자가 지체책임에서 벗어나는 것으로 정하고 있다
(제461조). 잘못된 추심매개인을 선택한 불이익은 수취인이 부담해야 하
며, 따라서 그 시점부터 무현금 지급의 지연·좌절의 위험 특히 추심매
개인의 도산 위험을 부담한다(위의 주 17, 21도 참조).

그리고 이상의 내용은 신용카드 지급 등 지급인이 지급과정을 개시
하지만 수취인을 경유하여 진행되는 견인지급의 경우에도 다르지 않다.
지급인은 신용카드 등을 제시하고 서명·인증하여 지급지시를 수취인에
게 전달함으로써 금전채무의 변제제공을 한 것이고, 그 이전 시점까지
지급의 지연 또는 좌절의 위험을 부담한다. 반면 이후 지급지시를 지급
매개인에게 전달하고 추심하는 과정에서 지급이 정상적으로 진행되지 아
니할 위험은 수취인이 부담한다.

(나) 이상과 같은 변제제공이 적시에 행해지지 않는 경우, 채무자는
원칙적으로 지체책임을 부담하거나 상당한 기간을 준수하지 못하여 계약
해제를 감수해야 한다. 그는 원칙적으로 무과실에 대해 책임을 진다(제
397조 제2항). 특히 지급인은 자신이 법적으로 요구되는 바를 다하였고,
사고가 송금매개인의 과책으로 발생하였다는 사정을 주장할 수 없다. 애
초에 그는 불이행에 무과실책임을 부담할 뿐만 아니라, 송금매개인은 그
의 채무 이행에 있어 이행보조자에 해당해 그들의 과책에 대해 마찬가지
로 책임을 부담해야 하기 때문이다(제391조). 채무자가 부담하는 지연배상
의 액수는 법정이율(제379조, 상법 제54조)에 의하는 것을 원칙으로 하고(제
397조 제1항 본문), 그와 다른 약정이율이 있으면 그 약정이율에 의한다(동
항 단서). 채권자는 추가적인 지연손해를 증명하여 배상을 청구할 수는
없다(제397조 제2항).[176]

---

176) 종래 통설로 곽윤직 (주 14), 36면 등. 물론 이러한 해석에 대해, 제397조 제2항
    은 통상손해만을 규정하는 것이므로 채권자는 손해를 증명하여 특별손해로서 배상
    을 청구할 수 있다는 견해도 유력하다. 김상용, 채권총론, 제3판, 2016, 186면; 김

그러나 지급의 지연 또는 좌절이 송금매개인의 고의 또는 과실로 발생하였다면, 지급인은 수취인에 대한 손해배상이나 해제 등으로 인해 받은 손해의 전보를 송금매개인을 상대로 주장할 수 있다. 즉 송금매개인은 지급지시로 발생한 사무처리 의무를 유책하게 불이행하여 채권자인 지급인에게 손해를 야기하였으므로 이를 배상할 책임을 부담한다(제390조). 통상손해는 지급이 단순 지연된 경우에는 지급인이 부담하게 된 지연이자이고, 지급이 종국적으로 좌절된 경우에는 지급인이 지급을 위해 부담한 자금 및 비용이 될 것이다.[177] 송금매개인 자신의 고의·과실로는 부실한 조직 편성·관리 또는 결함 있는 전산 시스템 운영 등이 고려되지만, 더 나아가 송금매개인은 자신의 직원이나 예컨대 전산을 담당하는 협력업체 등의 고의·과실에 대해서도 책임을 부담해야 한다(제391조). 이들은 송금매개인의 사무처리를 보조하는 자들로 협의의 이행보조자이지,

---

증한·김학동, 채권총론, 제6판, 1998, 43면; 이덕환, 채권총론, 전정판, 2014, 55면 등. 그러한 취지로 읽히는 재판례도 없지 않다. 大判 1991. 10. 11., 91다25369, 공보 1991, 2714; 2006. 4. 13., 2005다75897, 공보 2006, 796 참조. 그러나 종래 통설이 타당하다. 제397조 제2항은 의용민법을 통해 프랑스 민법의 태도가 계수된 것으로, 그 취지는 다음과 같이 설명되고 있었다. 즉 금전은 그 활용에 따라서 얻을 수 있는 이익의 크기가 매우 상이할 수 있어서, 이를 구체적으로 확인하고 입증하는 데에는 어려움이 따른다. 한편 금전에서는 통상 이자에 상당하는 이익이 발생한다는 것이 일반적인 경험에 부합한다. 따라서 민법은 채무자가 법정이율 또는 약정이율에 해당하는 금액에 대해서는 무과실의 손해배상 책임을 부담하는 대신에, 채권자는 그 이상의 손해를 입증하여도 배상을 구할 수 없는 것으로 규정한다는 것이다. Terré, Simler et Lequette, *Droit Civil. Les obligations*, 8e ed., 2002, n° 602; 梅謙次郎, 民法要義, 卷之三, 1909, 65면 참조. 실제로 이러한 태도는 제397조 이외의 민법 규정에도 반영되어 있다. 즉 제685조, 제705조, 제958조는 명시적으로 지연이자 외에 추가적 손해배상을 명하고 있는데, 제397조가 실손해 배상을 제한하고 있는 규범이 아니라면 이들은 의미를 가질 수 없는 당연한 규정이 될 수밖에 없다. 그러므로 이들 규정을 종합하면, 민법은 금전채무 불이행의 경우 손해배상은 지연이자에 한정하고 추가적 손해의 배상은 예외 규정이 있는 경우에 한정한다고 해석되는 것이다.

177) 후자의 경우 지급인이 해제 등을 당함으로써 상실한 이익도 특별손해로 고려될 수는 있겠지만, 정형화된 대량의 지급거래에서는 채권자의 개별적인 사정에 대한 예견가능성을 상정하기 쉽지 않으므로(大判 2009. 7. 23., 2006다81325, 공보 2009, 1470 참조) 그 배상이 이루어지는 사안은 드물 것이다. 미국 통일상법전 제4A-305조, 松本貞夫, 改訂 銀行取人法槪論, 2007, 319면도 참조.

이행대행자인 복수임인(제682조)은 아니다.[178] 물론 지급지시의 기재가 불완전해서 지급이 지연되거나 좌절되었다면, 이는 채권자인 지급인의 책임 있는 사유로 불이행이 발생한 것이므로 손해배상은 고려되지 않는다고 할 것이다(제2조, 제396조).[179]

(다) 지금까지 보았지만, 지급이 지연되거나 좌절되는 경우, 그것이 변제제공 이전 시점에 발생한 것이라면 수취인으로 예정되어 있는 채권자는 대가관계의 기초에 있는 계약 불이행을 이유로 지급인인 채무자를 상대로 손해배상을 청구할 수 있으며, 변제제공 이후 시점에 발생한 것이라면 지급거래 기본계약 불이행을 이유로 자신의 추심매개인을 상대

---

178) 협의의 이행보조자와 이행대행자 사이의 구별에 대해 곽윤직 편집대표, 민법주해[IX], 1995, 409면 이하(양창수) 참조. 한편 송금매개인이 자금 이전에 있어 자신의 선택에 따라 계약관계로 연결된 중개 기관을 이용하여 자금 및 위탁 사항을 추심매개인에게 전달해야 하는 경우가 있을 수 있다. 이때 이러한 중개 기관 이용에는 통상 지급인의 묵시적 동의가 있다고 보아야 하므로 중개 기관은 이행대행자인 복수임인이며, 따라서 송금매개인은 선임 · 감독에 대해서만 책임을 진다고 해석할 여지가 있다(이러한 내용을 전제하는 제철웅 (주 60), 538-539면 참조). 그러나 이러한 결과는 적절하다고 보기 어렵다. 중개 기관을 이행대행자라고 보더라도, 이 맥락에서는 제391조의 원칙에 따라 송금매개인이 중개 기관의 고의 · 과실에 대해서 마찬가지로 책임을 부담해야 한다고 생각된다(같은 취지로 Bonhomme et Roussille (주 55), n° 369; Huber (주 174), S. 57ff.도 참조). 제682조는 위임인이 수임인의 일신전속적인 급부에 신뢰를 가지고 사무를 위탁한 것이므로 이를 재위임해서는 안 된다는 고려에서 출발한다. 그러나 이러한 취지는 위임이 유상이며 특히 상행위인 때에는 타당하기 어렵다. 여기서는 가격이 붙은 대체 가능한 지급 서비스를 제공하는 상인들이 서로 경쟁하고 있기 때문이다. 그러한 맥락에서 유상으로 상행위와 관련된 사무처리를 위탁받은 자가 업무의 일부를 타인에게 대행시켰다는 사정에 의해 면책 가능성을 확장하는 결과는 합리적이라고 말하기 어렵다. 따라서 이러한 사안유형에서는 위임인과 수임인 사이에서 이행대행자 사용에 대해 제682조를 배제하고 수임인이 책임을 인수하는 묵시의 보증이 약정되었다고 해석하는 것이 보다 설득력 있다. 게다가 지급거래 기본계약은 법형식에서 준위탁매매로 볼 여지가 있는데(주 72도 참조), 실제로 종래 위탁매매업과 관련해 위임 규정의 준용을 명하는 상법 제112조의 해석으로도 제682조의 준용은 고려되지 않고 있었다. 주석 상법 총칙 · 상행위(1) (주 32), 164면 이하(김재범) 참조. 한편 중개 기관에 고의 또는 과실이 있는 경우 지급인이 송금매개인을 상대로 채무불이행을 이유로 손해배상을 청구하는 외에, 중개 기관을 상대로 불법행위로 손해배상을 청구할 수 있는지의 쟁점도 제기될 수 있다. 이는 기본적으로 긍정하는 것이 타당할 것이다(제철웅 (주 60), 539면도 참조). 바로 아래의 (다) 및 Huber (주 174), S. 61ff.; Koziol in Apathy/Iro/Koziol (주 44), Rn. 1/20 참조.

179) 日最判 1994.1.20., 金融法務事情, 第1383號, 1994, 37 참조.

로 손해배상을 청구할 수 있다(제390조). 그런데 전자의 경우에 지급의 지연 또는 좌절이 예컨대 송금매개인의 귀책사유에 기인한 것이라면, 채권자는 송금매개인을 상대로 하여 불법행위에 기해 손해배상을 청구할 수 있겠는가? 물론 채권자는 자신의 채무자를 상대로 손해배상을 청구하는 것이 통상적이기는 할 것이다. 그러나 채무자가 무자력이거나 국제거래 등을 이유로 송금매개인에 대한 청구가 보다 간편한 경우, 채권자가 송금매개인을 손해배상의 상대방으로 고려할 이해관계는 존재할 수 있다.

이 문제는 긍정하는 것이 타당하고 생각된다.[180] 물론 송금매개인과 수취인 사이에 직접적인 계약관계는 존재하지 않으며, 원칙적으로 계약 불이행은 그 여파로 손해를 입은 제3자에 대한 관계에서 바로 불법행위를 성립시키지는 않는다.[181] 그러나 예외적으로 불이행하는 채무자에게 제3자에 대한 관계에서도 객관적 주의의무가 성립할 수 있음은 물론이다.[182] 그리고 이는 현재의 사안에서 그러하다. 송금매개인은 지급인과의 기본계약에 기초해 자신이 수행하는 지급 사무가 궁극적으로는 수취인에 대한 지급을 위해 처리되고 있으며 그 결과 자신의 계약 불이행은 수취인에게도 손해를 발생시킬 것이라는 사정 즉 자신에 대한 지급인의 지급지시가 바로 수취인의 이익을 위해 행해졌다는 사실을 알고 있다. 즉 그는 수취인의 지급 이익이 바로 자신의 원만한 사무처리에 전적으로 의지하고 있다는 사실을 인지하는 것이다. 이러한 이익상황은 송금매개인에게 수취인의 이익을 침해하지 않도록 배려할 객관적 주의의무가 발생한

---

180) Huber (주 174), S. 67ff.; Capdeville, Stork, Mignot Kovar et Éréséo (주 87), n° 1425; Bonhome et Roussille (주 55), n° 428; 松本 (주 177), 319면 참조.

181) 주지하는 바와 같이 이 점에 대해 프랑스 학설·판례에서는 착잡한 논의가 있다. 황재훈, "프랑스법상 과책과 민사책임의 관계", 저스티스, 제183호, 2021, 232면; Ancel et Fauvarque-Cossson, *Le nouveau droit des contrats*, 2019, n°s 416 sq. 참조.

182) 예컨대 계약 상대방에 대한 불이행으로 제3자에 대한 불법행위가 성립하는 정보제공책임과 관련해 김형석, "은행의 정보제공책임", 민사판례연구[XXXII], 2010, 504면 이하 참조.

다는 결과를 정당화할 수 있다.[183] 그러므로 송금매개인이 고의 또는 과
실로 지급을 지연 또는 좌절시킨 경우 그는 수취인에 대한 관계에서 불
법행위에 기해 손해배상 책임을 부담한다(제750조). 이러한 결과는 예컨대
송금매개인이 수취인에게 현금을 운송하다가 손해가 발생한 경우 부여될
효과와 비교해서도 정당화된다(상법 제141조 참조).[184]

그러므로 송금매개인이 고의 또는 과실로 지급을 지연 또는 좌절시
키는 경우, 송금매개인은 지급인에 대해서는 채무불이행 책임을, 수취인
에 대해서는 불법행위 책임을 부담하게 된다.[185] 두 채권은 동일한 손해
를 내용으로 하므로 부진정 연대채권관계에 있다. 송금매개인과 지급인
사이의 기본계약에서 책임을 제한하는 약정이 있는 경우, 이것이 중개
기관의 불법행위 책임에 영향을 미칠 수는 없을 것이다. 그러나 지급인
에게 손해 전부를 배상한 중개 기관을 상대로 구상 의무를 부담하는 송
금매개인은 지급인을 상대로 면책이 예정된 액수의 상환을 청구할 수 있
다고 해석된다(제411조, 제410조 제2항의 유추).

### (3) 채권자가 개시하는 견인지급의 경우

한편 추심이체나 수표 추심과 같이 채권자 즉 수취인이 지급과정을
개시해야 하는 견인지급에서는 법률관계가 달라진다. 이 경우 그러한 무
현금 지급의 약정은 금전채무의 성질을 지참채무에서 추심채무로 변경한
다.[186] 따라서 예컨대 자동이체로 금전채무를 지급하기로 하는 약정이
있고 지급인이 송금매개인에게 동의를 전달해 지급지시를 하였다면, 지급
인은 이후 이행기의 시점에 계좌에 충분한 잔고를 유지하거나 여력 있는
당좌대월을 유지함으로써 변제제공을 한 것이다(제460조 단서).[187] 이행기

---

183) 본문과 같은 상황의 사안에서 다수의 법제는 객관적 주의의무를 인정하여 불법
행위 책임을 긍정한다. Bussani and Palmer ed., *Pure Economic Loss in Europe*,
2003, p. 385 sqq. (case 13: subcontractor's liability) 참조. 한편 불법행위 규정으
로 포섭이 쉽지 않은 독일의 경우 동일한 고려를 제3자 보호효 있는 계약 또는
제3자 손해 청산의 법리에 따라 해결한다. Huber (주 174), S. 61ff.
184) Huber (주 174), S. 70f.
185) Huber (주 174), S. 71; 松本 (주 177), 321-322면.
186) 정경영 (주 30), 371면; Canaris (주 31), Rn. 629.

가 정해져 있는 이상 별도의 통지는 불필요하다.[188]

그러므로 이행기에 맞추어 출금지시를 송금매개인에게 전달하지 못한 채권자는 수령지체에 빠지며(제400조), 그 시점에 출금 준비를 마친 채무자는 이자와 지체책임을 부담하지 않는다(제402조, 제461조). 이때 출금지시가 송금매개인에게 지연되어 도달하거나 도달이 좌절된 경우 그 원인이 추심매개인의 고의 또는 과실 때문이라면, 수취인인 채권자는 지급거래 기본계약에 따른 채무불이행을 이유로 추심매개인을 상대로 손해배상을 청구할 수 있다(제390조). 이 경우 추심매개인은 자신의 피용자나 협력업체 등 이행보조자의 고의·과실에 대해서도 책임을 진다(제391조).[189] 반면 송금매개인이 수령한 추심지시의 처리와 관련해 고의·과실이 있어 지급이 지연되거나 좌절되었다면, 앞서 설명한 내용에 따라(위의 V. 2. (2) (다) 참조) 송금매개인의 수취인에 대한 불법행위 책임(제750조)도 성립할 수 있다고 할 것이다.

## Ⅵ. 결 론

이상의 내용에서 중요한 결론을 요약하면 다음과 같다.

1. 무현금 지급거래에서 당사자들의 이익상황은 금전채무에서 현금이 이행되는 경우의 이익상황(Ⅱ. 1.)을 기준으로 판단하지만, 당사자들이 무현금 지급거래에 가지는 이익을 고려하여 달리 판단할 가능성을 신중히 검토해야 한다(Ⅱ. 2.).

---

187) 같은 취지로 정경영 (주 30), 374면.

188) Canaris (주 31), Rn. 630. 일반적으로 오종근, "종류채권의 특정 요건에 관한 고찰", 법조, 제70권 제3호, 2021, 23면 참조.

189) 다만 국내에서 추심이체의 경우 출금지시는 금융결제원에 의해 중개되어야 하는데, 이때 금융결제원은 그 직무의 성질에 비추어 추심매개인이 이행을 위해 사용한 보조자라고는 말할 수 없다. 그렇다면 금융결제원은 부득이한 사유로 고의·과실 없이 선임된 복수임인에 해당한다고 이해된다(제682조 참조). 따라서 추심매개인은 금융결제원에 출금 의뢰를 함으로써 자신의 급부를 다한 것으로 보아야 하며, 금융감독원의 고의·과실에 대해 책임을 부담하지 않는다.

2. 지급거래에서 지급인과 송금매개인, 수취인과 추심매개인 사이의
지급거래 기본계약은 기본적으로 위임계약의 성질을 가진다(Ⅲ. 1. (2)).
여기서 지급인의 지급지시는 한편으로 위임계약에서의 지시로서 송금매
개인의 사무처리 의무를 발생시키면서, 다른 한편으로 변제수령권한의 수
권 및 변제지정으로서 추심매개인 → 송금매개인 → 지급인 → 수취인 방향
의 급부관계를 성립시키는 단독행위이다(Ⅲ. 1. (3).) 지급거래를 이유로
하는 입금기장은 무인적 채무약속의 성질을 가진다(Ⅲ. 1. (3)).

3. 직불카드 기타 직불 지급수단, 신용카드의 경우 지급매개인은
수취인을 상대로 무인적 채무약속 또는 손해담보계약으로 채무를 부담
하여 지급을 보장한다(Ⅲ. 2. (2), (3)). 신용카드의 법률관계는 채권양도나
병존적 채무인수로 설명되어서는 안 된다(Ⅲ. 2. (3)). 전자화폐는 발행자
에 대한 채권으로 파악되어야 하며, 금전으로서의 성질을 부여할 수 없다
(Ⅲ. 2. (5)).

4. 지급지시가 유효한 경우, 보상관계나 대가관계에서 대항사유가
있더라도 이는 해당 관계의 당사자 사이에서 부당이득 반환 등으로 해결
되어야 한다(Ⅳ. 1.). 반면 지급지시가 부존재하거나 무효인 경우 지급의
효과가 발생하지 않으며, 송금매개인의 수취인을 상대로 하는 부당이득
반환이 성립한다(Ⅳ. 2.). 이는 특히 제한능력을 이유로 하는 취소의 경우
에도 마찬가지이다(Ⅳ. 3. (3)). 반면 착오에 의한 지급지시 이른바 오입금
사례는 대가관계에서 부당이득 반환으로 해결되지만, 이때에도 수취인의
입금기장 거절권은 인정되는 것이 타당하다(Ⅳ. 3. (1)).

5. 무권한 지급지시가 행해진 경우, 그 위험은 송금매개인이 부담하
는 것이 원칙이지만(Ⅴ. 1. (1)), 개별 법률에 따른 예외가 있다(Ⅴ. 1. (2)).
무현금 지급거래가 지연되거나 좌절되는 경우, 그 위험은 원칙적으로 수
취인에 대한 관계에서 지급인이 부담한다(Ⅴ. 2. (1)). 물론 자금이 추심매
개인에 도달한 때에는 변제의 현실제공이 있으므로 위험이 수취인에게
이전한다(Ⅴ. 2. (2) (가)). 송금매개인의 귀책사유로 지급이 지연 · 좌절되

는 경우, 그는 지급인에 대해 채무불이행 책임을 부담하는 동시에(Ⅴ. 2.
(2) (나)) 수취인에 대해서 불법행위 책임을 부담한다(Ⅴ. 2. (2) (다)). 예외
적으로 추심채무가 인정되는 사안에서는 지급인은 이행기에 변제 가능한
상태를 유지함으로써 위험을 이전한다(Ⅴ. 2. (3)).

[Abstract]

# Legal Mechanism of Cashless Payment

Kim, Hyoung Seok*

This article provides an analysis of the legal framework surrounding cashless payment from a civil law perspective. It offers some conclusions regarding the nature and characteristics of cashless transactions. The key findings are summarized as follows.

1. The interests of the parties involved in cashless payment should be assessed by drawing parallels with those in cash transactions. Nevertheless, due consideration must be given to the unique features of cashless payment, which may necessitate distinct solutions.

2. In cashless payment, the contractual relationship between the payer and the sending intermediary constitutes a long-term mandate. A similar arrangement is applicable between the payee and the collecting intermediary. The payer's payment order represents a unilateral legal transaction that creates the intermediary's obligation to provide payment services. Simultaneously, it authorizes the transfer of funds to satisfy the payee's claim for money. The collecting intermediary's obligation to unconditionally pay the payee arises from their abstract contract, with its efficacy independent of preceding legal relationships.

3. In the context of debit and credit cards, the issuer guarantees payment to the payee by committing to unconditional fund transfer. Describing the legal structure of credit cards as an assignment of claim or a collateral assumption of debt would be inaccurate. Likewise, electronic money should be acknowledged as the issuer's indebtedness to the holder, rather than

* Professor, School of Law, Seoul National University.

constituting a distinct form of currency.

4. In valid payment orders, each party involved in a cashless transfer possesses contractual and restitutionary remedies exclusively against their respective counterpart. In the absence or ineffectiveness of a payment order, the payer's sending intermediary has to pursue a claim of unjust enrichment against the payee. The occurrence of an erroneous payment to an incorrect beneficiary falls within the former scenario, wherein the beneficiary should have the ability to reject the unwanted payment.

5. In instances of unauthorized payment orders, the economic risk typically lies with the payer's sending intermediary, subject to statutory exceptions. If a cashless payment is delayed or obstructed, the economic risk primarily falls upon the payer rather than the payee. Upon the funds reaching the collecting intermediary, the risk is transferred to the payee, as an actual offer of performance is made. Should payment delays or disruptions result from actions attributable to the payer's sending intermediary, contractual liability towards the payer and tortious liability towards the payee may arise. In exceptional circumstances where the creditor must collect the funds at the payer's location, the payer avoids the economic risk of delay or failure by retaining the funds while the payment obligation becomes due.

[Key word]

- Monetary Obligation
- Cashless Payment
- Payment Order
- Unconditional Payment Promise
- Mandate

# 참고문헌

[한국어 문헌]

강현구·유주선·이성남, 핀테크와 법, 제3판, 2020.

강희주·이상민, "전자금융거래법 제9조에 따른 금융기관 등의 책임", 증권법
　　　연구, 제15권 제1호, 2014.

고상용, 민법총칙, 제3판, 2003.

곽윤직 편집대표, 민법주해[Ⅳ], 1992.

＿＿＿, 민법주해[Ⅷ], 1995.

＿＿＿, 민법주해[Ⅸ], 1995.

＿＿＿, 민법주해[ⅩⅤ], 1997.

곽윤직, 채권총론, 제6판, 2003.

＿＿＿, 채권각론, 제6판, 2003.

곽윤직·김재형, 민법총칙, 제9판, 2013.

김기창, "전자금융거래 사고의 책임", 정보법학, 제17권 제3호, 2013.

＿＿＿, "전자금융거래법상 '이용자의 중대한 과실'", 정보법학, 제18권 제3호,
　　　2014.

＿＿＿, "전자문서법 제7조와 표현대리", 정보법학, 제22권 제2호, 2018.

김대정, 민법총칙, 2012.

김대정·최창렬, 채권총론, 2020.

김문환, "크레디트카드와 법", 김건식·남효순 공편, 금융거래법 강의, 1999.

김상용, 채권총론, 제3판, 2016.

김상용·전경운, 민법총칙, 제4판, 2018.

김상중, "송금인의 수취인 착오로 이루어진 계좌이체에 따른 반환관계", 고려
　　　법학, 제55권, 2009.

＿＿＿, "명의도용에 의한 전자금융거래의 효력과 책임", 민사법학, 제99호,
　　　2022.

김용덕 편집대표, 주석 민법 채권총칙(1), 제5판, 2020.

＿＿＿, 주석 민법 채권각칙(5), 제5판, 2022.

김용재, "전자금융거래 사고와 금융기관의 책임", 상사판례연구, 제32집 제4

권, 2019.

김은기, "전자화폐의 법적 문제", 상사법연구, 제16권 제2호, 1997.

김이수, "전자화폐 법제의 도입 방향에 대한 비판적 고찰", 상사법연구, 제24권 제1호, 2005.

김재형, "전자거래기본법에 관한 개정 논의", 민법론Ⅱ, 2004.

김증한·김학동, 채권총론, 제6판, 1998.

김형배, 채권총론, 제2판, 1998.

＿＿＿, 채권각론[계약법], 신정판, 2001.

＿＿＿, 사무관리·부당이득, 2003.

김형석, "지급지시·급부관계·부당이득", 서울대 법학, 제47권 제3호, 2006.

＿＿＿, "은행의 정보제공책임", 민사판례연구[XXXII], 2010.

＿＿＿, 사용자책임의 연구, 2013

문동주, "전자지급수단을 둘러싼 실무상 몇 가지 쟁점에 관한 소고", 금융법연구, 제14권 제3호, 2017.

박세일 등, 법경제학, 재개정판, 2019.

박준·한민, 금융거래와 법, 제3판, 2022.

박태준·김민정, 간편결제 서비스의 등장과 카드업 영향 분석, 여신금융연구소 CFRI INSIGHT 2020-1.

백태승, "금전과 금전채권의 특질" 경희법학, 제42권 제2호, 2007.

＿＿＿, 민법총칙, 제8판, 2021.

서을오, "금전에 있어서는 점유와 소유가 일치한다는 학설의 기원", 이화여대 법학논집, 제21권 제2호, 2016.

서희석, "지급인의 착오로 인한 자금이체의 效力", 비교사법, 제20권 제3호, 2013.

＿＿＿, "전자금융거래법상 '이용자의 중과실'의 판단기준", 비교사법, 제21권 제2호, 2014.

손진화, 전자금융거래법, 제2판, 2008.

송덕수, 민법총칙, 제6판, 2021.

안예홍, 지급결제의 주역들, 2021.

양창수, "타인채무의 착오변제", 민법연구, 제7권, 2003.

＿＿＿, "2005년도 민사판례 관견", 민법연구, 제9권, 2009.

양창수 편집대표, 민법주해[Ⅲ], 제2판, 2022.

오종근, "종류채권의 특정 요건에 관한 고찰", 법조, 제70권 제3호, 2021.

윤진수, 민법논고 Ⅲ, 2008.

이덕환, 채권총론, 전정판, 2014.

이상용, "지급이체의 법률관계", 충남대 법학연구, 제28권 제2호, 2017.

이영준, 민법총칙, 개정증보판, 2007.

이은영, 채권각론, 제5판, 2007.

이종태, "은행 없는 북한식 핀테크", 시사IN, 제555호, 2018. 5. 8.

이창운, "전자자금이체에 관한 연구", 금융법 연구, 제12권 제1호, 2015.

이철송, "전자거래기본법의 운영상의 문제점", 조세학술논집, 제16집, 2000.

이호정, 채권법총론, 1991.

정경영, "무권한 전자금융거래에서 금융기관의 책임", 금융법연구, 제3권 제1호, 2006.

_____, 전자금융거래와 법, 2007.

_____, "착오에 의한 자금이체 거래와 지급인의 권리", 성균관 법학, 제21권 제3호, 2009.

정대익, "지급이체의 법률관계", 상사판례연구, 제17집, 2004.

_____, "타인의 계좌 또는 지정하지 않은 수취인 계좌로 이루어진 지급이체의 법률문제" 비교사법, 제11권 제4호, 2004.

정동윤, 어음 · 수표법, 제5판, 2004.

정동윤 편집대표, 주석 상법 총칙 · 상행위(1), 제4판, 2013.

정병호, "금전은 점유하는 자가 소유한다는 이론 비판", 법조, 제65권 제1호, 2016.

정순섭, "금전의 법적 측면에 관한 연구", 상사판례연구, 제22집 제2권, 2009.

_____, 은행법, 2017.

정진명, 전자화폐의 실용화를 위한 법적 기반연구, 한국법제연구원, 2002.

정찬형, 어음 · 수표법 강의, 제7판, 2009.

제철웅, "전자지급거래의 법적 규율에 관한 비교법적 검토", 비교사법, 제18권 제2호, 2011.

최수정, "민법상 금전의 개념과 금전채권의 특질", 비교사법, 제10권 제1호, 2003.

최준규, 계약법과 도산법, 2021

한국은행, 한국의 지급결제제도, 2014.

한승수, "전자금융거래 사고에 있어서 배상 책임에 관한 소고", 인하대 법학
　　연구, 제18집 제2호, 2015.
황재훈, "프랑스법상 과책과 민사책임의 관계", 저스티스, 제183호, 2021.


[외국어 문헌]

Ancel et Fauvarque-Cossson, *Le nouveau droit des contrats,* 2019.

Apathy/Iro/Koziol (Hrsg.), *Österreiches Bankvertragsrecht*, Band III, 2. Aufl.,
　　2008.

Baumbach/Hefermehl/Casper, *Wechselgesetz/Scheckgesetz/Recht des Zahlung-
　　sverkehrs,* 24. Aufl., 2020.

Bonhomme et Roussille, *Instruments de crédit et de paiment*, 14$^e$ éd., 2021.

Bussani and Palmer ed., *Pure Economic Loss in Europe,* 2003.

Canaris, *Bankvertragsrecht,* 3. Aufl., 1988.

Capdeville, Stork, Mignot Kovar et Éréséo, *Droit bancaire,* 3$^e$ éd., 2021.

Cranston et al., *Principles of Banking Law*, 3$^{rd}$ ed., 2017.

Djazayeri, *Die Geschichte der Giroüberweisung*, 2011.

Ellenberger/Bunte (Hrsg.), *Bankrechts-Handbuch,* Band I, 6. Aufl., 2022.

Ellinger, Lomnicka and Hooley, *Modern Banking Law*, 3$^{rd}$ ed., 2002.

Ferid/Sonnenberger, *Das französische Zivilrecht*, Band 2, 2. Aufl., 1986.

Flume, *Allgemeiner Teil des bürgerlichen Rechts*, 2. Band, 4. Aufl., 1992.

Geva, "The Concept of Payment Mechanism", *Osgoode Hall Law Journal,*
　　Vol. 24, No. 1, 1986, 1.

_____, *The Payment Order of Antiquity and the Middle Ages*, 2011.

Gößmann, *Recht des Zahlungsverkehrs*, 2. Aufl., 1993.

Harman, "Neue Instrumente des Zahlungsverkehrs: Paypal & Co.", *Zeitschrift
　　für Bank- und Kapitalmarktrecht* 2018, 457.

Huber, "Grenzüberschreitender Zahlungsverkehr und Valutaverhältnis (underlying
　　obligation)", Hadding/Schneider (Hrsg.), *Rechtsprobleme der Auslands-
　　überweisung,* 1992.

_____, *Leistungsstörungen*, Band I, 1999.

Kaser/Knütel/Lohsse, *Römisches Privatrecht*, 22. Aufl., 2021.

Koziol, "Zur Gültigkeit abstrakter Schuldverträge im österreichischen Recht",

*Gedenkschrift für Gschnitzer,* 1969.

Koziol, *Der Garantievertrag,* 1981.

Langenbucher, *Die Risikozuordnung im bargeldlosen Zahlungsverkehr,* 2001.

Larenz/Canaris, *Lehrbuch des Schuldrechts,* Band II/2, 13. Aufl., 1994.

Loewenheim, *Bereicherungsrecht,* 3. Aufl., 2007.

Matthews and Nickles, *Payments Law,* 2nd ed., 2015.

Maume/Maute (Hrsg.), *Rechtshandbuch Kryptowerte,* 2020.

Meder, *Die bargeldlose Zahlung,* 1996.

Miller and Harrel, *The Law of Modern Payment Systems,* 2nd ed., 2017.

*Münchener Kommentar zum Bürgerlichen Gesetzbuch,* Band 6, 9. Aufl., 2023.

*Münchener Kommentar zum Handelsgesetzbuch,* Band 6, 3. Auf., 2014.

Omlor, *Geldprivatrecht,* 2014.

Pfefferle, "Die Zwangsvollstreckung in Netzgeldbestände–ein heißes Eisen", *Computer und Recht* 2001, 200.

Piédelièvre, *Instruments de crédit et de paiement,* 12e éd., 2022.

Prütting/Wegen/Weinreich, *Bürgerliches Gesetzbuch,* 14. Aufl., 2019.

Schön, "Prinzipien des bargeldlosen Zahlungsverkehrs", *Archiv für die civilistische Praxis* 198 (1998), 401.

Schütz, "Mobile Payment–Apple Pay ist in Deutschland gestartet", *Deutscher AnwaltSpiegel,* Ausgabe 02, 23. Jan. 2019.

Terré, Simler et Lequette, Droit Civil. Les obligations, 8e ed., 2002.

Tonner/Krüger, *Bankrecht,* 4. Aufl., 2023.

von Tuhr, "Einlösung eines gefälschten Checks", *Schweizerische Juristen-Zeitung,* 1924/1925, 333.

Vasseur, "Recht und Praxis der Auslandsüberweisung in Frankreich", Hadding/Schneider (Hrsg.), *Rechtsprobleme der Auslandsüberweisung,* 1992.

梅謙次郎, 民法要義, 卷之三, 1909.

神田秀樹·森田宏樹·神作裕之 編, 金融法槪說, 2016.

小塚莊一郎·森田果, 支拂決濟法, 第3版.

潮見佳男, "「第三者への給付」と不當利得(上)", 金融法務事情, 第1539號, 1999, 24.

_____, "「第三者への給付」と不當利得(下)", 金融法務事情, 第1540號, 1999, 26.

柴崎暁, "抽象的債務負担行為小論", 山形大学法政論叢, 第12號, 1998.

_____, "振込取引における入金記帳の「抽象性」", 山形大学法政論叢, 第13號, 1998.

田中誠二, 銀行取引法, 新版, 1984.

松本貞夫, 改訂 銀行取人法概論, 2007.

# 자본시장에서 공시의무 위반 및 불공정거래시의 손해배상액 산정기준

## - 판례 동향을 중심으로 -

임 기 환*

■요　지■

　자본시장법은 '투자자 보호'를 추구한다. 이 목적을 달성하기 위해서는 '자본시장의 공정성·신뢰성·효율성'이 확보되어야 한다. 투자자 입장에서 볼 때, 기업의 공시 내용이 진실에 부합한다는 신뢰가 있어야만 자본시장이 활성화될 수 있다.

　자본시장법은 투자자 보호를 위하여 여러 장치를 두고 있다. 손해배상책임의 인정 단계에서 증명책임을 전환해 준다거나 손해액 산정 단계에서 투자자로 하여금 그 손해액의 증명을 쉽게 해 주는 것 등이다. 실제 소송에서 주로 문제가 되는 부분은 손해액 산정이다. 손해액 관련 특별규정에도 불구하고 실제로 전문가의 감정 등 지난한 절차를 거쳐야 하는 경우가 많기 때문이다.

　자본시장에서 기업이나 회계감사인의 손해배상책임이 문제되는 영역은 주로 '공시의무위반' 경우와 '불공정거래(내부자거래, 시세조종 등)' 경우이다. 그런데 자본시장법은 공시의무위반 경우와 다르게 불공정거래 경우에는 손해배상액 추정 규정을 두지 않고 있고, 판례는 위 두 경우의 손해배상액 산정 방법도 다르게 보고 있다. 또한 판례는 같은 공시의무위반 경우라 하더라도, 자본시장법이 적용되는 경우와 그렇지 않은 경우(민법상 불법행위책임이 문제

---

* 서울서부지방법원 부장판사.

되는 경우 등)의 손해배상액 산정 방법을 달리 하고 있고, 민법상 불법행위책임이 문제되는 경우에도 상장주식의 경우와 비상장주식 등의 경우를 다르게 취급하고 있다.

구체적으로 구 증권거래법에서 손해액 추정규정을 두기 전까지 실무에서는 대체로 전통적인 차액설에 따라 손해액을 산정하여 온 것으로 보이고, 위 추정규정 및 그 추정을 뒤집을 수 있는 면책규정이 생긴 이후에도 그러한 규정이 적용되지 아니하는 영역에서는 여전히 차액설이 판례나 실무에서 대세인 것으로 보인다. 판례는 손해액 추정 및 면책 규정이 적용되는 영역에서 손해배상액 산정기준을 다르게 하고 있다.

그런데 과연 이러한 각각의 경우에 손해배상액 산정기준을 다르게 보아야 할 법리적인 근거가 있는지에 대하여는 여러 의문이 제기될 수 있고, 이로 인한 실무상의 혼선도 적지 않은 것으로 보인다. 어느 한 방법이 확실한 우위에 있지 않고 이론적으로 달리 취급해야 할 뚜렷한 이유도 없다면 한 가지 방법으로 통일하는 것이 바람직하다고 본다.

[주 제 어]
• 자본시장
• 공시의무위반
• 불공정거래
• 손해액 추정
• 차액설

## I. 들어가는 말

1. 자본시장과 금융투자업에 관한 법률(이하 '자본시장법'이라 한다)이 추구하는 궁극적인 목적은 '투자자 보호'라 할 수 있다. 이 목적을 달성하기 위해서는 '자본시장의 공정성·신뢰성·효율성'이 확보되어야 한다.[1] 투자자 입장에서 볼 때, 투자하려는 기업의 공시 내용이 진실에 부합한다는 신뢰나 그 주가가 조작된 것이 아니라는 신뢰를 가질 수 없다면 자본시장은 활성화될 수 없고, 자본시장이 활성화되지 못하면 국민경제의 발전도 기대하기 어렵다.

자본시장법은 투자자 보호를 위하여 여러 장치를 두고 있다. 손해배상책임의 인정 단계에서 증명책임을 전환해 준다거나 손해액 산정 단계에서 투자자로 하여금 그 손해액의 증명을 쉽게 해 주는 것 등이다. 그런데 실제 민사소송에서 주로 문제가 되는 부분은 손해배상책임 인정 단계보다는 손해액 산정 단계인 경우가 많다. 손해배상책임 인정은 대개 관련 형사사건 등이 있어서 크게 다툼이 되지 않는 경우가 많은 반면, 손해액 산정은 위와 같은 손해액 관련 특별규정에도 불구하고 실제로 전문가의 감정 등 지난한 절차를 거쳐야 하는 경우가 많기 때문이다.

2. 자본시장에서 기업이나 회계감사인의 손해배상책임이 문제되는 영역은 주로 '공시의무위반' 경우와 '불공정거래' 경우이다. 공시의무위반은 '발행공시'와 '유통공시'의 경우로 나눌 수 있고, 불공정거래에는 내부자거래, 시세조종 등이 있다. 발행공시제도는 일정금액 이상의 증권 모집시에 투자자 보호를 위하여 해당 증권에 관한 정보를 공시하게 하는 것이

---

[1] 자본시장법 제1조는 "자본시장에서의 금융혁신과 공정한 경쟁을 촉진하고 투자자를 보호하며 금융투자업을 건전하게 육성함으로써 자본시장의 공정성·신뢰성 및 효율성을 높여 국민경제의 발전에 이바지함을 목적으로 한다."라고 규정하고 있다. 이 조항에서는 여러 가지 목적을 추구하고 있지만 그 궁극적인 목적이 '투자자 보호'라는 점에 대해서는 별다른 이견이 없어 보인다. 임재연, 자본시장법 (2022년판), 박영사, 3면 등 참조.

고, 유통공시제도는 정기공시(사업보고서·반기보고서·분기보고서)나 수시공시(주요사항보고서·거래소 수시공시)와 같이 증권이 유통되는 과정에서 투자자 보호를 위하여 회사의 재산 및 경영상태를 공시하도록 하는 것이다.

그런데 자본시장법은 공시의무위반 경우와 다르게 불공정거래 경우에는 손해배상액 추정 규정을 두지 않고 있고, 판례는 위 두 경우의 손해배상액 산정 방법도 다르게 보고 있다. 또한 판례는 같은 공시의무위반 경우라 하더라도, 자본시장법이 적용되는 경우와 그렇지 않은 경우(민법상 불법행위책임이 문제되는 경우 등)의 손해배상액 산정 방법을 달리 하고 있고, 민법상 불법행위책임이 문제되는 경우에도 상장주식의 경우와 비상장주식 등의 경우를 다르게 취급하고 있다. 그런데 과연 이러한 각각의 경우에 손해배상액 산정기준을 다르게 보아야 할 법리적인 근거가 있는지에 대하여는 여러 의문이 제기될 수 있고, 이로 인한 실무상의 혼선도 적지 않은 것으로 보인다.

3. 이하에서는 공시의무위반과 불공정거래의 경우 손해액 산정과 관련된 자본시장법의 규정을 살펴보고, 이어서 각각의 경우 손해배상액 산정기준에 관한 판례의 흐름을 살펴보기로 한다. 그리고 보다 합리적인 손해배상액 산정기준을 모색해 보기로 한다.

## Ⅱ. 손해액 산정 관련 자본시장법 규정

### 1. 공시의무위반의 경우

#### (1) 발행공시

#### (가) 자본시장법 관련 규정[2]

**제125조(거짓의 기재 등으로 인한 배상책임)**
① 증권신고서와 투자설명서 중 중요사항에 관하여 거짓의 기재 또는 표시가 있거나 중요사항이 기재 또는 표시되지 아니함으로써 증권의 취득자

---

[2] 2007. 8. 3. 자본시장법이 제정되면서 폐지된 구 증권거래법 제14조 및 제15조에서도 자본시장법 제125조 및 제126조와 같은 취지로 규정하고 있었다.

가 손해를 입은 경우에는 다음 각 호의 자는 그 손해에 관하여 배상의 책임을 진다. 다만, 배상의 책임을 질 자가 상당한 주의를 하였음에도 불구하고 이를 알 수 없었음을 증명하거나 그 증권의 취득자가 취득의 청약을 할 때에 그 사실을 안 경우에는 배상의 책임을 지지 아니한다. (이하 생략)

### 제126조(손해배상액)

① 제125조에 따라 배상할 금액은 <u>청구권자가 해당 증권을 취득함에 있어서 실제로 지급한 금액에서 다음 각 호의 어느 하나에 해당하는 금액을 뺀 금액으로 추정</u>한다.
  1. 제125조에 따라 손해배상을 청구하는 소송의 변론이 종결될 때의 그 증권의 시장가격(시장가격이 없는 경우에는 추정처분가격을 말한다)
  2. 제1호의 변론종결 전에 그 증권을 처분한 경우에는 그 처분가격
② 제1항에 불구하고 제125조에 따라 배상책임을 질 자는 청구권자가 입은 <u>손해액의 전부 또는 일부가 중요사항에 관하여 거짓의 기재 또는 표시가 있거나 중요사항이 기재 또는 표시되지 아니함으로써 발생한 것이 아님을 증명한 경우에는 그 부분에 대하여 배상책임을 지지 아니</u>한다.

(나) 자본시장법 제126조 제1항이 '… 금액으로 **추정**한다'라고 규정하고 있고 제126조 제2항과 같은 면책조항을 두고 있는 것과 달리, 1997. 1. 13. 개정 전의 구 증권거래법 제15조는 '… 금액으로 **한다**'라고 규정하고 면책조항은 두고 있지 아니하여 추정규정이 아닌 간주규정으로 해석될 여지가 많았다.[3] 그런데 헌법재판소는 1996. 10. 4. 선고 94헌가8 결정(헌공 제18호)에서 '위와 같은 문면에도 불구하고 추정규정으로 해석하여야 하고 그렇게 해석하는 한 합헌이다'라고 하였고,[4] 이에 따라 1997. 1. 13.

---

3) 이러한 '간주' 형태의 규정은, 이른바 '1962년 증권파동' 이후인 1963. 4. 27. 개정된 구 증권거래법 제8조의3에서 최초 도입된 것인데(발행공시), 이후 1976. 12. 22. 구 증권거래법이 전부개정되면서 같은 내용이 제15조에 규정되었다. 유통공시의 경우에는 1997. 1. 13. 개정된 구 증권거래법에서 처음 도입되었다.
4) '문면대로 간주규정으로 해석한다면 헌법에 반하는데 가급적 법규정 효력을 유지하는 쪽으로 해석하는 것이 바람직하다'는 이유에서 이렇게 판단하였다. 다소 작

증권거래법이 개정되면서 제15조 제2항(자본시장법 제126조 제2항과 같은 내용)이 신설되었다.

### (2) 유통공시

### (가) 자본시장법 관련 규정[5]

---

**제162조(거짓의 기재 등에 의한 배상책임)**

① 제159조제1항의 사업보고서 · 반기보고서 · 분기보고서 · 주요사항보고서(이하 "사업보고서등"이라 한다) 및 그 첨부서류(회계감사인의 감사보고서는 제외한다) 중 중요사항에 관하여 거짓의 기재 또는 표시가 있거나 중요사항이 기재 또는 표시되지 아니함으로써 사업보고서 제출대상법인이 발행한 증권의 취득자 또는 처분자가 손해를 입은 경우에는 다음 각 호의 자는 그 손해에 관하여 배상의 책임을 진다. 다만, 배상의 책임을 질 자가 상당한 주의를 하였음에도 불구하고 이를 알 수 없었음을 증명하거나 그 증권의 취득자 또는 처분자가 그 취득 또는 처분을 할 때에 그 사실을 안 경우에는 배상의 책임을 지지 아니한다. (각 호 및 ②항 생략)

③ 제1항 및 제2항에 따라 배상할 금액은 청구권자가 그 증권을 취득 또는 처분함에 있어서 실제로 지급한 금액 또는 받은 금액과 다음 각 호의 어느 하나에 해당하는 금액(처분의 경우에는 제1호에 한한다)과의 차액으로 추정한다.

  1. 제1항 및 제2항에 따라 손해배상을 청구하는 소송의 변론이 종결될 때의 그 증권의 시장가격(시장가격이 없는 경우에는 추정처분가격을 말한다)

  2. 제1호의 변론종결 전에 그 증권을 처분한 경우에는 그 처분가격

④ 제3항에 불구하고 제1항 및 제2항에 따라 배상책임을 질 자는 청구권자가 입은 손해액의 전부 또는 일부가 중요사항에 관하여 거짓의 기재 또는 표시가 있거나 중요사항이 기재 또는 표시되지 아니함으로써 발생

---

위적 판단이라는 느낌을 지울 수 없기는 하다.

5) 구 증권거래법에서도 유통공시의 경우 발행공시에 관한 제14조, 제15조 등을 준용하는 규정을 두어(제186조의5) 아래 자본시장법 제162조와 같은 취지로 규정하고 있었고, 감사인의 손해배상책임에 관하여도 제197조를 두어 아래 자본시장법 제170조와 같은 취지로 규정하고 있었다.

한 것이 아님을 증명한 경우에는 그 부분에 대하여 배상책임을 지지 아니한다. (이하 생략)

## 제170조(회계감사인의 손해배상책임)

① 「주식회사 등의 외부감사에 관한 법률」 제31조 제2항부터 제9항까지의 규정[6]은 선의의 투자자가 사업보고서등에 첨부된 회계감사인의 감사보고서를 신뢰하여 손해를 입은 경우 그 회계감사인의 손해배상책임에 관하여 준용한다.

② 제1항에 따라 배상할 금액은 청구권자가 그 증권(그 증권과 관련된 증권예탁증권, 그 밖에 대통령령으로 정하는 증권을 포함한다. 이하 이 조에서 같다)을 취득 또는 처분함에 있어서 실제로 지급한 금액 또는 받은 금액과 다음 각 호의 어느 하나에 해당하는 금액(처분의 경우에는 제1호에 한한다)과의 차액으로 추정한다.

1. 제1항에 따라 손해배상을 청구하는 소송의 변론이 종결될 때의 그 증권의 시장가격(시장가격이 없는 경우에는 추정처분가격을 말한다)

2. 제1호의 변론종결 전에 그 증권을 처분한 경우에는 그 처분가격

③ 제2항에 불구하고 제1항에 따라 배상책임을 질 자는 청구권자가 입은 손해액의 전부 또는 일부가 중요사항에 관하여 거짓의 기재 또는 표시가 있거나 중요사항이 기재 또는 표시되지 아니함으로써 발생한 것이 아님을 증명한 경우에는 그 부분에 대하여 배상책임을 지지 아니한다.

(나) 자본시장법은 유통공시의 경우 해당 기업의 손해배상책임과 그

---

6) **주식회사 등의 외부감사에 관한 법률 제31조(손해배상책임)**

② 감사인이 중요한 사항에 관하여 감사보고서에 적지 아니하거나 거짓으로 적음으로써 이를 믿고 이용한 제3자에게 손해를 발생하게 한 경우에는 그 감사인은 제3자에게 손해를 배상할 책임이 있다. (단서 생략)

⑦ 감사인 또는 감사에 참여한 공인회계사가 제1항부터 제3항까지의 규정에 따른 손해배상책임을 면하기 위하여는 그 임무를 게을리하지 아니하였음을 증명하여야 한다. 다만, 다음 각 호의 어느 하나에 해당하는 자가 감사인 또는 감사에 참여한 공인회계사에 대하여 손해배상 청구의 소를 제기하는 경우에는 그 자가 감사인 또는 감사에 참여한 공인회계사가 임무를 게을리하였음을 증명하여야 한다. (각 호 생략)

회계감사인의 손해배상책임을 별도로 규정하고 있으나, 증명책임의 전환
이나 손해액의 산정에 관한 내용은 별 차이가 없다. 다만 이른바 '거래인
과관계(허위공시 등과 거래 사이의 인과관계)' 관련하여 자본시장법 제162조
제1항은 '… 아니함으로써 … 손해를 입은 경우'라고 하고 있고, 제170조 제
1항은 '… 감사보고서를 신뢰하여 손해를 입은 경우'라고 하여 다소 뉘앙스
가 다르기는 하나, 판례는 두 경우를 구별하지 아니하고 모두 거래인과
관계가 사실상 추정된다고 하고 있다.[7]

　　(다) 한편 우리 자본시장법은 위와 같이 발행공시와 유통공시의 경
우를 구별하지 아니하고 손해배상책임에 관하여 동일하게 규정하고 있는
데(구 증권거래법도 마찬가지), 이에 대해서는 특히 손해액 산정과 관련하여
발행시장과 유통시장을 달리 보아야 한다는 견해도 있다.[8]

---

7) **대법원 2007. 10. 25. 선고 2006다16758,16765 판결**(공2007하, 1806) 등은 "주식
　　거래에서 대상 기업의 재무상태는 주가를 형성하는 가장 중요한 요인 중의 하나이
　　고, 대상 기업의 사업보고서의 재무제표에 대한 외부감사인의 회계감사를 거쳐 작
　　성된 감사보고서는 대상 기업의 재무상태를 드러내는 가장 객관적인 자료로서 일
　　반 투자자에게 제공·공표되어 그 주가형성에 결정적인 영향을 미치는 것이어서,
　　<u>주식투자를 하는 일반 투자자로서는 그 대상 기업의 재무상태를 가장 잘 나타내는</u>
　　<u>사업보고서의 재무제표와 이에 대한 감사보고서가 정당하게 작성되어 공표된 것으</u>
　　<u>로 믿고 주가가 당연히 그에 바탕을 두고 형성되었으리라는 생각 아래 대상 기업</u>
　　<u>의 주식을 거래한 것으로 보아야 한다.</u>"라고 하였다.
8) 이준섭, "증권집단소송의 도입과 증권거래법상 손해배상책임체계의 개선방안",
　　증권법연구 제4권 제2호, 한국증권법학회(2003), 58면; 박휴상, "증권관련 부실공시
　　책임의 손해인과관계에 관한 고찰", 법학논총 제27집 제1호(2007. 6.), 전남대학교
　　법률행정연구소, 197-202면.
　　　후자의 논문에서는 '발행시장의 경우에는 유가증권신고서나 사업설명서의 정보
　　가 투자자가 투자 판단할 수 있는 유일한 자료이므로 손해배상액을 산정함에 있
　　어서는 다른 손해발생 요인의 존재를 배제하고 이를 단순화하더라도 큰 무리가
　　없다. 또한 발행공시책임을 묻는 근본목적이 투자자에게 손해를 전보해 주는데
　　있기 보다는 완전공시를 강제하거나 부실공시를 억지하는데 있기 때문에 보다
　　엄격한 책임이 요구된다. 이러한 의미에서 발행공시책임의 경우에는 부실공시가
　　어디까지 손해액에 영향을 미쳤는지, 또한 다른 손해 발생요인이 무엇인지를 일
　　일이 따지지 않고, 정형화된 손해배상액을 법정하고 있는 것이 일반적인 경향이
　　다. 따라서 우리나라를 비롯하여 미국·일본 등 각국의 입법례가 모두 손해배상
　　액 산정방식을 단순화하여 증권의 취득가액에서 변론종결시 가격이나 소제기시
　　(청구시)의 가격을 공제한 금액으로 법정하는 입법방식을 채택하고 있다. 그러나
　　<u>유통시장의 경우에는 투자자가 입은 손해발생요인이 너무 다양하기 때문에 손해</u>

## 2. 불공정거래의 경우

### (1) 자본시장법 관련 규정[9]

**제175조(미공개중요정보 이용행위의 배상책임)**

① 제174조[10]를 위반한 자는 해당 특정증권등의 매매, 그 밖의 거래를 한 자가 그 매매, 그 밖의 거래와 관련하여 입은 손해를 배상할 책임을 진다.

**제177조(시세조종의 배상책임)**

① 제176조[11]를 위반한 자는 다음 각 호의 구분에 따른 손해를 배상할 책임을 진다.

1. 그 위반행위로 인하여 형성된 가격에 의하여 해당 증권 또는 파생상품에 관한 매매등을 하거나 그 위탁을 한 자가 그 매매등 또는 위탁으로 인하여 입은 손해

2. 제1호의 손해 외에 그 위반행위(제176조 제4항 각 호의 어느 하나에 해당하는 행위로 한정한다)로 인하여 가격에 영향을 받은 다른 증권, 파생상품 또는 그 증권·파생상품의 기초자산에 대한 매매등을 하거나 그 위탁을 한 자가 그 매매등 또는 위탁으로 인하여 입은 손해

3. 제1호 및 제2호의 손해 외에 그 위반행위(제176조 제4항 각 호의 어느 하나에 해당하는 행위로 한정한다)로 인하여 특정 시점의 가격 또는 수치에 따라 권리행사 또는 조건성취 여부가 결정되거나 금전등이 결제되는 증권 또는 파생상품과 관련하여 그 증권 또는 파생상품을 보유한 자가 그 위반행위로 형성된 가격 또는 수치에 따라 결정되거나 결제됨으로써 입은 손해

**제179조(부정거래행위 등의 배상책임)**

① 제178조[12]를 위반한 자는 그 위반행위로 인하여 금융투자상품의 매매,

---

배상액을 발행시장의 경우와 같이 단순화하여 법정할 수만은 없다. 주가 하락과 같은 현상은 유발요인이 무수히 많고, 실제 피고의 위법행위와 아무런 관련이 없는 시장상황 등 외부적 요인에 의해서 많은 영향을 받기 때문이다.'라고 설명하고 있다.

9) 구 증권거래법에도 같은 취지의 규정(제188조의3, 제188조의5)이 있었다.

> 그 밖의 거래를 한 자가 그 매매, 그 밖의 거래와 관련하여 입은 손해를 배상할 책임을 진다.

---

10) **자본시장법 제174조(미공개중요정보 이용행위 금지)**
① 다음 각 호의 어느 하나에 해당하는 자는 상장법인의 업무 등과 관련된 미공개중요정보(투자자의 투자판단에 중대한 영향을 미칠 수 있는 정보로서 대통령령으로 정하는 방법에 따라 불특정 다수인이 알 수 있도록 공개되기 전의 것을 말한다. 이하 이 항에서 같다)를 특정증권등의 매매, 그 밖의 거래에 이용하거나 타인에게 이용하게 하여서는 아니 된다. (각 호 생략)
② 다음 각 호의 어느 하나에 해당하는 자는 주식등에 대한 공개매수의 실시 또는 중지에 관한 미공개정보(대통령령으로 정하는 방법에 따라 불특정 다수인이 알 수 있도록 공개되기 전의 것을 말한다. 이하 이 항에서 같다)를 그 주식등과 관련된 특정증권등의 매매, 그 밖의 거래에 이용하거나 타인에게 이용하게 하여서는 아니 된다. 다만, 공개매수를 하려는 자(이하 이 조에서 "공개매수예정자"라 한다)가 공개매수공고 이후에도 상당한 기간 동안 주식등을 보유하는 등 주식등에 대한 공개매수의 실시 또는 중지에 관한 미공개정보를 그 주식등과 관련된 특정증권등의 매매, 그 밖의 거래에 이용할 의사가 없다고 인정되는 경우에는 그러하지 아니하다. (각 호 생략)
③ 다음 각 호의 어느 하나에 해당하는 자는 주식등의 대량취득·처분(경영권에 영향을 줄 가능성이 있는 대량취득·처분으로서 대통령령으로 정하는 취득·처분을 말한다. 이하 이 항에서 같다)의 실시 또는 중지에 관한 미공개정보(대통령령으로 정하는 방법에 따라 불특정 다수인이 알 수 있도록 공개되기 전의 것을 말한다. 이하 이 항에서 같다)를 그 주식등과 관련된 특정증권등의 매매, 그 밖의 거래에 이용하거나 타인에게 이용하게 하여서는 아니 된다. 다만, 대량취득·처분을 하려는 자가 제149조에 따른 공시 이후에도 상당한 기간 동안 주식등을 보유하는 등 주식등에 대한 대량취득·처분의 실시 또는 중지에 관한 미공개정보를 그 주식등과 관련된 특정증권등의 매매, 그 밖의 거래에 이용할 의사가 없다고 인정되는 경우에는 그러하지 아니하다. (각 호 생략)
11) **자본시장법 제176조(시세조종행위 등의 금지)**
① 누구든지 상장증권 또는 장내파생상품의 매매에 관하여 그 매매가 성황을 이루고 있는 듯이 잘못 알게 하거나, 그 밖에 타인에게 그릇된 판단을 하게 할 목적으로 다음 각 호의 어느 하나에 해당하는 행위를 하여서는 아니 된다. (각 호 생략)
② 누구든지 상장증권 또는 장내파생상품의 매매를 유인할 목적으로 다음 각 호의 어느 하나에 해당하는 행위를 하여서는 아니 된다. (각 호 생략)
③ 누구든지 상장증권 또는 장내파생상품의 시세를 고정시키거나 안정시킬 목적으로 그 증권 또는 장내파생상품에 관한 일련의 매매 또는 그 위탁이나 수탁을 하는 행위를 하여서는 아니 된다. 다만, 다음 각 호의 어느 하나에 해당하는 경우에는 그러하지 아니하다. (각 호 생략)
④ 누구든지 증권, 파생상품 또는 그 증권·파생상품의 기초자산 중 어느 하나가 거래소에 상장되거나 그 밖에 이에 준하는 경우로서 대통령령으로 정하는 경우에는 그 증권 또는 파생상품에 관한 매매, 그 밖의 거래와 관련하여 다음 각

### (2) 공시의무위반 경우와 차이점

손해배상청구권자가 거래인과관계[13]나 불공정거래를 한 자의 고의·과실을 증명할 필요가 없다는 점은 공시의무위반의 경우와 다르지 않으나, 공시의무위반의 경우와 달리 손해배상액 산정방법에 관한 규정을 두고 있지 아니하다(구 증권거래법에서도 마찬가지였다).

## Ⅲ. 손해액 산정 관련 판례의 동향

### 1. 개    설

(1) 불법행위로 인한 재산상 손해의 산정 방식에 관하여 판례와 통설은 원칙적으로 '차액설'의 입장에 서 있다. '위법행위가 없었더라면 존재하였을 재산상태와 그 위법행위가 가해진 현재의 재산상태의 차이'가 손해라는 것이다.[14] 예를 들어 본래 100원짜리 물건을 속아서 150원에 샀다면

---

호의 어느 하나에 해당하는 행위를 하여서는 아니 된다. (각 호 생략)

12) **자본시장법 제178조(부정거래행위 등의 금지)**
　① 누구든지 금융투자상품의 매매(증권의 경우 모집·사모·매출을 포함한다. 이하 이 조 및 제179조에서 같다), 그 밖의 거래와 관련하여 다음 각 호의 어느 하나에 해당하는 행위를 하여서는 아니 된다.
　　1. 부정한 수단, 계획 또는 기교를 사용하는 행위
　　2. 중요사항에 관하여 거짓의 기재 또는 표시를 하거나 타인에게 오해를 유발시키지 아니하기 위하여 필요한 중요사항의 기재 또는 표시가 누락된 문서, 그 밖의 기재 또는 표시를 사용하여 금전, 그 밖의 재산상의 이익을 얻고자 하는 행위
　　3. 금융투자상품의 매매, 그 밖의 거래를 유인할 목적으로 거짓의 시세를 이용하는 행위
　② 누구든지 금융투자상품의 매매, 그 밖의 거래를 할 목적이나 그 시세의 변동을 도모할 목적으로 풍문의 유포, 위계의 사용, 폭행 또는 협박을 하여서는 아니된다.
13) 제179조의 배상책임의 경우 '그 위반행위로 인하여'라는 문구를 이유로 거래인과관계의 증명이 별도로 필요하다는 것이 일반적 견해였으나, "제178조 제1항 제1호의 위반행위로 인하여 금융투자상품 투자자의 권리·의무의 내용이 변경되거나 결제되는 금액이 달라져 투자자가 손해를 입었다면 투자자는 부정거래행위자에 대하여 자본시장법 제179조 제1항에 따라 손해배상을 청구할 수 있다"라고 한 **대법원 2015. 4. 9.자 2013마1052,1053 결정**(공2015상,682)에 따라 거래인과관계가 요구되지 않는 방향으로 일단락되었다고 한다[임재연, 전게서, 1125면].
14) **대법원 1992. 6. 23. 선고 91다33070 전원합의체 판결**[공1992.8.15.(926)]이 "불법행위로 인한 재산상 손해는 위법한 가해행위로 인하여 발생한 재산상 불이익,

그 차액인 50원의 손해가 곧바로 발생한 것이고 다른 사정으로 인하여 재판 당시에 그 물건이 200원이 되었다고 하더라도 결론이 다르지 않다고 한다.[15)·16)]

(2) 이러한 원칙은 그 자체로는 간명하지만 위법행위 당시의 정당한 시가를 어떻게 정하여야 하는지는 간단한 문제가 아니다. 그 '물건'이 유통성이 크고 다양한 변수로 인하여 끊임없이 시가가 변동하는 '주식'과 같은 것(이하 '주식 등'이라 한다)인 경우에는 더욱 그러하다. 그럼에도 일반적인 견해와 판례는 주식 등의 경우에도 일단은 '실제 매수한 가격과 당시의 정상가격(정상주가)의 차액'을 손해액으로 보고 있고, 다만 법률의 규정이나 기타 여러 사정을 고려하여 구체적인 사안 별로 손해액 산정 방법에 차이를 두고 있다. 그런데 이러한 산정 방법의 차이가 서로 모순되는 것으로 보이는 경우도 있고 이로 인해 실무상 혼란이 야기되는 측면도 있다.

(3) 이하에서는 우선 구체적인 사안 별로 판례가 손해액을 어떻게 산정하고 있는지를 살펴보고, 그러한 태도의 문제점과 개선방안에 대하여

---

즉 그 위법행위가 없었더라면 존재하였을 재산상태와 그 위법행위가 가해진 현재의 재산상태의 차이를 말하는 것이다"라고 한 것이 대표적이다.

15) **대법원 2010. 4. 29. 선고 2009다91828 판결**(공2010상,990)은 "불법행위로 인한 재산상 손해는 위법한 가해행위로 인하여 발생한 재산상 불이익, 즉 그 위법행위가 없었더라면 존재하였을 재산상태와 그 위법행위가 가해진 현재의 재산상태의 차이를 말하는 것이며, 그 손해액은 원칙적으로 불법행위시를 기준으로 산정하여야 한다. 즉, 여기에서 '현재'는 '기준으로 삼은 그 시점'이란 의미에서 '불법행위시'를 뜻하는 것이지 '지금의 시간'이란 의미로부터 '사실심 변론종결시'를 뜻하는 것은 아니다. … 매수인이 매도인의 기망행위로 인하여 부동산을 고가에 매수하게 됨으로써 입게 된 손해는 부동산의 매수 당시 시가와 매수가격과의 차액이고, 그 후 매수인이 위 부동산 중 일부에 대하여 보상금을 수령하였다거나 부동산 시가가 상승하여 매수가격을 상회하게 되었다고 하여 매수인에게 손해가 발생하지 않았다고 할 수 없다."라고 하였다.

16) 위 '100원'은 손해배상청구권자가 물건을 구입할 당시의 가격을 의미한다. 그 물건의 정당한 시가를 어느 시점을 기준으로 산정해야 하는지에 대하여도 견해의 대립이 있으나, 판례는 이른바 '책임발생시설'로 정리되었다고 한다[김웅재, "기망행위에 속아 물건을 고가에 매수한 뒤 그 물건가격이 변동한 경우 손해배상의 범위 및 손해배상액 산정의 기준시점", 민사판례연구 제39권(2017), 박영사, 410-415면 참조].

살펴보고자 한다. 논의의 편의상 불공정거래 경우를 먼저 살펴보고 이어서 공시의무위반 경우를 살펴보기로 한다.

## 2. 불공정거래의 경우

(1) 자본시장법은 공시의무위반 경우에는 손해액 추정과 면책 규정(제126조, 제162조 제3, 4항, 제170조 제2, 3항)을 두고 있으나, 불공정거래 경우에는 그러한 규정을 두고 있지 않다(구 증권거래법 시절에도 마찬가지). 따라서 불공정거래의 경우 자본시장법에 기한 손해배상책임이든 불법행위에 기한 손해배상책임이든 손해액 산정에 있어서는 차이가 없다. 불공정거래 중 시세조종행위 관련해서 많은 판례가 집적되어 있다. 이하에서는 시세조종의 경우를 위주로 살펴본다. 내부자거래 관련해서는 명확한 입장을 나타낸 판례는 없으나 시세조종의 경우와 달리 보아야 할 이유는 없다고 생각된다.

(2) 손해액 산정에 관하여 학설상으로는 전통적인 차액설에 근거한 차액산정방식, 공시의무위반 경우에 관한 자본시장법의 손해배상액 추정 규정을 유추적용하는 방식,[17] 선순환종료시 주가에 의한 차액산정방식[18] 등이 있다고 한다.[19] 미국에서의 논의를 빌려, 이 문제를 '위법행위로 인하여 낮은 가치의 주식을 높은 가격(Artificially Inflated Price)을 주고 매입한 것이 손해이고 그 손해는 주식취득 당시에 발생한다는 견해(이른바 부양된 주가 방식)'와 '위법행위로 인하여 상실된 주가 상당액(Ultimate/Subsequent Decline in Stock Price)이 손해이며 진실한 정보가 시장에 알려져서 손해가 구체화된 때 비로소 손해가 발생한다고 보아야 한다는 견해(이른바 현실화된 주가 방식)'의 대립으로 설명하고 있기도 하다.[20] 전자의 견해가 전통

---

17) 과거 부산고등법원 1998. 8. 27. 선고 98나574 판결 등 하급심에서 이러한 입장을 취한 바 있다.
18) 뒤에서 살펴 볼 공시의무위반(구체적으로 그와 관련된 부실감사)에 대하여 일반 불법행위책임을 묻는 경우에 판례가 취한 입장(허위공시가 밝혀지기 전의 주가와 밝혀진 이후 형성된 정상주가와의 차액을 손해로 보는 입장)을 시세조종의 경우에도 동일하게 적용하자는 입장이다.
19) 임재연, 전게서 1115-1119면.

적인 차액설에 충실한 입장이고, 후자의 견해는 '다른 재화와 달리 주식은 언제든지 시장에서 매수가격에 팔 수 있는 상태이어서 매수시점에 손해가 없다'는 점을 근거로 한다고 한다.[21]

(3) 현재의 확립된 판례는 차액산정방식(부양된 주가방식)을 택하고 있다. 대표적으로 구 증권거래법상 손해배상책임이 문제된 사안에서 대법원 2004. 5. 28. 선고 2003다69607, 69614 판결[22]은 아래와 같이 판시하였다.

> 시세조종행위로 인하여 형성된 가격에 의하여 유가증권시장 또는 코스닥시장에서 당해 유가증권의 매매거래 또는 위탁을 한 투자자가 그 매매거래 또는 위탁에 관하여 입은 손해를 산정함에 있어서는, 그와 같은 <u>시세조종행위가 없었더라면 매수 당시 형성되었으리라고 인정되는 주가(정상주가)와 시세조종행위로 인하여 형성된 주가로서 그 투자자가 실제로 매수한 주가(조작주가)와의 차액 상당(만약, 정상주가 이상의 가격으로 실제 매도한 경우에는 조작주가와 그 매도주가와의 차액 상당)</u>을 손해로 볼 수 있고, 여기서 정상주가의 산정방법으로는, 전문가의 감정을 통하여 그와 같은 시세조종행위가 발생하여 그 영향을 받은 기간(사건기간) 중의 주가동향과 그 사건이 없었더라면 진행되었을 주가동향을 비교한 다음 그 차이가 통계적으로 의미가 있는 경우 시세조종행위의 영향으로 주가가 변동되었다고 보고, 사건기간 이전이나 이후의 일정 기간의 종합주가지수, 업종지수 및 동종업체의 주가 등 공개된 지표 중 가장 적절한 것을 바탕으로 도출한 회귀방정식을 이용하여 사건기간 동안의 정상수익률을 산출한 다음 이를 기초로 사건기간 중의 정상주가를 추정하는 금융경제학적 방식 등의 합리적인 방법에 의할 수 있다.

---

20) 장상균, "분식회계로 인한 증권투자자 손해배상청구소송의 몇 가지 문제", 민사재판의 제문제 제17권(2008. 12.), 한국사법행정학회, 377-378면.

21) 장상균, 전게논문, 380면.

22) 공2004.7.1.(205). 이른바 '현대전자 주가조작 사건'이다. 이 판결은 손해액 산정기준을 명확히 밝힌 것 외에도 '매수 당시 정상주가의 산정방식'으로 미국에서 널리 사용되는 '사건영향분석(event study)'을 정면으로 받아들였다는 점에서 큰 의의가 있다.

이에 따르면 본래 100원(정상주가)인 주식을 시세조종된 가격인 150원(조작주가)에 매수하였다면 그 차액인 50원이 손해가 되고, 다만 그 주식을 120원(매도주가)에 실제 매도하였다면 조작주가와 매도주가의 차액인 30원이 손해가 된다.[23]

다만 판례의 이러한 입장은 전통적인 차액설의 입장과는 다소 차이가 있는 부분이 있다. 위법행위 당시를 기준으로 정상주가와 조작주가의 차액을 손해로 인정하면서도 그 시점 이후의 사정까지 고려하고 있기 때문이다. 이는 앞서 각주 15에서 본 2009다91828 판결의 입장과는 다르다.[24] 이 점을 지적하며 책임발생시 이후 손해가 감소한 경우에 대한 처리에 있어서 판례가 통일되지 못한 상태라고 보는 견해도 있다.[25]

생각건대, 관념적으로는 주식의 경우에도 그 주식을 취득한 시점에 손해가 발생하였다고 볼 수 있지만, 다른 물건과 달리 시세가 끊임없이 변하고 언제라도 사고 팔 수 있다는 특성을 고려하여 사후적인 매도가액까지 고려하는 것이 아닌가 싶다. 판례의 이러한 입장이 직관적으로도 타당해

---

23) 판례[**대법원 2015. 5. 14. 선고 2013다11621 판결**(공2015상,791)]는 민법상 불법행위책임이 문제되는 사안에서도 마찬가지 입장을 취하고 있다.
　　"허위사실 유포 등의 행위로 인하여 형성된 가격으로 발행시장 또는 유통시장에서 주식을 취득한 투자자가 그러한 <u>불법행위를 이유로 민법상 손해배상청구를 하는 경우</u>, 투자자가 입은 손해는 그와 같은 위법행위가 없었더라면 취득 당시 형성되었으리라고 인정되는 정상주가와 위법행위로 인하여 형성된 주가로서 투자자가 주식 취득을 위하여 실제 지급한 금액과의 차액 상당(투자자가 정상주가 이상의 가격으로 매도한 경우에는 실제 지급한 금액과 매도주가와의 차액 상당)으로 볼 수 있다. 여기서 정상주가를 산정할 때에는, 전문가의 감정을 통하여 그와 같은 위법행위의 영향을 받은 기간(사건기간) 중의 주가동향과 위법행위가 없었더라면 진행되었을 주가동향을 비교하여 그 차이가 통계적으로 의미가 있는 경우 위법행위의 영향으로 주가가 변동되었다고 보고, 사건기간 이전 또는 이후 일정 기간의 종합주가지수, 업종지수 및 동종업체의 주가 등 공개된 지표 중 가장 적절한 것을 바탕으로 도출한 회귀방정식을 이용하여 사건기간 동안의 정상수익률을 산출한 다음 이를 기초로 사건기간 중의 정상주가를 추정하는 금융경제학적 방식 등의 합리적인 방법에 의할 수 있다."
24) 2009다91828 판결의 입장을 시세조종의 경우에 그대로 적용한다면, 100원(정상주가)인 주식을 150원(조작주가)에 매수한 순간 50원의 손해가 발생한 것으로 확정되고 이후 120원에 매도하든 150원에 매도하든 손해액에 차이는 없다고 보게 된다.
25) 김웅재, 전게논문, 423면.

보이기는 하나, 그 이론적 근거가 분명하지 않은 한계는 있다고 보인다.

(4) 한편 불공정행위 관련 형사처벌 조항인 자본시장법 제443조는 내부자거래나 시세조종 등 위반행위로 얻은 이익(또는 회피한 손실액)이 5억 미만인 경우, 5억 원 이상 50억 원 미만인 경우, 50억 원 이상인 경우로 나누어 법정형을 달리하고 있는데, 그 이익액을 구체적으로 어떻게 산정하여야 하는지에 대해서는 따로 정하고 있지 않다. 대법원은 실현이익과 평가이익(미실현이익) 모두 포함된다는 입장이다.[26] 특히 평가이익(미실현이익) 관련해서는, 위반행위자가 처분하지 아니하고 보유하고 있는 주식의 가치평가 작업이 이루어져야 하는데, 이는 결국 매수단가와 그 이후의 어느 시점의 단가와의 차액을 이익액으로 삼아야 하느냐의 문제이다. 현재의 일반적인 실무례는 미공개중요정보이용행위의 미실현이익은 '잔여수량 × (최초형성 최고종가 – 매수단가)'이고, 시세조종의 미실현이익은 '잔여수량 × (시세조종기간 종료일의 종가 – 매수단가)'라고 한다.[27] 이와 관련하여 민사상 손해배상책임에서 적정주가의 산정에 관한 논의를 참고할 필요가 있다는 견해가 있다.[28] 기본적으로 이 부분은 검사의 엄격한 증명이 필요한 영역이므로 자본시장법에 그 이익액 산정 관련하여 보다 구체적인 규정을 둘 필요가 있다고 생각된다.

### 3. 공시의무위반의 경우

### (1) 민법상 불법행위에 기한 손해배상책임의 경우

### (가) 개    설

자본시장법상 손해배상청구권은 상장회사의 경우에만 적용되고 단기

---

26) 대법원 2018. 10. 12. 선고 2018도8438 판결(공2018하,2149) : '위반행위로 얻은 이익'은 위반행위로 행위자가 얻은 인과관계에 있는 이익의 전부를 뜻하므로, 시세조종행위 기간 중에 한 구체적 거래로 인하여 이미 발생한 이익(이하 '실현이익'이라 한다)과 시세조종행위 종료 시점 당시 보유 중인 시세조종 대상 주식 또는 신주인수권증권의 평가이익('미실현이익')이 모두 포함된다.

27) 노혁준, "자본시장법상 불공정행위로 인한 부당이득의 법적 문제", 증권법연구 제19권 제1호(2018), 삼우사, 253면.

28) 노혁준, 전게논문, 237면.

소멸시효(공시의무위반의 경우 안 날로부터 1년, 증권신고서 효력발생일 또는 사업보고서 등 제출일로부터 3년, 감사보고서 제출일로부터 8년)가 적용되는 관계로, 어쩔 수 없이 민법상 불법행위책임을 물어야 하는 경우가 실무상 적지 않다. 이때 자본시장법상 각종 증명책임 전환규정은 물론 손해액 추정 규정['손해액 = 매수가액 - 매도가액(미처분시 변론종결일 가격)'이라는 공식]도 적용되지 않는다. 따라서 이 경우에도 앞서 본 시세조종의 경우와 마찬가지로 손해액을 어떻게 산정할 것인가의 문제가 발생한다.

**(나) 대법원 1997. 9. 12. 선고 96다41991 판결**[29]

이 판결은 아래와 같이 판시함으로써, '차액설'을 취한 원심이 잘못되었고 **'거래정지 직전의 주가와 거래정지 해제 이후 형성된 정상주가와의 차액'**을 손해로 보았다. 이러한 입장은 최근까지도 이어지고 있다.[30]

> 주식을 매수한 원고가 소외 회사의 분식결산 및 피고의 부실감사로 인하여 입은 손해액은 위와 같은 분식결산 및 부실감사로 인하여 상실하게 된 주가 상당액이라고 봄이 상당하고, 이 사건의 경우 이와 같은 분식결산 및 부실감사로 인하여 상실하게 된 주가 상당액은 특별한 사정이 없는 한 <u>분식결산 및 부실감사가 밝혀져 거래가 정지되기 전에 정상적으로 형성된 주가와 분식결산 및 부실감사로 인한 거래정지가 해제되고 거래가 재개된 후 계속된 하종가를 벗어난 시점에 정상적으로 형성된 주가의, 또는 그 이상의 가격으로 매도한 경우에는 그 매도가액과의 차액 상당</u>이라고 볼 수 있다.
> 그럼에도 불구하고 원심이, <u>원고의 손해는 원고가 주식을 매수할 당시</u>

---

29) 공1997.10.15.(44)

30) **대법원 2020. 4. 29. 선고 2014다11895 판결**(공2020상,957) : 감사인의 부실감사를 토대로 주식거래를 한 주식투자자가 부실감사를 한 감사인에게 민법상 불법행위책임을 근거로 배상을 구할 수 있는 손해액은 일반적으로 그와 같은 부실감사로 상실하게 된 주가에 상응하는 금액이다. 이러한 주가에 상응하는 금액은 특별한 사정이 없는 한 부실감사가 밝혀져 거래가 정지되기 직전에 정상적으로 형성된 주가와 부실감사로 인한 거래정지가 해제되고 거래가 재개된 후 계속된 하종가를 벗어난 시점에서 정상적으로 형성된 주가의 차액이라고 볼 수 있다. 그와 같이 주가가 다시 정상적으로 형성되기 이전에 매도가 이루어지고 매도가액이 그 후 다시 형성된 정상적인 주가를 초과하는 경우에는 그 매도가액과의 차액이라고 할 수 있다.

> 분식결산이 이루어지지 않았다면 형성되었을 소외 회사의 주식 가격과 원
> 고의 실제 취득 가격과의 차액 상당이라고 단정하고, 이에 대하여 원고의
> 주장·입증이 없다는 이유를 들어 원고의 청구를 배척한 것은 손해액에 관
> 한 법리를 오해하고 심리를 다하지 아니함으로써 판결 결과에 영향을 미친
> 위법을 저지른 것이라고 하겠다.

이에 따르면, 본래 100원인 주식을 허위공시 및 부실감사에 따라 부
양된 가격인 150원에 매수하였는데 이후 140원으로 주가가 하락한 상황
에서 허위공시 사실이 밝혀져 거래가 정지되고 이후 거래가 재개되어 등
락을 거듭하다가 그러한 영향이 제거된 시점의 주가가 120원으로 된 경
우에 손해액은 140원(거래정지 직전 주가)과 120원(정상주가)의 차액인 20원
이 된다. 다만 그 주식을 130원(매도주가)에 실제 매도하였다면 140원과
130원의 차액인 10원이 손해가 된다.

이는 전통적인 차액설과는 다른 방식으로 손해액을 산정하는 것으로
서,[31] 앞서 본 시세조종의 경우와 달리, '정상주가'의 산정시점을 매수시
점이 아닌 위법행위가 밝혀진 이후의 시점으로 보고 있고, 위법행위가
밝혀지기 전에 주가가 매수가격보다 하락한 경우 그 하락분은 인과관계
가 없는 것으로 보아 손해배상에 포함시키지 않고 있다.

이러한 판례의 태도를 지지하는 견해가 있으나,[32] 차액설의 입장에

---

31) 시세조종 경우의 판례 입장을 따른다면, 원칙적으로 매수 당시 정상주가(100원)
와 실제 매수한 주가(150원)의 차액인 50원이 손해액이 되고, 다만 이후 130원에
매도한 사정이 있다면 150원과 130원의 차액인 20원이 손해액이 된다.

32) 조귀장, "외부감사인의 부실감사로 인한 제3자의 손해배상책임", 민사판례연구〔XXI〕,
534-539면(주식을 매수할 당시에 분식결산 등이 이루어지지 않았다면 형성되었을
주식가격과 투자자의 실제 취득가격과의 차액은 '잠재적 손해'이고 이러한 '잠재적
손해'는 그 이후에 분식결산 등이 밝혀져서 주가가 하락하는 경우에야 비로소 '현
실적 손해'로 나타나는 것이라고 한다); 노혁준, "증권관련집단소송에서의 손해액
산정", 인권과 정의 제342호(2005. 2.), 대한변호사협회, 6면(차액설에 따른 손해의
발생이 인정되려면 피해자의 이익상태의 차이가 인정되어야 하는바, 부실공시나
시세조종행위가 아직 발각되지 않아 주식매수자가 언제든지 당해 주식을 매수가격
에 매도할 수 있는 상태라면, 객관적으로 보아 현실적인 손해가 발생하였다거나
이익상태의 차이가 있다고 보기 어렵다고 한다).

서 "이 사건에서 가해행위는 피고의 부실감사였고 원고의 손해는 피고의 부
실감사로 말미암아 낮은 가치의 주식을 높은 가격을 주고 매입함으로써 입은
손해라고 할 것이다. 그렇다면 손해액은 매수가격과 매매당시의 주식의 진정
한 가치와의 차액이라고 할 것이다. … 이러한 대법원의 태도는 분식결산과
부실감사 사실보다는 오히려 그 사실의 공시를 중지하는 태도라고 할 것이
다. 그러나 원고의 손해는 이미 주식의 매수시에 발생한 것이지 그 후에 부
실감사사실을 공시함으로써 발생하게 된 것은 아니다. 따라서 공시전의 주가
하락분을 원고에게 부담시키는 대법원의 견해는 받아들이기 어렵다. 사실 주
가는 여러 가지 이유로 변동할 수 있다."라고 하며 비판하는 견해도 유력
하다.[33]

**(다) 대법원 2008. 6. 26. 선고 2007다90647 판결[34]**

그런데 이후 2007다90647 판결에서 대법원은 위 96다41991 판결과
달리 아래와 같이 '차액설'을 취하였다.

> 감사인의 부실감사로 손해를 입게 된 투자자가 민법상의 불법행위책임
> 에 기하여 배상을 구할 경우, 투자자인 유가증권의 취득자는 배상의무자의
> 허위기재 등의 위법행위와 손해 발생 사이의 인과관계 등의 요건사실을 모
> 두 입증하여야 하나( 대법원 2007. 10. 25. 선고 2006다16758, 16765 판
> 결 참조), 특별한 사정이 없는 한 분식회계를 밝히지 못한 감사보고서의 내
> 용은 기업어음의 가치를 결정하는 데 영향을 주어 부당하게 가격을 형성하
> 게 하는 원인이 되고, 이로 인하여 기업어음을 매입한 사람은 손해를 입었
> 다고 보아야 한다.
> 한편, 위와 같은 경우 그 손해액의 산정에 관하여 증권거래법 제197조
> 제2항 및 제15조가 적용될 수 없으며, 분식회계 및 부실감사로 인하여 기

---

33) 김건식, "외부감사인의 부실감사로 인한 손해배상책임", 상사판례연구 Ⅳ(2000년),
　　박영사, 255-256면.
　　편집대표 김용담, 주석 민법 채권각칙(6)(2016년 제4판), 315면에서도 마찬가지
　　입장에서 위 판례를 비판하고 있다(민법상 불법행위가 문제되는 공시의무위반 관
　　련 부실감사의 경우에도 시세조종행위에 관한 대법원판결에 따라 손해액을 산정하
　　는 것이 옳다고 하고 있다).
34) 공2008하,1065.

업어음의 가치 평가를 그르쳐 기업어음을 매입한 사람이 입은 손해액은 기
업어음의 대금에서 기업어음의 실제가치, 즉 분식회계 및 부실감사가 없었
더라면 형성되었을 기업어음의 가액을 공제한 금액이라고 할 것이다.

2007다90647 판결과 앞서 본 96다41991 판결은 전자가 '기업어음',
후자가 '주식'에 관한 사안이라는 점에서 차이가 있고 나머지 사실관계는
유사하다. 대법원은 이후에도 '사채권',[35] '비상장주식'[36]에 관한 사안에서
2007다90647 판결과 같은 입장을 취하였다.

(2) 자본시장법상 손해배상책임의 경우

(가) 개    설

앞서 본 것처럼 자본시장법은 투자자 보호를 위하여[37] 발행공시든

---

35) **대법원 2015. 11. 27. 선고 2013다211032 판결**(공2016상,29) : 증권신고서와 투
자설명서의 중요사항에 관한 부실 기재로 사채권의 가치평가를 그르쳐 사채권 매
입으로 손해를 입게 되었다는 이유로 민법상 불법행위에 기한 손해배상을 청구하
는 경우, 손해액은 사채권의 매입대금에서 사채권의 실제가치, 즉 증권신고서와
투자설명서의 중요사항에 관한 부실 기재가 없었더라면 형성되었을 사채권의 가액
을 공제한 금액으로서 원칙적으로 불법행위 시인 사채권의 매입 시를 기준으로 산
정하여야 한다. 그리고 불법행위로 인한 손해배상채무에 대하여는 원칙적으로 별
도의 이행 최고가 없더라도 공평의 관념에 비추어 불법행위로 채무가 성립함과 동
시에 지연손해금이 발생하므로, 증권신고서와 투자설명서의 중요사항에 관한 부실
기재로 인한 손해배상채무에 대하여도 마찬가지로 보아야 한다.

36) **대법원 2022. 11. 30. 선고 2017다841, 858 판결**(공2023상,120) : 투자자가 감사
인의 부실감사로 인하여 비상장기업의 가치 평가를 그르쳐 해당 기업의 주식을 매
수하고 매입대금을 지급한 경우, 특별한 사정이 없는 한 투자자는 그때 해당 주식
의 매입대금에서 해당 주식의 실제 가치, 즉 분식회계 및 부실감사가 없었더라면
형성되었을 주식의 가액을 공제한 금액 상당의 손해를 입은 것이고(대법원 2016.
4. 15. 선고 2013다97694 판결 등 참조), 감사인은 구 외부감사법 제17조 제2항에
따라 그 손해를 배상할 책임을 부담하게 된다. 즉 손해액은 특별한 사정이 없는
한 매입대금이 지급된 날을 기준시점으로 하여 산정되는 것이 원칙이다.

37) **헌법재판소 2003. 12. 18. 선고 2002헌가23 결정**(헌공제88호)은 이러한 규정의
입법취지에 관하여 "증권거래소에서 집중적·대량적으로 이루어지는 매매에 따라
형성되는 주식의 가격은 주식시장 내부에서의 주식물량의 수요·공급과 주식시장
외부의 각종 여건 등 매우 다양한 요인에 의하여 결정되는 지극히 가변적인 성질
을 지니고 있기 때문에, 주가의 등락분 중 부실공시로 인한 하락분을 가려내어 그
인과관계를 입증한다는 것은 결코 쉬운 일이 아니다. 이와 같이 어려운 손해액의
입증책임을 손해배상의 일반원칙에 따라 증권취득자에게 부담시키는 것은 사실상

유통공시든 동일하게 '매수가격 – 변론종결시 가격(그 전에 처분한 경우에는 처분시 가격)'을 손해액으로 추정하고 있고, 다만 '배상의무자가 그러한 손해액의 전부 또는 일부와 허위공시 사이의 인과관계 부존재를 증명한 경우에는 그 부분에 대하여 배상책임을 지지 아니한다'고 하고 있다.[38] 실무에서는 배상의무자가 어떠한 방법으로 인과관계의 부존재를 증명할 것인지가 문제되어 왔고, 아래와 같이 판례가 형성되었다.[39]

  **(나) 대법원 2007. 10. 25. 선고 2006다16758, 16765 판결[40]**

  이 판결은 우선 인과관계 부존재의 증명 정도에 관하여 아래와 같이 판시하였다.

> '손해 인과관계의 부존재사실'의 입증은 직접적으로 문제된 당해 허위공시 등 위법행위가 손해 발생에 아무런 영향을 미치지 아니하였다는 사실이나 부분적 영향을 미쳤다는 사실을 입증하는 방법 또는 간접적으로 문제

---

  손해배상의 청구를 곤란하게 만드는 셈이 된다. 그래서 법은 투자자보호의 측면에서 투자자가 손해배상청구를 가능한 한 쉽게 할 수 있도록 입증책임을 전환하여 손해배상의무자에게 무과실의 입증책임을 부담시키고 있을 뿐만 아니라, 손해배상액을 법정하여 손해배상의무자가 인과관계의 부존재를 입증하지 못하는 한 투자자는 법정액의 손해배상을 받을 수 있도록 하고 있다."라고 설명한다.

38) 이러한 규정 자체에 대한 비판적인 견해도 적지 않다. 류근관·송옥렬·이상승, "증권집단소송의 손해배상액 산정 방법에 관하여", 기업소송연구(2005. 3.), 다사랑, 209면에서는 '경제학적 관점에서 차액산정방식이 타당하고, 현행법이 허위공시와 불공정거래를 구별하는 경제학적 근거는 희박하다'고 하고 있다. 아울러 손해액 추정 규정으로 인해 오히려 투자자가 손해를 보는 경우도 있다고 하고 있다(위 논문 211면).

39) 실무상 '유통공시' 사례가 많고 아래 판례들도 모두 유통공시에 관한 것들이다. 발행공시 관련 판례로는 증권관련 집단소송으로 진행된 **대법원 2020. 2. 27. 선고 2019다223747 판결**(공2020상,668)이 있다. 이 판결의 원심은 자본시장법 제126조 제1항에 따라 '유상증자 당시 발행가격(취득가격)에서 당해 회사의 회생절차에서 청산금으로 지급받은 금액을 공제한 금액'을 손해로 인정하였고[자본시장법 제126조 제2항에 따라 면책된다는 피고의 주장을 심리하기 위하여 사건연구(event study) 방법에 의한 감정을 진행하기도 하였으나 피고의 주장을 받아들이지 않았다], 대법원에서 이 부분은 쟁점으로 다루어지지 않았다.

40) 공2007하, 1806. 이른바 **대우전자 분식회계 사건**으로서, 유통공시에 관한 사안이다. 이 판결 이후 **대법원 2010. 8. 19. 선고 2008다92336 판결**(공2010하,1776. '대우중공업 사건'), **대법원 2016. 12. 15. 선고 2015다243163 판결**(공2017상,88. '한솔신텍 사건') 등 다수의 대법원판결에서 같은 판시가 반복되고 있다.

된 당해 허위공시 등 위법행위 이외의 다른 요인에 의하여 손해의 전부 또
는 일부가 발생하였다는 사실을 입증하는 방법으로 가능하다 할 것이고, 이
경우 허위공시 등 위법행위가 시장에 알려지기 이전의 자료를 기초로 하여
그 위법행위가 공표되지 않았다고 가정하였을 경우 예상할 수 있는 기대수
익률 및 정상주가를 추정하고 그 기대수익률과 시장에서 관측된 실제 수익
률의 차이인 초과수익률의 추정치를 이용하여 그 위법행위의 공표가 주가에
미친 영향이 통계적으로 유의한 수준인지 여부를 분석하는 사건연구(event
study) 방법을 사용할 수도 있을 것이나, 위와 같은 손해액 추정조항의 입법
취지에 비추어 볼 때 예컨대 허위공시 등의 위법행위 이후 매수한 주식의
가격이 하락하여 손실이 발생하였는데 그 가격 하락의 원인이 문제된 당해
허위공시 등 위법행위 때문인지 여부가 불분명하다는 정도의 입증만으로는
위 손해액의 추정이 깨어진다고 볼 수 없다.

    이어서 아래와 같이 **'정상주가 형성일'**의 증명을 통한 인과관계 부존
재의 증명 방법에 관하여 설시하였다.

    일반적으로 분식회계 및 부실감사 사실이 밝혀진 이후 그로 인한 충격
이 가라앉고 그와 같은 허위정보로 인하여 부양된 부분이 모두 제거되어 일
단 정상적인 주가가 형성되면 그와 같은 정상주가의 형성일 이후의 주가변
동은 달리 특별한 사정이 없는 한 분식회계 및 부실감사와 아무런 인과관계
가 없다고 할 것이므로, 그 정상주가 형성일 이후에 당해 주식을 매도하였
거나 변론종결일까지 계속 보유중인 사실이 확인되는 경우 법 제15조 제1
항[41]이 정하는 손해액 중 위 정상주가와 실제 처분가격(또는 변론종결일의
시장가격)과의 차액 부분에 대하여는 법 제15조 제2항의 인과관계 부존재
의 입증이 있다고 보아야 할 것이고, 이 경우 손해액은 계산상 매수가격에
서 위 정상주가 형성일의 주가를 공제한 금액이 될 것이다.

    이러한 손해액 산정 방식을 도표로 설명하면 다음과 같다.

---

41) 구 증권거래법 제15조 제1항을 말하는 것으로서, 현재는 자본시장법 제126조 제1항
(발행공시)이나 제162조 제3항(유통공시), 제170조 제2항(회계감사인)을 의미한다.

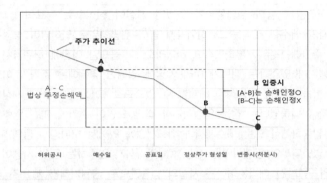

예를 들어, 허위공시로 주가가 부양된 상태에서 150원에 주식을 매수하였는데 이후 허위공시가 밝혀져 정상주가 형성일의 주가가 100원이 되었고 변론종결시에는 80원이라면, 손해액 추정규정에 의하여 본래 70원(150원 - 80원)이 손해액으로 추정되나 정상주가 형성일부터 변론종결시까지 부분은 인과관계 부존재 증명이 있다고 보아 실제 인정되는 손해는 50원(150원 - 100원)이라는 것이다.

앞서 본 시세조종의 경우와 달리, 주식의 매수 당시의 정상주가(허위공시가 없었을 경우의 시세)는 증명할 필요가 없고 그 대신 허위공시 공표일 이후의 '정상주가 형성일'을 언제로 볼 것인지를 배상의무자가 증명하여야 한다. 대개 이러한 증명은 감정을 통하여 이루어진다.

**(다) 대법원 2007. 9. 21. 선고 2006다81981 판결[42]**

위 2006다16758,16765 판결과 비슷한 시기에 선고된 2006다81981 판결에서는 이른바 '공표 전 매각분'이 문제되었다. 허위공시 사실이 발표되기 전에 해당 주식을 처분한 경우에 그러한 사실만으로도 '인과관계 부존재'의 증명이 있다고 볼 수 있는지 여부가 쟁점이었는데, 위 판결은 아래와 같이 판시하여 부정적인 입장을 취하였다.[43]

---

42) 공2007.10.15.(284).
43) **대법원 2022. 7. 28. 선고 2019다202146 판결**(공2022하,1737)도 같은 입장이다. 이 판결에서는 '공표 전 매각분'뿐만 아니라 '공표 전 하락분'도 문제되었다.

허위공시 등의 위법행위가 있었던 사실이 정식으로 공표되기 이전에 투자자가 매수한 주식을 그 허위공시 등의 위법행위로 말미암아 부양된 상태의 주가에 모두 처분하였다고 하더라도 그 공표일 이전에 허위공시 등의 위법행위가 있었다는 정보가 미리 시장에 알려진 경우에는 주가가 이로 인한 영향을 받았을 가능성을 배제할 수 없으므로, 그와 같이 미리 시장에 알려지지 아니하였다는 점을 입증하거나 다른 요인이 주가에 미친 영향의 정도를 입증하거나 또는 매수시점과 매도시점에 있어서 허위공시 등의 위법행위가 없었더라면 존재하였을 정상적인 주가까지 입증하는 등의 사정이 없는한, 위 공표 전 매각분이라는 사실의 입증만으로 증권거래법 제15조 제2항이 요구하는 인과관계 부존재의 입증이 되었다고 할 수는 없고, 특히 문제된 허위공시의 내용이 분식회계인 경우에는 그 성질상 주가에 미치는 영향이 분식회계 사실의 공표에 갈음한다고 평가할 만한 유사정보(예컨대 외부감사인의 한정의견처럼 회계투명성을 의심하게 하는 정보, 회사의 재무불건전성을 드러내는 정보 등)의 누출이 사전에 조금씩 일어나기 쉽다는 점에서 더더욱 공표 전 매각분이라는 사실 자체의 입증만으로 같은 법 제15조 제2항이 요구하는 인과관계 부존재의 입증이 되었다고 보기는 어렵다.

이러한 대법원의 입장은 실무에서 이른바 **'공표 전 하락분'**의 경우, 즉 매수일 이후 허위공시 사실이 발표되기 전에 주가가 하락한 경우에 그 하락분은 '인과관계 부존재'의 증명이 있다고 볼 수 있는지의 문제에서도 마찬가지로 적용되고 있다. 즉 위 사례에서 허위공시 공표일 직전의 주가가 120원이었다고 하더라도 그러한 사정만으로는 손해액을 20원[120원 - 100원(공표 이후 정상주가 형성일의 주가)]이라고 볼 수는 없고, 여전히 50원[150원(매수가격) - 100원]이 손해가 된다는 것이다. 물론 배상의무자가 '공표일 이전에는 시장에 허위공시 사실이 알려지지 아니하였다'는 점 등을 증명하는 경우에는 손해액이 20원으로 될 것이다.

이러한 결론은 일반불법행위에 관한 위 96다41991 판결의 결론(거래정지 직전의 주가와 거래정지 해제 이후 형성된 정상주가와의 차액을 손해로 봄)과 모순되는 것 같은데, 이는 자본시장법상 손해배상책임의 경우 손해액 추정 규정이 있고 일반 불법행위책임의 경우 투자자가 손해액을 증명해야 하기 때문인 것으로 이해된다. 즉 일반 불법행위책임의 경우에는 '공표 전 하락분'이 허위공시로 인한 것이라는 점을 투자자가 증명해야 하고 자본시장법상 손해배상책임의 경우에는 거꾸로 그것이 허위공시로 인한 것이 아니라는 점을 배상의무자가 증명해야 하는 것이다.

**(라) 대법원 2022. 9. 7. 선고 2022다228056 판결[44]**

이 판결은 '허위공시 → 허위공시 사실 공표'의 전형적인 사안이 아닌 '허위공시 → **정상(수정) 공시** → 허위공시 사실 공표' 사안으로서, 정상주가 형성일을 정상공시와 허위공시 공표일 사이로 볼 것인지 아니면 허위공시 공표일 이후로 볼 것인지 여부가 문제되었다.[45] 대법원은 아래와 같이 판시하여 이러한 경우에도 정상주가 형성일은 전형적인 사안과 마찬가지로 허위사실 공표일 이후로 보아야 한다고 하였다(정상주가 형성일을 정상공시와 허위공시 공표일 사이로 본 원심을 파기하였다).

---

··· 그 경우에도 증권선물위원회·한국거래소의 피고 회사에 대한 분식회계 적발 발표 및 주식거래정지 등의 조치(**허위공시 사실 공표**)를 통하여 피고 회사의 분식회계 사실이 아직 공표되지 않은 상황하에서는, 피고 회사가 대손충당금의 적립 여부 및 그에 따른 재무상태의 악화 사실을 공시(**정상공시**)하였다는 사정만으로 그 직후에 곧바로 피고 회사의 전반적 신뢰성에 대한 시장의 평가가 이 사건 주식가격에 온전히 반영되었다고 볼 수 없음은 물론, 자본시장법 제162조 제3항 및 제170조 제2항에 따른 손해액의 추정이 깨진다고 볼 수도 없다.

피고 회사의 제59기 3분기보고서가 공시(**정상공시**)된 2013. 11. 14.부터 원심이 정상주가가 형성되었다고 판단한 2013. 11. 20.까지 이 사건 주식의 종가는 별다른 변화 없이 오히려 주당 약 340원가량 상승한 반면, 이 사건 채권에 대한 대손충당금 과소 계상 등을 이유로 2014. 12. 4. 이 사

---

44) 공2022하,2082.
45) 정상공시일과 허위공시 사실 공표일 사이에 주식을 매수한 경우 거래인과관계가 인정되는지 여부도 쟁점이 되었는데 위 판결은 그러한 경우에는 거래인과관계가 인정되지 않는다고 하였다.

건 주식의 매매거래가 정지(**허위공시 사실 공표**)되었다가 그 정지가 해제된 2015. 12. 8. 직후까지 하종가에 가까운 주가를 보이는 등 이 사건 주식가격의 변동 추이에 비추어 보더라도 2013. 11. 20. 종가에 피고 회사가 이 사건 채권에 대한 대손충당금을 과소 계상한 사실까지 모두 반영되었다거나 위 종가가 분식회계로 말미암아 부양된 부분이 모두 제거된 정상주가라는 점이 증명되었다고 볼 수 없다.

… 그렇다면 원심으로서는 이 사건 주식의 2013. 11. 20. 종가가 이 사건 채권에 대한 대손충당금을 종전에 과소 계상한 사실이 제대로 평가·반영되었음은 물론 분식회계로 인하여 부양된 부분까지 모두 제거된 정상주가라는 점에 관하여, 위 시점을 전후한 주식가격 변동 추이 등 관련 사정도 함께 고려하여 자본시장법상 손해액 추정을 복멸할 정도로 증명되었는지 여부를 면밀히 살펴보았어야 함에도, 피고 회사의 제59기 3분기보고서 공시(**정상공시**)에 중요사항의 거짓 기재가 없다는 사정만을 중시하여 앞서 본 바와 같이 판단하였는바, 이러한 원심의 판단에는 자본시장법이 정한 손해의 인과관계·정상주가 형성에 관한 법리를 오해함으로써 판결에 영향을 미친 잘못이 있다.

## 4. 판례 입장의 정리

(1) 이상과 같은 판례의 입장을 정리하면 아래 표와 같다.

| 구 분 | 공시의무위반 | | 불공정행위 | |
|---|---|---|---|---|
| | 자본시장법 | 불법행위 | 자본시장법 | 불법행위 |
| 손해액추정(법규정) | ○ | × | × | × |
| 손해액 산정 | 원칙 | 상장주식 | 매수가격 - 당시 정상가격 (정상가격 이상 매도시 매도가격) (**차액설**) | |
| | 매수가격 - 변종시가격 (처분시가격) | 공표직전주가 - 공표 후 정상주가 | | |
| | 예외 (피고 증명책임) | 비상장주식, 회사채, 기업어음 | | |
| | 매수가격 - 공표 후 정상주가 | 매수가격 - 당시 정상가격 (**차액설**) | | |

(2) 공시의무위반으로 인한 자본시장법상 손해배상책임의 경우 투자자는 손해액을 증명할 필요가 없고, 나머지 경우는 모두 투자자가 손해액을 증명하여야 한다. 그러나 전자의 경우에도 어차피 실무상 문제되는 것은 정상주가 등의 증명을 통해 손해액 추정을 깨는 것이므로, 증명책임이 투자자에게 있느냐 배상의무자에게 있느냐(좀 더 직설적으로는 감정료를 최초 누가 부담하느냐)의 차이가 있을 뿐 손해액 추정 규정의 유무가 소송 승패의 결정적인 사유가 되지는 못한다.

그렇다면 굳이 위와 같이 사안별로 손해액 산정을 다르게 하여야 할 필요가 있는지에 대한 근본적인 의문이 든다. 위 표에서 보듯이 현재에도 여전히 차액설에 따라 손해액을 산정하는 경우가 일반적이고, 공시의무위반으로 인한 자본시장법상 손해배상책임 경우에 손해액 추정 규정을 둔 취지도 본래 차액설에 따라 매수가격과 매수 당시 정상가격의 차액을 증명하여야 하는데 그러한 정상가격의 증명이 어렵다는 점을 감안한 것이라고 볼 수도 있다.[46] 그리고 허위공시 사실 공표일 이후의 정상주가를 감정하는 것이 매수 당시의 정상가격을 감정하는 것보다 더 정확하다고 볼 근거도 없다. 오히려 허위공시 사실 공표일 이후의 정상주가 형성일은 매수 시점과 시간상 간격이 커질 수밖에 없고 그 사이에 주가에 영향을 미치는 외부요소도 많아질 수밖에 없으므로, 판례가 말하는 '허위정보로 인하여 부양된 부분이 모두 제거된 정상적인 주가'를 증명하는 것은 매수 시점의 정상가격을 증명하는 것보다 더 어렵고 더 부정확할 수도 있다.[47] 특히 판례가 공시의무위반으로 인한 일반 불법행위가

---

46) 일본에서도 2004년 유통공시에 관한 손해배상액 추정규정을 두었는데, 그 취지도 "이론적으로 '부양된 주가 방식(차액설)' 대신 '현실화된 주가방식'을 지지하였기 때문이 아니고 손해액은 원래 차액설에 따라 '매수가격-허위공시가 없었더라면 존재하였을 정상가격'인데, 그 정상가격 산정이 극히 곤란하므로 손해액 추정규정을 둔 것이다"라고 설명되고 있다(장상균, 전게논문, 391면).

47) 허위공시 공표일 이후의 정상주가 형성일 심리해야 한다고 한 위 **대법원 2007. 10. 25. 선고 2006다16758,16765 판결** 스스로도 "주식 가격의 변동요인은 매우 다양하고 여러 요인이 동시에 복합적으로 영향을 미치는 것이기에 어느 특정 요인이 언제 어느 정도의 영향력을 발휘한 것인지를 가늠하기가 극히 어렵다는 점을 감안할 때, <u>허위공시 등의 위법행위 이외에도 매수시점 이후 손실이 발생할 때까지의</u>

문제되는 사안에서 굳이 상장주식과 비상장주식(회사채, 기업어음 등도 마찬
가지)을 다르게 취급하는 이유나 근거가 무엇인지도 이해하기 어렵다.

이러한 사정을 고려하여 보면, 손해액 추정 규정이 그대로 적용되는
사안에서만 '매수가격 – 변종시 가격(처분시 가격)'을 손해액으로 인정하고,
위 추정이 번복되는 경우나 손해액 추정 규정이 없는 다른 사안의 경우
에는 모두 차액설에 따라 손해액을 계산(매수가격 – 매수 당시 정상가격)하는
것이 이론적으로 일관성을 확보하고 계산의 복잡함 등 실무의 혼란도 덜
수 있는 방법[48]이라고 생각된다.[49]

## Ⅳ. 맺 음 말

불법행위로 인한 손해배상청구에서 손해의 발생시점을 어떻게 볼 것
인지는 쉬운 문제가 아니다. 전통적인 차액설이 간명하기는 하나 사안에
따라서는 상식에 맞지 않는 경우가 있고, 실제 손해가 발생하는 시점을
기준으로 손해액을 산정하는 것이 보다 타당하다고 보이는 경우도 있다.
주식 등과 같이 그 시세가 끊임없이 변동하고 다양한 변수의 영향을 받
는 재화의 경우에는 손해액 산정이 더 어려울 수밖에 없다.

구 증권거래법에서 손해액 추정규정을 두기 전까지 실무에서는 대체
로 전통적인 차액설에 따라 손해액을 산정하여 온 것으로 보이고, 위 추

---

기간 동안의 당해 기업이나 주식시장의 전반적인 상황의 변화 등도 손해 발생에
영향을 미쳤을 것으로 인정되나 성질상 그와 같은 다른 사정에 의하여 생긴 손해
액을 일일이 증명하는 것이 극히 곤란한 경우가 있을 수 있고, 이와 같은 경우 손
해분담의 공평이라는 손해배상제도의 이념에 비추어 그러한 사정을 들어 손해배상
액을 제한할 수 있다고 봄이 상당하다."라고 하여 그 정확성의 한계를 인정하고
있다.

그런데 이러한 판례의 입장에 대해서는, 정확한 손해액 증명의 한계 내지 어려
움의 문제를 왜 배상의무자에게만 유리한 요소로 삼아 '책임제한'을 하여야 하는
것인지에 대한 의문이 제기될 수 있다.

48) 이 경우 매수 당시의 정상가격만 감정하면 되므로 그 이후의 복잡한 사정(공표
   전 매각분, 공표전 하락분, 허위공시 공표 전 정상공시 등의 문제)을 굳이 심리할
   필요도 없게 된다.

49) 류근관·송옥렬·이상승 전게 논문(각주 38) 212면에서도 모든 행위에 걸쳐서
   차액산정방식을 일반원칙으로 삼는 것이 바람직하다고 하고 있다.

정규정 및 그 추정을 뒤집을 수 있는 면책규정이 생긴 이후에도 그러한 규정이 적용되지 아니하는 영역에서는 여전히 차액설이 판례나 실무에서 대세인 것으로 보인다. 판례는 손해액 추정 및 면책 규정이 적용되는 영역에서 손해배상액 산정기준을 다르게 하고 있는데, 손해액 산정의 정확성 측면에서 그러한 방법이 전통적인 차액설의 입장보다 특별히 우위에 있다고 보이지는 않는다.

어느 한 방법이 확실한 우위에 있지 않고 이론적으로 달리 취급해야 할 뚜렷한 이유도 없다면 한 가지 방법으로 통일하는 것이 바람직하지 않을까 생각해 본다.

[Abstract]

# Trends of Supreme Court Decision About Calculating the Amount of Damages in False Statement in a Business Report or Unfair Trading in Capital Markets

Lim, Ki Hwan*

The purpose of 'Capital Markets Act' is to protect investors. Capital markets can be activated well only when investors believe that the statement in a business report conforms to the truth.

Capital Markets Act has various articles to protect investors. Typically, there are articles that make it easier for investors to calculate the amount of damages. However, it is not easy to calculate the amount of damages in actual litigation, and it must go through a very difficult process such as expert appraisal.

In capital markets, liability for damages by a corporation or accounting auditor occurs mainly in cases of false statement in a business report or unfair trade. However, the Capital Markets Act has articles that estimate the amount of damage only in case of the former. Accordingly, Supreme Court decision views the method of calculating the amount of damage in the two cases differently. In other words, in the case of unfair trade, the amount of damage is calculated according to the 'out-of-pocket damages measure'. In addition, the amount of damage is also calculated according to the same measure when civil law other than the Capital Markets Act is applied in cases of false statement in a business report. Originally, the 'out-of-pocket damages measure' had beeen applied in all cases before the articles for esti-

---

* Presiding Judge, Seoul Western District Court.

mating the amount of damage were enforced, but after the above articles were enforced, the amount of damage was calculated differently for each case.

However, it is thought that there is insufficient theoretical basis for calculating the amount of damage differently for each case, and there is a great amount of confusion in litigation practice. Basically, it is desirable to unify in the way of the 'out-of-pocket damages measure.'

[Key word]

- Capital Markets
- False Statement in a Business Report
- Unfair Trade
- Estimating the Amount of Damage
- Out-of-pocket Damages Measure

## 참고문헌

김건식, "외부감사인의 부실감사로 인한 손해배상책임", 상사판례연구 Ⅳ (2000), 박영사.

김웅재, "기망행위에 속아 물건을 고가에 매수한 뒤 그 물건가격이 변동한 경우 손해배상의 범위 및 손해배상액 산정의 기준시점", 민사판례연구 제39권(2017), 박영사.

노혁준, "자본시장법상 불공정행위로 인한 부당이득의 법적 문제", 증권법연구 제19권 제1호(2018), 삼우사.

＿＿＿, "증권관련집단소송에서의 손해액 산정", 인권과 정의 제342호(2005. 2.), 대한변호사협회.

류근관·송옥렬·이상승, "증권집단소송의 손해배상액 산정 방법에 관하여", 기업소송연구(2005. 3.), 다사랑.

박휴상, "증권관련 부실공시책임의 손해인과관계에 관한 고찰", 법학논총 제27집 제1호(2007. 6.), 전남대학교 법률행정연구소.

이준섭, "증권집단소송의 도입과 증권거래법상 손해배상책임체계의 개선방안", 증권법연구 제4권 제2호, 한국증권법학회(2003).

임재연, 자본시장법(2022년판), 박영사.

장상균, "분식회계로 인한 증권투자자 손해배상청구소송의 몇 가지 문제", 민사재판의 제문제 제17권(2008. 12.), 한국사법행정학회.

조귀장, "외부감사인의 부실감사로 인한 제3자의 손해배상책임", 민사판례연구 제21권(1999), 박영사.

편집대표 김용담, 주석 민법 채권각칙(6)(2016년 제4판).

# 民事判例研究會 日誌

## ▣ 월례 연구발표회 ▣

○ 제457회(2023. 1. 16.)
  1. 최문희 교수 : 신주인수권부사채·전환사채 발행 이후 신주의 발행과
     신주발행무효의 소의 제기 가부
     지정토론 : 노혁준 교수, 김영석 판사
  2. 김진하 판사 : 중첩된 가액배상판결과 민법 제407조
     지정토론 : 안병하 교수, 정재우 판사

○ 제458회(2023. 2. 20.)
  1. 서정원 교수 : 가등기상 권리를 양도한 최초의 가등기 명의인을 상대
     로 한 사해행위취소 및 원상회복청구에서 가액배상의
     범위
     지정토론 : 이연갑 교수, 이현종 판사
  2. 구하경 판사 : 일의 완성 전 도급인의 해제권과 도급계약 해제 의사
     표시의 해석
     지정토론 : 최봉경 교수, 한나라 판사

○ 제459회(2023. 3. 20.)
  1. 고범진 판사 : 종합통장자동대출 예금계좌로의 착오송금에 따른 법률
     관계와 부당이득반환의무
     지정토론 : 이동진 교수, 박동규 판사
  2. 김동호 판사 : 적정 대지지분권자, 부족 대지지분권자, 구분소유자 아닌
     대지 공유자 간 법률관계에 대한 고찰

지정토론 : 제철웅 교수, 주선아 고법판사

○ 제460회(2023. 4. 17.)
1. 유형웅 판사 : 부동산에의 부합의 기준에 관한 시론
   지정토론 : 이준형 교수, 장두영 판사
2. 안태준 교수 : 주식양도제한약정의 효력 및 그 약정에 위반한 주식양
   도행위에 따른 법률관계
   지정토론 : 천경훈 교수, 한정석 부장판사

○ 제461회(2023. 5. 22.)
1. 이정수 교수 : 가상자산의 증권성 판단기준
   지정토론 : 김연미 교수, 황은규 변호사
2. 현재언 판사 : 무효인 계약에 기하여 급부가 이루어진 경우, 부당이득
   반환의 범위와 현존이익 추정의 번복
   지정토론 : 권태상 교수, 이승훈 판사

○ 제462회(2023. 6. 19.)
1. 유제민 고법판사 : 손해배상액의 예정과 위약벌 – 감액가능성을 중
   심으로
   지정토론 : 최준규 교수, 심승우 고법판사
2. 김찬영 판사 : 임치계약 해지에 따른 임치물 반환청구권의 소멸시효
   기산점
   지정토론 : 김병선 교수, 이현경 판사

○ 제463회(2023. 7. 24.)
1. 강지웅 부장판사 : 담보권실행경매의 공신력 규정에 관한 해석의 한계
   지정토론 : 전휴재 교수, 노재호 변호사
2. 박수곤 교수 : 법률행위의 당사자 확정
   지정토론 : 이승일 판사, 고유강 교수

○ 제464회(2023. 9. 18.)
  1. 구태회 고법판사 : 간접강제결정에 대한 청구이의의 소
     지정토론 : 현낙희 교수, 임정윤 부장판사
  2. 박혜진 교수 : 의사결정능력 있는 미성년자 환자에 대한 의사의 설명
                 의무
     지정토론 : 백경일 교수, 신원일 변호사

○ 제465회(2023. 10. 23.)
  1. 민성철 부장판사 : 공법과 사법이 교차하는 영역에서의 법적 혼란과 그
                      해결방안의 모색 – 사회복지법인의 기본재산 처분허
                      가의 법적 성격과 소급적인 취소 가부에 관하여
     지정토론 : 김태선 교수, 이재찬 고법판사
  2. 곽희경 교수 : 신탁된 주택을 위탁자로부터 임차한 임차인의 법적 지위
     지정토론 : 이창민 부장판사, 이건희 판사

○ 제466회(2023. 11. 20.)
  1. 송호영 교수 : 가해법인 및 피해법인에 공통된 사실상 대표자의 불법
                  행위로 인한 법인의 손해배상책임 인정여부
     지정토론 : 이동진 교수, 최윤영 판사
  2. 권  철 교수 : 타인 채무를 담보하기 위하여 신탁을 설정한 위탁자가
                  변제자대위에서 가지는 지위
     지정토론 : 송혜정 고법판사, 이계정 교수

## ▣ 하계 심포지엄 ▣

○ 제46회(2023. 8. 3. ~ 8. 5.)(강원도 평창군 '용평리조트')
  주제 : 「자본시장의 법적 쟁점 및 새로운 동향」
    1. 암호자산의 개념 및 법적 성격(김준영 변호사)
       지정토론 : 남형두 교수

2. 블록체인 기반 가상자산에 대한 민사법적 취급 - 기술적 분석을
   기초로(신지혜 교수)
   지정토론 : 정준영 부장판사
3. 온라인 금융거래와 금융소비자보호(김정연 교수)
   지정토론 : 호제훈 변호사
4. 금융거래에서 지급결제 당사자의 사법상 권리 · 의무(김형석 교수)
   지정토론 : 손태원 판사
5. 자본시장에서 공시의무 위반 및 불공정거래시의 손해배상액 산정
   기준 - 판례 동향을 중심으로(임기환 부장판사)
   지정토론 : 최우진 교수

# 民事判例研究會 2023年度 會務日誌

## 1. 월례발표회

▯ 2023년에도 하계 심포지엄이 열린 8월과 연말인 12월을 제외한 나머지 달에 빠짐없이 연구발표회를 개최하여 총 20명의 회원들이 그동안 연구한 성과를 발표하였다. 2023년 1월의 제457회 월례발표회부터 11월의 제466회 월례발표회까지의 발표자와 논제는 위 일지에서 밝힌 바와 같다.

▯ 2023년에는 연구발표회를 모두 오프라인으로 진행하였고, PPT 슬라이드를 활용한 주제 발표 및 하나의 주제에 관한 회원 2인 토론 등의 방식을 유지함으로써 더욱 효율적이고 생동감 있는 방식으로 월례발표회가 운영되었다.

## 2. 제46회 하계 심포지엄

▯ 2023년도 하계 심포지엄은 8월 3일부터 8월 5일까지 강원도 평창군에 있는 용평리조트에서 "자본시장의 법적 쟁점 및 새로운 동향"이라는 주제로 개최되었는데, 67명의 회원과 그 가족 등 총 148명이 참석하여 성황리에 진행되었고, 매우 유익한 발표와 토론이 이어졌다. 상세한 일정은 앞의 "부록에 부치는 말"에서 밝힌 바와 같다.

▯ 회원이 아니면서도 심포지엄에 참석하여 발표를 맡아 주신 김준영 변호사님, 회원으로서 발표를 맡아 주신 신지혜 교수님, 김정연 교수님, 김형석 교수님, 임기환 부장판사님, 지정토론을 맡아 주신 남형두 교수님, 정준영 부장판사님, 호제훈 변호사님, 손태원 판사님, 최우진 교수님과 심포지엄의 원활한 진행을 위하여 도움을 주신 모든 회원님들께 깊이 감사드린다.

### 3. 송년모임

□ 2023년도 송년모임이 12월 8일(금) 서울 서초구 강남대로 213 소재 엘타워 골드홀에서 개최되어 총 75명의 회원과 배우자들이 참석하였다.

□ 송년모임의 연사로 문유석 전 부장판사님을 모시고 'K - 콘텐츠와 법정드라마'라는 주제의 매우 흥미롭고 유익한 강연을 들었다.

□ 바쁘신 가운데에서도 시간을 내어 강연을 해 주신 문유석 전 부장판사님께 이 기회를 통해 다시 한 번 감사의 말씀을 드린다.

### 4. 회원동정

□ 제3대 회장이신 양창수 전 대법관님께서 2023년 6월 법무부 민법 개정위원회 위원장으로 위촉되셨고, 2023년 11월 제7회 천고법치문화상을 수상하셨다.

□ 제4대 회장이신 윤진수 교수님께서 2023년 10월 법무부 가족법 개정 특별위원회 위원장으로 위촉되셨다.

□ 목영준 전 헌법재판관님께서 2023년 10월 한국경제인협회 윤리위원회 위원장으로 위촉되셨다.

□ 김재형 전 대법관님께서 2024년 1월 한국민사법학회 회장으로 취임하셨다.

□ 김우진 서울고등법원 부장판사님께서 2024년 1월 한국형사판례연구회 회장으로 취임하셨다.

□ 송호영 교수님께서 2023년 3월 한국재산법학회 회장으로 취임하셨다.

　□ 이계정 교수님, 이지영 고법판사님께서 2024년 1월 한국법학원으로부터 제28회 법학논문상을 수상하셨다.

　□ 조인영 교수님께서 2023년 12월 한국가족법학회로부터 가족법논문상을 수상하셨다.


## 5. 2024년도 신입회원

　□ 학계의 강윤희(고려대), 박설아(경희대), 이수진(경희대), 장명(서강대) 교수와 법원의 구성훈, 김민주, 김영완, 박건희, 오민관, 정의진, 차현우, 홍사빈, 황혜련 판사의 신청을 받아 2024년도 신입회원으로 맞이하였다.

(간사 이 재 찬)

# 民事判例研究會 2025年度
# 新入會員 募集 案內

　　우리 연구회에서는 2025년도 신입회원을 모집합니다. 민사법, 상사법, 민사소송법 분야의 판례 및 이론 연구에 높은 관심과 열의가 있으신 법학 교수 및 법조인(판사, 검사 및 변호사 포함)으로서 우리 연구회에 가입하여 활동하기를 원하시는 분들께서는 2024. 10. 18.까지 아래 연락처로 문의해 주시기 바랍니다.

## － 아　　래 －

주　　소 : 서울 서대문구 연세로 50 연세대학교 법학전문대학원
　　　　　　광복관 310호(조인영 교수)
이 메 일 : inyoung.cho@yonsei.ac.kr
전화번호 : (02) 2123-2994

# 民事判例研究會 定款

(2010. 8. 28. 제정)

## 제 1 장 총 칙

제1조(목적) 본회는 판례의 연구를 통하여 민사법에 관한 이론과 실무의 조화로운 발전에 기여하고 회원 상호간의 친목을 도모함을 목적으로 한다.

제2조(명칭) 본회는 「민사판례연구회」라고 한다.

제3조(주소지) 본회는 서울특별시에 그 주소지를 둔다.

제4조(사업) 본회는 제1조의 목적을 달성하기 위하여 다음 사업을 한다.

1. 판례연구 발표회 및 심포지엄의 개최
2. 연구지를 비롯한 도서의 간행
3. 그 밖에 본회의 목적을 달성함에 필요한 사업

## 제 2 장 회 원

제5조(회원) 회원은 본회의 목적에 동의하는 다음 각 호에 해당하는 사람으로서 가입신청을 하여 운영위원회의 승인을 얻어야 한다.

1. 민사법의 연구에 관심이 있는 대학교수
2. 민사법의 연구에 관심이 있는 법관, 검사, 변호사, 그 밖에 변호사 자격이 있는 사람

제6조(회원의 권리·의무) ① 회원은 본회의 운영과 관련된 의사결정에 참여하며, 본회의 각종 사업에 참여할 수 있는 권리를 갖는다.

② 회원은 정관 및 총회 결정사항을 준수할 의무를 지며 회비를 납부

하여야 한다.

제7조(회원의 자격상실) 다음 각 호의 1에 해당하는 회원은 그 자격을 상실한다.

   1. 본인의 탈퇴 신고

   2. 회원의 사망

   3. 회원의 제명 또는 탈퇴 결정

제8조(제명 또는 탈퇴 결정) ① 회원이 본회의 명예를 심각하게 훼손한 때 또는 본회의 목적에 위배되는 행위를 하거나 회원으로서의 의무를 중대하게 위반한 때에는 총회의 의결로 제명할 수 있다. 제명에 관한 총회의 의결은 회원 3/4 이상의 출석과 출석회원 과반수의 찬성으로 한다.

② 회원이 정당한 사유없이 상당한 기간 동안 출석을 하지 아니하는 등 회원으로서 활동할 의사가 없다고 인정되는 경우에는 운영위원회의 의결로 탈퇴를 결정할 수 있다.

## 제 3 장 자산 및 회계

제9조(자산의 구성) 본회의 자산은 다음 각 호에 기재한 것으로 구성한다.

   1. 회원의 회비

   2. 자산으로 생기는 과실

   3. 사업에 따른 수입

   4. 기타 수입

제10조(자산의 종류) ① 본회의 자산은 기본재산과 보통재산으로 구분한다.

② 기본재산은 다음 각 호에 기재한 것으로 하되 이를 처분하거나 담보로 제공할 수 없다. 다만, 부득이한 사유가 있는 때에는 운영위원회의 의결을 거쳐 이를 처분하거나 담보로 제공할 수 있다.

   1. 기본재산으로 하기로 지정하여 출연된 재산

   2. 운영위원회에서 기본재산으로 하기로 결의한 재산

③ 보통재산은 기본재산 이외의 재산으로 한다.

제11조(경비지출) 본회의 경비는 보통재산에서 지출한다.

제12조(자산의 관리) 본회의 자산은 운영위원회의 의결에 의하여 운영위원회에서 정한 관리방법에 따라 회장 또는 회장이 지명하는 회원이 관리한다.

제13조(세입·세출 예산) 본회의 세입·세출예산은 매 회계연도개시 1개월 전까지 운영위원회의 의결을 얻어야 한다. 다만, 부득이한 사정이 있는 경우에 운영위원회의 의결은 새 회계연도 후 첫 회의에서 이를 받을 수 있다.

제14조(회계연도) 본회의 회계연도는 매년 1월 1일에 시작하여 12월 31일까지로 한다.

제15조(회계감사) 감사는 연 1회 이상 회계감사를 하여야 한다.

제16조(임원의 보수) 임원의 보수는 지급하지 아니한다. 다만 실비는 변상할 수 있다.

## 제4장 임 원

제17조(임원의 인원수 및 자격) 본회에는 법률상 그 결격사유가 없는 자로서 다음과 같은 임원을 둔다.

1. 회장 1인
2. 운영위원 5인 이상 20인 이내
3. 감사 1인
4. 간사 2인 이내

제18조(임원의 선임) ① 회장은 운영위원회에서 선출하며 총회의 인준을 받는다.

② 운영위원은 회장이 추천하여 총회의 인준을 받는다.

③ 감사는 총회에서 선출한다.

④ 간사는 회장이 지명한다.

제19조(임원의 직무) ① 회장은 본회의 업무를 통괄하고 본회를 대표한다.

② 회장 유고시에 운영위원 중 연장자가 그 직무를 대행한다.

③ 감사는 본회의 업무 및 회계에 관한 감사를 한다.

④ 간사는 회장의 지시에 따라 본회의 실무를 수행한다.

제20조(임기) 회장, 운영위원 및 감사의 임기는 4년으로 하되 연임할 수 있다.

제21조(명예회장과 고문) ① 본회의 발전을 위하여 명예회장과 고문을 둘 수 있다.

② 명예회장과 고문은 운영위원회의 추천에 의하여 회장이 추대한다.

## 제 5 장 총　　회

제22조(총회) ① 총회는 본회의 최고의결기구로서 회원으로 구성한다.

② 회장은 총회의 의장이 된다.

제23조(총회의 소집) ① 총회는 정기총회와 임시총회로 나누되 정기총회는 년 1회 하반기에, 임시총회는 회장 또는 운영위원회가 필요하다고 인정한 경우에 각각 회장이 소집한다.

② 회장은 회의 안건을 명기하여 7일전에 각 회원에게 통지하여야 한다. 이 통지는 본회에 등록된 회원의 전자우편주소로 발송할 수 있다.

제24조(총회의사 및 의결의 정족수) 총회는 회원 30인 이상의 출석과 출석회원 과반수로서 의결한다.

제25조(표결의 위임) 회원은 다른 회원에게 위임하여 표결할 수 있다. 이 경우 그 위임을 증명하는 서면을 미리 총회에 제출하여야 한다.

제26조(총회에 부의할 사항) 총회는 다음에 기재하는 사항을 의결한다.

1. 정관의 제정 및 개정에 관한 사항

2. 임원의 선임과 인준에 관한 사항

3. 세입세출의 예산 및 결산의 승인

4. 기본재산의 처분·매도·증여·기채·담보제공·임대·취득의 승인

5. 본회의 해산

6. 그 밖에 주요사항으로서 운영위원회가 총회에 부의하기로 의결한 사항

## 제 6 장  운영위원회

**제27조(운영위원회의 구성)** ① 운영위원회는 회장과 운영위원으로 구성한다.

② 회장은 운영위원회의 의장이 된다.

**제28조(운영위원회의 권한)** 운영위원회는 다음 각 호의 사항을 심의 의결한다.

1. 회장의 선출
2. 회원의 가입과 탈퇴에 관한 사항
3. 운영계획에 관한 사항
4. 재산의 취득, 관리, 처분에 관한 사항
5. 총회의 소집과 총회에 회부할 의안에 관한 사항
6. 총회가 위임한 사항
7. 그 밖에 회장이 회부한 본회의 운영에 관한 중요사항

**제29조(운영위원회의 소집)** ① 운영위원회는 정기 운영위원회와 임시 운영위원회로 구분하고 회장이 소집한다.

② 정기 운영위원회는 년 1회 이상 개최한다.

③ 임시 운영위원회는 회장이 필요하다고 인정하거나 운영위원 1/3 이상 또는 감사의 요구가 있을 때에 회장이 소집한다.

**제30조(운영위원회 의사 및 의결의 정족수)** 운영위원회는 운영위원 5인 이상의 출석과 출석운영위원 과반수의 찬성으로 의결한다.

## 제 7 장  보    칙

**제31조(정관의 변경)** 본 정관은 총회에서 회원 1/3 이상의 출석과 출석회원 2/3 이상의 동의를 얻어 이를 변경할 수 있다.

**제32조(해산, 잔여재산의 처분)** ① 본회는 민법 제77조 및 제78조의 규정에 의하여 해산한다.

② 총회원 3/4 이상의 출석과 출석회원 2/3 이상의 찬성으로 본회를 해산할 수 있다.

③ 본회가 해산한 때의 잔여재산은 총회의 결의를 거쳐 유사한 목적을 가진 다른 단체에 출연할 수 있다.

제33조(시행세칙의 제정) 본 정관의 시행에 필요한 세칙은 운영위원회의 의결을 거쳐 정한다.

부    칙

제1조(시행일) 이 정관은 2010년 8월 28일부터 효력이 발생한다.

제2조(회원 및 임원 등) ① 이 정관의 효력 발생일 당시의 민사판례연구회의 회원은 본회의 회원으로 본다.

② 이 정관의 효력 발생일 당시의 회장은 이 정관에 의하여 선임된 것으로 본다. 그 임기는 본 정관의 규정에 의하되, 정관 효력발생일부터 개시된다.

제3조(기존의 행위에 관한 규정) 이 정관의 효력 발생 이전에 민사판례연구회가 한 활동은 이 정관에 따른 것으로 본다.

# 民事判例研究 간행규정

2005년 12월 27일 제정
2021년 2월 22일 개정

제 1 조(목적) 이 규정은 민사판례연구회(이하 연구회)가 발간하는 정기학
  술지인 『민사판례연구』에 게재할 논문의 제출, 작성 기준에 관한 사항
  을 규정함을 목적으로 한다.

제 2 조(삭제)

제 3 조(논문의 제출자격) 논문의 제출은 연구회의 회원인 자에 한하여 할
  수 있다. 그러나 운영위원회의 승인을 받은 경우에는 회원이 아닌 자
  도 논문을 제출할 수 있다.

제 4 조(논문의 제출기일) ① 『민사판례연구』에 논문을 게재하고자 하는
  자는 발간예정일을 기준으로 2개월 전에 원고를 이메일로 간사에게 제
  출하여야 한다.

  ② 연구회가 주최 또는 주관한 심포지엄 기타 학술모임에서 발표한 논
    문을 『민사판례연구』에 게재하는 경우에도 제 1 항에 의한다.

제 5 조(삭제)

제 6 조(원고분량의 제한) 논문은 200자 원고지 240매를 초과할 수 없다.
  그러나 논문의 성격상 불가피하다고 인정될 경우에는 운영위원회의 승
  인을 얻어 게재할 수 있다.

제 7 조(논문불게재) 연구회는 운영위원회의 심의를 거쳐 제출된 논문을
  게재하지 아니할 수 있다.

제 8 조(원고작성 기준) 게재를 위하여 제출하는 원고는 아래와 같은 기준

으로 작성한다.

1. 원고는 흔글 워드 프로그램으로 작성하여 제출하여야 한다.

2. 원고표지에는 논문제목(영문제목 병기), 필자의 인적 사항(성명, 영문성명, 소속, 직책) 및 연락처를 기재하여야 한다.

3. 논문의 저자가 2인 이상인 경우에는 주저자와 공동저자를 구분하고 주저자·공동저자의 순서로 표시하여야 한다.

4. 목차순서는 다음과 같이 기재한다.

   ㉠ 로마 숫자　　　　　예) Ⅰ.

   ㉡ 아라비아 숫자　　　예) 1.

   ㉢ 괄호 숫자　　　　　예) (1)

   ㉣ 괄호 한글　　　　　예) ㈎

   ㉤ 반괄호 숫자　　　　예) 1)

5. 논문의 결론 다음에는 국문 및 국제학술어(영어, 독일어, 프랑스어)로 된 논문초록 및 10개 이내의 주제어를 기재하여야 한다.

6. 마지막으로 참고문헌 목록을 작성하여야 한다.

7. (삭제)

**제 9 조(원고제출 및 게재안내)** ① 게재를 신청하는 원고의 접수 및 그에 관련된 문의에 관한 사항은 간사가 담당한다.

② 『민사판례연구』에는 다음 호에 게재할 논문의 투고 및 작성기준을 안내한다.

**부　　칙(2005년 12월 27일)**

이 규정은 2006년 1월 1일부터 시행한다.

**부　　칙(2021년 2월 22일)**

이 규정은 2021년 3월 1일부터 시행한다.

# 民事判例研究會 會員 名單

(2024. 2. 29. 現在, 293名, 가나다 順)

| 姓 名 | 現 職 | 姓 名 | 現 職 |
|---|---|---|---|
| 姜東郁 | 변호사 | 金圭和 | 법원행정처 형사전자소송심의관 |
| 姜棟勖 | 광주고법(제주) 판사 | 金琪泓 | 서울회생법원 판사 |
| 康承埈 | 서울고법 부장판사 | 金度亨 | 변호사 |
| 姜永壽 | 변호사 | 金東鎬 | 서울북부지법 판사 |
| 姜侖希 | 고려대 법전원 교수 | 金文煥 | 국민대 법대 명예교수 |
| 姜志曄 | 의정부지법 남양주지원 판사 | 金旼秀 | 변호사 |
| 姜智雄 | 대법원 재판연구관 | 金民柱 | 서울중앙지법 판사 |
| 姜賢俊 | 인천지법 판사 | 金炳瑄 | 이화여대 법전원 교수 |
| 高範溱 | 인천지법 판사 | 金相瑢 | 중앙대 법전원 교수 |
| 高錫範 | 전주지법 정읍지원 판사 | 金上中 | 고려대 법전원 교수 |
| 高唯剛 | 서울대 법전원 교수 | 金相哲 | 변호사 |
| 高銀設 | 서울행정법원 부장판사 | 金善和 | 서울가정법원 판사 |
| 高弘錫 | 대법원 선임재판연구관 | 金成昱 | 변호사 |
| 郭喜卿 | 아주대 법전원 교수 | 金星泰 | 연세대 법전원 명예교수 |
| 丘尙燁 | 법무부 법무실장 | 金世容 | 창원지법 통영지원 부장판사 |
| 具聖勳 | 서울중앙지법 판사 | 金昭英 | 전 대법관 |
| 具泰會 | 서울고법 고법판사 | 金水晶 | 명지대 법대 교수 |
| 具河庚 | 인천지법 부천지원 판사 | 金延美 | 성균관대 법전원 교수 |
| 權光重 | 변호사 | 金永錫 | 창원지법 통영지원 부장판사 |
| 權大祐 | 한양대 법전원 교수 | 金泳完 | 서울남부지법 판사 |
| 權珉瑩 | 울산가정법원 판사 | 金煐晋 | 변호사 |
| 權五坤 | 전 ICC 당사국총회 의장 | 金榮喜 | 연세대 법전원 교수 |
| 權載文 | 서울시립대 법전원 교수 | 金龍潭 | 전 대법관 |
| 權 澈 | 성균관대 법전원 교수 | 金禹辰 | 서울고법 부장판사 |
| 權兌相 | 이화여대 법전원 교수 | 金雄載 | 서울대 법전원 교수 |
| 金敬桓 | 변호사 | 金有成 | 연세대 법전원 교수 |

| 姓 名 | 現　職 | 姓 名 | 現　職 |
|---|---|---|---|
| 金裕鎭 | 변호사 | 文 赫 | 서울중앙지법 판사 |
| 金在男 | 법원행정처 민사지원제1심의관 | 閔聖喆 | 서울남부지법 부장판사 |
| 金載亨 | 전 대법관 | 閔日榮 | 전 대법관 |
| 金廷娟 | 이화여대 법전원 교수 | 朴健熙 | 서울중앙지법 판사 |
| 金志健 | 수원지법 안산지원 판사 | 朴東奎 | 대법원 재판연구관 |
| 金辰河 | 서울동부지법 판사 | 朴珉俊 | 부산지법 부장판사 |
| 金讚美 | 서울행정법원 판사 | 朴庠彦 | 수원지법 성남지원 부장판사 |
| 金贊榮 | 서울행정법원 판사 | 朴相漢 | 수원지법 성남지원 판사 |
| 金昌模 | 서울중앙지법 부장판사 | 朴雪娥 | 대법원 재판연구관 |
| 金天秀 | 성균관대 법전원 교수 | 朴雪娥 | 경희대 법전원 교수 |
| 金泰均 | 대구지법 부장판사 | 朴秀坤 | 경희대 법전원 교수 |
| 金兌宣 | 서강대 법전원 교수 | 朴仁範 | 창원지법 밀양지원 판사 |
| 金兌珍 | 고려대 법전원 교수 | 朴仁煥 | 인하대 법전원 교수 |
| 金賢錫 | 변호사 | 朴宰瑩 | 변호사 |
| 金賢眞 | 인하대 법전원 교수 | 朴在允 | 변호사 |
| 金炯錫 | 서울대 법전원 교수 | 朴鍾垣 | 청주지법 판사 |
| 金滉植 | 전 국무총리 | 朴之姸 | 변호사 |
| 金孝貞 | 수원지법 안양지원 판사 | 朴鎭秀 | 고양지원장 |
| 羅載穎 | 인천지법 판사 | 朴贊益 | 변호사 |
| 羅眞伊 | 서울행정법원 부장판사 | 朴 徹 | 변호사 |
| 南宮珠玄 | 성균관대 법전원 교수 | 朴哲弘 | 대법원 재판연구관 |
| 南馨斗 | 연세대 법전원 교수 | 朴海成 | 변호사 |
| 南孝淳 | 서울대 법전원 명예교수 | 朴彗辰 | 한양대 법전원 교수 |
| 盧榮保 | 변호사 | 方泰慶 | 변호사 |
| 盧柔慶 | 수원지법 안양지원 부장판사 | 裵容浚 | 서울고법 고법판사 |
| 盧在虎 | 변호사 | 白慶一 | 숙명여대 법대 교수 |
| 魯赫俊 | 서울대 법전원 교수 | 白昌勳 | 변호사 |
| 都旻浩 | 부산회생법원 판사 | 范鐥允 | 서울중앙지법 판사 |
| 睦榮埈 | 전 헌법재판관 | 徐 敏 | 충남대 법전원 명예교수 |
| 睦惠媛 | 대전지법 천안지원 판사 | 徐乙五 | 이화여대 법전원 교수 |
| 文容宣 | 변호사 | 徐 正 | 변호사 |
| 文準燮 | 변호사 | 徐靚源 | 성균관대 법전원 교수 |

| 姓　名 | 現　　職 | 姓　名 | 現　　職 |
| --- | --- | --- | --- |
| 石光現 | 전 서울대 법전원 교수 | 吳宗根 | 이화여대 법전원 교수 |
| 成昌姬 | 서울서부지법 판사 | 吳興祿 | 부산지법 서부지원 부장판사 |
| 孫哲宇 | 서울고법 고법판사 | 庾炳賢 | 고려대 법전원 교수 |
| 孫台沅 | 대법원 재판연구관 | 劉아람 | 대전지법 천안지원 부장판사 |
| 宋德洙 | 이화여대 법전원 명예교수 | 柳元奎 | 변호사 |
| 宋相現 | 전 ICC 재판소장 | 柳濟瑉 | 서울고법 고법판사 |
| 宋永福 | 서울고법 고법판사 | 劉玄埴 | 대전지법 판사 |
| 宋沃烈 | 서울대 법전원 교수 | 劉亨雄 | 의정부지법 판사 |
| 宋宰駒 | 명지대 법대 교수 | 劉慧珠 | 수원지법 안양지원 판사 |
| 宋惠政 | 서울고법 고법판사 | 尹聖憲 | 서울가정법원 판사 |
| 宋鎬煐 | 한양대 법전원 교수 | 尹榮信 | 중앙대 법전원 교수 |
| 申世熙 | 청주지법 제천지원 판사 | 尹楨雲 | 특허법원 판사 |
| 申元一 | 변호사 | 尹智暎 | 대법원 재판연구관 |
| 申智慧 | 한국외국어대 법전원 교수 | 尹眞秀 | 서울대 법전원 명예교수 |
| 沈承雨 | 서울고법 고법판사 | 李健熙 | 서울중앙지법 판사 |
| 沈仁淑 | 중앙대 법전원 교수 | 李京珉 | 창원지법 진주지원 부장판사 |
| 安炳夏 | 강원대 법전원 교수 | 李啓正 | 서울대 법전원 교수 |
| 安正鎬 | 변호사 | 李恭炫 | 전 헌법재판관 |
| 安台埈 | 한양대 법전원 교수 | 李國鉉 | 서울중앙지법 부장판사 |
| 梁勝宇 | 서울중앙지법 판사 | 李均釜 | 서울서부지법 판사 |
| 梁栽豪 | 변호사 | 李東明 | 변호사 |
| 梁鎭守 | 광주고법(전주) 고법판사 | 李東珍 | 서울대 법전원 교수 |
| 梁彰洙 | 전 대법관 | 李茂龍 | 대전고법(청주) 판사 |
| 嚴東燮 | 서강대 법전원 명예교수 | 李丙儁 | 고려대 법전원 교수 |
| 呂東根 | 춘천지법 영월지원 판사 | 李鳳敏 | 서울고법 고법판사 |
| 呂美淑 | 한양대 법전원 교수 | 李相元 | 변호사 |
| 呂河潤 | 중앙대 법전원 교수 | 李새롬 | 대법원 재판연구관 |
| 吳大錫 | 대법원 재판연구관 | 李宣憙 | 성균관대 법전원 교수 |
| 吳玟官 | 서울행정법원 판사 | 李城範 | 서울대 법전원 교수 |
| 吳英傑 | 서울대 법전원 교수 | 李秀眞 | 경희대 법전원 교수 |
| 吳泳俊 | 서울고법 부장판사 | 李承揆 | 변호사 |
| 吳姃厚 | 서울대 법전원 교수 | 李承鎰 | 법원행정처 사법정책심의관 |

| 姓 名 | 現 職 | 姓 名 | 現 職 |
|---|---|---|---|
| 李承勳 | 대법원 재판연구관 | 任允漢 | 대법원 재판연구관 |
| 李繽甲 | 연세대 법전원 교수 | 林貞允 | 울산지법 부장판사 |
| 李允宰 | 서울동부지법 판사 | 張斗英 | 광주지법 순천지원 부장판사 |
| 李仁洙 | 서울고법 고법판사 | 張 明 | 서강대 법전원 교수 |
| 李載根 | 변호사 | 張民河 | 수원지법 평택지원 판사 |
| 李在敏 | 춘천지법 강릉지원 판사 | 張輔恩 | 한국외국어대 법전원 교수 |
| 李栽源 | 창원지법 부장판사 | 張善鍾 | 수원지법 판사 |
| 李載璨 | 변호사 | 張洙榮 | 부산지법 동부지원 부장판사 |
| 李在璨 | 부산지법 동부지원 부장판사 | 張允瑄 | 서울동부지법 부장판사 |
| 李政玫 | 인천지법 부장판사 | 張允實 | 부산고법 판사 |
| 李政洙 | 서울대 법전원 교수 | 張埈赫 | 성균관대 법전원 교수 |
| 李貞兒 | 수원지법 안양지원 판사 | 張志墉 | 수원고법 고법판사 |
| 李政桓 | 변호사 | 張智雄 | 대전고법(청주) 판사 |
| 李鍾基 | 대법원 재판연구관 | 張哲翼 | 변호사 |
| 李鍾文 | 변호사 | 張泰永 | 춘천지법 속초지원 판사 |
| 李鍾郁 | 서울동부지법 판사 | 全甫晟 | 서울서부지법 수석부장판사 |
| 李鍾赫 | 서울대 법전원 교수 | 全元烈 | 서울대 법전원 교수 |
| 李準珩 | 한양대 법전원 교수 | 全宰賢 | 수원지법 성남지원 판사 |
| 李重基 | 홍익대 법대 교수 | 全烋在 | 성균관대 법전원 교수 |
| 李芝姈 | 법원행정처 사법지원총괄심의관 | 鄭璟煥 | 변호사 |
| 李鎭萬 | 변호사 | 鄭肯植 | 서울대 법전원 교수 |
| 李彰敏 | 부산지법 동부지원 부장판사 | 鄭基相 | 변호사 |
| 李昌鉉 | 서강대 법전원 교수 | 鄭多周 | 변호사 |
| 李玹京 | 대법원 재판연구관 | 丁文卿 | 서울고법 고법판사 |
| 李賢洙 | 변호사 | 鄭炳浩 | 서울시립대 법전원 교수 |
| 李賢鍾 | 서울중앙지법 판사 | 鄭仙珠 | 서울대 법전원 교수 |
| 李惠美 | 서울중앙지법 판사 | 鄭素旻 | 한양대 법전원 교수 |
| 李慧民 | 대법원 재판연구관 | 鄭洙眞 | 변호사 |
| 李孝濟 | 변호사 | 鄭宇成 | 서울회생법원 판사 |
| 李興周 | 대전고법 고법판사 | 鄭煜都 | 의정부지법 부장판사 |
| 林奇桓 | 서울서부지법 부장판사 | 丁義眞 | 이화여대 법전원 교수 |
| 林 龍 | 서울대 법전원 교수 | 鄭載優 | 법원행정처 형사지원심의관 |

| 姓　名 | 現　職 | 姓　名 | 現　職 |
|---|---|---|---|
| 鄭晙永 | 서울고법 부장판사 | 崔宇鎭 | 고려대 법전원 교수 |
| 鄭俊爀 | 서울대 법전원 교수 | 崔允瑛 | 헌법재판소 헌법연구관 |
| 鄭泰綸 | 이화여대 법전원 명예교수 | 崔竣圭 | 서울대 법전원 교수 |
| 鄭鉉熹 | 창원지법 부장판사 | 韓나라 | 서울중앙지법 판사 |
| 諸哲雄 | 한양대 법전원 교수 | 韓相鎬 | 변호사 |
| 趙敏惠 | 수원가정법원 판사 | 韓成旼 | 서울중앙지법 판사 |
| 趙炳九 | 수원지법 수석부장판사 | 韓愛羅 | 성균관대 법전원 교수 |
| 曹媛卿 | 변호사 | 韓政錫 | 서울남부지법 부장판사 |
| 趙恩卿 | 대구지법 김천지원 부장판사 | 咸允植 | 변호사 |
| 趙璘英 | 연세대 법전원 교수 | 許文姬 | 헌법재판소 헌법연구관 |
| 趙在憲 | 대법원 재판연구관 | 許盛旭 | 서울대 법전원 교수 |
| 趙弘植 | 서울대 법전원 교수 | 玄洛姬 | 성균관대 법전원 교수 |
| 朱大聖 | 변호사 | 玄昭惠 | 성균관대 법전원 교수 |
| 朱宣俄 | 변호사 | 玄在彦 | 서울동부지법 판사 |
| 池宣暻 | 대구지법 안동지원 판사 | 胡文赫 | 서울대 법전원 명예교수 |
| 池元林 | 고려대 법전원 명예교수 | 扈帝熏 | 변호사 |
| 陳賢敏 | 서울고법 고법판사 | 洪思彬 | 서울남부지법 판사 |
| 車永敏 | 서울중앙지법 형사수석부장판사 | 洪承勉 | 변호사 |
| 車峴宇 | 서울중앙지법 판사 | 洪晙豪 | 변호사 |
| 千景壎 | 서울대 법전원 교수 | 洪眞映 | 서울대 법전원 교수 |
| 崔文壽 | 서울고법 고법판사 | 黃勇男 | 대구지법 서부지원 판사 |
| 崔文僖 | 강원대 법전원 교수 | 黃銀圭 | 변호사 |
| 崔俸京 | 서울대 법전원 교수 | 黃進九 | 서울고법 부장판사 |
| 崔瑞恩 | 의정부지법 부장판사 | 黃惠蓮 | 수원지법 안양지원 판사 |
| 崔乘豪 | 춘천지법 속초지원 판사 | | |

民事判例研究 [XLVI]

| 2024년 2월 20일 | 초판인쇄 |
| 2024년 2월 28일 | 초판발행 |

편  자  전 원 열
발행인  안 종 만·안 상 준
발행처  (株)博 英 社
        서울특별시 금천구 가산디지털2로 53, 210호
        (가산동, 한라시그마밸리)
        전화 (733)6771  FAX (736)4818
        등록 1959.3.11. 제300-1959-1호(倫)
www.pybook.co.kr   e-mail: pys@pybook.co.kr

정  가  69,000원        ISBN 979-11-303-4732-5
                            978-89-6454-552-2(세트)
                        ISSN 1225-4894 47